GUIDE de la route poche

Sélection
READER'S DIGEST

GUIDE DE LA ROUTE POCHE

est une publication de Sélection du Reader's Digest

Cartographie au 1/280 000 dressée par
Sélection du Reader's Digest

Avec la collaboration de la société **ÉDITERRA**

Sophie Clavel-Lalouette, Stéphanie Delévacq,
Sandrine Rimajou, Auriane Sacoman, Florent Marsal
Jacques Sablayrolles, Philippe Sablayrolles

Équipe éditoriale de Sélection du Reader's Digest

Responsable éditoriale : Anne Grégoire

Directeur artistique : Didier Pavois

Lecture-correction : Béatrice Argentier

Nous remercions également :

Prépresse : Damien Noirot

Fabrication : Marie-Pierre de Clinchamp

Pour nous communiquer vos suggestions ou remarques
sur ce livre, utilisez notre adresse e-mail : editolivre@readersdigest.tm.fr

PREMIÈRE ÉDITION
Premier tirage

ISBN : 978-2-7098-2358-6

Sommaire

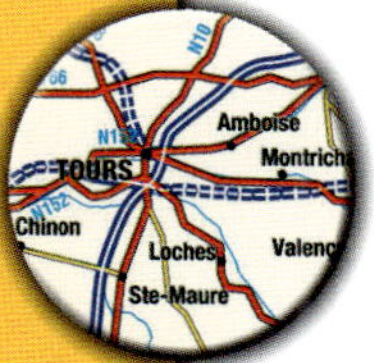

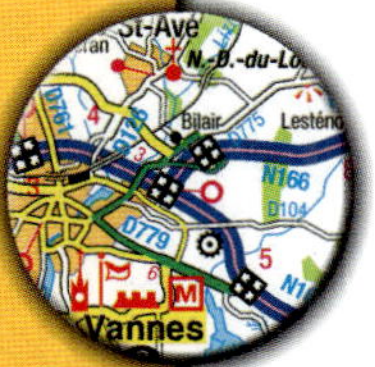

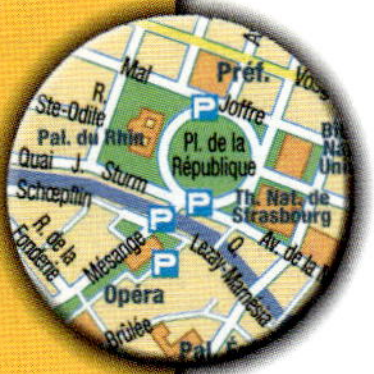

Malgré tout le soin apporté à la réalisation de ces cartes, nous déclinons toute responsabilité concernant de possibles imperfections ou modifications du réseau.

GRANDS AXES
Major trunk roads
Große Reiserouten

Carte au 1 / 2 500 000 (1 cm pour 25 km)

Légende Map symbols Zeichenerklärung

A20	Autoroute en service	Motorway	Autobahn
	Autoroute en construction	Motorway under construction	Autobahn im Bau
	Voie express	Expressway	Schnellstraße
	Grande route	Main road	Hauptstraße
	Route secondaire	Other road	Untergeordnete Straße
■	Capitale	Capital city	Hauptstadt
●	Grande ville	Big town	Große Stadt
●	Ville moyenne	Medium town	Mittlere Stadt
•	Petite ville	Small town	Kleine Stadt

Douvres
Dunkerque
Gand
Calais
Brighton
Portsmouth
A16
A25-E42
St-Omer
Boulogne-s.-Mer
N42
Hazebrouck
Tourcoing
ROUBAIX
Armentières
LILLE
Le Touquet-Paris-Plage
Étaples
Béthune
A26
A21
Orchies
Montreuil
Bruay-en-Artois
A1
A23
Douai
Valenciennes
Berck-Plage
Lens
A2
N1
N39
Hesdin
N455
Denain
ARRAS
A16
N25
Cambrai
N49
MANCHE
Doullens
N43
Avesnes
Bapaume
ABBEVILLE
Albert
Péronne
Eu
Dieppe
AMIENS
A29
St-Quentin
A28
Neufchâtel-en-Bray
Vervins
Fécamp
D925
N27
D901
Montdidier
N29
Chauny
A26
Yvetot
Tôtes
Harfleur
A29
LAON
A28
Noyon
Le Havre
Bolbec
Gournay-en-Bray
N1
A16
Honfleur
ROUEN
A1
Compiègne
N31
Bayeux
Deauville
A13
BEAUVAIS
Clermont
Soissons
A131
Elbeuf
N31
N31
N13
A13
N1
Villers-Cotterêts
CAEN
N13
Les Andelys
Creil
Senlis
Lisieux
N14
Château-Thierry
Vernon
Pontoise
N2
A4
Bernay
A13
Mantes-la-Jolie
Éper
N158
Vimoutiers
ÉVREUX
Meaux
Vire
Falaise
A15
D1
A88
PARIS
ARGENTAN
L'Aigle
Coulommiers
D577
Flers
N12
Dreux
VERSAILLES
D962
N26
N12
ÉVRY
N4
Sézanne
Rambouillet
Pré-en-Pail
Mortagne-au-Perche
Châteauneuf-en-Thymerais
A10
MELUN
Provins
Nogent-s.-Seine
Dourdan
N12
D939
N19
N12
ALENÇON
Mamers
N23
Fontainebleau
Romilly-s.-Seine
CHARTRES
A10
Étampes
Mayenne
N20
Montereau-Fault-Yonne
A5
Nogent-le-Rotrou
N6
La Ferté-Bernard
N154
Nemours
Sens
A28
A11
A19
LAVAL
A81
Pithiviers
A19
Joigny
N77
Châteaudun
A10
LE MANS
Montargis
Sablé-s.-Sarthe
Saint-Calais
N60
Château-Gontier
D938
A28
Châteauneuf-s.-Loire
A6
ORLÉANS
AUXERRE
N63
Vendôme
A10
N7
La Flèche
N138
A71
N20
D965
N162
N10
Gien
ANGERS
BLOIS
D940
D766
Cosne-Cours-sur-Loire
Baugé
Amboise
Aubigny
N147
N152
Romorantin-Lanthenay
Clamecy
A85
TOURS
Montrichard
Saumur
Sancerre
N152
A85
N76
Vierzon
Chinon
Cholet
D960
Valençay
Vatan
La Charité
Loches
BOURGES
Ste-Maure
D976
N149
Thouars
NEVERS
N143
N76
Bressuire
Issoudun
Châtellerault
N151
Preuilly
D938
CHÂTEAUROUX
St-Amand-Montrond
N10
N149
A71
N7
POITIERS
N151
Parthenay
Fontenay-le-Comte
Le Blanc
D943
La Châtre
MOULINS

Douvres
Dunkerque
Gand
BRUXELLES
Brighton
Calais
MANCHE
Boulogne-s.-Mer
St-Omer
Hazebrouck
Tourcoing
ROUBAIX
Armentières
LILLE
Charleroi
Le Touquet-Paris-Plage
Étaples
Montreuil
Béthune
Bruay-en-Artois
Lens
Orchies
Douai
Valenciennes
Berck-Plage
Hesdin
ARRAS
Denain
Maubeuge
Cambrai
Doullens
Avesnes
Chimay
Bapaume
ABBEVILLE
Albert
Eu
Péronne
La Capelle
Dieppe
AMIENS
St-Quentin
Vervins
Fécamp
Neufchâtel-en-Bray
Montdidier
Chauny
LAON
Rethel
Yvetot
Tôtes
Noyon
Harfleur
Le Havre
Bolbec
ROUEN
Gournay-en-Bray
Compiègne
Soissons
Reims
Honfleur
Deauville
Elbeuf
BEAUVAIS
Clermont
Villers-Cotterêts
Les Andelys
Creil
Senlis
Lisieux
Vernon
Mantes-la-Jolie
Pontoise
Château-Thierry
Épernay
Bernay
Meaux
Vimoutiers
ÉVREUX
PARIS
CHÂLONS-EN-CHAMPAGNE
Falaise
ARGENTAN
L'Aigle
Dreux
VERSAILLES
Coulommiers
Sommesous
ÉVRY
Châteauneuf-en-Thymerais
Rambouillet
Sézanne
Mortagne-au-Perche
Provins
Nogent-s.-Seine
MELUN
Pré-en-Pail
Dourdan
Fontainebleau
Romilly-s.-Seine
ALENÇON
Mamers
CHARTRES
Étampes
Montereau-Fault-Yonne
TROYES
La Ferté-Bernard
Nogent-le-Rotrou
Nemours
Sens
Pithiviers
Châteaudun
Joigny
St-Florentin
LE MANS
Montargis
Saint-Calais
Châteauneuf-s.-Loire
Tonnerre
Vendôme
ORLÉANS
AUXERRE
La Flèche
Gien
Montbard
BLOIS
Avallon
Baugé
Aubigny
Cosne-Cours-sur-Loire
Amboise
Clamecy
TOURS
Romorantin-Lanthenay
Montrichard
Saulieu
Saumur
Sancerre
Corbigny
Vierzon
Chinon
Loches
Valençay
Vatan
La Charité
Château-Chinon
Ste-Maure
BOURGES
NEVERS
Thouars
Issoudun
Châtellerault
Preuilly
CHÂTEAUROUX
St-Amand-Montrond
Bourbon-Lancy
POITIERS
Le Blanc
La Châtre
MOULINS
Digoin
A16
A25-E42
N42
A26
A21
A1
A23
A2
N1
N39
A16
N455
N49
N2
N25
N43
A28
A29
D925
N27
D901
N29
A26
N2
A29
A28
N31
A16
N1
A1
N51
A131
A13
N31
N1
N31
N14
A13
N13
N158
A13
N2
A4
A88
N12
N26
A15
D1
N3
N12
N4
N4
D939
A10
N19
N77
A26
N23
A10
N154
N20
N6
A5
D960
A28
A11
A19
N77
A10
A19
A28
N60
A6
D938
N63
A10
N10
A71
N20
N7
D965
N138
D766
D940
N6
N147
N152
A85
A85
N76
N152
D976
N143
N151
N76
D938
N149
N10
N151
A71
N7
D943

Bonn
Liège
LUXEMBOURG
4
5
6
7
8
9
10
11
Dunkerque
Lille
Arras
Charleville-Mézières
Cherbourg
Le Havre
Amiens
Rouen
Reims
Caen
PARIS
Nancy
Strasbourg
Brest
Chartres
Le Mans
Chaumont
Rennes
Auxerre
Mulhouse
Angers
Tours
Orléans
Dijon
Nantes
Nevers
Besançon
Poitiers
Bourges
Limoges
Clermont-Ferrand
Lyon
Genève
Bastia
Ajaccio
St-Étienne
Grenoble
Bordeaux
Aurillac
Valence
Cahors
Gap
Nîmes
Avignon
Bayonne
Albi
Nice
Toulouse
Montpellier
Marseille
Perpignan
Toulon
Fumay
CHARLEVILLE-MÉZIÈRES
Sedan
Poix-Terron
N58
Montmédy
Stenay
Vouziers
N43
Thionville
Saarlouis
D977
A30
Briey
Forbach
Ste-Menehould
Verdun
Étain
A4
N3
METZ
Sarreguemines
Wissembourg
Pont-à-Mousson
A4
N62
St-Mihiel
A31
Château-Salins
D955
Haguenau
Commercy
Sarrebourg
A4
A35
Vitry-le-François
BAR-LE-DUC
NANCY
Saverne
Molsheim
N4
Toul
Lunéville
STRASBOURG
St-Dizier
Void
D400
N4
A31
Obernai
Brienne-le-Château
Joinville
N57
Baccarat
A35
Neufchâteau
Saint-Dié
Sélestat
Mirecourt
N19
Bar-sur-Aube
Vittel
N74
ÉPINAL
Fribourg-en-B.
A5
CHAUMONT
Gérardmer
Munster
COLMAR
Remiremont
Bourbonne-les-Bains
Guebwiller
D965
Plombières-les-Bains
Thann
Luxeuil-les-Bains
A35
Châtillon-s.-Seine
Langres
N19
Lure
BELFORT
MULHOUSE
Combeaufontaine
Vesoul
Montbéliard
Sochaux
Altkirch
Basel (Bâle)
Audincourt
N71
A31
D70
Gray
N57
A36
DIJON
BESANÇON
A38
Morteau
A31
BERNE
Arnay-le-Duc
Dole
N57
Beaune
Pontarlier
Autun
Chalon-s.-Saône
Poligny
A39
Chagny
N5
Champagnole
Montceau
Louhans
LONS-LE-SAUNIER
Lausanne
Tournus
A6
La Cure

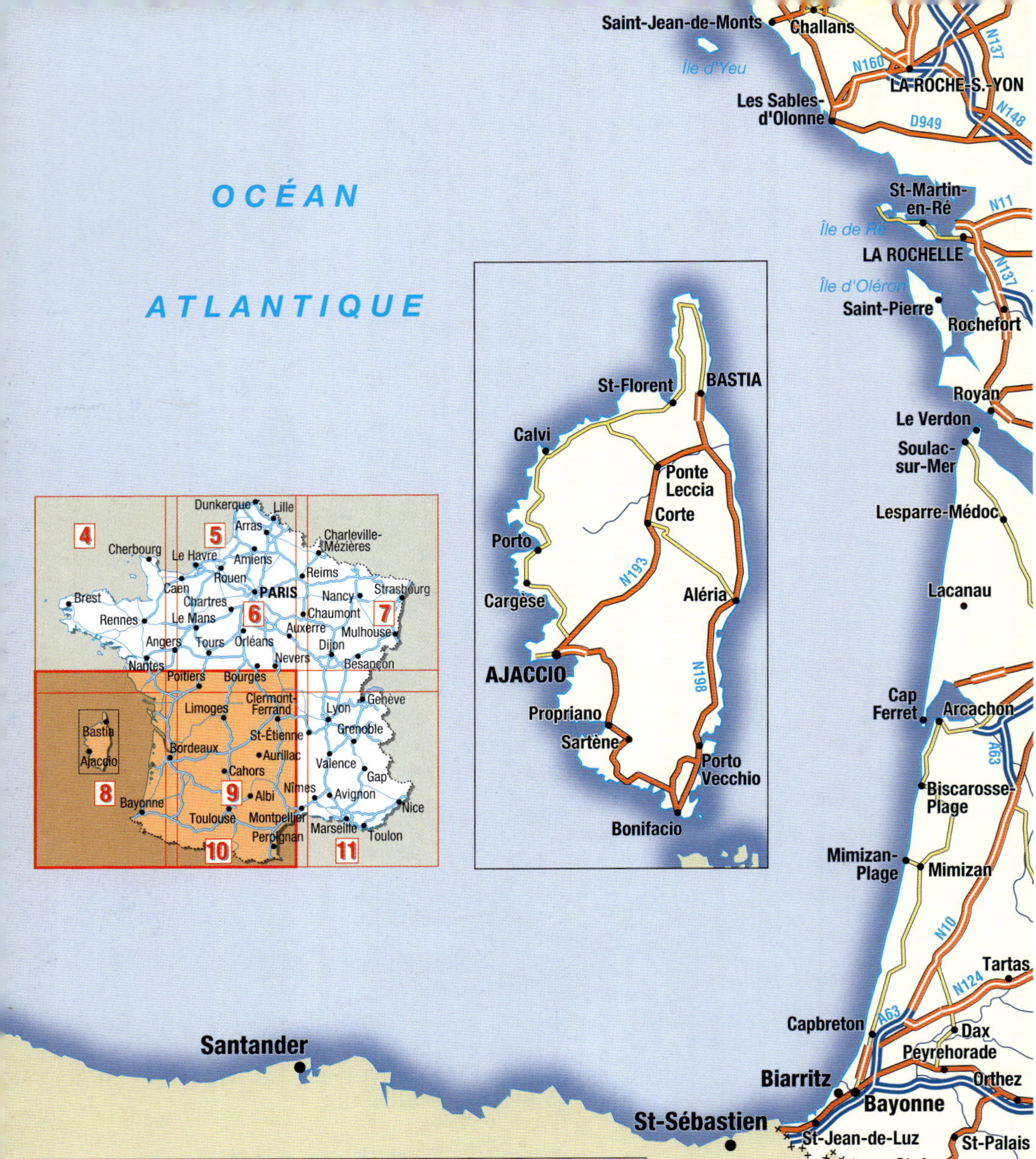

Légende Map symbols Zeichenerklärung

A20	Autoroute en service	Motorway	Autobahn
	Autoroute en construction	Motorway under construction	Autobahn im Bau
	Voie express	Expressway	Schnellstraße
	Grande route	Main road	Hauptstraße
	Route secondaire	Other road	Untergeordnete Straße
■	Capitale	Capital city	Hauptstadt
●	Grande ville	Big town	Große Stadt
●	Ville moyenne	Medium town	Mittlere Stadt
•	Petite ville	Small town	Kleine Stadt

Bressuire
Châtellerault
Preuilly
Issoudun
CHÂTEAUROUX
St-Amand-Montrond
POITIERS
Parthenay
Fontenay-le-Comte
Le Blanc
La Châtre
MOULINS
NIORT
Gençay
Montmorillon
St-Pouçain-s.-Sioule
La Souterraine
Montluçon
Gouzon
GUÉRET
Bellac
Confolens
Ruffec
St-Jean-d'Angely
Vichy
Gannat
Aubusson
Riom
Thiers
Saintes
Cognac
Rochechouart
LIMOGES
Eymoutiers
CLERMONT-FERRAND
Pont-du-Château
ANGOULÊME
Pons
St-Yrieix-la-Perche
Ussel
La Bourboule
Issoire
Nontron
Barbezieux
Mirambeau
Uzerche
Bort-les-Orgues
Brantôme
TULLE
Lempdes
Jonzac
Pauillac
Objat
Brioude
PÉRIGUEUX
Mauriac
Massiac
Blaye
St-André-de-Cubzac
Mussidan
Brive-la-Gaillarde
Argentat
Murat
Sarlat
Souillac
St-Flour
Libourne
AURILLAC
BORDEAUX
Bergerac
Rocamadour
Gourdon
Marmande
Langon
Fumel
Figeac
Espalion
Marvejols
Tonneins
CAHORS
Captieux
RODEZ
Villeneuve-s.-Lot
Casteljaloux
Villefranche-de-Rouergue
Florac
Sabres
AGEN
Caussade
Moissac
Nérac
Millau
MONTAUBAN
Roquefort
Castelsarrasin
Condom
MONT-DE-MARSAN
Gaillac
ALBI
Le Vigan
Grenade
Fleurance
Aire-s.-l'Adour
Lacaune
Lodève
TOULOUSE
Castres
AUCH
Mirande
Lombez
Villefranche-de-Lauragais
St-Pons
MONTPEL
Muret
Pézenas
PAU
TARBES
Béziers
Oloron-Ste-Marie
Lannemezan
CARCASSONNE
Narbonne
Lourdes
Pamiers
Mirepoix
St-Gaudens
GOL
Bagnères-de-Bigorre
Saint-Girons
Limoux
Port-la-Nouvelle
FOIX
Cauterets
Luz-St-Sauveur
Bagnères-de-Luchon
Tarascon-s.-Ariège
Quillan
Gavarnie
PERPIGNAN
Ax-les-Thermes
Canet-Plage
Andorra-la-Vella
Prades
Bourg-Madame
Céret
Prats-de-Mollo

Châtellerault
Preuilly
Issoudun
CHÂTEAUROUX
St-Amand-Montrond
Bourbon-Lancy
POITIERS
Parthenay
Le Blanc
La Châtre
MOULINS
Digoin
St-Pourçain-s.-Sioule
Paray-le-Monial
Gençay
Montmorillon
Montluçon
Lapalisse
La Souterraine
Gouzon
GUÉRET
Vichy
Bellac
Roanne
Ruffec
Confolens
Gannat
Aubusson
Riom
Thiers
Rochechouart
LIMOGES
Eymoutiers
CLERMONT-FERRAND
Noirétable
Pont-du-Château
Feurs
ANGOULÊME
St-Yrieix-la-Perche
Ussel
La Bourboule
Montbrison
Nontron
Issoire
Ambert
Barbezieux
Uzerche
Bort-les-Orgues
Lempdes
Brantôme
TULLE
Brioude
Objat
Mauriac
Massiac
PÉRIGUEUX
Murat
Yssingeaux
Mussidan
Brive-la-Gaillarde
Argentat
St-Flour
LE PUY-EN-VELAY
Sarlat
Souillac
AURILLAC
Bergerac
Rocamadour
Langogne
Gourdon
Marvejols
Marmande
Fumel
Figeac
Espalion
Tonneins
CAHORS
RODEZ
MENDE
Villefort
Casteljaloux
Villeneuve-s.-Lot
Villefranche-de-Rouergue
Florac
AGEN
Caussade
ALÈS
Nérac
Moissac
Millau
MONTAUBAN
Condom
Castelsarrasin
Le Vigan
Gaillac
ALBI
Fleurance
Lacaune
Lodève
TOULOUSE
Castres
MONTPELLIER
Mirande
AUCH
Lombez
Villefranche-de-Lauragais
St-Pons
Pézenas
Muret
Sète
TARBES
Béziers
Lannemezan
CARCASSONNE
Narbonne
GOLFE DU
Pamiers
Mirepoix
St-Gaudens
Limoux
Port-la-Nouvelle
Bagnères-de-Bigorre
Saint-Girons
FOIX
Luz-St-Sauveur
Bagnères-de-Luchon
Tarascon-s.-Ariège
Quillan
Gavarnie
PERPIGNAN
Ax-les-Thermes
Canet-Plage
Andorra-la-Vella
Prades
Bourg-Madame
Céret
Prats-de-Mollo
A10
A20
A62
A64
A61
A9
A75
A89
A68
A71
A72
N10
N7
N20
N21
N88
N89
N102
N106
N112
N113
N116
N120
N122
N124
N126
N140
N141
N144
N145
N147
N149
N151
N79
N9
D117
D118
D911
D928
D929
D931
D933
D935
D936
D939
D948
D148
D906
D921
D922
D938
D943

Autun
Chagny
Chalon-s.-Saône
Montceau
Louhans
LONS-LE-SAUNIER
Champagnole
Tournus
Lausanne
Charolles
St-Amour
La Cure
MÂCON
St-Claude
Gex
Thonon-les-Bains
Évian-les-B.
Oyonnax
GENÈVE
Annemasse
BOURG-EN-BRESSE
Nantua
Bonneville
Cluses
Bellegarde
Villefranche
Pont-d'Ain
La Roche-s.-Foron
Chamonix
Frangy
Ambérieu-en-Bugey
ANNECY
Megève
Aix-les-Bains
LYON
Belley
Ugine
Albertville
La Tour-du-Pin
St-Chamond
Givors
CHAMBÉRY
Bourg-St-Maurice
Bourgoin-Jallieu
Moutiers
Vienne
Les Abrets
Courchevel
ST-ÉTIENNE
Voiron
St-Jean-de-Maurienne
Firminy
Annonay
St-Marcellin
GRENOBLE
Tournon
Romans
Le Pont-de-Claix
St-Agrève
VALENCE
Villard-de-Lans
Briançon
PRIVAS
Crest
Die
Orcières
Guillestre
Vals-les-Bains
GAP
Aubenas
Montélimar
Serres
Barcelonnette
Nyons
Sisteron
DIGNE-LES-BAINS
Bagnols-s.-Cèze
Orange
Château-Arnoux
St-André-les-Alpes
Tende
Sospel
Remoulins
Carpentras
Forcalquier
Barrême
Entrevaux
NÎMES
AVIGNON
Apt
Castellane
Vence
Menton
Arles
Salon-de-Provence
Grasse
NICE
Antibes
Draguignan
AIX-EN-PROVENCE
Le Muy
Cannes
Fos
St-Raphaël
Brignoles
Vidauban
Fréjus
Port-St-Louis
Ste-Maxime
Aubagne
St-Tropez
MARSEILLE
Hyères
Le Lavandou
TOULON
LION
MER MÉDITERRANÉE
A39
N5
A6
N79
N6
N83
A40
N7
A41
A43
A47
N6
N75
A43
A7
A49
N6
N91
N94
N85
N75
D93
D994
D900
D94
A7
A51
N100
A9
A7
A51
N113
A54
N568
A55
N8
A57
N85
Dunkerque
Lille
Arras
Cherbourg
Le Havre
Amiens
Charleville-Mézières
Brest
Caen
Rouen
Reims
Chartres
PARIS
Nancy
Strasbourg
Rennes
Le Mans
Chaumont
Auxerre
Mulhouse
Angers
Tours
Orléans
Dijon
Nantes
Nevers
Besançon
Poitiers
Bourges
Genève
Limoges
Clermont-Ferrand
Lyon
Bastia
Ajaccio
St-Étienne
Grenoble
Bordeaux
Aurillac
Valence
Cahors
Gap
Nîmes
Albi
Avignon
Bayonne
Nice
Toulouse
Montpellier
Perpignan
Marseille
Toulon
4
5
6
7
8
9
10
11

Régions et départements de France

French regions and départements

Französische Regionen und Départements

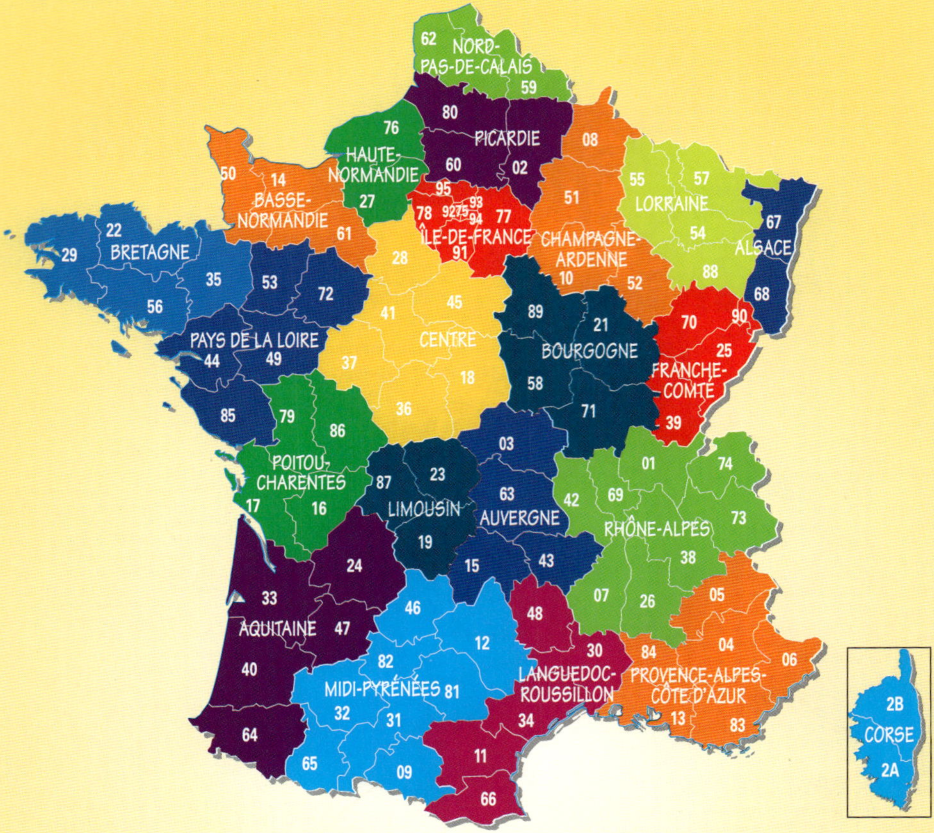

Alsace
67 Bas-Rhin
68 Haut-Rhin

Aquitaine
24 Dordogne
33 Gironde
40 Landes
47 Lot-et-Garonne
64 Pyrénées-Atlantiques

Auvergne
03 Allier
15 Cantal
43 Haute-Loire
63 Puy-de-Dôme

Bourgogne
21 Côte-d'Or
58 Nièvre
71 Saône-et-Loire
89 Yonne

Bretagne
22 Côtes-d'Armor
29 Finistère
35 Ille-et-Vilaine
56 Morbihan

Centre
18 Cher
28 Eure-et-Loir
36 Indre
37 Indre-et-Loire
41 Loir-et-Cher
45 Loiret

Champagne-Ardenne
08 Ardennes
10 Aube
51 Marne
52 Haute-Marne

Corse
2A Corse du Sud
2B Haute-Corse

Franche-Comté
25 Doubs
39 Jura
70 Haute-Saône
90 Territoire de Belfort

Île-de-France
75 Paris
77 Seine-et-Marne
78 Yvelines
91 Essonne
92 Hauts-de-Seine
93 Seine-Saint-Denis
94 Val-de-Marne
95 Val-d'Oise

Languedoc-Roussillon
11 Aude
30 Gard
34 Hérault
48 Lozère
66 Pyrénées-Orientales

Limousin
19 Corrèze
23 Creuse
87 Haute-Vienne

Lorraine
54 Meurthe-et-Moselle
55 Meuse
57 Moselle
88 Vosges

Midi-Pyrénées
09 Ariège
12 Aveyron
31 Haute-Garonne
32 Gers
46 Lot
65 Hautes-Pyrénées
81 Tarn
82 Tarn-et-Garonne

Nord-Pas-de-Calais
59 Nord
62 Pas-de-Calais

Basse-Normandie
14 Calvados
50 Manche
61 Orne

Haute-Normandie
27 Eure
76 Seine-Maritime

Pays de la Loire
44 Loire-Atlantique
49 Maine-et-Loire
53 Mayenne
72 Sarthe
85 Vendée

Picardie
02 Aisne
60 Oise
80 Somme

Poitou-Charentes
16 Charente
17 Charente-Maritime
79 Deux-Sèvres
86 Vienne

Provence-Alpes-Côte d'Azur
04 Alpes-de-Haute-Provence
05 Hautes-Alpes
06 Alpes-Maritimes
13 Bouches-du-Rhône
83 Var
84 Vaucluse

Rhône-Alpes
01 Ain
07 Ardèche
26 Drôme
38 Isère
42 Loire
69 Rhône
73 Savoie
74 Haute-Savoie

LES ITINÉRAIRES TOURISTIQUES

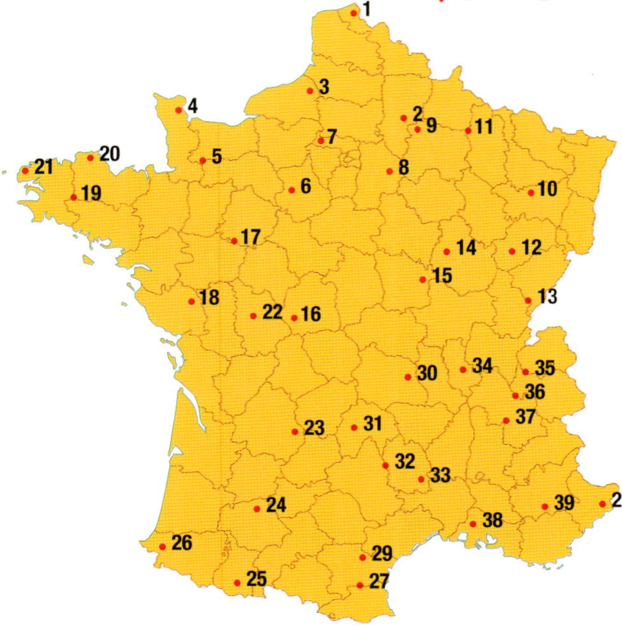

LÉGENDE DES GRANDS ITINÉRAIRES

Toutes les cartes sont orientées le nord en haut, à la verticale

■ ITINÉRAIRES

D8 ❶ Tracé, numéro de la route et point-étape
Route non revêtue
Passage difficile
Sentier
D45E « À voir aussi »

PICTOGRAMMES DES POINTS-ÉTAPES

Site naturel • Site industriel
Base de loisirs • Édifice religieux
Château, forteresse • Site archéologique
Musée • Habitat de caractère

TOPONYMIE DES ITINÉRAIRES

• ***Points-étapes***

REIMS **Épernay** Villes
Château de Joux ***Col de Turini*** ***Lac des Settons*** Sites

• ***« À voir aussi »***

MEAUX **Hautvillers** Villes
Abbaye de Vauclair ***Cirque de Gavarnie*** ***Étg de Guédelon*** Sites

■ FOND DE CARTE

A38 Autoroute et voie express
1 2 1. Échangeur partiel
2. Échangeur complet
Route à chaussées séparées
Route principale
Route secondaire
Orne *Lac de Pont* Hydrographie
Masse bâtie
Forêt
Limite de parc *(le dégradé indique l'intérieur du parc)*
Frontière

TOPONYMIE DE LA CARTE

GRENOBLE Tariec Villes-repères
Bois de Beauregard *Pont de l'Artuby* Sites-repères

■ SYMBOLES CARTOGRAPHIQUES ET TOURISTIQUES

Grotte • Vestiges antiques
Château • Remparts
Fort • Ruines
Cathédrale • Édifice religieux
Monument commémoratif • Table d'orientation
Point de vue • Panorama
Pèlerinage • Phare
Station de sports d'hiver • Moulin à vent
Parc de loisirs • Musée
Aéroport • Cimetière
Autre curiosité • Sommet
Marais • Barrage
Col • Viaduc

Au cœur des Flandres

1 Bailleul

Le beffroi et les 35 cloches de son carillon rythment plaisamment la vie des cafés de la grand-place. Du sommet de la tour, on découvre les façades de brique rouge et une bonne partie de cette Flandre de plaines et de monts où grandit le célèbre écrivain Marguerite Yourcenar. Paisible cité de la dentelle, Bailleul fut presque détruite en 1918, mais seul l'étrange et émouvant monument aux morts le laisse encore entrevoir. le musée Benoît De Puydt (arts décoratifs et peinture) et le petit musée Marguerite Yourcenar à Saint-Jans-Cappel.

2 Mont Noir

Mont Noir et mont des Cats sont comme deux frères d'une famille qui se prolonge en Belgique par le mont Rouge et le mont Kemmel. Sur les pentes du mont Noir – noir pour les sombres frondaisons de ses arbres –, la propriété de famille de Marguerite Yourcenar est devenue un parc de promenade.

3 Boeschepe

Un duo bien flamand est installé à Boeschepe. Le *Vierpot* est l'estaminet où l'on se restaure agréablement en attendant de visiter son voisin, le moulin de l'Ingratitude, dans le socle duquel a été aménagé un petit musée. depuis le mont des Cats.

4 Godewaersvelde

À Godewaersvelde, l'on pourra associer en-cas et emplettes au *Roi du potje'vleesch* : derrière sa façade toute de briques blanches, cet établissement fait aussi épicerie de campagne.

5 Steenvoorde

Connue pour la curieuse palette multicolore de ses maisons de briques peintes, Steenworde est une capitale locale des moulins. Sa position axiale, dans le corridor venteux qui sépare le mont Cassel des autres monts de Flandre, lui a valu d'en compter jusqu'à 20 en activité sur la commune ! Subsistent un rare moulin de pierre, le Steenmeulen (à Terdeghem) et deux moulins de bois, le Noordmeulen et le Westmeulen. Visites organisées par la mairie.

❻ Herzeele

Le dimanche après-midi, l'on danse et l'on consomme ici la bière locale au *Café des orgues*, au son de trois extraordinaires orgues mécaniques. Nés à Anvers entre 1912 et 1938, ils couvrent les murs d'une grande salle où roulent et résonnent les airs fameux du répertoire musette.

❼ Hondschoote

Faut-il rappeler qu'ici était la limite de la mer au Moyen Âge ? Sa large grand-place, sa *hallekerque*, église-halle à trois nefs parallèles (chaire et retables remarquables) et son hôtel de ville Renaissance signent son appartenance à la Flandre, mais la couleur sable de sa brique donne à Hondschoote et aux communes environnantes les atours d'une séduction originale. Noter qu'entrer dans une *hallekerque* suppose le plus souvent de s'adresser à l'avance à la mairie. 👁 à la sortie du bourg, le Noordmeulen, plus vieux moulin à vent d'Europe si la date déchiffrée sur son mécanisme est juste : 1127 !

❽ Les Moëres

Une promenade à vélo s'impose pour découvrir, entre bourg et littoral, les anciens marais des Moëres, « plat pays » tout agricole d'où émergent boqueteaux d'arbres, clochers… et, dans le lointain, les filiformes silhouettes des infrastructures du port de Dunkerque.

❾ Bergues

L'harmonie de rouge et de gris des briques de Bergues, le joli carillon de l'hôtel de ville, le charme des bords du canal de la Basse-Colme, l'originalité baroque de son musée du Mont-de-piété sont bien trompeurs : l'histoire de la ville est celle de ses remparts. À en faire le tour extérieur, à admirer la majestueuse porte Sud, dite de Cassel, on comprend vite pourquoi la ville forteresse, verrou de Dunkerque, tint tête en 1940 aux armées allemandes, au point que seule l'aviation put faire plier, au XXe s., le dispositif de défense édifié par Vauban au XVIIe.

❿ Esquelbecq

Et si ce petit bourg prouvait que passé et présent ne demandent qu'à se réconcilier ? Non loin du château et de son jardin du Moyen Âge (privés), un jeune couple a redonné vie à la bière locale en quittant, qui la grande distribution, qui son Canada natal, pour réintroduire un savoir-faire un temps disparu. Le plus difficile ? Ce fut de mettre au point, dans la cuisine familiale, avec l'aide d'une Cocotte Minute, la recette de la Blonde d'Esquelbecq, que l'on déguste aujourd'hui avec plaisir, sur place, dans la brasserie réhabilitée (visites sur rendez-vous).

LA SECONDE VIE DES MOULINS

Construits en brique, en pierre ou en bois, mus par le vent ou (plus rarement) par l'eau, les moulins des Flandres ne laissent pas indifférent. Leurs aficionados, regroupés dans l'Association régionale des amis des moulins, ont su orchestrer une réhabilitation complexe. En pierre ou en brique, leurs trois niveaux abritent deux meules : à farine et à huile. Seul le dernier étage s'oriente en fonction du vent, alors que leurs cousins en bois pivotent tout entiers autour d'un axe issu d'un seul tronc de chêne, l'un des 52 arbres nécessaires à leur édification. Une fois leurs ailes remontées, il faut plus qu'une légère brise pour mouvoir leurs 20 m et quelques d'envergure ! Mais, dans tous les cas, reconstruire ces « géants du Nord » à l'identique n'est qu'un préalable : nombre d'entre eux, ouverts à la visite, ont entamé – pour combien de siècles ? – une vie nouvelle d'ambassadeur. Les moulins se visitent sur rendez-vous auprès de l'Association régionale des amis des moulins :
ℹ Tél. : 03.20.05.49.34.

⓫ Wormhout

Blottie dans son petit jardin, une charmante maison de bourg abrite à Wormhout un musée peu commun. Sa collection de photographies associe portraits, cérémonies, paysages… Reflet d'une vie en Flandre, celle de Jeanne Devos, dont ce musée porte le nom.

⓬ Cassel

Le mont et son panorama unique sur les quatre coins des Flandres ont, de tout temps, attiré touristes… et militaires. Mais les premiers accordent la primeur au charme de la grand'place et de ses façades, dont l'hôtel de la Noble-Cour, qui cache derrière son portail Renaissance un joli musée ; visitent, au sommet de la butte, le moulin restauré ; préfèrent enfin jouir de la vue depuis le *T'Kasteel Hof* (face au moulin), en goûtant aux plaisirs de la gastronomie d'estaminet – dont le fameux « potje'vleesch », terrine de viandes froides en gelée.

⓭ Hazebrouck

Le chemin de fer a offert sa richesse à la ville, consacrée nœud ferroviaire à partir de 1848. Celle-ci nous retourne élégamment le cadeau : son musée municipal, dans le magnifique ancien couvent des Augustins, associe habilement, sous la garde de Tisje Tasje et de sa famille, géants protecteurs de la ville, des salles consacrées à l'ethnographie régionale et une très plaisante collection de peintures et d'objets sacrés.

⓮ Aire-sur-la-Lys

Aux XVIe et XVIIe s., Aire-sur-la-Lys fut une place forte de la Flandre espagnole et connut une prospérité qui se maintint lorsque Louis XIV la fit rentrer dans le giron français. Sa Grand-Place est parmi les plus belles : le bailliage, de style renaissance flamande (vers 1600), la collégiale, vaste édifice de style gothique flamboyant (XVe-XVIIe s.), l'hôtel de ville et les maisons qui l'encadrent (XVIIIe s.) témoignent de la grandeur passée. 👁 après la visite de la ville, la petite forêt domaniale de Nieppe et la vallée de la Lys, occasion rêvée d'une dernière villégiature.

486 1685 550

Entre Soissonnais et Laonnois

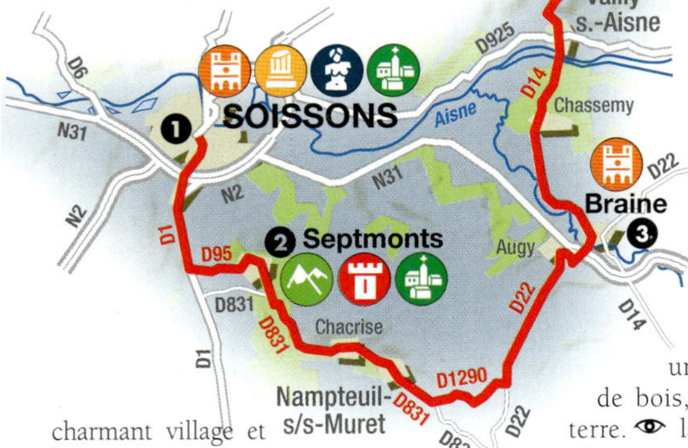

❶ Soissons

Vieille de plus de deux mille ans, Soissons fut capitale dès Clovis et, bien que détruite aux trois quarts lors de la Grande Guerre, elle a conservé un riche patrimoine médiéval, dont l'immense nef de sa cathédrale gothique et les vestiges de l'abbaye Saint-Jean-des-Vignes, au sud de la ville, cadre de la reconstitution d'une maison du VIe s.

❷ Septmonts

Un château se dresse dans la vallée de la Crise depuis le XIVe s. Tailleurs de pierre et maçons s'affairent à restaurer les vestiges de ce qui fut longtemps la résidence favorite des évêques de Soissons. du haut des sept étages du donjon sur le charmant village et la campagne alentour.

❸ Braine

L'ancienne abbatiale fut construite pour conserver les reliques de saint Yved, évêque de Rouen, à l'abri des incursions normandes. Malgré des restaurations hasardeuses, elle reste un bel exemple du premier âge gothique. Dans le village subsiste une remarquable maison à colombages et encorbellements (XVIe s.).

❹ Chemin des Dames

Terre de mort et de chaos, le Chemin des Dames fut l'un des lieux des mutineries de la troisième année de la guerre. Les tombes militaires y alternent avec les monuments, comme les paysages avec les souvenirs. sur la crête du plateau, les vestiges du fort de la Malmaison, que l'âpreté des combats a réduit à un enchevêtrement de bois, de pierres et de terre. la caverne du Dragon. Les « creutes » sont des cavités calcaires, très anciennes carrières ou anfractuosités naturelles, seuls abris sûrs pour les soldats du Chemin des Dames. Elles furent sculptées et peintes en de nombreux endroits, offrant d'émouvants témoignages de foi, de rage ou de désespoir. l'abbaye cistercienne de Vauclair, qu'un groupe d'archéologues s'attache faire revivre au cœur d'une forêt de 1 000 ha. Jeux pour les enfants et sentiers balisés offrent des instants de détente au milieu de lourds souvenirs.

❺ Liesse-Notre-Dame

Ce lieu de pèlerinage est vieux de six siècles. Offerts par Louis XIII, Anne d'Autriche ou de plus modestes et récents donateurs, ex-voto et autres témoignages attestent de la popularité de la Vierge noire ramenée de Terre sainte par les premiers pèlerins. la forêt de Samoussy, dont les futaies furent fréquentées par Charlemagne.

❻ Nouvion-le-Vineux

Dans ce village tout en pierre calcaire, typique du pays laonnois, on tombe sous le charme de la minuscule église du XIIe s., associant gothique et roman, toujours entourée de son cimetière, et du lavoir, directement alimenté par une source. les vendangeoirs de Laval-en-Laonnois.

❼ Laon

Vue des plaines alentour, Laon trône sur son plateau comme une acropole. Ses remparts protègent un plan urbain médiéval et un bâti parfois d'époque. Il faut s'y perdre pour découvrir les merveilles souvent taillées dans le calcaire extrait du cœur de la butte. Ne pas repartir sans visiter la cathédrale Notre-Dame, l'abbaye Saint-Martin, le Musée archéologique et la chapelle des Templiers.

Nature en pays de Bray

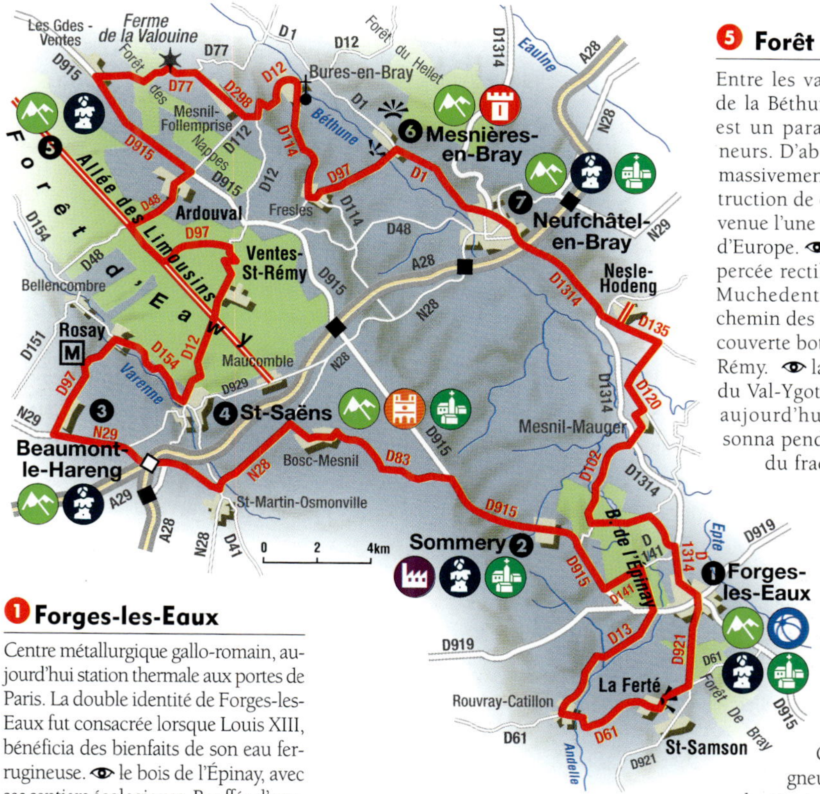

❶ Forges-les-Eaux

Centre métallurgique gallo-romain, aujourd'hui station thermale aux portes de Paris. La double identité de Forges-les-Eaux fut consacrée lorsque Louis XIII, bénéficia des bienfaits de son eau ferrugineuse. 👁 le bois de l'Épinay, avec ses sentiers écologiques. Bouffée d'oxygène du petit matin pour les joueurs du casino ? 👁 la Ferté-Saint-Samson, place forte depuis le Xe s. (⁘ sur la boutonnière de Bray).

❷ Sommery

Installée au bord du Sorson, la ferme de Bray reconstitue un magnifique domaine agricole du XVIIe s. Autour du manoir un pressoir à cidre, un moulin à roue à aubes, un four à pain, un séchoir à fromages et un colombier aident à comprendre comment fonctionnait une importante exploitation rurale brayonne. Non loin de là, 7 étangs ont été aménagés pour la pêche à la truite.

❸ Beaumont-le-Hareng

Les 6 ha des Jardins de Bellevue font face à la forêt d'Eawy. Particulièrement renommés pour leurs collections de plantes himalayennes, ils s'enorgueillissent de posséder la collection d'hellébores orientaux la plus complète d'Europe. 👁 le musée de la Pomme et du cidre à Rosay, où des tableaux de la vie rurale ont été mis en scène par un collectionneur passionné.

❹ Saint-Saëns

Aujourd'hui encore, on flâne dans la rue des Tanneurs en songeant qu'à la fin du XVIIIe s. elle accueillait près de 40 ateliers ! Son église, aux somptueux vitraux du VIe s., ajoute au charme de cette cité d'antan. Depuis le belvédère, une table d'orientation met la ville en perspective avec la forêt dont elle est la porte.

❺ Forêt d'Eawy

Entre les vallées de la Varenne et de la Béthune, la forêt (7 200 ha) est un paradis pour les randonneurs. D'abord plantée de chênes, massivement abattus pour la construction de charpentes, elle est devenue l'une des plus belles hêtraies d'Europe. 👁 l'allée des Limousins, percée rectiligne de 15 km reliant Muchedent à Maucomble. 👁 le chemin des Écoliers, sentier de découverte botanique à Ventes-Saint-Rémy. 👁 la rampe de lancement du Val-Ygot, à Ardouval : la forêt, aujourd'hui havre de paix, résonna pendant la dernière guerre du fracas des fusées V1.

❻ Mesnières-en-Bray

L'arrivée sur ce château Renaissance flanqué de puissantes tours encadrant un escalier à queue de paon ne manque pas d'allure. Si la galerie des Cerfs, la salle des Cartes, la chapelle seigneuriale et surtout la salle des Quatre-Tambours sont dignes d'attention, une promenade dans le parc et le jardin à la française rappelle opportunément que le château est aussi une école d'horticulture réputée. ⁘ depuis la table d'orientation sur la vallée de la Béthune et les dernières frondaisons de la forêt d'Eawy.

❼ Neufchâtel-en-Bray

Il fait bon se promener dans les rues de ce bourg animé dont les maisons à pans de bois alternent avec les constructions d'après-guerre. Visiter le musée Mathon-Durand, consacré aux arts et traditions populaires, et l'église Notre-Dame (remarquables chapiteaux Renaissance). 👁 la ferme des Fontaines à Nesle-Hodeng : découverte du métier d'exploitant agricole, et dégustation du neufchâtel, le fromage en forme de cœur.

Les lieux du D-Day

1 Cimetière britannique de Ranville

Sur le flanc est de la zone d'assaut, de violents combats se déroulèrent pour le contrôle des ponts sur l'Orne, dont le fameux Pegasus Bridge, dès la nuit du 5 au 6 juin ; 2 238 tombes à l'ombre d'une église de village en portent pour toujours témoignage. Est-ce la jeunesse des soldats ou la douleur, digne et fière, qu'exprime chaque épitaphe, qui serre ainsi le cœur du visiteur ? 👁 le café Gondrée et son musée, à l'extrémité de Pegasus Bridge.

2 Riva-Bella

Pic incongru planté au cœur de la plaisante station balnéaire de Riva-Bella, le Grand Bunker (musée du Mur de l'Atlantique) dresse ses 5 niveaux jusqu'à 15 m de hauteur. À l'intérieur, conservé en l'état, le visiteur plonge dans la guerre : dans ce donjon moderne, qui dominait toute la côte, les mannequins de soldats bien équipés (télémétrie, transmission, armements) semblent encore attendre l'assaut de pied ferme…

3 Saint-Aubin-sur-Mer

Avec sa digue-front de mer et ses habitations bordant la plage, Saint-Aubin est le seul endroit qui donne encore une idée de l'aspect de Sword, Juno et Gold, les portions de rivage découvertes par les bataillons anglo-canadiens au matin du 6 juin 1944.

4 Courseulles-sur-Mer

C'est ici que De Gaulle reposa le pied en France métropolitaine, le 14 juin 1944 : 3 ans et 362 jours après l'appel du 18 juin. Une croix de Lorraine et un petit mémorial le rappellent en bordure des dunes.

5 Bayeux

À Bayeux, les rues de la ville, enthousiastes, confirmèrent aux Alliés la légitimité du Général. On peut revivre son parcours dans un cadre inchangé jusqu'à l'ancienne place du Château, avant de visiter à deux pas le Mémorial qui lui est consacré, rue Bourbesneur. Tout près, visite impérative de la Tapisserie de Bayeux, de la cathédrale, chef-d'œuvre du gothique primitif, et du musée Baron-Gérard (section paléographique).

6 Arromanches-les-Bains

Soit une armée titanesque de 2 millions d'hommes, 500 000 véhicules et 3 millions de tonnes d'approvisionnement, à débarquer en quelques semaines. La maîtrise d'un port (celui de Cherbourg) est soumise aux aléas du combat. Que faire ? En créer, de toutes pièces, un nouveau, artificiel, là où il est nécessaire ! Ce sera le mulberry d'Arromanches. Le musée du Débarquement montre comment, en onze jours, ce Meccano géant préfabriqué devint capable d'assurer un transit de 6 000 tonnes par jour, comparable à celui du Havre avant-guerre.

7 Longues-sur-Mer

Dans ce bastion du Mur de l'Atlantique, ce sont d'autres grands bunkers de 5 niveaux – cette fois enterrés – qui abritaient la garnison. Les casemates sont aujourd'hui remblayées ; dans le champ d'à côté, l'été, la fenaison bat son plein ; et la falaise, en bas, s'achève en un chaos naturel qui vaut le détour. Seuls les canons, toujours en place, pointent la tête au ras de l'herbe et rappellent qu'avant le calme, il y eut la tempête…

8 Commes

L'inventeur du musée des Épaves sous-marines de Commes collecte des objets uniques et bouleversants : il plonge pour arracher à la mer les restes des naufrages que causèrent les tempêtes de juin 1944. Le frisson qu'ils provoquent prépare au choc qui nous attend à Omaha Beach.

SUR LES LIEUX DE LA BATAILLE DE NORMANDIE

Quelle est cette imprenable forteresse contre laquelle se sont élancées des forces d'une ampleur encore jamais vues dans l'Histoire ? L'Espace historique de la bataille de Normandie apporte au visiteur des réponses, émouvantes et passionnantes : 51 sites sont dotés d'un « totem » portant un commentaire bilingue et réunis en 7 itinéraires précisément balisés. Toujours présente, toujours discrète, cette signalétique est le repère le plus pédagogique, sur des sites épars souvent transformés par le demi-siècle écoulé. Un dépliant – disponible sur de nombreux sites – et un guide ont en outre été édités. Quant au Mémorial pour la Paix, bâti à la périphérie de Caen, il s'est donné pour mission de témoigner, dans une muséographie très moderne, des ravages des conflits.
Mémorial de Caen ℹ Tél. : 02.31.06.06.45

9 Cimetière américain de Colleville-sur-Mer

À quelques dizaines de mètres sur la droite du cimetière, depuis le point fortifié Wn62, on découvre ébahi Omaha Beach, rempart auquel les vagues d'assaut US ont été confrontées. À marée haute, plus de plage : les vagues lèchent le pied d'un mur de sable et de taillis... 40 m plus haut, sur le plateau, 9 386 hommes reposent dans l'ordre parfait des armées mortes. L'imposant mémorial n'oublie pas, en son jardin des Disparus, les milliers d'autres dont le lieu de sépulture est resté inconnu.

11 Cimetière allemand de La Cambe

L'âge moyen des 236 000 victimes, alliées ou allemandes, des deux premiers mois de combat en Normandie n'excédait pas 25 ans. Et, parmi les 21 115 soldats qui reposent ici entre arbres et croix de granite noir, bon nombre n'avaient pas 20 ans. Le site expose simplement, à travers leurs lettres et celles de leurs proches, les derniers jours de quelques-uns : bouleversant garde-fou contre toutes les guerres.

12 Carentan

Porte des marais du Cotentin, la ville fut le lieu du premier contact entre soldats d'Omaha et d'Utah. Elle est devenue le point de ralliement de bannie – ce qui permit à l'armée US d'y débarquer jusqu'à 46 000 hommes et 8 000 véhicules en une seule journée de juillet ! Par beau temps, la mer, de la pointe de Saire à la pointe du Hoc, semble immense ; mais ce n'est là cependant qu'un aperçu du gigantesque périmètre couvert par le débarquement : la table d'orientation indique qu'au-delà de l'horizon, barré par les falaises du Hoc, Riva-Bella et Sword Beach sont à 80 km !

14 Sainte-Mère-Église

Célèbre pour son église-piège à parachutiste, le bourg ne pouvait faire moins qu'héberger un musée des Troupes aéroportées. On appréciera suivant son humeur le mannequin toujours accroché par sa toile au clocher, utile pour rappeler au touriste distrait la raison de sa visite...

15 Cherbourg

Prendre Cherbourg, et en faire la plate-forme logistique de toute l'armée alliée durant la campagne de France, tel fut le premier objectif du débarquement. Sa conquête fut le triomphe de la stratégie de Montgomery. Du haut du fort du Roule, le génie du site saute aux yeux : double rade gigantesque, premiers bassins venant entailler les derniers rebords des collines qui enserrent la ville. À l'automne 1944, son trafic militaire fit de Cherbourg le premier port du monde. 👁 les jardins publics créés au XIXe s., l'un des charmes de la ville.

10 Pointe du Hoc

Vision lunaire d'une terre labourée par les obus et que l'on n'a pas refermée... Dominant les plages, croisant leur tir avec celui de la batterie de Longues, les canons du Hoc constituaient un gigantesque bastion. Un bataillon de rangers fut chargé de les neutraliser et y perdit les trois quarts de ses effectifs. Pour rien. Les canons avaient été démontés quelques jours avant le 6 juin...

Dans le bocage normand

❶ Putanges-Pont-Écrepin

Putanges est rive gauche, Pont-Écrepin rive droite ; entre les deux passe l'Orne, un rêve de rivière entre deux haies vertes de hauts arbres qu'elle reflète lorsque le ciel est bleu. Les deux villages furent reliés par un pont et la commune prit son nom actuel. Une maison de maître de forge, près de la rivière, rappelle que l'on extrayait dans les environs du minerai de fer et que l'eau fournissait de l'énergie.

❷ Rabodanges

Pour les initiés, le barrage est dit à voûtes multiples. L'Orne devient une eau dormante et s'étend en un vaste lac entre les saules, les aulnes et, sur les pentes, les chênes et les bouleaux. Le meilleur panorama est au pont de Sainte-Croix. Rabodanges, sur la rive droite, possède un château Louis XIII aux paisibles symétries, qui clôt une vaste prairie encadrée de tilleuls. La ferme et les communs sont devenus un haras.

❸ Gorges de Saint-Aubert

Après la quiétude du barrage, l'Orne doit se réveiller si elle veut traverser les roches qui l'étranglent : ainsi sont nées ces gorges. Prudente, la route s'en éloigne, faisant de l'endroit le paradis secret des pêcheurs à la truite… de mer, qui a ici des frayères cachées.

❹ La Roche d'Oëtre

Après Pont-d'Avray, l'Orne se fait douceur et méandres. La Rouvre, l'un de ses affluents, possède un lit encombré de blocs moussus, aux rives colonisées par la plus belle des fougères, l'osmonde royale. Au sommet de la Roche d'Oëtre, où continue à s'accrocher le bocage, s'ouvre le plus remarquable paysage de Suisse normande : le mot précipice n'est pas ici une invention publicitaire…

❺ Pont-d'Ouilly

Sept arches, un vieux pont jeté sur les eaux bruissantes… Il n'en fallait pas plus pour faire se rencontrer Saint-Marc-d'Ouilly et Ouilly-le-Basset, et qu'ils deviennent Pont-d'Ouilly. À Saint-Marc-d'Ouilly, la chapelle Saint-Roch offre un beau point de vue sur les vallées de l'Orne et du Noireau.

❻ Clécy

C'est ici que les eaux de l'Orne sont devenues héroïques : elles ont franchi le synclinal du bocage, qui culmine à 300 m en s'offrant en quelques centaines de mètres des dénivelés de 200 à 250 m. D'un côté, les falaises un peu pourprées ; en bas, la douceur des grands méandres bleutés de la rivière qui semble se blottir contre les courbes des bois. Dans le bourg, le musée Hardy est consacré à des impressionnistes normands. 👁 les rochers de Clécy (dont le célèbre Pain de Sucre, sur la rive droite) où conduisent des balades à pied.

LE BOCAGE

Les pays qui forment le bocage ont été colonisés par les défricheurs du XIe au XIIIe s. ; ils abattirent les arbres des bas de vallées, à l'humus épais et riche, repoussèrent peu à peu la lande vers les sommets au sol acide. Les talus sont formés d'un amoncellement de pierres, recouvert de terre sur laquelle sont plantés arbustes et arbres qui servent de coupe-vent. Un fossé entoure le champ, qui garde l'humidité l'été et régule les excès d'eau. Pourtant, le bocage s'éclaircit à la suite de remembrements. Les terres les moins fertiles sont souvent délaissées, c'est la « déprise », qu'accompagnent l'extension des conifères et l'homogénéisation des espèces. Le tourisme vert, qui favorise aujourd'hui les milieux naturels, fussent-ils créés de toutes pièces, inversera-t-il la tendance ?

❼ Thury-Harcourt

1944 : les combats signent la fin du château du Clécy (XVIIe-XVIIIe s.), à l'exception de la façade, de l'orangerie, de la chapelle et des pavillons d'entrée. Les vestiges ont donné une touche de romantisme aux jardins créés au XVIIIe s. par François-Henri d'Harcourt en illustration de ses théories. Auteur d'un *Traité de la décoration des dehors, des jardins et des parcs*, il fit, dit-on, de celui-ci l'un des plus beaux du royaume de France.

❽ Le Plessis-Grimoult

Une abbaye ruinée, des vestiges de bas-côtés où le ciel a remplacé les voûtes, une salle capitulaire, voilà ce qui subsiste de l'abbaye Saint-Étienne (XIIe s.). Près du village, la chapelle ruinée du Cornu évoque une sombre histoire d'adultère impliquant Guillaume le Conquérant et sa femme Mathilde, accusée à tort. Le dénonciateur fut écorché vif et écartelé sur le lieu dit du « corps nu… »

9 Mont Pinçon

Avec ses 365 m d'altitude, il est le mont Vert du bocage normand, qui a oublié d'en recouvrir le sommet. Sur le sol maigre et acide prospérait la lande avant que des conifères n'y étendent en partie leur manteau vert sombre – tandis qu'un émetteur de télévision domine le monde des arbres, des genêts et des ajoncs.

10 Château de Pontécoulant

Classicisme, austérité, murs sombres de granite, bleu noir de l'ardoise, vert des pelouses et des hauts arbres du parc à l'anglaise… Tel est ce château-musée, élevé au XVIIIe s.

11 Vire

La vieille capitale du bocage a reçu de plein fouet le choc de la dernière guerre : 90 % des maisons ont dû être reconstruites. Des immeubles en granite de deux étages ont été implantés sur la trame ancienne, qui s'ordonne autour de la vallée creusée en contrebas par la Vire : les Vaux-de-Vire. Il reste une belle église (XIIe s.), l'hospice Saint-Louis (XVIIIe s.) et de fastueux hôtels particuliers, comme le château du Cottin (rue André-Halbout). L'ancien Hôtel-Dieu accueille un musée ethnographique.

12 Lac de la Dathée

Plan d'eau de près de 45 ha, encerclé par un sentier de 7 km, le lac de la Dathée a été créé par un petit barrage et accueille une bien agréable base de loisirs. On y trouve également une réserve ornithologique.

13 Forêt de Saint-Sever

Au sommet d'un massif granitique qui culmine à 300 m et reçoit plus de 1 m de pluie par an, la forêt, domaniale, occupe 1 500 ha. Au milieu, la chapelle de l'Ermitage (XVIIIe s.) est le vestige d'un couvent bénédictin.

14 Saint-Michel-de-Montjoie

Le musée du Granite présente les techniques d'extraction de cette roche, le « bleu de Vire », et les pièces qui en sont tirées. Dans les quelques carrières encore en activité s'activent les descendants des picauts, nom local des tailleurs de pierre.
👁 à Saint-Pois, le château (façade XVIIIe s.) et l'église (pietà).

15 Vallée de la Sée

Le granite empêchant l'eau de s'infiltrer en profondeur, elle ruisselle partout, descendant en torrents vifs des hauteurs boisées au fond de petites vallées encaissées, où elle animait jadis toute une proto-industrie : on comptait près de 60 moulins sur les 10 km séparant Chérencé-le-Roussel de Sourdeval.

16 Mortain

Avec ses toits d'ardoise bleue et ses maisons en granite, l'Armoricaine Mortain est au centre du paysage le plus accidenté de la Manche. En venant de Sourdeval, on découvre d'abord, aux portes de la ville, l'Abbaye-Blanche, mêlant arts roman et gothique, puisqu'elle fut édifiée aux XIIe et XIIIe s. En ville, la collégiale Saint-Évroult (début du XIIIe s.) possède une nef à trois étages, et sa tour est l'une des plus hautes de Normandie. Le trésor comprend un admirable petit coffret du VIIe s., qui fut utilisé par les moines irlandais.

17 Barenton

La maison de la Pomme et de la Poire est dédiée à l'âme du pays normand, où l'on peut encore croiser, de temps à autre, l'alambic d'un bouilleur de cru au hasard d'un chemin vicinal. Elle conserve également dans son verger de nombreuses variétés de pommiers et vend cidre, calvados, poiré, pommeau et jus de pomme.

Entre l'Eure et le Loir : le grenier de

❶ Chartres

L'unique cathédrale en France à paraître trôner, seule, au milieu des champs… Pour s'expliquer cette illusion d'optique, il faut savoir que la ville occupe un plateau qui domine le cours de l'Eure. L'on imagine l'émerveillement du pèlerin qui, à partir du XIIIe s., voyait surgir à l'horizon ce joyau de l'architecture médiévale, aujourd'hui l'un des monuments les plus visités au monde. Depuis son flanc est, un réseau d'antiques rues et d'escaliers quitte la place pour descendre jusqu'aux berges de la rivière. Il faut aussi visiter le musée des Beaux-Arts, installé dans l'ancien évêché, et la grange dîmière de Loëns, devenue musée du Vitrail.

❷ Illiers-Combray

Si la madeleine est devenue la grande spécialité d'Illiers-Combray, c'est bien parce que le petit Marcel Proust a passé ici une partie de son enfance, et goûté cette gourmandise qu'il évoque dans son œuvre. Devenue musée, la Maison de tante Léonie conserve de nombreux souvenirs de l'auteur d'*À la Recherche du temps perdu*. À propos, Combray n'a jamais existé ! La tante Léonie habitait Illiers, devenu Illiers-Combray en hommage à l'écrivain.

❸ Alluyes

Entre Perche et Beauce, Alluyes fut une puissante baronnie. Un bras du Loir la protège, qui enserre un splendide donjon du XIIIe s., quelques éléments fortifiés, une chapelle… S'y ajoute un parc planté d'essences très diverses qui mêlent dans l'eau leur reflet à celui des arches d'un petit pont.

❹ Dangeau

Le bourg s'organise autour d'un rare vestige : l'église édifiée en 1100, proche dans sa construction de ce qu'était l'ancienne cathédrale romane de Chartres. À proximité se trouvent les deux plus belles maisons du village et leurs pans de bois ouvragés. Plus loin, du pont sur l'Ozanne, on admire un élégant alignement de maisons achevé par une tour coiffée de vieilles tuiles.

❺ Bonneval

Le Loir forme une large boucle rehaussée de vestiges médiévaux autour de la petite cité. L'on s'y promène à pied ou en barque pour voir se succéder fortifications, jardins, antiques tours et lavoirs… Au hasard des rues, quelques très vieilles pierres, des fenêtres à ogives, un mur monumental rappellent qu'ici s'élevait l'abbaye Saint-Florentin, fondée en 857, grâce à laquelle Bonneval fut, durant des siècles, un bourg puissant, riche et très convoité… Une route paisible et ombragée quitte la cité en longeant le Loir jusqu'au hameau de Saint-Maur. Là, près d'une chapelle romane, une passerelle enjambe la rivière pour rejoindre un chemin surplombant, 1 km plus loin, l'un des sites les plus charmants qui soient : une plaine où courent plusieurs bras d'eau, un grand pont médiéval et un manoir du XVe s. cerné de vieilles granges et de jardins.

❻ Châteaudun

Édifié sur un promontoire calcaire, Châteaudun signifie « Château Dunois », référence à Jean Dunois, bâtard d'Orléans et compagnon de Jeanne d'Arc, pour qui fut construit l'impressionnant château qui domine le Loir. Près du portail d'entrée, des ruelles médiévales irrégulièrement pavées descendent vers la ville basse d'où l'on peut rejoindre les grottes du Foulon, immenses cavités de silex où scintillent quartz et calcédoine.

❼ Montigny-le-Gannelon

Très remanié au XIXe s., le château de Montigny-le-Gannelon date du XVe s. En suivant la falaise sur laquelle il est construit, le promeneur découvre des habitations troglodytiques puis traverse le Loir avant de rejoindre Cloyes, d'où partit, en 1212, la tragique Croisade des enfants, au cours de laquelle périrent 20 000 jeunes soldats.

❽ Brou

Le marché s'installe toujours chaque mercredi sur la place de la halle de Brou (XIXe s.), véritable centre du bourg. C'est le point de départ d'un réseau de vieilles rues qui permet de découvrir quelques

la France

très belles maisons du XVIe s. comme celle de la rue des Changes ou celle située à l'angle de la rue de la Tête-Noire.

9 Frazé

C'est depuis la D15, juste avant d'arriver à Frazé, que l'on profite de la plus belle vue sur le château des XVe, XVIe et XVIIe s. aux très élégantes tourelles, sa poterne et sa chapelle ; le tout au milieu d'un parc parcouru de canaux et planté d'arbres séculaires. Au village, la place de la mairie offre, elle aussi, une belle vue sur le porche d'entrée du parc et l'église Renaissance.

10 Thiron-Gardais

Au creux des collines du Perche, Thiron-Gardais doit sa renommée à l'abbaye fondée en 1114 par saint Bernard d'Abbeville, dont il reste une superbe abbatiale. Le bourg comportait aussi l'un des collèges militaires les plus renommés de France (Napoléon Bonaparte y fut admis comme élève avant que son père ne préfère le collège de Brienne).

11 Nogent-le-Rotrou

Sur les rives de l'Huisne, la capitale du Perche fut presque entièrement brûlée pendant la guerre de Cent Ans, puis vite reconstruite, comme en témoignent ses nombreux édifices fin XVe s. ou Renaissance (églises Saint-Laurent et Saint-Hilaire, maison du bailli, maisons de la rue Bourg-le-Comte). Outre les comtes du Perche, qui édifièrent la forteresse Saint-Jean (XIe, XIIIe et XVe s.), les autres éminents seigneurs du lieu furent les ducs de Sully, qui conservèrent Nogent jusqu'à la Révolution. On découvre d'ailleurs, dans l'Hôtel-Dieu du XVIIe s., le tombeau (vide !) du ministre d'Henri IV et de sa femme.

12 Senonches

Au cœur du massif forestier (chênes et hêtres) le plus important du département, Senonches conserve une très originale église du XIIe s. (appareillage de briques et de pierres grises), ainsi qu'un château médiéval qui abrite aujourd'hui un petit musée d'Art et Tradition populaires. On visitera aussi l'amusant musée de la Miniature impériale.

13 Dreux

Cité frontière chargée de défendre la France des incursions normandes, Dreux possédait une puissante forteresse dominant la ville. Démantelée par Henri IV, elle fut remplacée par une collégiale puis, en 1816, par la chapelle royale Saint-Louis destinée à servir de nécropole pour la famille d'Orléans. On y voit de nombreux tombeaux illustres, dont celui du roi Louis-Philippe. Autre curiosité de la ville, le beffroi, qui est un magnifique mélange des styles gothique flamboyant et Renaissance. 👁 les panoramas le long de la vallée de l'Eure, depuis Dreux jusqu'à Maintenon.

14 Nogent-le-Roi

C'est parce que de nombreux rois ont séjourné dans son ancien château fort que le bourg prit ce nom au XIIIe s. Aujourd'hui, il ne reste de la forteresse que quelques vestiges et un parc habité par un troupeau de daims. Baignée par l'Eure et le Roulebois, cette petite cité verdoyante conserve autour de la belle église Saint-Sulpice (gothique flamboyant) de nombreuses maisons à encorbellement et pans de bois.

15 Maintenon

Au confluent de la Voise et de l'Eure, le village est célèbre pour son château d'origine médiévale, d'aspect Renaissance, cadeau de Louis XIV à Françoise d'Aubigné, sa secrète épouse, devenue marquise de Maintenon. Dessiné par Le Nôtre, le parc est traversé par l'Eure. Au fond, un aqueduc réalisé par Vauban devait en capter l'eau et l'acheminer jusqu'à Versailles. Inachevé et en ruine, il conserve plusieurs tronçons visibles entre la gare et la route de Saint-Piat.

Paysages ruraux du Vexin français

1 Magny-en-Vexin

Ce paisible bourg, jadis sur la route Paris-Rouen, affiche à l'envi son glorieux passé. Sa porte de Paris est presque solennelle, avec ses deux piliers du XVIIIe s. ornés de trophées et de guirlandes. Le long des rues, les maisons, du XVe au XIXe s., montrent tantôt de jolis colombages, tantôt de discrètes frises géométriques ou végétales. L'église aux accents Renaissance abrite des trésors : une Madeleine repentante du peintre Santerre, enfant du pays, un baptistère à baldaquin (1534) et le mausolée des seigneurs de Villeroy (XVIe-XVIIIe s.).

2 Villarceaux

Le domaine de Villarceaux et le château voisin d'Ambleville trouvèrent une commune destinée lorsque, vers 1930, la propriétaire du premier acheta le second. Tous deux raviront les amateurs de jardins. Le parc de Villarceaux s'inspire à la fois du XVIIe et du XVIIIe s., à l'image de son manoir – qui, dit-on, abrita les amours de Ninon de Lenclos – et de son très classique château. Le parc d'Ambleville, jalonné de statues, de fontaines et de topiaires d'ifs, fut créé dans l'esprit du XVIe s. italien, afin de parer le château à la façade Renaissance.

3 La Roche-Guyon

Depuis la route des Crêtes, qui conduit à La Roche-Guyon, la vue est imprenable sur la Seine entaillant le plateau du Vexin d'impressionnantes falaises de craie. Soudain surgit la silhouette en amande d'un donjon troglodytique. Il faut s'en approcher pour découvrir le château proprement dit, construction composite (XVe-XVIIIe s.), qui eut pour hôte La Rochefoucauld, mais aussi Rommel, qui en fit son quartier général en 1944.

4 Vétheuil

Monet trouvait l'endroit ravissant : il y « planta sa tente » entre 1878 et 1881. L'église, où il se maria peu avant la mort de sa jeune femme, ressemble à un musée tant son mobilier intérieur est riche. On y voit, entre autres, une gracieuse Marie-Madeleine du XVIIe s. et une fresque représentant le cortège d'une confrérie de charité surmonté d'un Jugement dernier médiéval aux redoutables démons noirs…

5 Wy-dit-Joli-Village

« Ah ! Le joli village ! » se serait exclamé Henri IV en découvrant Wy, qui s'est depuis lors enrichi du qualificatif flatteur. Le village y est fidèle, avec ses ruelles bordées de longs murs de pierres sèches. Tout près de l'église, le presbytère, inattendu, ressemble à une caverne d'Ali Baba depuis que Claude Pigeard, ancien ouvrier passionné de traditions rurales, y a installé son musée de l'Outil. Il y expose pas moins de 5 000 objets, modeste échantillon d'une collection de 25 000 pièces ! le musée archéologique de Guiry-en-Vexin et sa collection d'intérêt national de 35 000 pièces découvertes dans le nord-ouest de l'Île-de-France.

6 Théméricourt

C'est l'un des villages les plus charmants qui soient avec ses belles fermes, ses lavoirs et son église classée. Accolé au sanctuaire, le château (XVe-XVIIIe s.) est devenu le siège du Parc naturel régional. le château de Vigny, restauré avec une fantaisie propre au XIXe s. : véritable demeure de la Belle au bois dormant, il s'est prêté à de nombreux tournages dont *le Capitaine Fracasse* d'Abel Gance.

7 Nucourt

L'église apparaît, solitaire, solidement campée dans les champs à l'écart du village. Construite entre le XIIe et le XVIe s., elle arbore, avec sa massive tour-porche, des allures de forteresse qui n'effraieront personne : l'endroit est si calme et si charmant…

À travers la Brie médiévale

❶ Jouarre

Si Meaux fut la cité de Bossuet, précepteur de Louis XIV, la visite de Jouarre, qui surplombe les vallées de la Marne et du Petit-Morin, nous entraîne vers les temps plus obscurs des Mérovingiens. Adon, à l'époque du roi Dagobert, fonda ici un monastère qui compte encore, treize siècles plus tard, 65 bénédictines. De l'ensemble funéraire ne subsistent que les cryptes Saint-Paul et Saint-Ébrégésile où repose, dans des tombeaux de pierre à bas-reliefs, la famille des fondateurs de l'abbaye.

❷ Coulommiers

Des ruelles pittoresques, de nombreux ponts et passerelles sur les bras du Morin, un marché animé vantant le fromage éponyme : bienvenue à Coulommiers, cœur géographique de la Brie. Dans le parc des Capucins, quelques vestiges d'un château suffisent à rappeler qu'au XVIIe s., Madame de Lafayette avait situé ici l'action romanesque de sa *Princesse de Clèves*. Après un détour par la chapelle des Capucins et son musée d'histoire locale, direction la ville haute, où l'ancienne commanderie de Templiers a gardé, quant à elle, toute la force de son architecture médiévale. 👁 la vallée du Grand Morin et ses paysages jusqu'à la Ferté-Gaucher.

❸ Provins

Il faut aborder Provins par les remparts monumentaux qui enserrent ce bijou du Moyen Âge. La tour de César où le roi Charles le Chauve aurait été enfermé, la collégiale Saint-Quiriace devant laquelle se tenaient les joutes et les fêtes joyeuses, ou encore les nombreux caveaux voûtés menant à un dédale de souterrains : tout, ici, parle de l'époque florissante des foires de Champagne qui firent la richesse et la renommée de Provins. Chaque année, la ville revit aux temps des chevaliers grâce à de nombreux spectacles inspirés de fêtes médiévales.

❹ Saint-Loup-de-Naud

C'est un village paisible, construit à flanc de colline, autrefois animé par les pèlerins venus rendre hommage à saint Loup, dont l'église gardait les reliques. Si les pèlerins ont disparu, nombre d'amateurs se pressent aujourd'hui devant les sculptures gothiques de son porche.

❺ Rampillon

Dominant la plaine de la Brie champenoise, l'église Saint-Éliphe (XIIe s.) était l'ancien siège d'une commanderie de Templiers. Contempler les décors sculptés de son portail et de sa façade revient à ouvrir un livre d'images médiévales.

❻ Blandy-les-Tours

Lors de la guerre de Cent Ans, la forteresse originelle avait pour mission de protéger Melun et Paris des Bourguignons, redoutables alliés des Anglais. Après une vaste et récente campagne de restauration, l'édifice a retrouvé son donjon et ses cinq tours, qui renfermeraient toujours de mystérieux sarcophages mérovingiens…

❼ Fief des Époisses

Située dans la vallée du ru d'Ancœur, cette ferme fortifiée avec douves fait plutôt penser à un château du Moyen Âge. Il s'agit d'un ancien fief du XIIIe s. doté d'un étonnant pigeonnier carré à échelle pivotante.

❽ Champeaux

l'enseignement de Guillaume de Champeaux, philosophe et théologien, avait fait de ce village briard un haut lieu intellectuel de l'Europe du XIIe s. D'où les dimensions de la collégiale Saint-Martin. Voir à l'intérieur les splendides stalles sculptées. 👁 le château de Vaux-le-Vicomte.

En Champagne

❶ Reims

Des cathédrales secrètes, souterraines et monumentales, abritent les réserves des grandes marques de champagne. Les plus belles de ces « crayères » d'origine gallo-romaine sont celles de Taittinger (pour son ampleur), Pommery (pour son escalier géant) et Piper-Heidsieck (pour son parcours en nacelle).

❷ Verzy

Les « faux de Verzy » sont des hêtres tortillards dont les formes tourmentées font penser à des bonsaïs géants. 👁 Rilly-la-Montagne, où les stalles de l'église figurent les travaux de la vigne. 👁 Verzenay, son moulin à vent (sur le vignoble), et le phare bâti pour une réclame d'antan.

❸ Ay

Henri IV y possédait un pressoir dont il reste une maison à colombage. Le musée du Vin (collection d'outils) vaut la visite. 👁 Hautvillers, où officia Dom Pérignon : du vigneron au pompier, chacun y arbore une enseigne polychrome.

❹ Boursault

Un faux château Renaissance digne d'un conte de Perrault y fut construit au XIXe siècle pour la veuve Clicquot, célèbre figure champenoise.

❺ Épernay

On remontera l'avenue de Champagne, bordée par les opulentes demeures des grandes marques, avant de visiter quelques caves : Mercier (visite en petit train), ou Castellane (serre où s'ébattent des papillons rares, musée de l'Étiquette, collection d'affiches et musée du Vin).

❻ Chavot-Courcourt

Les villages français sont le plus souvent serrés autour de leur église. Pas en Champagne : celle-ci trône au milieu des vignes, comme pour mieux veiller sur elles…

❼ Vertus

Le village a gardé les souvenirs de son passé médiéval. 👁 les grands crus du vignoble d'Épernay : Cuis (église romane), Avize (bourg décoré de cartes postales géantes), Le Mesnil-sur-Oger (musée du Vin).

❽ Montmort

Dans ce château Renaissance, une rampe à double révolution permettait aux carosses l'accès à l'étage !

Vers la ligne

❶ Colline de Sion

Du haut de ses 541 m, on découvre la houle dense des champs, des prés et des bois du Saintois, pays vert parsemé de bourgs aux tuiles rouges. Du temps des Leuques (Celtes) à celui de Maurice Barrès, la « colline inspirée » resta un lieu de dévotion, et fut le point de ralliement, entre 1870 et 1914, d'une Lorraine bouleversée par la perte de Metz et de Strasbourg. 👁 à l'extrémité de la butte, les ruines du château des ducs de Vaudémont.

❷ Charmes

Du Monument de Lorraine, on surplombe rivières à truites, vallée de la Moselle et forêt de Charmes, où fut stoppé en 1914 l'assaut allemand lancé depuis la frontière, à l'époque toute proche. La ville natale de Barrès, quant à elle, n'a sauvé des ravages de la guerre que son église des XVe-XVIe s. et une maison Renaissance.

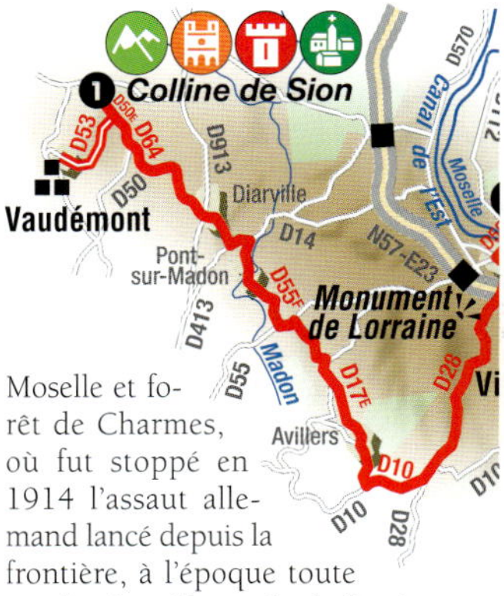

❸ La Verrerie (Portieux)

Remonter la Moselle, c'est remonter ce qui fut l'empire Boussac : filatures et tissage de coton, telle la « filass' » de Vincey, bâtie sur le modèle d'une filature anglaise, toute de brique rouge. À Portieux, la verrerie, née dans le bourg en 1705, puis déplacée à mesure des coupes effectuées en forêt (d'où elle tirait son feu), est aujourd'hui en plein bois. On y visite (sur rendez-vous ; tél. : 03 29 67 42 22) les ateliers de fabrication d'un cristal encore soufflé à la bouche et fini à la main.

bleue des Vosges

4 Châtel-sur-Moselle

Axe commercial et industriel, la Moselle vit aussi défiler les armées. Assiégée neuf fois durant la guerre de Trente Ans, cette forteresse bâtie en éperon sur la rivière fut rasée en 1671 par Louis XIV. Les fouilles révèlent peu à peu la richesse de son complexe architectural, notamment souterrain.

5 Baccarat

La ville doit sa renommée à la cristallerie fondée en 1764 (ne se visite pas). Le musée attenant expose quelques chefs-d'œuvre soufflés et taillés par ses maîtres verriers. Sur l'autre rive de la Meurthe, le cristal est devenu vitrail dans l'église Saint-Rémy, reconstruite après guerre. 👁 à Deneuvre, bourg médiéval, l'étonnante reconstitution d'un sanctuaire gallo-romain dédié à Hercule, et l'église-grange renfermant un orgue de 1704.

6 Senones

Fifres, tambours et uniformes d'époque : la relève de la garde de Salm (dim. matin en été) rappelle que Senones fut capitale d'une principauté minuscule dont Voltaire, en visite, prétendit méchamment qu' « un escargot en ferait le tour en une journée.» C'est le temps qu'il faut pour monter vers le Donon à travers la forêt du Val de Senones. ✳ du Hohneck à la Forêt-Noire depuis l'étroit plateau ovale du sommet. Le massif du Donon, propice à la randonnée, contrôle depuis toujours les principales voies de passage et d'invasion entre l'Alsace et la Lorraine. 👁 les ruines du château de Salm.

7 Saint-Dié

La médiathèque municipale conserve un exemplaire du *Cosmographiae Introductio* de 1507, rédigé ici, qui le premier appela Amérique le continent récemment découvert. Du haut de l'aérienne et très moderne tour de la Liberté, étrange oiseau blanc posé en bord de Meurthe, on redécouvre la ligne bleue des Vosges. 👁 au camp de la Bure, fossés, remparts et ateliers vieux de 4 000 ans. 👁 le défilé de Straiture, pour un arrêt-cueillette à la recherche de myrtilles, qu'on nomme ici brimbelles.

8 Route des Crêtes

Sur la « ligne », on découvre à chaque tournant de nouveaux horizons sur l'Alsace et parfois jusqu'aux Alpes. Dans les fermes-auberges des chaumes, là où naît le munster, la soupe est servie d'office au randonneur, l'accordéon est roi, et chante le vin d'Alsace… ✳ à 360° depuis le Hohneck, point culminant de la frontière de 1871 à 1918, et à pic, du côté alsacien, sur le minuscule et miroitant lac glaciaire de Fischboedle.

9 Gérardmer

Les moraines glaciaires ont constitué un barrage qui retient encore les eaux du lac, tache bleue dans la sombre forêt. Gérardmer y gagne la réputation, méritée, d'un agréable lieu de villégiature. 👁 en descendant des crêtes les trois lacs de Blanchemer, Retournemer et Longemer, perles d'eau laissées par le glacier.

Mémoire en Argonne

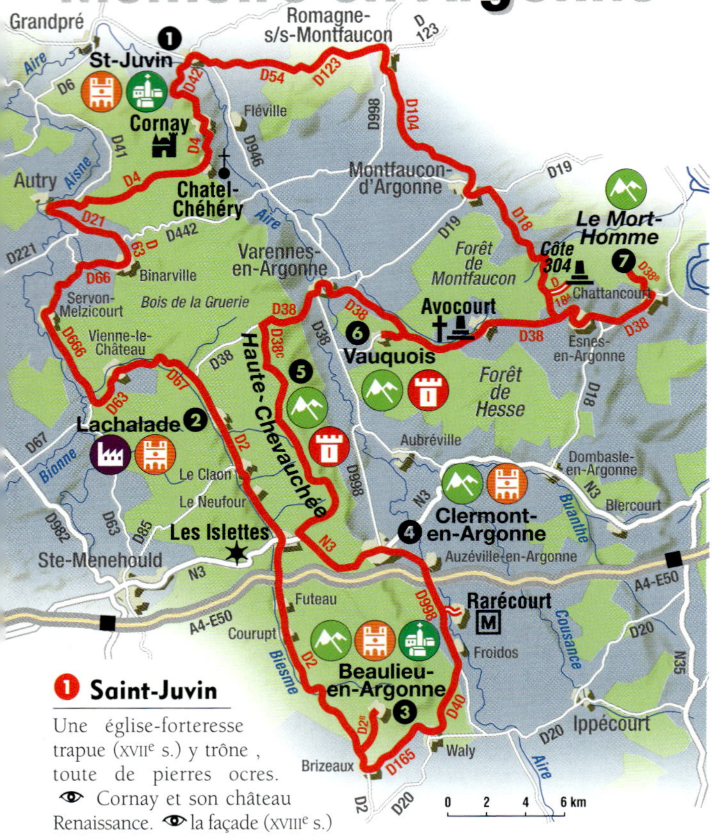

1 Saint-Juvin

Une église-forteresse trapue (XVIIe s.) y trône, toute de pierres ocres. Cornay et son château Renaissance. la façade (XVIIIe s.) du logis abbatial de Chatel-Chéhéry.

2 Lachalade

Une église abbatiale austère (XIVe s.) pour cette fille de Cîteaux, qui fonda à son tour Chatel-Chéhéry. Les Islettes, le plus connu des villages verriers (XVIe-XIXe s.).

3 Beaulieu-en-Argonne

Ce village perché tout en fleurs renferme les vestiges d'une abbaye bénédictine (VIIe s.). Rarécourt, son moulin, sa maison forte, ses faïences.

4 Clermont-en-Argonne

La montée au plateau de Sainte-Anne s'impose pour le panorama, comme la visite de la chapelle castrale (*Mise au tombeau*) et de l'église Saint-Didier (bas-relief *le Miroir de la mort*).

5 La Haute-Chevauchée

Les énormes entonnoirs de la guerre des mines, de 1914 à 1918, sont ici encore visibles. Les poilus disaient la terre grise de poudre.

6 Vauquois

Avocourt a conservé un cimetière, un monument, une chapelle. Mais la butte de Vauquois fut rabaissée par les explosions quand une pluie d'obus ensevelissait les vivants.

7 Le Mort-Homme

Du 6 au 10 mars 1916, le Mort-Homme et la cote 304 résistèrent. Quand la bataille de Verdun s'acheva, en décembre, elle avait fait 1 million de victimes, dont 10 000 dans le seul enfer de la cote 304.

Entre la Saône et l'Ognon

1 Vesoul

Vesoul se découvre par la pittoresque vallée de la Colombine, qui entaille les plateaux calcaires. Dominée au sud-est et à l'est par leurs avancées – certaines couronnées par des fortifications antérieures à notre ère –, la ville s'est étendue dans la plaine. Au pied de la colline de la Motte, elle aligne ses maisons des XVIe et XVIIIe s., son église-halle et ses couvents austères, dont celui des Ursulines, qu'occupe le musée Garret. Port-sur-Saône et Scey-sur-Saône-et-Saint-Albin, qui possèdent une élégante église-halle. Tout au long de la vallée de la Saône, des croix (XVIe s-XVIIIe s.), portent d'un côté le Christ et de l'autre une Vierge à l'Enfant.

2 Rupt-sur-Saône

Sur le coteau, le château fort et l'église paroissiale se font face, séparés par un vallon. De la plate-forme de l'église, sur le donjon cylindrique du XIIIe s. L'élégante église-halle (1750) a gardé son décor d'origine.

3 Ray-sur-Saône

Un détour par Grandecourt permet d'admirer l'église du XIIe s. et crypte. Dans le village de Ray-sur-Saône, de nombreuses maisons (XVIe s.), l'église gothique richement sculptée (XIVe-XVIIe s.), une fontaine, un lavoir et des croix témoignent de l'ancienne prospérité du bourg. Au-dessus du village et dominant la Saône, le château a conservé trois tours et une porte de sa vaste enceinte.

4 Pesmes

Au temps de la province de Comté, Pesmes faisait face au royaume de France, à mi-chemin entre Dole et Gray. Il a conservé deux portes fortifiées et une partie des remparts du bourg, la muraille (XVIIe s.) de son château qui domine l'Ognon, de nombreuses maisons Renaissance et son église gothique au majestueux clocher classique. Les nombreuses œuvres d'art du chœur et des chapelles seigneuriales sont d'une qualité rare. 👁 Gray, port fluvial et ancienne place forte, qui ajoute au charme de son site celui de ses maisons bourgeoises.

5 Marnay

Le bourg descend en pente douce vers l'Ognon, que surplombent l'escarpement de l'ancien château et ses corps de logis Renaissance. Au long des rues et des places, on découvre de jolies maisons gothiques dont l'hôtel Terrier-de-Santans, l'actuelle mairie, et une petite église gothique rehaussée d'œuvres de la Renaissance.

6 Château de Moncley

Bâti dans les années 1780, ce château forme, avec ses vastes communs, l'un des plus majestueux ensembles néoclassiques de Franche-Comté. La sobriété recherchée du décor architectural et des volumes, ainsi que l'étendue des bâtiments, en font le noble pendant de la saline royale d'Arc-et-Senans. 👁 la grande fontaine-lavoir de Pin-l'Émagny.

7 Gy

Ce petit chef-lieu a conservé la physionomie de son passé seigneurial et vigneron : de belles maisons des XVIe et XVIIIe s., et, dans le bourg haut, le château des archevêques de Besançon, ainsi que l'église de style néo-grec (1770). Au XIXe s., les édiles firent bâtir un palais grec à colonnades en guise de mairie ainsi qu'une fontaine digne d'une grande ville. Leur majesté peut surprendre… 👁 Frasne-le-Château.

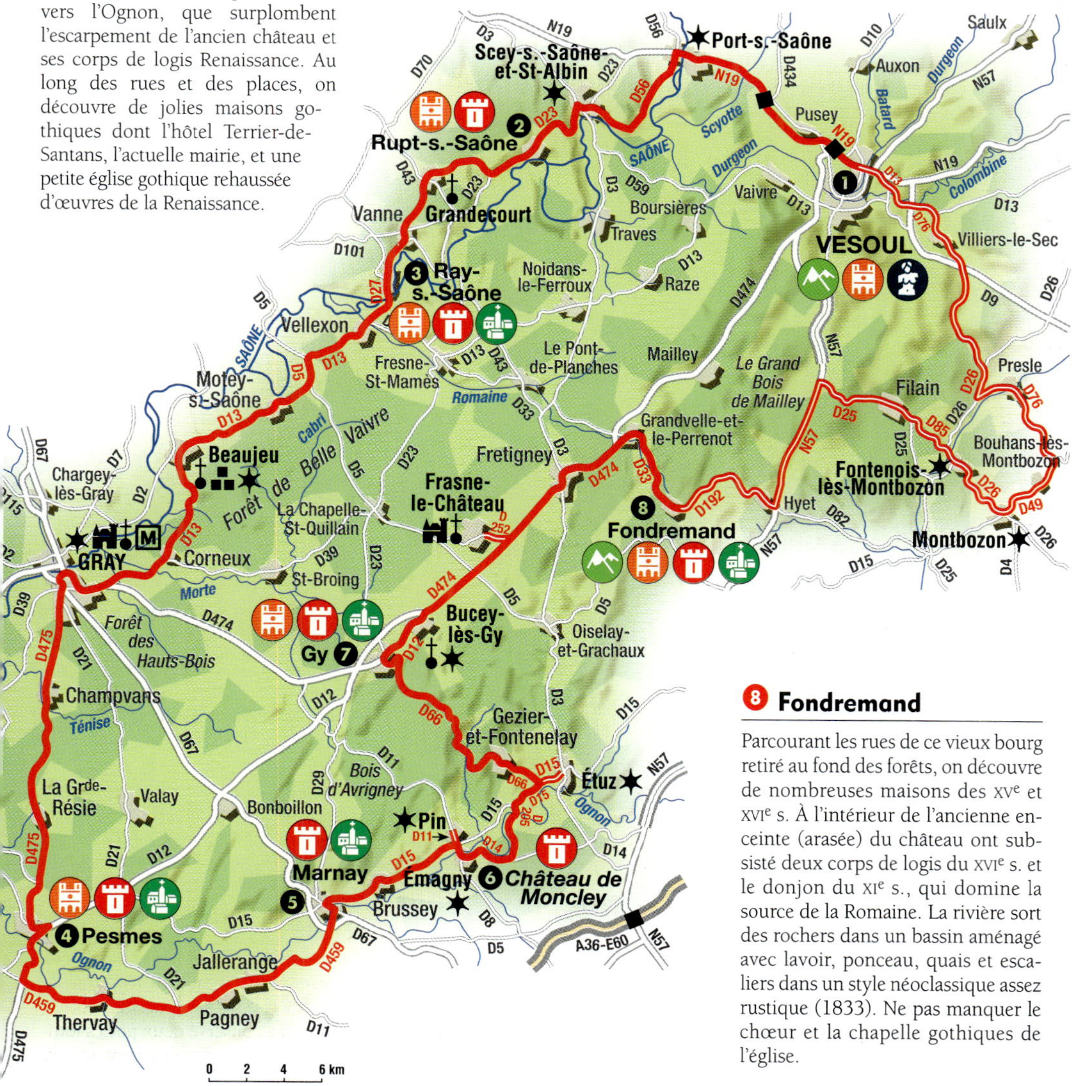

8 Fondremand

Parcourant les rues de ce vieux bourg retiré au fond des forêts, on découvre de nombreuses maisons des XVe et XVIe s. À l'intérieur de l'ancienne enceinte (arasée) du château ont subsisté deux corps de logis du XVIe s. et le donjon du XIe s., qui domine la source de la Romaine. La rivière sort des rochers dans un bassin aménagé avec lavoir, ponceau, quais et escaliers dans un style néoclassique assez rustique (1833). Ne pas manquer le chœur et la chapelle gothiques de l'église.

Sur les routes du Comté

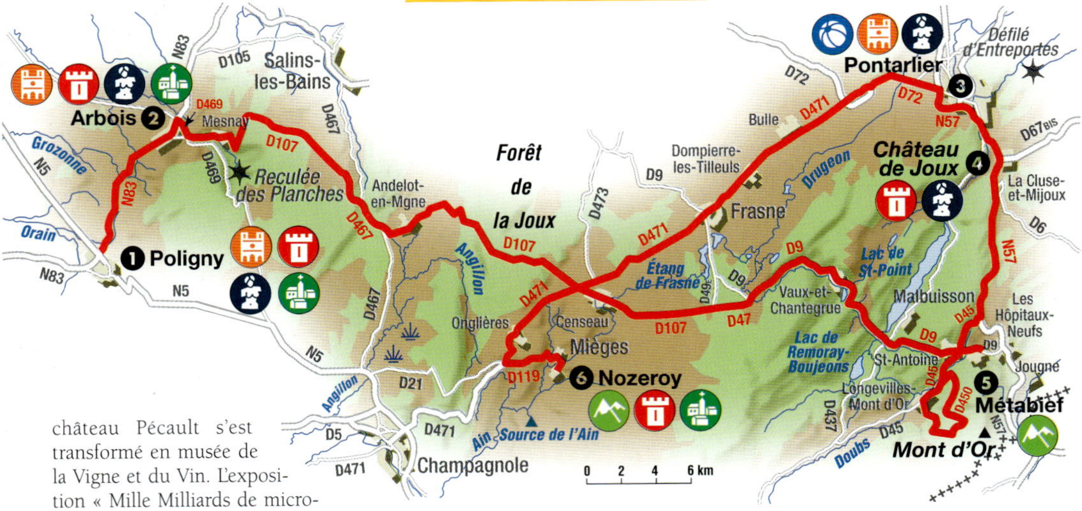

❶ Poligny

Le Comté s'est doté d'une route touristique sur laquelle Poligny, sa capitale, est une étape obligée. Serrée contre la culée de Vaux, la ville est connue pour son vin et sa fête du Comté (mai). Rue du Collège, la collégiale Saint-Hippolyte (1415) garde une remarquable collection de statues de l'école bourguignonne du XVe s.

❷ Arbois

Inscrit parmi les quatre vins AOC du Jura, le vin d'Arbois fait la réputation de cette pittoresque cité médiévale. Alentour, les douces pentes du vignoble promettent quelques bonnes caves et dégustations, tandis que le château Pécault s'est transformé en musée de la Vigne et du Vin. L'exposition « Mille Milliards de microbes », dans la maison familiale de Pasteur, rappelle le souvenir du savant, qui passa sa jeunesse à Arbois.

❸ Pontarlier

Avant de rejoindre la capitale du haut Doubs, une halte s'impose en forêt de la Joux, l'une des plus belles sapinières de France. Plus la frontière suisse se rapproche et plus la montagne s'impose, tel un rempart imprenable dont le château de Joux, sur son ergot rocheux, serait l'unique gardien. Le Doubs, ici alangui, arrose la ville, dont on retiendra la porte Saint-Pierre et les vitraux de l'église Saint-Bénigne, signés Manessier.

LES FRUITIÈRES

Au Moyen Âge, l'ancêtre du fromage de comté était fabriqué dans une « fructerie » où les fermiers s'étaient réunis en coopérative. Aujourd'hui, à travers 200 fruitières, ce cru de terroir est toujours élaboré de façon traditionnelle, avant de séjourner en cave pour trois à neuf mois d'affinage.
ℹ Maison du Comté à Poligny. Tél. : 03.84.37.78.40

❹ Château de Joux

Dès les origines, la cluse de Joux fut un axe nord-sud précieux, tant pour le commerce que pour les envahisseurs. Le château de Joux (XIe s.) en contrôlait alors l'accès sud, à près de 1 000 m d'altitude. Renforcé par Vauban, il servit de prison, notamment à Mirabeau, dont la cellule se visite.

❺ Métabief

Les fondeurs (adeptes du ski de fond) fréquentent en nombre cette station réputée pour ses sports de plein air. Sur les hauteurs, le mont d'Or culmine à 1 463 m : du belvédère des Chamois, le panorama imprenable sur la vallée de Joux, les lacs suisses et les grandes Alpes est à couper le souffle. La fromagerie de Métabief fait partager les secrets de fabrication des fromages de la région, dont le savoureux vacherin mont-d'or.

❻ Nozeroy

Ce bourg médiéval a connu un glorieux passé de ville forte dont témoignent, sur la butte, les ruines du château des Chalon (XIIIe s.). Au-delà des prairies voisines, l'Ain prend sa source sur le plateau, puis devient ce cours d'eau mouvementé qui chute, se perd et rejaillit soudain, dévalant vers Champagnole, 100 m plus bas.

Le long du canal de Bourgogne

❶ Dijon

Le vignoble de la Côte-d'Or se termine à Dijon par la vigne de Montrecul dont le nom évoque la forte pente, au pied du mont Affrique. Par la verdoyante vallée de l'Ouche, le canal de Bourgogne emportait le vin vers Paris.

❷ Pont-de-Pany

La « montagne bourguignonne » barre ici l'horizon par la haute falaise de Baulme-la-Roche. Sur l'autre rive de l'Ouche, on accède par de sévères lacets au château de Montculot, où Lamartine s'était réfugié après un revers sentimental. Il y écrivit *la Source*, et s'en souviendra dans ses *Nouvelles Méditations poétiques*.

❸ La Bussière-sur-Ouche

L'abbaye fut créée par les moines de Cîteaux, qui appliquaient ici la même règle : *Ora et Labora*, Prière et Travail. On retrouve d'ailleurs dans les étangs et dérivations de La Bussière la science de l'hydraulique appliquée dans le canal de Centfonds à Cîteaux. Dans le parc de l'abbaye, un petit bâtiment abritait tout à la fois l'élevage d'écrevisses et un pigeonnier. Par-delà la robuste église et le cloître, une solide construction du XIIe s. évoque le savoir-faire viticole initié au Clos de Vougeot : un cellier voûté surmonté du local de vendange, avec un pressoir du XVIe s., est resté dans son état d'origine, y compris une rare vis de serrage en bois.

❹ Châteauneuf

Depuis les fenêtres du château ou le point de vue de la Croix s'ouvre un vaste panorama traversé par le ruban d'argent du canal qui achève son parcours sur le versant méditerranéen. On domine quatre écluses, le port de Vandenesse, le lac-réservoir de Tillot et celui de Panthier, plus proche du château de Commarin. Le canal arrive à son point le plus haut et va basculer vers la Seine après le tunnel de Pouilly, long de plus de 3 km et vieux de 150 ans (se visite en bateau-mouche).

❺ Éguilly

Dans cette vallée de l'Armançon, chaque village recèle un château. Celui d'Éguilly, entre le canal et l'autoroute du Soleil, est en cours de restauration. 👁 à Saint-Thibault une surprenante église : le chœur d'une cathédrale y est adossé à un médiocre clocher de chapelle rurale.

❻ Semur-en-Auxois

Un peu en amont sur l'Armançon s'étire le lac de Pont. Ourlé d'un sentier bucolique, c'est une réserve d'eau pour le canal qui a pris près de là un raccourci pentu : trente-neuf écluses en 14 km ! C'est aussi à pied qu'il faut apprécier les vieilles rues de Semur, ancienne capitale du comté d'Auxois.

❼ Alise-Sainte-Reine

Au pied du site d'Alésia, voici l'une des sources sacrées de la Bourgogne où se rendent encore quelques pèlerins. Elle fut si célèbre que la reine Anne d'Autriche se fit porter de son eau pour combattre la stérilité qui la frappait. Elle fit aussi pèlerinage à Notre-Dame-d'Étang, près de Pont-de-Pany, but encore du vin de la « vigne de l'Enfant-Jésus » à Beaune, et accoucha bientôt du Roi-Soleil… 👁 à Flavigny la fontaine de Récluse, universellement connue parce que son image orne les emballages des Anis de Flavigny.

❽ Abbaye de Fontenay

On ne manquera pas, en sortant des bâtiments de l'abbaye, d'emprunter le petit sentier qui s'ouvre face à la porterie. On retrouve là les eaux courantes, les minières et les bois qui permettaient la métallurgie : les Cisterciens disposaient, à la fin du Moyen Âge, d'un quasi-monopole du fer en Europe occidentale. Et l'on se souviendra ici de l'enseignement de saint Bernard, qui écrivait qu'on apprend plus dans les bois que dans les livres…

Les lacs du Morvan

❶ Château-Chinon

La bourgade, nichée au centre du haut Morvan forestier, faisait jadis office de capitale des bûcherons et des flotteurs de l'Yonne, mais fournissait aussi aux familles parisiennes leur lot de nourrices morvandelles ! Si la vieille ville rappelle l'époque médiévale, le musée du Septennat, où sont exposés les cadeaux protocolaires offerts au président Mitterrand, nous entraîne dans un voyage plus contemporain… Tout comme l'insolite fontaine de Niki de Saint Phalle et Jean Tinguely, sur la place de l'Hôtel-de-Ville.

❷ Réservoir de Pannesière

Le plus vaste lac du Morvan (520 ha), formé en 1949 lors de la construction de l'imposant barrage-poids, fait le bonheur des pêcheurs qui viennent y taquiner carpes, sandres et brochets. depuis la crête du barrage. la charmante petite chapelle du Banquet, perchée sur une colline d'où la vue embrasse le massif.

❸ Lormes

La bourgade, qui conserve un quartier ouvrier bien restauré et trois moulins à eau, compte deux splendides belvédères : la terrasse de l'église Saint-Alban (renommée pour ses chapiteaux sculptés et ses vitraux figuratifs) et le mont Justice (470 m), situé à 1,5 km au nord-ouest. sur Lormes, le Morvan, le Nivernais et le Bazois.

❹ Lac et barrage de Chaumeçon

L'ouvrage hydroélectrique fut construit dans les années 30 pour réguler les affluents de la Seine. Dévalant les collines environnantes, l'impétueux torrent du Chalaux qui l'alimente est, à présent, propice aux sports d'eaux vives.

❺ Saint-Brisson

Au cœur du parc naturel régional du Morvan créé en 1970, le domaine de Saint-Brisson accueille, outre les espaces d'exposition et d'information de la maison du Parc, un musée de la Résistance, poignant hommage aux maquisards morvandiaux. L'Herbularium ravira les botanistes, éclairés et amateurs : toutes les espèces végétales du Morvan y ont été replantées ! La forêt de Breuil- Chenue , la plus belle hêtraie du massif, invite, quant à elle, à la promenade (GR 13).

❻ Gouloux

Le village abrite le dernier sabotier de tradition, qui utilise encore les essences régionales (hêtre, aulne et bouleau). La belle cascade du saut du Gouloux, formée par le Caillot avant sa rencontre avec la Cure, témoigne de la vigueur des eaux morvandelles, que tant d'ouvrages ont dompté ailleurs.

❼ Lac des Settons

Le barrage sur la Cure, érigé au XIXe s., facilitait aussi le flottage du bois. Les lâchers d'eau à date précise (en mars) permettaient de grossir artificiellement les flots et de laisser dériver les billes de bois jusqu'à la plaine. Le lac, classé depuis 1973, est désormais aménagé pour les sports nautiques et apprécié à l'automne par les pêcheurs.

Brenne sauvage, romantisme en bord de Creuse

❶ Parc zoologique de la Haute-Touche

Des cerfs venant de Chine et du Viêt Nam, des cerfs cochons, des antilopes, des tigres de Sumatra ou des loups de différentes origines évoluent dans de vastes enclos. Craintifs, ils s'observent de loin (miradors) ; curieux, ce sont alors eux qui observent les visiteurs… La promenade, à pied ou à vélo, peut être longue : le parc couvre 480 ha. Lié au muséum d'Histoire naturelle, il est, plus qu'un zoo, un lieu d'étude et de recherche en vue de la réimplantation d'espèces menacées.

❷ Abbaye de Fontgombault

Sur un site exceptionnel, en bord de Creuse, l'abbaye vient de fêter les cinquante ans du retour d'une communauté religieuse : les bénédictins de Solesmes. Les cérémonies, majestueuses et chantées en grégorien, acquièrent un écho pénétrant dans ce cadre roman poitevin. La restauration de l'abbaye a dynamisé celle du village entier.

❸ Étang de la Mer-Rouge

L'étang de la Mer-Rouge est le plus vaste de Brenne : de 156 ha à 180 ha suivant la saison. Si sa levée a été construite de main d'homme, l'origine de son nom donne lieu à nombre de légendes, la plus « vraisemblable » étant celle qui le lie au passage de Gargantua, le géant inventé par Rabelais, qui y aurait « pâté » ses bottes de vase ; ce qui expliquerait la présence tout autour de l'étang de buttes de terre, appelées ici « buttons », ou « dépâtures de Gargantua ». 👁 le hameau de grès rouge du Bouchet, où la maison du Parc présente les richesses de la faune et de la flore locales, et le château du même nom, (XIe-XVIIe s.), construit sur l'un de ses buttons (✧ depuis la terrasse).

❹ Méobecq

Il ne reste de l'importante abbaye qui, avec Fontgombault et Saint-Cyran, participa à la construction des étangs, que l'église de ce bourg, merveilleux bâtiment roman. Si le clocher en ardoise est visiblement postérieur au chevet, qui était sans doute couvert de tuiles, chapiteaux et fresques à l'intérieur datent des XIe et XIIe s., sauf la représentation de Dieu le Père (XVe s.).

❺ Saint-Marcel

Argentomagus fut la seule ville de cette taille (entre 4 000 et 6 000 habitants) à avoir joui, au temps des Romains, du privilège d'un amphithéâtre ! De beaux objets de la préhistoire et de la période gallo-romaine sont présentés dans le musée proche des vestiges de la ville antique. 👁 Argenton-sur-Creuse et son centre-ville ancien.

❻ Gargilesse-Dampierre

Lovée en surplomb d'une boucle de la Creuse, Gargilesse séduisit George Sand, Claude Monet et bien d'autres par son charme sauvage et romantique. En haut du village, l'église emprunte l'un de ses murs au château. Elle se découvre par un petit chemin creux, planté d'aubépines, qui laisse imaginer ce qu'était ce village paysan. Aujourd'hui, artisans et restaurants occupent la plupart des petites maisons, mais l'actuel musée George-Sand, dans les lieux qu'habitèrent l'écrivain puis sa petite-fille, garde son charme de minuscule refuge.

Entre Anjou et Mayenne

❶ Saumur

Depuis plus de mille ans, Saumur occupe une excroissance naturelle de la berge sud de la Loire. Initialement monastère, puis forteresse, le somptueux château qui la surplombe date, dans sa forme actuelle, de la fin du XIVe s. Aujourd'hui, l'élégant édifice médiéval, tout en tourelles, sculptures et mâchicoulis, abrite trois musées, dont un consacré au cheval, autre célébrité locale depuis la création, au XVIIIe s., d'une école de cavalerie. Très réputée pour ses vignobles, Saumur l'est également... pour ses champignons de couche, cultivés dans l'obscurité des caves troglodytiques.

❷ Cunault

Cunault doit sa renommée à son église, chef-d'œuvre incontesté de l'art roman. L'élégante demeure du XVIe s. qui en jouxte le porche fut, en son temps, la maison du prieur. Plus modestes, les autres demeures du village tournent leurs fenêtres vers le cours paisible de la Loire, dont le trafic assurait autrefois une honnête aisance à ce village portuaire.

❸ Bazouges-sur-le-Loir

Peut-être l'une des plus fidèles images de la douceur angevine. Depuis le pont, on admire l'alignement des lavoirs, des jardins potagers et des petits embarcadères devant lesquels des barques vertes attendent de partir pour la pêche. Plus loin, le regard embrasse le château (XVe s.) et son moulin seigneurial, les vieux toits du village et la vigoureuse tour de l'église qui veille sur Bazouges depuis près de 900 ans.

❹ Sablé-sur-Sarthe

Comme son nom l'indique, c'est d'ici que le petit sablé tire son origine. Dominée par le superbe château (XVIIIe s.) des Colbert, la cité portuaire, jadis dédiée au convoyage du sable, s'est muée en base de navigation touristique. l'imposante abbaye de Solesmes (XIXe s.) et, sur l'autre rive de la Sarthe, le charmant village de Juigné (sur la rivière et l'abbaye).

❺ Asnières-sur-Vègre

Asnières-sur-Vègre fut une puissante seigneurie, dont témoigne la cour d'Asnières, vaste édifice aux fenêtres gothiques et à la charpente impressionnante. Tout près se trouvent l'église du XIIIe s. et le pont médiéval, d'où l'on contemple un vénérable moulin. Les quelques maisons du village, toutes restaurées avec soin, forment l'un des plus beaux ensembles de la région.

❻ Le Mans

Capitale d'un puissant comté au Moyen Âge, la ville conserve l'un des plus intéressants quartiers médiévaux de l'ouest de la France. Concentrés sur la colline de la cathédrale, entre les places des Jacobins, Saint-Michel et Saint-Pierre, maisons à pans de bois, fenêtres Renaissance et hôtels particuliers du XVIIIe s. s'y succèdent en ordre serré. L'on ne se lasse pas d'arpenter ses ruelles piétonnières, d'y découvrir un musée de charme (musée de la Reine Bérengère), de descendre un escalier pour rejoindre un petit jardin ou une fontaine, avant de reprendre des forces dans l'un des nombreux bistrots où l'on peut déguster les célèbres rillettes locales.

❼ Le Lude

Traverser la forêt de Bercé permet de découvrir une immense et magnifique futaie de chênes, pour certains multi centenaires. Au Lude, l'arrivée par la rue du Pont offre le plus beau point de vue sur la façade la plus ancienne du château (début XVIe s.). Car l'ancienne forteresse médiévale garde sur elle comme en un beau livre les traces des remaniements successifs (XVIe s.-XIXe s.). Un cadre idéal pour l'un des plus anciens et des plus célèbres son et lumière de France !

La Gâtine vendéenne

❶ Tiffauges

Le Moyen Âge vit encore à Tiffauges, au château de Barbe-Bleue qui, fort de ses 18 tours, surplombe un plan d'eau de 3 ha. Au conservatoire des Machines de guerre et au centre de l'Alchimie, on assiste à de véritables lancers de boulets avec des machines appelées trébuchets, couillards et mangonneaux. Toujours à Tiffauges, dans un village miniature, 200 santons racontent la vie d'autrefois.

❷ Mortagne-sur-Sèvre

À l'époque romane, une église (XIIe s.) y fut construite pour abriter les reliques de saint Léger. Dans les anciennes ruelles, on découvrira un escalier en fer à cheval, une balustrade du XVIIe s. et, en surplomb de la vallée, la tour du Trésor, vestige du château construit aux XIVe et XVe s.

❸ Saint-Laurent-sur-Sèvre

De style néoroman, la basilique Saint-Louis-Marie-de-Montfort (1888-1949) possède un clocher qui s'élève à 75 m et un chœur de 20 m de haut sur lequel ouvrent cinq chapelles. Musée dédié à Montfort, le couvent du Saint-Esprit est mitoyen de celui des sœurs de la Sagesse, qui abrite le musée des Missions. Il ne faut pas quitter Saint-Laurent-sur- Sèvre sans poursuivre jusqu'au parc de la Barbinière, dont les sentiers boisés mènent à la Sèvre.

❹ Le Puy-du-Fou

Spectacle unique au monde, la cinéscénie du Puy-du-Fou met en image l'histoire de la Vendée. Au château, d'époque Renaissance – dont il subsiste une admirable galerie à l'italienne –, toute l'histoire de la région est embrassée par l'écomusée de la Vendée : préhistoire, Moyen Âge, Renaissance, Ancien Régime, jusqu'au début du XXe s. ⁂ sur 20 km d'est en ouest, depuis le mont des Alouettes.

❺ Réaumur

C'est dans ce petit bourg perché sur un coteau, en bordure du Lay, que René-Antoine Ferchault de Réaumur, grand physicien du XVIIIe s., séjournait avec sa famille, au manoir qui présente aujourd'hui ses travaux.

❻ Mouilleron-en-Pareds

Dans le village natal de Georges Clemenceau et Jean de Lattre de Tassigny, le petit musée national des Deux-Victoires évoque leur action. La maison des Tassigny restitue, quant à elle, le cadre d'une vie de notable.

❼ Bazoges-en-Pareds

Parmi les vestiges médiévaux de la cité, on retiendra le donjon (XIVe s.), avec ses trois salles meublées et son pigeonnier (XVIe s.) aux 1 980 boulins (ou nids). Bazoges-en-Pareds possède aussi un jardin de plantes médicinales et d'agrément, ainsi qu'un petit musée d'Art et Traditions populaires.

❽ Vouvant

Née au XIe s. et bâtie sur un éperon rocheux, la cité était jadis entourée de longs remparts ; elle a gardé de cette époque l'église romane Notre-Dame (XIIe s.), avec son magnifique portail sculpté, la tour Mélusine, les vestiges de l'ancien château ainsi que le pont roman qui enjambe la Mère. 👁 à deux pas la forêt de Mervent-Vouvant.

La Bretagne insolite

1 Pontivy

C'est l'ancien fief des Rohan, qui, à la fin du Moyen Âge, y bâtirent un imposant château dont les murs atteignent 5 m d'épaisseur. La ville médiévale, aux ruelles étroites bordées de vieilles maisons à pans de bois, s'oppose à la ville impériale, plus austère, voulue par Napoléon Bonaparte et baptisée Napoléon-Ville en 1804. À la jonction du canal et du Blavet, Pontivy possède, sur l'île des Récollets, un moulin transformé en musée et une maison de la Pêche.

2 Saint-Aignan

Village frontière entre le Morbihan et les Côtes-d'Armor, Saint-Aignan est un endroit paisible dont on retiendra l'église (deux remarquables retables du XVIe s.) et le musée de l'Électricité. On peut aussi visiter l'usine hydroélectrique et le barrage de Guerlédan.

3 Mûr-de-Bretagne

Avec son clocher posé sur une tour carrée, l'église de Mûr-de-Bretagne domine ce village, point de départ de toutes les randonnées autour du lac de Guerlédan. Bordé au sud par la très belle forêt de Quénécan, le lac, long de 12 km, s'étend sur 400 ha. Bases nautiques, plages et beaux s'y succèdent ; on peut également le découvrir à bord d'une vedette (depuis Beau-Rivage).

4 Abbaye de Bon-Repos

Entre les gorges du Daoulas, les allées couvertes de Liscuis (datant du néolithique) et la rivière du Blavet, l'abbaye de Bon-Repos s'éveille doucement d'un sommeil séculaire. Construite en 1184 par Alain de Rohan, elle fut occupée par les moines cisterciens, vendue comme bien national sous la Révolution, avant d'abriter en 1832 les forçats qui creusaient le canal de Nantes à Brest. Depuis 1986, les Compagnons de l'Abbaye ont entrepris de lui redonner son allure passée. de l'autre côté du canal la forêt de Quénécan, qui abrite les forges des Salles (voir encadré).

5 Rostrenen

Tous les mardis, un marché aux bestiaux anime Rostrenen, cœur du pays fisel. Cette petite ville est aussi connue pour sa collégiale Notre-Dame-du-Roncier, dont le porche (XIVe et XVIe s.) abrite les statues des apôtres sculptées par Chamaillard, natif de Rostrenen. La fontaine est très fréquentée lors du pardon de la mi-août : la légende (retracée sur les vitraux de l'église) veut qu'une statue de la Vierge ait été retrouvée au pied d'un roncier qui fleurissait hiver comme été… De Rostrenen partent de nombreux sentiers de randonnée.

6 Carhaix-Plouguer

Au cœur du Poher, cette petite ville possède encore des vestiges gallo-romains, dont ceux d'un aqueduc. Au centre, la maison du du sénéchal (XVIe s.) accueille l'office du tourisme. Sur la place du Champ-de-Bataille, la statue de Théophile de La Tour d'Auvergne (1743-1803) rappelle que Bonaparte le nomma premier grenadier de la République.

7 Huelgoat

Jusqu'au Moyen Âge, la forêt d'Huelgoat et celle de Paimpont formaient à elles deux la forêt de Brocéliande. Mais Huelgoat offre aussi d'autre curiosités, telles que la promenade le long du canal, qui rappelle l'ancienne mine de plomb argentifère, ou l'église (XVIe s.) qui se dresse au centre du bourg. La chapelle Notre-Dame-des-Cieux, qui domine la cité, accueille un pardon chaque premier dimanche d'août.

8 Loqueffret

Voici le pays des « Pilhaouers », ces chiffonniers qui, par monts et par vaux et à l'aide de leur charrette, récupéraient chiffons et vieux papiers. La maison du Recteur, petit musée situé dans l'ancien presbytère, parle de ces Bretons extrêmement pauvres et présente l'activité des recteurs, ou curés, jadis essentielle dans ces régions démunies où religion et

LES FORGES DES SALLES

Traversées par un ruisseau qui sépare les départements du Morbihan et des Côtes d'Armor, les forges des Salles, entourées de leur village ouvrier, n'ont pas changé depuis 1880, date de la fermeture définitive de l'exploitation. Sur ce site, minerais, bois et eau étaient réunis pour donner naissance à l'une des plus importantes forges de Bretagne. On peut y visiter le village, les forges, la chapelle, la cantine, le café et l'école tandis que la maison des maîtres de forges, manoir du XVIIIe s., est toujours habitée. Rarement site sidérurgique a été aussi bien préservé.

superstition se confondaient parfois. Ne pas quitter Loqueffret sans avoir admiré le mobilier de l'église Sainte-Geneviève et la chapelle Sainte-Croix (toutes deux du XVIe s.).

9 Pleyben

Pleyben est surtout connu pour son remarquable enclos paroissial du XVIe s. : son calvaire (1555) représente les scènes de la vie de Jésus et doit être lu de bas en haut. La porte monumentale (XVIIIe s.) donne accès à l'ossuaire et à l'ancien cimetière qui entourait autrefois l'église. Mais Pleyben est aussi renommé pour ses galettes et les fameux florentins de la maison Chatillon (à côté de l'enclos).

10 Châteauneuf-du-Faou

Au pied de la Montagne Noire, Châteauneuf-du-Faou domine la vallée de l'Aulne. Le peintre Paul Sérusier (1864-1927), ami de Paul Gauguin, vécut longtemps ici ; il y peignit les fresques des fonts baptismaux de l'église. La chapelle Notre-Dame-des-Portes, lieu du pardon annuel, jouxte le porche gothique de l'ancienne chapelle du XVe s. 👁 sur l'autre rive de l'Aulne le domaine de Trévarez, dont le château, folie de l'époque 1900, est de style néogothique.

11 Spézet

Dans ce village attaché à la culture bretonne, toutes les enseignes sont en breton, accessoirement en français. 👁 au sud de Spézet la chapelle Notre-Dame-du-Crann (XVIe s.), qui possède sept vitraux parmi les plus beaux de Bretagne. À mi-parcours entre Spézet et Gourin, sur le rocher de Cudef, la statue de Notre-Dame-des-Montagnes-Noires culmine à 260 m d'altitude. 👁 le lieu dit Roc de Toul-Laëron, où la Montagne Noire s'élève jusqu'à 326 m.

12 Gourin

Gourin, capitale de la Montagne Noire, était jadis un grand centre ardoisier. L'église Pierre-et-Paul (XVIe s.), de nombreuses chapelles (XVIe et XVIIe s.) et plusieurs manoirs embellissent la commune. Construit en 1768, le château de Tronjoly accueille des expositions de peinture et de sculpture ; il sert de cadre, chaque année, aux championnats de Musique traditionnelle.

13 Le Faouët

Sur la place Bellanger, les grandes halles furent construites en 1542 et restaurées au XIXe s. L'église abrite des gisants du XVe s. et l'ancien couvent des Ursulines, transformé en musée, expose les œuvres de peintres ayant séjourné ici. La chapelle Sainte-Barbe surplombe la vallée de l'Ellé : des escaliers impressionnants montent jusqu'à elle. À 500 m de là, une belle fontaine attirait autrefois les jeunes filles voulant se marier dans l'année. 👁 parmi les cinq chapelles de la paroisse, Saint-Fiacre pour son jubé en bois polychrome.

14 Guern

Les moulins de Keralys, Henven, Stang-Du et Quillio, les villages de Saint-Fiacre et de Locmaria composent le paysage des environs de Guern, charmant bourg traversé par la Sarre. 👁 le village de Quelven, dont la chapelle Notre-Dame, au clocher haut de 70 m, abrite une Vierge ouvrante. Sur la place, se trouve une *scala canta*, magnifique chaire en granite construite pour les jours de pardon (le 15 août).

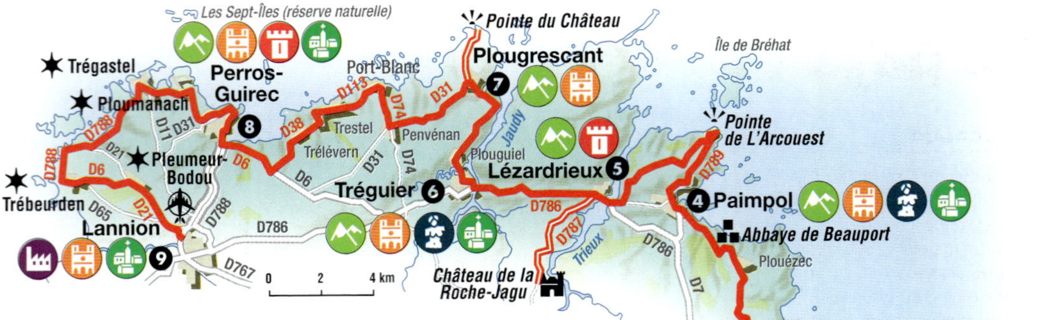

Littoral nord : de baie en cap

❶ Saint-Brieuc

Au fond de la grande et belle baie qui porte son nom, Saint-Brieuc doit son nom à un moine, venu du pays de Galles à la fin du VIe s. pour y fonder un monastère. Le vieux quartier de la cathédrale, le parc des Promenades, aménagé sur les anciennes fortifications, invitent à la flânerie. Du côté du port, le Légué, on trouvera quelques belles maisons d'armateurs ; c'est aussi le point de départ de nombreuses randonnées vers la pointe du Roselier et la plage des Rosaires, qui borde la baie et où se pêche la coquille Saint-Jacques.

❷ Saint-Quay-Portrieux

Port de pêche et de plaisance depuis la fin du XIXe s., Saint-Quay est une station balnéaire réputée. L'île de la Comtesse est accessible à pied par la plage du même nom. En face, la villa « Ker Moor », transformée en hôtel, garde ses allures orientales.

❸ Plouha

Sur le littoral de Plouha, les plus hautes falaises de Bretagne culminent à 104 m, sur plus de 10 km. Sur la commune de Plouha, mais à 3 km en direction de Pléhédel, il faut voir les fresques et le porche de la chapelle de Kermaria-an-Isquit.

❹ Paimpol

Décrit par Pierre Loti et chanté par Théodore Botrel, Paimpol arma des goélettes pour la pêche à la morue sur les bancs de Terre-Neuve puis au large des côtes de l'Islande. Les maisons d'armateurs, la place du Martray et le musée de la Mer témoignent de cette richesse révolue. 👁 au fond de la baie l'abbaye de Beauport, qui fut une étape importante sur la route de Saint-Jacques-de-Compostelle pour tous les pélerins qui arrivaient d'outre-Manche. ⁘ depuis la pointe de L'Arcouest.

❺ Lézardrieux

Lézardrieux est un abri naturel apprécié des plaisanciers. Le Trieux peut se découvrir en bateau ou grâce au petit train qui longe la rive de Pontrieux à Paimpol. 👁 le magnifique château de la Roche-Jagu, dominant une boucle de la rivière, qui semble toujours guetter un éventuel envahisseur.

❻ Tréguier

Ville natale de l'historien Ernest Renan (1823-1892), Tréguier est connu pour sa cathédrale (XIIe-XVe s.), l'une des plus belles de Bretagne.

❼ Plougrescant

La chapelle Saint-Gonéry, repérable à son curieux clocher incliné recouvert de plomb, possède de magnifiques fresques du XVe s. Non loin de là, on trouve une petite maison de pêcheur, coincée entre deux rochers, que des affiches publicitaires ont rendue célèbre. ⁘ depuis la pointe du Château.

❽ Perros-Guirec

Avec Trégastel et Trébeurden, Perros-Guirec est au centre de la superbe Côte de Granite rose. Visibles depuis le sentier des douaniers, les rochers de Ploumanac'h doivent leurs noms (les Empreintes du diable ou les Chaises du curé) à leurs formes cocasses. Entre Perros-Guirec et Trégastel, dans la vallée des Traoueiro, chaos rocheux et cascades se succèdent au milieu d'une flore aquatique généreuse.

❾ Lannion

Dans la capitale du Trégor, la technologie du musée des télécommunications de Pleumeur-Bodou côtoie le pittoresque de la vieille ville. Un escalier monumental (142 marches) conduit à Brélevenez et dévoile peu à peu l'ancienne église des Templiers. ⁘ depuis la chapelle du Yaudet.

Le pays des abers

❶ Lanildut

Les armateurs ont été séduits par le charme boisé de Lanildut, qui, avantage extrême, était situé tout près du port. En témoignent les anciennes demeures des capitaines marchands des XVIIe et XVIIIe s., qui jalonnent la rue Rumorvan. Jadis rempli de navires de commerce, l'Aber-Ildut est aujourd'hui le premier centre goémonier européen. au large l'île Melon.

❷ Porspoder

Quels que soient les sentiers empruntés, les mégalithes qui les parsèment trahissent le peuplement très ancien de ce lieu. la presqu'île Saint-Laurent. sur le banc et le phare du Four, la côte escarpée, le port Mazou et Porspoder, puis, vers l'intérieur des terres, sur la chapelle Saint-Ourzal et le village de Larret.

❸ Kersaint

Les saints Haude et Tanguy, dont la légende est illustrée par deux statues en bois, ont donné son nom au village (« le lieu des saints »). Mais c'est aux Chastel que l'on doit sa grande chapelle du XVIe s., dédiée à Notre-Dame-du-Bon-Secours. On leur doit aussi le château de Trémazan (XIIIe s.), dont les vestiges s'élèvent à plus de 30 m au-dessus de la côte ! l'anse de Portsall, étonnant contraste de côte rocheuse et de douces plages de sable fin que surplombent les dunes de Tréompan et de Corn ar Gazel.

❹ Ploudalmézeau

Ce village a conservé sa fontaine Renaissance et son église, dont le remarquable clocher-porche est coiffé d'un dôme à lanternons.

On se promènera aussi dans le jardin de faune et de flore du Moulin-Neuf.

❺ L'Aber-Benoît

L'aber se découvre à pied par ses nombreux circuits. De Saint-Pabu, remonter vers l'intérieur mène à de petits ports et aux moulins du Quinou, de Tanné, de Pont-Ours. Au plateau de Lannlouarn, sur l'aber avant de descendre sur la chapelle de Loc Majan et de longer la rive de Kerdraon vers le site ostréicole de Prat ar Coum puis vers Penn ar Chreach' et l'anse aquacole de Broennou.

❻ Lannilis

Tout en pierre de taille, la chapelle du XVIIe s. est consacrée à saint Sébastien, invoqué contre la peste. le musée des Goémoniers de Plouguerneau, qui enseigne l'art de cuisiner les algues !

❼ L'Aber-Vrac'h

Parsemée d'îles et d'îlots, l'entrée de l'aber est impressionnante. Le phare de l'île Vierge, le feu de Vrac'h, balises et amers guident les marins parmi les écueils. depuis le sentier du littoral, qui donne accès aux criques et petits ports de la côte. L'Aber-Vrac'h est bien vivant, même si son pont du Diable vole l'âme des passants…

la presqu'île Sainte-Marguerite, qui pointe son nez vers la mer pour une balade vivifiante. Son petit port de Toul an Dour attire les pêcheurs.

Paluden, au cœur de l'aber.

sur l'île de Cezon, à l'embouchure de l'aber.

L'art roman en Poitou

❶ Saint-Savin-sur-Gartempe

Original par sa technique – empruntant à la fresque et à la détrempe –, l'ensemble de peintures murales de l'abbaye excelle à rendre le mouvement et la vie. Ainsi, la seule voûte en berceau de la nef offre sur plus de 400 m² et 42 m de long le récit de l'Ancien Testament. Jumelles indispensables !

❷ Chauvigny

La ville médiévale, perchée sur un éperon, constitue un écrin de choix à la collégiale Saint-Pierre, dont le magnifique chevet en pierres dorées s'éclaire au soleil couchant. Mais l'église vaut davantage pour les étonnants chapiteaux du chœur, habités de créatures effrayantes : lions ailés et griffus ou vautours dévorant les pécheurs témoignent d'une vision particulièrement sévère de l'au-delà. Ces sculptures, dues au ciseau de Gofridus, ont été recolorées au XIXe s. dans des tons blancs et rouges.

❸ Nouaillé-Maupertuis

Non loin du site de la bataille de Poitiers (1356) entre Français et Anglais se dressent au bord du Miosson les vestiges imposants d'une abbaye bénédictine fortifiée. Dans l'église, on admirera le sarcophage du IXe s., polychrome et sculpté, dit « châsse de Saint-Junien ».

❹ Poitiers

Surplombant un méandre du Clain, la ville, ruinée par les guerres de Religion, offre au visiteur les vestiges d'un très riche passé et le spectacle paisible de ses vieux quartiers. Notre-Dame-la-Grande ne cesse de surprendre le voyageur : d'abord par sa petite taille (17 m de haut) et par le style orientalisant de sa façade. Elle est pourtant caractéristique du style poitevin avec ses clochetons à toit d'écailles de type pomme de pin. La façade, dans un riche programme iconographique, résume l'histoire sainte. À l'écart du centre historique, l'église Saint-Hilaire-le-Grand offre une architecture originale et un remarquable ensemble de chapiteaux historiés et de fresques. 👁 le Futuroscope, qui présente un époustouflant échantillonnage des techniques modernes de communication.

❺ Château-Larcher

Ce pittoresque village des bords de la Clouère a gardé ses vieilles maisons et quelques vestiges du château. Dans le cimetière se dresse une lanterne des morts du XIIIe s. L'église, du XIIe s., s'enorgueillit d'un intéressant portail sculpté.

Au pays de Lascaux

❶ Sarlat-la-Canéda

L'hôtel de La Boétie, où est né en 1530 l'humaniste ami de Montaigne, est l'un des plus remarquables édifices de cette ville, qui a su conserver son cachet ancien (XIVe au XVIIe s.). Chaque maison est une splendeur du temps passé. En été, les rues s'animent de bateleurs, de comédiens et de musiciens. On ne manquera pas d'acheter sur le marché du samedi un foie gras bien frais, à déguster sur une tranche de pain grillé, accompagné d'un vin blanc doux.

❷ Lascaux

La grotte de Lascaux renferme plus de 2 000 gravures et peintures. À Lascaux II, fac-similé où se pressent quelque 300 000 visiteurs par an, la sensibilité et le génie des premiers artistes rivalisent avec les techniques et le talent de ceux qui, de nos jours, ont réalisé cette copie. Éblouissement garanti ! Avec le même billet, on visite, à Thonac, le Thot, parc préhistorique où mammouths et rhinocéros s'animent pour la plus grande joie de tous.

❸ Sergeac

En 1275, les Templiers y établirent une importante commanderie autour de laquelle le village est encore groupé. La proximité des abris de Castel-Merle a également fait de Sergeac un centre important du tourisme de la préhistoire.

❹ Castel-Merle

Après les Eyzies, Castel-Merle est la zone de peuplement paléolithique la plus dense du Périgord noir. Neuf abris, occupés de 30 000 à 10 000 av. J.-C., ont livré un grand nombre d'œuvres d'art et d'outils (os, ivoire, coquillages). 👁 Saint-Léon-sur-Vézère.

5 Le Moustier

Les deux abris du site ont donné son nom à l'époque du moustérien. Le musée proche rappelle que l'homme de Neandertal, qui enterrait ses morts, avait créé une vraie civilisation. sur la vallée de la Vézère.

6 La Roque-Saint-Christophe

Fort troglodytique remarquable, ce site en surplomb de la Vézère fut occupé du moustérien au XVIe s. Le petit village suspendu à 80 m d'altitude a pu abriter près de 1 500 personnes, qui y disposaient d'un poste d'observation et y trouvaient une protection naturelle plus efficace que toutes les forteresses…

7 La Madeleine

Du petit village de Tursac, l'un des centres de la préhistoire en Périgord, on emprunte à pied un sentier qui atteint, en pleine nature, le grand abri de la Madeleine qui a, lui, donné son nom à l'époque magdalénienne. L'habitat troglodytique y fut occupé jusqu'au milieu du XXe s. !

8 Château de Commarque

Accessible par un chemin qui s'enfonce dans la forêt (compter 20 minutes de marche), un site impressionnant cache les ruines du donjon de Commarque, gardiennes hantées, dit-on, d'une vallée sauvage. tout proche et accessible à pied, l'abri du Cap-Blanc, qui livra en 1910 une double frise sculptée monumentale, ensemble de chevaux et de bisons de 13 m de long que l'on peut encore admirer *in situ*.

9 Campagne

Dans ce cadre de verdure qui porte si justement son nom, il faut découvrir, outre un château restauré à la Renaissance et au XVIIIe s., un remarquable fort troglodytique, des grottes et plusieurs gisements préhistoriques.

10 Saint-Cyprien

Saint-Cyprien doit son nom à un ermite qui vécut dans une grotte troglodytique dominant la vallée. De nos jours, on apprécie le marché du dimanche matin ou une promenade dans les rues de la vieille ville. le château de La Roque, forteresse imposante sur son piton rocheux.

11 Beynac-et-Cazenac

Le château, nid d'aigle éclaboussé de lumière, est bâti au sommet d'une falaise de 150 m de haut. Il est plaisant d'y flâner dans le village sur les pas de Paul Eluard, qui y vécut à la fin de sa vie. D'origine troglodytique, le bourg s'étage entre bord de l'eau et pierre à pic. sur Castelnaud-la-Chapelle, de l'autre côté de la Dordogne, longtemps la rivale de Beynac dans la lutte pour dominer cette partie de vallée.

12 Domme

Domme, « l'approximation la plus voisine du paradis » selon l'écrivain Henry Miller, est un chef-d'œuvre d'esthétisme et d'architecture accroché à la muraille rocheuse. Bastide édifiée pour la guerre, elle est aujourd'hui un village paisible de pierres blondes qui offre, de la terrasse de la Barre, l'un des plus célèbres panoramas du Périgord. sur les méandres de la Dordogne, La Roque-Gageac, les châteaux de Beynac, Montfort et Giverzac.

Sur les routes du foie gras et de l'Armagnac

❶ Auch

Devant la cathédrale Sainte-Marie, chef-d'œuvre de l'art gothique, on a du mal à croire qu'un éminent voyageur tel que Stendhal ne fut guère ému par les vitraux, aux figures très expressives et aux couleurs intenses, d'Arnaud de Molles (XVe s.) et ne prêta aucune attention à la dentelle Renaissance des stalles du chœur. De la cathédrale, une promenade dans les pousterles (rues étroites en escalier) de la haute ville permettra de découvrir de belles demeures médiévales et Renaissance.

❷ Fleurance

Un nom fleurant l'Italie et une atmosphère presque toscane pour un bourg aux allures médiévales, qui conserve une belle place à arcades, une halle, des fontaines et une église ornée, ici encore, de vitraux d'Arnaud de Molles…

❸ Lectoure

Si la capitale de la Lomagne, dominant la vallée du Gers, s'enorgueillit d'un riche patrimoine artistique, elle n'est pas uniquement une ville musée. Elle connaît en été une activité culturelle surprenante, lors des festivals de photographie, de musique et de théâtre… ⁘ sur la Gascogne, et, par temps clair, sur les Pyrénées, de la terrasse du Bastion et du jardin des Marronniers.

❹ Condom

Au cœur de cette grande région de vignobles, le musée de l'Armagnac est une bonne introduction à la tournée des chais. Les pèlerins en route pour Saint-Jacques-de-Compostelle faisaient halte à la cathédrale Saint-Pierre, l'un des derniers grands édifices gothiques du Gers, et ne manquaient pas de déguster quelques gorgées d'armagnac pour reprendre des forces… Nul doute qu'ils participèrent ainsi à la renommée au-delà des frontières de ce breuvage réparateur ! 👁 l'abbaye de Flaran, joyau de l'art cistercien.

❺ Montréal

La bastide de Montréal, perchée audessus de la vallée de l'Auloue, abrite un somptueux musée qui expose les trésors archéologiques de Séviac. 👁 à 4 km, une vaste villa gallo-romaine, dotée d'un ensemble exceptionnel de thermes, et entièrement décorée de mosaïques polychromes aux étonnants motifs géométriques, parfois en trompe-l'œil (visites guidées).

❻ Eauze

Capitale de l'Armagnac, Eauze célèbre tous les ans, en juin, la Foire nationale aux armagnacs. Mais les vignes ne sont pas l'unique trésor de la bourgade. En témoigne le Musée archéologique, qui dévoile les richesses de l'antique Elusa : enfoui en 261 par une famille de notables gallo-romains, et mis au jour en 1985, le « trésor d'Eauze » est ainsi composé de quelque 28 000 pièces de monnaie, d'objets précieux et de bijoux…

❼ Vic-Fézensac

Nul besoin d'apprécier les corridas pour se laisser gagner par la ferveur que connaît cette localité du bas Armagnac lors de la feria de la Pentecôte. Pendant trois nuits, tous cultivent l'esprit de la fête qui embrase les places et les rues où fleurissent les *bodegas* !

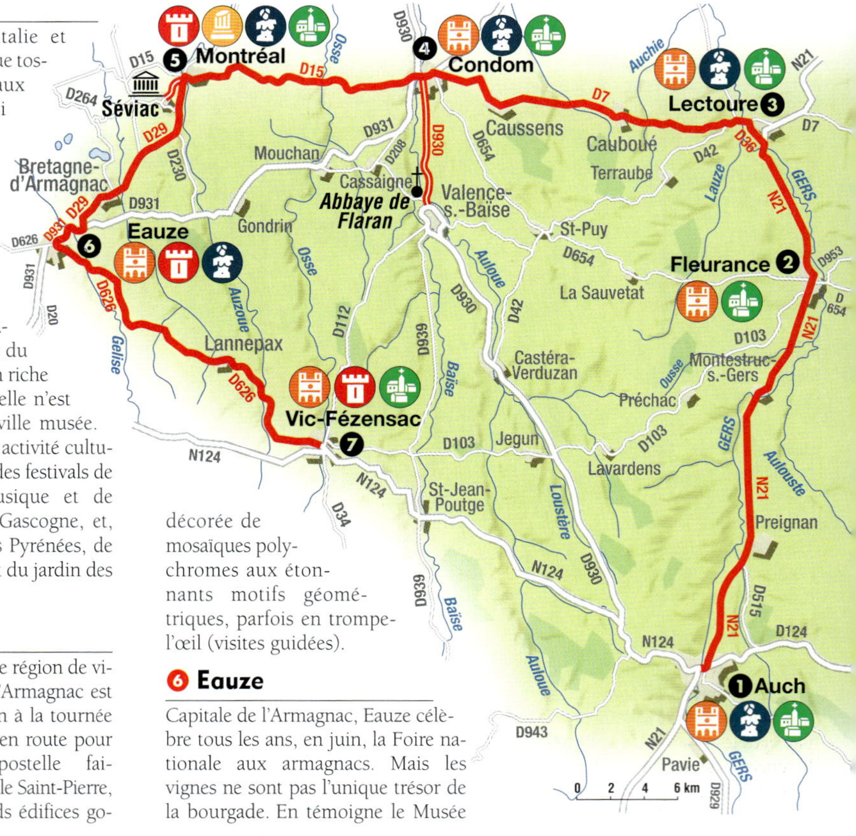

La route thermale des Pyrénées

1 Argelès-Gazost

La bourgade est la première d'une succession de stations thermales, dont les eaux bienfaisantes sont réputées depuis les Romains. Tout proche et à flanc de coteau, le village de Saint-Savin conserve en l'église de l'Assomption la mémoire d'un ordre bénédictin très influent au XIe s. dans le pays du Lavedan. Premier carrefour des vallées, le site invite déjà au détour vers le val d'Azun et ses villages pittoresques, ses alpages et ses lacs de montagne, jusqu'au fameux col d'Aubisque.

2 Cauterets

Blottie dans un décor très boisé, cette petite ville d'eaux, fort prisée des écrivains romantiques, fut un lieu de villégiature pour la famille impériale et après elle pour la bonne société du XIXe s. Architecture néo-classique, gare tout en bois « recyclée » de l'Exposition universelle de 1889 et mosaïques des établissements de bains en font foi. Au pays des cascades impétueuses, Cauterets est aussi devenu une station de ski et le sésame des paysages les plus emblématiques des Pyrénées : le site naturel du Pont d'Espagne, et le pic du Vignemale (3 289 m).

3 Luz-Saint-Sauveur

Dans un site taillé par le gave de Pau, ce village typique, porte des hautes vallées des Pyrénées centrales, revendique aussi sa vocation thermale et le parrainage de Napoléon III. La promenade Eugénie mène au fond des gorges de la rivière, ultime mise en jambes avant la découverte du cirque de Gavarnie, cul-de-sac grandiose dominé par une muraille rocheuse monumentale. 👁 Barèges, bourg réputé dès le Moyen Âge pour ses eaux « d'arquebusade », guérissant les pires cicatrices des soldats.

4 Col du Tourmalet

Dans son austère dépouillement, ce col perché à 2 114 m est inséparable de la légende du Tour de France cycliste. Mais les vrais « forçats de la route » ne furent-ils pas plutôt les valets qui, au XVIIe s., faisaient franchir le col aux chaises à porteurs des dames de la cour de Louis XIV ?

5 Pic du Midi de Bigorre

Puissant donjon, isolé comme un récif, il s'impose sur l'horizon depuis Tarbes et la plaine de l'Adour. Il est coiffé depuis 1881 par la kyrielle de coupoles qui composent l'observatoire astronomique, audacieusement érigé sur cette cime rocailleuse. Accès par une route à péage et un téléphérique.

6 Bagnères-de-Bigorre

La vallée de Campan, parsemée de fermes traditionnelles, s'achève ici dans le piémont pyrénéen. Station thermale réputée, un temps la plus mondaine des Pyrénées (voir le Casino, les Grands Thermes et les parcs des Vigneaux et de l'Hôtel-de-Ville), Bagnères est aussi une petite ville qui cultive la tradition du « rugby des champs », chère au Sud-Ouest.

7 Col d'Aspin

Pour qui ne veut plus quitter la montagne, le verdoyant plateau de Payolle mène parmi les sapins au col d'Aspin (1 489 m), autre référence de la Grande Boucle cycliste. ⁘ depuis le col sur le pic du Midi de Bigorre et, depuis les crêtes (vers le Pla del Naou), sur les vallées d'Aure et de Campan. 👁 Arreau et la vallée d'Aure, qui recèlent des trésors d'architecture religieuse et rurale.

En Pays basque

❶ Bayonne

Grande cité portuaire, Bayonne connut des heures prospères dont témoignent bien les hautes maisons de la vieille ville. Blanches à colombages rouges ou verts, parfois bâties sur un premier niveau d'arcades, elles livrent leurs plus beaux alignements sur les quais de la Nive. À l'arrière, on entrevoit en remontant vers la cathédrale Sainte-Marie (XIIIe-XVIe s.) des vestiges du Château-Vieux, avant de buter sur les fortifications de Vauban. Ne pas manquer l'exceptionnel musée Bonnat, mais découvrir aussi les chocolatiers de la rue du Port-Neuf.

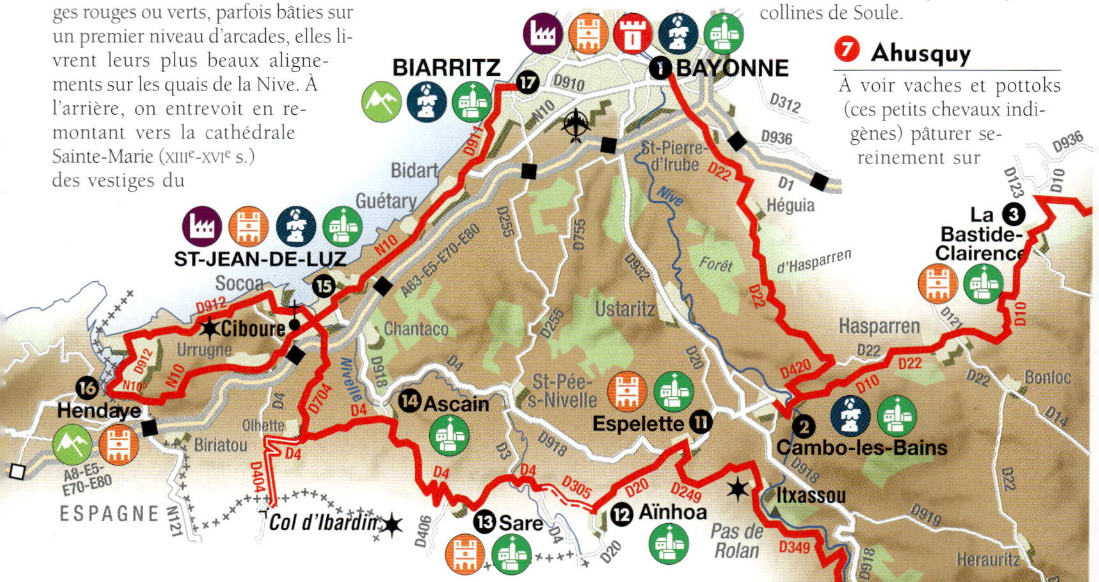

❷ Cambo-les-Bains

En contrebas, le long de la Nive, s'étirent les vieilles maisons du village ; en haut se concentrent les hôtels et les propriétés résidentielles entourées d'une végétation luxuriante teintée d'exotisme. Réputée pour la douceur de son climat, la station thermale de Cambo-les-Bains séduisit tant Edmond Rostand qu'il y fit bâtir la fastueuse et envoûtante Villa Arnaga.

❸ La Bastide-Clairence

Fondée en 1312 par le roi de Navarre pour se protéger des Anglais, la ville est une très belle bastide classique, avec maisons à arcades sur la place centrale et grande rue rehaussée de colombages. De là, rejoindre l'église (XIVe s.), aux cloîtres latéraux pavés de dalles funéraires.

❹ Saint-Palais

Fondé à l'aube du XIIIe s. par les rois de Navarre, Saint-Palais était un point de ralliement pour les pèlerins de Compostelle avant l'aventureuse traversée des Pyrénées. Dans l'actuelle mairie, un intéressant musée est consacré à ce thème et à la civilisation basque.

❺ Mauléon-Licharre

Ancienne possession anglaise puis capitale des États de Soule, Mauléon reste dominé par les ruines d'une puissante forteresse et conserve dans sa ville haute un bel ensemble médiéval. Rejoindre, en traversant le Saison, Licharre, où cohabitent le château d'Andurain, l'hôtel de Montréal (XVIIe s.)… et le fronton de pelote basque !

❻ Tardets-Sorholus

Dans la très verdoyante vallée du Saison, Tardets-Sorholus est une petite bastide dont la place centrale accueille des marchés colorés. À l'arrière, les bâtiments qui surplombent le lit de la rivière affichent d'antiques galeries de bois. ⁂ exceptionnel depuis le site de la Madeleine, sur le pic d'Ohry et les collines de Soule.

❼ Ahusquy

À voir vaches et pottoks (ces petits chevaux indigènes) pâturer sereinement sur des pentes quasi verticales, on a peine à croire ses yeux ! D'Alçay à Mendive, voici 25 km vertigineux et splendides dominés notamment par le pic des Vautours et le sauvage massif des Arbailles. 👁 Aussurucq, serré autour de sa vieille église et de son château (fin XVIe s.).

8 Saint-Jean-Pied-de-Port

Capitale et trésor de la Basse-Navarre, avec ses maisons serties de galeries en bois surplombant la Nive (panorama depuis le pont), Saint-Jean-Pied-de-Port fut aussi une ville fortifiée dès le XIIe s. On se laissera gagner par l'ambiance médiévale de la rue de la Citadelle et de ses vieilles habitations.

9 Saint-Étienne-de-Baïgorry

Un paysage vallonné, bordé au nord par les vignobles d'Irouléguy, mène à ce bourg dont l'habitat en pierre est typique de la Basse-Navarre. L'étroit vallon devient large pâture à mesure que l'on monte, par la D 948, vers la vallée des Aldudes.

10 Ossès

Son architecture rurale mêle les influences de plusieurs régions basques (colombages, grands auvents). Il subsiste des édifices nobles (Moyen Âge-XVIIe s.), telles les maisons Harismendia ou Sastriarena. On remarquera l'église au clocher polygonal et polychrome (rouge et blanc).

11 Espelette

Au-delà du pas de Roland, Itxassou, dont l'habitat se répartit en terrasses le long des gorges de la Nive, est rehaussé de milliers de cerisiers en fleur au printemps. Espelette, célèbre pour son piment qui sèche en chapelets de grappes rouges sur les façades blanches, est aussi, en janvier, le lieu d'une foire aux pottoks incomparable !

12 Aïnhoa

L'unique rue d'Aïnhoa, bastide fondée au XIIIe s., est bordée de maisons aux colombages peints. Leurs ornements et leurs vastes proportions illustrent l'opulence d'un bourg qui fut un important relais commercial du XVIIe au XIXe s.

13 Sare

C'est l'un des plus célèbres villages basques : son grand fronton résonne souvent du bruit mat des jeux de pelote et sa magnifique église du XVIIe s., avec son chœur surélevé et ses trois niveaux de galeries, est une visite obligée ! Alentour, les champs vallonnés remontent les pentes de la Rhune et s'offrent à la voracité des moutons et des vaches autochtones.

14 Ascain

Avec sa place organisée autour de l'inévitable fronton, son quartier portuaire sur la Nivelle, son église au clocher trapu et sa mairie du XVIIe s., Ascain ne manque pas de caractère. De là, une excursion vers la frontière, le col d'Ibardin et ses fameuses *ventas* permet d'acquérir à prix réduits alcool, charcuteries, fromages et produits artisanaux.

15 Saint-Jean-de-Luz

Protégée par ses digues brise-lames, Saint-Jean-de-Luz et sa large baie occupent l'un des plus charmants sites de la côte atlantique, que met en valeur une étonnante concentration de maisons à colombages. La maison Louis-XIV et la maison de l'Infante, accueillirent – séparément – le couple royal venu célébrer ici ses noces en 1660. On verra la place Louis-XIV et l'église Saint-Jean-Baptiste (XVe s.) et son retable, sans oublier la maison Adam, où l'on vend toujours les célèbres macarons inventés au XVIIe s. À voir : le ravissant village de Ciboure, son vieux centre préservé et ses villas des Années folles. On appréciera, depuis la corniche entre Socoa et Hendaye, le panorama sur l'Océan, qui mena tant de Basques vers l'Amérique.

16 Hendaye

Station balnéaire fortement marquée par le style néobasque très en vogue à la fin du XIXe s., Hendaye se divise entre Hendaye-Ville (quartier des pêcheurs, maison de Pierre Loti) et Hendaye-Plage, avec son front de mer luxueux.

17 Biarritz

Lancée par l'impératrice Eugénie, qui convainc Napoléon III de l'adopter comme lieu de villégiature, Biarritz deviendra l'une des plus célèbres stations balnéaires d'Europe. Son architecture fin XIXe s. a aujourd'hui un petit air d'opérette, la Villa Eugénie est devenue l'hôtel du Palais, la modernité gagne peu à peu, mais la promenade le long des falaises bordées de tamaris et la traversée de la passerelle du Rocher de la Vierge, malmenée par les vagues, ont toujours autant de succès.

Sur la route des châteaux cathares

❶ Défilé de Pierre-Lys

Quillan est le verrou de la haute vallée de l'Aude. Au-delà, le col du Portel assure le passage vers l'Ariège et les châteaux de Puivert et Montségur, tandis que le défilé de Pierre-Lys offre une étroite percée vers le Roussillon. La route en corniche y a été taillée en surplomb sur la rive gauche de l'Aude, bouillonnant encore de son parcours pyrénéen. C'est entre Espéraza et Quillan que fut découvert en 2002 le squelette entier d'un dinosaure vieux de 72 millions d'années.

❷ Puilaurens

Les épais remparts qui se découpent soudain sur le ciel, à la sortie du village, disparaissent tout aussi brutalement quand on arrive au pied du promontoire. Comme hors du monde, ce nid d'aigle ne se laisse aborder qu'à pied. En sortant de la forêt, le sentier fait des lacets entre les rochers, premiers défenseurs de la place forte. Celle-ci ne sera pas prise par les croisés de Simon de Montfort, qui privilégièrent la soumission des villes et le contrôle des vallées à d'interminables sièges.

❸ Gorges de Galamus

À l'entrée des gorges, un large belvédère offre une vue unique sur la longue et profonde cicatrice creusée par l'Agly. De là, un chemin chevrier descend entre les buis jusqu'à un ermitage et une petite chapelle lovés dans la roche. Depuis la route qui remonte les gorges à fleur de roche, on ne perçoit que la rumeur de la rivière, que la hauteur du précipice ne permet pas d'apercevoir.

LES CATHARES

En opposition à l'orthodoxie chrétienne et déclarés hérétiques, les cathares, disséminés de Cahors à Béziers et soutenus par les seigneurs de Toulouse, furent pourchassés durant tout le XIIIe s. Le pape, allié au roi de France, prêcha en 1208 une croisade contre ceux qu'on appelait les Albigeois. Après une autre croisade en 1226 et l'annexion à la Couronne du Languedoc actuel, les derniers fidèles trouvèrent refuge dans des places fortes, nids d'aigles assiégés qui tombèrent les uns après les autres. La chute de Montségur (1244) et celle de Quéribus (1255) signèrent la fin des cathares.

❹ Peyrepertuse

Le nom occitan de cette grande citadelle, dont les fortifications se confondent avec les rochers sur toute une ligne de crête, signifie pierre percée. Si forte qu'elle ne fut jamais assiégée, cette véritable ville miniature renfermait des maisons, deux châteaux et une église derrière ses remparts. sur le donjon massif de Quéribus, qu'il est possible de rejoindre à pied par le GR 36.

❺ Quéribus

Quéribus avait pour mission de surveiller et défendre la plaine du Roussillon (exceptionnel sur celle-ci). À 730 m d'altitude, la citadelle vaut d'abord par son site, tellement inaccessible qu'elle ne tomba aux mains des croisés que par reddition négociée. Elle est, de même que Peyrepertuse, souvent balayée par les vents, ce qui oblige à la prudence lors de sa visite. le site de Tautavel, où l'homme vivait il y a 500 000 ans.

❻ Château de Termes

Situé sur un promontoire défendu par le fossé naturel que constituent les gorges du Terminet, le château de Termes coûta, en 1210, quatre mois de siège aux croisés avant de tomber entre leurs mains. sur les ruines du château de Durfort, inaccessibles. Villerouge-Termenès dont le château, situé au cœur d'un minuscule village médiéval, est planté au milieu des vignes. les gorges de l'Orbieu.

❼ Château d'Arques

Dans la plaine se dresse l'élégante tour du château d'Arques dont l'architecture gothique symbolise, *in fine*, pour le visiteur, la victoire des seigneurs du nord sur leurs rivaux du pays d'oc.

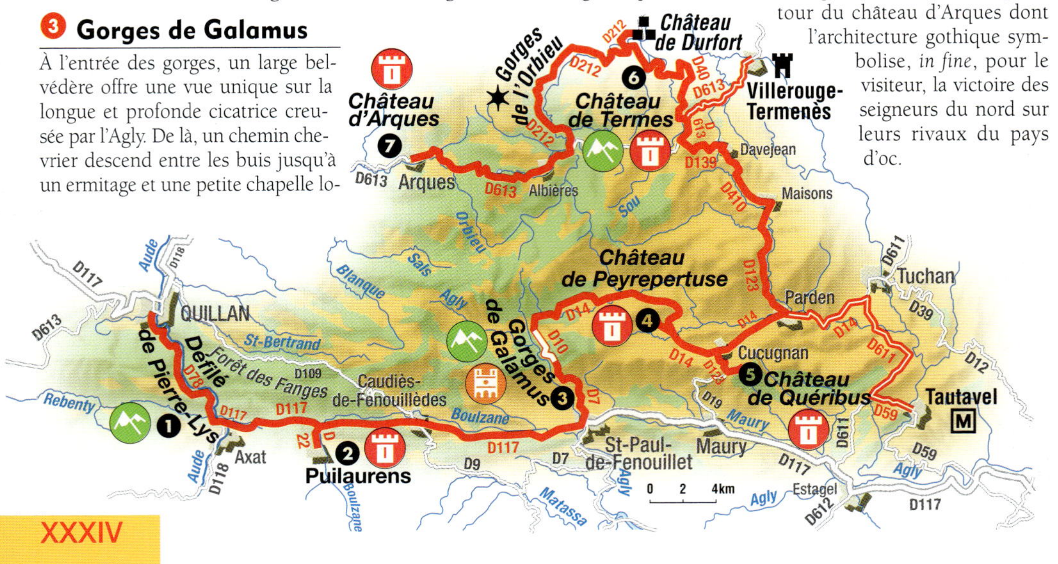

L'arrière-pays niçois

❶ Nice

L'intimité méridionale de cette tentaculaire agglomération se retrouve dans les ruelles étroites et les façades colorées des quartiers anciens autour du port. En retrait des fastes de la baie des Anges et des palaces, l'exubérance du marché aux fleurs rappelle que les alentours produisent encore abondamment œillets, roses et mimosas…

❷ Èze

En s'échappant vers la frontière italienne, les routes en corniche ne se refusent aucune acrobatie pour atteindre les jardins luxuriants en terrasses et les villas accrochées à des escarpements rocheux qui donnent le vertige : Èze est suspendu à 390 m au-dessus de la rade de Villefranche-sur-Mer, d'un bleu profond.

❸ La Turbie

Accroché sur un promontoire, le village domine la principauté de Monaco. Son jardin exotique présente une superbe collection de plantes succulentes (grasses) et essences rares. Mais c'est le Trophée des Alpes qui s'impose au-dessus des toits de tuiles. Ce monument romain partiellement en ruine signalait la frontière avec la Gaule. De ce péristyle majestueux, on devine parfois les contours de la Corse sur l'horizon.

❹ Peillon

Tournant le dos à la mer, on s'infiltre dans les contreforts du massif de l'Argentera-Mercantour par de profonds ravins. Peillon est un village perché exemplaire : ses maisons se serrent et se bousculent sur une proéminence. Il s'agissait d'utiliser au mieux le relief pour se protéger des intrus belliqueux, et de réserver aux cultures le moindre replat, dont cette montagne est singulièrement avare.

❺ L'Escarène

Située au creux de la vallée du Paillon, la bourgade était une étape importante sur la route du sel, de Nice au Piémont par le col de Tende. L'église Saint-Pierre-aux-Liens (XVIIe s.) forme, avec les deux chapelles des Pénitents (Noirs et Blancs) qui la flanquent, un ensemble baroque remarquable.

❻ Lucéram

Des morceaux de remparts, des ruelles en escaliers constituent là aussi un ensemble caractéristique. La montagne, couverte d'une végétation touffue, est éclaircie par les petites touches des oliveraies. Un peu à l'écart, la chapelle Notre-Dame-de-Bon-Cœur abrite une fresque de 1480.

❼ Col de Turini

Le versant de Peïra-Cava, où les élégantes niçoises venaient faire de la luge dès 1909, annonce déjà la haute montagne : canyons étroits et crêtes altières, pins sylvestres côté soleil, hêtres et épicéas côté ombre. Du col (1 604 m), une boucle de 17 km à travers les alpages mène au cœur du parc national du Mercantour. Sur les crêtes, des bastions rappellent que cette zone frontalière était stratégique et constituent autant de belvédères…

❽ Lantosque

La mer n'est pas loin mais, dans la descente de la vallée de la Vésubie vers Lantosque, le relief et la végétation annoncent déjà les Alpes.

👁 la vallée de la Gordolasque qui mène à un cirque glaciaire.

❾ Utelle

Le village s'est développé sur un piton en forme de patte d'oie, grignotant l'espace disponible. En amont, à 1 174 m d'altitude, Notre-Dame-d'Utelle atteste depuis le XVe s. la piété des marins qui, selon la légende, érigèrent le sanctuaire après avoir été sauvés de la tempête !

Au fil du canal du Midi

❶ Le seuil de Naurouze

C'est ici que les eaux de la Montagne Noire, stockées par Riquet dans son « magasin d'eau » de Saint-Férréol, alimentent le canal. À la mémoire de son bâtisseur, ses héritiers ont érigé en 1825 un obélisque sur les légendaires pierres de Naurouze, érodées par le vent d'autan. Au pied de ce monticule, une majestueuse allée de platanes centenaires traverse l'ancien bassin octogonal où le « seigneur du canal » rêvait d'ériger un port et une ville nouvelle. Les limons ont recouvert le bassin transformé en prairie, mais les hommes d'aujourd'hui ont exaucé le vœu de Riquet à quelques centaines de mètres, à Port-Lauragais. L'aire d'autoroute attenante y abrite une exposition sur le canal.

❷ Lac de Ganguise

Le lac offre un aperçu sur les douces collines du Lauragais, avec montagnes pyrénéennes en arrière-plan. La rivière qui l'alimente sert à l'irrigation des champs, mais aussi à l'alimentation du canal, en suppléance des barrages de la Montagne Noire.

❸ Castelnaudary

Avant d'être une capitale gastronomique, la ville fut le plus important port du canal, ce dont témoigne le Grand Bassin (7 ha) devenu un port de plaisance où les canards cohabitent avec les *house-boats*. On visitera le musée archéologique du Présidial et on admirera la façade de l'église Saint-Michel.

❹ Bassin de Saint-Ferréol

Le bassin de Saint-Ferréol (70 ha) est l'aboutissement d'un mini canal, la Rigole de la Montagne, qui draine les eaux de trois barrages successifs édifiés sur le versant nord-ouest de la Montagne Noire. De là, la Rigole de la Plaine les conduit, à travers quatorze écluses, au seuil de Naurouze.

❺ Carcassonne

Restaurée au XIXe s. par l'architecte Viollet-le-Duc, la plus célèbre cité médiévale d'Europe dresse ses remparts sur un *pech* (colline). Le poumon touristique de la ville associe, à l'intérieur de sa double enceinte (IIIe-XIVe s.), ruelles, château comtal (XIIe-XIIIe s.) et basilique (XIe-XIVe s.). Mais le cœur de la ville se situe sur l'autre rive de l'Aude, dans la ville nouvelle fondée par les habitants bannis après une rébellion manquée, en 1240, contre le nouveau pouvoir royal (Louis IX). On y visitera un remarquable musée des Beaux-Arts.

❻ Châteaux de Lastours

Quatre châteaux en ruine, sur une arête rocheuse, composent le site de Lastours. Dominant le vallon de l'Orbiel, la forteresse de Cabaret, dont ils sont le vestige, servit au XIIIe s. de refuge aux cathares rescapés d'autres places fortes prises par les croisés. Devant la rudesse des lieux, on comprend que Simon de Montfort ait dû en négocier la reddition, n'ayant pu l'emporter au combat.

❼ Minerve

Minerve est la petite capitale de ce pays de vin et de vent, où les caves coopératives sont plantées telles d'anciennes églises dans chaque commune. Retranchée sur son piton, elle a été isolée du plateau par les gorges

calcaires de la Cesse. Pour éviter l'affluence, on pourra même se contenter de la regarder de loin : l'effet n'en est que plus saisissant… 👁 Saint-Germain-de-Cesseras, chapelle nichée dans un bosquet au milieu de la garrigue, un peu abandonnée : seul un ange sculpté sur un modillon lui sert de gardien. 👁 Notre-Dame-de-Centeilles, qui veille sur ses vignes.

8 Lézignan-Corbières

Au cœur des Corbières, un ancien mas viticole présente un agencement un peu hétéroclite, mais très complet, des outils traditionnels de la vigne en Languedoc (musée de la Vigne et du Vin). Ceci nous rappelle que l'eau du canal transportait jadis quantité de tonneaux… de vin. 👁 le pont-canal de Répudre, où l'eau d'un canal franchit l'eau d'une rivière, sans mélange.

9 Narbonne

Quelques siècles plus tôt, Riquet eût donné Narbonne comme destination à son canal. Longtemps débouché portuaire de tout le sud de la Gaule, capitale romaine, wisigothique, ducale, la ville était – est encore – un joyau. Si l'ensablement de son port l'a menée au déclin, il a peut-être de ce fait préservé, pour le plaisir du voyageur, les traces romaines – collections du Musée archéologique, crypte de la basilique Saint-Paul, Horreum (entrepôt de marchandises), Musée lapidaire – qu'on admire aujourd'hui.

10 Montagne de la Clape

Le massif calcaire, qui domine la ville et la mer, offre panorama (du haut du Coffre de Pech-Redon) et fraîcheur de l'altitude. Voir miroiter la Méditerranée en contrebas éveille l'envie irrésistible d'un plongeon dans la grande bleue.

11 Le Somail

Cette petite halte nautique, avec son vieux pont minuscule en dos d'âne, possède encore une ronde et ancienne glacière où l'on conservait au frais les boissons. 👁 à Quarante, le trésor de l'abbatiale (x^{e}-xie s.).

12 Abbaye de Fontcaude

Au cœur des vignobles de Saint-Chinian, l'abbaye garde le souvenir des pèlerins de Compostelle… et de leur goût pour le vin : la ceinture des pèlerins, finement sculptés sur les chapiteaux conservés dans le petit musée lapidaire, porte un tonnelet. Restauré, égayé l'été par des concerts, ce joyau d'art roman revit peu à peu.

13 Ensérune

La première curiosité du site est le passage du canal sous la colline : avec la percée dite du Malpas, Riquet réalisait là une première en France. La deuxième surprise attend les visiteurs au sommet de cet ancien oppidum romain. Vu d'ici, l'étang asséché de Montady dessine une immense roue dans la plaine.

14 Béziers

L'arrivée du canal dans la ville natale de Riquet est marquée par le monumental escalier d'eau de Fonserannes, formé de sept écluses contigües dominées au loin par la ville haute de Béziers. Là, à l'ombre apaisante des platanes des allées Paul-Riquet, une statue du père du canal a été érigée.

Paysages et traditions du Livradois-Forez

❶ Montbrison

Ancien fief des comtes du Forez, la ville est blottie autour d'une proéminence volcanique et conserve un cachet médiéval, notamment avec l'église Notre-Dame-d'Espérance (XIIIe-XVe s.). De là, partir sur les petites routes permet d'apprivoiser un pays fier et discret, aujourd'hui valorisé par un parc naturel régional.

❷ Col des Supeyre

Au-delà des sapinières giboyeuses s'étirent les pâturages sur des crêtes qui font le dos rond : les hautes chaumes. Jadis, toute la famille accompagnait les vaches à l'estive et fabriquait la fourme d'Ambert dont les secrets sont dévoilés par l'écomusée de la jasserie du Coq- Noir. Au col, le regard porte sur le pays de Gaspard des Montagnes raconté par l'écrivain paysan Henri Pourrat. Il ne faut pourtant pas se fier à ce relief débonnaire : ici, l'hiver est rude et seules les robustes jasseries en pierres de granite et toit de chaume résistent au souffle d'une bise glaciale, l'écir.

❸ Moulin Richard-de-Bas

Tout près d'Ambert, dans une combe à l'écart, la force du torrent actionne toujours les lourds maillets de bois d'un moulin transformé en musée vivant. Grâce à Marius Péraudeau, cet atelier, rénové en 1943, fabrique toujours une pâte à papier à l'ancienne où, en filigrane, se devine le cœur barré, symbole du moulin.

❹ Ambert

Nichée dans la vallée de la Dore, dont les affluents faisaient travailler des centaines de moulins, la bourgade est célèbre pour la curieuse architecture de sa mairie, une ancienne halle à grains toute ronde, et pour le temps des *Copains* si bien raconté par Jules Romains. La maison de la Fourme expose les méthodes de fabrication de ce fromage emblématique.

❺ Olliergues

Au creux de la verdoyante vallée de la Dore, le village d'Olliergues étage ses maisons du XVe s. à flanc de colline. Au château, un musée des vieux métiers retrace la florissante époque du tissage (XVIe s.).

❻ Thiers

Capitale de la coutellerie, Thiers raconte dans son musée la saga des couteliers, le dur labeur des émouleurs allongés sur le ventre toute la journée, l'esprit de corporation marqué par la charte de la Jurande et l'orgueil d'un métier symbolisé par le célèbre poinçon… Si les nombreux ateliers (rouets) accrochés sur les rives de la Durolle ont disparu, quelques grandes entreprises, des dizaines de PME et des travailleurs à domicile font perdurer un savoir-faire séculaire.

LE PAPIER D'AMBERT

Les chiffons sont pilés dans l'eau, la pâte obtenue est tamisée par l'ouvreur et étalée sur un feutre de laine par le coucheur, comme au XIVe s. ! En 1326, trois croisés importent pour la première fois en France l'extraordinaire savoir-faire des Arabes, qu'eux-mêmes détenaient des Chinois. Le moulin d'Ambert témoigne de l'esprit pionnier de la région et produit encore en quantité limitée ce papier imprimé de fleurs naturelles…

Crêtes et châteaux du Cantal

1 Aurillac

La cité métisse les influences de l'Auvergne et de l'Aquitaine. À la première appartiennent ces échappées sur des troupeaux tranquilles que ménage parfois une promenade dans la vieille ville, serrée autour du château Saint-Étienne. La seconde offre ce contact facile, déjà méridional, qui se manifeste lors du festival de Théâtre des rues, un des temps forts de la vie aurillacoise.

2 Polminhac

Les grands arbres qui environnent le château de Pesteils donnent la mesure de ce donjon géant de six étages, le plus haut du Cantal, qui dut subir les assauts des Anglais, des catholiques et des révolutionnaires. L'escalier à vis pris dans l'épaisseur du mur, les voûtes, les latrines restituent le luxe froid de la pierre. Le chemin de ronde sur mâchicoulis et l'élégante toiture apportent un brin de fantaisie à son faîte. 👁 l'habitat typique des bourgs de Vic-sur-Cère et Thiézac.

3 Route des Crêtes

L'appel des cimes commence après Saint-Jacques-des-Blats par un amphithéâtre de prairies arborées, de hêtres et de pelouses d'altitude, couronné par le cône pierreux du puy Griou. Au-delà de Mandailles, pays des hautes neiges, les villages disparaissent, puis la forêt. De part et d'autre, d'amples cirques glaciaires donnent naissance aux vallées rayonnantes du volcan cantalien. au sommet du puy Mary, au terme d'une ascension pédestre soutenue.

4 Vallée du Falgoux

Passé le pas de Peyrol, plus haut col routier du Massif central, la hêtraie s'empare de la montagne et se mêle à la sapinière. De retour dans la vallée, au bord du Mars, le paysage s'ouvre enfin en d'immenses versants ponctués d'habitats temporaires d'altitude, les burons. 👁 le village du Falgoux.

5 Anglards-de-Salers

Le château de La Trémolière est une modeste maison forte de hobereau villageois, dont la tour d'escalier, couverte en poivrière, a l'élégance dépouillée des constructions paysannes. Il abrite une intéressante collection de tapisseries d'Aubusson du XVIe s.

6 Salers

Salers, c'est un nom transmis en héritage aux plus beaux fleurons du pays : les célèbres vaches rouges, l'apéritif amer que procure la gentiane et la fourme de Salers, exquis fromage de Cantal. C'est aussi les portes des anciens remparts, les maisons Renaissance, la Mise au tombeau dans l'église, qui évoquent une ancienne urbanité, fruit des succès de l'économie herbagère. L'été venu, Salers renoue avec son animation d'antan et célèbre son passé lors des fêtes Renaissance. 👁 l'église et les maisons de Saint-Martin-Valmeroux.

7 Saint-Chamant

Juste avant les gorges de la Bertrande, Saint-Chamant domine un vaste berceau bocager, où la lumière joue avec les rideaux de peupliers avant de s'engloutir dans les frondaisons des versants. Le château marie les époques, l'authentique et le pastiche. Au XVe s., ses seigneurs fondèrent une collégiale, ornée de riches boiseries peintes, conservées dans l'église du village.

8 Anjony

Fiché sur un petit éperon dominant la Doire, le château d'Anjony est un chef-d'œuvre de l'architecture militaire auvergnate de la fin du Moyen Âge. Ses quatre tours rondes étreignent un corps de logis dont les fonctions défensives – mâchicoulis et chemin de ronde – s'allient à un bel art de vivre, qu'illustrent deux rares ensembles de peintures murales.

Aubrac et pays d'Olt

1 Espalion

Ce « premier sourire du Midi » a des aspects inattendus : trois imposantes églises gothiques et néogothiques, auxquelles la pierre rouge donne une présence étonnante, ou un petit musée du Scaphandre, invention espalionnaise. Mais c'est au bord du Lot que bat le cœur de la ville, sur le pont en arc brisé qu'empruntaient jadis les pèlerins de Compostelle, entre le château Renaissance et l'enfilade des maisons à galeries des tanneurs.

2 Aubrac

La route se fraye un chemin entre les ravins des boraldes, ces torrents qui descendent vers le Lot en rangs serrés et parallèles. Puis la pente s'adoucit, l'horizon s'élargit. Bientôt, ce n'est plus qu'une ondulation infinie de prairies parcourues aux beaux jours par des troupeaux de vaches crème, dont le lait est à la base de la fourme de Laguiole. Des siècles durant, marchands et pèlerins trouvèrent refuge et protection à la Dômerie d'Aubrac, à 1 300 m d'altitude. Il en subsiste une haute tour quadrangulaire et la chapelle Notre-Dame, dont la cloche « des perdus » battait le rappel des voyageurs égarés dans la tourmente.

3 Marchastel

Au-delà de l'église romane de Nasbinals commence une haute plaine désolée, étrange et fascinante. La dernière glaciation a charrié là des milliers de blocs de granite entre lesquels sortent des dents de lave. Le minuscule village de Marchastel s'accroche au pied d'un de ces môles, entre son église à clocher-peigne et les traces d'un ancien château.

4 Château de la Baume

On le dit Versailles du Gévaudan. Et l'expression rend bien compte de la majesté de l'édifice, de l'ordonnancement régulier des façades, des richesses du mobilier ; ce raffinement côtoie le gros appareil de granite, l'ardoise épaisse, les mâchicoulis, les hêtres et les rocs du chemin d'accès, témoins d'une noblesse terrienne façonnée par ce pays rude qu'elle chevauchait depuis des siècles. 👁 le parc des Loups du Gévaudan.

5 Marvejols

Au bord de la Colagne, la ville vécut une longue histoire d'amour avec les rois de France : Philippe Le Bel, en 1307, la fit ville royale en Gévaudan et Henri IV la releva de ses cendres après les guerres de Religion. Mais Richelieu démantela les murailles de la cité protestante. Les hautes portes demeurent, avec leurs tours jumelées restituant l'ambiance de la place forte, où des façades Renaissance attestent la longue prospérité du négoce des laines.

6 La Canourgue

L'Urugne et le Merdéric, deux ruisseaux descendus du Sauveterre, filent au long des rues, accompagnant le promeneur dans un dédale de ruelles tortueuses et de passages couverts. Ici et là, quelques dalles de calcaire polies par les genoux des lavandières évoquent l'ancienne animation de ces rives, où s'affairaient aussi les tisserands. Plus loin, à la faveur d'une place, le regard s'élève, détaille les modillons sculptés au chevet de l'église et remonte la fine tour de l'horloge, vestige d'un vieux fort. On flâne longtemps entre les façades rénovées, qui marient pans de bois et rutilants encadrements de grès, matériau dont sont aussi faits Saint-Laurent d'Olt et les villages de la vallée.

7 Saint-Geniez-d'Olt

D'abord amples, les paysages vallonnés du pays d'Olt se referment sur un bocage boisé et pentu. L'histoire de Saint-Geniez débuta sur l'étroite rive droite, autour d'un château situé à l'emplacement de l'actuel monument Talabot (⁂). Son plan en éventail révèle combien il s'est ensuite développé en franchissant la rivière. Au XVIIe s., un nouveau pont, large et solide, donna le départ de l'odyssée drapière, âge d'or industriel auquel la cité doit son caractère surprenant de ville classique : beaux hôtels, façades à frontons et porches à bossages abondent, ornés de feuillages et d'anges joufflus au cloître des augustins. 👁 Sainte-Eulalie-d'Olt, et Saint-Côme-d'Olt, bourg fortifié.

En Cévennes, sur les traces de Stevenson

1 Notre-Dame-des-Neiges

Ayant traversé le Velay, puis le Gévaudan, Stevenson atteint la Trappe de Notre-Dame-des-Neiges après quatre jours de voyage. Étrange étape pour un protestant que cette abbaye cistercienne perdue en pleine forêt, à 1 100 mètres d'altitude ! Halte enrichissante pour tout voyageur en quête d'une retraite silencieuse, car les moines accueillent aujourd'hui encore le visiteur dans l'hôtellerie construite à cet effet.

2 Chalet du Mont-Lozère

La route du col de Finiels (1 548 m) passe devant le chalet-hôtel d'une petite station de ski. C'est une halte incontournable dont le patron, Henri Pagès, président de l'association Sur le chemin de Stevenson, est prodigue en informations utiles pour la suite du voyage. Du col, une promenade à pied de 2,5 km permet d'atteindre le sommet du mont Lozère (1 699 m) à travers les pelouses rases jonchées de granite. Passé le col, les serres (crêtes) et les valats (vallées) cévenoles apparaissent enfin à l'horizon comme un « déferlement de hautes vagues. »

LA GUERRE DES CAMISARDS

En 1685, Louis XIV révoque l'édit de Nantes qui garantissait la liberté de culte pour les protestants, nombreux en Cévennes. Lorsque la répression s'installe, les Cévenols résistent. Les camisards, quelques centaines d'hommes portant chemise (*camisa* en occitan) pour se reconnaître lors des combats nocturnes, affrontent les dragons du roi, une armée de plus de 25 000 hommes. De cette lutte (1702-1710) est née l'identité culturelle cévenole.

3 Le Pont-de-Montvert

C'est ici, sur le pont près de la tour de l'Horloge, que Pierre-Esprit Séguier, premier chef camisard, fut brûlé vif le 12 août 1702. Ce village aux trois ponts est le cœur de l'écomusée du mont Lozère, dont les sites s'éparpillent sur le flanc sud de la montagne. Ses maisons s'égrènent le long du Tarn enserré dans son étroite vallée. à Mas-Camargues, une maison restaurée par le parc national des Cévennes et son sentier d'observation du milieu naturel. à Troubat, une ancienne ferme cévenole, habitat traditionnel en granite.

4 Florac

Dominée par les hautes falaises de calcaire blanc du causse Méjean, Florac est la porte des Cévennes. Son esplanade ombragée de platanes, ses ruelles aux hautes maisons de schiste sombre et la rafraîchissante source du Pêcher jaillissant au pied de la montagne lui confèrent un air méridional. L'ancien château abrite depuis 1970 le siège du parc national des Cévennes. Saint-Julien-d'Arpaon, village pittoresque dominé par les vestiges de son château.

5 Saint-Germain-de-Calberte

Au col de Jalcreste, sur la longue vallée qui mène à Alès. Saint-Germain-de-Calberte, village typique des Cévennes, révèle toute la ruralité cévenole, dont l'histoire s'est faite autour de la culture de la vigne, de l'olivier, du châtaignier, du mûrier pour l'élevage du ver à soie, et dont les traces s'effacent peu à peu. Le château Saint-Pierre a été restauré par une famille d'artisans d'art et se laisse approcher par un chemin pentu et pierreux.

6 Saint-Jean-du-Gard

Ici prit fin le voyage de Stevenson, dans la « petite capitale des camisards ». Déjà méditerranéen, le bourg a donné son nom au gardon de Saint-Jean qui le traverse. Le musée des Vallées cévenoles présente un remarquable tableau de la vie rurale. Le vieux train à vapeur évoque le souvenir de l'épopée de la soie, tout en menant les touristes vers Anduze, sa célèbre bambouseraie et son village musical. à Mialet, le musée du Désert, dédié à la mémoire du protestantisme cévenol.

En Beaujolais

❶ Villefranche-sur-Saône

Les sculpteurs de la collégiale Notre-Dame-des-Marais ont travaillé les pierres comme une dentelle, créant des scènes saisissantes – dont certaines assez crues ! Rue Nationale, on découvre des maisons Renaissance (au 596, au coin de la rue du Faucon…) 👁 Anse et sa forteresse. 👁 le Saint-Christophe polychrome (XIIIe s.) de l'église de Chazay-d'Azergues.

❷ Saint-Jean-des-Vignes

Le musée géologique Pierres-Folles y présente en aquarium des nautiles vivants… et des vols de ptérosaures en hologramme.

❸ Oingt

Perché au-dessus de ses vignes, Oingt, fleuron de la région, a soigneusement enterré tous ses fils, ce qui lui vaut de servir de décor pour les films d'époque : entre les rues Trayne-Cul, Coupe-Jarret ou Tyre-Laine, on peut à l'envi jouer aux *Visiteurs*… 👁 à Theizé, le superbe château de Rochecorbonne, qui fait aussi découvrir les vins du Beaujolais.

❹ Ternand

Le village médiéval de Ternand abrite dans son église une belle crypte aux peintures carolingiennes.

❺ Vaux-en-Beaujolais

Les amateurs d'histoires lestes feront un détour par Vaux, illustré par Gabriel Chevalier dans *Clochemerle*. Proche de l'intéressant musée viticole, le caveau de dégustation est l'un des plus rabelaisiens du Beaujolais, avec ses peintures illustrant personnages et épisodes de la saga. 👁 Salles-Arbuissonnas, qui conserve un beau cloître, bruissant encore, si l'on a l'oreille fine, des aventures galantes de ses chanoinesses.

❻ Belleville

Belleville offre deux merveilles : l'ancien hôtel-Dieu, avec ses trois salles garnies de lits en noyer aux rideaux blancs et son apothicairerie, et surtout l'église Notre-Dame, associant le roman aux balbutiements du gothique. Les piliers de la nef centrale sont décorés de motifs étonnants, polychromes et dorés : monstre dévorant une pécheresse, homme se transperçant la langue d'un couteau, femme précipitée dans les enfers et masques divers.

Rivages et

❶ Annecy

Les vieux quartiers baignés par le Thiou sont d'une coquetterie et d'une convivialité sans pareilles. Dominées par le château des comtes de Genève (XIIe-XVIe s.), les façades médiévales se reflètent dans l'eau des canaux, et les rivages du lac agrémentés de parcs sont autant de promenades bucoliques. Le palace de l'Impérial ajoute encore une touche mondaine à cette villégiature dorée.

❷ Menthon-Saint-Bernard

Le lac d'Annecy, miroir turquoise, est enchâssé dans un écrin de montagnes, où alternent les pentes douces et verdoyantes du massif des Bauges et les falaises orgueilleuses des Aravis. Le tour du lac peut commencer par la rive des Aravis, dominée par la puissante forteresse (privée) de Menthon. ⁘ depuis la route en balcon sur le lac.

❸ Talloires

Les pieds dans l'eau, une ancienne abbaye transformée en hôtel de luxe souligne le côté chic de ce petit port de plaisance. Cézanne, en séjour à Talloires l'été 1896, fut parmi les nombreux peintres séduits par la sérénité du lac…

❹ Mont de la Chambotte

Le tour du lac accompli, une escapade par les impressionnantes gorges du Fier (⁘) mène au château de Montrottier. On parcourt le pays des collines riantes de Haute-Savoie pour gravir le mont de la Chambotte, d'où le regard porte sur le lac naturel du Bourget, emblème du romantisme du XIXe s. 👁 le château de Châtillon, perché sur un promontoire.

❺ Portout

À l'orée de la plaine de Chautagne, ancien marais planté d'une peupleraie dans les années 30, Portout signale le début du canal de Savières,

hauteurs des lacs de Savoie

reliant le lac au Rhône. Importante voie marchande au Moyen Âge, il est aujourd'hui sillonné par de petits bateaux de croisière.

6 Abbaye d'Hautecombe

Si cette abbaye, fondée au XIIe s. et entièrement reconstruite au début du XIXe s., résonne encore des lamentations romantiques d'un Lamartine, elle attire aujourd'hui les visiteurs pour sa situation remarquable au bord du lac, son église, véritable panthéon de la famille de Savoie, et sa grange batelière, seul vestige de la construction cistercienne.

7 Chambéry

Château ducal, vieille ville médiévale parcourue par un inextricable lacis d'allées (l'équivalent des traboules lyonnaises), façades colorées des hôtels particuliers, tout permet ici d'évoquer le rayonnement de la maison de Savoie, qui fit de Chambéry la capitale de ses États jusqu'en 1562.

8 Aix-les-Bains

La ville thermale, qui connut son apogée à la Belle Époque, a d'abord construit ses palaces sur le coteau avant de s'étendre jusqu'au rivage du lac, animé par des plages et des petits ports. Les salles du casino, au plafond orné de mosaïques, bruissent encore des voix des princes qui fréquentèrent cette villégiature.

LA MAISON DE SAVOIE

Cette dynastie seigneuriale fondée en Maurienne au XIe s. et implantée à Chambéry sut patiemment agrandir son comté puis son duché, constituant enfin le royaume de Piémont-Sardaigne. Les ducs de Savoie devinrent au fil des siècles de vrais hommes d'État et surent jouer de leur territoire alpin pour s'imposer, de traité en alliance, au centre de l'histoire européenne.

Le massif de la Chartreuse

❶ Grenoble

La capitale dauphinoise s'étire au confluent de l'Isère et du Drac, profitant d'un vaste replat entre les massifs de Belledonne, du Vercors et de Chartreuse. depuis Le Sappey ou depuis le fort du Monteynard.

❷ Charmant Som

Une route grimpe sans encombre vers le sommet du Charmant Som, accessible ensuite par un sentier facile : une pente douce et verdoyante pour un alpage accueillant des vaches laitières, un profil rocailleux et abrupt illustrent la géographie si contrastée du massif. l'église de Saint-Hugues, restaurée et décorée, entre 1952 et 1985, par le peintre Arcabas, et, un peu plus loin, le cirque de Perquelin, aux falaises blanches couvertes de résineux.

❸ La Grande Chartreuse

Saint Bruno de Cologne trouva en l'an 1084, tout au fond d'un vallon, son « désert » propice à la vie contemplative et au vœu de retraite. Pourtant, l'épopée des Chartreux s'exprime aussi par une vocation industrieuse, leur domaine forestier et agricole couvrant autrefois une bonne partie du massif. Bornes et oratoires jalonnent ainsi les chemins et les crêtes. Si la Grande Chartreuse n'accueille aucun visiteur, un petit musée aménagé à la Correrie évoque la vie des moines. Leur fameuse liqueur, jaune ou verte, est aujourd'hui fabriquée à Voiron.

❹ Gorges du Guiers

Les contreforts occidentaux du massif ne sont entaillés que par les gorges du Guiers Vif et une faille géologique spectaculaire dans laquelle passe la voie sarde, aménagée en 1670 par Charles-Emmanuel II. Encore aujourd'hui, le Guiers Vif est enjambé par le pont médiéval Saint-Martin (accessible par un sentier depuis le pont de Saint-Christophe-sur-Guiers) et la voie sarde témoigne du seul chemin carrossable qui jadis traversait la Chartreuse. Le torrent du Guiers Vif marquait aussi la frontière entre la France et la Savoie, avant son rattachement en 1860.

❺ Saint-Pierre-d'Entremont

En remontant les gorges du Guiers Vif et le passage vertigineux du Pas du Frou, on rejoint le cœur du massif, fief des seigneurs de Montbel, dont le château en ruine est perché au-dessus du village de Saint-Pierre-d'Entremont. Celui-ci reflète encore les partages de territoire, avec ses deux communes jumelles, l'une située en Savoie, l'autre en Isère. le cirque de Saint-Même, dominé par des parois verticales et zébré de belles cascades.

❻ Col du Granier

Le col conduit au bassin chambérien. Il est au pied de l'impressionnante face nord du mont Granier, proue septentrionale du massif. La chronique médiévale en rapporte l'éboulement dans la nuit du 24 au 25 novembre 1248, qui ensevelit plusieurs villages. La zone de chaos géologique, dite « abîmes de Myans », est maintenant plantée de vignobles qui produisent les crus AOC Abymes et Apremont.

❼ Saint-Hilaire-du-Touvet

Accroché sur un plateau suspendu à 200 m au-dessus de la vallée du Grésivaudan, le village est un site de parapente réputé. Un funiculaire centenaire – le plus pentu d'Europe – donne aussi accès à ce « balcon panoramique ».

La traversée du Vercors

❶ Sassenage

Ici le sous-sol de la ville sonne creux. Les cuves de Sassenage, grottes d'une belle envergure, témoignent déjà d'une géologie incroyablement creusée par l'érosion souterraine. Les seigneurs de Sassenage possédaient autrefois les pâturages des hauts plateaux. Les troupeaux y paissent encore et la bourgade produit un fromage récemment crédité d'une AOC : le bleu de Vercors-Sassenage.

❷ Rencurel

L'étroite route en encorbellement du canyon des Écouges offre grand spectacle et émotions fortes. Dans ce repli septentrional, le massif dévoile un aspect très sauvage, tandis que les combes de Méaudre et Autrans prennent l'allure de contrées nordiques où alternent forêts touffues et prairies verdoyantes.

❸ Gorges de la Bourne

Par une entaille très marquée, la rivière s'échappe du centre du massif et file vers la plaine. Intrépide ouvrage des hommes, la route, qui nécessita au XIXe s. douze ans de travaux, s'accroche au pied des immenses falaises ocre de Presles (300 m de hauteur), domaine réservé des adeptes de l'escalade.

❹ Choranche

À flanc de paroi, une ouverture béante laisse jaillir une cascade scintillante : la grotte de Choranche, valorisée par un habile jeu de lumières, met en scène toutes les formes extravagantes et la dentelle de pierre du monde souterrain.

❺ Pont-en-Royans

Situé au débouché le plus resserré du massif, Pont-en-Royans tire son charme de ses singulières maisons suspendues en équilibre au-dessus de la Bourne. Son ancestrale vocation commerciale se nourrit de la riche tradition agricole du pays du Royans, versant extérieur du Vercors sur lequel s'ouvre l'horizon. La noix de Grenoble (AOC), les ravioles, le fromage de Saint-Marcellin ou encore la pogne de Romans illustrent tous les trésors gourmands du Dauphiné.

❻ Les Grands Goulets

On rejoint ensuite l'antre du massif par une porte monumentale, les gorges des Grands Goulets. En amont, des pistes forestières donnent accès aux Hauts-Plateaux (1 200 m) classés en réserve naturelle. La flore et la faune de montagne ont trouvé un sanctuaire dans la forêt de pins à crochets, la pelouse alpine et les alpages dont se régalent les troupeaux de brebis transhumants.

❼ Villard-de-Lans

La petite route du belvédère de Valchevrière, d'où s'étend un large panorama sur les gorges de la Bourne et du Méaudret, rallie la charmante bourgade de Villard-de-Lans, station climatique depuis les années 20 et station de sports d'hiver renommée, intronisée depuis peu centre de réflexion et d'expérimentation d'Internet et du télétravail ! 👁 à Lans-en-Vercors le très singulier musée des Automates, où sont présentés quelque 300 personnages animés.

Autour des Alpilles, sur les routes

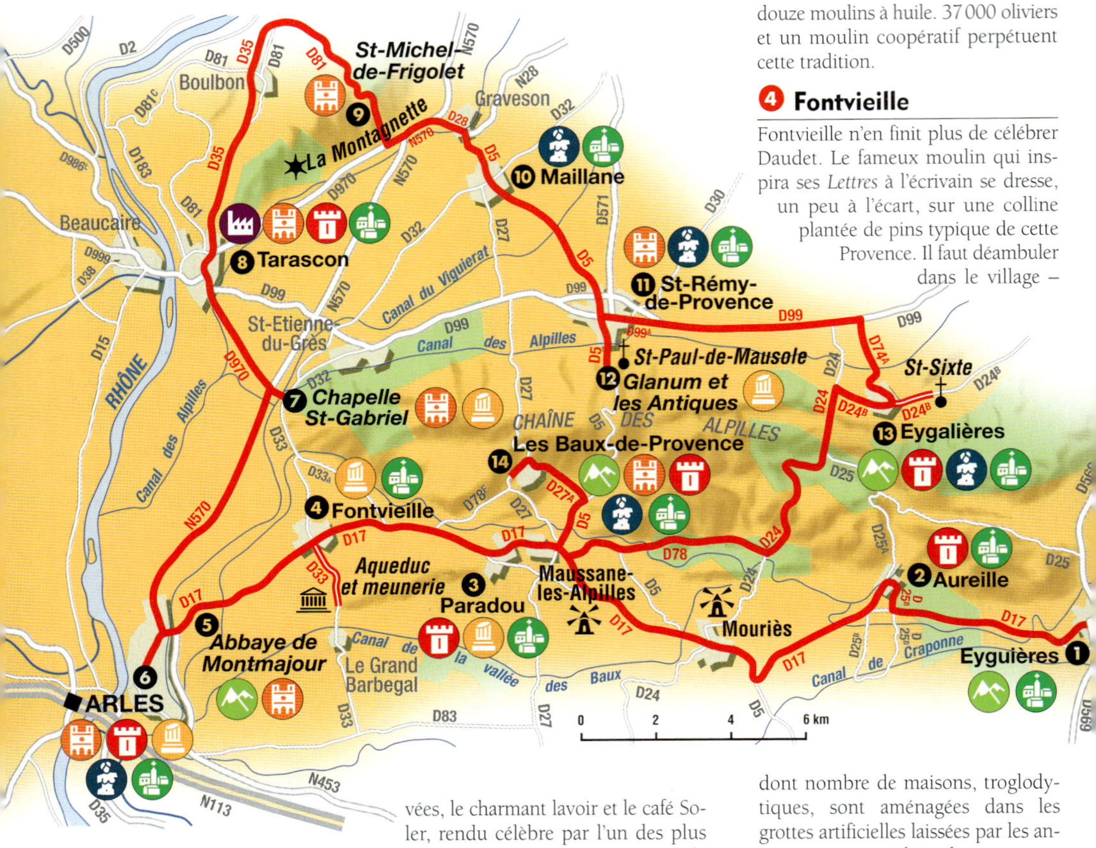

1 Eyguières

C'est à ses nombreux points d'eau que le village, l'une des portes des Alpilles, doit son nom (*aiguiera*, en ancien provençal, vient du latin *aquarius*). Au sortir du massif surchauffé – ravins, pics acérés, sommets plissés, et, au milieu, le chaos de la roche, les combes boisées et la garrigue –, le castellas de Roquemartine, dont les ruines surplombent le village, contrôlait jadis l'accès à la plaine de la Crau.

2 Aureille

Aureille, construit autour d'un éperon rocheux surmonté d'une ruine, est un petit village dont on aimera retrouver les vestiges de remparts, les rues pavées, le charmant lavoir et le café Soler, rendu célèbre par l'un des plus mythiques *raseteurs* (compétiteurs) de la course camarguaise.

👁 Mouriès, capitale de l'huile d'olive, où l'on pourra faire ses emplettes à défaut de visiter un moulin ouvert seulement en saison.

3 Paradou

Un monument élevé à la mémoire de Charloun Rieu, poète paysan, rappelle la part que celui-ci prit au combat mené au XIXe s. pour la renaissance du parler provençal. On peut voir à la sortie du village les vestiges d'un bel ensemble hydraulique antique, et les ruines de trois tours médiévales construites sur l'emplacement d'un oppidum. 👁 Maussane-les-Alpilles, qui comptait au XIXe s. douze moulins à huile. 37 000 oliviers et un moulin coopératif perpétuent cette tradition.

4 Fontvieille

Fontvieille n'en finit plus de célébrer Daudet. Le fameux moulin qui inspira ses *Lettres* à l'écrivain se dresse, un peu à l'écart, sur une colline plantée de pins typique de cette Provence. Il faut déambuler dans le village – dont nombre de maisons, troglodytiques, sont aménagées dans les grottes artificielles laissées par les anciennes carrières de molasse.

👁 à mi-chemin du Grand-Barbegal l'aqueduc romain alimentant en eau un ensemble minotier unique. Cette « usine » du IIIe s., la seule connue de ce type, associait à flanc de coteau deux séries de huit roues à aubes qui fournissaient l'énergie nécessaire à autant de moulins.

5 Abbaye de Montmajour

Au coucher du soleil, la haute silhouette des murailles se découpe sur un ciel flamboyant, laissant imaginer ce que fut longtemps la puissance de l'abbaye. Le site forme encore un grandiose ensemble roman, dont le cœur est un magnifique cloître

de l'olivier

(XIIe s.). depuis la butte sur les anciennes plaines marécageuses valorisées par le lent travail des moines.

6 Arles

Arènes et corridas, théâtre et Rencontres de la photographie : Arles retrouve les fastes de son passé, lorsque cette cité alliée des Romains, située sur le carrefour stratégique du Rhône et de la via Domitia, l'emportait sur sa rivale Marseille. Entre-temps, sa noblesse fit construire ou embellir les hôtels particuliers qui abritent désormais le musée Réattu (beaux-arts) ou le museon Arlaten, « reliquaire de la Provence » voulu par Frédéric Mistral. On se promènera dans l'étrange nécropole des Alyscamps, ex-allée mortuaire bordée de cyprès et de tombeaux vides, avant de visiter le musée de l'Arles antique (dans l'Institut de recherche sur la Provence antique), implanté près des berges du fleuve, dans la partie sud de la ville.

7 Chapelle Saint-Gabriel

La chapelle est un lointain témoin d'Ernaginum, carrefour commercial que dominaient les Alpilles à l'époque romaine, lorsque la via Domitia, qui descendait des Alpes, et la via Aurelia, qui suivait la côte, se croisaient ici. De l'opulent site antique ne subsistent que quelques bas-reliefs remployés dans la façade de la chapelle actuelle et le cimetière paléochrétien bordant son flanc sud.

8 Tarascon

Formidable citadelle du comté de Provence, la masse austère du château ne laisse guère soupçonner l'élégance de son aménagement intérieur (voûtes, sculptures et tapisseries). sur le fleuve et sur le frère ennemi, le château de Beaucaire, naguère gardien, sur l'autre rive, du domaine royal. Dans un charmant clin d'œil à sa légende récente, la ville a aménagé une villa Tartarin, bien sûr consacrée au roman d'Alphonse Daudet et à son fantasque héros !

9 Abbaye Saint-Michel-de-Frigolet

Comme une petite sœur des Alpilles, la Montagnette, campée en surplomb du Rhône, hésite entre garrigue et forêts clairsemées par l'incendie. L'abbaye Saint-Michel-de-Frigolet, très ancien monastère (XIIe s.) agrandi au XIXe s. dans le style néogothique, est l'âme du massif.

10 Maillane

La renaissance de la langue provençale prit son essor ici, entre Alpilles et Rhône, au cœur de la richesse agricole et commerciale de l'ancienne Province romaine. Un petit musée y rend hommage à Mistral, le poète et prix Nobel, dont *Lou Tresor dou Felibrige* fut l'une des armes de cette reconquête identitaire.

11 Saint-Rémy-de-Provence

La capitale des Alpilles est une ville charmante dont il faut pénétrer le cœur, les ruelles étroites protégées du soleil et parsemées d'hôtels particuliers. L'hôtel de Sade (XVe s.) abrite les collections archéologiques de Glanum, l'hôtel Mistral de Mondragon (XVIe s.) le musée des Alpilles. On visitera la collégiale Saint-Martin pour son orgue, chef-d'œuvre contemporain. le cloître de l'ancien monastère Saint-Paul-de-Mausole (XIIe s.), à visiter sur les pas de Van Gogh, qui y fut interné.

LE CHANT DES OLIVIERS

Les Alpilles font des Bouches-du-Rhône le premier département oléicole français, dont Mouriès est la capitale. Les arbres n'y atteignent pas la taille de leurs semblables siciliens, andalous ou proche-orientaux, tous respectables multicentenaires ; tout ici fut replanté en 1956, après l'anéantissement provoqué par un gel foudroyant. Le fléau est pourtant aujourd'hui oublié : l'huile d'olive des Alpilles et de la vallée des Baux, désormais AOC, atteint la qualité exceptionnelle d'un produit de luxe vendu, bon an, mal an, près de 15 euros le litre. Récoltées en novembre et décembre, les olives sont transportées dans l'un des six moulins que compte la région : deux à Mouriès et à Maussane, un à Fontvieille et un à Aureille. Là, 5 kg de fruits produiront, après première pression à froid, 1 litre de la meilleure des huiles vierges.

12 Glanum et les Antiques

Les Antiques sont les deux monuments rescapés du sac de Glanum par les premières vagues barbares de la fin du IIIe s. Longtemps solitaires, ils sont désormais environnés d'une époustouflante vitrine de l'Antiquité provençale : le site révélé par les fouilles. Forum, thermes, égouts, habitations, temples : on y remonte comme par magie les strates successives, préromaines et romaine, d'occupation des lieux, jusqu'à la source autour de laquelle s'organisèrent les anciens cultes à l'origine du site.

13 Eygalières

Ceinturé de pinèdes, d'oliveraies, de vieux mas, le village s'aperçoit de loin, enroulé autour de son rocher dominé d'un donjon carré (sur toute la chaîne des Alpilles). On flânera avec plaisir dans les ruelles aux belles maisons restaurées. la chapelle Saint-Sixte (XIIIe s.), émouvante sentinelle sur son monticule rocailleux gardé par des cyprès.

14 Les Baux-de-Provence

De cette citadelle vieille de cinq mille ans et pourtant presque abandonnée depuis le XVIIe s., on ne sait ce qu'il faut le plus admirer, des maisons Renaissance splendidement restaurées ou des ruines, parfois troglodytiques, qui racontent la puissance passée des seigneurs baussenques. Plusieurs musées sont venus s'inscrire dans ce cadre hors du commun. depuis le site sur les Alpilles et la plaine de la Crau, jusqu'à l'étang de Berre. Ne pas manquer d'aller à pied, en contrebas, jusqu'au vallon de la Fontaine, ou de pousser jusqu'au creux du prodigieux val d'Enfer, apocalypse minérale creusée de carrières ouvertes en immenses portiques, où Jean Cocteau tourna le *Testament d'Orphée*.

Fragrances en haute Provence

❶ Digne-les-Bains

À la croisée des vallées alpines et des collines méditerranéennes, la préfecture des Alpes-de-Haute-Provence arbore de nouveaux thermes, un centre ancien, des rues pittoresques et une cathédrale. Digne fut plus récemment le « camp de base » d'Alexandra David-Neel. Sa maison et une fondation évoquent la vie de la première exploratrice du Tibet.

❷ Clue de Chabrières

Cet étroit défilé laisse passer le petit train des Pignes, reliant Digne à Nice à une allure de sénateur, ainsi que la route Napoléon, empruntée en 1815 par l'Empereur à son retour d'exil.

❸ Castellane

Bourgade d'importance au Moyen Âge, elle illustre aujourd'hui tout l'art de vivre provençal avec sa place ombragée et ses ruelles étroites. Une chapelle et une statue de la Vierge (Notre-Dame-du-Roc) la dominent, au creux d'un paysage de rocailles plissé.

❹ Gorges du Verdon

La route panoramique suit le rebord des falaises, sur la rive droite de la grande faille du Verdon, qui présente des parois verticales de 300 à 600 m. au belvédère du point Sublime.

❺ Moustiers-Sainte-Marie

Fait de vieilles pierres et de tuiles rondes, ce village agrippé à un contrefort rocheux est l'un des plus grands centres faïenciers de France. En amont, la chapelle Notre-Dame-de-Beauvoir s'accroche à un escarpement. Au-dessus, un câble tendu entre les deux versants supporte l'étoile de Moustiers, ex-voto d'un croisé qui symbolise depuis toujours le site. En contrebas, au débouché du canyon, s'étire le grand lac artificiel de Sainte-Croix, aménagé pour les loisirs.

❻ Riez

Le bourg est d'origine antique, comme l'attestent ses colonnades. Il est aujourd'hui bâti autour d'un vieux quartier enserré dans ses remparts circulaires. le château Renaissance d'Allemagne-en-Provence.

❼ Valensole

Le bourg, aux ruelles serrées et rafraîchies par les fontaines, s'annonce par le campanile de l'église Saint-Blaise-et-Saint-Denis. Autour de Valensole, les distilleries de lavande prolifèrent et ses boutiques proposent un miel onctueux. C'est que le plateau devient ici une mosaïque de champs de blé et de rangées de lavande.

❽ Mézel

La vallée de l'Asse, rivière aux méandres langoureux, donne accès aux collines du pays de Digne. Tout autour de Digne, ce paysage de garrigue et de forêt sèche est classé réserve géologique, car il recèle, sur 150 000 ha, des fossiles d'une valeur inestimable, dont 500 ammonites.

Distances kilométriques entre les principales grandes villes

Distances between main towns, in kilometers **Entfernungensgabelle, in Kilometern**

Besançon - Marseille 560 km

	AMIENS	BAYONNE	BESANÇON	BORDEAUX	BOURGES	BREST	CAEN	CALAIS	CHERBOURG	CLERMONT-FERRAND	DIJON	GRENOBLE	LE HAVRE	LILLE	LIMOGES	LYON	LE MANS	MARSEILLE	METZ	MULHOUSE	NANCY	NANTES	NICE	ORLÉANS	PARIS	PAU	PERPIGNAN	POITIERS	REIMS	RENNES	ROUEN	SAINT-ÉTIENNE	STRASBOURG	TOULOUSE	TOURS
BAYONNE	920																																		
BESANÇON	562	890																																	
BORDEAUX	720	180	698																																
BOURGES	372	595	342	395																															
BREST	610	812	954	626	630																														
CAEN	240	775	641	576	373	375																													
CALAIS	158	1065	602	870	532	718	343																												
CHERBOURG	360	830	765	634	488	390	116	459																											
CLERMONT-FERRAND	539	560	359	375	180	750	540	685	670																										
DIJON	460	831	100	638	235	850	545	605	659	280																									
GRENOBLE	712	810	290	655	390	1110	792	857	910	290	296																								
LE HAVRE	180	850	605	650	389	480	103	281	230	570	507	760																							
LILLE	115	990	520	800	454	810	345	110	465	614	530	780	295																						
LIMOGES	542	415	476	223	192	600	439	689	545	178	420	466	545	610																					
LYON	610	810	248	550	281	1005	690	755	800	182	190	105	655	679	360																				
LE MANS	350	620	561	425	227	401	155	413	268	380	460	715	220	420	285	608																			
MARSEILLE	920	685	560	650	600	1315	1010	1068	1120	459	505	285	970	990	636	315	930																		
METZ	345	1095	260	900	460	918	565	470	685	546	265	560	530	390	680	455	530	770																	
MULHOUSE	530	1015	139	825	460	1085	770	650	890	462	230	435	730	571	600	375	695	690	230																
NANCY	360	1035	197	835	399	880	540	492	660	495	210	505	510	405	630	402	490	720	57	183															
NANTES	530	520	705	330	341	298	285	670	300	456	603	742	380	600	300	630	182	960	710	832	675														
NICE	1080	836	720	805	760	1470	1159	1220	1285	610	662	330	1126	1150	790	470	1080	189	922	845	875	1115													
ORLÉANS	277	645	400	458	110	540	260	420	375	297	295	550	280	348	270	445	138	762	400	528	380	302	920												
PARIS	150	770	415	580	240	595	235	295	360	396	310	565	201	219	392	460	206	775	330	545	308	382	930	130											
PAU	915	105	820	190	561	810	765	1065	830	490	764	705	850	989	364	710	616	580	1090	949	1040	516	730	651	770										
PERPIGNAN	1055	490	690	450	645	1062	965	1190	1070	469	638	450	1102	1120	515	448	820	320	900	820	850	760	476	781	908	376									
POITIERS	480	440	612	246	187	480	335	625	425	278	520	560	409	550	119	430	182	740	656	745	590	181	890	212	335	437	640								
REIMS	160	901	320	710	325	735	379	269	496	490	284	580	345	198	530	472	340	790	188	379	207	520	945	264	148	910	925	470							
RENNES	415	621	705	439	375	245	180	525	202	520	610	850	282	566	372	750	156	1070	672	830	637	110	1220	296	350	630	870	255	487						
ROUEN	115	815	547	621	330	501	127	216	243	517	440	694	87	228	485	590	192	902	420	670	440	379	1058	217	140	814	1040	377	230	301					
SAINT-ÉTIENNE	660	704	302	521	281	915	743	810	860	144	244	141	710	729	325	58	506	309	510	432	460	590	462	395	514	510	443	420	530	660	640				
STRASBOURG	500	1120	245	930	560	1080	725	630	840	570	336	550	690	541	706	480	682	797	163	110	145	868	950	560	481	1050	924	820	351	826	575	536			
TOULOUSE	850	301	785	244	500	860	765	991	870	394	725	537	840	920	310	535	615	411	990	910	940	562	559	581	706	175	205	435	840	664	790	527	1012		
TOURS	381	545	518	345	147	480	232	525	350	300	417	535	302	452	205	430	80	749	561	648	490	198	895	112	234	535	728	100	370	241	278	420	720	540	
TROYES	275	841	235	650	220	732	400	420	512	336	152	450	362	348	411	350	340	662	231	320	185	520	817	188	160	842	790	408	123	489	298	400	331	720	308

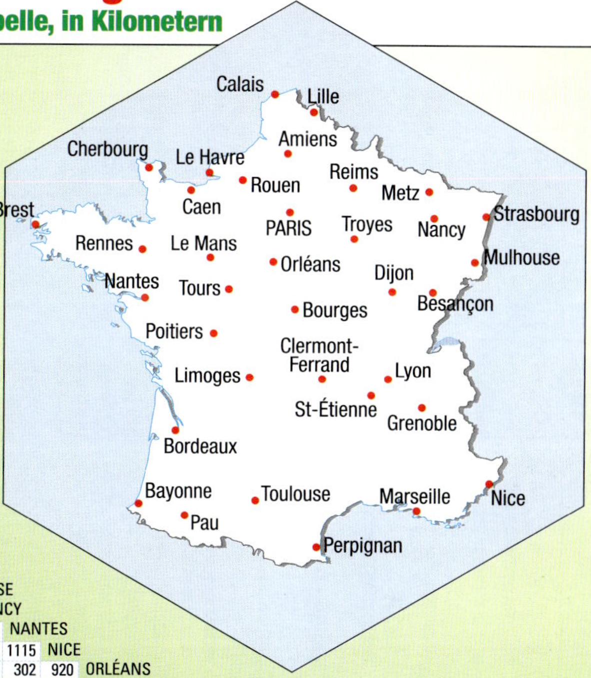

LÉGENDE MAP SYMBOLS ZEICHENERKLÄRUNG

Français	English	Deutsch
AUTOROUTES	**MOTORWAYS**	**AUTOBAHNEN**

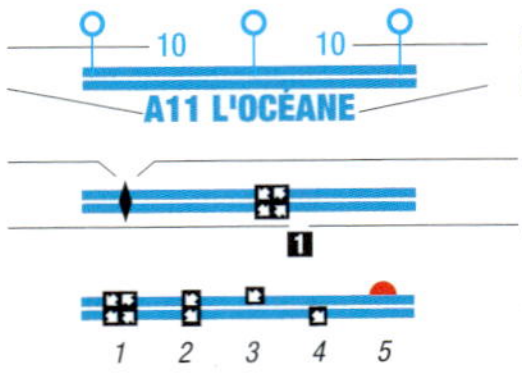

Autoroute libre, autoroute à péage	Toll-free motorway, toll motorway,	Mautfreie Autobahn, Maut-Autobahn
En construction	Under construction	Im Bau
Distance en km	Distance in km	Entfernungen in km
Nom de l'autoroute	Motorway numbering	Autobahn Nummer
Barrière de péage	Toll barrier	Mautstelle
Échangeur et son numéro	Junction, number	Anschlußstelle, Nummer
1. Échangeur complet	*1. Complete junction*	*1. Vollanschlußstelle*
2. Demi-échangeur	*2. 3. 4. Junction with limited access*	*2. 3. 4. Beschränkte Anschlußstelle*
3. Entrée sur autoroute		
4. Sortie d'autoroute		
5. Aire de service	*5. Service area*	*5. Service-Center*

Français	English	Deutsch
ROUTES	**ROADS**	**STRAßEN**

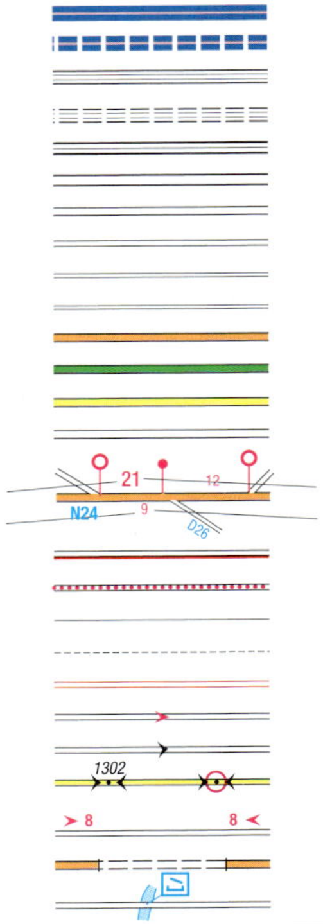

De type autoroutier *en service*	*Expressway*	*Schnellstraße*
en construction	*Under construction*	*Im Bau*
À chaussées séparées *en service*	*Dual carriageway*	*Getrennte Farhbahnen*
en construction	*Under construction*	*Im Bau*
Quatre voies	Four-lane road	Vier Fahrspuren
Trois voies	Three-lane road	Drei Fahrspuren
Deux voies larges	Two wide lanes	Zwei breite Fahrspuren
Deux voies étroites	Two narrow lanes	Zwei schmale Fahrspuren
Petite route	Single lane	Eine Fahrspur
Bretelle d'accès	Access road	Auffahrt
Trafic national, route du réseau vert	Major road	Fernstraße
Route du réseau vert	Connecting road between main town (green road sign)	Verbindungsstraße zwischen wichtigen Städten (grüne Verkehrsschilder)
Trafic régional	Secondary road	Regionalverbindung
Trafic local	Other road	Nahverkehr
Kilométrage	Distance in km	Entfernungen in km
totalisé	*Total*	*Gesamtentfernung*
partiel	*Partial*	*Teilentfernung*
Route difficile ou dangereuse	Difficult or dangerous section of road	Schwierige oder gefärliche Strecke
Route de mauvaise viabilité	Hardly suitable for motor vehicles road	Schlecht befahrbarer Weg
Route forestière	Forest road	Waldstraße
Sentier	Footpath	Fußweg
Route interdite ou réglementée	Prohibited road or subject to restrictions	Gesperrte Straße oder mit Verkehrbeschränkungen
Route à sens unique	One-way road	Einbahnstraße
Route à forte déclivité	Gradient	Gefällstrecke
Col et son altitude, col fermé en cas d'enneigement	Pass with altitude, pass closed in period of snowfall	Pass und Höhenangabe, pass während der Schneeperiode geschloßen
Limite (en tonnes) de charge d'une route	Weight limit in tons	Höchstbelastung in T.
Tunnel routier	Tunnel	Tunnel
Pont mobile	Movable bridge	Bewegliche Brücke

Français	English	Deutsch
TRANSPORTS	**TRANSPORTS**	**TRANSPORTWESEN**

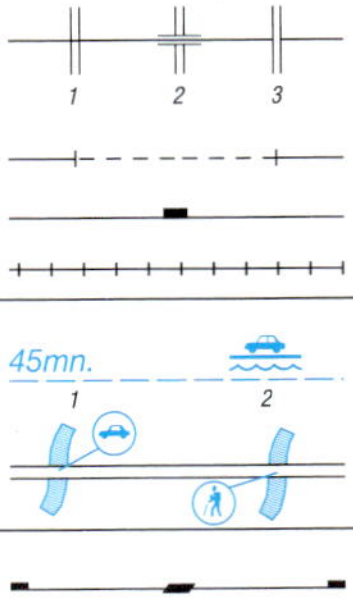

Intersection rail-route	Railway passage	Bahnübergänge
Passage de la route *1. à niveau*	*1. Level crossing*	*1. Höhengleich*
2. inférieur	*2. Under road*	*2. Überfürhrung*
3. supérieur	*3. Over road*	*3. Unterfürhrung*
Tunnel ferroviaire	Tunnel	Eisenbahntunnel
Voie ferrée et gare	Railway, station	Eisenbahn, Bahnhof
Chemin de fer à crémaillère	Rack railway	Zahnradbahn
Ligne maritime	Ferry	Schiffahrt
1. avec temps de parcours	*1. crossing time*	*1. mit Fahrzeit*
2. avec transport de voitures	*2. with car transport*	*2. mit Autofähre*
Bac pour autos	Car ferries	Autofähre
Bac pour piétons	Foot passengers	Personenfähre
Téléphérique	Cable car	Seilbahn
Télésiège	Chair-lift	Sesselbahn
Télécabine	Telecabins	Gondelbahn

LÉGENDE MAP SYMBOLS ZEICHENERKLÄRUNG

Français	English	Deutsch
AGGLOMÉRATIONS	**TOWNS**	**STADTEN**
Capitale — CAPITALE	Capital city	Hauptstadt
Plus de 100 000 hab. — COMMUNE	Over 100 000 inhabitants	Großstadt
De 50 000 à 100 000 hab. — COMMUNE	50 000 - 100 000	50 000 - 100 000 Einwohner
De 25 000 à 50 000 hab. — Commune	25 000 - 50 000	25 000 - 50 000
De 10 000 à 25 000 hab. — Commune	10 000 - 25 000	10 000- 25 000
De 5 000 à 10 000 hab. — Commune	5 000 - 10 000	5 000 - 10 000
De 1 000 à 5 000 hab. — Commune	1 000 - 5 000	1 000 - 5 000
moins de 1 000 hab. — Commune	Under 1 000 inhabitants	Gemeinde unter 1 000 Einwohner
Hameau — Hameau	Hamlet	Weiler
1. Préfecture 2. Sous-préfecture 3. Canton — P 1, SP 2, C 3	1. Prefecture 2. Sub-prefecture 3. Canton	1. Regierungbezirk 2. Stadt-Landkreis 3. Kanton
Zone industrielle	Industrial park	Gewerbegebiet
Renvoi vers plan de centre-ville — p. 357	Refer to city map	Siehe Stadtplan

Français	English	Deutsch
ESPACES NATURELS	**GREEN SPACES**	**FREIFLÄCHEN**
1. Parc national et régional 2. Bois, forêt 3. Réserve naturelle	1. National and regional park 2. Woods, Forest 3. Nature reserve	1. Naturpark 2. Wald 3. Naturschutzgebiet

Français	English	Deutsch
LIMITES	**BOUNDARIES**	**GRENZEN**
France Frontière *étranger*	*France* Boundary *Foreign*	*Frankreich* Grenze *Ausland*
Limite départementale Limite administrative *(pour les pays étrangers)*	Border Administrative boundary *(for the foreign countries)*	Landesgrenze Verwaltungsgrenze *(für auswärtige Länder)*
Camp militaire, champ de tir Zone interdite ou dangereuse	Military camp, firing range, forbidden or dangerous area	Truppenübungsplatzgrenze

Français	English	Deutsch
TOURISME	**TOURISM**	**TOURISMUS**
Grotte • Mégalithe • Vestiges antiques	Cave • Prehistoric moument • Ancient remains	Höhle • Megalith • Zeugnisse des Alterturms
Remparts • Ruines • Fort	Walls • Ruins • Fortress	Befestigungen • Ruinen • Festung
Cathédrale • Édifice religieux • Château	Cathedral • Religious building •Castle	Dom • Kirchliches Gebaüde • Schloss
Phare • Moulin à vent • Monument commémoratif	Lighthouse • Windmill • Commemorative monument	Leuchtturm • Windmühle • Denkmal
Point de vue • Panorama • Table d'orientation	Viewpoint • Panorama • Orientation table	Aussichtspunkt • Panorama • Orientierungstisch
Parc de loisirs • Pèlerinage • Fête traditionnelle	Country park • Pilgrimage • Traditional fair	Erholungspark • Wallfahrtsort • Kulturelle Veranstaltung
Musée • Autre curiosité — M	Museum • Place of interest	Museum • Sehenswürdigkeit
Golf • Vol à voile • Centre équestre	Golf • Gliding airfield • Riding	Golf • Segelflugplatz • Reitclub
Station ou centre de sports d'hiver • Refuge de montagne • Station thermale	Winter sport resort • Moutain refuge • Spa	Wintersportplatz • Bergschutzhütte • Heilbad
Localité, lieu ou site touristique — ARLES, Monts des Alouettes	Town or place of tourist interest	Sehenswerte Ortschaft oder Platz

Français	English	Deutsch
AUTRES SYMBOLES	**OTHER SYMBOLS**	**ANDERE SYMBOLE**
Hippodrome • Zone industrielle, usine	Racecourse • Industrial park, factory	Pfederennbahn • Industriegebiet, Fabrik
Altiport • Aérodrome • Aéroport (international)	High altitude airport • Airfield • Airport	Hubschrauber Landeplatz • Flugplatz • Flughafen
Poste en douane *1. en France 2. à l'étranger*	Customs post *1. in France 2. Foreign*	Grenzkontrolle *1. in Frankreich 2. im Ausland*
Sommet • Repère isolé	Summit • Lonely landmark	Bergspitze • Anhaltepunkt
Canal • Barrage	Canal • Dam	Kanal • Staudamm
Aqueduc *1. au sol 2. en pont*	Acqueduct *1. ground level 2. bridge*	Aquäduct
Marais • Chute d'eau	Marsh • Waterfall	Moor • Wasserfall

Français	English	Deutsch
DIVERS	**DIVERSE**	**DIVERSES**
Flèches de renvoi à la suite de la cartographie *vers le nord* — 187	Arrow to adjacent page *to the north*	Seitenverweis *nach Norden*
bandeaux de recouvrement *vers le sud* — 205	amount of overlap *to the south*	Überschneidungsbereich *nach Süden*

ATLAS ROUTIER
Road atlas
Straßenatlas

Légende Map symbols Zeichenerklärung

Voir p. 14-15

H
I
J
K
L
M
N
De Panne (La Panne)
Réserve de Westhoek
Bray-Dunes
Zuydcoote
Fort des Dunes
DUNKERQUE
Malo-les-Bains
Rosendaël
Ghyvelde
Leffrinckoucke
Uxem
Les Moëres
St-Pol-s.-Mer
Fort-Mardyck
Mardyck
Grande-Synthe
Coudekerque-Branche
Téteghem
Coudekerque
Capelle-la-Grande
Armbouts-Cappel
Hoymille
Bergues
Warhem
Hondschoote
Killem
Loon-Plage
Craywick
Spycker
Centrale nucléaire
vers Ramsgate et Douvres
d'Opale
Grand-Fort-Philippe
Petit-Fort-Philippe
Réserve Naturelle
Les Huttes
Oye-Plage
Gravelines
St-Georges-s.-l'Aa
St-Folquin
Offerkerque
St-Omer-Capelle
Vieille-Église
Nouvelle-Église
Bourbourg
Brouckerque
Steene
Bierne
Socx
Crochte
Quaëdypre
West-Cappel
Oost-Cappel
Pitgam
Looberghe
Drincham
Bissezeele
Wylder
Bambecque
Herzeele
Zegerscappel
Esquelbecq
Wormhout
Éringhem
Lynck
Cappelle-Brouck
St-Pierre-Brouck
Ste-Marie-Kerque
Audruicq
Nortkerque
Zutkerque
Polincove
Nielles-lès-Ardres
Ruminghem
Muncq-Nieurlet
T.G.V. Nord
Holque
Merckeghem
Millam
Bollezeele
Chapelle Ste-Mulders
Volckerinckhove
Ledringhem
Oudezeele
Winnezeele
Forêt d'Éperlecques
Blockhaus d'Éperlecques
Watten
Abbaye Mont de Watten
Wulverdinghe
Rubrouck
Arnèke
Zermezeele
Hardifort
Recques-s.-Hem
Nordausques
Zouafques
Bayenghem-lès-Éperlecques
Éperlecques
Lederzeele
Broxeele
Ochtezeele
Wemaers-Cappel
Noordpeene
Mont Cassel
Cassel
Terdeghem
Mt des Récollets
Tournehem-s.-la-Hem
Bonningues-lès-Ardres
Nort-Leulinghem
Houlle
Serques
Moulle
Buysscheure
St-Momelin
Nieurlet
Zuytpeene
Bavinchove
Oxelaere
Ste-Marie-Cappel
St-Sylvestre-Cappel
Forêt de Tournehem
Mentque-Nortbécourt
Tilques
Salperwick
Clairmarais
Étg de Romelaëre
Quercamps
Moringhem
St-Martin-au-Laërt
St-Omer
Étg d'Harchelles
Hondeghem
Staple
Zudausques
Boisdinghem
Tatinghem
Arques
Haut-Arques
Le Nieppe
Bouvelinghem
Quelmes
Leulinghem
Longuenesse
Ascenseur des Fontinettes
Campagne-lès-Wardrecques
Renescure
Ebblinghem
Wallon-Cappel
Hazebrouck
Westbécourt
Acquin-Westbécourt
MARAIS
Wisques
Hallines
Wizernes
Blendecques
Lynde
Sercus
Seninghem
Lumbres
Setques
Esquerdes
Helfaut
Wardrecques
Bayenghem-lès-S.
AUDOMAROIS
Racquinghem
Blaringhem
Morbecque
Affringues
Elnes
Wavrans-s.-l'Aa
Heuringhem
Quiestède
Steenbecque
Nielles-lès-Bléquin
Pihem
Inghem
Roquetoire
Wittes
Boëseghem
Cantemerle
Vaudringhem
Wismes
Remilly-Wirquin
Ecques
Herbelles
Thiennes
Bois d'Amont
Forêt de Nieppe
Ouve-Wirquin
Cléty
Rebecques
Rincq
Tannay
Haverskerque
Bionville
Avroult
Dohem
Clarques
Mametz
Aire-s.-la-Lys
Thérouanne
Merck-St-Liévin
Thiembronne
Delettes
Marthes
Blessy
Isbergues
St-Venant
Witternesse
Lambres
Molinghem
Guarbecque
St-Martin-d'Hardinghem
Enquinegatte
A16-E40
A25-E42
A26-E15
N225
N42
AUTOROUTE DES ANGLAIS
21
22
18

Nieuwpoort
De Panne (La Panne)
Réserve de Westhoek
Koksijde-Bad
Koksijde
Ferme de Bogaerde
Oostduinkerke
Veurne (Furnes)
Adinkerke
Ghyvelde
De Moeren
Les Moëres
Bulskamp
Zwaantje
Château de Beauvoorde
Wulveringem
Houtem
Nieuwe-Herberg
Alveringem
Fortem
Izenberge
Leisele
Hoogstade
Hondschoote
Killem
Lo-Reninge
Pollinkhove
Weegschede
Ramskapelle
Schore
Pervijze
Avekapelle
Boyau de la Mort
Oostkerke
Kaaskerke
Diksmuide (Dixmude)
Tour de l'Yser
Lampernisse
Oudekapelle
Nieuwkapelle
Woumen
Blankaart
Noordschote
Reninge
Merkem
Hoekske
Spermalie
St-Pieters-Kapelle
Moëre
Leke
Keiem
Mokker
Koekelare
Ichtegem
Château de Wijnendale
Beerst
Esen
Werken
Kortemark
Handzame
Zarren
Klerken
Houthulst
Jonkershoven
Staden
Hooglede
WEST-VLAANDEREN
(FLANDRE-OCCIDENTALE)
Oostnieuwkerke
Westrozebeke
Langemark-Poelkapelle
Poelkapelle
Passendale
Tyne Cot (Cimetière britannique)
Moorslede
Zonnebeke
Beveren
Stavele
Westvleteren
Vleteren
Rexpoëde
Oost-Cappel
West-Cappel
Boesbrugge
Haringe
Krombeke
Proven
Herzeele
Houtkerque
Watou
Poperinge
Zuidschote
Woesten
Boezinge
Elverdinge
Vlamertinge
Ieper (Ypres)
Parc de Bellewaerde
Zillebeke
Geluveld
Beselare
Kruiseke
Geluwe
Wervik
Oudezeele
Winnezeele
Steenvoorde
Terdeghem
Abeele
Lyssenthoek (Cimetière britannique)
Reningelst
Dikkebus
Voormezele
Dikkebusse Vijver
St-Eloois
Hollebeke
Zandvoorde
Houthem
Westouter
Mont Rouge
Heuvelland
Loker
Mont Kemmel
Wijtschate
Mesen (Messines)
Comines-Warneton
Wervicq-Sud
Bousbecque
Boeschepe
Mont des Cats
Godewaersvelde
Mts de Flandre
St-Sylvestre-Cappel
Berthen
Mont Noir
Eecke
Caëstre
Flêtre
Méteren
St-Jans-Cappel
Bailleul
Dranouter
Wulvergem
Nieuwkerke (Neuve-Eglise)
Douve
HAINAUT
Bas-Warneton
Warneton
Comines
Boulard
Linselles
Deûlémont
Quesnoy-s.-Deûle
Frelinghien
Ploegsteert
Nieppe
Hazebrouck
Pradelles
Borre
Strazeele
Merris
Outtersteene
Steenwerck
NORD 59
Houplines
Armentières
Verlinghem
Wambrechies
Marquette
Lompret
St-André
La Madeleine
Lambersart
Lomme
La Chapelle-d'A.
Pérenchies
Prémesques
Capinghem
Ennetières-en-W.
Englos
Sequedin
LILLE
Sec-Bois
Vieux-Berquin
Le Doulieu
La Motte-au-Bois
Forêt de Nieppe
Neuf-Berquin
Croix-du-Bac
Erquinghem-Lys
St-Maur
Sailly-s.-la-Lys
Fleurbaix
Bois-Grenier
Estaires
Merville
Haverskerque
La Gorgue
Lestrem
Laventie
Calonne-s.-la-Lys
Escobecques
Radinghem-en-W.
Le Maisnil
Erquinghem-le-Sec
Hallennes-lez-H.
Loos
T.G.V. NORD
A18 E40
A19
A25
17
21
22
p.368

BELGIQUE
OOST VLAANDEREN
(FLANDRE ORIENTALE)
HAINAUT
St-Joris
Zomergem
Aartrijke
Waardamme
Hertsberge
Maria-Aalter
Lovendegem
Veldegem
Ruddervoorde
Bellem
Aalter
Vinderhoute
Hansbeke
Merendree
Torhout
Wingene
Landegem
Lotenhulle
Hille
Ruiselede
Schuiferskapelle
Nevele
Lichtervelde
Zwevezele
Sint-Martens-Latem
Egemkapel
Egem
Kanegem
Vinkt
Deurle
Koolskamp
Pittem
Aarsele
Bachte
Château d'Ooidonk
Gits
Tielt
Astene
Deinze
Wontergem
Grammont
Nazareth
Ardooie
Dentergem
Machelen
ROESELARE
(ROULERS)
Meulebeke
Kachtem
Rumbeke
Château de Rumbeke
Mandel
Œselgem
Olsene
Ingelmunster
Wakken
Oostrozebeke
Zulte
Izegem
Wielsbeke
Sint-Eloois-Vijve
Kruishoutem
Ouwegem
Lendelede
Leie
Waregem
Nokere
Wannegem-Lede
Rollegem-Kapelle
Sint-Eloois-Winkel
Desselgem
Ooike
Harelbeke
Wortegem-Petegem
Ledegem
Deerlijk
Kuurne
Heule
Dadizele
Guillegem
KORTRIJK
(COURTRAI)
Anzegem
Vichte
Bissegem
Wevelgem
Menen
(Menin)
Ingooigem
Tiegem
Kaster
Marke
Zwevegem
Lauwe
Nukerke
Rekkem
Halluin
Heestert
Avelgem
Kluisbergen
Bellegem
Aalbeke
Moen
Mont de l'Enclus
Roncq
Ruddervoorde
Sint-Denijs
Neuville-en-F.
MOUSCRON
Mont-de-l'Enclus
Ronse
Kooigem
TOURCOING
Luingne
Dottignies
Herseaux
Spiere-Helkijn
(Espierres-Helchin)
Celles
Wattripont
Anserœul
Dergneau
Bondues
Estaimpuis
Warcoing
Hérinnes
Arc-Wattripont
St-Sauveur
Mouvaux
Wattrelos
Molenbaix
Cordes
ROUBAIX
Leers
Pecq
Croix
Lys-lez-L.
Estaimbourg
Anvaing
Forest
Frasnes-lez-
Wasquehal
Lannoy
Néchin
Velaines
Toufflers
Ramegnies-Chin
Mont St-Aubert
Mourcourt
Hem
Sailly-lez-L.
Forest-s.-M.
Templeuve
Kain
Montrœul-au-Bois
VILLENEUVE-D'ASCQ
Willems
Blandain
Hellemmes
Rumillies
Beclers
Maulde
Thieulain
Tressin
Chéreng
Baisieux
Lezennes
Dronge
Eke
Ouwegem
Nukerke
A10-E40
A17-E403
A14-E17
A8-E429
N368
N32
N370
N50
N327
N37
N409
N35
N466
N43
N313
N399
N305
N449
N440
N459
N494
N437
N36
N357
N60
N453
N8
N353
N48
N58
N510
N529
N517
N509
N391
N57
D9
D700
D617
D38
D660
23

16
29
28
BOULONNAIS
PAS-DE-CALAIS
62
SOMME
80
Côte d'Opale
Dunes
Hardelot-Plage
Ft d'Hardelot
Nesles
Mont St-Frieux 152
Neufchâtel-Hardelot
Dannes
Condette
Carly
Wierre-au-Bois
Samer
Courset
Senlecques
Tingry
Halinghen
Lacres
Doudeauville
Zoteux
Bourthes
Campagne-lès-Boulonnais
Séhen
Bezinghem
Widehem
Hubersent
Parenty
Enquin-s.-Baillons
Preures
Ergny
Aix-en-Ergny
Rumilly
Wicquinghem
Ste-Cécile-Plage
Camiers
Frencq
Cormont
Bernieulles
Hucqueliers
Pointe de Lormel
Embouchure de la Canche
Lefaux
Longvilliers
Beussent
Bimont
Avesnes
Herly
Maninghem
Pointe du Touquet
Le Touquet-Paris-Plage
Étaples
Inxent
Maresville
Recques-s.-Course
Clenleu
Quilen
Henoville
Tubersent
Alette
Humbert
St-Michel-s/s-Bois
Rimboval
Bréxent-Énocq
Montcavrel
Estrée
Estréelles
Trépied
Canche
Beutin
Attin
Sempy
Embry
Bois de Créquy
Stella-Plage
Neuville-s/s-M.
Aix-en-Issart
Boubers-lès-Hesmond
Royon
N.-D.-des-Prés
La Calotterie
Cucq
St-Josse
La Madelaine-s/s-Montreuil
Montreuil
St-Denœux
Marant
Lebiez
Merlimont-Plage
Merlimont
Sorrus
St-Aubin
Marles-s.-Canche
Marenla
Hesmond
Bagatelle (Parc d'attractions)
Campigneulles-les-Petites
Écuires
Beaumerie-St-Martin
Brimeux
Offin
Airon-N.-D.
Loison-s.-Créquoise
Bellevue
Berck-Plage
Rang-du-Fliers
Airon-St-Vaast
Campigneulles-les-Grandes
Lespinoy
Beaurainville
Cavron-St-Martin
Wailly-Beaucamp
Contes
Boisjean
L'Aiguille
Campagne-lès-Hesdin
Maresquel-Ecquemicourt
Forêt d'Hesdin
Pointe du Haut-Banc
Berck
Verton
Le Puits-Bérault
Aubin-St-Vaast
Guisy
Baie de l'Authie
Groffliers
Ébruyères
Buire-le-Sec
Bouin-Plumoison
Lépine
Waben
Pointe de Routhiauville
Roussent
Maintenay
St-Rémy-au-Bois
Gouy-St-André
Mollières
Conchil-le-Temple
Nempont-St-Firmin
Lambus
Fort-Mahon-Plage
Le Vieux-Fort-Mahon
Saulchoy
Brévillers
Colline-Beaumont
Tigny-Noyelle
Nampont-St-Martin
Abb. de Valloires
Mouriez
Capelle-lès-Hesdin
Argoules
Dominois
Douriez
Quend-Plage-les-Pins
Guigny
Monchaux
Quend
Villers-s.-Authie
Vron
Tortefontaine
Regnauville
Ponches-Estruval
Grande Dune
Vercourt
Raye-s.-Authie
Dompierre-s.-Authie
Froise
St-Quentin-en-Tourmont
Larronville
Régnière-Écluse
Vironchaux
Ligescourt
Arry
Labroye
Tollent
Le Boisle
Parc ornithologique du Marquenterre
Rue
Machy
Machiel
Wadicourt
Moulin d'Édouard III
Billy
Boufflers
Le Bout-des-Crocs
Bernay-en-Ponthieu
Hutte des Grands Hêtres
Estrées-lès-Crécy
Pointe de St-Quentin
St Firmin
Becquerel
Crécy-en-Ponthieu
Fontaine-s.-Maye
Gueschart
Baie de Somme
Favières
Le Marais
Forest-Montiers
Forêt de Crécy
Poteau de Nouvion
Froyelles
Le Hamelet
Marcheville
Brailly-Cornehotte
Le Hourdel
Ponthoile
Nouvion
Le Crotoy
Morlay
La Mollière
Cap Hornu
Forest-l'Abbaye
Domvast
Noyelles-en-Chaussée
Brighton
St-Valery-s.-Somme
Le Titre
Lamotte-Buleux
Canchy
Gapennes
Yvrencheux
La Maison de l'Oiseau
Noyelles-s.-Mer
Agenvillers
Yvrench
Cayeux-s.-Mer
Sailly-Flibeaucourt
Hautvillers-Ouville
Wathiéhurt
Sallenelle
Lanchères
Neuville
Neuilly-l'Hôpital
Hanchy
Pendé
Estréboeuf
Boismont
Port-le-Grand
Le Plessiel
Buigny-St-Maclou
Millencourt-en-Ponthieu
Oneux
Coulonvilliers
Brutelles
Tilloy
Saigneville
Grand-Laviers
Drucat
Caours
Neufmoulin
A16-E402

21
17
18
22
30
31
H
I
J
K
L
M
N
1
2
3
4
5
6
7
8
9
10
Drionville
Ouve-Wirquin
Cléty
Rebecques
Clarques
Mametz
Rincq
Tannay
d'Amont
Avroult
Dohem
Thérouanne
Aire-s.-la-Lys
Isbergues
St-Venant
Thiembronne
Merck-St-Liévin
Delettes
Marthes
Blessy
Witternesse
Lambres
Guarbecque
St-Martin-d'Hardinghem
Coyecques
Enguinegatte
Quernes
Mazinghem
Molinghem
Berguette
Fauquembergues
Enquin-les-Mines
Liettres
Ham-en-Artois
Busnes
Renty
Audincthun
Erny-St-Julien
Estrée-Blanche
Linghem
Rombly
Norrent-Fontes
Lillers
Dennebrœucq
Reclinghem
St-Hilaire-Cottes
Bourecq
Verchocq
Assonval
Wandonne
Bomy
Cuhem
Rely
Gonnehem
Gournay
Mencas
Vincly
Fléchin
Ligny-lès-Aire
Lespesses
Ecquedecques
Radinghem
Matringhem
Beaumetz-lès-Aire
Westrehem
Auchy-au-Bois
Febvin-Palfart
Ames
Lières
Chocques
Senlis
Laires
Hézecques
Burbure
Allouagne
Coupelle-Vieille
Lugy
Fontaine-lès-Hermans
Nédon
Amettes
Lozinghem
Labeuvrière
Lapugnoy
Nédonchel
Ferfay
Fruges
Bailleul-lès-Pernes
Aumerval
Auchel
Marles-les-Mines
Prédefin
Fiefs
Cauchy-à-la-T.
Créquy
Lisbourg
Coupelle-Neuve
Verchin
Fontaine-lès-Boulans
Floringhem
Calonne-Ricouart
Torcy
Heuchin
Sachin
Pernes
Bruay-la-Buissière
Ruisseauville
Avondance
Crépy
Sains-lès-Pernes
Pressy
Camblain-Châtelain
Divion
Canlers
Equirre
Sains-lès-Fressin
Ambricourt
Bergueneuse
Boyaval
Marest
Planques
Azincourt
Tramecourt
Tangry
Fressin
Teneur
Eps
Ourton
Houdain
Maisnil
Tilly-Capelle
Hestrus
Bours
Beugin
Bucamps
Maisoncelle
Anvin
Monchy-Cayeux
Valhoun
Diéval
Bealencourt
Érin
Conteville
Rebreuve-Ranchicourt
Wambercourt
La Comté
St-Martin
Blangy-s.-Ternoise
Fleury
Huclier
Hermin
Wamin
Brias
La Thieuloye
Bajus
Rollancourt
Bermicourt
La Loge
Auchy-lès-Hesdin
Blingel
Humerœuille
Wavrans-s.-T.
Hernicourt
Magnicourt-en-Comté
Gauchin-Légal
Éclimeux
Pierremont
Troisvaux
Huby-St-Leu
Grigny
Incourt
Circuit auto.
Gauchin-Verloingt
Ostreville
Monchy-Breton
Frévillers
Hesdin
Le Parcq
Croix-en-Ternois
St-Michel-s.-Ternoise
Marquay
Béthonsart
Marconnelle
Neulette
Humières
Beauvois
Ramecourt
Cheiers
Marconne
Fresnoy
Siracourt
St-Pol-s.-T.
Roëllecourt
Bailleul-aux-Cornailles
Villers-Brûlin
Mingoval
Ste-Austreberthe
Noyelles-lès-Humières
Vieil-Hesdin
Œuf-en-Ternois
Croisette
Herlin-le-Sec
Foufflin-Ricametz
Ligny-St-Flochel
Tincques
Savy-Berlette
St-Georges
Willeman
Guinecourt
Herlincourt
Maisnil
Averdoingt
Berles-Monchel
Wail
Linzeux
Héricourt
Neuville-au-Cornet
Ternas
Le Quesnoy-en-Artois
Hautecloque
Framecourt
Penin
Tilloy-lès-Hermaville
Vacqueriette-Erquières
Galametz
Blangerval-Blangermont
Flers
Buneville
Monts-en-T.
Gouy-en-Ternois
Maizières
Villers-Sir-Simon
Fillièvres
Écoivres
Moncheaux-lès-Frévent
Chériennes
Fontaine-l'Étalon
Monchel-s.-Canche
Nuncq-Hautecôte
Ambrines
Givenchy-le-Noble
Izel-lès-Hameau
Aubrometz
Sibiville
Houvin-Houvigneul
Magnicourt-s.-Canche
Quœux-Haut-Maînil
Conchy-s.-Canche
Denier
Lignereuil
Manin
Noyelle-Vion
Caumont
Haravesnes
Boubers-s.-C.
Ligny-s.-C.
Séricourt
Sars-le-Bois
Berlencourt-le-Cauroy
Beaufort-Blavincourt
Avesnes-le-Comte
Frévent
Canettemont
Rougefay
Vacquerie-le-Boucq
Rebreuve-s.-C.
Gennes-Ivergny
Vaulx
Estrée-Wamin
Liencourt
Buire-au-Bois
Bouret-s.-Canche
Le Ponchel
Rebreuviette
Grand-Rullecourt
Vitz-s.-Authie
Fortel-en-Artois
Boffles
Beaudricourt
Barly
Bonnières
Willencourt
Ivergny
Sus-St-Léger
Sombrin
Neuilly-le-Dien
Nœux-lès-Auxi
Auxi-le-Château
Beauvoir-Wavans
Villers-l'Hôpital
Warluzel
Le Souich
Forêt de Lucheux
Canteleux
Maison-Ponthieu
Bouquemaison
Brévillers
Coullemont
Saulty
Humbercourt
Couturelle
Bealcourt
Frohen-le-Grand
Barly
Neuvillette
Hiermont
Bernâtre
Maizicourt
Remaisnil
Lucheux
La Bellevue
Frohen-le-Petit
St-Acheul
Mézerolles
Grouches-Luchuel
Gaudiempré
Montigny-les-Jongleurs
Heuzecourt
Outrebois
Haute-Visée
Occoches
Warlincourt-lès-Pas
Pommera
Conteville
Mondicourt
Agenville
Le Meillard
Doullens
Halloy
Grincourt-lès-Pas
Domléger-Longvillers
Boisbergues
Hem-Hardinval
Pas-en-Artois
Hénu
Gézaincourt
Authieule
Famechon
Amplier
Autheux
Beaumetz
Bernaville
Orville
Thièvres
Couin
A26-E15
D341
D916
D939
D941
D343
D928
D94
N25

22
18
17
21
30
31
59
A
B
C
D
E
F
G
1
2
3
4
5
6
7
8
9
10
Merville
Estaires
Fleurbaix
Bois-Grenier
Lambersart
Lomme
Capinghem
Ennetières-en-W.
LILLE
Séquedin
Englos
Lestrem
Laventie
St-Floris
Calonne-s.-la-Lys
Robecq
Busnes
Mont-Bernanchon
Vieille-Chapelle
La Couture
Richebourg
Neuve-Chapelle
Rouge-Croix
Aubers
Fromelles
Radinghem-en-W.
Le Maisnil
Escobecques
Erquinghem-le-Sec
Hallennes-lez-H.
Loos
Ronchin
Haubourdin
Faches-Thumesnil
Beaucamps-Ligny
Santes
Emmerin
Wattignies
Fournes-en-W.
Herlies
Wavrin
Sainghin-en-Weppes
Noyelles-lès-S.
Vendeville
Houplin-A.
Templemars
Seclin
Gonnehem
Hinges
Locon
Lorgies
Illies
Wicres
Marquillies
Don
Gondecourt
Herrin
Allennes-les-M.
Oblinghem
Vendin-lès-B.
Essars
Festubert
Violaines
Givenchy-lès-La Bassée
La Bassée
Salomé
Hantay
Chocques
Billy-Berclau
Annœullin
Chemy
Phalempin
Attiches
B. de Phalempin
Hillouagne
Labeuvrière
Lugny
Annezin
Béthune
Beuvry
Cuinchy
Bauvin
Provin
Carnin
Camphin-en-C.
Fouquereuil
Fouquières-lès-Béthune
Cambrin
Auchy-les-Mines
Haisnes
Douvrin
Wingles
Meurchin
Carvin
La Neuville
Marles-les-Mines
Gosnay
Hesdigneul-lès-Béthune
Vaudricourt
Verquigneul
Verquin
Drouvin-le-M.
Sailly-L.
Annequin
Labourse
Vermelles
Hulluch
Vendin-le-Vieil
Pont-à-Vendin
Estevelles
Wahagnies
Libercourt
Thumeries
Bruay-la-Buissière
Labuissière
Haillicourt
Houchin
Nœux-les-Mines
Noyelles-lès-V.
Mazingarbe
Bénifontaine
Loos-en-Gohelle
Annay
Courrières
Oignies
Ostricourt
Leforest
Ruitz
Maisnil-lès-R.
Barlin
Hersin-Coupigny
Sains-en-G.
Grenay
Bully-les-M.
Lens
Harnes
Loison-s/s-L.
Montigny-en-G.
Dourges
Évin-M.
Courcelles-lès-L.
Auby
Rebreuve-Ranchicourt
Château d'Olhain
Hermin
Gauchin-Légal
Bouvigny-B.
Aix-Noulette
Liévin
Eleu-dit-L.
Noyelles-s/s-Lens
Fouquières-lès-Lens
Hénin-Beaumont
Noyelles-G.
Fresnicourt-le-Dolmen
Servins
Gouy-Servins
N.-D.-de-Lorette
Angres
Avion
Sallaumines
Méricourt
Billy-Montigny
Rouvroy
Flers-en-E.
Lauwin-Planque
Caucourt
Estrée-Cauchy
Souchez
Givenchy-en-G.
Mémorial canadien
Beaumont
Drocourt
Esquerchin
Cuincy
Douai
Béthonsart
Cambligneul
Villers-Châtel
Camblain-l'Abbé
Ablain-St-Nazaire
Carency
Acheville
Bois-Bernard
Mingoval
Villers-au-Bois
Vimy
Arleux-en-Gohelle
Fresnoy-en-Gohelle
Izel-lès-Équerchin
Quiéry-la-Motte
Savy-Berlette
Agnières
Capelle-Fermont
Frévin-Capelle
Acq
Mont-St-Éloi
Thélus
Willerval
Neuvireuil
Courchelettes
Brebières
Aubigny-en-Artois
Neuville-St-Vaast
Farbus
Bailleul-Sir-B.
Oppy
Corbehem
Tilloy-lès-Hermaville
Hte-Avesnes
Hermaville
Marœuil
Écurie
Roclincourt
Gavrelle
Fresnes-lès-Montauban
Vitry-en-Artois
Férin
Izel-les-Hameaux
Habarcq
Agnez-lès-D.
Étrun
Anzin-St-Aubin
Ste-Catherine
St-Nicolas
Fampoux
Athies
Plouvain
Biache-St-Vaast
Gouy-s/s-Bellonne
Noyelles-s/s-B.
Bellonne
Noyelle-Vion
Noyellette
Gouves
Montenescourt
Duisans
Dainville
Arras
St-Laurent-Blangy
Feuchy
Rœux
Hamblain-les-Prés
Tortequesne
Estrées
Manin
Avesnes-le-Comte
Lattre-St-Quentin
Hauteville
Wanquetin
Warlus
Achicourt
Agny
Beaurains
Tilloy-lès-M.
Pelves
Boiry-N.-D.
Monchy-le-Preux
Guémappe
Sailly-en-O.
Lécluse
Étaing
Hamel
Écourt-St-Q.
PAS-DE-CALAIS
Berneville
Simencourt
Fosseux
Barly
Gouy-en-Artois
Beaumetz-lès-Loges
Monchiet
Le Fermont
Wailly
Neuville-Vitasse
Wancourt
Héninel
Vis-en-Artois
Rémy
Éterpigny
Haucourt
Dury
Recourt
Saudemont
Rumaucourt
62
Mercatel
Ficheux
St-Martin-s.-Cojeul
Hénin-s.-Cojeul
Chérisy
Fontaine-lès-Croisilles
Villers-lès-Cagnicourt
Bavincourt
Rivière
Basseux
Bailleulval
Bailleulmont
Blairville
Hendecourt-lès-Ransart
Boisleux-St-Marc
Boiry-Becquerelle
Boisleux-au-Mont
Boyelles
Hendecourt-lès-Cagnicourt
Cagnicourt
Baralle
Buissy
Saulty
La Herlière
La Cauchie
Ransart
Berles-au-Bois
Boiry-Ste-Rictrude
Boiry-St-Martin
Croisilles
Riencourt-lès-Cagnicourt
Sains-lès-M.
Gaudiempré
Humbercamps
Pommier
Monchy-au-Bois
Adinfer
Moyenneville
Hamelincourt
St-Léger
Écoust-St-Mein
Bullecourt
Quéant
Inchy-en-Artois
Bienvillers-au-Bois
Hannescamps
Douchy-lès-Ayette
Ayette
Courcelles-le-Comte
Ervillers
Mory
Noreuil
Pronville
Mœuvres
St-Amand
Souastre
Lagnicourt-Marcel
Hénu
Foncq. le-Sers
Ablainzevelle
Gomiecourt
Béhagnies
Vaulx-Vraucourt
Morchies
Boursies
Gommecourt
Bucquoy
Achiet-le-Grand
Sapignies
Couin
Bayencourt
A1-E15
A1-E17
A26-E15
A26-E17
A21
AUTOROUTE DU NORD
T.G.V. NORD

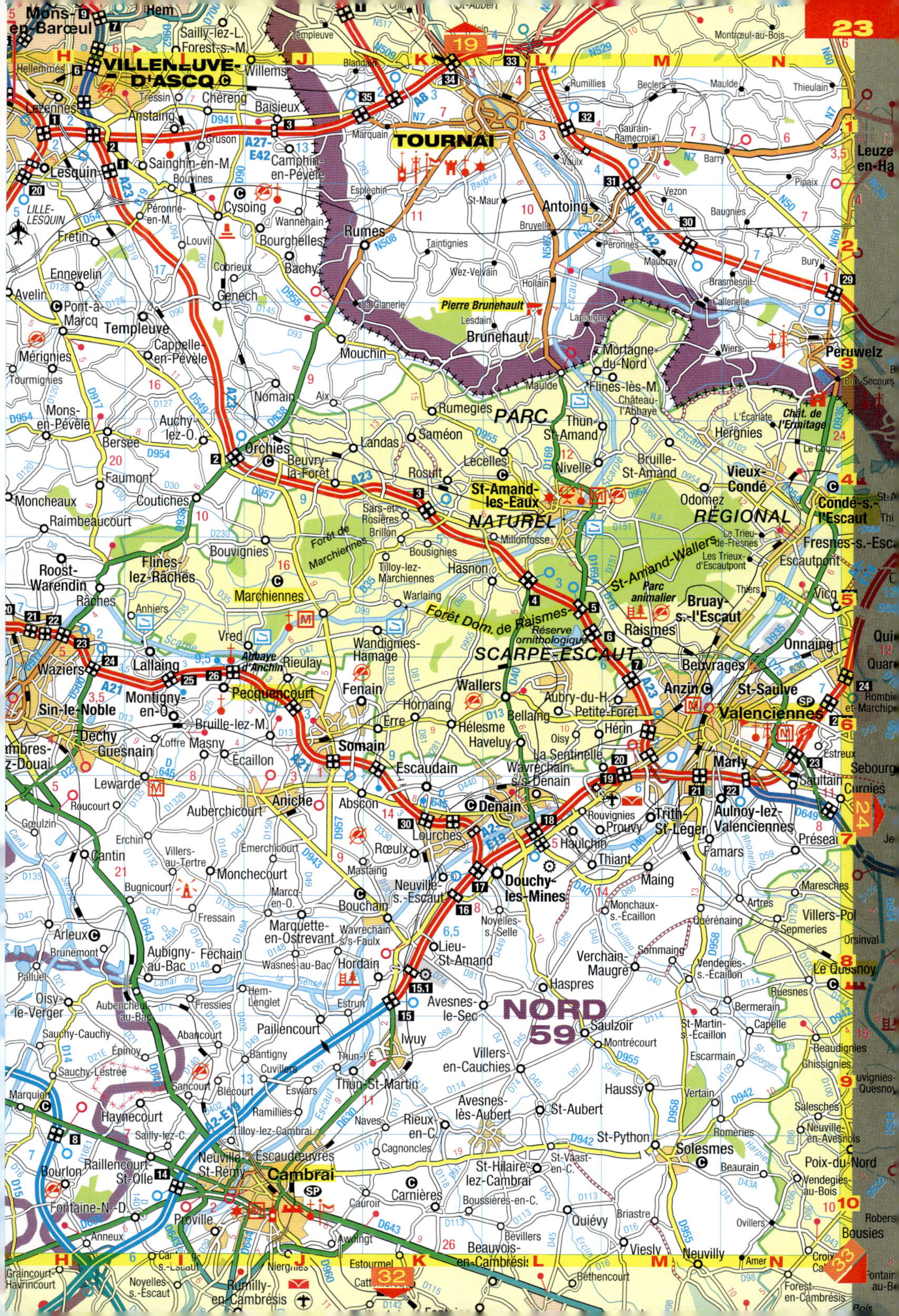
Mons-en-Barœul
Hem
Sailly-lez-L.
Forest-s.-M.
Templeuve
Montrœul-au-Bois
Hellemmes
VILLENEUVE-D'ASCQ
Willems
Blandain
Rumillies
Beclers
Maulde
Thieulain
Lezennes
Tressin
Chéreng
Baisieux
Marquain
TOURNAI
Gaurain-Ramecroix
Barry
Leuze-en-Ha
Anstaing
Gruson
Camphin-en-Pévèle
Lesquin
Sainghin-en-M.
Bouvines
Esplechin
Vaulx
Vezon
Pipaix
LILLE-LESQUIN
Péronne-en-M.
Cysoing
Wannehain
Rumes
St-Maur
Antoing
Baugnies
Fretin
Louvil
Bourghelles
Taintignies
Bruyelle
Péronnes
Maubray
T.G.V.
Bury
Ennevelin
Cobrieux
Bachy
Wez-Velvain
Hollain
Brasmesnil
Avelin
Pont-à-Marcq
Genech
La Glanerie
Pierre Brunehault
Laplaigne
Callenelle
Templeuve
Lesdain
Brunehaut
Mérignies
Cappelle-en-Pévèle
Mouchin
Wiers
Péruwelz
Tourmignies
Mortagne-du-Nord
Maulde
Flines-lès-M.
Bon-Secours
Mons-en-Pévèle
Nomain
Aix
Rumegies
Château-l'Abbaye
L'Écaillate
Chât. de l'Ermitage
Auchy-lez-O.
PARC
Thun-St-Amand
Hergnies
Bersée
Orchies
Landas
Saméon
Le Coq
Beuvry-la-Forêt
Lecelles
Nivelle
Bruille-St-Amand
Faumont
Rosult
St-Amand-les-Eaux
Vieux-Condé
Moncheaux
Coutiches
Odomez
Condé-s.-l'Escaut
Raimbeaucourt
Sars-et-Rosières
NATUREL
RÉGIONAL
Brillon
Millonfosse
Fresnes-s.-Esc.
Le Trieu-de-Fresnes
Forêt de Marchiennes
Bousignies
Les Trieux-d'Escautpont
Escautpont
Bouvignies
Tilloy-lez-Marchiennes
Hasnon
St-Amand-Wallers
Roost-Warendin
Flines-lez-Râches
Marchiennes
Parc animalier
Thiers
Vicq
Râches
Anhiers
Warlaing
Bruay-s.-l'Escaut
Forêt Dom. de Raismes-
Réserve ornithologique
Raismes
Onnaing
Vred
Wandignies-Hamage
SCARPE-ESCAUT
Waziers
Lallaing
Abbaye d'Anchin
Rieulay
Beuvrages
Anzin
St-Saulve
Pecquencourt
Fenain
Wallers
Aubry-du-H.
Valenciennes
Sin-le-Noble
Montigny-en-O.
Hornaing
Bellaing
Petite-Forêt
Rombies-et-Marchipont
Dechy
Erre
Hélesme
Hérin
Estreux
Guesnain
Bruille-lez-M.
Loffre
Masny
Haveluy
Oisy
Sebourg
Lambres-lez-Douai
Écaillon
Somain
Escaudain
La Sentinelle
Marly
Curgies
Wavrechain-s/s-Denain
Saultain
Lewarde
Aniche
Abscon
Denain
Rouvignies
Prouvy
Trith-St-Léger
Aulnoy-lez-Valenciennes
Roucourt
Auberchicourt
Lourches
Haulchin
Préseau
Gœulzin
Émerchicourt
Rœulx
Thiant
Famars
Erchin
Villers-au-Tertre
Monchecourt
Mastaing
Douchy-les-Mines
Maing
Cantin
Neuville-s.-Escaut
Artres
Maresches
Bugnicourt
Marcq-en-O.
Bouchain
Monchaux-s.-Écaillon
Quérénaing
Villers-Pol
Sepmeries
Fressain
Noyelles-s.-Selle
Arleux
Marquette-en-Ostrevant
Wavrechain-s/s-Faulx
Lieu-St-Amand
Orsinval
Brunémont
Aubigny-au-Bac
Féchain
Verchain-Maugré
Sommaing
Vendegies-s.-Écaillon
Le Quesnoy
Palluel
Wasnes-au-Bac
Hordain
Haspres
Oisy-le-Verger
Hem-Lenglet
Estrun
Avesnes-le-Sec
NORD 59
Ruesnes
Aubencheul-au-Bac
Fressies
Bermerain
Paillencourt
Iwuy
Saulzoir
Capelle
Sauchy-Cauchy
Abancourt
Montrécourt
St-Martin-s.-Écaillon
Épinoy
Bantigny
Thun-l'É.
Villers-en-Cauchies
Beaudignies
Sauchy-Lestrée
Cuvillers
Escarmain
Ghissignies
Sancourt
Thun-St-Martin
Haussy
Marquion
Blécourt
Eswars
Vertain
Ramillies
Avesnes-lès-Aubert
St-Aubert
Salesches
Haynecourt
Naves
Rieux-en-C.
Sailly-lez-C.
Tilloy-lez-Cambrai
Romeries
Neuville-en-Avesnois
Cagnoncles
St-Python
Solesmes
Neuville-St-Rémy
Escaudœuvres
Bourlon
Raillencourt-St-Olle
Cambrai
St-Hilaire-lez-Cambrai
St-Vaast-en-C.
Beaurain
Poix-du-Nord
Carnières
Vendegies-au-Bois
Fontaine-N.-D.
Cauroir
Boussières-en-C.
Proville
Quiévy
Briastre
Ovillers
Robersart
Bousies
Anneux
Awoingt
Bevillers
Viesly
Beauvois-en-Cambrésis
Neuvilly
Amerval
Croix-Caluyau
Graincourt-Havrincourt
Cantaing-s.-Escaut
Niergnies
Estourmel
Noyelles-s.-Escaut
Rumilly-en-Cambrésis
Cattenières
Bethencourt
Forest-en-Cambrésis
Fontaine-au-Bois

24
Quiévrain
Quiévrechain
Mons (Bergen)
St-Ghislain
Boussu
Quaregnon
Frameries
Colfontaine
Dour
Hensies
Bernissart
Condé-s.-l'Escaut
Fresnes-s.-Escaut
Crespin
Quarouble
Onnaing
Hainaut
Le Rœulx
Thieusies
Gottignies
Havré
Nimy
Obourg
St-Denis
Ghlin
Jemappes
Cuesmes
Hyon
Mesvin
Spiennes
Ciply
Noirchain
Asquillies
Genly
Bougnies
Quévy
Quévy-le-Petit
Quévy-le-Grand
Harmignies
Harveng
Givry
St-Symphorien
Villers-St-Ghislain
Estinnes-au-Mont
Estinnes-au-Val
Bray
Croix-lez-Rouveroy
Rouveroy
Villers-Sire-Nicole
Grand-Reng
Vieux-Reng
Erquelinnes
Jeumont
Marpent
Boussois
Recquignies
Rousies
Colleret
Cerfontaine
Maubeuge
Assevent
Elesmes
Bettignies
Mairieux
Bersillies
Feignies
Louvroil
Hautmont
Ferrière-la-Grande
Ferrière-la-Petite
Neuf-Mesnil
Douzies
La Longueville
Bavay
Houdain-lez-Bavay
Gussignies
Bellignies
Hon-Hergies
Taisnières-s.-Hon
Malplaquet
Bois de la Lanière
Hergies
Honnelles (Autreppe)
Sebourg
Curgies
Saultain
Estreux
Roisin
Wargnies-le-Grand
Wargnies-le-Petit
Jenlain
Bry
Eth
St-Waast
Audignies
Mecquignies
Bermeries
Amfroipret
Gommegnies
Preux-au-Sart
Frasnoy
Villereau
Le Quesnoy
Orsinval
Potelle
Jolimetz
Beaudignies
Ghissignies
Louvignies-Quesnoy
Salesches
Neuville-en-Avesnois
Englefontaine
Poix-du-Nord
Vendegies-au-Bois
Hecq
Locquignol
Raucourt-au-Bois
N.-D.-des Flaquettes
Forêt de Mormal
Parc Naturel Régional de l'Avesnois
Berlaimont
Sassegnies
Hargnies
Obies
Bavisiau
La Grande-Rue
Le Petit-Bavay
Pont-s.-Sambre
Boussières-s.-Sambre
Bachant
Aulnoye-Aymeries
Aymeries
Leval
Monceau-St-Waast
St-Rémy-Chaussée
St-Rémy-du-Nord
Limont-Fontaine
Éclaibes
Écuélin
Beaufort
Marlière
Damousies
Obrechies
Quiévelon
Aibes
Choisies
Solrinnes
Éccles
Bérelles
Wattignies-la-Victoire
Dimechaux
Dimont
Lez-Fontaine
Solre-le-Château
Beaurieux
Sars-Poteries
Beugnies
Clairfayts
Felleries
Bois de Belleux
Liessies
Willies
Lac du Val-Joli
Ste-Hiltrude
Forêt de Bois-l'Abbé
Sémeries
Ramousies
Sains-du-Nord
Bois de la Fagne de Sains
Glageon
Trélon
Ohain
Féron
Fourmies
Wignehies
Étg de la Galoperie
59 Nord
Dourlers
Mont-Dourlers
Floursies
Semousies
Les 3-Pavés
Château Bois de la Villette
Flaumont-Waudrechies
Bas-Lieu
Avesnes-s.-Helpe
Avesnelles
St-Hilaire-s.-Helpe
Dompierre-s.-Helpe
Les 4-Pavés
Noyelles-s.-Sambre
Taisnières-en-Thiérache
Maroilles
Marbaix
Grand-Fayt
Petit-Fayt
Château de Coutant
Haut-Lieu
Le Cheval-Blanc
Cartignies
Fourmanoir
Zorées
Boulogne-s.-Helpe
Rainsars
Pont-de-Sains
Étrœungt
Rouge-Croix
Beaurepaire-s.-Sambre
Prisches
Le Favril
Les Vallées
Grand-Béart
Rue-du-Bois
Landrecies
Bois l'Évêque
Pommereuil
Ors
Catillon-s.-Sambre
La Groise
Chapeau-Rouge
Mazinghien
Rejet-de-Beaulieu
Fesmy-le-Sart
Bergues-s.-Sambre
Barzy-en-Thiérache
Lalouzy
Beaucamp
Fontenelle
Floyon
Chevireuil
Larouillies
Les Hayettes
Rocquigny
St-Pierre
Buisson-Barbet
Papleux
Oisy
Boué
Wassigny
Le Nouvion-en-Thiérache
Malemperche
La Flamengrie
Montreuil
Forêt du Nouvion
Arboretum
Preux-au-Bois
Robersart
Bousies
Fontaine-au-Bois
Croix-Caluyau
Forest-en-Cambrésis
Bazuel
Le Sarsbarras
Les Grandes-Pâtures
Quilly
Hêtre
Camp à Cayaux
Maison de Verhaeren
Bois de Baudour
Bois de Ghlin
Mer de Sable
Vacresse
Baudour
Douvrain
Tertre
Hautrage
Villerot
Sirault
Stambruges
Grandglise
Quevaucamps
Harchies
Pommerœul
Blaton
Hainin
Thulin
Montrœul-s.-Haine
La Croix
Élouges
Baisieux
Audregnies
Wihéries
Montignies-s.-Roc
Angre
Onnezies
Fayt-le-Franc
Athis
Erquennes
Blaugies
Offignies
Petit-Dour
Ropaix
Eugies
Sars-la-Bruyère
Blaregnies
Gognies-Chaussée
Aulnois
Warquignies
Wasmes
Pâturages
Hornu
Wasmuel
Flénu
La Bouverie
Terrils
Rombies-et-Marchipont
Marchipont
Vicq
Sebourquiaux
Angreau
Le Triez
Maresches
Villers-Pol
Ville-Pommerœul
Crespin
Thivencelle
St-Aybert
Saint-Aybert
Le Coq
Bon-Secours
Péruwelz
A
B
C
D
E
F
G
1
2
3
4
5
6
7
8
9
10
23
32
33

BELGIQUE
NAMUR
LA LOUVIÈRE
CHARLEROI
Manage
Pont-à-Celles
Fleurus
Jemeppe-s.-Sambre
Chapelle-lez-Herlaimont
Courcelles
Gosselies
Mariemont
Morlanwelz
Sambreville
Farciennes
Fontaine-l'Évêque
Binche
Anderlues
Châtelet
Aiseau-Presles
Montigny-le-Tilleul
Abbaye d'Aulne
Lobbes
Thuin
Ham-s.-Heure-Nalinnes
Gerpinnes
Mettet
Pierre de Zeupire
Walcourt
Florennes
Beaumont
Philippeville
Barrages de l'Eau-d'Heure
Bge de la Plate-Taille
Musée du Marbre
Sivry-Rance
Cerfontaine
Froidchapelle
Forêt de Rance
Bois Robert
Bois de Senzeille
Bois de Revleumont
N.-D.-de-Bon-Secours
N.-D.-de-la-Brouffe
Mariembourg
Observatoire
Réserve Nationale du Viroin
Viroinval
Grottes de Neptune
Fondry des Chiens
Forêt de Trélon
Bois de Salles
Circuit Auto
Chimay
Couvin
Forêt de Nismes
Momignies
Abri d'Hitler
Bois de Croy
Bge du Ry-de-Rome
Bois de Neumont
Bois de Touvent
Pont Romain
Cousolre
A15-E42
R3
N5
N40
N53
N97
N99
34
35

MANCHE
Fécamp
St-Léonard
Yport
Valleuse du Curé
Vattetot-s.-Mer
Criquebeuf-en-Caux
Froberville
Bénouville
Falaise d'Amont
Étretat
Falaise d'Aval
Tourville-les-Ifs
Épreville
Maniquerville
Les Loges
Bordeaux-St-Clair
Gerville
Cap d'Antifer
Le Tilleul
La Poterie-Cap-d'Antifer
Beaurepaire
Pierrefiques
Fongueusemare
Auberville-la-Renault
Mentheville
D940
D11
D211
D72
D79
D486
D73
D28
D925
D74
D68
42
43

Côte d'Albâtre
St-Valery-en-Caux
Falaise d'Aval
Falaise d'Amont
Cimetière
Veules-les-Roses
St-Aubin-s.-Mer
Sotteville-s.-Mer
Ste-Marguerite-s.-Mer
Quiberville-Plage
Quiberville
Phare d'Ailly
Varengeville
Bourg-Dun
La Chapelle-s.-Dun
Blosseville
Manneville-ès-Plains
Gueutteville-les-Grès
La Gaillarde
St-Pierre-le-Vieux
Avremesnil
St-Denis-d'Aclon
Luneray
Angiens
Cailleville
Le Mesnil-Durdent
Ingouville
St-Sylvain
Conteville
Veulettes-s.-Mer
Chapelle de Janville
Paluel
St-Riquier-ès-Plains
Malleville-les-Grès
Auberville-la-Manuel
St-Martin-aux-Buneaux
Les Petites-Dalles
Les Grandes-Dalles
St-Pierre-en-Port
Vinnemerville
Butot-Vénesville
Vittefleur
Canouville
Cany-Barville
Ocqueville
Néville
Pleine-Sève
Crasville-la-Mallet
Houdetot
St-Pierre-le-Viger
Fontaine-le-Dun
Gruchet-St-S.
Greuville
Bracq.
Écretteville-s.-Mer
Élétot
Sassetot-le-Malgardé
Criquetot-le-M.
Clasville
Ste-Colombe
Drosay
Ermenouville
Bourville
Autigny
Crasville-la-R.
Vénestanville
Rainfreville
Senneville-s.-Fécamp
Ancretteville-s.-Mer
Quainville
Sasseville
Brametot
Héberville
Anglesqueville-la-Bras-Long
Canville-les-2-É.
Sassetot-le-M.
Tocqueville-en-C.
Biville-la-R.
Royville
Ste-Hélène-Bondeville
Angerville-la-Martel
Theuville-aux-Maillots
Bertreville
Chât. de Cany
Barville
Fultot
Gonnetot
Bretteville-St-L.
Colleville
Thérouldeville
Bertheauville
Hautot-l'Auvray
Gonzeville
Bénesville
Reuville
St-Laurent-en-Caux
Saâne-St-J.
Lestanville
Toussaint
Valmont
Abbaye
Gerponville
Bosville
St-Vaast-Dieppedalle
Grainville-la-Teinturière
Veauville-lès-Quelles
Routes
Étalleville
Prétot-Vicquemare
Auzouville-s.-Saâne
Ganzeville
Contremoulins
Ourville-en-Caux
Thiergeville
Riville
Le Hanouard
Oherville
Robertot
Carville-Pot-de-Fer
Doudeville
Le Torp-Mesnil
Imbleville
Goneville
Thiétreville
Beuzeville-la-Guerard
Cleuville
Sommesnil
Harcanville
Berville
Boudeville
Lindebeuf
Bec-de-Mortagne
Daubeuf-Serville
Sorquainville
Ancourteville-s.-Héricourt
Ypreville-Biville
Thiouville
Normanville
Héricourt-en-Caux
Anvéville
Berville-les-Champs
Ouville-l'Abbaye
Annouville-Vilmesnil
Limpiville
Hautot-St-Sulpice
Vibeuf
Fontelaye
Bailleul
Bénarville
Bennetot
Ste-Marguerite
Clipponville
Criquetot
SEINE - MARITIME
H
I
J
K
L
M
N
1
2
3
4
5
6
7
8
9
10
28
43
44

MANCHE
SEINE-MARITIME
76
Dieppe
Le Tréport
Mers-les-Bains
Eu
Ault
Le Bois-de-Cise
St-Quentin-la-Motte-Croix-au-Bailly
Mesnil-Val
Criel-Plage
Flocques
Étalondes
Ponts-et-Marais
St-Pierre-en-Val
Criel-s.-Mer
Heudelimont
Touffreville-s.-Eu
St-Rémy-Boscrocourt
Monchy-s.-Eu
Tocqueville-s.-Eu
St-Sulpice-s.-Yères
Biville-s.-Mer
Assigny
Baromesnil
Penly
Canehan
St-Martin-Plage
St-Martin-le-Gaillard
Le Mesnil-Réaumé
Guilmécourt
Berneval-le-Grand
St-Martin-en-Campagne
Brunville
Cuverville-s.-Yères
Sept-Meules
Belleville-s.-Mer
Tourville-la-Chapelle
Greny
Auquemesnil
Villy-le-Bas
Bracquemont
Derchigny
St-Quentin-au-Bosc
Puys
Graincourt
Glicourt
Intraville
Gouchaupré
Phare d'Ailly
Parc floral
Pourville-s.-Mer
Neuville-lès-Dieppe
Grèges
Sauchay
Ste-Marguerite-s.-Mer
Quiberville-Plage
Varengeville-s.-Mer
Manoir d'Ango
Hautot-s.-Mer
Martin-Église
Ancourt
Bellengreville
Forêt d'Arques
Avesnes-en-Val
Villy-le-Haut
Bailly-en-Rivière
Falny
Fresnoy-Folny
Longueil
Rouxmesnil-Bouteilles
Arques-la-Bataille
Envermeu
St-Ouen-s/s-Bailly
Les Ifs
Ouville-la-Rivière
Offranville
St-Aubin-s.-Scie
Miromesnil
Château Martigny
St-Aubin-le-Cauf
St-Nicolas-d'Aliermont
Dampierre-St-Nicolas
Douvrend
Bailly-en-Campagne
St-Denis-d'Aclon
Ambrumesnil
Sauqueville
Tourville-s.-Arques
St-Jacques-d'Aliermont
N.-D.-d'Aliermont
Capval
Wanchy-Capval
St-Pierre-des-Jonquières
Avremesnil
Gueures
Colmesnil-M.
Aubermesnil-B.
Le Bois-Robert
St-Germain-d'Étables
Meulers
Luneray
Thil-Manneville
Manéhouville
Anneville-s.-Scie
La Chaussée
Freulleville
Boissay
Londinières
Auppegard
Ste-Agathe-d'A.
Hermanville
Crosville-s.-Scie
La Chapelle-du-Bourgay
Torcy-le-Petit
St-Vaast-d'Équiqueville
Freauville
Greuville
Brachy
Bertreville-St-Ouen
Dénestanville
Croixdalle
Bailleul-Neuville
Neuville
Clais
Vénestanville
Lammerville
Lintot-les-Bois
Ste-Foy
Torcy-le-Grand
Ricarville-du-Val
Maintru
Osmoy-St-Valéry
Rainfreville
Omonville
Longueville-s.-Scie
Les Grandes-Ventes
Baillolet
Tocqueville-en-C.
Royville
Bacqueville-en-Caux
St-Honoré
Biville-la-R.
St-Crespin
Lamberville
Les Cent-Acres
Le Goulet
Mesnil-Follemprise
Bures-en-Bray
Mesnières-en-Bray
Neufchâtel-en-Bray
Criquetot-s.-L.
Belmesnil
Muchedent
Mesnerettes
St-Ouen-le-Mauger
Saâne-St-J.
St-Mards
Le Catelier
Lestanville
Ft des Nappes
Ft du Hellet
Auzouville-s.-Saâne
St-Pierre-Bénouville
Beauval-en-Caux
Gonneville-s.-Scie
La Frénaye
Ardouval
St-Martin-l'Hortier
Cropus
Fresles
N.-D.-du-Parc
Forêt d'Eawy
Heugleville-s.-Scie
Pommeréval
Biville-la-Baignarde
St-Hellier
Quièvrecourt
Chap. de la Heuze
Orival
Imbleville
Auffray
Cressy
Bully
Vauchel
St-Martin
Belleville-en-Caux
St-Denis-s.-Scie
Sévis
Bellencombre
Ventes-St-Rémy
Esclavel
Neuville-Ferrières
Val-de-Saâne
Calleville-les-...
Bans
Rosay
Fontelaye
St-Vaast-du-Val
Vassonville
Montreuil-en-Caux
La Crique
Maucomble
Massy
Tôtes
St-Maclou-...
vers Newhaven
27
44
45
A
B
C
D
E
F
G
1
2
3
4
5
6
7
8
9
10

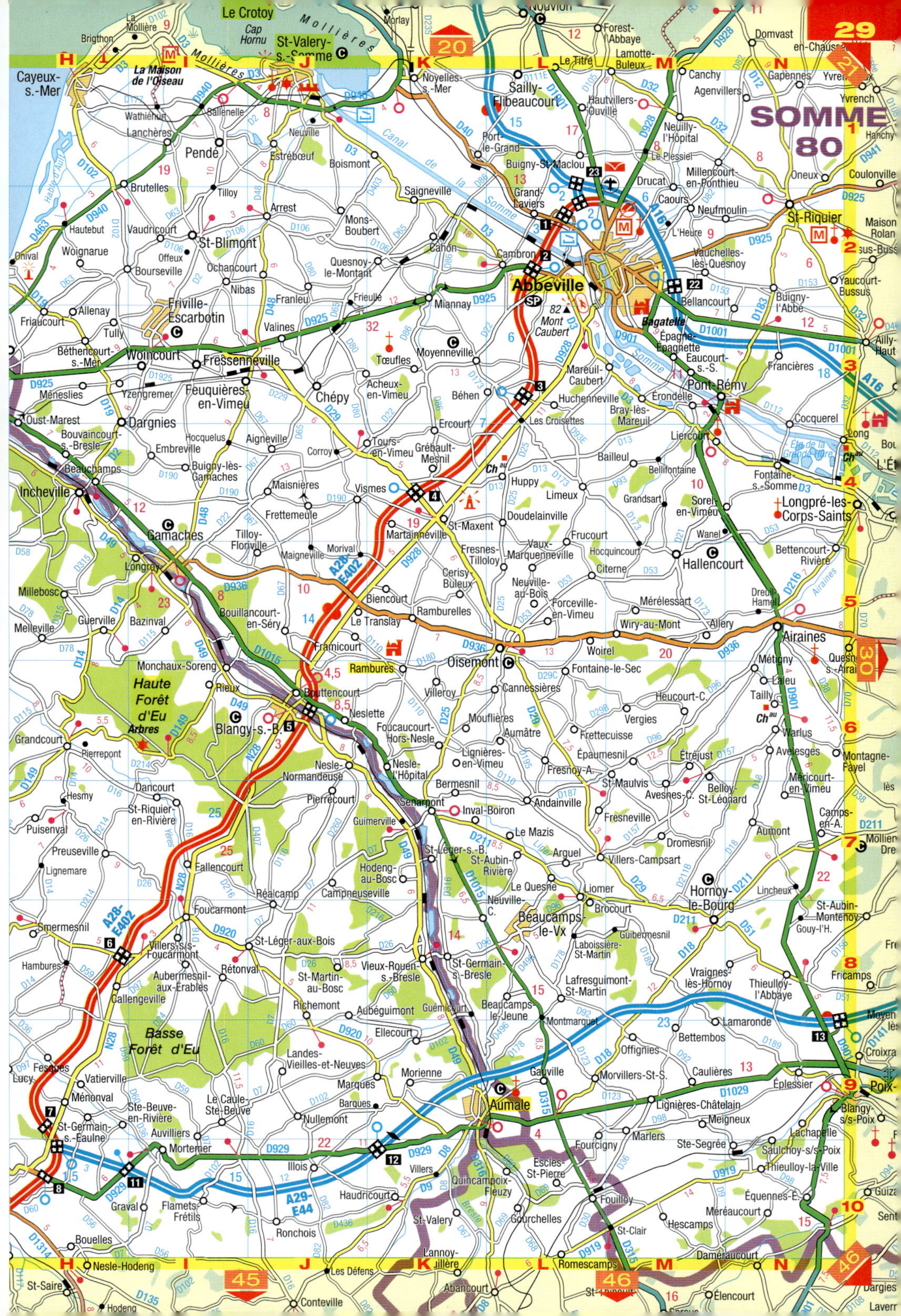
SOMME
80
Le Crotoy
Cap Hornu
St-Valery-s.-Somme
Mollières
Brighton
La Mollière
Cayeux-s.-Mer
La Maison de l'Oiseau
Noyelles-s.-Mer
Sailly-Flibeaucourt
Forest-l'Abbaye
Lamotte-Buleux
Le Titre
Nouvion
Canchy
Agenvilliers
Domvast
Gapennes
Yvrench
Hanchy
Wathiéhurt
Lanchères
Sallenelle
Pendé
Neuville
Estréboeuf
Boismont
Canal de la Somme
Port-le-Grand
Hautvillers-Ouville
Neuilly-l'Hôpital
Le Plessiel
Millencourt-en-Ponthieu
Oneux
Coulonvillers
Brutelles
Tilloy
Arrest
Saigneville
Buigny-St-Maclou
Grand-Laviers
Drucat
Caours
Neufmoulin
St-Riquier
Maison Rolan
Hautebut
Vaudricourt
St-Blimont
Mons-Boubert
Cahon
Cambron
L'Heure
Vauchelles-lès-Quesnoy
Onival
Woignarue
Offeux
Bourseville
Ochancourt
Nibas
Quesnoy-le-Montant
Abbeville
Mont Caubert
Bellancourt
Buigny-l'Abbé
Yaucourt-Bussus
Friville-Escarbotin
Allenay
Friaucourt
Tully
Franleu
Valines
Frieulle
Miannay
Bagatelle
Épagne-Épagnette
Eaucourt-s.-S.
Ailly-Haut
Béthencourt-s.-Mer
Woincourt
Fressenneville
Tœufles
Moyenneville
Mareuil-Caubert
Pont-Rémy
Francières
Méneslies
Yzengremer
Feuquières-en-Vimeu
Chépy
Acheux-en-Vimeu
Béhen
Huchenneville
Érondelle
Bray-lès-Mareuil
Les Croisettes
Cocquerel
Oust-Marest
Dargnies
Bouvaincourt-s.-Bresle
Embreville
Hocquelus
Aigneville
Corroy
Tours-en-Vimeu
Ercourt
Grébault-Mesnil
Bailleul
Liercourt
Long
Beauchamps
Buigny-lès-Gamaches
Bellifontaine
Fontaine-s.-Somme
Incheville
Maisnières
Vismes
Huppy
Limeux
Grandsart
Sorel-en-Vimeu
Longpré-les-Corps-Saints
Gamaches
Frettemeule
St-Maxent
Doudelainville
Tilloy-Floriville
Martainneville
Wanel
Longroy
Maigneville
Morival
Fresnes-Tilloloy
Vaux-Marquenneville
Frucourt
Hocquincourt
Citerne
Hallencourt
Bettencourt-Rivière
Millebosc
Cerisy-Buleux
Neuville-au-Bois
Forceville-en-Vimeu
Mérélessart
Dreuil-Hamel
Melleville
Guerville
Bazinval
Bouillancourt-en-Séry
Biencourt
Ramburelles
Le Translay
Wiry-au-Mont
Allery
Airaines
Framicourt
Oisemont
Woirel
Métigny
Quesnoy-s.-Airaines
Monchaux-Soreng
Rieux
Rambures
Fontaine-le-Sec
Laleu
Haute Forêt d'Eu
Arbres
Bouttencourt
Cannessières
Heucourt-C.
Tailly
Neslette
Villeroy
Vergies
Blangy-s.-B.
Mouflières
Frettecuisse
Warlus
Grandcourt
Pierrepont
Foucaucourt-Hors-Nesle
Aumâtre
Épaumesnil
Étréjust
Avelesges
Montagne-Fayel
Nesle-Normandeuse
Nesle-l'Hôpital
Lignières-en-Vimeu
Fresnoy-A.
St-Maulvis
Avesnes-C.
Belloy-St-Léonard
Méricourt-en-Vimeu
Hesmy
Dancourt
Pierrecourt
Bermesnil
Andainville
St-Riquier-en-Rivière
Senarpont
Inval-Boiron
Fresneville
Camps-en-A.
Puisenval
Guimerville
Le Mazis
Dromesnil
Aumont
Preuseville
St-Léger-s.-B.
St-Aubin-Rivière
Arguel
Villers-Campsart
Molliens-Dreuil
Lignemare
Fallencourt
Hodeng-au-Bosc
Le Quesne
Liomer
Hornoy-le-Bourg
Lincheux
Réalcamp
Campneuseville
Neuville-C.
Brocourt
St-Aubin-Montenoy
Gouy-l'H.
Foucarmont
Beaucamps-le-Vx
Guibermesnil
Smermesnil
Villers-s/s-Foucarmont
St-Léger-aux-Bois
Laboissière-St-Martin
Hambures
Rétonval
Aubermesnil-aux-Érables
St-Martin-au-Bosc
Vieux-Rouen-s.-Bresle
St-Germain-s.-Bresle
Vraignes-lès-Hornoy
Thieulloy-l'Abbaye
Fricamps
Callengeville
Richemont
Aubéguimont
Guémicourt
Beaucamps-le-Jeune
Lafresguimont-St-Martin
Montmarquet
Lamaronde
Basse Forêt d'Eu
Ellecourt
Offignies
Bettembos
Croixrault
Fesques
Lucy
Landes-Vieilles-et-Neuves
Morienne
Gauville
Morvillers-St-S.
Caulières
Vatierville
Ménonval
Marques
Éplessier
Poix
Le Caule-Ste-Beuve
Barques
Aumale
Lignières-Châtelain
Ste-Beuve-en-Rivière
Nullemont
Blangy-s/s-Poix
Meigneux
St-Germain-s.-Eaulne
Auvilliers
Fourcigny
Marlers
Ste-Segrée
Lachapelle
Mortemer
Illois
Escles-St-Pierre
Saulchoy-s/s-Poix
Thieulloy-la-Ville
Villers
Quincampoix-Fleuzy
Haudricourt
Fouilloy
Équennes-É.
Guizancourt
Graval
Flamets-Frétils
St-Valery
Gourchelles
Méréaucourt
Hescamps
Sentelie
Bouelles
Ronchois
St-Clair
Dameraucourt
Nesle-Hodeng
Les Défens
Lannoy-Cuillère
Romescamps
St-Saire
Conteville
Abancourt
St-Thibault
Élencourt
Dargnies
Laverrière
Hodeng
A28-E402
A29-E44
A16
D925
D1001
D1015
D936
D929
D928
D901
D1029
D919
N28
20
21
30
45
46

SOMME
80
Doullens
Lucheux
Pas-en-Artois
Beauval
Beauquesne
Bernaville
Domart-en-Ponthieu
St-Léger-lès-Domart
Berteaucourt-les-Dames
Canaples
Naours
Talmas
Flixecourt
L'Étoile
Long
Condé-Folie
Longpré-les-Corps-Saints
Vignacourt
Flesselles
Villers-Bocage
Picquigny
Abbaye du Gard
Samara
St-Sauveur
Ailly-s.-S.
Argœuves
Dreuil-lès-A.
AMIENS
Rivery
Camon
Longueau
Corbie
Querrieu
Pont-Noyelles
Poulainville
Bertangles
Salouël
Pont-de-Metz
Saleux
Dury
Cagny
Boves
St-Fuscien
AMIENS-GLISY
Glisy
A29-E44
A16
N25
D1001
D1029
Molliens-Dreuil
Poix-de-Picardie
Quevauvillers
Conty
Ailly-s.-Noye
Moreuil
Fouencamps
St-Sauflieu
Oresmaux
Essertaux
Flers-s.-Noye
Hébécourt
Sains-en-A.
Thézy-Glimont
Hailles
Remiencourt
Fransures
Ailly-le-Haut-Clocher
St-Riquier
Airaines
Hangest-s.-Somme
Bourdon
Yzeux
Crouy-St-Pierre
Soues
Le Mesge
Cavillon
Fourdrinoy
Breilly
Saveuse
Ferrières
Bovelles
Clairy-Saulchoix
Creuse
Vers-s.-S.
Plachy-Buyon
Prouzel
Rumigny
Grattepanche
Estrées-s.-Noye
Jumel
Rouvrel
Morisel
Dommartin
Cottenchy
Gentelles
Cachy
Blangy-Tronville
Lamotte-Brebière
Vecquemont
Daours
Aubigny
Bussy-lès-Daours
Allonville
Cardonnette
Rainneville
Coisy
Molliens-au-Bois
Pierregot
Rubempré
Hérissart
Contay
Vadencourt
Mirvaux
Beaucourt-s.-l'Hallue
Montigny-s.-l'Hallue
Bavelincourt
Béhencourt
Fréchencourt
Lahoussoye
Toutencourt
Harponville
Puchevillers
Raincheval
Léalvillers
Arquèves
Louvencourt
Vauchelles-lès-Authie
Marieux
Sarton
Authie
Thièvres
Orville
Amplier
Authieule
Famechon
Halloy
Grincourt-lès-Pas
Warlincourt-lès-Pas
Mondicourt
Pommera
Humbercourt
Couturelle
Grouches-Luchuel
Brévillers
Bouquemaison
Neuvillette
Frohen-le-Grand
Frohen-le-Petit
Mézerolles
Remaisnil
Occoches
Hem-Hardinval
Haute-Visée
Gézaincourt
Longuevillette
Candas
Fienvillers
Terramesnil
Le Rosel
La Vicogne
Wargnies
Havernas
Halloy-lès-Pernois
Pernois
Bonneville
Fieffes-Montrelet
Berneuil
Gorges
Vacquerie
Épécamps
Domesmont
Beaumetz
Prouville
Autheux
Outrebois
Le Meillard
Boisbergues
Heuzecourt
St-Acheul
Bealcourt
Maizicourt
Hiermont
Montigny-les-Jongleurs
Agenville
Domléger-Longvillers
Conteville
Yvrench
Cramont
Coulonvillers
Maison-Roland
Mesnil-Domqueur
Ribeaucourt
Domqueur
Fransu
Lanches-St-Hilaire
Gorenflos
Franqueville
Ergnies
Brucamps
Surcamps
Vauchelles-lès-Domart
Villers-s/s-Ailly
Mouflers
Bouchon
Ville-le-Marclet
St-Ouen
Bettencourt-St-Ouen
Vignacourt
St-Vaast-en-Chaussée
Vaux-en-Amiénois
Montonvillers
Frémont
La Chaussée-Tirancourt
Belloy-s.-Somme
Quesnoy-Airaines
Riencourt
Montagne-Fayel
Dreuil-lès-Molliens
Oissy
Saisseval
Briquemesnil-F.
Seux
Guignemicourt
Pissy
Fluy
Revelles
Bougainville
Camps-en-A.
St-Aubin-Montenoy
Fresnoy-au-Val
Bussy-lès-Poix
Fricamps
Moyencourt-lès-Poix
Courcelles-s/s-Moyencourt
Namps-Maisnil
Croixrault
Taisnil
Nampty
Fossemanant
Neuville-lès-Lœuilly
Bacouel-s.-S.
Lœuilly
Wailly
Tilloy-lès-Conty
Bosquel
Blangy-s/s-Poix
Famechon
Bergicourt
Frémontiers
Velennes
Contre
Fleury
Guizancourt
Brassy
Sentelie
Courcelles-s/s-Thoix
Monsures
L'Estocq
Lawarde-Mauger-l'Hortoy
La Chapelle
Chaussoy-Épagny
Berny-s.-Noye
Louvrechy
Sauvillers-Mongival
Mailly-Raineval
Braches
Chirmont
Sourdon
Thory
Aubvillers
Dargies
Laverrière
Thoix
Offoy
Belleuse
Croissy-s.-Celle
Rogy
Hallivillers
La Faloise
Airval
Esclainvillers
Malpart
Dommartin
Castel
Thennes
Berteaucourt-lès-Thennes
Domart-s.-la-L.
Guyencourt-s.-Noye
Étrées-s.-Noye
21
46
47
29
20

Bailleulmont
La Herlière
La Cauchie
Berles-au-Bois
Ransart
Hendecourt-lès-Ransart
Boiry-Ste-Rictrude
Becquerelle
Boyelles
Croisilles
Hendecourt-lès-Cagnicourt
Cagnicourt
Riencourt-lès-Cagnicourt
Gaudiempré
Pommier
Monchy-au-Bois
Adinfer
Moyenneville
Hamelincourt
St-Léger
Bullecourt
Écoust-St-Mein
Quéant
Inchy-en-Artois
Humbercamps
Bienvillers-au-Bois
Hannescamps
Douchy-lès-Ayette
Ayette
Courcelles-le-Comte
Ervillers
Mory
Noreuil
Pronville
St-Amand
Souastre
Hénu
Foncquevillers
Gommecourt
Bucquoy
Ablainzevelle
Gomiécourt
Béhagnies
Vaulx-Vraucourt
Lagnicourt-Marcel
Morchies
Boursies
Doignies
Couin
Bayencourt
Achiet-le-Grand
Sapignies
Favreuil
Beugnâtre
Beugny
St-Léger-lès-Authie
Coigneux
Hébuterne
Achiet-le-Petit
Bihucourt
Beaumetz-lès-Cambrai
Sailly-au-Bois
Puisieux
Biefvillers-lès-Bapaume
Avesnes-lès-Bapaume
Frémicourt
Lebucquière
Vélu
Courcelles-au-Bois
Bus-lès-Artois
Colincamps
Miraumont
Irles
Grévillers
Bapaume
Bancourt
Riencourt-lès-Bapaume
Haplincourt
Ruyaulcourt
Bertrancourt
Mailly-Maillet
Beaumont-Hamel
Beaucourt-s.-l'Ancre
Pys
Warlencourt-Eaucourt
Ligny-Thilloy
Villers-au-Flos
Bertincourt
Acheux-en-Amiénois
Auchonvillers
Grandcourt
Barastre
Bus
Parc Mémorial
Hamel
Courcelette
Le Sars
Beaulencourt
Rocquigny
Ytres
Neuville-Bourjonval
Forceville
Thiepval
Gueudecourt
Le Transloy
Léchelle
Varennes
Englebelmer
Mesnil-Martinsart
Martinpuich
Flers
Lesbœufs
Équancourt
Fins
Hédauville
Authuille
Pozières
Bazentin
Mesnil-en-Arrouaise
Sailly-Saillisel
Étricourt-Manancourt
Senlis-le-Sec
Bouzincourt
Ovillers-la-Boisselle
Longueval
Morval
Warloy-Baillon
Aveluy
Contalmaison
Ginchy
Guillemont
Montauban-de-Picardie
Combles
Rancourt
Nurlu
Hénencourt
Millencourt
Albert
La Boisselle
Fricourt
Hardecourt-aux-Bois
Maurepas
Liéramont
Baizieux
Laviéville
Mametz
Bouchavesnes-Bergen
Moislains
Aizecourt-le-Bas
Bresle
Bécordel-Bécourt
Carnoy
Maricourt
Méaulte
AEROSPATIALE
Franvillers
Buire-s.-l'Ancre
Dernancourt
Belvédère de Vaux
Curlu
Cléry-s.-Somme
Allaines
Aizecourt-le-Haut
Templeux-la-Fosse
Ribemont-s.-Ancre
Ville-s.-A.
Hem-Monacu
Heilly
Treux
Morlancourt
Suzanne
Vaux
Mont-St-Quentin
Driencourt
Méricourt-l'Abbé
Bray-s.-Somme
Frise
Feuillères
Halles
Bussu
Tincourt-Boucly
Bonnay
Étinehem
Éclusier-Vaux
Péronne
Doingt
Buire-Courcelles
Vaux-s.-S.
Sailly-le-Sec
La Neuville-lès-Bray
Cappy
Herbécourt
Biaches
Courcelles
Brusle
Vaire-s/s-C.
Sailly-Laurette
Becquincourt
Flaucourt
La Chapelette
Cartigny
Hamelet
Chipilly
Dompierre-Becquincourt
Le Hamel
Cerisy
Méricourt-s.-Somme
Chuignes
Barleux
Mesnil-Bruntel
Bouvincourt-en-Vermandois
Fouilloy
Chuignolles
Fontaine-lès-Cappy
Assevillers
Belloy-en-Santerre
Éterpigny
Mémorial australien
Morcourt
Proyart
Fay
Estrées-Deniécourt
Villers-Carbonnel
St-Cren
Estrées-en-Chaussée
Villers-Bretonneux
Lamotte-Warfusée
Foucaucourt-en-Santerre
Brie
Estrées-Mons
Bayonvillers
Framerville-Rainecourt
Rainecourt
Herleville
Soyécourt
Deniécourt
Gare T.G.V. de Haute-Picardie
Berny-en-Santerre
Briost
St-Christ-Briost
Athies
Devise
Marcelcave
Vauvillers
Vermandovillers
Fresnes-Mazancourt
Misery
Ennemain
Wiencourt-l'Équipée
Guillaucourt
Harbonnières
Ablaincourt-Pressoir
Cizancourt
Aubercourt
Ignaucourt
Rosières-en-S.
Lihons
Marchélepot
Licourt
Épénancourt
Hangard
Démuin
Cayeux-en-Santerre
Caix
Chaulnes
Hyencourt-le-Grand
Pertain
Falvy
Pargny
Croix-Moligneaux
Guizancourt
Villecourt
Y
Matigny
Méharicourt
Omiécourt
Morchain
Beaucourt-en-Santerre
Vrély
Chilly
Puzeaux
Hyencourt-le-Petit
Potte
Villers-aux-Érables
Maucourt
Hallu
Punchy
Dreslincourt
Mesnil-St-Nicaise
Béthencourt-s.-Somme
Le Quesnel
Mézières-en-Santerre
Beaufort-en-S.
Warvillers
Fonches-Fonchette
Curchy
Rouy-le-Petit
Rouy-le-Grand
Buny
Voyennes
Fouquescourt
Fresnoy-en-Chaussée
Folies
Rouvroy-en-Santerre
Fransart
Hattencourt
Étalon
Cimetière allemand
Offoy
Nesle
Canizy
Ham
Le Plessier-Rozainvillers
Hangest-en-Santerre
Bouchoir
Parvillers-le-Quesnoy
La Chavatte
Liancourt-Fosse
Herly
Languevoisin-Quiquery
Arvillers
Fresnoy-lès-Roye
Crémery
Rethonvillers
Breuil
Hombleux
La Neuville-Sire-Bernard
Damery
Marché-Allouarde
Billancourt
Cressy-Omencourt
Buverchy
Moyencourt
Grécourt
Contoire
Pierrepont-s.-Avre
Gruny
Goyencourt
Erches
Andechy
Biarre
Lannoy
Esmery-Hallon
Davenescourt
Balâtre
Omencourt
Ercheu
Villers-lès-Roye
Roye
Bouillancourt-la-Bataille
Boussicourt
Wars
Marestmontiers
Becquigny
St-Mard
Champien
Libermont
Flavy-le-
A1-E15-E19
A29-E44
A2-E19
T.G.V. NORD
AUTOROUTE DU NORD
Somme
Canal du Nord
Ancre
Hallue
Luce
Avre
Omignon
Hirondelle
Cologne
Parc

Cambrai
Caudry
Le Cateau-Cambrésis
Bohain-en-Vermandois
ST-QUENTIN
Gauchy
Ham
AISNE
02
59
Haynecourt
Sailly-lez-C.
Ramillies
Tilloy-lez-Cambrai
Naves
Rieux-en-C.
Avesnes-lès-Aubert
St-Aubert
St-Python
Solesmes
Romeries
Bourlon
Raillencourt-St-Olle
Neuvil-St-Rémy
Escaudœuvres
St-Hilaire-lez-Cambrai
St-Vaast-en-C.
Beaurain
Inchy-en-Artois
Fontaine-N.-D.
Proville
Cauroir
Carnières
Boussières-en-C.
Quiévy
Briastre
Ovillers
Anneux
Cantaing-s.-Escaut
Awoingt
Estourmel
Niergnies
Beauvois-en-Cambrésis
Bévillers
Viesly
Neuvilly
Amerval
Boursies
Graincourt-lès-Havrincourt
Noyelles-s.-Escaut
Rumilly-en-Cambrésis
Cattenières
Béthencourt
Doignies
Demicourt
Flesquières
Wambaix
Fontaine-au-Pire
Inchy
Montay
Hermies
Marcoing
Masnières
Séranvillers-Forenville
Beaumont-en-Cambrésis
Ribécourt-la-Tour
Havrincourt
Crèvecœur-s.-l'Escaut
Haucourt-en-Cambrésis
Troisvilles
Les Rues-des-Vignes
Esnes
Ligny-en-Cambrésis
Montigny-en-C.
Bertry
Lesdain
Reumont
Trescault
Caullery
Abb. de Vaucelles
Maurois
Clary
Selvigny
Walincourt-Selvigny
Villers-Plouich
Honnechy
St-Benin
Metz-en-Couture
Neuville-Bourjonval
Gouzeaucourt
Bantouzelle
Banteux
St-Souplet
Gonnelieu
Deheries
Escaufourt
Maretz
Malincourt
Elincourt
La Haie-Menneresse
St-Martin-Rivière
Équancourt
Fins
Villers-Guislain
Honnecourt-s.-Escaut
Busigny
Molain
Villers-Outréaux
La Terrière
Serain
Glay
Aubencheul-aux-Bois
Sorel
Heudicourt
Vendhuile
Prémont
Becquigny
Vaux-Andigny
La Vallée-Mulâtre
Épehy
Le Catelet
Gouy
Beaurevoir
Andigny-les-Fermes
Liéramont
Lempire
Regnicourt
Guyencourt-Saulcourt
Bony
Genève
Mennevret
Aizecourt-le-Bas
Ronssoy
Brancourt-le-Grand
Ste-Émilie
Mémorial américain
Source de l'Escaut
Villers-Faucon
Petit-Verly
Templeux-la-Fosse
Templeux-le-Guérard
Hargicourt
Bellicourt
Estrées
Montbrehain
Fresnoy-le-Grand
Marchavenne
Sebonco urt
Ramicourt
Nauroy
Joncourt
Villeret
Souterrain de Riqueval
Hesbécourt
Marquaix
Roisel
Riqueval
Méricourt
Grougis
Hervilly
Boucly
Magny-la-Fosse
Levergies
Sequehart
Étaves-et-Bocquiaux
Aisonville-et-Bernoville
Jeancourt
Le Verguier
Le Haucourt
Fontaine-Uterte
Croix-Fonsommes
Bellenglise
Source de la Somme
Brusle
Cartigny
Montigny-en-Arrouaise
Bernes
Vendelles
Pontruet
Essigny-le-Petit
Hancourt
Pontru
Lesdins
Fonsommes
Fieulaine
Noyales
Bouvincourt-en-Vermandois
Fléchin
Maissemy
Remaucourt
Vraignes-en-Vermandois
Soyécourt
Gricourt
Le Tilloy
Fontaine-Notre-Dame
Macquigny
Estrées-en-Chaussée
Pœuilly
Fresnoy-le-Petit
Omissy
Morcourt
Hauteville
Vermand
Fayet
Bernot
Tertry
Caulaincourt
Holnon
Attilly
Francilly-Sélency
Rouvroy
Hombières
Neuvillette
Monchy-Lagache
Trefcon
Harly
Marcy
Mont-d'Origny
Devise
Beauvois-en-Vermandois
Lanchy
Étreillers
Savy
Mesnil-St-Laurent
Thenelles
Origny-Ste-Benoite
Monplaisir
Quivières
Vaux-en-Vermandois
Œstres
Regny
Courjumelles
Dallon
Neuville-St-Amand
Ugny-l'Équipée
Foreste
Germaine
Roupy
Fontaine-lès-Clercs
Grugies
Castres
Itancourt
Sissy
Lucy
Matigny
Douilly
Fluquières
Pleine-Selve
Auroir
Douchy
Carnet-d'Or
Romanèche
Châtillon-s.-Oise
Mézières-s.-Oise
Ribemont
Villers-St-Christophe
Contescourt
Urvillers
Happencourt
Parpeville
Cuvilly
Bray-St-Christophe
Seraucourt-le-Grand
Essigny-le-Grand
Berthenicourt
Villers-le-Sec
Sancourt
Alaincourt
Séry-lès-Mézières
Offoy
Aubigny-aux-Kaisnes
Artemps
Benay
Cerizy
Parc
Canizy
Estouilly
Tugny-et-Pont
Surfontaine
Dury
Hamégicourt
St-Simon
Clastres
Moÿ-de-l'Aisne
Fay-le-Noyer
Pithon
Brissy-Hamégicourt
Sommette-Eaucourt
Montescourt-Lizerolles
Hinacourt
Renansart
Eppeville
Aubigny
Ollezy
Gibercourt
Ly-Fontaine
Brissay-Choigny
Chevresis-les-Dames
Muille-Villette
Brouchy
Annois
Zoo
Catillon-du-Temple
Eaucourt
Jussy
Vendeuil
Remigny
Nouvion-le-Comte
Nouvion-et-Catillon
Flavy-le-Martel
Mayot
Cugny
Liez
Fort
Achery
Mesbrecourt-Richecourt
Pont-à-Bucy
Villeselve
Le Plessis
Flavy-le-Meldeux
Mennessis
Travecy
Faillouël
Courbes
Canal de St-Quentin
Sambre
A26-E17
A2-E19
A29-E44
D1029-E44
23
31
48
49

33
59 NORD
24
25
34
49
50
H
I
J
K
L
M
N
1
2
3
4
5
6
7
8
9
10
Poix-du-Nord
Englefontaine
Locquignol
Hêtre
Le Sarsbarras
Aulnoye-Aymeries
Éclaibes
Écuélin
Wattignies-la-Victoire
Dimechaux
Dimont
Solre-le-Château
Vendegies-au-Bois
Hecq
Les Grandes Pâtures
Mormal
Sassegnies
Leval
Monceau-St-Waast
St-Rémy-Chaussée
Dourlers
Mont-Dourlers
Semousies
Fontaine
Sars-Poteries
Beaurieux
Arboretum
Quilly
Noyelles-s.-Sambre
Dompierre-s.-Helpe
Les 4-Pavés
RÉGIONAL
St-Aubin
Les 3-Pavés
Beugnies
Bois de la Villette
L'Épine
Clairfayts
Bousies
Robersart
Preux-au-Bois
Sambre
Taisnières-en-Thiérache
St-Hilaire-s.-Helpe
Bas-Lieu
Flaumont-Waudrechies
Felleries
Bois de Belleux
Lac du Val-Joly
Croix-Caluyau
Fontaine-au-Bois
Forest-en-Cambrésis
Maroilles
Marbaix
Avesnes-s.-Helpe
Willies
Liessies
Bois l'Évêque
Landrecies
Grand-Fayt
Châtde Coutant
Avesnelles
Sémeries
Ramousies
Pommereuil
Le Favril
Petit-Fayt
Haut-Lieu
Le Cheval-Blanc
Fourmanoir
Sains-du-Nord
Forêt de Bois-l'Abbé
Ors
Les Vallées
Grand-Béart
DE
L'AVESNOIS
Cartignies
Zorées
Bazuel
Rue-du-Bois
Prisches
Boulogne-s.-Helpe
Rainsars
Bois de la Fagne de Sains
Catillon-s.-Sambre
La Groise
Beaurepaire-s.-Sambre
Rouge-Croix
Étrœungt
Pont-de-Sains
Glageon
Trélon
Chapeau-Rouge
Chevireuil
St-Pierre
Féron
Couplevoie
Ohain
Mazinghien
Bois-de-l'Abbaye
Ribeauville
Rejet-de-Beaulieu
Fesmy-le-Sart
Berguès-s.-Sambre
Barzy-en-Thiérache
Lalouzy
Beaucamp
Fontenelle
Floyon
Larouillies
Buisson-Barbet
Trieux-de-Bièfontaine
Le Reget
Wassigny
Oisy
Boué
Le Nouvion-en-Thiérache
Malemperche
Papleux
Les Hayettes
Rocquigny
Montreuil
Wignehies
Fourmies
Forêt d'Andigny
Etreux
Forêt du Nouvion
La Flamengrie
Haudroy
Le Petit-Bois-St-Denis
Clairefontaine
Forêt de Fourmies
Anor
La Voirie
Le Grand-Foucomme
Monument de l'Armistice
La Rue-de-la-Chasse
Vénérolles
La Neuville-lès-Dorengt
Esquéhéries
Le Grand-Wez
Milourd
Hannapes
Dorengt
La Capelle
Rue-de-Paris
Mondrepuis
Le Petit-Dorengt
Leschelles
Buironfosse
Sommeron
Les 4-Bras
Rue-de-la-Porte
Rue-d'Ardennes
Tupigny
Jérusalem
Iron
Châu
Rue-Herpenne
Le Boujon
Grand-Verly
Lesquielles-St-Germain
Lavaqueresse
Lerzy
Froidestrées
Wimy
Neuve-Maison
Vadencourt
Crupilly
Englancourt
Erloy
Gergny
Effry
Ohis
Hirson
Longchamps
Chigny
Oise
Monceau-s.-Oise
Malzy
Le Brûlé
Marly-Gomont
Sorbais
Origny-en-Thiérache
Buire
Guise
Proix
Romery
Proisy
Autreppes
St-Algis
Étréaupont
Abbaye
Faty
Gomont
Larzille
Foigny
La Hérie
Flavigny-le-Grand-et-Beaurain
Beaurain
Wiège-Faty
La Chaussée-d'Étréaupont
Éparcy
Bucilly
Jonqueuse
Audigny
Le Sourd
Rue-Guthin
Hautionn
Laigny
La Bouteille
Le Chaudron
Landouzy-la-Ville
Colonfay
La Vallée-au-Blé
Beaurepaire
Fontaine-lès-Vervins
Landouzy-la-Cour
Pont-à-l'
Bertaignemont
Clanlieu
Puisieux-et-Clanlieu
Rue-Heureuse
Chêne-Bourdon
Voulpaix
Vervins
La Verte-Vallée
Besmont
Lemé
Richaumont
Le Hérie-la-Viéville
Sains-Richaumont
St-Pierre-lès-Franqueville
La Nigaudière
La Sablonnière
Thenailles
Forêt de Marfontaine
Franqueville
Landifay-et-Bertaignemont
Chevennes
Marfontaine
Rougeries
Gercy
Plomion
Jeantes
Coutenval
Chaussée-de-Hary
Housset
St-Gobert
Gronard
Harcigny
Bancigny
Coingt
Faucouzy
La Neuville-Housset
Vohariès
Houry
Burelles
Braye-en-Thiérache
Malvaux
Lambercy
Corneaux
Hary
St-Clément
Monceau-le-Neuf-et-Faucouzy
Berlancourt
Lugny
Prisces
Nampcelles-la-Cour
Dagny-Lambercy
Cuiry-lès-
Rogny
Morgny-en-Thiérache
Chevresis-Monceau
Sons-et-Ronchères
Châtillon-lès-Sons
Thiernu
Bois du Val
Le Hocquet
Montigny-s/s-Marle
Vigneux-Hocquet
Renneval
Archon
Bois-lès-Pargny
Forêt de Marie
Marcy-s/s-Marle
Marle
Cilly
Bosmont-s.-Serre
Tavaux-et-Pontséricourt
Dolignon
La Ferté-Chevresis
Pargny-les-Bois
Erlon
Vincy-Reuil-et-Magny
Ste-Geneviève
Voyenne
St-Pierremont
Pontséricourt
Séchelles
Magny
Montigny-s.-Crécy
Agnicourt-et-Séchelles
Vincy
Toulis-et-Attencourt
La Neuville-Bosmont
Chaourse
Dercy
Crécy-s.-Serre
Autremencourt
Attencourt
Froidmont-Cohartille
Caumont
Mortiers
Curieux
Montcornet
Tislet

NAMUR
ARDENNES
08
Sivry-Rance
Musée du Marbre
Grandrieu
Hestrud
Renlies
Cerfontaine
Froidchapelle
Forêt de Rance
Bois de Touvent
Beaurieux
Clairfayts
Lac du Val-Joly
Willies
Eppe-Sauvage
Hiltrude
Forêt de Bois-l'Abbé
Moustier-en-Fagne
Forêt de Trélon
Wallers-en-Fagne
Trélon
Ohain
Momignies
Chimay
Bois Robert
Bois de Salles
Virelles
Étg de Virelles
Lompret
Vaulx
Salles
St-Rémy
Les Neuf-Maisons
Boutonville
Baileux
Bourlers
Forges
Bois de Chimay
Bois de Macon
Macon
Seloignes
La Saboterie
Villa-Lamarche
Abbaye N.-D.-de-Scourmont
Forge-Philippe
Macquenoise
Anor
Fourmies
Forêt de Signy-le-Petit
Forêt d'Hirson
Forêt de St-Michel
Hirson
St-Michel
Signy-le-Petit
Brognon
La Neuville-aux-Joûtes
Étg de la Motte
Bois des Hingues
Regniowez
Rocroi
Taillette
Hiraumont
Bois Huet
Bourg-Fidèle
Sévigny-la-Forêt
Bois des Potées
Lac des Vieilles-Forges
Bois d'Arcy
Maubert-Fontaine
Tremblois-lès-Rocroi
Rimogne
Renwez
Harcy
Éteignières
Beaulieu
Fligny
Tarzy
Mon-Idée
Auvillers-les-Forges
Neuville-lez-Beaulieu
Aubenton
Logny-lès-Aubenton
Leuze
Martigny
Bucilly
Laurembert
Watigny
Any-Martin-Rieux
Martin-Rieux
Blissy
Montorieux
La Bovette
Les Logettes
Hannappes
Rumigny
Abbaye de Bonnefontaine
Haye d'Aubenton
Mont-St-Jean
Blanchefosse-et-Bay
Bay
Brunehamel
Les Autels
Forêt d'Estremont
Résigny
Le Frety
St-Jean-aux-Bois
Grandrieux
Rouvroy-s.-Serre
Parfondeval
Archon
Dolignon
Ste-Geneviève
Chéry-lès-Rozoy
Rozoy-s.-Serre
Raillimont
Mainbresson
Mainbressy
Les Duizettes
Rocquigny
Rubigny
La Romagne
Grande Forêt
Gros Frêne
Librecy
Signy-l'Abbaye
Maranwez
Marlemont
Liart
La Férée
Logny-Bogny
Aubigny-les-Pothées
Lépron-les-Vallées
Neufmaison
Forêt du Hailly
Thin-le-Moûtier
Forêt de Froidmont
Vaux-Villaine
Remilly-les-Pothées
Clavy-Warby
Warby
St-Marcel
Neuville-lès-This
Rouvroy-s.-Audry
Ham-les-Moines
Sormonne
Lonny
Murtin-et-Bogny
Le Châtelet-s.-Sormonne
L'Échelle
Cernion
Flaignes-Havys
Flaignes-les-Oliviers
Les Oliviers
La Cerleau
Prez
Aouste
Estrebay
Champlin
Antheny
Girondelle
Foulzy
Étalle
Chilly
Laval-Morency
Blombay
Marby
Couvin
Forêt de Nismes
Viroinval
Nismes
Mariembourg
Fagnolle
Observatoire
Dourbes
Réserve Naturelle du Viroin
Grottes de Neptune
Fondry des Chiens
Petigny
St-Joseph
Pesche
Pont-du-Ry-de-Rome
Bois de Couvin
Brûly-de-Pesche
Abri d'Hitler
Bois de Croy
La Forge-du-Prince
Regniessart
Franche-Forêt
Forêt du Franc-Bois
Moulin-Manteau
Brûly
Gué-d'Hossus
Petite-Chapelle
Cul-des-Sarts
La Riesse
Lisbonne
Nimelette
Forges-Jean-Petit
Bois de la Thiérache
Gonrieux
Presgaux
Dailly
Aublain
Boussu-en-Fagne
Frasnes-lez-Couvin
N.-D.-de-la-Brouffe
N.-D.-de-Bon-Secours
Culot-du-Bois
St-Hubert
Lambercies
Le Rond-Champ
Bois de Senzeille
Bois de Revleumont
Roly
Villers-en-Fagne
Sautour
Samart
Senzeille
Soumoy
Villers-Deux-Églises
Falemprise
Bge de Falemprise

Givet
Fort de Charlemont
Fromelennes
Grotte de Nichet
Rancennes
Beauraing
Ham-s.-Meuse
Aubrives
Chooz
Centrale Nucléaire
Landrichamps
Vireux-Molhain
Vireux-Wallerand
Doische
Agimont
Romerée
Gimnée
Matagne-la-Petite
Matagne-la-Grande
Niverlée
Vaucelles
Hierges
Matignolles
Mazée
Treignes
Vierves-s.-Viroin
Bois de Treignes
Forêt des Ardennes
Bois du Roi
Forêt d'Hargnies-Laurier
Hargnies
Montigny-s.-Meuse
Felenne
Bois de Sevry
Winenne
Javingue
Sevry
Wancennes
Dion
Flohimont
Charnois
Finnevaux
Feschaux
Baronville
Wiesme
Gozin
Martouzin-Neuville
Neuville
Focant
Grande Hour
Wanlin
Villers-s.-Lesse
Lessive
Lavaux Ste-Anne
Ave-et-Auffe
Pondrôme
Revogne
Froid-Lieu
Wellin
Halma
Honnay
Sohier
Lomprez
Vonêche
Froidfontaine
Fays-Famenne
Bois de St-Remacle
Vencimont
Bourseigne-Neuve
Bourseigne-Vieille
Malvoisin
Patignies
Sart-Custinne
Haut-Fays
Sclassin
Gembes
LUXEMBOURG
Daverdisse
Porcheresse
Rienne
Willerzie
Etang de Boiron
Gedinne
Bois de Rienne
Louette-St-Pierre
Louette-St-Denis
Bièvre
Graide
Houdremont
Croix-Scaille
Bois St-Jean
Bois des Haies
La Neuville-aux-Haies
Bellefontaine
Nafraiture
Petit-Fays
Monceau-en-Ardennes
NAMUR
Paliseul
Naomé
Beth
Opont
Our
Orchimont
Oizy
Baillamont
Mernу
Carlsbourg
BELGIQUE
Les Hautes-Rivières
Linchamps
Vresse-s.-Semois
Membre
Bohan
Laforêt
Chairière
Cornimont
Vivy
Nollevaux
Plainevaux
Mogimont
Mouzaive
Alle
Rochehaut
Uclmont
Sensenruth
Noirefontaine
Botassart
Curfoz
Poupehan
Tombeau du Géant
Abbaye de Cordemois
Corbion
Bouillon
Les Hayons
Bellevaux
Roches la Dame
Forêt de Château-Regnault
Bagimont
Sugny
Gespunsart
Haybes
Fépin
Fumay
Roche de l'Uf
Forêt de la Manise
Bois Bryas
Monument des Manises
Calvaire des Manises
Revin
Mont Malgré-Tout
Anchamps
Roches de Laifour
Laifour
Les Dames de Meuse
Roche à 7-Heures
Roc de la Tour
Monthermé
Longue-Roche
Les Mazures
Deville
Tournavaux
Thilay
Haulmé
Nohan
Ft de Château-Regnault
Les Woieries
Les Hauts-Buttés
Roche aux 7-Villages
Roche des 4 Fils Aymon
Château-Regnault
Bogny-s.-Meuse
Levrézy
Braux
Sécheval
Joigny-s.-Meuse
Meillier-Fontaine
Nouzonville
Montcornet
Arreux
Cliron
Sorel
Houldizy
Tournes
Bois de la Havetière
Damouzy
Neufmanil
CHARLEVILLE-MÉZIÈRES
Haudrecy
Belval
Sury
Warcq
Montcy-N.-D.
Aiglemont
La Grandville
Gernelle
St-Laurent
Ville-s.-Lumes
Rumel
Issancourt-et-Rumel
Bosseval-et-Briancourt
Prix-lès-Mézières
Ancienne abbaye de Sept-Fontaines
Villers-Semeuse
Vivier-au-Court
This
Fagnon
La Francheville
Warnécourt
Évigny
Lumes
Les Ayvelles
Chalandry-Elaire
Vrigne-aux-Bois
Forêt de Sedan
Fleigneux
La Chapelle
St-Menges
Illy
Floing
Givonne
Villers-Cernay
Pouru-aux-Bois
Sedan
Glaire
Daigny
Francheval
Pouru-St-Remy
Balan
La Moncelle
Rubécourt
Lamécourt
Mondigny
Gruyères
St-Pierre-s.-Vence
Champigneul-s.-Vence
Boulzicourt
St-Marceau
Elaire
Nouvion-s.-Meuse
Vrigne-Meuse
Flize
Donchery
Dom-le-Mesnil
Étrépigny
Yvernaumont
Balaives-et-Butz
Boutancourt
Feuchères
Hannogne-St-Martin
Villers-s.-Bar
Cheveuges-St-Aignan
Frénois
Wadelincourt
Pont-Maugis
Bazeilles
Douzy
Ancienne
Butz
Touligny
Les 4-Chemins
Chanly
Maissin
Herock
Ciergnon
Mahoux
Soulme
Gochenée
Rom edenne
Eprave
51
52
25
A34-E44-E46
N5B-E46

CAP DE LA HAGUE
Raz Blanchard
Quénard Point
Longy
Alderney
(Aurigny)
Baie d'Écalgrain
Nez de Voidries
Nez de Jobourg
Les Huguets de Vauville
Goury
Auderville
St-Germain-des-Vaux
Anse St-Martin
Pointe Jardeheu
Sémaphore
Omonville-la-Petite
Omonville-la-Rogue
Digulleville
Jobourg
Usine atomique
Dannery
Herqueville
Écullevile
Gruchy
Rocher du Castel-Vendon
Pointe de Nacqueville
Pointe de Querqueville
Urville-Nacqueville
Querqueville
Nacqueville
Grande Rade
vers Alderney
vers Rosslare
Beaumont-Hague
Gréville-Hague
Branville-Hague
B. du Houguet
Pierre-Pouquelée
Vauville
Anse de Vauville
Biville
Calvaire des Dunes
Ste-Croix-Hague
Hainneville
Équeurdreville-Hainneville
Tonneville
Flottemanville-Hague
Nouainville
Acqueville
Le Saussey
Le Pont
La Loge
Vasteville
Teurthéville-Hague
Sideville
Martinvast
Hardinvast
Héauville
Tollevast
Clairefontaine
Siouville-Hague
Virandeville
St-Christophe-du-Foc
Diélette
Helleville
Couville
St-Martin-le-Gréard
Centrale nucléaire
Flamanville
Cap de Flamanville
Tréauville
Sotteville
Breuville
Carpentier
Houel
Benoîtville
Bricquebosq
MANCHE 50
Rauville-la-Bigot
Les Pieux
Grosville
St-Martin-le-Hébert
Manoir
Anse de Sciotot
Le Rozel
St-Germain-le-Gaillard
Abbaye N.-D.-de-Grâce
Quettetot
Pointe du Rozel
Pierreville
La Croix-Morain
Bricquebec
Surtainville
La Mare-du-Parc
Le Vrétot
Banc de Surtainville
Sénoville
Les Perques
Baubigny
Sortosville-en-Beaumont
Le Valdécie
St-Jacques-de-Néhou
La Croix-aux-Pelletiers
PASSAGE DE LA DÉROUTE
Hatainville
St-Pierre-d'Arthéglise
Les Moitiers-d'Allonne
La Haye-d'Ectot
St-Maurice-en-Cotentin
Barneville-Carteret
Fierville-les-Mines
Forêt de St-Sauveur
Carteret
Cap de Carteret
Plateau des Trois Grunes
Barneville-Plage
St-Jean-de-la-R.
Le Mesnil
Besneville
St-Georges-de-la-Rivière
Neuville-en-Beaumont
vers Sark
Portbail
Canville-la-Rocque
St-Lô-d'Ourville
St-Sauveur-de-Pierrepont
St-Nicolas-de-Pierrepont
Lindbergh Plage
Château d'Omonville
Denneville
Les Dirouilles
Les Écrehou
Denneville-Plage
Baudreville
St-Rémy-des-Landes
Le Ruau
Glatigny
Surville
St. John's Bay
Belle Hougue Point
Bouley Bay
Rozel Bay
Trinity
Bretteville-s.-Ay
38
61
62

H
I
J
K
L
M
N
1
2
3
4
5
6
7
8
9
10
vers Weymouth Poole, Portsmouth et St
Raz du Cap Lévi
Basses du Rénier
Basses du Sen
La Pierre-Noire
Anse de la Mondrée
Cap Lévi
Phare de Gatteville
Raz de Barfleur
POINTE DE BARFLEUR
Île Pelée
Pointe du Brulay
Fermanville
Cosqueville
Réthoville
Néville-s.-Mer
Gouberville
Gatteville-le-Phare
Angoville-en-Saire
Carneville
Varouville
St-Pierre-Église
Tocqueville
Barfleur
Cherbourg-Octeville
Le Becquet
Bretteville
Maupertus-s.-Mer
CHERBOURG-MAUPERTUS
Théville
Cillourps
Ste-Geneviève
Tronville
Landemer
Tourlaville
Canteloup
Montfarville
Pointe du Moulard
Fort du Roule
Digosville
Gonneville
La Rue-de-Sauxtour
Valcanville
Anneville-en-Saire
Brillevast
Val de Saire
Le Vicel
Manoir de la Crasvillerie
La Glacerie
Le Vast
La Pernelle
Réville
Le Theil
Renivast
Valognes
Le Mesnil-au-Val
Bois de Barnavast
Le Tronquet
Pointe de Saire
Quettehou
Brally
Teurthéville-Bocage
Île de Tatihou
Ruffosses
Bois du Rabey
St-Vaast-la-Hougue
Fort de la Hougue
Délasse
Saussemesnil
Montaigu-la-Brisette
Morsalines
Videcosville
Brix
Grande Rade
Crasville
St-Joseph
Tamerville
St-Germain-de-Tournebut
Octeville-l'Avenel
Chât. de Chiffrevast
Aumeville-Lestre
Sottevast
La Croix-Jacob
St-Martin-d'A.
Lestre
Huberville
Vaudreville
Église
Quinéville
Rocheville
Valognes
La Victoire
Roches St-Floxel
Négreville
Montebourg
Ozeville
Yvetot-Bocage
St-Cyr
St-Floxel
Fontenay-s.-Mer
Les Gougins
Î. de Terre
Î. du Large
Îles St-Marcouf
Morville
Lieusaint
Sortosville
L'Étang-Bertrand
Flottemanville
Éroudeville
St-Marcouf
Joganville
Ravenoville-Plage
Écausseville
Colomby
Hémevez
Camp militaire
Azeville
Magneville
Urville
Le Ham
Émondeville
Ravenoville
Golleville
Magneville
Foucarville
Les Dunes-de-Varreville
Fresville
St-Germain-de-Varreville
Utah Beach
Biniville
Hautteville-Bocage
Neuville-au-Plain
Rade de la Capelle
Néhou
Ste-Colombe
Cim. all.
Beuzeville-au-Plain
St-Martin-de-Varreville
Blandamour
Orglandes
La Loge
Gourbesville
La Madeleine
Ste-Mère-Église
Amfreville
Turqueville
Reigneville-Bocage
Audouville-la-Hubert
St-Sauveur-le-Vicomte
La Bonneville
BAIE DES VEYS
Rauville-la-Place
Crosville-s.-Douve
PARC NAT
Pont-l'Abbé
Écoquenéauville
Chef-du-Pont
Sébeville
Boutteville
Picauville
Étienville
Carquebut
Ste-Marie-du-Mont
Le Boulay
Blosville
Brucheville
Taillepied
Hiesville
Passe de Carentan
Pointe de Brévands
Passe d'Isigny
Catteville
Les Moitiers-en-Bauptois
Roches de Grandcamp
Beuzeville-la-Bastille
Liesville-s.-Douve
Géfosse-Fontenay
Bois de Limors
La Sangsurière
Houesville
Vierville
RÉGIONAL
Cretteville
Varenguebec
Angoville-au-Plain
Cardonville
Doville
Houtteville
Vindefontaine
St-Côme-du-Mont
Coquebourg
Étenclin 131
Chât. de Francquetot
La Dranguerie
St-Clément
Abbaye de Blanchelande
Coigny
Neufmesnil
Prétot-Ste-Suzanne
Appeville
Brévands
St-Symphorien-le-Valois
DES
Les Veys
Catz
Isigny-s.-Mer
Osmanville
Bolleville
La Rue-du-Bocage
Lithaire
St-Jores
Baupte
La Haye-du-Puits
Auvers
St-Hilaire-Petitville
Pont-Bénard
122 Mont Castre
La Campagne
St-Pellerin
Montgardon
Carentan
Le Plessis-Lastelle
Marais de Gorges
Montmartin-en-Graignes
Les Oubeaux
Mobecq
Lastelle
Gerville-la-Forêt
MARAIS
COTENTIN
Neuilly-la-Forêt
Angoville-s.-Ay
Gorges
Le Varimesnil

40
63
64

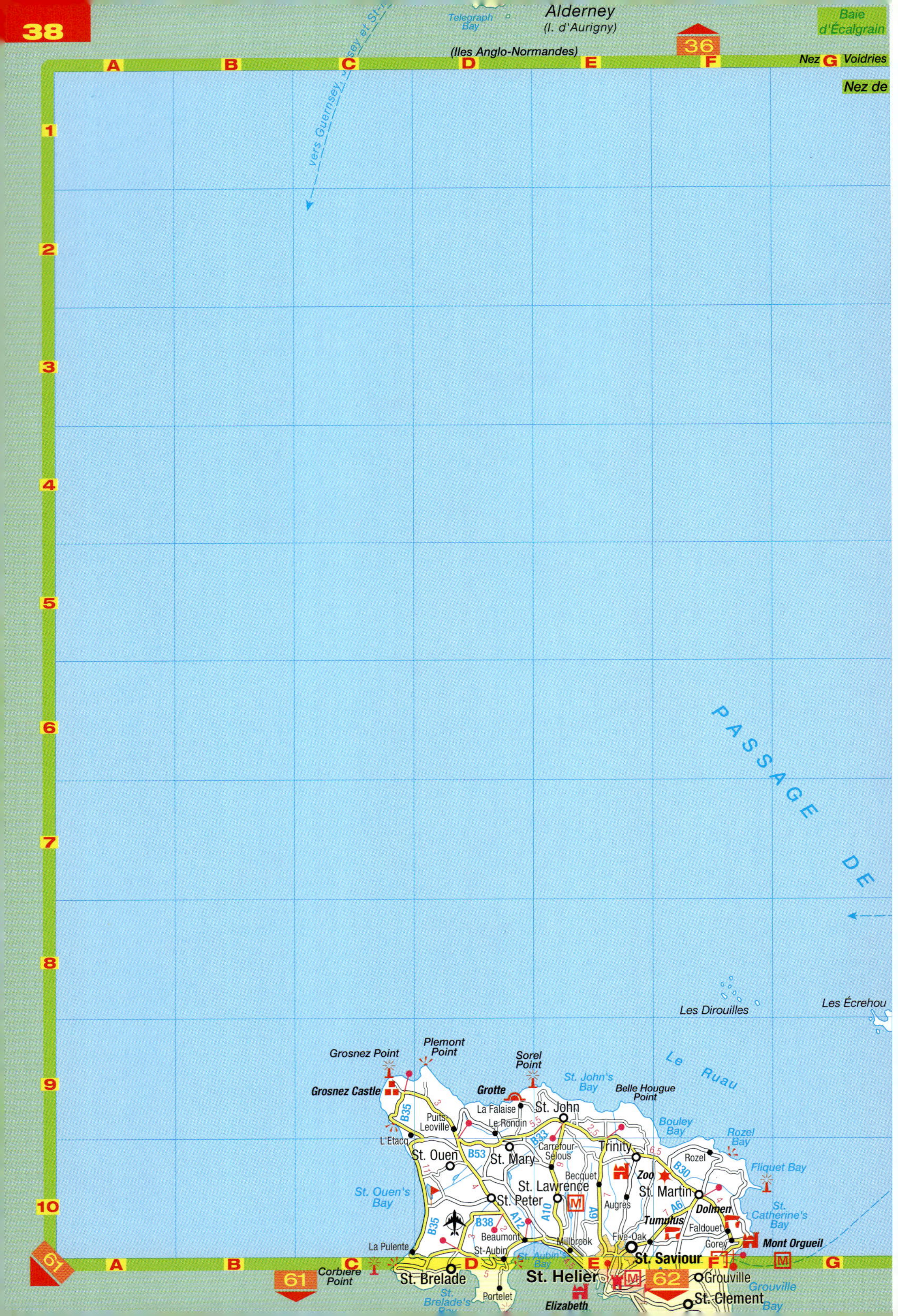

Alderney
(I. d'Aurigny)
Telegraph Bay
(Iles Anglo-Normandes)
Baie d'Écalgrain
Nez
Voidries
Nez de
36
A
B
C
D
E
F
G
1
2
3
4
5
6
7
8
9
10
vers Guernsey, Jersey et St-Malo
PASSAGE DE
Les Dirouilles
Les Écrehou
Le Ruau
Grosnez Point
Plemont Point
Sorel Point
St. John's Bay
Belle Hougue Point
Grosnez Castle
Grotte
La Falaise
St. John
Bouley Bay
Rozel Bay
Puits-Leoville
Le Rondin
L'Etacq
B35
B33
Carrefour-Selous
Trinity
Rozel
St. Ouen
B53
St. Mary
B30
Fliquet Bay
St. Ouen's Bay
Becquet
Zoo
St. Lawrence
St. Martin
St. Peter
A10
A9
A6
Augrès
Dolmen
St. Catherine's Bay
B38
A12
Tumulus
Faldouet
Beaumont
Five-Oak
Gorey
La Pulente
St-Aubin
Millbrook
Mont Orgueil
St. Aubin's Bay
St. Saviour
Corbière Point
St. Brelade
St. Helier
Grouville
St. Brelade's Bay
Portelet
Elizabeth
Grouville Bay
St. Clement
61
62

MANCHE
50
Cherbourg-Octeville
Équeurdreville-Hainneville
Tourlaville
Querqueville
Nacqueville
Beaumont-Hague
Jobourg
Dannery
Herqueville
Les Huguets de Vauville
Anse de Vauville
Pierre-Pouquelée
Vauville
Biville
Calvaire des Dunes
Vasteville
Héauville
Siouville-Hague
Diélette
Flamanville
Cap de Flamanville
Centrale nucléaire
Les Pieux
Le Rozel
Pointe du Rozel
Anse de Sciotot
Surtainville
Banc de Surtainville
Baubigny
Les Moitiers-d'Allonne
Barneville-Carteret
Carteret
Cap de Carteret
Barneville-Plage
Plateau des Trois Grunes
vers Sark
LA DÉROUTE
Portbail
St-Lô-d'Ourville
Denneville
Denneville-Plage
Lindbergh-Plage
Surville
Glatigny
Bretteville-s.-Ay
St-Germain-Plage
St-Germain-s.-Ay
Lessay
Créances
Rocher du Castel-Vendon
Pointe de Nacqueville
Pointe de Querqueville
Grande Rade
Île Pelée
Pointe du Brulay
Fermanville
Carneville
Maupertus-s.-Mer
CHERBOURG-MAUPERTUS
Gonneville
Brillevast
Le Theil
Bois de Barnavast
La Glacerie
Le Mesnil-au-Val
Ruffosses
Saussemesnil
Tamerville
Brix
Valognes
Bricquebec
Abbaye N.-D.-de-Grâce
St-Sauveur-le-Vicomte
La Haye-du-Puits
Abbaye de Blanchelande
Mont Castre
Bois de Limors
Périers
Fort du Roule
Digosville
Virandeville
Sottevast
Négreville
Rauville-la-Bigot
Grosville
Quettetot
St-Martin-le-Hébert
Le Vrétot
Les Perques
Sortosville-en-Beaumont
Le Valdécie
St-Jacques-de-Néhou
Néhou
Golleville
Colomby
Magneville
Hémevez
Urville
Orglandes
Reigneville-Bocage
Étienville
Varenguebec
Doville
Neufmesnil
Lithaire
St-Jores
Montgardon
Mobecq
Vesly
Laulne
Gonfreville
St-Patrice-de-Claids
Pont-l'Abbé
Forêt de St-Sauveur
Fierville-les-Mines
St-Jean-de-la-R.
St-Georges-de-la-Rivière
Le Mesnil
Besneville
Canville-la-Rocque
St-Sauveur-de-Pierrepont
St-Nicolas-de-Pierrepont
Château d'Olmonville
Baudreville
St-Rémy-des-Landes
Angoville-s.-Ay
PARC
MARA

Phare de Gatteville
37
Raz de Barfleur
POINTE DE BARFLEUR
A
B
C
D
E
F
G
1
2
3
4
5
6
7
8
9
10
Cosqueville
Réthoville
Angoville-en-Saire
Néville-s.-Mer
Gouberville
Gatteville-le-Phare
Varouville
St-Pierre-Église
Tocqueville
Barfleur
Clitourps
Théville
Ste-Geneviève
CHERBOURG-MAUPERTUS
Tronville
Canteloup
Montfarville
Landemer
Pointe du Moulard
La Rue-de-Sauxtour
Valcanville
Le Vicel
Anneville-en-Saire
Val de Saire
Brillevast
Manoir de la Crasvillerie
Le Vast
La Pernelle
Réville
Valognes
Pointe de Saire
Bois de Barnavast
Le Tronquet
Quettehou
Brally
Teurthéville-Bocage
Bois du Rabey
Île de Tatihou
St-Vaast-la-Hougue
Fort de la Hougue
Montaigu-la-Brisette
Morsalines
Videcosville
Crasville
Grande Rade
St-Germain-de-Tournebut
Octeville-l'Avenel
Aumeville-Lestre
St-Martin-d'Audouville
Lestre
Huberville
Vaudreville
Église
Quinéville
Valognes
Roches St-Floxel
Montebourg
Ozeville
Fontenay-s.-Mer
Les Gougins
St-Cyr
St-Floxel
Î. du Large
Î. de Terre
Îles St-Marcouf
Sortosville
Éroudeville
Joganville
St-Marcouf
Ravenoville-Plage
Écausseville
Azeville
Hémevez
Camp militaire
Émondeville
Ravenoville
Le Ham
Magneville
Foucarville
Les Dunes-de-Varreville
Fresville
Neuville-au-Plain
St-Germain-de-Varreville
Utah Beach
Rade de la Capelle
Beuzeville-au-Plain
St-Martin-de-Varreville
Gourbesville
Amfreville
Ste-Mère-Église
La Madeleine
Turqueville
Audouville-la-Hubert
BAIE DES VEYS
Pointe du Hoc
Écoqueneauville
Grandcamp-Maisy
Roches de Grandcamp
PARC NAT.
Chef-du-Pont
Sébeville
Boutteville
St-Pierre-du-Mont
Pointe et Raz de la Roche-Percée
Picauville
Ste-Marie-du-Mont
Englesqueville-la-Percée
Carquebut
Blosville
Brucheville
Vierville-s.-Mer
Hiesville
Pointe de Brévands
Cricqueville-en-Bessin
Beuzeville-la-Bastille
Liesville-s.-Douve
Géfosse-Fontenay
Asnières-en-Bessin
Louvières
Houesville
Vierville
Jucoville
Cretteville
RÉGIONAL
Angoville-au-Plain
La Cambe
Cardonville
Deux-Jumeaux
Houtteville
St-Côme-du-Mont
Coquebourg
Longueville
Château de Francquetot
St-Clément
Formigny
Coigny
Brévands
St-Germain-du-Pert
Appeville
Les Veys
Isigny-s.-Mer
Canchy
DES
Osmanville
Catz
Écrammeville
Baupte
St-Jores
Monfréville
Aignerville
Auvers
St-Hilaire-Petitville
St-Pellerin
Pont-Bénard
Trévières
La Campagne
Marais de Gorges
Carentan
Les Oubeaux
Colombières
Méautis
Vouilly
Bricqueville
MARAIS DU COTENTIN
Montmartin-en-Graignes
Neuilly-la-Forêt
Castilly
Mestry
Bernesq
Gorges
Le Varimesnil
La Forêt
St-Georges-de-Bohon
Château de la Rivière
Lison
La Folie
Gonfreville
Nay
St-André-de-Bohon
Graignes
St-Marcouf
St-Martin-de-Blagny
Sainteny
Verney
Cartigny-l'Épinay
St-Germain-s.-Sèves
Le Mesnil-Angot
St-Jean-de-Daye
Raids
Auxais
Le Mesnil-Véneron
St-Fromond
Airel
Tournières
Baynes
B. du Hommet
63
64
39
Périers
ET DU BESSIN
Le Dézert
La Perrine
Fallot
Moon-
Ste-Marguerite-d'Elle

Côte de Nacre
Omaha Beach
Gold Beach
Juno Beach
St-Laurent-s.-Mer
Colleville-s.-Mer
Ste-Honorine-des-Pertes
Ancien prieuré
Huppain
Russy
Port-en-Bessin-Huppain
Le Chaos
Cap Manvieux
Arromanches-les-Bains
Longues-s.-Mer
Commes
Manvieux
Tracy-s.-Mer
St-Côme-de-Fresné
Asnelles
Ver-s.-Mer
Courseulles-s.-Mer
Aquarium
Bernières-s.-Mer
Langrune
Surrain
Tour
Étréham
Maisons
Manoir
Abbaye Ste-Marie
Mosles
Vaux-s.-Aure
Magny-en-Bessin
Ryes
Meuvaines
Ste-Croix-s.-Mer
Graye-s.-Mer
St-Aubin-s.-Mer
Mandeville-en-Bessin
Tour-en-Bessin
Sully
Vaucelles
Bayeux
Sommervieu
Bazenville
Crépon
Banville
Colombiers-s.-Seulles
Reviers
Tailleville
Rubercy
Cussy
Barbeville
St-Vigor-le-Grand
Villiers-le-Sec
Tierceville
Amblie
Bény-s.-Mer
Douvres-la-Délivrande
N.-D.-de-la-Délivrande
Saonnet
Saon
Blay
Cottun
Crouay
Esquay-s.-S.
Le Manoir
Creully
Fontaine-Henry
Basly
Cresserons
Le Molay
Le Breuil-en-Bessin
St-Martin-des-Entrées
Vienne-en-B.
St-Gabriel-Brécy
Le Fresne-Camilly
Plumetot
Anguerny
Ranchy
St-Loup-Hors
Vaux-s.-Seulles
Lantheuil
Thaon
Colomby-s.-Thaon
Rucqueville
Camilly
Anisy
Le Molay-Littry
Campigny
Agy
Subles
Guéron
Monceaux-en-Bessin
Nonant
Martragny
St-Léger
Coulombs
Cully
Cairon
Villons-les-Buissons
Mathieu
Littry
Le Tronquay
La Tuilerie
Arganchy
St-André
Cachy
Ellon
Juaye-Mondaye
Condé-s.-Seulles
Ducy-Ste-Marguerite
Carcagny
Loucelles
Ste-Croix-Grand-Tonne
Secqueville-en-Bessin
Bretteville-
Brouay
Vieux-Cairon
Buron
St-Contest
Épron
D514
D516
D613
N13-E46
D12
D35
D79
D404
64
65
42

26
A
B
C
D
E
F
G
1
2
3
4
5
6
7
8
9
10
41
Cap
Port du Havre-Antifer
Cauville
Octeville-s.-Mer
St-Andrieux
LE HAVRE OCTEVILLE
Cap de la Hève
Sanvic
Ste-Adresse
vers la Grande-Bretagne et l'Irlande
LE HAVRE
Baie de la Seine
vers Portsmouth
Côte
Villerville
Hennequeville
La Croix-Sonnet
Trouville-s.-Mer
Deauville
Côte Fleurie
Bénerville-s.-Mer
Blonville-s.-Mer
Mt Canisy
St-Arnoult
Touques
Bonneville-s.-T.
Englesqueville-en-Auge
Canapville
Manoir
Tourgéville
Villers-s.-Mer
Falaises des Vaches Noires
Auberville
Vauville
St-Vaast-en-Auge
St-Pierre-Azif
Glanville
St-Étienne-la-Thillaye
Beaumont-en-Auge
Branville
Heuland
Bourgeauville
Danestal
Annebault
Gonneville-s.-Mer
Houlgate
Dives-s.-Mer
Grangues
Cabourg
Le Hôme-s.-Mer
Périers-en-Auge
Merville-Franceville-Plage
Gonneville-en-Auge
Varaville
La Bruyère
Brucourt
Cricqueville-en-Auge
Angerville
Dozulé
Cresseveuille
Douville-en-Auge
Valsemé
Clarbec
Rade de Caen
Sword Beach
Riva-Bella
Ouistreham
Sallenelles
Amfreville
Bénouville
Ranville
Bavent
Petiville
Robehomme
Langrune-s.-Mer
Luc-s.-Mer
Lion-s.-Mer
N.-D.-de-la-Délivrande
Douvres-Délivrande
Hermanville-s.-Mer
Cresserons
Plumetot
Colleville-Montgomery
Périers-s.-le-Dan
St-Aubin-d'Arquenay
Mathieu
Anisy
Biévil'
Beuville
Blainville-s.-Orne
Épron
65
66
29a

26
27
SEINE - MARITIM
76
Étretat
Falaise d'Amont
Falaise d'Aval
St-Léonard
Yport
Vattetot-s.-Mer
Criquebeuf-en-Caux
Froberville
Bénouville
Tourville-les-Ifs
Épreville
Maniquerville
Bordeaux-St-Clair
Les Loges
Le Tilleul
Gerville
B. des Loges
Fongueusemare
La Poterie-Cap-d'Antifer
Beaurepaire
Pierrefiques
Cuverville
Sausseuzemare-en-Caux
Bruneval
Ste-Marie-au-Bosc
Villainville
Belvédère
Gonneville-la-Mallet
St-Jouin-Bruneval
Criquetot-l'Esneval
Écrainville
Anglesqueville-l'Esneval
Vergetot
Heuqueville
Turretot
St-Martin-du-Bec
Hermeville
St-Sauveur-d'Émalleville
Mannevillette
N.-D.-du-Bec
Rolleville
Angerville-l'Orcher
Graimbouville
Fontenay
Épouville
Cimetière de Brisegaret
Manéglise
Étainhus
Sainneville
Montivilliers
St-Laurent-de-Brèvedent
Fontaine-la-Mallet
St-Martin-du-Manoir
Épretot
Rouelles
Harfleur
Gainneville
Rogerville
St-Aubin-Routot
Oudalle
St-Vincent-Cramesnil
Sandouville
St-Vigor-d'Ymonville
St-Jean-d'Abbetot
Gonfreville-l'Orcher
Canal de Tancarville
Grand Canal du Havre
Pont de Normandie (Péage)
de Grâce
Honfleur
Vasouy
Pennedepie
Cricquebœuf
Gonneville-s.-Honfleur
Barneville-la-Bertran
Équemauville
La Rivière-St-Sauveur
Ablon
Fiquefleur-Équainville
Fatouville-Grestain
Mont Courel
Berville-s.-Mer
Conteville
St-Pierre-du-Val
Foulbec
Manneville-la-Raoult
Genneville
DEAUVILLE ST-GATIEN
Fourneville
Le Theil-en-Auge
Quetteville
Boulleville
Beuzeville
St-Gatien-des-Bois
St-Martin-aux-Chartrains
Tourville-en-Auge
St-Benoît-d'Hébertot
La Gohaigne
St-André-d'Hébertot
Vieux-Bourg
Surville
Coudray-Rabut
Pont-l'Évêque
Les Authieux-s.-Calonne
St-Julien-s.-C.
Reux
Pierrefitte-en-Auge
Le Mesnil-s.-Blangy
Bonneville-la-Louvet
La Lande-St-Léger
Le Bois-Hellain
Manneville-la-Pipard
St-Hymer
Fierville-les-Parcs
Blangy-le-Château
Cormeilles
St-Pierre-de-Cormeilles
66
67
Ganzeville
Colleville
Toussaint
Valmont
Contremoulins
Thiergeville
Goneville
Bec-de-Mortagne
Daubeuf-Serville
Mentheville
Annouville-Vilmesnil
Limpiville
Auberville-la-Renault
Bretteville-du-Grd-Caux
Bailleul
Bénarville
Angerville-Bailleul
Grainville-Ymauville
Goderville
St-Maclou-la-Brière
Gonfreville-Caillot
Bornambusc
Bréauté
Vattetot-s/s-Beaumont
Bernières
Manneville-la-Goupil
Mirville
Houquetot
Beuzeville-la-Grenier
Nointot
Parc-d'Anxtot
Virville
St-Gilles-de-la-Neuville
St-Jean-de-la-Neuville
Bolbec
Fillières
Gommerville
Les Trois-Pierres
St-Romain-de-Colbosc
St-Eustache-la-Forêt
St-Antoine-la-Forêt
Mélamare
La Remuée
St-Jean-de-Folleville
St-Nicolas-de-la-Taille
La Cerlangue
Tancarville
Pont de Tancarville (Péage)
Quillebeuf-s.-Seine
St-Aubin-s.-Quillebeuf
Phare de la Roque
St-Samson-de-la-Roque
Marais Vernier
La Grande Mare
Ste-Opportune-la-Mare
St-Thurien
Bouquelon
St-Sulpice-de-Grimbouville
St-Maclou
Toutainville
St-Mards-de-Blacarville
St-Ouen-des-Champs
Pont-Audemer
St-Germain-Village
Le Torpt
Triqueville
Fort-Moville
Les Préaux
St-Symphorien
Tourville-s.-P.-A.
Campigny
Selles
Martainville
Vannecrocq
Épaignes
La Chapelle-Bayvel
St-Siméon
La Noë-Poulain
La Poterie-Mathieu
Abbay.
Thérouldeville
Bertheauville
Grainville-la-Teinturière
Ourville-en-Caux
Le Hanouard
Oherville
Riville
Thiétreville
Beuzeville-la-Guérard
Cleuville
Sommesnil
Ancourteville-s.-Héricourt
Sorquainville
Ypreville-Biville
Thiouville
Normanville
Bennetot
Tocqueville-les-Murs
Trémauville
Ste-Marguerite-s.-Fauville
Cliponville
St-Pierre-Lavis
Hattenville
Fauville-en-Caux
Ricarville
Bermonville
Yébleron
Auzouville-Auberbosc
Rouville
Cléville
Foucart
Raffetot
Bolleville
Alvimare
Lanquetot
Beuzevillette
Trouville
St-Aubin-de-Crétot
Gruchet-le-Valasse
Lintot
St-Gilles-de-Crétot
Grand-Camp
La Trinité-du-Mont
St-Nicolas-de-la-Haie
Auberville-la-Campagne
Anquetierville
Lillebonne
La Frénaye
Touffreville-la-Cable
St-Arnoult
Villequier
N.-D.-de-Gravenchon
Triquerville
Port-Jérôme
Norville
Château d'Ételan
Petiville
St-Maurice-d'Ételan
BOUCLES
Aizier
Vieux-Port
Trouville-la-Haule
Ste-Croix-s.-Aizier
Tocqueville
Bourneville
La Grande-Rue
Fourmetot
Étreville
Valletot
Éturqueraye
Colletot
Brestot
Manneville-s.-Risle
Corneville-s.-Risle
Cauverville-en-Roumois
St-Paul-s.-Risle
Appeville-Annebault
Condé-s.-Risle
Montfort-s.-Risle
St-Philbert-s.-Risle
St-Christophe-s.-Condé
St-Martin-St-Firmin
St-Pierre-des-Ifs
St-Étienne-l'Allier
Glos-s.-Risle
Château de
St-Grégoire-du-Vièvre
SEINE
44

27
28
43
67
68
A
B
C
D
E
F
G
Doudeville
Yerville
Yvetot
Ste-Marie-des-Champs
Auffray
Tôtes
Val-de-Saâne
Limésy
Pavilly
Barentin
Clères
Montville
Malaunay
Houppeville
Caudebec-en-Caux
St-Wandrille-Rançon
Duclair
Le Trait
Jumièges
Yainville
Villers-Écalles
St-Paër
Canteleu
Maromme
Mont-St-Aignan
Déville-lès-R.
ROUEN
Bihorel
Bois-Guillaume
Darnétal
Le Petit-Quevilly
Le Grand-Quevilly
Sotteville-lès-Rouen
St-Étienne-du-Rouvray
Le Petit-Couronne
Grand-Couronne
Bonsecours
Oissel
Cléon
Elbeuf
Caudebec-lès-Elbeuf
St-Pierre-lès-Elbeuf
St-Aubin-lès-Elbeuf
La Londe
Bourgtheroulde-Infreville
Le Bosc-Roger-en-Roumois
Routot
Hauville
Bourg-Achard
Pont-de-l'Arche
Bosgouet
St-Martin-de-Boscherville
Anneville-Ambourville
La Mailleraye-s.-Seine
PARC NAT. RÉGIONAL DES BOUCLES DE LA SEINE NORMANDE
Forêt de Brotonne
Forêt de Jumièges
Forêt de Roumare
Forêt de Montfort
Ft de la Londe
Pont de Brotonne
Abbaye
Zoo
Chât. de Robert-le-Diable
Roches d'Orival
Chât. de Tilly
A29-E44
A13-E5
A150
A151
A139
A28-E402
N27
D6015
D982
D929
SEINE
AUTOROUTE

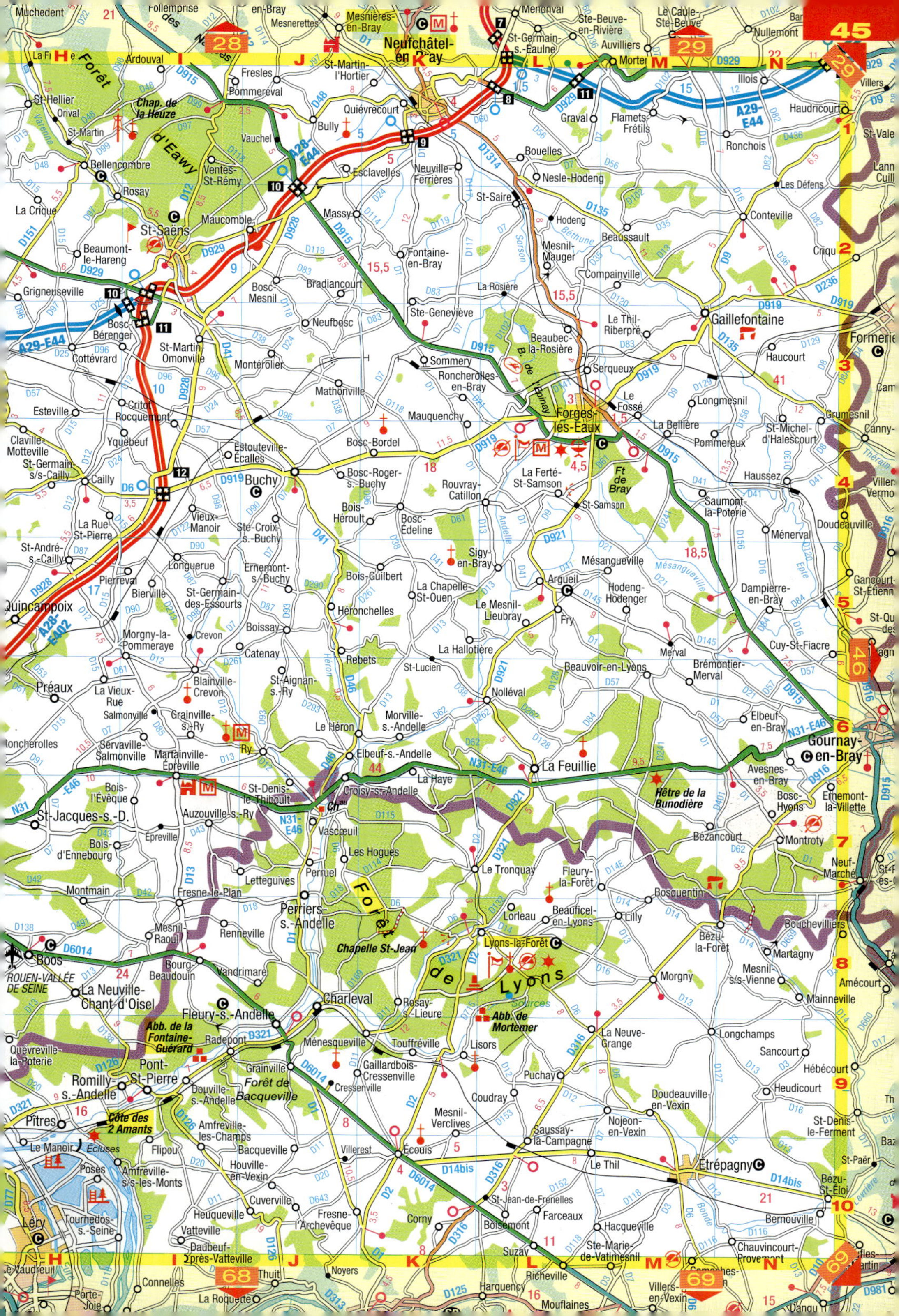
28
29
68
69
46
Muchedent
Follemprise
en-Bray
Mesnières-en-Bray
Mesnerettes
Ménonval
Ste-Beuve-en-Rivière
Le Caule-Ste-Beuve
Nullemont
Neufchâtel-en-Bray
St-Germain-s.-Eaulne
Auvilliers
Ardouval
Forêt
Fresles
St-Martin-l'Hortier
Mortemer
Illois
Villers
St-Hellier
Pommeréval
Chap. de la Heuze
Quièvrecourt
Graval
Flamets-Frétils
Haudricourt
Orival
Bully
Ronchois
St-Valery
St-Martin
Vauchel
Bouelles
d'Eawy
Bellencombre
Ventes-St-Rémy
Esclavelles
Neuville-Ferrières
Nesle-Hodeng
Les Défens
Rosay
St-Saire
La Crique
St-Saëns
Maucomble
Massy
Hodeng
Conteville
Fontaine-en-Bray
Mesnil-Mauger
Beaussault
Beaumont-le-Hareng
Criquiers
Bosc-Mesnil
Bradiancourt
La Rosière
Compainville
Grigneuseville
Ste-Geneviève
Le Thil-Riberpré
Gaillefontaine
Formerie
Neufbosc
Bosc-Bérenger
Beaubec-la-Rosière
B. de l'Epinay
Cottévrard
St-Martin-Omonville
Montérolier
Sommery
Haucourt
Serqueux
Roncherolles-en-Bray
Mathonville
Le Fossé
Longmesnil
Esteville
Critot
Rocquemont
Mauquenchy
Forges-les-Eaux
La Bellière
St-Michel-d'Halescourt
Grumesnil
Canny
Claville-Motteville
Yquebeuf
Estouteville-Écalles
Bosc-Bordel
Pommereux
St-Germain-s/s-Cailly
Cailly
Buchy
Bosc-Roger-s.-Buchy
Rouvray-Catillon
La Ferté-St-Samson
Ft de Bray
Haussez
St-Samson
Saumont-la-Poterie
La Rue-St-Pierre
Vieux-Manoir
Ste-Croix-s.-Buchy
Bois-Héroult
Bosc-Édeline
Doudeauville
Méneval
St-André-s.-Cailly
Longuerue
Sigy-en-Bray
Mésangueville
Ernemont-s.-Buchy
Bois-Guilbert
La Chapelle-St-Ouen
Argueil
Hodeng-Hodenger
Gancourt-St-Étienne
Pierreval
Bierville
St-Germain-des-Essourts
Héronchelles
Le Mesnil-Lieubray
Fry
Dampierre-en-Bray
Quincampoix
Boissay
Morgny-la-Pommeraye
Crevon
Catenay
Rebets
La Hallotière
Merval
Cuy-St-Fiacre
St-Lucien
Brémontier-Merval
Préaux
Blainville-Crevon
La Vieux-Rue
St-Aignan-s.-Ry
Beauvoir-en-Lyons
Salmonville
Grainville-s.-Ry
Nolléval
Morville-s.-Andelle
Elbeuf-en-Bray
Roncherolles
Servaville-Salmonville
Ry
Le Héron
Gournay-en-Bray
Martainville-Épreville
Elbeuf-s.-Andelle
La Feuillie
Avesnes-en-Bray
Bois-l'Évêque
St-Denis-le-Thiboult
La Haye
Croisy-s.-Andelle
Hêtre de la Bunodière
Bosc-Hyons
Ernemont-la-Villette
St-Jacques-s.-D.
Auzouville-s.-Ry
Vascœuil
Bézancourt
Montroty
Épreville
Bois-d'Ennebourg
Les Hogues
Le Tronquay
Neuf-Marché
Letteguives
Perruel
Fleury-la-Forêt
Montmain
Fresne-le-Plan
Bosquentin
Forêt
Perriers-s.-Andelle
Lorleau
Beauficel-en-Lyons
Lilly
Bouchevilliers
Mesnil-Raoul
Renneville
Bézu-la-Forêt
Martagny
Boos
Chapelle St-Jean
Lyons-la-Forêt
Mesnil-s/s-Vienne
ROUEN-VALLÉE DE SEINE
Bourg-Beaudouin
Vandrimare
de Lyons
Morgny
Amécourt
La Neuville-Chant-d'Oisel
Charleval
Sources
Mainneville
Fleury-s.-Andelle
Rosay-s.-Lieure
Abb. de Mortemer
Abb. de la Fontaine-Guérard
Radepont
La Neuve-Grange
Longchamps
Quevreville-la-Poterie
Ménesqueville
Touffréville
Lisors
Sancourt
Pont-St-Pierre
Grainville
Gaillardbois-Cressenville
Hébécourt
Romilly-s.-Andelle
Douville-s.-Andelle
Forêt de Bacqueville
Cressenville
Puchay
Heudicourt
Coudray
Doudeauville-en-Vexin
Pîtres
Côte des 2 Amants
Amfreville-les-Champs
Mesnil-Verclives
Saussay-la-Campagne
Nojeon-en-Vexin
St-Denis-le-Ferment
Le Manoir
Écluses
Flipou
Bacqueville
Villerest
Écouis
Le Thil
Étrépagny
St-Paër
Poses
Amfreville-s/s-les-Monts
Houville-en-Vexin
Bézu-St-Éloi
Cuverville
St-Jean-de-Frenelles
Léry
Tournedos-s.-Seine
Heuqueville
Fresne-l'Archevêque
Corny
Boisemont
Farceaux
Bernouville
Vatteville
Daubeuf-près-Vatteville
Hacqueville
Suzay
Ste-Marie-de-Vatimesnil
Chauvincourt-Provemont
Vaudreuil
Thuit
Noyers
Richeville
Gamaches-en-Vexin
Connelles
Harquency
Mouflaines
Villers-en-Vexin
Dangu
Porte-Joie
La Roquette
A28-E44
A29-E44
A28-E402
N31-E46
D915
D929
D919
D921
D6014
D321
D316
D14bis

29
30
45
69
70
Aumale
Lignières-Châtelain
Meigneux
Marlers
Foucaucourt
Ste-Segrée
Lachapelle
Blangy-s/s-Poix
Famechon
Velennes
Wailly
Lœuilly
Tilloy-lès-Conty
Escles-St-Pierre
Villers
Quincampoix-Fleuzy
Saulchoy-s-Poix
Thieulloy-la-Ville
Équennes-É.
Guizancourt
Brassy
Contre
Fleury
Conty
Bosquel
Haudricourt
Fouilloy
Gourchelles
St-Valery
St-Clair
Hescamps
Méréaucourt
Sentelie
Courcelles-s/s-Thoix
L' Estocq
Lannoy-Cuillère
Romescamps
Daméraucourt
Thoix
Monsures
Belleuse
Rogy
Croissy-s.-Celle
Gouy-les-G.
Abancourt
St-Thibault
Élencourt
Dargies
Offoy
Laverrière
Blargies
Sarcus
Sarnois
Sommereux
Beaudéduit
Lavacquerie
Moliens
Broquiers
Grandvilliers
Cempuis
Le Mesnil-Conteville
Fontaine-Bonneleau
Blancfossé
Formerie
Monceaux-l'Abbaye
Bouvresse
Boutavent
Feuquières
Briot
Halloy
Brombos
Le Hamel
Conteville
Choqueuse-les-Bénards
Catheux
Cormeilles
Le Saulchoy
Doméliers
Mureaumont
Campeaux
St-Arnoult
Hautbos
Thieuloy-St-Antoine
Grez
Hétomesnil
Crèvecœur-le-Grand
Le Gallet
Le Crocq
Hardivillers
Grumesnil
Canny-s.-Thérain
St-Samson-la-Poterie
Épeaux
Omécourt
St-Deniscourt
Thérines
St-Maur
Gaudechart
Prévillers
Lihus
Viefvillers
Oursel-Maison
Maisoncelle-Tuilerie
Villers-Vermont
Loueuse
Ernemont-Boutavent
Rothois
Fontaine-Lavaganne
Francastel
Puits-la-Vallée
Héricourt-s.-Thérain
Morvillers
Roy-Boissy
Marseille-en-Beauvaisis
Haute-Épine
La Neuville-s.-Oudeuil
Rotangy
Auchy-la-Montagne
Doudeauville
Fontenay-Torcy
Grémévillers
Achy
Blicourt
Lachaussée-du-Bois-d'Écu
Froissy
Sully
Escames
Songeons
Bazancourt
Gancourt-St-Étienne
Buicourt
Lachapelle-s/s-Gerberoy
Villers-s.-Bonnières
Oudeuil
Pisseleu
Luchy
Maulers
Noirémont
St-Omer-en-Chaussée
Muidorge
La Neuville-St-Pierre
Gerberoy
Martincourt
Vrocourt
Wambez
Crillon
Sauqueuse-St-Lucien
Juvignies
Abbeville-St-Lucien
St-Quentin-des-Prés
Hécourt
Molagnies
Bonnières
Maisoncelle-St-Pierre
Reuil-s.-Brêche
Hanvoile
Haucourt
Milly-s.-Thérain
Verderel-lès-Sauqueuse
Fontaine-St-Lucien
Oroër
Hannaches
Glatigny
Lafraye
Ferrières-en-Bray
Senantes
Lhéraule
La Neuville-Vault
Herchies
Troissereux
Guignecourt
Bonlier
Velennes
Gournay-en-Bray
Villers-s.-Auchy
Villembray
Blacourt
Hodenc-en-Bray
Savignies
Pierrefitte-en-Beauvaisis
Fouquenies
Tillé
Beauvais-Tillé
Nivillers
Fouquerolles
Ernemont-la-Villette
Lachapelle-aux-Pots
Le Mont-St-Adrien
St-Germer-de-Fly
St-Germain-la-Poterie
Beauvais
Cuigy-en-Bray
Espaubourg
St-Paul
Goincourt
Laversines
Montroty
Neuf-Marché
St-Pierre-ès-Champs
Therdonne
St-Aubin-en-Bray
Ons-en-Bray
Rainvillers
Aux-Marais
Bouchevilliers
Puiseux-en-Bray
Le Coudray-St-Germer
Lalandelle
Villers-St-Barthélemy
Allonne
Rochy-Condé
Martagny
Talmontiers
Lalande-en-Son
Troussures
St-Léger-en-Bray
St-Martin-le-Nœud
Warluis
Amécourt
Le Vauroux
Frocourt
Montreuil-s.-Thérain
Mainneville
Forêt de Thelle
Auneuil
Villers-St-Sépulcre
St-Sulpice
Sérifontaine
La Houssoye
Abbecourt
Ponchon
Hébécourt
Labosse
Villotran
Berneuil-en-Bray
Auteuil
Hodenc-l'Évêque
Heudicourt
Lincourt
Flavacourt
Beaumont-les-Nonains
La Neuville-Garnier
Thierceville
Le Vaumain
Porcheux
Noailles
St-Denis-le-Ferment
Bazincourt-s.-Epte
Éragny-s.-Epte
Boutencourt
Jouy-s/s-Thelle
La Neuville-d'Aumont
Silly-Tillard
St-Paër
Énencourt-Léage
Jaméricourt
Le Mesnil-Théribus
Les Pins
Ressons-l'Abbaye
Le Coudray-s.-Thelle
Bézu-St-Éloi
Villers-s.-Trie
Hardivillers-en-Vexin
Valdampierre
Le Déluge
Ste-Geneviève
Trie-la-Ville
Thibivillers
Énencourt-le-Sec
Bachivillers
Bois de Gisors
Gisors
Trie-Château
Boissy-le-Bois
Montherlant
Corbeil-Cerf
Labroissière-en-Thelle
Fresneaux-Montchevreuil
Neaufles-St-Martin
Chaumont-en-Vexin
Courcelles-lès-Gisors
Loconville
Sénots
St-Crépin-Ibouvillers
Andeville
Mortefontaine-en-Thelle
Lormaison
Dangu
Fresne-
OISE

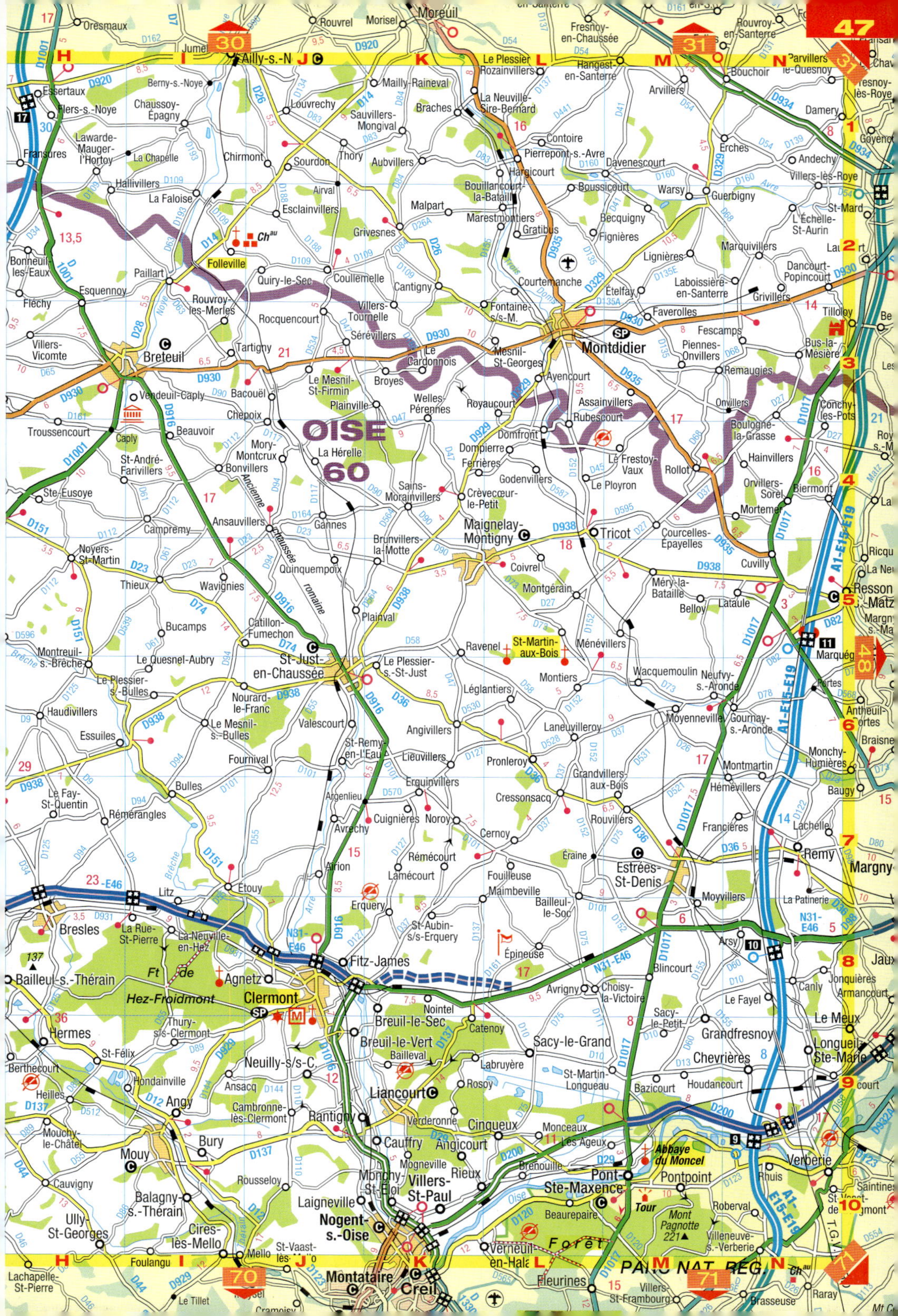
30
31
Moreuil
Oresmaux
Rouvrel
Morisel
Jumel
Ailly-s.-N
Le Plessier-Rozainvillers
Fresnoy-en-Chaussée
Hangest-en-Santerre
Rouvroy-en-Santerre
Parvillers-le-Quesnoy
Essertaux
Berny-s.-Noye
Mailly-Raineval
Bouchoir
Arvillers
Flers-s.-Noye
Chaussoy-Épagny
Louvrechy
Sauvillers-Mongival
Braches
La Neuville-Sire-Bernard
Damery
Lawarde-Mauger-l'Hortoy
La Chapelle
Chirmont
Thory
Aubvillers
Contoire
Pierrepont-s.-Avre
Davenescourt
Erches
Andechy
Fransures
Sourdon
Hargicourt
Villers-lès-Roye
Hallivillers
La Faloise
Airval
Bouillancourt-la-Bataille
Boussicourt
Warsy
Guerbigny
St-Mard
Esclainvillers
Malpart
Marestmontiers
Becquigny
L'Échelle-St-Aurin
Gratibus
Folleville
Grivesnes
Fignières
Marquivillers
Bonneuil-les-Eaux
Paillart
Quiry-le-Sec
Coullemelle
Cantigny
Lignières
Dancourt-Popincourt
Esquennoy
Rouvroy-les-Merles
Courtemanche
Ételfay
Laboissière-en-Santerre
Grivillers
Fléchy
Villers-Tournelle
Fontaine-s/s-M.
Faverolles
Tilloloy
Rocquencourt
Sérévillers
Fescamps
Villers-Vicomte
Tartigny
Le Cardonnois
Mesnil-St-Georges
Montdidier
Piennes-Onvillers
Bus-la-Mésière
Breteuil
Le Mesnil-St-Firmin
Broyes
Ayencourt
Remaugies
Vendeuil-Caply
Bacouël
Welles-Pérennes
Royaucourt
Assainvillers
Onvillers
Conchy-les-Pots
Troussencourt
Caply
Chepoix
Plainville
Rubescourt
Boulogne-la-Grasse
Beauvoir
OISE
60
Domfront
Mory-Montcrux
La Hérelle
Dompierre
Ferrières
Le Frestoy-Vaux
Rollot
Hainvillers
St-André-Farivillers
Bonvillers
Godenvillers
Le Ployron
Orvillers-Sorel
Biermont
Ste-Eusoye
Sains-Morainvillers
Crèvecœur-le-Petit
Mortemer
Ansauvillers
Campremy
Gannes
Maignelay-Montigny
Tricot
Courcelles-Épayelles
Noyers-St-Martin
Brunvillers-la-Motte
Cuvilly
Thieux
Quinquempoix
Coivrel
Wavignies
Montgérain
Méry-la-Bataille
Ressons-s.-Matz
Belloy
Lataule
Bucamps
Catillon-Fumechon
Plainval
Montreuil-s.-Brêche
Le Quesnel-Aubry
St-Just-en-Chaussée
Le Plessier-s.-St-Just
Ravenel
St-Martin-aux-Bois
Ménévillers
Marquéglise
48
Le Plessier-s.-Bulles
Montiers
Wacquemoulin
Neufvy-s.-Aronde
Nourard-le-Franc
Léglantiers
Haudivillers
Le Mesnil-s.-Bulles
Valescourt
Angivillers
Laneuvilleroy
Moyenneville
Gournay-s.-Aronde
Essuiles
St-Remy-en-l'Eau
Lieuvillers
Fournival
Pronleroy
Grandvillers-aux-Bois
Montmartin
Monchy-Humières
Le Fay-St-Quentin
Bulles
Argenlieu
Erquinvillers
Cressonsacq
Hémévillers
Baugy
Rémérangles
Cuignières
Noroy
Rouvillers
Francières
Lachelle
Avrechy
Cernoy
Éraine
Estrées-St-Denis
Remy
Margny
Airion
Rémécourt
Lamécourt
Fouilleuse
Maimbeville
Bailleul-le-Soc
Moyvillers
La Patinerie
Étouy
Litz
Erquery
St-Aubin-s/s-Erquery
Bresles
La Rue-St-Pierre
La-Neuville-en-Hez
Fitz-James
Épineuse
Arsy
Jaux
Blincourt
Jonquières
Bailleul-s.-Thérain
Ft de Hez-Froidmont
Agnetz
Clermont
Nointel
Avrigny
Choisy-la-Victoire
Canly
Armancourt
Le Fayel
Hermes
Thury-s/s-Clermont
Breuil-le-Sec
Catenoy
Sacy-le-Petit
Le Meux
Grandfresnoy
St-Félix
Breuil-le-Vert
Sacy-le-Grand
Longueil-Ste-Marie
Berthecourt
Neuilly-s/s-C.
Bailleval
Labruyère
Chevrières
Hondainville
St-Martin-Longueau
Houdancourt
Heilles
Ansacq
Liancourt
Rosoy
Bazicourt
Angy
Cambronne-lès-Clermont
Rantigny
Verderonne
Mouchy-le-Châtel
Cinqueux
Monceaux
Bury
Cauffry
Angicourt
Les Ageux
Abbaye du Moncel
Verberie
Mouy
Mogneville
Brenouille
Pont-Ste-Maxence
Pontpoint
Rhuis
Cauvigny
Rousseloy
Monchy-St-Eloi
Villers-St-Paul
Rieux
Balagny-s.-Thérain
Laigneville
Beaurepaire
Tour
Mont Pagnotte 221
Roberval
Ully-St-Georges
Cires-lès-Mello
Nogent-s.-Oise
Villeneuve-s.-Verberie
St-Vaast-lès-Mello
Verneuil-en-Halatte
Forêt
PARC NAT. REG.
Lachapelle-St-Pierre
Foulangu
Mello
Montataire
Creil
Fleurines
Villers-St-Frambourg
Brasseuse
Raray
70
71
Le Tillet
Cramoisy

31
32
47
71
72
OISE
60
Roye
Nesle
Ham
Noyon
Chauny
Guiscard
Lassigny
Ressons-s.-Matz
Ribécourt-Dreslincourt
Thourotte
Compiègne
Margny-lès-Compiègne
Venette
Clairoix
Choisy-au-Bac
Attichy
Vic-s.-Aisne
Blérancourt
Carlepont
Pierrefonds
Verberie
Béthisy-St-Pierre
Lacroix-St-Ouen
Longueil-Ste-Marie
Longueil-Annel
Montmacq
Le Plessis-Brion
Trosly-Breuil
Cuise-la-Motte
Couloisy
Jaulx
Jaux
Jonquières
Armancourt
Le Meux
St-Sauveur
Saintines
Néry
Orrouy
Gilocourt
Morienval
Fresnoy-la-Rivière
Béthancourt-en-Valois
Bonneuil-en-Valois
Éméville
Taillefontaine
Retheuil
Vivières
Soucy
Montgobert
Puiseux-en-Retz
Longpont
Villers-Hélon
Haramont
Largny-s.-Automne
Vez
Fleury
Louâtre
Forêt de Compiègne
Forêt de Laigue
Forêt d'Ourscamps
Forêt de Retz
Abbaye d'Ourscamps
Prieuré de Belle-Fontaine
Clairière de l'Armistice
Les Beaux-Monts
Les Grands Monts
Mont St-Marc
Ancien prieuré
Carrefour du Puits-du-Roi
Carrefour du Beaurevoir
Carrefour de Vaudrampont
La Faisanderie
Vieux-Moulin
St-Jean-aux-Bois
St-Étienne-Roilaye
Chelles
Hautefontaine
Montigny-Lengrain
Courtieux
Croutoy
Morsain
Nouvron-Vingré
Tartiers
Cuisy-en-Almont
Osly-Courtil
Fontenoy
Ressons-le-Long
Ambleny
Pernant
Saconin-et-Breuil
Dommiers
Cutry
Laversine
Coeuvres-et-Valsery
St-Pierre-Aigle
Missy-aux-Bois
Vertes-Feuilles
Mortefontaine
St-Bandry
Berny-Rivière
St-Christophe-à-Berry
Vingré
Chevillecourt
Autrêches
Sacy
Bitry
St-Pierre-lès-Bitry
Moulin-s/s-Touvent
Vézaponin
Épagny
Bieuxy
Quilly
Vassens
Le Mesnil
Audignicourt
Nampcel
Selens
St-Aubin
Trosly-Loire
Besmé
Camelin
Cuts
Lombray
Caisnes
Bérancourdelle
Tracy-le-Val
Tracy-le-Mont
Ollencourt
St-Léger-aux-Bois
Offémont
St-Crépin-aux-Bois
Rethondes
Berneuil-s.-Aisne
Bailly
Pimprez
Les Cloyes
Laigle
Sempigny
Pont-l'Évêque
Pontoise-lès-Noyon
Varesnes
Morlincourt
Brétigny
Quierzy
Manicamp
Bichancourt
Le Bac d'Arblincourt
Pierremande
Autreville
Praast
St-Paul-aux-Bois
Champs
Bourguignon-s/s-Coucy
La Pommeraye
Appilly
Babœuf
Salency
Béhéricourt
Les Usages
Grandrû
Mondescourt
Dampcourt
Marest-Dampcourt
Abbécourt
Ognes
Sinceny
Viry-Noureuil
Béthancourt-en-Vaux
Neuflieux
Caillouël-Crépigny
Crépigny
Beaugies-s/s-Bois
Commenchon
Guivry
Caumont
Villequier-Aumont
Ugny-le-Gay
Frières-Faillouël
Bois de Frières
Faillouël
La Neuville-en-Beine
Beaumont-en-Beine
Cugny
Flavy-le-Martel
Jussy
Mennessis
Montescourt-Lizerolles
Clastres
Ollezy
Annois
Eaucourt
Sommette-Eaucourt
Pithon
Dury
Tugny-et-Pont
Artemps
St-Simon
Aubigny-aux-Kaisnes
Sancourt
Voyennes
Offoy
Parc
Rouy-le-Grand
Eppeville
Muille-Villette
Brouchy
Golancourt
Villeselve
Le Plessis-Patte-d'Oie
Berlancourt
Tirlancourt
Flavy-le-Meldeux
Libermont
Esmery-Hallon
Grécourt
Buverchy
Hombleux
Breuil
Moyencourt
Lannoy
Ercheu
Fréniches
Frétoy-le-Château
Muirancourt
Maucourt
Quesmy
Campagne
Catigny
Chevilly
Bussy
Crisolles
Sermaize
Genvry
Beaurains-lès-Noyon
Porquéricourt
Vauchelles
Larbroye
Suzoy
Cuy
Évricourt
Dives
Thiescourt
Ville
Passel
Chiry-Ourscamps
Dreslincourt
Cambronne-lès-Ribécourt
Machemont
Melicocq
Chevincourt
Marest-s.-Matz
Élincourt-Ste-Marguerite
Mareuil-la-Motte
Cannectancourt
Plessis-de-Roye
Gury
Laberlière
Ricquebourg
La Neuville-s.-Ressons
Margny-s.-Matz
Vandélicourt
Vignemont
Marquéglise
Antheuil-Portes
Villers-s.-Coudun
Giraumont
Coudun
Braisnes
Monchy-Humières
Baugy
Bienville
Janville
Lachelle
Remy
Canly
Lagny
Candor
La Potière
Fresnières
Canny-s.-Matz
Roye-s.-Matz
Conchy-les-Pots
Les Loges
Crapeaumesnil
Beuvraignes
Amy
Avricourt
Écuvilly
Beaulieu-les-Fontaines
Margny-aux-Cerises
La Pavé
Verpillières
Roiglise
Champien
Solente
Ognolles
Carrépuis
Balâtre
Biarre
Omencourt
Cressy-Omencourt
Billancourt
Marché-Allouarde
Grécourt
Gruny
Goyencourt
Crémery
Rethonvillers
Languevoisin-Quiquery
Fresnoy-lès-Roye
Liancourt-Fosse
Étalon
Curchy
Fonchette
Rattencourt
Fransart
Damery
Andechy
Villers-lès-Roye
St-Mard
L'Échelle-St-Aurin
Tilloloy
Bus-la-Mésière
Biermont
Chau
Prieuré
Monument Mangin
Église
Abbaye
Champlieu
Étgs de St-Pierre
Roilaye
Palesné
Pondron
Bémont
Glaignes
Rocquemont
Vérines
Raray
Séry-Magneval
Feigneux
Russy-Bémont
Béthisy-St-Martin
Vaast-Longmont
Remy
N31-E46
A1-E15-E19
N2
D1017
D1032
D938
D932
D934
D935
D973
D85
D130
D145
D335
D165
D142
D930
D937
D1032
D6
Retz
Canal du Nord
Oise
Aisne
Divette
Verse
Matz
Aronde
Automne

32
33
50
72
73
A26-E17
N2
Laon
Marle
Crécy-s.-Serre
Tergnier
La Fère
Beautor
Moy-de-l'Aisne
Hinacourt
Gibercourt
Ly-Fontaine
Zoo
Remigny
Vendeuil
Brissy-Hamégicourt
Brissay-Choigny
Mayot
Achery
Liez
Fort
Travecy
Quessy
Fargniers
Vouël
Condren
Deuillet
Servais
Amigny-Rouy
Charmes
Andelain
Danizy
Rogécourt
Versigny
Anguilcourt-le-Sart
Courbes
Nouvion-le-Comte
Nouvion-et-Catillon
Surfontaine
Renansart
Fay-le-Noyer
Catillon-du-Temple
Chevresis-les-Dames
Chevresis-Monceau
La Ferté-Chevresis
Mesbrecourt-Richecourt
Pont-à-Bucy
Remies
Assis-s.-Serre
Pouilly-s.-Serre
Monceau-lès-Leups
Aumencourt
Couvron-et-Aumencourt
Réserve naturelle
Fressancourt
La Bovette
Fourdrain
Vivaise
Crépy
Brie
Bertaucourt-Épourdon
Épourdon
Errancourt
Prieuré du Tortoir
St-Nicolas-aux-Bois
Abbaye St-Nicolas
Forêt de St-Gobain
Roches Chêne
St-Gobain
Barisis
Forêt de Coucy-Basse
Septvaux
Fresnes
Autodrome
Folembray
Verneuil-s/s-Coucy
Coucy-la-Ville
Coucy-le-Château-Auffrique
Ancienne abbaye
Prémontré
Bassoles-Aulers
Wissignicourt
Faucoucourt
Brancourt-en-Laonnois
Suzy
Cessières
Molinchard
Bucy-lès-Cerny
Cerny-lès-Bucy
Laniscourt
Mons-en-Laonnois
Les Creuttes
Montbavin
Merlieux-et-Fouquerolles
Bourguignon-s/s-M.
Royaucourt-et-C.
Vaucelles-et-B.
Chaillevois
Lizy
Anizy-le-Château
Forêt de Pinon
Pinon
Jumencourt
Quincy-Basse
Landricourt
Guny
Pont-St-Mard
Crécy-au-Mont
Bethancourt
Leuilly-s/s-Coucy
Vauxaillon
Monument des Crapouillots
Allemant
Neuville-s.-Margival
Terny-Sorny
Laffaux
Nanteuil-la-Fosse
Margival
Le Pont-Rouge
Vuillery
Clamecy
Braye
Leury
Juvigny
Chavigny
Bagneux
Vauxrezis
Pasly
Cuffies
Crouy
Pommiers
Bucy-le-Long
Ste-Marguerite
Chivres-Val
Vregny
Missy-s.-Aisne
Condé-s.-Aisne
Celles-s.-Aisne
Sancy-les-Cheminots
Aizy-Jouy
Chavignon
Vaudesson
Pargny-Filain
Fort
Filain
Chemin des Dames
Urcel
Monampteuil
Chevregny
Ostel
Vailly-s.-Aisne
Chavonne
Presles-et-Boves
Cys-la-Commune
St-Mard
Vieil-Arcy
Soupir
Pont-Arcy
Bourg-et-Comin
Œuilly
Pargnan
Moussy-Verneuil
Beaulne
Vendresse-Beaulne
Braye-en-Laonnois
Cerny-en-Laonnois
Caverne du Dragon
Paissy
Moulins
Cuissy-et-Geny
Oulches-la-Vallée-Foulon
Vassogne
Jumigny
Hurtebise
Craonnelle
Craonne
Abbaye de Vauclair
Beaurieux
Pontavert
Chaudardes
Concevreux
Maizy
Révillon
Muscourt
Meurival
Glennes
Villers-en-Prayères
Longueval-Barbonval
Barbonval
Serval
Merval
Blanzy-lès-Fismes
Ventelay
Romain
Baslieux-lès-Fismes
Courlandon
Breuil
Fismes
Magneux
Unchair
Hourges
Vandeuil
Perles
Paars
Vauxcéré
Vauxtin
Dhuizel
Courcelles-s.-Vesle
Bazoches-s.-Vesles
St-Thibaut
Mont-Notre-Dame
Ville-Savoye
St-Gilles
Mont-St-Martin
Courville
Chéry-Chartreuve
Bruys
Lhuys
Tannières
Jouaignes
Quincy-s/s-le-Mont
Lesges
Limé
Cerseuil
Braine
Augy
Brenelle
Chassemy
Vasseny
Ciry-Salsogne
Couvrelles
Serches
Acy
Sermoise
Venizel
Billy-s.-Aisne
Villeneuve-St-Germain
Soissons
Abbaye
Mercin-et-Vaux
Vauxbuin
Belleu
Courmelles
Noyant-et-Aconin
Septmonts
Ploisy
Berzy-le-Sec
Chaudun
Rozières-s.-Crise
Buzancy
Villemontoire
Ambrief
Chacrise
Nampteuil-s/s-Muret
Violaine
Muret-et-Crouttes
Les Crouttes
Maast-et-Violaine
Cuiry-Housse
Taux
Hartennes-et-Taux
Droizy
Tigny
Vierzy
Parcy-et-Tigny
Launoy
Arcy
Foufry
Loupeigne
Dôle
Mont-s.-Courville
Crugny
Serzy-et-Prin
Savigny-s.-Ardres
Blanzy
Le Plessier
Alaincourt
Mézières
Benay
Cerizy
Sons-et-Ronchères
Bois-lès-Pargny
Forêt de Marie
Marcy-s/s-Marle
Erlon
Voyenne
Pargny-les-Bois
Montigny-s.-Crécy
Dercy
Toulis-et-Attencourt
Autremencourt
Attencourt
Caumont
Froidmont-Cohartille
Cohartille
Mortiers
Chalandry
Barenton-s.-Serre
Vesles-et-Caumont
Grandlup-et-Fay
Pierrepont
Marais St-Boëtien
Fay-le-Sec
Missy-lès-Pierrepont
Monceau-le-Waast
Verneuil-s.-Serre
Barenton-Cel
Barenton-Bugny
Chéry-lès-Pouilly
Aulnois-s/s-Laon
Besny-et-Loizy
Laon-Chambry
Chambry
Athies-s/s-Laon
Samoussy
Gizy
Liesse
Eppes
Coucy-lès-Eppes
Zoo
Ardon
Clacy-et-Thierret
Chivy-lès-É.
Étouvelles
Nouvion-le-Vineux
Presles-et-Thierny
Vorges
Bruyères-et-Montbérault
Montbérault
Veslud
Parfondru
Chéret
Montchâlons
Orgeval
Vaurseine
Bièvres
Arrancy
Martigny-Courpierre
Ployart-et-Vaurseine
Chermizy-Ailles
Bouconville-Vauclair
Ste-Croix
Laval-en-Laonnois
Lierval
Monthenault
Colligis-Crandelain
Trucy
Chamouille
Pancy-Courtecon
Neuville-s.-Ailette
Mauregny-en-Haye
Festieux
St-Erme-Outre-et-Ramecourt
Courtrizy-et-Fussigny
Aubigny-en-Laonnois
Aizelles
Montaigu

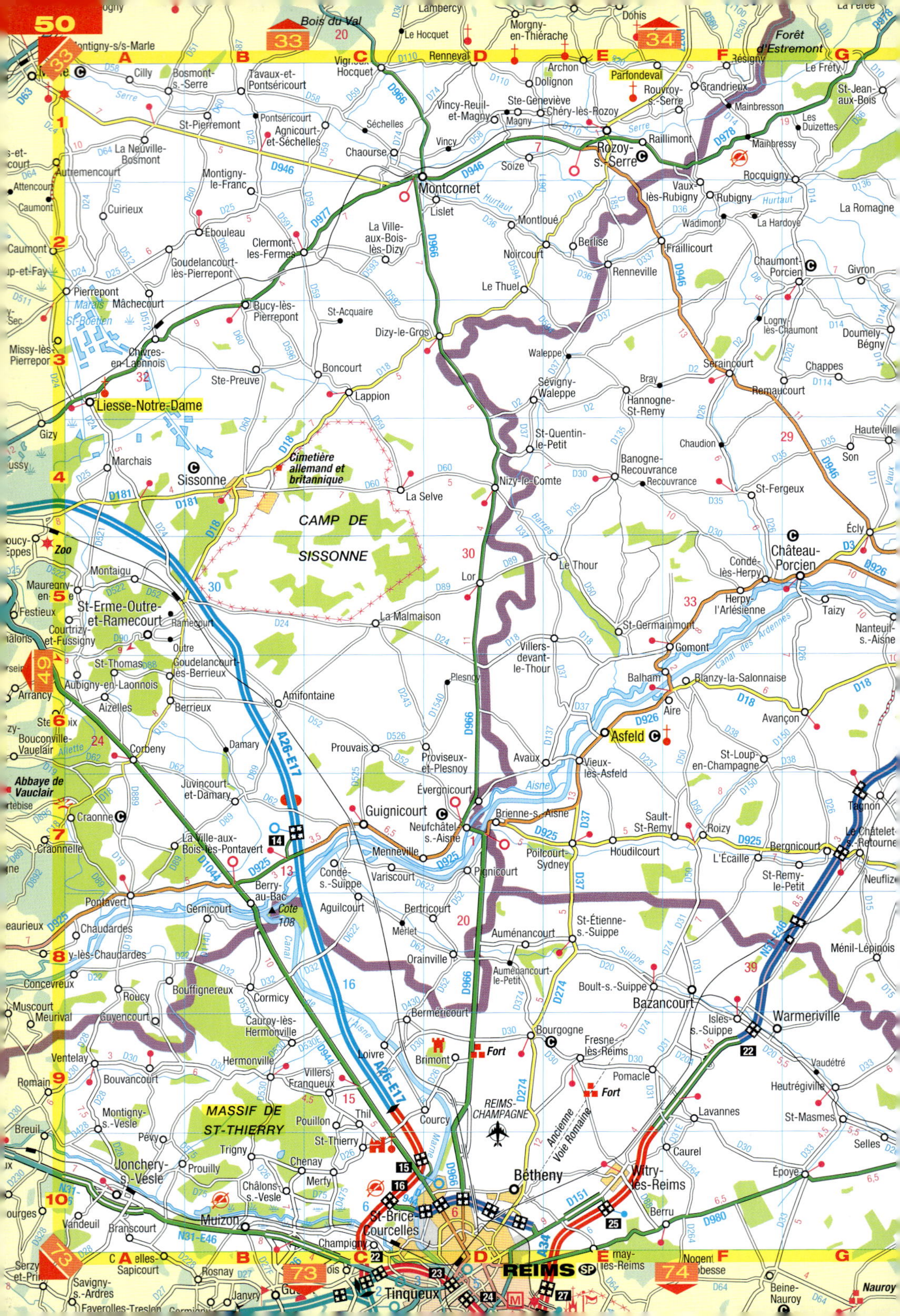

50
33
34
49
73
74
A
B
C
D
E
F
G
1
2
3
4
5
6
7
8
9
10
Montigny-s/s-Marle
Bois du Val
Lambercy
Le Hocquet
Morgny-en-Thiérache
Dohis
Forêt d'Estremont
Marle
Cilly
Bosmont-s.-Serre
Tavaux-et-Pontséricourt
Vigneux-Hocquet
Renneval
Archon
Dolignon
Parfondeval
Rouvroy-s.-Serre
Grandrieux
Résigny
Le Frêty
St-Jean-aux-Bois
Serre
St-Pierremont
Pontséricourt
Agnicourt-et-Séchelles
Séchelles
Vincy-Reuil-et-Magny
Magny
Ste-Geneviève
Chéry-lès-Rozoy
Mainbresson
Les Duizettes
Mainbressy
Raillimont
La Neuville-Bosmont
Chaourse
Vincy
Soize
Rozoy-s.-Serre
Autremencourt
Attencourt
Caumont
Montigny-le-Franc
Montcornet
Lislet
Hurtaut
Vaux-lès-Rubigny
Rubigny
Rocquigny
La Romagne
Cuirieux
Éboulleau
Clermont-les-Fermes
La Ville-aux-Bois-lès-Dizy
Montloué
Berlise
Noircourt
Renneville
Fraillicourt
Wadimont
La Hardoye
Goudelancourt-lès-Pierrepont
Le Thuel
Chaumont-Porcien
Givron
Pierrepont
Mâchecourt
Marais de St-Boëtien
Bucy-lès-Pierrepont
St-Acquaire
Dizy-le-Gros
Logny-lès-Chaumont
Doumely-Bégny
Missy-lès-Pierrepont
Chivres-en-Laonnois
Ste-Preuve
Boncourt
Waleppe
Seraincourt
Chappes
Liesse-Notre-Dame
Lappion
Sévigny-Waleppe
Bray
Hannogne-St-Remy
Remaucourt
Gizy
St-Quentin-le-Petit
Chaudion
Hauteville
Marchais
Cimetière allemand et britannique
Sissonne
Banogne-Recouvrance
Recouvrance
Son
La Selve
Nizy-le-Comte
St-Fergeux
CAMP DE SISSONNE
Barres
Écly
Château-Porcien
Le Thour
Condé-lès-Herpy
Montaigu
Lor
Herpy-l'Arlésienne
Taizy
Mauregny-en-Haye
St-Erme-Outre-et-Ramecourt
Ramecourt
La Malmaison
Villers-devant-le-Thour
St-Germainmont
Nanteuil-s.-Aisne
Festieux
Courtrizy-et-Fussigny
Outre
Gomont
Canal des Ardennes
St-Thomas
Goudelancourt-lès-Berrieux
Plesnoy
Balham
Blanzy-la-Salonnaise
Aubigny-en-Laonnois
Aire
Arrancy
Aizelles
Berrieux
Amifontaine
Asfeld
Avançon
Ste-Croix
Bouconville-Vauclair
Corbeny
Damary
Prouvais
Proviseux-et-Plesnoy
Avaux
Vieux-lès-Asfeld
St-Loup-en-Champagne
Abbaye de Vauclair
Juvincourt-et-Damary
Évergnicourt
Aisne
Tagnon
Craonne
Guignicourt
Neufchâtel-s.-Aisne
Brienne-s.-Aisne
Sault-St-Remy
Roizy
Le Châtelet-s.-Retourne
Craonnelle
La Ville-aux-Bois-lès-Pontavert
Menneville
Poilcourt-Sydney
Houdilcourt
Bergnicourt
L'Écaille
Neuflize
Condé-s.-Suippe
Variscourt
Pignicourt
Berry-au-Bac
St-Remy-le-Petit
Pontavert
Gernicourt
Cote 108
Aguilcourt
Bertricourt
Merlet
St-Étienne-s.-Suippe
Chaudardes
Auménancourt
Ménil-Lépinois
Concevreux
Orainville
Auménancourt-le-Petit
Suippe
Roucy
Bouffignereux
Cormicy
Boult-s.-Suippe
Bazancourt
Muscourt
Meurival
Guyencourt
Cauroy-lès-Hermonville
Bermericourt
Isles-s.-Suippe
Warmeriville
Ventelay
Hermonville
Loivre
Brimont
Fort
Bourgogne
Fresne-lès-Reims
Vaudétré
Romain
Bouvancourt
Villers-Franqueux
Pomacle
Heutrégiville
MASSIF DE ST-THIERRY
REIMS-CHAMPAGNE
Ancienne Voie Romaine
Montigny-s.-Vesle
Pouillon
Thil
Courcy
Lavannes
St-Masmes
Breuil
Pévy
Trigny
St-Thierry
Caurel
Selles
Jonchery-s.-Vesle
Prouilly
Chenay
Merfy
Bétheny
Witry-lès-Reims
Époye
Châlons-s.-Vesle
Muizon
Vandeuil
Branscourt
St-Brice-Courcelles
Berru
Champigny
Nogent-l'Abbesse
Serzy-et-Prin
Sapicourt
Rosnay
Savigny-s.-Ardres
Faverolles-et-Coëmy
Janvry
Tinqueux
REIMS
Beine-Nauroy
Nauroy
A26-E17
N31-E46
D946
D966
D977
D18
D925
D926
D980
A34
D274
D151

51
34
35
52
74
75
H
I
J
K
L
M
N
ARDENNES
08
Lépron-les-Vallées
Marlemont
Clavy-Warby
Warby
Neuville-lès-This
This
Ancienne abbaye de Sept-Fontaines
Fagnon
La Francheville
Lumes
Les Ayvelles
Vivier-au-Court
Maranwez
Forêt du Hailly
Thin-le-Moûtier
Forêt de Froidmont
Warnécourt
Évigny
Chalandry-Élaire
Élaire
Nouvion-s.-Meuse
Vrigne-Meuse
Donchery
Grande Forêt
Gros Frêne
Librecy
Signy-l'Abbaye
Forêt de Signy
Montmeillant
Mondigny
Gruyères
Champigneul-s.-Vence
St-Pierre-s.-Vence
Boulzicourt
St-Marceau
Flize
Dom-le-Mesnil
Guignicourt-s.-Vence
Yvernaumont
Étrépigny
Boutancourt
Feuchères
Balaives-et-Butz
Butz
Hannogne-St-Martin
Dommery
Touligny
Jandun
Barbaise
Villers-s.-le-Mont
Ancienne abbaye
Élan
Sapogne-et-Feuchère
Lalobbe
Draize
La Neuville-lès-Wasigny
Grandchamp
Hameuzy
Launois-s.-Vence
Raillicourt
Montigny-s.-Vence
Poix-Terron
Terron
Singly
St-Roger
Forêt d'Élan
Triage du Haut-de-Sapogne
Omicourt
Bégny
Wasigny
Villers-le-Tourneur
Neuvizy
Villers-le-Tilleul
La Horgne
Wagnon
Viel-St-Remy
Château d'Harzillemont
Mazerny
Ouroux
Vendresse
Malmy
Mesmont
Faissault
Hagnicourt
Omont
Herbigny
Justine-Herbigny
Novion-Porcien
Puiseux
Baâlons
Bouvellemont
Machéroménil
Wignicourt
St-Loup-Terrier
Chagny
La Cassine
La Neuville-à-Maire
Sery
Corny-Machéroménil
Saulces-Monclin
Vaux-Montreuil
Terrier
Jonval
Monclin
Chesnois-Auboncourt
Guincourt
Marquigny
Louvergny
Sauville
Inaumont
Arnicourt
Vauzelles
Auboncourt-Vauzelles
La Sabotterie
Lac de Bairon
Sorbon
Faux
Sorcy-Bauthémont
Tourteron
Lametz
Bertoncourt
Lucquy
Bauthémont
Écordal
Tannay
Barby
Novy-Chevrières
Sausseuil
Alland'Huy-et-Sausseuil
Suzanne
Le Chesne
Rethel
Amagne
Day
Canal des Ardennes
Les Petites-Armoises
Resson
Doux
Coucy
Charbogne
St-Lambert-et-Mont-de-Jeux
Montgon
Acy-Romance
Sault-lès-Rethel
Pargny
Aisne
Mont-de-Jeux
Neuville-Day
Givry
Semuy
Biermes
Thugny-Trugny
Seuil
Ambly-Fleury
Rilly-s.-Aisne
Attigny
Voncq
Les Alleux
Châtillon-s.-Bar
Mont-Laurent
Ste-Vaubourg
Roche
Noirval
Belleville-et-Châtillon
Perthes
Saulces-Champenoises
Vaux-Champagne
Marquény
Chuffilly-Roche
Terron-s.-Aisne
Quatre-Champs
Coulommes-et-Marqueny
Vandy
Ménil-Annelles
Loisy
Vrizy
Ballay
Toges
Boult-aux-Bois
Annelles
Chardeny
Forêt de Boult
Grivy-Loisy
Chestres
Quilly
Vouziers
La Croix-aux-Bois
D925
Alincourt
Pauvres
Bignicourt
Dricourt
Tourcelles-Chaumont
Mars-s/s-Bourcq
Longwé
Forêt de la Croix-aux-Bois
Juniville
Ville-s.-Retourne
Retourne
Mazagran
Blaise
Mont-St-Rémy
Leffincourt
Bourcq
Falaise
Ste-Marie
Primat
Contreuve
Machault
Sugny
Savigny-s.-Aisne
Olizy-Primat
Aussonce
La Neuville-en-Tourne-à-Fuy
Cauroy
Semide
Mont-St-Martin
St-Morel
Brières
Brécy-Brières
Termes
Monthois
Challerange
Senuc
205
Liry
Mouron
St-Étienne-à-Arnes
Arnes
St-Clément-à-Arnes
Hauviné
Marvaux-Vieux
Vaux-lès-Mouron
Montcheutin
Pontfaverger-Moronvilliers
Béthéniville
St-Pierre-à-Arnes
210
Aure
Ardeuil-et-Montfauxelles
Séchault
St-Hilaire-le-Petit
Manre
Bouconville
Condé-lès-Autry
St-Martin-l'Heureux
Sommepy-Tahure
Gratreuil
Souplet-s.-Py
Ste-Marie-à-Py
Mont Muret
Dontrien
Moronvilliers
A34-E44-E46
A34-E46
N51-E46
N51
D977
D946
D985
D987
D983
D980
D991
D925

35
51
75
76
MEUSE
55
Sedan
Floing
Illy
St-Menges
La Chapelle
Givonne
Vrigne-aux-Bois
Vrigne-Meuse
Glaire
Donchery
Balan
Daigny
La Moncelle
Rubécourt-et-Lamécourt
Francheval
Pouru-St-Remy
Pouru-aux-Bois
Villers-Cernay
Muno
Fontenoille
Lambermont
Chassepierre
Laiche
Martué
Florenville
Défilé du Paradis
Le Chesnois
Escombres-et-le-Chesnois
Messincourt
Sachy
Pure
Osnes
Clémency
Matton-et-Clémency
Tremblois-lès-Carignan
Williers
Forêt d'Orval
Abbaye d'Orval
Villers-devant-Orval
Mogues
Les Deux-Villes
Pully-et-Charbeaux
Charbeaux
Auflance
Margny
Sapogne-s.-Marche
Herbeuval
Frénois
Wadelincourt
Bazeilles
Douzy
Brévilly
Tétaigne
Lombut
Mairy
Pont-Maugis
Noyers-Pont-Maugis
Thelonne
Remilly-Aillicourt
Angecourt
Villers-Cheveuges-s.-Bar
Cheveuges-St-Aignan
St-Aignan
Hannogne-St-Martin
Sapogne-et-Feuchères
Chéhéry
Bulson
Haraucourt
Villers-devant-Mouzon
Autrecourt-et-Pourron
Pourron
Amblimont
Euilly-et-Lombut
Carignan
Blagny
Sailly
Linay
Vaux-lès-Mouzon
Mouzon
Fromy
Moiry
Villy
Margut
La Ferté-s.-Chiers
Signy-Montlibert
Montlibert
Thonne-le-Thil
Chémery-s.-Bar
Raucourt-et-Flaba
Flaba
Maisoncelle-et-Villers
Malmy
Artaise-le-Vivier
La Neuville-à-Maire
Le Vivier
Ancienne chartreuse
Le Mont-Dieu
La Besace
Stonne
Yoncq
Létanne
Moulins-St-Hubert
Malandry
Olizy-s.-Chiers
Bièvres
Autréville-St-Lambert
Inor
Pouilly-s.-Meuse
Lamouilly
Nepvant
Chauvency-St-Hubert
Thonne-les-Prés
Chauvency-le-Château
Beaumont-en-Argonne
Luzy-St-Martin
Martincourt-s.-Meuse
Brouennes
Forêt de Dieulet
Cesse
Tannay
Les Grandes-Armoises
La Berlière
Sy
Oches
Les Petites-Armoises
Verrières
Sommauthe
Grand Étang
Parc de Vision
Belval
Laneuville-s.-Meuse
Stenay
Baâlon
Vigneul-s/s-Montmédy
Quincy-Landzécourt
Han-lès-Juvigny
Bois du Chenois
St-Pierremont
Vaux-en-Dieulet
Belval-Bois-des-Dames
Beaufort-en-Argonne
Brieulles-s.-Bar
Mouzay
Juvigny-s.-Loison
Beauclair
Wiseppe
Halles-s/s-les-Côtes
Forêt de Woëvre
Louppy-s.-Loison
Authe
Autruche
Fossé
Nouart
Tailly
Montigny-devant-Sassey
Villefranche
Saulmory-et-Villefranche
Belleville-et-Châtillon-s.-Bar
Germont
Noirval
Champs
Bar-lès-Buzancy
Harricourt
Buzancy
Barricourt
Bois de Mont
Sassey-s.-Meuse
Lion-devant-Dun
Boult-aux-Bois
Forêt de Boult
Briquenay
Thénorgues
Mont-devant-Sassey
Milly-s.-Bradon
Brandeville
Bréhéville
La Croix-aux-Bois
Longwé
Forêt de la Croix-aux-Bois
Sivry-lès-Buzancy
Bayonville
Rémonville
Andevanne
Villers-devant-Dun
Dun-s.-Meuse
Doulcon
Murvaux
Bois de Sivry
Verpel
Imécourt
Aincreville
Cléry-le-Petit
Cléry-le-Grand
Fontaines-St-Clair
Beffu-et-le-Morthomme
Liny-devant-Dun
Talma
Champigneulle
Landres-et-St-Georges
St-Georges
Bantheville
Brieulles-s.-Meuse
Vilosnes-Haraumont
Haraumont
Grandpré
St-Juvin
Romagne-s/s-Montfaucon
Cunel
Cimetière américain
Cimetière français
Cimetière allemand
Chevières
Sommerance
Forêt d'Argonne
Bois de Dannevaux
Sivry-s.-Meuse
Monument américain
Termes
Senuc
Marcq
Fléville
Gesnes-en-Argonne
Cierges-s/s-Montfaucon
Dannevoux
Mouron
Vaux-lès-Mouron
Grandham
Cornay
Exermont
Nantillois
Gercourt-et-Drillancourt
Consenvoye
Montcheutin
Châtel-Chéhéry
Épinonville
Butte de Montfaucon
Septsarges
Drillancourt
Brabant-s.-Meuse
Autry
Lançon
Apremont
Baulny
Charpentry
Montfaucon-d'Argonne
Cuisy
Forges-s.-Meuse
Condé-lès-Autry
Véry
Béthincourt
Regnéville-s.-Meuse
Montblainville
Forêt de Monfaucon
Malancourt
Cumières-le-Mort-Homme
Champneuville
Binarville
Varennes-en-Argonne
Cheppy
Mort-Homme
Chattancourt
304
Bois
Forêt
335
340
350
Meuse
Aire
Aisne
Ardennes
Armoises
Wiseppe
Andon
Loison
Thonne
Can. de l'Est
N58-E46
N43
E44
D8043
D964
D947
D946
D977
D6
D19
D30
D998
A
B
C
D
E
F
G
1
2
3
4
5
6
7
8
9
10

Habay-la-Neuve
Arlon (Aarlen)
Steinfort
Tintigny
Etalle
Virton
Meix-devant-Virton
St-Léger
Messancy
Aubange
Musson
Mont-St-Martin
Pétange
Differdange
Longwy
Herserange
Longlaville
Rouvroy
Montmédy
Réhon
Mexy
Cosnes-et-Romain
Gorcy
Haucourt-Moulaine
Villers-la-Montagne
Hussigny-Godbrange
MEURTHE-ET-MOSELLE
54
Longuyon
Pierrepont
Mercy-le-Bas
Spincourt
Damvillers
Landres
Mont-Bonvillers
Piennes
Bouligny
Joudreville
Tucquegnieux
Etain
Forêt de Merlanvaux
Maidgibois
B. de Lahage
Trou des Fées
Bois du Bon-Lieu
Bois de St-Léger
Montauban
340
B. de Guéville
Forêt de Buré d'Orval
Bois de Juvigny
Bois Lagrange
Ossuaire
Fort de Fermont
Bois de Rafour
Bois de Belchêne
Bois du Grand Faily
Bois de Merles
Forêt de Mangiennes
Bois de Warphémont
B. de Rachoux
Bois d'Hingry
Forêt de Spincourt
Bois de Saulx
Côte de Morimont
P.C. du Col. Driant
Ft de Verdun
Tranchées des Baïonnettes
Fort de Douaumont
Cim. all.
76
77
54
A4
N4
N81
N88
N87
N82
N52
D618
D643-E44
D18
D66
D643
D905
D65

LUX.
LUXEMBOURG
Steinfort
Mamer
Strassen
Bertrange
Kehlen
Kopstal
Steinsel
Walferdange
Niederanven
Sanweiler
Hespérange
Contern
Leudelange
Bascharage
Pétange
Sanem
Mondercange
Bettembourg
Schifflange
Esch-s.-Alzette
Kayl
Dudelange
Ft de Zoufftgen
Zoufftgen
Roussy-le-Village
Rodemack
Mondorf-les-Bains
Remich
Palzem
Perl
Schengen
Wormeldange
Stadtbredimus
Dalheim
Frisange
Aspelt
Weiler-la-Tour
Clémency
Differdange
Audun-le-Tiche
Russange
Thil
Villerupt
Tiercelet
Rumelange
Ottange
Volmerange-les-Mines
Kanfen
Hettange-Grande
Cattenom
Basse-Ham
Kœnigsmacker
Sierck-les-Bains
Apach
Contz-les-Bains
Manom
Thionville
Yutz
Kuntzig
Distroff
Illange
Metzervisse
Kédange-s.-Canner
Guénange
Bertrange
Uckange
Florange
Terville
Nilvange
Algrange
Fontoy
Knutange
Hayange
Serémange-Erzange
Fameck
Forêt de Moyeuvre
Richemont
Gandrange
Mondelange
Amnéville
Hagondange
Talange
Maizières-lès-Metz
Rombas
Pierrevillers
Marange-Silvange
Moyeuvre-Grande
Jœuf
Homécourt
Briey
Moutiers
Valleroy
Aumetz
Tressange
Angevillers
Boulange
Audun-le-Roman
Crusnes
Errouville
Serrouville
Trieux
Tucquegnieux
Mancieulles
Avril
Lommerange
Neufchef
Rurange-lès-Thionville
Bousse
Ay-s.-Moselle
Ennery
Luttange
Aboncourt
Ft de Villers
Ouvrage Immerhof
Forêt de Garche
Abri Zeiterholz
Châtde Lagrange
Ouvrage et chapelle du Hackenberg
Walygator Parc
MOSELLE
AÉROPORT DE FINDEL
A
B
C
D
E
F
G
77
78
53

ALLEMAGNE
PFALZ
SAARLAND
MOSELLE
NATURPARK
SAAR HUNSRÜCK
Schwarzwalder Hochwald
Osburger Hochwald
Konz
Mertert
Oberbillig
Temmels
Grevenmacker
Wellen
Nittel
Machtum
Onsdorf
Tawern
Kanzem
Wiltingen
Wawern
Schoden
Ockfen
Ayl
Mannebach
Fisch
Rehlingen
Wincheringen
Saarburg
Beurig
Irsch
Vierherrenborn
Bilzingen
Tour
Rommelfangen
Portz
Merzkirchen
Trassem
Serrig
Hamm
Kastel-Staadt
Heltant
Dilmar
Südlingen
Beuren
Kreuzweiler
Kirf
Freudenburg
Weiten
Sinz
Forst Saarburg
Vogelfensen 428
Saarhölzbach
Kesslingen
Orscholz
Cloef
Mettlach
Forst Mettlach
Wochern
Borg
Hellendorf
Besseringen
Schwemlingen
Buschdorf
Merschweiller
Chât. de Mensberg
Manderen
Kirsch-lès-Sierck
Wehingen
Weiler
Merzig
Büdingen
Hilbringen
Launstroff
Ritzing
Gongelfang
Waldwiese
Silwingen
Mondorf
Obernaumen
Kirschnaumen
Rémeling
Haute-Sierck
Halstroff
Grindorff
Forêt de Sierck
57
Laumesfeld
Bizing
Zeurange
Schwerdorff
Flastroff
Neunkirchen-lès-Bouzonville
Waldweistroff
Colmen
Monneren
St-François-Lacroix
Forêt de Bouzonville
Bibiche
Niederaltdorf
Kemplich
Filstroff
Beckerholz
Guerstling
Menskirch
Dalstein
Chémery-les-Deux
Heckling
Heining-lès-Bouzonville
Bedersdorf
Fort
Petit-Chémery
Vaudreching
Bouzonville
Voelfling-lès-B.
Schreckling
Ittersdorf
Felsberg
Villing
Château-Rouge
Alzing
Oberdorff
Freistroff
Ebersviller
Forts
Edling
Rémelfang
Hestroff
Anzeling
Holling
Piblange
Valmunster
St-Bernard
Gomelange
Bockange
Bettange
Téterchen
Velving
Brettnach
Tromborn
Remering-lès-Hargarten
Dalem
Hargarten-aux-Mines
Falck
Merten
Berviller-en-M.
3 Maisons
Berus
Altforweiler
Überherrn
Eblange
Guirlange
Burtoncourt
Mégange
Ottonville
Roupeldange
Étang de Nidange
Guinkirchen
Dentir
Coume
Creutzwald
Forêt de la Houve
Forst der Karlsbrunn
Hinckange
Boulay-Moselle
Charleville-s/s-Bois
Guerting
Ham-s/s-Varsberg
Diesen
Lauterbach
Karlsbrunn
St-Nikolaus
Mörsbach
Forbach
Grossrosseln
Petite-Rosselle
Schoeneck
Ludweiler-Warndt
Differten
Klarenthal
Schaffhausen
Wadgassen
Völklingen
Hostenbach
Bous
Püttlingen
Rittersh
Derlen
Schwalbach
Ensdorf
Saarlouis
Fraulautern
Roden
Saarwellingen
Schwarzenholz
Hülzweiler
Heusweiler
Walpershofen
Riegelsberg
Neuforweiler
Beaumarais
Wallerfangen
Gisingen
Hemmersdorf
Siersburg
Rehlingen
Gerlfangen
Dillingen
Beckingen
Mennigen
Bietzen
Haustadt
Honzrath
Merchingen
Hargarten
Brotdorf
Bachem
Dieffen
Nalbach
Piesbach
Körprich
Bilsdorf
Eidenborn
Reisbach
Düppenweiler
Weltersberg 376
Hüttersdorf
Lebach
Bubach Calmesweiler
Aschbach
Gresaubach
Schmelz
Reimsbach
Oppen
Rissenthal
Michelbach
Gross-Horst 413
Limbach
Steinbach-bei-Lebach
Dörsdorf
Nunkirchen
Wahlen
Niederlosheim
Losheim
Britten
Bergen
Mitlosheim
Rappweiler
Thailen
Bardenbach
Büschfeld
Überroth-Niederhofe
Lockweiler
Wadern
Weiskirchen
Konfeld
Morscholz
Waldhölzbach
Scheiden
Greimerath
Steinberg
Buweiler
Kostenbach
Wadrill
Fort Wadern
Mandern
Zerf
Baldringen
Hentern
Schœmerich
Paschel
530
Schillingen
Heddert
Kell
Waldweiler
Grimburg
Gusenberg
Hermeskeil
Lascheiderhof
Nonnweiler
Hinzenburg
Ollmuth
Pellingen
Krettnach
Franzenheim
Pluwig
Bonerath
Holzerath
Bahnhof
Reinsfeld
Damflos
Nonnwei
78
79
56

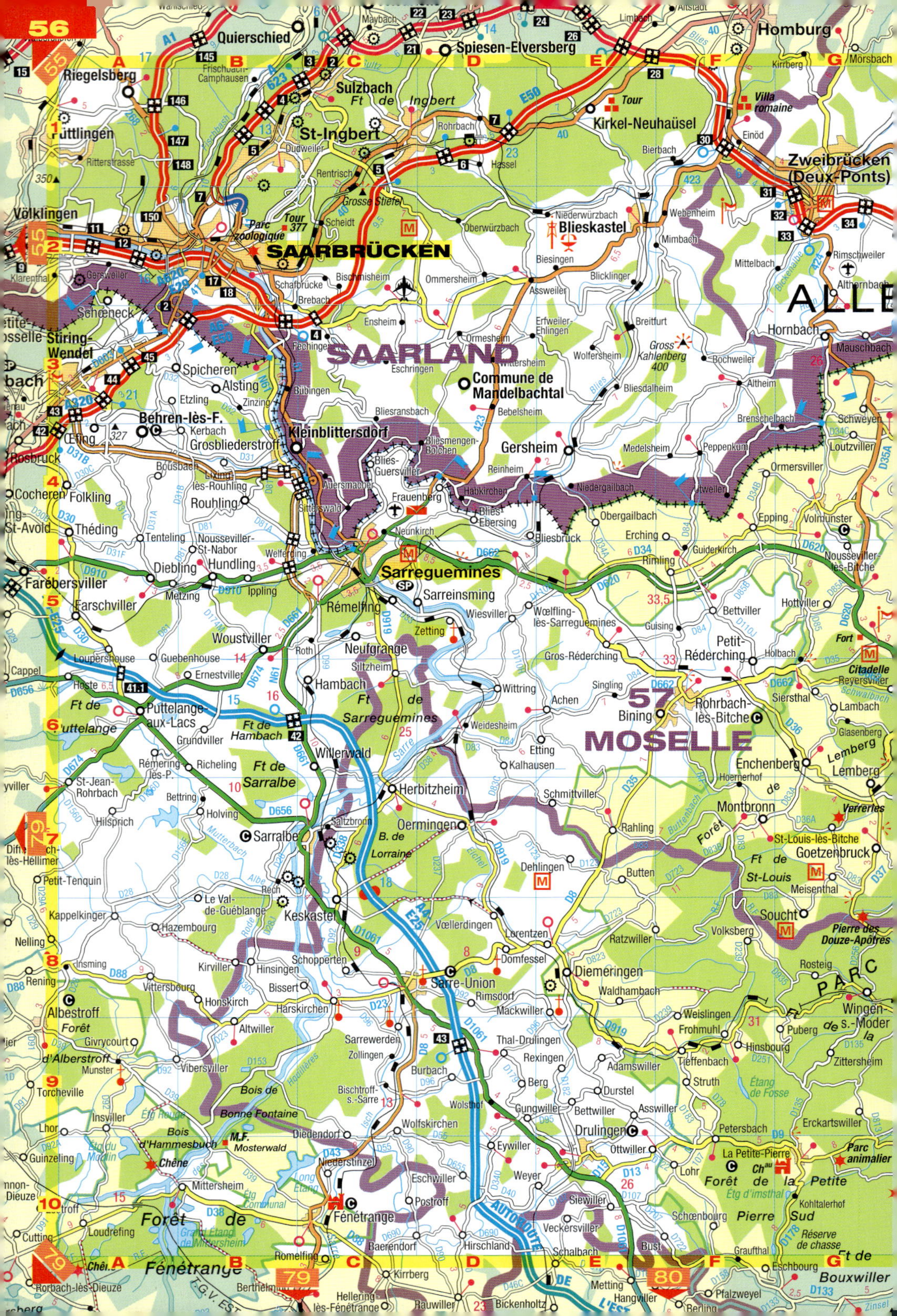

Quierschied
Spiesen-Elversberg
Homburg
Riegelsberg
Sulzbach
St-Ingbert
Püttlingen
Kirkel-Neuhaüsel
Villa romaine
Zweibrücken (Deux-Ponts)
Völklingen
SAARBRÜCKEN
Parc zoologique
Blieskastel
Ommersheim
ALLE
Schœneck
Stiring-Wendel
SAARLAND
Commune de Mandelbachtal
Gross Kahlenberg 400
Spicheren
Alsting
Behren-lès-F.
Kleinblittersdorf
Gersheim
Grosbliederstroff
Folkling
Rouhling
Théding
Farébersviller
Diebling
Hundling
Sarreguemines
Sarreinsming
Farschviller
Rémelfing
Woustviller
Neufgrange
Puttelange-aux-Lacs
Hambach
Ft de Sarreguemines
Ft de Hambach
Ft de Sarralbe
Willerwald
Herbitzheim
Oermingen
Rohrbach-lès-Bitche
Bining
57 MOSELLE
Enchenberg
Lemberg
Montbronn
Forêt de Montbronn
Sarralbe
Keskastel
Goetzenbruck
Ft de St-Louis
Soucht
Pierre des Douze-Apôtres
Diemeringen
Sarre-Union
PARC
Albestroff
Drulingen
La Petite-Pierre
Parc animalier
Fénétrange
Forêt de Fénétrange
Forêt de la Petite Pierre Sud
Bouxwiller
AUTOROUTE DE L'EST

ALLEMAGNE
RHEINLAND-PFALZ
NATURPARK PFÄLZERWALD
BAS-RHIN
PARC NATUREL RÉGIONAL DES VOSGES DU NORD
Grossbundenbach
Schmitshausen
Winterbach
Herschberg
Höheinöd
Waldfischbach-Burgalben
Leimen
Hofstätten
Reifenberg
Bathweiler
Massweiler
Thaleischweiler-Fröschen
Donsieders
Clausen
Rodalben
Merzalben
Château de Gräfenstein
Tour Weissenberg
611
525 Grosser Boll
475
Contwig
Rieschweiler-Mühlbach
Dellfeld
Höhfröschen
Petersberg
Höheischweiler
Nünschweiler
Fehrbach
Walshausen
Windsberg
Gersbach
Pirmasens
Ruppertsweiler
Maiblumenfelsen
Münchweiler-an-der-Rodalb
Hinterweidenthal
Hauenstein
Wilgartswiesen
Rinnthal
Sarnstall
Annweiler-am-Trifels
Spirkelbach
Wernersberg
Lug
Völkersweiler
Dimbach
Gossersweiler-Stein
Parc animalier
Schwanheim
Darstein
Oberschlettenbach
Vorderweidenthal
Erfweiler
Chât. de Dahn
Schindhard
Dahn
Busenberg
Erlenbach-bei-Dahn
Oberer
Birkenhörd
Winzeln
Obersimten
Ruhbank
Erlenbrunn
Lemberg
Salzwoog
Bottenbach
Dietrichingen
Riedelberg
Rolbing
Ohrenthal
Vinningen
Kröppen
Trulben
Fort
Stephanshof
Grand Eyberg 516
Wieslautern
Eppenbrunn
Walschbronn
Waldhouse
Breidenbach
Schweix
Hilst
Liederschiedt
Bousseviller
Roppeviller
Lengelsheim
Hanviller
Haspelschiedt
Rumbach
Budenthal
Fischbach-bei-Dahn
Hirzeck 471
Reisdorf 561
Tour
Niederschlettenbach
Chât. de Guttenberg
Forêt de Mundat
Mundatwald 417
Ludwigswinkel
Petersbächel
Chât. de Wegelnburg
Schönau
Nothweiler
Bobenthal
Chât. de Hohenbourg
Chât. de Wasigenstein
Hirschthal
Col de Litschhof 337
Wissembourg
Weiler
Schorbach
Camp militaire de Bitche
Bitche
La Main du Prince
416
373
Ft de Bitche
Sturzelbronn
Forêt de Sturzelbronn
Chât. de Lutzelhardt
Col du Gœtzenberg
400
Steinbach
Chât. de Fleckenstein
Petit-Wingen
Wingen
432
Col du Pigeonnier
Climbach
Oberhoffen-les-W.
Rott
Steinseltz
Cleebourg
Riedseltz
Étg de Hasselfurt
Erbsenthal
Obersteinbach
Ft de
Chât. de Froensbourg
Niedersteinbach
488
547
Ft de Katzenthal
Chât. de Schœneck
Chât. de Wineck
Chât. de Windstein
Neunhoffen
Dambach
Chât. de Falkenstein
Étg de Hanau
Eguelshardt
Forêt de Mouterhouse
Mouterhouse
420
Le Duerrberg
Rocher du Ramstein
Forêt
Baerenthal
Philippsbourg
Winecklerthal
Chât. Neuf
Windstein
Jaegerthal
Grand Wintersberg
580
Mattstall
Lembach
Pfaffenbronn
Col du Pfaffenschlick 418
Drachenbronn-Birlenbach
Birlenbach
Keffenach
Memmelshoffen
Lobsann
Hoch Wald
Lampertsloch
Langensoultzbach
Chât. Gœrsdorf
Preuschdorf
Retschwiller
Soultz-s/s-Forêts
Schœnenbourg
Hermerswiller
Hohwiller
Leiterswiller
Kutzenhausen
Frenacker
Thalhaeuseln
Althorn
Hanau
Untermuhlthal
Chât. d'Arnsbourg
Niederbronn-les-Bains
Nehwiller
Frœschwiller
Chât. de Wasenbourg
Belvéd.
Tour
Oberbronn
Zinswiller
Reichshoffen
Dieffenbach-les-Wœrth
Merkwiller-Pechelbronn
Wœrth
Oberdorf-Spachbach
Gunstett
Surbourg
Biblisheim
Betschdorf
Schwabwiller
Poteries
Wildenguth
Reipertswiller
Forêt d'Offwiller
Chât. de Lichtenberg
Lichtenberg
Rothbach
Offwiller
Wimmenau
Forêt d'Ingwiller
Petite-Pierre-Nord 387
Sparsbach
Weinbourg
Ingwiller
Bischholtz
Mulhausen
Uhrwiller
Schillersdorf
Menchhoffen
Obersoultzbach
Weiterswiller
Niedersoultzbach
Uttwiller
Gundershoffen
Gumbrechtshoffen
Uttenhoffen
Griesbach
Engwiller
Mietesheim
Kindwiller
Bitschhoffen
Uberach
La Walck
Niedermodern
Obermodern-Zutzendorf
Pfaffenhoffen
Schalkendorf
Ringeldorf
Dauendorf
Uhlwiller
Schirlenhof
Eberbach
Morsbronn-les-Bains
Forstheim
Hegeney
Laubach
Durrenbach
Walbourg
Eschbach
Mertzwiller
Forêt de Haguenau
Haguenau
Halbmuhlbach
Chêne
Neuwiller-lès-Saverne
Le Bastberg
Chât. de Herrenstein
Bouxwiller
Kirrwiller-Bosselshausen
Buswiller
Ringendorf
Grassendorf
Ettendorf
Morschwiller
Schweighouse-s.-Moder
Ohlungen
Camp militaire
Kaltenhouse
Riedheim
Issenhausen
Lixhausen
Hutten
Alteckendorf
Wintershouse
Batzendorf
Ft de
Minversheim
Bernolsheim
Dossenheim-s.-Zinsel
Imbsheim
Oberhoffen-s.-Moder
80
81

A
B
C
D
E
F
G
1
2
3
4
5
6
7
8
9
10
vers Cork, Rosslare et Plymouth
Île de Batz
Î. Tisaozon
Pointe des Jacobins
Pointe de Bloscon
I. de Sieck
Santec
Dossen
Roscoff
St-Pol-de-Léon
Pempoul
Ile Callot
Pointe St-Jean
Carantec
Baie de Morlaix
Chât. du Taureau
Ile Noire
Cairn de Barnenez
Rade de Morlaix
Pointe de Primel
Pointe du Diben
Rochers
Primel-Trégastel
Le Diben
Ste-Barbe
Plougasnou
St-Samson
Térénez
Kernéléhen
Pointe de Run-Glaz
Pointe de Beg-an-Fry
Prajou
St-Jean-du-Doigt
Pointe du Corbeau
Locquirec
Kerbouli
Guimaëc
N.-D.-de-la-Joie
Kermouster
Lanmeur
Pont-Menou
Plouézoch
Le Mouster
Plouégat-Guérand
Coat-Roc'h
Locquénolé
Kerfissien
Téven-Kerbrat
Moguériec
Manoir de Tronjoly
Chât. de Kérouzéré
Keromnès
Cléder
Sibiril
Plougoulm
Kerlissien
Tréflaouénan
Chât. de Kergornadeac'h
Ste-Catherine
Plouénan
Keronantiou
Henvic
Kermen
Mespaul
Pont-Éon
Berven
Trézilidé
Plouzévédé
D10
D788
D58
D769
D75
D173
D73
D46
D64
D786
83
84

H
I
J
K
L
M
N
1
2
3
4
5
6
7
8
9
10
60
86
85
Île Plate
Î. de Bono
Île aux Moines
Les Sept-Iles
Île Renote
Pointe de Squéouel
Rochers
Rochers
Trégastel-Plage
Ploumanac'h
Île Tomé
Île Siec
Pointe du Château
Iles d'Er
Île St-Gildas
Île d'Illiec
Î. Loaven
Île Grande
(Station ornithologique)
Île Aganton
Île Milliau
Ste-Anne
La Clarté
Perros-Guirec
Trégastel
Anse de Perros
Trélévern
Trestel
Le Royau
Port-Blanc
Buguelès
Plougrescant
St-Gonery
Port-Béni
Pleubian
St-Antoine
Trévou-Tréguignec
St-Guénolé
Penvénan
St-Gonval
Gouré
La Roche-Jaune
Kerbors
St-Adrien
Pleumeur-Gautier
Plouguiel
Tréguier
Trédarzec
Lézardrieux
Penvern
Pleumeur-Bodou
St-Quay-Perros
Louannec
St-Nicolas
Camlez
Trébeurden
LANNION-CÔTE DE GRANIT
Kermaria-Sulard
Petit-Camp
Coatréven
Minihy-Tréguier
Baie de Lannion
Pointe de Bihit
Trézeny
Lochrist
Pont-Losquet
Pouldouran
Camarel
Pleudaniel
Beg-Léguer
Servel
Pointe de Dourvin
Lannion
Loguivy
Langoat
Ville-Blanche
Lanmérin
La Roche-Derrien
Troguéry
Hengoat
Pointe de Séhar
Le Yaudet
St-Marc
Locquémeau
Christ
Ploulec'h
Rospez
Quemperven
Pommerit-Jaudy
Châtt. de la Roche-Jagu
Penhoat
Trédrez-Locquémeau
Pointe de Locquirec
St-Herbot
Ploubezre
Buhulien
Chât. de Coatfrec
Lanvézéac
Le Cosquer
Mantallot
Ploëzal-Runan
Kerblat
St-Michel-en-Grève
Les 5-Croix
Kerfons
Caouënnec-Lanvézéac
Berhet
Confort
Pontrieux
St-Efflam
Ploumilliau
Châtt. de Tonquédec
Trévoazan
Runan
Grand Rocher
La Lande
Cavan
Prat
Peulven
Plestin-les-Grèves
Tréduder
Chât. de Kergrist
Tonquédec
Coatascorn
La Belle-Église
Plouëc-du-Trieux
St-Sébastien
Keraudy
Run
Barderou
Prélidy
Plouzélambre
Kervern
Trézelan
St-Clet
Gilles-les-Bois
Chât. de
Trieux
Jaudy
Léguer
D786
D788
D767
D11
D21
D65
D6
D8
D30
D42
D33
D20
D787

A
B
C
D
E
F
G
1
2
3
4
5
6
7
8
9
10
59
85
86
Iles d'Er
Sillon Talbert
Chantereau
Laneros
Ile St-Maudez
Phare du Paon
St-Antoine
Pleubian
Phare de la Croix
Chapelle St-Michel
Île de Bréhat
Le Bourg
Lanmodez
Î. à Bois
Île Béniguet
Î. Logodec
Pointe de l'Arcouest
Kermouster
St-Adrien
Loguivy
Pleumeur-Gautier
Ploubazlanec
Kermenguy
Lézardrieux
Paimpol
Porz-Even
Pointe de la Trinité
Ile St-Riom
Les Roho
Anse de Paimpol
Mez de Goëlo
Kergrist
Plounez
Camarel
Pleudaniel
Abbaye de Beauport
Pointe de Plouézec
Lancerf
Penvern
Kérity
Port-Lazo
Boloi
Trieux
Plourivo
Plouézec
Pointe de Minard
Penhoat
Kerléau
Kerfot
Le Questel
Pointe Berjule
Grand Léjon
Kermaria
La Madeleine
St-Paul
Bréhec
Leff
Quemper-Guézennec
Yvias
Danot
Pointe de la Tour
Pontrieux
Temple de Lanleff
Lanloup
Plage Bonaparte
Trinité
Pléhédel
BAIE DE SAINT - BRIEUC
Port-Moguer
Le Faouët
Lanleff
Kermaria-Nisquit
La Trinité
Pointe de Plouha
Kergrist
St-Jacques
Kérouziel
Le Palus
Plouha
Trémeven
Pointe du Bec-de-Vir
I. Harbour
St-Gilles-les-Bois
Lannebert
Pludual
St-Yves
Tréveneuc
Kertugal
Tréverec
D20
D33
D70
D786
D787
D789
D15
D82
D79
D7
D21
D54
D94
D32
D96
D6
D65
D67
D94
D77
D17
D22
D32

61
38
Bay
H
I
J
K
L
M
N
La Pulente
B35
B38
Beaumont
36
Corbière Point
St. Brelade
St. Brelade's Bay
Portelet
St. Heli
Noirmont Point
vers Sark, Alderney
vers Weymouth et Portsmouth
vers Guernsey et Cherbourg
(Île
vers St-Malo
1
2
3
4
5
62
6
7
8
9
10
88
87
Le Grand Pourier
Anse des

JERSEY
(Île Anglo-Normande)
St. Helier
Elizabeth Castle
Noirmont Point
Portelet
St. Saviour
Grouville
Grouville Bay
St. Clement
La Rocque
La Rocque Point
Le Croc
St. Clement's Bay
Dolmen
Faldouet
St. Catherine's Bay
Mont Orgueil
Augrès
Millbrook
Five-Oaks
38
36
61
87
88
M A N C H E
vers St-Malo
vers les îles Anglo-Normandes
vers Portmouth et Weymouth
vers Jersey et Guernsey
Le Bœuf
Le Sénéquet
Roches du Sac du Pirou
Le Pignon
Grande Ile
Île Longue
Les Huguenans
Iles Chausey
Granville
Pointe du Roc
La Pierre de Herpin
Pointe de Meinga
Rochers sculptés
Pointe Bénard
Pointe du Nez
Île des Landes
Grande Rade
A
B
C
D
E
F
G
1
2
3
4
5
6
7
8
9
10

50
MANCHE
ET DU BESSIN
63
39
37
40
64
89
90
Lessay
Créances
Pirou
Pirou-Plage
Château du Pirou
Lande de Lessay
Périers
Millières
La Feuillie
Heugueville
Vaudrimesnil
La Lucasserie
St-Sébastien-de-Raids
St-Martin-d'Aubigny
Marchésieux
Remilly-s.-Lozon
Les Champs-de-Losque
Le Hommet-d'Arthenay
Le Dézert
Pont-Hébert
La Meauffe
St-Germain-s.-Sèves
Raids
Auxais
Tribehou
B. du Hommet
St-André-de-Bohon
Graignes
Le Mesnil-Angot
Le Mesnil-Véneron
Feugères
St-Michel-de-la-Pierre
St-Aubin-du-Perron
St-Sauveur-Lendelin
Le Mesnil-Vigot
Le Mesnil-Eury
Lozon
Montreuil-s.-Lozon
Amigny
Rampan
Hébécrevon
La Chapelle-en-Juger
Cimetière allemand
St-Georges-Montcocq
Agneaux
Saint-Lô
St-Gilles
Le Mesnil-Amey
Marigny
Le Lorey
Le Poteau
Camprond
Cambernon
Montcuit
Hauteville-la-Guichard
Le Mesnilbus
La Rousserie
Monthuchon
La Vendelée
Servigny
Ancteville
La Ronde-Haye
La Rachinière
Muneville-le-Bingard
Le Bingard
Geffosses
Anneville-s.-Mer
Montsurvent
Gouville-s.-Mer
La Lainerie
Boisroger
Gonneville
Blainville-s.-Mer
St-Malo-de-la-Lande
Brainville
Gratot
Coutances
Coutainville
Agon-Coutainville
Tourville-s.-Sienne
Heugueville-s.-Sienne
Bricqueville-la-Blouette
St-Pierre-de-Coutances
Nicorps
Courcy
Belval
Savigny
Cametours
Carantilly
Quibou
Canisy
St-Ébremond-de-Bonfossé
St-Martin-de-Bonfossé
St-Samson-de-Bonfossé
Gourfaleur
Dangy
Cerisy-la-Salle
Ouville
Montpinchon
Pont-Brocard
B. de Souilles
Soulles
St-Romphaire
Le Mesnil-Herman
Le Mesnil-Opac
Moyon
Biesse
Carrefour-Paris
Fervaches
N.-D.-de-Cenilly
La Haye-Bellefond
Chevry
Regnéville-s.-Mer
Pte d'Agon
Montchaton
Orval
La Lande
Saussey
Montmartin-s.-Mer
Hauteville-s.-Mer
Hauteville-Plage
Hyenville
Hérenguerville
St-Denis-le-Vêtu
Contrières
Roncey
St-Martin-de-Cenilly
Annoville
Quettreville-s.-Sienne
Trelly
Guéhébert
Grimesnil
Le Guislain
Villebaudon
Beaucoudray
Tourneville
Lingreville
Muneville-s.-Mer
La Planche-Guillemette
Le Mesnil-Aubert
Le Bourg-Sey
Lengronne
St-Denis-le-Gast
Hambye
Abbaye d'Hambye
Maupertuis
Montabot
Mont Robin
Gouvets
Bricqueville-s.-Mer
Cérences
Gavray
La Baleine
Mesnil-Coq
Percy
Le Chefresne
St-Martin
Coudeville-Plage
Bréhal
Chanteloup
Le Mesnil-Bonant
Sourdeval-les-Bois
Montaigu-les-Bois
Le Mesnil-Hue
Ver
Margueray
Bréville-s.-Mer
Coudeville-s.-Mer
Le Mesnil-Amand
Le Mesnil-Rogues
Le Mesnil-Garnier
Le Mesnil-Villeman
La Bloutière
La Colombe
Montbray
Longueville
Hudimesnil
Le Loreur
St-Sauveur-la-Pommeraye
La Meurdraquière
Équilly
Donville-les-Bains
Yquelon
Anctoville-s.-Boscq
St-Planchers
Fleury
Champrepus
Villedieu-les-Poêles
Beslon
Courson
Ste-Cécile
St-Aubin-des-Bois
St-Pair-s.-Mer
St-Jean-des-Champs
Folligny
Hocquigny
Beauchamps
Zoo
La Lande-d'Airou
Le Tanu
Le Mesnil-Drey
St-Maur-des-Bois
Fontenermont
Kairon-Plage
St-Aubin-des-Préaux
Abbaye de la Lucerne
La Haye-Pesnel
Bourguenolles
Noirpalu
Rouffigny
Chérencé-le-Héron
La Chapelle-Cécelin
Boisyvon
Jullouville
St-Pierre-Langers
La Lucerne-d'Outremer
La Mouche
Champcervon
La Trinité
St-Martin-le-Bouillant
Le Gast
Pignon Butor
St-Michel-des-Loups
La Rochelle-Normande
Les Chambres
Coulouvray-Boisbenâtre
La Pierre-Coupée
Carolles
Cabane Vauban
Angey
Sartilly
Le Luot
Ste-Pience
La Chaise-Baudouin
St-Jean-du-Corail-des-Bois
St-Nicolas-des-Bois
Les Loges-s.-Brécey
Pte de Champeaux
Champeaux
Subligny
Braffais
N.-D.-de-Livoye
St-Laurent-des-Cuves
St-Jean-le-Thomas
Champcey
Dragey
Mont
Lolif
Chavoy
Ste-Eugienne
Plomb
St-Georges-de-Livoye
Brécey

64
40
41
37
36
63
89
90
A
B
C
D
E
F
G
1
2
3
4
5
6
7
8
9
10
MANCHE
50
Saint-Lô
Le Molay-Littry
Campigny
Agy
Guéron
Monceaux-en-Bessin
Nonant
Martragny
Arganchy
Cachy
Carcagny
Littry
Le Tronquay
La Tuilerie
Noron-la-Poterie
St-André
Ellon
Juaye-Mondaye
Condé-s.-Seulles
Ducy-Ste-Marguerite
Chouain
Audrieu
Baynes
Ste-Marguerite-d'Elle
Moon-s.-Elle
Cerisy-la-Forêt
Forêt de Cerisy
Vaubadon
Castillon
Trungy
Abbaye de Mondaye
Bucéels
St-Clair-s.-l'Elle
St-Jean-de-Savigny
Balleroy
St-Paul-du-Vernay
La Belle-Épine
Tilly-s.-Seulles
St-Pierre
La Meauffe
Villiers-Fossard
Couvains
Montfiquet
La Bazoque
La Butte
Lingèvres
Cimetière britannique
Hottot-les-Bagues
Juvigny-s.-Seulles
La Malbrèche
Litteau
Planquery
Ste-Honorine-de-Ducy
Cahagnoles
Longraye
St-Georges-d'Elle
Bérigny
La Luzerne
St-Georges-Montcocq
St-André-de-l'Épine
La Croix-Rouge
Foulognes
Le Lion-Vert
St-Vaast-s.-Seulles
Vendes
Cormolain
Louvigny
St-Germain-d'Elle
Torteval-Quesnay
St-Germain-d'Ectot
Sermentot
Monts-en-Bessin
St-Pierre-de-Semilly
N.-D.-d'Elle
Sallen
Vilday
La Barre-de-Semilly
Rouxeville
Montrabot
Livry
Anctoville
Feuguerolles-s.-Seulles
Fains
Vidouville
Briquessard
St-Jean-des-Baisants
Précorbin
Biéville
La Vacquerie
Villeneuve
Caumont-l'Éventé
St-Louet-s.-Seulles
Villy-Bocage
Parfouru-s.-Odon
Baudre
Lamberville
Villers-Bocage
Épinay-s.-Odon
Gourfaleur
La Mancellière-s.-Vire
Sept-Vents
Amayé-s.-Seulles
La Chapelle-du-Fest
La Lande-s.-Drôme
Cahagnes
Tracy-Bocage
Ste-Suzanne-s.-Vire
Condé-s.-Vire
Le Perron
St-Jean-des-Essartiers
Longvillers
Le Mesnil-au-Grain
St-Romphaire
Le Mesnil-Raoult
Torigni-s.-Vire
St-Amand
Dampierre
Les Loges
Maisoncelles-Pelvey
Roches de Ham
Placy-Montaigu
Benneville
Coulvain
St-Ouen-des-Besaces
La Ferrière-au-Doyen
St-Pierre-du-Fresne
St-Georges-d'Aunay
Aunay-s.-Odon
Bauquay
Le Mesnil-Opac
Brectouville
Les Montagnes
Gièville
St-Symphorien-les-Buttes
Troisgots
La Chapelle-s.-Vire
Châtl. de l'Angotière
Cauchard
St-Martin-des-Besaces
B. du Homme
Jurques
La Bigne
Bonnemaison
Parc zoologique
Forêt de l'Évêque
Bois de Buron
Ondefontaine
Fervaches
St-Louet-s.-Vire
Guilberville
Domjean
La Ferrière-Harang
Brémoy
La Rouelle
Tessy-s.-Vire
St-Denis-Maisoncelles
Le Mesnil-Auzouf
Quaye
Roucamps
Mt d'Ancre
Beuvrigny
Mont Pinçon
Fourneaux
Mont-Bertrand
St-Pierre-Tarentaine
Campandré-Valcongrain
Le Tourneur
Montamy
Campeaux
Arclais
Danvou-la-Ferrière
Le Plessis-Grimoult
Ste-Marie-Outre-l'Eau
Bures-les-Monts
Le Bény-Bocage
Montchauvet
St-Jean-le-Blanc
Gouvets
Malloué
Pont-Farcy
Pont-Bellanger
Carville
St-Charles-de-Percy
Lénault
St-Martin-Don
Ste-Marie-Laumont
St-Vigor-des-Monts
Montchamp
Périgny
Beaulieu
Lassy
Le Reculey
Annebecq
Le Désert
St-Vigor-des-Mézerets
Châtl. de Pontécoulant
Beaumesnil
Landelles-et-Coupigny
Campagnolles
Étouvy
La Graverie
Estry
La Chapelle-Engerbold
St-Martin
Montbray
Morigny
La Mière
Le Mesnil-Robert
Le Theil-Bocage
Presles
La Rocque
Sept-Frères
Le Mesnil-Benoist
Forgues
Pontécoulant
Coulonces
Burcy
Pierres
Le Mesnil-Caussois
La Papillonnière
Courson
Mesnil-Clinchamps
Chênedollé
Vaudry
Vassy
St-Germain-du-Crioult
St-Sever-Calvados
Vire
Viessoix
Les Hauts-Vents
Roullours
Halboudière
Fontenermont
St-Manvieu-Bocage
Rully
Moncy
Montilly-s.-Noireau
Ft de St-Sever
Bernières-le-Patry
Clairefougère
L'Ermitage
St-Germain-de-Tallevende-la-Lande-Vaumont
La Renaudière
St-Pierre-d'Entremont
Caligny
Le Gast
Montsecret
Champ-du-Boult
Maisoncelles-la-Jourdan
Cerisy-Belle-Étoile
La Pierre-Coupée
Mont de Cerisy
La Bazoque
Truttemer-le-Grand
St-Quentin-les-Chardonnets
Frênes
La Lande-Vaumont
St-Michel-de-Montjoie
Gathemo
Anc. abbaye
Truttemer-le-Petit
Le Ménil-Ciboult
Mont Crépin
La Lande-Patry
Les Croix
Tinchebray
Lingeard
Perriers-en-Beauficel
Beauficel
Vengeons
Christophe-de-Chaulieu
Chaulieu
St-Paul
A84-E401
N174
D972
D572
D577
D674
D524
D512
D13
D6
D9
D28
D54
D56
D374

CALVADOS
14
ORNE
61
CAEN
Hérouville-St-Clair
Colombelles
Mondeville
Troarn
Carpiquet
Bretteville-l'Orgueilleuse
Verson
Fleury-s.-O.
Ifs
Cormelles-le-Royal
Soliers
Frénouville
Argences
Mézidon-Canon
Évrecy
May-s.-Orne
Fontenay-le-Marmion
Bretteville-s.-Laize
Forêt de Cinglais
Thury-Harcourt
Boucle du Hom
Chapelle St-Joseph
Cim. canadien
Cim. pol.
La Brèche au Diable
Potigny
SUISSE NORMANDE
Bois de St-Clair
Le Pain de Sucre
Clécy
Croix de la Faverie
Bois du Roi
Falaise
Mont Myrrha
Les Monts d'Éraines
Pont-d'Ouilly
Condé-s.-Noireau
St-Pierre-du-Regard
Athis-de-l'Orne
Roche d'Oëtre
Gorges de St-Aubert
Barrage de Rabodanges
Moulin
Bois de St-André
Bois de Feuillet
Camp celtique
Flers
Putanges-Pont-Écrepin
Abbaye d'Ardenne
B. de Bavent
CAEN CARPIQUET
A84 - E401
A13 - E46
N158
A88
Menhir
Chât. Repas
Châtt. d'Assy
Chât. de St-Sauveur
Méandre du Rouvrou
41
42
91
92
66

66
42
43
65
91
92
14
CALVADOS
A13-E46
A28-E402
Lisieux
St-Désir
Beuvillers
Dozulé
Cambremer
Crèvecœur-en-Auge
Mézidon-Canon
St-Pierre-s.-Dives
Livarot
Vimoutiers
Orbec
Cormeilles
Blangy-le-Château
Gacé
Trun
Argentan
Chambois
Le Sap
Fervaques
St-Germain-de-Livet
Beuvron-en-Auge
Clermont-en-Auge
Ancienne abb. du Val-Richer
Cimetière britann.
Manoir de la Cauvinière
Chiffretot
Manoir du Ronceray
Camembert
Camp celtique
Le Vaudobin
Manoir d'Argentelles
Forêt de Gouffern
Forêt de Chaumont
Forêt de St-Evroult
Source de l'Orbiquet
Mont Jacob
L'Oudon
Pont-l'Évêque
Annebault
Drubec
Clarbec
St-Hymer
Pierrefitte-en-Auge
Manneville-la-Pipard
Le Mesnil-s.-Blangy
Bonneville-la-Louvet
Le Bois-Hellain
Epaignes
La Chapelle-Bayvel
St-Pierre-de-Cormeilles
St-Sylvestre-de-Cormeilles
Fierville-les-Parcs
Le Breuil-en-Auge
Le Brévedent
Le Faulq
St-Philbert-des-Champs
Le Pin
Bailleul-la-Vallée
Asnières
Moyaux
Norolles
Coquainvilliers
Formentin
Le Fournet
Bonnebosq
Auvillars
Valsemé
Cresseveuille
St-Léger-Dubosq
Putot-en-Auge
St-Jouin
Beaufour-Druval
Gerrots
Rumesnil
Repentigny
Léaupartie
Montreuil-en-Auge
La Roque-Baignard
Manerbe
Ouilly-le-Vicomte
Rocques
Fauguernon
Hermival-les-Vaux
Ouilly-du-Houley
Fumichon
Piencourt
Les Places
Firfol
L'Hôtellerie
Marolles
Glos
Courtonne-la-Meurdrac
Cordebugle
La Chapelle-Hareng
St-Martin-de-la-Lieue
Le Mesnil-Guillaume
St-Jean-de-Livet
St-Denis-de-Mailloc
St-Martin-de-Mailloc
St-Julien-de-Mailloc
Courtonne-les-2-Eglises
Le Planquay
La Chapelle-Yvon
St-Pierre-de-Mailloc
St-Cyr-du-Ronceray
Tordouet
St-Germain-la-Campagne
St-Martin-de-Bienfaite-la-Cressonnière
La Vespière
Cernay
Friardel
Cerqueux
Préaux-St-Sébastien
Les Moutiers-Hubert
N.-D.-de-Courson
Meulles
La Folletière-Abenon
St-Laurent-des-Grès
Familly
La Goulafrière
St-Aubin-de-Bonneval
Avernes-St-Gourgon
St-Germain-d'Aunay
St-Cyr-d'Estrancourt
Canapville
Pontchardon
Ticheville
Le Bosc-Renoult
Orville
La Croix-Blanche
Verneusses
Monnai
St-Laurent-du-Tencement
Heugon
Villers-en-Ouche
St-Nicolas-des-Laitiers
Le Sap-André
La Trinité-des-Laitiers
Touquettes
St-Evroult-N.-D.-du-Bois
St-Evroult-de-Montfort
Résenlieu
Ciral-St-Aubin
Orgères
Croisilles
Courménil
Mardilly
Chaumont
Neuville-s.-Touques
La Thibaudière
Roiville
Fresnay-le-Samson
Guerquesalles
La Croix-Rouge
Aubry-le-Panthou
Survie
Le Fresnaie-Fayel
St-Pierre-la-Rivière
Ménil-Hubert-en-Exmes
Avernes-s/s-Exmes
Villebadin
Omméel
Avenelles
Fel
Mont-Ormel
Coudehard
Champosoult
La Bruyère-Fresnay
Ecorches
Les Lignerits
Les Champeaux
St-Gervais-des-Sablons
Le Renouard
Le Mesnil-Imbert
Crouttes
St-Germain-de-Montgommery
Ste-Foy-de-Montgommery
Lisores
La Chapelle-Haute-Grue
La Brévière
Bellou
St-Ouen-le-Houx
Heurtevent
Tortisambert
Montpinçon
Vaudeloges
Barou-en-Auge
Norrey-en-Auge
Morteaux-Coulibœuf
Les Moutiers-en-Auge
Beaumais
Le Marais-la-Chapelle
Montreuil-la-Cambe
Louvières-en-Auge
Fontaine-les-Bassets
Neauphe-s.-Dive
Crocy
Fourches
Ommoy
Merri
Guêprei
Coulonces
Villedieu-lès-Bailleul
Tournai-s.-Dive
St-Lambert-s.-Dive
Montabard
Bailleul
Sévigny
Occagnes
Aubry-en-Exmes
Ste-Eugénie
Fougy
Le Bourg-St-Léonard
Crennes
Exmes
Louvagny
Vicques
Bernières-d'Ailly
Jort
Courcy
Tôtes
Lieury
Ecots
St-Georges-en-Auge
Montviette
Mittois
Boissey
Hiéville
Thiéville
Carel
Bretteville-s.-Dives
Ouville-la-Bien-Tournée
Vieux-Pont
Castillon-en-Auge
Ste-Marguerite-de-Viette
St-Michel-de-Livet
Ste-Marguerite-des-Loges
Le Mesnil-Bacley
St-Martin-du-Mesnil-Oury
Le Mesnil-Durand
Le Mesnil-Germain
Cheffreville-Tonnencourt
La Croupte
Auquainville
Prêtreville
Coupesarte
Les Authieux-Papion
Ste-Marie-aux-Anglais
St-Julien-le-Faucon
Lessard-et-le-Chêne
Grandchamp-le-Château
Le Mesnil-Simon
Le Mesnil-Mauger
Percy-en-Auge
Magny-la-Campagne
Écajeul
Magny-le-Freule
Biéville-Quétiéville
St-Loup-de-Fribois
Lécaude
Les Monceaux
Le Mesnil-Eudes
St-Pierre-des-Ifs
Montreuil
N.-D.-de-Livaye
La Houblonnière
La Boissière
St-Aubin-s.-A.
N.-D.-d'Estrées
St-Jean
Corbon
Victot-Pontfol
Hotot-en-Auge
Grandouet
St-Ouen-le-Pin
Le Pré-d'Auge
La Pommeraye
Le Torquesne
Brucourt
Angerville
Bissières
Thiéville
Escures-s-Favières
Cléville
Brocottes
Le Ham
Danestal
Bourgeauville
Beaumont-en-Auge
Reux
Douville-en-Auge
Branville

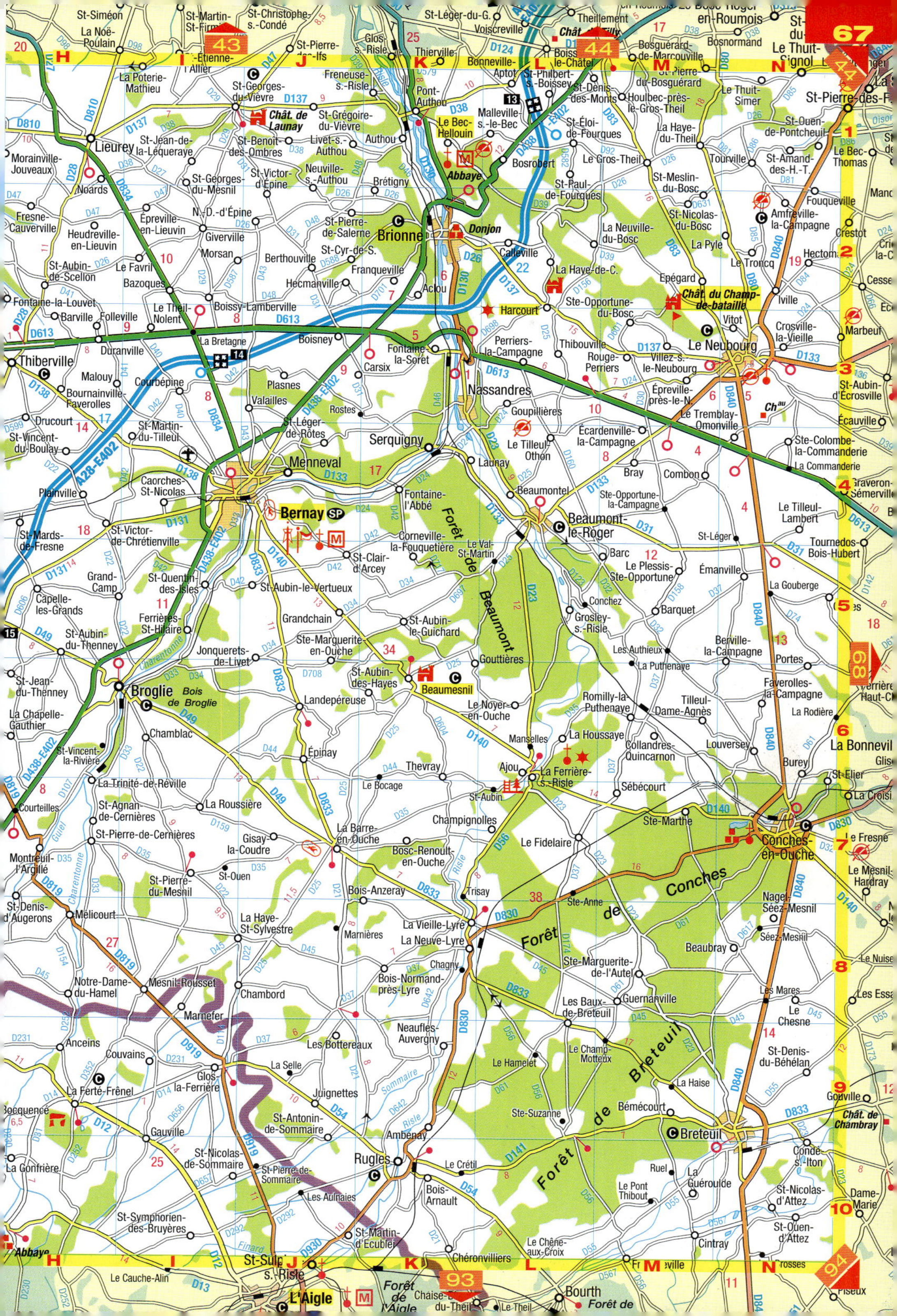
St-Siméon
La Noë-Poulain
St-Martin-St-Firmin
St-Christophe-s.-Condé
43
44
Glos-s.-Risle
St-Léger-du-G.
Voiscreville
Theillement
en-Roumois
Bosnormand
Le Thuit-Signol
St-Pierre-des-Ifs
Thierville
Bonneville-Aptot
Boissy-le-Châtel
Bosguérard-de-Marcouville
St-Pierre-du-Bosguérard
La Poterie-Mathieu
St-Georges-du-Vièvre
Freneuse-s.-Risle
Pont-Authou
St-Philbert-s.-Boissey
St-Denis-des-Monts
Houlbec-près-le-Gros-Theil
Le Thuit-Simer
St-Pierre-des-Fleurs
Lieurey
Chât. de Launay
St-Grégoire-du-Vièvre
Le Bec-Hellouin
Malleville-s.-le-Bec
St-Éloi-de-Fourques
La Haye-du-Theil
St-Ouen-de-Pontcheuil
Morainville-Jouveaux
St-Jean-de-la-Léqueraye
St-Benoît-des-Ombres
Livet-s.-Authou
Authou
Abbaye
Bosrobert
Le Gros-Theil
Tourville
St-Amand-des-H.-T.
Le Bec-Thomas
Noards
St-Georges-du-Mesnil
St-Victor-d'Épine
Neuville-s.-Authou
Brétigny
St-Paul-de-Fourques
St-Meslin-du-Bosc
Fouqueville
Fresne-Cauverville
Épreville-en-Lieuvin
N.-D.-d'Épine
St-Pierre-de-Salerne
Brionne
Donjon
St-Nicolas-du-Bosc
Amfreville-la-Campagne
Crestot
Heudreville-en-Lieuvin
Giverville
La Neuville-du-Bosc
La Pyle
Morsan
St-Cyr-de-S.
Calleville
Le Troncq
Hectomare
St-Aubin-de-Scellon
Le Favril
Berthouville
Franqueville
La Haye-de-C.
Épégard
Bazoques
Hecmanville
Aclou
Ste-Opportune-du-Bosc
Chât. du Champ-de-bataille
Iville
Fontaine-la-Louvet
Le Theil-Nolent
Boissy-Lamberville
Harcourt
Vitot
Crosville-la-Vieille
Barville
Folleville
La Bretagne
Boisney
Perriers-la-Campagne
Marbeuf
Duranville
Fontaine-la-Soret
Thibouville
Le Neubourg
Thiberville
Carsix
Rouge-Perriers
Villez-s.-le-Neubourg
St-Aubin-d'Écrosville
Malouy
Courbépine
Plasnes
Nassandres
Bournainville-Faverolles
Épreville-près-le-N.
Valailles
Rostes
Goupillières
Drucourt
St-Martin-du-Tilleul
St-Léger-de-Rôtes
Le Tremblay-Omonville
Écauville
St-Vincent-du-Boulay
Serquigny
Le Tilleul-Othon
Écardenville-la-Campagne
Ste-Colombe-la-Commanderie
La Commanderie
Menneval
Launay
Bray
Combon
Plainville
Caorches-St-Nicolas
Fontaine-l'Abbé
Beaumontel
Ste-Opportune-la-Campagne
Graveron-Sémerville
Bernay
Forêt de Beaumont
Beaumont-le-Roger
Le Tilleul-Lambert
St-Mards-de-Fresne
St-Victor-de-Chrétienville
Corneville-la-Fouquetière
Le Val-St-Martin
St-Léger
Tournedos-Bois-Hubert
St-Clair-d'Arcey
Barc
Le Plessis-Ste-Opportune
Émanville
Grand-Camp
St-Quentin-des-Isles
St-Aubin-le-Vertueux
La Gouberge
Capelle-les-Grands
Conchez
Barquet
Ferrières-St-Hilaire
Grandchain
St-Aubin-le-Guichard
Grosley-s.-Risle
St-Aubin-du-Thenney
Ste-Marguerite-en-Ouche
Les Authieux
Berville-la-Campagne
Jonquerets-de-Livet
Gouttières
La Puthenaye
Portes
St-Jean-du-Thenney
Broglie
Bois de Broglie
St-Aubin-des-Hayes
Beaumesnil
Faverolles-la-Campagne
Romilly-la-Puthenaye
Tilleul-Dame-Agnès
Landepéreuse
Le Noyer-en-Ouche
La Rodière
La Chapelle-Gauthier
Chamblac
Mancelles
La Houssaye
Collandres-Quincarnon
Louversey
La Bonneville
St-Vincent-la-Rivière
Épinay
Thevray
Ajou
La Ferrière-s.-Risle
Burey
St-Élier
La Trinité-de-Réville
Le Bocage
St-Aubin
Sébécourt
St-Agnan-de-Cernières
La Roussière
Courteilles
St-Pierre-de-Cernières
Gisay-la-Coudre
La Barre-en-Ouche
Champignolles
Ste-Marthe
Conches-en-Ouche
Le Fidelaire
Montreuil-l'Argillé
St-Ouen
Bosc-Renoult-en-Ouche
Le Fresne
St-Pierre-du-Mesnil
Bois-Anzeray
Trisay
Ste-Anne
Forêt de Conches
Le Mesnil-Hardray
St-Denis-d'Augerons
Mélicourt
La Haye-St-Sylvestre
Marnières
La Vieille-Lyre
La Neuve-Lyre
Nagel-Séez-Mesnil
Séez-Mesnil
Beaubray
Notre-Dame-du-Hamel
Mesnil-Rousset
Chambord
Chagny
Bois-Normand-près-Lyre
Ste-Marguerite-de-l'Autel
Le Nuisement
Marnefer
Guernanville
Les Baux-de-Breteuil
Les Mares
Le Chesne
Les Essarts
Anceins
Les Bottereaux
Neaufles-Auvergny
Couvains
Glos-la-Ferrière
La Selle
Le Hamelet
Le Champ-Motteux
St-Denis-du-Béhélan
La Ferté-Frênel
Juignettes
La Haise
Gouville
Bocquence
St-Antonin-de-Sommaire
Ambenay
Ste-Suzanne
Bémécourt
Chât. de Chambray
Gauville
Breteuil
Forêt de Breteuil
La Gonfrière
St-Nicolas-de-Sommaire
St-Pierre-de-Sommaire
Rugles
Le Crétil
Ruel
La Guéroulde
Condé-s.-Iton
Bois-Arnault
Le Pont Thibout
St-Nicolas-d'Attez
Dame-Marie
Les Aulnaies
St-Symphorien-des-Bruyères
St-Martin-d'Écublei
Le Chêne-aux-Croix
Cintray
St-Ouen-d'Attez
Abbaye
Chéronvilliers
St-Sulpice-s.-Risle
Le Cauche-Alin
L'Aigle
Forêt de l'Aigle
Chaise-Dieu-du-Theil
Le Theil
Bourth
Forêt de
93
94
Piseux
68
A28-E402
D613
D438-E402

68
44
45
67
93
94
EURE
27
Caudebec-lès-Elbeuf
Elbeuf
Pierre-lès-Elbeuf
La Saussaye
St-Pierre-des-F.
St-Cyr-la-Campagne
St-Germain-de-Pasquier
St-Didier-des-Bois
La Harengère
La Haye-Malherbe
Montaure
Écrosville
Tostes
Ft de Louviers
Incarville
Louviers
VAL-DE-REUIL
Léry
Tournedos-s.-Seine
Le Vaudreuil
Porte-Joie
St-Étienne-du-Vauvray
St-Pierre-du-Vauvray
Andé
Herqueville
Connelles
Daubeuf-près-Vatteville
Vatteville
Heuqueville
Cuverville
Fresne-l'Archevêque
Corny
Le Thuit
La Roquette
Noyers
Bernières-s.-Seine
Muids
Les Andelys
Chât. Gaillard
Vézillon
Tosny
Bouafles
Guiseniers
Ft des Andelys
Hennezis
Mandeville
Vraiville
Crasville
Surtauville
Surville
Criquebeuf-la-Campagne
Crestot
Daubeuf-la-Campagne
La Haye-le-Comte
Pinterville
Vironvay
Heudebouville
Venables
Villers-s.-le-Roule
La Mare
Courcelles-s.-Seine
Fouqueville
Cesseville
Ecquetot
Quatremare
Le Mesnil-Jourdain
Acquigny
Fontaine-Bellenger
Vieux-Villez
Aubevoye
Gaillon
Port-Mort
St-Pierre-la-Garenne
Pressagny-le-Val
Marbeuf
Venon
Canappeville
Ailly
Ste-Barbe-s.-Gaillon
N.-D.-de-l'Isle
Villettes
Hondouville
Amfreville-s.-Iton
La Vacherie
Houetteville
Heudreville-s.-Eure
Fontaine-Heudebourg
St-Julien-de-la-Liègue
St-Aubin-s.-Gaillon
Le Goulet
St-Pierre-de-Bailleul
Pressagny-l'Orgueilleux
St-Aubin-d'Écrosville
Feuguerolles
Écauville
Bérengeville-la-Campagne
La Chapelle-du-Bois-des-Faulx
Cailly-s.-Eure
Le Croix-St-Leufroy
Écardenville-s.-Eure
Champenard
St-Étienne-s/s-Bailleul
St-Pierre-d'Autils
Villez-s/s-B.
St-Just
Ste-Colombe-la-Commanderie
La Commanderie
Quittebeuf
Brosville
Émalleville
Irreville
Autheuil-Authouillet
Ste-Colombe-près-Vernon
La Chapelle-Réanville
St-Marcel
Bizy
Graveron-Sémerville
Bacquepuis
Tourneville
St-Germain-des-Angles
Le Boulay-Morin
St-Vigor
Chambray
Houlbec-Cocherel
Mercey
St-Vincent-des-Bois
Ft de Bizy
Bernienville
Sacquenville
Le Mesnil-Fuguet
Normanville
Dardez
Reuilly
Tournedos-Bois-Hubert
St-Martin-la-Campagne
Caer
Fontaine-s/s-Jouy
Rouvray
La Heunière
Gauville-la-Campagne
Gravigny
Sassey
Jouy-s.-Eure
Cerisey
Hardencourt-Cocherel
Vaux-s.-Eure
Ménilles
Douains
Blaru
Claville
Aviron
ÉVREUX
Huest
Fauville
Gauciel
Boncourt
Croisy-s.-Eure
Pacy-s.-Eure
Chaufour-lès-Bonnières
Ferrières-Haut-Clocher
Caugé
Parville
Miserey
St-Aquilin-de-Pacy
Chaignes
Chaignolles
St-Sébastien-de-Morsent
Cierrey
Caillouet-Orgeville
Le Vieil-Évreux
Orgeville
Aigleville
La Rodière
La Bonneville-s.-Iton
Aulnay-s.-Iton
Arnières-s.-Iton
Le Plessis-Hébert
Fains
Villegats
Glisolles
Gadencourt
St-Elier
La Croisille
Gaudreville-la-Rivière
Forêt d'Évreux
Les Baux-Ste-Croix
Angerville-la-Campagne
La Trinité
Le Val-David
Le Cormier
Hécourt
Guichainville
St-Luc
Boisset-les-Prévanches
Merey
Breuilpont
St-Chéron
Bérou
Prey
St-Germain-de-Fresney
Le Fresne
Champ-Dolent
Garel
Garencières
Fresney
Bretagnolles
Lorey
Chanu
Le Mesnil-Hardray
Les Ventes
Le Plessis-Grohan
Cissey
Grossœuvre
La Boissière
Épieds
Orvaux
Grohan
Avrilly
La Forêt-du-Parc
Serez
Bueil
Nogent-le-Sec
Villalet
Sylvains-les-Moulins
Quessigny
Foucrainville
Obélisque d'Ivry
Neuilly
Manthelon
La Sôgne
Thomer-la-Sôgne
Jumelles
Mousseaux-Neuville
Garennes-s.-Eure
Le Nuisement
Le Buisson-Chevalier
Le Failly
Les Authieux
Neuville
La Couture-Boussey
Les Essarts
Le Sacq
St-André-de-l'Eure
Ivry-la-Bataille
Chanteloup
Coulonges
Bailleul
Forêt d'Ivry
Mouettes
La Houssaye
Le Roncenay
Damville
Corneuil
Cimetière allemand
L'Habit
La Chaussée-d'Ivry
Chavigny-Bailleul
Champigny-la-Futelaye
Bois-le-Roi
Ézy-s.-Eure
Pommereuil
Coudres
Osmoy
Grottes
Oulins
Le Roncenay-Authenay
Les Minières
Créton
Ft de Roseux
Anet
Gouville
Roman
Boissy-s.-Damville
Moisville
Francheville
Lignerolles
Saussay
Croth
Vesgre
Chât. de Chambray
Renoulet
Gaudreville
Marcilly-la-Campagne
Le Buisson
Gratheuil
St-Laurent-des-Bois
Boncourt
Rouvres
Buis-s.-Damville
Les Routils
Illiers-l'Évêque
Marcilly-s.-Eure
Sorel-Moussel
Grandvilliers
Pinton
Le Brémien
Dame-Marie
Hellenvilliers
Droisy
Courdemanche
Forêt de Dreux
Sanvilliers
Bois de la Couture
Les Grès
Abb. du Breuil-Benoît
Panlatte
Les Ardilières
St-Georges-Motel
Pavillon de Chasse
L'Hosmes
Merville
Louye
Aulnay-s.-Muzy
Abondant
Brosses
N.-D.-des-Puits
Dreux
Piseux
La Troudière
Le Mesnil
Nonancourt
La Madeleine-de-Nonancourt
St-Germain-s.-Avre
Mesnil-s.-l'Estrée
Le Boullay-l'Abbé
Montreuil
Brissard
Conde-s.-Iton
St-Nicolas-d'Attez
St-Ouen-d'Attez
Le Chesne
SEINE
NORMANDIE
AUTOROUTE
A154
A13-E5
N154
N13
N12
D613
D830
D833
D836
D6015
D316

45
46
46
PARC NATUREL
RÉGIONAL DU VEXIN
FRANÇAIS
VAL
YVELINES
78
70
95
96
Gisors
Trie-Château
Chaumont-en-Vexin
Magny-en-Vexin
Marines
Vernon
Giverny
Bonnières-s.-Seine
Rosny-s.-Seine
Limetz-Villez
Bennecourt
Freneuse
La Roche-Guyon
Site du Jamborée de la Paix
Vétheuil
Mantes-la-Jolie
Mantes-la-Ville
Magnanville
Buchelay
Limay
Gargenville
Issou
Porcheville
Juziers
Meulan
Les Mureaux
Verneuil-s.-Seine
Vernouillet
Triel-s.-Seine
Carrières s/s-Poissy
Épône
Mézières-s.-Seine
Aubergenville
Flins-s.-S.
Bouafle
Ecquevilly
Maule
Mareil-s.-Mauldre
Beynes
Plaisir
Les Clayes s/s-Bois
Villepreux
Chavenay
Élancourt
Trappes
Jouars-Pontchartrain
Neauphle-le-Ch.
Villiers-St-Frédéric
Thoiry
Réserve africaine
Septeuil
Orgerus
Garancières
La Queue-les-Yvelines
Méré
Houdan
Maulette
Bréval
Longnes
Dammartin-en-Serve
Follainville-Dennemont
Château de Villarceaux
Chât. d'Alincourt
Chât. de Herces
Forêt de Rosny
Ft de Vernon
Ft des Alluets
Guerville
Crespières
Feucherolles
Thiverval-Grignon
St-Germain-de-la-Grange
Sérifontaine
Saint-Clair-s.-Epte
Bray-et-Lû
Chars
Vigny
Avernes
Sagy
Seraincourt
Hardricourt
Mézy-s.-Seine
Évecquemont
Vaux-s.-S.
Menucourt
Courdimanche
Orgeval
Médan
Villennes-s.-Seine
Chambourcy
Bois-d'Arcy
Galluis
Bazoches
Le Tremblay
Jouars
Marchezais
Havelu
Thionville
Bû
Gilles
Guainville
Richebourg
Tacoignières
Bazainville
Boissy-Mauvoisin
Perdreauville
Rolleboise
Mousseaux-s.-Seine
Méricourt
Gasny
Écos
Dangu
Gamaches-en-Vexin
Courcelles-lès-Gisors
Chambors
Lattainville
Delincourt
Reilly
Boubiers
Montjavoult
Parnes
Serans
Hadancourt-le-Haut-Clocher
Bouconvillers
Lierville
Lavilletertre
Neuville-Bosc
Chavençon
Neuilly-en-Vexin
Le Heaulme
Brignancourt
Santeuil
Frémécourt
Le Perchay
Us
Ableiges
Montgeroult
Courcelles-s.-Viosne
Théméricourt
Frémainville
Longuesse
Condécourt
Gaillon-s.-Montcient
Tessancourt-s.-Aubette
Oinville-s.-M.
Brueil-en-Vexin
Jambville
Sailly
Lainville-en-Vexin
Montalet-le-Bois
Drocourt
Fontenay-St-Père
Guitrancourt
Aincourt
Arthies
Wy-dit-Joli-Village
Guiry-en-Vexin
Gadancourt
Cléry-en-Vexin
Commeny
Gouzangrez
Moussy
Le Bellay-en-Vexin
Nucourt
St-Gervais
Genainville
Banthelu
Charmont
Hodent
Omerville
Ambleville
Chaussy
Villers-en-Arthies
Maudétour-en-Vexin
Chérence
Haute-Isle
Vienne-en-Arthies
St-Cyr-en-Arthies
St-Martin-la-Garenne
Amenucourt
Le Mesnil-Milon
Fourges
Bus-St-Rémy
Dampsmesnil
Berthenonville
Château-s.-Epte
Montreuil-s.-Epte
Buhy
La Chapelle-en-Vexin
Magnitot
Fours-en-Vexin
Cahaignes
Authevernes
Guerny
Noyers
Vesly
Les Thilliers-en-Vexin
Villers-en-Vexin
Mouflaines
Richeville
Harquency
Forêt-la-Folie
Cantiers
Guitry
Fontenay
Tourny
Civières
Mézières-en-Vexin
Tilly
Panilleuse
Heubécourt-Haricourt
Bois-Jérôme-St-Ouen
Ste-Geneviève-lès-Gasny
Commeny
Port-Villez
Jeufosse
La Villeneuve-en-Chevrie
Lommoye
Cravent
St-Illiers-la-Ville
St-Illiers-le-Bois
Villiers-en-Désœuvre
Neauphlette
Le Mesnil-Simon
Mondreville
Flins-Neuve-Église
Tilly
Civry-la-Forêt
Boissets
Mulcent
Montchauvet
Courgent
Prunay-le-Temple
Orvilliers
Gressey
St-Martin-des-Champs
Osmoy
Villiers-le-Mahieu
Flexanville
Autouillet
Auteuil
Boissy-sans-Avoir
Vicq
Neauphle-le-Vieux
Saulx-Marchais
Millemont
Béhoust
Le Moutier
Goupillières
Andelu
Hargeville
Arnouville-lès-Mantes
Rosay
Villette
Vert
Breuil-Bois-Robert
Auffreville-Brasseuil
Soindres
Fontenay-Mauvoisin
Favrieux
Flacourt
Boinvilliers
Le Tertre-St-Denis
Ménerville
Jouy-Mauvoisin
Goussonville
Boinville-en-Mantois
Jumeauville
La Falaise
Nézel
Aulnay-s.-Mauldre
Bazemont
Herbeville
Les Alluets-le-Roi
Montainville
Davron
Marcq
Elisabethville
Mareil-le-Guyon
Grosrouvre
St-Ouen-Marchefroy
Berchères-s.-Vesgre
La Haye
St-Lubin-de-la-Haye
Machefroy
Sainte-Marie-de-Vatimesnil
Suzay
Hacqueville
Farceaux
Boisemont
Bernouville
Chauvincourt-Provemont
Neaufles-St-Martin
Boury-en-Vexin
Vaudancourt
Montagny-en-Vexin
Loconville
Fay-les-Étangs
Liancourt-St-Pierre
Tourly
Fleury
Fresne-Léguillon
Monneville
Marquemont
Énencourt-le-Sec
Boissy-le-Bois
Sénots
Monts
Hénonville
Trie-la-Ville
A13-E5
N12
D14
D915
D983
D913
D147

46
47
69
95
96
OISE
60
VAL-D'OISE
95
PARIS
75
p.380-381
93
Méru
Andeville
Chambly
Persan
Beaumont-s.-O.
Creil
Montataire
Nogent-s.-Oise
St-Leu-d'Esserent
Gouvieux
Chantilly
Lamorlaye
Abbaye de Royaumont
Viarmes
Luzarches
Fosses
Marly-la-Ville
Amblainville
Bornel
Neuilly-en-Thelle
Précy-s.-Oise
Boran-s.-Oise
Bruyères-s.-O.
Champagne-s.-Oise
L'Isle-Adam
Presles
Parmain
Nesles-la-V.
Valmondois
Auvers-s.-Oise
Méry-s.-O.
Marines
Pontoise
Cergy
Osny
St-Ouen-l'A.
Pierrelaye
Taverny
Beauchamp
Bessancourt
St-Leu-la-F.
Domont
Bouffémont
Écouen
Villiers-le-Bel
Goussainville
Louvres
Ézanville
Sarcelles
Gonesse
Garges-lès-Gonesse
Montmorency
Eaubonne
Ermont
Franconville
Herblay
Conflans-Ste-Honorine
Andrésy
Chanteloup-les-Vignes
Triel-s.-Seine
Achères
Maisons-Laffitte
Carrières-s/s-Poissy
Poissy
St-Germain-en-Laye
Sartrouville
Argenteuil
Épinay-s.-S.
St-Denis
Stains
Drancy
Aulnay-s/s-Bois
Aubervilliers
La Courneuve
Bobigny
Pantin
Clichy
Asnières
Colombes
Houilles
Bezons
Courbevoie
Levallois-Perret
Nanterre
Neuilly-s.-S.
La Défense
Puteaux
Suresnes
Rueil-Malmaison
Chatou
Le Vésinet
Le Pecq
Bondy
Rosny-s/s-B.
Montreuil
Vincennes
Fontenay-s/s-B.
Nogent-s.-M.
St-Mandé
Charenton-le-P.
Ivry-s.-S.
Vitry-s.-S.
Villejuif
Maisons-Alfort
St-Maur-des-F.
Créteil
Boulogne-B.
St-Cloud
Sèvres
Meudon
Issy-les-Mx
Vanves
Malakoff
Montrouge
Châtillon
Clamart
Bagneux
Versailles
Le Chesnay
Marly-le-Roi
Louveciennes
Bougival
La Celle-St-Cloud
Vaucresson
Garches
Ville-d'Avray
Chaville
Viroflay
Vélizy
Villacoublay
St-Cyr-l'École
Bois-d'Arcy
Fontenay-le-Fleury
Noisy-le-Roi
Rocquencourt
Forêt de Marly
Forêt de St-Germain
Forêt de l'Isle-Adam
Forêt de Montmorency
Ft de Carnelle
Forêt d'Orry
Bois de Boulogne
Bois de Vincennes
Paris Le Bourget
A1
A3
A4
A13
A14
A15
A86
A104
A115
N104
LA FRANCILIENNE

47
48
72
97
98
PARC NAT. RÉG. OISE-PAYS DE FRANCE
Forêt d'Halatte
Butte d'Aumont
Aumont-en-Halatte
Fleurines
Villers-St-Frambourg
Brasseuse
Raray
Verneuil-en-Halatte
Beaurepaire
Senlis
Chamant
Barbery
Ognon
Montépilloy
Courteuil
Avilly-St-Léonard
Mont-l'Évêque
Abb. de la Victoire
Forêt de Chantilly
Forêt de Pontarmé
Pontarmé
Thiers-s.-Thève
Ft d'Ermenonville
Fontaine-Chaalis
Montlognon
Abb. de Chaalis
Borest
Mer de Sable
Zoo
Ermenonville
Étang de l'Épine
Parc "Astérix"
La Chapelle-en-Serval
Mortefontaine
Survilliers
Plailly
Ver-s.-Launette
Ève
St-Witz
Vémars
Moussy-le-Neuf
Othis
Dammartin-en-Goële
Villeron
Chennevières-lès-Louvres
Moussy-le-Vieux
Longperrier
Mauregard
Épiais-lès-L.
Le Mesnil-Amelot
Villeneuve-s/s-Dammartin
PARIS CHARLES-DE-GAULLE
Thieux
Compans
Mitry-Mory
Circuit Carole
Parc des Expositions
Villepinte
Tremblay-en-Fr.
Sevran
Livry-Gargan
Vaujours
Villeparisis
Coubron
Courtry
Clichy-s/s-Bois
Le Pin
Montfermeil
Le Raincy
Gagny
Chelles
Neuilly-Plais.
Brou-s.-Chantereine
Vaires-s.-M.
Champs-s.-M.
Gournay-s.-M.
Noisiel
Torcy
Le Perreux-s.-M.
NOISY-LE-GD
Bry-s.-M.
Lognes
Villiers-s.-M.
MARNE-LA-VALLÉE
Le Plessis-Trévise
CHAMPIGNY-S.-M.
94
Chennevières-s.-M.
Émerainville
Croissy-Beaubourg
Roissy-en-Brie
Pontault-Combault
La Queue-en-Brie
Ozoir-
Ferrières
Ft de Ferrières
Pontcarré
Forêt d'Armainvilliers
SEINE-ET-
Claye-Souilly
Annet-s.-Marne
Villevaudé
Carnetin
Thorigny-s.-Marne
Pomponne
St-Thibault-des-V.
Lagny-s.-Marne
Gouvernes
Bussy-St-Martin
Bussy-St-G.
Collégien
Conches-s.-Gondoire
Guermantes
Chanteloup
Montévrain
Dampmart
Chalifert
Jossigny
DISNEYLAND PARIS
Serris
Magny-le-Hongre
Coupvray
Chessy
Esbly
Lesches
Montry
St-Germain-s.-Morin
Coutevroult
Villiers-s.-Morin
Bailly-Romainvilliers
Villeneuve-le-Comte
Villeneuve-St-Denis
La Route
Tigeaux
Voulangis
Crécy-la-Chapelle
Couilly-Pont-aux-Dames
Quincy-Voisins
Condé-Ste-Libiaire
Mareuil-lès-Meaux
Isles-lès-Villenoy
Villenoy
Jablines
Précy-s.-Marne
Fresnes-s.-Marne
Charmentray
Vignely
Trilbardou
Gressy
Messy
Charny
Villeroy
St-Mesmes
Nantouillet
Le Plessis-aux-Bois
Iverny
Vinantes
Juilly
Montgé-en-Goële
St-Mard
Cuisy
Le Plessis-l'Évêque
Monthyon
Chauconin-Neufmontiers
Penchard
Chambry
Crégy-lès-Meaux
Meaux
Nanteuil-lès-Meaux
Trilport
Fublaines
Montceaux-lès-Meaux
St-Fiacre
Boutigny
Villemareuil
Forêt du Mans
Magny-St-Loup
Bouleurs
Coulommes
Vaucourtois
Sancy
La Haute-Maison
La Chapelle-s.-Crécy
Maisoncelles-en-Brie
Dammartin-s.-Tigeaux
Guérard
Pommeuse
Tresmes
Faremoutiers
La Celle-s.-Morin
L'Obélisque
Mortcerf
Neufmoutiers-en-Brie
Ft de Crécy
Forêt
Giremoutiers
Voisins
Mouroux
Pierre-Levée
Signy-Signets
St-Jean-les-Deux-Jumeaux
Changis-s.-Marne
Armentières-en-Brie
Isles-les-Meldeuses
Jaignes
Tancrou
Mary-s.-Marne
Forêt de Montceaux
Germigny-l'Évêque
Congis-s.-Thérouanne
Varreddes
Poincy
Lizy-s.-Ourcq
Étrépilly
Échampeu
Vernelle
Le Plessis-Placy
Trocy-en-Multien
Marcilly
Barcy
Gesvres-le-Chapitre
Forfry
La Ramée
Douy-la-Ramée
Puisieux
Oissery
St-Pathus
Marchémoret
Rouvres
St-Soupplets
Lagny-le-Sec
Le Plessis-Belleville
Silly-le-Long
Montagny-Ste-Félicité
Nanteuil-le-Haudouin
Versigny
Droizelles
Baron
Rosières
Fresnoy-le-Luat
Le Luat
Ducy
Villeneuve
Auger-St-Vincent
Beaurain
Rully
Mt Cormon 154
Trumilly
Drucy
Rocquemont
Vérines
Glaignes
Séry-Magneval
Magneval
Béthisy-St-Martin
Néry
St-Vaast-de-Longmont
Orrouy
Glaicourt
Fresnoy-la-Rivière
Béthancourt-en-Valois
Morcourt
Église
Duvy
Crépy-en-Valois
Feigneux
Rouville
Lévignen
Ormoy-Villers
Bois du Roi
Boissy-Lévignen
Péroy-les-Gombries
Boissy-Fresnoy
Villers-St-Genest
Sennevières
Chèvreville
Ognes
Bouillancy
Brégy
Fosse-Martin
Réez-Fosse-Martin
Acy-en-Multien
Étavigny
Rouvres-en-Multien
Rosoy-en-Multien
Varinfroy
Vincy-Manœuvre
Manœuvre
May-en-Multien
Boullarre
Neufchelles
Betz
Antilly
Macquelines
Cuvergnon
Bargny
Ormoy-le-Davien
Gondreville
Villers-les-Potées
Thury-en-Valois
La Villeneuve-s/s-Thury
Marolles-s.-Ourcq
60 OISE
Chavres
Ivors
Boursonne
Le Plessis-s.-Autheuil
Vaumoise
Russy-Bémont
Bémont
Vez
Abbaye
Vauciennes
Coyolles
Bonneuil-en-Valois
Pondron
SEINE-ET-MARNE
AUTOROUTE DU NORD
T.G.V. NORD
T.G.V. EST
A1-E15-E19
A4-E50
A104
N2
N3
N330
N36
D1324
Marne
l'Ourcq
Thérouanne
Nonette
Thève
Aunette
Beuvronne
Grd Morin

72
48
49
23
35
Monument Mangin
Haramont
Largny-s.-Automne
Villers-Cotterêts
Forêt de Retz
Longpont
Abbaye
Villers-Hélon
Louâtre
Vierzy
Taux
Hartennes-et-Taux
Tigny
Parcy-et-Tigny
Droizy
Launoy
Maast-et-Violaine
Muret-et-Crouttes
Cuiry-Housse
Tannières
Branges
Loupeigne
Foufry
Arcy-Ste-Restitue
Mareuil-en-Dôle
Château de Fère
Fleury
Corcy
Dampleux
Vauciennes
Coyolles
Blanzy
Le Plessier-Huleu
St-Rémy-Blanzy
Grand-Rozoy
Beugneux
Cramaille
Saponay
Seringes-et-Nesles
Fère-en-Tardenois
Cim. am.
Faverolles
Vouty
Ancienville
Oigny-en-Valois
Ancienne chartreuse
Billy-s.-Ourcq
Oulchy-la-Ville
Oulchy-le-Château
Butte de Chalmont
178
Chouy
Noroy-s.-Ourcq
Rozet-St-Albin
Nanteuil-Notre-Dame
Bruyères-s.-Fère
Villemoyenne
Villeneuve-s.-Fère
Villers-s.-Fère
Boursonne
Ivors
Silly-la-Poterie
Billemont
Troësnes
Marizy-St-Mard
Vichel-Nanteuil
Montgru-St-Hilaire
Breny
Armentières-s.-Ourcq
Le Plessis-s.-Autheuil
Autheuil-en-Valois
Marolles
La Ferté-Milon
Marizy-Ste-Geneviève
Passy-en-Valois
Neuilly-St-Front
Macogny
La Villeneuve-s/s-Thury
Bourneville
St-Quentin-s.-Allan
Rassy
Latilly
La Croix-s.-Ourcq
Rocourt-St-Martin
Coincy
AISNE 02
Brécy
Forêt de Beuvardes
Fère
Monnes
Chapelle
Cointicourt
Priez
Dammard
Sommelans
Grisolles
Bois du Châtelet
Mareuil-s.-Ourcq
Bois de Montigny
Boullare
Ancienne commanderie
Chézy-en-Orxois
St-Gengoulph
Courchamps
Bonnesvalyn
Bézu-St-Germain
Épieds
Le Charmel
Neufchelles
Montigny-l'Allier
Hautevesnes
Monthiers
Épaux-Bézu
Autoroute de l'Est
Jaulgonne
Brumetz
Licy-Clignon
Vaux
Varinfroy
Crouy-s.-Ourcq
Gandelu
Torcy-en-Valois
Étrepilly
Bézuet
Trugny
Chartèves
Courtemont-Varennes
Veuilly-la-Poterie
Bussiares
Belleau
A4-E50
Verdilly
Mont-St-Père
Mézy-Moulins
Fussy
Cimetière international
Certigny
Germigny-s/s-Coulombs
Coulombs-en-Valois
Marigny-en-Orxois
Lucy-le-Bocage
Bouresches
Château-Thierry
Brasles
Gland
Fossoy
Crézancy
Marnoue-les-Moines
T.G.V. EST
Vendrest
Ocquerre
Dhuisy
Vaux
Cote 204
Chierry
Blesmes
Connigis
Chaton
Chambardy
Monneaux
Étampes-s.-Marne
Monthurel
D401
Coupru
Essômes-s.-Marne
Nesles-la-Montagne
St-Eugène
Cocherel
Montreuil-aux-Lions
Mary-s.-Marne
Bézu-le-Guéry
Domptin
Bonneil
Azy-s.-Marne
Nogentel
Tancrou
Ste-Aulde
Villiers-St-Denis
Courboin
Isles-les-Meldeuses
Armentières-en-Brie
Jaignes
Messy
Nanteuil-s.-Marne
Crouttes-s/-Marne
Charly-s.-Marne
Romeny-s.-Marne
Chézy-s.-Marne
Montbazin
Veissieux
Chamigny
Luzancy
Citry
Saulchery
Montlevon
Changis-s.-Marne
Ussy-s.-Marne
Méry-s.-Marne
Saâcy-s.-Marne
Villaré
Nogent-l'Artaud
Essises
Viffort
Reuil-en-Brie
La Chapelle-s.-Chézy
Sammeron
La Ferté-s/s-Jouarre
Pavant
Montfaucon
St-Jean-les-Deux-Jumeaux
Sept-Sorts
La Ferotterie
Signy-Signets
Jouarre
Bassevelle
La Gde Forêt
Étang de Vergis
Rozoy-Bellevalle
Fontenelle-en-Brie
SEINE-ET-MARNE 77
Bussières
St-Cyr-s.-Morin
Orly-s.-Morin
Ft de Rouges-Fossés
Forêt Mans
Pierre-Levée
La Fringale
St-Ouen-s.-Morin
Boitron
Hondevilliers
Viels-Maisons
Marchais-en-Brie
Forêt de Choqueuse
Bois-Baudry
L'Épine-aux-Bois
La Haute-Maison
La Trétoire
Sablonnières
Verdelot
Vendières
La Celle-s/s-Montmirail
Montmirail
Mécringes
Doue
Bellot
Villeneuve-s.-Bellot
Aisoncelle-Brie
Villers
St-Germain-s/s-Doue
Montdauphin
Rieux
Giremoutiers
Rebais
St-Léger
Villeneuve-s/s-Bois
Grand-Doucy
Montenils
Aulnoy
St-Denis-lès-Rebais
Montolivet
Voisins
Boissy-le-Châtel
Champmartin
Thiercelieux
Mouroux
Coulommiers
Chauffry
St-Barthélemy
Jouy-s.-Morin
Le Vézier
Morsains
Meilleray
St-Augustin
Chailly-en-Brie
St-Siméon
St-Rémy-la-Vanne
98
97
La Ferté-Gaucher
St-Martin-des-Champs
Trefols
Joiselle
La Chapelle
Marolles

49
50
73
74
99
100
REIMS
Tinqueux
Cormontreuil
St-Brice-Courcelles
Champigny
Bezannes
Trois-Puits
Puisieulx
Gueux
Thillois
Janvry
Rosnay
Muizon
Vrigny
Ormes
Pargny-lès-Reims
Méry-Prémecy
Coulommes-la-Montagne
Jouy-lès-Reims
Les Mesneux
Gare T.G.V. Champagne Ardenne
Champfleury
Sacy
Ville-Dommange
Chapelle St-Lié
Courmas
Écueil
Chamery
Villers-aux-Nœuds
Montbré
Rilly-la-Montagne
Villers-Allerand
Mt Joli
Chigny-les-Roses
Ludes
Sermiers
Nogent
Courtagnon
Pourcy
Maison du Parc
Marfaux
Chaumuzy
Bligny
Bouilly
St-Euphraise-et-Clairizet
Aubilly
Poilly
Sarcy
Bouleuse
Tramery
Faverolles-et-Coëmy
Savigny-s.-Ardres
Courcelles-Sapicourt
Branscourt
Vandeuil
Hourges
Serzy-et-Prin
Crugny
Arcis-le-Ponsart
Brouillet
Lagery
Lhéry
Coëmy
Prin
Germigny
Ville-en-Tardenois
Chambrecy
Boujacourt
Champlat-et-Boujacourt
Jonquery
La Neuville-aux-Larris
Romigny
Olizy
Anthenay
Aougny
Vézilly
Villers-Agron-Aiguizy
Goussancourt
Cierges
Sergy
Chamery
Nesles
Villome
Coulonges-Cohan
Cohan
Dravegny
Abbaye d'Igny
Mont-s.-Courville
Courville
Chéry-Chartreuve
Bruys
Lhuys
Thibaut
Savoye
St-Gilles
Mont-St-Martin
Dôle
TARDENOIS
Courmont
Ronchères
Fresnes-en-Tardenois
Ste-Gemme
Champvoisy
Passy-Grigny
Forêt de Ris
Barzy-s.-Marne
Trélou-s.-Marne
Passy-s.-Marne
Reuilly-Sauvigny
Courthiézy
Soilly
Dormans
Vincelles
Verneuil
Vandières
Châtillon-s.-Marne
Cuisles
Cuchery
Baslieux-s/s-Châtillon
Villers-s/s-Châtillon
Belval-s/s-Châtillon
Bois de Courton
Nanteuil-la-Forêt
St-Imoges
Germaine
Cormoyeux
Fleury-la-Rivière
Romery
Hautvillers
Cumières
Damery
Venteuil
Reuil
Binson-et-Orquigny
Mareuil-le-Port
Troissy
Port-à-Binson
Œuilly
Leuvrigny
Cerseuil
Festigny
Nesle-le-Repons
Comblizy
Neuville
Igny-Comblizy
PARC NATUREL RÉGIONAL DE LA MONTAGNE DE REIMS
Forêt de la Montagne de Reims
Ville-en-Selve
Louvois
Fontaine-s.-Ay
Mutry
Champillon
Dizy
Ay
Mutigny
Avenay-Val-d'Or
Magenta
Mardeuil
Boursault
Vauciennes
Épernay
Mareuil-s.-Ay
Bisseuil
Oiry
Chouilly
Pierry
Moussy
Vinay
St-Martin-d'Ablois
Parc de Sourdon
Grd Étg du Roi
Étg des Aubépines
Forêt de Vassy
St-Agnan
La Chapelle-Monthodon
Celles-lès-Condé
Condé-en-Brie
Montigny-lès-Condé
Baulne-en-Brie
Le Breuil
Pargny-la-Dhuys
La Ville-s/s-Orbais
Verdon
Orbais
Abb.
Suizy-le-Franc
Mareuil-en-Brie
Le Baizil
Corribert
Artonges
Margny
Corrobert
La Chapelle-s/s-Orbais
Montmort-Lucy
Lucy
La Caure
Bois de la Grde Laye
Étang des Grès
Janvilliers
Fromentières
L'Échelle-le-Franc
Vauchamps
Champaubert
Fontaine-au-Bron
Bannay
Trosnay
Bergères-s/s-Montmirail
Le Thoult-Trosnay
Boissy-le-Repos
Soigny
Corfélix
Abb. du Reclus
Maclaunay
Le Gault-Soigny
Charleville
Le Recoude
La Villeneuve-lès-Charleville
Talus-St-Prix
St-Prix
Soizy-aux-Bois
Baye
Abbaye d'Andecy
Congy
Villevenard
Courjeonnet
Joches
Coizard-Joches
Oyes
Reuves
Broussy-le-Petit
Le Mesnil
Broussy-le-Grand
Bannes
Marais de St-Gond
Monument à la Victoire de la Marne
Mondement-Montgivroux
Ft du Gault
L'Hermite
Lachy
MARNE
Brugny-Vaudancourt
Forêt de Brugny
Monthelon
Chavot-Courcourt
Morangis
Mancy
Moslins
Cuis
Cramant
Avize
Grauves
Oger
Le Mesnil-s.-Oger
Bois d'Argensolle
Forêt de la Charmoye
Chât. de la Charmoye
Chaltrait
Villers-aux-Bois
Gionges
Ft de Vertus
Soulières
Givry-lès-Loisy
Loisy-en-Brie
Beaunay
Étoges
Férebrianges
Étréchy
Vertus
Villeneuve-Renneville-Chevigny
Renneville
Chevigny
Voipreux
Bergères-lès-Vertus
Mont Aimé
Toulon-la-Montagne
Vert-Toulon
Cimetière gaulois
Val-des-Marais
Aulnizeux
Aulnay-aux-Planches
Morains
Pierre-Morains
Écury-le-Repos
Clamanges
Normée
Les Istres-et-Bury
Flavigny
St-Mard-lès-Rouffy
Rouffy
Trécon

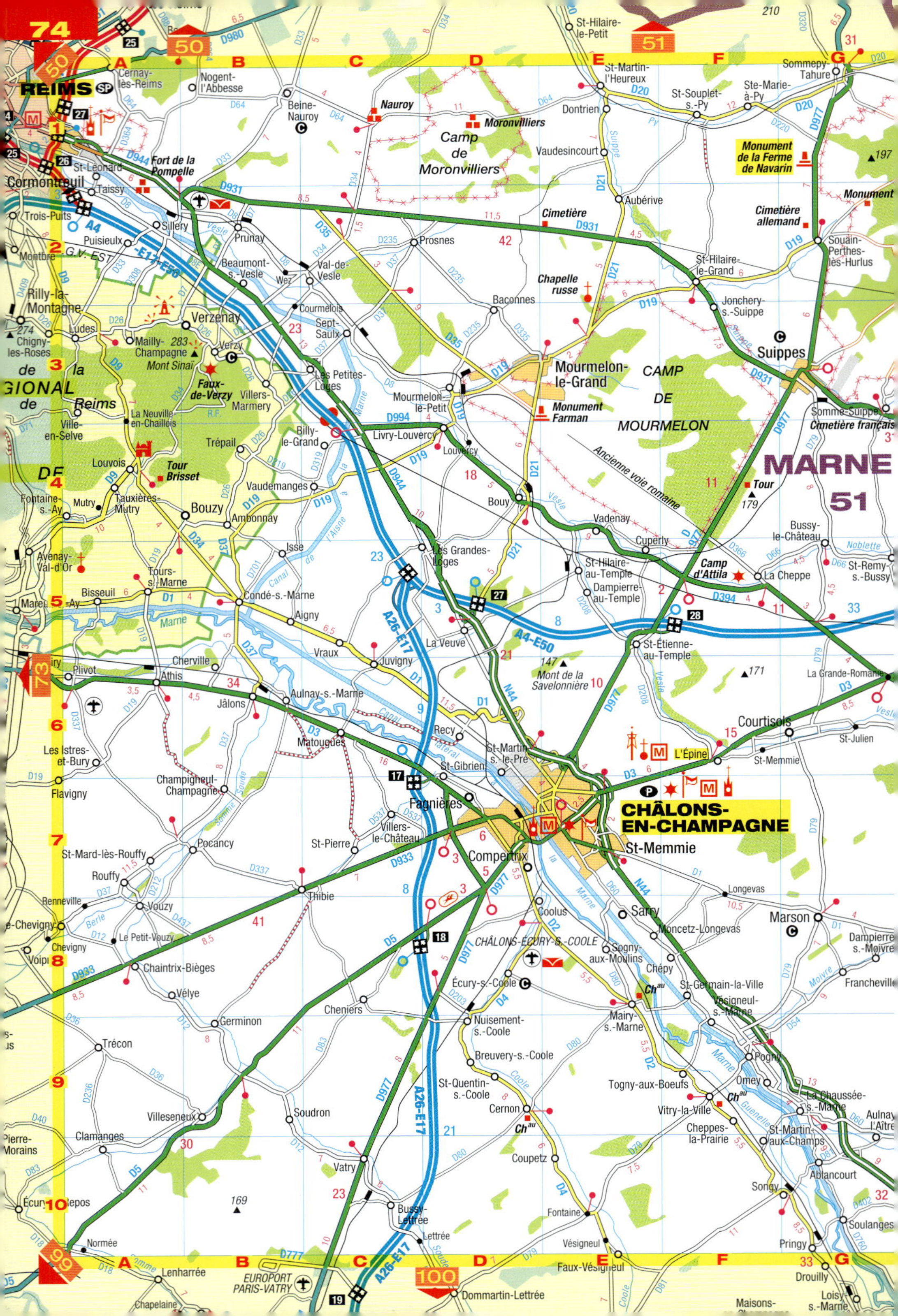

74
50
51
210
REIMS
Cernay-lès-Reims
Nogent-l'Abbesse
Beine-Nauroy
Nauroy
Moronvilliers
Camp de Moronvilliers
St-Hilaire-le-Petit
St-Martin-l'Heureux
Dontrien
Vaudesincourt
St-Souplet-s.-Py
Ste-Marie-à-Py
Sommepy-Tahure
Monument de la Ferme de Navarin
Monument
Cimetière allemand
Souain-Perthes-lès-Hurlus
Aubérive
Cimetière
St-Hilaire-le-Grand
Jonchery-s.-Suippe
Suippes
Chapelle russe
Fort de la Pompelle
St-Léonard
Cormontreuil
Taissy
Trois-Puits
Montbré
Sillery
Puisieulx
Prunay
Prosnes
Beaumont-s.-Vesle
Wez
Val-de-Vesle
Courmelois
Sept-Saulx
Baconnes
Rilly-la-Montagne
Chigny-les-Roses
Ludes
Mailly-Champagne
Mont Sinaï
Verzenay
Verzy
Faux-de-Verzy
Villers-Marmery
Les Petites-Loges
Mourmelon-le-Petit
Mourmelon-le-Grand
CAMP DE MOURMELON
Monument Farman
Somme-Suippe
Cimetière français
Ville-en-Selve
La Neuville-en-Chailloïs
Louvois
Tour Brisset
Trépail
Billy-le-Grand
Livry-Louvercy
Louvercy
Ancienne voie romaine
MARNE
51
Tour
Fontaine-s.-Ay
Mutry
Tauxières-Mutry
Bouzy
Ambonnay
Vaudemanges
Bouy
Vadenay
Cuperly
Bussy-le-Château
St-Remy-s.-Bussy
La Cheppe
Camp d'Attila
Avenay-Val-d'Or
Tours-s.-Marne
Isse
Les Grandes-Loges
St-Hilaire-au-Temple
Dampierre-au-Temple
Bisseuil
Mareuil-s.-Ay
Condé-s.-Marne
Aigny
Marne
Vraux
Juvigny
La Veuve
St-Étienne-au-Temple
La Grande-Romaine
Plivot
Cherville
Athis
Jâlons
Aulnay-s.-Marne
Mont de la Savelonnière
Recy
Courtisols
St-Julien
Les Istres-et-Bury
Matougues
St-Martin-s.-le-Pré
St-Gibrien
L'Épine
St-Memmie
Flavigny
Champigneul-Champagne
Fagnières
CHÂLONS-EN-CHAMPAGNE
St-Memmie
Villers-le-Château
St-Pierre
Pocancy
St-Mard-lès-Rouffy
Rouffy
Compertrix
Thibie
Renneville
Vouzy
Coolus
Sarry
Longevas
Marson
Moncetz-Longevas
Dampierre-s.-Moivre
Le Petit-Vouzy
Chevigny
CHÂLONS-ÉCURY-S.-COOLE
Sogny-aux-Moulins
Chépy
Francheville
Chaintrix-Bierges
Vélye
Écury-s.-Coole
St-Germain-la-Ville
Vésigneul-s.-Marne
Germinon
Cheniers
Nuisement-s.-Coole
Mairy-s.-Marne
Trécon
Breuvery-s.-Coole
Pogny
Omey
St-Quentin-s.-Coole
Togny-aux-Boeufs
La Chaussée-s.-Marne
Villeseneux
Soudron
Cernon
Vitry-la-Ville
Cheppes-la-Prairie
St-Martin-aux-Champs
Aulnay-l'Aître
Clamanges
Coupetz
Ablancourt
Vatry
Songy
Fontaine
Bussy-Lettrée
Lettrée
Soulanges
Normée
Vésigneul
Pringy
Lenharrée
Faux-Vésigneul
Drouilly
EUROPORT PARIS-VATRY
Dommartin-Lettrée
Chapelaine
Maisons-
Loisy-s.-Marne
99
100
73
A4-E50
A26-E17
E17-E50
A4
D931
D944
D19
D977
D3
D1
D933
D5
D4
D2
N44
D994
D21
D9
D37
D35
D34

75
51
52
76
101
102a
MARNE
51
55 MEUSE
CAMP MILITAIRE DE SUIPPES
Aure
Manre
Séchault
Boucconville
Condé-lès-Autry
Apremont
Charpentry
Véry
Gratreuil
Fontaine-en-Dormois
Binarville
Montblainville
Varennes-en-Argonne
Cheppy
Mont Muret 203
191
Tahure
Ripont
Rouvroy-Ripont
Cernay-en-Dormois
Servon-Melzicourt
Bois de la Gruerie
Abris du Kronprinz
Butte de Vauquois 290
Vauquois
Bois de Cheppy
Mont Têtu 197
Boureuilles
Forêt de
Perthes-lès-Hurlus
Le Mesnil-lès-Hurlus
Hurlus
Massiges
Ville-s.-Tourbe
Vienne-le-Château
La Harazée
Le Four-de-Paris
Ancienne abbaye
"La Haute Chevauchée"
St-Thomas-en-Argonne
Minaucourt-le-Mesnil-lès-Hurlus
Virginy
Malmy
Vienne-la-Ville
Forêt des Hauts-Bâtis
Lachalade
Neuvilly-en-Argonne
Wargemoulin-Hurlus
Berzieux
Ancienne Voie Romaine
Le Claon
Aubréville
Parois
Laval-s.-Tourbe
Courtémont
Moiremont
Florent-en-Argonne
Le Neufour
Lochères
Clermont-en-Argonne
St-Jean-s.-Tourbe
Dommartin-s/s-Hans
Maffrécourt
La Neuville-au-Pont
Vraincourt
Hans
La Grange-aux-Bois
Les Islettes
Auzéville-en-Argonne
Chaudefontaine
A4-E50
Somme-Tourbe
Somme-Bionne
Braux-Ste-Cohière
Ste-Menehould
Valmy
Moulin de Valmy
Monument Kellermann
Dommartin-Dampierre
Futeau
Bellefontaine
Forêt de Beaulieu
La Croix-en-Chapagne
Dampierre
Argers
Courupt
Verrières
Forêt de Châtrices
AUTOROUTE DE L'EST
Gizaucourt
Voilemont
Élise-Daucourt
Le Vieux-Bellay
La Chapelle-Felcourt
Felcourt
Daucourt
Châtrices
St-Rouin
Beaulieu-en-Argonne
St-Mard-s.-Auve
Auve
Rapsécourt
Braux-St-Remy
Villers-en-Argonne
Passavant-en-Argonne
Tilloy-et-Bellay
T.G.V. EST
Dampierre-le-Château
Le Chemin
Brizeaux
Sourzy
Sivry-Ante
Ante
Éclaires
Gumont
Herpont
Le Vieil-Dampierre
Bournonville
Senard
Somme-Vesle
Dommartin-Varimont
Épense
Ft de Belval
Seuil-d'Argonne
Varimont
La Neuville-aux-Bois
Les Charmontois
Poix
Ancienne voie romaine
Pretz-en-Argonne
Somme-Yèvre
Belval-en-Argonne
Étang de Belval
Remicourt
Givry-en-Argonne
Noirlieu
Vaubécourt
Forêt de Lisle
Le Châtelier
Moivre
Bois de Monthiers
St-Mard-s.-le-Mont
Contault
Coupéville
Bussy-le-Repos
Sommeilles
Bois des Argonnelles
St-Jean-s.-Moivre
Le Fresne
Laheycourt
Villotte-devant-Louppy
Auzécourt
Possesse
Noyers-Auzécourt
Nettancourt
Louppy-s.-Chée
Bronne
St-Jean-devant-Possesse
Charmont
Villers-aux-Vents
Louppy-le-Château
Vanault-le-Châtel
Vernancourt
Brabant-le-Roi
Laimont
Vanault-les-Dames
Étang Neuf
Bettancourt-la-Longue
Vroil
Revigny-s.-Ornain
Bassu
Rancourt-s.-Ornain
Neuville-s.-Ornain
Bussy-la-Côte
Rosay
Sogny-en-l'Angle
Villers-le-Sec
Couvlagny
Lisse-en-Champagne
Val-de-Vière
Alliancelles
Contrisson
Varney
St-Amand-s.-Fion
Bassuet
Vavray-le-Petit
Heiltz-le-Maurupt
Remennecourt
Vassincourt
Val-d'Ornain (Mussey)
St-Lumier-en-Champagne
Vavray-le-Grand
Jussecourt-Minecourt
Andernay
Mognéville
Fains-Véel
St-Quentin-les-Marais
Heiltz-l'Évêque
Pargny-s.-Saulx
Sermaize-les-Bains
Couvonges
Changy
Jutrepont
Bignicourt-s.-Saulx
Beurey-s.-Saulx
Mt de Fourche 207
Ponthion
Le Buisson
Étrepy
Maurupt-le-Montois
Trémont-s.-Saulx
Robert-Espagne
Merlaut
Le Bois-

MEUSE
Forêt de Monfaucon
Malancourt
Béthincourt
Cumières-le-Mort-Homme
Regnéville-s.-Meuse
Samogneux
Champneuville
Le Mort-Homme
Cote 304
Chattancourt
Vacherauville
Bras-s.-Meuse
Village
Tranchées des Baïonnettes
Fort de Douaumont
Vaux
Dieppe-s/s-Douaumont
Maucourt-s.-Orne
Mogeville
Gincrey
Foameix-Ornel
Morgemoulin
Haraigne
Fromezey
Ornes
Champ de Tir
Côte
Ft de Verdun
Cim. nat.
Fleury-devant-Douaumont
Fort de Vaux
Damloup
Abaucourt-Hautecourt
Herméville-en-Woëvre
Cim. all.
Avocourt
Esnes-en-Argonne
Marre
Fort de Marre
Charny-s.-Meuse
Belleville-s.-Meuse
Eix
Moranville
Grimaucourt-en-Woëvre
Forêt de Hesse
Montzéville
Vignéville
Thierville-s.-Meuse
Citadelle
Verdun
Moulainville
Blanzée
Bois d'Herméville
Béthelainville
Cimetière français
Forméréville-les-Vallons
Châtillon-s/s-les-Côtes
Belrupt-en-Verdunois
Camp militaire
Watronville
Forêt de Meuse
Regret
Fort de Regret
Dombasle-en-Argonne
Sivry-la-Perche
Aubréville
Parois
Récicourt
Brabant-en-Argonne
Jouy-en-Argonne
Belleray
Haudainville
Ronvaux
Haudiomont
Manheulles
Sommedieue
Champ de Tir
Vraincourt
Brocourt-en-Argonne
Blercourt
Nixéville-Blercourt
Dugny-s.-Meuse
Mont-Villers
Bonzée
Mesnil-s/s-les-Côtes
Auzéville-en-Argonne
Rampont
Les Souhesmes-Rampont
Landrecourt-Lempire
Lempire-aux-Bois
Forêt d'Amblonville
Jubécourt
Sommedieue
Tresauvaux
A4-E50
Ville-s.-Cousances
Dieue-s.-Meuse
Rarécourt
Vadelaincourt
Lemmes
Ancemont
Les Éparges
Tranchée de Calonne
Vallée du Longeau
Julvécourt
Froidos
Senoncourt-les-Maujouy
Les Monthairons
Rupt-en-Woëvre
Mouilly
St-Rémy-la-Calonne
Lavoye
Osches
Forêt de Souilly
Église Ste-Marie
Génicourt-s.-Meuse
Dommartin-la-Montagne
Autrécourt-s.-Aire
Ippécourt
Souilly
Bois de Villers
Villers-s.-Meuse
Ambly-s.-Meuse
Forêt de Ranzières
Ranzières
Vaux-lès-Palameix
Beaulieu-en-Argonne
Waly
Fleury-s.-Aire
St-André-en-Barrois
Voie Sacrée
Rambluzin-et-Benoite-Vaux
Récourt-le-Creux
Tilly-s.-Meuse
Troyon
Cim. all.
B. de Lacroix
Dompierre-aux-Bois
Foucaucourt-s.-Thabas
Nubécourt
Bulainville
Heippes
Bouquemont
Seuzey-Vaux
Lacroix-s.-Meuse
Évres
Deuxnouds-devant-Beauzée
Mondrecourt
T.G.V. EST
Gare T.G.V. Meuse
Woimbey
Lamorville
Lavignéville
Beausite
Amblaincourt
Rignaucourt
Les Trois-Domaines
Thillombois
Bannoncourt
Rouvrois-s.-Meuse
Seraucourt
Forêt de Marcaulieu
Spada
PARC
Neuville-en-Verdunois
Lahaymeix
Pretz-en-Argonne
Sommaisne
Courcelles-s.-Aire
Courouvre
Dompcevrin
Vaubecourt
Chaumont-s.-Aire
Maizey
Bois de Fresnes
Falaise
Ft de Gaumont
Érize-la-Petite
Les Paroches
Rembercourt-Sommaisne
Longchamps-s.-Aire
Pierrefitte-s.-Aire
Chauvoncourt
St-Mihiel
Fresnes-au-Mont
Forêt de Haute-Charrière
Lisle-en-Barrois
Érize-la-Grande
Villotte-devant-Louppy
Rupt-devant-St-Mihiel
Bislée
Ailly-s.-Meuse
Nicey-s.-Aire
Han-s.-Meuse
Forêt d'Apremont
Les Marats
Raival
Forêt des Kœurs
Kœur-la-Grande
Kœur-la-Petite
Louppy-le-Château
Louppy-s.-Chée
Les Hauts-de-Chée (Condé-en-Barrois)
Belrain
Villotte-s.-Aire
Génicourt-s.-Condé
Hargeville-s.-Chée
Seigneulles
Érize-la-Brûlée
Gimécourt
Bois de Baudrémont
Brasseitte
Bois de Leveoncourt
Bois de Belchêne
Sampigny
Marbotte
Courcelles-en-Barrois
Mécrin
Rumont
Levoncourt
Ménil-aux-Bois
Boncourt-s.-Meuse
Bussy-la-Côte
Chardogne
Vavincourt
Forêt de Massonge
Lavallée
Lignières-s.-Aire
Pont-s.-Meuse
Vadonville
Venise
Varney
Érize-St-Dizier
Bois de Béthelémont
Grimaucourt-près-Sampigny
Lérouville
Val-d'Ornain
Behonne
Rosières-devant-Bar
Ft de Ste-Geneviève
Dagonville
Cousances-aux-Bois
Fains-Véel
Naives-Rosières
Géry
Malaumont
Bois de Grimaucourt
Bar-le-Duc
Resson
Bois de Chonville
Commercy
Loisey-Culey
Cousances-lès-Triconville
Champ de Tir
Combles-en-Barrois
Savonnières-devant-Bar
Longeville-en-Barrois
Culey
Loxéville
Erneville-aux-Bois
Chonville-Malaumont
Dompcevrin
Forêt de Commercy

77
53
54
55
MEUSE
54
MEURTHE
ET-
MOSELLE
PARC NATUREL RÉGIONAL DE LORRAINE
Étain
Rouvres-en-Woëvre
Lanhères
Béchamps
Mouaville
Thumeréville
Abbéville-lès-Conflans
Valleroy
Moineville
Auboué
Homécourt
Moutiers
Jœuf
Rombas
Pierrevillers
Marange-Silvange
Maizières-lès-Metz
Montois-la-Montagne
Ste-Marie-aux-Chênes
Roncourt
St-Privat-la-Montagne
Bronvaux
Fèves
Semécourt
Norroy-le-Veneur
Plesnois
Woippy
Saulny
Lorry-lès-Metz
Amanvillers
St-Ail
Batilly
Jouaville
Hatrize
Le Paradis
A4-E50
Conflans-en-Jarnisy
Labry
Giraumont
Jarny
Boncourt
Jeandelize
Olley
Puxe
Friauville
Warcq
Boinville-en-Woëvre
Aucourt
Buzy-Darmont
St-Jean-lès-Buzy
Gussainville
Parfondrupt
Braquis
Hennemont
Ville-en-Woëvre
AUTOROUTE DE L'EST
Villers-s/s-Pareid
Pareid
Dompierre
Brainville
Allamont
Ville-s.-Yron
Bruville
Doncourt-lès-Conflans
Arnoux-la-Grange
Vernéville
Gravelotte
St-Marcel
Châtel-St-Germain
Rozérieulles
Plappeville
Lessy
Scy-Chazelles
Le Ban-St-Martin
Moulins-lès-M.
Longeville-lès-Metz
Ste-Ruffine
Jussy
Vaux
Camp militaire
Montigny-lès-Metz
Augny
Marly
Mars-la-Tour
Rezonville
Vionville
Tronville
Puxieux
Hannonville-Suzémont
Labeuville
Moulotte
Maizeray
Pintheville
Riaville
Marchéville-en-Woëvre
Harville
Butgnéville
Latour-en-Woëvre
Fresnes-en-Woëvre
Champlon
Saulx-lès-Champlon
St-Hilaire-en-Woëvre
Doncourt-aux-Templiers
Jonville-en-Woëvre
Sponville
Xonville
Champ de Tir
Ars-s.-Moselle
Forêt des Hauts-de-Gorze
Gorze
Ancy-s.-M.
Dornot
Jouy-aux-Arches
Corny-s.-M.
Ft de Gorze
Novéant-s.-M.
Les Baraques
Chambley-Bussières
B. des Harts
Hagéville
Lachaussée
Étg de Lachaussée
Hadonville-lès-Lachaussée
Woël
Combres-s/s-les-Côtes
Herbeuville
Hannonville-s/s-les-Côtes
Thillot
Avillers-Ste-Croix
St-Maurice-s/s-les-Côtes
Billy-s/s-les-Côtes
Forêt de Haudronville
Dampvitoux
Dommartin-la-Chaussée
St-Julien-lès-Gorze
Onville
Waville
Vandelainville
Arnaville
Bayonville-s.-Mad
Villecey-s.-Mad
Pagny-s.-Moselle
Prény
Haumont-lès-Lachaussée
Hazavant
M.F.
Bois de Dampvitoux
Charey
Rembercourt-s.-Mad
Bois de Grand-Fontaine
Vigneulles-lès-Hattonchâtel
Hattonville
Hattonchâtel
St-Benoît-en-Woëvre
Étg de Vigneulles
Xammes
Jaulny
T.G.V. EST
Beney-en-Woëvre
Thiaucourt-Regniéville
Bois de Thiaucourt
Cim. am.
Cim all.
Bouillonville
Deuxnouds-aux-Bois
Creuë
Étang du Grand-Montfaucon
Chaillon
Varvinay
Heudicourt-s/s-les-Côtes
Nonsard-Lamarche
Pannes
Lac de Madine
Buxières-s/s-les-Côtes
Buxerolles
Woinville
Butte de Montsec
Montsec
Essey-et-Maizerais
Euvezin
Bois de Mort Maré
Viéville-en-Haye
Vilcey-s.-Trey
Villers-s/s-Prény
Norroy-lès-Pont-à-Mousson
Pont-à-Mousson
Ft de Haye
Front de Haye
Regniéville
Fey-en-Haye
Montauville
Maidières
Vittonville
Champey-s.-M.
Vandières
Bouxières-s/s-Froidmont
Lesménils
Morville-s.-Seille
Mousson
Butte de Mousson
Atton
Forêt de Facq
Blénod-lès-Pont-à-Mousson
Jezainville
Ste-Geneviève
Loisy
Bezaumont
Ville-au-Val
Landremont
Dieulouard
Autreville-s.-Moselle
Millery
St-Baussant
Lahayville
Richecourt
Xivray-et-Marvoisin
Seicheprey
Ft des Hauts de Mad
Flirey
Limey-Remenauville
Lironville
Mamey
Cim. all.
Varnéville
Loupmont
Apremont-la-Forêt
Étg de Wargévaux
Boucônville-s.-Madt
Beaumont
Mandres-aux-4-Tours
Bernécourt
Noviant-aux-Prés
Martincourt
Gézoncourt
Griscourt
Villers-en-Haye
Rogéville
Domèvre-en-Haye
St-Agnant-s/s-les-Côtes
Étg de Girondel
Rambucourt
Étg de Maux-la-Chèvre
Hamonville
Ansauville
Grosrouvres
Manonville
Minorville
Liouville
Broussey-Raulecourt
Raulecourt
Étang Neuf de Mandres
B. de Minorville
Tremblecourt
Rosières-en-Haye
Belleville
Marbache
Saizerais
Forêt de l'Avant-Garde
Pompey
St-Julien-s/s-les-Côtes
Frémeréville-s/s-les-Côtes
Girauvoisin
Gironville-s/s-les-Côtes
Étg de Gérard Sas
La Grande Brunessaux
Étg Romé
Forêt de la Reine
Sanzey
Royaumeix
Andilly
Manoncourt-en-Woëvre
Avrainville
Jaillon
Liverdun
Frouard
Bouxières-aux-Dames
Vignot
Comm. de Géville
Jouy-s/s-les-Côtes
Corniéville
Ménil-la-Tour
Euville
Aulnois-s/s-Vertuzey
Vertuzey
Boucq
Ft du Hasoy
Lagney
Bouvron
Francheville
St-Étienne
Villey-
Aingeray
Sexey-les-Bois
Forêt
Champigneulles
Fort
103
104
78
p.372

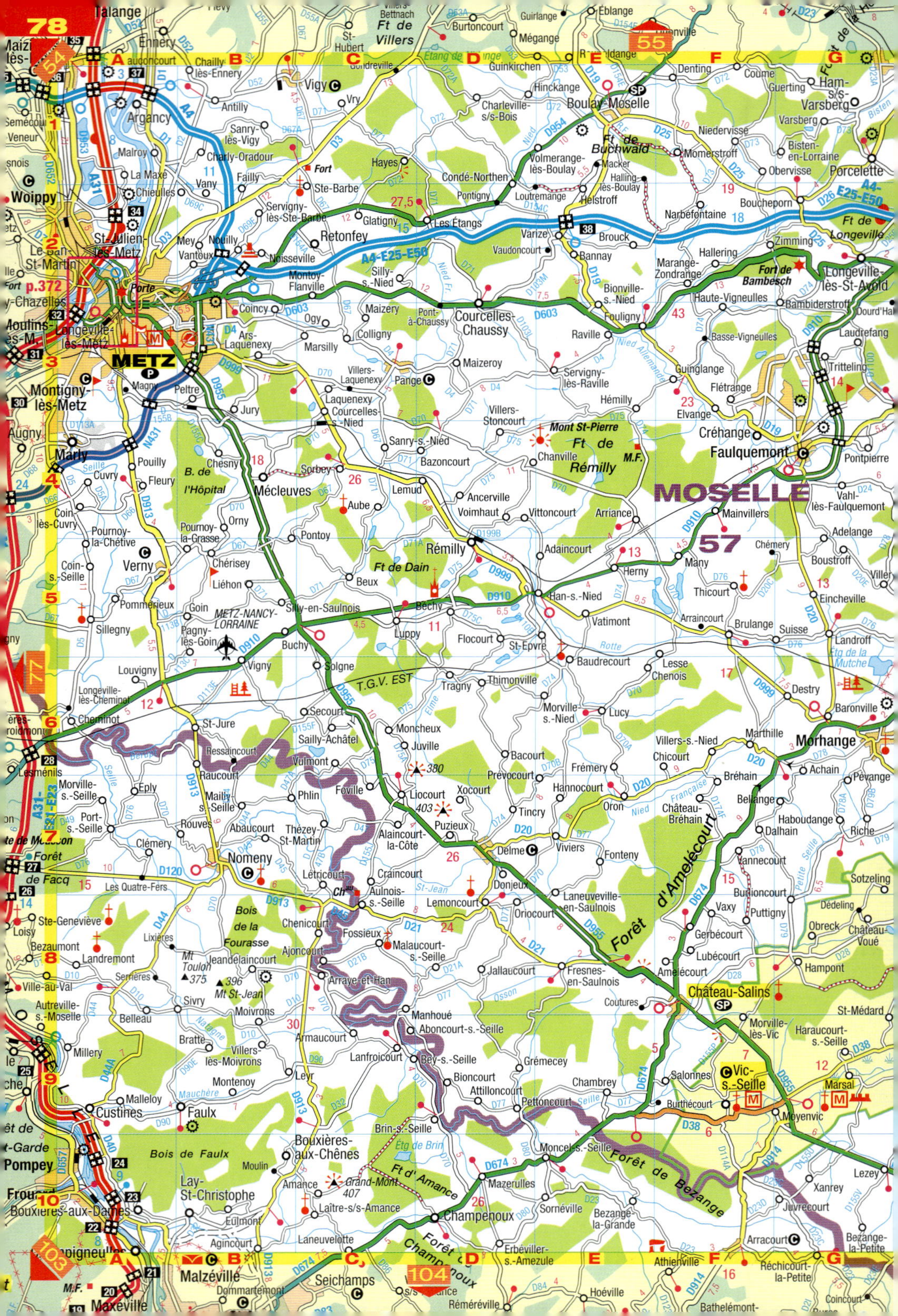
78
55
54
77
103
104
MOSELLE
57
METZ
Talange
Ennery
Chailly-lès-Ennery
Antilly
Argancy
Malroy
La Maxe
Chieulles
Woippy
St-Julien-lès-Metz
Le Ban-St-Martin
Longeville-lès-Metz
Moulins-lès-Metz
Montigny-lès-Metz
Marly
Augny
Magny
Peltre
Jury
Mey
Vantoux
Nouilly
Noisseville
Vany
Failly
Charly-Oradour
Sanry-lès-Vigy
Vigy
Vry
St-Hubert
Ft de Villers
Burtonconcourt
Guirlange
Mégange
Eblange
Guinkirchen
Hinckange
Charleville-s/s-Bois
Boulay-Moselle
Ft de Buchwald
Volmerange-lès-Boulay
Condé-Northen
Hayes
Fort
Ste-Barbe
Servigny-lès-Ste-Barbe
Retonfey
Glatigny
Les Étangs
Pontigny
Loutremange
Helstroff
Macker
Halling-lès-Boulay
Varize
Vaudoncourt
Brouck
Bannay
Denting
Coume
Guerting
Ham-s/s-Varsberg
Varsberg
Niedervisse
Momerstroff
Bisten-en-Lorraine
Obervisse
Porcelette
Narbéfontaine
Boucheporn
Ft de Longeville
Zimming
Hallering
Marange-Zondrange
Fort de Bambesch
Longeville-lès-St-Avold
Haute-Vigneulles
Bambiderstroff
Laudrefang
Basse-Vigneulles
Tritteling
Bionville-s.-Nied
Fouligny
Raville
Courcelles-Chaussy
Pont-à-Chaussy
Maizery
Silly-s.-Nied
Montoy-Flanville
Coincy
Ogy
Colligny
Marsilly
Ars-Laquenexy
Maizeroy
Servigny-lès-Raville
Guinglange
Flétrange
Créhange
Elvange
Faulquemont
Pontpierre
Hémilly
Villers-Laquenexy
Pange
Laquenexy
Courcelles-s.-Nied
Villers-Stoncourt
Mont St-Pierre
Ft de Rémilly
Chanville
Sanry-s.-Nied
Bazoncourt
Chesny
B. de l'Hôpital
Sorbey
Mécleuves
Lemud
Aube
Ancerville
Voimhaut
Vittoncourt
Arriance
Vahl-lès-Faulquemont
Mainvillers
Adelange
Chémery
Many
Boustroff
Pouilly
Fleury
Cuvry
Coin-lès-Cuvry
Pournoy-la-Chétive
Coin-s.-Seille
Pournoy-la-Grasse
Orny
Pontoy
Verny
Chérisey
Liéhon
Rémilly
Ft de Dain
Beux
Adaincourt
Herny
Thicourt
Eincheville
Han-s.-Nied
Pommérieux
Goin
METZ-NANCY-LORRAINE
Sillegny
Pagny-lès-Goin
Silly-en-Saulnois
Béchy
Luppy
Flocourt
St-Epvre
Vatimont
Arraincourt
Brulange
Suisse
Landroff
Buchy
Vigny
Solgne
Baudrecourt
Lesse
Chenois
Destry
Louvigny
Longeville-lès-Cheminot
Cheminot
T.G.V. EST
Tragny
Thimonville
Morville-s.-Nied
Lucy
Baronville
Marthille
Morhange
Achain
St-Jure
Secourt
Sailly-Achâtel
Ressaincourt
Moncheux
Juville
Bacourt
Villers-s.-Nied
Chicourt
Lesménils
Vulmont
Prévocourt
Frémery
Bréhain
Pévange
Morville-s.-Seille
Eply
Raucourt
Mailly-s.-Seille
Phlin
Foville
Liocourt
Xocourt
Hannocourt
Oron
Château-Bréhain
Bellange
Port-s.-Seille
Rouves
Abaucourt
Thézey-St-Martin
Tincry
Puzieux
Haboudange
Dalhain
Riche
Clémery
Alaincourt-la-Côte
Delme
Viviers
Fonteny
Yannecourt
Nomeny
Létricourt
Craincourt
Donjeux
Sotzeling
Forêt de Facq
Les Quatre-Fers
Aulnois-s.-Seille
Lemoncourt
Oriocourt
Laneuveville-en-Saulnois
Forêt d'Amélécourt
Burlioncourt
Puttigny
Dédeling
Ste-Geneviève
Loisy
Bois de la Fourasse
Chenicourt
Fossieux
Vaxy
Obreck
Château-Voué
Gerbécourt
Bezaumont
Lixières
Landremont
Mt Toulon
Jeandelaincourt
Ajoncourt
Malaucourt-s.-Seille
Jallaucourt
Fresnes-en-Saulnois
Lubécourt
Amélécourt
Hampont
Ville-au-Val
Serrières
Mt St-Jean
Arraye-et-Han
Château-Salins
Coutures
Autreville-s.-Moselle
Belleau
Sivry
Moivrons
Manhoué
Aboncourt-s.-Seille
St-Médard
Morville-lès-Vic
Haraucourt-s.-Seille
Millery
Bratte
Armaucourt
Villers-lès-Moivrons
Lanfroicourt
Bey-s.-Seille
Grémecey
Montenoy
Leyr
Bioncourt
Attilloncourt
Chambrey
Salonnes
Vic-s.-Seille
Marsal
Malleloy
Custines
Faulx
Pettoncourt
Burthécourt
Moyenvic
Bois de Faulx
Pompey
Bouxières-aux-Chênes
Brin-s.-Seille
Moncel-s.-Seille
Forêt de Bezange
Lezey
Moulin
Ft d'Amance
Grand-Mont
Mazerulles
Xanrey
Frouard
Bouxières-aux-Dames
Lay-St-Christophe
Amance
Laître-s/s-Amance
Champenoux
Sornéville
Bezange-la-Grande
Juvrecourt
Eulmont
Arracourt
Bezange-la-Petite
Agincourt
Laneuvelotte
Forêt de Champenoux
Erbéviller-s.-Amezule
Athienville
Réchicourt-la-Petite
Champigneulles
Malzéville
Dommartemont
Seichamps
Hoéville
Bathelémont-
Maxéville
M.F.
A4-E25-E50
A31
A31-E21-E23
D603
D910
D999
D955
D913
D674
D20
D19
D21
N431

55
56
105
106
80
Creutzwald
Rosselle
Stiring-Wendel
Spicheren
Alsting
Eschringen
Mandelbachtal
Karlsbrunn
Lauterbach
Morsbach
Behren-lès-F.
Kerbach
Etzling
Grosbliederstroff
Kleinblittersdorf
Bübingen
Bliesransbach
Bebelsheim
Gersheim
Reinheim
Diesen
Carling
L'Hôpital
Freyming-Merlebach
Rosbruck
Œting
Bousbach
Lixing-lès-Rouhling
Rouhling
Bliesmengen-Bolchen
Blies-Guersviller
Habkirchen
Frauenberg
Blies-Ebersing
Bliesbruck
Cocheren
Folkling
Théding
Tenteling
Nousseviller-St-Nabor
Hundling
Welferding
Neunkirch
Sarreguemines
Béning-lès-St-Avold
Hombourg-Haut
Farébersviller
Seingbouse
Diebling
Metzing
Ippling
Rémelfing
Sarreinsming
Wiesviller
Wœlfling-lès-Sarreguemines
St-Avold
Macheren
Lachambre
Guenviller
Henriville
Farschviller
Marienthal
Woustviller
Zetting
Neufgrange
Siltzheim
Gros-Réderching
Valmont
Folschviller
Altviller
Forêt de Macheren
Cappel
Barst
Loupershouse
Guebenhouse
Ernestviller
Hambach
Wittring
Achen
Téting-s.-Nied
Biding
Hoste
Ft de Puttelange
Puttelange-aux-Lacs
Ft de Hambach
Ft de Sarreguemines
Weidesheim
Etting
Kalhausen
Lelling
Vahl-Ebersing
Maxstadt
Grundviller
Rémering-lès-P.
Richeling
Ft de Sarralbe
Willerwald
Herbitzheim
Lixing-lès-St-Avold
Laning
Altrippe
Leyviller
St-Jean-Rohrbach
Bettring
Holving
Oermingen
Guessling-Hémering
Camp militaire
Frémestroff
Hilsprich
Sarralbe
Saltzbronn
B. de Lorraine
Dehlingen
Freybouse
Hellimer
Diffembach-lès-Hellimer
Étg de Bischwald
Bistroff
Ste-Croix
Petit-Tenquin
Le Val-de-Guéblange
Rech
Keskastel
Grostenquin
Erstroff
Gréning
Kappelkinger
Hazembourg
Vœllerdingen
Lorentzen
Nelling
Francaltroff
Bérig-Vintrange
Harprich
Léning
Rening
Insming
Kirviller
Hinsingen
Schopperten
Domfessel
Sarre-Union
Vallerange
Vittersbourg
Albestroff
Honskirch
Bissert
Rimsdorf
Mackwiller
Virming
Neufvillage
Harskirchen
Altwiller
Sarrewerden
Zollingen
Thal-Drulingen
Bermering
Montdidier
Givrycourt
Forêt d'Albestroff
Vibersviller
Burbach
Rexingen
Racrange
Étg de Bénestroff
Étg de Besville
Munster
Vahl-lès-Bénestroff
Torcheville
Bois de Bonne Fontaine
Bischtroff-s.-Sarre
Berg
Rodalbe
Nébing
Wolfskirchen
Gungwiller
Bénestroff
Insviller
Bois d'Hammesbuch
Diedendorf
Lhor
Conthil
Zarbeling
Molring
M.F. Mosterwald
Eywiller
Lidrezing
Marimont-lès-Bénestroff
Guinzeling
Étg du Moulin
Niederstinzel
Eschwiller
Weyer
Bourgaltroff
Domnon-lès-Dieuze
Mittersheim
Long Étang
Bassing
Lostroff
Postroff
Fénétrange
Wuisse
Guébling
Loudrefing
Forêt de Fénétrange
Ft de Bride
Arlange
Bidestroff
Cutting
Grand Étang de Mittersheim
Baerendorf
Hirschland
Vergaville
Romelfing
Kirrberg
Val-de-Bride
Guébestroff
Zommange
Rorbach-lès-Dieuze
Berthelming
Rauwiller
Bickenholtz
Lindre-Haute
Ft de Romersberg
Angviller
Hellering-lès-Fénétrange
Dieuze
Étg de Nolweiher
Bettborn
Gœrlingen
Fleisheim
Mulcey
Lindre-Basse
Guermange
Bisping
St-Jean-de-Bassel
Oberstinzel
Vieux-Lixheim
Blanche-Église
Étg de Lindre
Gosselming
Lixheim
PARC NATUREL RÉGIONAL DE LORRAINE
Tarquimpol
Parc de Vision
Étg Louis
Étg des Oiseaux
Dolving
Hilbesheim
Brouviller
Desseling
Domaine de Ste-Croix
Sarraltroff
Guéblange-lès-Dieuze
Assenoncourt
Villa gallo-romaine
Cimetière nat. des prisonniers
St-Jean-Kourtzerode
Rhodes
Juvelize
Gelucourt
Étg de Videlange
Étg de Viller
Fribourg
Étang du Stock
Langatte
Haut-Clocher
Sarrebourg
Donnelay
Boule
Languimberg
Kerprich-aux-Bois
Petit-Eich
Hommarting
Étg de Donnelay
Étg des Moines
Azoudange
Forêt de Languimberg
Buhl-Lorraine
Ley
Diane-et-Kerprich
Imling
Schneckenbusch
Niderviller
Ommeray
Maizières-lès-Vic
Étang de Gondrexange
Barchain
Bébing
Moncourt
Étg d'Ommeray
Étg du Moulin
Ft de Réchicourt
Héming
Xouaxange
Hesse
Brouderdorff
Plaine-de-Walsch
Lagarde
Port-Ste-Marie
Étg de Laxière
Bataville
Gondrexange
Hertzing
Neufmoulins
Hermelange
Vallerysthal
Sitifort
TGV EST
AUTOROUTE
A4 E25
A320
Chêne

57
MOSELLE
PARC NATUREL RÉGIONAL DES VOSGES
PFÄ
Bitche
Camp du Camp de Bitche militaire
Citadelle
Forêt de Mouterhouse
Forêt de Hanau
Forêt d'Ingwiller
Forêt d'Offwiler
Forêt de la Petite Pierre Sud
Ft de Bouxwiller
Ft de St-Louis
Pierre des Douze-Apôtres
Petite-Pierre-Nord
Parc animalier
Réserve de chasse
Châ. de Lichtenberg
Chât. de Falkenstein
Chât. de Schœneck
Chât. de Wineck
Chât. de Windstein
Chât. de Wasenbourg
Chât. d'Arnsbourg
Chât. de Lutzelhardt
Chât. de Herrenstein
Chât. du Haut-Barr
Chât. d'Ochsenstein
Grand Wintersberg
Rocher du Ramstein
La Main du Prince
Étg de Hasselfurt
Étg de Hanau
Étang de Fosse
Étg d'Imsthal
Col de Saverne
Jardin botanique
Roseraie
Écluse élév.
AUTOROUTE DE L'EST
A4-E25
Sarreguemines
Wœlfling-lès-Sarreguemines
Gros-Réderching
Petit-Réderching
Rohrbach-lès-Bitche
Bining
Enchenberg
Lemberg
Montbronn
Goetzenbruck
St-Louis-lès-Bitche
Meisenthal
Soucht
Mouterhouse
Philippsbourg
Baerenthal
Niederbronn-les-Bains
Oberbronn-Zinswiller
Reichshoffen
Gundershoffen
Diemeringen
Wingen-s.-Moder
Wimmenau
Ingwiller
Drulingen
La Petite-Pierre
Neuwiller-lès-Saverne
Bouxwiller
Dossenheim-s.-Zinsel
Pfaffenhoffen
Hochfelden
Schwindratzheim
Mommenheim
Steinbourg
Dettwiller
Saverne
Phalsbourg
Marmoutier
Otterswiller
Haegen
Lutzelbourg
Hornbach
Volmunster
Breidenbach
Eppenbrunn
Trulben
Vinningen
Lemberg
Ludwigswinkel
Sturzelbronn
Egelshardt
Dambach
Windstein
Obersteinbach
Wingen
Lichtenberg
Offwiller
Rothbach
Uberach
La Walck
Dauendorf
Wingersheim
Truchtersheim
Issenhausen
Reinhardsmunster

Wissembourg
Haguenau
Bas-Rhin 67
Forêt de Haguenau
Bischwiller
Brumath
Betschdorf
Soultz-s/s-Forêts
Lauterbourg
Seltz
Kandel
Bad-Bergzabern
Rastatt
Baden-Württemberg
Baden-Airpark
Bühl
Rheinau
Lembach
Wœrth
Hatten
Hunspach
Soufflenheim
Drusenheim
Gambsheim
Herrlisheim
Weyersheim
Hœrdt
Kilstett
Reichstett
Forêt de Wissembourg
Mundatwald
Bienwald
Dahn
Busenberg
Minfeld
Freckenfeld
Steinfeld
Lichtenau
Ottersweier
Sasbach
Sinzheim
Hügelsheim
Iffezheim
Beinheim
Rœschwoog

A
B
C
D
E
F
G
1
2
3
4
5
6
7
8
9
10
Phare de l'Île-Vierge
Chaussée de Carrec-Hir
I. Venan
Stagadon
Trolouch
Kergoff
Lilia
Presqu'île Ste-Marguerite
Î. d'Ehre
Plouguerneau
D10
Aber Wrac'h
Dunes
Abers Wrac'h
I. Guenioc
Couvent
Corn-Carhai
Î. Carne
Aber-Benoît
I. Garo
Landéda
Grouanec
Roches de Portsall
I. du Bec
Dunes
Lannilis
Châ. de Kérouartz
Stréat-Glaz
Lampaul-Ploudalmézeau
D28
Roches d'Argenton
Trémazan
Portsall
St-Pabu
St-Samson
Pointe de Landunvez
Kersaint
D28
Tréglonou
Ploudalmézeau
I. Yoc'h
Landunvez
Tariec
Le Four
Argenton
Presqu'île St-Laurent
D26
Plouguin
D59
Plouvien
Porspoder
D68
Plourin
Menhir
Larret
Coat-Méal
St-Jaoua
Kerdalaës
Melon
Bourg-Blanc
I. Melon
Kergroadès
Tréouergat
Lanildut
Brélès
Guipronvel
Perros
Aber Ildut
Lanrivoaré
Chenal
Châ. de Brescanvel
Milizac
Lampaul-Plouarzel
Lanvenec
Châ. de Kéranflech
Les Plâtresses
I. Segal
Kerviniou
Le Faix
de
D67
Gouesnou
Phare de Trézien
Trézien
Plouarzel
D5
St-Renan
Guilers
Bohars
Penfeld
D67
Pointe de Corsen
Menhir de Kerloas
Porsmoguer
Lamber
la
Plumoguer
Lambézellec
D205
Helle
Kerhornou
Passe de la Chimère
Lédénés de Quéménès
Chenal
I. de Lytiry
Illien
BREST
I. de Quéménès
Grande-Vinotière
Anse des Blancs-Sablons
du
Trebabu
Locmaria-Plouzané
Plouzané
St-Marc
Pointe de Kermorvan
Arsenal
D165
Île de Béniguet
Le Conquet
La Trinité
St-Pierre-Quilbignon
D789
Porsmilin
RADE
PARC NATUREL RÉGIONAL D'ARMORIQUE
Lochrist
Ste-Anne-du-Portzic
Trégana
Pointe du Portzic
Kernis
POINTE DE ST-MATHIEU
Trez-Hir
Anse de Bertheaume
Plougonvelin
Mengant
Goulet de Brest
Pointe des Espagnols
DE
Pte du Corbeau
Église
Pointe de Creac'h-Meur
Pointe du Pt-Minou
BREST
Plougastel
Chaussée des Pierres - Noires
Les Vieux-Moines
Four
Pointe des Capucins
Baie de Roscanvel
Pointe de l'Armorique
Roscanvel
I. Ronde
Kerdeniel
I. Trébéron
Île Longue
Pointe du Grand-Gouin
Anse de Camaret
I. des Morts
Anse du Fret
Pointe de Lanvéoc
N.-D.-de-Roc'h-Amadour
Quélern
Rostelec
Pointe du Toulinguet
Le Fret
Lanvéoc
MER
Base aéronavale
Alignements de Lagatjar
Camaret-s.-Mer
D55
La Parquette
D355
D'IROISE
Lannilien
PRESQU'ÎLE DE CROZON
POINTE DE PENHIR
Les Tas de Pois
Anse de Dinan
Gaoulac'h
Crozon
Châ. de Dinan
D887
Tal-ar-Groas
Pointe de Dinan
D308
Anse de Morgat
Morgat
Grottes
Pointe de Morgat
I. de l'Aber

MANCHE
Île de Batz
Pointe des Jacobins
Pointe de Bloscon
Î. Tisaozon
I. de Sieck
Pointe de Pontusval
Plateau d'Aman-ar-Ross
Carrec-Hir
Curnic
Guissény
Kerlouan
Étang du Pont
Menhir
Brignogan-Plage
Croazou
St-Egarec
Lanhir
Plounéour-Trez
Grève de Goulven
Anse de Kernic
Ker-Emma
Goulven
Tréflez
Lochrist
Lavengat
St-Frégant
Kernouës
Kernilis
Lesneven
Plouider
Pont-du-Châtel
Lanhouarneau
Loc-Brévalaire
Le Folgoët
St-Jean-Balanant
Lanarvily
Loc-Maria
Le Drennec
Ploudaniel
St-Méen
Trégarantec
Locmélar
29 FINISTÈRE
Plabennec
Tumulus
Plounéventer
Trémaouézan
Kersaint-Plabennec
St-Thonan
BREST-AEROPORT INTERNATIONAL
St-Éloi
Plouédern
Lanneuffret
Abbaye de Kerbénéat
Moulin de Brézal
St-Divy
Guipavas
La Roche-Maurice
Landerneau
Ploudiry
Loc-Éguiner
La Forest-Landerneau
Le Relecq-Kerhuon
Pencran
Queff
La Martyre
Tréflévénez
St-Jean
Botquenal
Le Passage
Albert-Louppe
Dirinon
St-Urbain
Villette
Le Tréhou
Traouidan
Plougastel-Daoulas
Loperhet
Presqu'île
Ste-Christine
Irvillac
Daoulas
St-Adrien
St-Guénolé
Porsguen
Rostiviec
Kéramenez
Baie de Daoulas
Rade de Daoulas
Goasven
Coat-Nant
Bodévintin
Gorréquer
Logonna-Daoulas
Hôpital-Camfrout
Pointe du Bindy
Traon
Rade du Faou
Boudourec
Roudouhir
Hanvec
Anse du Poulmic
Pointe de Lourmergat
Landévennec
Abbaye
Lanvoy
Le Faou
Rumengol
Térénez
PARC
NATUREL RÉGIONAL
D'ARMORIQUE
Marros
Kergadalen
Rosnoën
Argol
Trégarvan
Telgruc-s.-Mer
Ménez-Hom
Aulne
Pont-de-Buis-lès-Quimerch
Quimerch
St-Ségal
Kerfissien
Téven-Kerbrat
Manoir de Tronjoly
Goas-Vian
Plouescat
Rocher
Cléder
Moguériec
Chât. de Kérouzéré
Sibiril
Dossen
Santec
Keromnès
Plougoulm
Roscoff
St-Pol-de-Léon
Pempoul
Pointe St-Jean
Carantec
Kerlissien
Chât. de Kergornadeac'h
Tréflaouénan
Plounévez-Lochrist
Menglleuz
Berven
Trézilidé
Ste-Catherine
Plouénan
Kerohantiou
Henvic
Kermen
Mespaul
Pont-Éon
Penzé
Taulé
Plouzévédé
St-Vougay
Château de Kerjean
Plougar
Plouvorn
Ft de Lannuzouarn
Croix-Neuve
Lambader
Croaz-ar-Born
Chât. de Penhoat
St-Derrien
Plougourvest
Base aéronavale
Guiclan
Ste-Sève
Bodilis
St-Servais
Landivisiau
Kermat
St-Thégonnec
(Calvaire)
Coatilezec
Pleyber-Christ
Lampaul-Guimiliau
Guimiliau
Kergrenn
(Calvaire)
Loc-Éguiner-St-Thégonnec
Locmélar
St-Sauveur
Croix-Cabellec
Moulin de Kerouat
Sizun
Commana
Mougau-Bian
Allée couverte
MONTS
Roc'h Trévezel
Kerbérou
Botmeur
Bge du Drennec
St-Cadou
383
Signal de Toussaine
Létiez
St-Éloy
Ménez-Meur (Parc animalier)
St-Rivoal
Ménez-Meur
RÉGIONAL
NATUREL
Réservoir St-Michel
380
Mont St-Michel-de-Brasparts
Pen-ar-Hoat
210
PARC
Forêt du Cranou
Église
Kervez
Brasparts
Le Moënnec
Loquefret
Lannédern
Penguern
Lopérec
Pont-Keryau
Kerlesquin
Quinquis-Yven
Pleyben
Elorn
Penzé
Horn
Flèche

Tréflaouénan
Plouénan
Henvic
Kermen
58
Plouézoch
Kermouster
Lanmeur
Pont-Menou
Mengleuz
Berven
Trézilidé
Mespaul
Pont-Éon
Locquénolé
Le Mouster
Plouzévédé
St-Vougay
Château de Kerjean
Taulé
Ft de Lannuzouarn
Penzé
Keranroux
MORLAIX-PLOUJEAN
Coat-Roc'h
Plouégat-Guérand
Lanleya
Garlan
Plouvorn
Croix-Neuve
St-Martin-des-Champs
Plougar
Lambader
Croaz-ar-Born
Chât. de Penhoat
Morlaix
La Chapelle-du-Mûr
St-Derrien
Plougourvest
St-Fiacre
Plouigneau
Luzivilly
Le Ponthou
Base aéronavale
Guiclan
Ste-Sève
St-Eutrope
St-Eloi
Bodilis
Coatilezec
Croajoumein
Plourin-lès-Morlaix
Vieux-Moulin
St-Servais
Landivisiau
Kermat
St-Thégonnec
(Calvaire)
Pleyber-Christ
Botsorhel
de Brézal
Plougonven
Guimiliau
Kergrenn
Kerangueven
Lampaul-Guimiliau
(Calvaire)
-Maurice
Loc-Éguiner
Le Cloître-St-Thégonnec
Lannéanou
Ploudiry
Locmélar
Loc-Éguiner-St-Thégonnec
Kerbriant
Kergorré
Kermeur
Kervézec
Coat-ar-Herno
La Martyre
Le Plessis
St-Sauveur
Le Mengleuz
Penmergues
Plounéour-Ménez
Le Relecq
293
Rochers du Cragou
283
Kersaux
Croix-Cabellec
D'ARRÉE
Roche St-Barnabé
Moulin de Kerouat
Commana
Scrignac
Sizun
Trédudon
Mougau-Bian
384
371
Allée couverte
Roc'h Trévezel
Quinoualc'h
Chapelle
Trého
Bge du Drennec
Kerbérou
La Feuillée
Berrien
Quénequen
D'ARMORIQUE
MONTS
Létiez
St-Cadou
383
Signal de Toussaine
Botmeur
Goas-Halec
Menhir
Camp d'Artus
St-Ambroise
St-Éloy
RÉGIONAL
Ménez-Meur (Parc animalier)
St-Rivoal
Dolmen
Huelgoat
Rochers
Bge
Brennilis
Pen-ar-Hoat
210
Ménez-Meur
380
NATUREL
Mont St-Michel-de-Brasparts
Réservoir St-Michel
Locmaria-Berrien
Poullaouen
PARC
Forêt du Cranou
Le Moënnec
Loqueffret
St-Herbot
Rumengol
Église
Kervez
Roc'h Begheor
Plouyé
Quimerch
Brasparts
Lannédern
Penguern
Quistillic-St-Clair
Tréflec'h
Lopérec
Pont-Keryau
Collorec
Kergloff
Pénity-St-Laurent
Pont-de-Buis-lès-Quimerch
Le Cloître-Pleyben
Quinquis-Yven
Kerlesquin
St-Ségal
Quillégou
Plonévez-du-Faou
Trémillo
Kerhervé
St-Sébastien
Lanvezennec
Lannach
Lospars
Pleyben
Nenvez
Tréambon
La Roche
Port-Carhaix
Port-Launay
Landeleau
Cléden-Poher
Vieux-Bourg-de-Lothey
Garz-Maria
Ty-Blaise
St-Hernin
St-Coulitz
St-Laurent
Lothey
Pont-Coblant
Lennon
Spézet
Châteauneuf-du-Faou
Kerrouer
Kerlaviou
251
N.-D.-du-Crann
Gouézec
St-Thois
Roc de Toul-Laëron
326
Ménez-Kerque
N.-D.-des-3-Fontaines
Roche du Feu
281
Domaine de Trévarez
St-Goazec
Stang-Kergoulay
Croaz-B
110
305
MONTAGNES
290
Ty-Fléhan
Laz
Coatplencoat
83
109

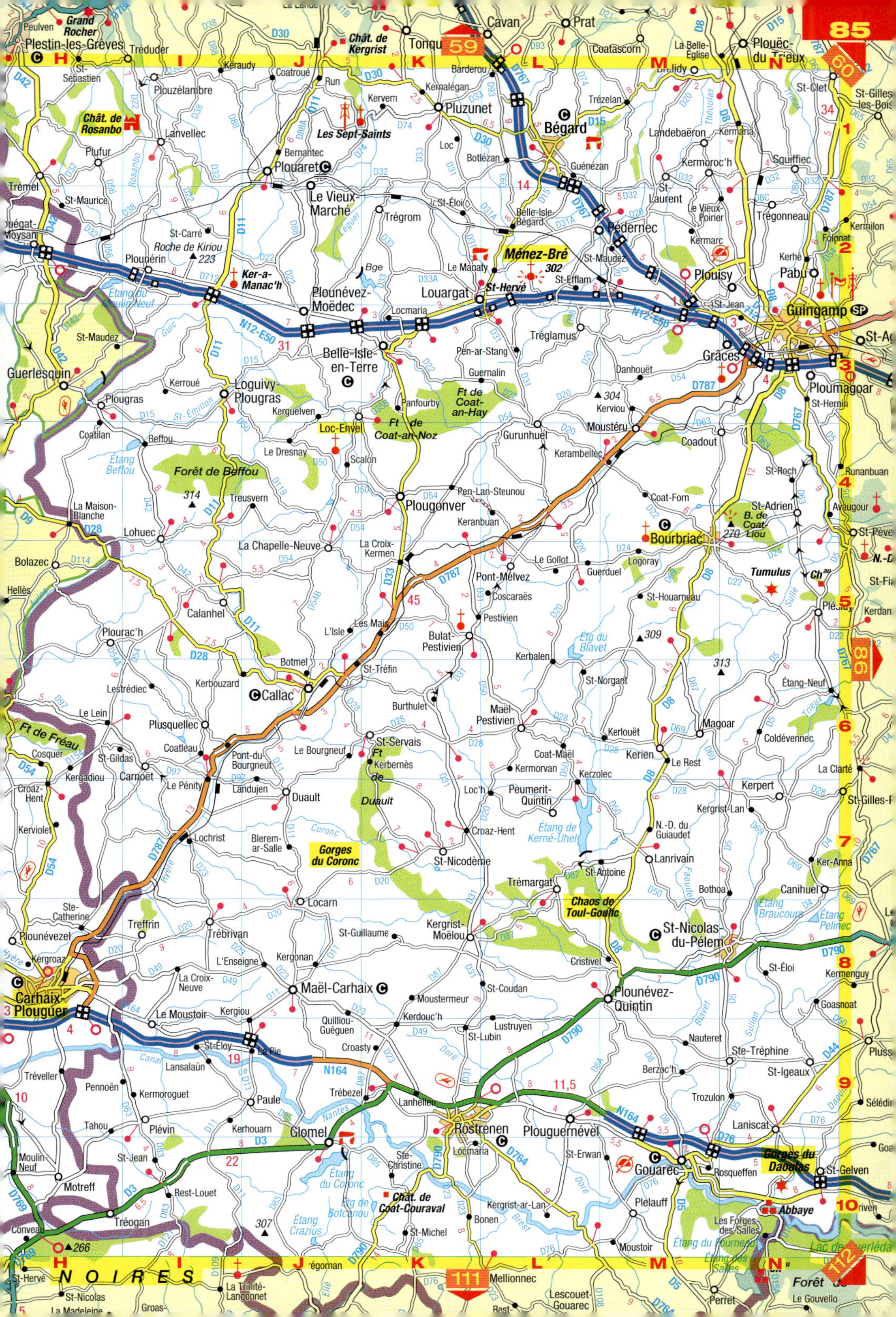

Plestin-les-Grèves
Grand Rocher
Tréduder
St-Sébastien
Plouzélambre
Châtº de Rosanbo
Lanvellec
Plufur
Trémel
St-Maurice
Plounérin
St-Carré
Roche de Kiriou
223
Ker-a-Manac'h
Étang du Moulin Neuf
St-Maudez
Guerlesquin
Plougras
Kerroué
Loguivy-Plougras
Coatilan
Beffou
Étang Beffou
Forêt de Beffou
314
Treusvern
La Maison-Blanche
Lohuec
Bolazec
Hellès
Calanhel
Plourac'h
Lestrédiec
Kerbouzard
Callac
Botmel
Le Lein
Ft de Fréau
Cosquer
St-Gildas
Carnoët
Kergadiou
Croaz-Hent
Kerviolet
Plusquellec
Coatleau
Pont-du-Bourgneuf
Le Pénity
Landujen
Duault
Lochrist
Blerem-ar-Salle
Gorges du Coronc
Locarn
Ste-Catherine
Plounévezel
Treffrin
Trébrivan
Kergroaz
Carhaix-Plouguer
L'Enseigne
La Croix-Neuve
Kergonan
Maël-Carhaix
Le Moustoir
Kergiou
St-Éloy
La Pie
Lansalaün
Tréveller
Pennoën
Kermoroguet
Paule
Tahou
Plévin
Kerhouarn
Glomel
Moulin-Neuf
Motreff
St-Jean
Rest-Louet
Tréogan
Conveau
266
307
Étang Crazius
Étang du Coronc
Étg de Botcanou
Châtº de Coat-Couraval
St-Michel
NOIRES
La Trinité-Langonnet
St-Hervé
St-Nicolas
La Madeleine
Groas-
Châtº de Kergrist
Tonqu
59
Cavan
Prat
Coatascorn
La Belle-Église
Plouëc-du-Trieux
Run
Coatroué
Kéraudy
Kernalégan
Barderou
Kervern
Pluzunet
Les Sept-Saints
Bernantec
Plouaret
Loc
Botlézan
Bégard
Trézelan
Guénézan
Landebaëron
Kermaria
Kermoroc'h
Squiffiec
Le Vieux-Marché
Trégrom
St-Éloi
St-Laurent
Le Vieux-Poirier
Trégonneau
Belle-Isle-Bégard
Pédernec
Kermarc
Kermilon
Foiguet
Kerhé
Pabu
Ménez-Bré
302
Le Manaty
Louargat
St-Hervé
St-Efflam
St-Maudez
Plouisy
St-Jean
Guingamp
St-Ag
Plounévez-Moëdec
Locmaria
Belle-Isle-en-Terre
Tréglamus
Pen-ar-Stang
Guernalin
Grâces
Danhouët
Ploumagoar
St-Hernin
Ft de Coat-an-Hay
Kerguelven
Panfourby
Loc-Envel
Ft de Coat-an-Noz
304
Kerviou
Moustéru
Coadout
Le Dresnay
Scalon
Gurunhuel
Kerambellec
St-Roch
Runanbuan
Plougonver
Pen-Lan-Steunou
Keranbuan
Coat-Forn
St-Adrien
B. de Coat Liou
270
Avaugour
Bourbriac
St-Pever
La Chapelle-Neuve
La Croix-Kermen
Le Gollot
Pont-Melvez
Guerduel
Logoray
Coscaraës
Tumulus
St-Houarneau
Pléslay
Kerdan
L'Isle
Les Mais
Pestivien
Bulat-Pestivien
309
Étg du Blavet
Kerbalen
313
St-Tréfin
St-Norgant
Étang-Neuf
Burthulet
Maël-Pestivien
Magoar
St-Servais
Le Bourgneuf
Ft Kerbernès de Duault
Kerlouët
Coldévennec
Coat-Maël
Kermorvan
Kerien
Le Rest
La Clarté
Kerzolec
Loc'h
Peumerit-Quintin
Kerpert
St-Gilles-P
Kergrist-Lan
Croaz-Hent
Étang de Kerné-Uhel
N.-D. du Guiaudet
St-Nicodème
Lanrivain
Ker-Anna
St-Antoine
Trémargat
Chaos de Toul-Goulic
Bothoa
Canihuel
Étang Braucours
Étang Pelinec
St-Guillaume
Kergrist-Moëlou
St-Nicolas-du-Pélem
Cristivel
St-Éloi
Kermenguy
Moustermeur
St-Coudan
Plounévez-Quintin
Goasnoat
Kerdouc'h
Quilliou-Guéguen
Lustruyen
St-Lubin
Nauteret
Ste-Tréphine
Croasty
Berzoc'h
St-Igeaux
Trébezel
Lanhellen
11,5
Trozulon
Rostrenen
Plouguernével
Laniscat
Locmaria
St-Erwan
Gouarec
Gorges du Daoulas
Ste-Christine
Rosqueffen
St-Gelven
Kergrist-ar-Lan
Plélauff
Abbaye
Bonen
Les Forges-des-Salles
Moustoir
Étang du Fourneau
Étang des Salles
Lac de Guerlédan
Forêt de
Le Gouvello
Mellionnec
Lescouet-Gouarec
Perret
111
112
60
86

SAINT - BRIEUC
CÔTES-D'ARMOR
22
ST-BRIEUC
Guingamp
St-Quay-Portrieux
Plouha
Lanvollon
Pommerit-le-Vicomte
Goudelin
Étables-s.-Mer
Binic
Pordic
Plérin
Langueux
Trégueux
Ploufragan
Plédran
Yffiniac
Hillion
Pommeret
Quessoy
Plaintel
Quintin
Le Fœil
Plaine-Haute
St-Julien
St-Donan
St-Brandan
St-Carreuc
Hénon
Plœuc-s.-Lié
Moncontour
Plémy
Plouguenast
Plessala
La Motte
Uzel
Corlay
Mûr-de-Bretagne
Loudéac
Trévé
Grâce-Uzel
Plélo
Châtelaudren
Plouagat
Plouvara
Boqueho
Lanrodec
Ploumagoar
St-Agathon
Trémuson
Forêt de Lorge
Forêt de Loudéac
Lac de Guerlédan
Pointe de Pordic
Pointe du Roselier
Pointe des Guettes
Roches de St-Quay
N.-D.-de-Restudo
Bois Meur
Camp romain de Péran
Chât. de Crenan
Chât. de Robien
Chât. de la Houssaye
Chât. du Colombier
Chât. de Lorge
Landes de Phanton
N12-E50
D790
D700
N164

61
62
88
113
114
CAP FRÉHEL
Anse des Sévignés
Fort la Latte
Le Grand Pourier
Rohinet
St-Michel
Cap d'Erquy
Erquy
Pléherel-Plage
Plévenon
Sables-d'Or-les-Pins
Plurien
Fréhel
St-Aide
Baie de la Frênaye
St-Cast-le-Guildo
Pointe de St-Cast
Île Agot
Île des Hébihens
Pointe de la Garde
Pte de Bay
Pointe du Chevet
Île de Cézembre
Le Grand Jardin
Île Harbour
Pointe du Décollé
Pointe de la Garde-Guérin
St-Lunaire
St-Briac-s.-Mer
Lancieux
La Ville-aux-Monniers
St-Jacut-de-la-Mer
Île Verdelet
Pointe de Pléneuf
Le Val-André
La Guette
Dahouët
Pléneuf-Val-André
St-Pabu
Chât. de Bienassis
St-Laurent
Pléboulle
Montbran
Matignon
St-Jean
La Bouillie
St-Samson
Ruca
N.-D.-du-Guildo
Ploubalay
DINARD-PLEURTUIT-SAINT-MALO
La Cotentin
St-Jacques
St-Alban
St-Marc
Bois de Coron
Hénansal
Hénanbihen
St-Pôtan
Le Guildo
Trégon
Créhen
St-Lormel
Vieux-Bourg
Planguenoual
Tertre-des-Noës
Le Fais
St-Denoual
Pluduno
La Rochardais
Plessix-Balisson
Pleslin-Trigavou
Trigavou
St-Aaron
Quintenic
Landébia
Plancoët
Étang du Guébriant
Brandefer
22 COTES-D'ARMOR
Languenan
Andel
Forêt de la Hunaudaye
St-Aydes
Forêt de St-Aubin
La Poterie
Pléven
Bourseul
Lamballe
Trégomar
Chât. de la Hunaudaye
Plorec-s.-Arguenon
Corseul
St-Michel-de-Plélan
Temple
Quévert
Meslin
Maroué
Noyal
St-Rieul
Plédéliac
St-Méloir-des-Bois
St-Maudez
Aucaleuc
Landéhen
Ft de Cojegu
Vildé-Guingalan
Plestan
Plélan-le-Petit
La Landec
Léhon
Bréhand
St-Igneuc
Le Boulié
Trélivan
St-Carné
Loscouët-Jugon
Landes de Plélan
La Malhouère
Tramain
Jugon-les-Lacs
Bobital
St-Trimoël
Étang de Beaulieu
Trébédan
Grand-Étang-de-Jugon
Carbehault
Dolo
Brusvily
Le Hinglé
Chât. de la Touche-Trébry
Penguily
Le Lorrain
Langouhèdre
Languédias
Lannouée
Trébry
St-Glen-Penguily
Plénée-Jugon
Mégrit
Pengly
Trédias
Plumaudan
Trémeur
Yvignac
Le Gouray
Sévignac
Le Plessix
St-Juvat
Abbaye de Boquen
Forêt de Boquen
Collinée
Rouillac
Broons
St-Maden
Le Champ-du-Puits
Guenroc
St-Jacut-du-Mené
St-Joseph
Recouvrance
Caulnes
Guitté
Langourla
Bois de Broons
St-Gouéno
Kerrouet
N.-D.-des-7-Douleurs
Landes du Mené
Éréac
Bodeuc
Pentray
Les Blossières
Léez
St-Jouan-de-l'Isle
La Chapelle-Blanche
Médréac
St-Gilles-du-Mené
Mérillac
Lanrelas
Plumaugat
St-Vran
St-Launeuc
La Hartelois
Guédillac
Benin
Forêt de la Hardouinais
Derrien
Quévran
Laurenan
Le Mottais
La Prévotais
Les Treize Chênes
B. de Pinguilly
Trémorel
Forêt de Montauban
M'Hervon

61
62
La Pierre de Herpin
Pointe du Grouin
Île des Landes
Pointe de Meinga
Pointe du Nez
Rochers sculptés
Pointe Bénard
Grande Rade de Cancale
BAIE DU MONT-SAINT-MICHEL
Île de Cézembre
Pointe de la Varde
Rothéneuf
Le Verger
La Guimorais
Î. des Rimains
Pointe de la Chaîne
Le Grand Jardin
St-Malo
Île Harbour
Grand-Bé
Paramé
St-Coulomb
Cancale
Terrelabouët
Pointe du Décollé
Dinard
St-Lunaire
St-Briac-s.-Mer
La Beuglais
Les Portes
St-Méloir-des-Ondes
St-Servan-s.-Mer
St-Benoît-des-Ondes
Vildé-la-Marine
La Ville-aux-Monniers
La Richardais
Usine marémotrice de la Rance
La Gouesnière
Hirel
Le Vivier-s.-Mer
Cherrueix
Ste-Anne
DINARD-PLEURTUIT-ST-MALO
Pleurtuit
St-Jouan-des-Guérets
St-Père
La Fresnais
Le Minihic-s.-Rance
St-Suliac
Châteauneuf-d'Ille-et-Vilaine
St-Guinoux
Mont Dol
St-Broladre
St-Marcan
Roz-s.-Couesnon
Monlieu
Langrolay-s.-Rance
La Ville-ès-Nonais
Lillemer
Mont-Dol
Trémereuc
Pleslin-Trigavou
Mesnil-des-Aulnays
Dol-de-Bretagne
Baguer-Pican
Trigavou
Port-St-Hubert
Port-St-Jean
Roz-Landrieux
Sains
Plouër-Langrolay-s.-Rance
Pleudihen-s.-Rance
Plerguer
Miniac-Morvan
Baguer-Morvan
Menhir de Champ-Dolent
Mordreuc
La Butte
Épiniac
La Boussac
St-Samson-s.-Rance
La Hisse
Le Vieux-Bourg
Val-Hervelin
St-Léonard
Trans-la-Forêt
La Vicomté-s.-Rance
Taden
Bois du Mesnil
Le Tronchet
Chât. de Landal
Évert
Dinan
St-Hélen
Tressé
Broualan
Lanvallay
Les Renardières
Bonnemain
Terre-Rouge
Le Mas
Cuguen
St-Solen
F. de Coëtquen
Lanhélin
Étang de Trémigon
Lourmais
ILLE-ET-VILAINE 35
Léhon
St-James
St-Pierre-de-Plesguen
Étg. du Rouvre
Le Plessis-Margat
Tressaint
Trélivan
St-Carné
Lauviais
Trémeheuc
Bobital
Calorguen
Les Champs-Géraux
Plesder
Chât. de la Bourbansais
Meillac
Combourg
Noyal-s/s-Bazouges
Bazouges-la-Pérouse
Le Hinglé
Trévron
Pleugueneuc
Lanrigan
St-André-des-Eaux
Evran
La Chapelle-aux-Filzméens
St-Léger-des-Prés
Marcillé-Raoul
Trévérien
St-Domineuc
Forêt de Bourgouët
St-Judoce
Le Quiou
Dingé
St-Rémy-du-Plain
St-Juvat
Tréfumel
Trimer
Québriac
Étang de Boulet
St-Maden
St-Thual
Forêt de Tanouarn
Bge de Rophémel
Guenroc
Tinténiac
Étang de Néal
Longaulnay
Bazouges-s/s-Hédé
Feins
La Grandais
Plouasne
La Baussaine
La Plousière
Bois de Champbelle
Chât. de Caradeuc
Bécherel
Chât. de Montmuran
St-Brieuc-des-Iffs
Écluses
Canal d'Ille et Rance
Montreuil-s.-Ille
Neuville
St-Pern
Cardroc
Les Iffs
St-Symphorien
Hédé
Guipel
Aubigné
Andouillé-Neuville
Miniac-s/s-Bécherel
St-Médard-s.-Ille
Médréac
La Chapelle-Chaussée
St-Gondran
St-Aubin-d'Aubigné
Landujan
Irodouër
Langouet
Le Tertre
St-Germain-s.-Ille
St-M'Hervé
Langan
Vignoc
Montreuil-le-Gast
Chasné-s.-Illet
Montauban
La Chapelle-du-Lou
Gévezé
Mouazé
113
114
87
36
N176-E401

Carolles
Cabane Vauban
Angey
Sartilly
Pte de Champeaux
Champeaux
St-Jean-le-Thomas
Ronthon
Dragey-Ronthon
Champcey
Montviron
Lolif
Subligny
Le Luot
Ste-Pience
Braffais
St-Nicolas-des-Bois
Les Loges-s.-Brécey
St-Laurent-des-Cuves
N.-D.-de-Livoye
Ste-Eugienne
Chavoy
Plomb
St-Georges-de-Livoye
Brécey
Vernix
Tirepied
La Gohannière
Les Cresnays
Cuves
Le Mesnil-Gilbert
Le Mesnil-Adelée
Bacilly
St-Jean-de-la-Haize
Ponts
St-Senier-s/s-Avranches
St-Brice
Marcey-les-Grèves
Bec d'Andaine
Genêts
Vains
Avranches
La Godefroy
Le Petit-Celland
Le Grand-Celland
St-Ovin
St-Loup
St-Léonard
Tombelaine
LE MONT-ST-MICHEL
Abbaye
Le Mont-St-Michel
Pointe du Grouin-Sud
Le Val-St-Père
St-Martin-des-Champs
St-Quentin-s.-le-Homme
Le Mesnil-Ozenne
La Chapelle-Urée
Reffuveille
Marcilly
Montgothier
Les Chéris
La Mancellière
Le Buat
Montigny
Chasseguey
Le Mesnillard
Bas Courtils
Céaux
Pontaubault
Courtils
Ossuaire allemand
Polders
Huisnes-s.-Mer
Servon
Tanis
Ardevon
Beauvoir
Le Pas
Précey
Ducey
Poilley
Bge de la Roche-qui-Boit
Chalandrey
Isigny-le-Buat
Pain-d'Avoine
Martigny
Naftel
Juilley
Crollon
Vezins
Bge de Vezins
Parigny
St-Georges-de-Gréhaigne
Brée
Macey
Vergoncey
St-Aubin-de-Terregatte
St-Senier-de-Beuvron
St-Laurent-de-Terregatte
Les Biards
Virey
St-Hilaire-du-Harcouët
Mont-Rouault
Curey
Pontorson
La Croix-Avranchin
Cormeray
Villiers-le-Pré
Boucey
Pleine-Fougères
Vessey
St-Benoît
Montjoie-St-Martin
Hamelin
St-Martin-de-Landelles
St-Brice-de-Landelles
Les Loges-Marchis
Aucey-la-Plaine
St-James
Cimetière américain
Vieux-Viel
Sougéal
Sacey
Carnet
St-Georges-de-Reintembault
Monthault
La Brière
Montanel
Argouges
Ft de Ville-Cartier
La Barbais
Le Ferré
Mellé
Louvigné-du-Désert
La Fontenelle
Antrain
St-Ouen-la-Rouërie
Poilley
Aux-Loges
Châtde Bonne-Fontaine
Villais
Coglès
Roche-Gaudin
Villamée
Châtdu Rocher-Portail
Montours
La Bazouge-du-Désert
La Selle-en-Coglès
Tremblay
La Beucherais
Parigné
St-Brice-en-Coglès
Le Châtellier
St-Germain-en-Coglès
La Bouteveillais
Landéan
Rimou
Celliers
Forêt de Fougères
St-Étienne-en-Coglès
La Vesquerie
St-Ellier-du-Maine
Le Loroux
Romazy
Chauvigné
Marcé
Le Breil-Rigault
Étg de St-François
Lécousse
Le Mont-Romain
St-Marc-le-Blanc
Brais
Baillé
Laignelet
Vieux-Vy-s.-Couesnon
Le Tiercent
St-Hilaire-des-Landes
Fougères
Sens-de-Bretagne
St-Christophe-de-Valains
St-Sauveur-des-Landes
Ste-Anne
Romagné
La Chapelle-Janson
Beaucé
St-Ouen-des-Alleux
Fleurigné
Sautoger
La Chapelle-St-Aubert
La Chaîne
Javené
La Selle-en-Luitré
La Pellerine
Gahard
Mézières-s.-Couesnon
St-Marc-s.-Couesnon
Étang de Boulaie
Vendel
Forêt de St-Aubin-du-Cormier
St-Jean-s.-Couesnon
Billé
Luitré
Étg d'Aunay
St-Georges-de-Chesné
Parcé
Ercé-près-Liffré
Grd Étg d'Ouée
Comboutillé
Dompierre-du-Chemin
Gosné
St-Aubin-du-Cormier
Larmy
Montreuil-des-Landes
Étang de Châtillon
Rochers du Saut-de-Roland
Le Pâtis
A84-E3
N12
63
115
64
116
90

90
63
64
89
115
116
MANCHE
50
St-Michel-de-Montjoie
Gathemo
Vengeons
Truttemer-le-Petit
Le Ménil-Ciboult
Tinchebray
Mont Crépin
305
Anc. abbaye
La Lande-Pat
Lingeard
Perriers-en-Beauficel
Beauficel
Les Maures
St-Christophe-de-Chaulieu
Landisacq
Vallée de la Sée
Chaulieu
St-Paul
Sourdeval
St-Jean-des-Bois
Yvrandes
Chanu
Le Mesnil-Gilbert
Chérencé-le-Roussel
Le Fresne-Poret
St-Cornier-des-Landes
La Chapelle-Biche
Le Mesnil-Adelée
Le Mesnil-Tôve
La Masure
Larchamp
La Chapelle-au-Moine
Bellefontaine
Ft de Halouze
Juvigny-le-Tertre
St-Barthélemy
La Tournerie
St-Clément-Rancoudray
Ger
St-Clair-de-Halouze
Le Mesnil-Rainfray
Beauchêne
Le Châtellier
Le Bouillonné
Chasseguey
La Bazoge
Le Neufbourg
Mortain
Cascade
Romagny
Ft de Lande-Pourrie
Lonlay-l'Abbaye
Le Mesnillard
Fontenay
Rancoudray
Forêt de Mortain
St-Bômer-les-Forges
Chèvreville
Fosse Arthour
Bion
St-Jean-du-Corail
St-Georges-de-Rouelley
La Haute-Chapelle
Milly
Parigny
Barenton
Rouellé
Manoir
N.-D.-s.-l'Eau
Lapenty
Villechien
Notre-Dame-du-Touchet
St-Roch-s.-Égrenne
St-Gilles-des-Marais
Domfront
Husson
Jarry
St-Cyr-du-Bailleul
St-Mars-d'Égrenne
Perrou
Ste-Marie-du-Bois
Le Pont-d'Égrenne
St-Brice
Les Loges-Marchis
St-Symphorien-des-Monts
St-Patrice
Moulines
Ferrières
Le Teilleul
Torchamp
Lucé
Avrilly
270
Mont Margantin
La Baroche-s/s-Lucé
Savigny-le-Vieux
Buais
Courteille
L'Épine-des-Champs
Mantilly
Passais
Heussé
La Perdrière
Claire-Fontaine
St-Fraimbault
Ceaucé
Landivy
Fougerolles-du-Plessis
Désertines
L'Épinay-le-Comte
St-Siméon
Soucé
Loré
La Dorée
St-Aubin-Fosse-Louvain
Vaucé
Couesmes-Vaucé
Melleray-la-Vallée
Vieuvy
La Méloire
Lesbois
St-Mars-s.-la-Futaie
Le Pas
Gorron
St-Ellier-du-Maine
La Tannière
Levaré
Hercé
Les 4-Chemins
Chantrigné
Loroux
St-Berthevin-la-Tannière
Colombiers-du-Plessis
Brecé
P-Ervault
Ambrières-les-Vallées
Montaudin
Carelles
St-Loup-du-Gast
Larchamp
St-Mars-s.-Colmont
La Haie-Traversaine
Monflaux
La Rostière
Oisseau
La Bénardière
St-Denis-de-Gastines
Châtillon-s.-Colmont
St-Fraimbault-de-Prières
Allée couverte de la Contrie
La Pellerine
L'Arabine
Parigné-s.-Braye
La Meltière
St-Georges-Buttavent
Mayenne
Ernée
Charné
Vautorte
Montenay
Polissoir
Aron
Fontaine-Daniel
La Chapelle-au-Grain
Pierre-
La Bazoge-Montpinçon
Moulay
Belgeard
Placé
A
B
C
D
E
F
G
1
2
3
4
5
6
7
8
9
10
D976
D911
D977
N12
D33
D5
D31
D32
D962
D22
D23

91
65
117
118
66
92
ORNE
61
MAYENNE
53
PARC
NATUREL RÉGIONAL
NORMANDIE-MAINE
ALPES
MANCELLES
Aubusson
Ronfeugerai
La Carneille
Ste-Honorine-la-Guillaume
St-Aubert-s.-Orne
Rabodanges
Les Rotours
Habloville
Commeaux
St-Georges-des-Groseillers
Flers
La Selle-la-Forge
Échalou
Landigou
Durcet
Menhir
Les Tourailles
Ste-Opportune
Craménil
Chât. du Repas
Chênedouit
Ste-Croix
Putanges-Pont-Écrepin
Courteilles
Giel-Courteilles
Ménil-Gondouin
La Fresnaye-au-Sauvage
St-André-de-Briouze
Fromentel
Ménil-Jean
La Courbe
Ménil-Glaise
Montgaroult
Sentilly
Moulins-s.-Orne
Goulet
Fontenai-s.-Orne
Écouché
Batilly
Messei
St-André-de-Messei
Sai res-la-Verrerie
Bellou-en-Houlme
Briouze
Pointel
St-Hilaire-de-Briouze
Les Yveteaux
La Lande-de-Lougé
Lougé-s.-Maire
St-Ouen-s.-Maire
Sevrai
Loucé
Joué-du-Plain
Monument Leclerc
Sarceaux
Tanques
Fleuré
Le Ménil-de-Briouze
Montreuil-au-Houlme
St-Brice-s/s-Rânes
Banvou
La Ferrière-aux-Étangs
Mt Brulé
Lignou
Faverolles
Avoine
Vrigny
La Bruyère
Mont d'Hère
Vieux-Pont
Bouce
Étangs de Vrigny
La Coulonche
La Lande
Lonlay-le-Tesson
Le Grais
St-Georges-d'Annebecq
Rânes
Dompierre
Champsecret
Mont-en-Gérôme
Forêt des Andaines
La Sauvagère
St-Maurice-du-Désert
Beauvain
St-Martin-l'Aiguillon
Ste-Marie-la-Robert
Francheville
La Bellière
Le Ménil-Scelleur
La Perdrière
La Ferté-Macé
La Chaux
Le Champ-de-la-Pierre
St-Michel
Chapelle Ste-Geneviève
Phare de Bonvouloir
St-Michel-des-Andaines
Magny-le-Désert
Joué-du-Bois
Ste-Marguerite-de-Carrouges
St-Sauveur-de-Carrouges
La Lande-de-Goult
Bois de Goult
Juvigny-s/s-Andaine
Bagnoles-de-l'Orne
La Motte-Fouquet
Carrouges
Chahains
Beaulandais
Tessé-la-Madeleine
Orgères-la-Roche
Lignières-Orgères
Rouperroux
La Chapelle-d'Andaine
St-Patrice-du-Désert
St-Martin-des-Landes
St-Didier-s/s-Écouves
Vallée de la Cour
Forêt de la Motte
Tessé-Froulay
St-Denis-de-Villenette
Geneslay
Couterne
Antoigny
Les Senaillères
St-Ellier-les-Bois
Longuenoë
Haleine
Forêt de Monaye
Sept-Forges
Thubœuf
Ménoudin
St-Ouen-le-Brisoult
La Pallu
Livaie
Rennes-en-Grenouilles
Le Chenay
Neuilly-le-Vendin
Haudre
Ciral
Couptrain
St-Samson
St-Julien-du-Terroux
Bretignolles-le-Moulin
Le Housseau-Brétignolles
Madré
St-Calais-du-Désert
La Roche-Mabile
Gandelain
Butte Chaumont
Ste-Marie-du-Bois
Chât. de Bois-Thibault
La Baroche-Gondouin
Lalacelle
Pré-en-Pail
St-Aignan-de-Couptrain
Mont des Avaloirs
St-Denis-sur-Sarthon
Forêt de Multonne
Mont Souprat
Lassay-les-Châteaux
Chevaigné-du-Maine
Les Chapelles
St-Cyr-en-Pail
Ravigny
Niort-la-Fontaine
St-Fraimbault-de-Lassay
Courberie
Javron-les-Chapelles
Champfrémont
Charchigné
Corniche de Pail
St-Julien-des-Églantiers
Boulay-les-Ifs
Le Horps
La Ferrière-Bochard
Le Ribay
Chatemoux
Villepail
Rouvadin
St-Pierre-des-Nids
Montreuil-Poulay
Poulay
Le Ham
Forêt de Pail
La Pilonnière
St-Cénéri-le-Gérei
Champéon
Mont du Saule
Crennes-s.-Fraubée
Gesvres
Moulins-le-Carbonnel
La Croix
Villaines-la-Juhel
Col de St-Sulpice
Vlée de Misère
St-Léonard-des-Bois
Le Bourg-Neuf
Bois de Buleu
Hardanges
Loupfougères
Étg des Perles
B. de Vaux
Averton
Sougé-le-Ganelon
Marcillé-la-Ville
La Chapelle-au-Riboul
St-Paul-le-Gaultier
Gué-Orry
La Chauvellière
Courcité
St-Aubin-du-Désert
Niaufle
St-Georges-le-Gaultier
Grazay
Champgenéteux
St-Mars-du-Désert
La Chapelle
Étang de Beaucoudray
La Corbinière
Le Tay
L'Hôtellerie
Trans
St-Thomas-de-Courceriers
Mont-Méard
St-Germain-de-Coulamer
Doucé
Douillet

92
65
66
91
117
118
A
B
C
D
E
F
G
1
2
3
4
5
6
7
8
9
10
Argentan
Gacé
Fel
Omméel
Avernes-s/s-Exmes
Résenlieu
des-Laitiers
Touquettes
Aubry-en-Exmes
Fougy
Ste-Eugénie
Manoir d'Argentelles
Courménil
Coulmer
Cisai-St-Aubin
St-Evroult-N.-D.-du-Bois
Forêt de St-Evroult
Crennes
Le Bourg-St-Léonard
Exmes
Croisilles
Orgères
Urou-et-Crennes
Silly-en-Gouffern
Petite Forêt
Le Pin-au-Haras
Ginai
Le Ménil-Vicomte
Échauffour
Pierre-Levée
de Gouffern
Haras du Pin
Le Vieux-Pin
Lignères
Vieux-Bourg
Sai
Aunou-le-Faucon
Juvigny-s.-Orne
Sarceaux
La Cochère
La Corbette
Ménil-Froger
St-Germain-de-Clairefeuille
Champ-Haut
Les Authieux-du-Puits
Tercey
St-Loyer-des-Champs
Almenèches
Nonant-le-Pin
Le Merlerault
Ste-Gauburge-Ste-Colombe
Planches
A88
A28-E402
Fleuré
Vrigny
St-Christophe-le-Jajolet
Boissei-la-Lande
Médavy
Le Château-d'Almenèches
Godisson
La Genevraie
Marmouille
Monts d'Amain
Brullemail
Fay
Maheru
Châ. de Sassy
Étangs de Vrigny
Marcei
Château d'O
Surdon
Chailloué
Montrond
St-Léonard-des-Parcs
Ferrières-la-Verrerie
Mortrée
Macé
Neuville-près-Sées
Montmerrei
Méheran
La Bellière
Bois de l'Évêque
Étangs de Blanchelande
Belfonds
Aunou-s.-Orne
Courtomer
Tellières-le-Plessis
Gâprée
St-Germain-le-Vieux
St-Aubin-de-Courteraie
La Perdrière
St-Laurent
Sées
Source de l'Orne
Trémont
Le Plantis
St-Agnan-s.-Sarthe
St-Germain-de-Martigny
St-Clair
Les Choux
Le Cercueil
St-Hilaire-la-Gérard
La Lande-de-Goult
Le Ménil-Guyon
Le Chalange
Champeaux-s.-Sarthe
La Ferrière-Béchet
La Chapelle-près-Sées
Neauphe-s/s-Essai
Montchevrel
Ste-Scolasse-s.-Sarthe
Tanville
Le Bouillon
La Croix-de-Médavi
Boitron
Le Breuil
Bures
Bazoches-s.-Hoëne
Laleu
Signal d'Écouves
St-Didier-s/s-Écouves
St-Gervais-du-Perron
Le Perron
Bursard
Essay
Aunay-les-Bois
St-Aubin-d'Appenai
Fontenai-les-Louvets
Forêt d'Écouves
Vingt-Hanaps
Forêt de Bourse
Marchemaisons
Coulonges-s.-Sarthe
La Ménière
Livaie
Rochers du Vignage
Radon
Ménil-Erreux
Neuilly-le-Bisson
Les Ventes-de-Bourse
Le Mêle-s.-Sarthe
Buré
Boëcé
St-Nicolas-des-Bois
Forges
Larré
St-Léger-s.-Sarthe
St-Julien-s.-Sarthe
Butte Chaumont
Hauterive
Le Ménil-Broût
Barville
Colombiers
Semallé
St-Quentin-de-Blavou
Coulimer
St-Denis-s.-Sarthon
Cuissai
Lonrai
Valframbert
La Fresnaye-s.-Chédouet
Roullée
Montigny
Chenay
Vidai
St-Jouin-de-Blavou
Ravigny
Pacé
Damigny
Blèves
Cerisé
Chassé
Condé-s.-Sarthe
Le Chevain
Lignières-la-Carelle
Ventes-du-Four
Louzes
Les Aulneaux
Manoir Pervenchères
72
SARTHE
Alençon
St-Germain-du-Corbéis
La Ferrière-Bochard
St-Paterne
Vallée d'Enfer
Aillières-Beauvoir
Montgaudry
Mieuxcé
Héloup
Arçonnay
Forêt de Perseigne
Abbaye
Contilly
St-Céneri-le-Gérei
St-Rigomer-des-Bois
Champfleur
La Perrière
Moulins-le-Carbonnel
Bérus
Ancinnes
Neufchâtel-en-Saosnois
Villaines-la-Carelle
Marollette
Suré
Gesnes-le-Gandelin
Béthon
Chérisay
Livet-en-Saosnois
St-Rémy-du-Val
St-Longis
Chemilli
Origny-le-Butin
Vezot
Bourg-le-Roi
Oisseau-le-Petit
N.-D.-de-Toutes-Aides
Louvigny
Panon
Mamers
Orgny-le-Roux
Châ. de Chereperrine
Sougé-le-Ganelon
Assé-le-Boisne
Fyé
Rouessé-Fontaine
Saosnes
Pizieux
St-Victeur
Mont-Renault
Commerveil
St-Fulgent-des-Ormes
Thoiré-s/s-Contensor
Les Mées
St-Calez-en-Saosnois
St-Rémy-des-Monts
St-Pierre-des-Ormes
St-Ouen-de-Mimbré
La Chapelle
Coulombiers
Grandchamp
Courgains
Fresnay-s.-Sarthe
St-Germain-s.-Sarthe
Thoigné
Monhoudou
St-Vincent-des-Prés
Maison-Neuve
Moncé-en-Saosnois
René
Douillet

67
68
94
119
120
ORNE
61
St-Symphorien-des-Bruyères
St-Martin-d'Écublei
Chéronvilliers
Le Chêne-Croix
Francheville
Cintray
St-Sulpice-s.-Risle
L'Aigle
Forêt de l'Aigle
Chaise-Dieu-du-Theil
Le Theil
Bourth
Forêt de Bourth
Verneuil-s.-Avre
Piseux
Le Cauche-Alin
St-Pierre-des-Loges
Beaufai
Rai
Aube
Chât. des Nouettes
St-Michel-Tubœuf
Chandai
Mandres
Gauville
St-Hilaire-s.-Risle
Brethel
Écorcei
St-Ouen-s.-Iton
Vitrai-s/s-l'Aigle
Les Barils
Pullay
Bâlines
Courteilles
Rueil-la-Gadelière
Le Ménil-Bérard
Auguaise
La Chapelle-Viel
Crulai
Gournay-le-Guérin
Lourine
Forêt de Moulins-Bonsmoulins
Les Aspres
St-Christophe-s.-Avre
St-Victor-s.-Avre
Boissy-lès-Perche
La Ferrière-au-Doyen
Bonnefoi
Beaulieu
Armentières-s.-Avre
Beauche
Irai
Chennebrun
Rohaire
Les Genettes
Moulins-la-Marche
Bonsmoulins
Bois du Châtelet
Randonnai
St-Maurice-lès-Charencey
La Chapelle-Fortin
Morvilliers
Abb. de la Trappe
Forêt de la Trappe
Normandel
St-Aquilin-de-Corbion
St-Martin-des-Pézerits
Bresolettes
La Poterie-au-Perche
Moussonvilliers
La Mancelière
Étang de Chaumont
Soligny-la-Trappe
Prépotin
Forêt du Perche
La Ventrouze
Lamblore
Bois de Chérencey
La Puisaye
St-Ouen-de-Sécherouvre
Bubertré
Tourouvre
Ste-Anne
La Ferté-Vidame
Forêt de la Ferté-Vidame
Lignerolles
L'Hôme-Chamondot
Marchainville
Champs
Ste-Céronne-lès-Mortagne
Biviliers
Les Ressuintes
Étg des Baussiots
Étg de Rumien
Autheuil
Les Épasses
St-Hilaire-le-Châtel
Malétable
Moulicent
Étg de Bouillon
La Lande-s.-Eure
Laudigerie
Forêt de Senonches
Villiers-s/s-Mortagne
Feings
Forêt de Longny
Brochard
Longny-au-Perche
Mortagne-au-Perche
Bois de Valdieu
Forêt de Réno-Valdieu
Neuilly-s.-Eure
Loisé
Étang des Personnes
Les Menus
Courgeoût
St-Langis-lès-Mortagne
St-Mard-de-Réno
PARC
St-Victor-de-Réno
NATUREL
Le Mage
Loisail
Fontaine-Simon
Bizou
St-Jean-des-Murgers
Parfondeval
Réveillon
Courgeon
La Chapelle-Montligeon
Monceaux
Bois de Voré
Le Pas-St-l'Homer
Meaucé
Moutiers-au-Perche
St-Denis-s.-Huisne
Comblot
Manoir de la Vove
La Madeleine-Bouvet
Corbon
Maison-Maugis
Forêt de Saussay
Mauves-s.-Huisne
Le Pin-la-Garenne
Boissy-Maugis
Chât. de Voré
Vaupillon
St-Maurice-s.-Huisne
Courcerault
Remalard
Éperrais
Bretoncelles
Dorceau
Bellavilliers
St-Ouen-de-la-Cour
RÉGIONAL
DU
PERCHE
Colonard-Corubert
Bellou-s.-Huisne
Étg de Perruchet
Étg de la Herse
St-Germain-des-Grois
Montireau
Forêt de Bellême
St-Martin-du-Vieux-Bellême
Corubert
Manoir de Courboyer
Verrières
Coulonges-les-Sablons
St-Victor-de-Buthon
Bellême
Condeau
Nocé
Condé-s.-Huisne
La Hurie
Le Gué-de-la-Chaîne
Sérigny
St-Jean-de-la-Forêt
Manoir de Lormarin
La Fourche
Frétigny
Vaunoise
Dame-Marie
Dancé
St-Pierre-la-Bruyère
Chât. des Feugerets
St-Aubin-des-Grois
Marolles-les-Buis
La Poterie
Appenai-s/s-Bellême
St-Cyr-la-Rosière
Berd'huis
Ozée
Préaux-du-Perche
Coudreceau
St-Denis-d'Authou
Igé
La Chapelle-Souëf
Manoir
Margon
Ste-Gauburge
Manoir d'Amilly
Nogent-le-Rotrou
Brunelles
Thiron-Gardais
Chât. de Lonné
Manoir de l'Angenardière
St-Agnan-s.-Erre
St-Hilaire-s.-Erre
Champrond-en-Perchet
La Gaudaine
Marcilly
Gémages
L'Hermitière
La Rouge
Trizay-Coutretôt-St-Serge
Coutretot
St-Jean-Pierre-Fixte
Contres-en-Vairais
Pouvrai

94
67
68
93
119
120
EURE-ET-LOIR
28
Forêt de Dreux
Abb. du Breuil-Benoît
Pavillon de Chasse
Abondant
Piseux
Longuelune
Breux-s.-Avre
Acon
Nonancourt
La Madeleine-de-Nonancourt
St-Germain-s.-Avre
St-Lubin-des-Joncherets
St-Rémy-s.-Avre
Dampierre-s.-Avre
Tillières-s.-Avre
Les Brulés
Vert-en-Drouais
Montreuil
Muzy
Cherisy
Serville
Bâlines
Courteilles
Bérou-la-Mulotière
Rueil-la-Gadelière
Montigny-s.-Avre
Revercourt
Louvilliers-en-Drouais
Dreux
Ste-Gemme-Moronval
Germainville
Fessanvilliers-Mattanvilliers
St-Lubin-de-Cravant
Prudemanche
Escorpain
Boissy-en-Drouais
Allainville
Vernouillet
Luray
Mézières-en-Drouais
Brezolles
Laons
Garancières-en-Drouais
Garnay
Écluzelles
Charpont
Ouerre
Mattanvilliers
Vitray-s/s-Brézolles
Châtaincourt
Marville-Moutiers-Brûlé
Crucey-Villages
Mainterne
Crécy-Couvé
Tréon
Imbermais
Villemeux-s.-Eure
Aunay-s/s-Crécy
Les Châtelets
Camp militaire
Dampierre-s.-Blévy
St-Ange
Fontaine-les-Ribouts
Saulnières
Le Boullay-Mivoye
La Mancelière
Blévy
Mondétour
Puiseux
La Saucelle
Maillebois
St-Ange-et-Torçay
Morvillette
Le Boullay-les-Deux-Églises
Le Boullay-Thierry
Bois de la Saucelle
Louvilliers-lès-Perche
Bois de St-Vincent
Châteauneuf
Levasville
Gironville
Neuville
Ormoy
Puisaye
St-Jean-de-Rebervilliers
Marville-les-Bois
Tremblay-les-Villages
La Framboisière-la-Saucelle
Le Mesnil-Thomas
St-Sauveur-Marville
Serazereux
St-Maixme-Hauterive
Châteauneuf-en-Thymerais
Achères
Le Péage
Tardais
Hauterive
Jaudrais
Forêt de Châteauneuf
Chêne-Chenu
St-Chéron-des-Champs
Senonches
Laudigerie
Thimert-Gâtelles
Écublé
Theuvy-Achères
Forêt de Senonches
Aumoy
La Ville-aux-Nonains
Arpentigny
Le Mage
Challet
Gâtelles
Clévilliers
Berchères-St-Germain
Ardelles
Digny
Favières
Briconville
Manou
St-Germain-la-Gâtine
Vérigny
Châtenay
Dangers
Le Charmoy-Gontier
Fontaine-Simon
Belhomert-Guéhouville
St-Jean-des-Murgers
Fresnay-le-Gilmert
St-Arnoult-des-Bois
Mittainvilliers
Poisvilliers
St-Maurice-St-Germain
Billancelles
Meaucé
Levêville
Genainvilliers
Bois Bailleau
Pontgouin
Bailleau-l'Évêque
Guimonvilliers
La Loupe
Le Favril
Fontaine-la-Guyon
St-Aubin-des-Bois
Lèves
Landelles
Séresville
Vaupillon
Courville-s.-Eure
Bois de Pinson
Chazay
Forêt de Montécot
Chuisnes
Flonville
Cintray
Mainvilliers
St-Éliph
Amilly
Forêt de Champrond
Friaize
Les Châtelets
St-Luperce
Lucé
Glatigny
Étg de Perruchet
St-Germain-le-Gaillard
Luisant
Montireau
Champrond-en-Gâtine
Orrouer
St-Georges-s.-Eure
Barjouville
St-Victor-de-Buthon
Tour
Le Thieulin
St-Denis-des-Puits
Fruncé
Morancez
Fontenay-s.-Eure
Montlandon
Villebon
Chauffours
Ollé
Beaurepaire
Bois de la Gâtine
Ver-lès-Chartres
La Hurie
Domaine du Bois Landry
Cernay
Nogent-s.-Eure
Goindreville
Thivars
St-Laurent
Les Corvées-les-Yys
Marchéville
Bailleau-le-Pin
Meslay-le-Grenet
Mignières
Champeaux
Les Châtelliers-Notre-Dame
Sandarville
St-Denis-d'Authou
Magny
Dammarie
Nonvilliers-Grandhoux
Ermenonville-la-Grande
Thiron-Gardais
Combres
Happonvilliers
Grandhoux
St-Loup
La Bourdinière-St-Loup
St-Éman
Blandainville
Épeautrolles
Mizeray
Fresnay-le-Comte
Chassant
Méréglise
Combray
Luplanté
Ermenonville
Thironne
N12
N154
D923
D939
D928
D921
A11-E50

Houdan
Bazainville
Maulette
Millemont
La Queue-les-Yvelines
Galluis
Méré
Neauphle-le-Ch.
Pontchartrain
Élancourt
Trappes
Bû
Havelu
Marchezais
Goussainville
Thoinville-s.-Opton
Gambais
Grosrouvre
Châl. de Mormaire
Montfort-l'Amaury
Mareil-le-Guyon
Jouars
Bazoches-s.-Guyonne
Le Tremblay-s.-Mauldre
France Miniature
Maurepas
ST-QUENTIN-EN-YVELINES
Champagne
Dannemarie
Bourdonné
Bois de l'Épars
Gambaiseuil
Bois des Longues Mares
St-Rémy-l'Honoré
Les Mesnuls
Coignières
La Verrière
Abbaye de Port-Royal-des-Champs
Boutigny-s.-Opton
Condé-s.-Vesgre
Broué
La Chapelle-Forainvilliers
Étangs de Hollande
Le Mesnil-St-Denis
La Musse
Adainville
St-Léger-en-Yvelines
PARC NATUREL RÉGIONAL DE LA HAUTE-VALLÉE-DE-CHEVREUSE
Lévis-St-Nom
Rozay
Prouais
Grandchamp
St-Hubert
Les Essarts-le-Roi
Maincourt
Dampierre-en-Yvelines
Vallée de Chevreuse
St-Laurent-la-Gâtine
Le Tartre-Gaudran
La Hauteville
Bois de la Charmoie
Bois de Biennouvienne
Forêt de Rambouillet
Les Bréviaires
Étg de St-Hubert
St-Forget
Croisilles
Les Pinthières
Auffargis
Les Vaux de Cernay
Senlisse
Faverolles
La Boissière-École
Le Perray-en-Yvelines
Chât. de Breteuil
Bréchamps
Poigny-la-Forêt
Chaudon
Senantes
Les Ruelles
Mittainville
Rochers
Vieille-Église-en-Yvelines
Cernay-la-Ville
Coulombs
Guiperreux
Étg d'Angennes
Bois de Gazeran
Rambouillet
Nogent-le-Roi
Lormaye
Chenicourt
St-Lucien
Hermeray
Les Chaises
Les Bordes
Longchêne
La Celle-les-Bordes
Vacheresses-les-Basses
Villiers-le-Morhier
Raizeux
Gazeran
Étg d'Or
Parc animalier
Bullion
St-Martin-de-Nigelles
Le Coudray
St-Hilarion
Les Moutiers
Néron
Hanches
Épernon
Bois de Batonceau
Greffiers
Clairefontaine-en-Yvelines
Pierres
Maintenon
Le Parc
Droue-s.-Drouette
Émancé
Réserve zoologique
Orcemont
La Hunière
Rochefort-en-Yvelines
Maingournois
Orphin
Sonchamp
St-Arnoult-en-Yvelines
Longvilliers
Bouglainval
Houx
Gas
Yermenonville
Jonvilliers
Craches
Ponthévrard
Forêt de Dourdan
Mévoisins
St-Piat
Chartainvilliers
Théléville
Écrosnes
Armenonville-les-Gâtineaux
Prunay-en-Yvelines
Dourdan
Ste-Mesme
Bailleau-Armenonville
Gallardon
Montlouet
Bleury
Esclimont
A11-E50
Jouy
Soulaires
Senainville
Ymeray
St-Symphorien-le-Château
Ablis
Forêt de l'Ouye
St-Martin-de-Bréthencourt
Corbreuse
Boinville-le-Gaillard
St-Prest
Champseru
Le Gué-de-Longroi
Levainville
Coltainville
L'OCÉANE
Orsonville
Gasville
Umpeau
Oinville-s/s-Auneau
Paray-Douaville
Chatignonville
La Forêt-le-Roi
Richarville
Champhol
CHARTRES-CHAMPHOL
Auneau
Allainville
A10-E5
Authon-la-Plaine
Chartres
Nogent-le-Phaye
Houville-la-Branche
Béville-le-Comte
Roinville
Aunay-s/s-Auneau
Plessis-St-Benoist
La Chapelle-d'Aunainville
Garancières-en-Beauce
St-Escobille
Le Coudray
Génerville
Sours
St-Léger-des-Aubées
Sainville
Guilleville
Mérobert
Gellainville
Francourville
Maisons
Voise
Manterville
Berchères-les-Pierres
Boinville-au-Chemin
Oysonville
Moinville-la-Jeulin
Santeuil
Denonville
Morainville
Léthuin
Vierville
Congerville
Orlu
Gaudreville
Chamblay
Corancez
Prunay-le-Gillon
Mondonville-St-Jean
Châtenay
Congerville-Thionville
Ardelu
Grandville
Honville
Ouarville
Vovette
Theuville
Baigneaux
Allonnes
Réclainville
Gouillons
Gommerville
Pussay
Baudreville
Arnouville
Boisville-la-St-Père
Louville-la-Chenard
Ormeville
Dommerville
Pézy
Bonce
Mauloup
Levesville-la-Chenard
Angerville
Nicorbin
Villarceaux
Beauvilliers
Moutiers
Mérouville
L'AQUITAINE

69
70
92
95
121
122
91
ESSONNE
VERSAILLES
St-Cyr-l'École
Vélizy-Villacoublay
Montigny-le-Bx
Guyancourt
ST-QUENTIN-EN-YVELINES
Abbaye de Port-Royal-des-Champs
Voisins-le-Bretonneux
Jouy-en-Josas
Bièvres
Verrières-le-Buisson
ANTONY
Fresnes
Massy
Igny
Saclay
Palaiseau
Orsay
Gif-s.-Y.
Les Ulis
Chevreuse
St-Rémy-lès-Chevreuse
NATUREL
Vallée de Chevreuse
Châtillon
Clamart
Bagneux
Cachan
Bourg-la-R.
L'Haÿ-les-Roses
VILLEJUIF
VITRY-S.-S.
MAISONS-ALFORT
ST-MAUR-DES-F.
CRÉTEIL
Chevilly-Larue
Thiais
Choisy-le-Roi
Orly
PARIS-ORLY
Villeneuve-le-Roi
Villeneuve-St-Georges
Yerres
Chilly-Mazarin
Longjumeau
Morangis
Paray-Vieille-Poste
Athis-Mons
Juvisy-s.-O.
Savigny-s.-Orge
Draveil
Montgeron
Épinay-s/s-Sénart
Forêt de Sénart
Viry-Châtillon
Grigny
Ris-Orangis
Évry
Soisy-s.-Seine
Morsang-s.-O.
Ste-Geneviève-des-Bois
St-Michel-s.-O.
Fleury-Mérogis
Courcouronnes
Bondoufle
Corbeil-Essonnes
St-Pierre-du-Perray
Linas
Montlhéry
Marcoussis
Autodrome
Camp de Linas-Montlhéry
Limours
Forges-les-Bains
Briis-s/s-Forges
Fontenay-lès-Briis
Courson-Monteloup
Bruyères-le-Châtel
Leuville-s.-Orge
Le Plessis-Pâté
Brétigny-s.-Orge
Arpajon
La Norville
Ollainville
Égly
Breuillet
St-Chéron
Marolles-en-Hurepoix
Vert-le-Grand
Vert-le-Petit
Lisses
Mennecy
Le Coudray-Montceaux
Dourdan
Sermaise
Bonnelles
Rochefort-en-Yvelines
St-Vrain
Ballancourt-s.-Essonne
Bouray-s.-Juine
Lardy
Janville-s.-Juine
Itteville
Étréchy
Boissy-le-Sec
Parc du chât. de Jeurre
Morigny-Champigny
ÉTAMPES
La Ferté-Alais
Cerny
Boutigny-s.-Essonne
PARC NATUREL RÉGIONAL DU
Milly-la-Forêt
Maisse
Méréville
Saclas
Pussay
Chalou-Moulineux
Angerville
Sermaises
Chât. de Farcheville
Rochers

CHAMPIGNY-S.-M.
94
71
72
86
98
123
124
SEINE-ET-MARNE
77
Pontault-Combault
Roissy-en-Brie
Ozoir-la-Ferrière
Forêt d'Armainvilliers
Ft de Ferrières
Pontcarré
Gretz-Armainvilliers
Tournan-en-Brie
Favières
Neufmoutiers-en-Brie
La Houssaye-en-Brie
Crèvecœur-en-Brie
Hautefeuille
Forêt de Malvoisine
Pézarches
Touquin
St-Augustin
La Queue-en-Brie
Noiseau
Bois Notre-Dame
Boissy-St-Léger
Marolles-en-Brie
Santeny
Servon
Villecresnes
Mandres-les-Roses
Périgny
Boussy-St-Ant.
Lésigny
Férolles-Attilly
Chevry-Cossigny
Les Chapelles-Bourbon
Marles-en-Brie
Bois de Lumigny
Lumigny-Nesles-Ormeaux
Ormeaux
Nesles
Voinsles
Fontenay-Trésigny
Châtres
Ft de la Léchelle
Presles-en-Brie
Chât. des Boulayes
Liverdy-en-Brie
Chât. du Vivier
Rozay-en-Brie
Vilbert
Bernay-Vilbert
Château de la Grange-Bléneau
Brie-Comte-Robert
Moulin de Jarcy
Varennes-Jarcy
Grisy-Suisnes
Forêt de Coubert
Coubert
Courquetaine
Ozouer-le-Voulgis
Forest
Chaumes-en-Brie
Courtomer
Argentières
Beauvoir
Quincy-s/s-Sénart
Combs-la-Ville
Grégy-s.-Yerres
Suisnes
Soignolles-en-Brie
Solers
Yèbles
Guignes
Verneuil-l'Étang
La Chapelle-Iger
Courpalay
Fleury
Moulin Chô
Gastins
Évry-Grégy-s.-Yerres
Moissy-Cramayel
Lieusaint
FRANCILIENNE
SENART
Limoges-Fourches
Lissy
Réau
Champdeuil
Aubepierre
Ozouer-le-Repos
Les Loges
Mormant
Andrezel
Quiers
Clos-Fontaine
Savigny-le-Temple
Nandy
Ft de Rougeau
Montereau-s.-le-Jard
Crisenoy
Champeaux
Fouju
St-Méry
Fief des Époisses
Bombon
Lady
Grandpuits-Bailly-Carrois
Bailly-Carrois
Nangis
Vert-St-Denis
Cesson
Seine-Port
Voisenon
Rubelles
Maincy
St-Germain-Laxis
Moisenay
Blandy
Bréau
St-Ouen-en-Brie
Chât. de Boisbourdan
Vaux-le-Vicomte
Melun
Le Mée-s.-S.
St-Fargeau-Ponthierry
Boissise-le-Roi
Boissise-la-Bertrand
Boissettes
Vaux-le-Pénil
Châtillon-la-Borde
La Chapelle-Gauthier
Fontenailles
Rampillon
Étang de Villefermoy
Forêt de Villefermoy
Fontains
La Borde
Sivry-Courtry
Le Châtelet-en-Brie
Pringy
Dammarie-les-Lys
Livry-s.-Seine
La Rochette
Chartrettes
Buisson de Massoury
Massoury
Fontaine-le-Port
Les Écrennes
Arboretum
Les Montils
La Chapelle-Rablais
Valjouan
Villeneuve-les-B.
Bois de St-Germain-Laval
Brinvillé
St-Sauveur-s.-École
Villiers-en-Bière
Perthes
Chailly-en-Bière
Cély
Fleury-en-Bière
St-Martin-en-Bière
Barbizon
Forêt de Fontainebleau
Gorges d'Apremont
Bois-le-Roi
Bois de Barbeau
Samois-s.-Seine
Héricy
Féricy
Machault
Pamfou
Forêt d'Echou
Échouboulains
Coutençon
Bois du Fresnoy
Forêt de St-Martin
Vulaines-s.-Seine
Samoreau
Valence-en-Brie
Bois de Valence
Laval-en-Brie
Forges
Salins
Courcelles-en-Bassée
Gardeloup
St-Germain-Laval
Arbonne-la-Forêt
Gorges de Franchard
Fontainebleau
Avon
Thomery
Champagne-s.-Seine
Vernou-la-Celle-s.-Seine
La Grande-Paroisse
Montereau-Fault-Yonne
Marolles-s.-Seine
La Vallée-Close
Les 3 Pignons
Mont Aigu
Mt Andart
Ancien atelier de Rosa-Bonheur
St-Mammès
Moret-s.-Loing
Veneux-les-Sablons
Site arch. de Pincevent
Varennes-s.-Seine
Cannes-Écluse
Barbey
Achères-la-Forêt
Le Vaudoué
Recloses
Haut Mont
Bourron-Marlotte
Marlotte
Écuelles
Montarlot
Ville-St-Jacques
Noisy-Rudignon
Le Grand-Fossard
Esmans
La Brosse-Montceaux
Villeneuve-la-Guyard
GÂTINAIS
Meun
Ury
Villiers-s/s-Grez
Montigny-s.-Loing
Sorques
Épisy
Villecerf
La Vallée
Montmachoux
La Chapelle-la-Reine
Grez-s-Loing
La Genevraye
Rocher de la Dame-Jouanne
Montcourt-Fromonville
Rebours
Le Pimard
Dormelles
Flagy
Bois de la Montagne
Les Joncheries
Villemer
FRANÇAIS
Forêt de Fontainebleau
T.G.V.
A5-E54
A6-E15
N4
N36
N104

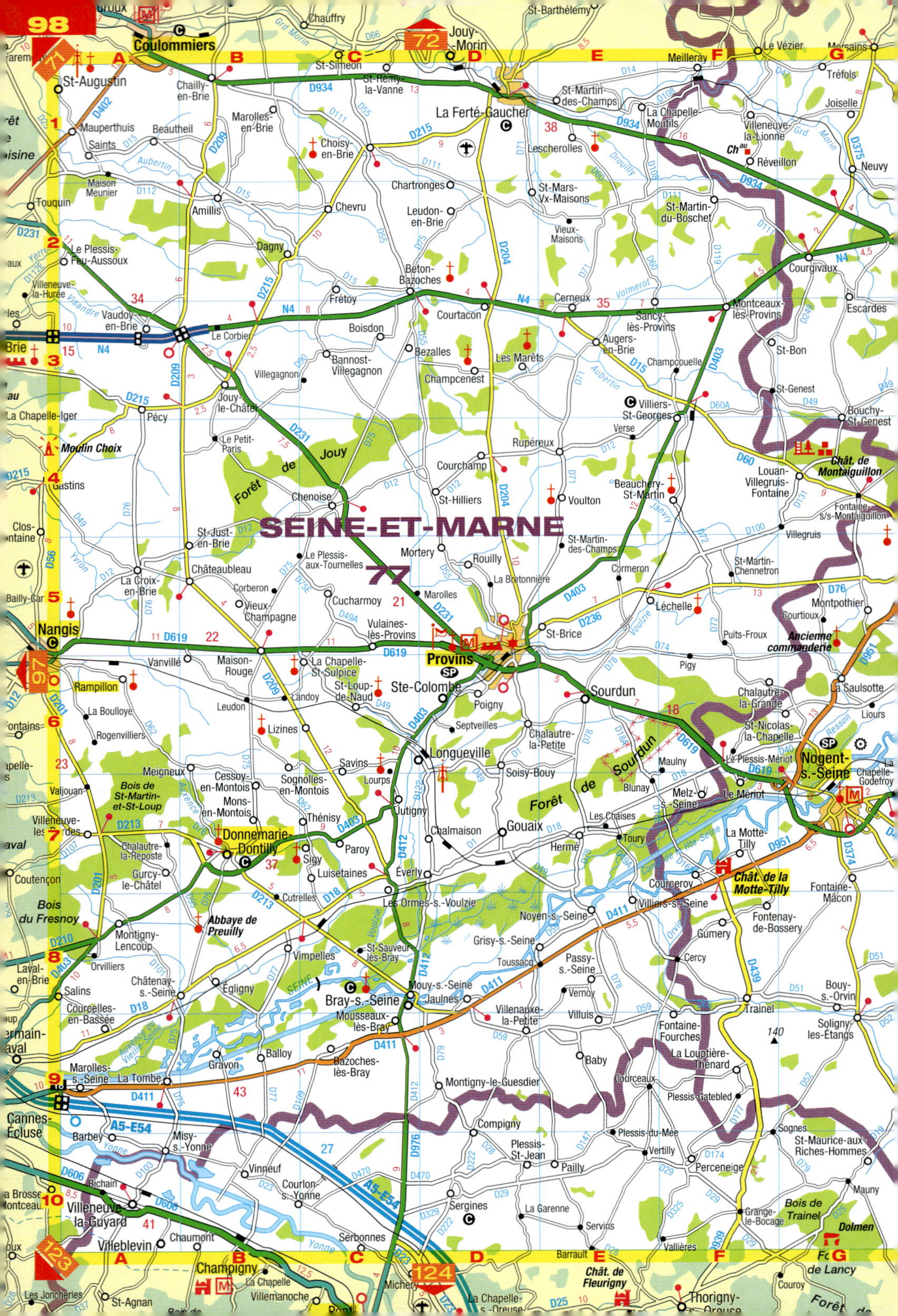

98
71
72
Coulommiers
St-Augustin
Chauffry
Jouy-sur-Morin
St-Barthélemy
St-Siméon
St-Rémy-la-Vanne
Chailly-en-Brie
Meilleray
Le Vézier
Morsains
Tréfols
Joiselle
La Ferté-Gaucher
St-Martin-des-Champs
La Chapelle-Moutils
Villeneuve-la-Lionne
Mauperthuis
Beautheil
Saints
Marolles-en-Brie
Choisy-en-Brie
Lescherolles
Réveillon
Neuvy
Maison Meunier
Touquin
Amillis
Chevru
Chartronges
Leudon-en-Brie
St-Mars-Vx-Maisons
St-Martin-du-Boschet
Vieux-Maisons
Le Plessis-Feu-Aussoux
Dagny
Villeneuve-la-Hurée
Vaudoy-en-Brie
Frétoy
Beton-Bazoches
Courtacon
Cerneux
Sancy-lès-Provins
Montceaux-lès-Provins
Courgivaux
Escardes
Le Corbier
Boisdon
Bezalles
Bannost-Villegagnon
Villegagnon
Champcenest
Les Marêts
Augers-en-Brie
Champcouelle
St-Bon
St-Genest
Jouy-le-Châtel
Pécy
La Chapelle-Iger
Villiers-St-Georges
Verse
Bouchy-St-Genest
Moulin Choix
Le Petit-Paris
Forêt de Jouy
Rupéreux
Courchamp
Louan-Villegruis-Fontaine
Château de Montaiguillon
Gastins
St-Hilliers
Beauchery-St-Martin
Voulton
Chenoise
Fontaine-s/s-Montaiguillon
Villegruis
SEINE-ET-MARNE
77
Clos-Fontaine
St-Just-en-Brie
St-Martin-des-Champs
Mortery
Le Plessis-aux-Tournelles
Rouilly
Châteaubleau
La Croix-en-Brie
Corberon
Cormeron
St-Martin-Chennetron
Marolles
La Bretonnière
Cucharmoy
Léchelle
Montpothier
Vieux-Champagne
Courtioux
Bailly-Carrois
Nangis
Vulaines-lès-Provins
St-Brice
Puits-Froux
Ancienne commanderie
Vanvillé
Maison-Rouge
La Chapelle-St-Sulpice
Provins
Pigy
Rampillon
St-Loup-de-Naud
Ste-Colombe
Sourdun
La Saulsotte
Landoy
Poigny
Chalautre-la-Grande
Leudon
La Boulloye
Lizines
Septveilles
Chalautre-la-Petite
Liours
St-Nicolas-la-Chapelle
Rogenvilliers
Longueville
Le Plessis-Mériot
Nogent-s.-Seine
Meigneux
Savins
Lourps
Soisy-Bouy
Mauny
La Chapelle-Godefroy
Bois de St-Martin-et-St-Loup
Cessoy-en-Montois
Sognolles-en-Montois
Forêt de Sourdun
Blunay
Melz-s.-Seine
Le Mériot
Mons-en-Montois
Jutigny
Valjouan
Thénisy
Chalmaison
Gouaix
Les Chaises
Villeneuve-les-Bordes
Donnemarie-Dontilly
Paroy
Hermé
Toury
La Motte-Tilly
Chalautre-la-Reposte
Sigy
Gurcy-le-Châtel
Luisetaines
Éverly
Courceroy
Château de la Motte-Tilly
Coutençon
Cutrelles
Les Ormes-s.-Voulzie
Villiers-s.-Seine
Fontaine-Mâcon
Bois du Fresnoy
Abbaye de Preuilly
Noyen-s.-Seine
Fontenay-de-Bossery
Montigny-Lencoup
Gumery
Vimpelles
Grisy-s.-Seine
St-Sauveur-lès-Bray
Laval-en-Brie
Orvilliers
Toussacq
Passy-s.-Seine
Cercy
Salins
Châtenay-s.-Seine
Égligny
Bray-s.-Seine
Mouy-s.-Seine
Jaulnes
Vernoy
Bouy-s.-Orvin
Courcelles-en-Bassée
Mousseaux-lès-Bray
Villenauxe-la-Petite
Vilbuis
Trainel
St-Germain-Laval
Fontaine-Fourches
Soligny-les-Étangs
Gravon
Balloy
Bazoches-lès-Bray
Baby
La Louptière-Thénard
Marolles-s.-Seine
La Tombe
Montigny-le-Guesdier
Courceaux
Plessis-Gatebled
Cannes-Écluse
Barbey
Compigny
Plessis-du-Mée
Sognes
Misy-s.-Yonne
Plessis-St-Jean
Pailly
Vertilly
St-Maurice-aux-Riches-Hommes
Vinneuf
Courlon-s.-Yonne
Perceneige
Bichain
La Brosse-Montceaux
Villeneuve-la-Guyard
Sergines
La Garenne
Grange-le-Bocage
Bois de Trainel
Dolmen
Servins
Vallières
Chaumont
Villeblevin
Serbonnes
Barrault
123
124
Champigny
La Chapelle
Villemanoche
Michery
Château de Fleurigny
Thorigny-s.-Oreuse
Fontaine de Lancy
Couroy
Les Jonchères
St-Agnan
La Chapelle-s.-Oreuse
Forêt de

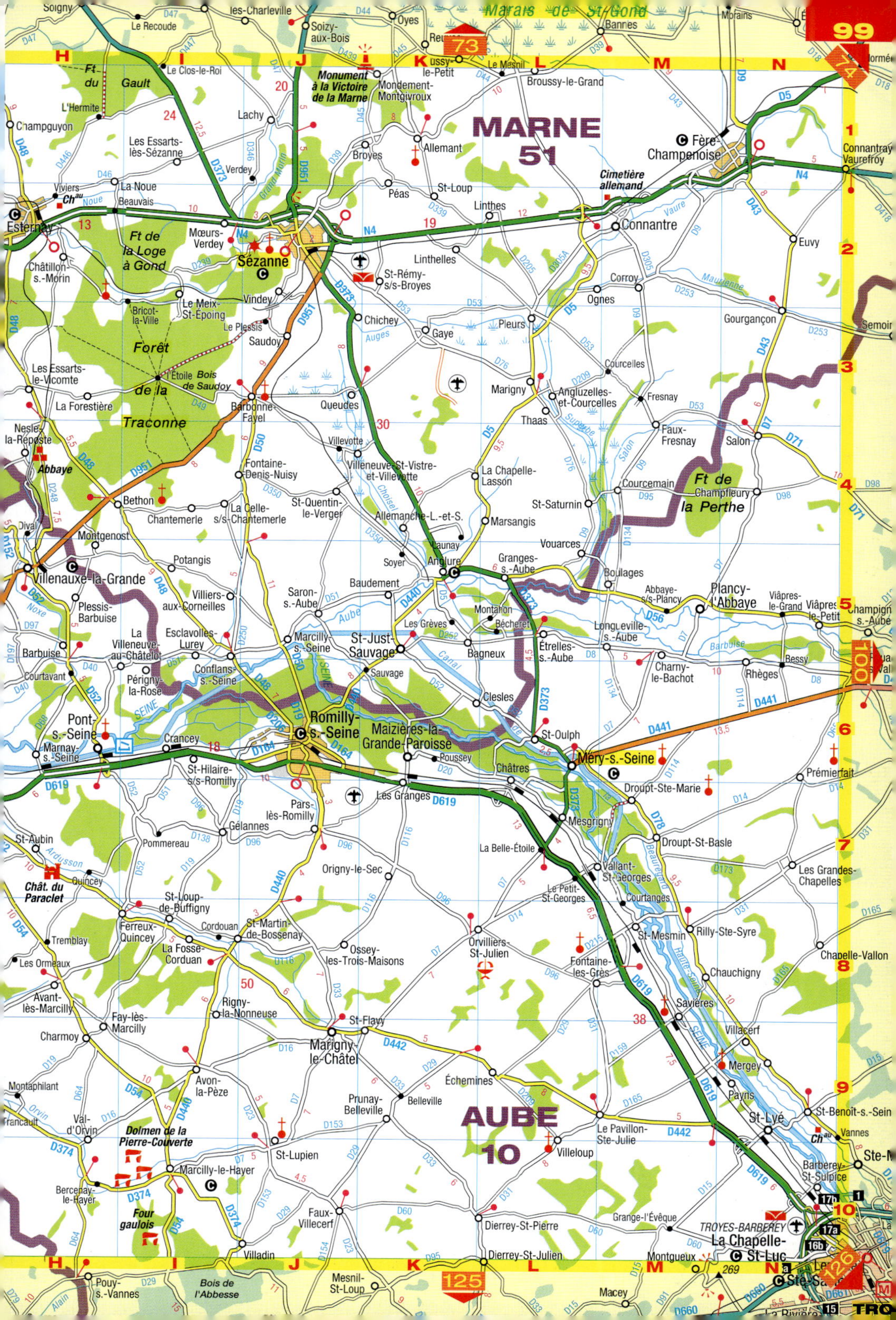
MARNE
51
AUBE
10
Marais de St-Gond
Sézanne
Romilly-s.-Seine
Méry-s.-Seine
Fère-Champenoise
Esternay
Villenauxe-la-Grande
Pont-s.-Seine
Marigny-le-Châtel
Maizières-la-Grande-Paroisse
St-Just-Sauvage
Plancy-l'Abbaye
Anglure
Connantre
Connantray-Vaurefroy
Marcilly-le-Hayer
La Chapelle-St-Luc
Ste-Savine
St-Lyé
Savières
Payns
Mergey
Villacerf
Chauchigny
Rilly-Ste-Syre
St-Mesmin
Vallant-St-Georges
Droupt-St-Basle
Droupt-Ste-Marie
Mesgrigny
Châtres
St-Oulph
Clesles
Bagneux
Étrelles-s.-Aube
Longueville-s.-Aube
Charny-le-Bachot
Rhèges
Bessy
Viâpres-le-Grand
Viâpres-le-Petit
Champigny-s.-Aube
Abbaye-s/s-Plancy
Boulages
Vouarces
Granges-s.-Aube
St-Saturnin
Courcemain
Champfleury
Ft de la Perthe
Salon
Faux-Fresnay
Fresnay
Courcelles
Angluzelles-et-Courcelles
Thaas
Marigny
Pleurs
Gaye
Chichey
St-Rémy-s/s-Broyes
Linthelles
Linthes
St-Loup
Péas
Broyes
Allemant
Mondement-Montgivroux
Monument à la Victoire de la Marne
Soizy-aux-Bois
Oyes
Reuves
Bannes
Morains
Broussy-le-Grand
Broussy-le-Petit
Le Mesnil
Cimetière allemand
Euvy
Gourgançon
Corroy
Ognes
Semoine
Lachy
Les Essarts-lès-Sézanne
Verdey
Mœurs-Verdey
Vindey
Saudoy
Le Plessis
Le Meix-St-Epoing
Bricot-la-Ville
Forêt de la Traconne
Ft de la Loge à Gond
Ft du Gault
L'Hermite
Le Clos-le-Roi
Le Recoude
Soigny
Champguyon
Viviers
La Noue
Beauvais
Châtillon-s.-Morin
Les Essarts-le-Vicomte
La Forestière
L'Etoile
Bois de Saudoy
Barbonne-Fayel
Queudes
Villevotte
Villeneuve-St-Vistre-et-Villevotte
Fontaine-Denis-Nuisy
La Celle-s/s-Chantemerle
Chantemerle
Bethon
St-Quentin-le-Verger
Allemanche-L.-et-S.
Launay
Soyer
Baudement
Saron-s.-Aube
Marcilly-s.-Seine
Les Grèves
Montaron
Bécheret
La Chapelle-Lasson
Marsangis
Nesle-la-Reposte
Abbaye
Montgenost
Potangis
Villiers-aux-Corneilles
Plessis-Barbuise
Barbuise
Courtavant
La Villeneuve-au-Châtelot
Esclavolles-Lurey
Conflans-s.-Seine
Périgny-la-Rose
Crancey
Marnay-s.-Seine
St-Hilaire-s/s-Romilly
Pars-lès-Romilly
Gélannes
Pommereau
St-Aubin
Quincey
Chât. du Paraclet
Ferreux-Quincey
St-Loup-de-Buffigny
Cordouan
La Fosse-Corduan
St-Martin-de-Bossenay
Tremblay
Les Ormeaux
Avant-lès-Marcilly
Fay-lès-Marcilly
Charmoy
Montaphilant
Val-d'Orvin
Bercenay-le-Hayer
Dolmen de la Pierre-Couverte
Four gaulois
Avon-la-Pèze
Rigny-la-Nonneuse
Ossey-les-Trois-Maisons
Origny-le-Sec
Sauvage
Poussey
Les Granges
La Belle-Étoile
Le Petit-St-Georges
Courtanges
Orvilliers-St-Julien
Fontaine-les-Grès
St-Flavy
Échemines
Prunay-Belleville
Belleville
St-Lupien
Faux-Villecerf
Villeloup
Le Pavillon-Ste-Julie
Dierrey-St-Pierre
Dierrey-St-Julien
Grange-l'Évêque
TROYES-BARBEREY
Barberey-St-Sulpice
St-Benoît-s.-Seine
Vannes
Montgueux
Macey
Villadin
Mesnil-St-Loup
Pouy-s.-Vannes
Bois de l'Abbesse
Premierfait
Les Grandes-Chapelles
Chapelle-Vallon
N4
D619
D441
D442
D951
D373
73
74
100
125
126

Normée
Lenharrée
Chapelaine
Vassimont-et-Chapelaine
Connantray-Vaurefroy
Haussimont
EUROPORT PARIS-VATRY
Sommesous
Bussy-Lettrée
Dommartin-Lettrée
Soudé
Fontaine
Vésigne
Faux-Vésigneul
Coole
Maisons-en-Champagne
Pringy
Drouilly
Loisy-s.-Marne
Blacy
Euvy
Montépreux
Forêt de Vauhalaise
Glannes
Huiron
Courdemanges
Mt Moret
Châtelraould-St-Louvent
St-Louvent
Sompuis
Poivres
Semoine
Le Petit-Mailly
Mailly-le-Camp
CAMP DE MAILLY
Humbauville
Les Rivières-Henruel
Henruel
Le Meix-Tiercelin
St-Chéron
Villiers-Herbisse
Trouans
Herbisse
Dosnon
St-Ouen-Domprot
St-Étienne
Somsois
Brandonvillers
Lignon
Grandville
Allibaudières
Bréban
Corbeil
Chapelaine
Hancourt
Margerie-Hancourt
Champigny-s.-Aube
Viâpres-le-Petit
L'Huître
St-Utin
Ormes
Le Chêne
Dampierre
Pouan-les-Vallées
Torcy-le-Grand
Torcy-le-Petit
St-Nabord-s.-Aube
Vinets
Isle-Aubigny
Vaucogne
St-Léger-s/s-Margerie
Petit-Fontenay
Villette-s.-Aube
Arcis-s.-Aube
Ramerupt
Romaines
Donnement
Balignicourt
Labraux
Nozay
Vaupoisson
Ortillon
Chaudrey
Morembert
Dommartin-le-Coq
Jasseines
Pars-lès-Chavanges
Prémierfait
St-Étienne-s/s-Barbuise
Mesnil-la-Comtesse
Nogent-s.-Aube
Ste-Thuise
Braux
Yèvres-le-Petit
Courcelles-s.-Voire
St-Remy-s/s-Barbuise
Coclois
Brillecourt
Aulnay
Rances
Rosnay-l'Hôpital
Blignicourt
Les Grandes-Chapelles
Voué
Mesnil-Lettre
Verricourt
Magnicourt
Chalette-s.-Voire
Bétignicourt
Avant-lès-Ramerupt
Pougy
Molins-s.-Aube
Lassicourt
Montsuzain
Lesmont
St-Christophe-Dodinicourt
Perthes-lès-Brienne
Chapelle-Vallon
Longsols
Aubeterre
Charmont-s/s-Barbuise
Précy-N.-D.
Précy-St-Martin
St-Léger-s/s-Brienne
Val-d'Auzon
Pel-et-Der
Fontaine-Luyères
Feuges
Onjon
Montangon
Épagne
Brienne-le-Château
Blaincourt-s.-Aube
PARC
Villevoque
Villehardouin
Brienne-la-Vieille
Luyères
Bouy-Luxembourg
Brantigny
Mathaux
Piney
Brévonnes
Radonvilliers
St-Benoît-s.-Seine
Vailly
Villiers-le-Brûlé
L'Étape
Chantemerle
Dienville
Vannes
Assencières
Lac Amance
Ste-Maure
Sacey
Rouilly-Sacey
RÉGIONAL DE LA
Barberey-St-Sulpice
Créney-près-Troyes
Mesnil-Sellières
Lac du Temple
Unienville
Rosson
Lavau
Dosches
Pont-Ste-Marie
Villechétif
Forêt du Temple
Bouranton
Géraudot
St-Parres-aux-Tertres
Laubressel
FORÊT D'ORIENT
Amance
TROYES
Baires
Thennelières
RÉSERVE ORNITHOLOGIQUE
Maison du parc
La Ville-aux-Bois
73
74
99
125
126

HTE-MARNE
52
Vitry-le-François
St-Dizier
Wassy
Montier-en-Der
Sermaize-les-Bains
LAC DU DER-CHANTECOQ
Presqu'île de Larzicourt
Presqu'île de Nemours
Presqu'île de Champaubert
Cornée du Der
Maison de l'Oiseau et du Poisson
Forêt du Der
Forêt du Val
Forêt de Trois Fontaines
Ft de J.-d'Heurs
Forêt de Binfley
Ft de Soulaines
Ft des Mathons
Forêt de Lentilles
Forêt d'Ajou
Bois de Maurupt
Le Bois-Brûlé
Bois Monsieur
Bois de la Pissotte
Étang de la Horre
Étg des Landres
Étg du Grd-Coulon
Étang de Blanche-Terre
Étang de Ramerupt
Étang de Laborde
Ferme fortifiée
Chât. de Jean-d'Heurs
Abbaye
Trois-Fontaines-l'Abbaye
Frignicourt
Marolles
Luxémont-et-V.
Écriennes
Thiéblemont-Farémont
Blesme
Dompremy
Perthes
Villiers-en-Lieu
Bettancourt-la-Ferrée
Ancerville
Chancenay
Hallignicourt
Moëslains
Valcourt
Marnaval
Eurville-Bienville
Humbécourt
Éclaron-Braucourt-Ste-Livière
Allichamps
Louvemont
Giffaumont-Champaubert
Chatillon-s.-Broué
Outines
Arrembécourt
Braucourt
Frampas
Planrupt
Droyes
Puellemontier
Ceffonds
Lentilles
Chavanges
Joncreuil
Bailly-le-Franc
Brousseval
Montreuil-s.-Blaise
Doulevant-le-Château
Cirey-s.-Blaise
Soulaines-Dhuys
Louze
Juzanvigny
Beurville
Thors
Trannes
Bossancourt
Sommevoire
Mertrud
Dommartin-le-Franc
Morancourt
Nomécourt
Ville-s.-Terre
Fresnay
Vernonvilliers
Éclance
Lévigny
Arrigny
Larzicourt
Écollemont
Ste-Marie-du-Lac-Nuisement
Isle-s.-Marne
Moncetz-l'Abbaye
Cloyes-s.-Marne
Norrois
Blaise-s/s-Arzillières
Arzillières-Neuville
St-Remy-en-Bouzemont-et-St-Genest-et-Isson
Drosnay
Bussy-aux-Bois
Gigny-Bussy
Hampigny
Vallentigny
Maizières-lès-Brienne
Épothémont
La Ville-aux-Bois
Morvilliers
Chaumesnil
La Rothière
Juvanzé
Jessains
Rizaucourt-Buchey
Marbéville
La Genevroye
Champcourt
Daillancourt
Bouzancourt
Blumeray
Nully-Trémilly
Arnancourt
Charmes-en-l'Angle
Charmes-la-Grande
Brachay
Baudrecourt
Mathons
Doulevant-le-Petit
Rachecourt-Suzémont
Vaux-s.-Blaise
Magneux
Sommancourt
Valleret
Domblain
Fays
Maizières
Attancourt
Flornoy
Troisfontaines-la-Ville
Laneuville-à-Bayard
Bayard-s.-Marne
Prez-s.-Marne
Narcy
Chamouilley
Roches-s.-Marne
Cousances-les-Forges
Robert-Espagne
Beurey-s.-Saulx
Trémont-s.-Saulx
Baudonvilliers
Saudrupt
Haironville
Sommelonne
Cheminon
Maurupt-le-Montois
Étrepy
Pargny-s.-Saulx
Le Buisson
Ponthion
Outrepont
Changy
Plichancourt
Brusson
Vauclerc
Favresse
Haussignémont
Scrupt
St-Vrain
St-Eulien
Heiltz-le-Hutier
Orconte
Matignicourt-G.
Sapignicourt
Hauteville
Ambrières
Laneuville-au-Pont
Landricourt
Blaise-s/s-Hauteville
Ste-Livière
Vouillers
Bignicourt-s.-Marne
Vitry-en-Perthois
Reims-la-Brûlée

75
76
101
127
128
Bar-le-Duc
Commercy
MEUSE
55
HTE-MARNE
52
Forêt de Commercy
Champ de Tir
Bois de Grimaucourt
Bois de Chonville
Ft du Haut-Juré
Forêt de Ligny
Forêt de Morley
Forêt de Montiers
Forêt de Chevillon
Forêt d'Evaux
Le Grand Bois
Bois de Vauva
Grand-Bois de Marson
B. de Touvigny
B. de Palisse
B. de Voirut
Forêt Le Vau
Bois de Vaudeville
B. des Bésigné
Forêt des Batis et des Hamets
Bois de Midrevaux
Bois des Fontenelles
Ft de Maupas
Ft de Mureau
Bois du Charmois
B. des Haies
Le Cul du Cerf
B. de Châtelmont
Ft de la Bouloire
Ft du Jarney
Forêt de Meley
Forêt du Pavillon
le Marquot
Bois le Chirmamont
Bois des Roncis
Bois de Donjeux
Bois des Grandes Combes
Forêt d'Heu
Ruines rom. de Nassium
Ruines gallo-romaines
Fouilles gallo-romaines
Châtt. de Jean-d'Heurs
Longeville-en-Barrois
Tronville-en-Barrois
Velaines
Ligny-en-Barrois
Savonnières-devant-Bar
Combles-en-Barrois
Brillon-en-Barrois
Bazincourt-Montplonne
Rupt-aux-Nonains
Stainville
Aulnois-en-Perthois
Cousances-les-Forges
Savonnières-en-Perthois
Juvigny-en-Perthois
Brauvilliers
Narcy
Bayard-s-Marne
Fontaines-s.-Marne
Chevillon
Rachecourt-s.-Marne
Curel
Chatonrupt-Sommermont
Autigny-le-Grand
Vecqueville
Joinville
Thonnance-lès-Joinville
Suzannecourt
Poissons
Noncourt-s.-le-Rongeant
Montreuil-s.-Thonnance
Osne-le-Val
Effincourt
Pancey
Paroy-s.-Saulx
Montiers-s.-Saulx
Dammarie-s.-Saulx
Morley
Couvertpuis
Hévilliers
Biencourt-s.-Orge
Ribeaucourt
Bure
Saudron
Gillaumé
Cirfontaines-en-Ornois
Échenay
Aingoulaincourt
Sailly
Germay
Lezéville
Mandres-en-Barrois
Horville-en-Ornois
Chassey-Beaupré
Gondrecourt-le-Château
Abainville
Houdelaincourt
Baudignécourt
Demange-aux-Eaux
Mauvages
Tréveray
St-Joire
Naix-aux-Forges
St-Amand-s.-Ornain
Nantois
Menaucourt
Givrauval
Longeaux
Saulx-en-Barrois
Ménil-la-Horgne
Méligny-le-Grand
Méligny-le-Petit
Naives-en-Blois
Marson-s.-Barboure
Reffroy
Villeroy-s.-Méholle
Épizon
Germisay
Annonville
Donjeux
Rouvroy-s.-Marne
Gudmont-Villiers
Doulaincourt-Saucourt
Roches-Bettaincourt
Busson
Leurville
Orquevaux
Humberville
St-Blin
Manois
Aillianville
Trampot
Grand
Chermisey
Avranville
Dainville-Bertheléville
Liffol-le-Petit
Lafauche
Prez-s/s-Lafauche
Vesaignes-s/s-Lafauche
Reynel
Vignory
La Genevroye
Vouécourt
Signeville
Semilly

Vignot
Géville
Corméville
Liverdun
Jaillon
Ménil-la-Tour
77
Euville
Aulnois-s/s-Vertuzey
Vertuzey
Ft du Hasoy
Ft de Dommartin-aux-Fours
Bouvron
Francheville
Villey-St-Étienne
Aingeray
Forêt
Sexey-les-Bois
Velaine-en-Haye
Parc de Haye
Ville-Issey
Trondes
Lagney
Fort
Lucey
Bruley
Mt St-Michel
Fontenoy-s.-Moselle
Gondreville
Sorcy-St-Martin
Trousset
Laneuveville-derrière-Foug
Pagny-derrière-Barine
Pagny-s.-Meuse
Foug
Écrouves
Toul
Les 5 Tranchées
Villers-lès-Nancy
Laxou
Void-Vacon
Lay-St-Rémy
Dommartin-lès-Toul
Chaudenay-s.-Moselle
Bois de Gondreville
Bois de Maron
Les 6 Bornes
de Haye
Villey-le-Sec
Ourches-s.-Meuse
Choloy-Ménillot
Bois de Void
Bois d'Ourches
Bois de St-Germain
Bois de Grammont
B. l'Évêque
St-Germain-s.-Meuse
Ugny-s.-Meuse
B. de Domgermain
Domgermain
Pierre-la-Treiche
Trou de Ste-Reine
Maron
Chavigny
Chaligny
Châtelet de Gombervaux
Sauvoy
Bois de Rigny-la-Salle
Charmes-la-Côte
Bicqueley
Champ de Tir
Sexey-aux-Forges
Neuves-Maisons
Messein
Rigny-la-Salle
Rigny-St-Martin
Ft de l'Essart
Mont-le-Vignoble
Gye
Pont-St-Vincent
Forêt de Vaucouleurs
Vaucouleurs
Chalaines
Moutrot
Bois Juré
Ch[aux]
Le Pertuis
Blénod-lès-Toul
Crézilles
Viterne
Maizières
Bainville-s.-Madon
Montigny-lès-Vaucouleurs
Forêt de Meine
Gibeaumeix
Ochey-Thuilley
Forêt de la Voivre
Xeuilley
Ft de Montigny
Neuville-lès-Vaucouleurs
Bulligny
B. de la Dame
Thuilley-aux-Groseilles
Bois du Frey
Marthemont
MEURTHE
Burey-en-Vaux
Uruffe
Sepvigny
Champougny
Vannes-le-Châtel
Allamps
Bagneux
Allain
Bois d'Anciota
Germiny
Thélod
Pierreville
Épiez-s.-Meuse
Barisey-la-Côte
Parey-St-Césaire
Houdelmont
Forêt dite Le Vau-Haton
Maxey-s.-Vaise
Taillancourt
Pagny-la-Blanche-Côte
Crépey
Montbras
Saulxures-lès-Vannes
B. de Saulxures
Colombey-les-Belles
Barisey-au-Plain
Ft de Goviller
Houdreville
Hammeville
Amanty
Bois du Grand Chenois
Burey-la-Côte
B. de Burey
Sauvigny
Mont-l'Étroit
B. de Colombey
Selaincourt
Goviller
Dolcourt
Vitrey
Ognéville
Goussaincourt
Ch[au]
Clérey-la-Côte
Punerot
Autreville
Saulxerotte
Vroncourt
Quevilloncourt
Vouthon-Bas
Vouthon-Haut
Brixey-aux-Chanoines
Ruppes
Harmonville
Forêt de St-Amond
Étreval
Forcelles-St-Gorgon
Favières
Laloeuf
Gélaucourt
Les Roises
Greux
Jubainville
Battigny
Thorey-Lyautey
Chaouilley
Vaudeville-le-Haut
Domrémy-la-Pucelle
Maxey-s.-Meuse
Maison natale de Jeanne d'Arc
Martigny-lès-Gerbonvaux
Graux
Tranqueville-Graux
Bois du Raidon
Bois du Grand-Rinchard
Dommarie-Eulmont
Butte de Sion
Saxon-Sion
Praye
Seraumont
B. de Domrémy
Basilique du Bois-Chenu
Moncel-s.-Vair
Vandeléville
La Colline Inspirée
Vaudémont
Signal de Vaudémont
Goussaincourt
Coussey
St-Élophe
Bois d'Autigny
Gémonville
Tramont-Émy
Fécocourt
Thorey-s/s-V.
Pulney
Forcelles-s/s-Gugney
Gugney
Autigny-la-Tour
Aroffe
Tramont-St-André
Tramont-Lassus
Sionne
Soulosse-s/s-St-Élophe
Harchéchamp
Bois d'Attigneville
Soncourt
Vicherey
Grimonviller
Fraisnes-en-Saintois
Frebécourt
Barville
Houéville
Attignéville
Aouze
Beuvezin
Bouzanville
Midrevaux
Châtelet de Bourlémont
Bois du Hatro
Pleuvezain
Courcelles
Boulaincourt
Pargny-s/s-Mureau
B. de Bourlémont
Rollainville
Removille
Maconcourt
Blémerey
Chef-Haut
Frenelle-la-Grande
Frenelle-la-Petite
Neufchâteau
Forêt de Neufeys
Rainville
Aboncourt
St-Prancher
Repel
Puzieux
Mont-lès-Neufchâteau
Villouxel
Noncourt
Vouxey
Dommartin-s.-Vraine
Oëlleville
Juvaincourt
B. le Comte
Rebeuville
Dolaincourt
Balléville
Totainville
Épinal-Mirecourt
Poussay
Fréville
Bois de St-Rémy
St-Paul
Biécourt
Le Tivoli
B. de la Vendue
Viocourt
Courcelles-s/s-Châtenois
Morelmaison
Dombasle-en-Xaintois
Baudricourt
Domvallier
Rameco
Certilleux
Rouvres-la-Chétive
Châtenois
Houécourt
Gironcourt-s.-Vraine
Ménil-en-Xaintois
Rouvres-en-Xaintois
Mirecourt
Liffol-le-Grand
Bazoilles-s.-Meuse
Bréchaincourt
Tilleux
Landaville-le-Haut
Longchamp-s/s-Châtenois
La Neuveville-s/s-Châtenois
Bois de la Voivre
St-Menge
Thiraucourt
Remicourt
Mattain
Le Chênois
Circourt-s.-Mouzon
Darney-aux-Chênes
Gemmelaincourt
Offroicourt
Les Hauts Bois
N.-D.-du-Pilier-de-Saragosse
Landaville-le-Bas
Ollainville
Dombrot-s.-Vair
Viviers-lès-Offroicourt
Brainville-les-Chanteurs
Lemmecourt
Aulnois
Sandaucourt
Belmont-s.-Vair
Giroviller-s/s-Montfort
Estrennes
Pompierre
Jainvillotte
Beaufremont
Hagnéville-et-Roncourt
Parey-s/s-Montfort
Domjulien
Domèvre-s/s-Montfort
Rozerotte
129
130
104
78
A31-E21
N4
D674
D964
D960
D4
D3

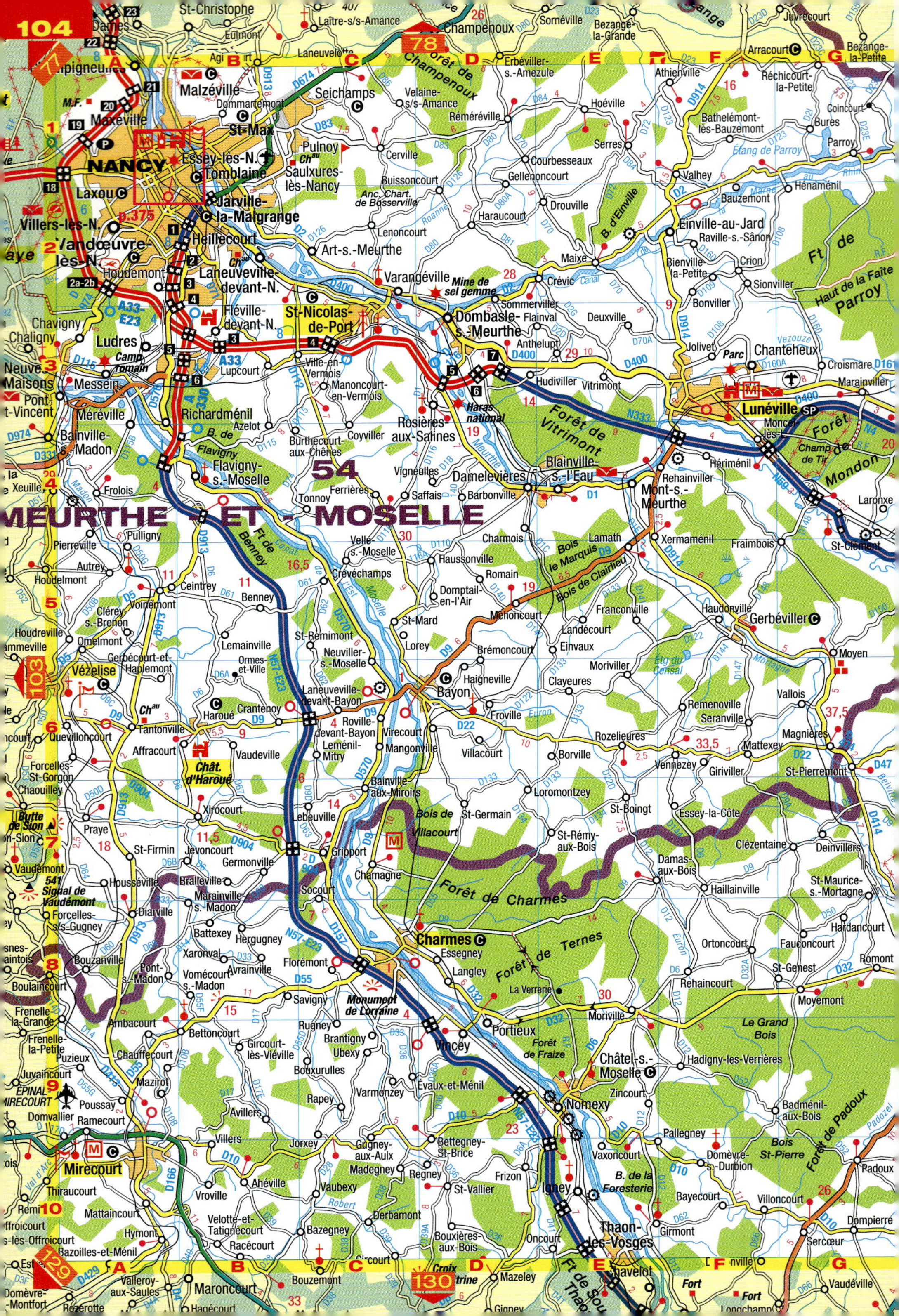

77
78
103
129
130
MEURTHE - ET - MOSELLE
54
NANCY
p.375
Malzéville
Maxéville
Laxou
Villers-lès-N.
Vandœuvre-lès-N.
Houdemont
Heillecourt
Jarville-la-Malgrange
Essey-lès-N.
Tomblaine
St-Max
Dommartemont
Seichamps
Pulnoy
Saulxures-lès-Nancy
Laneuveville-devant-N.
Fléville-devant-N.
Art-s.-Meurthe
St-Nicolas-de-Port
Varangéville
Mine de sel gemme
Dombasle-s.-Meurthe
Sommerviller
Flainval
Anthelupt
Crévic
Maixe
Einville-au-Jard
Bauzemont
Valhey
Hénaménil
Ft de Parroy
Haut de la Faîte Parroy
Étang de Parroy
Parroy
Bures
Coincourt
Réchicourt-la-Petite
Bathelémont-lès-Bauzemont
Athienville
Arracourt
Juvrecourt
Bezange-la-Petite
Bezange-la-Grande
Sornéville
Champenoux
Forêt de Champenoux
Erbéviller-s.-Amezule
Laneuvelotte
Laître-s/s-Amance
St-Christophe
Eulmont
Agincourt
Velaine-s/s-Amance
Réméréville
Hoéville
Serres
Courbesseaux
Gellenoncourt
Drouville
Haraucourt
Cerville
Buissoncourt
Lenoncourt
Anc. Chart. de Bosserville
B. d'Einville
Raville-s.-Sânon
Bienville-la-Petite
Crion
Sionviller
Bonviller
Jolivet
Chanteheux
Parc
Croismare
Marainviller
Lunéville
Moncel-lès-L.
Forêt de Mondon
Champ de Tir
Hériménil
Laronxe
St-Clément
Rehainviller
Mont-s.-Meurthe
Xermaménil
Fraimbois
Blainville-s.-l'Eau
Damelevières
Barbonville
Forêt de Vitrimont
Vitrimont
Hudiviller
Deuxville
Haras national
Rosières-aux-Salines
Coyviller
Manoncourt-en-Vermois
Ville-en-Vermois
Lupcourt
Azelot
Burthecourt-aux-Chênes
Ludres
Chavigny
Chaligny
Neuves-Maisons
Pont-St-Vincent
Messein
Méréville
Richardménil
Flavigny-s.-Moselle
B. de Flavigny
Bainville-s.-Madon
Xeuilley
Frolois
Tonnoy
Ferrières
Vigneulles
Saffais
Charmois
Haussonville
Romain
Lamath
Bois le Marquis
Bois de Clairlieu
Velle-s.-Moselle
Crévéchamps
Ft de Benney
Pulligny
Pierreville
Autrey
Houdelmont
Ceintrey
Benney
Voinémont
Clérey-s.-Brenon
Omelmont
Houdreville
Lemainville
Ormes-et-Ville
St-Remimont
Neuviller-s.-Moselle
Laneuveville-devant-Bayon
Bayon
Haigneville
Brémoncourt
Froville
St-Mard
Lorey
Domptail-en-l'Air
Méhoncourt
Franconville
Landécourt
Einvaux
Moriviller
Étg du Censal
Clayeures
Haudonville
Gerbéviller
Moyen
Vallois
Remenoville
Seranville
Magnières
Mattexey
Vennezey
Giriviller
St-Pierremont
Rozelieures
Borville
Villacourt
Vézelise
Gerbécourt-et-Haplemont
Haroué
Crantenoy
Roville-devant-Bayon
Leménil-Mitry
Virecourt
Mangonville
Tantonville
Quevilloncourt
Affracourt
Vaudeville
Chât. d'Haroué
Forcelles-St-Gorgon
Chaouilley
Bainville-aux-Miroirs
Lebeuville
Loromontzey
St-Germain
St-Boingt
Essey-la-Côte
Butte de Sion
Praye
Xirocourt
St-Firmin
Jevoncourt
Germonville
Gripport
Bois de Villacourt
St-Rémy-aux-Bois
Damas-aux-Bois
Haillainville
Clézentaine
Deinvillers
St-Maurice-s.-Mortagne
Vaudémont
Signal de Vaudémont
Forcelles-s/s-Gugney
Housséville
Diarville
Bralleville
Marainville-s.-Madon
Battexey
Hergugney
Socourt
Chamagne
Forêt de Charmes
Charmes
Essegney
Langley
Forêt de Ternes
La Verrerie
Bouzanville
Boulaincourt
Pont-s.-Madon
Xaronval
Avrainville
Vomécourt-s.-Madon
Florémont
Monument de Lorraine
Savigny
Rugney
Brantigny
Ubexy
Vincey
Portieux
Forêt de Fraize
Moriville
Rehaincourt
Ortoncourt
Fauconcourt
St-Genest
Romont
Hardancourt
Moyemont
Le Grand Bois
Frenelle-la-Grande
Frenelle-la-Petite
Puzieux
Ambacourt
Bettoncourt
Chauffecourt
Gircourt-lès-Viéville
Bouxurulles
Juvaincourt
Épinal-Mirecourt
Poussay
Mazirot
Rapey
Varmonzey
Évaux-et-Ménil
Châtel-s.-Moselle
Zincourt
Hadigny-les-Verrières
Nomexy
Badménil-aux-Bois
Domvallier
Ramecourt
Mirecourt
Avillers
Villers
Jorxey
Gugney-aux-Aulx
Madegney
Regney
Bettegney-St-Brice
Vaxoncourt
Pallegney
Domèvre-s.-Durbion
Bois St-Pierre
Forêt de Padoux
Padoux
Thiraucourt
Mattaincourt
Vroville
Ahéville
Vaubexy
Derbamont
Frizon
St-Vallier
Igney
B. de la Foresterie
Bayecourt
Villoncourt
Dompierre
Sercœur
Oncourt
Bouxières-aux-Bois
Bazegney
Racécourt
Velotte-et-Tatignécourt
Hymont
Offroicourt
Bazoilles-et-Ménil
Thaon-les-Vosges
Girmont
Chavelot
Ft de Sous Thaon
Valleroy-aux-Saules
Maroncourt
Hagécourt
Bouzemont
Mazeley
Gigney
Domèvre-sur-Avière
Vaudéville
Longchamp
Rozerotte
Domèvre-Montfort
A33-E23
A330
N57-E23
N333
N59
N4
D400

79
80
106
131
132
H
I
J
K
L
M
N
1
2
3
4
5
6
7
8
9
10
MOSELLE
57
DE LORRAINE
Ley
Ommeray
Bourdonnay
Maizières-lès-Vic
Languimberg
Étang de Gondrexange
Diane-et-Kerprich
Barchain
Bébing
Imling
Schneckenbusch
Buhl-Lorraine
Niderviller
Moncourt
Étg d'Ommeray
Lagarde
Xures
Forêt de Sânon
Port-Ste-Marie
Bataville
Étg du Moulin
Étg de Laxière
Ft de Réchicourt
Comte de Réchicourt
Étg de Réchicourt
Gondrexange
Hertzing
Héming
Xouaxange
Neufmoulins
Hesse
Brouderdorff
Plaine-de-Walsch
Vallerysthal
Sitifort
Harreberg
Troisfontaines
Hermelange
Ft de Hesse
Nitting
Barville-Bas
Hartzviller
Mouacourt
Réchicourt-le-Château
Moussey
Landange
Neuf Étg
Lorquin
Vaucourt
Nouvel-Avricourt
La Grande Frade
Étg de Foulcrey
St-Georges
Aspach
Laneuveville-lès-Lorquin
Voyer
Walscheid
Grotte
Abreschviller
Xousse
Remoncourt
Avricourt
Igney
Ibigny
Richeval
Fraquelfing
Niderhoff
Hattigny
Halmoze
Métairies-St-Quirin
Vasperviller
Lettenbach
Grand-Soldat
Hohwalsch
Mt Laval
Emberménil
Amenoncourt
Foulcrey
Bois de Blâmont
Leintrey
Laneuveville-aux-Bois
M.F.
Les Amis
Autrepierre
Repaix
Gogney
Tanconville
Bertrambois
St-Quirin
Forêt de St-Quirin
Vallée de la Sarre
Gondrexon
Reillon
Frémonville
Herbas
La Forêt
Lafrimbolle
Vého
Chazelles-s.-Albe
Blâmont
Étg Gresson
Cirey-s.-Vezouze
Blémerey
Verdenal
Ft de Turquestein
Manonviller
Domjevin
Thiébauménil
Bénaménil
St-Martin
Barbas
Harbouey
Bourguignon
Commune de Turquestein-Blancrupt
Petit Rougimont
Grand Rougimont
Fréménil
Vezouze
Domèvre-s.-Vezouze
Halloville
Val-et-Châtillon
Petitmont
Ogéviller
Herbéviller
Nonhigny
Petit-Blancru
Parux
Ft de Grand Cheneau
Buriville
Reclonville
Mignéville
B. des Haies
Montreux
St-Sauveur
Scierie
Camp militaire
Pettonville
Ancerviller
Neuviller-lès-Badonviller
Bréménil
Raon-s.-Plaine
Raon-lès-Leau
Hablainville
Vaxainville
Montigny
Ste-Pôle
Ft de Bousson
Roc du Taurupt
Angomont
Grandfontain
Les Minières
Chenevières
Ft des Hauts-Bois
Reherrey
St-Maurice-aux-Forges
Badonviller
Bionville
Luvigny
Vexaincourt
Framo
Vathiménil
Brouville
Col de la Chapelotte
Celles
Allarmont
Forêt
Bois de Chevremont
Flin
Azerailles
Merviller
Gélacourt
Vacqueville
Pexonne
Fenneviller
Château des Salm
Haut-Fer-de-la-Hallière
Forêt des Bois Sauvages
Tête des Blanches Roches
Glonville
Haut de Viombois
Ft des Elieux
Pierre-Percée
Anc. scierie
Celles-s.-Plaine
Tête du Coquin
Senones
Donon
Fontenoy-la-Joûte
Forêt de Grammont
Veney
Barrage du Vieux-Pré
Signal des Hautes Chaumes
Les Hautes Relevées
Bourupt
Badménil
Baccarat
Neufmaisons
Forêt des Reclos
Le Noir Brocard
Domptail
Deneuvre
Pierre Piquée
Ft du Val de Senones
Le Rain-de-la-Vierge
Neuve-Grange
Diesbach
Ft de Glonville
Bertrichamps
Chap. du Bondieu
Mousséy
Le Saulcy
Quieux
Col du Hantz
Plaine
Ménarmont
Ft de Baccarat
Lachapelle
Col de Dialtrepoix
La Petite-Raon
Le Mont
Belval
Bazien
Thiaville-s.-Meurthe
Raon-l'Étape
Forêt de Moyenmoutier
Le Houdimont
Le Puid
Saulxures
Xaffévillers
Nossoncourt
Ste-Barbe
La Haute-Neuveville
Tête de Vénival
Vieux-Moulins
St-Maurice
Ménil-de-Senones
Le Vermont
Doncières
Ft de Côte de Répy
St-Blaise
Moyenmoutier
Roville-aux-Chênes
Anglemont
Ft du Ban-d'Étival
Pierre d'Appel
Grandrupt
Châtas
St-Stail
Bourg
St-Benoît-la-Chipotte
Col de la Chipotte
Le Paire
Étival-Clairefontaine
Laître
Saales
Ban-de-Sapt
Nayemont
La Grande-Fosse
Rambervillers
Brû
Le Ménil
St-Rémy
Hurbache
La Hollande
La Voivre
Denipaire
St-Jean-d'Ormont
Col du Las
La Petite-Fosse
Voyemont
La Grande-Rue
Jeanménil
Fraispertuis
Col du Haut-Bois
Nompatelize
Bréhimont
B. de la Bure
Raids-de-Robache
Col d'Hermanpaire
Colroy-la-Grande
Provenchères-s.-Fave
St-Gorgon
Colline des Eaux
La Salle
Le Pêcherie
Vomécourt
Housseras
Forêt de Rambervillers
La Bourgonce
St-Michel-s.-M.
Herbaville
Sauceray
Marzelay
St-Dié-des-Vosges
Le Beulay
Frapelle
Lusse
Anc. abb.
Autrey
Les Hauts-Prés
Ft du Ban-d'Étival
Forêt de Mortagne
Nayemont-les-Fosses
Neuvillers-s.-Fave
Herbaupaire
Lesseux
Bult
Forêt de Ste-Hélène
Col de Mon Repos
La Bolle
Les Moitresses
Côte St-Martin
Ste-Marguerite
Remomeix
Combrimont
Bertrimoutier
Ste-Hélène
Mortagne
Les Rouges-Eaux
Colline des Rouges Eaux
Rougiville
Raves
Wisembach
Destord
Nonzeville
Frémifontaine
La Basse-Ville
Bois de la Famille
Taintrux
Le Paire
Giron
Gemaingoutte
Pierrepont-s.-l'Arentèle
Commune de Bois-de-Champ
Saulcy-s.-Meurthe
Remenont
Coinches
Ban-de-Laveline
Verpellière
Gugnécourt
Grébéfosse
La Basse-Fosse
Anozel
Chevry
Les Cours-de-Saulcy
Entre-Deux-Eaux
Ste-Marie
Gircourt-s.-Dur
Brouvelieures
Domfaing
Forêt de Champ
Grandvillers
Mandray
Vervezelle
Belmont-s.-Buttant
Biffontaine
St-Léonard
Contramoulin
La Croix-aux-Mines
Sadey
Col du Bonhomme
Ménil
Viménil
Col du Rus-des-Rays
N4
N59
N159
D955
D999
D993
D392A
D424
D420
D415
D32
D50
D46
D435

79
80
105
131
132
A
B
C
D
E
F
G
1
2
3
4
5
6
7
8
9
10
Saverne
Marmoutier
Abb. de Marmoutier
Chât. d'Ochsenstein
Rocher du Nutzkopf
Ft de Saverne
Reinhardsmunster
Haselbourg
Hellert
Schaeferhof
M.F. Forêt de Dabo
Dabo
Rocher de Dabo
Col de Valsberg
632
La Hoube
Hengwiller
Dimbsthal
Salenthal
Birkenwald
Allenwiller
Romanswiller
Wasselonne
Singrist
Zehnacker
Jetterswiller
Reutenbourg
Crastatt
Hohengœft
Zeinheim
Rangen
Knœrsheim
Wolschheim
Friedolsheim
Maennolsheim
Kleingoeft
Lochwiller
Landersheim
Saessolsheim
Gougenheim
Rohr
Mittelschaeffolsheim
Gimbrett
Rumersheim
Kienheim
Durningen
Truchtersheim
Pfettisheim
Willgottheim
Wintzenheim-Kochersberg
Schnersheim
Kleinfrankenheim
Behlenheim
Neugartheim-Ittlenheim
Dossenheim-Kochersberg
Wiwersheim
Kuttolsheim
Fessenheim-le-Bas
Stutzheim-Offenheim
Quatzenheim
Nordheim
Marlenheim
Hurtigheim
Ittenheim
Furdenheim
Handschuheim
Kirchheim
Odratzheim
Wangen
Westhoffen
Scharrachbergheim-Irmstett
Dahlenheim
Osthoffen
Achenheim
Chât. d'Osthoffen
Breuschwickersheim
Ernolsheim-Bruche
Kolbsheim
Soultz-les-Bains
Ergersheim
Wolxheim
Dachstein
Hangenbieten
STRASBOURG INTERNATIONAL
Entzheim
Duppigheim
Duttlenheim
Blaesheim
Innenheim
Altorf
Molsheim
Mutzig
Fort
Avolsheim
Égl. de Dompeter
Dangolsheim
Bergbieten
Flexbourg
Balbronn
Traenheim
Elmerforst
Cosswiller
Geisweg
Bischofslaeger
Wolfsthal
Ft d'Oedenwald-Westhoffen
Trois-fontaines
Walscheid
Grotte
Hommert
Harreberg
Sitifort
Vackenberg
Vallée de la Zorn
Forêt de Walscheid
Hohwalsch
Grand-Soldat
Col de Brechpunk
Forêt d'Abreschviller
Vallée de St-Quirin
St-Quirin
Petit-Blancrupt
Wangenbourg-Engenthal
Forêt d'Engenthal
Schneeberg
960
Obersteigen
Engenthal
Forêt de la Mossig
Forêt de Haslach
Chât. et casc. du Nideck
Chât. d'Hohenstein et de Ringelstein
Rocher du Pfaffenlapp
656
Oberhaslach
Niederhaslach
Collégiale
Urmatt
Heiligenberg
Still
Dinsheim
Dorlisheim
Hermolsheim
Gresswiller
Rosenwiller
Rosheim
Griesheim-près-Molsheim
Manet
Krautergersheim
Meistratzheim
Niedernai
Rocher de Mutzig
1010
Porte de Pierre
Kappelbronn
Ft de Lutzelhouse
Lutzelhouse
Netzenbach
Wisches
Hersbach
Muhlbach-s.-Bruche
Ft de Guirbaden
Chât. de Guirbaden
Mollkirch
Laubenheim
Grendelbruch
Schwartzbach
Muckenbach
Russ
Signal de Grendelbruch
Ft de Rosheim
Heidenkopf
787
Tour
Chât. d'Ottrott
Klingenthal
Bischoffsheim
Bœrsch
Couvent
Obernai
Ottrott
Bernardswiller
Elsberg
673
St-Nabor
Goxwiller
Valff
Schaeffersheim
Bolsenheim
Uttenheim
Holtzbad
Westhouse
Heiligenstein
Bourgheim
Gertwiller
Barr
Zellwiller
Kertzfeld
Benfeld
Huttenheim
Sermersheim
Kogenheim
Rossfeld
Witternheim
Ebersmunster
Ebersheim
Hilsenheim
Bindernheim
Wittisheim
Muttersholtz
Sundhouse
Baldenheim
Schwobsheim
Mussig
Bœsenbiesen
Richtolsheim
Artolsheim
Hessenheim
Bootzheim
Heidolsheim
Schnellenbuhl
Ft de l'Ill
Chap. du Chêne
Sélestat
Kintzheim
Chât. de Kintzheim
Orschwiller
Hirtengaerten
Illhaeusern
Bergheim
Rorschwihr
Rodern
Thannenkirch
St-Hippolyte
Chât. du Haut-Kœnigsbourg
Grand Taennchel
Chât. du Haut-Ribeaupierre
Chât. de St-Ulrich
Forêt de Ribeauvillé
Aubure
Ft de Sélestat
Châtenois
Hahnenberg
Parcs d'animaux
Scherwiller
Dieffenthal
Ortenbourg
Ramstein
Val-de-Villé
Huhnelmuhl
Chât. de Bernstein
Thanvillé
St-Pierre-Bois
St-Maurice
Triembach-au-Val
Albé-Ville
Hohwarth
Chap. St-Sébastien
Dambach-la-Ville
Blienschwiller
Nothalten
Itterswiller
Epfig
Ste-Marguerite
Chapelle
Stotzheim
St-Pierre
Eichhoffen
Andlau
Bernardvillé
Reichsfeld
Forêt du Hohwald
Forêt d'Andlau
Mittelbergheim
Chât. du Haut-Andlau
Chât. de Spesbourg
Chât. de Landsberg
Tour Chât.
Mont Ste-Odile
Forêt d'Obernai
Neuntelstein
Rothlach
La Métairie
Le Hohwald
750 Grande Belle Vue
768 Col du Kreuzweg
Champ du Feu
1100
Col de la Charbonnière
960
Breitenbach
Albe
Villé
Maisonsgoutte
Steige
Col de Steige
534
Wagenbach
Ft du Honcourt
St-Martin
Bassemberg
Charbes
Lalaye
Urbeis
Fouchy
Col de Fouchy
603
Neuve-Église
Breitenau
Dieffenbach-au-Val
Neubois
Frankenbourg
703
Forêt de la Vancelle
La Vancelle
Lièpvre
Rombach-le-Franc
Grand-Rombach
Musloch
Petit-Rombach
Ste-Croix-aux-Mines
St-Blaise
Fertrupt
Ste-Marie-aux-Mines
Col du Haut-de-Ribeauvillé
742
Petite-Verrerie
Grande-Verrerie
900
Échery
St-Pierre-s.-l'Hâte
La Petite Lièpvre
Col de Ste-Marie
772
Roc du Haut de Faît
Tunnel Maurice Lemaire
Bois de St-Pierremont
809
La Hingrie
M.F.
Chap.
Lubine
Col d'Urbeis
602
Le Climont
Tour
Chât. de Bilstein
La Salcée
Ranrupt
Colroy-la-Roche
Fonrupt
St-Blaise-la-Roche
Blancherupt
Bellefosse
Belmont
Waldersbach
Fouday
Solbach
Wildersbach
Neuviller-la-Roche
Casc. de la Serva
Natzwiller
Rothau
Champ du Messin
Camp du Struthof
La Broque
Barembach
Schirmeck
Wackenbach
Fréconrupt
Maison-Neuve
Les Quelles
Tête Pelée
La Chatte Pendue
Donon
Forêt du Donon
Col du Donon
727
1009 Donon
Raon-lès-Leau
Grandfontaine
Les Minières
Framont
Vacquenoux
Plaine
Poutay
Diesbach
Saulxures
Stampoumont
Bourg-Bruche
Saales
Col des Saales
556
791
Voyemont
Colroy-la-Grande
Provenchères-s.-Fave
Les Trois-Maisons
Lusse
Herbaupaire
Lesseux
Haute-Merlusse
Wisembach
Gemaingoutte
Ban-de-Laveline
Col du Bonhomme
994

81
133
STRASBOURG
Kehl
OFFENBURG
ALLEMAGNE
BAS-RHIN 67
Berstet
Eckwersheim
Olwisheim
Vendenheim
Lampertheim
Pfulgriesheim
Mundolsheim
Griesheim-s.-Souffel
Dingsheim
Niederhausbergen
Mittelhausbergen
Oberhausbergen
Schiltigheim
Wolfisheim
Oberschaeffolsheim
Eckbolsheim
Holtzheim
Lingolsheim
Ostwald
Illkirch-Graffenstaden
Geispolsheim
Lipsheim
Fegersheim
Ohnheim
Eschau
Ichtratzheim
Wibolsheim
Plobsheim
Hindisheim
Hipsheim
N.-D.-du-Chêne
Limersheim
Nordhouse
Erstein
Krafft
Barrage de Gerstheim
Osthouse
Matzenheim
Gerstheim
Obenheim
Herbsheim
Daubensand
Boofzheim
Rhinau
Neunkirch
Friesenheim
Zelsheim
Diebolsheim
Barrage de Rhinau
Europa-Park
Rust
Kappel-Grafenhausen
Saasenheim
Schœnau
Rheinhausen
Weisweil
Kilstett
La Wantzenau
Reichstett
Souffelweyersheim
Hœnheim
Bischheim
Raffinerie de Pétrole
Petite France
Chât. des Rohan
Fort
p.384
Memprechtshofen
Preistett
Rheinau
Diersheim
Rheinbischofsheim
Honau
Hohbühn
Holzhausen
Leutesheim
Linx
Zierolshofen
Auenheim
Bodersweier
Querbach
Legelshurst
Neumühl
Kork
Odelshofen
Willstätt
Sand
Eckartsweier
Hesselhurst
Marlen
Goldscheuer
Hohnhurst
Müllen
Altenheim
Commune de Neuried
Dundenheim
Ichenheim
Schutterwald
Meissenheim
Schutterzell
Commune de Schwanau
Ottenheim
Allmannsweier
Nonnenweier
Wittenweier
Kürzell
Friesenheim
Hugsweier
Schutterlindenberg
Lahr/Schwarzwald
Reichenbach
Sulz
Kuhbach
Kippenheim
Mahlberg
Altdorf
Ettenheim
Schmieheim
Wallburg
Münchweier
Ettenheimmünster
Ringsheim
Tour
Herbolzheim
Broggigen
Bleichheim
Wagenstadt
Kenzingen
Ottoschwanden
Freihof
Freiamt
Bombach
Hecklingen
Hochwald 432
Gamshurst
Wagshurst
Fautenbach
Grossweier
Sasbach
Achern
Oberachern
Sasbachwalden
Önsbach
Mösbach
Kappelrodeck
Waldulm
Renchen
Ulm
Erlach
Haslach
Urloffen
Zimmern
Stadelhofen
Ringelbach
Ottenhöfen-im-Schwarzwald
Seebach
Oberkirch
Gaisbach
Lautenbach
Appenweier
Nussbach
Nesselried
Bottenau
Ramsbach
Windschläg
Griesheim
Bohlsbach
Ebersweier
Durbach
Bühl
Waltersweier
Rammersweier
Zell-Weierbach
Brandeckkopf
Hinterohlsbach
Ortenberg
Ohlsbach
Reichenbach
Mooswald
Elgersweier
Zunsweier
Hofweier
Commune du Hohberg
Niederschopfheim
Diersburg
Oberschopfheim
Oberweier
Heiligenzell
Berghaupten
Gengenbach
Schwaibach
Nordrach
Rautschkopf
Oberharmersbach
Reiherskopf
Steinfirst 600
Rauhkasten 639
Fröschbach
Zell-am-Harmersbach
Weiler
Biberach
Chât. de Geroldseck
Prinzbach
Unter-Entersbach
Ober-Entersbach
Steinach
Seelbach
Langenhard
Wittelbach
Litschental
Welschensteinach
Haslach-im-Kinzigtal
Mühlenbach
Schuttertal
Himmelsberg 547
Hofstetten
Dörlinbach
Finsterkapf
Schweighausen
Hünersedal 744
Klosterwald
Biederbach
Brettental
Schillingerberg 726
Unterspitzenbach
Izach
Ottersweier
Lauf
A35
A4-E25
A5-E35-E52
A5-E35
N353
Rhin

82
Les Tas de Pois
Crozon
Anse de Dinan
Gaoularc'h
Chât. de Dinan
Pointe de Dinan
D887
Tal-ar-Groas
Anse de Morgat
Morgat
Grottes
Pointe de Morgat
I. de l'Aber
La Palue
Kerglintin
Pointe de St-Hernot
Le Bouc
Anse de St-Nicolas
Rostudel
Cap de la Chèvre
MER
D'IROISE
BAIE DE
DOUARNENEZ
Tévennec
Pointe de Brézellec
Réserve du Cap-Sizun
Pointe de Penharn
Pointe de Luguénez
Pointe de Beuzec
Pointe du Milier
Pointe de la Jument
Pointe du Van
Lescogan
Porz-Péron
Poullan-s.-Mer
Kermeur
Kériffen
Beuzec-Cap-Sizun
St-They
RAZ DE SEIN
Île de Sein
Le Chat
Phare de la Vieille
B. des Trépassés
Sémaphore
POINTE DU RAZ
Cléden-Cap-Sizun
Goulien
N.-D.-de-Kérinec
Quatre-Vents
Pont-Croix
Confort
Plogoff
Lescoff
Meilars
Kéraudierne
Goyen
Mahalon
Pointe de Feuteunot
Penneac'h
Primelin
Esquibien
Pointe de Plogoff
Anse du Loc'h
St-Tugen
Custren
Audierne
Plouhinec
Poulgoazec
Étang de Poulguidou
Pointe de Lervily
La Trinité
Pointe de Souc'h
Plozévet
Labadan
Penhors
BAIE
D'AUDIERNE
Plovan
Étang de Kergalan
Pointe de la Torche
Rochers
St-Guénolé
N.-D.-de-la-Joie
Phare d'Eckmühl
POINTE DE PENMARC'H
Kérity
Roches de

NATUREL RÉGIONAL D'ARMORIQUE
CORNOUAILLE
FINISTÈRE 29
Telgruc-s.-Mer
Argol
Rosnoën
Lopérec
Pont-de-Buis-lès-Quimerch
Ménez-Hom 330
Dinéault
Châteaulin
Port-Launay
St-Ségal
Pleyben
Le Cloître-Pleyben
Anse du Caon
Pte du Bellec
St-Nic
Pentrez-Plage
St-Côme
Lieue de Grève
Plomodiern
Ploéven
Pointe de Lanvillau
Cast
Ménez-Kerque
Gouézec
N.-D.-des-3-Fontaines
Roche du Feu 281
St-Thois
Ste-Anne-la-Palud
Pointe de Tréfeuntec
Plonévez-Porzay
Pointe de Leydé
Î. Tristan
Douarnenez
Tréboul
Quéménéven
Briec
Edern
Locronan
Ft de Nevet
Kerlaz
Ploaré
Plogonnec
Landrévarzec
Quilinen
Calvaire
Le Juch
Pouldergat
Guengat
Landudal
Langolen
Coray
Gourlizon
Ploneis
Guiler-s.-Goyen
Landudec
QUIMPER
Site de Stangala
Kernaon
Ergué-Gabéric
Plogastel-St-Germain
Pluguffan
Quimper-Cornouaille
Elliant
Rosporden
Pouldreuzic
N.-D.-de-Grâce
Chapelle
Plomelin
Site des Vire-Court
St-Yvi
St-Évarzec
Peumérit
Tréogat
Plonéour-Lanvern
Chapelle de Languivoa
Gouesnach
Pleuven
La Forêt-Fouesnant
Tréméoc
Combrit
Clohars-Fouesnant
Fouesnant
Concarneau
Tréguennec
N.-D.-de-Tréminou
Pont-l'Abbé
Kérazan
Île-Tudy
Bénodet
Pointe de Combrit
Pointe de Bénodet
Anse de Bénodet
Beg-Meil
Pointe de Beg-Meil
Pointe du Cabellou
Plomeur
Plobannalec
Loctudy
Pointe de Kergall
Pointe de Mousterlin
Pointe de la Jument
Trégunc
Penmarc'h
Tréffiagat
Pointe de Kérafédé
Guilvinec
Léchiagat
Lesconil
Locarec
Trévignon
Pointe de Trévignon
Î. aux Moutons
Î. de Raguenès
83
84
110

FINISTÈRE
29
MONTAGNES
Gouézec
N.-D.-des-3-Fontaines
Roche du Feu
281
St-Thois
84
du-Faou
Domaine de Trévarez
St-Goazec
N.-D.-du-Crann
Roc de Toul-Laëron
326
Cudel
Lannuon
Groaz-Brenn
Stang-Kergoulay
Ty-Fléhan
Les Trois-Croix
St-Venec
Briec
Edern
Laz
Coatplencoat
Roudouallec
Gourin
Caero
Kervennec
Kéroret
Trégourez
Le Niver
Landrévarzec
Quilinen
Calvaire
Leuhan
Ty-Louet
Le Moustoir
Kerbiquet
Ste-Julienne
Quelennec
Landudal
Langolen
Rozmeur
Moncouar
Kerriou
Coray
Kerscoff
Mine-Tréouzal
Tréouzal
Leigou
Sanquer
Croix-Ménez-Bris
Kérandréo
Site de Stangala
Quélennec
Kernaon
Coadry
Guiscriff
St-Maudé
Tréanna
Tourch
La Pillardière
Kerfeunteun
Ergué-Gabéric
Kerdévot
Coadigou
Scaër
Pont-Ledan
Quatre-Vents
Kerviniou
Ty-Men
Elliant
Forêt de Coat-Loc'h
Raden
Ergué-Armel
Loc-Jean
St-Guénolé
Rosporden
St-Yvi
St-Jacques
St-Adrien
Kervadiou
Arbre-du-Chapon
Kernével
St-Thurien
St-Cado
St-Évarzec
Locmaria-Hent
Cadol
Chap. de Bonne-Nouvelle
Bannalec
Ty-Glaz
Grande-Halte
La Forêt-Fouesnant
La Trinité
Pleuven
Ste-Anne
Troëc
Stang-Trébalay
Loge-Begoaren
Creis-Obet
Pont-Scluz
Clohars-Fouesnant
Fouesnant
Melgven
Poteau-Vert
Beuzec-Cong
Mellac
Cap-Coz
Châ. de Kériolet
Logan
Le Trévoux
Perguet
Bréhoulou
Concarneau
Croaz-Hent-Bouillet
Le Letty
B. de la Forêt
Lanriec
Menhir
Kernivaine
Mousterlin
Beg-Meil
Pointe du Cabellou
Le Cabellou
Trégunc
Nizon
Trémalo
Pointe de Mousterlin
Pointe de Beg-Meil
Pouldohan
Lambell
Pont-Aven
Kéraël
Baye
Pendruc
Riec-s.-Belon
Pointe de la Jument
Lanmeur
Ft de Carnoët
Névez
Chât. de Hénant
Moëlan-s.-Mer
Belon
Trévignon
Kerfany-les-Pins
Kergroez
Port-Manech
Raguenez
Pointe de Trévignon
Clohars-Carnoët
Î. aux Moutons
Î. de Raguenez
Brigneau
Langlazic
Beg Moc'h
Î. Verte
Doëlan
Le Pouldu
I. de St-Nicolas
I. Cigogne
I. de Drennec
Ile de Penfret
I. du Loch
ILES DE GLÉNAN
N165-E60
A
B
C
D
E
F
G
109
134
135

85
86
112
135
136
NOIRES
MORBIHAN
56
Tréogan
Conveau
Étang Crazius
Coat-Couraval
St-Mich
Bonen
Kergrist-ar-Lan
Plelauff
Abba
Les Forges-des-Salles
Étang du Fourneau
Étang des Salles
Forêt de Quénécan
Le Gouvello
Ste-Brigitte
Perret
St-Hervé
St-Nicolas
La Madeleine
Groas-Loas
Trégornan
La Trinité-Langonnet
Mellionnec
Lescouet-Gouarec
Rest-an-Houanet
Plouray
Locuon
Minetoul
Ninijou
Chapelle
Kerguzul
Silfiac
Boduic
Kerdréan
Bouthiry
Moustriziac
Cleuziou
Abb. de Langonnet
Rosterh
St-Laurent
Magoérec
Langonnet
St-Germain
Langoëlan
Toubahado
Cléguérec
Le Saint
Kerpourhant
St-Tugdual
Séglien
Quénépévan
Kerbédic
Trévarnou
Le Hellès
Kergoat
Étang de Bel-Air
Ploërdut
Poulgrellec
Coëtmilin
Lochrist
N.-D.-de-Crénénan
St-Jean
Le Croisty
Kerlividic
Guéméné-s.-Scorff
Locmalo
Malguénac
St-Gilles
Priziac
Kerguinio
Ste-Barbe
Botquenven
St-Caradec-Trégomel
St-Hervezen
Nizio
Le Faouët
St-Nicolas
Longueville
Péros
Croajou
Lignol
Gueltas
St-Georges
Meslouan
Kerlenat
St-Yves
Guern
St-Fiacre
Persquen
Talvern
Lanvénégen
Kerchopine
Kernascléden
Quélvenec
Pradigo
Meslan
Berné
Étang de Pont-Calleck
Locolvén
Poulprio
Châtt. de Pont-Calleck
Scorff
Bonijard
Pont-Calleck
Keryagunff
Carros-Combout
Querrien
Inguiniel
Bieuzy
Kerhoat
Forêt de Pont-Calleck
Lochrist
St-Armel
Melrand
La Roche-du-Diable
Kermouël
Bubry
Site de Castennec
Locunolé
Locunel
Guilligomarc'h
Ste-Gertrude
St-Thuriau
Kernonen
Plouay
St-Yves
Tréméven
St-Maurice
Locmaria
St-Barthélemy
Keramour
Quimperlé
Arzano
Kermoizan
St-Adrien
Lanvaudan
Quistinic
Keryard
St-Guénaël
Pont-Augan
Calan
Redené
St-Symphorien
Lambézégan
Le Rudet
Penquesten
Quimipily
Kergonan
Rocher Royal
Cléguer
L'Enfer
Ste-Marguerite
Pont-Scorff
Inzinzac-Lochrist
St-Nicolas
Vénus Quinipily
Locmaria
Languidic
St-Séverin
Le Temple
Lochrist
Langroise
Lanveur
Les 5-Chemins
Gestel
Caudan
Hennebont
St-Gilles
St-Jean
Lambel
Ft de Camors
Kerdosso
Guidel
Quéven
Kervégan
Nenéguen
Brandérion
Malachap
Coët-Crann
Trélecan
Lanester
Tréauray
Étg du Loc'h
Étg de Coatrivas
LORIENT-LANN-BIHOUÉ
Anse du Pouldu
Étg de Lannenec
Ploemeur
Kervignac
Kernours
Landévant
LORIENT
Étg de Rault
Nostang
Fort-Bloqué
Merlevenez
Langombrac'h
Landaul
Carrières de kaolin
Locmiquélic
Larmor
Calan
Pointe de Courégan
Kernével
Riantec
Ste-Hélène
Le Plec
Étg du Cranic
Kerroc'h
Port-Louis
Larmor-Plage
Lomener
Pointe du Talut
Les Errants
Gâvres
Passe de l'Ouest
Pointe de Gâvres
Plouhinec
Mériadec
Kerdavid
Locoal-Mendon
La Forest
Kergourio
Rivière d'Étel
Blavet
Ellé
Sarre

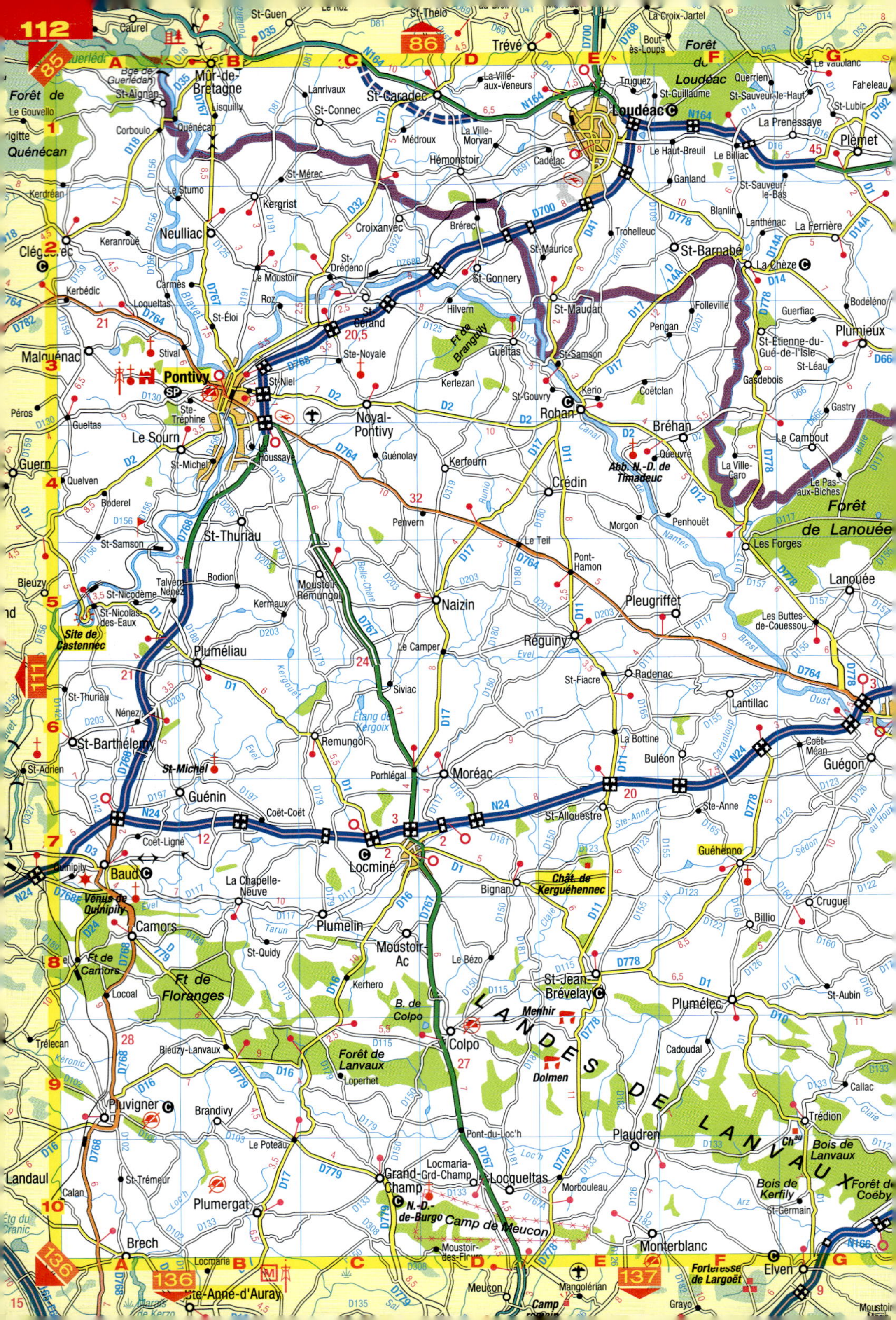

Mûr-de-Bretagne
St-Caradec
Loudéac
Forêt de Loudéac
Plémet
Trévé
Forêt de Quénécan
Neulliac
Kergrist
Croixanvec
Hémonstoir
Cadélac
La Prenessaye
St-Barnabé
La Chèze
Pontivy
St-Gérand
St-Gonnery
St-Maudan
Hilvern
Ft de Branguily
Gueltas
Rohan
Noyal-Pontivy
Malguénac
Le Sourn
Guern
St-Thuriau
Bréhan
Abb. N.-D. de Timadeuc
Crédin
Plumieux
St-Étienne-du-Gué-de-l'Isle
Forêt de Lanouée
Les Forges
Lanouée
Naizin
Réguiny
Pleugriffet
Pluméliau
Site de Castennec
St-Barthélemy
Remungol
Moréac
Locminé
Guénin
Baud
Vénus de Quinipily
Camors
Ft de Camors
Ft de Floranges
Plumelin
Moustoir-Ac
Bignan
Chât. de Kerguéhennec
St-Jean-Brévelay
Plumélec
Guéhenno
Guégon
Colpo
Forêt de Lanvaux
LANDES DE LANVAUX
Menhir
Dolmen
Pluvigner
Brandivy
Plaudren
Grand-Champ
Locqueltas
Plumergat
Landaul
Brech
Camp de Meucon
Monterblanc
Elven
Forteresse de Largoët
Bois de Lanvaux
Bois de Kerfily
Forêt de Coëby
Ste-Anne-d'Auray
Meucon
N164
N24
D700
D767
D768
D764
D778
85
86
111
136
137

87
88
114
137
138
Forêt de la Hardouinais
Merdrignac
Le Vieux-Bourg-St-Nicolas
St-Vran
St-Launeuc
La Hartelois
Trémorel
Les Treize Chênes
B. de Pinguilly
La Gautraie
Le Mottais
Benin
La Prevôtais
Quédillac
Forêt de Montauban
St-Méen-le-Grand
Le Crouais
La Bohinière
Loscouët-s.-Meu
St-Onen-la-Chapelle
Boisgervilly
Derrien
Quévran
Laurenan
Couëplin
Roquetton
Gomené
Le Breil-Tual
La Ville-Oréal
Billiaie
La Villéan
Coëtlogon
Méneac
Landual
Illifaut
Brignac
La Corbinais
Bédée
Quihiac
Gaël
Trédian
St-Maugan
Muel
Le Pont-Ruelland
La Barre
Blérauis
St-Gonlay
Le Ménéhy
La Trinité-Porhoët
Caussac
La Ville-Jaudoin
St-Brieuc-de-Mauron
Mauron
St-Léry
Le Bran
St-Malon-s.-Mel
Les Touches
Évriguet
Riolo
La Mulotière
Le Plessis-Jaulme
Kerbigot
Le Coudray-Baillet
Concoret
Étg de Pont-Dom-Juan
Chât. de Comper
Mohon
Bodieu
Guilliers
Le Bois-de-la-Roche
Haute Forêt
Fontaine de Barenton
Telhouët
Forêt de Paimpont
Étang du Pas du-Houx
Coganne
St-Péran
Chât. de Brocéliande
Étg Bleu
St-Malo-des-Trois-Fontaines
Néant-s.-Yvel
Tréhorenteuc
Abbaye
Paimpont
Tredéal
Beauvais
Basse Forêt
Étg du Perray
Plélan-le-Grand
Les Croix
La Grée-St-Laurent
Trégadoret
Val-sans-Retour
Loyat
Les Forges-de-Paimpont
Chât. de Trécesson
Helléan
Étang au Duc
Camp de
Le Pont-du-Secret
Bois de Maxent
Maxent
Josselin
La Croix-Helléan
Taupont
Le Vieux-Bourg
St-Laurent
Beignon
Le Plessis
St-Malo-de-Beignon
Le Thélin
Colonne des Trente
Ploërmel
St-Maur
Quéjeau
Campénéac
St-Cyr-Coëtquidan
Coëtquidan
Bellevue
St-Raoul
Étg de Livry
Gourhel
Chât. de Malville
La Couardière
Rochers
Loutehel
St-Servant
Guillac
Augan
St-Jean-de-Villenars
Ste-Anne
La Belle-Alouette
Porcaro
Guer
Trégranteur
Travoléon
Quily
Château de Crévy
La Chapelle-Caro
Montertelot
Monterrein
Bois de la Grée
Monteneuf
Grée-de-Craon
Les Brulais
Lizio
Le Roc-St-André
St-Abraham
Caro
Comblessac
Réminiac
La Ville-Éon
Grand-Village
La Tréhlaie
Ste-Suzanne
Missiriac
Tréal
Vieux-Bourg
Forêt de la Bourdonnaie
St-Séglin
Sérent
Belhon
Malestroit
Ruffiac
St-Marcel
Le Temple
Quelneuc
Carentoir
St-Nicolas-du-Tertre
Chât. de Brignac
St-Marc
St-Laurent-s.-Oust
Noyal
Bohal
St-Guyomard
La Chapelle-Gaceline
St-Congard
Landes de Couesmé
Ft de Molac
La Tronçonnaye
La Gacilly
Sixt-s.-Aff
Pleucadeuc
Le Cours
Molac
St-Martin
Les Fougerets
Cournon
Lande de Roche Blanche
St-Gravé
Glénac

87
88
113
138
139
A
B
C
D
E
F
G
1
2
3
4
5
6
7
8
9
10
Landujan
Irodouër
Langouet
Langan
Le Tertre
Vignoc
Montreuil-le-Gast
St-Germain-s.-Ille
St-Aubin-d'Aubigné
Chasné-s.-Illet
Mouazé
St-Sulpice-la-Forêt
St-M'Hervon
Forêt de Montauban
Montauban-de-Bretagne
La Chapelle-du-Lou
Le Lou-du-Lac
Romillé
Gévezé
La Mézière
Melesse
Chevaigné
Parthenay-de-Bretagne
Montgerval
Pleumeleuc
Bédée
Clayes
La Chapelle-des-Fougeretz
Betton
Thorigné-Fouillard
Ft de
Boisgervilly
St-Uniac
La Nouaye
St-Maugan
Montfort-s.-Meu
L'Abbaye
Iffendic
Breteil
St-Gilles
Pacé
Montgermont
St-Grégoire
La Chapelle-Thouarault
L'Hermitage
RENNES
Maison-Blanche
Cesson-Sévigné
St-Gonlay
Forêt de Montfort
Talensac
Cintré
Le Rheu
Vezin-le-Coquet
Étang de Trémelin
Malon-Mel
St-Barthélemy
Monterfil
Le Verger
Mordelles
Landes-d'Apigné
RENNES-ST-JACQUES
p.383
Chât. de Cucé
Chantepie
St-Péran
Treffendel
La Cossinade
Bréal-s/s-Montfort
Chavagne
St-Jacques-de-la-Lande
Vern-s.-Seiche
Noyal
Chartres-de-Bretagne
La Croix-Madame
Ch^au
St-Thurial
Bruz
Châtillon-s.-Seiche
Vaugon
Nouvoitou
Les Métairies
Goven
Louvain
Pont-Péan
St-Erblon
St-Armel
Épron
Maxent
Lande de Maxent
Baulon
Étang de la Musse
Pont-Réan
Orgères
Bourgbarré
Graibusson
Laimeheuc
Étg de Bélouze
Lassy
La Provotais
Guichen
St-Marc
Laillé
Le Bout-de-Lande
Étg de Vélobert
Corps-Nuds
Étg de Livry
Bovel
La Ragotière
Chanteloup
Le Beau-Chêne
Mutehel
Campel
Bel-Air
Crévin
Brie
La Chapelle-Bouëxic
Bourg-des-Comptes
Étg de Painroux
Guignen
Le Petit-Fougeray
Maure-de-Bretagne
Le Plessis-Tuyau
Le Tertre
Le Montru
Saulnières
Les Brulais
Mernel
St-Senoux
Pléchâtel
Le Sel-de-Bretagne
St-Germain
Bois du Périoux
Poligné
Messac
Chaumeray
St-Malo-de-Phily
35
Pancé
Tresbœuf
Lohéac
Chât. des Champs
Landes de Bagaron
Ch^au
La Bosse-de-Bretagne
St-Séglin
Lieuron
Les Bruères
ILLE-ET-VILAINE
La Nouériais
Bain-de-Bretagne
Bruc-s.-Aff
Port-de-Guipry
Messac
Guipry
Étg de la Bornière
Ercé-en-Lamée
Landrouais
Pipriac
Port-de-Messac
Noyal
Mâlon
La Noë-Blanche
Closelande
Teillay
Étang de Baron
Pily
La Fleuriais
Étg de la Serpaudais
Aff
Lande de Cojoux
Combray
Les Bœuvres
Forêt de Teillay
St-Just
St-Sulpice-des-Landes
La Haute-Ville
La Porte
St-Ganton
Brandeneuf
Lande de Roche Blanche
La Chapelle-de-Gavrain
Étg de la Pile
Limèle
N12-E50
N24
N136
N137
N137-E3
N157-E50
D177
D772
D777
Vilaine
Seiche
Semnon
Canut

115
89
90
116
139
140
MAYENNE
53
du-Cormier
Ercé-près-Liffré
Grd. Étg d'Ouée
St-Aubin-du-Cormier
St-Georges-de-Chesné
Parcé
Luitré
Dompierre-du-Chemin
Rochers du Saut-de-Roland
Gosné
Larmy
Montreuil-des-Landes
Étang de Châtillon
Le Pâtis
Mecé
St-Christophe-des-Bois
Forêt de Liffré
Rennes
Liffré
Launay
Livré-s.-Changeon
Châtillon-en-Vendelais
Juvigné
Étang de Chevré
Bois de Beaufeu
Princé
La Croixille
Chevré
Dourdain
Montautour
La Bouëxière
La Landret
Val-d'Izé
Taillis
St-M'Hervé
Forêt de Chevré
La Cueillerais
Balazé
Landavran
Montreuil-s/s-Pérouse
Bourgon
Ville-Étable
La Chesnais
Champeaux
Marpiré
Acigné
Broons-s.-Vilaine
Chât. d'Espinay
Vitré
La Chapelle-Erbrée
La Brécinière
Noyal-s.-Vilaine
Servon-s.-Vilaine
Châteaubourg
St-Melaine
St-Jean-s.-Vilaine
Pocé-les-Bois
Etg de Paintourteau
St-Pierre-la-Cour
Brécé
Les Lacs
Bréal-s/s-Vitré
St-Didier
St-Aubin-des-Landes
Erbrée
Cerisais
Bois des Effretais
Domagné
Cornillé
Chât. des Rochers Sévigné
Bge de la Valière
Mondevert
Domloup
Châteaugiron
Ossé
Les Rues
Torcé
Etrelles
Argentré-du-Plessis
Forêt du Pertre
La Gravelle
Chaumeré
Louvigné-de-Bais
St-Aubin-du-Pavail
Veneffles
Chancé
Étang de Danier
Vergéal
Le Pertre
Seiche
Le Ballon
Chât. de Monbuan
St-Cyr-le-Gravelais
Amanlis
Piré-s.-Seiche
Bais
St-Germain-du-Pinel
Brielles
Moulins
Quincampoix
Séran
Domalain
La Haye
Gennes-s.-Seiche
Boistrudan
Étang de Carcraon
Janzé
Marcillé-Robert
Moutiers
Cuillé
Carcraon
Esse
La Ville-Bédon
Visseiche
Availles-s.-Seiche
St-Poix
La Roche-aux-Fées
Gastines
Étang de Marcillé
La Guerche-de-Bretagne
La Selle-Guerchaise
Laubrières
Le Theil-de-Bretagne
Arbrissel
Mousslé
Rannée
Fontaine-Couverte
Ft du Theil
Retiers
Ardenne
Lac des Mottes
Drouges
La Couyère
Ste-Colombe
La Roë
Ballots
Les Masses
Coësmes
Forêt de la Guerche
Brains-s.-les-Marches
St-Michel-de-la-Roë
Ft de Craon
Jugon
Le Boulay
Les Loges
Lalleu
Thourie
Forges-la-Forêt
Étg des Roches
Chelun
Les Thibergères
Étang de la Forge
St-Aignan-s.-Roë
Niafles
Soulvache
La Selle-Craonnaise
La Rouaudière
Étg. de la Guiardière
Martigné-Ferchaud
Eancé
La Thébaudais
Forêt de Javardan
Étg de St-Morand
St-Saturnin-du-Limet
La Crue
Fercé
Senonnes
Congrier
St-Martin-du-Limet
La Guiberdais
Rougé
Forêt d'Araize
St-Erblon
Renazé
Noyal-s.-Brutz
Ft de Lourzais
Chéran
Ruffigné
Arch
Villeneuve
Villepot
La Touche
La Laizerie
Araize

Ernée
Montenay
Polissoir
Vautorte
Buttavent
Mayenne
Aron
Fontaine-Daniel
La Chapelle-au-Grain
Forêt de Mayenne
St-Baudelle
La Bazoge-Montpinçon
Moulay
Belgeard
Contest
Le Bourg Nouvel
L'Aunay-Play
Placé
Juvigné
Étang-Neuf
St-Hilaire-du-Maine
La Meule
Chailland
Alexain
Les Chevries
Commer
Forêt de Bourgon
La Croixille
St-Germain-le-Guillaume
La Bigottière
St-Germain-d'Anxure
Montginoux
Les Loges
Montourtier
La Templerie-d'Echerbé
La Baconnière
Andouillé
Sacé
Martigné
La Vannerie
Bourgon
Ville-Étable
Le Bourgneuf-la-Forêt
Les Mottes
Montflours
La Bazouge-des-Alleux
St-Ouën-des-Vallons
Châlons-du-Maine
Chât. de la Roche-Pichemer
Étang de la Chaîne
La Ricoulière
Gesnes
St-Ouën-des-Toits
St-Germain-le-Fouilloux
St-Jean-s.-Mayenne
Montsûrs
Launay-Villiers
Bois de Misedon
St-Pierre-la-Cour
Port-Brillet
Olivet
Louverné
La Chapelle-Anthenaise
St-Martin
Les Chênes-Secs
Le Genest-St-Isle
Abb. de Clermont
Changé
Niafles
St-Cénéré
Bois des Effretais
Bois des Gravelles
La Brûlatte
St-Isle
Grenoux
Pritz
Bonchamp-lès-Laval
Argentré
La Gravelle
La Croix-aux-Vanneurs
La Chapelle-du-Chêne
St-Berthevin
LAVAL
Loiron
Ruillé-le-Gravelais
Louvigné
Soulgé-s.-Ouette
Nuillé-s.-Ouette
La Pertre
St-Cyr-le-Gravelais
La Blinière-Rogat
Ft de Concise
Thévalles
Forcé
St-Pierre-le-Potier
Ahuillé
L'Huisserie
Beaulieu-s.-Oudon
Montjean
Étang de Montjean
Montigné-le-Brillant
Parné-s.-Roc
Bazougers
Abb. de Port-du-Salut
Entrammes
Courbeville
Étrogne
Nuillé-s.-Vicoin
B. de Bergault
Arquenay
St-Poix
Astillé
Maisoncelles-du-Maine
St-Denis-du-Maine
Méral
Cossé-le-Vivien
Origné
Le Bignon-du-Maine
Meslay-du-Maine
La Frénouse
Quelaines-St-Gault
La Massonnière
Le Pont-Vient
Cosmes
Houssay
Villiers-Charlemagne
Les Masses
La Chapelle-Craonnaise
St-Gault
St-Sulpice
St-Charles-la-Forêt
Athée
Simplé
Ruillé-Froid-Fonds
Livré
Denazé
Peuton
St-Germain-de-l'Hommel
Froid-Fonds
La Brancherie
Marigné-Peuton
Loigné-s.-Mayenne
Longuefuye
Grez-en-Bouère
Craon
Niafles
Fromentières
Laigné
Gennes-s.-Glaize
Bazouges
St-Aignan
Château-Gontier
La Crue
Bouchamps-lès-Craon
Pommerieux
Ampoigné
Azé
Martin-du-Limet
Ft de Valles
La Landelle
Bierné
Mée
Châtelain
Chérancé
St-Fort
La Boissière
Chemazé
L'Aillerie
Coudray
Argenton-Notre-Dame
St-Christophe
St-Quentin-les-Anges
Chât. de Mortiercrolles
Bourg-Philippe
Ménil
A81-E50
N162
D771
D57
D32
D4
D22
D20
D21
D28
D31
D30
D1
D24
89
90
115
140
141

91
192
118
141
142
LES COËVRONS
Forêt de Sillé
Bois de Pezé
Forêt de la Grande-Charnie
Courcité
St-Aubin-du-Désert
St-Georges-le-Gaultier
Grazay
Champgenéteux
La Chauvellière
Nlaufle
St-Mars-du-Désert
La Corbinière
Mont-Méard
Trans
St-Thomas-de-Courceriers
Le Tay
L'Hôtellerie
Doucé
Jublains
Ruines romaines
Hambers
Bais
Étg de la Grande-Métairie
Butte de Montaigu
290
Chellé
Ste-Anne
Bois d'Hermet
Étg de Gué de Selle
Ste-Gemmes-le-Robert
357 Mont Rochard
Izé
Orthe
St-Germain-de-Coulamer
Butte Voyère
240
Mont-St-Jean
Douillet
Bures
Montreuil-le-Chétif
La Boissière
St-Martin-de-Connée
St-Pierre-s.-Orthe
Vimarcé
Mont du Feu 299
Deux-Évailles
Chât. du Rocher
Mézangers
Pierres druidiques
Le Grez
Sillé-le-Guillaume
St-Rémy-de-Sillé
Pézé-le-Robert
Val-de-Pierre
Brée
Neau
Évron
St-Georges-s.-Erve
330
Assé-le-Bérenger
Rouessé-Vassé
Crissé
La Motte
St-Christophe-du-Luat
Châtres-la-Forêt
Chât. de Montecler
La Crousille
Voutré
La Raterie
Rouez
Neuvillalais
Dolmen
Parennes
Conlie
Livet
Bois des Vallons
La Chapelle-Rainsouin
Ste-Suzanne
Torcé-Viviers-en-Charnie
Bouille
Tennie
Verniette
Valency
Cures
St-Léger
St-Nicolas
Signal du Viviers 290
Neuvillette-en-Charnie
Bois de la Petite-Charnie
Chât. des Sources
Neuvy-en-Champagne
Chammes
Beaulieu
Les Teilles
St-Symphorien
Bernay
Ruillé-en-Champagne
Souvré
A81-E50
Vaiges
Blandouet
Étival
Chemiré-en-Charnie
St-Georges-le-Fléchard
St-Jean-s.-Erve
St-Denis-d'Orques
Épineu-le-Chevreuil
Amné
La Bazouge-de-Chémeré
St-Pierre-s.-Erve
Thorigné-en-Charnie
La Lune
Joué-en-Charnie
Chassillé
Longnes
Brains-s.-Gée
Grotte de Rochefort
Grotte à Margot
St-Cénéré
Saulges
Viré-en-Champagne
Loué
Tassillé
Auvers-s/s-Montfaucon
Chémeré-le-Roi
Bannes
Brûlon
Rochers
Chât. de Lisle
Mareil-en-Champagne
Cranne-en-Champagne
La Cropte
Cossé-en-Champagne
Avessé
St-Christophe-en-Champagne
Vallon-s.-Gée
Préaux
Épineux-le-Seguin
Varennes
Chevillé
St-Ouen-en-Champagne
St-Pierre-des-Bois
Le Buret
Ballée
La Vollerie
Villedieu
Maigné
Athenay
Beaumont-Pied-de-Bœuf
Poillé-s.-Vègre
Chantenay-Villedieu
Pirmil
Chemiré-le-Gaudin
Le Bourg-Neuf
Les Landes
Auvers-le-Hamon
Chât. de Verdelles
Fontenay-s.-Vègre
St-Benoît
B. de la Belle-Branche
St-Loup-du-Dorat
Asnières-s.-Vègre
Bois des Taillis
Tassé
Fercé-s.-Sarthe
Bouessay
Les Agets
Bouère
Gastines-s.-Erve
Juigné-s.-Sarthe
Avoise
Noyen-s.-Sarthe
St-Jean-du-Bois
St-Brice
Abbaye
Solesmes
Parcé-s.-Sarthe
B. de Fécueseul
B. de l'Augonay
Sablé-s.-Sarthe
Dureil
Souvigné-s.-Sarthe
La Chapelle-du-Chêne
Vion
La Gérouillère
La Tuilerie
Mézeray
St-Denis-d'Anjou
Pincé
Ft de Pincé
Courtillers
Les Noeuds
Le Bordicolet
Le Châtelet
Malicorne-s.-Sarthe
A11-E501

91
92
117
142
143
A
B
C
D
E
F
G
1
2
3
4
5
6
7
8
9
10
SARTHE
72
LE MANS
Fresnay-s.-Sarthe
St-Ouen-de-Mimbré
Coulombiers
Grandchamp
Thoiré-s/s-Contensor
Les Mées
St-Calez-en-Saosnois
Commerveil
St-Rémy-des-Monts
St-Pierre-des-Ormes
St-Aubin-de-Locquenay
St-Germain-s.-Sarthe
Chérancé
René
Thoigné
Courgains
Monhoudou
St-Vincent-des-Prés
Moncé-en-Saosnois
Maison-Neuve
Champaissant
St-Cosme-en-Vairais
Congé-les-Guérets
Doucelles
Dangeul
Marolles-les-Braults
Avesnes-en-Saosnois
Nauvay
Guémençais
Bures
Montreuil-le-Chétif
Moitron-s.-Sarthe
Piacé
Juillé
Vivoin
Nouans
Peray
Meurcé
Dissé-s/s-Ballon
Courcival
Rouperroux-le-Coquet
St-Christophe-du-Jambet
Beaumont-s.-Sarthe
Maresché
Luçé-s/s-Ballon
Congé-s.-Orne
Ponthouin
Mézières-s.-Ponthouin
St-Aignan
Jauzé
Terrehault
Pézé-le-Robert
Val-de-Pierre
Ségrie
Assé-le-Riboul
Teillé
Donjon
Ballon
St-Mars-s/s-Ballon
Sables
Briosne-lès-Sables
Bonnétable
Ft de Bonnétable
Crissé
Vernie
Le Tronchet
St-Marceau
Courcemont
Neuvillalais
Mézières-s/s-Lavardin
St-Jean-d'Assé
Montbizot
Beaufay
Prévelles
Ft de Mézières
N.-D.-des-Champs
Ste-Sabine-s.-Longève
Ste-Jamme-s.-Sarthe
Souligné-s/s-Ballon
Courcebœufs
Torcé-en-Vallée
L'Habit
Verniette
La Chapelle-St-Fray
Souillé
La Guierche
Joué-l'Abbé
St-Célerin
Chanteloup
Sillé-le-Philippe
La Chapelle-St-Rémy
Cures
Domfront-en-Champagne
La Bazoge
Les Forges
Châl. de Passay
Neuvy-en-Champagne
Lavardin
Neuville-s.-Sarthe
Savigné-l'Évêque
Lombron
Souvré
Aigné
La Milesse
St-Corneille
St-Julien
La Quinte
Degré
St-Saturnin
Montfort-le-Gesnois
St-Pavace
Sargé-lès-Le-Mans
Fatines
Pont
Coulans-s.-Gée
Chaufour-Notre-Dame
Trangé
La Chapelle-St-Aubin
Coulaines
Yvré-l'Évêque
Champagne
St-Mars-la-Brière
St-Denis-du-Tertre
Nuillé-le-Jalais
Brains-s.-Gée
Les Maisons-Rouges
Rouillon
Camp d'Auvours
Soulitré
Le Breil-s.-Mérize
La Croix de Menueau
Fay
Pruillé-le-Chétif
Abbaye N.-D.-de-l'Épau
Changé
Ardenay-s.-Mérize
Souligné-Flacé
St-Georges-du-Bois
Allonnes
Bois de Loudon
Surfonds
La Raterie
Flacé
Étival-lès-Le-Mans
Athenay
Louplande
Le Mans Arnage
Les Hunaudières
Ruaudin
Parigné-l'Évêque
Volnay
Voivres-lès-le-Mans
Circuit automobile
Chemiré-le-Gaudin
Spay
Arnage
Challes
St-Mars-de-Locquenay
St-Benoit
Roézé-s.-Sarthe
Fillé
Brette-les-Pins
Mulsanne
Moncé-en-Belin
Bois de Vaugautier
Bois de Sapins
La Suze-s.-Sarthe
Teloché
St-Jean-du-Bois
St-Gervais-en-Belin
Laigné-en-Belin
St-Mars-d'Outillé
Le Tertre
Guécelard
La Guittonnière
Outillé
Bois-Claude
Le Grand-Lucé
Villaines-s/s-Lucé
La Belle-Étoile
B. de Augonay
Les Ardriers
Parigné-le-Pôlin
Mont Vigne
Pruillé-l'Éguillé
Mézeray
Cérans-Foulletourte
Cérans
St-Ouen-en-Belin
Yvré-le-Pôlin
Étg de Clairefontaine
St-Biez-en-Belin
Ecommoy
St-Vincent-du-Lorouër
Forêt de
La Fontaine-
Château-l'Hermitage
Chât. de Fontenailles
Forêt de Bercé
Sources de l'Hermitière
A11-E50
A81-E50
A11-E501
A28-E402
A28-E502

ORNE
61
LOIR-
ET-CHER
41
Nogent-le-Rotrou
La Ferté-Bernard
Mondoubleau
St-Calais
Vibraye
Montmirail
Authon-du-Perche
La Bazoche-Gouet
Bouloire
Savigny-s.-Braye
Bessé-s.-Braye
Connerré
Tuffé
Dollon
Thorigné-s.-Dué
Ceton
Le Theil
Cherré
Cormes
Courgenard
St-Ulphace
Théligny
Gréez-s.-Roc
Lamnay
Melleray
Champrond
Lavaré
Semur-en-Vallon
Coudrecieux
Berfay
Valennes
Souday
Oigny
Arville
St-Agil
Boursay
Choue
Baillou
Rahay
Cormenon
St-Marc-du-Cor
Beauchêne
Le Temple
Sargé-s.-Braye
Mon-Plaisir
Épuisay
Marolles-lès-St-Calais
Montaillé
Conflans-s.-Anille
Écorpain
Maisoncelles
Tresson
Évaillé
Ste-Osmane
Ste-Cérotte
St-Gervais-de-Vic
Cogners
La Chapelle-Huon
Montreuil-le-Henri
St-Georges-de-la-Couée
Vancé
Cellé
Fretay
Les Fossés
La Poulinière
Fortan
Azé
Mazangé
Villiers-s.-Loir
Lunay
Bonneveau
Le Brulon
La Vallée
La Joubardière
Courdemanche
St-Pierre-du-Lorouër
St-Frimbault
Les Paillons
Forêt de Vibraye
Forêt de la Pierre
Forêt de Montmirail
Bois des Loges
Bois de Marchevert
Bois de St-Agil
Étg de la Penne
La Mare au Loup
Étg de la Fenderie
Étang Sallé
Étang du Boisvinet
Étang des Cailleaux
Chât. de Courtanvaux
Chât. de Courtangis
Chât. de Mondragon
Chât. de Pescheray
Manoir d'Alleray
Manoir de Bonaventure
Pierre Couverte
Ancienne abbaye
Manoir d'Amilly
Manoir de l'Angenardière
Ste-Gauburge
St-Agnan-s.-Erre
Gémages
L'Hermitière
St-Germain-de-la-Coudre
Marcilly
Pouvrai
Contres-en-Vairais
Bellou-le-Trichard
Nogent-le-Bernard
Préval
Souvigné-s.-Même
Avezé
La Chapelle-du-Bois
Dehault
St-Georges-du-Rosay
St-Aubin-des-Coudrais
La Bosse
St-Denis-des-Coudrais
St-Martin-des-Monts
Le Buron
Villaines-la-Gonais
Boëssé-le-Sec
St-Hilaire-le-Lierru
Sceaux-s.-Huisne
Vouvray-s.-Huisne
Beillé
Duneau
Le Luart
St-Maixent
St-Quentin
Bouër
St-Jean-des-Échelles
Cherreau
St-Michel-de-Chavaignes
Les Loges
La Rouge
Mâle
Le Gibet
La Malbrouë
Les Croisettes
St-Jean-Pierre-Fixte
Souancé-au-Perche
Champrond-en-Perchet
Trizay-Coutretôt-St-Serge
Coutretot
La Gaudaine
Brunelles
Vichères
Argenvilliers
Montaigut
Beaumont-les-Autels
Miermaigne
Les Étilleux
Coudray-au-Perche
Béthonvilliers
St-Lubin-des-5-Fonds
St-Bomer
Charbonnières
Soizé
Le Sauce
Les Autels-Villevillon
Chapelle-Guillaume
Le Plessis-Dorin
St-Avit
Le Gault-Perche
La Fontenelle
Chapelle-Vicomtesse
Gué-de-Launay
A11-E50
T.G.V. ATLANTIQUE
93
94
120
143
144

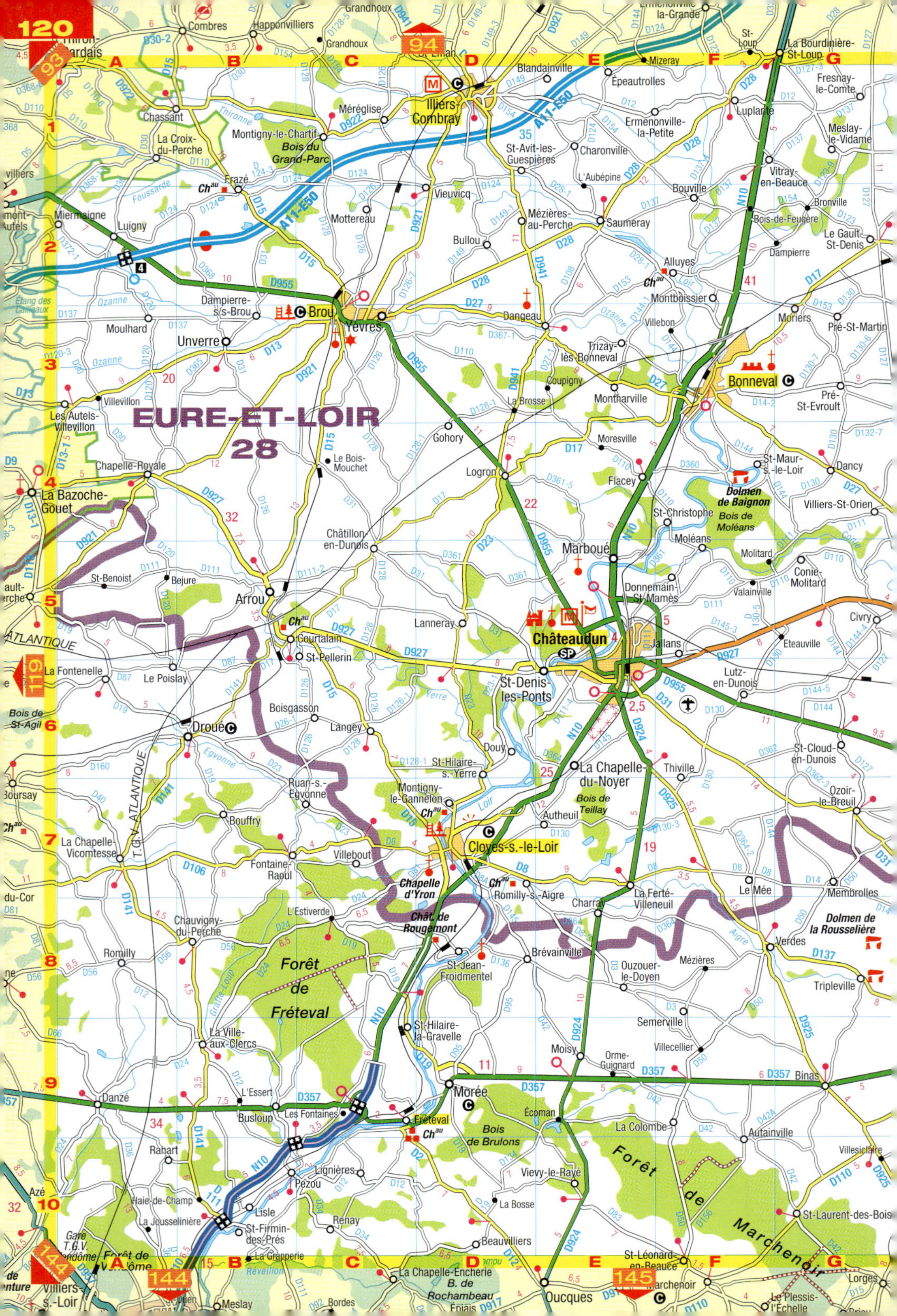
EURE-ET-LOIR
28
Combres
Happonvilliers
Grandhoux
Thiron-Gardais
Chassant
La Croix-du-Perche
Frazé
Montigny-le-Chartif
Bois du Grand-Parc
Méréglise
Illiers-Combray
Blandainville
Épeautrolles
Mizeray
St-Loup
La Bourdinière-St-Loup
Fresnay-le-Comte
Luplanté
Ermenonville-la-Grande
Ermenonville-la-Petite
Meslay-le-Vidame
St-Avit-les-Guespières
Charonville
L'Aubépine
Vitray-en-Beauce
Bouville
Bronville
Bois-de-Feugère
Vieuvicq
Mottereau
Mézières-au-Perche
Saumeray
Le Gault-St-Denis
Dampierre
Bullou
Miermaigne
Luigny
Alluyes
Montboissier
Moriers
Pré-St-Martin
Dampierre-s/s-Brou
Brou
Yèvres
Dangeau
Villebon
Moulhard
Unverre
Trizay-lès-Bonneval
Bonneval
Coupigny
Montharville
Pré-St-Evroult
Villevillon
Les Autels-Villevillon
La Brosse
Gohory
Moresville
Le Bois-Mouchet
Chapelle-Royale
La Bazoche-Gouet
Logron
Flacey
St-Maur-s.-le-Loir
Dancy
Dolmen de Baignon
Bois de Moléans
Villiers-St-Orien
St-Christophe
Moléans
Châtillon-en-Dunois
Marboué
Molitard
Conie-Molitard
St-Benoist
Bejure
Arrou
Donnemain-St-Mamès
Valainville
Lanneray
Civry
Courtalain
St-Pellerin
Châteaudun
Jallans
Eteauville
ATLANTIQUE
La Fontenelle
Le Poislay
St-Denis-les-Ponts
Lutz-en-Dunois
Bois de St-Agil
Boisgasson
Langey
Droué
Douy
St-Hilaire-s.-Yerre
La Chapelle-du-Noyer
Thiville
St-Cloud-en-Dunois
Ozoir-le-Breuil
Boursay
Ruan-s.-Egvonne
Montigny-le-Gannelon
Bois de Teillay
Autheuil
Bouffry
Cloyes-s.-le-Loir
La Chapelle-Vicomtesse
Fontaine-Raoul
Villebout
T.G.V. ATLANTIQUE
Chapelle d'Yron
Romilly-s.-Aigre
Charray
La Ferté-Villeneuil
Le Mée
Membrolles
L'Estiverde
Chât. de Rougemont
Dolmen de la Rousselière
Chauvigny-du-Perche
Verdes
Romilly
St-Jean-Froidmentel
Brévainville
Ouzouer-le-Doyen
Mézières
Tripleville
Forêt de Fréteval
Semerville
St-Hilaire-la-Gravelle
La Ville-aux-Clercs
Villecellier
Moisy
Orme-Guignard
Binas
Danzé
L'Essert
Busloup
Les Fontaines
Morée
Écoman
Fréteval
Bois de Brulons
La Colombe
Autainville
Villesicaire
Rahart
Lignières
Pezou
Vievy-le-Rayé
Forêt de Marchenoir
Azé
Haie-de-Champ
La Jousselinière
Lisle
St-Firmin-des-Prés
Renay
La Bosse
St-Laurent-des-Bois
Gare T.G.V. Vendôme
Forêt de Vendôme
La Grapperie
Beauvilliers
St-Léonard-en-Beauce
Villiers-s.-Loir
Meslay
La Chapelle-Enchérie
B. de Rochambeau
Ouques
Marchenoir
Lorges
Le Plessis-l'Échelle
Bordes
A
B
C
D
E
F
G
1
2
3
4
5
6
7
8
9
10
93
94
119
144
145
A11-E50
N10
D955
D927
D357
D924
D925
D15
D28
D8

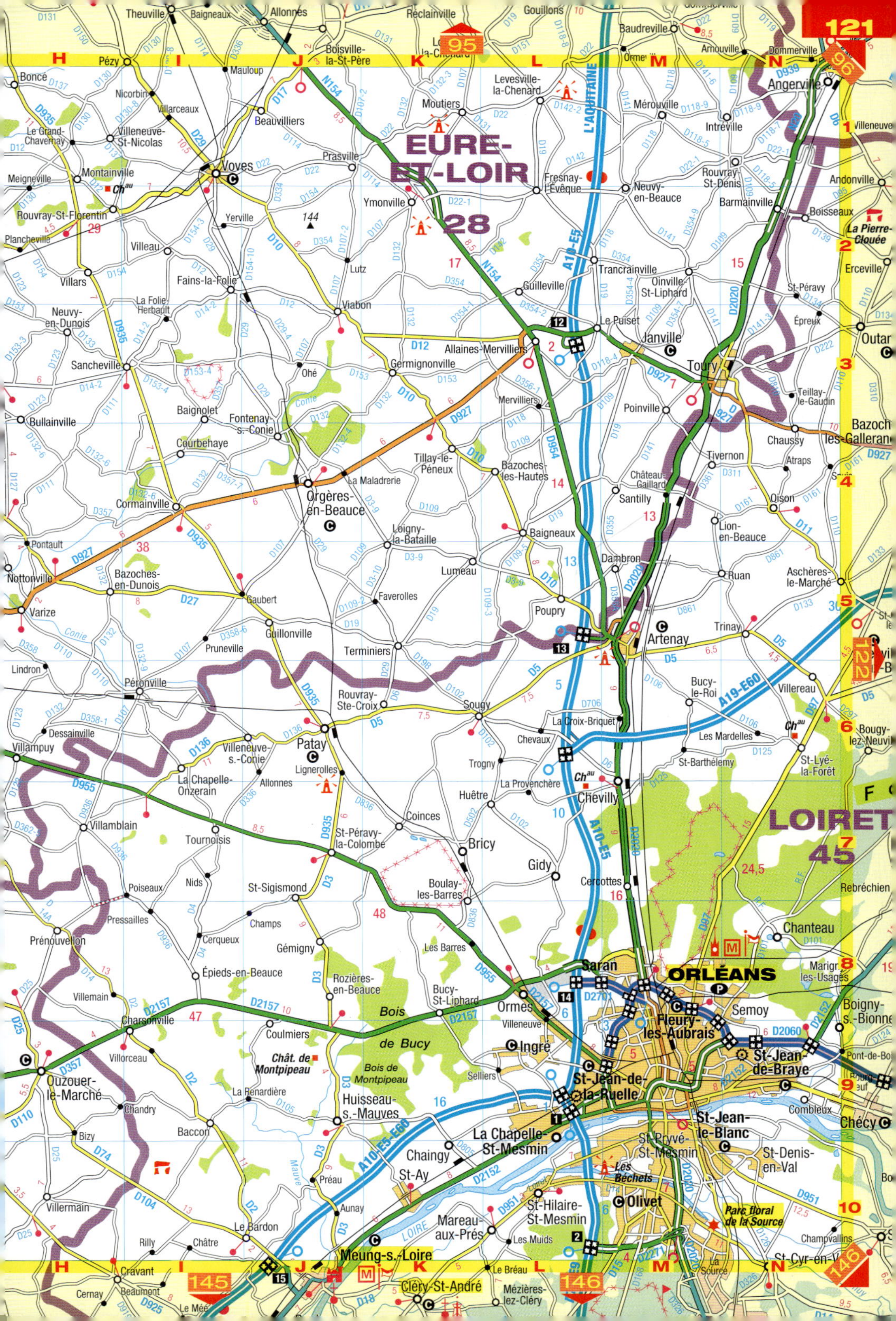

95
96
122
145
146
EURE-ET-LOIR
28
LOIRET
45
ORLÉANS
Theuville
Baigneaux
Allonnes
Réclainville
Gouillons
Baudreville
Boisville-la-St-Père
Pézy
Mauloup
Bonce
Nicorbin
Villarceaux
Beauvilliers
Moutiers
Levesville-la-Chenard
Mérouville
Intréville
Angerville
Dommerville
Arnouville
Le Grand-Chavernay
Villeneuve-St-Nicolas
Voves
Prasville
Fresnay-l'Évêque
Neuvy-en-Beauce
Rouvray-St-Denis
Barmainville
Andonville
Boisseaux
La Pierre-Clouée
Meigneville
Montainville
Ymonville
Rouvray-St-Florentin
Yerville
Plancheville
Villeau
Villars
Fains-la-Folie
Lutz
Trancrainville
Oinville-St-Liphard
Guilleville
Erceville
St-Péravy
Épreux
La Folie-Herbault
Neuvy-en-Dunois
Viabon
Le Puiset
Janville
Allaines-Mervilliers
Toury
Outarville
Sancheville
Ohé
Germignonville
Mervilliers
Poinville
Teillay-le-Gaudin
Bullainville
Baignolet
Fontenay-s.-Conie
Courbehaye
Tillay-le-Péneux
Bazoches-les-Hautes
Chaussy
Atraps
Bazoches-les-Gallerandes
Tivernon
Château-Gaillard
Santilly
Oison
Orgères-en-Beauce
La Maladrerie
Loigny-la-Bataille
Cormainville
Baigneaux
Lion-en-Beauce
Pontault
Lumeau
Dambron
Ruan
Nottonville
Bazoches-en-Dunois
Gaubert
Faverolles
Poupry
Aschères-le-Marché
Varize
Guillonville
Artenay
Trinay
Pruneville
Terminiers
Lindron
Péronville
Bucy-le-Roi
Villereau
Rouvray-Ste-Croix
Sougy
La Croix-Briquet
Dessainville
Patay
Chevaux
Les Mardelles
Bougy-lez-Neuville
Villampuy
Villeneuve-s.-Conie
Lignerolles
Trogny
St-Barthélemy
La Chapelle-Onzerain
Allonnes
La Provenchère
Chevilly
St-Lyé-la-Forêt
Huêtre
Villamblain
Tournoisis
Coinces
St-Péravy-la-Colombe
Bricy
Gidy
Cercottes
Rebréchien
Poiseaux
Nids
St-Sigismond
Boulay-les-Barres
Pressailles
Champs
Chanteau
Prénouvellon
Cerqueux
Gémigny
Les Barres
Épieds-en-Beauce
Saran
Marigny-les-Usages
Villemain
Rozières-en-Beauce
Bucy-St-Liphard
Semoy
Boigny-s.-Bionne
Charsonville
Bois de Bucy
Ormes
Fleury-les-Aubrais
Coulmiers
Villeneuve
Ingré
St-Jean-de-Braye
Villorceau
Châteaux de Montpipeau
Bois de Montpipeau
St-Jean-de-la-Ruelle
Pont-de-Bois
Ouzouer-le-Marché
Selliers
La Renardière
Huisseau-s.-Mauves
Combleux
Chandry
Chécy
Baccon
Bizy
La Chapelle-St-Mesmin
St-Jean-le-Blanc
Chaingy
St-Pryvé-St-Mesmin
St-Denis-en-Val
St-Ay
Préau
Les Béchets
Villermain
St-Hilaire-St-Mesmin
Olivet
Aunay
Mareau-aux-Prés
Parc floral de la Source
Le Bardon
Rilly
Châtre
Les Muids
Champvallins
Meung-s.-Loire
St-Cyr-en-Val
La Source
Cravant
Beaumont
Cernay
Le Mée
Cléry-St-André
Le Bréau
Mézières-lez-Cléry
Conie
Mauve
LOIRE
L'AQUITAINE
A10-E5
A19-E60
A10-E5-E60
N154
D2020
D927
D955
D2157
D2152
D951

96
95
121
146
147
LOIRET
45
Méréville
Tour Trajanne
Arrancourt
Fontenette
Rouvres-St-Jean
Brouy
Boigneville
Nanteau-s.-Essonne
Boissy-aux-Cailles
Montreau
Estouches
Sermaises
Mainvilliers
Nangeville
Châtl. de Rouville
Rochers
Marlanval
Villeneuve
Pannecières
Thignonville
Gollainville
Malesherbes
Buthiers
Orveau-Bellesauve
Herbeauvilliers
Fromonvilliers
Andonville
Autruy-s.-Juine
Intville-la-Guétard
Audeville
Césarville-Dossainville
Coudray
Boulancourt
Rumont
Boisseaux
La Pierre-Clouée
Morville-en-Beauce
Dossainville
Fromont
Maisoncelle
Augerville-la-Rivière
Allainville-en-Beauce
Charmont-en-Beauce
Engenville
Douzonville
Orville
Erceville
Invault
Labrosse
Dimancheville
Ramoulu
Manchecourt
St-Péravy
Ezerville
Marsainvilliers
Briarres-s.-Essonne
Desmonts
Léouville
Fresnes
Epreux
Faronville
Bouzonville-en-Beauce
Échainvilliers
Outarville
Torville
Guigneville
Villereau
Puiseaux
Aulnay-la-Rivière
Guignonville
Sébouville
Estouy
Ondreville-s.-Essonne
Teillay-le-Gaudin
Bois de Bellebat
Grangermont
Bromeilles
Greneville-en-Beauce
Bondaroy
Pithiviers
La Neuville-s.-Essonne
Bazoches-les-Gallerandes
Pithiviers-le-Vieil
Yèvre-le-Châtel
Bainvilliers
Châtillon-le-Roi
Échilleuses
Gueudreville
Dadonville
Yèvre-la-Ville
Boësses
Izy
Jouy-en-Pithiverais
Intvilliers
Givraines
Bourg-Neuf
Barnonville
Escrennes
Rougemont
Reigneville
Beaumont-du-Gâtinais
Attray
Ascoux
Gaubertin
Crottes-en-Pithiverais
Laas
A19-E60
Boynes
Le Vau
Sancy
Teillay-St-Benoît
Montigny
La Brosse
Barville-en-Gâtinais
Aux
Aschères-le-Marché
Verrine
Mousseaux
Chauffour
Mareau-aux-Bois
Bouzonville-aux-Bois
Égry
St-Germain-le-Grand
Courcelles
Gondreville
Santeau
Bouilly-en-Gâtinais
La Nerville
Neuville-aux-Bois
Vrigny
Batilly-en-Gâtinais
Marcilly
Chilleurs-aux-Bois
Courcy-aux-Loges
La Rive-du-Bois
Nancray-s.-Rimarde
Beaune-la-Rolande
Pave-de-Juranville
Bougy-lez-Neuville
Galleand
St-Michel
Ormes
Châtl. de Chamerolles
Chambon-la-Forêt
Montbarrois
Juranville
St-Lyé-la-Forêt
Étang du Grand-Vau
Chemault
St-Loup-des-Vignes
Boiscommun
Mézières-en-Gâtinais
Forêt d'Orléans
Nibelle
Fréville-du-Gâtinais
Carrefour des Huit Routes
Montliard
Quiers-s.-Bézonde
Loury
Ouzouer-s/s-B.
Rebréchien
Philiponnet
Ingrannes
Nesploy
Bellegarde
Etg Neuf-de-Centimaisons
Etg des Liesses
B. de la Madeleine
Sully-la-Chapelle
Traînou
Seichebrières
Sury-aux-Bois
Auvilliers-en-Gâtinais
Étang de la Vallée
Vennecy
Étg de Morches
Combreux
Mardié-les-Usages
La Bourgeoisière
Boigny-s.-Bionne
Vitry-aux-Loges
Beauchamps-s.-Huillard
Les Barres
Fay-aux-Loges
Les Quatre-Routes
Étang de la Noue-Mazone
Pont-de-Boigny
La Cogelière
Châtenoy
Donnery
Bourgneuf
Coudray
Combleux
Étang du Guë-des-Cens
Étang du Gibias
Grignon
Chécy
Mardié
Étang L'Évêque
St-Denis-de-l'Hôtel
Vieilles-Maisons-s.-Joudry
Bou
Darvoy
Châteauneuf-s.-Loire
Étg des Planches
Les Quatre-Routes
Etg des Bois
Jargeau
St-Martin-d'Abbat
Étang d'Orléans
Les Pointes
Le Grand Étang
Bouzy-la-Forêt
Sandillon
Les Vallées
Germigny-des-Prés
St-Aignan-des-Gués
Carrefour de la Résistance
Férolles
Villiers
Ouvrouer-les-Champs
Sigloy
Les Bordes
LOIRE
Canal d'Orléans

GÂTINAIS
FRANÇAIS
SEINE-ET-MARNE
77
La Chapelle-la-Reine
Rocher de la Dame-Jouanne
Larchant
Villiers-s/s-Grez
Grez-s.-Loing
Montigny-s.-Loing
Montcourt-Fromonville
Nemours
St-Pierre-lès-Nemours
Rochers
Rocher de Beauregard
Forêt de Nanteau
Darvault
Nonville
Treuzy-Levelay
Villemer
Le Landy
Cugny
Rebours
Villecerf
Le Pimard
Dormelles
Flagy
Ville-St-Jacques
Noisy-Rudignon
La Vallée
Bois de la Montagne
Thoury-Férottes
Les Joncheries
Diant
Voulx
L'Aunoy
Les Chapelles
Blennes
Villemaréchal
St-Ange-le-Vieil
Boisroux
Nanteau-s.-Lunain
Launoy
Les Ortures
La Croix-Blanche
Villeflambeau
Chevry-en-Sereine
Villechasson
Courcelles
Villemaugis
Vallery
Paley
Le Bouloy
Lorrez-le-Bocage-Préaux
Préaux
Vaux-s.-Lunain
Chât. de Villeniard
Villebéon
Vauredennes
Chéroy
Amponville
Guercheville
Verteau
Chevrainvilliers
Ormesson
Burcy
Garentreville
Chatenoy
Fäy-lès-Nemours
Bagneaux-s.-Loing
Portonville
Poligny
Glandelles
Rosiers
Bouchereau
Remauville
Chancery
Passy
Bois de la Brandelle
La Borde
Le Coudray
Egreville
Obsonville
Aufferville
Ichy
Maisoncelles-en-Gâtinais
Busseau
Bougligny
Arville
La Madeleine-s.-Loing
Le Puy
Souppes-s.-Loing
Fonteneilles
Ceriseaux
La Brosse
Lagerville
Chaintreaux
Chenouteau
Chenou
Château-Landon
Anc. abbaye
Mocpois
Chât. de Mez-le-Maréchal
Bransles
Le Crimeau
Le Ruth
Jouy
Villegardin
Montacher-Villegardin
Pilvernier
Mondreville
Villeneuve
Dordives
Toury
Chevry-s/s-le-Bignon
Le Bignon-Mirabeau
Le Grand-Village
Bazoches-s.-le-Betz
Les Étangs-de-Béon
Chevannes
Pers-en-Gâtinais
Rosoy-le-Vieil
Bois de Mérinville
Étg de Ste-Rose
Sceaux-du-Gâtinais
Bordeaux-en-Gâtinais
Préfontaines
Courtempierre
Nargis
Fontenay-s.-Loing
Ferrières-en-Gâtinais
Les Fourneaux
Ervauville
Foucherolles
Bréau
Corbeilles
Treilles-en-Gâtinais
Griselles
Corbelin
Mérinville
Lorcy
Mignerettes
Mignères
Gondreville
Girolles
Bois-le-Roi
La Selle-s.-le-Bied
St-Loup-de-Gonois
Chantecoq
St-Hilaire-les-Andrésis
Chapelon
Villevoques
Corquilleroy
Cepoy
Forêt de Montargis
Paucourt
Louzouer
Courtemaux
Moulon
Pannes
Vésines
Thorailles
Ladon
Villemoutiers
St-Maurice-s.-Fessard
Le Tourneau
Châlette-s.-Loing
Montargis
La Chapelle-St-Sépulcre
La Selle-en-Hermoy
Chuelles
Villemandeur
Les Goths
Haut valois
Bourdettes
Marsan
Presnoy
Chevillon-s.-Huillard
Chesnoy
St-Firmin-des-Vignes
Amilly
Le Gros-Moulin
St-Germain-des-Prés
St-Firmin-des-Bois
Les Raignaults
Chailly-en-Gâtinais
Lombreuil
Vimory
Conflans-s.-Loing
Gy-les-Nonains
Châteaurenard
Triguères
Noyers
Thimory
Mormant-s.-Vernisson
La Commodité
Oussoy-en-Gâtinais
Lorris
La Cour-Marigny
Solterre
Montcresson
Les Arnoults
Melleroy
Fontenouilles
St-Hilaire-s.-Puiseaux
Cortrat
Étg du Rotoy
Varennes-Changy
Ouzouer-des-Champs
Pressigny-les-Pins
Ruines gallo-romaines
La Chapelle-s.-Aveyron
Jussy
Montereau
Montbouy
St-Maurice-s.-Aveyron
Abbaye
Fontainejean
Le Moulinet-s.-Solin
Nogent-s.-Vernisson
Arboretum des Barres
St-Lazare
Le Bouloy
Chêne
La Rue
A6-E15
A19-E60
A77
D2060
D2007
D943
D225
97
98
124
147
148
H I J K L M N
1 2 3 4 5 6 7 8 9 10

97
98
123
148
149
A
B
C
D
E
F
G
YONNE
89
Champigny
Bois de Champigny
Pont-s.-Yonne
Villemanoche
La Chapelle
Chaumont
Serbonnes
Sergines
La Garenne
Servins
Barrault
Vallières
Grange-le-Bocage
Bois de Trainel
Dolmen
Forêt de Lancy
Thorigny-s.-Oreuse
Courtoy
Forêt de Vauluisant
La Postolle
La Charmée
Fleurigny
Chât. de Fleurigny
St-Martin-s.-Oreuse
La Chapelle-s.-Oreuse
Michery
Gisy-les-Nobles
Évry
Cuy
Forêt de Soucy-Launay
Forêt de Voisines
Soucy
Voisines
Jouancy
A5-E511-E54
Lailly
St-Agnan
Les Jonchères
Bois de Chatillon
Fossoy
Bonval
Les Chapelles
Blennes
Villethierry
Fontenelle
Villeperrot
Le Fay
Villenavotte
St-Sérotin
Vallery
Lixy
Brannay
Courtois-s.-Yonne
Nailly
St-Denis
Les Clérimois
Fontaine-la-Gaillarde
Foissy-s.-Vanne
Saligny
St-Clément
St-Martin-du-Tertre
Paron
Sens
St-Georges
Les Chollets
Dollot
Villebougis
Fontaines
Chéroy
St-Valérien
A19-E511
Villiers-Louis
Chigy
Malay-le-Petit
Malay-le-Grand
Pont-s.-Vanne
Les Sièges
Vareilles
Noé
Le Clos-de-Noé
Theil-s.-Vanne
Vaumort
Les Vallées
Montacher-Villegardin
Villegardin
Fouchères
Villeroy
Subligny
Gron
Maillot
Bois de la Grande Vallée
Rosoy
La Haie-Pélerine
Collemiers
La Belliole
Villeneuve-la-Dondagre
Les Masures
Bazoches-s.-le-Betz
Les Étangs-de-Béon
Courtoin
Cornant
Étigny
Sérilly
Véron
Bois de Chavan
Cerisiers
La Grange-au-Doyen
Maurepas
La Roche au Diable
Passy
Beaujard
Roussemeau
Égriselles-le-Bocage
Marsangy
Domats
Étg de Galetas
Les Brouards
Bois de Bléry
Vernoy
Rousson
Les Bordes
Villechétive
Foucherolles
Flandre
Villeneuve-s.-Yonne
Dixmont
Savigny-s.-Clairis
Les Demets
Chaumot
La Grande-Vallée
Val-Profonde
Forêt de l'Abbesse
Étangs de St-Ange
St-Hilaire-les-Andrésis
Piffonds
Bussy-le-Repos
Beaudemont
Chât. du Grd-Plateau
La Hâte
Armeau
Ft de la Briffe
Courtenay
St-Martin-d'Ordon
St-Julien-du-Sault
Forteresse
Forêt du Pavillon-Gros
Forêt du Milieu
Villevallier
Chât. du Fays
Vauguillain
Villecien
St-Loup-d'Ordon
Verlin
Bois de Cézy
Les Fauchots
St-Aubin-s.-Yonne
La Fourchotte
Bussy-en-Othe
Côte St-Jacques
Joigny
Looze
Brion
Cézy
La Petite-Celle
Migennes
Cudot
Étg de Romerie
La Celle-St-Cyr
Précy-s.-Vrin
Vaugenets
St-Cydroine
Laroche-St-Cydroine
Montcorbon
Couvent
A6-E15-E60
Chamvres
Paroy-s.-Tholon
Champlay
Béon
Douchy
Villefranche
Étang de Sépeaux
Sépeaux
Le Grand-Bailly
Épineau-les-Voves
Charmoy
Triguères
Dicy
Chantereine
St-Romain-le-Preux
Champvallon
Richebourg
La Maladrerie
Bois de la Rivière
Bassou
La Fosse-St-Simon
Neuilly
Villemer
Prunoy
Chevillon
Étang de la Grue
Volgré
Senan
Le Gros-Mont
Chichery
La Mothe-aux-Aulnaies
Chât. de Vienne
La Ferté-Loupière
Champloiseau
Cordeil
Chêne-Arnoult
Guerchy
Charny
Les Tuileries
Branches
Fontenouilles
Étg du Martroi
La Vieille-Ferté
Villiers-s.-Tholon
La Laye
Étg des Courants
Aillant-s.-Tholon
Laduz
Les Bonins
Bois des Ferriers
La Motte
Fleury-la-Vallée
Poilly-s.-Tholon
Chambeugle
Les Joubins
Perreux
Chassy
St-Martin-s.-Ouanne
Les Ormes
Sommecaise
Chât. de Bontin
Bleury
Le Grand-Ponceau
Marchais-Béton
St-Maurice-Thizouaille
Vieux-Champs
La Rue
St-Denis-s.-Ouanne
Bois du Bontin
Les Placeaux
St-Maurice-le-Vieil
Charbuy
Malicorne

99
100
126
149
150
Four gaulois
Faux-Villecerf
Dierrey-St-Pierre
Grange-l'Évêque
TROYES-BARBEREY
La Chapelle-St-Luc
Villadin
Dierrey-St-Julien
Pouy-s.-Vannes
Bois de l'Abbesse
Mesnil-St-Loup
Macey
Les Sainte-Savine
Courgenay
Pâlis
Fontvannes
La Rivière-de-Corps
Les Marchais
Planty
Torvilliers
Grange-au-Rez
St-André-les-Vergers
Ferme de Vauluisant (Anc. abbaye)
Bois de Bagneaux
Villemaur-s.-Vanne
Estissac
Bucey-en-Othe
Messon
Lépine
Rosières-près-Troyes
Polissoir
Neuville-s.-Vanne
Thuisy
Bois de Bucey
St-Germain
Prugny
Laines-aux-Bois
Bagneaux
Vulaines
St-Benoist-s.-Vanne
Paisy-Cosdon
Bois des Brosses
Les Grandes-Vallées
Molinons
Villeneuve-l'Archevêque
Flacy
Courmononcle
Aix-en-Othe
Vaugelé
Chennegy
Vauchassis
St-Pouange
Site de Montaigu
La Vove
Bercenay-en-Othe
Rigny-le-Ferron
Vaujurennes
Villemoiron-en-Othe
La Vente de l'Avocat
Le Valdreux
Souligny
Bouilly
Roncenay
Champcharme-Bas
Bois des Fays
La Bouillant
St-Mards-en-Othe
St-Jean-de-Bonneval
Cérilly
Bérulle
Le Mineroy
La Perrière
Sommeval
Villery
Maraye-en-Othe
Les Boulins
Javernant
Lirey
Coulours
Berluvier
Champsicourt
Fournaudin
Les Chevreaux
Forêt-Chenu
Crésantignes
L'Ormeau
Les Loges
Le Champion
Nogent-en-Othe
Bois de l'Allen
Machy
Jeugny
Vaudeurs
Forêt des Rajeuses
La Grande-Jarronnée
Bœurs-en-Othe
Le Haut-Nogent
Eaux-Puiseaux
St-Phal
Fays-la-Chapelle
Bois de Sévy
Puiseaux
Chamoy
Forêt de la Potence
Vosnon
Auxon
Montigny-les-Monts
Pont-aux-Verrières
Bois Chamoy
Arces-Dilo
Forêt de Malgouverne
d'Othe
La Tuilerie
Villeneuve-au-Chemin
Sivrey
Dilo
Le Vaudevanne
Le Fays
Sormery
Le Mesnil-St-Georges
Bois du Perchois
Chailley
Coursan-en-Othe
La Brosse
La Coudre
Forêt de Courbépine
Les Fourneaux
Montfey
La Loge-Pomblin
Le Montelard
Vachy
Boulay
Lasson
Davrey
Les Bordes
Linant
Neuvy-Sautour
Racines
La Vacherie
La Ramée
Bellechaume
Courcelles
Ervy-le-Châtel
Avreuil
Mercy
Vigny
Venizy
Turny
Survannes
Vanlay
Turgy
Paroy-en-Othe
Champlost
Chaingy
Beugnon
Courtaoult
Soumaintrain
Chessy-les-Prés
Le Breuil
Vorvigny
Bligny-en-Othe
Mt Avrelot
Avrolles
La Chaussée
Mézières
Brienon-s.-Armançon
St-Florentin
Germigny
La Loge-Borgne
Les Croûtes
Bernon
Esnon
Butteaux
Prusy
Vergigny
Chéu
Percey
Cheny
Bouilly
Jaulges
Flogny-la-Chapelle
Coussegrey
Ormoy
Chicby
Rebourseaux
Forêt de Pontigny
Lordonnois
La Tuilerie
Marolles-s/s-Lignières
Lignières
Mont-St-Sulpice
Villiers-Vineux
Hauterive
Chamelard
Bonnard
Camp-de-Varennes
Carisey
Tronchoy
Beaumont
Les Baudières
Les Prés-du-Bois
Roffey
Cheney
Camp de Chemilly
Seignelay
Pontigny
Ancienne abbaye
Varennes
Bernouil
Dannemoine
Rouvray
Chemilly-s.-Yonne
Héry
Venouse
La Tuilerie
Ligny-le-Châtel
Méré
Dyé
Vézinnes
Molosmes
Appoigny
Vézannes
Épineuil
St-Martin-s.-Armançon
Ft St-Germain
Maligny
Junay
Vaulichères
Gurgy
Sougères-s.-Sinotte
Montigny-la-Resle
Villy
Lignorelles
Bois de Maligny
Tonnerre
Les Bries
Villeneuve-St-Salves
Merry
Moneteau
Chapelle-Vaupelteigne
Fontenay-près-Chablis
Tissey
Tureau St-Denis
Collan
Bois de la Ville
Bréandes
Bleigny-le-Carreau
Serrigny
Perrigny
Laborde
Poinchy
Beine
Fyé
Milly

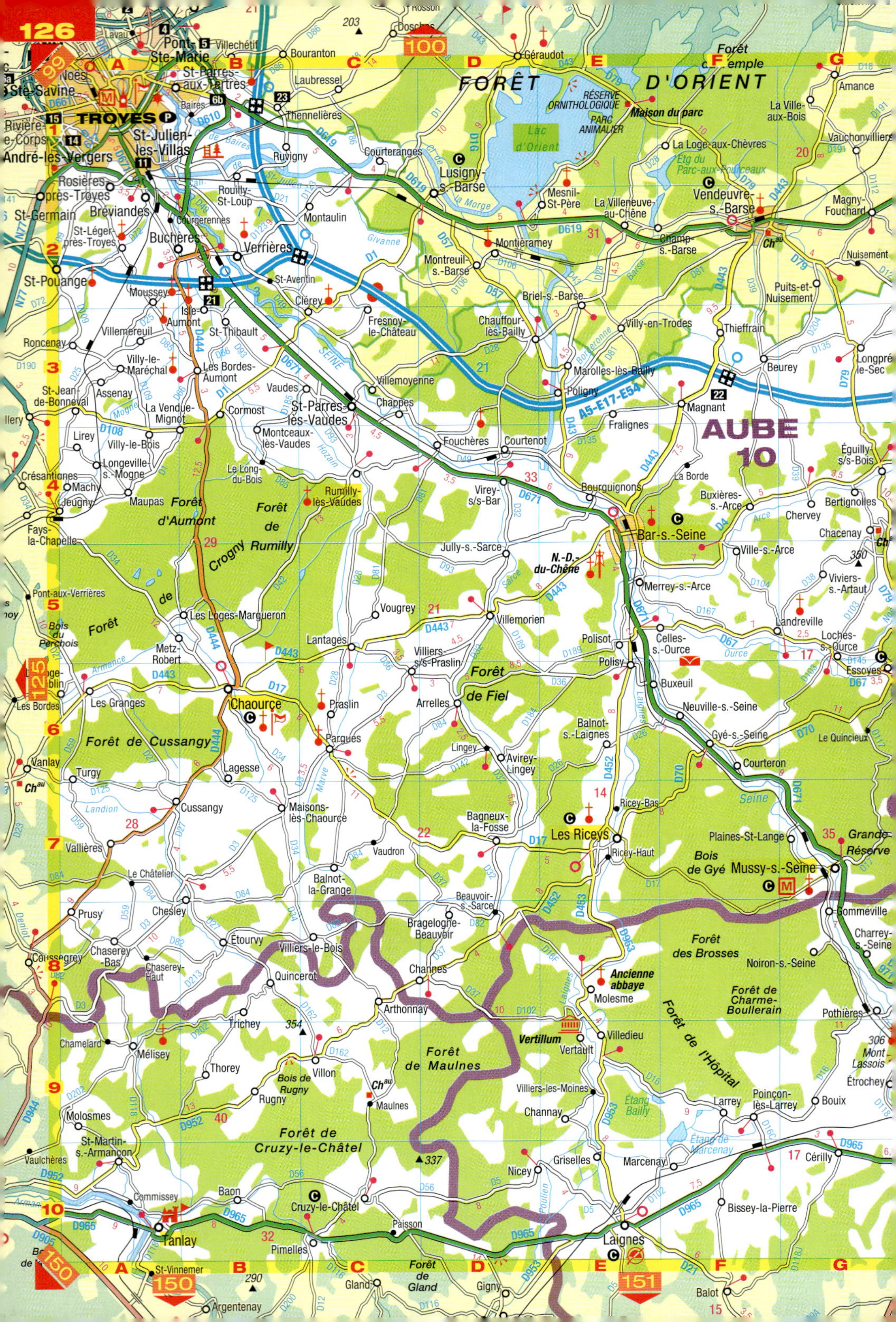
FORÊT D'ORIENT
AUBE
10
TROYES
St-Julien-les-Villas
Pont-Ste-Marie
St-Parres-aux-Tertres
Ste-Savine
St-André-les-Vergers
Rosières-près-Troyes
St-Germain
Bréviandes
Buchères
St-Léger-près-Troyes
Verrières
St-Pouange
Lusigny-s.-Barse
Lac d'Orient
RÉSERVE ORNITHOLOGIQUE
PARC ANIMALIER
Maison du parc
Géraudot
Vendeuvre-s.-Barse
Montiéramey
Montreuil-s.-Barse
Briel-s.-Barse
Chauffour-lès-Bailly
Villy-en-Trodes
Marolles-lès-Bailly
Fresnoy-le-Château
Clérey
Isle-Aumont
St-Thibault
Les Bordes-Aumont
St-Parres-lès-Vaudes
Villemoyenne
Chappes
Fouchères
Courtenot
Magnant
Fralignes
Bourguignons
Bar-s.-Seine
Rumilly-lès-Vaudes
Forêt d'Aumont
Forêt de Rumilly
Forêt de Crogny
Les Loges-Margueron
Vougrey
Villemorien
Lantages
Villiers-s/s-Praslin
Forêt de Fiel
Praslin
Chaource
Forêt de Cussangy
Les Granges
Arrelles
Pargues
Lagesse
Cussangy
Turgy
Vallières
Maisons-lès-Chaource
Bagneux-la-Fosse
Les Riceys
Ricey-Bas
Ricey-Haut
Mussy-s.-Seine
Bois de Gyé
Gyé-s.-Seine
Courteron
Polisy
Polisot
Buxeuil
Neuville-s.-Seine
Balnot-la-Grange
Vaudron
Prusy
Chesley
Étourvy
Villiers-le-Bois
Bragelogne-Beauvoir
Channes
Arthonnay
Quincerot
Trichey
Mélisey
Forêt de Maulnes
Maulnes
Thorey
Villon
Rugny
Forêt de Cruzy-le-Châtel
Cruzy-le-Châtel
Molosmes
St-Martin-s.-Armançon
Commissey
Tanlay
Pimelles
Paisson
Nicey
Griselles
Laignes
Marcenay
Larrey
Cérilly
Bissey-la-Pierre
Vertillum
Vertault
Villedieu
Molesme
Ancienne abbaye
Forêt de l'Hôpital
Forêt des Brosses
Forêt de Charme-Boullerain
Noiron-s.-Seine
Gomméville
Pothières
Poinçon-lès-Larrey
Landreville
Loches-s.-Ource
Essoyes
Celles-s.-Ource
A5-E17-E54
126
100
125
150
151

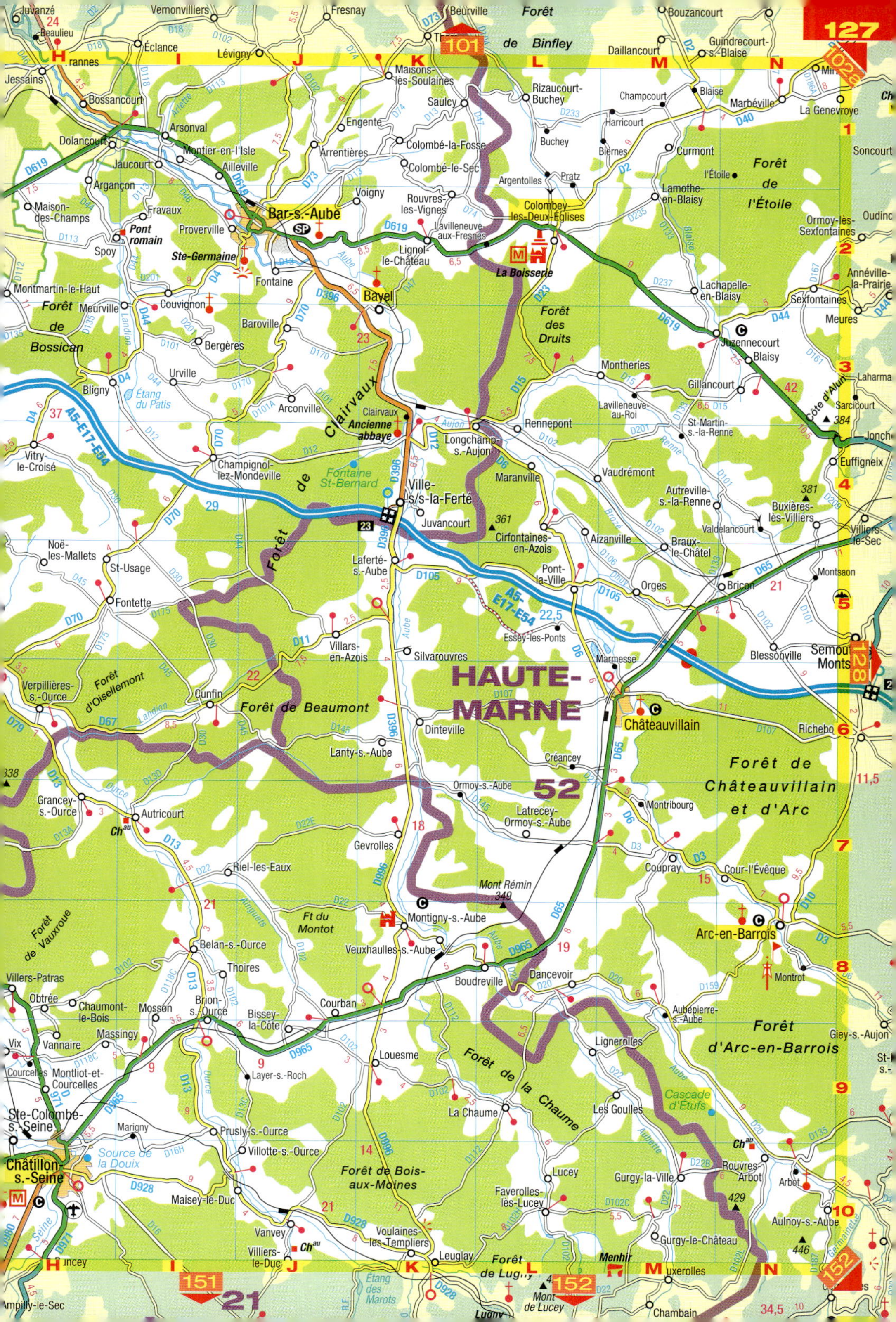
101
Forêt de Binfley
Juvanzé
Beaulieu
Vernonvilliers
Fresnay
Beurville
Bouzancourt
Éclance
Lévigny
Thors
Daillancourt
Guindrecourt-s.-Blaise
Jessains
Maisons-lès-Soulaines
Rizaucourt-Buchey
Bossancourt
Saulcy
Champcourt
Blaise
Marbéville
La Genevroye
Arsonval
Engente
Harricourt
Buchey
Dolancourt
Colombé-la-Fosse
Biernes
Curmont
Soncourt
Jaucourt
Montier-en-l'Isle
Arrentières
Ailleville
Colombé-le-Sec
Forêt de l'Étoile
L'Étoile
Arçonville
Argançon
Voigny
Argentolles
Pratz
Maison-des-Champs
Fravaux
Bar-s.-Aube
Rouvres-les-Vignes
Colombey-les-Deux-Églises
Lamothe-en-Blaisy
Ormoy-lès-Sexfontaines
Oudinc
Spoy
Pont romain
Proverville
Lavilleneuve-aux-Fresnes
Ste-Germaine
Lignol-le-Château
La Boisserie
Annéville-la-Prairie
Fontaine
Montmartin-le-Haut
Bayel
Lachapelle-en-Blaisy
Sexfontaines
Forêt de Bossican
Meurville
Couvignon
Forêt des Druits
Meures
Baroville
Juzennecourt
Blaisy
Bergères
Urville
Montheries
Laharma
Bligny
Étang du Patis
Gillancourt
Arconville
Clairvaux
Ancienne abbaye
Lavilleneuve-au-Roi
Sarcicourt
Côte d'Alun
Vitry-le-Croisé
Forêt de Clairvaux
Rennepont
St-Martin-s.-la-Renne
Jonche
Champignol-lez-Mondeville
Fontaine St-Bernard
Longchamp-s.-Aujon
Euffigneix
Maranville
Vaudrémont
Ville-s/s-la-Ferté
Autreville-s.-la-Renne
Buxières-lès-Villiers
Juvancourt
Cirfontaines-en-Azois
Aizanville
Valdelancourt
Villiers-le-Sec
Noë-les-Mallets
St-Usage
Laferté-s.-Aube
Braux-le-Châtel
Montsaon
Pont-la-Ville
Orges
Bricon
Fontette
Villars-en-Azois
Essey-les-Ponts
Marmesse
Silvarouvres
Blessonville
Semoutiers-Monts
Verpillières-s.-Ource
Forêt d'Oisellemont
HAUTE-MARNE
Cunfin
Forêt de Beaumont
Châteauvillain
Richebourg
Dinteville
Lanty-s.-Aube
Créancey
Forêt de Châteauvillain et d'Arc
52
Ormoy-s.-Aube
Grancey-s.-Ource
Montribourg
Autricourt
Latrecey-Ormoy-s.-Aube
Gevrolles
Coupray
Cour-l'Évêque
Riel-les-Eaux
Mont Rémin
Forêt de Vauxroue
Ft du Montot
Montigny-s.-Aube
Arc-en-Barrois
Belan-s.-Ource
Veuxhaulles-s.-Aube
Thoires
Montrot
Villers-Patras
Boudreville
Dancevoir
Obtrée
Chaumont-le-Bois
Mosson
Brion-s.-Ource
Bissey-la-Côte
Courban
Aubepierre-s.-Aube
Massingy
Vannaire
Lignerolles
Forêt d'Arc-en-Barrois
Giey-s.-Aujon
Vix
Courcelles
Montliot-et-Courcelles
Louesme
Forêt de la Chaume
Layer-s.-Roch
Ste-Colombe-s.-Seine
La Chaume
Cascade d'Étufs
Les Goulles
Marigny
Prusly-s.-Ource
Châtillon-s.-Seine
Source de la Douix
Villotte-s.-Ource
Forêt de Bois-aux-Moines
Rouvres-Arbot
Lucey
Gurgy-la-Ville
Arbot
Maisey-le-Duc
Faverolles-lès-Lucey
Aulnoy-s.-Aube
Vanvey
Voulaines-les-Templiers
Gurgy-le-Château
Villiers-le-Duc
Leuglay
Forêt de Lugny
Menhir
Étang des Marots
Mont de Lucey
Chambain
151
152
21
Ampilly-le-Sec
128

101
Provenchères-s.-Marne
Froncles
Bois des Grandes Combes
Rognon
Bois le Châtelmont
02a
Reynel
Forêt de
Orquevaux
Humberville
Vesaignes-s/s-Lafauche
Ft du Jarney
Buxières
Forêt d'Heu
Roches-s.-Rognon
Montot-s.-Rognon
Manois
St-Blin
Prez-s/s-Lafauche
La Genevroye
Vignory
Vouécourt
Vignes-la-Côte
Signéville
Montéclair 343
Rimaucourt
Semilly
Coulouvras
404
Soncourt-s.-Marne
Abbaye de Sept-Fontaines
Andelot-Blancheville
Bois du Jard
Bois des Chaiseaux
Le Champ Briot
Chalvraines
Bois de Goncourt
Bois de Chalvraines
465
Vraincourt
Viéville
Rochefort-s.-la-Côte
Roôcourt-la-Côte
Blancheville
Ormoy-lès-Sexfontaines
Oudincourt
La Fortelle
Illoud
Écot-la-Combe
Les Grands Bois
Bois de Romain
Lamancine
Briaucourt
Chantraines
Lacrête
Annéville-la-Prairie
Bologne
Cirey-lès-Mareilles
Forêt de la Crête
Clinchamp
Bourg-Ste-Marie
Sexfontaines
Meures
Marault
Mareilles
Churey
Ozières
Romain-s.-Meuse
Darmannes
Bourdons-s.-Rognon
Consigny
Riaucourt
Bois de Cirey
Huilliécourt
Laharmand
Thol-lès-Millières
Sarcicourt
Brethenay
Treix
Forcey
Vroncourt-la-Côte
Côte d'Alun 384
Condes
Maisoncelles
Levécourt
Jonchery
Pont
Le Puits-des-Mèzes
Millières
Forêt de Clefmont
Longchamp
Euffigneix
Esnouveaux
Reclancourt
Ft d'Ageville
Le Bois Perron
Ageville
Audeloncourt
Anc. prieuré
381
Mennouveaux
Clefmont
Choignes
Cuves
Perrusse
Forge
Villiers-le-Sec
Chaumont
Buxières-lès-Clefmont
Laville-aux-Bois
Lanques-s.-Rognon
Meuvy
Daillecourt
Montsaon
Chamarandes-Choignes
Biesles
Ninville
Brottes
Ft de la Garenne-de-Luzy
Donnemarie
Noyers
Bassoncourt
Verbiesles
Forêt de Corgebin
Sarcey
Mandres-la-Côte
Bois du Vernon Fays
Essey-les-Eaux
Lenizeul
Semoutiers-Montsaon
Bois de la Vendue
Luzy-s.-Marne
Rangecourt
Neuilly-s.-Suize
Poulangy
Is-en-Bassigny
Lavilleneuve
127
Foulain
B. de Montigny
Odival
Bois du Mont-Roussel
Louvières
Forêt de Marsois
Nécropole
Nogent
Crenay
Provenchères-s.-Meuse
Richebourg
Sarrey
Épinant
Vesaignes-s.-Marne
Val-de-Meuse
Montigny-le-Roi
Marnay-s.-Marne
Poinson-lès-Nogent
Mauvaignant
Vitry-lès-Nogent
Thivet
Chauffourt
Villiers-s.-Suize
Bois du Reinbau
Fort
Avrecourt
Mormant
Leffonds
Bois de Mongessey
Tronchoy
Récourt
Cascade de la Tuffière
Dampierre
Frecourt
Bonnecourt
Mont Mercure
Faverolles
Rolampont
Charmoilles
Fouilles gallo-romaines
Bois de Marac
Lannes
Bugnières
Changey
Neuilly-l'Évêque
Andilly-en-Bassigny
Marac
Bois de la Pature
Charmes
Poiseul
Chanoy
Celles-en-Bassigny
Réservoir de Charmes
Forêt d'Ormancey
Beauchemin
Jorquenay
B. des Riots
Bannes
Ternat
Humes-Jorquenay
Giey-s.-Aujon
Courcelles-s.-Aujon
Ormancey
Champigny-lès-Langres
Marcilly-en-Bassigny
St-Martin-lès-L.
Orbigny-au-Val
Plesnoy
St-Loup-s.-Aujon
Peigney
Fort
Mardor
St-Ciergues
Orbigny-au-Mont
Troischamps
Réservoir de la Liez
Vauxbons
Mont des Fourches
Celsoy
Réservoir de la Mouche
Rochetaillée
Perrancey-les-Vieux-Moulins
Lecey
Langres
St-Maurice
Charenay-Vaudin
Voisines
Vieux-Moulins
Châtenay-Mâcheron
Montlandon
Arbot
Courcelles-en-Montagne
Corlée
Chaudenay
Rosoy-s.-Amance
Chameroy
Sts-Geosmes
Balesmes-s.-Marne
St-Vallier-s.-Marne
Noidant-le-Rocheux
Culmont
Vitry-en-Montagne
Ft de Sts-Geosmes
Source de la Marne
Torcenay
Bay-s.-Aube
Chalindrey
Corgirnon
446
Perrogney-les-Fontaines
Chât. du Pailly
152
Le Haut-du-Sec 516
Brennes
Bourg
Cohons
153
Le Pailly
Les Loges
Ancienne abbaye
Pierrefontaines
Verseilles-
Noidant-Châtenoy
A5-E17-E54
A31-E21-E54
A31-E17-E21
A31-E21
N67
N19
D674
D619
D417
D119
D74

Circourt-s.-Mouzon
Landaville-le-Haut
Longchamp-s/s-Châtenois
La Neuveville-s/s-Châtenois
Bois de la Voivre
St-Menge
Gemmelaincourt
Offroi
N.-D.-du-Pilier-de-Saragosse
Landaville-le-Bas
Darney-aux-Ch.
103
Les Hauts
Harréville-les-Chanteurs
Ollainville
Dombr.-s.-Vair
Viviers-lès-Offroi
Girovillers-s/s-Montfort
Estrennes
104
Lemmecourt
Aulnois
Sandaucourt
Belmont-s.-Vair
Parey-s/s-Montfort
Domjulien
Pompierre
Jainvillotte
Bois St-Charles
Beaufremont
Hagnéville-et-Roncourt
Domèvre-s/s-Montfort
Rozerotte
21,5
Sartes
28,5
Auzainvilliers
B. du Seigneur
St-Remimont
462
They-s/s-Montfort
Remoncourt
Goncourt
Gendreville
Roncourt
Morville
La Neuveville-s/s-Montfort
Rancourt
Outremécourt
Malaincourt
Mandres-s.-Vair
Mont St-Jean
Sommerécourt
Médonville
Vaudoncourt
Bulgnéville
Norroy
Haréville
Valfroicourt
B. de Bourmont
Anc. Villa de la Motte
Bois d'Enfer
Lac de la Folie
Ste-Anne
Vittel
Gonaincourt
Aingeville
Valleroy-le-Sec
St-Thiébault
Vaudrecourt
B. des Coraux
Saulxures-lès-Bulgnéville
Nijon
Bourmont
Soulaucourt-s.-Mouzon
Urville
Contrexéville
Monthureux-le-Sec
Esley
Brainville-s.-Meuse
Le Bois Banal
Vrécourt
St-Ouen-lès-Parey
Suriauville
415
Col des Clochettes
Graffigny-Chemin
Lignéville
Bois de la Bouloie
501
Hâcourt
Sauville
La Rouillie
483
Thuillières
Malaincourt-s.-Meuse
Dombrot-le-Sec
St-Baslemont
Senonges
Doncourt-s.-Meuse
Chaumont-la-Ville
La Vacheresse-et-la-Rouillie
Crainvilliers
Col du Haut-de-Salin
Rocher sculpté
Robécourt
Provenchères-lès-Darney
Gorges de la Gabionne
Dombasle-devant-Darney
Champigneulles-en-Bassigny
B. du Creuchot
497
Côte de Hautmont
voie romaine
403
Viviers-le-Gras
Forêt d'Armont
Blévaincourt
Bois du Camp
Relanges
Germainvilliers
Rozières-s.-Mouzon
Martigny-les-Bains
Gignéville
Bois le Comte
Bonvillet
B. de l'Artembourcher
Rocourt
Villotte
Marey
Chât. de Richécourt
Breuvannes-en-Bassigny
Damblain
Ft de la Belle Perche
Le Bamboïs
Les Grands-Bois
Belmont-lès-Darney
Darney
Tollaincourt
478
Mt St-Etienne
Ancienne
Frain
Serocourt
Calvaire
Romain-aux-Bois
Mt des Fourches
500
479
Le Grand-Pâquis
Nonville
Attigny
Lamarche
32
Mt Heuillon
Morizécourt
Anc. prieuré
La Grange-au-Bois
Colombey-lès-Choiseul
Abb. de Morimond
Aureil-Maison
Bleurville
Le Gras
Droiteval
Choiseul
Forêt de Morimond
Serécourt
Forêt de Fablémont
Le Hubert
Merrey
Tignécourt
Monthureux-s.-Saône
Claudon
Ft du Fort-Ferré
La Sybille
Ravennefontaines
Fresnoy-en-Bassigny
Bois de Fresnoy
Mont-lès-Lamarche
Ft de Monthureux
Lariviere-Arnoncourt
St-Julien
Maulain
Commune du
B. de Serqueux
Isches
La Grande-Catherine
130
D429
Meuse
B. de Change
Aigremont
487
Fouchécourt
Mont de Savillon
24,5
Lécourt
Côte des Noues
470
Bois de Passavant
Parnot
Ainvelle
Godoncourt
Val
Arnoncourt
La Rochère
Forêt de Selles-et-Passavant
Regnévelle
Malroy
Les Thons
Fignévelle
Beaucharmoy
Serqueux
433
Martinvelle
Dammartin-s.-Meuse
Senaide
Lironcourt
Passavant-la-Rochère
La Côte
Selles
Le Châtelet-s.-Meuse
Source de la Meuse
Lac de la Mazelle
Bousseraucourt
Bois du Danonce
Source Maynard
Grignoncourt
Bois Barbey
La Basse-Vaivre
Damrémont
16
Châtillon-s.-Saône
24
Saulxures
Bourbonne-les-Bains
Vougécourt
Alaincourt
HAUTE-MARNE
Ameuvelle
B. des Épinales
Fresnes-s.-Apance
Jonvelle
Montcourt
Demangevelle
52
Villars-St-Marcellin
Fouilles gallo-romaines
Rançonnières
Parc animalier
Enfonvelle
Bourbévelle
Montdoré
Vicq
Forêt de Villars-St-Marcellin
Les Charmes
Corre
Lavernoy
Laneuvelle
Coiffy-le-Bas
Genrupt
Ranzevelle
Bois Lessus
Hurecourt
Coiffy-le-Haut
B. de la Haut
Villars-le-Pautel
Polaincourt-et-Clairefontaine
Varennes-s.-Amance
Montcharvot
Melay
Le Donnet
Aisey-et-Richecourt
Ormoy
Ft de Marcilly
Les Granges-du-Val
Voisey
373
Terre-Natale
Bois de Chézeaux
Blondefontaine
28,5
Saponcourt
Ft de Voisey
Chézeaux
Bois Lajux
Bois de Monservigny
Soyers
Neuvelles-lès-Voisey
Barges
Bétaucourt
Arbigny-s/s-Varennes
Champigny-s/s-Varennes
Vaux-la-Douce
37
Raincourt
Magny-lès-Jussey
Guyonvelle
23
B. d'Anrosey
Vernois-s.-Mance
Cemboing
Cendrecourt
Tartécourt
Haute-Amance
Bize
Anrosey
Laferté-s.-Amance
Bétoncourt-s.-Mance
Rosières-s.-Mance
Venisey
Senoncourt
Bois de la Boulaie
Maizières-s.-Amance
Velles
St-Marcel
Jussey
Contréglise
Pisseloup
Noroy-lès-Jussey
Montureux-lès-Baulay
Montesson
Bois du Chanois
Buffignécourt
Rougeux
Charmoy
Pierremont-s.-Amance (Pierrefaites)
Vitrey-s/-Mance
Gevigney-et-Mercey
Amance
Ouge
Chauvirey-le-Châtel
Montigny-lès-Cherlieu
Fouchécourt
Baulay
Les Plains Bois
Abbaye
Fayl-Billot
153
B. du Châtelet
154
Fayl-la-Forêt
La Folie
La Quarte
Bois de Chaumont
Chauvirey-le-Vieil
Ft de Cherlieu
Bougey
Augicourt
Aboncourt-Gésincourt
Lambrey
Port-d'Atelier

103
104
129
154
155
A
B
C
D
E
F
G
1
2
3
4
5
6
7
8
9
10
VOSGES
88
Épinal
Golbey
Chantraine
Thaon-les-Vosges
Chavelot
Dogneville
Deyvillers
Jeuxey
Dignonville
Longchamp
Vaudéville
Aydoilles
Girmont
Bayecourt
Villoncourt
Dompierre
Sercœur
Oncourt
Vroville
Derbamont
Bazegney
Velotte-et-Tatignécourt
Racécourt
Hymont
Mattaincourt
Circourt
Bouxières-aux-Bois
Croix de Vitrine
Mazeley
Gigney
Fomerey
Bouzemont
Madonne-et-Lamerey
Bettegney
Bocquegney
Maroncourt
Hagécourt
Valleroy-aux-Saules
Madecourt
Rozerotte
Remoncourt
Dompaire
Rancourt
Heucheloup
Bainville-aux-Saules
Begnécourt
Gelvécourt-et-Adompt
Les Ableuvenettes
Adompt
Damas-et-Bettegney
Hennecourt
Gorhey
Darnieulles
Uxegney
Domèvre-s.-Avière
Ft de Souche Thaon
Les Forges
Sanchey
Chaumousey
Roseraie
Valfroicourt
Frénois
Légéville-et-Bonfays
Bois du Curé
Pont-lès-Bonfays
Pierrefitte
Ville-s.-Illon
Adoncourt
Bouzey
Réservoir de Bouzey
Renauvoid
Ft du Ban-d'Uxegney
Forêt d'Épinal
Tranchée-de-Docelles
La Baffe
Mossoux
St-Laurent
Dinozé
B. d'Arches
Archettes
Ft de Tanières
Arches
Jarménil
Pouxeux
Vieux-St-Laurent
Esley
Sans-Vallois
Les Vallois
Dommartin-lès-Vallois
Senonges
Dommartin-aux-Bois
Girancourt
La Rue
Harol
Longeroye
Le Void-de-Girancourt
Fort
Lerrain
Étg de Puthière
Le Ménil
Agémont
Saucenot
Thiélouze
Naymont
Uriménil
Dounoux
Guménil
Le Roulier
Géroménil
Aneuménil
Hadol
Jésonville
Escles
Le Void-d'Escles
Maupotel
Dombasle-devant-Darney
Forêt d'Armont
Chêne
Chap.
Rocher du Caveau des Fées
Charmois-l'Orgueilleux
Méloménil
Les Forges-d'U.
Uzemain
Les Forges
Forêt de Tillonhaie
Buzegney
Raon-Basse
La Houssière
La Racine
Raon-aux-Bois
Bonvillet
Darney
Calvaire
Belrupt
La Bataille
Forêt
Viomenil
Source de la Saône
La Neuve-Verrerie
Ft du Ban d'Harol
Rasey
Parc d'attractions
Moyenpal
Bois du Haumont
Le Pransieux
Bois des Hauts de Raon
Clairfontaine
La Grange-au-Bois
Hennezel
Thiétry
M.F.
Grandrupt-de-Bains
La Haye
Harsault
Thunimont
La Forge-de-T.
La Grande Fosse
Gremifontaine
Amerey
La Chapelle-aux-Bois
La Regingotte
Granges
Xertigny
Ft de Thiébémont
Droiteval
Claudon
La Sybille
Clairey
de Darney
Moscou
Gruey-lès-Surance
Hautmougey
Les Voivres
Hardémont
Bellefontaine
Fallières
Forêt de Rechentreux
La Planchotte
Étg des Cuisiers
Les Coupes Mourey
Fontaines Chaudes
La Forêt
Bains-les-Bains
Forêt de Humont
Bois de Passavant
Le Grand-Bois
La Verrerie-de-Selles
Forêt de Selles-et-Passavant
La Rochère
Les Baraques
Le Moulin-du-Bois
Lassus
Granges-de-P.
Ruaux
Plombières-les-Bains
Le Roulier
Breuil
Peu-d'Acquet
Ambiévillers
Pont-du-Bois
Les Fontenelles
B. du Clerjus
Fontaine Stanislas
Parc
Casc. de Faymont
Casc. du Géhard
Girmont-Val-d'Ajol
Faymont
La Côte
Selles
Montmotier
Fontenoy-le-Château
Trémonzey
Les Censeaux
Le Clerjus
Le Boirmont
La Feuillée Nouvelle
Le Magny
Étg des Breuillots
Vallée de la Semouse
Le Chaudeau
Les Chênes
La Basse-Vaivre
B. de Craie
Le Grand-Bois de la Vaivre
La Vierge
Bois du Lyaumont
Le Lyaumont
Vallée de l'Augronne
La Croisette
Le Val-d'Ajol
Hamanxard
Alaincourt
Fontenois-la-Ville
Le Grand Bois
Ruisseau des Écrevisses
Aillevillers-et-Lyaumont
La Batteleuie
Demangevelle
Vauvillers
Dampvalley-St-Pancras
Fleurey-lès-St-Loup
La Vaivre
Le Bambois
Montdore
Mailleroncourt-St-Pancras
Betoncourt-St-Pancras
Cuve
Bouligney
Pré du Rupt
Les Chavannes
Amont-et-Effreney
Hurecourt
Magnoncourt
Corbenay
Fougerolles
Croslières
Polaincourt-et-Clairefontaine
Girefontaine
St-Loup-s.-Semouse
Blanzey
St-Bresson
Melincourt
Anjeux
Les Baraques-Chardin
Forêt des
La Germenain
Ft de Raddon
Jasney
La Motte
St-Valbert
Parc animalier de l'Ermitage
Anchenoncourt-et-Chazel
La Pisseure
Fontaine-lès-Luxeuil
Bois d'Émery
Raddon-et-Chapendu
Dampierre-lès-Conflans
Gabriottes
Amage
Ste-Marie-en-Chanois
B. de la Mange
Plainemont
Ainvelle
Hautevelle
Beuchot
Ft du Banney
Breuchotte
La Bruyère
Breuchin
Chazel
Francalmont
Luxeuil-les-Bains
La Corvevaine
La Proiselière-et-Langle
La Voivre
Senoncourt
St-Rémy
Hôpital
Ft des Sept Chevaux
B. la Dame
Froideconche
Les Fessey
Briaucourt
Bassigney
Cubry-lès-Faverney
Conflans-s.-Lanterne
B. d'Abelcourt
Ormoiche
St-Sauveur
Esboz-Brest
La Lanterne-et-les-Armonts
Buffignécourt
Menoux
Bourguignon-lès-Conflans
Brest
La Corbière
Belmont
Amance
Breuches
Magnivray
Baulay
Abelcourt
Ste-Marie-en-Chaux
Baudoncourt
Les Fouillies-de-Brest
Rignovelle
de la Raie
La Villedieu-en-Fontene
Velorcey
Éhuns
La Chapelle-lès-Luxeuil
Faverney
Meurcourt
Villers-lès-Luxeuil
Aillon
Étg de la Maisonnette
Lantenot
La Coulotte
Port d'Atelier
Équevilley
Bois
Brotte-lès-Luxeuil
Linexert

105
106
132
155
156
H
J
K
L
M
N
1
2
3
4
5
6
7
8
9
10
Pierrepont-s.-l'Arentèle
Gugnécourt
Gircourt-s.-Durbion
Grandvillers
Vervezelle
Belmont-s.-Buttant
Biffontaine
Taintrux
Saulcy-s.-Meurthe
Entre-Deux-Eaux
Mandray
Coinches
St-Léonard
Contramoulin
Fraize
Plainfaing
Anould
Corcieux
Vaneмont
La Houssière
Col du Bonhomme
949
Col de la Croix-aux-Mines
Forêt de Faite
Bruyères
Laval-s.-Vologne
Fays
Champ-le-Duc
Vallée de la Vologne
Fimenil
Prey
Beaumenil
Laveline-devant-Bruyères
Aumontzey
La Chapelle-devant-Bruyères
Vienville
Granges-s.-Vologne
Barbey-Seroux
Arrentès-de-Corcieux
Gerbépal
Deycimont
Lépanges-s.-Vologne
Herpelmont
Jussarupt
Docelles
Cheniménil
Faucompierre
Xamontarupt
Laveline-du-Houx
Tendon
L'Ormont
827
Champdray
Spiémont
809
Rehaupal
Vallée des Granges
Col du Plafond
Col de Martimpré
Saut des Cuves
Xonrupt-Longemer
Gérardmer
Lac de Gérardmer
Lac de Longemer
Roche du Diable
Lac de Retournemer
Forêt de la Haute-Meurthe
PARC
Col du Surceneux
La Moineaudière
Défilé de Straiture
Signal de Sérichamp
Col de Bonne-Fontaine
Éloyes
Tête des Cuveaux
783
Grande Cascade de Tendon
Le Tholy
Liézey
Ft de Rougimont
Forêt de Housseramont
Ft du Haut-Poirot
Col de Sapois
Col de Grosse-Pierre
Ft de Noiregoutte
Ft de Gérardmer
La Bresse
DES
Colline de Vologne
Col de la Schlucht
Hohneck
1362
Jardin du Haut-Chitelet
Col de Feignes
Metzeral
Mittlach
Muhlbach-s.-Munster
Route des Crêtes
Rothenbachkopf
1316
Ft du Herrenberg
Col du Herrenberg
Lac de Corbeaux
Col de Bramont
Col de la Vierge
Wildenstein
La Chaume
Grand Ventron
1202
Chât. de Wildenstein
Kruth
Oderen
Fellering
Nabord
Pierre-Kerlinkin
St-Amé
Le Syndicat
St-Étienne-lès-R.
Remiremont
Vagney
Sapois
Gerbamont
Rochesson
Col de Menufosse
Rongfaing
Dommartin-lès-Remiremont
Basse-s.-le-Rupt
Haut du Roc
Croix des Moinats
Cornimont
Xoulces
Ft de Cornimont
Saulxures-s.-Moselotte
Thiéfosse
Forêt de Longegoutte
Col du Xiard
Ventron
Col d'Oderen
Ermitage du Frère Joseph
Grand Drumont
1223
Petit Drumont
1200
Col de Bussang
Tête du Midi
Col du Ménil
Ft du Géhant
Col du Page
Le Menil
RÉGIONAL
Rupt-s.-Moselle
Col de Morbieu
Col de la Sûre
Ferdrupt
Remanvillers
Fresse-s.-Moselle
Bussang
St-Maurice-s.-Moselle
Les Neufs Bois
Tête du Rouge Gazon
Tête des Perches
Ramonchamp
Le Thillot
Col des Croix
Château-Lambert
Ballon de Servance
Belv. du Plain-du-Canon
Ballon d'Alsace
1250
Col du Ballon
Lac d'Alfeld
Lac de Sewen
Sewen
Dolleren
Kirchberg
Oberbruck
Wegscheid
Rimbach-près-Masevaux
Masevaux
Sentheim
Le Rossberg
Col du Hundsrueck
Ft de Masevaux
Willer-s.-Thur
St-Amarin
Moosch
Malmerspach
Stiftkopf
1054
Thann
Forêt de St-Antoine
Servance
Miellin
Le Them
Col des Chevrères
Belfahy
Forêt de la Beusinière
Planche des Belles Filles
Forêt du Ballon d'Alsace
Roches du Cerf
Col du Hirtzelach
Baerenkopf
Lamadeleine-Val-des-Anges
Faucogney-et-la-Mer
Esmoulières
Corravillers
La Longine
Écromagny
Ternuay-Melay-et-St-Hilaire
Ft du Revers aux Chiens
Belonchamp
Plancher-les-Mines
Lepuix
Giromagny
Rougemont-le-Château
Mélisey
St-Barthélemy
Auxelles-Haut
Auxelles-Bas
Vescemont
Rougegoutte
Col du Mont-de-Fourche
Hielle
La Beuille
Ft d'Hérival

105
106
131
156
157
A
B
C
D
E
F
G
1
2
3
4
5
6
7
8
9
10
Ste-Marie-aux-Mines
St-Hippolyte
Thannenkirch
Rodern
Rorschwihr
Hirtzgaerten
Chap. du Chêne
Bœsenbiesen
Richtolsheim
Schnellenbuhl
Artolsheim
Heidolsheim
Hessenheim
Échery
Col du Haut-de-Ribeauvillé
Petite-Verrerie
Grande-Verrerie
St-Pierre-s.-l'Hâte
La Petite Liepvre
Forêt de Ribeauvillé
Châtt. du Haut-Ribeaupierre
Chât. de St-Ulrich
Chât. de Girsberg
Bergheim
Illhaeusern
Bootzheim
Ohnenheim
Mackenheim
Marckolsheim
Bilstein
Chât. de Bilstein
Ribeauvillé
Aubure
Col de Fréland
Le Brézouard
Col des Bagenelles
Col de Châmont
Kalblin
Fréland
Hunawihr
Cigognes
Zellenberg
Guémar
Ft de Colmar
Elsenheim
Mémorial
Barrage de Marckolsheim
Ribeaugoutte
Riquewihr
Ostheim
Grussenheim
Le Bonhomme
Lapoutroie
Alspach
Mittelwihr
Beblenheim
Bennwihr
Hachimette
Kaysersberg
Kientzheim
Sigolsheim
Parc de Schoppenwihr
Jebsheim
Riedwihr
Houssen
Col des Faux
Lac des Deux Lacs
Col du Calvaire
Grand Faude
Orbey
Labaroche
Ammerschwihr
Le Galz
Katzenthal
Wickerschwihr
Holtzwihr
Müntzenheim
Artzenheim
Baltzenheim
Rocher Belmont Observ.
Pairis
Tannach
Niedermorschwihr
COLMAR-HOUSSEN
Ingersheim
Ladhof
Bischwihr
Durrenentzen
Kunheim
Basses-Huttes
Les Trois-Épis
Turckheim
COLMAR
Wihr-en-Plaine
Fortschwihr
Urschenheim
Col du Wettstein
Les Hautes-Huttes
BALLONS
Le Linge
Grand Hohnack
Wintzenheim
Horbourg-Wihr
Widensolen
Le Tanet
Zimmerbach
Chât. de Pflixbourg
Andolsheim
Biesheim
Hohrodberg
Walbach
Wihr-au-Val
La Forge
Wettolsheim
Chât. de Hohlandsbourg
Eguisheim
Sundhoffen
Neuf-Brisach
Centrale hydro-élec.
Volgelsheim
Soultzeren
Hohrod
Gunsbach
Munster
Stosswihr
Ampfersbach
Soultzbach-les-Bains
Tour d'Eguisheim
Husseren-les-Châteaux
Herrlisheim-près-Colmar
Logelheim
Appenwihr
Wolfgantzen
Vogelgrun
Gascheney
Muhlbach-s.-Munster
Luttenbach-près-M.
Eschbach-au-Val
Griesbach-au-Val
Muhlele
Vœgtlinshoffen
Obermorschwihr
Hattstatt
Ste-Croix-en-Plaine
Hettenschlag
Weckolsheim
Algolsheim
Breitenbach-Haut-Rhin
Solberg
Stemlisberg
VOSGES
Gueberschwihr
St-Marc (Couvent)
HAUT-RHIN 68
Niederhergheim
Obersaasheim
Oberbreitenbach
Sondernach
Wasserbourg
Col de Firstplan
Dessenheim
Heiteren
Petit-Ballon
Col de Boenlesgrab
Osenbach
Ft de Westhalten
Pfaffenheim
Oberhergheim
Rouffach
Wintzfelden
Biltzheim
Soultzmatt
Westhalten
Ft de Rouffach
Niederentzen
Rustenhart
Rheinfelderhof
Nambsheim
Hilsenfirst
Linthal
Oberentzen
Balgau
Klintzkopf
Lautenbach
St-Gangolf
Bollenberg
Gundolsheim
Bois de Rothleible
Schaeferhof
Fessenheim
Sengern
Schweighouse
Orschwihr
Bergholtzzell
Munwiller
Lautenbachzell
Felsenbach
Murbach
Buhl
Bergholtz
Hirtzfelden
Centrale nucléaire
Forêt de Guebwiller
Hundskopf
Belchenthal
Hugstein
Oberlinger
Merxheim
Meyenheim
Lac du Ballon
Guebwiller
Roggenhouse
Réguisheim
Le Grand Ballon
Rimbach
Issenheim
Blodelsheim
Rimbachzell
Raedersheim
Jungholtz
Ungersheim
Bramaly
Altenbach
Thierenbach
Soultz-Ht-Rhin
Munchhouse
Le Perron
Geishouse
Col Amic
Wuenheim
Mine
Rumersheim-le-Haut
St-Amarin
Goldbach-Altenbach
Col du Silberloch
Hartmannswiller
Feldkirch
Ensisheim
Mont
Le Vieil-Armand
Bollwiller
Forêt de la
Moosch
Molkenrain
Col de Herrenfluh
Wattwiller
Berrwiller
Pulversheim
Bantzenheim
Chalampé
Willer-s.-Thur
Bitschwiller-lès-Thann
Staffelfelden
Schœnensteinbach
Battenheim
Uffholtz
Ruelisheim
Harth Nord
Steinbach
Vieux-Thann
Wittelsheim
Wittenheim
Baldersheim
Ottmarsheim
Thann
Mine de Potasse
Kingersheim
Sausheim
Illzach
Ft de Masevaux
Cernay
Ft de Nonnenbruch
Rammersmatt
Leimbach
Bourbach-le-Bas
Roderen
Richwiller
Pfastatt
Aspach-le-Haut
Lutterbach
MULHOUSE
Hombourg
Michelbach
Aspach-le-Bas
Schweighouse-Thann
Rixheim
Ft de la Harth
Sentheim
Reiningue
Petit-Landau
Guewenheim
LA COMTOISE
Morschwiller-le-Bas
Riedisheim
Habsheim
Tour
Jardin
Sud
Heimsbrunn
Didenheim
Brunstatt
Zimmersheim
Niffer
Soppe-le-Haut
Bamlach
Rheinweiler
Steinenstadt
Harth
HAUT-RHIN

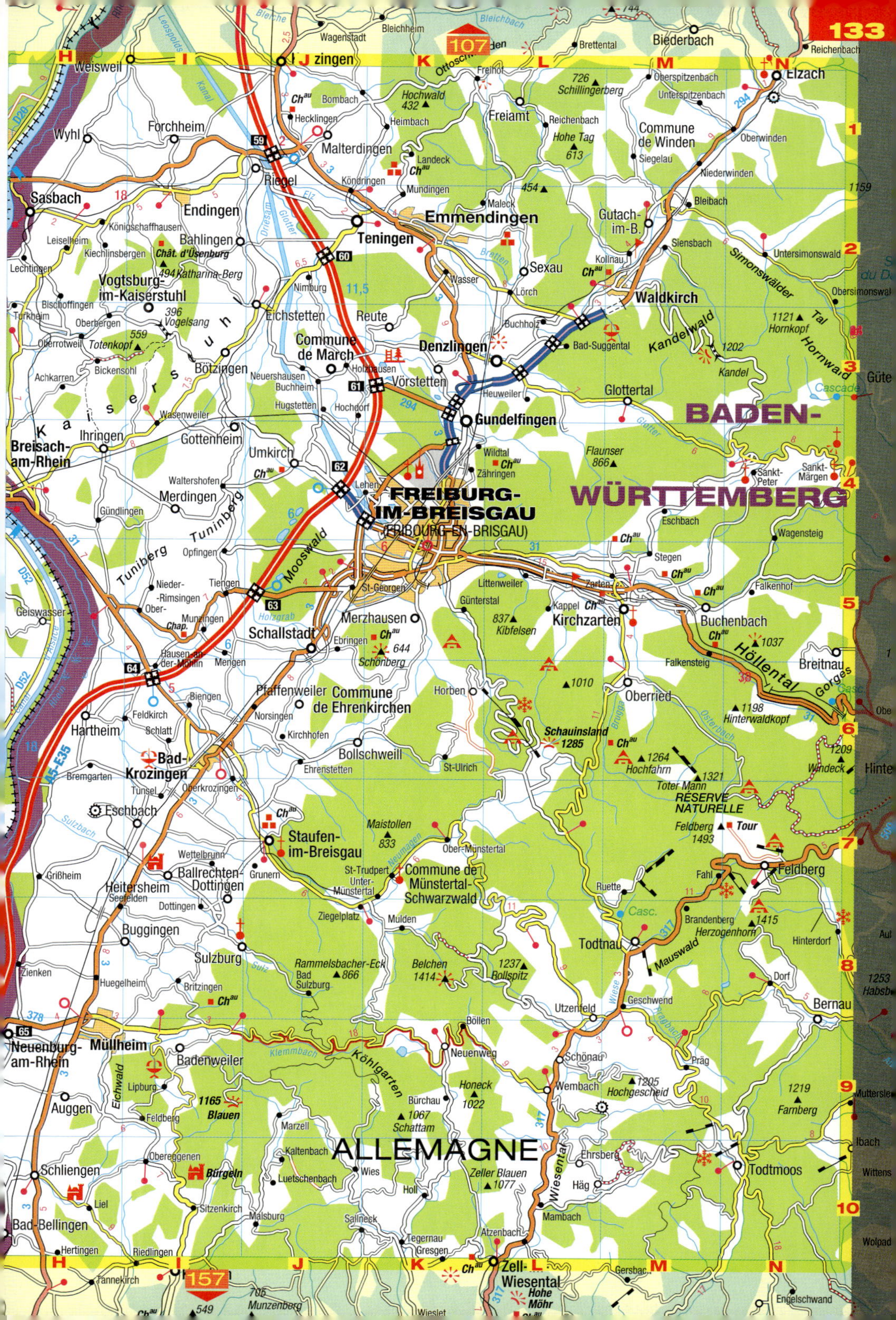

107
157
H
I
J
K
L
M
N
1
2
3
4
5
6
7
8
9
10
Weisweil
Wagenstadt
Bleichheim
Bleichbach
Ottoschwanden
Freiamt
Brettental
Biederbach
Reichenbach
Elzach
Wyhl
Forchheim
Bombach
Hecklingen
Malterdingen
Hochwald 432
Heimbach
Landeck
726 Schillingerberg
Oberspitzenbach
Unterspitzenbach
Reichenbach
Hohe Tag 613
Commune de Winden
Siegelau
Oberwinden
Niederwinden
Riegel
Köndringen
Mundingen
454
Maleck
Emmendingen
Gutach-im-B.
Bleibach
1159
Sasbach
Endingen
Königschaffhausen
Leiselheim
Bahlingen
Kiechlinsbergen
Chât. d'Üsenburg
Teningen
Lechtingen
Vogtsburg-im-Kaiserstuhl
494 Katharina-Berg
Nimburg
11,5
Wasser
Sexau
Kollnau
Siensbach
Untersimonswald
Simonswälder Tal
Obersimonswald
Lörch
Waldkirch
Bischoffingen
Jechtingen
Burkheim
Oberbergen
396 Vogelsang
Eichstetten
Reute
Buchholz
1121 Hornkopf
Hornwald
Oberrotweil
Totenkopf
559
Bickensohl
Commune de March
Denzlingen
Bad-Suggental
Kandelwald
1202
Kandel
Achkarren
Bötzingen
Neuershausen
Buchheim
Holzhausen
Vörstetten
Heuweiler
Glottertal
Cascade
Güte
Kaiserstuhl
Hugstetten
Hochdorf
294
Gundelfingen
BADEN-WÜRTTEMBERG
Breisach-am-Rhein
Ihringen
Wasenweiler
Gottenheim
Umkirch
Wildtal
Zähringen
Flaunser 866
Glotter
Sankt-Peter
Sankt-Märgen
Waltershofen
Merdingen
Lehen
FREIBURG-IM-BREISGAU
(FRIBOURG-EN-BRISGAU)
Gündlingen
Tuniberg
Eschbach
Wagensteig
Opfingen
Mooswald
Stegen
Nieder-Rimsingen
Ober-
Tiengen
St-Georgen
Littenweiler
Zarten
Falkenhof
Geiswasser
Chap.
Munzingen
Günterstal
Kappel
Kirchzarten
Buchenbach
Schallstadt
Holzgrab
Merzhausen
837 Kibfelsen
1037
Hausen-an-der-Möhlin
Mengen
Ebringen
644
Schönberg
Falkensteig
Höllental
Breitnau
Gorges
1010
Oberried
Pfaffenweiler
Commune de Ehrenkirchen
Horben
Norsingen
Biengen
Feldkirch
Schlatt
Kirchhofen
Hartheim
Schauinsland 1285
1198 Hinterwaldkopf
1209
Windeck
Bollschweil
Ehrenstetten
St-Ulrich
Bad-Krozingen
Bremgarten
Tunsel
Oberkrozingen
1264 Hochfahrn
1321
Toter Mann
RÉSERVE NATURELLE
Eschbach
Sulzbach
Staufen-im-Breisgau
Maistollen 833
Ober-Münstertal
Feldberg 1493
Tour
Wettelbrunn
Grießheim
Heitersheim
Seefelden
Ballrechten-Dottingen
Dottingen
Grunern
St-Trudpert
Unter-Münstertal
Commune de Münstertal-Schwarzwald
Neumagen
Ruette
Fahl
Feldberg
Casc.
Ziegelplatz
Mulden
Brandenberg
1415
Herzogenhorn
Hinterdorf
Buggingen
Todtnau
Sulzburg
Mauswald
Zienken
Huegelheim
Britzingen
Rammelsbacher-Eck 866
Bad Sulzburg
Belchen 1414
1237 Rollspitz
Dorf
1253 Habsb.
Utzenfeld
Geschwend
Bernau
Neuenburg-am-Rhein
Müllheim
Böllen
Neuenweg
Schönau
Präg
Badenweiler
Klemmbach
Köhlgarten
Wiese
1205 Hochgescheid
1219 Farnberg
Eichwald
Lipburg
1165 Blauen
Honeck 1022
Wembach
Auggen
Feldberg
Bürchau
1067 Schattam
Marzell
ALLEMAGNE
Ibach
Obereggenen
Kaltenbach
Ehrsberg
Todtmoos
Wittens.
Schliengen
Bürgeln
Wies
Zeller Blauen 1077
Häg
Wiesental
Luetschenbach
Liel
Sitzenkirch
Holl
Mambach
Bad-Bellingen
Malsburg
Sallneck
Atzenbach
Wolpad.
Hertingen
Riedlingen
Tegernau
Gresgen
Zell-im-Wiesental
Hohe Möhr
Gersbach
Tannenkirch
705 Munzenberg
549
Wieslet
Engelschwand

ILES DE GLÉNAN
110

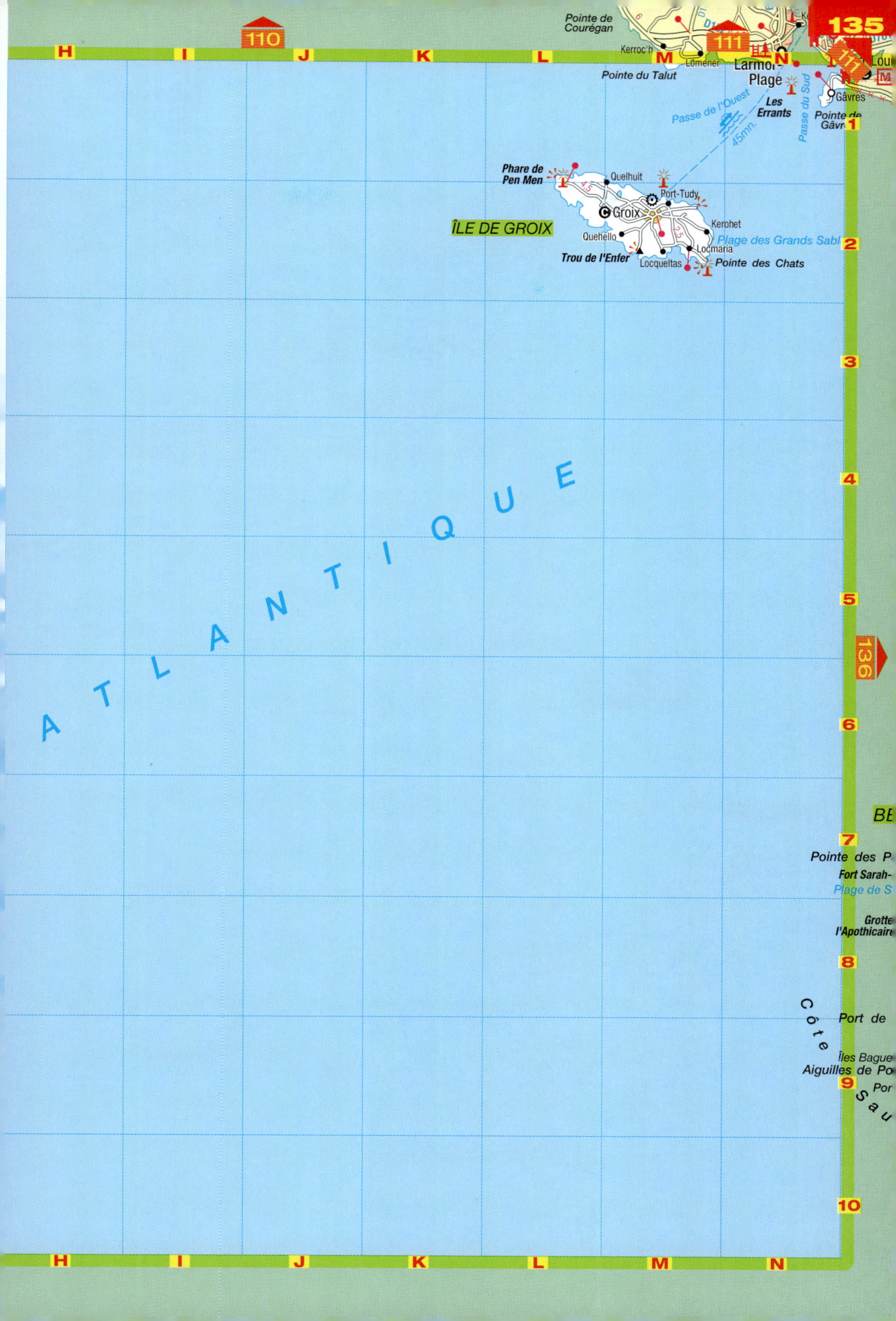
135
110
111
136
Pointe de Courégan
Kerroc'h
Lomener
Larmor-Plage
Pointe du Talut
Gâvres
Pointe de Gâvr
Les Errants
Passe de l'Ouest
45mn.
Passe du Sud
Phare de Pen Men
Quelhuit
Port-Tudy
Groix
ÎLE DE GROIX
Kerohet
Quehello
Plage des Grands Sabl
Locmaria
Trou de l'Enfer
Locqueltas
Pointe des Chats
A T L A N T I Q U E
Pointe des P
Fort Sarah-
Plage de S
Grotte
l'Apothicaire
Port de
Côte
Îles Bague
Aiguilles de Po
Por
Sau
H
I
J
K
L
M
N
1
2
3
4
5
6
7
8
9
10

111
112
135
158
56
MORBIHAN
Auray
Carnac
La Trinité-s.-Mer
Carnac-Plage
Locmariaquer
Ste-Anne-d'Auray
Belz
Etel
Erdeven
Plouharnel
Ploemel
Crach
St-Philibert
Pluneret
Plougoumelen
Ploeren
Baden
Bono
Arzon
Larmor-Baden
Île aux Moines
Plouhinec
Riantec
Port-Louis
Gâvres
Locoal-Mendon
Landévant
Brech
Pointe de Gâvres
Roches de Magouëro
Barre d'Etel
Pointe d'Erdeven
Alignements de Kerzerho
Dolmens de Crucuno
Mané-Kerioned
Kerhellegan
Alignements
Dolmens de Rondossec
Dolmen de Kryaval
Kergonan
Alignements
Tum. de Kercado
Abb. St-Michel
Tum. St-Michel
Chartreuse d'Auray
Champ des Martyrs
Mané-Lud
Grand-Menhir
Table des Marchands
Tumulus
Î. Gavrinis
Tumulus de Tumiac
Pointe de Kerpenhir
Port-Navalo
Pointe du Petit-Mont
Tumulus
Méaban
PRESQU'ÎLE DE
St-Gildas-de-Rhuys
Pointe du Grand-Mont
Kerfago
Kercambre
Île Theviec
Penthièvre
Sables Blancs
Pointe St-Colomban
Baie de Quiberon
Portivy
Kerhostin
Pointe du Perche
Côte Sauvage
St-Pierre-Quiberon
Kergroix
Île de la Truie
Kerniscob
St-Julien
Port-Haliguen
Beg er Goalennec
Quiberon
Port-Maria
Pointe de Conguel
PRESQU'ÎLE DE QUIBERON
La Teignouse
Passage de la Teignouse
1 h.
45 mn.
Passage du Béniguet
Île Glazic
Île Valhuec
Beg er Vachif
Passage
Île Cenis
Houat
Île d'Houat
30 mn.
Île aux Chevaux
Passage des Sœurs
Pointe du Vieux Château
Fort
Hœdic
Île d'Hœdic
Les Petits Cardinaux
Les Grands Cardinaux
BELLE-ÎLE
Pointe des Poulains
Fort Sarah-Bernhardt
Plage de Deuborh
Plage de Ster-Vraz
Sauzon
Grotte de l'Apothicairerie
Port Jean
Grotte de Port-Fouquet
Pointe de Taillefer
Sémaphore
Citadelle
Le Palais
Rade du Palais
Borderune
Bordelanne
Borticado
Bordustard
Kervellan
Port Guen
Plage de Bordardoué
Port Yorc'h
Port de Donnant
Grand Phare
Îles Baguenères
Aiguilles de Port Coton
Bangor
Kervilahouen
Port Goulphar
Domois
Côte Sauvage
Plage des Grands Sables
Pointe de Kerdonis
Bordehouat
Port An-Dro
Plage d'Herlin
Île de Bangor
Le Grand-Cosquet
Locmaria
Borvran
Pointe de Pouldon
Pointe de l'Echelle

112
113
158
159
138
H
I
J
K
L
M
N
1
2
3
4
5
6
7
8
9
10
Camp de Meucon
St-Germain
Ft de Molac
Pleucadeuc
Monterblanc
Elven
Le Cours
Molac
Forteresse de Largoët
Meucon
Mangolérian
Camp romain
Grayo
Moustoir-Marïa
Larré
Plescop
Lescran
St-Avé
St-Nolff
N.-D.-du-Loc
Cosquéric
Lesnoyal
Le Pont-d'Arz
Kerpaillard
Pluherlin
La Vraie-Croix
Kerluhern
Bilair
Lesténo
Trefflean
Sulniac
Bel-Air
Broheac
Rochefort-en-
Bizole
Cran
Kerdavid
Petit-Molac
Questembert
Ste-Suzanne
Lavredon
Loquéltas
Bernus
Vannes
Lostihuel
Calzac-Église
Le Temple
Arradon
Île Conleau
Bellevue
Theix
Le Gorvello
Chât. de Trémohar
Cohignac
St-Jean
N.-D. de l'O
Limerzel
Île Logoden
Pnte d'Arradon
Séné
Kerentrée
Chât. du Plessis-Josso
Grand-Bodo
Berric
Cadouarn
Moustérian
Brouël
Cleisse
Lauzach
Rangornan
Kernédre
Le Guet
Île d'Arz
Î. de Boëde
Noyalo
La Trinité-Surzur
Le Gréavo
Bourg
Montssarac
Kérarden
Logoren
Île Tascon
Le Hézo
Trémaret
Parc zool. de Branféré
Île Bailleron
St-Armel
Pnte de Liouse
Île d'Hur
Lezuis
Surzur
Noyal-Muzillac
Le Guerno
Hinlé
St-André
Péaule
RÉSERVE
Lasné
St-Louis
Billion
Hinzal
Étang de Pen-Mur
Î. Godec
Île d'Huric
ORNITHOLOGIQUE
Tréverel
La Villeneuve
Kertouard
Le Pigeon-Vert
St-Colombier
Trémoyec
Ambon
Muzillac
Brillac
Sarzeau
Duer
Belle-Croix
Chât. de Kerlévenan
Roz
La Haye
Lyonne
Corne-du-Cerf
Marzan
Gouézan
Balanfournis
Le Tour-du-Parc
Pen-Cadenic
Trégréhenne
Kerguet
Banaster
Rouvran
Penerf
Damgan
Kervoyal
Cromenach
Billiers
Lantierne
Arzal
Trevenaste
Chât. de Suscinio
Kermoisan
Landrezac
Penvins
Pointe de Kervoyal
Dolmen Le Crapaud
Le Roaliguen
La Grée-Penvins
Pointe de Pen-Lan
Bourgerel
Barrage d'Arzal
L'Isle
Kerfontaine
Pointe du Halguen
Drézet
Pointe de St-Jacques
Pointe de Penvins
Passage de la Grde Accroche
Tréhiguier
RHUYS
Rade de Penerf
Le Haut-Penestin
Vieille-Roche
Trémorel
Le Gastre
Pénestin
Camoël
Férel
Plage de la Mine d'Or
Kerfalher
Kerrouault
Île de Belair
Brécéan
Étang du Pont-de-Fer
Guernet
Kerséquin
Kermoret
Herbignac
Pointe du Bile
Asserac
Pen-Bé
Mesquery
Île Dumet
Plage de Sorlock
Quimiac
Kercabellec
Pendhué
Pont-d'Armes
PARC
Marlais
Arbourg
Plage de Lanséria
Trébrezan
Piriac-s.-Mer
Port-au-Loup
Kerol
Mesquer
Boulay
Pompas
Le Gréno
St-Lyphard
La Pointe
Mézérac
Sémaphore
St-Molf
Kertrait
RÉGI
St-Sébastien
Pointe du Castelli
Lérat
Meliniac
Coispéan
Kermoisan
Kermouraud
Kerbourg
Le Brunet
Bréca
Brézéan
La Turballe
Fourbihan
Trescallan
Kerdando
La Madeleine
Sandun
Clis
Kergourdin
Guérande
Folhaie
Bilac
La Rue-
La Ville-R
Quéniquen
Pradel
Porte St-Michel
Phare du Four
Rade du Croisic
Océarium
St-Jean-de-Dieu
La Ville-Poupard
St-André-d
Pointe du Croisic
Le Croisic
Marais salants
Careil
La Baule-Escoublac
La Calebasse
Saillé
Kervalet
Roffiat
Brais
Plage Valentin
Côte Sauvage
Batz-s.-Mer
Rochers
La Baule-les-Pins
Cuy
Le Pouliguen
Grotte des Korrigans
Pointe de Penchâteau
Pornichet
Bonne-Source
Ste-Marguerite
St-Sébastien
Gavy
N166
N165-E60
D775
D779
D7
D5
D1
D20
D34
D774
D139
D774
D52
D99
D92
D45
D213
17
22

MORBIHAN
56
LOIRE-ATLANTIQUE
44
PARC NATUREL RÉGIONAL DE BRIÈRE
GRANDE BRIÈRE
Redon
St-Nicolas-de-Redon
La Gacilly
Sixt-s.-Aff
St-Martin
Les Fougerets
Cournon
Lande de Roche Blanche
St-Gravé
Glénac
La Grée-du-Bléheu
Le Trobert
Renac
Les Presselais
Le Gavrain
La Chapelle-de-Gavrain
Lande de Suenay
Bernuit
Langon
Peillac
Bas-Limur
Guéveneux
St-Vincent-s.-Oust
Bains-s.-Oust
Les Travaux
Ste-Marie
Rochefort-en-Terre
Cloître de Bodelio
Parc de Bodelio
Malansac
St-Jacut-les-Pins
Le Temple
Les 4-Vents
La Méhiais
Colomel
Livoury
Paintaut
La Chapelle-de-Brain
Brain-s.-Vilaine
Beslé
St-Perreux
L'Abbaye
La Grée-des-Rivières
Massérac
Le Lot
St-Gorgon
St-Eutrope
Allaire
St-Jean-la-Poterie
La Provotais
Avessac
La Mercerais
Roland
Coismo
Limerzel
Ville-ès-Nevoux
Caden
Quinsignac
Les 4 Routes
Nérac
La Ville-en-Pierre
Penhouet
La Landezais
Guémené-Penfao
Gléré
L'Angle
Rohan
Port-Janier
Le Val
Étang Aumée
L'Écarée
La Bottais
Bellion
Bocquereux
Ayon
Tréfin
Rieux
Ruines
Bas Tesdan Haut
Béganne
Chât. de Léhélec
Foleux
Cassan
Fégréac
Bel-Air
Luc
La Luerais
La Fontaine-aux-Merciers
Péaule
La Villeneuve
Le Grippé
Cran
Théhillac
La Barre
La Douve
Barrisset
Bellevue
Le Saint
Trégouet
Le Château
Barragan
Ros
St-Cry
Ste-Anne
La Cheminais
La Normandais
Le Clandre
Dreny
Le Grand-Soeuvre
Le Coudray
Le Plessis
La Boissière
La Martinais
Sévérac
Branleix
Croisnauté
La Guiguenais
Marzan
Nivillac
Izernac
St-Dolay
Le Cougou
Plessé
Trémar
La Bonne-Façon
Étang du Rocher
Bois du Lezay
Sapins de St-Gildas
Bel-Air
Lancé
La Piardière
La Mouzinais
La Roche-Bernard
La Gouarais
St-Gildas-des-Bois
St-Clair
Rozay
L'Angle
La Grande-Noé
L'Isle
La Grée
Le Cressin
Kermarie
Forêt de la Roche-Bernard
Les Gériais
Beaufroment
Guenrouet
La Ville-Perrotin
Chât. de la Bretesche
La Croix-de-Haut
La Chênaie
La Douettée
Forêt du Gâvre
Férel
La Courtilletais
Les Mortiers
Le Grény
Brivé
N.-D.-de-Grâce
Le Sabot-d'Or
Missillac
La Ferme-École
Coiffy
La Sûreté
Rendreux
Drefféac
Bas-Épaud
Quinhu
Peslan
La Turne
St-Omer
Bougarre
Le Haut-Bergon
Le Bas-Bergon
Berreau
Hessin
Le Gué
Beaumard
Quilly
Barrel
La Chapelle-des-Marais
Ste-Reine-de-Bretagne
La Noë
Branducas
Ste-Anne-s.-Brivet
Chât. de Ranrouet
Mayun
Cuziac
St-Lomer
Balasson
Le Pont-de-Quilly
La Brehaudais
Les 4 Chemins
La Crandelais
La Madeleine
Pontchâteau
Trelland
Camer
Marongle
L'Ébaupin
Hoscas
Camerun
Crossac
St-Guillaume
Bressun
L'Urin
Montmignac
Ruaud
Campbon
La Mouraudais
La Couëronnais
Quehillac
La Ridelais
Marlais
Arbourg
Cambéniac
Les Géraudais
St-Roch
La Gergaudais
Bouvron
St-Lyphard
Î. de Mazin
Le Haut-Ros
La Lande
La Harlière
Les Aulnais
Mézérac
Î. de Pendille
Ile Oliveau
St-Joachim
Île d'Errand
Besné
La Mazière
La Gouérie
Le Brunet
Île de Fédrun
Île d'Aignac
Bais
Île de Ménac
Revin
La Louitais
La Chapelle-Launay
Coutable
Cavalais
La Croix-Blanche
St-Julien-la-Haie
La Meignerai
La Gougnais
Bréca
Sandun
Rosé
La Massonnais
Le Gros-Chêne
Prinquiau
La Berthelais
La Croix-Michéon
La Guerbaudais
Pintre
Parc Animalier
St-Malo-de-Guersac
Montoir-de-Bretagne
La Touche
Savenay
Lac de la Vallée Mabille
Malville
Bilac
La Rue-Jean
La Ville-Rouello
Le Pin
Sem
L'Angle
La Sencie
Les 6 Croix
Bélébat
Le Sausiais
Boistuaud
Aine
Bert
Trignac
La Mornais
Bougaye
Donges
Ville-Neuve
St-André-des-Eaux
Les Landes de Cuneix
Marsac
La Maigretais
Bouée
La Vallée
La Guay
Brais
ST-NAZAIRE
LOIRE
Lavau-s.-Loire
Paimbœuf
Rohars
Cordemais
La Croix-Morzel
Le Tertre
L'Immaculée
sept
Mindin
La Tannias
Le Pordais
L'Angle
La Grand-Ville
La Croix
Les Rivières
La Rochaisierie
St-Sébastien
Ste-Marguerite
Gavy
St-Just
La Porte
Combray
St-Ganton
Port-de-Roche
Augon
Tréau
La Louzais
Beix
Meaudue
Lande de Cojou
de Couesmé
Pleucadeuc
Le Pont-d'Arz
113
114
137
158
159
A B C D E F G
1 2 3 4 5 6 7 8 9 10

114
115
140
160
161
Châteaubriant
Rougé
Grand-Fougeray
Sion-les-Mines
St-Aubin-des-Châteaux
Derval
Forêt de Domnaiche
St-Vincent-des-Landes
Erbray
Jans
Issé
Moisdon-la-Rivière
Marsac-s.-Don
Treffieux
Nozay
Vay
Abbaretz
Forêt de l'Arche
Ft de Vioreau
La Meilleraye-de-Bretagne
Forêt d'Ancenis
Blain
Puceul
Saffré
Joué-s.-Erdre
Riaillé
Nort-s.-Erdre
Les Touches
Trans-s.-Erdre
Héric
Fay-de-Bretagne
Notre-Dame-des-Landes
Ligné
Petit-Mars
Casson
Grandchamp-des-Fontaines
St-Mars-du-Désert
Couffé
Le Temple-de-Bretagne
Vigneux-de-Bretagne
Treillières
Sucé-s.-Erdre
Oudon
La Chapelle-s.-Erdre
Carquefou
Le Cellier
Mauves-s.-Loire
St-Étienne-de-Montluc
Orvault
Forêt de la Groulaie
Forêt de Teillay
Ft Pavée
Réservoir de Vioreau
L'OCÉANE A11-E60
N137-E3
N171
Abb. N.-D.-de-la Meilleraye

115
116
139
160
161
A
B
C
D
E
F
G
1
2
3
4
5
6
7
8
9
10
LOIRE-
ATLANTIQUE
44
Châteaubriant
Soudan
Pouancé
Chazé-Henry
Combrée
Noyant-la-Gravoyère
Nyoiseau
Segré
Ste-Gemmes-d'Andigné
La Lorie
St-Julien-de-Vouvantes
Juigné-des-Moutiers
Erbray
Forêt d'Ombrée
Ft de Juigné
Menhir de Pierre-Frite
La Primaudière (Anc. prieuré)
Challain-la-Potherie
La Motte-Glain
Chât. de Raguin
Chazé-s.-Argos
Vern-d'Anjou
Candé
Angrie
Freigné
Riaillé
Ft de St-Mars
Forêt d'Ancenis
St-Mars-la-Jaille
Le Louroux-Béconnais
La Cornuaille
Pannecé
Teillé
Maumusson
Belligné
Villemoisan
Mésanger
St-Herblon
Anetz
Varades
Ingrandes
Montjean-s.-Loire
Champtocé-s.-L.
Couffé
St-Géréon
Ancenis
Oudon
Champtoceaux
Drain
Liré
Bouzillé
La Bourgonnière
St-Florent-le-Vieil
Le Mesnil-en-Vallée
La Pommeraye
La Chapelle-St-Florent
Chât. de la Turmelière
Cirque de Courossé
St-Laurent-des-Autels
Chaudron-en-M.
Bourgneuf-en-Mauges
St-Laurent-de-la-Plaine
Chât. de Mortiercrolles
A11-E60
LOIRE

141
116
117
142
162
163
MAINE-ET-LOIRE
49
ANGERS
Azé
Ampoigne
Ft de Valles
Chemazé
St-Fort
L'Aillerie
Coudray
Ménil
La Landelle
Bierné
La Gérouillère
Souvigné-s.-Sarthe
Bourg-Philippe
St-Sauveur-de-Flée
Molière
Magnanne
Manoir de l'Escoublère
Argenton-Notre-Dame
St-Michel-de-Feins
St-Laurent-des-Mortiers
St-Denis-d'Anjou
St-Martin-de-Ville-Anglose
Les Barbottières
Pincé
Ft de Pincé
Le Souchay
Précigné
Courtillers
Montguillon
Fleur de Lys
Daon
Sœurdres
Miré
Chemiré-s.-Sarthe
Morannes
Le Pendu
Vaugaillard
La Cerclerie
N.-D.-du-Pé
St-Martin-du-Bois
La Jaille-Yvon
Marigné
Contigné
Le Perguiter
Le Gravier
Les Varennes
Juigné
Avirė
Louvaines
Chât. du Percher
Chenillé-Change
Cherré
La Noë
Brissarthe
St-Hénis
Le Bois Montbourcher
Chambellay
Querré
Châteauneuf-s.-Sarthe
Daumeray
St-Germain
La Jaillette
Andigné
Champteussé-s.-Baconne
Champigné
Le-Pont-des-Boires
Le Plessis-Chivré
Les Billonnières
Montreuil-s.-Maine
Le Trou-Noir
Juvardeil
Étriché
Gené
Haras
Thorigné-d'Anjou
La Hamonière
La Béraudière
Cellière
Moulin d'Ivray
Huillé
Baracé
Lézigné
L'Égassière
Le Lion-d'Angers
L'Isle-Briand
Sceaux-d'Anjou
Cheffes
L'Échilarderie
Écuillé
Tiercé
Bré
La Chapelle-St-Laud
La Couerie
Grez-Neuville
Le Plessis-Bourré
Montreuil-s.-Loir
Le Verger
L'Ormeau
Grieul
Bourg
Le Doussai
Brain-s.-Longuenée
Pruillé
La Mare
Souiaire-et-Bourg
Les Chapelles
Verigné
La Bodinière
Matheflon
Forêt de Longuenée
Les Poiriers
La Membrolle-s.-Longuenée
Feneu
Noyant
Briollay
Le Vieux-Briollay
La Rochefoulques
Soucelles
Seiches-s.-le-L.
Marcé
Ardoise
La Pouëze
Ste-Émérance
Château du Plessis-Macé
Le Plessis-Macé
Juigné-Béné
Villevêque
Corzé
La Maison-Neuve
Cantenay-Épinard
Écouflant
La Dionière
Les Noirettes
Chaumont-d'Anjou
St-Clément-de-la-Place
Montreuil-Juigné
Cantenay
Les Brosses
La Meignanne
La Perrière
Île St-Aubin
St-Sylvain-d'Anjou
Pellouailles-les-Vignes
L'Épinière
Bécon-les-Granits
St-Jean-des-Marais
Avrillé
Le Pont-aux-Filles
La Haie-Joulain
Le Plessis-Grammoire
Le Mas Rillier
Bauné
St-Lambert-la-Potherie
Sarrigné
Cornillé-les-Caves
L'Aubière
La Gautraie
Les Landes
Foudon
Les Essards
Beaucouzé
Coutardière
Corné
Quinquère
Grolay
St-Augustin-des-Bois
St-Léger-des-Bois
St-Jean-de-Linières
La Roche
Pignerolles
St-Barthélemy-d'Anjou
Forêt de Bécon
L'Aubinière
Trélazé
Andard
Mazé
L'Outinière
Le Petit-Paris
St-Martin-du-Fouilloux
Pruniers
Ruelles
Vissoird
Brain-s.-l'A.
Les Rouages
Gué-Mazé
PARC
La Macrère
La Janière
Le Point-du-Jour
Bouchemaine
St-Aubin
Ste-Gemmes-s.-Loire
Les Ponts-de-Cé
Sorges
La Daguenière
La Bohalle
Belle-Noue
Serrant
Étang de Chevigné
Île de Blaison
St-Mathurin-s.-Loire
Rue-du-Rateau
Prieuré de l'Épinay
St-Georges-s.-Loire
La Pointe
Épiré
St-Jean-de-la-Croix
Mûrs-Érigné
Érigné
Chale
Juigné-s.-L.
Gohier
Le Vissieul
Moulin de la Roche
Savennières
La Possonnière
Les Jubeaux
St-Jean-des-Mauvrets
St-Sulpice
St-Saturnin-s.-Loire
Blaison
Chauvigné
LOIRE
La Villette
Béhuard
Solbre
Petit-Grand-Claye
Martigneau
Buchêne
St-Rémy-la-Varenne
Abb. de St-Maur
Les Aireaux
Le Port Girault
L'Alleud
Denée
La Jarretière
Plessis
L'Homois
Charcé-St-Ellier-s.-Aubance
Bouguère
Montsabert
Le Thoureil
Les Patis
St-Offrange
St-Melaine-s.-A.
St-Ellier-s.-A.
Chalonnes-s.-L.
La Haie-Longue
Rochefort-s.-Loire
Mozé-s.-Louet
Soulaines-s.-A.
Brissac-Quincé
Coutures
La Genaudière
Corniche Angevine
Les Charbotières
Raindron
L'Onglée
Vallée
Ardenay
Manoir du
Quincé
Chemellier
St-Georges-des-7-Voies
Chât. de Brissac
La Bougonnière
St-Aubin-de-Luigné
Le Breuil
La Marzelle
Vauchrétien
Les Bauchais
Pimpéan
Chaudefonds-s.-Layon
Layon
La Motte
Fc de Beaulieu
Étg de Montayer
La Gaudre
Grézillé
Chât. de la Haute-Guerche
Le Plessis
La Blinière
St-Lambert
Mont-Renault
B. de Brissac
Étg des Moines
Alleuds
Les Brosses
Le Sablon
Bouch
A11
A87
E501-E60
D323
D859
D52
D74
D775
D768
D770
Sarthe
Mayenne
SARTHE
Loir
Maine
Louet
Aubance
Authion
L'OUDON
ANGERS MARCÉ

117
118
141
162
163
A
B
C
D
E
F
G
1
2
3
4
5
6
7
8
9
10
La Chapelle-du-Chêne
Vion
La Tuilerie
Malicorne-s.-Sarthe
Mézeray
Cérans
Yvré-le-Pôlin
Oizé
Château-l'Hermitage
Requeil
Courtillers
Les Noeuds
Louailles
Le Bordicolet
Le Châtelet
Arthezé
Courcelles-la-Forêt
Forêt de Courcelles
La Fontaine-St-Martin
La Belle-Entreprise
Souchay
Précigné
Forêt de Malpaire
Les 4-Vents
Le Bailleul
La Roche-Simon
Villaines-s/s-Malicorne
Bousse
La Roche
La Croix
Ligron
Le Point-du-Jour
La Croix-Bourdon
La Lijonnière
Vaugaillard
Landes du Bailleul
Crosmières
La Foucherie
Brigue
Château-Sénéchal
Chambriant
Mansigné
La Chapelle-d'Aligné
N.-D.-du-Pé
Garenne des Cerfs
Le Plessis
Brouassin
St-Jean-de-la-Motte
La Baulinière
La Chenaie
Chênevert
Verron
Le Vau
St-Germain-du-Val
Clermont-Créans
Gallerande
Vènevelles
Le Bourgeot
St-Germain
Les Molans
Bazouges-s.-le-Loir
Prytanée Milit.
La Transonnière
Mareil-s.-Loir
Pringé
Luché-Pringé
La Croix-Pommier
La Flèche
La Croix-Brette
Durtal
Cré
Le Tertre-Rouge
Parc zoologique
Bois de Pins
Thorée-les-Pins
Les Cartes
B. de Mozé
Gachetière
Le Vieux-Loir
Huillé
Lézigné
Forêt de Chambiers
Les Rairies
Fougeré
St-Quentin-lès-Beaurepaire
Clefs
Turbilly
Le Pont Four
Le Lude
Savigné-s/s-le-Lude
Disse-s/s-le-Lude
L'Ormeau
Montigné-les-Rairies
La Chenaie
Vaulandry
Genneteil
Nac
Richebourg
Chevire-le-Rouge
Montpollin
Sancé
Beauvau
Les Fenêtres
N.-D.-de-Montplacé
St-Martin-d'Arcé
La Pierre Couverte
Chigné
La Croix-de-Beauchêne
Broc
Chalonnes-s/s-le-Lude
Grd Bois de Jarzé
Jarzé
Échemiré
Ft de Baugé
Pontigné
B. de Bareil
Anc. abb.
Les Houdairies
La Boissière
Chaumont-d'Anjou
Lué-en-Baugeois
Le Vieil-Baugé
Baugé
Chavaignes
Lasse
Sermaise
Landifer
Le Chêne
Forêt de Chandelais
Auverse
Denezé-s/s-le-Lude
Fontaine-Milon
Bauné
Cornillé-les-Caves
Boce
Noyant
Meigné-le-Vicomte
St-Georges-du-Bois
Chartrené
Le Guédéniau
Fontaine-Guérin
Méon
Le Point-du-Jour
Montgeoffroy
Chât. de Montgeoffroy
Cuon
La Grafinière
Le Brené
Mouliherne
Breil
Le Lathan
Gué-Moring
Grolley
La Lande-Chasles
La Pellerine
Mazé
Gée
La Croix-de-Bois-Maudet
Forêt de Monnaie
La Touche
Linières-Bouton
La Genaudière
Moulines
Brion
Tesseul
Le Carrefour
Forêt de Pontménard
PARC
La Macrère
Beaufort-en-Vallée
La Croix-Péan
Jumelles
Parçay-les-Pins
Belle-Noue
Rue-du-Rateau
Le Pont-Rouge
La Rue du Lattay
Le Loroux
Abb.
Les Bridonières
La Boulaie
Gué-de-Ray
Les Fontenelles
La Ménitré
NATUREL
Porteaux
Tonnelièvre
Le Passoir
Le Clos
Bignon-de-Vert
Abb. de St-Maur
Le Clairay
St-Philbert-du-Peuple
Le Chêne-Quentin
Vernantes
Ville-au-Fourrier
Courléon
Gizeux
Les Moncoteries
Le Thoureil
La Piotrie
Jalesne
Vernoil
Le Billot
La Genaudière
Longué-Jumelles
Beaucornu
Besse
Les Rosiers-s.-Loire
Blou
Baraudière
St-Georges-des-7-Voies
Lac des Hautes Belles
Le Brotière
La Cave-Vandelet
Croix des Granges
RÉGIONAL
Bouchet
L'Oucherais
Neuillé
Gennes
Cunault
St-Clément-des-Levées
Les Loges
La Fle-les-Pins
Donj.
Trèves-Cunault
St-Martin-de-la-Place
Le Gué-d'Arcy
Vivy
Le Petit-Buton
Touvois
L'OCÉANE
A11-E501
A85-E60
LOIR
D306
D323
D766
D938
D817

118
119
144
164
165
INDRE - ET
37
St-Ouen-en-Belin
Mont Vigne 153
Pruillé-l'Éguillé
St-Vincent-du-Lorouër
St-Georges-de-la-Couée
Vancé
Écommoy
St-Biez-en-Belin
Marigné-Laillé
Forêt de Bercé
Fontaine de la Coudre
Sources de l'Hermitière
Futaie des Clos
St-Pierre-du-Lorouër
Courdemanche
St-Frimbault
La Vallée
La Joubardière
Châtt. de Fontenailles
B. de Sapins
Laillé
St-Hubert
Béthune
Jupilles
Brives
La Rougeollière
Lavenay
Pontvallain
Mayet
Beaumont-Pied-de-Bœuf
Rond du Clocher
Bénéhart
La Gaulerie
Ponce-s.-le-Loir
Couture-s.-Loir
Verneil-le-Chétif
Thoiré-s.-Dinan
Salvert
Dauvers
Ruillé-s.-Loir
L'Étournière
Chevelu
Flée
Chahaignes
Lhomme
La Tuffière
Sarcé
La Cordellerie
Lavernat
La Brosse
La Chartre-s.-le-Loir
Les Fontaines
Tréhet
Villedieu-le-Château
Gatine
Les Maisons Rouges
Luceau
Ste-Cécile
Château-du-Loir
Le Port-Gauthier
Marçon
Manoir
La Chaume
Coulongé
Aubigné-Racan
Coëmont
Vouvray-s.-Loir
La Vallée
Beaumont-s.-Dême
Marcé
Montabon
Nogent-s.-Loir
La Croix-de-Bonlieu
Vaas
Rorthe
Les Grandes-Maisons
Les Halles
Dissay-s/s-Courcillon
Marthe
Épeigné-s.-Dême
Nouaillay
La Bruère-s.-Loir
Le Gué-de-Mézières
Villebourg
Chemillé-s.-Dême
St-Pierre-de-Chevillé
La Chapelle-aux-Choux
St-Aubin-le-Dépeint
Bueil-en-Touraine
St-Germain-d'Arcé
Chenu
Les Bertinières
St-Christophe-s.-le-Nais
St-Paterne-Racan
Louestault
Vallée-de-la-Rivière
Ternand
B. de Boiserard
La Clarté-Dieu (Anc. abbaye)
Neuvy-le-Roi
Marray
La Marquisière
La Gringolerie
La Gaudinie
Vallée-de-la-Roche
La Roche-Racan
Forêt de Beaumont
Villiers-au-Bouin
Étang de la Fougeraie
Beaumont-la-Ronce
Braye-s.-Maulne
Couesmes
Brèches
La Simonière
Neuillé-Pont-Pierre
Marcilly-s.-Maulne
Château-la-Vallière
Bel-Air
Petit-Souper
L'Encloître
Ft de Château-la-Vallière
Étg du Joyeux
La Joinière
Sonzay
Bois de la Barre
Le Roussay
Rouziers-de-Touraine
Lublé
Souvigné
St-Laurent-de-Lin
Le Housay
Les Royers
Étang de la Roche
La Motte-Sonzay
Cérelles
Le Signal
Étg des Grées
Semblançay
La Pailleterie
Courcelles-de-Touraine
Étang Neuf
Étg Bouchard
Landes de Bréviande
Bois de la Motte
Le Serrain
St-Antoine-du-Rocher
Langennerie
Channay-s.-Lathan
La Gibaudière
Le Gué-des-Prés
Lac de Pincemaille
Rongère
Charentilly
La Grotte-aux-Fées
Chanceaux-s.-Choisille
Les Vigneaux
Le Gros-Ormeau
Bois d'Ambillou
Louzardière
Poillé
Mettray
Les Gaudières
Rillé
Maudou
Étang de Jumeau
Fuge
Les Cormiers
Ambillou
Boyères
St-Roch
La Membrolle-s.-Choisille
La Colonie
N.-D.-d'Oé
Savigné-s.-Lathan
Pernay
Hommes
Cléré-les-Pins
B. de Tivoli
Criabé
La Perruche
La Thibaudière
St-Symphorien-les-Ponceaux
Étang de l'Ile
La Queue-de-Merluche
Fondettes
St-Cyr-s.-Loire
La Brocherie
Aqueduc rom.
Avrillé-les-Ponceaux
Continvoir
Étg de Crémille
Vaugareau
Mareuil
St-Cosme
La Riche
B. de Crémille
Vieux-Bourg
Luynes
Château de Plessis-lès-Tours
Mazières-de-Touraine
St-Étienne-de-Chigny
St-Genouph
Plessis-lès-Tours
Les Hautes-Martinières
Les Maisons-Rouges
Les Étangs
Châtt. de Cinq-Mars-la-Pile
La Houbellerie
Tour
Berthenay
Le Miran-Bray
Les Vallées
Joué-lès-Tours
Les Essards
Le Carroi
Cinq-Mars-la-Pile
Savonnières
La Rouchouze
Grottes
Châtt. de Villandry
Petit-Boutard
Ballan-Miré
Langeais
Landes de St-Martin
Loir
Loire
Cher
A28-E502
A85-E60
D766
D938
D959
D952

LOIRE
Bessé-s.-Braye
Vendôme
Forêt de Vendôme
Lunay
Manoir de Bonaventure
Villiers-s.-Loir
Thoré-la-Rochette
Naveil
Le Temple
Meslay
Areines
Rocé
Coulommiers-la-Tour
Chapelle-Gaugain
Lavenay
Trôo
Sougé
Pont-de-Braye
L'Isle-Verte
St-Jacques-des-Guérets
St-Quentin-lès-Troo
Les Roches-l'Évêque
Habitations troglodytiques
Montoire-s.-le-Loir
Lavardin
Villavard
St-Rimay
Houssay
Marcilly-en-Beauce
Villiersfaux
Le Pin
La Possonnière
Artins
Ternay
Les Essarts
St-Martin-des-Bois
Anc. abb.
St-Arnoult
Forêt de Prunay
Sasnières
Ambloy
Huisseau-en-Beauce
Le Plessis-St-Amand
Crucheray
Nourray
Prieuré Ste-Madeleine
B. de Gâtines
Montrouveau
Les Hayes
Le Berloquet
Prunay-Cassereau
St-Amand-Longpré
Lancé
Pray
La Sournas
Villethiou
Longpré
Les Hermites
Monthodon
Vancia
Villechauve
Authon
St-Gourgon
Gombergean
Lancôme
Bois de la Borne Blanche
Bois de la Fuselière
Le Mortier
Marray
La Ferrière
Gondoubard
Villeporcher
Le Sentier
Neuville
Forêt de Château-Renault
St-Cyr-du-Gault
St-Étienne-des-Guérets
Françay
Herbault
Le Boulay
Saunay
St-Laurent-en-Gâtines
Château-Renault
St-Nicolas-des-Motets
B. de la Chaine
B. de Gâtines
Bois de la Couarde
Santenay
B. de Nouzilly
Chenusson
La Grande-Vallée
Morand
Nouzilly
I.N.R.A.
La Platerie
Crotelles
Villedômer
Auzouer-en-T.
Dame-Marie-les-Bois
Le Perré
Seillac
B. du Mortier
Autrèche
Bois de Corneau
Vauliard
L'AQUITAINE
Monnaie
Neuillé-le-Lierre
Fleuray
Mesland
Onzain
Langennerie
Melotin
Montreuil-en-Touraine
La Hargandière
Monteaux
Chanceaux-s.-Choisille
Reugny
Veuves
Chaumont-s.-Loire
Grange de Meslay
La Lande
Les Perrés
Limeray
Cangey
Rilly-s.-Loire
Chât. de Chaumont
N.-D.-d'Oé
Parçay-Meslay
Les Closeaux
Jallanges
Chançay
St-Ouen-les-Vignes
Pont-Châtel
Mosnes
Les Hauts Noyers
Vallée-de-Raye
Poçé-s.-Cisse
La Mazère
TOURS-VAL-DE-LOIRE
Les Boissières
Vaugondy
Nazelles-Négron
Le Vau
Le Grand Village
Vallières-les-Grandes
Rochecorbon
Lanterne
Vouvray
Vernou-s.-Brenne
Noizay
Perreux
Chargé
Abb. de Marmoutier
La Ville-aux-Dames
St-Pierre-des-Corps
Amboise
St-Règle
Souvigny-de-Touraine
La Hutterie
Montlouis-s.-L.
Lussault-s.-Loire
Les Vallées
Aquarium
Pagode de Chanteloup
Forêt d'Amboise
TOURS
Larçay
St-Avertin
Veretz
Leugny
St-Martin-le-Beau
Grand Étang de Jumeaux
Montrichard
Chambray-lès-Tours
Azay-s.-Cher
La Croix-en-T.
Civray-de-T.
Chenonceaux
Chisseaux
Chissay-en-Touraine
A10-E5-E60
N10
119
120
143
164
165

120
121
121
166
167
146
H
I
J
K
L
M
N
1
2
3
4
5
6
7
8
9
10
La Bosse
St-Laurent-des-Bois
Villermain
Le Bardon
Beauvilliers
Marchenoir
St-Léonard-en-Beauce
Cravant
La Chapelle-Enchérie
B. de Rochambeau
Ouques
Lorges
Cernay
Beaumont
Le Plessis-l'Échelle
Briou
Épiais
Villemuzard
Prenay
Messilly
Villorceau
Messas
Baule
Noyers
Roches
Josnes
Ste-Gemmes
Frouville
Villeneuve-Frouville
La Vacherie
Bourrichard
Trugny
Vernon
Baigneaux
Le Villiers
Lavau
Toupenay
Beaugency
Sermaise
Chât. de Talcy
Le Buisson
Boisseau
La Madeleine-Villefrouin
Talcy
Concriers
Chât. de Beaugency
Morée
Séris
Tavers
Selommes
Rhodon
Conan
Mauvoy
Lussay
A10-E5-E60
L'AQUITAINE
Maves
Villiers
Villexanton
Le Noyer
Villegrimont
Pontijou
Villeroclin
Villesablon
Grand-Champ
Villeberfol
Villeromard
Villefriou
Villaugon
Lestiou
Le Tertre
La Chapelle-St-Martin-en-Plaine
Morvilliers
Centrale nucléaire
Villebouzon
Villetard
La Place
Avaray
Courbouzon
St-Laurent-Nouan
Champigny-en-Beauce
Chousy
Balatre
Mer
Les Tresseaux
Bonpuits
Épiez
Herbilly
Villefrancoeur
Mulsans
Tremblay
Les Pins
Le Cavereau
Averdon
Mézières
Villetrisson
Moncellereux
Les Landes
Diziers
Siany
Villiers
Villevry
Nouan-s.-Loire
Huppemeau
Les Mazeaux
La Chapelle-Vendômoise
Villerogneux
Villerbon
Parc de Ménars
Le Terreux
Laloin
Suèvres
Bois de la Ferté
Bourges
Grivelle
Marolles
Villesecron
Fleury
Le Vivier
St-Dyé-s.-Loire
Muides-s.-Loire
Pavillon des Muides
La Ferté-St-Cyr
Russy
St-Bohaire
Jarday
Cour-s.-Loire
Ménars
Montlivault
Crouy-s.-Cosson
St-Cyr
Villeneuve
Chât. de Ménars
Route François 1er
Grand Étang
Fossé
Villebrême
Francillon
Les Mées
Maslives
PARC
Château de Chambord
Thoury
Villebarou
St-Denis-s.-Loire
Nozieux
Pavillon de St-Dyé
Pavillon de Thoury
St-Lubin-en-Vergonnois
Blois
La Chaussée-St-Victor
St-Claude-de-Diray
St-Sulpice
Villiersfins
Moresc
La Chaussée-le-Comte
Chambord
RÉSERVE NATIONALE DE CHASSE DE CHAMBORD
La Rote
Champigny
Léry
Les Noëls
Huisseau-s.-Cosson
Pavillon de Montfrault
Orchaise
Forêt de Blois
La Pinçonnière
Pimpeneau
Vineuil
Pavillon de Bracieux
Dhuizon
Molineuf
Carrefour de Louis-XII
Cimetière
Nanteuil
Les Grotteaux
Le Chiteau
Forêt de Boulogne
Étang de Montperché
Bury
Bas-Rivière
Carref. du Roi Stanislas
Carref. de Chambord
Chambon-s.-Cisse
St-Gervais-la-Forêt
Mont-près-Chambord
Rue-de-Meneuil
Chât. d'Herbault
Neuvy
Les Grouets
Chât. de Villesavin
Bracieux
Coulanges
Chailles
41
L'Hôtellerie
La Morandière
La Croix-Rouge
Chât. de Beauregard
Ponts-d'Arian
Bauzy
Chouzy-s.-Cisse
Tour-en-Sologne
LOIR-ET-CHER
Le Tertre
Cellettes
Les Huards
Villelouet
La Hutterie
Madon
La Boissière
Picoisière
Cour-Cheverny
Fontaines-en-Sologne
Aumône
La Haye
Chéry
Chât. de Cheverny
Les Péraudières
La Croix-de-la-Roche
Les Montils
Seur
Vernou-en-Sologne
Candé-s.-Beuvron
Usepoche
Chitenay
Poëly
Cheverny
Bourg-Neuf
Le Bout-du-Pont
Cormeray
Chât. de Troussay
Le Bucher
Monthou-s.-Bièvre
Chevenelles
Les Coudraies
La Houssaye
La Pochatière
Ouchamps
L'Ardoise
Les Fuzelières
Villavrain
Forêt de Cheverny
La Loire
La Pilourdière
Courmemin
Savonnière
La Pieuse
Valaire
Le Mousseau
Favras
La Gaucherie
Les Touches
Les Coutanières
La Cottière
Fougères-s.-Bièvre
Sambin
Chât. de Fougères-s.-Bièvre
Feings
Le Poudelay
La Troanne
Bois de St-Lhomert
Fresnes
Chât. de la Morinière
La Frelonnière
Contres
Les Maisons-Rouges
Bourg-Neuf
Veilleins
La Bretonnière
Soings-en-Sologne
Mur-de-Sologne
Cornilly
La Rouchère
Le Plessis
Pontlevoy
Phages
Éguison
Lac de Soings
Oisly
Sassay
Marchigny
La Sauvée
Champdilly
La Vionne
La Jurandière
Thenay
La Gitonnière
Le Moulin-Corbeau
Abb. de Pontlevoy
Châtres
Le Clouseau
La Fosse-Richoux
La Rouerie
Le Roger
Choussy
Le Vieux-Bourg
Touchebrault
Lassay-s.-Croisne
Habitations troglodytiques
Couddes
Combarembert
Les Bois-Berniers
Monthou
Forêt de Choussy
Le Gros-Chêne
Le Village-des-Bois
Boizardière
Chât. du Moulin
Rougeou
Vineuil
Chât. du Gué-Péan
Beau
Chémery
Gy-en-Sologne
Ruines romaines
Manoir de
La Guérinière
Angé

LOIRET
45
CHER
S O L O G N E
La Ferté-St-Aubin
Lamotte-Beuvron
Nouan-le-Fuzelier
Salbris
Neung-s.-Beuvron
Romorantin-Lanthenay
Selles-St-Denis
La Ferté-Imbault
Ménestreau-en-Villette
Marcilly-en-Villette
Vouzon
Chaon
Souesmes
Pierrefitte-s.-Sauldre
St-Viâtre
Marcilly-en-Gault
Millançay
Loreux
Villeherviers
La Ferté-Beauharnais
Montrieux-en-Sologne
La Marolle-en-Sologne
Yvoy-le-Marron
Chaumont-s.-Tharonne
Villeny
Ligny-le-Ribault
Jouy-le-Potier
Ardon
Cléry-St-André
Mézières-lez-Cléry
Meung-s.-Loire
Mareau-aux-Prés
St-Hilaire-St-Mesmin
Olivet
St-Cyr-en-Val
Sandillon
Férolles
Vienne-en-Val
Sennely
Souvigny-en-Sologne
Ouvrouer-les-Champs
La Source
Parc floral de la Source
Forêt de Lamotte Beuvron
Forêt de Bruadan
Bois de l'Étoile
Bois de Pully
Ft de Chaon
Camp romain
Vélodrome
Centre de Radio-Astronomie
Nançay
A71-E9
121
122
145
166
167

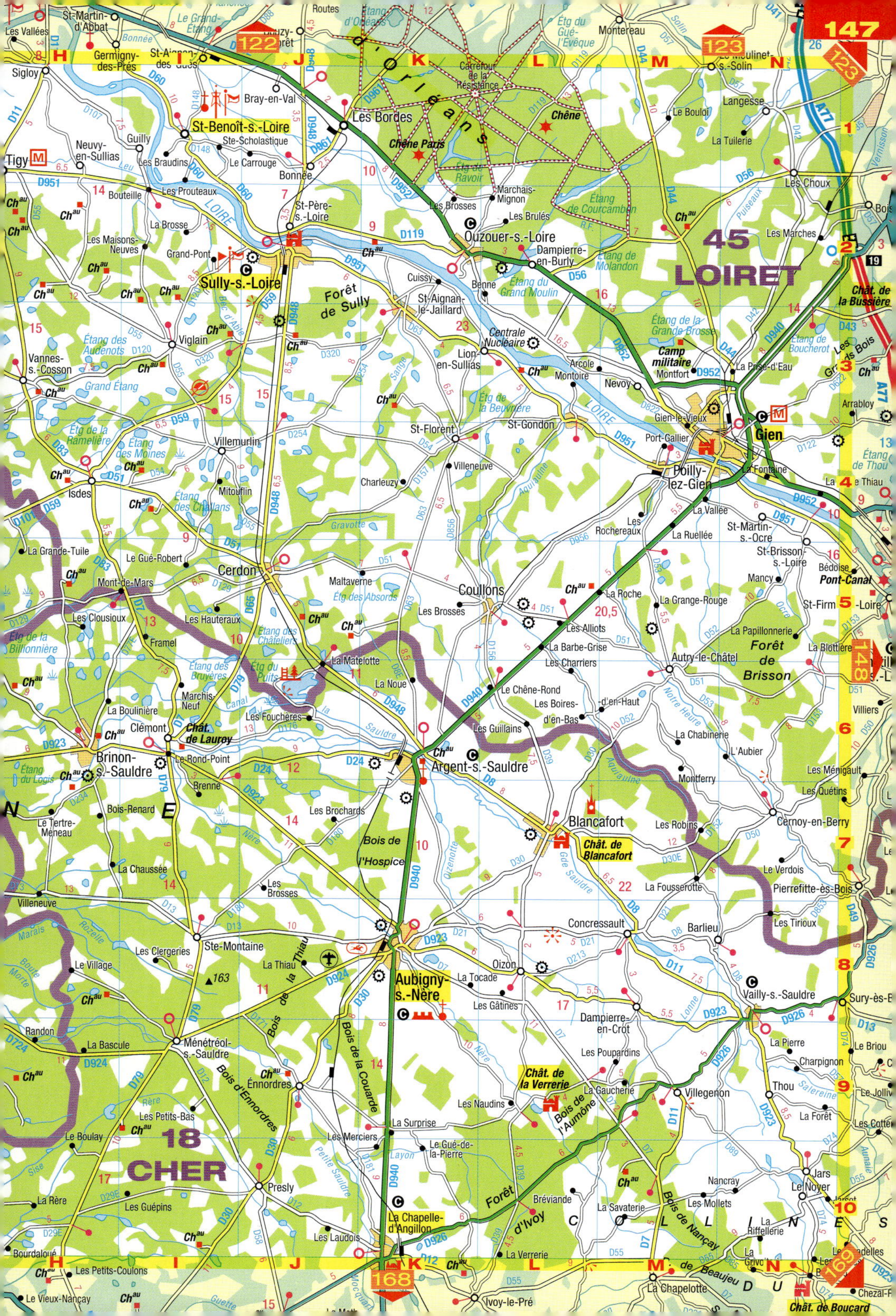

122
123
168
169
148
45
LOIRET
18
CHER
Les Vallées
St-Martin-d'Abbat
Le Grand-Étang
Routes
Étang d'Orléans
Montereau
Étg du Gué-l'Évêque
Germigny-des-Prés
St-Aignan-des-Gués
Ouzzy-Prêt
Le Moulinet-s.-Solin
Sigloy
Bray-en-Val
Les Bordes
Carrefour de la Résistance
Chêne
Chêne Paris
Forêt d'Orléans
Langesse
Le Boulai
La Tuilerie
St-Benoît-s.-Loire
Ste-Scholastique
Le Carrouge
Guilly
Neuvy-en-Sullias
Les Braudins
Tigy
Bonnée
Étang Ravoir
Marchais-Mignon
Les Brosses
Les Brulés
Étang de Courcambon
Les Choux
Les Marches
Bouteille
Les Prouteaux
La Brosse
St-Père-s.-Loire
Ouzouer-s.-Loire
Dampierre-en-Burly
Étang de Molandon
Étang du Grand Moulin
Les Maisons-Neuves
Grand-Pont
Sully-s.-Loire
Forêt de Sully
Cuissy
Benne
St-Aignan-le-Jaillard
Centrale Nucléaire
Chât. de la Bussière
Étang de la Grande Brosse
Camp militaire
Montfort
Étang de Boucherot
Les Grands Bois
Étang des Audenots
Viglain
Vannes-s.-Cosson
Grand Étang
Lion-en-Sullias
Arcole
Montoire
Nevoy
La Prise-d'Eau
Gien-le-Vieux
Gien
Arrabloy
Étang de la Ramelière
Étang des Moines
Villemurlin
St-Florent
St-Gondon
Étg de la Beuvrière
Port-Gallier
Poilly-lez-Gien
La Fontaine
Étang de Thou
Le Thiau
Isdes
Mitouflin
Charleuzy
Villeneuve
Étang des Challans
La Grande-Tuile
Les Rochereaux
La Vallée
La Ruellée
St-Martin-s.-Ocre
St-Brisson-s.-Loire
Bédoise
Pont-Canal
Le Gué-Robert
Cerdon
Maltaverne
Étg des Absords
Coullons
Mont-de-Mars
Mancy
St-Firmin-s.-Loire
La Roche
La Grange-Rouge
Les Brosses
Les Clousioux
Étg de la Billonnière
Framel
Les Hauteraux
Étang des Châteliers
Les Alliots
La Papillonnerie
Forêt de Brisson
La Barbe-Grise
La Blottière
La Matelotte
Les Charriers
Autry-le-Châtel
Étang des Bruyères
Étg du Puits
La Noue
Le Chêne-Rond
Les Boires-d'en-Haut
Les Boires-d'en-Bas
Villiers
La Boulinière
Marchis-Neuf
Clémont
Chât. de Lauroy
Les Foucherers
Les Guillains
La Chabinerie
L'Aubier
Brinon-s.-Sauldre
Le Rond-Point
Étang du Logis
Argent-s.-Sauldre
Montferry
Les Ménigault
Les Quétins
Brenne
Bois-Renard
Le Tertre-Meneau
Les Brochards
Blancafort
Chât. de Blancafort
Les Robins
Cernoy-en-Berry
Bois de l'Hospice
Le Verdois
La Chaussée
La Fousserotte
Pierrefitte-ès-Bois
Les Brosses
Villeneuve
Concressault
Barlieu
Les Tirioux
Les Clergeries
Ste-Montaine
La Thiau
Bois de la Thiau
Aubigny-s.-Nère
Oizon
La Tocade
Vailly-s.-Sauldre
Sury-ès-Bois
Le Village
Les Gâtines
Dampierre-en-Crot
La Pierre
Le Briou
Charpignon
Randon
La Bascule
Ménétréol-s.-Sauldre
Énnordres
Bois d'Ennordres
Bois de la Couarde
Les Poupardins
Chât. de la Verrerie
Bois de l'Aumône
La Gaucherie
Villegenon
Thou
Le Jolivet
La Forêt
Les Cottereaux
Les Petits-Bas
Le Boulay
Les Naudins
La Surprise
Les Merciers
Le Gué-de-la-Pierre
Presly
Nancray
Jars
Le Noyer
La Rère
Les Guépins
Forêt d'Ivoy
Bréviande
La Savaterie
Les Mollets
La Riffellerie
Bois de Nançay
Les Laudois
La Chapelle-d'Angillon
Bourdaloué
La Verrerie
La Grivelle
Les Petits-Coulons
Le Vieux-Nançay
Ivoy-le-Pré
La Chapelotte
de Beaujeu
Chât. de Boucard
Chezal-Fr
COLLINES DU SANCERROIS

148
123
124
147
168
169
58
NIÈVRE
A
B
C
D
E
F
G
Nogent-s.-Vernisson
Montbouy
St-Maurice-s.-Aveyron
Abbaye
Fontainejean
Chambeugle
Marchais-Beton
St-Martin-Ouanne
Perreux
Les Joubins
Arboretum des Barres
St-Lazare
Châtillon-Coligny
La Rue
Bois du Parc
Malicorne
St-Denis-s.-Ouanne
Ste-Geneviève-des-Bois
Étang de Beaumont
Les Bézards
Aillant-s.-Milleron
Le Charme
Asnières
Grandchamp
Champignelles
Les Choux
Boismorand
Les Aulnois
Dammarie-s.-Loing
Étang de la Chatre
Les Perriaux
Manoir du Parc-Viel
La Vêlerie
Le Bois-Planté
Les Lédets
Les Bergers
Louesme
La My-Voie
Adon
Les Copeaux
Étang de la Gouardière
Rogny-les-Sept-Écluses
Le Mineroy
Châtillon de la Bussière
La Bussière
Les Seurins
Feins-en-Gâtinais
Les Sept-Écluses
Champcevrais
Les Clouries
Les Bois-de-Plancy
Tannerre-en-Puisaye
Les Beâtrix
Les François
Les Tailles de Bléneau
Villeneuve-les-Genêts
Le Grand-Chemin
Étang Neuf
St-Eusoge
Étang des Luneaux
Champ-Dolent
La Poterie
Escrignelles
Étang de la Gazonne
Étang de la Grande Rue
Bléneau
Le Petit-Bois
Septfonds
Les Bizots
Mézilles
Dannery
Arrabloy
Grand Étg de Pont-Chevron
Étang du Chesnoy
Breteau
Rozette
Blandy
Étang de Grouzillons
Les Soupirons
Étang de Thou
Ouzouer-s.-Trézée
Étang de la Tuilerie
Étang du Château
Étg des Blondeaux
St-Privé
Étang d'Écrignelles
Bois des Malcouronnes
Ronchères
Les Arrauts
Les Moreaux
Canal
Champoulet
Le Bois Fort
Les Sinces
Les Morillons
St-Martin-des-Champs
Briare
La Petite Métairie
Étang de la Canauderie
Étang Bouza
L'Atrée
St-Fargeau
Les Boulmiers
St-Sauveur-en-Puisaye
Bédoise
Pont-Canal
Étang des Bois
Dammarie-en-Puisaye
Étang Lelu
Bois du Beau Buisson
Bois Fort
La Royauté
Le Bourdon
Moutiers-en-Puisaye
Châtillon-s.-Loire
Les Maillards
Bois de Thou
Batilly-en-Puisaye
Étang du Charme
Étg de Potiaux
La Grand Cour
Bois du Parc
Bois de Bailly
Réservoir du Bourdon
Étg de Charmoy
La Marcinerie
La Blotterie
La Poste
Étg de la Fontaine
Lavau
Étang de Chassain
Villiers
Ousson-s.-Loire
Thou
Les Laboureurs
La Rivière
Bois de la Lande
Bois de Beauregard
Les Midoux
Parc de St-Hubert
Châtl. de Boutissaint
Étang de Guédelon
Les Perriers
Chanoy
Assay
Les Loups
Faverelles
La Frémillerie
Le Chêneau
Habert
Bonny-s.-Loire
L'Étang
Les Grands-Cocus
Châtl. de Ratilly
Les Billiens
Wrilly
Le Boissenet
Treigny
Les Ménigault
Les Quétins
Les Merlins
Beaulieu
La Villeneuve
Arquian
Le Chaillou
Les Doucets
Les Puits-d'Havenat
Gardefort
Annay
Les Vallots
Argenoux
St-Amand-en-Puisaye
Meugnes
Les Fragnes
Les Gauvins
Maimbray
Neuvy-s.-Loire
Le Port
Les Pelus
Les Thébondons
Moussus
Le Gros-Bois
Pommeraye
Les Ânes
Les Crottets
Chenevières
Bois Henry
Belleville-s.-Loire
Centrale nucléaire
Les Buissons
Cadoux
La Mure
Bois-Pille
Santranges
Les Chézeaux
Sury-près-Léré
Les Brossiers
Dampierre-s/s-Bouhy
Bouhy
Vauvrille
Les Chevreaux
Balance
Les Brocs
Bitry
La Valotte
Forges
La Grande-Borne
Léré
La Celle-s.-Loire
Les Gauthiers
St-Vérain
Les Marquis
Ravière
Sury-ès-Bois
Châtl. de la Villatte
La Madeleine
Les Bouillon
Villesauge
La Roptière
Les Naudeaux
Les Mouards
Le Grouseau
Villefargeau
Les Narcys
Alligny-Cosne
Les Robins
Jussy
Le Briou
Savigny-en-Sancerre
Myennes
Villeherne
St-Loup
Beaufou
Le Grand Sort
Villorget
La Brosse-aux-Bruns
Villegênerray
Ciez
Chevaise
Le Faît des Marnes
Cours
Ménétreau
Champfleury
Villepreuvoir
Evry
Les Blanchards
Le Jolliveau
Le Graverau
Pré Berne
Assigny
Boulleret
Cosne-Cours-s.-Loire
Parigny
Villaines
Châtelaine
Les Tisots
La Forêt
Les Cottereaux
La Vallée-au-Paré
Les Durands
Les Fouchards
St-Père
Villemoison
Les Ormeaux
Vauchery
La Grotte
Subligny
Châtl. de Buranlure
La Commanderie
La Grande-Brosse
La Petite-
Châtl. de la Motte-Josserand
Nohain
Jars
Vraignon
Ste-Gemme-en-Sancerrois
Les Mondets
Mont-Benoît
Chambre
Perroy
Le Noyer
Le Souchet
Belaine
Bannay
Le Port-Aubry
Moulin-l'Évêque
Brétignelles
Les Vallées
Sury-en-Vaux
Menetereau
Pougny
Fontbout
Talvane
Abb. de N.-D.-de-Lepeau
Mont des Marnes
Villechaud
Villardeau
Donzy-le-Pré
Donzy
Les Pradelles
Maubois
Mainbré
Chambre
Bois de Charnes
Bohème
Paillot
St-Martin-s.-Nohain
Seigne
Menetou-Râtel
Chaudoux
St-Satur
Moussard
Villiers
St-Quentin-s.-Nohain
Forêt de Donzy
Chezal-Reine
Les Champions
Verdigny
Fontenay
St-Thibault
Les Brault
St-Laurent
Les Cabets
Châtl. de Boucard
A77
D2007
D965
D957
D951
D907
D955
D33
D2
D14
D950
D90
D22
D18
D47
D41
D56
D43
D93
D12

124
125
89
YONNE
Auxerre
Toucy
Clamecy
Entrains-s.-Nohain
Courson-les-Carrières
Coulanges-la-Vineuse
Coulanges-s.-Yonne
Châtel-Censoir
Mailly-le-Château
Druyes-les-Belles-Fontaines
Saint-Georges-s.-Baulche
Perrigny
Charbuy
Chevannes
Vallan
Champs-s.-Yonne
Augy
Vaux
Venoy
Quenne
St-Bris-le-Vineux
Chitry
Montallery
Escolives-Ste-Camille
Vincelottes
Vincelles
Irancy
Cravant
Accolay
Bazarnes
Val-de-Mercy
Migé
Charentenay
Mouffy
Nanteau
Fontenay-s/s-Fouronnes
Fouronnes
Trucy-s.-Yonne
Prégilbert
Ste-Pallaye
Sery
Anc. abb. de Régny
Bois de Trucy
Bois de Senoy
Site archéologique
Gy-l'Évêque
Jussy
La Cour-Barrée
Escamps
Serein
Avigneau
Semilly
Villefargeau
Chazelles
Vergeot
Nantou
Pourrain
Lindry
Montmercy
Les Ouches
Diges
Sauilly
Moulins-s.-Ouanne
Leugny
Ouanne
Lalande
Levis
Fontenoy
Sementron
Chastenay
Crosle
Coulangeron
Prénereau
Pesteau
Usselot
Merry-Sec
Molesmes
Taingy
Lain
Test-Milon
Vassy
Fontenailles
Forêt de Frétois
Bois de Druyes
Andryes
Surgy
Pousseaux
Lucy-s.-Yonne
Châtel de Faulin
Lichères-s.-Yonne
Asnières-s/s-Bois
Forêt de Champornot
Armes
Chevroches
Dornecy
Bois de Brèves
Brèves
Sardy-les-Forges
La Maison-Dieu
Metz-le-Comte
Asnois
Villiers-s.-Yonne
Tannay
Amazy
Cuzy
Flez-Cuzy
St-Germain-des-Bois
Ouagne
St-Pierre-du-Mont
Villiers-le-Sec
Cuncy-lès-Varzy
Breugnon
Trucy-l'Orgueilleux
Corvol-l'Orgueilleux
Billy-s.-Oisy
Oisy
Courcelles
Chivres
Flez
Étais-la-Sauvin
Lainsecq
Sougères-en-Puisaye
Thury
Sainpuits
Ste-Colombe-s.-Loing
Saints
Fontaines
Forêt du Sauvage
Forêt de Dracy
Forêt Merry-Vaux
Bois du Bontin
Villiers-St-Benoît
Dracy
Parly
Merry-la-Vallée
Égleny
St-Aubin-Château-Neuf
St-Maurice-Thizouaille
St-Maurice-le-Vieil
St-Martin-s.-Ocre
Forêt des Courgeonneries
Forêt des Dames
Forêt du Minerais
Ménestreau
Couloutre
La Chapelle-St-André
Chât. de Corbelin
Menou
Varzy
Colmery
Oudan
Beuvron
Mont. des Alouettes 367
Mt Martin 245
Mt Brévoir 265
Mt Lidou 359
Rochers du Saussois
Rochers
Grotte
Forêt de Maulay
Ft de Chauffour-Ferrières
150
170
171

125
126
149
170
171
89
YONNE
Tonnerre
Chablis
Bois de Maligny
Fontenay-près-Chablis
Tissey
Collan
Serrigny
Bois de la Ville
St-Vinnemer
Cruzy-le-Châtel
Pimelles
Chapelle-Vaupelteigne
Poinchy
Fyé
Beine
Milly
Bois de Milly
Fleys
Béru
Viviers
Les Mulots
Yrouerre
Lézinnes
Argentenay
Ancy-le-Libre
Frangey
Vireaux
Canal de Bourgogne
Ancy-le-Franc
Cusy
Chassignelles
Fulvy
Nuits
Montallery
Courgis
Chichée
Chemilly-s.-Serein
Poilly-s.-Serein
Sambourg
Pacy-s.-Armançon
Les Fourneaux
Argenteuil-s.-Armançon
Bellevue
Préhy
Chitry
Forêt de Préhy
Fresnes
Ste-Vertu
Mölay
St-Cyr-les-Colons
Grand Vaucharme
Petit Vaucharme
Bois de Cuings
Moulins-en-Tonnerrois
Annay-s.-Serein
Perrigny
Bois de Senoy
Puits-de-Courson
Bois de St-Cyr
Lichères-près-Aigremont
Aigremont
Beauvais
Champ Serein
Bois du Champ Ragot
Villiers-les-Hauts
Bois de Nuits
Bois des Champs Cousseaux
Noyers
La Borde
Censy
Pasilly
Autremont
Bois de Perrigny
Cheuilly
Vau-Germain
Cravant
Le Val St-Martin
Puits-de-Bon
Archambault
Jouancy
Soulangy
Sarry
Sarvigne
Étivey
Sèche-Bouteille
Accolay
Vermenton
Sacy
Nitry
Villiers-la-Grange
Grimault
Bois de Frétoy
Frétoy
Anc. abb. de Régny
Essert
Le Val-de-Mâlon
Joux-la-Ville
Larchèvre
Forêt Champlive
Massangis
Châtel-Gérard
Forêt de St-Jean
Prieuré de Vausse
Lucy-s.-Cure
Le Beugnon
La-Poste-aux-Alouettes
Le Puits d'Edme
Autoroute du Soleil
Forêt du Val de la Nef
Forêt d'Hervaux
Annoux
Forêt de Châtel-Gérard
Les Souillats
Chevigny-le-Désert
Séry
Bessy-s.-Cure
Arcy-s.-Cure
Manoir de Chastenay
Mailly-la-Ville
Dissangis
Civry-s.-Serein
Forêt de St-Ambroise
Bierry-les-Belles-Fontaines
La Gravelle
Grottes d'Arcy
Grotte de St-Moré
St-Moré
Précy-le-Sec
Coutarnoux
L'Isle-s.-Serein
La Cordelle
Marmeaux
Anstrude
Fain-lès-Moutiers
Bois de Mailly-la-Ville
Ruines gallo-romaines
Voutenay-s.-Cure
Vau de Bouche
La Cour
Ste-Colombe
Blacy
Talcy
Thizy
Monceau
Santigny
Vassy
Pisy
Turley
La Perrière
Bois-d'Arcy
Bois de Boulu
Thory
Buisson
Mont Morin
Angely
Cormarin
Ménetreux-le-Haut
Chevroche
Brosses
Sermizelles
Tour
Lucy-le-Bois
Annay-la-Côte
Vassy
Provency
Genouilly
Athie
Montréal
Périgny
Corsaint
Montillot
Blannay
N.-D. d'Orient
Girolles
Tharot
Étaule
Sceaux
Trévilly
Courterolles
Vignes
Le Monceau
Époisses
Corrombles
Vaudonjon
Givry
Valloux
Annéot
Sauvigny-le-Bois
Montjalin
Bierry
Maison-Dieu
Cisery
Guillon
Toutry
Bouteau
Vermoiron
Vault-de-Lugny
La Tuilerie
Brécy
Savigny-en-Terre-Plaine
Plumeron
Forléans
A6-E15-E60
Bois des Vaux Lannes
Domecy-s.-le-Vault
Pontaubert
Chassigny
Magny
St-André-en-Terre-Plaine
Sauvigny-le-Beuréal
Montzeron
Asquins
Gros Mont
Vallée du Cousin
Avallon
Étrée
Chevannes
Vieux-Château
Vézelay
Fontette
Island
Les Granges
Bois des Courtois
Cussy-les-Forges
Champmorlin
Montberthault
Les Bois-de-la-Madeleine
Tharoiseau
Presles
Villars-Frémoy
Bois de la Ville
St-Père
Fouilles des Fontaines-Salées
Le Grand Island
Marrault
Villeneuve
Ste-Magnance
Courcelles-Frémoy
Ft de Chauffour-Ferrières
L'Étang
Pierre-Percée
Menades
Étang du Moulin
Villiers Nonains
Bussières
Sincey-les-Rouvray
Foissy-les-Vézelay
Précy-le-Moult
Usy
Montmardelin
St-Branchet
Rouvray
Bois de Vernon
Forêt de Maulay
Pierre-Perthuis
Pont
Le Meix
Sully
Les Georgeots
Vernon
Chamont
Sœuvres
Serée
St-Germain-des-Champs
Auxon
St-Aubin
Beauvilliers
Joux
Fontenay-près-Vézelay
Domecy-s.-Cure
Cure
Ouches
St-Andeux
Pothenée
Culètre
Villurbain
Lautreville
Potots
Bierre-en-Morvan
St-Aubin-des-Chaumes
St-André-en-Morvan
Chastellux-s.-Cure
Montigny
St-Léger-Vauban
Ferrières
Nuars
Bonneçon
Bazoches
Chalvron
Bois de Bazoches
Le Vernois
Réservoir du Crescent
Mennemois
Ft de St-Léger
St-Germain-de-Modéon
La Roche-en-Brenil
Athée
L'Huis Bobin
Le Montgaudier
La Provenchère
Romanet
Neuffontaines
Le-Bas
Champignolles-le-Haut
Marigny-l'Église
Quarre-les-Tombes
Trinquelin
L'Hâte
Montmillen
Château de Vauban
Berges
Vésigneux
Boisson
Les Moingeots
Abbaye de la Pierre-qui-Vire
Poisson
Empury
Roche des Fées
Les Brizards
La Croix-de-Molphey
Vaux
Vignes-le-Haut
St-Martin-
Chalaux
Forêt au
Les Lavaults
Montachon

21
CÔTE-D'OR
Forêt de Châtillon
Forêt de Gland
Forêt du Quartier
Forêt de Chamesson
Forêt du Grand Jailly-Essart et Rochefort
Bois de Ravières
Bois d'Arrans
Bois Thoureau
Forêt de Fontenay
Forêt de Millon
Les Grands Bois
Bois de Chaumour
Forêt de St-Loup
Ft de Flavigny
Forêt de Duesme
Ft de Boulas et Charmoi
Abbaye Val-des-C
Paisson
Bissey-la-Pierre
Maisey-le-Duc
Vanvey
Villiers-le-Duc
Buncey
Gigny
Balot
Ampilly-le-Sec
Sennevoy-le-Haut
Sennevoy-le-Bas
Chamesson
La Loge
Massoult
Les Forges
La Maine
Fontaines-les-Sèches
Commune de Jully
Stigny
Nesle-et-Massoult
Nod-s.-Seine
Voisin
La Folie
Cestres
Aisey-s.-Seine
Grange-Didier
St-Germain-le-Rocheux
Coulmier-le-Sec
Puits
Chemin-d'Aisey
Brémur-et-Vaurois
Busseaut-s.-Creuse
Rochefort
Beaulieu
Planay
Verdonnet
Ravières
Savoisy
Semond
Asnières-en-Montagne
Cry
Châl. de Rochefort
Étais
Vaugimois
St-Marc-s.-Seine
Origny
La Maison
Bellenod-s.-Seine
Mauvilly
Meulson
Vaux
Arrans
Villaines-en-Duesmois
Magny-Lambert
Beaunotte
Perrigny-s.-Armançon
Chalvosson
Plaisance
Toutifaut
Cosne
Aignay
Cruchy
Le Petit Jailly
Quemigny-s.-Seine
Rougemont
La Mairie
Meursauge
Quemigneror
Aisy-s.-Armançon
Buffon
Les Malmaisons
Duesme
La Pothière
Touillon
Émorots
Fontaines-en-Duesmois
Ampilly-le-Haut
Blaisy
La Grande Forge
Anc. abb. de Fontenay
Jours-lès-Baigneux
Cascade
St-Rémy
Marmagne
Ampilly-les-Bordes
Chaume-lès-Baigneux
Morville
Le Pâtis-de-Nant
Lucenay-le-Duc
Quincerot
Crépand
Fain-lès-Montbard
Fresnes
Étormay
Cessey
Orret
Montbard
Nogent-lès-Montbard
Baigneux-les-Juifs
Quincy-le-Vicomte
St-Germain-lès-Senailly
Villiers
Courcelles-lès-Montbard
Éringes
Montfort
Rue du Vau
Laperrière
La Bergerie
Senailly
Benoisey
Bussy-le-Grand
La Villeneuve-les-Convers
Oigny
Montigny-Montfort
Rue-de-Pissot
St-Just
Seigny
Poiseul-la-Ville-et-Laperrière
Anc. abb.
Athie
Ménétreux-le-Pitois
Grésigny-Ste-Reine
Château de Bussy-Rabutin
Moutiers-St-Jean
Viserny
Grignon
Les Granges
Statue de Vercingétorix
Champ-d'Oiseau
Darcey
Corpoyer-la-Chapelle
Villaines-les-Prévôtes
Venarey-lès-Laumes
Fouilles d'Alésia
Lantilly
Mt Auxois
Munois
Jeux-lès-Bard
Alise-Ste-Reine
Frôlois
Courceau
Bard-lès-Époisses
Le Clou
Chevigny
La Courtine
Chanceaux
Genay
Villars-et-Villenotte
Mussy-la-Fosse
Vaubuzin
Pont-de-Chevigny
Camp de César
Gissey-s/s-Flavigny
Millery
Charentois
Massingy-lès-Semur
Flavigny-s.-Ozerain
Thenissey
St-Germain-Source-Seine
Pouligny
Ménétreux
Villenotte
Pouillenay
Hauteroche
Torcy-et-Pouligny
Jiully
Souhey
Magny-la-Ville
Blessey
Ménetoy
Semur-en-Auxois
Chât. de Villiers
Écorsaint
Sources de la Seine
Vic-de-Chassenay
Cernois
Chassey
Leugny
La Roche-Vanneau
Boux-s/s-Salmaise
Présilly
Chassenay
St-Euphrône
Pont-et-Massène
Marigny-le-Cahouët
Brain
Clirey
Salmaise
Lac de Pont
Bourbilly
Courcelles-lès-Semur
Arnay-s/s-Vitteaux
Villeferry
Jailly-les-Moulins
Chât. de Bourbilly
Allerey
Villeneuve-s/s-Charigny
Dampierre-en-Montagne
Villeberny
Verrey-s/s-Salmaise
Beauregard
Ruffey
Flée
Charigny
St-Abdon
Villy-en-Auxois
Charencey
Villotte-St-Sei
Bierre-lès-Semur
Montigny-s.-Armançon
Ste-Colombe
Posanges
Montigny-St-Barthélemy
La Croisée
Genouilly
Roilly
Brianny
Braux
Velogny
Marcilly-lès-Vitteaux
Turcey
Chenault
Massingy-lès-Vitteaux
Aisy-s/s-Thil
Saux
Saucy
Pont-Royal
Champrenault
Villars
Collégiale et Chât. de Thil
Chevannay
Dompierre-en-Morvan
Thil-la-Ville
Marcigny-s/s-Thil
Clamerey
Vitteaux
St-Hélier
Blaisy-Bas
Précy-s/s-Thil
Vesvres
Barain
Arcenay
Vic-s/s-Thil
Ledavrée
Boussey
Rochers
Lacour-d'Arcenay
St-Thibault
Saffres
Avosnes
Bussy-Pesle
Nan-s/s-Thil
Normier
Anc. chât.
Fontette
Verrey-s/s-Drée
Juillenay
Pluvier
Godan
Franceau
Montlay-en-Auxois
Beurizot
Marcellois
Drée
Fontangy
Noidan
Molphey
Chausserose
Chazel-l'Écho
Charny
Soussey-s.-Brionne
Uncey-le-Franc
Corcelotte
Mesmin
La Motte-Ternant
Thorey-s/s-Charny
Grosbois
St-Anthot
La Chaleur
A6
126
127
152
172
173

127
128
151
172
173
Voulaines-les-Templiers
Leuglay
Forêt de Lugny
Mont de Lucey
Lugny (Anc. chartreuse)
Recey-s.-Ource
Menesble
Buxerolles
Chambain
Gurgy-le-Château
Aulnoy-s.-Aube
Germaines
Rouelles
Ancienne abbaye
Auberive
Forêt d'Auberive
Ft de Montavoir
Le Haut-du-Sec
Pierrefontaines
Bay-s.-Aube
Vitry-en-Montagne
Perrogney-les-Fontaines
Étang des Marots
Châtillon
Abbaye du Val-des-Choues
Essarois
Montmoyen
Beaulieu
Hierce
Châtellenot
La Forêt
Terrefondrée
Bure-les-Templiers
Chaugey
Colmier-le-Haut
Colmier-le-Bas
Bois d'Amorey
Villars-Montroyer
Villars-Santenoge
Val Clavin
Source de l'Aube
Forêt de Montaubert
B. de Formont
B. de Maigre-Fontaine
B. de Marmont
Praslay
Vivey
Aujeurres
Villiers-lès-Aprey
Leuchey
Mauvilly
Valfermet
Forêt de Sarcy
La Cassotte
La Galopine
St-Broing-les-Moines
Romprey
Beneuvre
Poinsenot
Poinson-lès-Grancey
Ft de la Faye
Lamargelle-aux-Bois
Chalmessin
Musseau
Vaillant
Vesvres-s/s-Chalancey
Mouilleron
Le Val-d'Esnoms
Comm. de Vals-des-Tilles
Villemervry
Chalancey
Villemoron
Neuvelle-lès-Grancey
Grancey-le-Château-Neuvelle
Montenaille
Busserotte-et-Montenaille
Beaunotte
Aignay-le-Duc
Moitron
Minot
Bussières
Fraignot-et-Vesvrotte
Vesvrotte
Courlon
Cussey-les-Forges
Vernois-lès-Vesvres
Forêt de Champberceau
Boussenois
Source de la Coquille
La Pothière
Étalante
Thorey
Larçon
Salives
Mont Armet
Bois de Nachôt
Le Pavillon
Forêt de Cussey
Forêt de Marey
Foncegrive
Cent Fontaines
Forêt de la Fossillière
Échalot
Barjon
Avot
Bois de Grandmont
Prègelan
Le Meix
Marey-s.-Tille
Selongey
Forêt de Duesme
Combe-Olivotte
Château Gré
Forêt de Moloy
Forêt du Mont de L'Échelle
Avelanges
Laneuf
Les Granges
Lochère
Bois Guyot
Poiseul-la-Grange
Centre d'études nucléaires
Poiseul-lès-Saulx
Luxerois
Villey-s.-Tille
Crécey-s.-Tille
Forêt de Jugny
Source
Bois de la Grande Garenne
Ft de la Bonière
Saulx-la-Ville
Saulx-le-Duc
Grand-Vallée
Léry
L'Abergement
Courtivron
Is-s.-Tille
Échevannes
Til-Châtel
Fiily-lès-Chanceaux
Lamargelle
Moloy
Frénois
Tarsul
Diénay
Marcilly-s.-Tille
Étang de Marcilly
Le Tertre
Bois du Tilloy
Bois de Bimont
Chanceaux
Pellerey
Bois de Rovroy
Villecomte
Bois du Champ Fouchard
Forêt de Is-s.-Tille
Vernot
Chaignay
Gémeaux
Poncey-s.-l'Ignon
Côte des Trapeux
Cheneroilles
Bois des Fontenis
Logis-de-Gémeaux
Sources de la Seine
Source de l'Ignon
Vaux-Saules
Bois de Malte
Saussy
Bois de la Mortière
Forêt des Laverottes
Pichanges
Champagny
Cinq-Fonts
Francheville
Épagny
Marsannay-le-Bois
Blaigny-le-Sec
Prairay
Curtil-St-Seine
St-Seine-l'Abbaye
Ste-Foy
Savigny-le-Sec
Flacey
St-Martin-du-Mont
Forêt de Val-Suzon
Forêt de Clénay
Beire-le-Châtel
Villotte-St-Seine
Bordes-Bricard
Bois de Cestres
Val-Suzon-Haut
Val-Suzon-Bas
Fontaine de Jouvence
Messigny-et-Vantoux
B. de Norges
Norges-la-Ville
Clénay
Brognon
Charencey
La Rochotte
Mont Tasselot
Étaules
Brétigny
St-Julien
Turcey
Champrenault
Fromenteau
Bordes-Pillot
Forêt de Pasques
Darois
Asnières-lès-Dijon
B. de St-Julien
Arceau
Trouhaut
Abîme du Creux-Percé
Prenois
Autodrome
Ahuy
Bellefond
Ruffey-lès-Échirey
Orgeux
Blaisy-Bas
Panges
Hauteville-lès-Dijon
Fontaine-lès-Dijon
La Forêt Basse
Bussy-la-Pesle
Blaisy-Haut
Pasques
Daix
DIJON
Varois-et-Chaignot
Le Puits XV
Plombières-lès-Dijon
Couternon
Baulme-La-Roche
Lantenay
Talant
St-Apollinaire
Savranges
Lac Kir
Quetigny
Ancey
Velars-s.-Ouche
Chartreuse de Champmol
Palais des Ducs
Savigny-s/s-Mâlain
Mâlain
Mirande
Chevigny-St-Sauveur
La Chaleur
A31-E17-E21

52
HAUTE-MARNE
Chalindrey
Le Pailly
Noidant-Châtenoy
Heuilley-Cotton
Longeau-Percey
Percey-le-Pautel
Brennes
Bourg
Cohons
Verseilles-le-Haut
Verseilles-le-Bas
Flagey
Orcevaux
Aprey
Baissey
Vesvres-s/s-P.
Prangey
St-Michel
Villegusien-le-Lac
Piépape
St-Broingt-les-Fosses
Courcelles-Val-d'Esnoms
Chatoillenot
Prauthoy
Dommarien
Bois de Montanson
Aubigny-s.-Badin
Rivière-les-Fosses
Montsaugeon
Vaux-s/s-Aubigny
Isômes
Couzon-s.-Coulange
Pressant
Cusey
Choilley-Dardenay
Dardenay
Chassigny
Palaiseul
Violot
Heuilley-le-Grand
St-Broingt-le-Bois
Rivières-le-Bois
Grandchamp
Maâtz
Grenant
Coublanc
Saulles
Belmont
Seuchey
Les Loges
Ft de Bussières
Rougeux
Charmoy
Fayl-Billot
Fayl-la-Forêt
B. Brûlé
Plains Bois
Champsevraine
Poinson-lès-Fayl
Genevrières
Savigny
St-Pérégrin-s.-Vannon
La Folie
La Quarte
B. du Châtelet
Broncourt
Bois de Charaumont
Grands Bois
La Rochelle
Charmes-St-Valbert
Molay
Voncourt
Bourguignon-lès-Morey
Farincourt
Valleroy
Tornay
Gilley
Perte de la Rigotte
Bois dit le Ronchot
Suaucourt
Les Essarts
Pisseloup
Argillières
Frettes
Bois Lessu
Montvaudon
Leffond
Les Louches
Piémont
Le Breuillot
Forêt des Louches
Mont Gin
Montarlot-lès-Champlitte
Champlitte
Champlitte-la-Ville
Pierrecourt
Fouvent-le-Bas
Fouvent-St-Andoche
St-Andoche
Raucourt
Larret
Trécourt
Courtesoult-et-Gatey
Gatey
B. de Groslières
Roche-et-Raucourt
Brotte-lès-Ray
Andrevin
Forêt de Dampierre
Vaite
Magilley
Neuvelle-lès-Champlitte
Le Prélot
La Pâture
Percey-s/s-Montormentier
Montormentier
Percey-le-Grand
Courchamp
Occey
Bois d'Occey
Sacquenay
Anc. chât. de la Romagne
Orain
St-Maurice-s.-Vingeanne
Forêt de Champlitte
Montigny-Mornay-Villeneuve-s.-Vingeanne
Framont
Le Crochot
Achey
Delain
Denèvre
Montot
Dampierre-s.-Salon
Autet
Orville
Chazeuil
Chaume-et-Courchamp
La Villeneuve-s.-Vingeanne
Mornay
Forêt de Fontaine-Française
Fontaine-Française
Écuelle
Bois de Vereux
Theuley
Vars
Oyrières
Mercey-s.-Saône
Quitteur
Pierrejux
Véronnes
Pouilly-s.-Vingeanne
St-Seine-l'Église
Fahy-lès-Autrey
La Rente Rouge
Montureux-et-Prantigny
Vereux
Beaujeu
St-Vallier
Perte de la Venelle
Forêt de Velours
Étoile de la Duchesse
Bourberain
Fontenelle
St-Seine-s.-Vingeanne
Chât. de Rosières
La Rente-du-Bois
Auvet-et-la-Chapelotte
La Chapelotte
Tour
Prantigny
Forêt de Belle V
Source de la Bèze
Licey-s.-Vingeanne
Dampierre-et-Flée
Attricourt
Verfontaine
Autrey-lès-Gray
Bouhans-et-Feurg
Chargey-lès-Gray
Rigny
Anc. abb. de Corneux
Corneux
Bèze
Beaumont-s.-Vingeanne
Broye-les-Loups-et-Verfontaine
La Fontaine-à-l'Âne
Feurg
Nantilly
Arc-lès-Gray
Gray
St-Broing
Lœuilley
Champagne-s.-Vingeanne
Forêt d'Autrey
Poyans
Gray-la-Ville
Ancier
Hôtel de Ville
Battrans
Velesmes-Échevanne
Bois de Belle Combe
B. du Mont Voitout
B. de la Tour
Vievigne
Blagny-s.-Vingeanne
Noiron-s.-Bèze
Étang de Noiron
Petit Colonge
Grand Colonge
Renève-le-Château
Renève
Étang d'Échalonge
Mantoche
Velet
La Grange-des-Carmes
Échevanne
Forêt des Hauts-Bois
Forêt de Mirebeau
Oisilly
Tanay
Esmoulins
Essertenne-et-Cecey
Champvans
Cresancey
Mirebeau-s.-Bèze
Apremont
Le Tremblois
Noiron
Onay
Magny-St-Médard
Bèzouotte
Cheuge
Jancigny
Germigney
Champtonnay
Savolles
Cuiserey
Charmes
Bois Charmois
La Loge
Arsans
Belleneuve
Arçon
Pont-Bernard
St-Sauveur
Talmay
Bois Dame
Montseugny
Vadans
Lieucourt
Venère
Valay
Bonboillon
Marandeuil
Montmançon
Trochères
Drambon
Heuilley-s.-Saône
Maxilly-s.-Saône
La Grande-Résie
Chevigney
Binges
Aubigney
La Résie-St-Martin
Chancevigney
Remilly-s.-Tille
Étevaux
St-Léger-Triey
Cirey-lès-Pontailler
Pontailler
Broye-lès-Pesmes
Montseugny
Le Gros Bois
Chaumercenne
Motey-Besuche
Sauvigney-lès-Pesmes
Vaux-s.-Crône
Forêt de

HAUTE-SAÔNE
70
129
130
153
174
175
A
B
C
D
E
F
G
1
2
3
4
5
6
7
8
9
10
Vesoul
Faverney
Port-s.-Saône
Scey-s.-Saône-et-St-Albin
Scey-l'Église
Combeaufontaine
Ray-s.-Saône
Gy
Rioz
Noidans-lès-Vesoul
Échenoz-la-Méline
Navenne
Quincey
Frotey-lès-V.
La Motte
Pont
Forêt du Chanois
Bois de Chargey
B. du Grand Lien
Ft de Cherlieu
Abbaye
Bois de Confracourt
Bois La Sol
Mercey
Aboncourt-Gésincourt
Augicourt
Lambrey
Purgerot
Chargey-lès-Port
Arbecey
Semmadon
Melin
Gourgeon
Malvillers
Molay
La Rochelle
Cintrey
Preigney
Marlay
Oigney
Bougey
La Roche-Morey
Lavigney
Cornot
Betoncourt-les-Ménétriers
Villers-Vaudey
Fleurey-lès-Lavoncourt
Nervezain
Vauconcourt-Nervezain
Confracourt
Francourt
Renaucourt
Raucourt
Mont-le-Léger
Theuley
Lavoncourt
Tincey-et-Pontrebeau
Roche-et-Raucourt
Brotte-lès-Ray
Vaite
Membrey
Recologne
Ferrières-lès-Ray
Ste-Reine
Queutrey
Vellexon-Queutrey-et-Vaudey
Seveux
Savoyeux
Mercey-s.-Saône
Motey-s.-Saône
La Grange d'Etaule
Forêt de Belle Vaivre
Bois de St-Grand
La Vaivre
Vaudey
Rougeau
St-Gand
Le Charme
La Vernotte
Les Bâties
Sept Fontaines
Greucourt
Vezet
Fresne-St-Mamès
Le Pont-de-Planches
Neuvelle-lès-la-Charité
La Charité (Anc. abb.)
Lieffrans
Le Perrenot
Grandvelle-et-le-Perrenot
Bourguignon-lès-La Charité
Frétigny-et-Velloreille
Velloreille
Vaux-le-Moncelot
Étrelles-et-la-Montbleuse
Fresne-le-Château
Grotte
Villers-Chemin-et-Mont-lès-Étrelles
Grachaux
Hauterive
Oiselay-et-Grachaux
Villers-Bouton
Les Roselières
Recologne-lès-Rioz
Éguilley
Fondremand
Source
Maizières
Pollet
Trésilley
Cordonnet
Bois du Chanois
Montarlot-lès-Rioz
Forêt de Sorans
Bonnevent-Velloreille
Rochefort
Boult
Chaux-la-Lotière
La Lotière
Montboillon
Grands Bois de Gezier
Gézier-et-Fontenelay
Étuz
Boulot
Cussey-s.-l'Ognon
Chevroz
Geneuille
Sauvagney
Chambornay-lès-Pin
Grands Bois de Pin
Grands Bois de Bucey
Pin
Émagny
Vregille
Moncley
Auxon-Dessus
Miserey-Salines
Forêt de Chailluz
BESANÇON
Thise
Novillars
Deluz
Vaire-le-Petit
Vaire-Arcier
Chalezeule
Amagney
Marchaux
Braillans
Les Baraques
La Malmaison
Fort de la Dame-Blanche
Châtillon-le-Duc
Tallenay
Devecey
Bonnay
Voray-s.-l'Ognon
Bussières
Buthiers
Mérey-Vieilley
Vieilley
Venise
Champoux
Châtillon-Guyotte
Chaudefontaine
Cromary
Perrouse
Palise
Moncey
Aulx-lès-Cromary
Thurey-le-Mont
Mieslot
Corcelle-Mieslot
Lusans
Rignosot
Rigney
Valleroy
Vandelans
Cirey
Neuvelle-lès-Cromary
Chambornay-lès-Bellevaux
Sorans-lès-Breurey
Breurey
Anc. abb. de Bellevaux
Traitiéfontaine
Granges
Blarians
Germondans
La Barre
Beaumotte-Aubertans
Marizy
Cenans
Anthon
La Malachère
Les Fontenis
Loulans-Verchamp
Ormenans
Aubertans
Ruhans
Villers-Pater
Quenoche
Hyet
Pennesières
Bois de Lajus
Font. de Courboux
Courboux
Les Laverottes
Authoison
Argirey
Sorans-les-Cordiers
Roche-s.-Linotte-et-Sorans-les-Cordiers
Le Grand Bois de Mailley
Le Magnoray
Mailley-et-Chazelot
Chazelot
Échenoz-le-Sec
Levrecey
Vellefaux
Ste-Anne
B. de Ste-Anne
Les Monins
Filain
Velleguindry-et-Levrecey
Valleroïs-Lorioz
Neurey-lès-la-Demie
La Demie
Andelarrot
Andelarre
Grotte de Solborde
Rocher de la Baume
Gouffre du Frais-Puits
Villers-le-Sec
Colombe-lès-V.
Sabot de Frotey
Comberjon
Coulevon
Colombier
Villeparois
Épenoux
Auxon
Pusy-et-Épenoux
Bougnon
Flagy
Bellenoye
Vellefrie
Varogne
Vilory
Le Val-St-Éloi
Provenchère
Neurey-en-Vaux
Breurey-lès-Faverney
Fleurey-lès-Faverney
Amoncourt
Conflandey
Chaux-lès-Port
Villers-s.-Port
Port-d'Atelier
Port d'Atelier-Amance
Équevilley
La Gedieu-en-Fontenette
Mersuay
Baulay
Fouchécourt
Amance
Gevigney-et-Mercey
Montigny-lès-Cherlieu
Mance
Vitrey-Châtel
Chauvirey-le-Vieil
Châtelet
Bois de Chaumont
Grattery
Charmoille
Pusey
Vauchoux
Scye
Chemilly
Ferrières-lès-Scey
Rupt-s.-Saône
Vy-lès-Rupt
Grandecourt
Chantes
Ovanches
Chassey-lès-Scey
Bucey-lès-Traves
Pierre-Percée
Aroz
Traves
Cubry-lès-Soing
Soing-Cubry-Charentenay
Charentenay
Fédry
Vanne
Pontrebeau
Vy-le-Ferroux
Raze
Noidans-le-Ferroux
Montigny-lès-Vesoul
Montoille
Croix
Vaivre-et-Montoille
Pontcey
Boursières
Clans
Velle-le-Châtel
Mont-le-Vernois
Chariez
Baignes
Anc. fonderie
Rosey
Villers-Pater
Igny
L'Étang des Maisons
Vellemoz
Petits Bois de Gy
La Chapelle-St-Quilain
Les Blancs
Angirey
St-Broing
Sauvigney-lès-Gray
Longevelle
Vellefrey-et-Vellefrange
Mont-lès-Étrelles
Vantoux-et-Longevelle
Velleclaire
Citey
La Charmotte
Bucey-lès-Gy
Roche
St-Maurice
B. de Plumont
B. de Vaivre
St-Loup-Nantouard
Nantouard
Velesmes-Échevanne
Villefrancon
Velloreille-lès-Choye
Choye
Onay
Autoreille
Charcenne
Cugney
Virey
Bois Courcuire
Bois d'Avrigney
Avrigney-Virey
Tromarey
Chancevigney
Hugier
Cult
Beaumotte-lès-Pin
Brussey
Chevigney-s.-l'Ognon
Marnay
Ruffey
Chaucenne
Bonboillon
Saône
Romaine
N19-E54
N57-E23
A36
E60
D3
D5
D7
D13
D474

130
131
156
176
177
Lure
Villersexel
Rougemont
Baume-les-Dames
Clerval
L'Isle-s-le-Doubs
Ronchamp
Champagney
Mélisey
St-Barthélemy
St-Germain
Roye
Saulx
Creveney
Colombotte
Vy-lès-Lure
Les Aynans
Athesans-Étroitefontaine
Mignavillers
Granges-le-Bourg
Saulnot
Crevans-et-la-Chapelle
Vellechevreux-et-Courbenans
Marvelise
Arcey
Bavans
Dampierre-s-le-Doubs
Colombier-Fontaine
St-Maurice-Colombier
Blussangeaux
Échenans
Sancey-le-Grand
Belvoir
Pont-les-Moulins
Passavant
Cuse-et-Adrisans
Gondenans-les-Moulins
Romain
Fontenelle-Montby
Autechaux
Hyèvre-Paroisse
Branne
Chaux-lès-Clerval
Anteuil
Montbozon
Thiénans
Avilley
Cendrey
Bois de Noroy
Grand Bois
Bois de Moustier
Bois des Granges
Forêt de l'Aiguillon
MONTAGNE DU LOMONT
PARC NAT. DES VOSGES
A36-E60
N19
N57-E23
D438
D486
D50
D683

131
132
155
176
177
PARC NATUREL RÉGIONAL DES BALLONS DES VOSGES
Giromagny
Rougemont-le-Château
Étueffont
Burnhaupt-le-Haut
Burnhaupt-le-Bas
Reiningue
LA COM. GE
A36
Plancher-Bas
Lachapelle-s/s-Chaux
Sermamagny
Valdoie
Évette-Salbert
Fort de la Miotte
Cravanche
Offémont
Pte de Brisach
BELFORT
Châlonvillars
Essert
Bavilliers
Danjoutin
TERRITOIRE-DE-BELFORT
Pérouse
Bessoncourt
Bois de Bessoncourt
Fontaine
Foussemagne
Montreux-Château
Dannemarie
Altkirch
Ballersdorf
Carspach
Hirtzbach
Champ de Tir de Hirtzbach
Héricourt
Châtenois-les-Forges
Trévenans
Bourogne
Béthoncourt
Grd-Charmont
Vx-Charmont
Montbéliard
Sochaux
Exincourt
Étupes
Dampierre-les-Bois
Courcelles-lès-Montb.
Bart
Bavans
Audincourt
Beaucourt
Valentigney
Seloncourt
Mandeure
Delle
Grandvillars
Morvillars
Méziré
Fesches-le-Châtel
Boncourt
Porrentruy
Fontenais
Courgenay
Alle
A16
Hérimoncourt
Forêt Hollard
Mathay
Les Grands Communaux
Pont-de-Roide
Blamont
Fort du Lomont
Bois du Grand Lomont
LOMONT
Grotte de Réclère
Signal de Roche d'Or 927
Bois de la Grande Côte
Saint-Ursanne
Corniche du Jura
Clos du Doubs
Doubs
Montfaucon
Saignelégier
St-Hippolyte
Croix Béneton
Rochers du Bourbet 729
Corniche de Goumois
Goumois
Maîche
Damprichard
Anc. abbaye de Bellelay
J
A
U
R
E

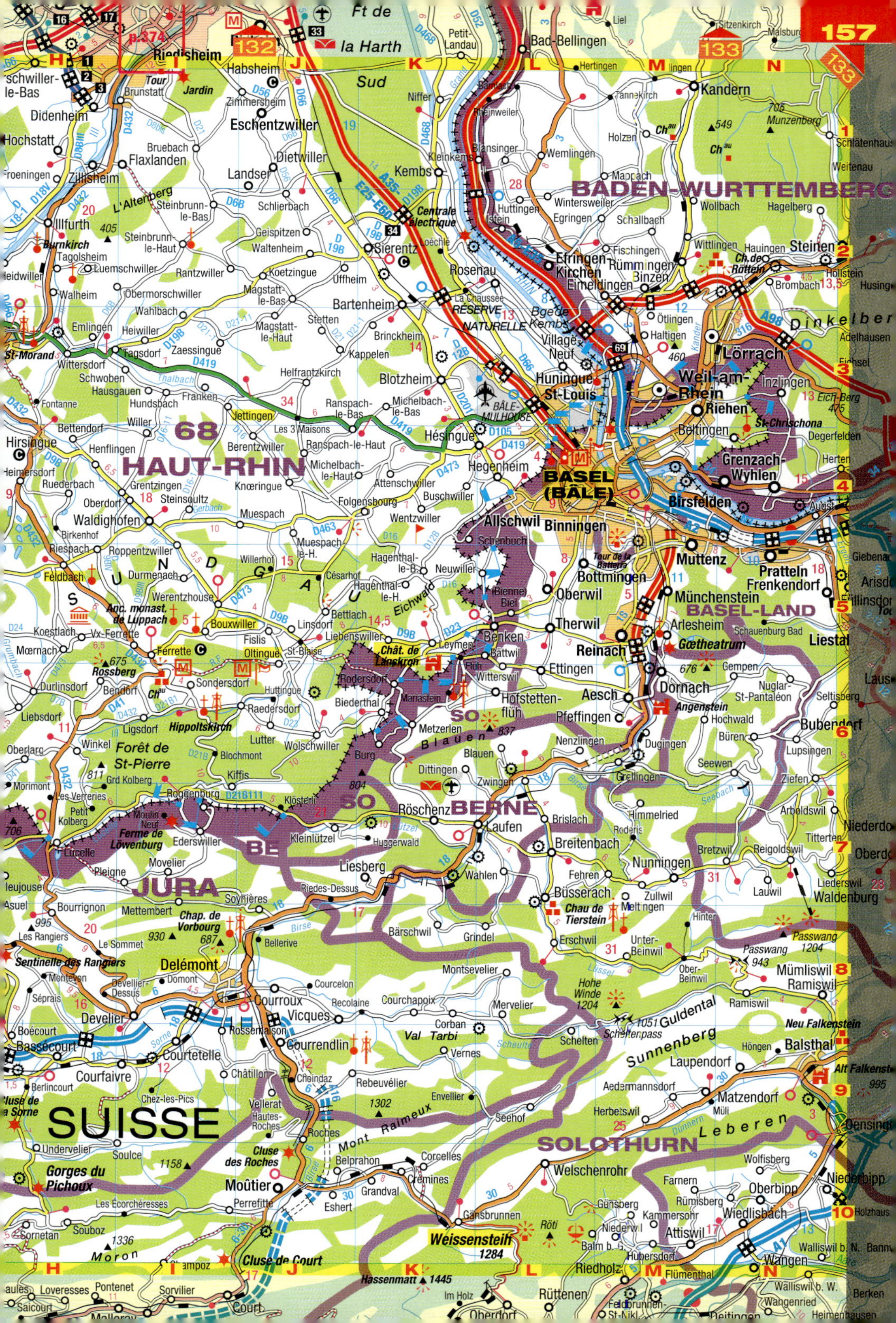

BADEN-WÜRTTEMBERG
HAUT-RHIN
68
SUNDGAU
BASEL (BÂLE)
BASEL-LAND
SUISSE
JURA
BERNE
SOLOTHURN
SO
BE
Riedisheim
Habsheim
Eschentzwiller
Dietwiller
Landser
Schlierbach
Sierentz
Kembs
Rosenau
Bartenheim
Blotzheim
Huningue
St-Louis
BÂLE-MULHOUSE
Hésingue
Hegenheim
Allschwil
Binningen
Bottmingen
Oberwil
Therwil
Reinach
Aesch
Dornach
Arlesheim
Münchenstein
Muttenz
Pratteln
Frenkendorf
Liestal
Birsfelden
Riehen
Lörrach
Weil-am-Rhein
Grenzach-Wyhlen
Inzlingen
Kandern
Efringen-Kirchen
Rümmingen
Binzen
Eimeldingen
Bad-Bellingen
Illfurth
Hirsingue
Waldighofen
Oltingue
Ferrette
Feldbach
Forêt de St-Pierre
Lucelle
Laufen
Breitenbach
Nunningen
Büsserach
Delémont
Courroux
Vicques
Courrendlin
Courtételle
Develier
Bassecourt
Courfaivre
Moûtier
Gorges du Pichoux
Weissenstein 1284
Balsthal
Welschenrohr
Mont Raimeux
Passwang 1204
Waldenburg
Oensingen
Wiedlisbach
Wangen
Niederbipp
Dinkelberg
Goetheatrum
Gempen
Blauen
Röschenz
Zwingen
Dittingen
Hohe Winde 1204
Guldental
Sunnenberg
Leberen

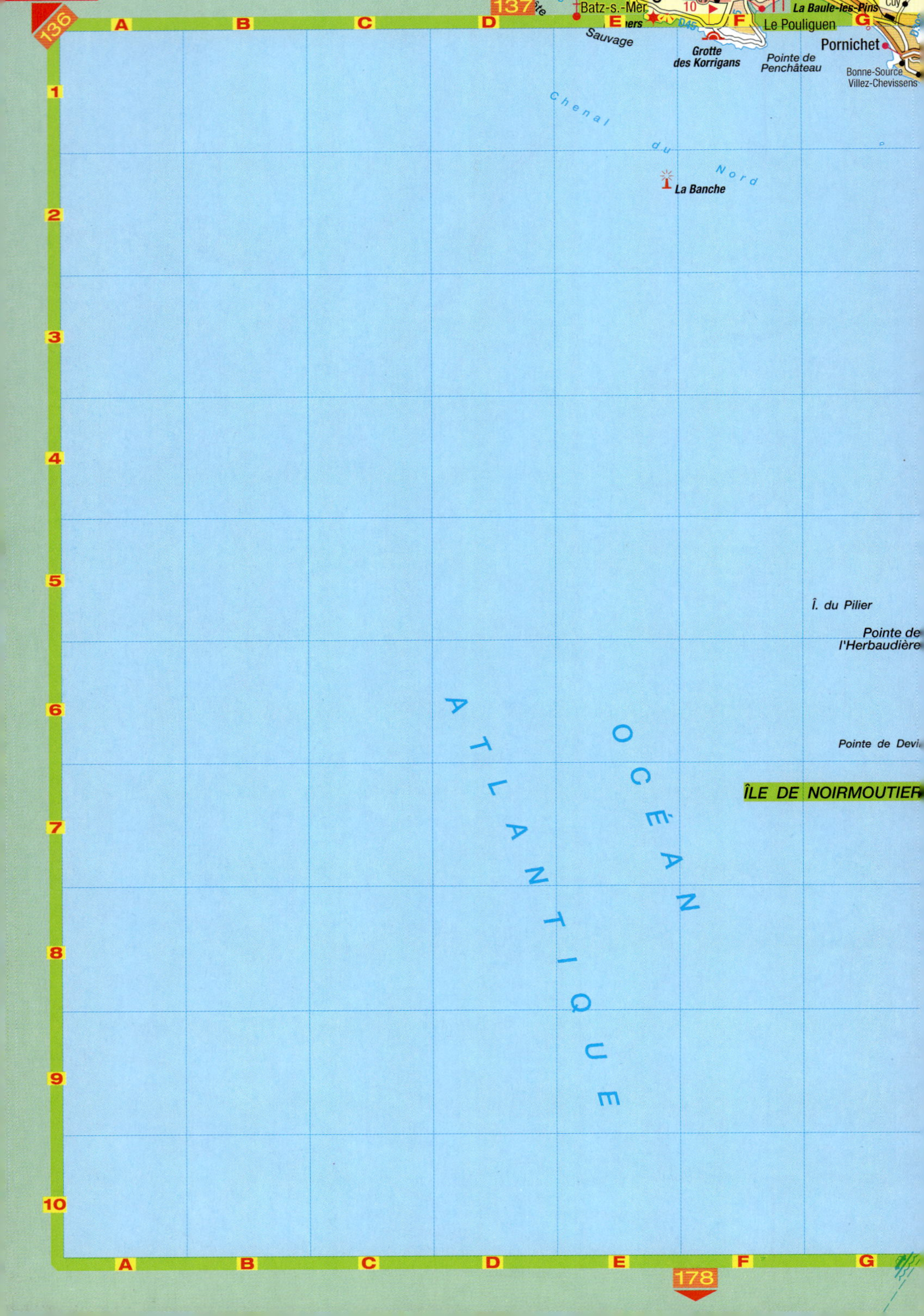
136
137
178
La Calebasse
Croisic
Plage Valentin
Batz-s.-Mer
Kervalet
Roffiat
La Baule-les-Pins
Le Pouliguen
Pornichet
Cuy
Sauvage
Grotte des Korrigans
Pointe de Penchâteau
Bonne-Source
Villez-Chevissens
Chenal du Nord
La Banche
Î. du Pilier
Pointe de l'Herbaudière
ÎLE DE NOIRMOUTIER
OCÉAN ATLANTIQUE

ST-NAZAIRE
Paimbœuf
Corsept
St-Viaud
Frossay
Cordemais
Le Tertre
Île du Massereau
St-Brévin-les-Pins
Mindin
Le Pointeau
L'Océan
Les Rochelets
L'Ermitage
Pointe de l'Aiguillon
Ste-Marguerite
St-Sébastien
Gavy
St-Marc
Pte de Chémoulin
Grand Charpentier
Chenal du Sud
St-Père-en-Retz
La Riverais
Le Prouaud
Vue
Rouans
Le Pé-de-Buzay
Cheix-en-Retz
La Sicaudais
La Pauvredrie
St-Michel-Chef-Chef
Le Redois
Tharon-Plage
Port-Giraud
Port-de-Gravette
La Richemondière
Barrage des Gâtineaux
La Plaine-s.-Mer
Pointe de St-Gildas
Préfailles
Port-aux-Goths
Côte de Jade
Pornic
Allée couverte
Portmain
Ste-Marie
Plage des Sablons
Plage Mombeau
Gourmalon
La Birochère
Dolmen de la Joselière
La Boutinardière
Forêt de Prince
Chauvé
Haute-Perche
Canal de Hte-Perche
Chéméré
Arthon-en-Retz
St-Hilaire-de-Chaléons
Ste-Pazanne
La Bernerie-en-Retz
La Sennetière
Pré-Vincent
Les Moutiers
Lanterne des Morts
Prigny
Baie de Bourgneuf
Grand Sécé
Pierre Moine
Rocher des Pères
Bourgneuf-en-Retz
St-Cyr-en-Retz
Fresnay-en-Retz
Machecoul
Noirmoutier-en-l'Ile
Tour Plantier
Plage des Souzeaux
Bois de la Chaise
L'Herbaudière
Luzéronde
La Madeleine
Le Grand-Viel
L'Épine
La Guérinière
Pointe de la Loire
Roches de la Loire
Barbâtre
La Frandière
La Fosse
Pointe de Poloux
Roches à Huîtres
Parcs
Bouin
Route praticable à marée basse
Passage du Gois
Beauvoir-s.-Mer
Bellevue
La Croix-Rouge
Le Petit-Fresne
Bois-de-Céné
Anc. abb. de l'Île-Chauvet
Châteauneuf
Marais de Machecoul
La Garnache
St-Gervais
Pointe de la Fosse
Pointe Notre-Dame-de-Monts
Fromentine
La Barre-de-Monts
Forêt des Pays de Monts
St-Urbain
Mouin de Rairé
La Croix-Verte
Sallertaine
Challans
Marais de Challans
Notre-Dame-de-Monts
Le Perrier
Le Vieux-Cerne
Chât. de la Vérie
La Tonnelle
Plage de la Tonnelle
Le Grand-Pinier
Soullans
St-Christophe-du-Ligneron
Plage St-Jean
138
178
179

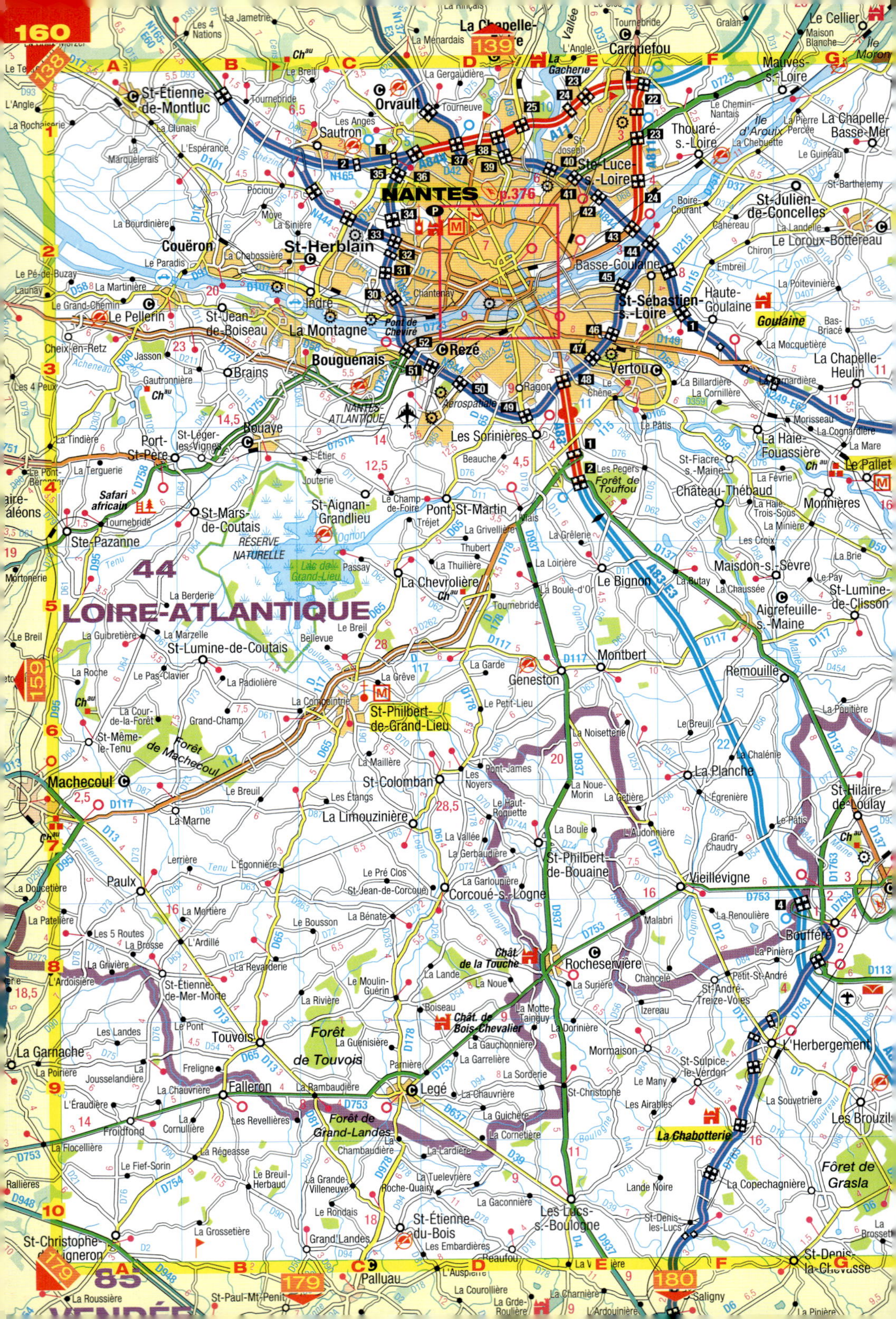

44
LOIRE-ATLANTIQUE
NANTES p.376
Orvault
Sautron
Carquefou
La Chapelle-sur-Erdre
St-Étienne-de-Montluc
Couëron
St-Herblain
Indre
Le Pellerin
St-Jean-de-Boiseau
La Montagne
Bouguenais
Rezé
Brains
Bouaye
Port-St-Père
St-Léger-les-Vignes
Ste-Pazanne
St-Mars-de-Coutais
St-Aignan-Grandlieu
Pont-St-Martin
Les Sorinières
Vertou
St-Sébastien-s.-Loire
Basse-Goulaine
Haute-Goulaine
Goulaine
St-Luce-s.-Loire
Thouaré-s.-Loire
Mauves-s.-Loire
Le Cellier
St-Julien-de-Concelles
Le Loroux-Bottereau
La Chapelle-Heulin
La Haie-Fouassière
Le Pallet
Château-Thébaud
Monnières
Maisdon-s.-Sèvre
Aigrefeuille-s.-Maine
St-Lumine-de-Clisson
Le Bignon
La Chevrolière
Lac de Grand-Lieu
RÉSERVE NATURELLE
St-Lumine-de-Coutais
St-Philbert-de-Grand-Lieu
Geneston
Montbert
Remouillé
La Planche
St-Hilaire-de-Loulay
Machecoul
St-Même-le-Tenu
Forêt de Machecoul
St-Colomban
La Limouzinière
St-Philbert-de-Bouaine
Vieillevigne
Corcoué-s.-Logne
Paulx
Rocheservière
Boufféré
L'Herbergement
St-Étienne-de-Mer-Morte
Touvois
Forêt de Touvois
Legé
Falleron
La Garnache
Froidfond
Forêt de Grand-Landes
Grand'Landes
St-Étienne-du-Bois
Les Lucs-s.-Boulogne
La Chabotterie
Forêt de Grasla
Les Brouzils
St-Denis-la-Chevasse
St-Christophe-du-Ligneron
Palluau
Safari africain
Aérospatiale
NANTES-ATLANTIQUE
Chât. de la Touche
Chât. de Bois-Chevalier
Forêt de Touffou
Mormaison
St-Sulpice-le-Verdon
Chauché
St-André-Treize-Voies
138
139
159
179
180
85

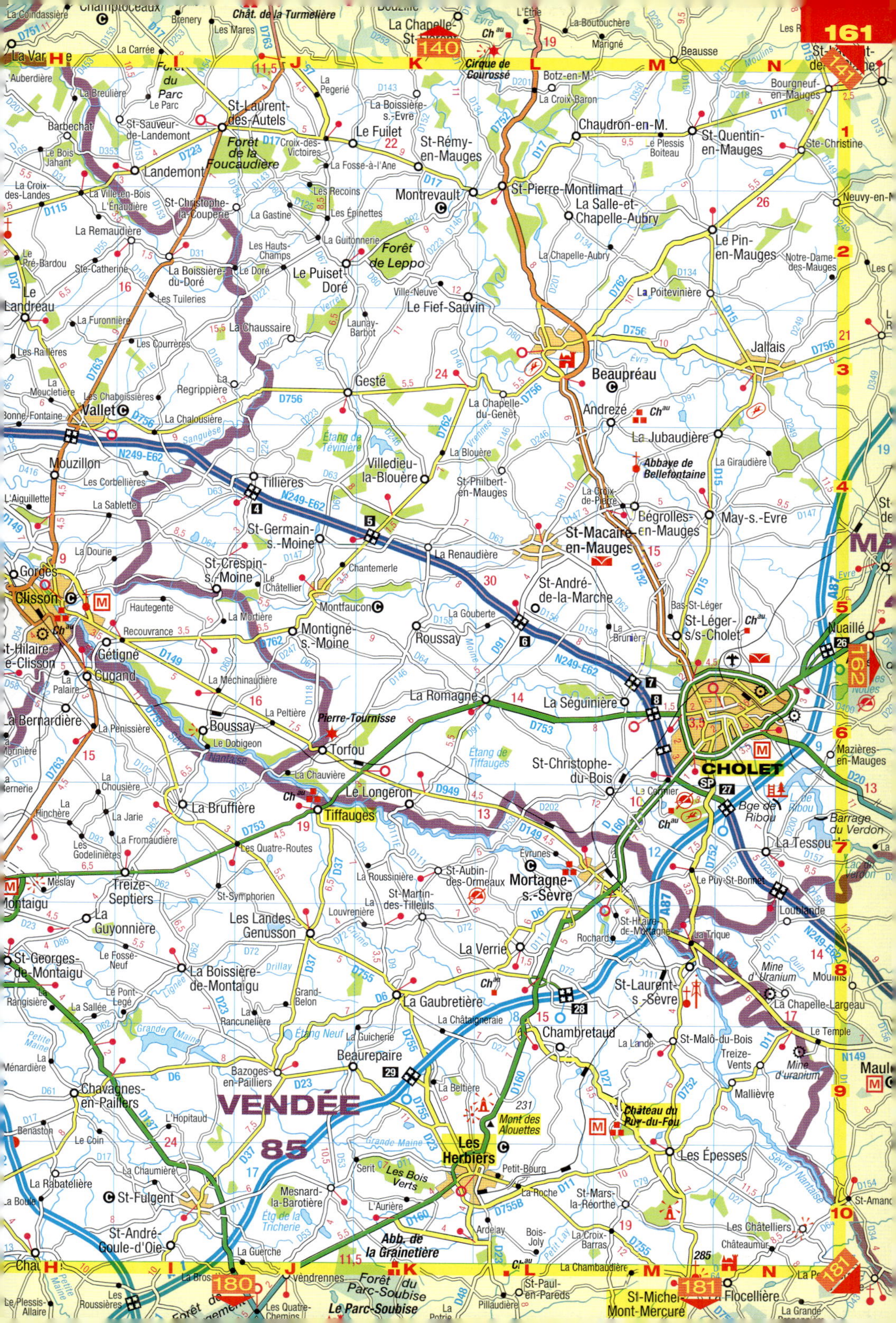

La Coindassière
Champtoceaux
Brenery
Les Mares
Chât. de la Turmelière
La Chapelle-St-Florent
L'Etre
La Boutouchère
Marigné
Beausse
Les R
La Varenne
La Carrée
Forêt du Parc
Le Parc
Cirque de Courossé
Botz-en-M.
La Croix-Baron
Bourgneuf-en-Mauges
St-Laurent-de-la-Plaine
L'Auberdière
La Breulière
La Pegerie
La Boissière-s.-Evre
St-Laurent-des-Autels
Barbechat
St-Sauveur-de-Landemont
Forêt de la Foucaudière
Croix-des-Victoires
Le Fuilet
St-Rémy-en-Mauges
Chaudron-en-M.
Le Plessis Boiteau
St-Quentin-en-Mauges
Ste-Christine
Le Bois Jahant
Landemont
La Fosse-à-l'Ane
Les Recoins
Montrevault
St-Pierre-Montlimart
La Salle-et-Chapelle-Aubry
Neuvy-en-M.
La Croix-des-Landes
La Ville-en-Bois
L'Enaudière
St-Christophe-la-Couperie
La Gastine
Les Epinettes
La Remaudière
Les Hauts-Champs
La Guitonnerie
Forêt de Leppo
Le Pin-en-Mauges
Le Pré-Bardou
Ste-Catherine
La Boissière-du-Doré
Le Doré
Le Puiset-Doré
La Chapelle-Aubry
Notre-Dame-des-Mauges
Le Landreau
Les Tuileries
Ville-Neuve
Le Fief-Sauvin
La Poitevinière
La Furonnière
La Chaussaire
Launay-Barbot
Beaupréau
Jallais
Les Raillères
Les Courrères
Regrippière
Geste
La Chapelle-du-Genêt
Andrezé
La Jubaudière
La Mouchetière
Les Chabossières
Vallet
La Chalousière
Bonne-Fontaine
Étang de Tévinière
La Blouère
Villedieu-la-Blouère
Abbaye de Bellefontaine
La Giraudière
Mouzillon
N249-E62
Les Corbellières
Tillières
St-Philbert-en-Mauges
La Croix-de-Pierre
Bégrolles-en-Mauges
May-s.-Evre
L'Aiguillette
La Sablette
St-Germain-s.-Moine
La Renaudière
St-Macaire-en-Mauges
MA
La Dourie
St-Crespin-s.-Moine
Le Châtelier
Chantemerle
St-André-de-la-Marche
Gorges
Clisson
Hautegente
La Mortière
Montfaucon
La Gouberte
Bas-St-Léger
St-Léger-s/s-Cholet
Nuaillé
St-Hilaire-de-Clisson
Recouvrance
Gétigné
Montigné-s.-Moine
Roussay
La Brunière
Cugand
La Palaire
La Méchinaudière
La Romagne
La Séguinière
La Bernardière
La Peltière
Pierre-Tournisse
Boussay
La Penissière
Le Dobigeon
Torfou
Étang de Tiffauges
St-Christophe-du-Bois
CHOLET
Mazières-en-Mauges
La Chousière
La Chauvière
Le Longeron
Le Cormier
Bge de Ribou
La Hinchère
La Bruffière
Tiffauges
Barrage du Verdon
La Jarie
La Tessoual
Les Godelinières
La Fromaudière
Les Quatre-Routes
Évrunes
Lac du Verdon
Mesnay
Treize-Septiers
St-Symphorien
La Roussinière
St-Aubin-des-Ormeaux
Mortagne-s.-Sèvre
Le Puy-St-Bonnet
Montaigu
La Guyonnière
Les Landes-Genusson
Louvrenière
St-Martin-des-Tilleuls
St-Hilaire-de-Mortagne
Loublande
La Trique
St-Georges-de-Montaigu
Le Fossé-Neuf
La Boissière-de-Montaigu
La Verrie
Rochard
Mine d'Uranium
Moulins
Rangisière
Le Pont-Légé
Grand-Belon
La Gaubretière
St-Laurent-s.-Sèvre
La Chapelle-Largeau
La Sallée
La Rancunelière
La Châtaigneraie
Chambretaud
Le Temple
Petite Maine
Grande Maine
Étang Neuf
La Guicherie
St-Malô-du-Bois
Treize-Vents
Maul
La Ménardière
Beaurepaire
La Lande
Mine d'uranium
Bazoges-en-Pailliers
Chavagnes-en-Pailliers
La Beltière
Mallièvre
VENDÉE
Mont des Alouettes
Château du Puy-du-Fou
L'Hopitaud
Benaston
85
Les Herbiers
Le Coin
Les Épesses
La Chaumière
Serit
Les Bois Verts
Petit-Bourg
La Rabatelière
Mesnard-la-Barotière
La Roche
St-Mars-la-Réorthe
Sèvre Nantaise
La Boule
St-Fulgent
L'Aurière
St-Amand
Étg de la Tricherie
Ardelay
Bois-Joly
La Croix-Barras
Les Châtelliers-Châteaumur
St-André-Goule-d'Oie
Abb. de la Grainetière
La Guerche
La Chambaudière
Chaillé
Vendrennes
La Brosse
Forêt du Parc-Soubise
St-Paul-en-Pareds
St-Michel-Mont-Mercure
Flocellière
Le Plessis-Allaire
Les Roussières
Les Quatre-Chemins
Le Parc-Soubise
Pillaudière
La Grande
140
141
162
180
181

140
141
161
181
182
A
B
C
D
E
F
G
1
2
3
4
5
6
7
8
9
10
MAINE-ET-LOIRE
49
Corniche Angevine
L'Onglée
Vallée
Ardenay
Manoir du Layon
St-Aubin-de-Luigné
Le Breuil
La Marzelle
Les Charbotières
Quincé
Raindron
Chemellier
Château de Brissac
Vauchrétien
Les Quilles
Étg de Montayer
La Gautrie
Les Bauchais
Pimpéa
Grézillé
La Bougonnière
Chaudefonds-s.-Layon
Chât. de la Haute-Guerche
La Motte
Forêt de Beaulieu
B. de Brissac
Les Alleuds
Ste-Christine
La Blinière
St-Lambert-du-Lattay
Le Plessis
Beaulieu-s.-Layon
Mont-Renault
Rablay-s.-Layon
La Touche
Faye-d'Anjou
N.-D.-d'Allençon
Étg des Moines
Les Sablons
Les Brosses
Le Grolay
Aligny
Saulgé-l'Hôpital
La Jumellière
Les Tailles
L'Espérance
La Bourdinière
Bonnezeaux
Les Chasnières
Le Champ-s.-L.
Le Pont
Thouarcé
St-Calais
Luigné
Noyant-la-Plaine
Neuvy-en-Mauges
Chanzeaux
Le Plessis
La Buffeaumoine
Chavagnes
Millé
La Vilaine
Sousigné
Linière
Ambillou-Château
Notre-Dame-des-Mauges
St-Lézin
St-Ambroise
Maison-Neuve
Faveraye
Les Loges
Les Caboumes
Orillé
L'Étang
Martigné-Briand
Brigné
La Grésille
St-Pierre-de-Chemillé
Étiau
Faveraye-Mâchelles
Cornu
Villeneuve
La Chapelle-Rousselin
La Sorinière
Joué-Étiau
Aubigné-s.-Layon
Maligné
La Raguenière
Chemillé
Valanjou
Mihoudi
La Touche
La Fromagère
Melay
Le Pont-Séneil
Tigné
Amigné
St-Georges-s.-Layon
Méa
Montilliers
La Fosse-de-Tigné
Tancoigné
Cernusson
Concourson
Cossé-d'Anjou
Le Voide
La Salle-de-Vihiers
Trémont
Cossé
Les Gardes
St-Georges-des-Gardes
Puy de la Garde 210
La Pouparderie
Vihiers
Le Coudray-Montbault
La Tourlandry
La Mesloire
Pont de Trémont
Le Baloir
Ligné
Coron
Le Bourneau
St-Hilaire-du-Bois
La Godinière
Trémentines
Vézins
La Trémouillère
Nueil-s.-Layon
Ft de Brignon
Les Cerqueux-s/s-Passavant
Passavant-s.-Layon
Nuaillé
Chanteloup-les-Bois
Les Poteries
La Reveillère
Cléré-s.-Layon
Foye
Forêt de Nuaillé
Étg des Noues
Étang de Péronne
Forêt de Vézins
Les Cerfs-Buissons
St-Paul-du-Bois
L'Ébaupinai
Les Gautrêches
La Plaine
La Raimbaudière
La Grossinière
Étang de Beaurepaire
Étang de Maumusson
St-Pierre-à-Champ
Les Places
Cimetière des Martyrs
Forêt de Maulévrier
Toutlemonde
Le Beugnon
La Gripière
Genneton
Mazières-en-Mauges
Bois d'Anjou
St-Nicolas
Cersay
Somloire
St-Maurice-la-Fougereuse
La Fougereuse
Ulcot
Barrage du Verdon
La Bretèche
Yzernay
Étang de la Maisonnette
Étusson
Étg du Magny
Bouillé-St-Paul
La Tessoualle
Maulévrier
Les Poisats
Château d'Ébaupinaye
Massais
Lac du Verdon
St-Pierre-des-Échaubrognes
Les Cerqueux
La Pommeraye
Les Foucheries
Les Roussières
Argenton-Château
Le Breuil-s/s-Argenton
Étang de Brunenères
Grifferus
La Sorinière
Les Houillerie
Boësse
Moulins
La Grande Touche
Les Aubiers
Sanzay
Chât. de la Durbelière
La Vacherasse
Moutiers-s/s-Argenton
La Chapelle-Largeau
St-Aubin-de-Baubigné
St-Clémentin
La Coudre
Vrillé
Le Temple
La Gare
Nueil-s.-Argent
Voultegon
L'Onglée
Coulonges-Thouarsais
Mine d'uranium
Mauléon
Rorthais
Le Frêne-Chabot
St-Aubin-du-Plain
Noirlieu
La Chapelle-Gaudin
Château Vermette
Taylan
Hétivault
La Ménie
La Petite-Boissière
Le Peu
Le Plessis
Chambroutet
La Tisonnière
Luché-Thouarsais
Beaulieu-s/s-Bressuire
Geay
St-Amand-s.-Sèvre
Combrand
Le Pin
La Faye
Brétignolles
Noirterre
Quingé
Le Haut-Bourg
La Billière
St-Porchaire
Étg de la ...
Breuil-Chaussée
Montravers
Cirière
Cerizay
Bressuire
Faye-l'Abbesse
La Grande
A87
N249-E62
N149
D960
D960bis
D748
D759
D938ter
D725

RÉGIONAL
PARC NATUREL
LOIRE - ANJOU - TOURAINE
PARC
NATUREL
RÉGIONAL
LOIRE - ANJOU - TOURAINE
Les Rosiers-s.-Loire
St-Georges-des-7-Voies
Gennes
Cunault
Donj.
Trèves-Cunault
Prieuré
St-Martin-de-la-Place
Boumois
Chênehutte-Trèves-Cunault
La Mimerolle
St-Lambert-des-Levées
Vivy
Neuillé
Blou
Brain-s.-Allonnes
Allonnes
St-Nicolas-de-Bourgueil
Bourgueil
Forêt de Milly
Bois de Denezé
Cave
Denezé-s/s-Doué
Louresse-Rochemenier
St-Hilaire-St-Florent
Bagneux
Saumur
Launay
Villebernier
Dampierre-s.-L.
Varennes-s.-Loire
Chouzé-s.-L.
Les Réaux
Doué-la-Fontaine
Forges
Les Ulmes
Distré
Varrains
Chacé
Souzay-Champigny
Parnay
Turquant
Montsoreau
Candes-St-Martin
Savigny-en-Véron
Avoine
Centrale nucléaire
Forêt de Fontevraud
St-Cyr-en-Bourg
Brézé
Fontevraud-l'Abbaye
Bois de Couziers
Abb. d'Asnières
Forêt de Brossay
Parc zoologique
Montreuil-Bellay
Le Puy-N.-D.
Chavigny
Manoir de la Devinière
Le Coudray
Pierre-Folle (Allée couverte)
Dolmen de la Font. du Son
Bouillé-Loretz
St-Martin-de-Sanzay
Argenton-l'Église
Les Trois Moutiers
Châ. du Bois-Gourmand
Loudun
Ste-Verge
Thouars
Ste-Radegonde
Donjon
St-Léger-de-Montbrun
Châ. Beauvais
Parc d'Oiron
Oiron
Tumulus
Cirque de Missé
St-Jean-de-Thouars
Mauzé-Thouarsais
St-Varent
St-Généroux
Pont
Moncontour
Martaizé
Forêt de Scévolles
Châ. de la Chapelle-Bellouin
Marnes
DEUX-SÈVRES
142
143
164
182
183

142
143
163
183
184
A
B
C
D
E
F
G
1
2
3
4
5
6
7
8
9
10
NATUREL RÉGIONAL
Landes de St-Martin
Forêt de Rochecotte
Langeais
Cinq-Mars-la-Pile
Joué-lès-Tours
Savonnières
Ballan-Miré
Grottes
Château de Villandry
Forêt de Villandry
Azay-le-Rideau
Château d'Azay-le-Rideau
Artannes-s.-Indre
Monts
Bourgueil
Restigné
Ingrandes-de-Touraine
St-Patrice
Bréhémont
Rivarennes
Cheillé
L'Islette
La Chapelle-s.-Loire
Château d'Ussé
Rigny-Ussé
Forêt de Chinon
LOIRE - ANJOU - TOURAINE
Les Réaux
Avoine
Huismes
Beaumont-en-Véron
St-Benoît-la-Forêt
Chinon
Landes du Ruchard
CAMP DU
MILITAIRE RUCHARD
Monument
B. des Étangs
Ft de Crissay
Villaines-les-Rochers
Manoir de Saché
Saché
Thilouze
Villeperdue
Manoir de Devinière
Cinais
St-Lazare
Rivière
Anché
Sazilly
PARC
Cravant-les-Coteaux
Panzoult
Collégiale
Avon-les-Roches
Crissay-s.-Manse
St-Épain
Château de Montgoger
Ste-Catherine-de-Fierbois
Le Coudray
Seuilly
La Roche-Clermault
Brétignolles
Tavant
L'Île-Bouchard
Prieuré St-Léonard
Crouzilles
B. de Boizé
Trogues
Noyant-de-T.
Ste-Maure-de-Touraine
Chapelle des Vierges
Ligré
Rivau
Marçay
NATUREL RÉGIONAL
Champigny-s.-Veude
Lémeré
Pouzay
LOIRE
ANJOU
TOURAINE
Richelieu
Chaveignes
Courcoué
Verneuil-le-Château
Rilly-s.-Vienne
Nouâtre
Marcilly-s.-Vienne
Abb. de Bois-Aubry
Port-de-Piles
Les Ormes
Dangé-St-Romain
Château de Marmande
Château de Mondon
Braye-s/s-Faye
B. de St-Gilles
La Roche-du-Maine
Monts-s.-Guesnes
St-Gervais-les-Trois-Clochers
VIENNE
86
Château de Valençay
Ingrandes
Forêt de la Guerche
Bois de Vératon
L'AQUITAINE
A10-E5
A85-E60

Tours
Forêt d'Amboise
Grand Étang Jumeaux
St-Avertin
Véretz
Leugny
Beau
Villefrault
Chambray-lès-Tours
Azay-s.-Cher
Nitray
Dierre
La Croix-en-T.
Mesvres
Civray-de-T.
Chenonceaux
Chisseaux
Chissay-en-Touraine
Montrichard
Bléré
Vaux
Coulommiers
St-Georges-s.-Cher
Les Serrauts
Chandon
La Chesnaye
Athée-s.-C.
Le Chêne Pendu
Ft de Larçay
Le Grais
Prieuré de St-Jean-du-Grais
La Touche
Bono
La Roche
Thoré
Chât. de Chenonceau
Francueil
Vrigny
La Chaise
La Vallée-Pitrou
Favrolles-s.-Cher
Parçay
La Lardière
Les Gués de Veigné
Le Lochereau
A85-E604
Couzières
Montbazon
Veigné
Esvres
Donjon
L'Hommais
Champgault
Truyes
Abb.
Cormery
Bois-Bidault
Le Vau
Monteriou
Épeigné-les-Bois
Villeneuve
Le Bois-Joubert
Étg de Brosse
Les Bergers
Neuillé
Bel-Air
Veneuil
Courçay
Rochers
Cigogné
Sublaines
Luzillé
B. de Beau Chêne
Chât. de Montpoupon
Céré
Sorigny
Hautée
Malabry
Toizay
Rouvre
Étg de la Hubaudière
La Roche
Le Liège
La Maillardière
St-Branchs
Reignac-s.-Indre
Nançay
Manoir de la Follaine
Chédigny
Hys
Les Fouassiers
Chât. de Biard-la-Chapelle
La Poste
Tauxigny
Café Brûlé
Azay-s.-Indre
Morillon
St-Quentin-s.-Indrois
Les Hauts-Millets
INDRE-ET-LOIRE
Beauvais
Montouvrin
Louans
Chambourg-s.-Indre
Forêt de Loches
Pyramide
Genillé
La Trillonnière
Chanteloup
La Clémencerie
Hab. troglodytiques
Les Bondis
Le Grand-Village
St-Bauld
Le Louroux
Étg du Louroux
Monfoué
Morignan
Dolus-le-Sec
L'Érable
Logny
La Corroirie
Chemillé-s.-Indrois
Le Carroir-Jodel
Manthelan
Chanceaux-près-Loches
Corbery
Ferrière-s.-Beaulieu
St-Jean-du-Liget
Chartreuse du Liget
37
Bossée
Étang du Fau
Étang des Bois
Chau Les Usages
Loches
Beaulieu-lès-Loches
INDRE-ET-L
Sennevières
Aubigny
Grillemont
La Chapelle-Blanche-St-Martin
L'Ouverdière
Les Pinsonnières
Mouzay
Morand
Vou
Perrusson
Les Hautes-Maisons
Les Fourneaux
St-Jean-St-Germain
St-Germain
Rigny
Bois de Beaugerais
La Gironnerie
Bournan
Chillois
Ciran
Varennes
La Fontaine
La Pinçonnière
St-Martin
St-Hippolyte
Les Bordes
Le Grand-Village
St-Paul
Bagneux
Cirvay-s.-Esves
Ligueil
Esves-le-Moutier
Étang Gargeau
St-Senoch
Verneuil-s.-Indre
Forêt de Verneuil
Bal on
Le Donjon
Val-de-Bœuf
La Motte-Blanche
Prouray
La Chaume
Cussay
Les Courtinais
Bridoré
Fléré-la-Rivière
St-Cyran-du-Jambot
La Vernaterie
La Bataillerie
Le Châtelier
Ferrière-Larçon
Les Cornetteries
La Bauchetière
Le Bois-Ferraud
Neuilly-le-Brignon
Paulmy
Betz-le-Château
La Brissaudière
Châtillon-s.-Indre
Descartes
St-Jacques
La Courance
Ste-Jullite
St-Flovier
St-Remy-s.-Creuse
Mont Garni
Forêt de Ste-Jullite
La Guerrière
St-Saturnin
La Salle
L'Estrac
Le Breuil-aux-Gittons
Chât. de l'Île-Sa
Rives
Abilly
La Chaise
Mazières
Le Crançay
La Celle-Guenand
Chât. du Grand-Pressigny
Le Petit-Pressigny
La Belletière
La Côte
Le Grand-Pressigny
Ville-Plate
La Jarrie
Obterre
Cléré-du-Bois
La Richaudière
Étang de l'Île
Murs
Leugny
Étableaux
Charnizay
Les Bertrands
Les Vigeants
B. des Courtis
Limeray
RÉSERVE ZOOLOGIQUE DE LA HAUTE-TOUCHE
Preuilly
Villiers
Chât. de la Guerche
La Guerche
La Petite Guerche
Les Gaudiaux
Étang Neuf
Forêt de
L'Ougerie
Chaumussay
Le Tronçay
La Pelonnière
La Caillonnière
Groie
Barrou
Mairé
Preuilly-s.-Claise
La Sebiossonière
Carcot
Montbron
144
145
166
184
185

166
144
145
165
185
186
A
B
C
D
E
F
G
1
2
3
4
5
6
7
8
9
10
Montrichard
Bourré
Vineuil
Monthou-s.-Cher
Châ. du Gué-Péan
Ruines romaines
Thésée
Choussy
Le Gros-Chêne
Étang de Bonneuil
Rougeou
Boizardière
Lassay-s.-Croisne
Châ. du Mc
Étang de Paris
Beauchêne
Chémery
Étang de l'Arche
La Guerinière
Gy-en-Sologne
Pruniers-en-Sologne
Manoir de Beauregard
Méhers
Les Beaussiers
La Vilatte
Ballenette
La Demangerie
Angé
St-Julien-de-Chédon
Faverolles-s.-Cher
Le Pernas
Pouillé
Avigné
La Piladuière
St-Romain-s.-Cher
Forêt de Gros-Bois
Étang des Barons
Les Chemineaux
Billy
Saugirard
Le Theil
La Bondice
La Gendretière
Turpinay
La Maltière
La Pouvarderie
La Billette
Chêne-Gauthier
Peumen
Bray
Monteriou
Mareuil-s.-Cher
Noyers-s.-Cher
Les Mardelles
La Haie-Jallet
Le Pont-de-Sauldré
Fourchaud
Selles-s.-Cher
Gièvres
Anc. abb. d'Aiguevive
Bois d'Aiguevive
La Mahaudière
Les Bonneaux
La Chardoisie
La Céverie
St-Aignan
La Rue
Châtillon-s.-Cher
Les Avrays
Champcol
Launay
Chabris
Bel-Air
Châ. de Montpoupon
Céré-la-Ronde
La Janvrie
Seigy
Couffi
Varnay
Meusnes
Le Berquin
La Vernelle
Parc ornith. de Beauval
Villequemoy
Poulas
Porcherioux
Les Touches
Maillardière
Bonnigal
Les Bucherons
Châteauvieux-le-Graveux
Pointeau
Lye
Le Musa
Chevenet
Les Isserteaux
Menetou-s.-Nahon
Le Pertuis
Forêt de Brouard
Châ. de Biard-la-Chapelle
Orbigny
Le Chaillou
Le Graveux
Les Vallées
Les Moreaux
Chamberlin
Fontguenand
Varennes-s.-Fouzon
Les Hauts-Millets
Lucioux
La Tiercerie
Les Gouards
L'Épinat
Parpeçay
Bois-Gachet
Train
La Frottière
Les Péguets
Villentrois
Gatinette
Le Petit Riau
La Bruère
Beaumont-Village
Les Vezardières
La Pinotière
Mossay
Faverolles
Les Sicaudières
Forêt de Gâtine
Jumeaux
La Chapelle
Ste-Cécile
Chanteloup
La Clémencerie
Bourdinière
Chemillé-s.-Indrois
Montrésor
Anc. abb. St-Sauveur
La Grenouillère
Valençay
Bas-Bourg
Le Plessis
La Roche
Poulaine
Le Grand-Chambonais
Espaillat
Villeloin-Coulangé
Nouans-les-Fontaines
Les Corbeillères
Châ. de Valençay
Bas-Méray
Forêt de Garsenland
Chartreuse du Liget
La Challerie
Forêt de la Tonne
Luçay-le-Mâle
Fertay
Les Gauthies
Sempies
Le Petit-Chambon
INDRE-ET-LOIRE
37
Villebaslin
Montiange
La Galtière
Chaud-Buisson
Les Garniers
Veuil
Le haut-Ray
Garsenland
La Saulée
Les Charons
Village-Babault
La Mazère
Les Bruyères
La Foulquetière
Terre-Neuve
Vicq-s.-Nahon
La Taupellerie
Loché-s.-Indrois
La Péchaudière
Écueillé
La Ferrière
Bourgneuf
Le Gros-Chêne
La Gironnerie
Le Rein-du-Bois
Châ. de la Naudière
La Bigotière
La Forêt
Rouillecoutea
Bois de Beaugerais
Le Pain
L'Écoublère
La Morlière
La Mercerie
Langé
La Brissonnère
Les Rouges
Le Grand-Village
Rouvres-les-Bois
Villedômain
Hervault
Entraigues
Baudres
Plaineffe
Gehée
Bois de St-Paul
Bois de Levroux
Châ. de Bouges
Bouges-le-Chât
La Petite-Roche
Le Grand-Village
St-Paul
Les Bourdins
Bois de Champ d'Oiseau
Jeu-Maloches
Jarzay
B. de Moulins
La Motte-Blanche
Bois du Brandon
Préaux
Les Perreaux
Le Gardon-Frit
Selles-s.-Nahon
Gros-Chêne
Abb. N.-D.-du-Landais
Bois de Ferrières
Moulins-s.-Céphons
Bouffegenet
Cyran-du-Jambot
Bois des Palulais
Le Carroir
Heugnes
Frédille
Mazaire
Le Méez
St-Médard
Audière
Les Barreaux
St-Martin-de-Lamps
La Pierre
Chamblay
Donjon
Vauvert
Vaux
Pellevoisin
La Biaiserie
Bois du Landais
Parceau
La Roche
Levroux
St-Phalier
Les Roches
Bois de Paray
La Chaumette
Les Landes
La Cocandière
Villegouin
Le Mée
Juscop
Champillé
Breuil
St-Pierre-de-Lamps
Sougé
Semblançay
Le Tranger
Le Breuil-aux-Gittons
L'Estrac
Châ. de l'Île-Savary
La Presle
Petit-Juscop
Bel-Air
La Bonduaire
La Cigogne
INDRE
36
Clion
Villebernin
Palluau-s.-Indre
Breteau
Argy
Francillon
La Côte
Luché
Onzay
Marteau
St-Genou
B. de Chaume
Les Bunes
Villours
Bois de Villegongis
La Grande-Rivière
Mont
Lanterne des Morts
La Brigaudière
La Coudre
Varanne
Châ. de Villegongis
Murs
Le Tremblais
Baugerai
Les Brûères
Launay
St-Étienne
Heurtebise
Fouillereau
Villegongis
Bois de la Chanteloup
Arpheuilles
La Bourdaisie
La Paudière
Buzançais
St-Lactencin
Vineuil
Villiers
La Tremblais
Bois-Septier
Chézal-Thibault
Chezelles
L'Herbure
Monbasson
Le Chatelier
Bois du Deva
Villevassol
Villers-les-Orm
Saulnay
Cigogne
Grande Maison
Habilly
Les Bruyères
Malataverne
Chambon
La Chatonnière
Bondeau
Le Poyou
Villedieu-
Villechaise
Montbron
La Girardetterie
La Ronde

146
147
168
186
187
H
I
J
K
L
M
N
1
2
3
4
5
6
7
8
9
10
Romorantin-Lanthenay
La Ferté-Imbault
Villeherviers
Les Tourneux
Mieraudt
Les Vaux
Étang du Marcassin
Nançay
La Richaudière
St-Marc
Bourdaloué
La Guérinière
La Loge
La Gravette
Sanges
Bois-aux-Frères
Bailly
Les Bretets
La Brillière
Theillay
Lojon
Le Chalumeau
Fontenay
La Grange-au-Rouge
Villefranche-s.-Cher
Les Tréchis
La Bajolerie
A85-E604
Le Chêne-Vert
Langon
Mennetou-s.-Cher
Boucharimbault
La Borne
Orçay
St-Julien-s.-Cher
Le Grand-Village
La Pécherie
La Chapelle-Montmartin
St-Loup
Breuzette
Châtres-s.-Cher
Les Brosses
Forêt de Vierzon
Les Galliers
Le Gros-Bois
Les Quenets
Thénioux
Les Agards
Rond-Point de l'Étoile
Les Goujonneaux
La Chevrollière
Les Huets
La Charonnerie
Maray
Les Forges
Charnay
Les Augeons
Les Goujons
Les Barres
Méry-s.-Cher
Village-d'en-Haut
Les Bourrelières
Tailles de Ruines
Les Ocreries
Les Petits-Berteau
Chêne St-Louis
Coulommiers
Les Bézards
Les Belliards
Les Bourdins
St-Georges-s.-la-Prée
Vierzon
La Croix
Sembleçay
Cornereau
Le Plessis
Le Briou
La Carmelletrie
La Charterie
La Chaume
Château de Maison-Fort
Vierzon-Forges
Chevry
Les Chézeaux
La Rochère
Étg des Sceps
La Grande Lœuf
St-Hilaire-de-Court
La Giraudière
Les Pichons
Dun-le-Poëlier
La Boulaye
La Mornetterie
Vignoux
Gauffrin
Anjouin
Louriere
Genouilly
Autry
St-Christophe-en-Bazelle
Haut-Bourg
Bellefide
La Coudre
Le Tronçay
Le Bois-d'Olivet
Madrolle
La Racaudière
Bagneux
La Baudière
Les Maisons-Rouges
Maurepas
Dampierre-en-Graçay
Gy-le-Grand
St-Martin-de-Cour
Les Bruns
Brinay
Givry
Les Mazères
Alnay
Foëcy
Princay
Les Brioux
Imbry
Le Lac-Clair
Ste-Catherine
Loumet
La Boirie
Beauregard
Mousselas
La Poterie
Le Champ-Martin
Le Grand-Boisfort
Le Port
Fosse
Forêt de la Vernusse
Les Bonnetas
Beauregard
La Provenchère
Le Briou
Mereau
Le Tremblay
Aubigny
Orville
Graçay
Massay
Les Brosses
Grand-Villain
Villechauvron
Villaine
Anc. abb.
Buxeuil
Les Fouages
St-Outrille
Nohant-en-Graçay
Chavannes
Lury-s.-Arnon
Cornançay
Les Mineaux
Bois de St-Outrille
Coulon
La Ray
Quincy
Forêt de Vatan
Lenay
La Pommaille
Chéry
Chante-Renard
Mérou
Maurepas
Cerbois
Reboursin
Villon
Binfou
Aize
La Chaponnerie
Les Orgeries
Boitier
Ville-Perdue
La Villeneuve
Bois de Guilly
Vornault
Cermelle
St-Pierre-de-Jards
La Cour-au-Gilet
Preuilly
Le Creuset
Le Bois-St-Denis
Reuilly
Le Carroir
Les Morins
St-Florentin
Meunet-s.-Vatan
Lucay-le-Libre
La Terchauderie
Les Lats
Guilly
La Chesnaye
Vatan
Bertigny
Pouligny
La Foye
Pouzelas
La Ferté
Lazenay
Limeux
Fontenay
La Chapelle-St-Laurian
Giroux
L'Orme-Dur
Chezeau
L'Érable
Prenay
Paudy
Mérolles
Diou
Les Cecuas
Le Souchet
Chézeaux
Les Michots
Fontbon
Poncet-la-Ville
Pied-de-Bois
Poisieux
Plou
La Ronde
Ménétréols-s/s-Vatan
Vœu
Mignу
Le Bouchet
Liniez
Les Marais
Beauvoir
Bignoux
La Genevraie
Brouillamnon
Cigognolles
Rouze
Néroux
Les Monts
Ste-Lizaigne
Bretagne
Chantorin
Châtillon
Bellevue
Villeneuve
L'Épinière
St-Georges-s.-Arnon
Thizay
Le Grand-Entrevin
Grand-Grangeneuve
Barillon
Brisevent
Pouillaux
Villiers
Charost
Les Lagnys
Lizeray
Les Bordes
Le Coudray
Grand-Veau
Valière
L'Occitane
La Vieille-Épine
Chasseigne
Saugy
Brion
St-Denis
Avail
Civray
Issoudun
Chinault
St-Valentin
La Maison-Neuve
Clois
Tassay
Arnaises
La Champenoise
Les Loges
St-Aoustrille
St-Ambroix
La Pillourde
Chapelle
Villefavant
Les Barreaux
Le Rainçay
St-Hilaire
La Chignaterie
Champlait
Bois de St-Martin
La Presle
Villesaison
Chouday
Théry
Bois de la Prée de Luc
Jean-Varenne
Vilaine
Praslay
Brissantier
Bois de Ballay
Les Épinettes
Les 4-Routes
Prault
Coings
La Bussière
Les Villerais
Ségry
Gouers
Mareuil-s.-Arnon
Angeray
Neuvy-Pailloux
Marande
Le Fay
Notz
Condé
Montierchaume
Céré
Lison
St-Léger
Les Sarrays
Levée de César
La Foucherine
La Pouge
Nouan
Mesmain
Boislarge
Les Loges
Crevant
Ste-Fauste
La Motte
Bois de Chatin

146
147
167
187
188
A
B
C
D
E
F
G
1
2
3
4
5
6
7
8
9
10
Nançay
Le Vieux-Nançay
Les Petits-Coulons
Neuvy-s.-Barangeon
La Grande-Garenne
Les Breuzioux
La Petite Grêlerie
Fontenay
Sange
Le Béchignol
Méry-ès-Bois
Les Guépins
Les Laudois
La Chapelle-d'Angillon
d'Ivoy
La Verrerie
Ivoy-le-Pré
La Chapelotte
B. de Beaujeu
Bois de Beaujeu
Sens Beaujeu
Les Girardins
Etg de Morue
Boisbelle
Henrichemont
Les Grimonets
Le Point-du-Jour
Bois d'Henrichemont
Bois d'Humbligny
Les Châtelets
Les Jean Mille
Les Sigurés
Les Poteries
La Borne
Motte d'Humbligny
431
La Motte
Humbligny
Lass
Les Pézards
Chât. de Maupas
Morogues
La Mothe
Anc. abb. de Loroy
Les Gaudins
Chêne
Les Bassinières
Forêt de St-Palais
Les Loges
Les Théibaults
Les Poteries
Achères
Les Simonneaux
Bois de Menetou
Étang Neuf
Menetou-Salon
Derrière-la-Forêt
Les Faucards
Parassy
Les Harraults
Aubinges
Ruelle
Croisines
St-Céols
Chaumont
Valentigny
Les Aix-d'Angillon
Bussèdes
Rians
Séry
Vilaine
Forêt de Vouzeron
Vouzeron
Lafard
Le Grand-Milanfroy
Mitterand
Le Barangeon
Pic-de-Montaigu
Les Bardys
Les Crots-de-Veaux
Les Moulins
Quantilly
Les Rousseaux
Chezou
La Rongère
Beauvais
Le Grand-Village
La Lœuf-du-Houx
Rond-Point de l'Étoile
Les Tierceaux
Chêne St-Louis
Les Girards
Forêt d'Allogny
Allogny
Les Rousseaux
St-Palais
St-Martin-d'Auxigny
St-Georges-s.-Moulon
Pigny
La Margauderie
St-Laurent
Le Village-aux-Rois
La Prinquette
Boursac
Anc. prieuré
Vignoux-s.-Barangeon
La Minauderie
Brean
Les Moreaux
Crétet
Bourgneuf
La Rose
Vignoux-s/s-les-Aix
Les Bois-des-Vèves
Le Roulier
Soulangis
Le Genetois
La Chaumelle
Les Poiriaux
Les Varennes
Allouis
Foëcy
Beauregard
Chancenay
L'Arnon
d'en-Haut
Rhin-du-Bois
d'en-Bas
Château-Vert
La Pierre de Lu
La Touche
Mehun-s.-Yèvre
Vendegond
La Rongère
Les Clous
Vasselay
La Jonchère
St-Éloy-de-Gy
Fonland
Villeneuve
Lizy
St-Michel-de-Volangis
Les Chaumes
Fussy
Les Nointeaux
Villemont
Guilly
Montifaut
Mazière
Bouy
Ravenaise
Asnières
Le Grand-Mesnil
La Fringale
Ste-Solange
Bois des Brosses
Brécy
Les Colins
Quincy
Tour
Barmont
Prêle
Graire
Berry-Bouy
St-Doulchard
Nérigny
St-Germain-du-Puy
Bellevue
La Poste
Bois Callo
Sommé
La Motte
Marmagne
Les Rivages
Fenestrelay
Villemenard
Maubranches
Nohant-en-Goût
Prouzier
Le Briou
Les Perriers
Ville-Perdue
Preuilly
Le Carroir
Marmignolle
Anc. Voie Romaine
Le Coudray
Vouzay
Palais Jacques-Cœur
Soires
Chalusse
Moulins-s.-Yèvre
Sous-la-Cour
Bois de l'Hospice
Champ de Tir
Fargès-en-Septaine
Bel-Air
Bertigny
Ste-Thorette
Fublaine
Les Chaumes
Cors
Châron
Pierrelay
La Chapelle-St-Ursin
BOURGES AÉROSPATIALE
BOURGES
Osmay
Le Préau
Augy
Camp d'Avord
Lazenay
Carrières-du-Château
Grand-Villeboeuf
La Thibauderie
Savigny-en-Septaine
Terrieux
Avord
Le Souchet
Prunet
Bois de la Corne
Romaine
Morthomiers
Pisse-Vieille
Gionne
Givaudins
Soye-en-Septaine
Champ de Tir
Bois de Soye
Crosses
Villeneuve-s.-Cher
Bois du Palais
Le Sollier
Grenouillat
Le Cabaret
Coulon
Les Joncs
St-Martin
St-Just
Jussy-Champagne
Le Bouchet
Châtillon
Subdray
Trouy
La Margelle
Le Tronçay
Les Brissets
Plaimpied-Givaudins
Le Colombier
La Suée
Le Grand Entrevin
St-Florent-s.-Cher
Chamfrost
Valencins
Lazenay
Bois de Faim
Le Coudray
César
La Garde
Verrières
Bois de St-Pierre
Le Bertray
Vornay
Massœuvre
Rosières
Bois-Ratier
St-Caprais
Grand-Jarien
Lissay-Lochy
Feularde
Annoix
Civray
Levée
Arçay
Lochy
Bois Margot
Bois-Chagnat
Montavelange
Senneçay
La Roulette
La Louze
La Vergne
Soulangy
Vorly
Chailleux
St-Denis
Osmery
Le Grand-Malleray
Belle-Chaume
Chanteloup
Lunery
Grand-Chemin
Louy
Villardieu
Le Clou
Le Pressoir
Chât. de Bois-Sir-Amé
St-Denis-de-Palin
La Chaussée
Bergeries
La Pillourde
Lapan
Levet
Villaine
Ste-Radegonde
St-Chevrais
L'Échalusse
Lunerette
Ste-Lunaise
Forêt de Soudrain
Montereau
Chezal-Chauvier
St-Germain-des-Bois
Nizerolles
Lantan
Bois de St-Martin
Primelles
Forêt de Thoux
La Roche
La Brosse
Les Cours
Bussy
Ballay
Villiers
Effes
Corquoy
Celon
Poil-Vilain
Dun-s.-Auron
Le Coudray
St-Marceau
Cilly
Mareuil
Thoux
Senneuelles
La Foule
Le Petit Malleray
Bois de Grosse-Pierre
Les Forges
Bois de Bouard
La Chapelle
La Périsse
Marais de Contres
Les Granges
Mesnains
La Bouloie
Corquex
Les Brosses
Bouard
La Pierre
Contres
Malçay
Lavineux
Villers
Les Pruneaux
Coudron
La Chapt
A71-E11
N151
N142
D2144
D2076
D940
D944
D976
D955

Sancerre
St-Satur
Ménétréol-s/s-Sancerre
Thauvenay
Pouilly-s.-Loire
Chât. de Nozet
Chât. de la Grange
Chât. de Boucard
Menetou-Râtel
Sens-Beaujeu
Crézancy-en-Sancerre
Neuilly-en-Sancerre
Neuvy-Deux-Clochers
Veaugues
Bois de Veaugues
Bois du Grand Libon
Herry
La Charité-s.-Loire
Forêt de Bellary
Forêt des Bertranges
Côtes Nivernaises
Sancergues
St-Martin-des-Champs
Charentonnay
École d'Agriculture
Jussy-le-Chaudrier
Chaulgnes
Pougues-les-Eaux
Varennes-Vauzelles
Garchizy
Fourchambault
Marzy
Nevers
Baugy
18
CHER
Bois des Usages
Étréchy
Azy
Nérondes
Bengy-s.-Craon
La Guerche-s.-l'Aubois
Jouet-s.-l'Aubois
Marseilles-lès-Aubigny
Cours-les-Barres
Bois des Ribaudières
Pont-Canal
Apremont-s.-Allier
Bois d'Apremont
Challuy
Raymond
Blet
Ourouer-les-Bourdelins
Germigny-l'Exempt
La Chapelle-Hugon
Lugny-Bourbonnais
Donjon
Anc. abb.
Torteron
Grossouvre
N151
N7
A77
D976
148
149
188
189
170
H
I
J
K
L
M
N
1
2
3
4
5
6
7
8
9
10

170
148
149
169
189
190
58
NIÈVRE
A
B
C
D
E
F
G
1
2
3
4
5
6
7
8
9
10
Le Vaudoizy
Les Coignets
Menou
Châț. de Corbelin
Chantemerle
Villiers-le-Sec
Thurigny
Amazy
Champagne
Cuzy
Vignol
Tannay
Le Buisson
Buzy
Monts
Varzy
Vesvres
Charlay
Mhers
Beuvron
Cervenon
Flez-Cuzy
Les Lacs
Forêt d'Arcy
Oudan
Villiers-s.-Beuvron
Lys
La Creuse
St-Didier
Monceaux-le-Comte
de Donzy
Colmery
Chauffour
Le Châtelet
Paray
Les Duprès
Les Bouquettes
Les Grisenons
Mignv
Fly
La Roche
Bois du Grand Griffe
Égl.
Talon
La Coudraye
Ferrières
Bois des Forts
Cessy-les-Bois
Le Beauchot
Dreigny
Forêt de Bouhy
Remilly
Marcy
Parigny-la-Rose
Grenois
Mont.
Dirol
Villarnaud
Couthion
Bondieuse
St-Malo-en-Donziois
Coeurs
Les Masserons
Hubans
Asnan
Challement
Forêt
Les Carrés
Bourras-la-Grange
Taconnay
Cray
Sauvigny
M.F.
Les Pontots
Champeau
Chevannes-Changy
Mouchy
La Brosse
Marigny-s.-Yonne
de Bellary
Fonfaye
Corvol-d'Embernard
Courcelles
Moraches
Germenay
Les Taules
Le Château
Champlemy
Neuville
Chazeuil
Les Brosses
Brinon-s.-Beuvron
Agriez
Chitry-les-Mines
Bois des Garennes
Châteauneuf-Val-de-Bargis
Thouez
Bussy-la-Pesle
Michaugues
Hery
Chaumot
Nannay
Chamely
Forêt de Charnouveau
Authiou
Treigny
Olcy
Dompierre-s.-Héry
Grand-Guichy
Chaume
Vassy
Soffin
Beaulieu
Arbourse
L'Hôpitot
Arzembouy
Arthel
Champlin
Thory
Chanteloup
Ardan
CÔTES DU NIVERNAIS
Coulisse
Chasnay
Dompierre-s.-Nièvre
St-Bonnot
Neuilly
Les Bordes
St-Germanges
Fontaraby
Les Maures
Noison
Champallement
Flassy
Pazy
Ancray
St-Lay
Montigny
Marciges
Guipy
Prélichy
Gagny
Les Grands Bois
Giry
Butte de Montenoison
Site gallo-romain
Le Pré
Mouches
Le-Bas-de-la-Celle
La Grange-Mouton
Le Bois-de-Giry
Montenoison
Brèches
Beaumont
Mauvrain
Gipy
St-Révérien
Busseaux
Les Angles
Vitry-Laché
Étang Neuf
La Celle-s.-Nièvre
Oulon
Sancenay
Forêt de Troncay
Murlin
Ponts-de-Beaumont
Moussy
Assars
Laché
Vaux
Étang Gouffier
Les Bois-de-Beaumont
Ft de Prémery
Nantin
Doudoye
Boulon
Marolles
Étang de Vaux
La Collancelle
Forêt des Grands Bois
Beaumont-la-Ferrière
Les Chaumes-Grand-Jean
Vilaine
Sancy
Étg d'Aron
Étang de Baye
Prémery
Breuil
Lurcy-le-Bourg
Bois de St-Franchy
Crux-la-Ville
Jailly
Baye
Mouas
Sichamps
Cervenon
Les Badières
Les Faux
Les Guérignaults
Meure
Pourcelange
Sangué
Les Maisons-du-Bois
Bussière
Bazolles
St-Aubin-les-Forges
Le Grand-Rigny
Ligny
St-Franchy
Marmantray
Les Vallées
Les Gobets
Leuzat
Montpillard
Bertrange
La Belouse
Les Granges
Les Jaults
Étg du Merle
Bussy
Selins
Frasnay
Ft de Poiseux
Poiseux
Acole
Parelle
Orbec
St-Benin-des-Bois
St-Martin
Signal de Beauregard
Pouzy
Forge-Bas
Nolay
L'Abbaye
Ste-Marie
Mont-Chenu
Roche
Mauvron
Prunevaux
Chauprix
Bois de Mauboux
La Mignonnerie
Varigot
St-Saulge
Montat
St-Maurice
Percenay
Ft de Guérigny
Martangy
Giverdy
Jailly
La Longenne
Mont-et-Marré
Pinay
La Quellerie
Arriault
Chevrenot
Parigny-les-Vaux
Guérigny
Mauboux
Ranceau
Champaudon
Nyon
Lichy
Montapas
Demeures
Balleray
Forges
Agland
Étang Neuf
Sanizy
Espeuilles
Boulorges
Les Vannes
Sauvage
Apiry
Ourouër
St-Sulpice
La Motte
Bona
Pornas
Les Loges
Neuzilly
Berniere
Varennes-Vauzelles
Passy
Méard
La Bretonnière
Saxi-Bourdon
Le Creuzet
Châtillon-en-Bazois
Le Greux
St-Martin-d'Heuille
Cognan
Huez
Le Taillis
Grand-Champ
Urzy
Machigny
St-Firmin
Alluy
Pignelin
Le Gué-d'Heuillon
Baugy
Bligny
Les Sept-Voies
Les Simonots
La Barre
Petit Chatenay
La Fontaine
Feuille
Nanton
Sémelin
Patry
Abrigny
Chassy
Montigny-aux-Amognes
Meulot
Sury
Chevannes
Rouy
Perranges
La Condemaine
Les Saules
Bois de Venille
Champ de Tir
Noille
Chérault
Billy-Chevannes
Conseuille
Grand Touteuille
Maupertuis
St-Jean-aux-Amognes
Taille
Châț. de Vesvres
Biches
Coulanges-lès-N.
Deux-Villes
Ségoule
Servandet
Versille
Trangy
Aubeterre
Criens
Frasnay-Reugny
Tintury
Chaume-Brindiau
Villeneuve
Mouesse
Bois de Sauvigny
St-Péraville
St-Benin-d'Azy
Cizely
La Perrière
Ft de Vincence
Nevers
Forge
Bois de Cigogne
Valotte
Le Petit-d'Izy
Mousseau
Sauvigny
Fleury-la-Tour
St-Éloi
Sauvigny-les-Bois
La Fermeté
Limon
Faches
Crécy-s.-Canne
Fertrève
Antoine
Bois de Landre
Longboue
Chassy
Anlezy
Bussières
Crot-de-Savigny
Thiernay
Curty
Le Petit-Lugue
Ville-Langy
La Vallée
Challuy
Sermoise-s.-Loire
Prye
Marcilly
Forêt des Minimes
La Tuilerie
La Chapelle
Les Rondes
Montigny-s.-Canne
Plagny
Chevigny
Imphy
Bois de Riat
Sardolles
Langy
Les Tonins
Bois de Sardolles
Beaumont-Sardolles
Bois de Thianges
Babise
Diennes-Aubigny
Prasle
B. de Faye
Chevenon
Les Communes
Les Perdriats
Trois-Vèvres
Les Ribelets
Les Fromajots
Poisson
Thianges
Aubigny-le-Chétif
Le Brignon
Bée
Grand-Vernay
Les Essards
Le Nurtiat
L'Atelier
Le Pavillon
Avril-les-Loups
Theuran
Le Port-les-Bois
Chassigny
La Machine
Les Chevannes
Magny-Cours
Jaugenay
Les Chamons
La Chapelle-Bouy
Bussière
Chéron
St-Ouen-s.-Loire
Les Barbiers
Circuit auto
Puits-de-Maux
Uxeloup
Le Fourneau
Druy-Parigny
Béard
Mingot
Les Pierres
Verneuil
L'Usage
Cercy-la-Tour
Le Chantelier
Forêt de

NIÈVRE
58
PARC NATUREL RÉGIONAL DU MORVAN
150
151
172
190
191
Neuffontaines
Chât. de Vauban
Empury
Vésigneux
Quarré-les-Tombes
Roche des Fées
Forêt au Duc
Rocher de la Pérouse
Abbaye de la Pierre-qui-Vire
Lac de St-Agnan
St-Agnan
St-Martin-du-Puy
Bois de St-Martin
Chalaux
St-Marc
Barrage de Chaumeçon
Calvaire
Forêt de Breuil-Chenue
Lormes
Gorges de Narvau
Signal de Montrecon
Dun-les-Places
St-Brisson
Ft Chenue
Corbigny
Chât. de Villemolin
Chât. de Lantilly
Chât. de la Chaise
Vauclair
Gâcogne
Saut du Gouloux
Gouloux
Montsauche
Forêt de Montreuillon
Aqueduc de Montreuillon
Montreuillon
Ouroux-en-Morvan
Barrage de Pannesière-Chaumard
Bois de Montsauche
Lac des Settons
Les Settons
Mont Moré
Bois de Sérault
Planchez
Chaumard
Bois de l'Oussière
Montigny-en-Morvan
Chât. de Quincize
Aunay-en-Bazois
Fréty
Lavault-de-Frétoy
Forêt d'Anost
N.-D. de l'Aillant
Anost
Le Télégraphe
Château-Chinon
St-Hilaire-en-Morvan
Dommartin
Chât. de Besne
Chât. de Saulières
Tamnay-en-Bazois
Arleuf
Roussillon-en-Morvan
Gorges de la Canche
Forêt de Folin
Haut-Folin
Forêt de St-Prix
Forêt de Glenne
Roches de Glenne
Forêt de la Gravelle
Moulins-Engilbert
Bois de Limanton
Limanton
Prieuré
Bois de Villaine
Onlay
Mont Preneley
Source de l'Yonne
Glux-en-Glenne
St-Prix
Mont Glandure
Mont Beuvray
Montaigu
St-Léger-s/s-Beuvray
Mont Genièvre
Forêt de Châtillon
Bois Morillon
St-Honoré-les-Bains
Vandenesse
Vieille Montagne
Bois de Buzon
Larochemillay
La Comelle
Forêt de Burmont
Maison-de-Bourgogne

172
150
151
171
191
192
Forêt de Saulieu
Bois de Brénil
Saulieu
Villargoix
Thoisy-la-Berchère
Forêt de Thoisy
MORVAN
Liernais
Censerey
Brazey-en-Morvan
Blanot
Vianges
Bard-le-Régulier
Marchéseuil
Forêt de Buan
Arnay-le-Duc
Bois de Vesvres
Bois de Meilly
Pouilly-en-Auxois
Commarin
Châteauneuf
Vandenesse-en-Auxois
Créancey
Thoisy-le-Désert
Mont-St-Jean
Croix St-Thomas
Chailly-s.-Armançon
Marcilly-Ogny
Beurey-Bauguay
Châtellenot
Arconcey
Sussey
Allerey
Pochey
Jouey
Mimeure
Musigny
Cussy-le-Châtel
Antigny-le-Château
Foissy
Bessey-la-Cour
Manlay
Savilly
Chissey-en-Morvan
Cussy-en-Morvan
Lucenay-l'Évêque
Voudenay
Bois du Grand Bessay
Magnien
Maligny
Lacanche
21
CÔTE-D'OR
Colonne romaine
Cussy-la-Colonne
Ivry-en-Montagne
Thury
Épinac
Sully
Igornay
Cordesse
Reclesne
La Petite-Verrière
Sommant
Dracy-St-Loup
Tavernay
La Celle-en-Morvan
Autun
Forêt des Feuillies
Forêt de Planoise
Croix de la Libération
Château de Montjeu
Prieuré du Val-St-Benoît
Forêt des Battées
N.-D. de Lorette
Forêt de P. Luzière
Château d'Épiry
Couches
Nolay
Château de Corabœuf
Cirque du Bout-du-Monde
Mont de Rome Château
Dracy-lès-Couches
St-Léger-s.-Dheune
Château de Brandon
Étang-s.-Arroux
Mesvres
Auxy
St-Émiland
Antully
Brion
Laizy
Monthelon
Curgy
Champlong
St-Léger-du-Bois
Couches
A38
D981
D906
D980
D973
N80
D978
T.G.V.

DIJON
Daix
Talant
Plombières-lès-Dijon
Varois-et-Chaignot
Couternon
St-Apollinaire
Quetigny
Chartreuse de Champmol
Palais des Ducs
Clos du Roi Pressoirs
Chenôve
Mirande
Sennecey-lès-Dijon
Chevigny-St-Sauveur
Crimolois
Longvic
Neuilly-lès-Dijon
DIJON-BOURGOGNE
Marsannay-la-Côte
Perrigny-lès-Dijon
Ouges
Lonvic
Fixin
Brochon
Fénay
Bretenière
Rouvres-en-Plaine
Fauverney
Thorey-en-Plaine
Saulon-la-Rue
Saulon-la-Chapelle
Longecourt-en-Plaine
Gevrey-Chambertin
Grand Étang de Satenay
St-Philibert
Barges
Noiron-s/s-Gevrey
Broindon
Morey-St-Denis
Chambolle-Musigny
Épernay-s/s-Gevrey
Savouges
Tarsul
Izeure
Aiserey
Vougeot
Clos de Vougeot
Gilly-lès-Cîteaux
Corcelles-lès-Cîteaux
Flagey-Échézeaux
St-Bernard
Forêt de la Grange Neuve
Forêt d'Izeure
La Forgeotte
Bessey-lès-Cîteaux
Aubigny-en-Plaine
Villebichot
Boncourt-le-Bois
Abb. de Cîteaux
Vosne-Romanée
Nuits-St-Georges
Agencourt
Étang du Bois
Quincey
St-Nicolas-lès-Cîteaux
Basse Forêt
Forêt de Cîteaux
Étang des Fontaines
Haute Forêt
Bonnencontre
Broin
Auvillars-s.-Saône
Le-Port-de-Bonnerencontre
Lechâtelet
Labruyère
Glanon
Bagnot
Gerland
Cussigny
Antilly
Argilly
Bois de Bornotte
Longvay
Étg de Grand Borne
Forêt de Borne
Bois de Montmain
Montmain
Bois de Champjarley
Pouilly-s.-Saône
Chamblanc
Seurre
Jallanges
Trugny
Villy-le-Moutier
Villy-le-Brûlé
Étang de Champjarley
Corberon
Reullée
Marigny-lès-Reullée
Grand Étang
Jossigny
Labergement-lès-Seurre
Chivres
Meursanges
Corgengoux
Aignay
Mazerotte
Forêt de Palleau
Palleau
Le Port
Chevigny-en-Valière
Chaublanc
St-Martin-en-Gâtinois
Écuelles
Mont-lès-Seurre
Chazelle
Charnay-lès-Chalon
Navilly
Pontoux
Les Montots
Frontenard
Sermesse
Étg de Mervins
Bragny-s.-Saône
Saunières
Les Bordes
Verdun-s.-le-Doubs
Ciel
Le Péroux
Toutenant
St-Didier-en-Bresse
L'Abergement-de-St-Didier
Allerey-s.-S.
Grand Pussey
Petit Pussey
Corcelles
St-Gervais-en-Vallière
Cercy
Sondelois
St-Loup-de-la-Salle
Forêt de St-Loup
Ft de Mailleroye
Bout-d'Amont
Baignant
Étg de Baignant
Étg de Mézières
Forêt de Gergy
Les Grandes Trappes
Reconnay
Verjux
Gergy
Le Défriché
Lessu
Mervin
St-Maurice-en-Rivière
Chevrey
Chauley
Bissy
Damerey
Bougerot
Sassenay
Fragnes
Virey
La Loyère
Lessard-le-National
Bois de Grd-Champ
Forêt de Beauregard
Beauregard
Étgs de Beauregard
Demigny
Chagny
Forêt de Chagny
Chaudenay
Ébaty
Corpeau
Merceuil
Tailly
Cissey
Archéodrome
Corcelles-les-Arts
Morteuil
Puligny-Montrachet
Chassagne-Montrachet
St-Aubin
Montagne des Trois Croix
St-Jean
Santenay
Cheilly-lès-M.
Remigny
Corchanut
Bouzeron
Chassey-le-Camp
Rully
St-Gilles
Chamilly
Mercurey
Aluze
Fontaines
Meursault
Auxey-Duresses
Melin
Evelle
Orches
Falaises de Cormot
Baubigny
La Rochepot
Monthelie
Volnay
St-Romain
Pommard
Beaune
Hôtel-Dieu
Challanges
Montagny-lès-Beaune
Bligny-lès-Beaune
Le Poil
La Borde-au-Bureau
Levernois
Combertault
Ste-Marie-la-Blanche
Travoisy
Vignoles
Chevignerot
Ruffey-lès-Beaune
Gigny
Corcelles
Chorey-les-Beaune
Savigny-lès-Beaune
Mgne de Beaune
Bouze-lès-Beaune
Nantoux
Mavilly-Mandelot
Meloisey
Maitranceaux
Bois de la Chaume
Échenaud
Mandelot
Aloxe-Corton
Ladoix
Ladoix-Serrigny
Corgoloin
Comblanchien
Magny-lès-Villers
Pernand-Vergelesses
Villers-la-Faye
Marey-lès-Fussey
Fussey
Échevronne
Forêt du Grand Hâ
Combe à la Vieille
Roche Percée
Clavoillon
Bessey-en-Chaume
Forêt au Maître
Ft de Bligny
Bligny-s.-Ouche
Crépey
Ouchérotte
Lusigny-s.-Ouche
AUTOROUTE DU SOLEIL
Abb. Ste-Marguerite
La Forge
Bouilland
Combe Pertuis
Arcenant
Chevrey
Chaux
Prémeaux-Prissey
Fouilles
Prissé
Meuilley
Chevannes
Messanges
Villars-Fontaine
Concœur-et-Corboin
Segrois
Curtil-Vergy
L'Étang-Vergy
Reulle Vergy
Bévy
Site de Vergy
Collonges-lès-Bévy
Détain-et-Bruant
Détain
Gergueil
Forêt de Gergueil
Rolle
Ternant
Semezanges
Curley
Chât. d'Entre-Deux-Monts
Chambœuf
Combe de Lavaux
Quemigny-Poisot
Clémencey
Monument Napoléon
Couchey
Mont de Siège
Flavignerot
N.-D. d'Étang
Mont Afrique
Corcelles-les-Monts
Velars-s.-Ouche
Fleurey-s.-Ouche
Lantenay
Ancey
Mâlain
Prâlon
Savigny-s/s-Mâlain
Savranges
Baulme-La-Roche
Le Puits XV
Drée
Verrey-s/s-Drée
la-Pesle
La Chaleur
Vieilmoulin
Mesmont
Sombernon
Remilly-en-Montagne
Agey
Échannay
Grenand-lès-Sombernon
Forêt de Veluze
Pont-de-Pany
Ste-Marie-s.-Ouche
Arcey
Chât. de Montculot
Urcy
Gissey-s.-Ouche
Poisot
Forêt de Daviot
Barbirey-s.-Ouche
Vaux
Jaugey
Chât. de Marigny
Auvillard
St-Victor-s.-Ouche
Crosson
La Bussière-s.-Ouche
St-Jean-de-Bœuf
La Forge
Forêt de Bouhey
Bouhey
Crugey
Veuvey-s.-Ouche
Antheuil
Colombier
Le Pont-d'Ouche
Bécoup
Thorey-s.-Ouche
Aubaine
Forêt de Détain
B. de la Grande Combe
Forêt de Veluze
Étg du Bois
Ft de
Truchy
La Racineuse
Mercurey
Étrigny

152
153
173
193
194
A
B
C
D
E
F
G
1
2
3
4
5
6
7
8
9
10
CÔTE - D'OR
21
JURA
39
FORÊT DE
Arc-s.-Tille
Binges
Trochères
Étevaux
Drambon
Maxilly-s.-Saône
Heuilley-s.-Saône
La Grande-Résie
Chevigney
Valay
Remilly-s.-Tille
Cirey-lès-Pontailler
Forêt de St-Léger
St-Léger-Triey
Triey
Perrigny-s.-l'Ognon
Broye-Aubigney-Montseugny
Aubigney
Le Gros Bois
La Résie St-Martin
Motey-Besuche
Bressey-s.-Tille
Vaux-s.-Crône
Pontailler-s.-Saône
Le Grand Étang
Vonges
Clery
Chassey
Sauvigney-lès-Pesmes
Chaumercenne
Bois du Gaty
Montagney
Tellecey
Chambeire
Magny-s.-Tille
Izier
Cessey-s.-Tille
Lamarche-s.-Saône
Vielverge
Bois de la Graveline
Champagney
Mutigney
Pesmes
Malans
Bard-lès-Pesmes
Bresilley
Abb. d'Acey
Chât. de Balançon
Labergement-Foigney
Longchamp
Forêt de Longchamp
Soissons-s.-Nacey
Dammartin-Marpain
Marpain
Thervay
Ougney
Genlis
Magny-Montarlot
Poncey-lès-Athée
Flammerans
Champagnolot
B. des Clefs
Brans
Varanges
Beire-le-Fort
Premières
Bois de Mondragon
Athée
Pointre
Montmirey-le-Château
Saligney
Collonges-les-Premières
Villers-les-Pots
Pont de Pierre
Bois de Flammerans
Montmirey-la-Ville
Offlanges
Serre-les-Moulières
Forêt de la Serre
Thorey-en-Plaine
Marliens
Longeault
Pluvault
Pluvet
Soirans
La Feuillée
Frasne
Sermange
Tart-le-Haut
Tart-le-Bas
La Chapelle
La Cour
Auxonne
Peintre
Moissey
Vriange
Malange
Tart-l'Abbaye
Tréclun
Bois des Crochères
Auxange
Échigey
Champdôtre
Pont
Tillenay
Les Trois Maisons
Chevigny
Amange
Romange
Lavans-lès-Dole
Aiserey
Izeure
La Moronge
Labergement-lès-Auxonne
Villers-Rotin
Rainans
Menotey
Gredisans
Archelange
Lavangeot
Orchamps
Pont-Hémery
Trouhans
Billey
Biarne
Châtenois
Bessey-lès-Cîteaux
Aubigny-en-Plaine
Les Maillys
Mailly-le-Château
Flagey-lès-Auxonne
Jouhe
Authume
Audelange
La Bretenière
Brazey-en-Plaine
Montot
Bois des Bas
Mailly-la-Ville
Bois des Ruppes
Rochefort-s.-Nenon
Nenon
Éclans-Nenon
Baraques-du-Cinq
Magny-lès-Aubigny
Échenon
St-Seine-en-Bâche
Sampans
Mont Roland
Monnières
Champvans
St-Usage
St-Jean-de-Losne
Laperrière-s.-Saône
Dole
Baverans
Falletans
Brevans
Hôp. Pasteur
Le Temple
Charrey-s.-Saône
Esbarres
Losne
St-Symphorien-s.-Saône
Samerey
Bois de Mainoue
Foucherans
Maison-Dieu
Étang de l'Aillon
Crissey
Le-Port-de-Charrey
Chaugey
Forêt de Pochon
Abergement-la-Ronce
Damparis
Belvoye
Les Baraques
Pagny-la-Ville
Lac de Chour
Choisey
La Motte
Pagny-le-Château
B. des Noues
Aumur
Bois du Recèpage
Villette-lès-Dole
La Vieille-Loye
Les Turots
LA COMTOISE
Franxault
Goux
St-Aubin
Tavaux
Gevry
La Loye
Montbarrey
Montagny-lès-Seurre
Molay
Parcey
Augerans
Belmont
Bois de la Bauche
Grosbois-lès-Tichey
Tichey
St-Loup
Champdivers
Forêt de Rahon
Nevy-lès-Dole
Souvans
Le Meix
Seurre
Lanthes
Peseux
Rahon
Bans
Mont-s/s-Vaudrey
Vaudrey
Jallanges
Villangrette
Bousselange
Chemin
St-Baraing
Bois de Villers-Robert
Forêt de Pourlans
Annoire
Beauchemin
Moussières
Chaussin
Balaiseaux
Bois de Mont
Forêt de Choiseul
Chazelle
Pourlans
Clux
La Villeneuve
Longwy-s.-le-Doubs
Gatey
Asnans-Beauvoisin
Le Deschaux
Bois de Longwy
Villers-Robert
Séligney
Le Petit-Villey
Longepierre
Petit-Noir
Vornes
Chaînée-des-Coupis
Chêne-Bernard
Tassenières
Navilly
Lays-s.-le-Doubs
Fretterans
Beauvoisin
Les Essards-Taignevaux
Pleure
Bretenières
Villers-les-Bois
Oussières
Aumont
Varenne-s.-le-Doubs
Neublans
Bois de Pont Noir
Le Poisel
Sergenon
Bois en Bief Vallon
Biefmorin
Montholier
Frontenard
Charette-Varennes
Pierre-de-Bresse
Les Hays
Sergenaux
Étang Seigneur
Bois d'Aval
Colonne
Neuvilley
Bois de Foras
L'Abergement
Grand-Mont
Forêt d'Authumes
Abergement-St-Jean
Étang de Meix
Les-Deux-Fays
Le Chateley
Brainans
Authumes
Étang de Ramouille
Étang du Fay
Rye
Champrougier
Chemenot
Le Viseney
Quintin
Terrans
Étg de Pierre
Bout-d'Amont
Chouillère
Mouthier-en-Bresse
Foulenay
Forêt d'Amont
Bersaillin
Villerserine
Vernes-Guyotte
Chavenne
Disney
La Chassagne
Le Villey
Gonthier
Les Grands-Chapts
Pont-Or
Chêne-Sec
Chaumergy
La Charme
Monay
St-Bonnet-en-Bresse
La Chapelle-St-Sauveur
Les Tenaudins
Torpes
Bellevesvre
Francheville
Fères
Toulouse-le-Château
La Racineuse
La Motte
Le Reurre
Lorances
Les Valliers
Beauvernois
La Chaux-en-Bresse
Darbonnay
Saône
Doubs
A39-E21
A36-E60
A39
A391
N73
D905
D976
D673
D475
D468
D469
D405
D472

BESANÇON
Citadelle
Porte Noire
École-Valentin
Miserey-Salines
Pouilley-les-Vignes
Pirey
Thise
Chalezeule
Chalèze
Roche-lez-Beaupré
Novillars
Vaire-le-Petit
Vaire-Arcier
Fort de Montfaucon
Montfaucon
Mt de Brégille
Morre
Saône
Mamirolle
Fort de Chailluz
Forêt de Chailluz
Fort de la Dame-Blanche
Marchaux
Amagney
Braillans
Châtillon-le-Duc
Tallenay
Auxon-Dessus
Auxon-Dessous
Geneuille
Chevroz
Vieilley
Sauvagney
Pin
Émagny
Moncley
Beaumotte-lès-Pin
Avrigney-Virey
Tromarey
Bonboillon
Chancevigney
Cult
Hugier
Brussey
Chevigney-s.-l'Ognon
Ruffey-le-Château
B. des Fouchères
Chaucenne
Pelousey
Noironte
Recologne
Audeux
Champagney
Champvans-les-Moulins
Serre-les-Sapins
Franois
Chemaudin
Mazerolles-le-Salin
Vaux-les-Prés
Placey
Lavernay
Corcondray
Villers-Buzon
Dannemarie-s.-Crête
Grandfontaine
Franey
Chazoy
Cordiron
Burgille
Courchapon
Source de la Roche
Marnay
Bay
Sornay
Chenevrey-et-Morogne
Jallerange
Pagney
Vitreux
Le Moutherot
Étrabonne
Lantenne-Vertière
Mercey-le-Grand
Corcelles-Ferrières
Ferrières-les-Bois
Pouilley-Français
Taxenne
Rouffange
Romain
Gendrey
Cottier
Berthelange
Louvatange
Le Petit Mercey
Antorpe
Évans
Les Minerais
St-Vit
B. d'Ambre
Velesmes-Essarts
Thoraise
Mont
Avanne-Aveney
Rancenay
Beure
Arguel
Larnod
Pugey
Fontain
Roch. de Valmy
Montferrand-le-Ch.
La Vèze
Bois d'Aglans
La Grande Combe
Les Marchands
Les Cloutiers
Bonnet Rond
Le Grd Frêne
B. Blanc
Le Gratteris
Trépot
Foucherans
Tarcenay
Mérey-s/s-Montrond
Villers-s/s-Montrond
Montrond-le-Château
Grand Bois
Grange Cery
Busy
Torpes
Boussières
Vorges-les-Pins
Routelle
Roset-Fluans
Salans
Granges Laborées
Dampierre
Fraisans
Monteplain
La Barre
Ranchot
Rans
Ft d'Arne
Grotte d'Osselle
Osselle
Villars-St-Georges
Courtefontaine
Abbans-Dessous
Abbans-Dessus
Grand Méandre
Chenecey-Buillon
Granges-Mathieu
Granges-du-Sapin
Anc. forge
Abb. de Buillon
Charnay
Epeugney
Malbrans
N.-Dame du Chêne
Maisières-Notre-Dame
Scey-Maisières
Miroir de Scey
Castel-St-Denis
Ornans
Miroir de la Loue
Chassagne-St-Denis
Étrepigney
Plumont
Baraques-du-Huit
Le Prépost
Byans-s.-Doubs
Cessey
Chouzelot
Quingey
Lavans-Quingey
Courcelles
Rurey
Cademène
Palantine
Anc. forges de Châtillon
Rouhe
Nahin
Cléron
Amondans
Casc. de Valbois
Fourg
Bois de la Côte d'Or
Bois du Chanois
Liesle
Lombard
Mesmay
Brères
Pessans
Bois du Landet
Goux-s/s-Landet
Châtillon-s.-Lison
Confluent
Val Ste-Marie
Pointvillers
Montfort
Samson
Ronchaux
Bartherans
Cussey-s.-Lison
Échay
Lizine
Fertans
Malans
Amancey
Le Grand Bois
Flagey
Norvaux
Chantrans
Silley-Amancey
CHAUX
Salines royales d'Arc-et-Senans
Arc-et-Senans
Le Vernois
Champagne-s.-Loue
Buffard
Bois de Trémont
Chay
Paroy
Doulaize
Refranche
Coulans-s.-Lison
Myon
Alaise
B. des Bornes
Cascade
Éternoz
Déservillers
Bolandoz
Reugney
25 DOUBS
Germigney
Chatelay
Chissey-s.-Loue
Santans
Cramans
Grange-de-Vaivre
Rennes-s.-Loue
La Chapelle-s.-Furieuse
Port-Lesney
B. de Vallun
By
Bois des Planches
Ft de Fertans
Saraz
Nans-s/s-Ste-Anne
Montmahoux
B. du Fol
Labergement-du-Navois
Le Chalet
Chamblay
Écleux
Villers-Farlay
Ounans
B. de Chamblay
Villeneuve-d'Aval
Forêt de Largençon
Les Grands Bois
Mouchard
Certemery
Forêt Mouchard
Pagnoz
Onay
St-Thiébaud
Mt Poupet
Ivrey
Cascade
Belv. de la Chaussée
Grotte Sarrazine
Creux Billard
Source du Lison
Bois Boval
Saizenay
Ste-Anne
Geraise
Crouzet-Migette
Pont et casc. du Diable
Gevresin
Forêt du Jura
Levier
La Ficelle
Aiglepierre
Marnoz
Salins-les-Bains
Clucy
Le Tilleret
Cernans
Dournon
Villeneuve-d'Amont
Forêt d'Arc
Forêt de Levier
Ft Lalard
Ft du Maublin
Montmalin
St-Cyr-Montmalin
Molamboz
Les Arsures
Montigny-lès-Arsures
Pretin
Salines
Fort St-André
Fort Belin
Bracon
L'Entrepôt
Arc-s/s-Montenot
Villers-s/s-Chalamont
Vadans
Villette-lès-Arbois
Vigne de Pasteur
Thésy
Abergement-lès-Thésy
Abergement-le-Grand
Abergement-le-Petit
Arbois
Maison du Pasteur
Mesnay
Ivory
Arloz
Champagny
Chaux-Champagny
Chilly-s.-Salins
Aresches
Lemuy
Ft de Vigory
Forêt de Scay
La Cabette
B. des Auges
Boujailles
Grozon
Pupillon
L'Ermitage
Les Planches-Près-Arbois
Reculée des Planches
Moutaine
Fonteny
Montmarlon
Le Bas-de-Bois
Montorge
Sapin Président
Arboretum
Courvières
La Cessay
Ft d'Arbois
Cirque du Fer-à-Cheval
La Châtelaine
Pont-d'Héry
Andelot-en-Montagne
FORÊT DE LA JOUX
La Vessoye
B. de la Vigne
Bellevue
Buvilly
Tourmont
Poligny
Chamole
Forêt des Moidons
Supt
Chapois
La Joux
Sapins de la Glacière
La Gaudine
Cuvier
Combe aux Moines
Grange-de-la-Barre
Valempoulières
Vers-en-Montagne
Le Larderet
Garde-Bois
Cerneau
Plénise
Bief-du-
Chaussenans
Culée de Vau
Vaux-s.-P.
Anc. égl.
Barretaine
Pommier
St-Lothain
Miéry
Le Latet
Les Granges
Esserval
154
155
176
194
195

Ougney-Douvot
Blefond
l'Audeux
Montivernage
Servin
Vellevans
Sancey-le-Grand
Sancey
Provenchère
Brétigney-N.-D.
Adam-lès-Passavant
Les Bichets
La Combe-Constar
Bois du Barbeau
Sur-la-Côte
N.-D. de l'Aigremont
Forêt de l'Aiguillon
Dammartin-les-Templiers
Bois de la Faye
St-Juan
Le Grand Rocher 560
Le Creusot
Teigne
Surmont
Belleherbe
Deluz
Laissey
Vaire-le-Petit
Vaire-Arcier
Ft de Vaite
Chât. de la Vaite
Champlive
Les Péquignots
Voidey
Vaudrivillers
Ouvans
La Plaine
Juvilliers
La Côte Noire 774
Passavant
Buez-Dessus
Buez-Dessous
Le Grand Bois
Bois de la Côte du Mont
Vauchamps
Bois de Glamondans
Aïssey
La Grand-Combe
Bois de la Grosse Aige
Landresse
Le Belue
Laviron
Le Petit Laviron
La Violette
Ebey
Osse
Glamondans
Côtebrune
Orsans
Courtetain-et-Salans
Vellerot-lès-V.
820
La Faye
La Joux
Chamesey
Bouclans
Monastère de la Grâce-Dieu
Gte de la Glacière
Leugney
Bois de Volienne
Villers-la-Combe
Germéfontaine
Pâvre
Pouge
Longevelle-lès-Russey
La Ramée
Nancray
Gonsans
Chaux-lès-Passavant
Villers-Chief
Bremondans
Le Joux
Bretonvillers
La Chevillotte
Forêt de Chauley
Magny-Châtelard
Belmont
Épenouse
Pierrefontaine-les-Varans
Cascade
930
Bémont
Le Saucet
Naisey-les-Granges
La Grosse Grange
Verrières-du-Grosbois
Camp du Valdahon
Bois Le Chanois
Eysson
680
Vercel-Villedieu-le-Camp
Domprel
La Sommette
Grandfontaine-s.-Creuse
Défilé des Épais Rochers
Ft de la Joux
Laval-le-Prieuré
Plaimbois-du-Miroir
Plaimbois-Vennes
Sous-le-Bois
Grand-Chaux
Montbéliardot
Le Luhier
Mamirolle
Forêt du Gros-Bois
Granges-de-Vienney
La Lanterniere
Grange-Rouge
Goux
Longechaux
1001
Consolation-Maisonnettes
Mont-de-Laval
Le Gratteris
Trépot
L'Hôpital-du-Grosbois
Gouffre du Poudrey
Chevigney
Adam-lès-Vercel
Niellans
Roche Barbey
987
Village-Haut
Vennes
Guyans-Vennes
Cirque de Consolation
Foucherans
Charbonnières-les-Sapins
Étalans
Oupans
Valdahon
Avoudrey
Flangebouche
Loray
Aux-Ages
Fuans
Roche-du-Prêtre (Belv.)
La Bosse
Grotte de Plaisir-Fontaine
Fallerans
Épenoy
Granges d'Épenoy
Orchamps-Vennes
Fournets-Luisans
Le Belieu
Bonnevaux-le-Prieuré
Étray
Rantechaux
Bonnelin
Les Fournets
La Chaux
Guyans-Durnes
Saules
Passonfontaine
Ravières
Les Chênevrottes
Luisans
Bas-de-la-Chaux
Ornans
Durnes
Bois de la Bouhard
Vernierfontaine
Nods
Vanclans
Quincieu
La Racine
Les Lavottes
Bois sur Roche
Voires
Lavans-Vuillafans
Chasnans
Longemaison
Col du Tounet
1160 Mt-Vouillau
Les Fins
Miroir de la Loue
Montgesoye
Athose
Les Suchaux
Morteau
Échevannes
Le Petit-Paris
Les Combes
Les Seignes
Les Frenelots
Vuillafans
Bois Grand Napry
La Roche de Hautepierre (Croix)
Le Pré-de-Vaire
Plambois
Rasse
Besongey
Les Vies-de-Vennes
Gilley
Combe d'Abondance
Les Arces
Pont-de-Roche
Montlebon
Châteauvieux-les-Fossés
Hautepierre-le-Châtelet
Arc-s/s-Cicon
Les Cordiers
Narmand
Colombière
Déf. du Coin de la Roche
Chinard
Mt Gaudichot 1023
Les Sarrazins
Chantrans
Lods
Aubonne
Le Crêt Monniot 1142
Grange-Brasier
Aux Arces
Grotte du Trésor
Remonot
N.-D. de Remonot
Grand'Combe-Châteleu
Morestans
Derrière-le-Mont
Mouthier-Haute-Pierre
Gte des Faux-Monnayeurs
Amathay-Vésigneux
Longeville
Belv.
St-Gorgon-Main
Bois Montrive
La Chaux
Les Champs Guyons
Bassignet
Pré Vuillin
Défilé d'Entre-Roches
Les Ellais
Le Châlet
Louadey
Le Gardot
Silley-Amancey
Renédale
Gorges de Nouailles
La Main
Mt Pelé 1048
Courtots
La Longeville
Étravers
Spey
Les Jarrons
Les Cerneniers
Croix
Source de la Loue
Les Plans
Largillat
Ville-du-Pont
Le Mont du Spey
Les Gras
Le Rozet
Mont Châteleu
Reugney
La Damette
Ouhans
Bugny
1045
Montbenoît
Abbaye de Montbenoît
Combe Benoit
Nid-du-Fol
Écrenaz
La Brevine
DOUBS
Évillers
880
Mont d'Uziers
Les Joumets
Les Sanglards
Montflovin
Hauterive-la-Fresse
Grand-Mont
Charopey
Seignes
Les Taillères
Crêt du Cervelet 1263
Granges-Maillot
La Vrine
Lièvremont
Maisons-du-Bois-Lièvremont
Saugeais
Mont-d'Hauterive
Bemont
Lac des Taillères
Le Chalet
Septfontaines
Goux-les-Usiers
Bois des Raffours
La Fresse
Les Bois de Vaux
Le Plan du Pré
Levier
B. du Pesoul
Bians-les-Usiers
St-Lazare
La Chaux
1085
Les Alliés
Le Brouillet
1242
Les Sagnettes
La Ficelle
Sombacour
Pissena
Arçon
Les Étraches
Forêt des Cornées
Le Cernil
Bois de Byans
Vuillecin
Val du Doubs
1226
Couvet
Le Gd Bois
La Chaux
Le Souillot
Dommartin
Doubs
Défilé d'Entreportes
Larmont
Les Cernets
Les Bayards
Boveresse
Chapelle-d'Huin
Chaffois
La Malmaison
Grand Taureau 1323
Môtiers
Emmaillot
Houtaud
Fort du Larmont
St-Sulpice
Val de Travers
Fleurier
Mgne
Bugny
Meudon
Les Verrières
1241
Mgne des Buttes 1184
Pontarlier
Verrières-de-Joux
Mont des Verrières
La Cabette
B. des Augées
Bulle
Les Brenets
La Cluse-et-Mijoux
Les Leuba
Buttes
La Combe
Bannans
Granges-Dessous
Cluse
Grotte aux Fées
La Robella
1476
Dompierre-les-Tilleuls
Ste-Colombe
Granges-Narboz
Fort de Joux
Larmont
Les Gaufres
La Côte-aux-Fées
Le Chasseron 1607
Mauborget
La Cessay
Granges-Dessus
Le Frambourg
1216
Vaugondry
La Rivière-Drugeon
Oye-et-Pallet
La Gauffre
Les Bourquins
Vallon des Noirvaux
Bois de la Grande Joux
Villars-Burquin
Bouverans
Friard
Grange-Tavernier
Les Petits Fourgs
Les Granges-Berrard
Grandevent
Fontaines-s.-Gr.
Bellevue
Frasne
Tourbières
Montagne du Laveron
La Planée
Port-Titi
Chapelle-Mijoux
La Vraconne
La Chaux
Les Avattes
Novalles
Les Grangettes
Chaon
Les Fourgs
Col des Étroits
1153
Les Rasses
Bullet
Fiez
Bois du Bouquet
Laveron
Malpas
Lac de St-Point
Montperreux
Bois de la Bouffarde de l'Herba
La Grande-Borne
L'Auberson
Ste-Croix
Mont de Baulmes
Gorges
Vugelles-la-Mothe
Orges
Giez
Valeyres-s/s-M.
Bonnevaux
Vaux-et-Chantegrue
Malpas
St-Point-Lac
Chaudron
Pont. de Ronde
La Berdole
1303
Joux de la Bécasse
Culliairy
1285
Peney
Montagny-près-Yv.
Touillon-et-Loutelet
Seg Bleue
Forêt de la
Les Hôpitaux-
Refuge
Baulmes
Essert-s/s-Ch.
Villars-
Mouthe
Malbuisson

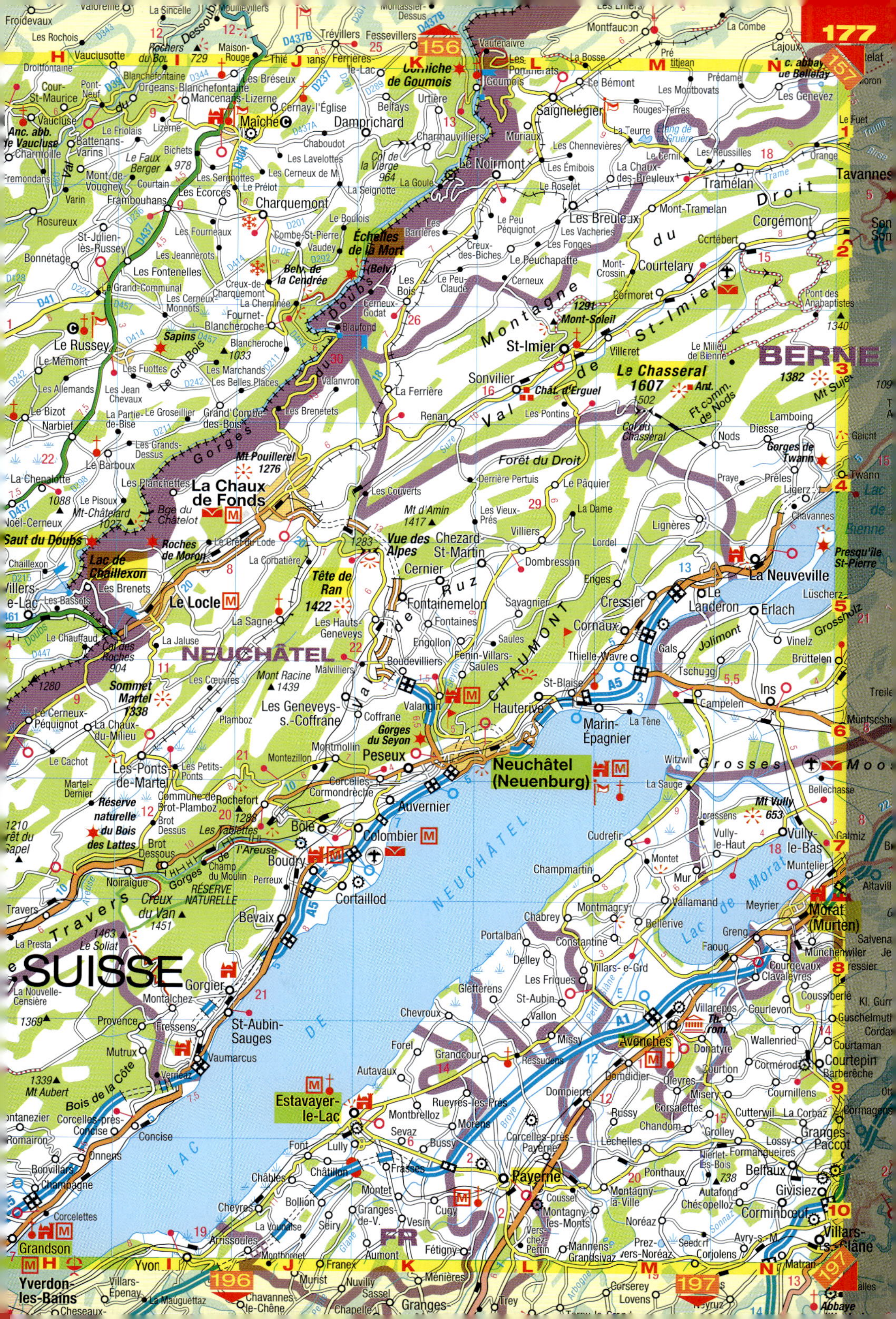
156
157
196
197
SUISSE
BERNE
NEUCHÂTEL
FR
Lac de Neuchâtel
Lac de Bienne
Lac de Morat
Lac de Chaillexon
Maîche
Damprichard
Charquemont
Le Russey
Saignelégier
Le Noirmont
Les Breuleux
Tramelan
Tavannes
Corgémont
Courtelary
St-Imier
Sonvilier
Renan
Le Chasseral 1607
Mont-Soleil
Montagne du Droit
Val de St-Imier
La Chaux de Fonds
Le Locle
Les Brenets
Villers-le-Lac
Saut du Doubs
Gorges du Doubs
Échelles de la Mort
Corniche de Goumois
Goumois
Tête de Ran 1422
Vue des Alpes
Cernier
Chezard-St-Martin
Fontainemelon
Valangin
Hauterive
Neuchâtel (Neuenburg)
Peseux
Auvernier
Colombier
Boudry
Bôle
Cortaillod
Bevaix
Gorgier
St-Aubin-Sauges
Vaumarcus
Marin-Épagnier
St-Blaise
Le Landeron
La Neuveville
Erlach
Ins
Nods
Lignières
Diesse
Gorges de Twann
Chaumont
Forêt du Droit
Les Ponts-de-Martel
Les Geneveys-s.-Coffrane
Noiraigue
Creux du Van 1451
Val de Travers
Mont Vully 653
Morat (Murten)
Avenches
Payerne
Estavayer-le-Lac
Grandson
Yverdon-les-Bains
Concise
Vully-le-Bas
Cudrefin
Faoug
Courtepin
Granges-Paccot
Givisiez
Corminboeuf
Villars-s.-Glâne
Belfaux
Grosses Moos
Sommet Martel 1338
Réserve naturelle du Bois des Lattes
Mont Racine 1439
Mt Pouillerel 1276

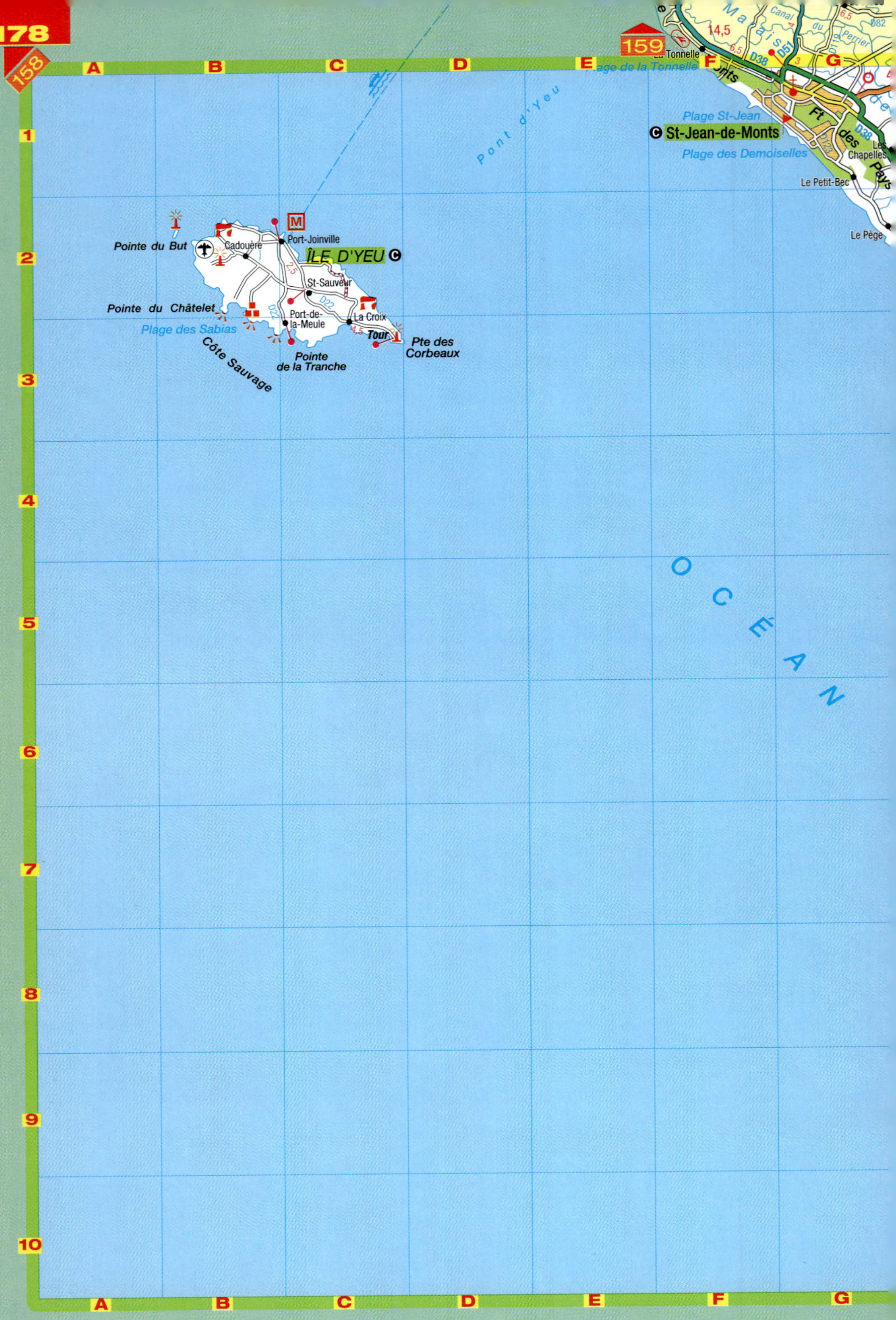
158
159
A
B
C
D
E
F
G
1
2
3
4
5
6
7
8
9
10
Pointe du But
Cadouère
Port-Joinville
ÎLE D'YEU
St-Sauveur
Pointe du Châtelet
Plage des Sabias
Port-de-la-Meule
La Croix
Tour
Pte des Corbeaux
Pointe de la Tranche
Côte Sauvage
D22
Pont d'Yeu
La Tonnelle
Plage de la Tonnelle
Plage St-Jean
St-Jean-de-Monts
Plage des Demoiselles
Le Petit-Bec
Le Pège
Les Chapelles
Ft des Pays
D38
D51
D82
OCÉAN

85
VENDÉE
ATLANTIQUE
Perrier
Châl. de la Vérie
La Bloire
St-Christophe-du-Ligneron
La Grossetière
La Rendais
St-Étienne-du-Bois
Le Grand-Pinier
Le Petit-Mariau
Soullans
La Rivière
La Roussière
St-Paul-Mt-Penit
Palluau
Les Embardières
Beaufou
L'Auspierre
La Courolière
Le Puy-Ayraud
Bel-Air
La Brunière
La Chapelle-Palluau
Les Rouches
Les Habites
Les Flachausières
La Marchaudière
L'Orcelière
La Maumenière
Le Poiré-s.-Vie
Commequiers
Château d'Apremont
Apremont
Le Verger
Maché
L'Anjourmière
La Basserière
Villeneuve
Pierre-Folle
N.-D.-de-Riez
Dolbeau
Le Pissot
St-Maixent-s.-Vie
Les Châtaigniers
Croix Hosannière
Le Grand-Plessis
La Genète
Aizenay
Le Récrédit
La Courbe
St-Hilaire-de-Riez
La Vallée
Le Fenouiller
Sion-s.-l'Océan
Croix-de-Vie
Le Plessis
St-Gilles-Croix-de-Vie
Pte de la Grosse-Terre
St-Révérend
La Gauvrière
La Boule
Les 4 Chemins-de-la-Boule
L'Auçisière
Parc zoologique
La Génétouze
La Gombretière
La Boisnière
La Mazurie
Les 4 Chemins
La Guesdonnière
Coëx
La Taillée
Les 4 Chemins-de-Buron
Le Plessis-aux-Moines
Le Précanteau
La Davière
Givrand
L'Aiguillon-s.-Vie
La Chapelle-Hermier
Le Lutron
Venansault
Châl. de Beaumarchais
La Faverie
Martinet
La Nicolière
Barrage de la Savarière
La Vacherie
Beaulieu-s/s-la-Roche
Landeronde
La Sauzaie
La Chaize-Giraud
La Chalonnière
La Trivillère
Landevieille
Les Moulières
La Guédanchère
Pointindoux
St-Georges-de-Pointindoux
La Garatière
Anc. abb. des Fontenelles
Brétignolles-s.-Mer
La Parée
St-Julien-des-Landes
La Sourderie
La Grolle
Le Marais-Girard
St-Nicolas-de-Brem
La Mothe-Achard
La Guinerie
Les Chânières
La Richard
Les Clouzeaux
Les Dunes
Brem-s.-Mer
Ste-Flaive-des-Loups
La Gachère
Vairé
La Pilletière
Bourdigal
Forêt d'Olonne
La Brardière
Les Landes
La Chapelle-Achard
La Florencière
Réserve ornithologique
La Coiffaudière
L'Hautil
St-Mathurin
Nieul-le-Dolent
Bourgneuf
Le Girouard
L'Île-d'Olonne
La Barbière-Marhande
Sauveterre
Olonne-s.-Mer
Ste-Foy
Grosbreuil
La Prémaudière
La Thibaudière
La Vergne-Rocard
La Girvière
L'Établière
La Martinière
La Lièvre
Zoo marin
Les Sables-d'Olonne
Chât. de Pierre Levée
L'Épinette
Le Bois-Guiton
La Guignerale
Le Pain
Phare des Barges
Pointe de l'Aiguille
Beauséjour
Château-d'Olonne
Moulin-des-Landes
Poiroux
St-Avaugourd-des-Landes
Zoo
Les Arpents
Vieux-Bourg
La Pironnière
Pointe de Tanchette
Le Puits d'Enfer
Sorin
Barrage de Finfarine
Maison Neuve
La Clémantinière
Le Poteau
Avrillé
Anse de Cayotte
Les Eaux
Querry-Pigeon
Talmont-St-Hilaire
Les Côtes
St-Hilaire-la-Forêt
Bourgenay
La Guittière
Plage du Veillon
Le Port
La Vinière
Le Pont-Métayer
Le Bernard
Pointe du Payré
Les Aires
La Grange
La Raisinière
Anc. abb. de Lieu-Dieu
Longeville-s.-Mer
Jard-s.-Mer
St-Vincent-s.-Jard
Maison de Clemenceau
Forêt de Longeville
Les Rabouillères
Les Conches
Parc floral
Pointe du Grouin-du-Cou
159
160
180
198

160
161
179
198
199
A
B
C
D
E
F
G
1
2
3
4
5
6
7
8
9
10
St-Denis-la-Chevasse
Chauché
St-André-Goule-d'Oie
La Guerche
Vendrennes
Forêt du Parc-Soubise
Le Parc-Soubise
Tombe de Clémenceau
Forêt de l'Herbergement
Les Quatre-Chemins
L'Oie
Ste-Florence
L'Herbergement
Mouchamps
La Brossière
Les Roussières
Le Plessis-Allaire
Le Grand Boireau
La Rousselière
Boulogne
La Pinière
Saligny
La Voirie
Belleville-s.-Vie
Poiré-s.-Vie
La Grde-Roulière
La Métairie
La Vivantière
La Charlière
L'Ardouinière
La Jarrie
Le Beignon-Jauffrit
Les Tuileries
La Touche
Le Boucheau
Château des Essarts
La Maison Rouge
Les Essarts
Le Roulin
La Merlatière
La Laiterie
Belle Entrée
Le Plessis-Cosson
L'Aunay
La Guimenière
La Tranchais
Fraigne
Ste-Cécile
Dompierre-s.-Yon
La Ribotière
Les Poudrières
Mouilleron-le-Captif
Gilionnière
L'Aumère
Chambourg
Moulin-Neuf
La Lairière
L'Aubretière
La Paillerète
Les Touches
La Grève
St-Martin-des-Noyers
St-Vincent-Sterlanges
Les Roches-Beritaud
St-Germain-de-Prinçay
La Ferrière
Bois-aux-Moines
Les Atiers
La Morinière
Les Ajoncs
La Bretêche
Venansault
Guibretière
Château-Fromage
LA ROCHE-S.-YON
Haras
Forêt de la Chaize
La Chaize-le-Vicomte
La Ménardière
St-Hilaire-le-Vouhis
Les Loges
Bodin
La Marzelle
Les 3-Pigeons
La Sangle
Puybelliard
Les Clous
Chantonnay
Anc. abb. des Fontenelles
Landette
L'Angelmière
Le Bourg
La Chapelle
Bellevue
Belle-Face
La Goulinière
Les Clouzeaux
Loups
Fougeré
L'Oiselière
La Boule
Bournezeau
La Vandronnière
Le Fuiteau
Libaud
La Leue
Barrage de l'Angle Guignard
La Châtaigneraie
Moulin-Badiole
La Barre
La Limouzinière
La Marinière
Thorigny
La Réorthe
La Renardière
Aubigny
Nesmy
Chaillé-s/s-les-Ormeaux
St-Florent-des-Bois
La Clopinière
Les Pineaux
St-Ouen
Féole
St-Vincent-Puymaufrais
St-Juire-Champgillon
Champgillon
Les Fossés
Château-Guibert
Le Tablier
La Boissière-des-Landes
La Thibaudière
Moulin-de-la-Boissière
La Guitardière
La Mainborgère
Bellenoue
Le Pû
Simon-la-Vineuse
Ste-Pexine
Moutiers-s.-le-Lay
Mareuil-s.-Lay-Dissais
La Glorandière
La Remelière
La Chevalerie
Le Fief
Rosnay
La Bafardière
La Sigonière
Dissais
Bessay
Ste-Hermine
Le Magny
St-Vincent-s.-Graon
La Panerie
Folet
La Couture
Beaulieu
Journée
Frosse
Les Mottes
St-Jean-de-Beugné
Brilloet
Chaume
St-Étienne-de-Brillouet
Le Pain
La Bergerie
St-Avaugourd-des-Landes
Vieux-Bourg
Le Champ St-Père
Mortevieille
Lavaud
Péault
Corpe
St-Aubin-la-Plaine
Beldecreux
Féolette
Les Belles-Filles
Les Aires
Nouaille
Le Bourg-aux-Moines
La Grde-Chevalerie
La Bouchetière
Moutiers-les-Mauxfaits
La Bretonnière
La Frise
Cargois
St-Sornin
Chât. de la Court-d'Aron
Parc floral
La Claye
Les Magnils-Reigniers
Ste-Gemme-la-Plaine
Chevrette
Nalliers
Avrillé
Le Plessis
Le Givre
Revroc
St-Cyr-en-Talmondais
Port-de-la-Claye
Jauger
Oulerie
Chasnais
Les Voureuils
Beugné-l'Abbé
Les 4-Chemins
La Chauvetterie
Pètré (École d'agriculture)
Hilaire-Forêt
Dolmen de la Frébouchère
Le Breuil
Le Bernard
La Jonchère
Curzon
Crypte
Lairoux
Luçon
PARC
INTERRÉGIONAL
Longeville-s.-Mer
Fontaine
La Nozière
La Cigogne
St-Benoist-s.-Mer
Les Babinières
Le Guy
Moreilles
Angles
Moricq
Les Raboulières
Les Rivières
85
Réserve ornithologique
St-Denis-du-Payré
Le Clos-l'Abbé
Maison-Neuve
Les Conches
Le Port-de-Moricq
Grues
RÉS. NAT.
Ville-d'Angles
VENDÉE
Triaize
La Charrie
Champagné-les-Marais
Chaillé-les-Marais
Village-de-l'An V
Ste-Radégonde-des-Noyers
Huche-Grolle
La Croix
La Palle
La Banche
Le Grand Clos-Jean
Les Chaussées
Le Vignaud
Puyravault
Aisne
Parc floral
La Dune
St-Michel-en-l'Herm
DU
Le Sableau
Marais Fou
La Belle-Henriette
La Grière
Ste-Anne
Les Jars
La Tranche-s.-Mer
La Faute-s.-Mer
L'Aiguillon-s.-Mer
Anc. abb.
La Pointe-aux-Herbes
Le Breuil-Bernard
Portes-des-Grands-Greniers
A87
A83-E3
D137-E3
D948
D160
D746
D747
D949

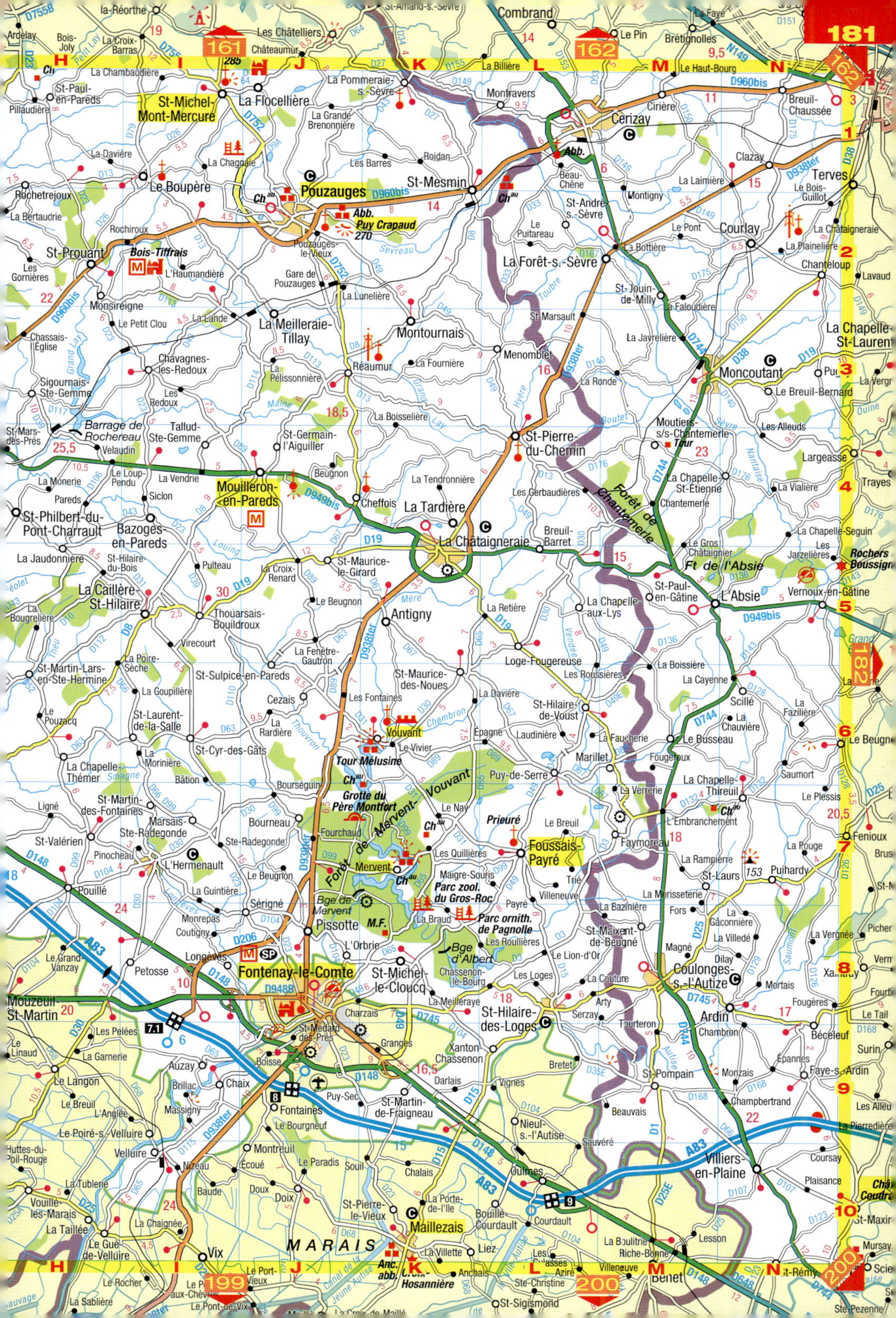
161
162
H
I
J
K
L
M
N
1
2
3
4
5
6
7
8
9
10
182
199
200
St-Michel-Mont-Mercure
La Flocellière
Pouzauges
Puy Crapaud
270
St-Mesmin
Cerizay
Le Boupère
St-Prouant
Bois-Tiffrais
La Meilleraie-Tillay
Montournais
Réaumur
La Forêt-s.-Sèvre
Terves
Courlay
Moncoutant
La Chapelle-St-Laurent
St-Pierre-du-Chemin
Mouilleron-en-Pareds
La Tardière
La Châtaigneraie
Antigny
L'Absie
Ft de l'Absie
Forêt de Chantemerle
Rochers Boussignoux
Vouvant
Tour Mélusine
Grotte du Père Montfort
Forêt de Mervent-Vouvant
Mervent
Parc zool. du Gros-Roc
Parc ornith. de Pagnolle
Foussais-Payré
Prieuré
Pissotte
Fontenay-le-Comte
St-Michel-le-Cloucq
St-Hilaire-des-Loges
Coulonges-s.-l'Autize
Ardin
St-Pompain
Villiers-en-Plaine
Maillezais
MARAIS
St-Philbert-du-Pont-Charrault
Bazoges-en-Pareds
La Caillère-St-Hilaire
St-Martin-Lars-en-Ste-Hermine
L'Hermenault
Pouillé
Mouzeuil-St-Martin
Vix
Benet
A83
D938ter
D949bis
D960bis
D744
D148

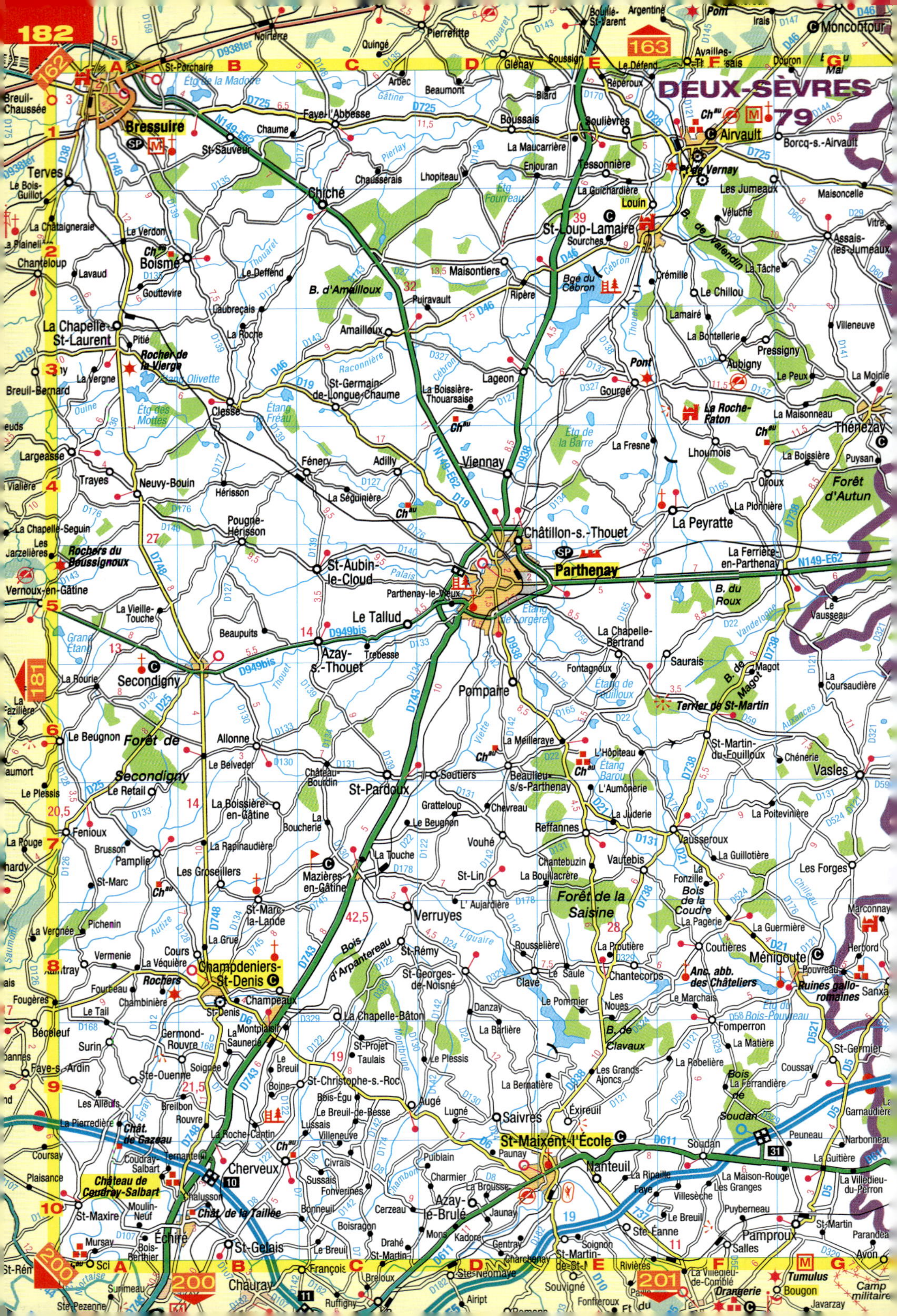

182
162
163
181
200
201
DEUX-SÈVRES
79
Bressuire
Breuil-Chaussée
Terves
Le Bois-Guillot
La Châtaigneraie
La Plainelière
Chanteloup
Lavaud
Le Verdon
Boismé
Gouttevire
La Chapelle-St-Laurent
Pitié
Rocher de la Vierge
Étang Olivette
La Vergne
Breuil-Bernard
Étg des Mottes
Largeasse
Trayes
Neuvy-Bouin
Vialière
La Chapelle-Seguin
Rochers du Boussignoux
Vernoux-en-Gâtine
La Vieille-Touche
Grand Étang
Secondigny
La Rourie
Le Beugnon
Forêt de Secondigny
Le Plessis
Le Retail
Fenioux
Brusson
Pamplie
St-Marc
La Vergnée
Pichenin
Vermenie
Cours
La Véquière
Rochers
Fougères
Fouqeau
Chambinière
Le Tail
Béceleuf
Surin
Faye-s.-Ardin
Germond-Rouvre
Soignée
Ste-Ouenne
Les Alleuds
Breilbon
Rouvre
La Pierredière
Chât. de Gazeau
Coursay
Plaisance
Château de Coudray-Salbart
Coudray-Salbart
Moulin-Neuf
St-Maxire
Mursay
Sciecq
Bois-Berthier
Échiré
St-Rémy
Ste-Pezenne
Surimeau
St-Porchaire
Étg de la Madoire
Noirterre
Quingé
Pierrefitte
Glénay
Bouillé-St-Varent
Argenton
Arbec
Beaumont
Fayel-l'Abbesse
Chaume
St-Sauveur
Boussais
La Maucarrière
Enjouran
Chausserais
Lhopiteau
Étg Fourreau
Chiché
Maisontiers
Puiravault
Ripère
B. d'Amailloux
Amailloux
Le Deffend
Laubreçais
La Roche
Clessé
Étang du Fréau
St-Germain-de-Longue-Chaume
Raconnière
La Boissière-Thouarsaise
Lageon
Fénery
Adilly
La Séguinière
Hérisson
Pougne-Hérisson
Viennay
Châtillon-s.-Thouet
Parthenay
Parthenay-le-Vieux
St-Aubin-le-Cloud
Le Tallud
Beaupuits
Azay-s.-Thouet
Trébesse
Étang de Lorgère
Pompaire
Allonne
Le Belvéder
Château-Boudin
St-Pardoux
Soutiers
La Boissière-en-Gâtine
La Rapinaudière
Boucherie
Les Groseillers
Mazières-en-Gâtine
La Touche
St-Marc-la-Lande
La Grue
Bois d'Arpantereau
Verruyes
L'Aujardière
Champdeniers-St-Denis
Champeaux
St-Denis
Montplaisir
La Saunerie
La Chapelle-Bâton
St-Projet
Taulais
Le Breuil
Boiné
St-Christophe-s.-Roc
Bois-Égu
Le Breuil-de-Besse
Lussais
Villeneuve
La Roche-Cantin
Ternanteuil
Chalusson
Chât. de la Taillée
Cherveux
Cirvais
Sussais
Fonverines
Bonneuil
Boisragon
St-Gelais
Chauray
François
Drahé
St-Martin
Breloux
Ruffigny
St-Rémy
St-Georges-de-Noisné
Danzay
La Barlière
Le Plessis
La Bernatière
Saivres
Augé
Lugné
Puiblain
Charmier
La Brousse
Azay-le-Brûlé
Cerzeau
Jaunay
Mons
Kadoré
Gentray
Charchenay
St-Martin-de-St-M.
Soignon
Ste-Néomaye
Souvigné
Aiript
Fonfreroux
Rivières
Paunay
St-Maixent-l'École
Nanteuil
Exireuil
Les Grands-Ajoncs
Clavé
Le Pommier
Rousselière
La Saule
Chantecorps
La Proutière
Les Noues
B. de Clavaux
Forêt de la Saisine
Chantebuzin
La Bouillacrère
Vautebis
St-Lin
Vouhé
Grattelop
Le Beugnon
Chevreau
Reffannes
Beaulieu-s/s-Parthenay
La Meilleraye
L'Hôpiteau
Étang Barou
L'Aumônerie
La Judérie
Fontagnoux
Étang de Fouilloux
La Chapelle-Bertrand
Saurais
Magot
B. de Magot
Terrier de St-Martin
St-Martin-du-Fouilloux
Chénerie
Vasles
La Poitevinière
Vausseroux
La Guillotière
Les Forges
La Fonzille
Bois de la Coudre
La Pagerie
La Guermière
Marconnay
Coutières
Ménigoute
Herbord
Pouvreau
Sanxay
Ruines gallo-romaines
Anc. abb. des Châteliers
Le Marchais
Fomperron
Étg du Bois-Pouvreau
La Matière
La Robelière
Coussay
St-Germier
Bois de La Ferrandière
Soudan
Peuneau
Garnaudière
Narbonneau
La Guitière
La Villedieu-du-Perron
La Maison-Rouge
Les Granges
Villesèche
La Ripaille
Faye
Le Breuil
Ste-Éanne
Puyberneau
Pamproux
Salles
St-Martin
Parandea
Avon
Tumulus
Bougon
La Villedieu-de-Comblé
Orangerie
Javarzay
Camp militaire
Moncontour
Irais
Douron
Availles-Thouarsais
Le Défend
Répéroux
Soulièvres
Tessonnière
La Guichardière
Louin
St-Loup-Lamaire
Sourches
Bge du Cébron
Airvault
Borcq-s.-Airvault
Pte Vernay
Les Jumeaux
Maisoncelle
Véluché
B. de Valendin
Assais-les-Jumeaux
Vitré
La Tâche
Crémille
Le Chillou
Lamairé
La Bontellerie
Villeneuve
Pressigny
Aubigny
Le Peux
La Moinie
Pont
Gourgé
La Roche-Faton
La Maisonneau
Thénezay
Étg de la Barre
La Fresne
Lhoumois
La Boissière
Puysan
Oroux
Forêt d'Autun
La Plonnière
La Peyratte
La Ferrière-en-Parthenay
B. du Roux
Le Vausseau
La Coursaudière

163
164
86
St-Clair
La Chaussée
Renové
Messais
Mont-s.-Messais
Verrue
La Pagottière
La Fuye
Savigny-s.-Faye
Orches
Cezay
Marnes
St-Jean-de-Sauves
Dandésigny
Les Roches
Brizay
Doussay
Cernay
Sossais
La Gerbaudière
La Massardière
Les Cailleaux
Thuré
St-Genest-d'Ambière
Frontenay-s.-Dive
Puyravault
Coussay
Le Vissoui
St-Chartres
Airon
N.-D.-d'Or
Villiers
Tumulus
Poligny
Nantilly
Besse
Pouzioux
Mornay
La Grimaudière
Chouppes
Lencloître
Scorbé-Clairvaux
Seuilly
Verrine
Marconnay
Verger-s.-Dive
Mazeuil
Mirebeau
La Besserie
Povè
Craon
Agressais
La Guérinière
Ouzilly
La Guédonnière
Corcet
La Lande
Amberre
La Bourrelière
Maison-Bouchet
Thurageau
Rigny
Cuhon
Varennes
Colombiers
Les Barres
Jarzay
Picheil
Boussais
Signy
Moncelay
Massognes
Bournezeau
Marigny-Brizay
Naintré
Doux
Ourly
Noiron
Blaslay
Cheneché
Sanctuaire gallo-romain
Vendeuvre-du-Poitou
Brétigny
Beaumont
Nouzières
Puzé
Cherves
Maisonneuve
Le Pouzioux
Chabournay
Les Roches
Les Chezeaux
St-Léger
Clain
St-Cyr
Vouzailles
Champigny-le-Sec
Le Rochereau
La Touche
La Rondelle
Étables
La Ville-Malnommée
Bataillé
Chincé
Parigny
La Grève
Ibeille
La Prairie
Liniers
Charrais
Neuville-de-Poitou
Bellefois
Couture
Bondilly
Seran
Bois-Baudry
Maillé
Petit-Yversay
Yversay
Mavault
Louneuil
Jaunay-Clan
Dissay
Villiers
Futuroscope
St-Georges-lès-Baillargeaux
Chalandray
Ayron
Frozes
Furigny
Avanton
Champ-de-Gain
Le Peux
Cramard
Vouillé
Cissé
Lonchard
Pache
Martigny
Vayres
Forêt
Civray-les-Essarts
Chiré-en-Montreuil
Puy-Lonchard
Chasseneuil-du-P.
Fontaine
Grand-Pont
Traversonne
Bonnillet
La Percerie
Bois-Frémin
Migné-Auxances
Chardon-Champ
Montamisé
Latillé
Moulinet
Buxerolles
Tronc
Charasse
Les Essarts
Ringère
La Vallée
Château-Fromage
Chât. de la Sayette
La Grange-à-Pasquier
Pouzioux
Forêt de Vouillé-St-Hilaire
Quinçay
Champ de Tir
La Jarrie
POITIERS
Bignoux
La Foye
Forêt de Montbeil
POITIERS-BIARD
Biard
Baptistère
Anxaumont
Le Bois-Doux
Les Loges
Vouneuil-s/s-Biard
Le Breuil-Mingot
Le Breuil-l'Abbesse
Chantelle
Sèvres-Anxaumont
Lac de Maison
Benassay
Lavausseau
Montreuil-Bonnin
Abb. du Pin
Béruges
Grotte de la Norée
Le Banlègre
Rimbard
Le Bourquet
Préchâteaux
St-Benoît
Flée
Mignaloux-Beauvoir
Nesdes
Ville-Nouvelle
La Torchaise
Praille
La Chapelle-Montreuil
L'AQUITAINE
Forêt de l'Épine
Basse-Fontaine
Croutelle
Savigny-Levescault
Forzon
La Salvagère
Le Boisseau
Le Gaury
Fontaine-le-Comte
Charenton
B. de Savigny
Chât. de la Royauté
Ligugé
Smarves
Les Bordes
Les 4 Assiettes
Anc. abb.
Nouaillé-Maupertuis
Lombardie
Abb. de Ligugé
Bois de St-Pierre
Curzay-s.-Vonne
Villiers
La Calotière
Le Ripault
La Gaucherie
La Tomberard
Ruffigny
Coulombiers
Bois de Clavière
Iteuil
Roches-Premarie-Andille
Nieuil-l'Espoir
Les Chaumes
Aignes
Andillé
Thou
Jazeneuil
Brantelay
Vonne
Bois Coulombiers
Les Minières
Laverré
Bois de la Vayolle
Le Breuil
Marçay
Mougon
Chât. de Chambonneau
La Pétinière
Promenade de Blaussac
Naslin
Vaintray
La Villedieu-du-Clain
Les Chauvières
Cloué
Planche
Saugou
Les Quintardières
Lusignan
Fouilloux
Jouarenne
Aslonnes
Vernon
Rouillé
Cellevezais
Marigny-Chemereau
Vivonne
Fontjoise
La Galanderie
Gizay
Celle-Lévescault
Bois du Barendeau
La Bruyère
Bantresse
Château-Larcher
La Guignandière
Chiré-les-Bois
Les Grandes Maisons
Le Grand-Souilleau
La Corberaie
Jorigny
Manoir
Medelle
Vienne
Venours
L'Épine
Villepesant
Lanterne des Morts
Le Petit-Breuil
Le Grand-Breuil
Chassaignes
Vaugeton
Le Peu-de-Thay
Abelet
Marnay
Auget
Nillé
Le Peu de-Brossac
Touchaubert
Nouzier
Chavagné
La Motte-de-Ganne
Maleuf
Gençay
Le Dolet
La Dultière
St-Sauvant
Sairé
Les Minières
Montmatin
Vaumartin
Férabeuf
St-Maurice-la-Clouère
La Liardière
201
202
184
A10-E5
N149-E62
N147-E62
D347
D725
D757
D910
N10
D741
D611
D742
D951

Châtellerault
Chât. de Valençay
Ingrandes
Usseau
Antran
Antoigne
Oyré
Les Volinières
Varenne
de la Guerche
Chât. de la Guerche
La Guerche
La Petite Guerche
Ft de la Groie
Mairé
Barrou
Lésigny
Mouchaux
Availlé
Les Froux
Les Viaullières
Chambon
Boussay
Preuilly-s.-Claise
Chaumussay
Bossay-s.-Claise
Rouvray
La Mare
Parc de Boussay
Villejésus
Les Petites Minaudières
Les Minaudières
St-Sauveur
Coussay-les-Bois
La Revaudière
Yzeures-s.-Creuse
Lignez
La Roche-Posay
Martin-Chapop
Targé
Besse
Cenon-s.-Vienne
Chezelles
Les Barres
Corcet
Naintré
Le Vieux-Poitiers
Senillé
Champ Fleury
Leigné-les-Bois
Availles-en-Châtellerault
La Croix-Blanche
La Merci-Dieu
Taye
Néons-s.-Creuse
Tournon-St-Pierre
Tournon-St-Martin
Mallet
Montgamé
Monthoiron
Chenevelles
Écoubesse
Forêt de Pleumartin
Pleumartin
Crémille
Mousseau
Champagne
Vicq-s.-Gartempe
Mézeray
Les Robins
Vouneuil-s.-Vienne
B. de Chitré
Bondilly
Trainebot
Les Bouchaux
La Boureilière
Rocher
Angles-s.-l'Anglin
Lurais
Preuilly-la-Ville
Bonneuil-Matours
Coteclue
Archigny
Pomerieux
B. du Chillou
Bas-Bourg
St-Pierre-de-Maillé
Fournioux
Rochers
Forêt de Moulière
La Chapelle-Moulière
Bellefonds
Les Huit Maisons
La Ligne
Cenan
La Rivière
Le Bois
Les Essarts
Ste-Radegonde
La Puye
La Bussière
Les Grands-Marsilly
Rochebellusson
Tillou
Chêne-l'Abbé
Les Maillets
Le Rateau
Mérigny
Château de Touffou
Liniers
La Voûte
La Glantinière
Chapelle de Plaincourault
La Foye
Lavoux
Bonnes
Lauthiers
Artige
Les Alisons
Nalliers
Le Prémilly
Ingrandes
La Croix-Blanche
Le Bois-Dousset
Forêt de Mareuil
La Maranchère
Roussac
Sèvres-Anxaumont
Le Breuil
Bois-Sénebaud
Jardres
La Barre
L' Espinasse
Paizay-le-Sec
St-Savin
Bouesse
Chauvigny
Préssec
St-Pierre
St-Julien-l'Ars
Les Salmondières
Grotte de Gioux
Flexi
La Pluvoisinière
Ancienne voie romaine
St-Germain
Villemort
Pouillé
La Chauvalière
La Baudelanière
Villeneuve
Les Places
Journé
Mongavérand
Antigny
La Prunerie
Charasson
Poiroux
Bois-Morand
B. de Savigny
Routes
Tercé
La Coulonnière
Pouzioux
Dinsé
Leignes-s.-Fontaine
Les Georgets
Valdivienne
Bonneuil
Jaunoux
Le Guillé
Fontprevoir
Haims
Salles-en-Toulon
Le Bouchau
La Roche
Le Temple
Le Gaschard
La Forge
Pindray
Jouhet
Peufavard
Nieuil-l'Espoir
Fleuré
Chapelle-Morthemer
Cuborđ
Chapelle-Viviers
Servon
La Roche-au-Baussan
Rillé
Grémont
Salles
Morthemer
Les Durands
La Tranchaye
Ribes
La Mongodar
Journet
La Vézinière
Le Peux
Dienné
Cimetière mérovingien
Civaux
Tour
La Tour-au-Cognum
La Chaise
Concise
La Chaise
Lhommaizé
Ft de Lussac
B. des Coudrières
Laleuf
Montmorillon
Étg Bardaché
CAMP MILITAIRE
La Cour
Le Peux
Étang des Forges
Monas
Les Grandes Maisons
Forêt de Verrières
Verrières
Sillars
Lanterne des Morts
La Penchonnière
Le Bergault
La Bringuetrie
St-Laurent-de-Jourdes
La Pouge
Mazerolles
Lussac-les-Châteaux
L'Âge-Boué
Chanteloup
La Con'
Chantegros
Le Theuil
Étg de Biard
Donjon de la Rigaudière
Les Bordes
Les Ibaudières
La Ferbouchère
Étg Baban

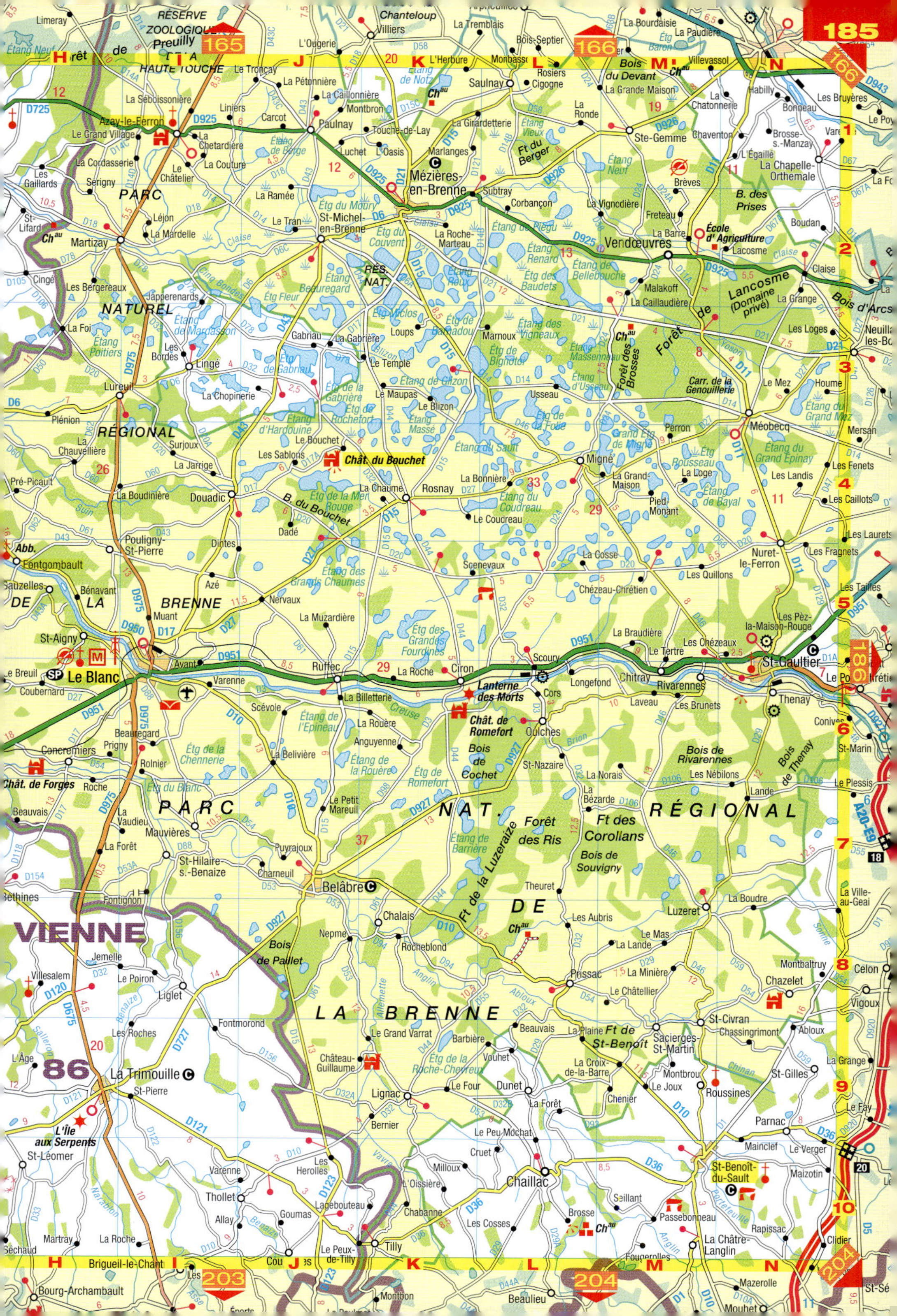
165
166
186
203
204
H
J
K
L
M
N
1
2
3
4
5
6
7
8
9
10
VIENNE
86
PARC NATUREL RÉGIONAL DE LA BRENNE
PARC NAT. RÉGIONAL DE LA BRENNE
Réserve zoologique de la Haute Touche
Forêt de Preuilly
Limeray
Chanteloup
Villiers
L'Ougerie
La Tremblais
Bois-Septier
Monbasson
La Bourdaisie
La Paudière
Villevassol
Bois du Devant
Étang Baron
Le Troncay
La Pétonnière
La Caillonnière
Montbron
L'Herbure
Étang de Notz
Saulnay
Rosiers
Cigogne
La Grande Maison
La Ronde
Habilly
Bonneau
Les Bruyères
La Chatonnerie
Chaventon
Brosse-s.-Manzay
Vare
L'Égaillé
La Chapelle-Orthemale
La Sébeissonière
Azay-le-Ferron
Le Grand Village
La Chetardière
La Couture
Liniers
Carcot
Paulnay
Touche-de-Lay
L'Oasis
Luchet
La Girardetterie
Marlanges
Mézières-en-Brenne
Étang Vieux
Ft du Berger
Ste-Gemme
Étang Neuf
Brèves
B. des Prises
Étang de Berge
Le Châtelier
La Cordasserie
Les Gaillards
Serigny
La Ramée
Étang du Moury
St-Michel-en-Brenne
Subtray
Corbançon
La Vignodière
Freteau
Boudan
St-Lifard
Léjon
La Mardelle
Martizay
Le Tran
Étg du Couvent
La Roche-Marteau
Étang du Pieu
La Barre
École d'Agriculture
Lacosme
Vendœuvres
Étang Renard
Étang de Bellebouche
Claise
Cingé
Les Bergereaux
Japperenards
Étang des Bondes
Étg Fleur
Étang Beauregard
RÉS. NAT.
Étang Ricux
Étg des Baudets
Malakoff
La Caillaudière
Lancosme (Domaine privé)
La Grange
Forêt de Lancosme
Bois d'Arcs
La Foi
Étang de Mardasson
Étang Poitiers
Les Bordes
Lingé
Gabriau
La Gabrière
Étg Miclos
Loups
Étg de Bamadou
Marnoux
Étang des Vigneaux
Forêt des Brosses
Les Loges
Neuillay-les-Bois
Étg de Gabriau
Le Temple
Étg de Bignotor
Étang Massenneau
Lureuil
La Chopinerie
Étg de la Gabrière
Le Maupas
Étang de Gitzon
Le Blizon
Usseau
Étang d'Usseau
Carr. de la Genouillerie
Le Mez
Houme
Étang du Grand Mez
Plénion
Étg de Rochefort
Étang d'Hardouine
Étang Massé
Étg de la Folie
Perron
Méobecq
Mersan
La Chauvellière
Surjoux
La Jarrige
Le Bouchet
Les Sablons
Chât. du Bouchet
Étang du Sault
Grand Étg de Migné
Migné
Étg Rousseau
Étang du Grand Epinay
Les Fenets
Pré-Picault
La Boudinière
Douadic
Étg de la Mer Rouge
La Chaume
B. du Bouchet
Rosnay
La Bonnière
La Grand Maison
La Loge
Étang de Bayal
Les Landis
Les Caillots
Dadé
Le Coudreau
Étang du Coudreau
Pied-Monant
Abb.
Fontgombault
Pouligny-St-Pierre
Dintes
Étang des Grands Chaumes
Scenevaux
La Cosse
Les Quillons
Nuret-le-Ferron
Les Laurets
Les Fragnets
Sauzelles
Bénavant
Azé
Nervaux
Chézeau-Chrétien
Les Tailles
Muant
La Muzardière
Étg des Grandes Fourdines
La Braudière
Le Tertre
Les Chézeaux
Les Pézes
la-Maison-Rouge
St-Aigny
Scoury
Chitray
Rivarennes
St-Gaultier
Le Breuil
Le Blanc
Avant
Varenne
Ruffec
La Roche
Ciron
Lanterne des Morts
Longefond
Laveau
Les Brunets
Thenay
Coubernard
Scévole
La Billetterie
Creuse
Cors
Étang de l'Epineau
La Rouère
Chât. de Romefort
Oulches
Conives
St-Marin
Beauregard
Concremiers
Prigny
Étg de la Chennerie
La Belivière
Anguyenne
Bois de Cochet
Brion
Bois de Rivarennes
Les Nébilons
Bois de Thenay
Rolnier
Étang de la Rouère
St-Nazaire
Chât. de Forges
Roche
Étg du Blanc
Étg de Romefort
La Norais
Le Plessis
Lande
Beauvais
La Vaudieu
Le Petit Mareuil
La Bézarde
Ft des Corolians
Forêt des Ris
Mauvières
La Forêt
Puyrajoux
Étang de Barrière
Ft de la Luzeraize
Bois de Souvigny
St-Hilaire-s.-Benaize
Chameuil
Béthines
Fontignon
Belâbre
Chalais
Theuret
Les Aubris
Luzeret
La Boudre
La Ville-au-Geai
Jemelle
Villesalem
Le Poiron
Liglet
Bois de Paillet
Nepmes
Rocheblond
La Lande
Le Mas
La Minière
Montbaltruy
Chazelet
Celon
Prissac
Vigoux
Le Châtelier
Fontmorond
Les Roches
Le Grand Varrat
Barbière
Beauvais
La Plaine
Ft de St-Benoît
Sacierges-St-Martin
St-Civran
Chassingrimont
Abloux
L'Âge
La Trimouille
St-Pierre
Château-Guillaume
Étg de la Roche-Chevreux
Vouhet
La Croix-de-la-Barre
Montbrou
Le Joux
Roussines
St-Gilles
La Grange
Lignac
Le Four
Dunet
Chenier
La Forêt
Le Fay
L'Île aux Serpents
St-Léomer
Bernier
Le Peu Mochat
Parnac
Mainclef
Le Verger
Les Herolles
Cruet
Milloux
Chaillac
St-Benoît-du-Sault
Maizotin
Varenne
Thollet
L'Oissière
Seillant
Allay
Goumas
Lagebouteau
Chabanne
Les Cosses
Brosse
Passebonneau
Rapissac
Martray
La Roche
Séchaud
Le Peux-de-Tilly
Tilly
La Châtre-Langlin
Clidier
Brigueil-le-Chantre
Fougerolles
Bourg-Archambault
Montbron
Beaulieu
Mazerolle
Mouhet
St-Sé
A20-E9
D951
D975
D925
D927
D10
D15
D43
D21

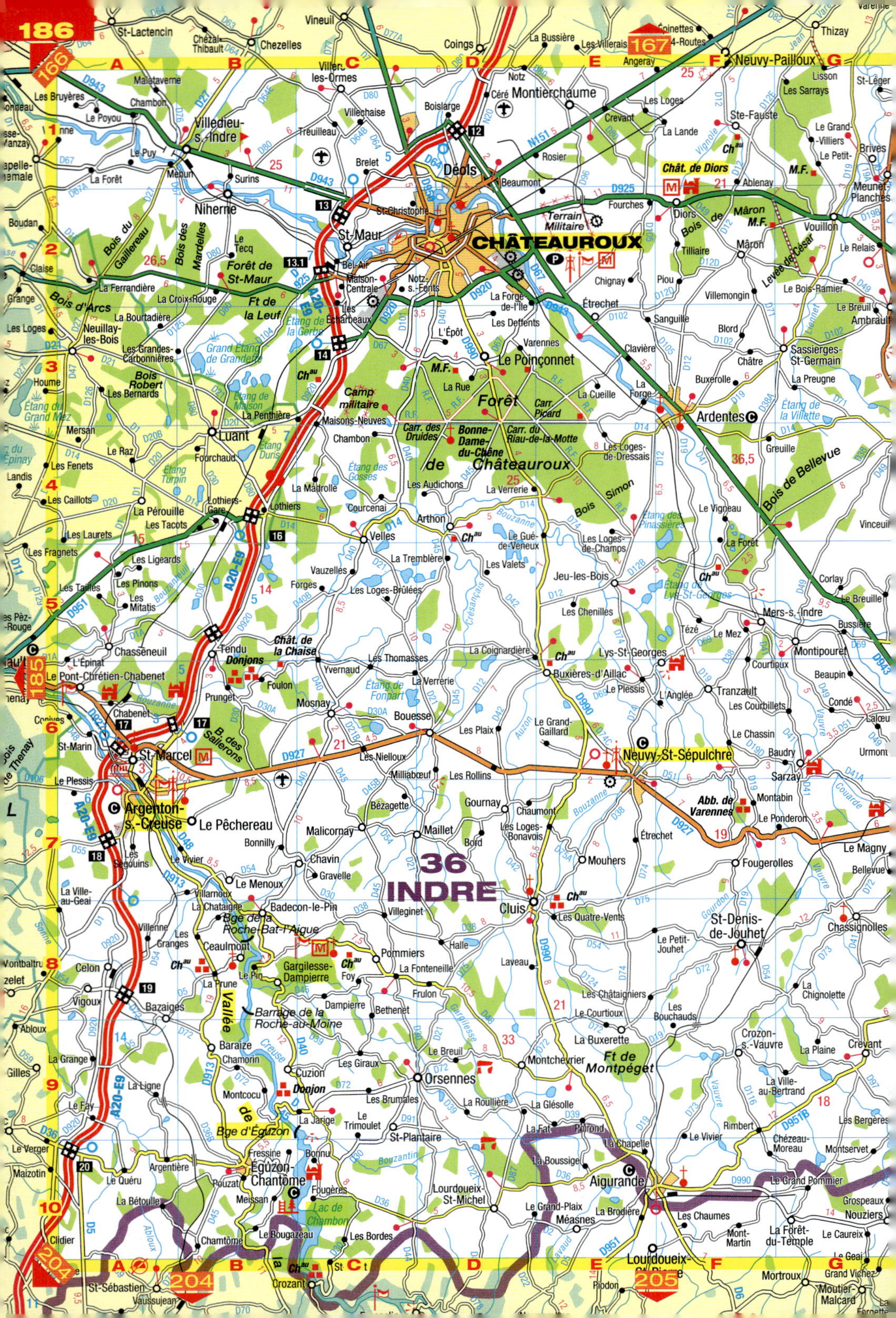
36
INDRE
CHÂTEAUROUX
Déols
St-Maur
Le Poinçonnet
Forêt de Châteauroux
Ardentes
Montierchaume
Villedieu-s.-Indre
Niherne
Luant
Velles
Arthon
Jeu-les-Bois
Mers-s.-Indre
Montipouret
Lys-St-Georges
Buxières-d'Aillac
Neuvy-St-Sépulchre
Sarzay
Bouesse
Mosnay
St-Marcel
Argenton-s.-Creuse
Le Pêchereau
Le Pont-Chrétien-Chabenet
Chasseneuil
Tendu
Malicornay
Gournay
Cluis
Mouhers
St-Denis-de-Jouhet
Fougerolles
Gargilesse-Dampierre
Pommiers
Badecon-le-Pin
Celon
Vigoux
Bazaiges
Baraize
Cuzion
Orsennes
Montchevrier
Ft de Montpéget
Aigurande
Crozon-s.-Vauvre
Éguzon-Chantôme
Lac de Chambon
Crozant
Lourdoueix-St-Michel
Méasnes
Lourdoueix-St-Pierre
Mortroux
Moutier-Malcard
Nouziers
Chassignolles
Crevant
Neuvy-Pailloux
Thizay
Diors
Étrechet
Sassierges-St-Germain
Ambrault
Vouillon
Mâron
St-Sébastien
Vaussujean
Chât. de Diors
Chât. de la Chaise
Camp militaire
Terrain Militaire
Bois de Bellevue
Bois du Gailleteau
Bois des Mardelles
Forêt de St-Maur
Ft de la Leuf
Bois d'Arcs
Étang de la Gerbe
Grand Étang de Grandeffe
Bge d'Éguzon
Barrage de la Roche-au-Moine
Bge de la Roche-Bat-l'Aigue
Vallée de la Creuse
B. des Sallerons
Abb. de Varennes
A20-E9
N151
D943
D925
D990
D927
D920
186
166
167
185
204
205

167
168
188
205
206
18
CHER
Forêt de Bommiers
Forêt de Chœurs
Bois de Chatin
Bois des Rauches
Bois de Malvère
Bois de Grosse-Pierre
Forêt de Thoux
Bois de Bouard
Bois de Fleuret
Bois du Châloy
B. de Villefort
Forêt d'Habert
Ft de Bigny
Bois de Boulaise
B. de Maritet
Ft de Bornacq
Étang du Diable
Étang Neuf
Châteauneuf-s.-Cher
Chezal-Benoît
Lignières
Le Châtelet
Anc. abbaye de Puyferrand
Châteaumeillant
Culan
Ste-Sévère-s.-Indre
La Châtre
Montgivray
Orval
Bruère-Allichamps
Châtt. de Meillant
Borne milliaire romaine
Chât. de l'Île
Tour Gazeau
Donjon
Circuit Auto
Gorges
Bommiers
Pruniers
Nouan
Dampierre
Mareuil-s.-Arnon
Primelles
St-Baudel
Villecelin
Montlouis
La Celle-Condé
Venesmes
St-Symphorien
Crézançay-s.-Cher
Vallenay
Ineuil
Morlac
Touchay
Ids-St-Roch
St-Pierre-les-Bois
Orsan
Loye-s.-Arnon
Ardenais
Marçais
Thevet-St-Julien
Vicq-Exempiet
Verneuil-s.-Igneraie
St-Chartier
Nohant-Vic
Lourouer-St-Laurent
St-Christophe-en-Boucherie
Maisonnais
Beddes
St-Jeanvrin
St-Maur
Néret
Champillet
La Motte-Feuilly
Urciers
Feusines
Briantes
Montlevicq
Lacs
Pouligny-St-Martin
Pouligny-N.-Dame
St-Saturnin
Sidiailles
St-Christophe-le-Chaudry
Saulzais-le-Potier
Vesdun
St-Désiré
Courçais
Viplaix
Mesples
Préveranges
St-Palais
St-Priest-la-Marche
Pérassay
Vijon
St-Marien
Chambérat
Bussière-St-Georges
Nouzerines
Saint-Pierre-le-Bost

168
169
187
206
207
310
Dun-s.-Auron
Bussy
St-Marceau
Cilly
Blet
Charly
Chalivoy-la-Noix
Jalle
Romenet
La Chapelle-Hugon
Long
Poil-Vilain
La Chapelle
La Périsse
Les Granges
Le Coudray
Le Tureau
Les Besses
Le Tribout
Les Chaussées
Le Godefroy
Vereaux
Grossouvre
Marais de Contres
La Pierre
Contres
Bois de Fleuret
Bois de Parnay
Sarolles
Parnay
Bois Jarry
La Chapt
Malçay
Lavineux
Villiers
Cogny
Chalivoy-Milon
Luceau
Vailly
Bois-des-Brosses
Bucière
Mazan
Les Charbonnières
Le Froid
Chaumont
Les Bouillardes
Sagonne
Chât. de Sagonne
Cernay
La Rencontre
Beauvais
La Place
Sancoins
Forêt de Maulne
Les Varennes
Verneuil
Les Quenaux
Les Bordats
La Leux
Les Sopins
Les Déserts
Ardenais
Givardon
Étg de Javoulet
Levigny
Néronde
Uzay-le-Venon
Le Venon
Jariolle
Les Varines
B. de Couris
Thaumiers
Les Chavis
Les Gonins
Les Salles
Les Vornes
Les Thiots
La Croix-Bodin
Le Pont-de-Sargy
Chaume-Vallée
Jouy
La Pointe
La Berlasse
Les Chaumes-Sautereaux
Le Grand-Vèvre
Bois des Sept-Vingts
Meillant
Le Pondy
Trécon
Bannegon
Sagonin
Neuilly-en-Dun
L'Ormenay
Augy-s.-Aubois
Le Gué-de-Bourg
Les Bruyères-de-Bord
Chât. de Meillant
Borne milliaire romaine
Thioux
Sarzay
Ségogne
Arpheuilles
Étang du Pondy
Le Rhimbé
La Mardelle
Les Brosses
Les Berthomiers
La Celle
Bruère-Allichamps
St-Rombie
La Petite-Brande
Forêt Grailly
Bois du Chaillou
Vernais
St-Aignan-des-Noyers
Langeron
La Buffère
Grand Bois de Meillant
La Ville-du-Bout
Les Genêts
Le Teilleux
Les Pérons
Les Couillets
Les Donnais
La Ville-aux-Chiens
La Feuille
Chez-Bois
Bloux
Abb. de Noirlac
Tour Malakoff
Les Virons
St-Pierre-les-Étieux
Loges-du-Chaumat
Bessais-le-Fromental
Le Pénil
Venoux
Villefroide
Les Carrais
Lucy-Lévis
Noziéres
L'Ombrée
Orval
Rouzaire
Brébeurre
Charenton-du-Cher
Laugère
Les Lombards
Charnoux
Bonneau
Étg de Goule
St-Amand-Montrond
Bouillon
Fontemeurant
Ainay-le-Château
St-Benin
Gros-Chêne
Valigny
Les Cacherats
Chât. de Lévis
Mézamblin
Bouzais
La Roche
St-Georges-de-Poisieux
Colombiers
Touzel
Coust
St-Mamet
Les Breures
Bardais
Villebon
Les Bruyères
Les Tardes
Isle-et-Bardais
Bouis
Étg Pirot
La Corne-Rollay
Couleuvre
Le Bord
Drevant
La Groutte
Verneuil
Chêne
Forêt de Tronçais
La Petite-Lande
La Folie
Soye
Poisieux
Ainay-le-Vieil
Changy
La Bruyère
Braize
Beauregard
St-Bonnet-Tronçais
Rond de Morat
Les Chamignoux
Rozières
Fosse-Nouvelle
Letelon
Baigneraux
Étang de St-Bonnet
Étg de Morat
Rond de la Grande-Borne
Rond Gardien
Rond de Thiolais
Gennetines
Faverdines
La Celette
Rond de Montaloyer
Rond du Chevreuil
Tronçais
Forêt de Civrais
Lieu-Bourdon
La Clavière
La Perche
Igny
La Roche
Les Rainats
Urçay
Les Arpens
Étg de Tronçais
Marsin
La Croix-Rousseau
Cérilly
L'Ermitage
Le Grand-Bord
Les Petits-Fossés
Buhard
Les Nodins
Les Bruyères
Chadet
Le Vernet
Vitray
Rond du Chêne-Aragon
La Chapelle-Dubois
St-Pardoux
Source minérale
Saulzais-le-Potier
La Chassagne
Meaulne
Les Brosses
Étang de Saloup
Chappes
Theneuille
La Grange
Grand Pernier
Le Plaix
Le Grand-Villiers
Le Brethon
La Croix-Cornat
Presle
Étg de la Loubière
La Bouchatte
Le Bois-de-l'Aume
Les Rais
Épineuil-le-Fleuriel
Les Bordes
Le Vilhain
Chambrette
St-Vitte
St-Caprais
Le Lac
Ygrande
Vesdun
Les Rapijans
Loges
Le Creux
La Roche
Forêt de Soulongis
Louroux-Bourbonnais
Faye
Penserole
Vallon-en-Sully
La Grave
Le Cluseau
Chasteloy
La Longe
B. des Brosses
Moussais
Villevendret
Le Petit Piray
Hérisson
Louère
Le Sac
Aumance
Les Lamans
Vieure
St-Désiré
Reterre
Nassigny
La Chaise
Le Goélat
Le Soult
Bois du Délat
Forges
Verrigny
Maillet
Chauvière
Chazemais
La Prugne
Le Tuilerie
Venas
Ft de Dreuille
Villefranche
Ferrière
Cosne-d'Allier
Magnette
Montavé
La Palisse
Reugny
Givarlais
Louroux-Hodement
Parcais
Les Chézau
Audes
La Villette
03 ALLIER
Tortezais
Le Châtelet
Bois d'Audes
Forêt de Lespinasse
Sauvagny
Poulieu
Les Breguettes
La Roussille
Vaux
Estivareilles
Équaloup
Savigny
La Chapelaude
Les Vallas
Montroir
Le Chiez
Neuville
Argentières
Les Trillers
Thizon
Mirebeau
Monsenoux
Murat
La Jaunerie
Les Fai
Les Barchauds
Verneix
Bois de la Suave
La Villatte
Villefranche-d'Allier
St-Victor
Bord
Ricros
Passat
Chappes
A71-E11
D951
D953
D2144
D978A
M.F.

169
170
190
207
208
H
I
J
K
L
M
N
1
2
3
4
5
6
7
8
9
10
d'Apremont
Meauce
Gain
Les Noues
Pommais
Les Pitiaux
Théuran
Jaugenay
Pont-les-Bois
Le Pavillon
Chassigny
Sérigny
Nioux
Loucet
Magny-Cours
Chéron
Les Chamons
St-Ouen-s.-Loire
La Chapelle-Bouy
Bois de Neuvy
Les Coqs
Neuvy-le-Barrois
La Tour
Le Blénay
Mars-s.-Allier
Château Neuf
St-Léger
Bardonnay
Circuit auto
Puits-de-Maux
Source minérale
Uxeloup
Le Fourneau
Béard
Druy-Parigny
Mingot
Sougy-s.-Loire
Les Pierres
St-Léger-des-Vignes
Mairy
St-Parize-le-Châtel
Châtel de Rosemont
Luthenay-Uxeloup
Etang Bernot
St-Caprais
Villeneuve
Bois de la Boulée
La Forêt
Les Boulets
Fleury-s.-Loire
Teinte
Avril-s.-Loire
Baugy
Les Bruyères-Radon
Bruyères-de-Fleury
Source St-Ar
Audes
Dhéré
Mornay-s.-Allier
Le Rivage
Langeron
Maison-Rouge
Cougny
B. des Cordes
Parenche
La Croisée
Chez-le-Bourg
Prud-homme
Bois de Bougy
Vary
Alligny
Le Guillot
Marigny
St-Pierre-le-Moûtier
Le Patouillat
Azy-le-Vif
Les Tardys
Bruyères-des-Lices
Les Loges-Feuillaux
St-Germain-Chassenay
Chât. de St-Augustin
Chambon
Livry
Taloux
Étang de Pine
Chez-Rousse
Forêt du Perray
Bruyères-de-la-Fas
Neuville-lès-Decize
Les Bruyères
Leige
B. de la Brunanse
Château-s.-Allier
Le Veurdre
Riousse
Paraise
Courbelon
Mussy
Le Bas-Riot
Étang de Pissegrain
Étang du Perray
Bruyères-des-Desrues
Montempuy
St-Parize-en-Viry
Les Ouillies
Duret
Neure
Montvrin
Prégoux
Chaumes
Le Rio
Chantenay-St-Imbert
Toury-s.-Jour
Bruyères-du-Haut-de-May
Les Lafonds
Toury-Lurcy
Les-Bruyères-Sebaud
Mésangy
Allier
Le Bouché
Les 4-Vents
Loges-des-Bruyères
Mulret
Dornes
Beaumont
Fublène
Les Tuileries
La Chaume-Bonin
Saulnière
Nonay
Les Blots
Banville
Circuit auto
Chavy
Etg de Billau
Pouzy-Mésangy
03 ALLIER
La Renarderie
St-Léopardin
Alligny
Les Fougeries
Guichards
La Fondroi
Les Plotats
Les Pérards
Le Sauz
Tresnay
Arboretum
Balaine
Bonnefond
Champroux
Les Colins
St-Léopardin-d'Augy
Aubigny
Les Rochers
Aurouër
St-Ennemond
Limoise
Les Thébauts
Les Beaux-Chevriers
Les Jarreaux
Bomplein
Minard
Villeneuve-s.-Allier
Les Roussets
Le Mont
Morat
Chât. de Riau
Le Breuil
Ft de Champroux
Les Beugnants
Couzon
Bagneux
La Vigne-Mouton
Château d'Avrilly
Forêt de Munet
Gennetines
Franchesse
M.F.
Ft de Rond de la Croix-Montrée Bagnolet
La Croix-de-Vaux
Les Pitreaux
St-Plaisir
Trévol
Les Marcons
La Forêt
La Velle
L'Augère
Rétif
La Vieille-Poste
Bellevue
Les Verets
Croix-Rouge
Les Salles
Montilly
Ravard
Château de Segange
Jeu
Chavenne
Vernouillet
Agonges
M.F.
Bois de Bordes
Villefranche
Bourbon-l'Archambault
Pou
L'Ome
Marigny
Toury
Avermes
Chante-Alouette
St-Menoux
Moulins
Yzeure
Les Ramets
Ft de Marigny
Neuvy
Coulandon
Bois de Pommai
Bessais
Les Muraillles
Autry-Issards
Chaumes
St-Aubin-le-Monial
Le Plessis
Souvigny
Bressolles
Pusigny
Toulon-s.-Allier
Les Vergn.
Rangout
Abb.
Forêt de Messarges
Forêt Dom. des Prieurés-Moladier
Forêt de Gros Bois
Les Noyers
La Gare
Meillers
Gipcy
Cellière
St-Hilaire
Noyant-d'Allier
Les Rouyaux
Chemilly
Bois de Leyd
Condemine
Buchatière
Châtillon
Ritz
Besson
Les Côtes Matras
485
Les Veaux
Les Criards
Bostz
Les Gibons
Neuilly-le-Réal
St-Julien
Buxières-les-Mines
Dar
Château de Fourchaud
Les Granges
Bonnefond
Cressanges
Les Rousseaux
Bressay
Bessay-s.-Allier
Loge-Pailleton
Regnauds
Chatelus
Boudemange
Les Prés-Sanels
Le Rif
Tilly
Rocles
Tronget
Vernay
Gouise
Chavenon
St-Sornin
Chirons
Le Montet
Trehan
Haute-Brenne
St-Germain
Châtel-de-Neuvre
Les Vignolats
Les Loges
ied-de-St-Marc
Meillard
La Ferté-Hauterive
Naconne
Le Boudet
Durets
Les Gougnons
Les Billons
Monétay-Allier
Mondric
St-Gérand
N7
N79-E62
D953
D945
D2009
D13
D1

Machine
Avril-les-Loups
Le Nurtiat
Les Chevannes
St-Gratien-Savigny
Poullony
Sangy
Lac de Vieille Montagne
Étang de Seu
556
Bois de Buzon
170
171
Bussière
Montaron
Chevannes
La Verchère
Les Barbiers
L'Usage
Verneuil
Forêt de Vanzé
St-Gervais
Le Chantelier
Les Varennes
Cercy-la-Tour
Les Brunettes
Forêt de Burmont
Bois de Chevannes
Les Montarons
Chiddes
Les Pierres
St-Léger-des-Vignes
M.F.
Champvert
Les Arreaux
Fontaines-Noires
Thaix
La Verrerie
St-Michel
La Chèvre
Bois de la Verrerie
Sémelay
Decize
St-Maurice
Brain
Fougère
Les Varioux
Avrilly
Les Roses
Fours
Pouilly
Rémilly
Lanty
Avrée
La Garde
Tourny
Devay
Les Arbelats
Petit-Bois
Gachat
B. de Fours
Forêt de Montaubert
Le Charnay
Les Feuillats
Prud-homme
La Braze
Robin
Canal
Charrin
Étang Marnant
Laugimonne
Savigny-Poil-Fol
Fléty
Les Crots-Maillots
Chassenay
Nogent
Lamenay-s.-Loire
St-Hilaire-Fontaine
Montambert
Chez-Legendre
Hiry
Tazilly
La Nocle-Maulaix
Ternant
Reugny
Tarreau
Étang Perdrigeat
Le Chêne-du-Tiers
Riodin
Billerette
Pont-de-Vaux
Cossaye
Crécy
Croix-Récy
St-Seine
Mont d'Azy 323
Chaunat
Le Mouroux
Craux
Les Ouillières
Gannay-s.-Loire
Port-St-Georges
Cronat
Langlois
Marly-s/s-Issy
Crona
416
Lucenay-lès-Aix
Les Peniers
Les Nugues
Les Plessiers
Les Bonnins
Ballore
Cressy-s.-Somme
Mont Tauffrin
Banville
Le Sauzin
Amblу
Salnay
Le Pont
Les Arnoux
Les Renauds
St-Martin-des-Lais
Vitry-s.-Loire
Les Perreaux
Maltat
La Malleveile
St-Ennemond
Les Beaux-Chevriers
La Chapelle-aux-Chasses
Le Bontemps
Étang de Garnaud
Grury
Les Giraudis
Montapeine
Les Étiennes
Paray-le-Frésil
Lesme
Serre
La Chaumelle
Belv.
Bryon
Mont-Palais
L'Étang-Lane
Le Robinson
Garnat-s.-Engièvre
Les Voisins
Le Fourneau
Mont
Le Crot
Les Jeanduvets
Les Bertrands
Bourbon-Lancy
Fly
189
La Forêt
Chevagnes
Bel-Air
Étg de Brifaut
Les Verets
Chézy
Les Blavets
Beaulon
Turiers
Forêt de Germigny
Chalmoux
Le Gardier
Neuvy-Grandchamp
Étang de Beaurepaire
La Trépouse
Vernoy
Lusigny
Les Communes
Les Chappes
Droyers
Le Raclat
Les Mathé
Les Chevannes
Maringes
Jarsaillons
Les Loges
Les Colas
Veulterot
Château de Pommay
Foubrec
St-Pourçain-Malchère
Tréfoux
Abb. de Sept-Fonts
St-Aubin-s.-Loire
au Vernay
Lafayette
Le Guide
La Brosse
St-Laurent
Le Villard
Les Loges-de-Cieuse
Diou
Gilly-s.-Loire
Perrigny-s.-Loire
Bois-Melas
Charnay
Les Guerreaux
Les Beaucaires
Montbeugny
La Faye
Bois de Chapeau
Thiel-s.-Acolin
Zoo du Pal
Dompierre-s.-Besbre
La Madeleine
La Chaume
Les Boisseaux
La Bondue
Les Vergnauds
Pierrefitte-s.-Loire
Monin
St-Agnan
Les Charbonnières
Bois de Leyde
Château de la Cour
Chapeau
Château de Toury
Besbre
Les Gouttes
La Grave
Coulanges
Villenaud
Les Faverots
St-Pourçain-s.-Besbre
Saligny-s.-Roudon
Le Breuil
Les Guillots
Le Péage
Les Allissans
Les Maréchaux
Lormon
Les Loges-de-St-Pourçain
Château de Beauvoir
Les Babus
St-Julien
Mercy
Vaumas
St-Denis
Les Henry
Les Rouliers
Loge-Pailleton
Bois de la Motte
Parc animalier
Monétay-s.-Loire
Les Raymonds
Les Guy
Guillot
Dézards
Mauvernay
Puy-St-Ambroise
Gouise
La Motte
St-Voir
Thionne
St-Léon
Le Pin
Les Tournus
Les Papinnats
Les Loges
Les Brunets
Les Gallands
St-Didier-en-Donjon
Les Jardons
208
209
Durets
Bois
Marseigne
Jaligny-s.-Besbre
Montperoux
Les Devines
Belair
N79-E62
D979
D973
D981
D15
LOIRE

171
172
172
192
209
210
Larochemillay
St-Gengoult
Poil
Millay
Luzy
Les Loges
Bussière
Les Jouleaux
Maison-de-Bourgogne
Gissy
Étang du Bousson
Huspoil
Fontaine-la-Mère
La Celle
Savigny
Étang-s.-Arroux
Velet
Les Blondeaux
St-Didier-s.-Arroux
Démetry
St-Nizier-s.-Arroux
Thil-s.-Arroux
Charbonnat
Chevigny
La Guette
Chevannes
Perrigny
Cuzy
La Croix-de-l'Arbre
Les Bernards
Montmort
Corcelles
Armecy
Montchanin
La Cour
Issy-l'Évêque
Baugy
Montagne St-Jean
443
Bost
Chard
Champlary-du-Haut
Ste-Radegonde
Mont Dardon
Les Plassots
Uxeau
Bassenier
Lucenier
Monteaux
Montdemot
Vendenesse-s.-Arroux
La Chapelle-au-Mans
de Lavault
Vougon
Valette
Merculy
Gueugnon
Curdin
Bois de Vesvre
Bois de Perrecy
Le Breuil
La Vesvre
Le Bois de Lagland
Chassy
Grand-Chaze
La Commanderie
Bois de la Motte
Clessy
Forêt de Carterand
Rigny-s.-Arroux
La Bruyère
Les Bernards
Bussy
Villeneuve
Neuzy
La Motte-St-Jean
Digoin
Molinet
Chiseuil
Colaillot
Tranche-Gorge
Vitry-en-Charollais
Chassenard
Les Tenons
Cée
Varenne-St-Germain
St-Léger-s.-Vouzance
Les Bordes
St-Yan
Puthière
L'Hôpital-le-Mercier
Paray-le-Monial
Bois des Aisances
Les Michelets
Poisson
Montoy
Runchy
Les Angles
Le Mousseau
Mesvres
Toulongeon
La Chapelle-s/s-Uchon
Le Murger
Bussière
La Gravetière
Bois de la Ravière
Uchon
Mont Julien
681
Signal d'Uchon
Montfeurton
La Tagnière
Les Renards
Chât. de Trélague
Les Crots
Dettey
Monastère tibétain de Kagyu-Ling
Le Mast
La Boulaye
La Louère
St-Eugène
St-Denis
Le Crot-Monial
Toulon-s.-Arroux
Étang de Martenet
La Praye
La Faye
Forêt de Martenet
Bousserain
Chaumot
Dornand
St-Romain-s/s-Versigny
Dompierre-s/s-Sanvignes
Les Vernes
La Petite-Faye
Bois de Beaumont
Le Grand-Chardonnet
Perrecy-les-Forges
Marly-s.-Arroux
Mazoncle
Champeroux
Oudry
Soumilly
St-Éloi
Palinges
St-Vincent-Bragny
Varennes
Digoine
Fontenette
Chevagny
Vigny-lès-Paray
Le Bois-de-Paray
St-Léger-lès-Paray
La Gravoine
La Forge
St-Aubin-en-Charollais
La Naule
Lavaux
Bussière
Chamoge
Champlecy
Volesvres
Châtel-Vilain
Forêt de Charolles
La Redoute
Hautefond
Montessus
Lugny-lès-Charolles
Changy
Le Breuil
Nochize
Roussy
Marigny
Chevagny
Le Guidon
Velay
Chapey
Broye
Les Grands-Champs
Entrevaux
Bourdeau
St-Symphorien-de-Marmagne
Vaux
Marmagne
Vauvillard
Le Sautot
Étang du Prieuré
Montcenis
Aigrefeuille
Charmoy-la-Ville
Les Chapeys
Charmoy
La Mollière
Le Breuil
St-Nizier
La Valotte
Courmarcou
Barrage de la Sorme
La Coudraye
St-Bérain-s/s-Sanvignes
Blanzy
Le Sauvage
La Tour-Va
Sanvignes-les-Mines
Montceau-les-Mines
Les Loges
Les Baudras
Les Essarts
St-Vallier
Gourdon
La Garenne
La Beluze
Le Pont-des-Vernes
Roselay
Ciry-le-Noble
Pouilloux
St-Romain-s/s-Gourdon
Thomasse
Le Perrier
Bois de Chaume
Les Tatins
Ciury
Génelard
Le Montet
Les Bruyères-d'Uzelles
Villars
Chavanne
Corneloup
Champvigny
Le Pertuis-Froid
Ballore
Marizy
Étang du Grand Baronnet
Étang du Petit Baronnet
Forêt du Rousset
Les Croux
Martigny-le-Comte
Pont
Champvenot
St-Bonnet-de-Vieille-Vigne
Commune
Grandvaux
Mornay
La Croix-de-Mornay
Pringues
Les Baraques
Baron
Fontenay
Étang de Grd Landes
Forêt d'Azaire
Viry
Plainchassagne
Chéchy
Les Vennes
La Fourche
Vendenesse-lès-Charolles
Collange
Croix-de-Reuil
Charolles
Sermaize
Chapendy
Pommier
Chaugne
Vaudebarrier
Terzé
Marcilly-la-Gueurce
Épinassy
St-Firmin
Ozolles
Beaubery
Corcheval
Mont 507
Mont Violat 503
Valvre
Verosvres
SAÔNE-ET-LOIRE
71
Montcenis
Le Creusot
Torcy
Montchanin
St-Sernin-du-Bois
Forêt de St-Sernin
Vaumartin
Marteau Pilon
Les Gondards
Les Bizots
La Croix-des-Mâts
Les Communautés
Le Rompois
Marigny
St-Eusèbe
Tramail
Les Moulins
Volsin
Forêt du Rousset
Bois de la Guiche
Gueugnon

172
173
191
210
211
A
B
C
D
E
F
G
1
2
3
4
5
6
7
8
9
10
CHALON-S.-SAÔNE
Le Creusot
Montchanin
Montceau-les-Mines
Châtenoy-le-Royal
Givry
St-Rémy
Buxy
St-Gengoux-le-National
Tournus
Cluny
Sennecey-le-Grand
Mont-St-Vincent
Cormatin
Taizé
SAÔNE-ET-LOIRE
71
Couches
St-Léger-s.-Dheune
Mercurey
Rully
Fontaines
Champforgeuil
Crissey
Sassenay
Mellecey
Germolles
Châtel-Moron
Barizey
Jambles
Forêt de Givry
Forêt de Marloux
Mt Avril
Écuisses
St-Julien-s.-Dheune
St-Laurent-d'Andenay
Le Breuil
Torcy
Marteau Pilon
Chât. de Brandon
St-Pierre-de-Varennes
Lux
Sevrey
St-Marcel
Épervans
Varennes-le-Grand
St-Loup-de-Varennes
Forêt de la Ferté
La Ferté
St-Germain-lès-Buxy
Jully-lès-Buxy
Montagny-lès-Buxy
Saules
Culles-les-Roches
St-Boil
Messey-s.-Grosne
La Chapelle-de-Bragny
Bois du Grand Bragny
Laives
St-Martin Chât. de Ruffey
Montceaux-Ragny
Jugy
Col de Navois
Roche d'Aujoux
Col des Chèvres
Champagny-s/s-Uxelles
Bissy-s/s-Uxelles
Malay
Savigny-s.-Grosne
Chapaize
Forêt de Chapaize
Menhir
Brancion
Forêt de Mortin
Bois des Buis
Mont-St-Romain
Col de la Pistole
Col de la Croix
Blanot
Cruzille
St-Gengoux-de-Scissé
Lugny
Burgy
Viré
Fleurville
Azé
Bois de Bourcier
Donzy-le-Pertuis
Berzé-le-Châtel
Anc. abbaye
Forêt des Trois Monts
Bergesserin
Mazille
Ste-Cécile
La Chapelle-du-Mont-de-France
Brandon
Bourgvilain
Corcelle
Château
Jalogny
Donzy-le-National
Salornay-s.-Guye
Bois de la Grande Verrière
St-Martin-de-Salencey
Chevagny-s.-Guye
La Guiche
Bois de la Guiche
Forêt du Rousset
Le Rousset
Marizy
St-Bonnet-de-Joux
Pressy-s/s-Dondin
Butte de Suin
Suin
Sivignon
Verosvres
Corcheval
Trivy
Curtil-s/s-Buffières
Buffières
Joncy
St-Clément-s.-Guye
Genouilly
Collonge-en-Charollais
Santagny
Germagny
Bissy-s.-Fley
Sercy
Santilly
Étivau
St-Martin-du-Tartre
St-Maurice-des-Champs
St-Huruge
Burzy
Burnand
Curtil-s/s-Burnand
Sigy-le-Châtel
Bonnay
Cortevaix
Ameugny
Massilly
Flagy
Massy
Vitry-lès-Cluny
Chiddes
Dondin
Marchiseuil
St-Vincent-des-Prés
St-André-le-Désert
Mary
Tillots
Gourdon
Marigny
Montferroux
Montbretagne
Mondoron
St-Micaud
Le Puley
St-Privé
St-Martin-d'Auxy
Marcilly-lès-Buxy
Sassangy
Cersot
Rimont
St-Vallerin
Chenôves
Fley
Bissey-s/s-Cruchaud
Moroges
Rosey
St-Désert
Granges
Bois de Rheune
Méruge
Nanton
Sully
Étrigny
Mancey
Vers
Boyer
Royer
Ozenay
Plottes
Col de Beaufer
Bois de Plottes
Chardonnay
Uchizy
Farges-lès-Mâcon
Montbellet
Mirande
AUTOROUTE DU SOLEIL
Peronne
Clessé
St-Maurice-de-Satonnay
Laizé
Charbonnières
Igé
Domange
Verzé
St-Martin-Belle-Roche
Senozan
La Salle
Vernay
St-Albain
Manziat
Asnières-s.-Saône
SAÔNE
N80-E607
A6-E15-E21
N6
D981
D980
D983

SAÔNE-ET-LOIRE
71
AIN
01
173
174
194
211
212
Gergy
Chevrey
St-Maurice-en-Rivière
Bougerot
Damerey
Chauley
Bois de Bissy
Forêt d'Osnard
Osnard
St-Martin-en-Bresse
Serrigny-en-Bresse
Ft de Truchy
La Racineuse
St-Bonnet-en-Bresse
La Chapelle-St-Sauveur
Les Teraudin
Torpes
Bellevesvre
Beauvernois
La Motte
Le Reurre
Les Rabuts
Les Loranges
Dampierre-en-Bresse
La Chaux
La Grande-Chancelle
Montjay
Les Valliers
La Marre
La Potière
Chapelle-Voland
L'Argillois
Allériot
Bey
Etg du Moulin
Villegaudin
Glairans
Les Ivolots
La Charmotte
Étang de Chaudenard
Brantus
Commenailles
Prondevaux
Perrigny
Mervans
Ville-des-Maréchaux
Le Planois
Etg du Vernois
Les Montarlots
Montagny
Montcoy
Bois de Montcoy
Colnand
Les Gautheys
Diombe
Serley
La Beplonge
Les Chavannes
Guerfand
Bellefond
Forêt de la Marche
Diconne
Bouhans
Les Dameys
Les Rollins
Relan
Bois de la Tour
Etg du Coin
Les Marlins
Devrouze
Le Margot
Bosjean
Panissière
Bletterans
St-Christophe-en-Bresse
L'Abergement-Ste-Colombe
Le Villerot
Quain
St-Germain-du-Bois
Gérand
Cosges
Grand-Servigny
Les Plates
Villargeau
Thurey
Fosse
Sens-s.-Seille
Le Tartre
Nance
Colombey
Petit-Servigny
Lessard-en-Bresse
Les Peutots
Condé
Frangy-en-Bresse
Charnay-Bas
Charnay
Charnay-Haut
Tronchy
Simard
Grande-Commune
Ouroux-s.-Saône
Serville
Les Guillons
Meix-Vallant
Bois des Vernes
St-Étienne-en-Bresse
Vérisseu
Mauperrins
Villemartin
Fontainebrux
Velard
Grand-Limon
Tenarre
Le Vauvrit
Saillenard
B. de la Communauté
Petit-Limon
La Faye
Chaux
Chârangeroux
Montcony
St-Germain-du-Plain
Les Chaillots
Le Bordiau
Le Nassey
Montret
Les Repôts
Roussenne
Servonne
Beaurepaire-en-Bresse
Thorey
Les Chevanes
Breuve
St-Usuge
Les Vernets-Coulon
La Pont
Nilly
Grand-St-Germain
Les Planches
La Momine
Juif
Le Monceau
Le Fay
Gigny-s.-Saône
Baudrières
Viennette
Vincelles
Molambief
Maître-Camps
Condamine
Tenarre
St-Vincent-en-Bresse
St-André-en-Bresse
Le Châtelet
Beauvoir
Grand-Charmont
Montagny-près-Louhans
Villeron
Lampagny
Saugy
Villeveny
Branges
Seugny
Ratte
Vanoise
Hôtel-Dieu
Châteaurenaud
Savigny-en-Revermont
La Frette
Bois-Philibert
Les Pilloux
Pré-du-Vernay
La Forêt
Les Chavannes
Ormes
Les Brulés
La Varenne
Lusigny
Louhans
Sornay
St-Martin-du-Mont
Les Gobards
Simandre
Letrey
Savigny-s.-Seille
La Croix
Vallière
Fontainessot
Les Croses
Bantanges
Les Genevriers
Marcilly
Bourbouillon
Chante-Merle
Le Taillet
La Bucilière
Flacey-en-Bresse
Les Bordes
Votantenay
Commagne
Sâne Morte
Sagy
Les Thuris
Rancy
La Chapelle-Naude
Bruailles
Les Huichards
Véage
Nécudois
La Catenière
Huilly-s.-Seille
Ménetreuil
Jousseau
Plaimchamp
Montjai
Ste-Croix
Les Bulets
Sellières
L'Abergement-de-Cuisery
Loisy
Jouvençon
Chantisy
Les Tupins
Le-Haut-d'Anjoux
Maynal
La Chaux
La Mare-Dandon
Suligiat
Safre
Augea
Marcillat
Recule
Meix-Avrange
Brienne
La Chapelle-Thècle
Montpont-en-Bresse
Frontenaud
La Biolée
Prèty
Cuisery
La Villeneuve
Le Molard
Tagiset
Le Miroir
Cousance
Cuisia
Bois de Fouget
La Genète
La Deuise
Les Communes
Le Villard
Chanelet
Le Villars
Varennes
Lessot
Tageat
Digna
Ratenelle
Curciat
Rippes-des-Monts
La Reine
Jarrey
Chevreaux
Pont-Seille
Lissiat
Molard
La Truchère
Gisement préhistorique
Les Teppes
Le Perroux
Armont
Cuiseaux
Loizette
Romenay
Dodo
Dommartin-lès-Cuiseaux
Sermoyer
Les Thibauts
Les Écopets
Le Bouchat
Louvarel
Lamarre
Les Varennes
Varennes-St-Sauveur
Marciat
Champagnat
Bois de Vescours
Vernoux
Curciat-Dongalon
Villard-Chapelle
Le Villard
Arbigny
Vescours
Grand-Matrignat
Malichy
Condal
Joudes
St-Trivier-de-Courtes
Courtes
St-Nizier-le-Bouchoux
Grand-Nancia
Balanod
Montagna-le-Reconduit
Véria
Pont-de-Vaux
Molardoury
Faisselles
Montrachy
Méplillat
Cormoz
St-Amour
L'Aubépin
Curny
Geffe
Rouillet
Jassans
Béroude
Les Montets
Biolay
Villeneuve
Allonal
Nanc-lès-St-Amour
Montlèger
Chemillat
Forêt du Villard
Le Verney
Cessia
Thoissia
Montmain
Servignat
St-Bénigne
Corcelles
Montlin
Villard
Le Grand-Avignon
Domsure
Écuria
Bois de Charney
Reyssouze
Chavannes-s.-Reyssouze
Mantenay-Montlin
Étang de Pontremble
Beaupont
Forêt de Folgermagne
Chazelles
St-Jean-d'Étreux
Nantey
Gorrevod
St-Étienne-s.-Reyssouze
Pérignat
Hautes-Varennes
Les Pérouses
Chamandre
Quinte-Basse
Le Villard
Senaud
Florentia
Corgentin
Chavagnat
St-Julien-s.-Reyssouze
Lescheroux
Grande-Belle-Vavre
Les Bordes
Orgent
Coligny
Val-d'Épy
Étang du Chemin
St-Jean-s.-Reyssouze
Verjongeat
La Balme-d'Épy
Le Tremblay
La Croisée
Besentet
Laneria
Boissey
Les Converts
Poisoux
Chevroux
Montéfanty
Corgens
Jayat
Foissiat
Le Tremblay
Dingier
Le Crozet
Salavre
Verjon
Les Vernes
La Baronnière
Les Pérouses
Villemotier
Gizia
Onlard
Montcindroux
Tournant
Guyotte
Les Grands-Champs
L'Abergement-de-St-Didier
Gonthier
Chavenne
Pont-d'Or
Dissey
Chênes
Sermesse

174
175
193
212
213
39
JURA
Poligny
Lons-le-Saunier
Champagnole
Bletterans
Montmorot
Orgelet
Clairvaux-les-Lacs
Moirans-en-Montagne
Arinthod
Beaufort
Cuiseaux
St-Julien
St-Claude
St-Lupicin
Sellières
Arlay
Château-Chalon
Cirque de Ladoye
Culée de Vaux
Abb. de Baume-les-Messieurs
Baume-les-Messieurs
Cirque de Baume
Belv. des Roches de Baume
Belv. des Tilleuls
Creux de Revigny
Saut de la Saisse
Cluse de la Pile
Pont de la Pyle
Casc. du Hérisson
Pic de l'Aigle
Lac de Vouglans
Forêt de Vaucluse
Gorges de l'Ain
Bge de Vouglans
Bge du Saut-Mortier
Forêt de Chaillot
Forêt de Coissonnet
Bois du Chanel
Bois du Chaumois
Bois des Épaisses
Forêt de la Joux
Forêt de la Crochère
Forêt des Piards
Forêt de Moirans
Forêt du Chanet
Forêt de la Faye de Montrond
Forêt de l'Heute
Combe des Prés Bergeret
B. de Mal Rocher
Vaivres
Montrond
Ney
Cize
Crotenay
Mirebel
Doucier
Fontenu
Châtelneuf
Songeson
Ménétrux-en-Joux
Bonlieu
Saugeot
Patornay
Nogna
Publy
Verges
Conliège
Perrigny
Revigny
Vernantois
Macornay
Messia-s.-Sorne
Courlaox
Chilly-le-Vignoble
Courbouzon
Gevingey
Cesancey
Bornay
Ste-Agnès
Vincelles
Rotalier
St-Laurent-la-Roche
Arthenas
Augisey
Varessia
Rothonay
Cressia
Rosay
Beffia
Moutonne
Chavéria
Pimorin
Marigna
Savigna
Chatonnay
Dramelay
Cernon
Lect
Martigna
Meussia
Coyron
Soucia
Thoiria
Crenans
Charchilla
Maisod
Onoz
Villards-d'Héria
Mt Robert 743
Lavans
Chassal
Molinges
St-Romain
Jeurre
Vaux-lès-St-Claude
Les Piards
Prénovel
Château-des-Prés
Les Crozets
La Rixouse
Ravilloles
Cuttura
Étival
Châtel-de-Joux
Les Bouviers
Le Fiod
Ladoye-s.-Seille
Blois-s.-Seille
Nevy-s.-Seille
Voiteur
Domblans
Montain
Lavigny
Pannessières
Chille
Le Pin
L'Étoile
Quintigny
Plainoiseau
Villevieux
Desnes
Relans
Ruffey-s.-Seille
Larnaud
Montmorot
Frébuans
Trenal
Malleréy
Orbagna
Maynal
Augea
Cuisia
Gizia
Digna
Chevreaux
Loisia
Véria
Gigny
Monnetay
Louvenne
Montrevel
La Boissière
Dessia
Villechantria
Valfin-s.-Valouse
St-Hymetière
Cézia
Vescles
Montcusel
Condes
Chancia
Grand-Serve
Nantey
Florentia
Vosbles
D678
D470
D471
D52
D117
D1083
D27
D39
D436
D109
N5
N83
A39-E21
A391

SUISSE
VAUD
VALLÉE DE JOUX
Lac de Joux
Mont - Risoux
Forêt du Risoux
Forêt du Risol
HAUT-JURA
PARC NATUREL RÉGIONAL DU
Forêt de la Joux
Forêt de Mignovillard
Forêt de la Grande Côte
Forêt du Mont Noir
Forêt du Noirmont
Forêt de la Haute-Joux
Forêt du Prince
Forêt de Bois du Bouquet
Forêt du Mont de la Croix
Forêt de la Joux Devant
Forêt de la Frasse
Le Frênois Forêt
Lac de Remoray
Lac de St Point
Lac Brenet
Lac des Rousses
Lac de Bellefontaine
Golfe de Coudrée
LAC
Nozeroy
Mignovillard
Cuvier
Censeau
Mièges
Chapois
Champagnole
Syam
Foncine-le-Haut
Foncine-le-Bas
Chaux-des-Crotenay
Les Planches-en-Montagne
Chaux-Neuve
Châtelblanc
Mouthe
Source du Doubs
Forêt du Noirmont
Le Crozet
Reculfoz
Petite-Chaux
Les Pontets
Rondefontaine
Sarrageois
Gellin
Villedieu
Brey-et-Maison-du-Bois
Labergement-Ste-Marie
Malbuisson
St-Point-Lac
Remoray-Boujeons
Métabief
Jougne
Les Hôpitaux-Neufs
Les Hôpitaux-Vieux
Mont d'Or 1460
Le Morond 1419
Longevilles-Mont-d'Or
Rochejean
Ballaigues
Vallorbe
Saut du Day
Source de l'Orbe
Dent de Vaulion 1483
Vaulion
Le Pont
L'Abbaye
Le Lieu
Le Sentier
Le Chenit
Le Brassus
Col du Marchairuz
Col de Mollendruz
Mont-Tendre 1680
Grand Bois à Ban
Bière
Gimel
Aubonne
St-Livres
Mont Chaubert 1082
Crêt de la Neuve 1494
St-Georges
Marchissy
Le Vaud
Arzier
Bassins
Begnins
Genolier
Givrins
Trélex
Gingins
Chéserex
St-Cergue
Col de la Givrine 1229
La Barillette 1528
La Dôle 1677
Grande Côte de Bonmont
Abbaye de Bonmont
Mont Sâla 1511
Mont Pelé 1532
Sapins de Borsattaz
Refuge du Carroz
Rolle
Mont-s.-Rolle
Perroy
Allaman
Bursinel
Dully
Gland
Vich
Luins
Prangins
Nyon
Promenthoux
Duillier
Eysins
Crans-près-Céligny
Château de Crans
Céligny
Founex
Commugny
Divonne-les-B.
Gex
Crassier
Borex
Signy-Avenex
Grens
Coppet
Yvoire
Nernier
Messery
Excenevex
Sciez
Chens-s.-Léman
Château de Beauregard
Les Rousses
Prémanon
Morez
Morbier
Bellefontaine
Bois-d'Amont
Les Landes-d'Amont
Brassus-Carroz
Fort du Risoux
Crêt à la Dame 1273
Roche des 3 Commères 1083
Col de la Savine 991
St-Laurent-en-Grandvaux
Abbaye de Grandvaux
Roche au Dade
Tancua
Longchaumois
Lajoux
Mijoux
Col de la Faucille 1323
Creux de l'Envers
Petit Mont-Rond
Mont-Rond 1614
Mont Colomby de Gex
Crêt Pela 1495
Crêt Pourri 1025
Lamoura
La Vattay
Mont Fier 1282
Belv. des Dappes 1418
Combe Sambine
Gorges de Langouette
Casc. de la Billaude
Casc. de Bief de la Ruine
Cluse d'Entreportes
Source de l'Ain
Perte de l'Ain
Bourg-de-Sirod
Sapins de la Glacière
Lac de Bonlieu
Le Mont Noir 1227
Roche Champion 1325
Gros Crêt 1419
Le Noirmont 1568
Mouthe

Ste-Croix
Mont de Baul
Yverdon-les-Bains
Yvonand
Orbe
Vallorbe
Romainmôtier-Envy
Chavornay
La Sarraz
Échallens
Cossonay
Moudon
Lucens
Mézières
Oron-la-Ville
Crissier
Renens
Prilly
Bussigny-s.-L.
Écublens
Morges
LAUSANNE
Pully
Lutry
Épalinges
Le Mont-s.-Lausanne
Chexbres
Chardonne
Corseaux
Vevey
La Tour-de-Peilz
Cully
St-Prex
Aubonne
Étoy
Allaman
St-Sulpice
Puidoux
Savigny
Froideville
Jorat d'Échallens
Mont-Jorat
Mont Pèlerin
LÉMAN
Évian-les-Bains
Thonon-les-Bains
Château de Ripaille
Publier
Neuvecelle
St-Paul-en-Chablais
Lugrin
Meillerie
St-Gingolph
Port-Valais
Pic de Mémise
Pic de Blanchard
Le Grammont
Les Cornettes de Bise
Mont Lenta
Margencel
Allinges
Gorges du Pont du Diable
Corniche de Lavaux
FR
A1
A9-E23
E62
A5

SUISSE
FRIBOURG
VAUD
O B E R
Pays d'Enhaut
ALPES
Fribourg
Marly
Villars-s.-Glâne
Corminboeuf
Chésopelloz
Matran
Avry-s.-M.
Corjolens
Noréaz
Montagny-les-Monts
Mannens-Grandsivaz
Prez-vers-Noréaz
Alterswil
St-Ursen
Bourguillon
Pierrafortscha
Fromath
Wolperwil
Wengliswil
Rüschegg
Riedstätt
Guggershorn 1296
Guggisberg
Riffenmatt
Unter Scheidwald
Heubach
Tentlingen
Giffers
Rechthalten
Brünisried
Zumholz
Plaffeien
Aegertenwald
Pfyffe 1666
Azieu
Selibüel 1750
Col de Selibüel 1590
Ottenleuebad
Rufenen
Oberschrot
Plasselb
St-Silvester
Montécu
Bonnefontaine
Oberried
Essert
Zénauva
Montevraz
Pratzey
Praroman
Villarsel-s.-M.
Ependes
Arconciel
Ferpicloz
Senèdes
Chésalles
Abbaye d'Hauterive
Posieux
Ecuvillens
Magnedens
Corpataux
Illens
Rossens
Barrage de Rossens
Treyvaux
La Serbache
Pont-la-Ville
La Roche
Burgerwald
Chrüzflue 1322
Schwyberg 1645
Attenberg 1615
Sangernboden
Zollhaus
Sense
Schwefelbergbad
Grenchenberg
Märe 2087
Widdersgrind
Oberwil-im-S.
La Berra 1719
1628
Schwarzsee
Gypsera
Riggisalp 1491
Kaiseregg 2186
Widdergalm 2174
La Joux 1529
L'Auta-Chia
1414
Lac Noir
Col de la Balise
Chartreuse de la Valsinte
Pré-de-l'Essert
Hauteville
Corbières
Villarvolard
Cerniat
Chörblispitz
2102
Euschels Pass 1578
Adlemsried
Boltingen
Schwarzenmatt
Reidenbach
Eschi
Weissenbach
Niederhorn 2078
2009 Bäderhorn
Weibelsried
Garstatt
1509
Col de Jaun (Jaun Pass)
Grubenwald
Jaun
Zur-Eich
Im-Fang
Cascade
Jogne
Pont du Jattoz
Charmey
Les Dents Vertes 1815
La Tsintre
Lac de Montsalvens
Châtel-s/-Montsalvens
Crésuz
Villarbeney
Botterens
Tour
Broc
Dent de Broc 1829
Chapelle des Marches
La Tour-de-Trême
Bulle
Gruyères
Le Pâquier
Vuadens
Les Colombettes
Hochmatt 2152
Les Planeys
Ablandschen
Mannried
Zweisimmen
Refuge de Grubenberg
Dent de Ruth 2236
Neuenberg
Mosenried
Blankenburg
Oeschseite
St-Stephan
Häusern
Estavannens
Enney
Moléson-Village
1393
Le Moléson 2003
Les Traverses
Villars-s/s-Mont
Grandvillard
Cascade
1908
2353 Dent de Brenleire
2389 Vanil Noir
2082
Les Rodomonts
1879
Saanenmöser
Schönried
Rinderberg 2079
Hornfluh 1949
Gruben
Neirivue
Marais
Albeuve
Lessoc
Vanil-Blanc 1827
Dent de Lys 2014
Les Sciernes
2374
2198 Vanil Carré
Rougemont
Saanen
Gstaad
Turbach
Les Chaudzes
2070 Pointe de Cray
Château-d'Oex
Flendruz
Défilé
Kalberhöni
Le Rubli 2284
1671
Montbovon
La Tine
Défilé de la Tine
Rossinière
Les Granges
Les Moulins
2255
Grund
Gitelhorn 2542
Lauenenthorn 2477
Enge
1939
Lauenen
Dent de Corjon 1967
Gorges du Midi
Rocher du Midi 2097
Gummfluh 2458
1893
Monts Chevreuils 1749
L'Etivaz
Les Vuites
La Lécherette
Wittenberghorn 2350
Feutersœy
Lac de l'Hongrin
Col des Mosses 1445
2133
1870
Cascade
Rothorn 2776
Refuge de Wildhorn
Mont d'Or 2175
Les Mosses
Lac Lioson
2548 La Tornette
Arnenhorn 2211
Arnensee
Gsteig
Seeberghorn 2971
Spitzhorn 2807
Refuge de Geltenalp
Cascade
Pic d'Aussy 2351
Vallée des Ormonts
Omont-Dessous
Le Sepey
Le Rosex
Les Diablerets
Lac de retaud
Col du Pillon 1546
Olden
Reusch
Cabane des Diablerets
Sanetschhorn 2924
Arpelistock 3035
3071
Geltengletscher
Wildhorn 3248
Ormont-Dessus
Vers-l'Eglise
La Forclaz
1939
Sex Rouge 2971
Oldenhorn 3123
Glacier de Tsanfleuron
Tsanfleuron
Le Sérac 2817
2731
2891
Leysin
Le Chamossaire 2113
Perche
2027
Bretaye
1951
1727 Col de la Croix
La Croix
2789 Culan
Les Diablerets
3210 Sommet des Diablerets
3035
2612 La Fava
Visse
La Verneyre
Aigle
Yvorne
Veiges
Plambuit
Gorges de la Grande Eau
Panex
Villars
Arveyes
Les Chaux 1754
Solalex
Derborence
Mont Gond 2710
Prabé 2042
Ollon
Gryonne
Romont
Les Glânes
Berlens
La Neirigue
Le Châtelard
Mézières
Grangettes
Estevenens
Villariaz
Villaraboud
Vuisternens-devant-R.
Rueyres-Treyfayes
Romanens
Le Gibloux 1206
Villarsiviriaux
Avry-devant-Pont
Gumefens
Sorens
Marsens
Echarlens
Riaz
Morlon
Maules
Sâles
Vaulruz
La Magne
Sommentier
Les Ecasseys
La Joux
Le Crêt
Grattavache
Progens
Semsales
La Rougève
Petite-Citard
Les Alpettes 1413
Rathevi
Niremont 1514
Prayoud
Châtel-St-Denis
Les Paccots
Belle-Chaux
Corbetta 1400
Le Pralet 1630
Les Pléiades 1360
Le Molard 1752
Cape au Moine 1941
Les Chevalleyres
Blonay
Gorges
Sonloup
Les Avants
Brent
Chernex
Chailly
Le Châtelard
Clarens
Montreux
Glion
Caux
Rochers de Naye 2042
Territet-Veytaux
Sonchaux
Pointe d'Aveneyre 2027
Château de Chillon
Villeneuve
Grand-Aeyrne
1768
Mont d'Arvel
2138
Noville
Rennaz
Roche
Tour d'Aï 2331
Cergnat
2048
Corbeyrier
Chessel
Vouvry
Barges
Revereulaz
Vionnaz
Illarsaz
Lac Léman
Trey
Middes
Torny-le-Grand
Châtonnaye
Lentigny
Corserey
Lovens
Onnens
Neyruz
Cottens
Chénens
Autigny
Posat
Farvagny-le-Petit
Grenilles
Estavayer-le-Gibloux
Villarimboud
Sédeilles
Villarzel
Rossens
Villaz-St-Pierre
Chavannes-s.-O.
Orsonnens
Lussy
Villargiroud
Villarlod
Villarsel-le-Gr.
Rueyres-St-Laurent
Farvagny-le-Grand
Vuisternen-en-O.
Le Bry
Massonnens
Lac de la Gruyère
Sionge
Saane
Sarine
Hongrin
Trême
Lauibach
Mont Gond
Les Ponts
La Part-Dieu
Plaisance

179
180
216
A
B
C
D
E
F
G
1
2
3
4
5
6
7
8
9
10
La Terrière
Parc floral
La Tranche-s.-Mer
La Banche
Le Grand-Clos-Jean
La Belle-Henriette
Ste-Anne
La Crière-Plage
Les Jars
L'Aiguillon-s.-Mer
La Faute-s.-Mer
Pointe du Grouin du Cou
Anse du Maupas
RÉSERVE NATIONALE DE CHASSE
Digue de
Pointe d'Arçay
PERTUIS BRETON
Phare des Baleineaux
Phare des Baleines
Pointe du Lizay
La Rivière
Les Portes-en-Ré
Le Gillieux
RÉSERVE NATURELLE
Pointe du Fier
Bois de Trousse-Chemise
Pointe du Grouin
St-Clément-des-Baleines
Loix
CHARENTE-MARITIME
17
Rade de St-Martin
Fosse de Loix
Citadelle
Ars-en-Ré
Le Martray
La Passe
St-Martin-de-Ré
Pointe de Grignon
Le Morinant
La Flotte
Abb. des Châteliers
Fort de la Prée
Pte de Sablanceaux
La Couarde-s.-Mer
Le Bois-Plage-en-Ré
La Gollandière
ÎLE DE RÉ
Phare de Chanchardon
La Noue
Rivedoux-Plage
Ste-Marie-de-Ré
Pointe de Chauveau
Phare de Chauveau
PERTUIS D'ANTIOCHE
Rocher d'Antioche
Pointe de Chassiron
Phare de Chassiron
Chassiron
La Gautrie
St-Denis-d'Oléron
Plage de Soubrejon
La Brée-les-Bains
Les Boulassiers
Les Huttes
Anse de Malechonche
Anse du Marais Salé
Port du Douhet
L'Ile
Plaisance
Plage de la Gautrelle
Pointe des Saumonard
Ft des Saumonards
Chaucre
Foulerot
Domino
St-Georges-d'Oléron
Pointe de Chaucre
Cheray
Saurelle
Boyardville
Plage des Sables Vigniers
Bois-Fleury
Pointe de Chardonnière
La Fromagerie
La Perrotine
St-Gilles
La Giboire
St-Pierre-d'Oléron
Lanterne des Morts
La Ménounière
Arceau
Côte
La Biroire
La Chefmalière
La Dresserie
Parc ornithologique
Les Allards
Maisonneuve
La Baudissière
St-Séverin
La Noue
ÎLE D'OLÉRON
La Cotinière
Matha
Dolus-d'Oléron
Sauvage
La Perroche
Les Bardières
La Rémigeasse
Vert-Bois
Trillo
Plage de Bois-Vert
Forêt
Le Grd-Village-Plage
Petit-Village
Plage de
D735
D201
D201E2
D734
D273
D274
D126
D746
D46
D44
D102
D103

CHARENTE-MARITIME
17
St-Michel-en-l'Herm
La Dune
Le Vignaud
Anc. abb.
Puyravault
Marais Poitevin
Aisne
Le Coteau
Vouillé-les-Marais
La Taillée
La Chaignée
Le Gué-de-Velluire
Vix
Le Port-Vieux
Le Pont-aux-Chèvres
Le Pont-de-Vix
Le Rocher
La Sablière
Le Breuil-Bernard
Portes-des-Grands-Greniers
La Pointe-aux-Herbes
Digue des Wagons
La Prée-Mizottière
La Briand
L'Ile d'Elle
Maillé
La Croix-de-Maillé
Bernegoue
La Barbée
Damvix
La Dive
Le Génie
Digue du Maroc
Anse de l'Aiguillon
l'Aiguillon
Les Sablons
Bourg-Chapon
Port-du-Pavé
Charron
Marans
Canal de Pomère
Sèvre Niortaise
Cigogne
Thairé-le-Fagnoux
Taugon
La Ronde
Chalocé
Marais de la Brie
Pointe de l'Aiguillon
Pointe St-Clément
Esnandes
Andilly
Sérigny
Réhon
Marais de St-Michel
St-Jean-de-Liversay
Choupeau
La Motte
Margot
Morvins
Bois-Vilain
St-Cyr-du-Doret
Sourdon
Luché
Cramahé
Angiré
Villedoux
Marsilly
St-Ouen-d'Aunis
Longèves
Courçon
Bègues
Lauzières
L'Aubreçay
La Sauzaie
Le Breuil
Ferrières
Crêpé
La Laigne
Pte du Plomb
L'Houmeau
Nieul-s.-Mer
St-Xandre
Le Raguenaud
Nuaillé-d'Aunis
Le Peu
Angliers
St-Sauveur-d'Aunis
L'Étang
Forêt de Benon
Benon
La Genillière
Le Payaud
La Fromagère
Loiré
Les Loges
Port-Bertrand
Anc. abb.
Pont-Viaduc
La Rochelle Île de Ré
Lagord
Puilboreau
Les Brandes
Dompierre-s.-Mer
Vérines
La Conche
Anais
Rioux
Le Gué-d'Alleré
La Roulière
La Pallice
Chagnolet
Les Grds-Rivières
Ste-Soulle
St-Coux
Fontpatour
Bois de Benon
Temple
Belle-Croix
Bourgneuf
St-Médard-d'Aunis
Fraise
Les Rivières-d'Anais
La Grange
Vieux-Port
Rompsay
Périgny
Le Treuil-Arnaudeau
L'Aubertière
La Martinière
Bouhet
Chizelle
LA ROCHELLE
St-Rogatien
Montroy
Clavette
St-Christophe
Blameré
Vouhé
St-Georges-du-Bois
Tour du Lavardin
Chassagné
Cugné
Virson
Les Haies
Aytré
Pointe de Roux
Plage d'Aytré
La Jarne
Châtt. de Buzay
La Jarrie
Puyvineux
Aigrefeuille-d'Aunis
Villeneuve
Chambon
Puyravault
Frace
Les Rivières
Les Petites
Savarit-Chaumes
Les Grdes
Pointe du Chay
Grolleau
Croix-Chapeau
La Planterie
Chambon
Angoulins
St-Jean-des-Sables
Salles-s.-Mer
La Trigalle
Forges
Puydrouard
Le Cher
Le Chiron
Loin-du-Bruit
Mortagne
Le Thou
Les Chaumes
Vandon
Péré
Châtelaillon-Plage
St-Vivien
Thairé
Gravelle
Cigogne
Les Égaux
Les Granges
Petit-Bois
St-Germain-de-Marencennes
Couplais
Breuil-la-Réorte
Vieux-Châtelaillon
Les 3 Canons
La Fondelay
La Preuille
Fondouce
Ciré-d'Aunis
Landrais
Brette
50 mn.
Rade des Basques
Les Boucholeurs
Réserve Naturelle
Voutron
Ballon
Ardillières
Le Petit-Breuil
Vandré
Le Pinier
Pointe du Parc
Île d'Aix
Fort Liédot
Pointe de Coudemont
Maison de l'Empereur
Le Marouillet
Grand-Agère
Cabane-des-Aubiers
Les Bugaudières
La Rousselière
Chervettes
Fort Boyard
Île-d'Aix
Fort de la Rade
Pointe de la Fumée
Pnte du Rocher
Baie d'Yves
Charras
Les Viviers
Muron
Genouillé
Saulré
Pointe Ste-Catherine
La Fumée
Anse de Fouras
Yves
Marais de Fouras
La Lance
Flay
Porcheresse
L'Île-c'Albe
La Barre
Liron
Moulin-de-la-Croisée
Nolon
Luez
St-Crépin
Rade de l'Île d'Aix
30 mn.
Fouras
Fort
La Barre
La Raize
Loire-les-Marais
Ivraie
Le Grand-Vergeroux
Breuil-Magné
St-Laurent-de-la-Prée
Canal
Les Forges
Boisrond
Fougerolle
Soumard
La Roche
Le Petit-Vergeroux
le-Bas
Chamservé-le-Haut
Moragne
Four-Blanc
Puy-du-Lac
Île Madame
Passe aux Bœufs
Fort Lupin
Port-des-Barques
Rochefort
Lussant
Veille
Parcs à huîtres
Réserve Naturelle des Marais de Moëze
Piédemont
St-Nazaire-s.-Charente
Fontrouet
Tonnay-Charente
Les Pibles
St-Coutant-le-Grand
La Forêt
Logis-du-Péré
La Jarrie
Soubise
Les Lauriers
Anc. pont Martrou
St-Clément
Cabariot
La Boisselière
Champdolent
Cresson
Chéniers
St-Froult
Moëze
La Renaissance
Les Gillardières
St-Hippolyte
Grand Village
Le Château-d'Oléron
Croix Hosannière
Thionnet
Échillais
Montherault
La Bergerie
Port-la-Pierre
Les Rousseaux
Les Vinçons
Citadelle
Fief-Naton
Abb.
La Roche
La Vallée
Bords
Charron
Le Pontreau
La Chevallerie
Brouage
La Tour
Beaugeay
Père
Trizay
Roche
La Chanc
L'Houmée
Fort
Montierneuf
St-Agnant
Le Petit-Village
Romegoux
Geay
Le Mung
Bourcefranc
A837
E602
N11
E601
N237
D137
D939
180
181
200
216
217

181
182
Maillezais
Croix-Hosannière
Benet
Lesson
St-Maxire
Chât. de la Taillée
St-Gelais
Chauray
NIORT
Donjon
Sciecq
Surimeau
Ste-Pezenne
Telloure
La Tiffardière
Coulon
Magné
Sevreau
Bessines
Chap. St-Macrine
POITEVIN
MARAIS POITEVIN
St-Sigismond
Le Mazeau
Damvix
Arçais
Le Vanneau
St-Georges-de-Rex
Amuré
Sansais
Frontenay-Rohan-Rohan
St-Hilaire-la-Palud
St-Symphorien
Prahecq
Aiffres
Vouillé
Les Ruralies
L'AQUITAINE
Mougon
La Crèche
Fors
Épannes
Vallans
Prin-Deyrançon
Cramchaban
La Laigne
Mauzé-s.-le-Mignon
St-Pierre-d'Amilly
La Foye-Monjault
Usseau
Beauvoir-s.-Niort
Granzay
Gript
Marigny
St-Romans-des-Champs
Brûlain
Prissé-la-Carrière
Forêt de Chizé
Zoo
Les Sept-Chênes
RÉSERVE NATIONALE DE CHASSE
Villiers-en-Bois
Chizé
Belleville
St-Étienne-la-Cigogne
Boisserolles
Surgères
St-Georges-du-Bois
St-Saturnin-du-Bois
Marsais
Dœuil-s.-le-Mignon
Priaires
Thorigny
Villeneuve-la-Comtesse
Villenouvelle
La Croix-Comtesse
St-Séverin-s.-Boutonne
Dampierre-s.-Boutonne
St-Félix
Vergné
Loulay
Coivert
St-Martial
Blanzay-s.-B.
St-Georges-de-Longuepierre
Aulnay
St-Mandé-s.-Brédoire
Nuaillé-s.-B.
St-Pierre-de-l'Isle
Bernay
Puyrolland
Courant
Lozay
Migré
St-Germain-de-Marencennes
Vandré
Chervettes
St-Laurent-de-la-Barrière
Annezay
Nachamps
La Benâte
La Jarrie-Audouin
St-Pardoult
Antezant-la-Chapelle
Landes
Tonnay-Boutonne
Puy-du-Lac
Torxé
Voissay
Les Églises-d'Argenteuil
Cherbonnières
Loiré-s.-Nie
St-Jean-d'Angély
Tour de l'Horloge
Anc. abb.
Chât. de Beaufief
St-Julien-de-l'Escap
Poursay-Garnaud
Varaize
Archingeay
Les Nouillers
Bignay
Mazeray
Fontenet
Camp militaire
Gibourne
Les Touches-de-Périgny
Fenioux
Lanterne des Morts
Asnières-la-Giraud
217
218
A10-E5
N11-E601
N248-E601
D611
D948
D650
D150
D939
D739
D115
D1
D101
D107

DEUX-SÈVRES
79
CHARENTE-MARITIME
17
182
183
218
219
202
Pamproux
Salles
Avon
Nillé
La Mothe-St-Héray
Orangerie
Tumulus
Bougon
Camp militaire
Exoudun
Romans
Souvigné
Forêt de l'Hermitain
St-Sauvant
Forêt de St-Sauvant
Chenay
Chey
Lezay
Sepvret
Celles-s.-Belle
Melle
Chât. de Chaillé
St-Léger-de-la-Martinière
St-Vincent-la-Châtre
Ste-Soline
Rom
Couhé
Châtillon
Vaux
Payré
Lanterne des Morts
Chaunay
Brux
Sauzé-Vaussais
Limalonges
Montalembert
Brioux-s.-Boutonne
Chef-Boutonne
Javarzay
Lusseray
Melleran
Pouilloux
Loubillé
Aubigné
Ft d'Aulnay
Bois de Chantemerlière
Forêt de Chef-Boutonne
Villiers-Couture
Couture-d'Argenson
Longré
Villefagnan
Ruffec
Forêt de Ruffec
Condac
Verteuil-s.-Charente
Tusson
Anc. abb
Forêt de Tusson
Aigre
Néré
Fontaine-Chalendray
Bazauges
Ranville-Breuillaud
Oradour
St-Fraigne
Ébréon
Courcôme
Raix
Tuzie
Salles-de-Villefagnan
Charmé
Bessé
Souvigné
Brettes
Montjean
Londigny
St-Martin-du-Clocher
Bernac
La Faye
Empuré
Theil-Rabier
Villiers-le-Roux
Les Alleuds
Gournay-Loizé
Tillou
Sompt
Vanzay
Pers
Messé
Linazay
A10-E5
N10
D948
D950
D740
D737
D1

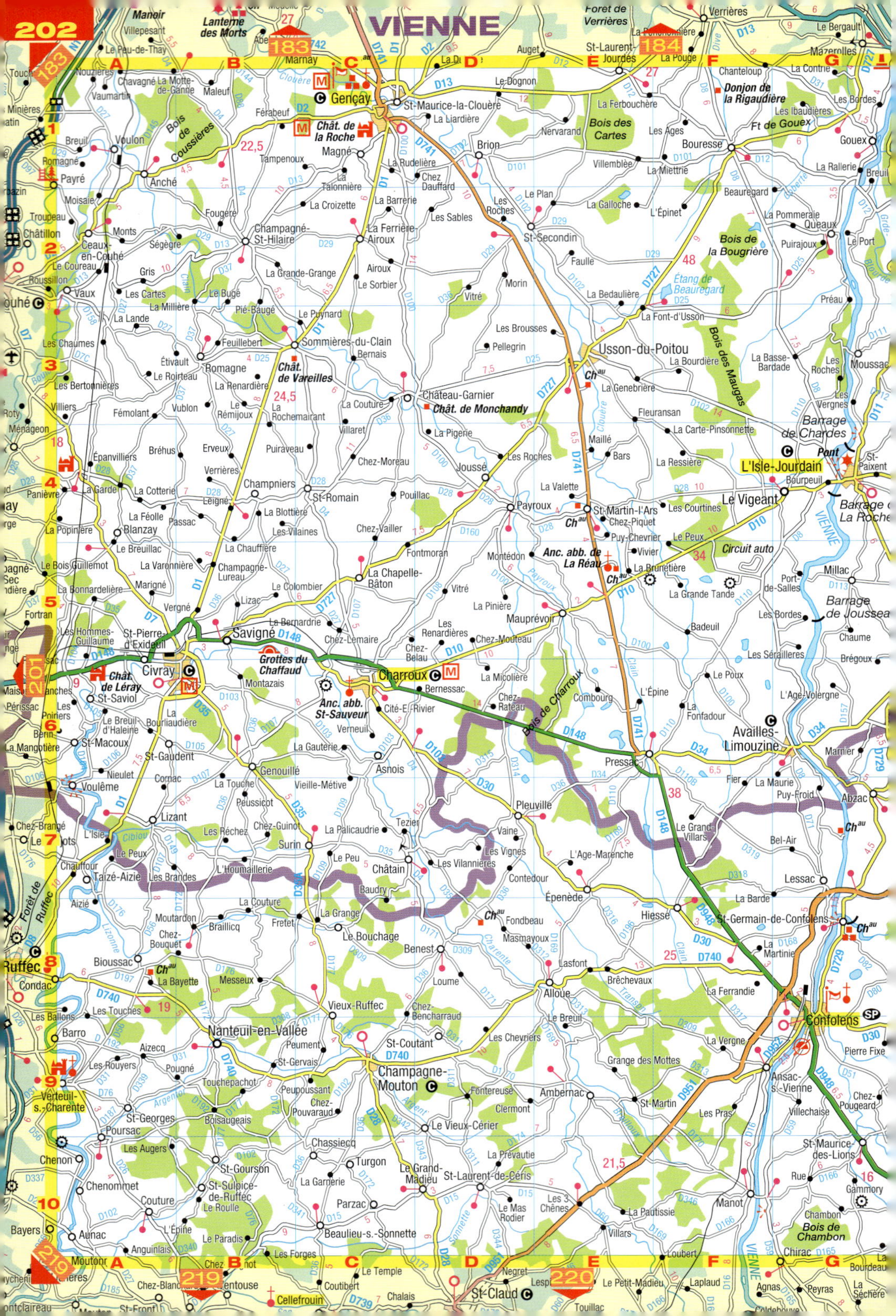
183
184
Gençay
St-Maurice-la-Clouère
Chât. de la Roche
Magné
Anché
Voulon
Bois de Coussières
Champagné-St-Hilaire
Ceaux-en-Couhé
Vaux
Sommières-du-Clain
Chât. de Vareilles
Château-Garnier
Chât. de Monchandy
Brion
St-Secondin
Usson-du-Poitou
Bouresse
Donjon de la Rigaudière
Bois des Cartes
Ft de Gouex
Gouex
Queaux
Bois de la Bougrière
Étang de Beauregard
Bois des Maugas
Moussac
Barrage de Chardes
L'Isle-Jourdain
Le Vigeant
Barrage de La Roche
Circuit auto
Millac
Barrage de Jousseau
Romagne
Champniers
St-Romain
Jousseau
Payroux
St-Martin-l'Ars
Anc. abb. de La Réau
La Chapelle-Bâton
Mauprévoir
Savigné
Grottes du Chaffaud
Civray
Chât. de Léray
St-Pierre-d'Exideuil
Charroux
Anc. abb. St-Sauveur
Bois de Charroux
Availles-Limouzine
Pressac
Genouillé
St-Gaudent
St-Macoux
Voulême
Lizant
Surin
Châtain
Pleuville
Abzac
Lessac
Épenède
Hiesse
St-Germain-de-Confolens
Confolens
Ruffec
Condac
Nanteuil-en-Vallée
Vieux-Ruffec
Benest
Alloue
Champagne-Mouton
Ansac-s-Vienne
Verteuil-s.-Charente
St-Georges
Poursac
Chassiecq
St-Gourson
St-Sulpice-de-Ruffec
Le Grand-Madieu
St-Laurent-de-Céris
Manot
St-Maurice-des-Lions
Beaulieu-s.-Sonnette
Aunac
St-Claud
Chirac
Bois de Chambon
201
219
220

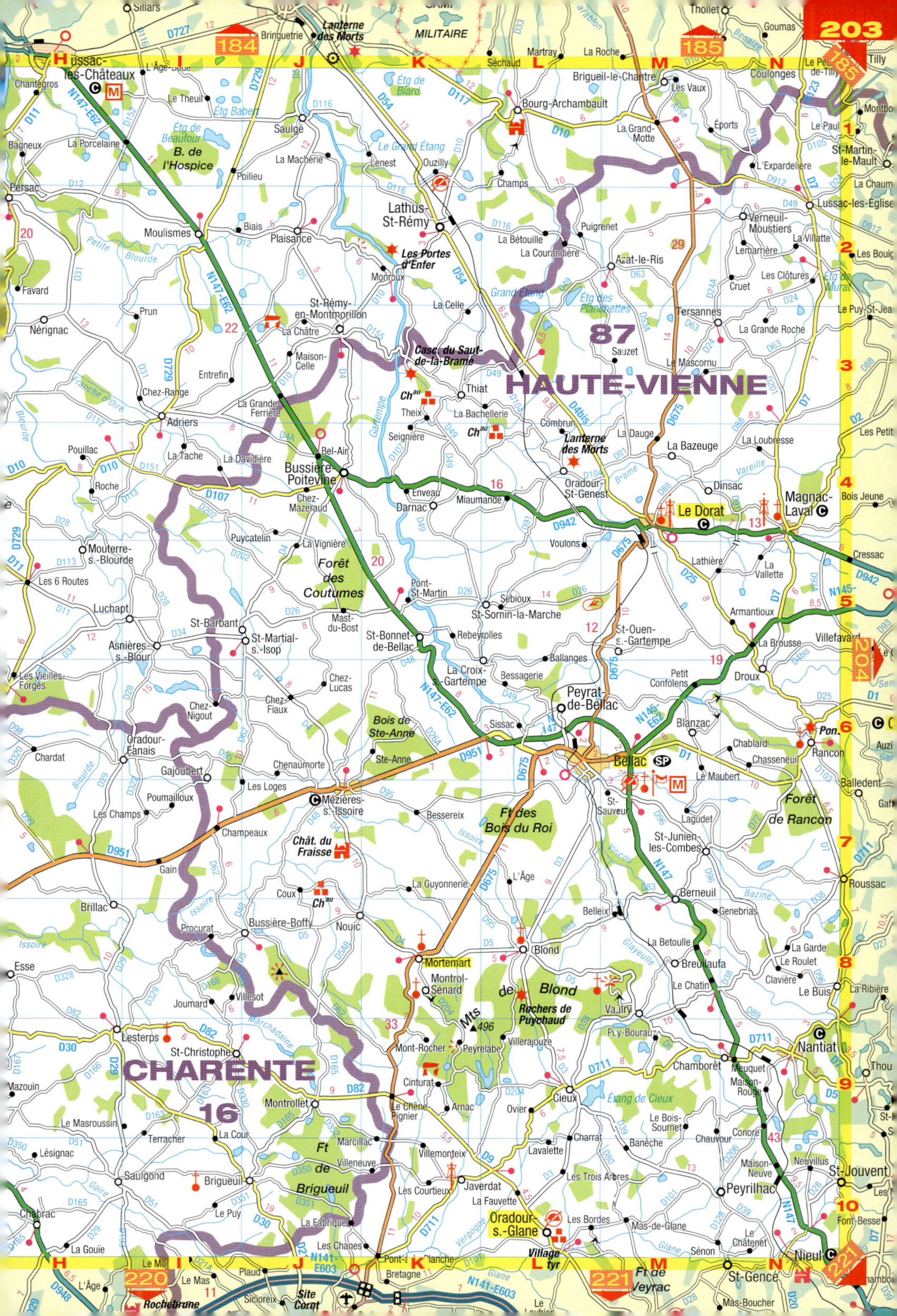
184
185
204
220
221
HAUTE-VIENNE
87
CHARENTE
16
Lussac-les-Châteaux
Lanterne des Morts
MILITAIRE
Bourg-Archambault
Brigueil-le-Chantre
Coulonges
Tillet
Goumas
Le Pé...-de-Tilly
Chantegros
L'Âge-Bodin
Le Theuil
Étg Babert
Étg de Beaufour
B. de l'Hospice
Saulgé
La Macherie
Lenest
Ouzilly
Le Grand Étang
Étg de Biard
Bagneux
La Porcelaine
Poilieu
Persac
Moulismes
Biais
Plaisance
Lathus-St-Rémy
Les Portes d'Enfer
Monroux
La Bétoulle
La Courandière
Puigrenet
Azat-le-Ris
Champs
La Grand-Motte
Les Vaux
Éports
L'Expardelière
Le Paul
St-Martin-le-Mault
Lussac-les-Églises
Verneuil-Moustiers
Lemarrière
La Villatte
Les Clôtures
Cruet
Étg de Murat
Le Puy-St-Jean
Tersannes
La Grande Roche
Le Mascornu
Sauzet
Étg des Planchettes
Grand Étang
La Celle
Favard
Nérignac
Prun
St-Rémy-en-Montmorillon
La Châtre
Maison-Celle
Casc. du Saut-de-la-Brame
Thiat
Theix
La Bachellerie
Seignière
Entrefin
Chez-Range
Adriers
La Grande Ferrière
Bel-Air
Combrun
Lanterne des Morts
La Dauge
La Bazeuge
La Loubresse
Pouillac
Roche
La Tache
La Davidière
Bussière-Poitevine
Enveau
Darnac
Miaumande
Oradour-St-Genest
Dinsac
Le Dorat
Magnac-Laval
Bois Jeune
Chez-Mazeraud
Puycatelin
La Vignière
Forêt des Coutumes
Voulons
Lathière
La Vallette
Cressac
Mouterre-s.-Blourde
Les 6 Routes
Luchapt
Pont-St-Martin
Sébioux
St-Sornin-la-Marche
Armantioux
St-Barbant
St-Martial-s.-Isop
Mast-du-Bost
St-Bonnet-de-Bellac
Rebeyrolles
St-Ouen-s.-Gartempe
La Brousse
Villefavard
Asnières-s.-Blour
Les Vieilles-Forges
Chez-Lucas
La Croix-s.-Gartempe
Bessagerie
Ballanges
Petit Confolens
Droux
Chez-Nigout
Chez-Fiaux
Bois de Ste-Anne
Peyrat-de-Bellac
Sissac
Blanzac
Chablard
Chasseneuil
Rancon
Oradour-Fanais
Chardat
Gajoubert
Chenaumorte
Ste-Anne
Bellac
Le Maubert
Forêt de Rancon
Balledent
Poumailloux
Les Loges
Mézières-s.-Issoire
Bessereix
Ft des Bois du Roi
St-Sauveur
Lagudet
Les Champs
Champeaux
Châ. du Fraisse
St-Junien-les-Combes
Roussac
Gain
Coux
La Guyonnerie
L'Âge
Berneuil
Genebrias
Brillac
Procurat
Bussière-Boffy
Nouic
Belleix
Blond
La Betoulle
Breuilaufa
La Garde
Le Roulet
Clavière
Esse
Mortemart
Montrol-Sénard
Mts de Blond
Rochers de Puychaud
Le Chatin
Le Buis
La Ribière
Joumard
Villesot
Vaulry
Lesterps
St-Christophe
Mont-Rocher
Peyrelabe
Villerajouze
Ply-Bouraud
Chamborêt
Nantiat
Meuquet
Maison-Rouge
Thou
Mazouin
Cinturat
Arnac
Cieux
Étang de Cieux
Montrollet
Le Chêne-Pignier
Ovier
Le Masroussin
Terracher
La Cour
Marcillac
Villemonteix
Charrat
Lavalette
Banèche
Le Bois-Sournet
Chauvour
Conore
Lésignac
Villeneuve
Ft de Brigueuil
Les Trois Arbres
Maison-Neuve
Neuvillus
St-Jouvent
Saulgond
Brigueuil
Les Courtieux
Javerdat
La Fauvette
Peyrilhac
Chabrac
Le Puy
La Fabrique
Oradour-s.-Glane
Les Bordes
Mas-de-Glane
Le Châtenet
Font-Besse
La Gouie
Les Chanes
Pont-à-la-Planche
Village tyr
Sénon
Nieul
Le Mas
Plaud
Bretagne
Ft de Veyrac
St-Gence
L'Âge
Rochebrune
Sicioreix
Site Corot
Mas-Boucher
N147-E62
N145-E62
N141-E603
D951
D942
D675
D711
SP

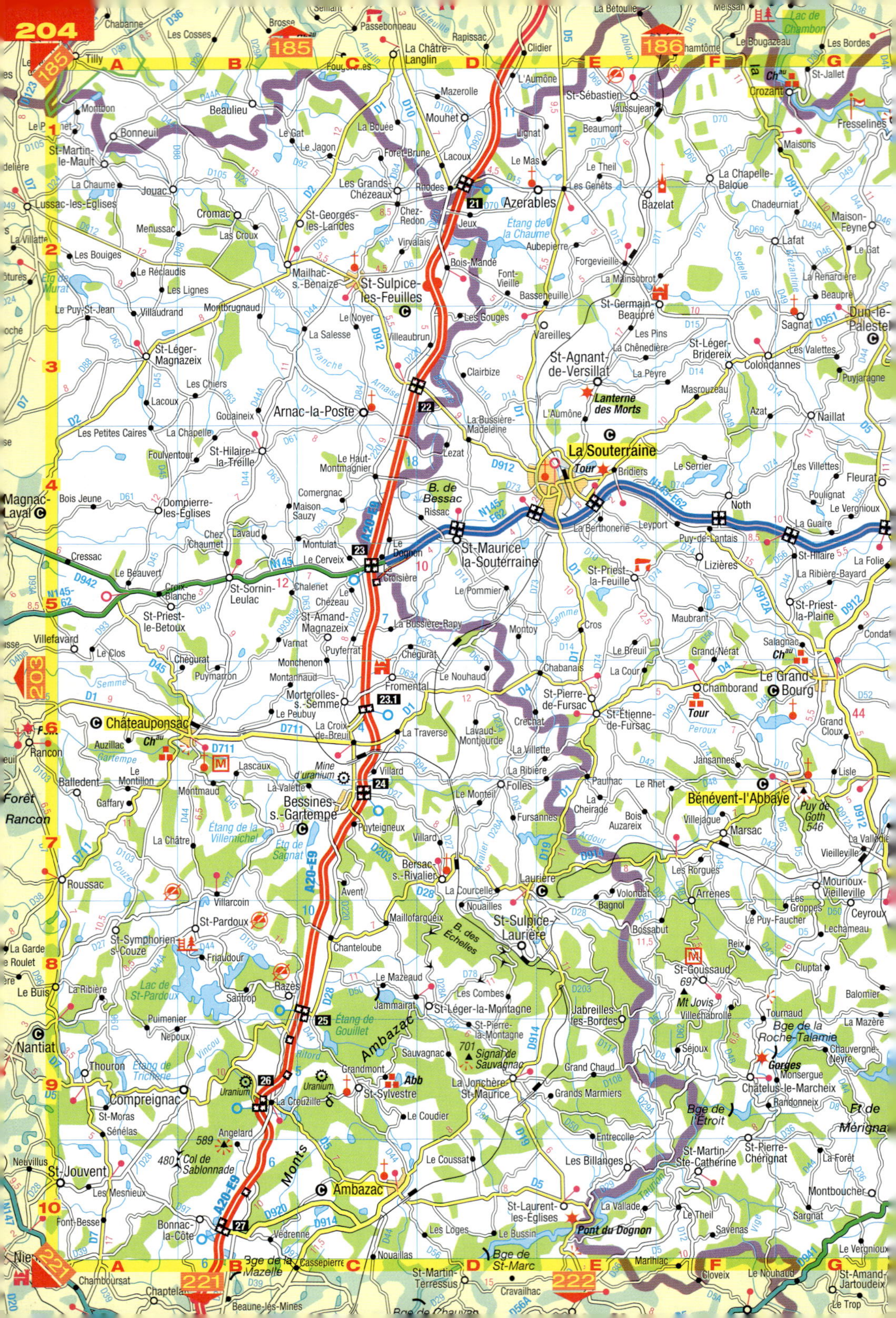
185
186
203
221
222
La Châtre-Langlin
Azerables
St-Sulpice-les-Feuilles
St-Léger-Magnazeix
Arnac-la-Poste
La Souterraine
St-Maurice-la-Souterraine
St-Agnant-de-Versillat
Lanterne des Morts
Dun-le-Palestel
Le Grand-Bourg
Bénévent-l'Abbaye
Magnac-Laval
Châteauponsac
Bessines-s.-Gartempe
Mine d'uranium
Bersac-s.-Rivalier
Laurière
St-Sulpice-Laurière
St-Goussaud
Mt Jovis
Ambazac
Monts d'Ambazac
Nantiat
Compreignac
St-Jouvent
Bonnac-la-Côte
Châtelus-le-Marcheix
St-Laurent-les-Églises
Pont du Dognon
Lac de St-Pardoux
Étang de Gouillet
Signal de Sauvagnac
Col de Sablonnade
Bge de la Roche-Talamie
Bge de l'Étroit
Bge de St-Marc
Bge de la Mazelle
Forêt de Rancon
Puy de Goth 546
Crozant
Lac de Chambon
Fresselines
Lussac-les-Églises
St-Martin-le-Mault
Bonneuil
Rancon
Rochechouart
A20-E9
N145-E62
D912
D914

205
186
187
H
I
J
K
L
M
N
23
CREUSE
Creuse
Lourdoueix-St-Pierre
Méasnes
Le Grand-Plaix
La Brodière
Les Chaumes
Mont-Martin
La Forêt-du-Temple
Le Caureix
Grospeaux
Nouziers
Bordessoule
Doussager
Héréat
La Rigaudière
Tercillat
La Cellette
St-Paul
Bussière-St-Georges
Le Geai
Grand Vichez
Mortroux
Moutier-Malcard
La Forgette
Piodon
Nouzerolles
Lignaud
La Champagne
Les Châtres
Les Chauffaux
Viviers
Nouzerines
Couchardon
Le Mont
Moulizoux
La Villatte
Les Zéros
Villechiron
La Sagne
La Pimparlière
Linard
Malval
Chambon-Ste-Croix
Les Forges
Chéniers
Genouillac
Bétête
Sardeix
Puy-Manteau
Le Rateau
Bonnat
Malleret-Boussac
Villard
La Pérelle
Lavaud
Héré
Mandrédeix
Soumeranges
St-Dizier-les-Domaines
Étable
Les Forges
La Celle-Dunoise
Marseuil
Rousseau
Fougères
Le Monteil
Montagaud
Châtelus-Malvaleix
Jalesches
Clugnat
Le Theix
Barrage de l'Age
St-Sulpice-le-Dunois
Chanteloube
Le Montilloux
Les Megrets
Pierre des Fées
Roches
Marsillat
Toulx-Ste-Croix
Bourg-d'Hem
Le Courtioux
Bordat
Jupille
Pont
Gorges
Anzême
Champsanglard
Le Vignaud
Mandement
Doulon
Le Courtioux
Chatenet
Bussière-Dunoise
Montbut
Villevaleix
Lacoux
Jouillat
Villelot
Le Verger
Servières
St-Silvain-s/s-Toulx
Péchadoire
Soulat
La Villatte
Ladapeyre
Fleurat
Domeyrot
Chignaroche
Mondpueix
Blaudeix
Rimondeix
Passelat
Monneger
Le Peyroux
Roche
Puy des Trois Cornes
636
Longechaud
Teix
Viaduc
Glénic
Mauques
La Coterie
N145-E62
Masmeau
St-Vaury
Clavérol
Clavière
Le Pont
St-Fiel
Ajain
Remeix
Les Monseaux
Puy-Mouillera
L'Age
Parsac
St-Sulpice-le-Guérétois
Rejat
Brugnat
Étang Neuf
Pothière
St-Martin
Le Mazeaudoueix
Vernet
Marsat
La Villatte
Jarnages
Le Magnenon
49
48
47
Guéret
St-Laurent
Pionnat
Les Ternes
Montignat
Gladière
Goze
Maupuy
685
La Brionne
Villecusson
Villeservine
Vigeville
Ponty
Gouzougnat
Les Peyrot
La Chassagne
Gartempe
St-Silvain-Montaigut
St-Léger-le-Guérétois
Puy de Gaudy
651
Montbrégier
Grande-Balleyte
Les Mazeires
La Tour
Luchat
La Neuville
Rebeyras
Ste-Feyre
Mazeirat
Petite Balleyte
Cressat
Orgnat
St-Dizier-la-Tour
Le Monteil
Montaigut-le-Blanc
St-Victor-en-Marche
Ft de Chabrières
La Saunière
Le Théret
La Mazeire
St-Hilaire-la-Plaine
Seidoux
Busseau
Azat
Chénérailles
La Chaud
Les Moreaux
Busserolles
Savennes
Villeregnier
Peyrabout
Fressigne
Villemonteix
Les Mazeires
La Chapelle-Taillefert
St-Christophe
St-Yrieix-les-Bois
Villard
Ahun
La Vaurette
Mornat
Valaize
La Pouyade
Augères
Châtenet
Mas-Sebrot
La Feyte
Petillat
La Charse
Chézottes
Moutier-d'Ahun
St-Pardoux-les-Cards
Monument
Lépinas
Lavaveix-les-Mines
Villard
Azat-Châtenet
Drouille
St-Éloi
Pierrefitte
Molles
Teillet
Maisonnisses
Cherlecunlong
Mareille
Bois d'Ahun
Chantaud
Bouriat
Issoudun-Létrieix
Janaillat
Rebeyrolle
Sardent
Mazémard
Sous-Parsat
Chamberaud
St-Martial-le-Mont
Haute Faye
Les Pradelles
Le Chiron
Villatange
La Ronze
Drouillette
Pleine-Faye
La Valade
Courbarioux
St-Médard-la-Rochette
Bonnefond
Monclavie
Chaussadas
Durazat
Le Pommier
La Chaise
Le Donzeil
Perpirolle
St-Dizier-Leyrenne
Bonneville
Marque
Villevégoux
La Chapelle-St-Martial
Bournazeau
Franséches
Fourneaux
La Rochette
Mazobouvier
Védignat
Ceyvat
Bosmoreau-les-Mines
Thauron
La Feyte
Ars
Lioreix
Ourdeaux
Murat
Fontelune
Pontarion
Ponsat
Pétillat
St-Avit-le-Fauvre
Treix
Alleyrat
Martineiche
St-Hilaire-le-Château
St-Georges-la-Pouge
St-Sulpice-les-Champs
Ville-Sauveix
Ft de Blessac
Masbaraud-Mérignat
Pierre aux Neuf Gradins
574
Fourneaux
La Pouge
Bonnefond
Charbonnier
Voutezy
Vergnaud
La Villotte
La Borne
Tour
Mansat-la-Courrière
Soubrebost
Vidaillat
Mazerier
Le Beth
Chansard
La Chapelle
Blessac
Bourganeuf
Faux-Mazuras
Chignat
La Forêt-Belleville
Chavanat
St-Michel-de-Veisse
Aubusson
Gorges
Rochers de Mazuras
627
Bouzogles
Le Grand-Janoit
Le Monteil-au-Vicomte
Banize
Courcelles
Treichazeix
St-Marc-à-Frongier
222
223
St-Pierre-Bellevue
Jartaud
Morterolles
Pramy
Vallière
Lune
Bge des Combes
206

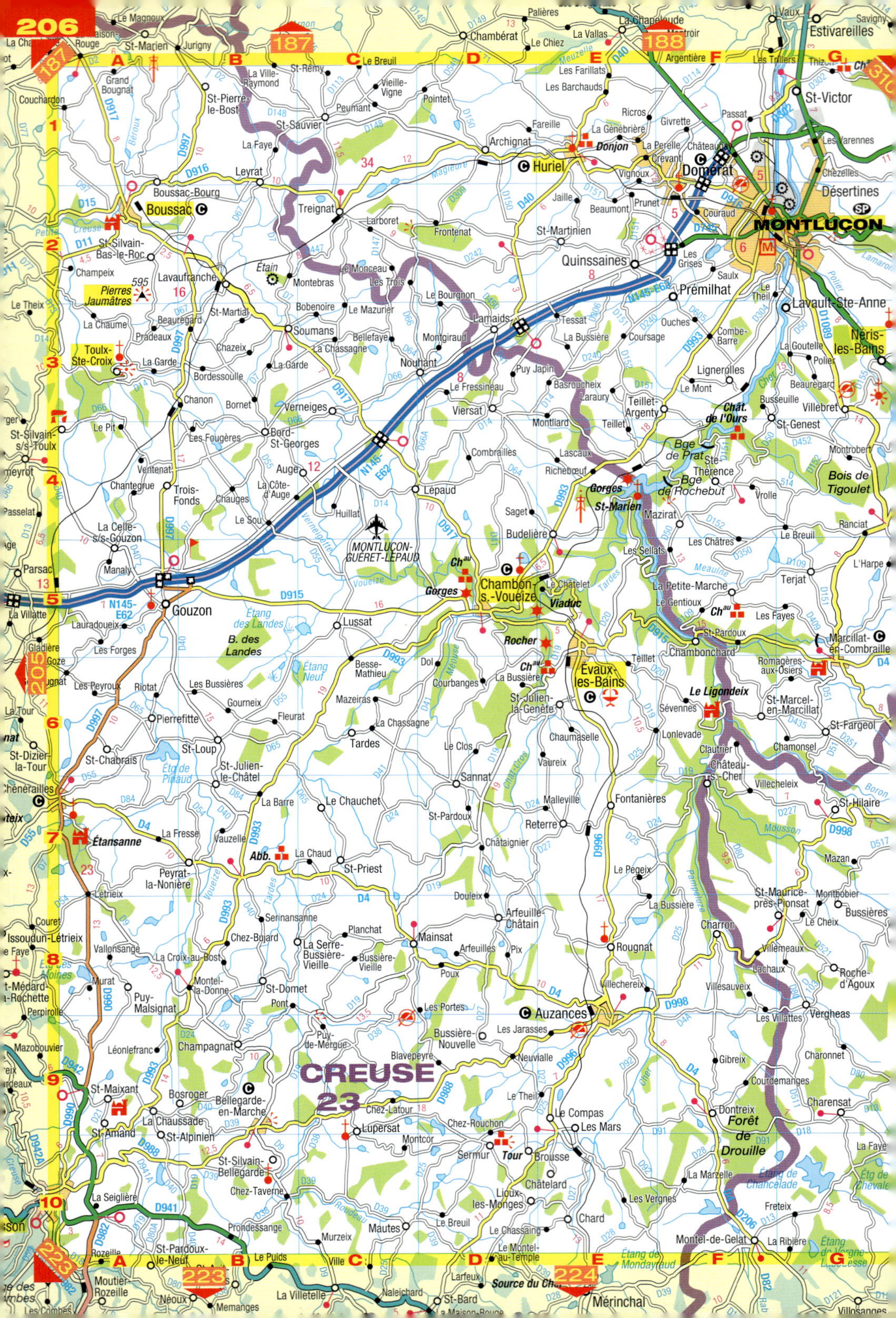
206
187
188
205
223
224
310
A
B
C
D
E
F
G
1
2
3
4
5
6
7
8
9
10
Le Magnoux
St-Marien
Jurigny
Le Breuil
Chambérat
Palières
Le Chiez
La Vallas
La Chapelaude
Argentière
Estivareilles
Savigny
Vaux
St-Victor
Thizon
Les Tollers
Grand Bougnat
Couchardon
La Ville-Raymond
St-Rémy
St-Pierre-le-Bost
Vieille-Vigne
Pointet
Peumant
St-Sauvier
La Faye
Les Farillats
Les Barchauds
Ricros
Givrette
Passat
Les Varennes
Fareille
La Génebrière
Donjon
La Perelle
Châteaux
Archignat
Huriel
Crevant
Domérat
Chézelles
Désertines
Boussac-Bourg
Boussac
Leyrat
Treignat
Larboret
Frontenat
Jaille
Beaumont
Vignoux
Prunet
Couraud
MONTLUÇON
St-Silvain-Bas-le-Roc
Champeix
Lavaufranche
Étain
Montebras
Le Monceau
Les Trois
Le Bourgnon
St-Martinien
Quinssaines
Les Grises
Saulx
Prémilhat
Le Theil
Lavault-Ste-Anne
Pierres Jaumâtres
595
Le Theix
La Chaume
Beauregard
St-Martial
Bobenoire
Le Mazurier
Soumans
Lamaids
Tessat
La Bussière
Coursage
Ouches
Combe-Barre
Néris-les-Bains
Pradeaux
Chazeix
Bellefaye
Montgiraud
La Chassagne
Toulx-Ste-Croix
La Garde
Bordessoule
Nouhant
Le Fressineau
Puy Japin
Basroucheix
Laraury
Teillet-Argenty
Lignerolles
Le Mont
La Goutelle
Polier
Beauregard
Villebret
Chanon
Bornet
Verneiges
Viersat
Montlliard
Teillet
Busseuille
Chât. de l'Ours
St-Genest
St-Silvain-s/s-Toulx
Le Pit
Les Fougères
Bord-St-Georges
Combrailles
Lascaux
Bge de Prat
Ste-Thérence
Montrobert
Ventenat
Auge
La Côte-d'Auge
Richebœuf
Gorges
St-Marien
Bge de Rochebut
Vrolle
Bois de Tigoulet
Chantegrue
Trois-Fonds
Chauges
Lépaud
Saget
Mazirat
Ranciat
La Celle-s/s-Gouzon
Le Sou
Huillat
Budelière
Les Sellats
Les Châtres
Le Breuil
L'Harpe
Parsac
Manaly
MONTLUÇON-GUÉRET-LÉPAUD
Chambon-s.-Voueize
Le Châtelet
Viaduc
La Petite-Marche
Terjat
Le Gentioux
Les Fayes
N145-E62
D915
Gouzon
La Villatte
Lauradoueix
Étang des Landes
B. des Landes
Lussat
Rocher
St-Pardoux
Chambonchard
Marcillat-en-Combraille
Gladière
Goze
Les Forges
Étang Neuf
Besse-Mathieu
Dol
Courbanges
La Bussière
Évaux-les-Bains
Teillet
Romagères-aux-Osiers
Les Peyroux
Riotat
Les Bussières
Gourneix
Mazeiras
St-Julien-la-Genête
Le Ligondeix
Sévennes
St-Marcel-en-Marcillat
La Tour
Pierrefitte
Fleurat
La Chassagne
Chaumasselle
Lonlevade
St-Fargeol
St-Dizier-la-Tour
St-Chabrais
St-Loup
Tardes
Le Clos
Claurier
Chamonsel
St-Julien-le-Châtel
Vaureix
Château-s.-Cher
Sannat
Villecheleix
Chénérailles
Étg de Pinaud
La Barre
Le Chauchet
Malleville
Fontanières
St-Hilaire
Étansanne
La Fresse
Vauzelle
St-Pardoux
Reterre
Châtaignier
Peyrat-la-Nonière
Abb.
La Chaud
St-Priest
Le Pégeix
Mazan
Létrieix
Douleix
Arfeuille-Châtain
La Bussière
St-Maurice-près-Pionsat
Montbobier
Bussières
Issoudun-Létrieix
Couret
Serinansanne
Planchat
Chez-Bojard
La Serre-Bussière-Vieille
Mainsat
Charron
Le Cheix
Faye
Vallonsange
Bussière-Vieille
Arfeuilles
Pix
Rougnat
Villemeaux
Lachaux
St-Médard-la-Rochette
La Croix-au-Bost
Montel-la-Donne
Poux
Villechereix
Villesauveix
Roche-d'Agoux
Murat
Puy-Malsignat
St-Domet
Pont
Perpirolle
Les Portes
Auzances
Les Villattes
Vergheas
Puy-de-Mergue
Bussière-Nouvelle
Les Jarasses
Mazoubouvier
Léonlefranc
Champagnat
Blavepeyre
Neuvialle
Gibreix
Charronnet
CREUSE
23
St-Maixant
Bosroger
Bellegarde-en-Marche
Le Theil
Courdemanges
Chez-Latour
Le Compas
Dontreix
Charensat
La Chaussade
St-Amand
St-Alpinien
Lupersat
Chez-Rouchon
Les Mars
Forêt de Drouille
Montcor
Sermur
Tour
Brousse
La Faye
St-Silvain-Bellegarde
Chez-Taverne
Châtelard
La Marzelle
Étang de Chancelade
Étg de Chevalet
La Seiglière
Lioux-les-Monges
Les Vergnes
Fretelx
D941
Prondessange
Mautes
Le Breuil
Chard
Montel-de-Gelat
La Ribière
Murzeix
Le Chassaing
Le Montel-au-Temple
Étang de Mondaytaud
Étang de la Vergne Lousse
Rozeille
St-Pardoux-le-Neuf
Le Puids
Ville
Larfeux
Source du Cher
Moutier-Rozeille
Néoux
Memanges
La Villetelle
Naleichard
St-Bard
La Maison-Rouge
Mérinchal
Villosanges
Les Combes

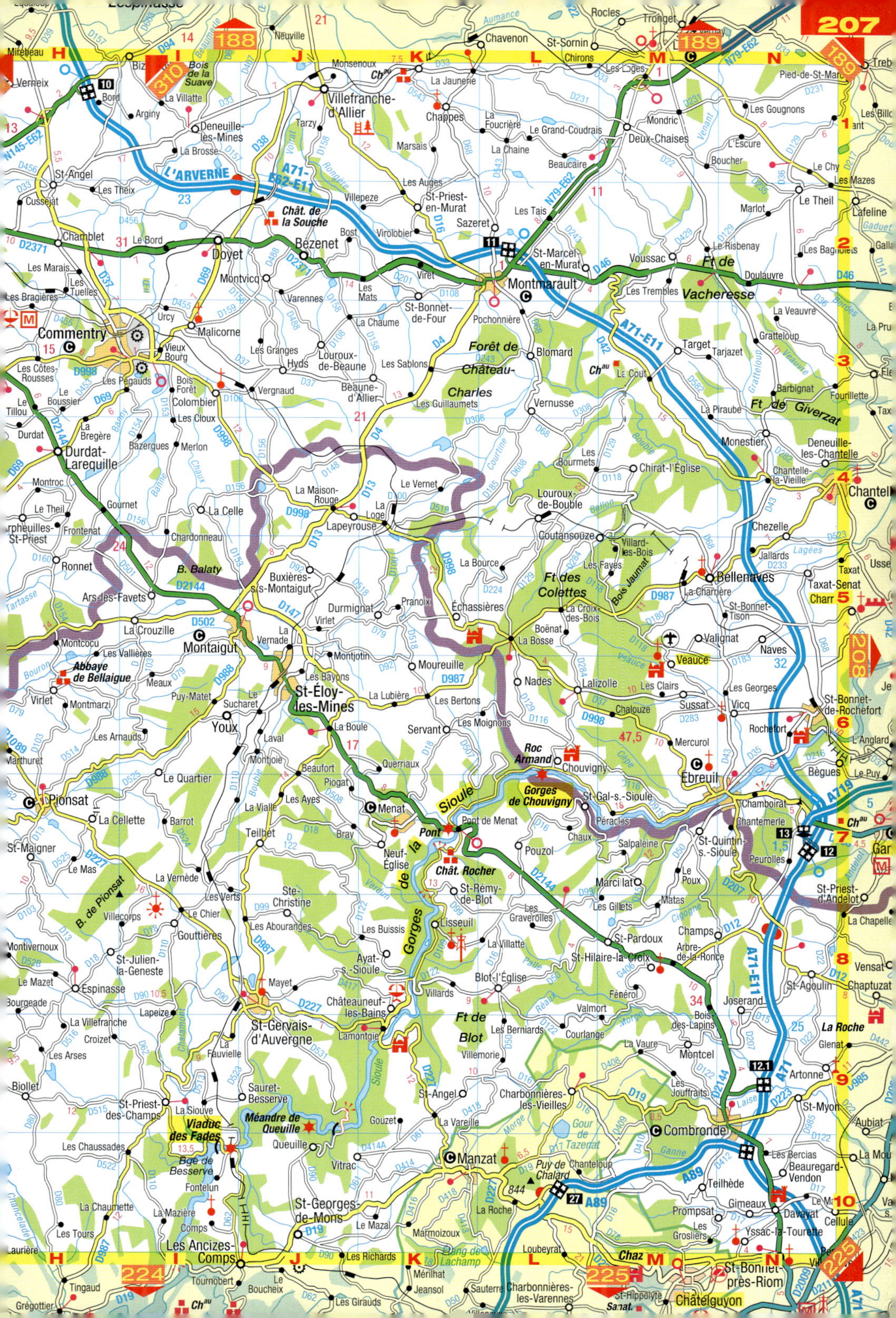
188
189
310
208
224
225
Mirebeau
Verneix
Bizeneuille
Bois de la Suave
Neuville
Monsenoux
Chavenon
St-Sornin
Rocles
Tronget
Chirons
Les Loges
Pied-de-St-Marc
La Villatte
Arginy
Deneuille-les-Mines
La Brosse
Villefranche-d'Allier
Tarzy
La Jaunerie
Chappes
La Foucrière
Le Grand-Coudrais
Mondric
Deux-Chaises
Les Gougnons
L'Escure
Boucher
Le Chy
Les Mazes
Le Theil
Lafeline
Marsais
La Chaine
Beaucaire
St-Angel
Les Theix
Cussejat
L'ARVERNE
A71-E62-E11
Châtde la Souche
Villepeze
Les Auges
St-Priest-en-Murat
Sazeret
Les Tais
Marlot
Chamblet
Le Bord
Doyet
Bézenet
Bost
Virolobier
St-Marcel-en-Murat
Voussac
Le Risbenay
Les Bagneux
Les Marais
Les Tuelles
Les Bragières
Montvicq
Varennes
Les Mats
Viret
St-Bonnet-de-Four
Montmarault
Ft de Vacheresse
Doulauvre
Les Trembles
La Veauvre
Commentry
Urcy
Malicorne
Vieux Bourg
Les Granges
Hyds
Louroux-de-Beaune
La Chaume
Les Sablons
Pochonnière
Forêt de Château-Charles
Blomard
Target
Tarjazet
Gratteloup
Les Côtes-Rousses
Les Pégauds
Bois Forêt
Colombier
Vergnaud
Beaune-d'Allier
Les Guillaumets
Vernusse
La Piraube
Barbignat
Fourillette
Ft de Giverzat
Le Tillou
Le Boussier
Les Cloux
Durdat
La Brégère
Bazergues
Merlon
Monestier
Deneuille-les-Chantelle
Chantelle-la-Vieille
Chantelle
Durdat-Larequeille
Les Bourmets
Chirat-l'Église
Montroc
Le Theil
La Maison-Rouge
Le Vernet
Louroux-de-Bouble
Gournet
La Celle
La Loge
Lapeyrouse
Coutansouze
Villard-les-Bois
Chezelle
Jallards
Frontenat
Chardonneau
La Bource
Les Fayes
Bois Jaumat
St-Priest
Ronnet
B. Balaty
Buxières-s-Montaigut
Ft des Colettes
Bellenaves
La Charrière
Taxat-Senat
Ars-les-Favets
Durmignat
Pranoix
Échassières
La Croix-des-Bois
St-Bonnet-Tison
Virlet
Boënat
Valignat
Naves
La Crouzille
Montaigut
La Vernade
La Bosse
Veauce
Montcocu
Les Vallières
Montjotin
Moureuille
Abbaye de Bellaigue
Meaux
Les Bayons
Nades
Lalizolle
Les Clairs
Les Georges
St-Bonnet-de-Rochefort
Virlet
Montmarzi
Puy-Matet
Le Sucharet
St-Éloy-les-Mines
La Lubière
Les Bertons
Sussat
Vicq
Rochefort
Youx
Servant
Les Moignons
Chalouze
Mercurol
L'Anglard
Les Arnauds
La Boule
Laval
Montjoie
Roc Armand
Chouvigny
Ébreuil
Bègues
Marthuret
Le Quartier
Beaufort
Querriaux
Gorges de Chouvigny
Le Puy
Piogat
Les Ayes
Sioule
St-Gal-s.-Sioule
Chamboirat
Pionsat
La Cellette
Barrot
La Vialle
Menat
Pont de Menat
Péraclos
Chantemerle
Teilhet
Bray
Pont
Chaux
St-Quintin-s.-Sioule
St-Maigner
Neuf-Église
Pouzol
Salpaleine
Peurolles
Le Mas
La Vernède
Chât. Rocher
Gorges de la Sioule
Marcillat
Le Poux
B. de Pionsat
Les Verts
Ste-Christine
St-Rémy-de-Blot
Les Gillets
Matas
St-Priest-d'Andelot
La Chapelle
Villecorps
Le Chier
Gouttières
Les Abouranges
Les Buissis
Lisseuil
Les Graverolles
Champs
Montivernoux
St-Julien-la-Geneste
Ayat-s.-Sioule
La Villatte
St-Pardoux
St-Hilaire-la-Croix
Arbre-de-la-Ronce
Vensat
Le Mazet
Espinasse
Mayet
Blot-l'Église
St-Agoulin
Chaptuzat
Bourgeade
Lapeize
St-Gervais-d'Auvergne
Châteauneuf-les-Bains
Villards
Fénérol
Joserand
La Villefranche
Croizet
Lamontgie
Ft de Blot
Les Berniards
Valmort
Courlange
Bois-des-Lapins
La Roche
Les Arses
La Fauvielle
Villemorie
La Vaure
Montcel
Glenat
Biollet
Sauret-Besserve
Charbonnières-les-Vieilles
Les Jouffraits
Artonne
St-Priest-des-Champs
La Siouve
Viaduc des Fades
Méandre de Queuille
Gouzet
St-Angel
La Vareille
Gour de Tazenat
Combronde
St-Myon
Aubiat
Les Chaussades
Bge de Besserve
Queuille
Vitrac
Manzat
Puy de Chalard
Chanteloup
Les Bercias
Beauregard-Vendon
La Mou
Fontelun
Teilhède
Gimeaux
Davayat
Cellule
La Chaumette
La Mazière
St-Georges-de-Mons
Le Mazal
La Roche
Prompsat
Les Groliers
Yssac-la-Tourette
Les Tours
Comps
Marmoizoux
Loubeyrat
Lauriere
Les Ancizes-Comps
Les Richards
Étang de Lachamp
Chaz
St-Bonnet-près-Riom
Tingaud
Tournobert
Le Boucheix
Mérilhat
Jeansol
Sauterre
Charbonnières-les-Varennes
St-Hippolyte
Sanat
Châtelguyon
Grégottier
Les Giraulds
A89
A71-E11
A719
N79-E62
N145-E62

208
189
190
207
225
226
ALLIER 03
St-Pourçain-s.-Sioule
Varennes-s.-Allier
Lapalisse
St-Gérand-le-Puy
Chantelle
Gannat
Vichy
Cusset
Bellerive-s.-Allier
Aigueperse
Randan
St-Yorre
Puy-Guillaume
Châteldon
Forêt des Mouzières
Forêt de St-Gilbert
Forêt Domaniale
Forêt de Montpensier
Bois de Jaligny
Bois des Prugnes
Château de Vieux-Chambord
Château de Puyfol
Château de Montgilbert
Site des Hurlevents
Cascade du Creux-Saillant
Vallée de la Credogne

190
191
226
227
210
Puy-St-Ambroise
St-Léon
Le Pin
Les Tournus
St-Léger-s.-Vouzance
Les Bordes
Aisance
Liernolles
Montperoux
Les Devines
Belair
St-Didier-en-Donjon
Les Jardons
Les Boursauds
L'Hôpital-le-Mercier
Grand-Selone
Poisson
Sorbier
Les Belots
Montcombroux-les-Mines
Montcombroux
Le Donjon
Neuilly-en-Donjon
Les Bécauds
Luneau
Les Merlières
Les Rivières
Le Fourneau
Versaugues
Vindecy
Montceaux-l'Étoile
Chevrigny
La Bruyère
Bornat
La Maison-Brûlée
Montvalet
St-Didier-en-Brionnais
Les Ballans
Bert
Les Bernardins
Avrilly
Les Simonins
Anzy-le-Duc
Boisset
Les Vichys
La Croix-de-la-Fée
Bardinière
Les Bonnets
Le Bouchaud
Bourg-le-Comte
Les Charnay
Baugy
Sarry
Frontigny
La Tuilière
Lenax
Tilly
La Chenal
Briant
Les Brossards
Barrais-Bussolles
Loddes
Montaiguët-en-Forez
Les Plaines
Céron
Chambilly
Marcigny
Bois du Grand Charmay
Ste Foy
St-Christophe-en-Brionnais
Bussolles
Planfait
Les Charrières
Les Roussins
Tour du Moulin
Semur-en-Brionnais
Tréval
Les Pendries
Andelaroche
Baillet
Chaugy
Urbise
St-Martin-du-Lac
Le Vernay
Les Cornus
St-Julien-de-Jonzy
Les Henris
Beaulieu
St-Prix
Les Délots
Le Mâconnais
Artaix
Les Bouillards
Les Chavannes
Sail-les-Bains
Étang de la Pelouse
Droiturier
Chenay-le-Châtel
Les Brenons
Chasserexux
St-Bonnet-de-Cray
Châteaumorand
La Croix-Moutaveilly
Melay
Charancy
Mailly
Chevreau
St-Pierre-Laval
St-Martin-d'Estréaux
Les Pierrards
Iguerande
Fleury-la-Montagne
Le Pouzoux
Le Curtil
Les Chassins
Les Coriots
La Barraud
Châtelus
Vivans
Lapillonne
St-Pierre-la-Noaille
MONTS DE LA MADELEINE
La Pacaudière
Le Breuil
Verlecoup
Étang de Coree
Berthelat
La Berthelière
Montilly
Croix-de-la-Tombe
Choly
Donjon
Le Crozet
Forêt de Lespinasse
St-Nizier-s/s-Charlieu
Porcher
Chez Pinteau
La Ricarde
La Bénisson-Dieu
Briennon
Arfeuilles
Fayet
Bardet
Pouilly-s/s-Charlieu
Rebrun
Beaussier
Géranton
La Croix-du-Verger
Changy
Noailly
Chante-Oiseaux
Les Martins
Chavroches
St-Bonnet-des-Quarts
St-Forgeux-Lespinasse
Balière
Commune Garaudière
Cascade de la Pisserotte
Châtel-Montagne
Les Biefs
Verger
Ambierle
St-Germain-Lespinasse
Vougy
Puy du Roc 544
Commune Georges
Pierre-du-Charbonnier 1031
Villards
La Michaude
St-Romain-la-Motte
Mably
Les Forges
La Pratte
Roussier
Goutodier
La Croix-du-Sud
Les Reynauds
Les Tuileries
Épale
Puy Dadieu 1076
St-Haon-le-Vieux
Mayeure
Crêt-d'Aiguilly
Le Mayet-de-Montagne
Les Hormières
St-Rirand
St-Haon-le-Châtel
Châl. de Boisy
ROANNE-RENAISON
St-Martin
St-Clément
St-Nicolas-des-Biefs
La Verrerie
Roanne
St-Léger-s.-Roanne
Renaison
Le Chier
Morin
Bardonnet
Barrage de la Tache
St-André-d'Apchon
Perreux
Le Mallot
Périasse
Les Forges
Les Noës
Les Bonnevaux
Pouilly-les-Nonains
Riorges
Le Coteau
Malatray
Murcins
Marimbe
Ferrières-s.-Sichon
La Chabanne
03 ALLIER
Préfolle
St-Alban-les-Eaux
Ouches
La Loge-des-Gardes
Jouaton
Arcon
Bejure
Les Ys
Mouciny
Vernay
Commelle-Vernay
St-Vincent-de-Boisset
N.-D.-de-Boisset
Rocher St-Vincent
Fayet
Rocher de Rochefort
Lentigny
Parigny
Lacotte
Pierre-du-Jour
Gorges du Désert
Chazelles
Villerest
Magnaud
Bois de l'Assise
La Croix-Trévingt
Marvalin
La Verrière
Laprugne
Villemontais
Le Pont
La Bruyère
Barrage de Villerest
Saligny
Barraud
Lavoine
Col du Beaulouis 824
Vernois
Coppéré
Bois Vague
Bancillon
Chérier
St-Jean-St-Maurice-s.-Loire
Favières
L'Hôpital
Épinat
Moulin-Chérier
Chevenet
Rilly
St-Cyr-de-Favières
Pion
St-Priest-Laprugne
Montloup
Le Puy
Ménard
Les Essarts
Le Bouchet
La Croix
Laurent
Forêt de Crémeaux
Charizet
Les Communes
Cordelle
Les Étivaux
Les Bois Noirs
Borjat
Gorges
Puy de Montoncel 1287
La Tuilière
Vendranges
Le Perron
Cascades
La Mataude
Les Portes
La Badolle
Vivre
Bully
Fragny
St-Priest-la-Roche
Col de la Charme 1120
Vaudier
Port-Priest
Redevis
St-Just-en-Chevalet
Les Cruses
Crémeaux
St-Polgues
La Croix-de-Tour
Chausseterre
Lucé
Dancé
Rondier
Magny
Les Ommades

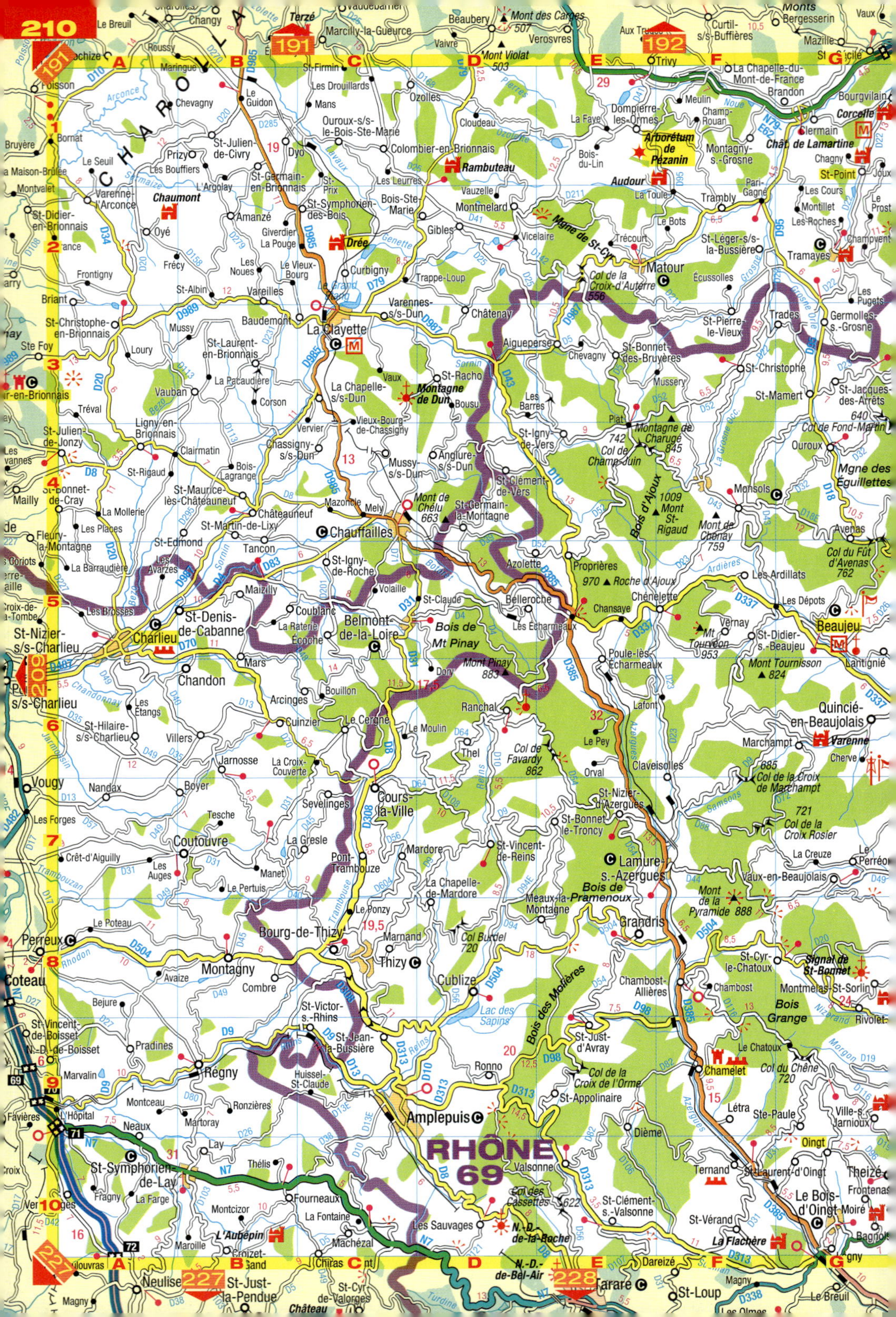
191
192
209
227
228
A
B
C
D
E
F
G
1
2
3
4
5
6
7
8
9
10
CHAROLAIS
RHÔNE
69
Terzé
Changy
Le Breuil
Roussy
Marcilly-la-Gueurce
Beaubery
Mont des Carges
507
Verosvres
Mont Violat
503
Vaivre
Aux Treuils
Trivy
Curtil-s/s-Buffières
Bergesserin
Mazille
St Cécile
Vaux
Poisson
Marigny
St-Firmin
La Chapelle-du-Mont-de-France
Brandon
Bourgvilain
Corcelle
Les Drouillards
Ozolles
Le Guidon
Chevagny
Mans
Cloudeau
Dompierre-les-Ormes
Meulin
Champ-Rouan
Clermain
Chât. de Lamartine
Bruyère
Bornat
St-Julien-de-Civry
Ouroux-s/s-le-Bois-Ste-Marie
Colombier-en-Brionnais
La Faye
Arborétum de Pézanin
Montagny-s.-Grosne
Chagny
St-Point
Le Seuil
Prizy
Dyo
Rambuteau
Bois-du-Lin
Audour
La Maison-Brûlée
Les Bouffiers
St-Germain-en-Brionnais
Les Leurres
Vauzelle
La Toule
Trambly
Pari-Gagné
Les Cours
Montvalet
Varenne-l'Arconce
Chaumont
L'Argolay
St-Prix
Montmelard
Montillet
St-Didier-en-Brionnais
St-Symphorien-des-Bois
Bois-Ste-Marie
Les Roches
Oyé
Amanzé
Gibles
Le Bots
Champvent
Giverdier
La Pouge
Drée
Vicelaire
Mgne de St-Cyr
Trécourt
St-Léger-s/s-la-Bussière
Tramayes
Frécy
Curbigny
Matour
Frontigny
Les Noues
Le Vieux-Bourg
Col de la Croix-d'Autère
556
Écussolles
Les Pugets
St-Albin
Vareilles
Trappe-Loup
Briant
St-Christophe-en-Brionnais
Baudemont
Varennes-s/s-Dun
Châtenay
St-Pierre-le-Vieux
Trades
Germolles-s.-Grosne
Mussy
La Clayette
Ste Foy
Loury
St-Laurent-en-Brionnais
Aigueperse
Chevagny
St-Bonnet-des-Bruyères
Vaux
Mussery
St-Christophe
St-Jacques-des-Arrêts
Vauban
La Pacaudière
La Chapelle-s/s-Dun
St-Racho
Montagne de Dun
Corson
Bousu
Les Barres
St-Mamert
Tréval
Vervier
Vieux-Bourg-de-Chassigny
Plat
Montagne de Charugé
845
Col de Fond-Martin
Ligny-en-Brionnais
Chassigny-s/s-Dun
St-Igny-de-Vers
742
Col de Champ-Juin
Ouroux
St-Julien-de-Jonzy
Clairmatin
Anglure-s/s-Dun
Mgne des Éguillettes
Les Vannes
St-Rigaud
Bois-Lagrange
Mussy-s/s-Dun
St-Clément-de-Vers
Monsols
St-Bonnet-de-Cray
Mailly
St-Maurice-lès-Châteauneuf
Mazoncle
Mely
Mont de Chélu
663
St-Germain-la-Montagne
1009
Mont St-Rigaud
Bois d'Ajoux
Mont de Chénay
759
Avenas
La Mollerie
Les Places
Châteauneuf
St-Martin-de-Lixy
Chauffailles
Fleury-la-Montagne
St-Edmond
Tancon
Col du Fût d'Avenas
762
Les Coriots
La Barraudière
Les Avarzes
St-Igny-de-Roche
Azolette
Propières
970
Roche d'Ajoux
Les Ardillats
Volaille
Les Dépôts
Maizilly
St-Claude
Belleroche
Chansaye
Chénelette
Beaujeu
Les Brosses
St-Denis-de-Cabanne
Coublanc
Bois de Mt Pinay
Les Écharmeaux
Vernay
Mt Tourvéon
953
St-Didier-s.-Beaujeu
St-Nizier-s/s-Charlieu
Charlieu
La Raterie
Écoche
Belmont-de-la-Loire
Poule-lès-Écharmeaux
Lantigné
Mont Tournisson
824
Mars
Mont Pinay
883
Dory
Chandon
Bouillon
Pouilly-s/s-Charlieu
Les Étangs
Arcinges
Ranchal
Lafont
Quincié-en-Beaujolais
Varenne
St-Hilaire-s/s-Charlieu
Cuinzier
Le Cergne
Le Moulin
Villers
Le Pey
Marchampt
Cherve
Jarnosse
La Croix-Couverte
Thel
Col de Favardy
862
Orval
Claveisolles
685
Col de la Croix de Marchampt
Vougy
Nandax
Boyer
Cours-la-Ville
St-Nizier-d'Azergues
Les Forges
Tesche
Sevelinges
St-Bonnet-le-Troncy
721
Col de la Croix Rosier
Crêt-d'Aiguilly
Coutouvre
La Gresle
Mardore
St-Vincent-de-Reins
Lamure-s.-Azergues
La Creuze
Le Perréon
Les Auges
Manet
Pont-Trambouze
La Chapelle-de-Mardore
Bois de Pramenoux
Vaux-en-Beaujolais
Le Pertuis
Meaux-la-Montagne
Mont de la Pyramide
888
Le Ponzy
Grandris
Le Poteau
19,5
Perreux
Bourg-de-Thizy
Marnand
Col Burdel
720
St-Cyr-le-Chatoux
Signal de St-Bonnet
Coteau
Montagny
Avaize
Combre
Thizy
Cublize
Chambost-Allières
Chambost
Montmelas-St-Sorlin
Bejure
St-Victor-s.-Rhins
Lac des Sapins
Bois des Molières
Bois Grange
Rivolet
St-Vincent-de-Boisset
N.-D.-de-Boisset
Pradines
St-Jean-la-Bussière
St-Just-d'Avray
Le Chatoux
Marvalin
Régny
Huissel-St-Claude
Ronno
Col de la Croix de l'Orme
Chamelet
Col du Chêne
720
Montceau
Ronzières
Amplepuis
St-Appolinaire
Létra
Favières
L'Hôpital
Martoray
Dième
Ste-Paule
Ville-s.-Jarnioux
Neaux
Oingt
Lay
Thélis
Valsonne
Ternand
St-Laurent-d'Oingt
Theizé
St-Symphorien-de-Lay
Frontenas
Fragny
La Farge
Col des Cassettes
622
St-Clément-s.-Valsonne
Le Bois-d'Oingt
Moiré
Montcizor
Fourneaux
La Fontaine
St-Vérand
Bagnols
Ouches
Les Sauvages
N.-D. de-la-Roche
L'Aubépin
La Flachère
Maroille
Machézal
Crozet-Grand
Vendranges
Chiras
N.-D.-de-Bel-Air
Dareizé
Légny
Neulise
St-Just-la-Pendue
St-Cyr-de-Valorges
Tarare
St-Loup
Magny
Le Breuil
Château
Les Olmes
Turdine
Chandonnay
Sornin
Arconce
Grosne
Azergues
Reins
Rhins
Trambouze
Ardières
D10
D20
D34
D79
D95
D385
D504
D313
D8
D13
D31
N7
N79-E62
D337
D985
D987
D989
71
72
69

192
193
AIN
01
Berzé-le-Châtel
Igé
Domange
Laizé
Charbonnières
Senozan
Ozan
Le Tremblay
St-Jean-s.-Reyssouze
Asnières-s.-Saône
St-Martin-Belle-Roche
Chevroux
Boissey
Verchizeuil
Blany
Verzé
La Croix-Blanche
Anc. prieuré
Bois de Verzé
Berzé-la-Ville
Sologny
La Roche-Vineuse
Milly-Lamartine
Sommeré
Chevagny-les-Chevrières
Nancelle
Hurigny
Sennecé-lès-Mâcon
Sancé
St-Jean-le-Priche
Vésines
Manziat
Onjard
Niermont-Haut
Les Avalais
Le Dégotet
Limerol
Feillens
Ternant
Bâgé-la-Ville
Coberthoud
Dommartin
Laissard
Moncindroux
Marsonnas
Béréziat
Montéfanty
Les Vernes
Montrevel-en-Bresse
La Baronnière
La Léchère
Malafr
Cuet
Pierreclos
Bussières
Montceau
Prissé
Salornay
Mâcon
Replonges
Bâgé-le-Châtel
St-Sulpice
St-Didier-d'Aussiat
Fenille
Thion
Serrières
Col de Grand Vent
Charnay-lès-Mâcon
La Farge
Vergisson
Roche de Solutré
Solutré
Davayé
St-Laurent-s.-Saône
Creux
La Madeleine
St-André-de-Bâgé
Loëze
La Terrasse
St-Martin-le-Châtel
Charluat
Signal de la Mère-Boitier
Les Guerins
Pouilly
St-Léger
Gare T.G.V.
Fuissé
Crottet
La Croisée
La Mulatière
Creffica
St-Genis-s.-Menthon
Étg Malachard
Loriol
Curtafond
Rontecoion
Chasselas
Loché
Vinzelles
Leynes
Varennes-lès-Mâcon
Lingent
St-Jean-s.-Veyle
St-Cyr-s.-Menthon
Aringe
Les Druillets
Confrançon
Cenves
Pruzilly
St-Vérand
Chaintré
Le Vieux Bourg
Villeneuve
Grièges
Pont-de-Veyle
Laiz
Marillat
L'Effondras
Le Logis-Neuf
Chérinal
Polliat
Vaudrenant
Jullié
Chânes
Crêches-s.-Saône
St-Amour-Bellevue
Cormoranche-s.-Saône
Perrex
Mézériat
Chapelle
Juliénas
Les Ferrands
Jaillet
Fos
Cruzilles-lès-Mépillat
Rétissinge
Luponnas
Les Martins
Émeringes
La Chapelle-de-Guinchay
Les Leynards
Lagnat
Boissey
Biziat
Vonnas
Vandeins
Buellas
Chénas
St-Jean-Bichard
Montcet
Bey
Garnerans
St-André-d'Huiriat
St-Julien-s.-Veyle
Chaveyriat
Corgenon
Montracol
Vauxrenard
Les Fargets
Bourchanin
Chassin
Fleurie
Romanèche-Thorins
St-Symphorien-d'Ancelles
Méréges
Illiat
Bois de Bones
Chanoz-Châtenay
L'Étoile
La Capitale
La Terrasse
La Maison-Blanche
St-Romain-des-Iles
St-Didier-s.-Chalaronne
Sulignat
Chiroubles
Trêve-Levo
Lancié
Zoo
Thoissey
Les Olés
Villié-Morgon
Corcelles-en-Beaujolais
Dracé
Flurieux
Le Mont
Bouchet
Neuville-les-Dames
Condeissiat
Buissonnière
St-Étienne-s.-Chalaronne
Dompierre-s.-Chalaronne
L'Abergement-Clémenciat
Étg Perture
Lac de la Chassagne
Mogneneins
Étg Moulin
Régnié-Durette
Morgon
Pizay
Villeneuve
Collonge
Fleurieu
Romans
Durette
Taponas
Peyzieux-s.-Saône
Mt Popier
Valeins
Chalaronne
Châtillon-s.-Chalaronne
La Lanterne
St-André-le-Bouchoux
Mt Brouilly
Cercié
St-Jean-d'Ardières
Genouilleux
Baneins
St-Georges-s.-Renon
St-Paul-de-Varax
Jasseron
St-Lager
Belleville
Guéreins
Brouilly
Montceaux
Chaneins
Bioley
Relevant
St-Germain-s.-Renon
La Chaise
Charentay
Odenas
Montmerle-s.-Saône
Aleins
La Chapelle-du-Châtelard
Marlieux
Chêne
Arginy
Cesseins
St-Trivier-s.-Moignans
St-Étienne-la-Varenne
St-Étienne-des-Oullières
St-Georges-de-Reneins
Amareins
Amareins-Francheleins-Cesseins
Lurcy
Le Ripet
Étg de Pételan
Sandrans
Étg Bouillé
Abb. de N.-D.-des-Dombes
Étg Motadet
Montagneux
Étg Pottet
Étg Lauzan
Beaumont
Blaceret
Messimy
Grabon
Salles-Arbuissonnas-en-Beaujolais
Ouroux
Le Grand Poulleu
Étang Nattet
Étang des Ardilloux
Boulignieux
Étg Genève
Étg Mt Rosard
Étg Remonde
Laye
Flechères
Villette
Chaleins
Blacé
St-Julien
Marverand
Arnas
Villeneuve
Ste-Olive
Étang Forêt
Le Plantay
Fareins
Biesse
Étang Balancet
Villars-les-Dombes
Denicé
Vauxrenard
Ouilly
Beauregard
Ars-s.-Formans
Savigneux
Ambérieux-en-Dombes
Étg Conche
Villefranche-s.-Saône
Frans
Lacenas
Parc ornithologique
Cogny
Jassans-Riottier
Cibeins
Étang Lantey
Lapeyrouse
Versailleux
Gleizé
Morgon
Ste Euphémie
Misérieux
Étang Graton
Étang des Vavres
Étang de Glareins
La Léchère
Liergues
Limas
Martelet
Rancé
Birieux
Joyeux
Pommiers
St-Didier-de-Formans
Toussieux
Monthieux
La Fontaine
Pouilly-le-Monial
St-Bernard
Trévoux
St-Jean-de-Thurigneux
St-Marcel
Le Vieux Marseille
Le Montellier
Anse
Lachassagne
Reyrieux
Étang Chavalet
Civrieux
St-André-de-Corcy
Veissieux
Ambérieux
Lucenay
Marcy
Billy
Quincieux
Parcieux
Massieux
Étang Thomas
Cordieux
Le Gaillard
Faramans
Alix
Morancé
La Chapelle
Genay
Mionnay
Romanèche
Ste-Croix
Les Chères
St-Germain-au-Mt-d'Or
Montanay
Forêt de Noyer
La Gentille
Pizay
Chessy
St-Pier
La Roche
Charnay
St-Jean
Chazay
Curis
Tramoyes
Marfoz
La Léchère
212
228
229
BEAUJOLAIS
MÂCONNAIS
DOMBES
A40
A406
A40-E21-E62
A6-E15
N79
E62
D1079
D933
D936
D904
D2
D7
D17
D4
D6
T.G.V.
SAÔNE

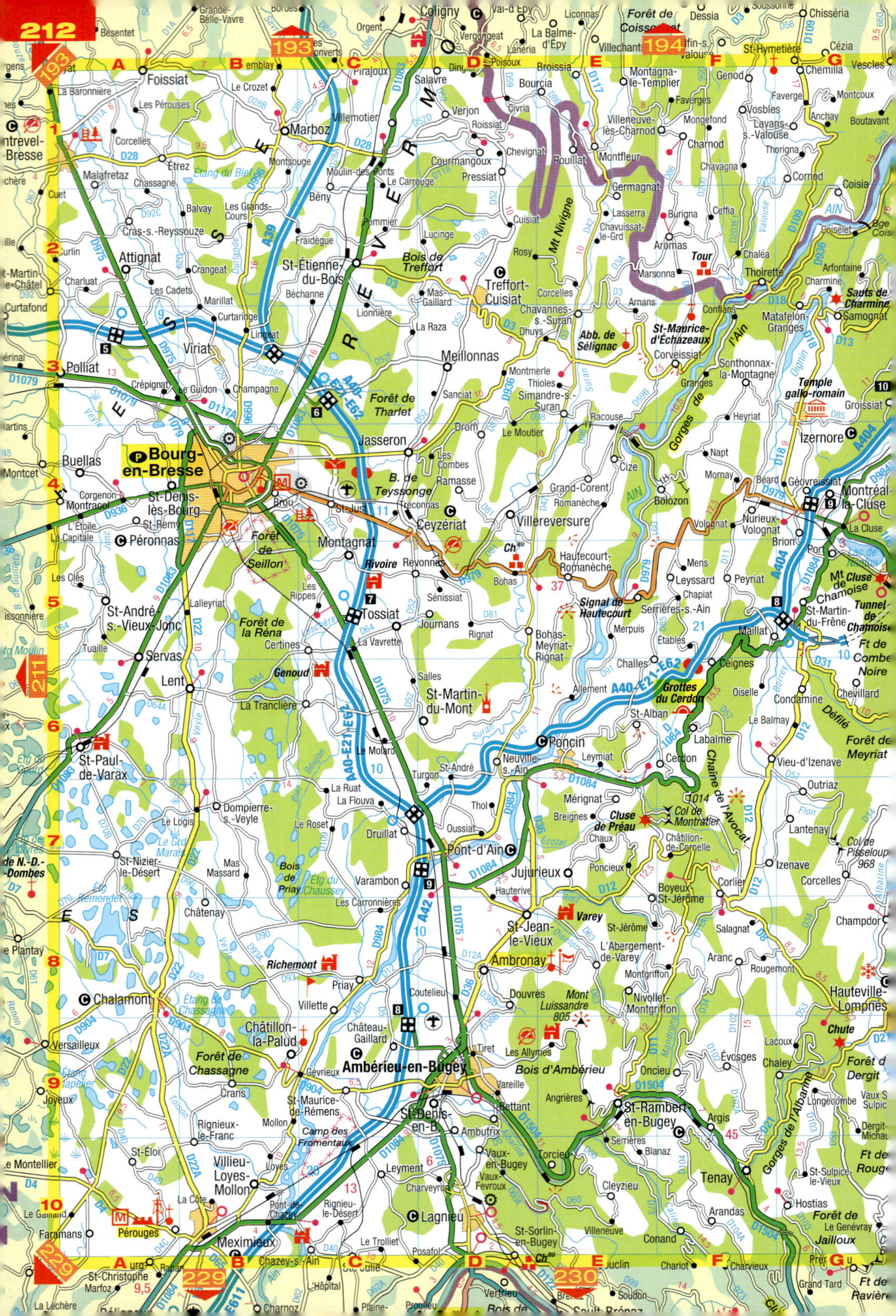
193
194
211
229
230
A
B
C
D
E
F
G
Foissiat
Coligny
Marboz
Pirajoux
Salavre
Verjon
Villemotier
Courmangoux
Pressiat
Chevignat
Roissiat
Pouillat
Montfleur
Germagnat
Bourcia
Villeneuve-lès-Charnod
Montagna-le-Templier
Faverges
Charnod
Chavagna
Burigna
Ceffia
Aromas
Marsonna
Tour
Thoirette
Chaléa
Coisia
Cornod
Thoirigna
Vosbles
Lavans-s.-Valouse
Montcoux
Boutavant
Chemilla
Cézia
St-Hymetière
Genod
Vescles
Arfontaine
Charmine
Sauts de Charmine
Matafelon-Granges
Samognat
Conflans
Lasserra
Chavuissat-le-Grd
Corcelles
Arnans
Cuisiat
Treffort-Cuisiat
Bois de Treffort
Mas-Gaillard
La Raza
Lionnière
Béchanne
St-Étienne-du-Bois
Fraidègue
Pommier
Le Carrouge
Moulin-des-Ponts
Bény
Montsouge
Étrez
Corcelles
Les Pérouses
La Baronnière
Malafretaz
Chassagne
Balvay
Les Grands-Cours
Cras-s.-Reyssouze
Attignat
Curlin
Charluat
Crangeat
Les Cadets
Marillat
Curtaringe
Curtafond
Lingeat
Viriat
Polliat
Crépignat
Le Guidon
Champagne
Meillonnas
Sanciat
Montmerle
Thioles
Simandre-s.-Suran
Chavannes-s.-Suran
Dhuys
Abb. de Sélignac
St-Maurice-d'Échazeaux
Corveissiat
Sonthonnax-la-Montagne
Granges
Gorges de l'Ain
Temple gallo-romain
Groissiat
Izernore
Heyriat
Napt
Mornay
Béard
Géovreissiat
Montréal-la-Cluse
La Cluse
Nurieux-Volognat
Volognat
Brion
Port
Forêt de Tharlet
Jasseron
Drom
Le Moutier
Racouse
Cize
Bolozon
Bourg-en-Bresse
Buellas
Corgenon
Montracol
St-Denis-lès-Bourg
St-Rémy
L'Étoile
La Capitale
Péronnas
Brou
St-Just
Forêt de Seillon
Montagnat
Les Combes
Ramasse
B. de Teyssonge
Tréconnas
Ceyzériat
Revonnas
Rivoire
Bohas
Grand-Corent
Romanèche
Villereversure
Hautecourt-Romanèche
Signal de Hautecourt
Serrières-s.-Ain
Mens
Leyssard
Chapiat
Peyriat
Merpuis
Étables
Maillat
St-Martin-du-Frêne
Mt de Chamoise
Tunnel de Chamoise
Ft de Combe Noire
Cluse
Lac de Nantua
Les Clés
St-André-s.-Vieux-Jonc
Lalleyriat
Servas
Tuaille
Forêt de la Réna
Les Rippes
Certines
Tossiat
La Vavrette
Sénissiat
Journans
Rignat
Bohas-Meyriat-Rignat
Salles
St-Martin-du-Mont
Challes
Allement
Grottes du Cerdon
Ceignes
Oiselle
Condamine
Chevillard
Défilé
Lent
Genoud
La Tranclière
St-Alban
Labalme
Le Balmay
St-Paul-de-Varax
Le Molard
Poncin
Leymiat
Cerdon
Vieu-d'Izenave
Forêt de Meyriat
Chaîne de l'Avocat
Turgon
St-André
Neuville-s.-Ain
Mérignat
Breignes
Cluse de Préau
Col de Montratier
Châtillon-de-Cornelle
Outriaz
Lantenay
Col de Pisseloup 968
Izenave
Corcelles
Dompierre-s.-Veyle
Le Logis
La Ruat
La Flouva
Le Roset
Thol
Oussiat
Druillat
Pont-d'Ain
Jujurieux
Chaux
Ponncieux
Boyeux-St-Jérôme
Corlier
St-Nizier-le-Désert
Mas Massard
Bois de Priay
Étg du Chaussey
Varambon
Hauterive
Les Carronnières
Châtenay
St-Jean-le-Vieux
Varey
St-Jérôme
L'Abergement-de-Varey
Salagnat
Aranc
Rougemont
Champdor
Richemont
Priay
Ambronay
Montgriffon
Nivollet-Montgriffon
Hauteville-Lompnès
Chalamont
Étang de Chassagne
Villette
Coutelieu
Douvres
Mont Luisandre 805
Châtillon-la-Palud
Château-Gaillard
Ambérieu-en-Bugey
Tiret
Les Allymes
Bois d'Ambérieu
Oncieu
Évosges
Lacoux
Chaley
Chute
Forêt de Dergit
Versailleux
Forêt de Chassagne
Gévrieux
Vareille
Angrières
St-Rambert-en-Bugey
Argis
Longecombe
Joyeux
Crans
St-Maurice-de-Rémens
St-Denis-en-B.
Bettant
Ambutrix
Serrières
Blanaz
Gorges de l'Albarine
Rignieux-le-Franc
Mollon
Camp des Fromentaux
Torcieu
Cleyzieu
Tenay
St-Sulpice-le-Vieux
St-Éloi
Villieu-Loyes-Mollon
Loyes
Leyment
Charveyron
Vaux-en-Bugey
Vaux-Fevroux
Le Montellier
Le Gaillard
La Côte
Pont-de-Chazey
Rignieux-le-Désert
Lagnieu
Villeneuve
Conand
Arandas
Hostias
Forêt de Jailloux
Faramans
Pérouges
Meximieux
Le Trolliet
Posafol
St-Sorlin-en-Bugey
Chazey-s.-Ain
St-Christophe
Marfoz
Charnoz
Chariot
Charvieux
Grand Tard
A40-E21-E62
A42
A404
A39
D1083
D1084
D1075
D979
D936
D1504

194
195
230
231
214
Oyonnax
Dortan
Arbent
Forêt de Macretet
Bellignat
Nantua
Châtillon-en-Michaille
Bellegarde-s.-Valserine
Perte de la Valserine
Défilé de l'Écluse
Collonges
Crêt de la Goutte 1621
Péron
Thoiry
St-Genis-Pouilly
Gex
Divonne
Cessy
Versonnex
Ferney-Voltaire
Prévessin-Moëns
Meyrin
Vernier
GENÈVE
GE
Onex
Lancy
Bernex
Confignon
St-Julien-en-Genevois
Viry
Valleiry
Frangy
Seyssel
Rumilly
Cran-Gevrier
Poisy
Épagny
Chavanod
Sales
La Balme-de-Sillingy
Sillingy
Musièges
Chessenaz
Clarafond
Éloise
Injoux-Génissiat
Barrage de Génissiat
Surjoux
Lhôpital
Chanay
Champagne-en-Valromey
Grand Colombier
Culoz
Brénod
Le Poizat
Lalleyriat
Plateau de Retord 1322
Crêt du Nu
Col de Richemont 1036
AIN
01
Forêt de Cormaranche
Cormaranche-en-Bugey
Bois de Champdor
Hotonnes
Ruffieu
Lompnieu
Sutrieu
Lochieu
Vieu
Belmont-Luthézieu
Forêt de Gervais
Virieu-
Champdossin
Talissieu
Béon
Châtel de Montverand
Point de Vue du Fenestrez
Anglefort
Corbonod
Bassy
Clermont
Droisy
Vallières
Val-de-Fier
Lornay
Hauteville-s.-Fier
Château de Montrottier
Gorges du Fier
Vaulx
Nonglard
Montagne d'Âge 670
Ponts de la Caille
Cruseilles
Allonzier-la-Caille
Chaumont
Contamine-Sarzin
Jonzier-Épagny
Savigny
Minzier
Chênex
Dingy-en-Vuache
Vulbens
Chevrier
Le Grand-Abergement
Le Petit Abergement
Col de Cuvillat
Les Monts d'Ain 1127
Forêt des Moussières
Col de la Cheminée
Forêt du Comble
Col de Bérentin 1054
Crêt de Beauregard 1249
Ft de Montréal
Martignat
Apremont
Échallon
Champfromier
Montanges
Pont des Pierres
St-Germain-de-Joux
Giron
Forêt de Champfromier
Cirque de la Fauconnière
Crêt de Chalame
Combe d'Orvaz
Belleydoux
Le Poizat
Chézery-Forens
Lélex
Crêt au Merle 1448
PARC
Les Moussières
Bellecombe
Les Bouchoux
Chapeau de Gendarme
Gorges du Flumen
St-Claude
Septmoncel
Mijoux
Col de la Faucille
Petit Mont-Rond
Mt Colomby de Gex 1689
Crêt de la Neige 1718
Le Reculet 1717
Montoisey 1657
MONTS JURA
VALSERINE
Crozet
Sergy
Farges
Chancy
Avully
Dardagny
Satigny
Russin
Cartigny
Aire-la-Ville
Chêne-Bourg
Carouge
Plan-les-Ouates
Bardonnex
Collonges-sous-Salève
Beaumont
Feigères
Présilly
Le Châble
Vers
Andilly
Copponex
Châtillon
Cercier
Marlioz
Sallenôves
Choisy
Mésigny
Mandallaz
Château de Monthoux
Metz-Tessy
Cuvat
Annecy
Seynod
Meythet
Poisy
Lovagny
Corbier
Marcellaz-Albanais
Boussy
Crempigny-Bonneguête
Vanzy
Franclens
Chêne-en-Semine
Usinens
Challonges
Desingy
Cologny
Versonnex
Rhône
Valserine
Lac Genin
Lac de Sylans
Col de la Croix de la Serre 1049
Col du Mt-Sion
Montagne de Vuache
Gros Bourg
Mont Clergeon

195
196
213
231
232
HAUTE-SAVOIE 74
74 HAUTE-SAVOIE
GENÈVE
Annemasse
Thonon
Bonneville
Cluses
Scionzier
Marignier
La Roche-s.-Foron
Annecy
Annecy-le-Vieux
Meythet
Cran-Gevrier
Seynod
Thônes
La Clusaz
Le Grand-Bornand
St-Jean-de-Sixt
Reignier
Cruseilles
Thorens-Glières
St-Pierre-en-Faucigny
Boëge
St-Jeoire
Mieussy
Taninges
Douvaine
Bons-en-Chablais
Fillinges
Bonne
Carouge
Chêne-Bougeries
Onex
Lancy
Veyrier
Collonges-s/s-Salève
Archamps
St-Julien
Versoix
Coppet
Commugny
Founex
Tannay
Mies
Anières
Corsier
Collonge-Bellerive
Vandœuvres
Cologny
Chêne-Bourg
Thônex
Gaillard
Ambilly
Ville-la-Grand
Vétraz-Monthoux
Arthaz-Pont-N.-D.
Contamine-s.-Arve
Pers-Jussy
Amancy
Faucigny
Ayse
Marnaz
Thyez
Mont Salève
Les Voirons
Le Môle
Pointe de Miribel
Plateau des Glières
Mgne des Frêtes
Mgne des Auges
Chaîne du Bargy
Chaîne du Reposoir
Chaîne des Aravis
Col des Aravis
Col de la Croix Fry
Col de la Colombière
Col d'Évires
Col de Saxel
Col de Cou
Col du Feu
Col des Arces
Forêt de St-Jeoire
Gorges du Bronze
Gorges du Risse
Chartreuse du Reposoir
Château de Thorens
Château de Montrottier
Château de Menthon
Grotte de la Diau
Chapelle N.-D. des Neiges
Défilé des Étroits
Lac d'Annecy
Lac de Roy
Lac de Lessy
Lac de Vallon
Jardin botanique
Pointe Percée 2752
Tête du Danay 1730
Mont Lachat de Châtillon 2050
Pointe de Balafrasse
Vallée de Manigod
Ermitage St-Germain

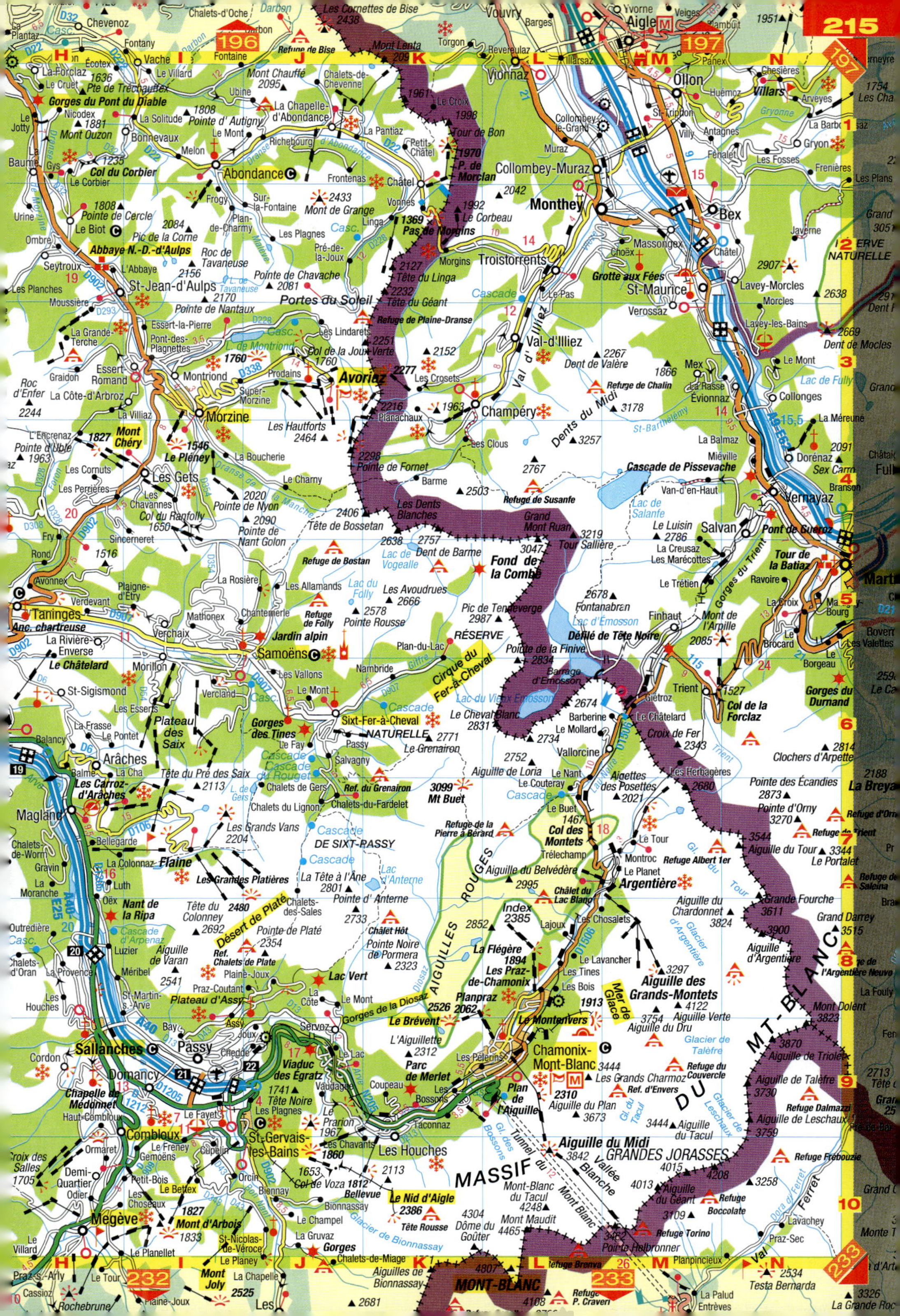
196
197
232
233
Abondance
Châtel
Morgins
Pas de Morgins
Troistorrents
Monthey
Collombey-Muraz
Vionnaz
Aigle
Ollon
Villars
Bex
St-Maurice
Massongex
Grotte aux Fées
Val-d'Illiez
Champéry
Dents du Midi
Avoriaz
Morzine
Les Gets
Mont Chéry
Le Pleney
Portes du Soleil
St-Jean-d'Aulps
Abbaye N.-D.-d'Aulps
Gorges du Pont du Diable
Col du Corbier
Mont Ouzon
Taninges
Anc. chartreuse
Samoëns
Jardin alpin
Sixt-Fer-à-Cheval
Cirque du Fer-à-Cheval
RÉSERVE NATURELLE
Gorges des Tines
Morillon
Les Carroz-d'Arâches
Arâches
Flaine
Les Grandes Platières
Magland
Sallanches
Passy
Domancy
Combloux
Megève
Mont d'Arbois
Mont Joly
St-Gervais-les-Bains
Le Fayet
Viaduc des Egratz
Les Houches
Le Nid d'Aigle
Bellevue
Col de Voza
Chamonix-Mont-Blanc
Le Montenvers
Mer de Glace
Le Brévent
Planpraz
La Flégère
Les Praz-de-Chamonix
Aiguille du Midi
Aiguille du Plan
Plan de l'Aiguille
Argentière
Aiguille des Grands-Montets
Col des Montets
Aiguilles Rouges
Aiguille Verte
Aiguille du Dru
MASSIF DU MT-BLANC
GRANDES JORASSES
Vallée Blanche
Mont Blanc du Tacul
Mont Maudit
Dôme du Goûter
MONT-BLANC
Pointe Helbronner
Tunnel du Mont Blanc
Vallorcine
Le Buet
Mt Buet
Lac d'Émosson
Barrage d'Émosson
Finhaut
Trient
Col de la Forclaz
Salvan
Vernayaz
Cascade de Pissevache
Gorges du Trient
Gorges du Durnand
Tour Sallière
Fond de la Combe
Défilé de Tête Noire
Désert de Platé
Lac Vert
Gorges de la Diosaz
Plateau d'Assy
Cascade du Rouget
Nant de la Ripa
Chapelle de Médonnet
Gorges
Refuge de Bise
Refuge de Plaine-Dranse
Refuge de Chalin
Refuge de Susanfe
Refuge de Bostan
Refuge de Folly
Ref. du Grenairon
Refuge de la Pierre à Bérard
Refuge Albert 1er
Refuge du Couvercle
Refuge Torino
Refuge Boccalate

198
199
234
OCÉAN ATLANTIQUE
Le Château-d'Oléron
Citadelle
Vert-Bois
Trillou
Fief-Naton
Ors
La Chevallerie
Plage de Bois-Vert
Le Grd-Village-Plage
Petit-Village
Plage de la Giraudière
Forêt de St-Trojan
St-Trojan-les-Bains
La Grande Plage
M.F.
Les Bris
La Plage
Pte de Manson
Viaduc d'Oléron
Fort
Pnte des Chardons
Parcs à huîtres
Le Chapus
Bourcefranc-le-Chapus
Nodes
Chât. de la Gataudière
Brouage
Hiers-Brouage
Le Breuil
La Chainade
Marennes-Plage
Marennes
Pertuis de Maumusson
Pointe de Gatseau
Port de la Seudre
Le Lindron
Mauzac
Luzac
Plage de l'Embellie
Pointe Espagnole ou Pointe d' Arvert
Ronce-les-Bains
Forêt de la Tremblade
La Cayenne
La Grève
Tour des 4 Fontaines
La Tremblade
Artouan
Tour du Gardour
Coux
Le Piochet
La Grève-à-Duret
Bois de Bouffard
Dirée
Côte sauvage
Forêt de la Coubre
Le Maine-Geay
Arvert
Avallon
Chatressac
Étaules
Chaillevette
Les Mathes
Tour
L'Ile-d'Étaules
Le Maine-Auriou
La Poterie
La Baraque
Antoinette
Phare de la Coubre
Ft de la Palmyre
Zoo
St-Augustin
Le Grallet
Breuillet
Bonne Anse
La Palmyre
Pointe de la Coubre
Charosson
Taupignac
Plage de la Palmyre
Bois des Combots
Ft de St-Augustin
Lafont
Plage de Grande Côte
La Palud
Courlay-s.-Mer
La Grande-Côte
Vaux-s.-Mer
Puyraveaud
St-Palais-s.-Mer
Nauzan
Corniche
Phare de Cordouan
Pointe de Grave
Fort du Verdon
Le Verdon-s.-Mer
Passe Sud ou de Grave
Le Royannais
Les Huttes
Soulac-s.-Mer
Jeune-Soulac
Neyran
Banc des Olives
L'Amélie-s.-Mer
Lillan
Talais
Pointe de la Négade
Lède de la Négade
Grayan-et-l'Hôpital
Les Eyres
Lède du Gurp
Étang de la Barreyre
Le Mont
Lède de la Canillouse
Vensac
Les Arrestieux
Le Gua
A
B
C
D
E
F
G
1
2
3
4
5
6
7
8
9
10

199
200
235
236
218
17
CHARENTE-
MARITIME
33
GIRONDE
H
I
J
K
L
M
N
Croix sannière
Thionnet
Échillais
Montherault
La Bergerie
Port-la-Pierre
Les Rousseaux
Bords
La Vallée
Les Vinçons
Le Chaumier
Taillant
La Tour
Beaugeay
Pere
Trizay
Abb.
La Roche
L'Houmée
La Chancrière
Charro
Le Pontreau
Agonnay
Les Bertons
Feniou
Lanterne des Morts
Montierneuf
St-Agnant
L'Essert
Le Petit-Village
Romegoux
Geay
Le Mung
St-Savinien
La Richardière
Grandjean
Tour de Bira
Les Écluses
Razour
Beurlay
La Treuille
La Motte
Cléré
Coulonge-s.-Ch.
La Frédière
Villeneuve
Ste-Radegonde
La Charrie
Les Chevallons
Les Garlopeaux
Chez Millon
Malaigre
St-Hilaire-de-Villefranche
L' Épinard
La Queue-des-Marais
Crazannes
Châť. de Crazannes
Châť. de Panloy
St-Fort
Champagne
La Chaume
Pont-l'Abbé-d'Arnoult
Châť. de la Roche-Courbon
Taillebourg
Annepont
Juicq
La Loubatière
Les Aiguilles
Fort-d'Envaux
St-Jean-d'Angle
St-Saturnin
Plassay
Les Melles
St-Just-Luzac
La Gripperie-St-Symphorien
La Pouchaume
Le Plat-d'Étain
St-Porchaire
St-James
Le Douhet
La Boutemaille
La Sablière
Bois des Héros
Châť. du Douhet
Conchamp
Rochebonne
St-Sulpice-d'Arnoult
St-Vaize
La Roulerie
Aqueduc romain
Donjon
Broue
Virecourt
Les Touches
L'Isleau
Le Breuil
Les Essarts
Rulon
Les Guilloteaux
Maisonneuve
La Puisade
Blénac
Les Bertrands
Ecurat
Bellivet
Vénérand
Le Mur
Bussac
Bien-Assis
St-Sornin
La Petite-Vergne
La Belle-Croix
Soulignonne
St-Georges-des-Coteaux
Narcejac
Chez-Texier
Ste-Gemme
Les Boutaudières
La Tublerie
Touche-Marteau
Fontcouverte
Saintes
Nieulle-s.-Seudre
St-Nadeau
Cadeuil
La Moulinette
Fourne
Nieul-lès-Saintes
Arènes
Thermes
Nancras
Balanzac
Corme-Royal
Les Guérins
St-Martin
Chalons
Faveau
Les Planches
Les Grds-Roches
Les Primaudières
La Clisse
Les Fourneaux
Crypte
Abb. aux Dames
Le Maine-Allain
Corbin
Souhe
Le Gua
Sablonceaux
Mornac-s.-Seudre
Montsanson
Anc. abb. de Sablonceaux
Fribaud
Les Nougers
Pessines
Les Gautiers
Les Arcivaux
L'Éguille
Berthegille
Croix-Blanches
Les Renardières
Luchat
Les Gonds
Plordonnier
Dercie
Le Pont
Maleville
La Martinière
Varzay
Courcoury
La Petite-Éguille
St-Romain-de-Benet
Les Tonnelles
Chez-Riché
Les Bouyers
Fontbedeau
Le Breuil
Pisany
Brasseau
Coupignac
St-Sulpice-de-Royan
La Crèche
Toulon
Camp romain
Villeneuve
Le Grd-Pinier
Les Treuillons
Chez-Fruger
L'Anglade
Griffarin
Tour de Pirelonge
Romade
Chermignac
Croix Hosannière
Champagnolle
Brie
Saujon
Chez-Cantin
Rétaud
Les Breuils
Marais des Breuils
Le Vivier
Le Romarin
Thézac
Jaffe
Les Maries
Challonnais
Thénac
Préguillac
La Roche
La Forêt
Les Mauds
La Poitevinière
Chatelard
La Grde-Gorce
Meursac
La Chapelle
Bernon
Médis
Briagne
Les Bucheries
Chez-Raynaud
Berneuil
La Jard
Le Chay
Les Épeaux
Montpellier-de-Médillan
Rioux
Colomb
Musson
Corme-Écluse
La Sauveté
Tesson
Chez Couturier
Auvignac
Royan
Les Brandes
Châť. de Didonne
La Puisade
Les Courtets
Thaims
Benigousse
St-Simon-de-Pellouaille
Pte de Vallières
Semussac
Aurenne
Jorignac
Les Séguinières
Lijardière
St-Georges-de-Didonne
Chenaumoine
Grézac
Les Brunets
Le Chailiaud
Les Sorignets
St-Léger
Serres
Fontenille
St-André-de-Lidon
Chez-Fouché
Villars-en-Pons
Souillac
Pointe de Suzac
Le Berceau
La Roche
Cravans
Lujon
Les Chevaliers
Plage de Suzac
Cozes
Chez-Soulard
Le Breuil
Pons
Plage des Vergnes
Conche des Nonnes
Beloire
Conteneuil
La Merletterie
Les Chassières
Jazennes
Bardecille
Touchais
Gémozac
Les Chauveaux
Brézillas
Maine-Moutard
Les Gorces
La Foye
Machennes
Châť. d'Usson
Liboulas
Arces
Javrezac
Chadeniers
Tanzac
Meschers-s.-Gironde
Port-Marant
Soulignac
Chez-Moiroux
Virollet
Choblet
Mazerolles
Pointe de la Chambrette
Les Maisons-Neuves
La Bastille
Madion
St-Caprais
Épargnes
Plassac
Le Roc-des-Aires
Billeride
Givrezac
Belluire
Talmont-s.-Gironde
Chez-Guérin
B. de Valleret
La Bigorre
St-Quentin-de-Rançanne
Barzan
St-Germain-du-Seudre
Champagnolles
Les Monards
Chenac-s.-Gironde
Boutenac-Touvent
Les Tuileries
St-Palais-de-Phiolin
La Chaussée
St-Seurin-d'Uzet
Brie-s/s-Mortagne
La Bourgeade
Mosnac
Banc de Talais
Boutenac
Denat
Le Pin
Pointe aux Oiseaux
Mortagne-s.-Gironde
Forêt de la Lande
Bois
Ermitage St-Martial
Floirac
Le Luth
St-Genis-de-Saintonge
Mageloup
Plassac
Port-de-St-Vivien
St-Fort-s.-Gironde
Lorignac
Le Tirac
St-Antoine
Pointe de Richard
La Péroutière
St-Romain-s.-Gironde
Camaillean
Fontaine
La Tenaille
St-Vivien-de-Médoc
La Brasserie
St-Dizant-du-Gua
Les Robin
Chautignac
La Hourcade
Port-de-Richard
Ste-Ramée
La Bergerie
Jau-Dignac-et-Loirac
Dignac
Port-de-Goulée
Virecourt
St-Ciers-du-Taillon
Le Virouil
Le Centre
Consac
Loirac
Valeyrac
Sipian
Chez-Vieille
Les Terriers
St-Dizant-du-Bois
Conac
Sémillac
La Lagune
GIRONDE
L'AQUITAINE
Ft de Pons
A10-E5
N150
N137
N141
D733
D728
D730
D732
D2
D6
D137
D145
D25
D14
D18

CHARENTE-MARITIME
200
201
217
235
236
A
B
C
D
E
F
G
1
2
3
4
5
6
7
8
9
10
Matha
Cognac
Jarnac
Châteaubernard
Chaniers
Pons
Jonzac
Barbezieux-St-Hilaire
Segonzac
Archiac
Salles-d'Angles
Burie
St-Sulpice-de-Cognac
Cherves-Richemont
Nercillac
Chassors
Bourg-Charente
Gensac-la-Pallue
St-Même-les-Carrières
Bouteville
St-Genis-de-Saintonge
St-Germain-de-Lusignan
Brizambourg
Ecoyeux
Sonnac
Bréville
Courbillac
Sigogne
Réparsac
Ambleville
Lignières-Sonneville
Criteuil-la-Magdeleine
Brie-s/s-Archiac
Allas-Champagne
Meux
St-Ciers-Champagne
Guimps
Salles-de-Barbezieux
Reignac
Montchaude
Lamérac
Champagnac
Neulles
Clam
Marignac
Mosnac
Réaux
Moings
St-Maurice-de-Tavernole
St-Martial-de-Vitaterne
Jarnac-Champagne
Germignac
Cierzac
St-Fort-s.-le-Né
Lonzac
Celles
Gimeux
Genté
Juillac-le-Coq
Verrières
Ars
Pérignac
Montils
Colombiers
Chérac
Dompierre-s.-Charente
Rouffiac
Brives-s.-Charente
Merpins
Javrezac
Richemont
Parc François Ier
Égl. de Châtre
Chât. de Garde-Épée
Chât. Chênel
Abb. de Fontdouce
Ft de Jarnac
Chât. d'Usson
Donjon
Porte du Château
Tumulus et Camp
N141
E603
N10-E606
D731
D939
D699
D142
D700
D732
D24
D1
D2
D736
19,5
21,5
22,5
15,5
16
27

CHARENTE
16
ANGOULÊME
St-Yrieix-s.-Charente
Le Gond-Pontouvre
L'Isle-d'Espagnac
Soyaux
Ruelle-s.-Touvre
Magnac-s.-Touvre
Sources de la Touvre
Champniers
ANGOULÊME CHAMPNIERS
Fléac
St-Michel
Nersac
La Couronne
Puymoyen
Dirac
Forêt de Dirac
Vœuil-et-Giget
Mouthiers-s.-Boëme
Caverne préhistorique
Roullet-St-Estèphe
Châteauneuf-s.-Charente
Blanzac-Porcheresse
Chât. de la Mercerie
Magnac-Lavalette-Villars
Villebois-Lavalette
La Rochebeaucourt-et-Argentine
Mareuil
Forêt de la Rochebeaucourt
Forêt d'Horte
Forêt du Cledou
Grottes du Quéroy
Lanterne des Morts
Chazelles
La Rochefoucauld
Rivières
Forêt de la Braconne
Grande Fosse
Fosse mobile
Bois de Belair
Cellefrouin
Lanterne des Morts
Mansle
Aigre
Marcillac-Lanville
Anc. prieuré
Forêt de Boixe
St-Amant-de-Boixe
Montignac-Charente
Donjon
Vars
Rouillac
Théâtre gallo-romain
Chât. de Balzac
Manoir de Maine-Giraud
Chap. des Templiers
Chât. de la Léotardie
Forêt de Tusson
Charente
N10
N141-E603
D939

202
203
219
237
238
A
B
C
D
E
F
G
1
2
3
4
5
6
7
8
9
10
St-Claud
Roumazières-Loubert
Chirac
Exideuil
Chabanais
Rochebrune
Étagnac
Saillat-s.-V.
Chaillac-s.-Vienne
Nieuil
Lussac
Suaux
Genouillac
La Péruse
Chât. de Pressac
Suris
St-Quentin-s.-Charente
Chassenon
Thermes
Rochechouart
Chasseneuil-s.-Bonnieure
Forêt de Chasseneuil
Puy-Gibaud
Cherves-Châtelars
Mazières
Lésignac-Durand
Barrage de Mas Chaban
Mouzon
Pressignac
La Chassagne
Videix
Taponnat-Fleurignac
Vitrac-St-Vincent
Montembœuf
Verneuil
Massignac
HAUTE-VIENNE
87
La Rochefoucauld
Yvrac-et-Malleyrand
Mazerolles
Le Lindois
Sauvagnac
Les Salles-Lavauguyon
Chât. de Lavauguyon
Vayres
PARC
Chéronnac
Marillac-le-Franc
Roussines
Oradour-s.-Vayres
St-Mathieu
Cussac
Rancogne
St-Sornin
Orgedeuil
Maisonnais-s.-Tardoire
Fontechevade
Chât. de Chabrot
Montbron
Écuras
Busserolles
Champniers-et-Reilhac
Bussière-Badil
Eymouthiers
Piégut-Pluviers
Donjon
St-Barthélémy-de-Bussière
Marval
DE
La Lambertie
Marthon
Feuillade
Souffrignac
Varaignes
Teyjat
St-Estèphe
Roc Branlant
Augignac
Abjat-s.-Bandiat
Pensol
Grassac
Javerlhac-et-la-Chap.-St-Robert
Roc Poperdu
PÉRIGORD
Charras
Mainzac
St-Martin-le-Pin
Nontron
Savignac-de-Nontron
Champs-Romain
St-Saud-Lacoussière
Saut du Chalard
Forêt de la Rochebeaucourt
Hautefaye
Bois de Beaussac
Lussas-et-Nontronneau
St-Martial-de-Valette
St-Pardoux-la-Rivière
Château de Mareuil
Château des Bernardières
St-Sulpice-de-Mareuil
Sceau-St-Angel
St-Front-la-Rivière
Milhac-de-Nontron
Mareuil
Château de Puyguilhem
Grottes de Villars
Saint-Jean-de-Côle
St-Romain-et-St-Clément

203
204
222
239
240
H
I
J
K
L
M
N
1
2
3
4
5
6
7
8
9
10
Oradour-s.-Glane
Village martyr
La Fauvette
La Fabrique
Mas-de-Glane
Le Châtenet
Nieul
Font-Besse
Bonnac-la-Côte
Vedrenne
Pont-à-la-Planche
Bretagne
Site Corot
La Croix-Blanche
St-Junien
Puy-de-Mallet
St-Brice-s.-V.
Bessillac
St-Victurnien
Le Loubier
La Barre
Ft de Veyrac
Veyrac
Le Theil
St-Gence
Mas-Boucher
St-Martin-du-Fault
Chamboursat
Chaptelat
Bge de la Mazelle
Cassepierre
Beaune-les-Mines
Rilhac-Rancon
Couzeix
Nouailhas
La Garde
Le Palais-s.-Vienne
St-Just-le-Martel
Virolas
St-Martin-de-Jussac
Aubinerie
Chanliat
Ste-Marie-de-Vaux
Chauzat
Prunieras
La Bregère
Le Dognon
Ratterie
St-Yrieix-s/s-Aixe
Verneuil-s.-Vienne
Le Breuil
Le Mas-du-Puy
LIMOGES-BELLEGARDE
Landouge
La Guillerie
La Cordelle
Cognac-la-Forêt
Le Theil
St-Priest-s/s-Aixe
LIMOGES
Panazol
Le Verdeau
Forêt de Rochechouart
La Bourgonie
Les Blards
Crezin
La Croix-Rouge
Feytiat
Aureil
St-Auvent
St-Cyr
Thias
Isle
Aixe-s.-Vienne
La Chaise-Martin
Mérignac
Pouluzat
Condat-s.-Vienne
La Plagne
La Nouzille
La Roudie
Versannat
Mas-Gauthier
Pouleina
Niolet
St-Laurent-s.-Gorre
Villeneuve
Les Bétoulles
L'Aiguille
Eyjeaux
Fressignas
Séreilhac
Beynac
Charroux
Vérinas
Boisseuil
NATUREL
La Thiverie
P. Rompu
Solignac
Pereix
La Poumeroulie
Gorre
St-Martin-le-Vieux
Bosmie-l'Aiguille
Le Vigen
Puymoret
Texon
Bosvieux
Boissac
Chât. de Chalusset
Chez Fiateau
Le Mazet
Savergnac
Busserolles
Burgnac
Royer
St-Hilaire-Bonneval
Champagnac-la-Rivière
Champsac
Chez-Eymard
Lavignac
Meilhac
Jourgnac
Champagnac
Les Mondoux
Ste-Catherine
Flavignac
St-Maurice-les-Brousses
RÉGIONAL
Chenevière
Bousseroux
Aixette
Nexon
La Plaine
St-Jean-Ligoure
Pierre-Buffière
La Boissonnie
Pageas
Rilhac-Lastours
Sallas
Abjat
Lageyrat
Lautrète
Les Cars
Châlus
St-Hilaire
Betour
Forêt des Cars
Forêt de Lastours
Latterie
Montbrun
La Gacherie
Lastours
St-Priest-Ligoure
Bregeras
Les Bouëges
St-Hilaire-les-Places
Vicq-s.-Breuilh
Dournazac
Chareille
Bussière-Galant
Lafarge
Entraigas
Janailhac
Champagnac
Puy-Merle
Puyrassou
La Meyze
Bournazeau
Chaumeix
Montcigoux
La Gare
La Grenerie
La Traverse
Magnac
Firbeix
Frontouin
Freyssinet
Les Chambaudies
Château-Chervix
Les Bordes
Pauliac
Le Mas-Brune
Mt
Le Buisson
La Roche-l'Abeille
St-Nicolas-Courbely
Forêt de Vieillecour
Royère
Forêt de Fayat
Boursaneix
Ladignac-le-Long
Marneix
Violezeix
Chavagnac
LIMOUSIN
St-Pierre-de-Frugie
Mazerolles
Mine d'or
La Ribière
Curmont
Ste-Marie-de-Frugie
Les Mazeaux
Charannat
Mialet
La Coquille
Le Chalard
Bourdoux
Le Mazeaud
St-Priest-les-Fougères
Lambertie
Courneix
Lacaud
Labey
Pontroy
La Tranchardie
Kaolin
Coussac-Bonneval
Chaleix
St-Yrieix-la-Perche
Frougeix
St-Jory-de-Chalais
Mavaleix
Étg de Puymoreau
Lapeyzie
Figeas
La Peyrière
Jumilhac-le-Grand
Camp militaire
La Maurousseie
St-Paul-la-Roche
Glandon
Moissac
Quinsac
Tournevite
La Jugieix
Pierrefiche
Combier
La Valade
St-Julien-le-Vendômois
Les Quatre Moulins
Le Poirier
La Juvénie
St-Éloy-les-Tuileries
Sarlande
Le Joucheron
La Béthonie
L'Hôpital
Lauzelle
Ségur-le-Château
Les Marimont
Sarrazac
Thiviers
Angoisse
Morence
La Jouberte
Lubersac

204
205
221
239
240
HAUTE-VIENNE
87
PARC
DE
MILLEVACHES
St-Laurent-les-Églises
Mont du Dognon
La Vallade
Le Theil
Sargnat
Bourganeuf
Faux-Mazuras
Les Loges
Le Bussin
Savenas
Chignat
Noua
Bge St-Marc
Marilhac
Cloveix
Le Nouhaud
Le Vergn
Bouzogles
Puy des Mazuras
St-Martin-Terressus
Cravaillac
St-Amand-Jartoudeix
Cheiroux
633
Jartaud
Augères
Morterolles
Bge de Chauvan
Le Châtenet-en-Dognon
Sauviat-s.-Vige
Le Trop
St-Priest-Palus
La Martinerie
La Chassagne
La Cour-du-Rozet
St-Pardoux-Morterolles
St-Priest-Taurion
Lajoumard
Moissannes
Montaletang
Lestrade
598
St-Junien-la-Bregère
Auriat
Le Montingoud
Buze
Casc. des Jarreaux
Boussac
Colombier
St-Just-le-Martel
Écouveaux
Alème
La Barde
La Sciauve
St-Martin-Château
Royères
St-Léonard-de-Noblat
Laveyrat
St-Moreil
Artin
Les Bordes
Le Verdeau
Les Clauds
Rieuperoux
Cledat
Mt Larron
624
Tard
Pont-de-Noblat
Cheissoux
Villard
Le Massoubrot
Les Biards
Champnétery
Villemonteix
Chatreix
St-Julien-le-Petit
Chénour
Le Montaud
Villetelle
Bge du Mont-Larron
Croix-Rouge
Prieuré de l'Artige
Les Séchères
Bge de Martineix
Artigeas
Peyrat-le-Château
La Garde
La Ribière-Chaumeau
Samis
Langlard
La Subertrange
Lac de Vassivière
Aureil
Maulde
Les Allois
Eybouleuf
Bujaleuf
Quenouille
La Châtain
Grand Grammont
764
777
Croix-Ferrée
St-Denis-des-Murs
Villejoubert
Augne
Pouleina
La Geneytouse
Négrignas
St-Amand-le-Petit
Beaumont-du-Lac
Eyjeaux
Le Châtenet
Le Mont
Les Thiers
Jalouneix
Chassat
Vichez
Peyret
Masléon
La Croix-Verte
Combret
Roziers-St-Georges
La Pierre-de-Neuvic
Varache
Le Mas-Faucher
Champagnat
St-Paul
Les Ribières
Landrauderie
Bussy
Eymoutiers
Puymoret
Servignat
La Croix-Lattée
Lauzat
Le Masgardaud
Lecuras
Aigueperse
Grand-Bueix
La Veytizou
St-Hilaire-Bonneval
Luceat
Neuvic-Entier
Châteauneuf-la-Forêt
Chapoulaudie
Nedde
Mazermaud
Petit-Bueix
Ste-Anne-St-Priest
St-Bonnet-Briance
St-Genest-s.-Roselle
Linards
546
Lavaud
Forêt de Châteauneuf
Besuniéras
Villemonteix
Chez-Cissandre
Chez-Chapelle
La Villeneuve
St-Priest-les-Vergnes
Bethe
Salas
Buffangeas
Fargeas
Glanges
La Roche
Souffrangeas
St-Méard
Plaisance
Sussac
Domps
Neuvialle
Barres
Champs
Le Grand-Bouchet
L'Église-aux-Bois
Vicq-s.-Breuilh
Le Petit-Bouchet
Lacelle
Réjatas
Lardimalie
Curzac
La Croisille-s.-Briance
St-Gilles-les-Forêts
Fraichet
731 Mt Gargan
Excideuil
Lestivalerie
Magnac-Bourg
St-Vitte-s-Briance
La Ribière
Bonnat
St-Hilaire-les-Courbes
St-Germain-les-Belles
Chassagnat
Rouchoux
Ft des Fayes
Château-Chervix
Surdoux
Bellegarde
Les Raux
Fombelaux
Chassagnas
Noux
727
Forêt de Fayat
Caux
La Porcherie
Chamberet
Chavagnac
Ft de Magnac
Le Martoulet
Le Mas
Le Madegal
Esparcilliers
Beau-Soleil
Meilhards
La Vergnas
Vaux
Meuzac
Le Breuil
Bge de Treignac
Bussière
Soudaine-Lavinadière
Le Mazeaud
Masseret
Vieillemard
Treignac
Courneix
Le Faye
Rocher
Lamongerie
La Croix
Le Genet
Le Chatenet
La Louche
Ste-Radegonde
Rilhac-Treignac
Frouge
Montgibaud
La Bessade
Rivière
Affieux
Puy d'Allogne
770
Benayes
Maziéras
Allogne
Veix
Prats
Peyrissac
Salon-la-Tour
Figeas
St-Georges
Merciel
Tournevite
La Bouchotte
La Borde
Le Verdier
Bouloux
919
La Malonie
La Tronche
Madranges
Suc-au-May
908
Les Quatre Moulins
Chez-le-Turc
Le Vert
La Rade
Condat-s.-Ganaveix
Le Lonzac
Feuyeas
Freyssellines
Montfumat
Eyburie
Vernejoux
Monts des Monédières
Lubersac
St-Martin-Sepert
St-Ybard
Le Cheyroux
La Brousse
Chaillac
Le Coudert
Mazeau
Mézinge
Aiguepanade
La Borde
Ste-Eulalie
Les Rivières
La Farge
St-Pardoux
A
B
C
D
E
F
G
1
2
3
4
5
6
7
8
9
10
A20-E9
D941
D940
D979
D13
D14
D12
D5
D20
D16
D3
D39
D902

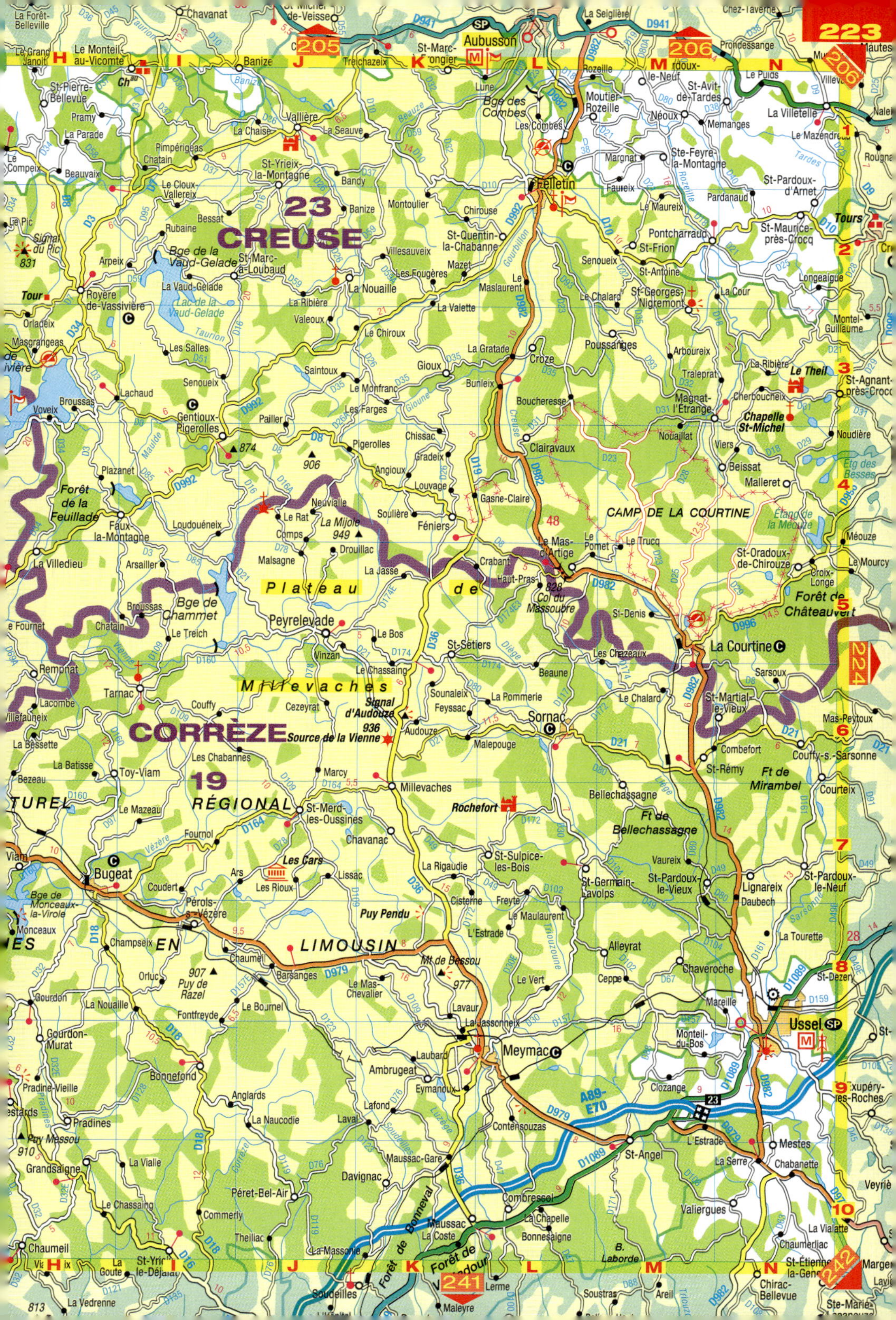

23
CREUSE
CORRÈZE
19
Plateau de Millevaches
RÉGIONAL
EN
LIMOUSIN
Aubusson
Felletin
Vallière
St-Yrieix-la-Montagne
Banize
Chavanat
Treichazeix
St-Marc-Frongier
Lune
Bge des Combes
Les Combes
Moutier-Rozeille
Néoux
St-Avit-de-Tardes
Ste-Feyre-la-Montagne
St-Pardoux-d'Arnet
La Villetelle
Tours
Royère-de-Vassivière
St-Marc-à-Loubaud
Bge de la Vaud-Gelade
Lac de la Vaud-Gelade
La Nouaille
St-Quentin-la-Chabanne
Pontcharraud
St-Frion
St-Georges-Nigremont
Croze
Poussanges
Gentioux-Pigerolles
Le Theil
Chapelle St-Michel
Magnat-l'Étrange
Clairavaux
Gioux
Le Monteil-au-Vicomte
Faux-la-Montagne
Forêt de la Feuillade
La Villedieu
Bge de Chammet
Peyrelevade
Tarnac
Gentioux
Le Mas-d'Artige
Col du Massoubre
CAMP DE LA COURTINE
La Courtine
Forêt de Châteauvert
St-Setiers
Sornac
St-Martial-le-Vieux
Signal d'Audouze
936
Source de la Vienne
Millevaches
Rochefort
St-Merd-les-Oussines
Toy-Viam
Bugeat
Pérols-s-Vézère
Les Cars
Puy Pendu
Mt de Bessou
977
907
Puy de Razel
Ft de Bellechassagne
Ft de Mirambel
St-Rémy
Ussel
Meymac
St-Angel
A89-E70
Mestes
Chaumeil
Maussac
Forêt de Bonnevat
Forêt de Ventadour
205
206
224
241
242

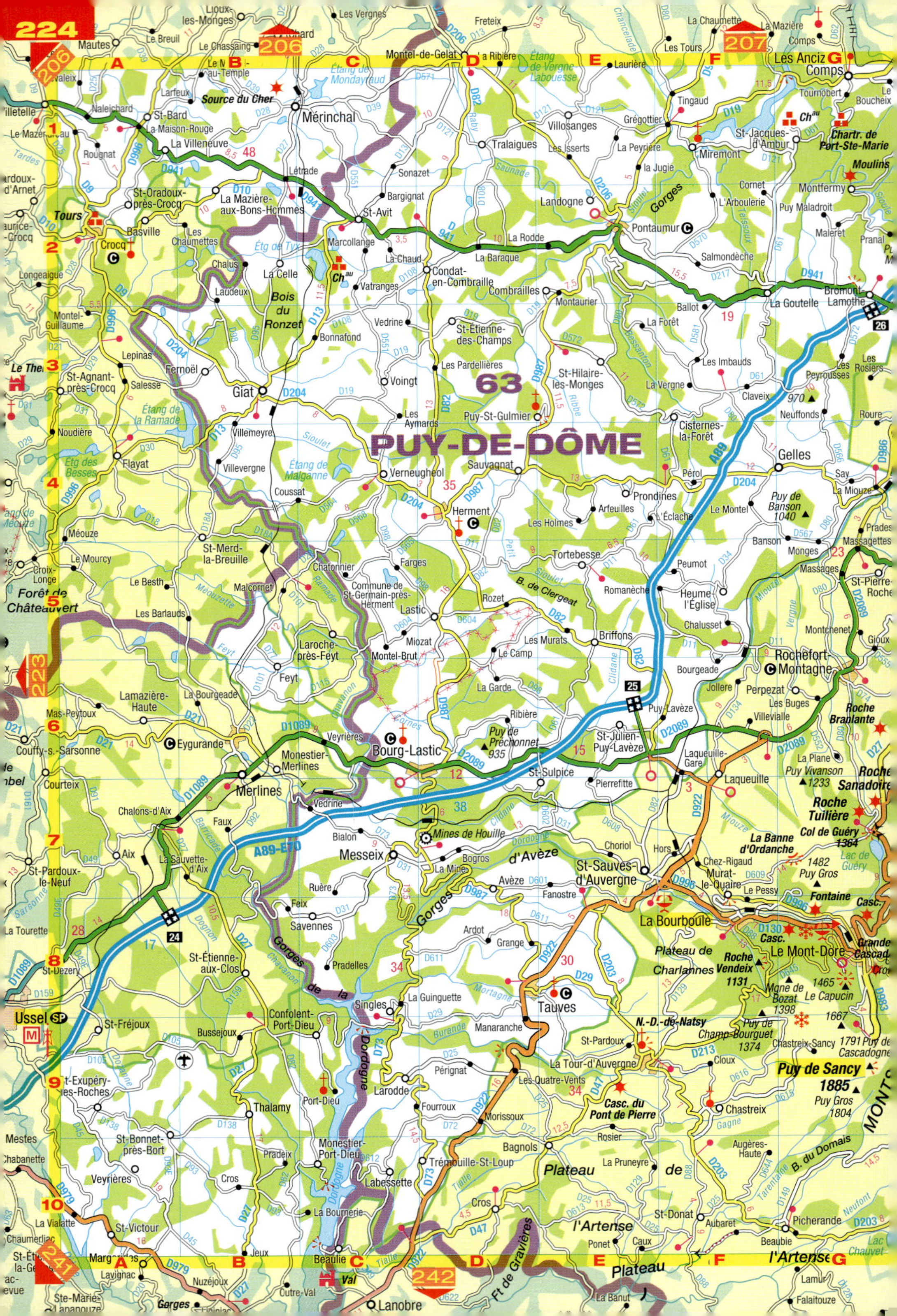
206
207
223
241
242
63
PUY-DE-DÔME
Mérinchal
Source du Cher
Montel-de-Gelat
La Villeneuve
St-Bard
La Maison-Rouge
St-Oradoux-près-Crocq
La Mazière-aux-Bons-Hommes
St-Avit
Tours
Crocq
Basville
Les Chaumettes
Étg de Tyx
Chalus
La Celle
Marcollange
Bois du Ronzet
Condat-en-Combraille
Combrailles
Montaurier
St-Étienne-des-Champs
Les Pardellières
Voingt
Giat
Fernoël
St-Agnant-près-Crocq
Lepinas
Salesse
Étang de la Ramade
Flayat
Noudière
Villemeyre
Villevergne
Étang de Malganne
Verneugheol
Herment
Sauvagnat
Puy-St-Gulmier
St-Hilaire-les-Monges
Tralaigues
Villosanges
Landogne
Pontaumur
Gorges
Miremont
St-Jacques-d'Ambur
Chartr. de Port-Ste-Marie
Moulins
Montfermy
Puy Maladroit
Comps
Les Ancizes-Comps
La Goutelle
Bromont-Lamothe
Cisternes-la-Forêt
Gelles
Puy de Banson 1040
Prondines
Arfeuilles
Les Holmes
Tortebesse
Romanèche
Heume-l'Église
Briffons
Rochefort-Montagne
Perpezat
Roche Branlante
Roche Sanadoire
Roche Tuilière
Col de Guéry 1364
La Banne d'Ordanche
Puy Gros
Laqueuille
St-Julien-Puy-Lavèze
Puy-Lavèze
Puy de Préchonnet 935
Bourg-Lastic
Messeix
Mines de Houille
Gorges d'Avèze
St-Sauves-d'Auvergne
La Bourboule
Le Mont-Dore
Murat-le-Quaire
Plateau de Charlannes
Roche Vendeix 1131
Mgne de Bozat 1398
Le Capucin
Puy de Champ-Bourguet 1374
Puy de Sancy 1885
Chastreix-Sancy
Chastreix
N.-D.-de-Natsy
La Tour-d'Auvergne
Casc. du Pont de Pierre
Tauves
Avèze
Singles
La Guinguette
Larodde
Port-Dieu
Confolent-Port-Dieu
Monestier-Port-Dieu
Labessette
Bagnols
Plateau de l'Artense
St-Donat
Picherande
Ussel
St-Fréjoux
St-Exupéry-les-Roches
St-Bonnet-près-Bort
Thalamy
Veyrières
St-Victour
Beaulieu
Lanobre
Val
Merlines
Monestier-Merlines
Eygurande
Lamazière-Haute
Feyt
Laroche-près-Feyt
St-Merd-la-Breuille
Lastic
Miozat
Montel-Brut
Commune de St-Germain-près-Herment
Aix
St-Pardoux-le-Neuf
La Sauvette-d'Aix
St-Étienne-aux-Clos
Gorges du Chavanon
Savennes
Pradelles
Feix
Bialon
Vedrine
Faux
Forêt de Châteauvert
A89-E70
D941
D1089
D2089
D987
D922

207
208
243
244
226
St-Georges-de-Mons
Le Mazal
Marmoizoux
La Roche
Prompsat
Gimeaux
Davayat
Cellule
Varennes-s.-Morge
Surat
Loubeyrat
Chazeron
St-Bonnet-près-Riom
Yssac-la-Tourette
Les Richards
Mérilhat
Jeansol
Sauterre
Charbonnières-les-Varennes
Châtelguyon
St-Hippolyte
Les Giraulds
Villeneuve
Beaunit
Enval
Mozac
Riom
Ennezat
Clerlande
St-Ignat
Marin
Villeneuve-l'Abbé
Chapdes-Beaufort
Gorges
Chât. de Tournoël
Paugnat
Pulvérières
Marsat
Ménétrol
Entraigues
St-Laure
Le Pommier
Marcenat
Moulet
Volvic
Targnat
Puy de Tressous 992
Puy de la Nugère 994
Vauriat
Tourtoule
Chappes
Joze
Culhat
St-Ours
Fougères
Puy de Louchardière
Col de la Nugère 885
Bourassol
Chavaroux
Gargantias
Chât. Dauphin
Beauregard
Malauzat
St-Beauzire
Puy de la Coquille 1155
Châteaugay
Les Martres-d'Artière
Egaule
Epinet
Lussat
Pontgibaud
Puy Chopine 1181
Sayat
Blanzat
Cébazat
Lempty
Les Fontêtes
Chanat-la-Mouteyre
Le Courteix
Cheyre du Puy de Côme
Sanatorium
L'Etang
Gerzat
Malintrat
Cornede
Beauregard-l'Evêque
Côtes de Clermont
Montferrand
Pont-du-Château
Banière
Tournant
Nohanent
St-Pierre-le-Chastel
Col des Goules
Grand-Chambois
Petit-Chambois
Puy de Côme
La Fontaine-du-Berger
Durtol
Aulnat
Michelin
Clermont-Ferrand Auvergne
Tour
Les Charles
Mazaye
Champille
Puy de Dôme 1465
Puy de Pariou 1209
Orcines
Chignat
Bouzel
La Gardette
Ceyssat
Temple de Mercure
La Baraque
Chamalières
Dallet
Lempdes
Couheix
Col de Ceyssat 1078
Montrodeix
Royat
Clermont-Ferrand
Puy de Mur 601
Vertaizon
Espirat
Olby
Allagnat
Puy de Monchier
Charade
Circuit auto
Aubière
Mézel
Chas
Laschamps
Beaumont
Chauriat
Bravant
Puy de Barme
Col de la Moreno 1062
Cervat
Pérignat-lès-Sarliève
St-Bonnet-lès-Allier
Tinlhat
Léry
Polagnat
Les 4-Routes
Les Bramauds
Puy de Laschamps 1254
Beaune
Berzet
Romagnat
Plateau de Gergovie
Cournon-d'Auvergne
Pérignat
Nébouzat
Puy de Mercœur 1250
Puy de Lassolas 1195
Pardon
Gorges
Lignat
St-Bonnet-près-Orcival
Recoleine
St-Genès-Champanelle
Clémensat
Le Cendre
Ceyssat
Vareilles
Puy de la Vache 1167
Fontfreide
Opme
Gergovie
Jussat
La Roche-Noire
St-Georges-s.-Allier
Voissieux
Montlosier
Theix
Varennes
Chanonat
La Batisse
Orcet
Mirefleurs
Contournat
Cordès
Orcival
Aurières
Randanne
Col de la Ventouse
Nadaillat
La Cassière
La Roche-Blanche
Le Crest
Martres-de-Veyres
Busséol
Laps
Lassias
Montagne de la Serre
Rouillat-Haut
Chadrat
Tallende
Veyre-Monton
St-Maurice
Vernines
Verneuge
Corent
Benaud
Puy de Serpanoux
Bessat
Rouillat-Bas
Lac d'Aydat
875
Mt Redon
St-Saturnin
St-Amant-Tallende
Château de Montfleury
Sallèdes
La Garandie
Fontsalive
Puy de l'Enfer
Aydat
Ponteix
Pardines
Pignols
Bois de Cheix-Blanc
Lac de Servière
Parc Naturel Régional des Volcans d'Auvergne
Cournols
Longues
Saulzet-le-Froid
Zanières
Fohet
St-Sandoux
La Chaux
Vic-le-Comte
Pessade
Monne
Chabanne
Gorges
La Sauvetat
Authezat
Parent
Puy de Pessade 1273
Puy de l'Aiguiller 1547
Puy de Monténard 1180
Prades
Olloix
Puy de Sandoux 843
Montpeyroux
Donjon
Puy St-Hippolyte 806
Vindiolet
Puy Corde 1479
Puy Baladou 1494
Saignes
Le Vernet-Ste-Marguerite
Les Arnats
1002
Lenteuges
Plauzat
Coudes
Château de Buron
Bois de la Comte
Col de la Croix Morand 1401
Chaynat
Ludesse
Yronde-et-Buron
Champsiaux
Freydefond
Puy d'Alou 1112
Roure
St-Babel
Beaune
Treizanches
St-Julien
Neschers
Puy du Barbier 1729
Puy de Mazeires 919
St-Nectaire
Montaigut-le-Blanc
Champeix
Sauvagnat-Ste-Marthe
Nave
Aulhat-St-Privat
Saillant
Grandeyrolles
Chadeleuf
612
Perthus
Orbeil
Chambon-s.-Lac
Murol
Lac Chambon
Puy de Bessolles
Casc.
Verrières
Reignat
Clémensat
St-Cirgues-s.-Couze
Pardines
Flat
Chauflour
Sauxillanges
Monaux
Rocher de l'Aigle
St-Victor-la-Rivière
Chidrac
Grottes
Issoire
Brenat
St-Diéry
Creste
Le Cheix
St-Floret
St-Vincent
Meilhaud
Perrier
La Rétonde
Varennes-s.-Usson
Vallée de Chaudefour
St-Pierre-Colamine
Grottes de Jonas
Orphange
Saurier
Brionnet
Tourzel-Ronzières
Puy d'Ysson 856
Parentignat
Lavore
Puy Chambourguet 1519
Eglise
Trossagne
Courgoul
Félines
Ronzières
Solignat
Usson
St-Rémy-de-Chargnat
Super-Besse
Besse-et-St-Anastaise
Chananeille
Malnon
Vodable
Bergonne
Le Broc
Les Pradeaux
La Malotière
Vassivière
Lac Pavin
Fayet
Chassagne
Mazérat
Antoingt
St-Martin-des-Plains
Sarpoil
1411
Puy de Montchal
Creux de Soucy
Casc. d'Anglard
Combe
Mareugheol
Nonette
Anglard
1254
Dauzat-s.-Vodable
Ternant-les-Eaux
Gignat
Orsonnette
Lac de Bourdouze
St-Anastaise
Villeneuve
Le Breuil-s.-Couze
Lamontgie
Lac de Montcineyre
Les Chirouzes
Valbeleix
Roche-Charles-la-Mayrand
Boudes
Chalus
Auzat-s.-Allier
1358
1360
Genelières
St-Hérent
Vallée des Saints
St-Germain-Lembron
Puy de la Vaisse
Compains
Venèche
La Chapelle-Marcousse
La Mayrand
Brugière
Madriat
Collanges
Beaulieu

208
209
225
243
244
63
PUY-DE-DÔME
PUY-DE-
PARC NATUREL RÉGIONAL DU LIVRADOIS-FOREZ
MONTS DU LIVRADOIS
MONTS DU
Thiers
Ambert
Lezoux
Billom
Courpière
Olliergues
Cunlhat
Sauxillanges
Marsac-en-Livradois
Noirétable
St-Rémy-s.-Durolle
La Monnerie-le-Montel
Chabreloche
Celles-s.-Durolle
Orléat
Peschadoires
Pont-de-Dore
Ste-Agathe
Escoutoux
Néronde-s.-Dore
Vollore-Ville
Vollore-Montagne
Aubusson-d'Auvergne
Sermentizon
Augerolles
Piboulet
Sauviat
St-Flour
Domaize
St-Gervais-s/s-Meymont
Tours-s.-Meymont
Marat
Vertolaye
St-Dier-d'Auvergne
Ceilloux
Dourbias
Mauzun
Estandeuil
Fayet-le-Château
Isserteaux
St-Jean-des-Ollières
Montmorin
St-Julien-de-Coppel
Vic-le-Comte
Sugères
Manglieu
Brousse
Auzelles
St-Amant-Roche-Savine
Grandval
Job
Valcivières
La Forie
St-Ferréol-des-Côtes
St-Martin-des-Olmes
Condat-lès-Montboissier
Échandelys
Églisenenve-des-Liards
St-Quentin-s.-Sauxillanges
Aix-la-Fayette
Fournols
St-Genès-la-Tourette
Chaméane
St-Étienne-s.-Usson
Usson
St-Rémy-de-Chargnat
Bansat
Vernet-la-Varenne
St-Germain-l'Herm
St-Bonnet-le-Chastel
Chambon-s.-Dolore
Auzat-s.-Allier
Lanterne des Morts
Quartier médiéval
Château de Montguerlhe
Château de Vollore
Château d'Aulteribe
Château des Martinanches
La Barge
Forêt Dom. d'Ayguebonne
Forêt d'Aubusson
Bois de l'Ermitage
L'Ermitage
Bois de la Grange
Bois de Mauchet
Bois de Guérine
Pic de la Garde
La Rochette
Roche Savine
Col des Fourches
Moulin Richard-de-Bas
Parc animalier
Anc. abbaye
Reynerie
Col de la Charme
Bois Favin
Bois du Guet
Col de St-Thomas
Col des Sagnes
Col du Frissonnet
Pierre Brantante
1074 Puy de Chignore
1030 Puy Bien
Puy Gros 1434
Col du Béal 1390
Pierre sur Haute
Col de Chansert 1080
Rocher de la Volpie
La Pirouse 1387
Puy de Montoncel 1287
1205 Pierre Pamol
A89-E70
D2089
D906
D996
D999

42
LOIRE
FOREZ
209
210
228
245
246
A89-E70
A72-E70
A89
St-Just-en-Chevalet
Contenson
St-Romain-d'Urfé
Chât. d'Urfé
St-Marcel-d'Urfé
Bois d'Urfé
Champoly
Grézolles
Aix
Chapelle Ste-Barbe
Souternon
Amions
Forêt de Bas
St-Julien-d'Oddes
St-Polgues
Crémeaux
Luré
Juré
Dancé
Rondier
St-Paul-de-Vézelin
St-Priest-la-Roche
Neulise
St-Just-la-Pendue
Château de Ressy
St-Jodard
Pinay
St-Marcel-de-Félines
Ste-Colombe-s.-Gand
Bois des Ardillers
St-Georges-de-Baroille
Pommiers
La Commanderie
St-Germain-Laval
St-Martin-la-Sauveté
Balbigny
Néronde
Bussières
Ste-Agathe-en-Donzy
Pouilly-lès-Feurs
Rozier-en-Donzy
Nervieux
Mizérieux
Épercieux-St-Paul
St-Julien-la-Vêtre
St-Thurin
Pierre Branlante
St-Didier-s.-Rochefort
Ailleux
Cezay
Nollieux
Verrières
Bussy-Albieux
Arthun
Bois Civens
Clurieux
Ste-Foy-St-Sulpice
Cleppé
Chapelle la Valette
Salvizinet
La Côte-en-Couzan
St-Laurent-Rochefort
L'Hôpital-s/s-Rochefort
St-Sixte
Les Trouillères
Beauvoir
Chât. de Chabert
Boën
Débats-Rivière-d'Orpra
Leigneux
La Valla
Puy de Morand 1154
Palogneux
Sail-s/s-Couzan
Château de Couzan
Trelins
Ste-Agathe-la-Bouterésse
La Bouteresse
La Maison Blanche
Villedieu
Poncins
Feurs
Salt-en-Donzy
St-Étienne-le-Molard
La Bastie d'Urfé
Goutelas
Col de la Croix
Chalmazel
St-Georges-en-Couzan
Marcoux
Chorigneux
Montverdun
St-Clément
Les Périchons
Vizézy
Chambéon
Valeille
Bois des Granges
Marcilly-le-Pavé
Chalain-d'Uzore
St-Paul-d'Uzore
Étang du Roi
St-Laurent-la-Conche
Magneux-Haute-Rive
Mornand
Sauvain
St-Bonnet-le-Courreau
Pralong
Champdieu
Vaugirard
Champs
Chalain-le-Comtal
Marclopt
Montrond-les-Bains
St-André-le-Puy
Bellegarde-en-Forez
Mont Courreau 1328
L'Oule 1419
Châtelneuf
Essertines-en-Châtelneuf
Roche
Montbrison
Savigneux
Grézieux-le-Fromental
Boisset-lès-Montrond
Cuzieu
Unias
L'Hôpital-le-Grand
Grande Pierre Basanne 1399
Col des Supeyre 1366
Lérigneux
Écotay-l'Olme
Moingt
Precieux
Rivas
Craintilleux
Veauchette
Veauche
Jasserie de Grand Genevrier
Bois de Naufrage
Lézigneux
Verrières-en-Forez
St-Thomas-la-Garde
St-Romain-le-Puy
Sury-le-Comtal
Andrézieux-Bouthéon
Col de la Croix de l'Homme Mort 1163
Rocher de Pierre Dure 1361
St-Anthème
Chazelles-s.-Lavieu
St-Georges-Haute-Ville
Margerie-Chantagret
Boisset-St-Priest
Bonson
St-Cyprien
St-Just-St-Rambert
St-Just s.-Loire
Puy de Loir 1232
St-Clément-de-Valorgue
Soleymieux
St-Jean-Soleymieux
Chenereilles
St-Marcellin-en-Forez
Marols
La Chapelle-en-Lafaye
Montarcher
Luriecq
N.-D.-de-Grâce
Chât. d'Essalois
Lac de Grangent
Base nautique
Chambles
Col de Chemintrand
Églisolles
La Chaulme
Saillant
St-Bonnet-le-Château
Périgneux

210
211
245
246
227
Les Sauvages
N.-D. de-la-R.
Cassettes
St-Clément-s.-Valsonne
St-Vérand
La Flachère
Le Bois-d'Oingt
Moiré
Bagnols
Légny
Alix
Marcy
Lucenay
Ambérieux
Quincieux
Morancé
Les Chères
St-Cyr-de-Valorges
Château de Ressy
N.-D.-de-Bel-Air
Tarare
Dareizé
St-Loup
Magny
Le Breuil
Chessy
La Roche
Charnay
St-Pierre
Châtillon
Belmont
St-Jean-des-Vignes
Chazay-d'Azergues
Civrieux-d'Azergues
Marcilly-d'Azergues
Chasselay
Lissieu
Joux
Les Olmes
Sarcey
Glay
Ste-Colombe-s.-Gand
Le Berthier
St-Marcel-l'Éclaire
Pontcharra-s.-Turdine
St-Forgeux
Château d'Avauges
Clévy
Apinost
St-Germain-s.-l'Arbresle
Nuelles
Lozanne
Dommartin
La Chicotière
Limonest
Violay
Tour Matagrin
Bois Doré
Affoux
St-Romain-de-Popey
Bully
Fleurieux-s.-l'Arbresle
Lonzy
Ancy
Le Mulin
Taylan
Savigny
L'Arbresle
Le Morillon
Éveux
Couvent d'Éveux
Lentilly
Dardilly
Le Barriot
Fontanne
Montchal
Albigny
Villechenève
St-Julien-s.-Bibost
Sain-Bel
Sourcieux-les-Mines
Mosouvre
La Tour-de-Salvigny
Champagne-au-Mt-d'Or
Panissières
Longessaigne
St-Martin
Bibost
Les Roches
St-Pierre-la-Palud
Marcy-l'Étoile
Écully
Cottance
Les Auberges
Montrottier
Conan
Larmy
Valency
Le Mas
Charbonnières-les-Bains
Mont Pottu 818
Bessenay
Jussieu
La Brevenne
Chevinay
Pollionnay
Col de la Luère 714
Ste-Consorce
St-Genis-les-Ollières
Chapelle la Valette
Le Roule
Chambost-Longessaigne
La Grande Maison
Brullioles
Les Vercheres
732 Col de Malval
Le Quincieux
Grézieu-la-Varenne
La Tourette
Étoile d'Alai
Essertines-en-Donzy
St-Clément-les-Places
Chamousset
Giraudière
Brussieu
Courzieu
Vaugneray
Craponne
Francheville
Aqu. romain
Donzy
Jas
Bouchala
Avey
St-Laurent-de-Chamousset
Randonnière
Pomeyrieux
La Pillardière
Salt-en-Donzy
St-Barthélemy-Lestra
St-Martin-Lestra
Les Halles
Lafay
St-Genis-l'Argentière
867 Col des Brosses
Montromant
Brally
St-Laurent-de-Vaux
Brindas
Chaponost
Combarembert
St-Genis-Laval
Haute-Rivoire
Ste-Foy-l'Argentière
Yzeron
La Bruyère
Malataverne
Foix
Valeille
Souzy
Messimy
Quinsonnas
Estaing
Virigneux
L'Argentière
Duerne
Thurins
Verchery
Brignais
St-Cyr-les-Vignes
Neyrieux
Meys
Aveize
La Trève
Le Pont
Soucieu-en-Jarrest
Aqu.
Le Boulard
Vourles
St-Martin-en-Haut
Rontalon
Orliénas
Maringes
Grézieu-le-Marché
Chavannes
La Chapelle-s.-Coise
Les Sept-Chemins
Taluyers
St-André-le-Puy
Viricelles
Pomeys
Saconay
La Chèvre
Signal de St-André
Millery
Bellegarde-en-Forez
St-Symphorien-s.-Coise
St-André-la-Côte
Chaussan
St-Laurent-d'Agny
Le Bâtard
Montagny
Chazelles-s.-Lyon
Petit-Français
Pont-Colas
Chavagneux
Acolé
St-Sorlin
Mornant
Aqu. romain
Le Logis Neuf
Ravel
Sourzy
Chassagny
La Trivillière
Coise
Larajasse
Fillonnière
Pavière
Vernay
St-Denis-s.-Coise
L'Aubépin
Riverie
St-Didier-s/s-Riverie
Bellevue
St-Andéol-le-Château
St-Martin-de-Cornas
Grigny
St-Médard-en-Forez
Savigneux
Ste-Catherine
St-Galmier
Châtelus
Lamure
St-Jean-de-Touslas
Givors
Chevrières
Barrot
St-Maurice-s.-Dargoire
Chamboeuf
Les Granges
Le Chambon
Sénevas
Charmet
Bissieux
Dargoire
Tartaras
St-Romain-en-Gier
La Rodière
Aveizieux
Grammond
Marcenod
St-Romain-en-Jarez
La Roussillière
Echalas
Chatanay
Veauche
St-Bonnet-les-Oules
La Gimond
St-Martin-la-Plaine
St-Joseph
Trèves
La Cula
La Croisière
Fontanès
St-Christo-en-Jarez
St-Genilac-Terrenoire
Châteauneuf
Mézérin
Malval
Col de la Gachet 748
Chagnon
Rive-de-Gier
Colombet
Pierre la Bauche 872
Leymieux
Dimizieux
Le Pilon
ST-ÉTIENNE-BOUTHÉON
St-Héand
Valfleury
Cellieu
Lorette
Les Tourrettes 621
Les Haies
La Gouyonnière
Fayet
Crêt Georges 817
Salcigneux
Longes
Bois la Croix
La Grand-Croix
Barrage de Couzon
St-Just-s.-Loire
La Fouillouse
Le Grand-Quartier
Farnay
789 Mont Monnet
Remillieux
Écullieux
L'Étrat
La Tour-en-Jarez
Sorbiers
Chavanne
St-Chamond
L'Horme
St-Paul-en-Jarez
Seyoux
Ste-Croix-en-Jarez
624 Col de Grenouze
La Chapelle-Villars
Condrieu
Étrat
St-Priest-en-Jarez
La Talaudière
St-Martin-en-Coailleux
Pavezin
Chuyer
Vérin
Lac de Grangent
Villars
St-Jean-Bonnefonds
Crêt de Montvert 995
Les Roches-de-Condrieu
St-Genest-Lerpt
La Terrasse-s.-Dorlay
They
Col de la Croix Montvieux 811
St-Michel-s.-Rhône
Base nautique
Chavanol
St-Just
Verlieux
Roche-la-Molière
Terre
Doizieux
Pélussin
Chavanay
St-Alban-du-Rhône
Cité-de-Beaulieu
La Ricamarie
ST-ÉTIENNE
Luzernod
Crêt de
Bassin
Éparvier
La Chaize
MONTS DU LYONNAIS

AIN 01
RHÔNE 69
ISÈRE 38
LYON
VILLEURBANNE
Vaulx-en-Velin
Bron
Vénissieux
St-Priest
Rillieux-la-Pape
Caluire-et-Cuire
Décines-Charpieu
Meyzieu
Chassieu
Genas
Pusignan
Jonage
Miribel
Neyron
Montluel
Dagneux
Balan
Béligneux
Meximieux
Pérouges
Loyettes
Charvieu-Chavagneux
Pont-de-Chéruy
Janneyrias
Colombier-Saugnieu
LYON-ST-EXUPÉRY
Satolas-et-Bonce
St-Laurent-de-Mure
St-Bonnet-de-Mure
Mions
Corbas
Feyzin
Toussieu
St-Pierre-de-Chandieu
Heyrieux
St-Quentin-Fallavier
Villefontaine
La Verpillière
Vaulx-Milieu
L'Isle-d'Abeau
Bourgoin-Jallieu
St-Alban-de-Roche
Frontonas
St-Marcel-Bel-Accueil
Crémieu
Villemoirieu
Tignieu-Jameyzieu
St-Romain-de-Jalionas
Vienne
Pont-Évêque
Seyssuel
Chasse-s.-Rhône
Ternay
Communay
Sérézin-du-Rhône
St-Symphorien-d'Ozon
Solaize
Vernaison
Chaponnay
Marennes
Valencin
St-Just-Chaleyssin
Luzinay
Villette-de-Vienne
Chuzelles
Diémoz
Septème
St-Georges-d'Espéranche
Charantonnay
Artas
Beauvoir-de-Marc
Royas
St-Jean-de-Bournay
Châtonnay
Meyrieu-les-Étangs
Moidieu-Détourbe
Estrablin
Jardin
Eyzin-Pinet
Reventin-Vaugris
Les Côtes-d'Arey
Chonas-l'Amballan
St-Romain-en-Gal
Ste-Colombe
Ampuis
Maubec
Meyrié
Lieudieu
Semons
Arzay
Forêt de Bonnevaux
Bois des Blaches
Bois de Molèze
PARC DE MIRIBEL-JONAGE
Camp de la Valbonne
St-Maurice-de-Gourdans
Tassin-la-Demi-Lune
Oullins
Irigny
Sathonay-Camp
Fontaines-s.-Saône
Neuville-s.-Saône
Genay
Massieux
Montanay
Tramoyes
Mionnay
St-Maurice-de-Beynost
Beynost

212
213
229
247
248
Lagnieu
St-Sorlin-en-Bugey
Villeneuve
Arandas
Hostias
Forêt de Jailloux
Le Genévray
Col de Fon
Gervais
Thézillieu
Lutheziu
Belmont-Luthézieu
Aqu.
Vieu
Assin
Vovray
Chavornay
Artemare
Talissieu
Conand
Chariot
Charvieux
Souclin
Ste Julie
Le Trollier
L'Hôpital
Plaine-Robert
Grottes de la Balme
Bois de Serverin
Vertrieu
Brénaz
Sault-Brénaz
Calvaire de Portes
Villebois
Bois de Cuny
Bouis
Soudon
Prémillieu
Grand Tard
Ft de Ravière
Ponthieu
Forêt du Fays
Champdossin
Massignieu
Virieu-le-Grand
St-Martin-de-Bavel
Béon
Ardosset
Ceyzérieu
Aignot
Nicuida
Grammont
M. de Lavours
Vollien
Chavoley
Avrissieu
Vongnes
Cuzieu
Flaxieu
La Balme-les-Grottes
La Montagne
Amblagnieu
Parmilieu
Porcieu-Amblagnieu
La Burbanche
Armix
Ordonnaz
Égnieu
Nivollet
L. de Virieu
Rossillon
Cheignieu-la-Balme
Pugieu
Cluse des Hôpitaux
Mgne de la Raie
Bois de la Morgne
Travers
Amblérieu
Pressieu
Marieu
Conilieu
Vassieu
St-Vulbas
Montalieu-Vercieu
Bénonces
Bois de Souhait
Seillonnaz
Lompnas
Préveyssieu
Contrevoz
Bois du Molard
Chazey-Bons
Marignieu
Marcilleux
Torjonas
Charette
Vercieu
Serrières-de-Briord
Les Granges
Montagnieu
Chosas
Chapelle Ste-Anne
Boissieu
Andert-et-Condon
Chatonod
Hières-s-Amby
Bouvesse-Quirieu
Aqu. romain
Crept
Marchamp
Château de Beauretour
Billieu
Magnieu
St-Champ
Le Vernay
Quirieu
Le Bayard
Brive
Cerici
Innimond
St-Germain-les-Paroisses
Chazey
Plateau de l'Arina
St-Baudille-de-la-Tour
Brotel
Égnieu
Marlieu
Briord
Vercra
Belley
Musin
Vernas
Parc archéologique
Gorges d'Amby
Chatelans
Baix
Surbaix
Boulieu
Vérizieu
Flévieu
Apprégnin
Billignin
Lac d'Armaille
Chavanne
Poleyrieu
Bois de la Mareraie
Millieu
Ambléon
Thoys
Coron
Parves
Optevoz
Faverge
Mépieu
Malville
Lhuis
St-Martin
Crapéou
Lac d'Arborias
Bois de Rotonne
Leyrieu
Annoisin-Chatelans
Bois de Burnoud
Grand Étang
Étang Barral
Pusignieu
Mérieu
Rix
Ansolin
Colomieu
Romain-Jalionas
Michalieu
Certaux
St-Julien
Siccieu-St-Julien-et-Carisieu
Chanizieu
Creys-Mépieu
La Gorge
Conzieu
Arbignieu
Brens
Chemillieu
Virignin
Crémieu
Courtenay
Lancin
Conchardin
Daleygnieu
Groslée
Pont-Bancet
Peyzieu
Mallin
Peyrieu
Dizimieu
Carisieu
Étang de la Rama
Arandon
Lac de la Save
Tours
Neyrieu
St-Bois
Champtel
La Balme
Yenne
Cozance
Soleymieu
Tirieu
Chassins
Crevière
St-Victor-de-Morestel
Grand-Gouvoux
Le Port de Groslée
St-Benoit
Veyrins
Chanterelle
Bovinel
des Fouilleuses
Couvaloup
Serrières
Sablonnière
Passins
Tuile
Brangues
Forêt d'Évieu
Crozet
Prémeyzel
Crizieu
Trept
Montolivet
Morestel
La Sauge
Évieu
Peyrieu
Les Châtelains
Traize
Les Rey
Moras
St-Hilaire-de-Brens
Sermérieu
Le Bouchage
Glandieu
Cascade
Fay
B. de Glaize
Loisieux
Salagnon
Le Molard
Cessenoud
Brégnier-Cordon
Izieu
Murs-et-Gélignieux
Bressieux
Vénérieu
Le Rondeau
Trieux
Le Marteray
Charray
Vézeronce-Curtin
Buvin
Les Nappes
Longeniere
Chamont
Crucilleux
Olouise
Étang de Charray
Le Villard
Les Avenières
La Bruyère
Leschaux
St-Pierre-d'Alvey
Fosaille
St-Sorlin-de-Morestel
Curtin
Veyrins-Thuellin
Le Grand Chaffard
Grottes de la Bonne-Femme
Le Bornet
St-Savin
St-Chef
Arcisse
Le Rual
Vignieu
Vasselin
Veyrins
Curtille
Cordon
St-Maurice-de-Rotherens
Carrel
Gerbaix
L'Isle-d'Abeau
Demptésieu
Laval
Montcarra
Marchefroy
Corbelin
St-Didier
Champagneux
Gresin
La Latte
Mozas
Les Charbonnières
Lac Jublet
Étang de Gole
Morthelayze
Dolomieu
Granieu
Truison
St-Genix-s.-Guiers
Le Molard
Ste-Marie-d'Alvey
Montbernier
Butte de Montceau
Enfer
Les Paleteaux
Faverges-de-la-Tour
Le Jacquet
Urice
Mandrin
Rochefort
Chât. de Montbeil
Bourgoin-Jallieu
Ruy
Montceau
Chatanay
La Chapelle-de-la-Tour
Évrieu
Leyssin
Aoste
Tramonet
Avressieux
Rochetoirin
St-Clair-de-la-Tour
La Bâtie-Montgascon
Chimilin
Romagnieu
Vachère
Cessieu
St-Jean-de-Soudain
La Tour-du-Pin
Les Grandes Ternes
Maubec
Ruffieu
Nivolas-Vermelle
Maroc
St-André-le-Gaz
Le Nant
Belmont-Tramonet
Verel-de-Montbel
Dullin
Paleysin
Meyrié
Serezin-de-la-Tour
Momas
Curieux
St-Didier-de-la-Tour
Étang de Charpenay
Fitilieu
La Bruyère
Domessin
Quinsonnas
St-Victor-de-Cessieu
Vaux
Ste-Blandine
Bas-Verel
Les Abrets
Folatière
Le Pont-de-Beauvoisin
St-Agnin-s.-Bion
Les Éparres
Marlieu
Le Passage
Le Magnin
Charancieu
Faisseau
Pressins
Le Pont
Montagnieu-le-Bas
Montagnieu
La Combe
Châteauvilain
Succieu
Génevey
A48-E711
Bouis
Le Grand-Envelun
St-Ondras
La Chapelle
Fallamieux
La Bâtie-Divisin
St-Jean-d'Avelanne
Culin
Tramolé
Torchefelon
Le Rapoux
Blassin
Eynoud
Chélieu
Sougey
La Ramelière
St-Albin-de-Vaulserre
Badinières
Doissin
Chassignieu
Valencogne
La Charrière
Voissant
Les Châtaigniers
Haut-Biol
Eclose
Forêt du Roi
Biol
Le Rousset
Panissage
Virieu
St-Pierre
Montferrat
Velanne
St-Martin-de-Vaulserre
Pellet
Molard
La Grande Croix
Le Truchet
Belmont
Le Grand Blandin
Paladru
Marinière
St-Sulpice-des-Rivoires
La Sauge
St-Bueil
Chailles
La Bâtie
Flachères
St-Didier-de-Bizonnes
Montrevel
Blandin
Brézin
Les Rivoires
Longpra
Champet
La Montagne
Bois de Gourand
Vaux
Le Pin
St-Geoire-en-Valdaine
La Chapelle
Merlas
Étang Grande Barre
Champier
Bizonnes
Les Ebrais
Châbons
La Rongy
Lac de Paladru
Massieu
La Côte-d'Aïnan
Forêt Domaniale de Rocharey
Vernondière
Eydoche
Ternin
Bilieu
La Davière
St-Sixte
Miribel-les-Échelles
Nantoin
Plaine du Liers
Blaune
Charavines
Colletière
Clermont
L'Arsenal
La Boutière
St-Roch
Commelle
Fillonnière
Burcin
Oyeu
Le Verney
Chirens
Le Grand-Vivier
Les Vials
St-Aupre
Mottier
Longechenal
Plan-Bois
Hautefort
La Côte-St-André
Le Grand-Lemps
Colombe
Contamine
Apprieu
St-Nicolas-de-Macherin
St-Étienne-de-Crossey
St-Laurent-du-Pont
Gillonnay
Bévenais
La Frette
Le Rivier
La Murette
Bois de Bavonne
N.-D.-de-Vouise
La Tuilerie
La Bourderie
RHÔNE
BUGEY

213
214
249
250
232
Culoz
Rumilly
Seynod
Sévrier
Annecy
St-Jorioz
Talloires
Doussard
Alby-s.-Chéran
St-Félix
Albens
Chindrieux
Lac du Bourget
Abbaye de Hautecombe
Grésy-s.-Aix
Aix-les-Bains
Gorges du Sierroz
Chap. de l'Étoile
Mouxy
Tresserve
Drumettaz-Clarafond
Viviers-du-Lac
Le Bourget-du-Lac
Château de la Serraz
CHAMBÉRY-AIX-LES-BAINS
73
SAVOIE
La Motte-Servolex
Novalaise
Lac d'Aiguebelette
Chambéry
Cognin
Bassens
Barberaz
La Ravoire
Challes-les-Eaux
Château des Charmettes
St-Baldoph
Casc. de Couz
Les Échelles
Grottes des Échelles
St-Christophe-s.-Guiers
Entre-Deux-Guiers
Pas du Frou
Gorges du Guiers-Vif
St-Pierre-d'Entremont
PARC NAT. RÉG. DE CHARTREUSE
Col du Granier
Mont Granier
Les Abymes de Myans
Les Marches
Chapareillan
Montmélian
Pontcharra
Château Bayard
Allevard
St-Pierre-d'Allevard
La Rochette
Pont du Diable
Anc. chartreuse de St-Hugon
Le Sarret
CHAÎNE DE BELLEDONNE
Château de Miolans
St-Pierre-d'Albigny
Fort de Montgilbert
Mont Revard
Le Nivolet
Les Déserts
St-Jean-d'Arvey
Chât. la Bâtie
Margeriaz
Aillon-le-Jeune
Le Châtelard
Lescheraines
Montagne de Banges
Pont du Diable
Crêt de Châtillon
Semnoz
Pont de l'Abîme
PARC NAT. RÉGIONAL DU MASSIF DES BAUGES
RÉSERVE NATURELLE DES BAUGES
SAVOIE 73 BAUGES
Vallon de Bellevaux
Chap. N.-D.-de-Bellevaux
Mont Trélod
Pointe d'Arcalod
Grottes de Seythenex
Col de la Forclaz
Ermitage St-Germain
Chât. de Menthon

214
215
231
249
250
A
B
C
D
E
F
G
1
2
3
4
5
6
7
8
9
10
Megève
Mont d'Arbois
Mont Joly
Contamines-Montjoie
Col des Aravis
La Giettaz
Tête du Torraz
Gorges de l'Arondine
Vallée de Manigod
Talloires
Ermitage St-Germain
Col de la Forclaz
Montmin
Col des Esserieux
Serraval
Le Bouchet-Mont-Charvin
Mont Charvin
Col de l'Arpettaz
Col de l'Épine
Marlens
Ugine
Faverges
Cons-Ste-Colombe
Gorges de l'Arly
Flumet
St-Nicolas-la-Chapelle
N.-D.-de-Bellecombe
Crest-Voland
Praz-s.-Arly
Rochebrune
Col des Saisies
Les Saisies
Hauteluce
Signal de Bisanne
Forêt de Bisanne
Villard-s.-Doron
Beaufort
Défilé d'Entreroches
Lac de Roselend
Cormet de Roselend
Col du Pré
Lac de la Gittaz
Aiguille de Roselette
N.-D.-de-la-Gorge
Gorges
Tête Nord des Fours
La Balme
Refuge de la Croix-du-Bonhomme
Crête des Gittes
Rocher du Vent
Grottes de Seythenex
Cascade
Seythenex
Dent de Cons
Marthod
Thénésol
Forêt de Cornillon
Queige
Molliessoulaz
Mont Mirantin
La Roche Pourrie
La Légette
Le Planey
Fort du Mont
Albertville
Conflans
Venthon
Pallud
Allondaz
Mercury
Abb. de Tamié
La Belle Étoile
Col de Tamié
Pointe d'Arcalod
Pointe de Sambuy
Montagne de Seythenex
Pointe de Velan
RÉSERVE NATURELLE DES BAUGES
Gilly-s.-Isère
Grignon
Frontenex
Tours-en-Savoie
Ft de Ronne
Château de Chantemerle
La Bâthie
Forêt de Darbelay
Esserts-Blay
St-Paul-s.-Isère
Cevins
Rognaix
Pointe de la Grande Journée
Lac de St-Guérin
Châlet du Coin
Refuge de Presset
Lac d'Amour
Mont Coin
La Grande Parei
Châlet Refuge de la Coire
Lacs de la Tempête
Pte du Comborsier
Crêt du Rey
Roche à Thomas
Le Grand Cretet
La Côte-d'Aime
Aime
Valezan
Mâcot-la-Plagne
Les Coches
Mont St-Jacques
Plagne-Bellecôte
Aime-la-Plagne
Plagne Village
La Grde-Plagne
Mt Jovet
Roc du Bécoin
La Grande Rochette
Ste-Hélène-s.-Isère
Grésy-s.-Isère
La Grande Lanche
Fort de Montperché
Forêt de Bonvillard
Bonvillard
Bonvillaret
Grand Arc
Mont Bellachat
Feissons-s.-Isère
Grand-Naves
Aiton
Montgilbert
Fort de Montgilbert
Aiguebelle
Randens
Chamoux-s.-Gelon
Montsapey
Pointe de Combe Bronsin
N.-D.-de-Briançon
Bonneval
Villard-Sofffray
La Léchère
Aigueblanche
Moûtiers
Étroit du Saix
St-Marcel
Feissons-s.-Salins
Salins-les-Thermes
Brides-les-Bains
Bozel
Champagny-en-Vanoise
St-Bon-Tarentaise
Courchevel 1550
Moriond 1650
Courchevel 1850
Courchevel
La Saulire
Méribel-les-Allues
Les Allues
Vallées Les Trois
Méribel Mottaret
Dent de la Portetta
Aiguille du Fruit
Champ-Laurent
Argentine
St-Georges-des-Hurtières
St-Alban-des-Hurtières
Chaîne des Hurtières
Chaîne de Belledonne
Pic du Rognolet
Grand Pic de la Lauzière
Valmorel
Les Avanchers-Valmorel
Crève Tête
Pointe du Grand Niélard
Col de la Madeleine
Châlet T.C.F.
St-Pierre-de-Belleville
Épierre
St-Léger
La Chapelle
Le Grand Mas
Le Cheval Noir
St-François-Longchamp
St-Jean-de-Belleville
St-Laurent-de-la-Côte
Plan des Queues
St-Martin-de-Belleville
Lac du Loup
Pointe du Mont du Fuz
St-Rémy-de-Maurienne
Les Chavannes-en-Maurienne
Montgellafrey
N.-D.-de-la-Vie
Les Granges
Chalet du Fruit
Lacs Merlets
La Chambre
St-Martin-sur-la-Chambre
Le Molard des Boeufs
Châlet Valfuche
N90
A430
A43-E70
D1212
D925
D218
D902
D1508
D1090
D213
D117
D915
D1006

ITALIE
VALLE D'AOSTA
PARC NATIONAL DU GRAND PARADIS
PARC NATIONAL DE LA VANOISE
215
251
MONT-BLANC
4807
Courmayeur
N.-D.-de-la-Guérison
La Palud
Entrèves
La Saxe
Verrand
Pré-St-Didier
Morgex
Château de Châtelard
La Salle
Derby
Défilé de Pierre-Taillée
Avise
Arvier
Introd
St-Nicolas
Villeneuve
St-Oyen
St-Rhemy
St-Léonard
Flassin
Jovençan
La Thuile
Pont-Serrand
Les Suches
Col du Petit St-Bernard
2188
Lancebranlette
2928
Mont Valaisan
La Rosière
Bourg-St-Maurice
Seez
Montvalezan
Ste-Foy-Tarentaise
Villaroger
Arc 1600
Les Arcs
Arc 1800
Arc 2000
Landry
Peisey-Nancroix
Montchavin
Plan-Peisey
N.-D.-des-Vernettes
Mont Pourri
3779
Aiguille Rouge
3226
La Gurraz
Chenal
Piperon
Les Brevières
Barrage de Tignes
Tignes
Val-Claret
Lac du Chevril
RÉSERVE NATURELLE
Lac de la Sassière
DE LA SASSIÈRE
Val-d'Isère
Le Fornet
Belv. de la Tarentaise
Col de l'Iseran
2770
Pointe de Lessières
3041
Bellevarde
2826
Col de Fresse
Grande Motte
3656
Pointe de la Grande Casse
3852
Bonneval-s.-Arc
Lenta
Grande Aiguille Rousse
3483
Levanna Centrale
Pralognan-la-Vanoise
Mont Bochor
2023
Chapelle St-Barthélémy
Valgrisenche
Lac di Beauregard
Rhêmes-St-Georges
Rhêmes-N.-D.
Val de Rhêmes
Valsavarenche
Grande Rousse
3607
Colle del Nivolet
2612
Testa del Rutor
3486
Refuge Mario Bezzi
Lac du Retour
Bec Rouge
2503
Les Chapieux
Vallée des Chapieux
Les Contamines-Montjoie
RÉS. NAT. DES CONTAMINES-MONTJOIE
Col de la Seigne
2516
Aiguille des Glaciers
3816
Val Veni
Refuge Elisabetta
Aiguilles Rouges du Brouillard
Refuge Gonella
Refuge Gamba
Refuge Torino
Pointe Helbronner
Les Mottets
Ville-des-Glaciers
Bionnassay
Le Champel

216

OCÉAN ATLANTIQUE
Montalivet-les-Bains
Lède de la Canillouse
Vensac
Les Arrestieux
Le Gua
Mayan
Marais de la Perge
Vendays-Montalivet
Ft de Vendays
Forêt du Flamand
Houréan
Roudillac
Marais de Lespaut
La Bresquette
Rebichette
St-Isidore
Le Pin-Sec
Marais Belsaneu
Naujac-s.-Mer
Lande de Vignolles
Hourtin-Plage
Marais dit Palu
Le Contaut
M.F.
Cartignac
Forêt d'Hourtin
Dunes des Places
Hourtin-Port
Hourtin
Pey-de-Camin
Lachanau
Étang d'Hourtin-Carcans
Le Crohot de France
La Gracieuse
Lupian
Phares d' Hourtin
Ste-Hélène-de-Hourtin
Le Crohot de Cavales
Ste-Hélène-de-l'Étang
Couyras
Forêt de Carcans
Carcans-Plage
Villeneuve
Carcans
Le Pouch
Cap-de-Ville
Maubuisson
Mayne-Pauvre
Le Montaut
Étang de Cousseau
Marais de Talaris
Canal de jonction
Devinas
RÉSERVE NATURELLE
Landes de Méogas
Forêt de Lacanau
Le Huga
Lacanau-Océan
Le Moutchic
Talaris
Les Pins
Méogas
Landes du Bourg
B. de Janton
Lacanau
L'Étang
Étang de Lacanau
Grande-Escoure
Les Nerps
Lède du Grand-Bernos
Mistre
Le Grand-Courgas
Étg de Batejin
Dunes du Hugney
Étg de Batourtot
Étang de Lède Basse
Grand-Bos
Forêt
D101
D102
D202
D207
D3
D6
D6E1
D4
D5E3
D104E4
D101E7
A B C D E F G
1 2 3 4 5 6 7 8 9 10

252

217
H
I
J
K
L
M
N
1
2
3
4
5
6
7
8
9
10
236
218
253
254
Médoc
Haut-Médoc
GIRONDE
33
Gironde
Chenal de Grande Navigation
Garonne
La Hourcade
Dignac
Jau-Dignac-et-Loirac
Le Centre
Port-de-Richard
Port-de-Goulée
Noaillac
Loirac
Valeyrac
Sipian
La Lagune
Port-de-By
Queyrac
Courbian
St-Christoly-Médoc
Bégadan
L'Escapon
Tremblaux
Civrac-en-Médoc
Couquèques
Coudessant
Gaillan-en-Médoc
Prignac-en-Médoc
Queyzans
St-Yzans-de-Médoc
Loudenne
Bourgueyraud
Blaignan
Peyressan
Lafon
Blanc
Lesparre-Médoc
Ordonnac
Plautignan
Cadourne
St-Seurin-de-Cadourne
Canquillac
St-Germain-d'Esteuil
Conneau
Artiguillon
Liard
St-Gaux
St-Corbian
St-Estèphe
Magagnan
Lagune de Bum
Lagune
Pes
Anc. abb.
Bois du Plantier
Vertheuil
Leyssac
Marbuzet
La Prise
La Caussade
Cissac-Médoc
Clos-d'Estourel
Château Lafite
Phare de Trompeloup
Les Reynals
Pétrole
Lag. de Sescousse
Landes de Clamoron
Mousset
Pouyalet
Lag. de Redoune
Lande de Sémignan
St-Sauveur
Chât. Mouton-Rothschild
Pauillac
Île Philippe
Lagunan
Fournas
Artigues
Île de Patiras
St-Lambert
Sémignan
Pichon-Longueville
Lag. Palennouse
Villeneuve
Marcillan
Lag. Barmila
Mourlan
St-Julien-Beychevelle
Île Bouchaud
St-Laurent-Médoc
Beychevelle
Chât. de Beychevelle
Port de Beychevelle
Île Nouvelle
Lambert
Bernos
Citadelle
Fort
Blaye
Berdillan
Senajou
Benon
Courbiac
Gaston
Cussac-Fort-Médoc
Fort Médoc
Cussac-le-Vieux
Port-de-Lamarque
Lamarque
Devidas
Fourcas
Médrac
Île Verte
Trousass
Lag. St-Jacques
Libardac
Listrac-Médoc
Grand-Poujeau
Arcins
Bernones
Moulis-en-Médoc
Tayac
Marsac
Soussans
Château Margaux
La Lande
Bouqueyran
Brach
Le Pont
Mallet
Margaux
Issan
Lambert
Avensan
Cantenac
Chât. Siran
Grand-Ludey
Petit-Ludey
Castelnau-de-Médoc
Villeranque
L'Estouley
La Bastide
Labarde
Cordes
Ligondras
Macau
Le Port
Landes de Taussac
Taussac
Arsac
Les Trois-Moulins
Guiton
Labric
Lafont
Plangue-Peyre
Au Chalet
Ste-Hélène
St-Raphaël
Ludon-Médoc
Le Pian-Médoc
Sénéjac
Paloumey
Boscarrut
Forêt de Salaunes
Tronquats
Maubourguet
Ségonnes
Beaulieu
St-Louis-de-Montferrand
Parempuyre
Bedillon
Salaunes
Hourton
Louens
Peybois
Jourdane
Saumos
Landes d'Eyron
Le Lignan
Germignan
Le Taillan-Médoc
Caychac
Florimond
Ste-Ramée
St-Ciers-du-Taillon
Virecourt
La Bergerie
Consac
Conac
Chez-Veille
Les Terriers
St-Dizant-du-Bois
Sémillac
Chez-Bondut
St-Thomas-de-Conac
Semoussac
St-Martial-de-Mirambeau
Mirambeau
St-Georges-des-Agoûts
St-Sorlin-de-Conac
St-Bonnet-s.-Gironde
Petit-Niort
Port-de-Cônac
Brochon
La Croisette
La Gâtine
Vitrezay
Pleine-Selve
Boisredon
St-Palais
Les Drouillards
Port-des-Callonges
St-Ciers-s.-Gironde
St-Caprais-de-Blaye
Les Ferrès
Les Babinots
Centrale nucléaire du Blayais
Les Augirons
Les Alains
Marcillac
St-Aubin-de-Blaye
Braud-et-St-Louis
Le Pas-des-Fenêtres
Bouinot
Azac
Le Port
Marquet
La Blancherie
Étauliers
Fraineau
Anglade
Martinettes
Réaud
La Merlette
Rouleau
Vilain
Chagnas
Le Pontet
Cartelègue
St-Androny
Eyrans
Fours
Campugnan
Générac
St-Genès-de-Blaye
Mazion
St-Seurin-de-Cursac
Bourdillas
Coudurat
St-Martin-Lacaussade
St-Paul
St-Girons-d'Aiguevives
Cottraud
Cars
Brillouet
Le Grand-Pierre
St-Christoly-de-Blaye
Berson
Plassac
Montuzet
Villeneuve
Teuillac
St-Trojan
St-Ciers-de-Canesse
Mombrier
Pugnac
Comps
Samonac
Gauriac
Lansac
Tauriac
Crypte
Chapelle
Bayon-s.-Gironde
St-Seurin-de-Bourg
Pair non Pair
Île Cazeau
Bec d'Ambès
Bourg
La Lustre
Prignac-et-Marcamps
Ambès
Port d'Espeau
Mondion
Grand Marais
Pont-de-Pey
Garlop
Ambarès-et-Lagrave

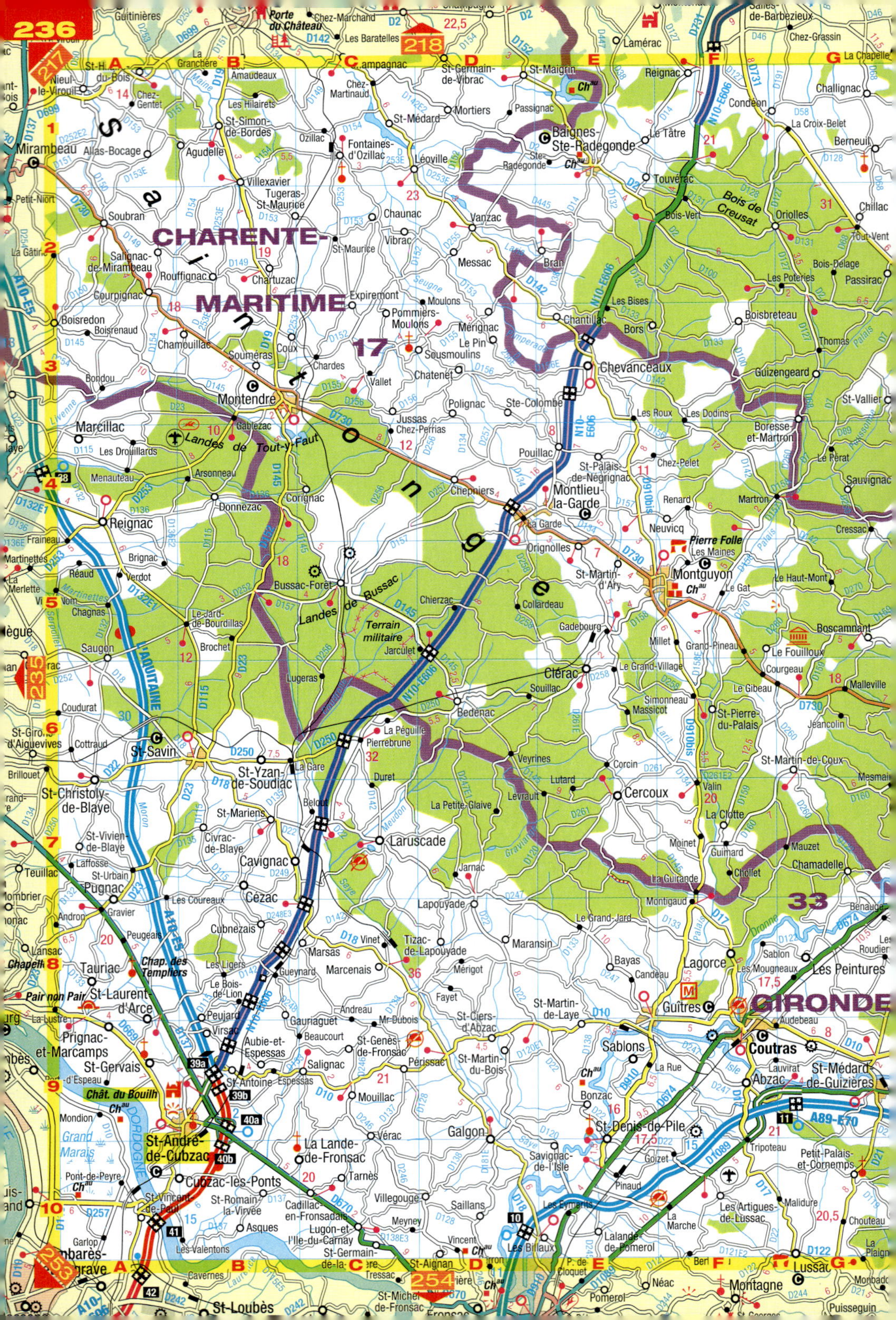
CHARENTE-
MARITIME
17
Saintonge
GIRONDE
33
Mirambeau
Montendre
Montlieu-la-Garde
Montguyon
Chevanceaux
Baignes-Ste-Radegonde
Reignac
St-Savin
St-Yzan-de-Soudiac
St-Christoly-de-Blaye
Pugnac
Tauriac
St-Laurent-d'Arce
Prignac-et-Marcamps
St-Gervais
St-André-de-Cubzac
Cubzac-les-Ponts
St-Vincent-de-Paul
Cavignac
Cézac
Laruscade
Clérac
Bedenac
Cercoux
Coutras
Abzac
St-Médard-de-Guizières
St-Denis-de-Pile
Galgon
Guîtres
Lagorce
Les Peintures
Lussac
Montagne
St-Loubès
La Lande-de-Fronsac
Salignac
Marsas
Marcenais
Tizac-de-Lapouyade
Lapouyade
Bussac-Forêt
Landes de Bussac
Landes de Tout-y-Faut
Terrain militaire
Pierre Folle
Bois de Creusat
Marcillac
Boisredon
Soubran
Chartuzac
Coux
Polignac
Pouillac
Orignolles
St-Palais-de-Négrignac
St-Pierre-du-Palais
St-Martin-de-Coux
Boscamnant
Malleville
Chamadelle
Les Eglisottes
Sablons
Savignac-de-l'Isle
Lalande-de-Pomerol
Les Artigues-de-Lussac
Petit-Palais-et-Cornemps
Bois-Vert
Guizengeard
Boresse-et-Martron
Sauvignac
Passirac
Orioles
Chillac
Challignac
Touvérac
Le Tâtre
Léoville
Vanzac
Messac
Brie
Chantillac
Bors
Pommiers-Moulons
Expiremont
Sousmoulins
Chatenet
Jussas
Chepniers
Corignac
Donnezac
Arsonneau
Brignac
Verdot
Chagnas
Le Jard-de-Bourdillas
Brochet
Saugon
Lugeras
Jarculet
Chierzac
Collardeau
Gadebourg
Souillac
La Péguille
Pierrebrune
Duret
La Petite-Glaive
Levrault
Veyrines
Lutard
Corcin
Valin
La Clotte
Moinet
Guimard
Chollet
Mauzet
La Guirande
Montigaud
Le Grand-Jard
Maransin
Bayas
Candeau
Mérigot
Fayet
St-Ciers-d'Abzac
St-Martin-de-Laye
St-Martin-du-Bois
Périssac
St-Genès-de-Fronsac
Mr-Dubois
Andreau
Gauriaguet
Aubie-et-Espessas
Virsac
Peujard
Gueynard
Les Ligers
Cubnezais
Les Coureaux
Civrac-de-Blaye
St-Mariens
Belout
La Gare
Mouillac
Vérac
Tarnès
Villegouge
Saillans
Meyney
Lugon-et-l'Ile-du-Carnay
Cadillac-en-Fronsadais
St-Romain-la-Virvée
Asques
Les Valentons
St-Germain-de-la-Rivière
St-Aignan
Les Billaux
La Rue
Bonzac
Goizet
Pinaud
Tripoteau
Malidure
Chouteau
La Marche
Les Eymerits
Néac
Pomerol
Puisseguin
Chât. du Bouilh
Chap. des Templiers
Pair non Pair
Grand Marais
DORDOGNE
L'AQUITAINE
A10-E5
N10-E606
A89-E70
218
254
217
235
253

219
220
238
255
256
CHARENTE
16
Chalais
Montmoreau-St-Cybard
Aubeterre-s.-Dronne
Égl. monolithe
St-Aulaye
Ribérac
Verteillac
Donjon
La Roche-Chalais
St-Aigulin
Les Églisottes-et-Chalaures
Montpon-Ménestérol
Mussidan
Neuvic
Brossac
Ruines
Forêt de la Double
Ft de Jemaye
Etg de la Jemaye
Trappe de Bonne-Espérance
Chartreuse de Vauclaire
Puy Chalud
Chât. de Montréal
Chât. de la Léotardie
Villefranche-de-Lonchat
Barbezieux
Bessac
Chez-Bitaudeau
Cressac-St-Genis
Porcheresse
St-Genis-de-Blanzac
L'Age
Aignes-et-Puypéroux
Puyrazeau
Gurat
Fontaine
Mareuil
Deviat
Nonac
La Léotardie
St-Cybard
St-Eutrope
Vaux-Lavalette
Champagne-et-Fortaine
Puy-de-Versac
Montardy
Rossignol
Mons-Colas
Poullignac
Courgeac
Vendoire
Gout-Rossignol
Ste-Souline
Chez-le-Blais
St-Laurent-de-Belzagot
St-Amant
Salles-Lavalette
Nanteuil-Auriac-de-Bourzac
La Chapelle-Grésignac
Cherval
Billac
St-Félix
Juignac
Auriac-de-Bourzac
St-Martial
La Vaure
Montignac
St-Martial-Viveyrol
St-Laurent-des-Combes
Peudry
Châtignac
Palluaud
Bouteilles-St-Sébastien
Montignac-le-Coq
Bors
Montboyer
Le Bernou
Lusignac
St-Paul-Lizonne
Coutures
Brie-s/s-Chalais
Dagnaud
Pillac
Lajard
Brie-Bardenac
La Poterie
Le Cuq
Le Maine-Neuf
Fontanaud
Courlac
Bellon
Villedieu
St-Séverin
Bertric-Burée
Curac
Petit-Bersac
Allemans
Chez-Richard
Celles
Yviers
Orival
St-Romain
Laprade
Nabinaud
Chez-Tureau
Bonne-Arme
Sérignac
St-Martial
Bourg-du-Bost
Comberanche-et-Epeluche
Villetoureix
Lepare
St-Victor
Rouffiac
L'Aubrie
Palissés
La Borie
Breuil
Rioux-Martin
St-Quentin-de-Chalais
St-Antoine-Cumond
Chassaignes
St-Méard-de-Drône
St-Avit
Bonnes
Cumond
Le Pauly
Faye
Les Bigoussies
Médillac
Le Grélis
Bazac
St-Vivien
Les Essards
Ramouly
La Borderie
Jourdain
La Genétouze
Pélissier
Puychaud
Les Fouilloux
St-Privat-des-Prés
Festalemps
Champagnac
St-Martin-de-Ribérac
Chenaud
Vanxains
Chignac
Parcoul
Au Bouffard
St-Vincent-Jalmoutiers
Sebinlou
St-Sulpice-de-Roumagnac
Laudibertie
Champagne
Puymangou
Chez-Marjoux
La Gacherie
Ponteyraud
Siorac-de-Ribérac
Veyssière
Petit-Aubry
La Jemaye
La Beaume
La Livardie
Léparon
Massias
Servanches
Le Mas-Aube
La Calonie
St-Vincent-de-Connezac
St-Michel-de-Rivière
St-Michel-l'Écluse
La Faye
St-André-de-Double
Bouyssou
La Coudre
La Grave
Pleine-Serve
Échourgnac
St-Jean-d'Ataux
Martillac
La Barrière
Canet
Les Mignots
Chapotin
Laveyssière
Les Guyots
Chatain
Le Fénage
Lavautour
Tuile
Couyet
Le Treuil
La Ronze
Fontvaute
St-Étienne-de-Puycorbier
La Côte
St-Christophe-de-Double
Le Bost
Gardedeuil
St-Barthélemy-de-Bellegarde
La Feyne
Beauronne
Mauriac
Douzillac
Renolphie
Dreilles
St-Michel-de-Double
Le Fieu
La Petite-Chaux
Eygurande-et-Gardedeuil
Charpenterie
Le Chatenet
St-Front-de-Pradoux
St-Louis-en-l'Isle
La Gravette
Beytoure
Fontenille
Seneuil
Les Granges
Lartige
St-Martin-l'Astier
Couturou
Sourzac
Fonmoure
Larret
Petit-Chalbat
La Forêt
St-Laurent-des-Hommes
St-Médard-de-Mussidan
Porchères
St-Antoine-sur-l'Isle
Montignac
Mayet
Le Pizou
Ménesplet
Cousseau
Moulin-Neuf
Ménestérol
St-Martial-d'Artenset
Bénévent
Bourgnac
Les Fouchers
Issac
St-Seurin-s.-l'Isle
Soublé
Laser
Ferrachat
Beaupouyet
St-Sauveur-de-Puynormand
Gours
Very
Les Jaunies
Les Lèches
Le Bournazeau
Puynormand
Litout
Barraux
La Tour
Le Merle
St-Sauveur-Lalande
St-Géry
Église-Neuve-d'Issac
Minzac
Perpeytier
Roquepine
Tayac
St-Martin-de-Gurson
St-Géraud-de-Corps
Petit-Titi
Lenduffe
Bosset
Chabrouillas
Carsac-de-Gurson
St-Rémy
St-Cibard
La Mouthe
Forêt
A89-E70
D674
D10
D709
D708
D6089
D20
H
I
J
K
L
M
N
1
2
3
4
5
6
7
8
9
10

DORDOGNE
24
219
220
237
255
256
Mareuil
Vieux-Mareuil
Monsec
Bernardières
St-Sulpice-de-Mareuil
La Chapelle-Pommier
Pontarneaud
Les Brageaux
St-Crépin-de-Richemont
St-Félix-de-Bourdeilles
Chât. de Richemont
Cantillac
Filoine
La Chapelle-Montmoreau
St-Angel
Labarde
Quinsac
St-Pancrace
Le Caneau
Château de Puyguilhem
Anc. abb. de Boschaud
Villars
Grottes de Villars
Le Cheyrou
Lavergne
Les Thomas
St-Jean-de-Côle
St-Martin-de-Fressengeas
St-Romain-et-St-Clément
St-Clément
Beloffie
Rossignol
Bregnac
Barodem
Léguillac-de-Cercles
La Chapelle-Montabourlet
La Gonterie-Boulouneix
Les Bouriaux
Champagnac-de-Belair
Condat-s.-Trincou
Petit-Jumilhac
La Chapelle-Faucher
St-Chavit
Les Berges
Lafarge
La Rougerie
Billac
La Bonnetie
La Nègrerie
Boulouneix
Brantôme
Donjon
Cercles
La Tour-Blanche
La Marteille
St-Julien-de-Bourdeilles
Les Guichards
Pont
Valade
St-Pierre-de-Côle
Lempzours
Vaunac
Chapdeuil
Bourg-des-Maisons
St-Just
Paussac-et-St-Vivien
Gueyzat
Rocher
Rochers
Puyzaraux
Négrondes
Coutures
Londet
Brie
St-Vivien
Maine-d'Euche
Valeuil
La Gerbaudie
La Besse
Bourdeilles
Puy-de-Fourches
Sencenac-Puy-de-Fourches
Eyvirat
St-Front-d'Alemps
Le Pouyet
Enchose
Les Palissous
Sorges
Ligueux
Celles
Grand-Brassac
Creyssac
Puymaurin
La Chauterie
Agonac
St-Martin
Bournaud
Jaillac
Puycousin
Rouveille
Le Peyzie
Monerie
Lisle
Biras
Montagrier
Lepare
St-Victor
Breuil
St-Méard-de-Drône
Tocane-St-Apre
Bussac
La Borde
Preyssac-d'Agonac
La Lande
La Sauvagie
Anc. prieuré de Merlande
Château-l'Évêque
Cornille
Les Pilles
Le Cheyron
Chauzanaud
Douchapt
La Quintinie
Lembertie
La Vaure
Le Godet
Sourbarie
Chât. de Lanmary
Caussade
Sarliac-s.-l'Isle
St-Vincent-s.-l'Isle
Lauriere
Chât. de Fayolle
Mensignac
La Chapelle-Gonaguet
St-Pardoux-de-Drône
Segonzac
Chantepoule
Anc. abb. de Chancelade
Champcevinel
Antonne-et-Trigonnant
Les Bories
Charoux
La Croze
Le Bellet
Andrivaux
Chancelade
Périgueux
Trélissac
Charièras
Escoire
Auberoche
La Martinie
St-Aquilin
Léguillac-de-l'Auche
Saltgourde
Siorac
Bassillac
Le Change
Blanzac
PÉRIGUEUX-BASSILLAC
Feronnie
Chantérac
Marsac-s.-l'Isle
Arènes
Les Moulinaux
Boulazac
St-Vincent-de-Connezac
Chât. de Puy-Ferrat
St-Astier
Annesse-et-Beaulieu
Razac-s.-l'Isle
Coulounieix-Chamiers
Pommier
St-Laurent-s.-Manoire
Eyliac
Chignaguet
Bouyssou
Leybardie
Montanceix
Jeyvat
Lanterne des Morts
Atur
Ste-Marie-de-Chignac
Lardimalie
St-Crépin-d'Auberoche
Jean-d'Ataux
St-Germain-du-Salembre
Montrem
Coursac
Niversac
Planèze
St-Léon-s.-l'Isle
Fondemaux
N.-D.-de-Sanilhac
La Trémouille
Clavièras
St-Pierre-de-Chignac
La Côte
Neuvic
Guillassou
La Seguinie
Marsaneix
La Tuilière
Mauriac
Douzillac
Bruch
Manzac-s.-Vern
St-Paul-de-Serre
Chalagnac
Rossignol
Les Danis
La Bourgearie
Les Versannes
Vallereuil
Grignols
La Génilerie
Creyssensac-et-Pissot
Église-Neuve-de-Vergt
Lauzellie
La Forêt
La Gravette
Jaures
Grun-de-Bordas
Breuilh
Château-Missier
La Douze
Fonmoure
St-Séverin-d'Estissac
Bourrou
Bordas
Jabaux
Le Petit-Paradis
La Deuil
St-Jean-d'Estissac
Les Guilloux
Lacropte
Issac
St-Hilaire-d'Estissac
Villamblard
Les Trois-Frères
La Borie
Vergt
Salon
Chât. de Montréal
Monfaucon
Chabinel
St-Mayme-de-Péreyrol
Veyrines-de-Vergt
Mortemart
Beleymas
Douville
Bassac
St-Amand-de-Vergt
Cendrieux
Église-Neuve-d'Issac
Pont-St-Mamet
Beauregard-et-Bassac
Fouleix
St-Michel-de-Villadeix
Montagnac-la-Crempse
La Brande
St-Julien-de-Crempse
Chât. de la Gaubertie
Journiac
St-Jean-d'Eyraud
St-Martin-des-Combes
Clermont-de-Beauregard
St-Laurent-des-Bâtons
Lavalade
Ste-Alvère
Lamonzie
A89-E70
N21
D939
D710
D6089
Isle
Dronne
Beauronne
Vern
Crempse
Côle
Auvézère
Manoire
Gevrac
Donzelle

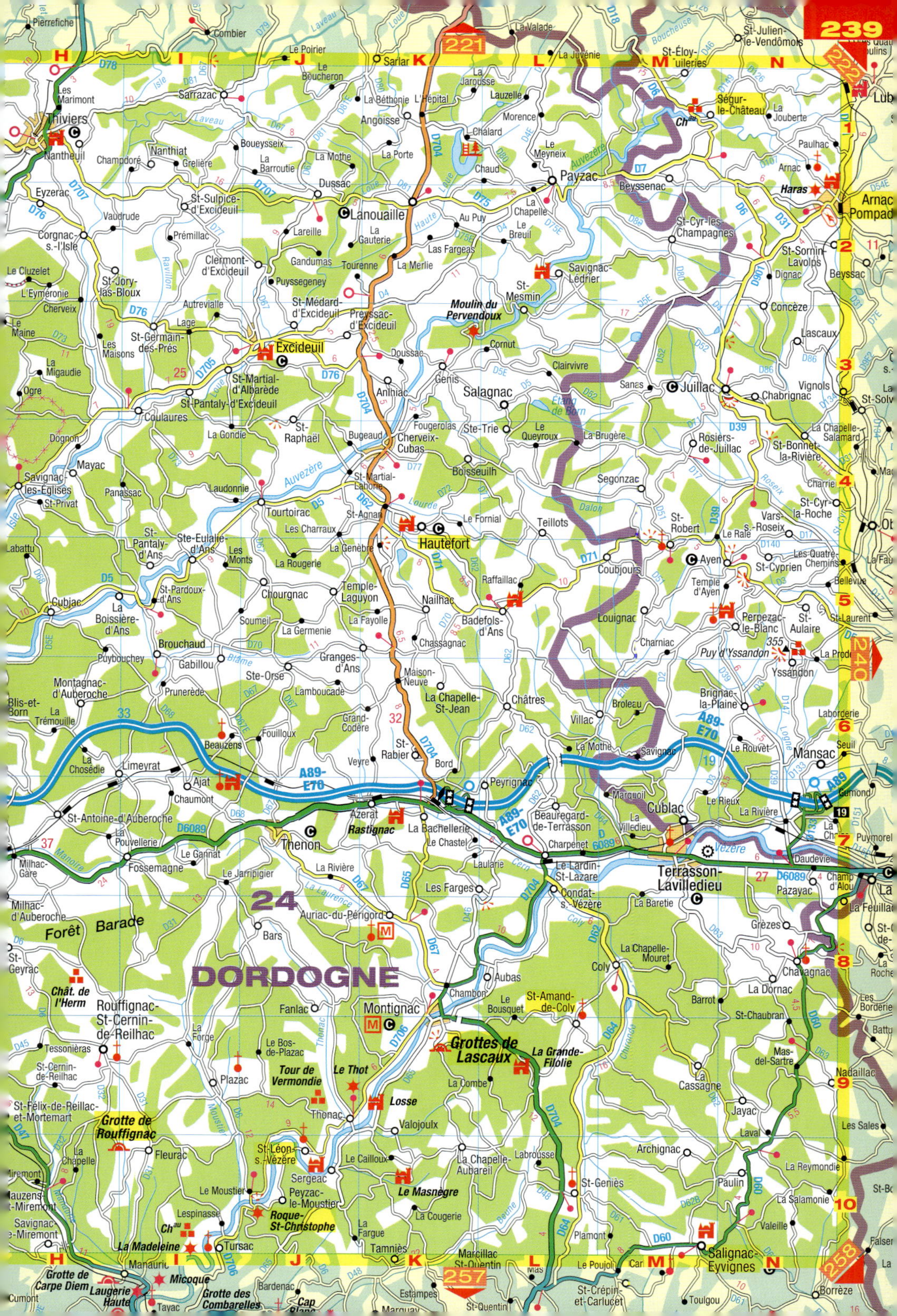
221
222
240
257
258
H
I
J
K
L
M
N
1
2
3
4
5
6
7
8
9
10
Pierrefiche
Combier
Le Poirier
Le Boucheron
Sarlat
La Valade
La Juvénie
St-Julien-le-Vendômois
St-Éloy-les-Tuileries
Lubersac
Les Marimont
Thiviers
Nantheuil
Sarrazac
La Béthonie
L'Hépital
La Jarousse
Lauzelle
Morence
Ségur-le-Château
La Jouberte
Paulhac
Arnac
Haras
Arnac-Pompadour
Champdoré
Nanthiat
Grelière
Boueysseix
La Barroutie
La Mothe
Angoisse
La Porte
Chalard
Chaud
Le Meyneix
Payzac
Beyssenac
Eyzerac
Vaudrude
St-Sulpice-d'Excideuil
Dussac
Lanouaille
Au Puy
La Chapelle
Le Breuil
St-Cyr-les-Champagnes
St-Sornin-Lavolps
Beyssac
Dignac
Corgnac-s.-l'Isle
Prémillac
Lareille
La Gauterie
Les Fargeas
Le Cluzelet
L'Eymeronie
Cherveix
St-Jory-las-Bloux
Clermont-d'Excideuil
Gandumas
Puyssegeney
Tourenne
La Merlie
St-Mesmin
Savignac-Lédrier
Concèze
Le Maine
La Migaudie
Ogre
St-Germain-des-Prés
Les Maisons
Lage
Autrevialle
St-Médard-d'Excideuil
Preyssac-d'Excideuil
Moulin du Pervendoux
Lascaux
Excideuil
St-Martial-d'Albarède
St-Pantaly-d'Excideuil
Doussac
Génis
Cornut
Clairvivre
Sanes
Juillac
Chabrignac
Vignols
St-Solve
Coulaures
Anlhiac
Salagnac
Étang de Born
Dognon
La Gondie
St-Raphaël
Bugeaud
Cherveix-Cubas
Fougerolas
Ste-Trie
Le Queyroux
La Brugère
Rosiers-de-Juillac
St-Bonnet-la-Rivière
La Chapelle-Salamard
Savignac-les-Églises
Mayac
St-Privat
Panassac
Laudonnie
Tourtoirac
St-Martial-Laborie
Boisseuilh
Segonzac
Charrier
St-Cyr-la-Roche
St-Agnan
Les Charraux
Le Fornial
Teillots
St-Robert
Vars-s.-Roseix
Labattu
St-Pantaly-d'Ans
Ste-Eulalie-d'Ans
Les Monts
La Genèbre
Hautefort
Coubjours
Le Rale
Ayen
Les-Quatre-Chemins
St-Cyprien
La Rougerie
Raffaillac
Temple-d'Ayen
Cubjac
St-Pardoux-d'Ans
La Boissière-d'Ans
Chourgnac
Temple-Laguyon
Nailhac
Badefols-d'Ans
Louignac
Perpezac-le-Blanc
St-Aulaire
Bellevue
St-Laurent
Puybouchey
Brouchaud
Soumeil
La Germenie
La Fayolle
Chassagnac
Charniac
Puy d'Yssandon
Yssandon
La Prode
Montagnac-d'Auberoche
Gabillou
Ste-Orse
Granges-d'Ans
Maison-Neuve
Brignac-la-Plaine
Blis-et-Born
La Trémouille
Prunerède
Lamboucade
La Chapelle-St-Jean
Châtres
Laborderie
Beauzens
Fouilloux
Grand-Codère
St-Rabier
Villac
Broleau
Mansac
Seuil
La Chosédie
Limeyrat
Ajat
Veyre
Bord
Peyrignac
La Mothe
Savignac
Le Rouvet
Chaumont
St-Antoine-d'Auberoche
Azerat
Rastignac
Beauregard-de-Terrasson
Marquoil
Cublac
Le Rieux
La Rivière
Gumond
La Pouvellerie
Thenon
La Bachellerie
Le Chastel
La Villedieu
Le Gannat
Charpenet
Puymorel
Milhac-Gare
Fossemagne
Laularie
Le Lardin-St-Lazare
Terrasson-Lavilledieu
Daudevie
Champ d'Alou
Le Jarripigier
La Rivière
Les Farges
Condat-s.-Vézère
Pazayac
La Feuillade
Milhac-d'Auberoche
24
Auriac-du-Périgord
La Baretie
Forêt Barade
Bars
Grèzes
St-Geyrac
DORDOGNE
La Chapelle-Mouret
Chavagnac
Coly
Aubas
Chât. de l'Herm
Chambon
La Dornac
Rouffignac-St-Cernin-de-Reilhac
Fanlac
Montignac
Le Bousquet
St-Amand-de-Coly
Barrot
La Forge
St-Chaubran
Tessonières
Les Bos-de-Plazac
Grottes de Lascaux
La Grande-Filolie
Mas-del-Sartre
St-Cernin-de-Reilhac
Plazac
Tour de Vermondie
Le Thot
La Combe
La Cassagne
Nadaillac
St-Félix-de-Reilhac-et-Mortemart
Losse
Jayac
Thonac
Les Sales
Grotte de Rouffignac
Valojoulx
Laval
Fleurac
St-Léon-s.-Vézère
Le Cailloux
Archignac
La Chapelle
Sergeac
La Chapelle-Aubareil
Labrousse
La Reymondie
Mirémont
Le Moustier
Peyzac-le-Moustier
Le Masnègre
St-Geniès
Paulin
Mauzens-et-Miremont
Lespinasse
Roque-St-Christophe
La Cougerie
La Salamonie
Savignac-de-Miremont
Chau
La Fargue
Valeille
Plamont
La Madeleine
Tursac
Tamniès
Salignac-Eyvignes
Manaurie
Marcillac-St-Quentin
Le Poujol
Carl
Grotte de Carpe Diem
Micoque
Bardenac
St-Crépin-et-Carlucet
Borrèze
Laugerie Haute
Grotte des Combarelles
Cap Blanc
Estampes
St-Quentin
Toulgou
Cumont
Tayac
Marquay
A89-E70
D6089
D704
D706

221
222
239
257
258
Lubersac
Uzerche
Chamboulive
Arnac-Pompadour
Vigeois
Seilhac
Lagraulière
Naves
Tulle
Objat
Allassac
Donzenac
Ste-Féréole
Chameyrat
CORRÈZE
19
Cornil
Ste-Fortunade
Varetz
Mansac
Ussac
Malemort-s.-Corrèze
BRIVE-LA-GAILLARDE
Cosnac
Aubazine
Beynat
St-Pantaléon-de-Larche
Larche
Noailles
Gouffre de la Fage
Turenne
Meyssac
Collonges-la-Rouge
Causse
Martel
Beaulieu-s.-Dordogne
Laguenne
St-Viance
Juillac
Albussac
Roche de Vic
Cascade de Murel
Grottes de St-Antoine
Grottes de Lamouroux
Puy des Fourches
Gorges du Saillant
Gorges du Coiroux
Puy de Pauliac
Étang Neuf
Lac du Causse
Curemonte
Brive-Vallée de la Dordogne
A20-E9
A89-E70
Suc-au-May
908

223
224
242
259
260
H
I
J
K
L
M
N
1
2
3
4
5
6
7
8
9
10
Le Chassaing
Commerly
Theilhac
La Massonie
Meymac
Forêt de Bonnevie
Forêt de Ventadour
Compressor
La Chapelle
Bonnesaigne
Valiergues
B. Laborde
Chaumerliac
St-Étienne-la-Geneste
Margerides
Vialianeix
St-Yrieix-le-Déjalat
La Goute
Soudeilles
L'Hôpital
Lerme
Soustras
Areil
Chirac-Bellevue
La Vedrenne
813
Puy d'Agnoux
820
Tourondel
Sarran
Les Veyssières
678
Darnets
Maleyre
Le Lieuteret
Palisse-Haut
Palisse
Pellachal
Vedrenne
Theil
Ste-Marie-Lapanouze
Chantegril
Liginiac
Teldes
Rouffiat
A89-E70
Le Mas
La Genestine
Pallassiauve
Chabrat
Lavergne
Terrioux
Croix du Bourg
Égletons
Moustier-Ventadour
Les Bordes
Chastagner
Antiges
698
Puy de Manzagol
Mareges
Vitrac-s.-Montane
Rosiers d'Égletons
Maumont
Chât. de Ventadour
Neuvic
Corrèze
Bouysse
La Pleyre
Gibiat
Lamazière-Basse
St-Hilaire-Luc
Bge de Neuvic-d'Ussel
Vernejoux
Les Farges
Messence
Canard
Joux
Chapelle-Spinasse
Mortegoutte
La Meynie
Sérandon
Gare d'Eyrein
Montaignac-St-Hippolyte
La Rousserie
Champagnac
Gare-de-Corrèze
Montaignac
Eyrein
La Jugie
Escouadisse
Le Battut
St-Hilaire-Foissac
St-Pantaléon-de-Lapleau
La Forêt
Rouffianges
Labrousse
Ajustants
Veyrières
Royère
Le Jardin
Marcouyeux
Belv. de Gratte-Bruyère
Brach
La Guirande
Champagnac-la-Noaille
Puyhabiller
La Borie
Le Brau
Arches
Furlange
Miginiac
Pouymas
Combrignac
Lafage-s.-Sombre
Aix
Lapleau
Latronche
Rte des Gorges de la Dordogne
La Cireygeade
Étang Prévot
Sédière
Chabanne
Vassejoux
La Mirande
Sout
Sourniac
Clergoux
Coudert
Coiral
Le Poteau-du-Gay
Soursac
Le Mons
Bourianne
Jaleyrac
St-Martial-de-Gimel
Étg de Tayssse
Marcillac-la-Croisille
Pont interdit
Le Verdier
Bge de la Valette
May
Barrage de l'Aigle
Le Fanc
Boissières
Les Chemineaux
Teyssonnière
St-Merd-de-Lapleau
Laval-s/-Luzège
Aimons
La Besse
Le Feyt
St-Pardoux-la-Croisille
Vergnes
Le Chamel
Chalvignac
La Besse
Conrut
Espagnac
Château de Pebeyre
Prach
L'Herbeil
Aynes
St-Paul
Le Mortier
Gumond
La Bitarelle
Nougein
Spontour
La Ferrière
Doumis
747
Le Vigean
Mauriac
Gros Chastang
Bassignac-le-Haut
Redenat
Auriac
Lascombe
La Tioliere
Bragéac
Le Liac
La Roche-Canillac
Soumaille
Dordogne
Sirieix
Trébiac
Vielzot
Ymons
Dezéjoul
Tourniac
Chambre
Champagnac-la-Prune
Gramont
707
Le Mons
Maugant
Escorailles
Bétaille
St-Martin-la-Méanne
Darazac
Salgoux
Chaussenac
Ally
Drugeac
Le Rieux
Escoussac
Rilhac-Xaintrie
Puy de Bouvals
808
St-Bonnet-Elvert
St-Bazile-de-la-Roche
Layastroux
La Besse
Loudiès
733
Monteil
La Rivière
Pleyriac
Bge du Chastang
Lac de Feyt
Rolière
Escladines
Fraissy
Le Puy-Souitro
Gorges de la Dordogne
St-Privat
Earriac-les-Bosquets
Fontenilles
St-Chamant
Bge de Glanes
Servières
St-Julien-aux-Bois
Pleaux
Chât. de Soulages
Aumont
St-Martial-Entraygues
Glény
Servières-le-Château
Malesse
Farges
Loupiac
Le Gibanel
Haute-Brousse
Jaladis
Le Raynal
Chabus
Chât. de Branzac
Ste-Eulalie
Pradis
La Maison Neuve
St-Christophe-les-Gorges
Argentat
Bge du Sablier
N.-D.-du-Château
Le Raz
Meilhac
Le Vert
St-Pierre
Enchanet
St-Martin-Cantalès
Monceaux-s.-D.
Le Bac
Puy du Tour
Hautefage
Chaumeil
Soult
St-Cirgues-la-Loutre
Le Mont
Serre
La Croix
Champeaux
Laygues
Garel
Le Fraysse
St-Geniez-ô-Merle
Le Monteil
Bge d'Enchanet
Gorges de la Bertrande
St-Cirgues-de-Malbert
Saulières
Vergnolles
Bge de Hautefage
Chambon
Tours de Merle
St-Rauffy
Vabre
Le Couderc
Albart
St-Illide
La Broquerie
St-Bonnet-les-Tours-de-Merle
Cros-de-Montvert
Arnac
Cavarnac
Marcenat
La Veissière
La Chapelle St-Géraud
Sexcles
45
Parieu
Vergne
Cors
Lagrange
Goulles
La Brousse
710
St-Santin-Cantalès
La Bontat
Castanier
St-Mathurin-Léobazel
St-Julien-le-Pèlerin
Rouffiac
Bel-Air
Reygade
Mercœur
Le Claux
St-Victor
Cavanet
Alex
La Bissière
Lapeyre
Le Teulet
Selves
Cassiès
Peyrissac
Camps-St-Mathurin-Léobazel
La Maison-Neuve
Rieussec
Montvert
Ayrens
Belpeuch
Nieudan
Tanues
Mestrigis
Sepval
Gorges de la Cère
Talamet
Cabannes
Bousquin
Laroquebrou
Crandelles
Cahus
Lamativie
Siran
L'Hôpital
St-Paul-des-Landes
Laval
20,5

242
223
224
241
259
260
15
CANTAL
PARC
RÉGIONAL
DES
D'AUVERGNE
MONTS DU CANTAL
Plateau de l'Artense
l'Artense
Bort-les-Orgues
Champs-s.-Tarentaine-Marchal
Lanobre
Val
Site de St-Nazaire
Saut de la Saule
Orgues
Gorges
Madic
Champagnac
Ydes
Saignes
Vebret
Antignac
Château Murat
La Monselie
Gorges de la Rhue
Forêt d'Algère
St-Amandin
Condat
Roche Pointue
Abbaye de Féniers
Châ. de Lugarde
Lugarde
Marcenat
St-Bonnet-de-Condat
Riom-ès-Montagnes
St-Angeau
Menet
Trizac
Orgues de Peyre-Grosse
Valette
Apchon
Cheylade
Casc. de la Roche
Casc. du Sartre
Chap. de Valentine
Ségur-les-Villas
Pierre-Besse
St-Saturnin
Moussages
Chanterelle
Anglards-de-Salers
St-Vincent-de-Salers
Vallée et Gorges de St-Vincent du Falgoux
Col d'Aulac 1220
Le Vaulmier
Col de Néronne 1242
Le Falgoux
Salers
St-Paul-de-Salers
Fontanges
St-Martin-Valmeroux
St-Chamant
St-Projet-de-Salers
Cirque du Falgoux
Roc du Merle
Puy Violent 1592
Puy de la Tourte 1704
Pas de Peyrol
Puy Mary 1787
Col de Redondet
Puy Chavaroche 1739
Col de Rombière
Col de Cère
Super-Lioran
Forêt du Lioran
Plomb du Cantal 1855
Puy Griou 1694
Puy de l'Usclade
Casc. de Liadouze
Mandailles-St-Julien
Vallée de Mandailles
Col de Légal
Col de Bruel
Tournemire
Anjony
St-Cernin
Col de Fontbuin 885
La Voulte
Sédaiges
Routes des Crêtes
Jussac
Naucelles
Laroquevieille
Velzic
Vic-s.-Cère
Thiézac
Pas de Compaing
Chaos de Casteltinet
Casc. de Faillitoux
Cascade
Pas de Cère
Pas de Mougudo
Plateau du Limon
Dienne
Col de Serres 1364
Lavigerie
Col d'Entremont 1210
Laveissière
Murat
Forêt de Murat
Cascade
La Boyle
Puy de la Grousse 1386
Pestei
Polminhac
Pailherols

225
226
244
261
262
PUY-DE-DÔME
63
HAUTE-LOIRE
43
Monts du Cézallier
VOLCANS
MONTS
LA MÉRIDIENNE
A75-E11
Vallée des Saints
Vallée de Rentières
Gorges de l'Alagnon
Forêt de la Margeride
Bois de Piniatelle
Viaduc de Garabit
St-Germain-Lembron
Le Breuil-s-Couze
Ste-Florine
Lempdes-s-Allagnon
Brassac-les-Mines
Vergongheon
Bournoncle-St-Pierre
St-Géron
Lorlanges
Blesle
Massiac
Molompize
Ferrières-St-Mary
Allanche
Neussargues-Moissac
Murat
Talizat
St-Flour
St-Georges
Ruynes-en-Margeride
Chaudes-Aigues
Anglards-de-St-Flour
Les Ternes
Paulhac
Valuéjols
Ussel
Roffiac
Andelat
Coren
Lastic
Clavières
Lorcières
Chaliers
Ardes
Mazoires
Compains
Espinchal
Marcenat
Landeyrat
Pradiers
Vèze
Molèdes
Leyvaux
Laurie
Auriac-l'Église
Bonnac
St-Mary-le-Plain
St-Poncy
Vieillespesse
Rézentières
Celoux
Mercœur
La Chapelle-Laurent
Vèdrines-St-Loup
Chastel
Faverolles
Tiviers
Mentières
Puy de Mathonière
Chap. de Vauclair
Col de la Fageole
Rocher de Cuze
Rocher de Laval
Rocher de Bonnevie
Parc animalier
Châtt de Mercœur
Casc. des Veyrines
Mt Chamaroux
Le Luguet
Puy de la Vaisse
Col de la Chaumoune
Lac de Bourdouze
Lac d'En Haut
Lac d'En-Bas
Lac du Pêcher
Gorges
Tour
Orgues
Lignes
Cascade

PUY-DE-DÔME
63
HAUTE-LOIRE
43
HAUTE
PARC RÉGIONAL DU LIVRADOIS-FOREZ
MONTS DE LA
225
226
243
261
262
26
A
B
C
D
E
F
G
1
2
3
4
5
6
7
8
9
10
Brioude
Langeac
Saugues
Allègre
La Chaise-Dieu
Arlanc
Auzon
Paulhaguet
Mazeyrat-d'Allier
Brassac-les-Mines
Ste-Florine
Vergongheon
Bournoncle-St-Pierre
Vieille-Brioude
Lavoûte-Chilhac
St-Ilpize
Blassac
Chilhac
Cerzat
Lavaudieu
Domeyrat
Flageac
Chavaniac-Lafayette
St-Georges-d'Aurac
Fix-St-Geneys
Craponne
Lissac
Rochelambert
Loudes
Le Puy-Loudes
Fontannes
Bains
Siaugues-Ste-Marie
Ste-Marie
St-Arcons-d'Allier
Prades
Chanteuges
Pinols
Chazelles
Cronce
Desges
Venteuges
St-Privat-d'Allier
Monistrol-d'Allier
St-Didier-d'Allier
Champagnac-le-Vieux
Laval-s-Doulon
St-Didier-s-Doulon
Doranges
St-Sauveur
St-Alyre-d'Arlanc
Dore-l'Église
Mayres
Craponne-s-Arzon
Connangles
St-Pal-de-Senouire
Sembadel
Félines
Jullianges
Varennes-St-Honorat
Ste-Marguerite
St-Just-près-Brioude
Villeneuve-d'Allier
Ally
Montlet
Forêt de Lamandie
Bois de Chanteluze
Bois de Combeneyre
Forêt d'Arlet
Forêt d'Auvers
Forêt de Pourcheresse
Forêt du Breuil
Gorges
Monts du Devès
Mont Mouchet 1465
Mont Briançon 1038
La Durande 1299
Mt Bar 1175
Casc. de Luchadoux
Falaise de Blot
Anc. abbaye
Dolmen
Cumignat
Tour
Allier
Senouire
Doulon
Desges
Lac de Malaguet
Plan d'eau de la Tour
N102
N106
D588
D590
D585
D906

227
228
246
263
264
St-Bonnet-le-Château
Usson-en-Forez
St-Pal-de-Chalencon
Craponne-s.-Arzon
Unieux
Firminy
Fraisses
St-Maurice-en-Gourgois
Aurec-s.-Loire
Pont-Salomon
St-Ferréol-d'Auroure
Monistrol-s.-Loire
La Séauve-s.-Semène
St-Didier-en-Velay
Bas-en-Basset
Châtde Roche-Baron
Beauzac
Ste-Sigolène
St-Pal-de-Mons
Retournac
Vorey
Chamalières-s.-Loire
Yssingeaux
Tence
Lapte
Montagnac
Châtde Chalencon
Pont du Diable
Chât. d'Arzon
LOIRE
43
PLATEAUX
St-Paulien
Lavoûte-Polignac
Polignac
Le Puy-en-Velay
Aiguilhe
Chadrac
Brives-Charensac
Blavozy
St-Germain-Laprade
Espaly-St-Marcel
Vals-près-le-Puy
St-Christophe-s.-D.
Cussac-s.-Loire
Solignac-s.-Loire
Coubon
Lantriac
St-Julien-Chapteuil
Mazet-St-Voy
Fay-s.-Lignon
Le Monastier-s.-Gazeille
Chât. de Lardeyrol
Montagne du Meygal
Mt Gerbizon
Suc d'Emeral
Vallée du Lignon
Bge de la Chapelette
Bge de Lavalette
Orgues d'Espaly
La Terrasse
Latour
Borie
Prieuré
Tour
Miaune
Gorges
Mt Chanis
Le Rand Mt
Suc d'Ollières
Pic du Lizieux
Mt Signon
Lac de St-Front
Rocher de l'Aigle

227 228 245 263 264

247
248
229
230
265
266
DRÔME
26
St-Clair-du-Rhône
Cheyssieu
Vernioz
Le Gontard
Monsteroux-Milieu
Cour-et-Buis
Montseveroux
St-Julien-de-l'Herms
Semons
Arzay
Les Argouds
Grand Étang
Aube
St-Maurice-l'Exil
Clonas-s.-Varèze
Le Guillery
Assieu
St-Alban-de-Varèze
La Chapelle-de-Surieu
Bois de Taravas
Primarette
Bossieu
Ornacieux
La Côte-St-André
Balbins
Pommier-de-Beaurepaire
Faramans
Penol
Bois d'Autimont
Sardieu
Moissieu-s.-Dolon
Bresson
Pisieu
Revel-Tourdan
L'Embranchement
Tourdan
St-Romain-de-Surieu
Le Bourg
Surieu
Poncin
Les Chapeaux
Colombier
Port-Vieux
Le Péage-de-Roussillon
Roussillon
Ville-s/s-Anjou
Les Chals
Bellegarde-Poussieu
Pajay
Les Feuges
Poipponier
Le Rival
Salaise-s.-Sanne
Sonnay
Bataillouse
Le Poulet
St-Barthélemy
Les Roches
La Mange
Les Foipes
Le Content
Anjou
Pact
Beaurepaire
Marcilloles
St-Siméon-de-Bressieux
Agnin
St-Sulpice
Jarcieu
Bois-Vieux
La Goutérial
Beaufort
Châtenay
Bougé-Chambalud
Chanas
Lapeyrouse-Mornay
Chantabot
Thodure
Viriville
Charpenay
Bressieux
Les Faloues
Marcollin
Le Bouillat
St-Pierre-de-B
Rozay
Les Doreaux
Épinouze
B. des Autagnes
Les Bajeaux
Marnans
Le Gros-Jean
Manthes
La Saône
Lentiol
Peyraud
St-Rambert-d'Albon
Coinaud
St-Sorlin-en-Valloire
Moras-en-Valloire
Lens-Lestang
Camp de Chambaran
Charbieux
Champagne
Anneyron
La Bronconnerie
Le Grand-Serre
Plateau de Chambaran
Les Epars
St-Germain
St-Clair-s.-Galaure
Roybon
Brunieux
Le Creux-de-la-Thine
Les Percivaux
Coussieux
Forêt de Mantaille
Palais Idéal
Le Pichat
Montfalcon
St-Désirat
St-Étienne-de-Valoux
Tour d'Albon
Mantaille
Treigneux
Hauterives
Bois de Montrigaud
Albon
Andance
Andancette
St-Martin-des-Rosiers
Châteauneuf-de-Galaure
Charrière
Tersanne
St-Julien
Forêt
Abb. de la Trappe de Chambaran
Talencieux
Bancel
Boresse
St-Philibert
St-Bonnet-de-Galaure
Le Charaix
Montrigaud
Champlain
Beausemblant
Laveyron
Fay-le-Clos
Mureils
St-Martin-d'Août
Le Four-à-Chaux
St-Christophe-et-le-Laris
Miribel
Col de la Madeleine
Dionay
Bessins
Ruines romaines
La Croix-des-Mailles
La Motte-de-Galaure
St-Avit
Le Poulet
St-Laurent-d'Onay
St-Bonnet-de-Valclérieux
St-Jean-le-Fromental
St-Appolinard
Sarras
St-Uze
Bois de Suze
Montchenu
Bathernay
St-Antoine
St-Vallier
Villeneuve-de-Vals
Claveyson
Ratières
Crépol
Forêt de Thivolet
Défilé de St-Vallier
St-Barthélemy-de-Vals
St-Andréol
Le Cabaret-Neuf
Le Chalon
Montmiral
La Bruyère
Ozon
Ponsas
Cromlech
Bois de Bard
Margès
Jardin ferroviaire
Les Verrières
Charmes-s.-l'Herbasse
St-Michel-s.-Savasse
Montagne
Arras-s.-Rhône
Les Rogeats
Arthémonay
Le Sabot
Les Boudillon
Tour
Serves-s.-Rhône
Bren
Reculais
St-Bonnet-de-Chavagne
Le Girard
Sécheras
Les Planards
St-Donat-s.-l'Herbasse
St-Ange
Geyssans
Les Muronnières
Chât. d'Iserand
Érôme
Chantemerle-les-Blés
Marsaz
Les Sablières
St-Hilaire-du-Rosier
Gervans
Les Fayolles
Parnans
Vion
Chavannes
Les Tuilières
Triors
Châtillon-St-Jean
St-Lattier
La Tuilière
Larnage
Crozes-Hermitage
Peyrins
Les Faurie
La Baudière
Le Creux
St-Jean-de-Muzols
Tain-l'Hermitage
Veaunes
St-Bardoux
Mours-St-Eusèbe
Génissieux
Peyrous
Eymeux
Grotte du Thaïs
St-Nazaire-en-Royans
L'Ubac
Mercurol
Clérieux
La Baume
Les Balmes
St-Paul-lès-Romans
Tournon-s.-Rhône
Chanos-Curson
Curson
Granges-lès-Beaumont
Romans-s.-Isère
La Baume d'Hostun
La Motte-Fanjas
Pont-de-Duzon
Pierre
Pont-de-l'Herbasse
L'Épancière
Les Fauries
Rochechinard
Hostun
Bourg-de-Péage
Les Sept-Chemins
La Vanelle
Pizançon
Jaillans
St-Martin
Mauves
Les Chassis
Les Beaumes
Bois-Vert
La Roche-de-Glun
Beaumont-Monteux
Les Bayannins
Meymans
Suzeux
Beyrieux
Glun
Châteauneuf-s.-I.
Chatuzange-le-Goubet
Papelissier
Plats
Pont-de-l'Isère
St-Mamans
Beauregard-Baret
Oriol-en-Royans
Châteaubourg
Combes
Saut-des-Cheyres
Aiguille
Fouillouse
Chenevon
Gare T.G.V. Valence
Chatuzange
Corniche du Rhône
Table d'orientation
Le Prat
Correspondance
Les Soubredioux
Les Faures
Marches
Rochefort-Samson
Les Fagès
Bouvante-le-Bas
St-Romain-de-Lerps
Corribeaux
St-Marcel-lès-Valence
Les Mirabeaux
Les Voupes
Alixan
Les Bouchiers
Baratier
Cornas
Les Petits-Eynards
Bésayes
Barbières
Le Puits-de-Lignet
Thodure
Chât. de Pélafol
Rochers des Deux Sœurs
Montagne de Musan
Montagne de l'Epenet
Bourg-lès-Valence
Faucconnières
Col de la Croix
St-Péray
Les Poulains
Monteynard
Montélier
St-Didier
Charpey
1219 Serre du Mortier
Chât. de Crussol
Guilherand
Granges
Parlanges
Les Martins
Les Bérards
St-Vincent-la-Commanderie
Pierre Chauve
Biousse
Valence
Peyrus
AUTOROUTE DU SOLEIL
A7-E15
A49-E713
N532-E713
T.G.V. SUD-EST
RHÔNE

229
230
247
265
266
366
38
ISÈRE
A B C D E F G
1 2 3 4 5 6 7 8 9 10
La Côte-St-André
Le Grand-Lemps
Rives
Voiron
Moirans
Voreppe
Tullins
St-Étienne-de-St-Geoirs
GRENOBLE-ST-GEOIRS
Beaucroissant
Renage
Vourey
Apprieu
La Murette
Chirens
Charavines
St-Nicolas-de-Macherin
St-Étienne-de-Crossey
St-Laurent-du-Pont
Coublevie
Caves de la Grande-Chartreuse
St-Jean-de-Moirans
La Buisse
Les Grands Bois
PARC NAT. DE CHARTREUSE
St-Quentin-s/-Isère
Veurey-Voroize
Tour des Templiers
Noyarey
Fontanil-Cornillon
St-Égrève
St-Martin-le-Vinoux
Sassenage
Gorges du Furon
Fontaine
Fort de la Bastille
Seyssinet-Pariset
Tour Sans-Venin
Seyssins
Le Pont-de-Claix
Échirolles
Claix
Varces-Allières-et-Risset
St-Paul-de-Varces
Vif
St-Georges-de-Commiers
Le Gua
Roybon
Chambaran
Vinay
Abb. de la Trappe de Chambaran
Quincivet
St-Marcellin
St-Véran
Chatte
Jardin ferroviaire
St-Sauveur
St-Romans
Beauvoir-en-Royans
Forêt de Malène
Cognin-les-Gorges
Gorges du Nan
Malleval
Autrans
Méaudre
Lans-en-Vercors
Villard-de-Lans
Gouffre Berger 1630
Grottes de Choranche
Choranche
Pont-en-Royans
St-Just-de-Claix
Grotte de Thaïs
Petits Goulets
Grotte de Bournillon
Calvaire de Valchevrière
Forêt de la Loubière
St-Julien-en-Vercors
Forêt de Chalimont
Corrençon-en-Vercors
St-Laurent-en-Royans
St-Jean-en-Royans
Grands Goulets
Combe Laval
La Chapelle-en-Vercors
Mur des Fusillés
Forêt de Lente
PARC NAT. RÉGIONAL DU VERCORS
MONTAGNE DE LANS
Monestier-de-Clermont
Grotte du Brudour
Le Génépi

CHARTREUSE
MASSIF DE LA CHARTREUSE
RÉG.
CHAÎNE DE BELLEDONNE
GRANDES ROUSSES
ISÈRE
38
PARC
MASSIF
GRENOBLE
St-Martin-d'Hères
Meylan
La Tronche
Gières
Eybens
Poisat
Domène
Crolles
Bernin
Villard-Bonnot
St-Nazaire-les-Eymes
St-Ismier
Biviers
Montbonnot-St-Martin
Le Versoud
Froges
Brignoud
Lumbin
La Terrasse
Le Touvet
Goncelin
Le Cheylas
Pontcharra
Tencin
Theys
St-Vincent-de-Mercuze
St-Pierre-d'Allevard
Allevard
St-Hilaire-du-Touvet
Funiculaire
Bec du Margain
St-Pancrasse
St-Bernard
St-Pierre-de-Chartreuse
La Scia
Charmant Som
Couvent de la Grande-Chartreuse
Entrée du Désert
Le Planolet
Col du Cucheron
Le Sappey-en-Chartreuse
Col de Porte
Chamechaude
St-Pierre-d'Entremont
Château Bayard
Châtel du T.C.F.
Cirque de St-Même
Source du Guiers Vif
Le Collet
Grand Collet
Le Grand Charnier
Pic du Frêne
Col du Merlet
Pointe de l'Aup du Pont
Pic du Glacier de Gleyzin
Puy Gris
Pic de la Grande Valloire
Bec d'Arguille
Col de la Croix
Col du Glandon
Col de la Croix de Fer
Aiguilles de l'Argentière
Le Rocher Blanc
Combe d'Olle
St-Colomban-des-Villards
Le Pleyney
Prapoutel-les-Sept-Laux
Pipay
Massif
Dent du Pra
Pic de la Belle Étoile
Montagne d'Allevard
Défilé de Maupas
Pic Bunard
Fort-de-Burgessio
Col des Mouilles
Ste-Agnès
Laval
Prabert
Croix de Revollat
Le Mas Julien
Les Roussets
Bois de Freydière
Lac de Crozet
Lac Merlat
Grande Lance de Domène
Grand Pic de Belledonne
Grande Lance d'Allemond
Rocher de l'Homme
Lac Blanc
Lac de Crop
Le Rivier-d'Allemond
Articol
Le Molard
Vaujany
Allemond
Oz
La Villette
Casc. de la Fare
Dôme des Petites Rousses
Pic de l'Étendard
Pic du Lac Blanc
Pic Bayle
Pic de l'Herpie
L'Alpe-d'Huez
Huez
Col de Sarenne
Cimes de la Cochette
Roc de la Balme
Col du Sabot
Les Aiguillettes
Col du Galibier
Plateau d'en Paris
Clavans-en-Haut-Oisans
Besse
Signal de l'Homme
Auris-en-Oisans
Mizoën
Barrage du Chambon
Mont-de-Lans
Les Deux-Alpes
L'Alpe-de-Venosc
Venosc
Belv. de la Croix
Gorges de l'Infernet
Belv. des Cimes
Pied Moutet
Le Freney-d'Oisans
La Garde
Armentier
Le Bourg-d'Oisans
Casc. de Sarenne
Villard-Reculas
Oulles
Ornon
Col d'Ornon
Prégentil
Villard-Reymond
Villard-Notre-Dame
Pic du C. d'Ornon
Le Rochail
Lac Lauvitel
Chantelouve
Le Périer
Casc. de Confolens
Signal de Lauvitel
Roche de la Muzelle
Tête de Lauranoure
St-Christophe-en-Oisans
Pont du Diable
Le Clot-d'en-Haut
Champhorent
Lac de la Muzelle
Valsenestre
Entraigues
Cascade de la Pisse
Aiguille des Arias
Cime de Montagnon
Glacier du Mont-de-Lans
Tête de la Toura
Valbonnais
Lac Achard
Croix de Chamrousse
Chamrousse
Forêt de Prémol
Forêt de St-Martin
St-Martin-d'Uriage
Uriage-les-Bains
St-Nizier
Venon
Herbeys
Vaulnaveys-le-Haut
Vaulnaveys-le-Bas
Brié-et-Angonnes
Jarrie
Séchilienne
Vizille
Res. Nat.
Pic de l'Œilly
Livet-et-Gavet
Rioupéroux
Gorges de la Romanche
Forêt de Rioupéroux
Rochetaillée
Le Grand Galbert
Le Taillefer
Alpe-du-Grand-Serre
La Morte
Lac Mort
Prairie de la Rencontre
Laffrey
Lac de Laffrey
Lac de Petichet
Statue Napoléon
Cholonge
Le Grand Serre
Forêt de Peychagny
Lavaldens
La Motte-d'Aveillans
Pierre-Châtel
Route Napoléon
St-Théoffrey
Villard-St-Christophe
La Valette
St-Honoré
Nantes-en-Ratier
Oris-en-Rattier
Col de Plan-Collet
La Mure
Susville
Sousville
Siévoz
Valbonnais
Notre-Dame-de-Mésage
St-Pierre-de-Mésage
St-Barthélémy-de-Séchilienne
Champ-sur-Drac
Le Péage-de-Vizille
231
232
250
267
268

231
232
249
267
268

DE LA VANOISE
Pralognan-la-Vanoise
Cascade
Pointe de la Réchasse
Réf. d'Entre Deux-Eaux
Réf. de la Femma
233
3324 Méan Martin
Bonneval-s.-Arc
Ref. des Évettes
3371
H
I
J
K
L
M
N
3278
Pointe O. du Pelve
Lac de la Valette
Glacier du Pelve
Chapelle St-Barthélémy
PARC NATIONAL DE LA VANOISE
Glacier du Vallonet
Glacier de Méan Martin
D902
Villaron
3454 Dôme du Grand Fond
3638
L'Albaron
Glacier des Évettes
3676 Uia di Ciamarella
Balme
1
3586 Dôme de Chasseforêt
3611 Dôme de l'Arpont
2296 L'Arpont
La Chavière Chalets
3130
3125 Grand Roc Noir
Pointe du Grand Vallon
Bessans
La Goula
La Buffe
19
Vallée d'Avérole
Vincendières
Avérole
Refuge d'Avérole
C.A.I. Gastaldi
Giasset
Pian della Mussa
Glacier de l'Arpont
Glacier de la Mahure
En Cuchet
Chapelle St-Sébastien
Les Champs
Arc
D902
2903
Pointe de Solliet
Glacier de Charbonne
Glacier d'Arnès
3527 Pointe de Labby
3684
C.A.F.
Dent Parrachée
Le Villard
Lanslebourg-Mont-Cenis
D1006
Forêt d'Arc
Lanslevillard
Chantelouve
3369 Pointe des Pignes
3750 Pointe de Charbonnel
2788
2
Glacier de l'Arcelle Neuve
Glacier de Baounet
Lac della Rossa
Termignon
Val Cenis
L'Arcelle-Neuve
3610 Pointe de Ronce
La Loza
Grotte des Balmes
Sollières-Sardières
Sollières Envers
Col du Mont-Cenis
C.A.I. Cibrario
C.A.F.
Barrage
2083
Plan-des-Fontainettes
3485 La Grande Pelouse
3073 Col de l'Autaret
Ussegli
Monolithe
Sardières
3173 Pointe Clairy
Lac du Mont-Cenis
MONT-CENIS
3478 Mont Lamet
Marg
3
2819 Mont Froid
2625 Col de Sollières
23
Glacier de la Roche Melon
3385 Mont Tour
Gre Pian Ande
Aussois
Bramans
Anc. prieuré de St-Pierre-d'Extravache
MASSIF DU
Barrage du Mont-Cenis
Chapelle
Tazzeti
Casc. St-Benoît
Avrieux
Grand-Croix
San Maria
3538 Rocciamelone
Malciaussia
2772
Col du Petit Cenis 2182
40
Moncenisio
Lac Nero
Villarodin-Bourget
Le Planay
2914 Mont Malamot
Lac Blanc
2965 M. Palon
2558
2345
La Norma
Bissieux
Cime de Bard 3150
Novalesa
Sant'Anna
4
3102 Longue Côte
3067 Roche d'Étache
La Riposa
L'Hortière
St-Barthélémy
Dent d'Ambin
Villaretto
Chalet de la Pelouse
Chalets de la Combe-d'Étache
2544 Punta Mulatera
Moraletto Cenisio
Tour
La Grangie
Maf
Bruzol
3076 La Belle Plinier
Aiguille de Scolette 3508
2743 Vaccarone
Costa
Venalzio
Trinità
Mompantero
Foresta di Susa
Falcemagna
Bussoleno
Cime du Grand Vallon
Col de Pelouse
Col d'Étache 2781
Pra Piano
Giaglione
S25
Braida
5
3125
2798
3375
Susa
Tignai
Rognosa d'Étiache 3350
Pointe Sommeiller
Ramats
Olmo
Meana di Susa
San Giorio di Susa
Rochemolles
2436 Cima del Vallone
A32
S24
Gravere
Arnodera
Tanze
Mattie
Giordani
Rochemolles
3031 Tête Pierre Muret
Lac Galambra
Levi Molinari
Cels
Chiomonte
Madonna della Losa
Assiere
Menolzio
Adret
Focc
3217 Cima del Vallonetta
Colombario
Fort d'Exilles
15
Frais
Madonna della Salette
Exilles
ITALIE
Toesca
6
Tunnel de Fréjus
Éclause
2796
Colle delle Finestre 2176
2785 Mont Jafferau
2910 Mont Seguret
Salbertrand
Colle dell'Assietta 2472
2849 Cima Ciantiplagna
2878 M. Orsiera
Colle Malanotte 2582
Prérichard
Oulme
Testa dell'Assietta 2566
A32-E70
2162 Mont Pramand
Balboutet
Usseaux
Montagne Seu
Royères
Savoulx
Signols
16
S335
Monfol
Fraisse
R23
Laux
38
7
2265 La Selletta
Puys
Beaulard
Gad
A32-E70
Grand Puy
Fenestrelle
Montoulles
Bardonèchia
20
Oulx
Sauze d'Oulx
Souchères Basses
2669 Gran Cime
Chisone
Villaretto
Castello
Bonafous
Chambons
Chapelle
Jouvenceaux
Souchères Hautes
Pragelato
3043 M. Albergian
PIEMONTE
Balma
Chalets des Acles
Vazon
Le Clotes
14
Sportinia
Allevé
Traverses
Colle dell'Albergian
2713
Roure
8
Pointe Pécé 2731
3044 Rochers des Grands Becs
Balbières
Désertes
S24
2507
M. Triplex
Plan
Colle Basset
2936 Truc Cialabrie
Chasteiran
Col de Mirmillouze
Colombière Autagne
2424
Chezal
Garnier
2935
Punta Raccias
2205
2210
Punta Tre Valli 1639
Perosa Argentina
2448
Pic du Lausin
Fenils
Solomiac
2701 M. Fraitève
Laval
Punta Midi o Muret
Gros Passet
2773
2536
Mollières
Sestrières Borzata
2986 Punta del Beth
Massello
Maniglia
Chiabrano
Bovile
2630 Grand Chalvet
3136 Mont Chaberton
Cesana Torinese
S. Sicario
Sestriere
Monte Banchetta
2823
3037 Bric Ghinivert
Campo la Salza
S.Martino di Perrero
9
Table d'orientation
Champlas Seguin
Champlas du Col
Monte Sises
Salza di Pinerolo
Perrero
Trossieri
Clavière
S24
11
R23
2658
Sauze di Cesana
3280 Punta Rognosa
Fontane
Faetto
Pram
Montgenèvre
Col de Montgenèvre 1850
Rollières
2638 Passo S. Giacomo
2185 M. Trusciera
Bousson
2376
3149 M. Platasse
2876 M. Pinerol
Rodoretto
2379
2368
Les Alberts
21
2329 Col de Gimont
Thures
Cima del Bosco
Prali
Rocca Bianca
Durance
Ruilles
Lause
Brusa del Plan
Ripa
3028 M. Barifreddo
2780
Sources de la Durance
Chabaud
Lac Nero
3285 Roc del Boucher
Colle di Rodoretto
Orgière
Ghigo
Gran Truc
10
2634
Le Chenaillet
Col de Bousson
2990 Punta Vergia
Pomieri
2198 Colle d'Envie
Pradelton
2439
Thuras
3266
Argentiera
Les Fraches
Punta Clapiera
2655
Lachau
St-Michel
Cervières
Prafauchier
Crête de Dormillouse
269
2993 Cima Roudel
Ribba
Punta Cialancia
Punta Cornour
Thuras
2879
Les Chalps

234
A
B
C
D
E
F
G
1
2
3
4
5
6
7
8
9
10
Grand -Bernos
Mistre
Étg de Batejin
Craste
Le Grand-Courgas
Dunes du Hugney
Étg de Batourtot
Étang de Lède Basse
Forêt de Landes de Moulugat
Grand-Bos
Lescarran
Le Temple
M.F.
Le Porge
Dunes de Partillot
Forêt du Porge
Laruau
Lauros
Bois de Boutas
Maisonnieu
Dune du Grand-Crohot
Lège-Cap-Ferret
Arès
Jane-de-Boy
Claouey
Parcs à huîtres
Andernos-les-Bains
OCÉAN ATLANTIQUE
Dune de Bayle
Forêt de Lège-et-Garonne
Le Petit-Piquey
Le Grand-Piquey
Bassin d'Arcachon
Taussat
Cassy
Le Canon
Île aux Oiseaux
Parc d'attractions
Lanton
Le Nan
Pisciculture
Audenge
Rade d'Eyrac
Arcachon
Pointe de l'Aiguillon
Réservoirs à poissons
Cap Ferret
Le Moulleau
Gujan-Mestras
Parc ornithologique
Biganos
Chât. du Ruat
Les Bordes
La Hume
La Pointe
Banc de Bernet
Pyla-s.-Mer
La Teste-de-Buch
Le Teich
Lamothe
Banc du Toulinguet
Pilat-Plage
Les Miquelots
A660
Balanos
Dune du Pilat
Forêt Nezer
Banc d'Arguin
(Réserve ornithologique)
Le Courneau
Montmorency
Forêt usagère de La Teste
Champ de tir
Dunes de Ginestras
Pointe d'Arcachon
L'Hôpital
Cazaux
La Teste
Étangs de Cazaux et de Sanguinet
Champ de Tir
Grande Lette de Lons-Lamonon
Dunes des Places
Langeot
Bernon
Louse
Ft Lagnereau
Sanguinet
Méoule
Lombard
Le Bougès
Courneilley
Once
Les Hautes-Rives
Port-Maguide
Le Clerc
Biscarrosse-Plage
Biscarrosse
Lette des Hournails
Ispe
Mayotte
Navarosse
Ft usagère de Bisc
Bosque
270
271

235
236
254
271
272
BORDEAUX
MÉRIGNAC
PESSAC
Talence
Bègles
Gradignan
Canéjean
Cestas
Léognan
Villenave d'Ornon
Cadaujac
Floirac
Lormont
Cenon
Bruges
Le Bouscat
Eysines
Blanquefort
Le Taillan-Médoc
St-Aubin-de-Médoc
St-Médard-en-Jalles
Le Haillan
Martignas-s.-Jalle
St-Jean-d'Illac
Marcheprime
Saucats
La Brède
Martillac
St-Médard-d'Eyrans
Cabanac-et-Villagrains
Le Barp
Mios
Salles
Belin-Béliet
Hostens
St-Magne
Louchats
Guillos
Origne
Lugos
GIRONDE
33
Forêt des Landes
PARC NATUREL RÉGIONAL
Landes d'Eyron
Saumos
Landes des Courtious-Brûlés
Camp militaire de Souge
Camp militaire de St-Jean-d'Illac
Centre d'Études Nucléaires
Châ. Haut-Brion
Parc zoologique
Prieuré de Gayac
Chât. de La Brède
Château Bel-Air
Eglise du Vieux-Lugos
Centre nautique
Ft de Salles
Forêt de Lugos
BORDEAUX-MÉRIGNAC
A63-E5-E70
A660
A10-E606
A630-E5

235
236
253
272
273
A
B
C
D
E
F
G
1
2
3
4
5
6
7
8
9
10
St-Loubès
St-Sulpice-et-Cameyrac
Ste-Eulalie
Carbon-Blanc
Bassens
Lagrave
Izon
Vayres
Arveyres
Fronsac
Libourne
Pomerol
Néac
Montagne
Lussac
St-Georges
Puisseguin
St-Émilion
Caves
Chât. du Roi
St-Christophe-des-Bardes
St-Genès-de-Castillon
St-Hippolyte
St-Étienne-de-Lisse
St-Laurent-des-Combes
Ste-Colombe
St-Magne-de-Castillon
Castillon-la-Bataille
St-Sulpice-de-Faleyrens
Vignonet
Génissac
Moulon
Nérigean
St-Germain-du-Puch
Beaupied
Cadarsac
Le Grand-Puch
Montussan
Beychac-et-Caillau
La Barrade
Yvrac
Les Tabernottes
Artigues-près-Bordeaux
Pompignac
Cenon
Lormont
Tresses
Mélac
Sallebœuf
La Bastide
Floirac
Bouliac
Fargues-St-Hilaire
Carignan-de-Bordeaux
Camarsac
Bonnetan
Croignon
Cursan
Le Pout
Loupes
Baron
St-Quentin-de-Baron
Tizac-de-Curton
Grézillac
Espiet
Daignac
Camiac-et-St-Denis
Dardenac
Guillac
Branne
Cabara
Lugaignac
Ste-Terre
St-Jean-de-Blaignac
Ste-Florence
St-Pey-de-Castets
St-Aubin-de-Branne
Naujan-et-Postiac
Jugazan
Rauzan
Donjon
St-Vincent-de-Pertignas
Bossugan
Mérignas
Pujols
Moulin de Labarthe
Anc. abb. de Blasimon
Blasimon
Latresne
Cénac
Lignan-de-Bordeaux
Sadirac
Créon
La Sauve
Abb. de la Sauve
St-Léon
Blésignac
Faleyras
Bellefond
Romagne
Courpiac
Lugasson
Frontenac
Villenave-d'Ornon
Cadaujac
Camblanes-et-Meynac
Quinsac
St-Caprais-de-Bordeaux
Madirac
St-Genès-de-Lombaud
Haux
Tabanac
Targon
Bellebat
Cessac
Baigneaux
Entre-Deux-Mers
Cambes
Baurech
Isles-St-Georges
St-Médard-d'Eyrans
Beautiran
Parc
Le Tourne
Langoiran
Capian
Lestiac-s-Garonne
Villenave-de-Rions
Soulignac
Montignac
Ladaux
Martres
Daubèze
St-Genis-du-Bois
Cantois
St-Brice
Le Puch
Sauveterre-de-Guyenne
Ayguemorte-les-Graves
Portets
Castres-Gironde
Paillet
Cardan
Escoussans
Arbis
St-Pierre-de-Bat
Coirac
St-Sulpice-de-Pommiers
St-Romain
Arbanats
Virelade
Rions
Bouit
Laroque
Chât. Benauge
Castelviel
Gornac
Palay
St-Félix-de-Foncaude
St-Hilaire-du-Bois
Foncaude
Autoroute des Deux-Mers
Jeansotte
Château Bel-Air
St-Morillon
Podensac
Béguey
Cadillac
Omet
Donzac
Mourens
Cérons
Brouquet
Cabanac
Terrey-de-Castel
St-Martial
St-Laurent-du-Bois
St-Exupéry
Camiran
St-Michel-de-Rieufret
Expert
Loupiac
Monprimblanc
Gabarnac
St-Germain-de-Grave
St-André-du-Bois
St-Laurent-du-Plan
Labarthe
Bagas
Illats
Le Merle
Barsac
Semens
Ste-Croix-du-Mont
Ste-Foy-la-Longue
Morizès
Les Esseintes
Chât. de Landiras
Artigues
Landiras
Pujols-s-Ciron
Mareuil
La Pinesse
Preignac
St-Maixant
Verdelais
Tombe de Toulouse-Lautrec
Le Pian-s-Garonne
St-Pierre-d'Aurillac
St-Martin-de-Sescas
Casseuil
Gironde-s-Dropt
La Réole
Caudrot
Barie
Floudes
Menon
Brot
Guillos
Batsères
Maron
Chât. de Budos
Paulin
Bommes
Chât. Yquem
Toulenne
Langon
St-Macaire
St-Loubert
Castets-en-Dorthe
St-Pardon-de-Conques
St-Pierre-de-Mons
Bieujac
Mazerac
Bassanne
Blaignac
Castillon-de-Castets
Puybarban
Loupiac-de-la-Réole
Bernadet
Budos
Sauternes
Fargues
Les Claveries
Brannens
Savignac
Pondaurat
Léogeats
Manhot
Laulan
Roaillan
Coimères
Bentejac
Blaye
Origne
Balizac
La Saubotte
Castiques
Mazères
Auros
Triscos
Pinot
Tours
Biton
Noaillan
Roquetaillade
Le Nizan
Berthez
Mahon
Forteresse
Aubiac
Brouqueyran
Cazats
Lados
Aillas
Castelnau-de-Cernès
La Burthe
Villandraut
La Gare
Gans
Labescau
Sigalens
Gironde

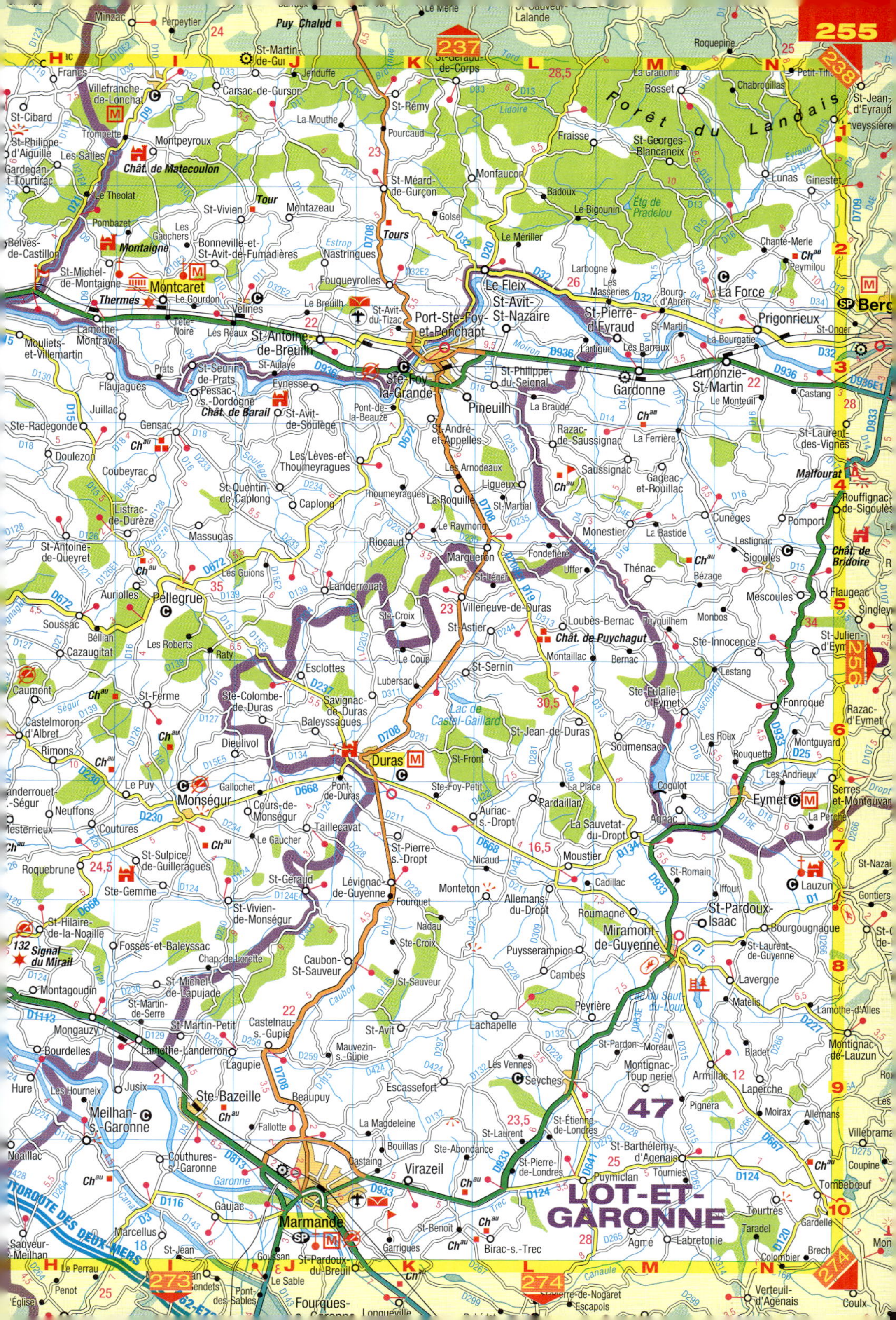
Forêt du Landais
LOT-ET-GARONNE
47
Bergerac
Ste-Foy-la-Grande
Port-Ste-Foy-et-Ponchapt
Le Fleix
St-Avit-St-Nazaire
St-Pierre-d'Eyraud
Prigonrieux
La Force
Gardonne
Lamonzie-St-Martin
Pineuilh
Vélines
Montcaret
Thermes
Montaigne
Villefranche-de-Lonchat
Chât. de Matecoulon
St-Antoine-de-Breuilh
Chât. de Barail
Eynesse
Pellegrue
Sigoulès
Chât. de Bridoire
Chât. de Puychagut
Eymet
Duras
Monségur
Miramont-de-Guyenne
Lauzun
St-Pardoux-Isaac
Lévignac-de-Guyenne
Seyches
Ste-Bazeille
Meilhan-s.-Garonne
Marmande
Virazeil
Tombebœuf
Lac de Castel-Gaillard
Signal du Mirail
Lamothe-Montravel
Monfaucon
St-Méard-de-Gurçon
Sauveterre
Allemans-du-Dropt
La Sauvetat-du-Dropt
Soumensac
St-Jean-de-Duras
Villeneuve-de-Duras
Marqueron
Landerrouat
Esclottes
Ste-Colombe-de-Duras
Savignac-de-Duras
Baleyssagues
Pardaillan
Auriac-s.-Dropt
Cours-de-Monségur
Taillecavat
St-Géraud
St-Sulpice-de-Guilleragues
Ste-Gemme
Roquebrune
St-Hilaire-de-la-Noaille
Fossès-et-Baleyssac
Caubon-St-Sauveur
Castelnau-s.-Gupie
Lagupie
Beaupuy
Couthures-s.-Garonne
Gaujac
Marcellus
St-Pardoux-du-Breuil
Birac-s.-Trec
Puymiclan
St-Barthélemy-d'Agenais
Montignac-Toupinerie
Armillac
Laperche
Moirax
Peyrière
Cambes
Puysserampion
Roumagne
Moustier
Agnac
Serres-et-Montguyard
Rouffignac-de-Sigoulès
Pomport
Monbazillac
Cunèges
Saussignac
Razac-de-Saussignac
Gageac-et-Rouillac
Thénac
Monestier
Flaugeac
Singleyrac
Fonroque
Razac-d'Eymet
Mescoules
Ste-Innocence
Lestang
Ste-Eulalie-d'Eymet
Bourgougnague
Lavergne
Lamothe-d'Alles
Montignac-de-Lauzun
Cazaugitat
Soussac
Auriolles
Listrac-de-Durèze
St-Antoine-de-Queyret
Caumont
Castelmoron-d'Albret
Rimons
Neuffons
Coutures
Massugas
St-Quentin-de-Caplong
Caplong
Les Lèves-et-Thoumeyragues
Riocaud
La Roquille
Ligueux
St-André-et-Appelles
Fougueyrolles
Nastringues
Bonneville-et-St-Avit-de-Fumadières
Montpeyroux
Montazeau
Carsac-de-Gurson
St-Rémy
Fraisse
St-Georges-Blancaneix
Bosset
Ginestet
Lunas
Étg de Pradelou
Chante-Merle
AUTOROUTE DES DEUX-MERS
Garonne
Dordogne
D708
D933
D668
D936
D32
D20
D672

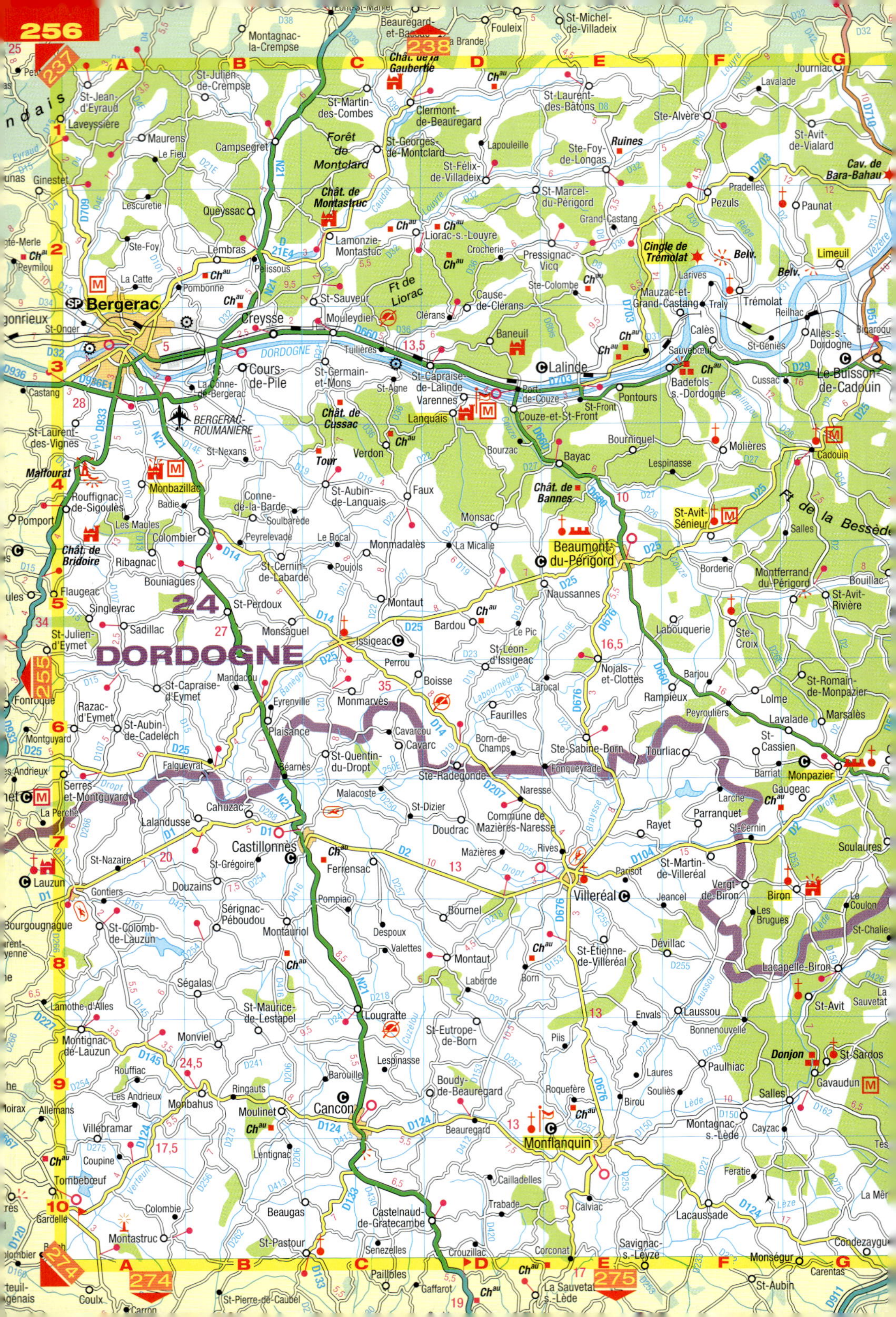
237
238
255
274
275
DORDOGNE
24
Bergerac
Creysse
Cours-de-Pile
Mouleydier
St-Sauveur
Lamonzie-Montastruc
Lembras
Queyssac
Campsegret
St-Julien-de-Crempse
Montagnac-la-Crempse
St-Jean-d'Eyraud
Laveyssière
Maurens
Ginestet
Lescuretie
Ste-Foy
La Catte
Pombonne
Pélissous
St-Martin-des-Combes
Forêt de Montclard
Chât. de Montastruc
Chât. de la Gaubertie
Clermont-de-Beauregard
St-Georges-de-Montclard
St-Félix-de-Villadeix
Lapouleille
Liorac-s.-Louyre
Ft de Liorac
Cause-de-Clérans
Clérans
Crocherie
Pressignac-Vicq
Ste-Colombe
St-Marcel-du-Périgord
Grand-Castang
Ste-Foy-de-Longas
Ruines
St-Laurent-des-Bâtons
Ste-Alvère
Journiac
Lavalade
St-Avit-de-Vialard
Cav. de Bara-Bahau
Pradelles
Pezuls
Paunat
Limeuil
Cingle de Trémolat
Belv.
Trémolat
Larives
Mauzac-et-Grand-Castang
Traly
Reilhac
Calès
St-Geniès
Alles-s.-Dordogne
Bigaroque
Le Buisson-de-Cadouin
Cussac
Badefols-s.-Dordogne
Sauveboeuf
Baneuil
Lalinde
Port-de-Couze
Couze-et-St-Front
St-Front
Pontours
St-Capraise-de-Lalinde
Varennes
Languais
Tuilières
St-Germain-et-Mons
St-Agne
Chât. de Cussac
Verdon
Bourniquel
Molières
Cadouin
Lespinasse
Bayac
Bourzac
Chât. de Bannes
Ft de la Bessède
St-Avit-Sénieur
Salles
Beaumont-du-Périgord
Borderie
Montferrand-du-Périgord
Bouillac
St-Avit-Rivière
Naussannes
Labouquerie
Ste-Croix
St-Romain-de-Monpazier
Lolme
Marsalès
Lavalade
St-Cassien
Barriat
Monpazier
Gaugeac
Rampieux
Barjou
Peyrouliers
Nojals-et-Clottes
Larocal
St-Léon-d'Issigeac
Le Pic
Bardou
Monsac
La Micalie
Faux
Monmadalès
Montaut
St-Aubin-de-Lanquais
Tour
St-Nexans
Bergerac-Roumanière
La Conne-de-Bergerac
St-Onger
Castang
St-Laurent-des-Vignes
Malfourat
Monbazillac
Rouffignac-de-Sigoulès
Pomport
Badie
Les Maules
Colombier
Chât. de Bridoire
Ribagnac
Bouniagues
Conne-de-la-Barde
Soulbarède
Peyrelevade
Le Bocal
Poujols
St-Cernin-de-Labarde
St-Perdoux
Monsaguel
Issigeac
Perrou
Boisse
Flaugeac
Singleyrac
Sadillac
St-Julien-d'Eymet
Fonroque
Razac-d'Eymet
St-Capraise-d'Eymet
Mandacou
Eyrenville
Monmarvès
Faurilles
Born-de-Champs
Ste-Sabine-Born
Fonqueyrade
Tourliac
Montguyard
St-Aubin-de-Cadelech
Plaisance
Falgueyrat
Cavarcou
Cavarc
St-Quentin-du-Dropt
Bearnès
Ste-Radegonde
Naresse
Commune de Mazières-Naresse
Serres-et-Montguyard
La Perche
Lalandusse
Cahuzac
Castillonnès
Malacoste
St-Dizier
Doudrac
Rayet
Parranquet
Larche
St-Cernin
Soulaures
St-Nazaire
St-Grégoire
Ferrensac
Mazières
Rives
Villeréal
Parisot
St-Martin-de-Villeréal
Vergt-de-Biron
Biron
Jeancel
Le Coulon
St-Chalies
Les Brugues
Lauzun
Gontiers
Douzains
Sérignac-Péboudou
Montauriol
Pompiac
Bournel
Despoux
Valettes
Montaut
St-Étienne-de-Villeréal
Dévillac
Lacapelle-Biron
St-Avit
Sauvetat
Bourgougnague
St-Colomb-de-Lauzun
Ségalas
Laborde
Born
Laussou
Bonnenouvelle
Envals
Lamothe-d'Alles
Montignac-de-Lauzun
St-Maurice-de-Lestapel
Monviel
Lougratte
St-Eutrope-de-Born
Piis
Paulhiac
Donjon
St-Sardos
Gavaudun
Laures
Soulès
Rouffiac
Les Andrieux
Monbahus
Ringauts
Moulinet
Barouille
Lespinasse
Boudy-de-Beauregard
Roquefère
Birou
Salles
Allemans
Villebramar
Cancon
Montagnac-s.-Lède
Cayzac
Coupine
Lentignac
Beauregard
Monflanquin
Tombebœuf
Feratie
Cailladelles
Colombie
Beaugas
Trabade
Calviac
Lacaussade
Gardelle
Montastruc
Castelnaud-de-Gratecambe
St-Pastour
Senezelles
Crouzillac
Corconat
Savignac-s.-Lèze
Monségur
Condezaygues
Carentas
Paillolès
Gaffarot
La Sauvetat-s.-Lède
St-Aubin
Coulx
St-Pierre-de-Caubel
Carron
DORDOGNE

239
240
258
275
276
DORDOGNE
24
Savignac-de-Miremont
Lespinasse
Le Moustier
Roque-St-Christophe
La Madeleine
Tursac
Grotte de Carpe Diem
Laugerie Haute
Micoque
Grotte des Combarelles
Grotte du Grand-Roc
Les Eyzies-de-Tayac-Sireuil
Grotte du Font-de-Gaume
Grotte de la Mouthe
Cap Blanc
Laussel
Chât. de Commarque
Beyssac
Puymartin
Le Bugue
Campagne
Gouffre de Proumeyssac
Audrix
Meyrals
Chât. de Fage
St-Cyprien
Castels
Tamniès
Marcillac-St-Quentin
Salignac-Eyvignes
St-Crépin-et-Carlucet
Le Claud
Proissans
Ste-Nathalène
Sarlat-la-Canéda
Carlux
Orliaguet
Simeyrols
Peyrillac-et-Millac
Calviac-en-Périgord
Carsac-Aillac
Ste-Mondane
Fénelon
St-Julien-de-Lampon
Beynac-et-Cazenac
Vézac
Fayrac
La Roque-Gageac
Vitrac
Cingle de Montfort
Les Milandes
Castelnaud-la-Chapelle
Cénac-et-St-Julien
Domme
Groléjac
Veyrignac
Siorac-en-Périgord
Coux-et-Bigaroque
Belvès
Sagelat
St-Cybranet
Daglan
St-Martial-de-Nabirat
Nabirat
Gourdon
Grottes de Cougnac
Payrignac
Dieudet
Pompont
Bouzic
Florimont-Gaumier
Église
Salviac
Cazals
Marminiac
Villefranche-du-Périgord
Besse
Prats-du-Périgord
Montcléra
Frayssinet-le-Gélat
Goujounac
Cassagnes
Montcabrier
Bonaguil
Fumel
Puy-l'Évêque
Prayssac
Castelfranc
Luzech
Catus
Chât. de Crabillé
St-Médard
Mercuès
St-Denis-Catus
Sauveterre-la-Lémance
St-Front-s.-Lémance
Loubejac
Lavercantière
Degagnac
Concores
Peyrilles
Touzac
Duravel
Montayral
Monsempron-Libos
Albas
Douelle
Cahors

Martel
Souillac
Martel
Vayrac
Bretenoux
Gouffre de Padirac
Belv. de Copeyre
Cirque de Montvalent
Gouffre de Roque-de-Cor
Rochers de Monge
Rochers Ste-Marie
Grotte de Lacave
Belv. de Lanzac
La Treyne
Moulin de Cougnaguet
Gouffre de Cabouy
Rocamadour
Gramat
Source Salmière
Cirque d'Autoire
Grotte de Presque
Loubressac
Castelnau
Carennac
Gourdon
Grottes de Cougnac
Payrac
PARC
NATUREL
RÉGIONAL
DES
CAUSSES
Causse de Gramat
46
LOT
Labastide-Murat
Dolmen
Livernon
Grotte de Bellevue
Marcilhac-s.-Célé
Célé
Font. de la Pescalerie
Grotte de Pech-Merle
Gontaut-Biron
Chât. du Diable
Cabrerets
Sauliac-s.-Célé
Oppidum de Mursens
Chât. de Roussillon
St-Pierre-Lafeuille
Cajarc
Vallée du Lot
240
257
276
277

241
242
260
277
278
CANTAL
15
Peyrissac
Camps-St-Mathurin-Léobazel
La Maison-Neuve
Rieussec
Belpeuch
Sepval
Talamet
Gorges de la Cère
Cabannes
Laroquebrou
Mestrigis
Nieud
Ayrens
Tanues
Crandelles
L'Hôpital
St-Paul-des-Landes
Brousse
Cahus
Laval-de-Cère
Lamativie
Siran
Palat
St-Gerons
Bge de St-Etienne-Cantalès
St-Etienne-Cantalès
Le Cassan
Espinat
Comiac
Pont-de-Rode
Calviac
Roudettes
Espinet
Lacapelle-Viescamp
Foulan
Caumont
Ytrac
Tour
Teyssieu
Estal
Mourèze
La Balbarie
Le Pompidou
Conne
Glénat
Braconat
Jalles
Leynhac
Selves
Puechlong
Branviel
Cornac
Creyssac
Membert
Pontverny
La Ségalassière
N.-D.-de-Pitié
Grugnac
Méjanasserres
Pers
Omps
Sansac-de-Marmiesse
Frayssinhes
Fangas
Sousceyrac
St-Saury
Le Bex
St-Laurent-les-Tours
St-Céré
Lentillac
Latouille-Lentillac
Merle
Bourrierques
St-Mamet-la-Salvetat
La Carrière
Roumégoux
Le Rouget
Asfaux-Haut
N.-D.-de-Grâce
N.-D.-de-Verdale
Lacam-d'Ourcet
Labastide-du-Haut-Mont
Cayrols
La Salvetat
St-Paul-de-Vern
Estal
Senaillac-Latronquière
Parlan
Fenatrigues
Ladirat
La Broussette
Bessonies
Vitrac
Molières
Plagnes
Gorses
Latronquière
Serières
Conquand
Leyme
Terrou
La Vabre
Le Fau
La Virade
Marcolès
St-Médard-Nicourby
St-Hilaire
Rouziers
Eoisset
Vielcru
Espeyroux
Laurresses
St-Julien-de-Toursac
Bonnemayoux
La Moretie
St-Maurice-en-Quercy
Labathude
Bouxal
Les Cours
St-Antoine
Anglars
Montet-et-Bouxal
Quézac
Leynhac
Rouqueyroux
La Vitarelle
Sabadel-Latronquière
St-Cirgues
Lacapelle-Marival
Betille
Fayfol
Dèze
St-Etienne-de-Maurs
La Barresie
Calvinet
Ste-Colombe
Maurs
Altabesse
St-Bressou
Prendeignes
Les Serres
Lessal
Mourjou
Le Bouyssou
Arles
La Curade
St-Constant
Fournoulès
Issepts
Cardaillac
Le Fraysse
Bagnac-s.-Célé
Larive
Chât. de Merle
Fons
Fourmagnac
St-Perdoux
Linac
Le Trioulou
St-Santin-de-Maurs
Reyrevignes
La Borie
Pont
St-Julien-de-Piganiol
Mas-de-Vergnes
Les Carrières
St-Santin
Le Bez
Lavinzelle
Camburat
Viazac
Le Mas-Roux
Brayes
Les Bouygues
Puy-Blanc
Mouret
Lissac-et-Mouret
Planioles
Montmurat
Grand-Vabre
Clavies
St-Jean-Mirabel
Montredon
Guirande
St-Parthem
Cambes
Figeac
La Roussille
Agrès
Port-d'Agrès
Camboulit
St-Félix
Felzins
Ceint-d'Eau
Lunan
Lentillac-St-Blaise
Flagnac
Almont-les-Junies
Laromiguière
Boisse-Penchot
Capdenac
La Caze
La Roque-Bouillac
Livinhac-le-Haut
Les Estaques
La Borie-de-Pagas
Béduer
Cuzac
Bouillac
Mas-de-Noyer
Ournes
Agnac
La Boudie
La Bessenoits
Noailhac
Faycelles
Capdenac-Gare
Vernet-le-Haut
St-Martin
Cabriac
Decazeville
St-Julien-d'Empare
Viviez
Le Crouzet
Mine de la Découverte
St-Cyprien-s.-Dourdou
Frontenac
Sonnac
Mas-du-Causse
Le Mas-des-Vignes
Asprières
Les Albrès
Firmi
Cerles
St-Pierre-Toirac
Loupiac
Lieucamp
Agard
Serons
La Forésie
Le Moulinon
Roquefort
Arjac
Vernet-le-Bas
Prix
St-Loup
Le Gua
Cransac
Larroque-Toirac
Balaguier-d'Olt
Causse-et-Diège
Naussac
Tournhac
Malaval
Aubin
St-Julien-de-Malmon
Lot
Foissac
Ambeyrac
Grotte
Gelle
Mateau-d'Himes
Montbrun
Camboulan
Cassanus
Tour
Bez
Galgan
Caldecoste
Le Rayasse
Auzits
Montsalès
Peyrusse-le-Roc
Valzergues
Marion
La Berthoumarie
Testet
H de la Mounine
Causse-de-Saujac
Ols-et-Rinhodes
Sept-Fonds
Arnal
Salles-Courbatiès
Clauhnac
La Caze
Loubatie
Lugan
Montbazens
Aussibal
Cayssac
Escandolières
St-Christophe-Vallon

241
242
259
278
279
Aurillac
Vic-s.-Cère
Pas de Cère
Pas de Mougudo
Jussac
Naucelles
Ytrac
Arpajon-s.-Cère
AURILLAC-TRONQUIÈRES
Polminhac
Pesteils
Carlat
Rocher
Vézac
Caillac
Cropières
Messilhac
Raulhac
Mur-de-Barrez
Pierrefort
Lacapelle-Barrès
Narnhac
Brezons
Malbo
Paulhenc
Belv. du Vezou
Truyère
Lausssac
Bge de Sarrans
Ste-Geneviève-s.-Argence
Bge de la Barthe
Gorges de la Truyère
Labrousse
Teissières-lès-Bouliès
Lafeuillade-en-Vézie
Marcolès
Calvinet
Junhac
Montsalvy
Puy de l'Arbre
Barrage du Goul
Barrage de Couesque
Rés. de Montézic
Montézic
St-Amans-des-Cots
Plateau de la Viadène
Lac de la Selves
Entraygues-s.-Truyère
Bge de Cambeyrac
Puy de Montabès
Vieillevie
Grand-Vabre
Conques
12
AVEYRON
Rocher du Duc
Gorges du Lot
Gorges de l'Ouche
Noailhac
St-Cyprien-s.-Dourdou
Villecomtal
Pic de Kaymard
Nauviale
Chât. de Belcaire
Estaing
Espalion
St-Côme-d'Olt
Bessuéjouls
Le Nayrac
Florentin-la-Capelle
Golinhac
St-Félix-de-Lunel
Campuac
Le Cayrol
Montpeyroux
Bois d'Auna
Soulages-Bonneval
Cassuéjouls
Huparlac
Graissac
Lacroix-Barrez
Mayrinhac
Taussac
Brommat
N.-D.-de-Foncourieu
Puy de Roquelaure
Muret-le-Château
Causse de Lanhac
Rodelle

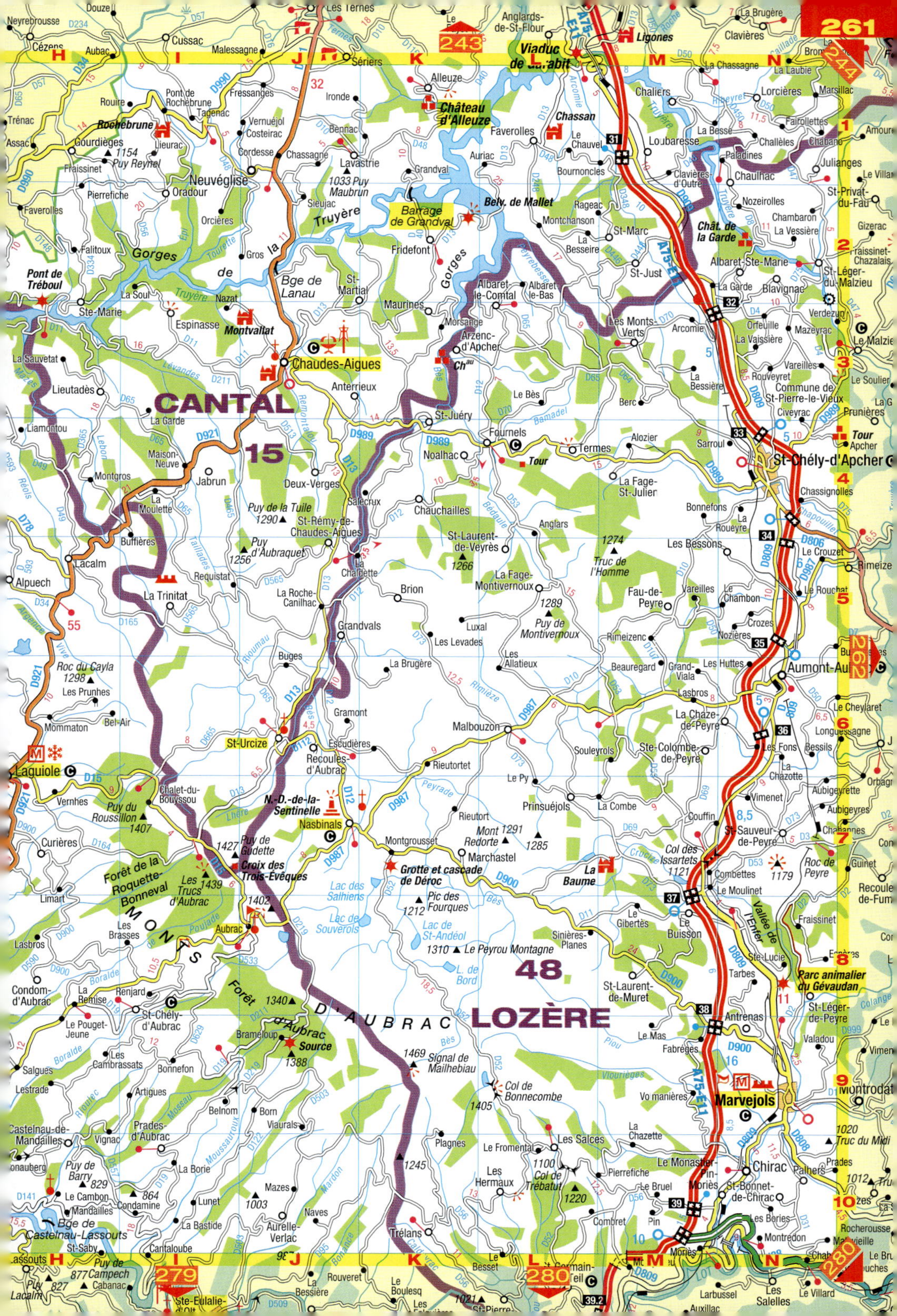
243
244
262
279
280
CANTAL
15
48
LOZÈRE
MONTS D'AUBRAC
Viaduc de Garabit
Ligones
Anglards-de-St-Flour
Les Ternes
Douzet
Neyrebrousse
Cézens
Aubac
Cussac
Malessagne
Sériers
Alleuze
Château d'Alleuze
Chassan
Faverolles
Clavières
La Brugère
La Chassagne
La Laubie
Lorcières
Marsillac
Chaliers
Loubaresse
Pont de Rochebrune
Tagenac
Fressanges
Rochebrune
Rouire
Trénac
Assac
Gourdièges
1154 Puy Reynel
Lieurac
Fraissinet
Neuvéglise
Oradour
Pierrefiche
Faverolles
Verneujol
Costeirac
Cordesse
Iironde
Bennac
Chassagne
Lavastrie
1033 Puy Maubrun
Grandval
Auriac
Bournoncles
Le Chauvet
Barrage de Grandval
Belv. de Mallet
Rageac
Montchanson
St-Marc
La Besseire
St-Just
Fridefont
Gorges
Sieujac
Truyère
Orcières
Gros
Gorges de la Truyère
Falitoux
Pont de Tréboul
Ste-Marie
La Soul
Nazat
Bge de Lanau
St-Martial
Maurines
Albaret-le-Comtal
Albaret-le-Bas
Espinasse
Montvallat
Chaudes-Aigues
Morsange
Arzenc-d'Apcher
Les Monts-Verts
Arcomie
La Sauvetat
Lieutadès
Anterrieux
St-Juéry
Fournels
Noalhac
Termes
Tour
Alozier
Sarroul
St-Chély-d'Apcher
Liamontou
La Garde
Maison-Neuve
Jabrun
Deux-Verges
Montgros
La Moulette
Buffières
Lacalm
Alpuech
La Trinitat
Requistat
Puy de la Tuile 1290
St-Rémy-de-Chaudes-Aigues
Puy d'Aubraquet 1256
La Chaldette
Salecrux
Chauchailles
St-Laurent-de-Veyrès 1266
Anglars
1274 Truc de l'Homme
Les Bessons
La Fage-St-Julien
Bonnefons
La Roueyre
Le Crouzet
Rimeize
La Roche-Canilhac
Brion
La Fage-Montivernoux
1289 Puy de Montivernoux
Fau-de-Peyre
Vareilles
Le Chambon
Crozes
Nozières
Le Rouchat
Luxal
Les Levades
Grandvals
Les Allatieux
Rimeizenc
Beauregard
Grand-Viala
Les Huttes
Aumont-Aubrac
Roc du Cayla 1298
Les Prunhes
Buges
La Brugère
Lasbros
Gramont
Malbouzon
La Chaze-de-Peyre
Mommaton
Bel-Air
St-Urcize
Escudières
Recoules-d'Aubrac
Rieutortet
Souleyrols
Ste-Colombe-de-Peyre
Les Fons
Bessils
Laguiole
Vernhes
Chalet-du-Bouyssou
Puy du Roussillon 1407
N.-D.-de-la-Sentinelle
Nasbinals
Le Py
Prinsuéjols
La Combe
Vimenet
Aubigeyrette
Aubigeyres
Curières
Puy de Gudette 1427
Croix des Trois-Évêques
Les Trucs d'Aubrac 1439
Forêt de la Roquette-Bonneval
Montgrousset
Rieutort
Mont Redorte 1291
1285
Marchastel
Grotte et cascade de Déroc
Couffin
St-Sauveur-de-Peyre
Col des Issartets 1121
Combettes
1179
Roc de Peyre
Limart
Lac des Salhiens
Pic des Fourques 1212
La Baume
Le Moulinet
Lac de Souverols
Aubrac
1402
Les Brasses
Lasbros
Lac de St-Andéol
1310 Le Peyrou Montagne
Sinières-Planes
Le Gibertès
Le Buisson
Vallée de l'Enfer
Ste-Lucie
Fraissinet
L. de Bord
St-Laurent-de-Muret
Tarbes
Parc animalier du Gévaudan
Condom-d'Aubrac
La Remise
Renjard
St-Chély-d'Aubrac
Le Pouget-Jeune
1340
Forêt d'Aubrac
Brameloup
Source 1388
Antrenas
Le Mas
Fabrèges
St-Léger-de-Peyre
Valadou
Salgues
Les Cambrassats
Bonnefon
1469 Signal de Mailhebiau
Lestrade
Artigues
Col de Bonnecombe 1405
Vo manières
Marvejols
Montrodat
Castelnau-de-Mandailles
Vignac
Prades-d'Aubrac
Belnom
Born
Viaurals
Plagnes
Le Fromental
Les Salces
La Chazette
1020 Truc du Midi
La Borie
Puy de Barry 829
Le Cambon
Mandailles
Condamine 864
1245
Les Hermaux
Col de Trébatut 1100
1220
Pierrefiche
Le Monastier-Pin-Moriès
Chirac
St-Bonnet-de-Chirac
Palhers
Prades
Lunet
Mazes
1003
Naves
Aurelle-Verlac
Le Bruel
Bge de Castelnau-Lassouts
La Bastide
Trélans
Combret
Pin
Les Bories
Montredon
Rocherousse
Lassouts
St-Saby
Puy de Campech 877
Cantaloube
Moriès
Puy Lacalm 827
Cabanac
Rouveret
La Bessière
Le Boulesq
Le Besset
St-Germain-du-Teil
Larbussel
Les Salelles
Le Villard
Ste-Eulalie-d'Olt
1021
Auxillac
Brom
Fairollettes
Challèles
Chabano
Paladines
Julianges
Chaulhac
Clavières-d'Outre
Nozeirolles
St-Privat-du-Fau
Chambaron
Châl. de la Garde
La Vessière
Gizerac
Albaret-Ste-Marie
St-Léger-du-Malzieu
Fraissinet-Chazalais
La Garde
Blavignac
Verdezun
Orfeuille
Mazeyrac
La Vaissière
Le Malzieu
Vareilles
Rouveyret
Commune de St-Pierre-le-Vieux
Le Soulier
Civeyrac
Prunières
Tour Apcher
Chassignolles
Le Cheylaret
Longuessagne
La Chazotte
Guinet
Recoules-de-Fumas
A75-E11
D989
D987
D900
D921
D809

262
243
244
261
280
281
A
B
C
D
E
F
G
1
2
3
4
5
6
7
8
9
10
Mont Mouchet
1465
Forêt d'Auvers
Venteuges
Bois de Luchadoux
La Besseyre-St-Mary
Saugues
Monistrol-d'Allier
l'Allier
St-Didier-d'Allier
Seneujols
Bonnefont
Paulhac-en-Margeride
Montgrand
1471
Montchauvet
1486
Le Pas de l'Ane
1458
MARGERIDE
Grèzes
Esplantas
Vazeilles-près-Saugues
St-Préjet-d'Allier
Croisances
Chambonnet
Alleyras
Lac du Bouchet
Le Bouchet-St-Nicolas
Mt Recours
1394
Mt Farnier
1328
Mt Fouey
1222
St-Léger-du-Malzieu
Le Malzieu-Ville
Le Malzieu-Forain
Chanaleilles
Thoras
Reynaldès
St-Vénérand
St-Christophe-d'Allier
Chambon-le-Château
St-Symphorien
St-Bonnet-de-Montauroux
Le Nouveau-Monde
Chapeauroux
Château-Laville
St-Haon
Lajo
La Chazette
Madrière
Ancelpont
Laval-Atger
St-Chély-d'Apcher
Tour
Apcher
St-Alban-s.-Limagnole
MONTS DE LA MARGERIDE
Ste-Eulalie
St-Paul-le-Froid
Grandrieu
Croix de Bor
1450
Roc de Fenestre
1488
La Panouse
Col des 3 Sœurs
1452
St-Denis-en-Margeride
Auroux
Chastanier
Aumont-Aubrac
Fontans
Serverette
La Villedieu
St-Sauveur-de-Ginestoux
St-Jean-la-Fouillouse
Javols
Les Laubies
Pierrefiche
Ville-Vieille
St-Gal
St-Amans
Estables
Arzenc-de-Randon
Signal de Randon
1551
Truc de Fortunio
1551
Rieutort-de-Randon
Lac de Charpal
Châteauneuf-de-Randon
Monument à Du Guesclin
Roche Branlante
Forêt de Mercoire
Le Châtelet
1435
La Moure de la Gardille
1503
Plateau du Palais du Roi
Signal de Salassous
1324
Parc animalier du Gévaudan
Laubert
Montbel
Causse de Montbel
48
Ribennes
Recoules-de-Fumas
Lachamp
Servières
Chastel-Nouvel
Pelouse
St-Frézal-d'Albuges
Montrodat
Badaroux
Allenc
Sommet du Goulet
1497
LOZÈRE
Truc du Midi
1020
Truc de Grèzes
1012
Mende
Lot
Causses de Changéfège
La Chaumette
Le Gerbal
Mausolée romain
Chât. de la Prade
Col de la Loubière
Bagnols-les-Bains
Source du Lot
St-Julien-du-Tournel
Le Bleymard
Balsièges
Barjac
Grèzes
Palhers
Marvejols
Chanac
Commune de Mas-d'Orcières

245
246
264
281
282
VELAY
ARDÈCHE
07
MONTS DU VIVARAIS
PARC NATUREL RÉGIONAL DES MONTS D'ARDÈCHE
Le Monastier-s.-Gazeille
Mont Mézenc 1753
Gerbier-de-Jonc
Source de la Loire
Le Lac-d'Issarlès
Barrage du Cage
Barrage de la Palisse
Langogne
Pradelles
Arlempdes
Anc. chartreuse de Bonnefoy
Forêt de Bonnefoy
Forêt du Mézenc
Cascade du Ray Pic
Abbaye
Forêt de Mazan
Bois du Faultre
Source de l'Ardèche
Cascade de la Chavade
Forêt de Bauzon
Château de Montlaur
Forêt d'Aubuc
Thueyts
Montpezat-s/s-Bauzon
Châl. de Ventadour
Coulée basaltique
Serre de la Croix de Bauzon
Jaujac
Bruget
Forêt de la Souche
Trappe de N.-D.-des-Neiges
Source de l'Allier
Ft de Chasseradès
Forêt des Pradels
Ft Communale de Laveyrune
Forêt du Chap del Bosc
Corniche du Vivarais
Barrage de Petit Paris Roujane
Forêt de Prévenchères
Bois de Serreméjean
Gorges de la Borne
Massif de Tanargue
Valgorge
Largentière
Rocher de Pialoux
Suc de Touron 1250
Suc de Montfol 1601
Suc de Bauzon 1471
Mt Gros 1314
Rocher d'Abraham 1498
Mt Aigu 1316
Col de Meyrand 1371
Col de la Croix de Bauzon 1308
Landos
Le Puy
St-Étienne-de-Lugdarès
Laveyrune
La Bastide-Puylaurent
Prévenchères
Montselgues
Belv. de Chassezac
Roure
Donjon
La Garde-Guérin
Villefort
Les Vans
Joyeuse
Lablachère
Faugères
Beaumont
Largentière
Rocles
Burzet
Mayres
Barnas
Lachamp-Raphaël
Ste-Eulalie
Les Estables
Borée
Fay-sur-Lignon
Coucouron
Issarlès
Mazan-l'Abbaye
St-Cirgues-en-Montagne
Lanarce
Le Roux
Tunnel de Roux
Mt Signon 1455
Rocher de l'Aiglet 1417
Mt d'Alambre 1691
Rocher du Bachat 1423
Rocher Tourte
Sucs de Sara 1520
Rocher de Cheylard 1412
Suc de Pal 1402
Suc du Mt Aigu 1180
Suc de Teste la Faye 1007
N.-D.-de-Prévenchère
Laurac-en-Vivarais
Sanilhac
Vernon
Ribes
Rosières
Pied-de-Borne
Ste-Marguerite-Lafigère
Thines
St-Jean-de-Pourcharesse
Planzolles
Sablières
Dompnac
Sommet de Chaylar 1050
Trépaloup 1400
Serre de Montgros 1504
Col du Pendu 1430
Gorges de la Beaume
N88
N102
D500
D906
D19
D24

245
246
263
282
283
A
B
C
D
E
F
G
1
2
3
4
5
6
7
8
9
10
Haut
St-Julien-Boutières
Beauvert
Baraques
La Citadelle 1196
Le Pouzal
Longe Faye
Mathon
St-Basile
St-Barthélemy-Grozon
Grozon
Col des Fans 754
C. de la Bourboule
La Bâtie
Champis
Lachapelle-s/s-Chanéac
Le Bourget
Taussac
Limis
Chât. de Rochebonne
St-Jean-Roure
Catalot
La Pra
Mounens
Maisonseule
Col de Montreynaud 760
Serre de la Roue 949
Charratier
Alboussière
La Pine
Leyrisse
St-Prix
Le Besset
Cluac
St-Apollinaire-de-Rias
Chanéac
Valamas
St-Martin-de-Valamas
Dame-Bessac
St-Cierge-s/s-le-Cheylard
Nonières
Jarjat
Les Baraques
Châteauneuf-de-Vernoux
Boffres
Ponsoye
Serres
Bois-Lantal
Jaunac
St-Julien-Labrousse
Les Collanges
Vaussèche
Croix-de-Nodon
PARC
DU
NATUREL
Mayas
Le Cheylard
St-Michel-d'Aurance
l'Alboureт
Col de Ceyssouan 810
St-Jean-Chambre
Le Vernat
Vernoux-en-Vivarais
La Justice
Le Moulin-à-Vent
Seauve
Rocher de Pialoux
Soutrou
Arcens
Villebrion
Fontbonne
Le Relay
Savinas
Massas
Chadenac
Aurance
Burianne
Gorges de l'Eyrieux
Silhac
Les 4-Ponts
Commune de Gilhac-et-Bruzac
Molines
Mariac
Accons
St-Barthélemy-le-Meil
Chalencon
Chât. de la Tourrette
Cornuscle
Le Pont-de-Fromentières
Vergnes
La Fauritte
Beauvène
Prêle
Le Villard
Col de Serre-Murel 765
Gilhac
Girbaud
La Rouveyre
La Chazotte
MONTS
St-Christol
Écharlives
Chalan
Extrémiaoux
Mours
St-Maurice-en-Chalencon
Colland
La Laurie
St-Julien-le-Roux
Chât. de Pierre-Gourde
Besses
Eyriac
Talaron
Le Fau
Roumezoux
Passevite
St-Martial
Sauveille
Dornas
Jouanvins
Col de la Faye 1019
Gluiras
La Fargatte
Boucharnoux
Corniche de l'Eyrieux
St-Andéol-de-Fourchades
Noirol
La Peyre
St-Genest-Lachamp
St-Michel-de-Chabrillanoux
St-Fortunat-s.-Eyrieux
Crumière
Longeagne
Grand-Dornas
La Rouveyre
La Biousse
Le Chambon
1165 Pointe du Don
Albon
St-Pierreville
DES
Jaries
St-Sauveur-de-Montagut
Dunière-s.-Eyrieux
RÉGIONAL
Les Ollières-s.-Eyrieux
Plot
Suc de Montivernoux 1441
Mézilhac
Marcols-les-Eaux
Fauzuc
St-Étienne-de-Serre
St-Vincent-de-Durfort
St-Cierge-la-Serre
Lachamp-Raphaël
Le Freydier
Col du 540 Tribe
Mauras
Le Fival
Pont-d'Auzène
La Chièze
1149
Col des Quatre-Vios
Ferrières
La Pizette
les Sautaux
Le Chambon-de-Bavas
Laval
Rompon
Gay Pic
1448
Suc de l'Areilladou
Le Bouschet
La Serre
Le Crouset
Issamoulenc
Abeillouse
Cévelas
Le Pont-de-Boyon
Les Michaux
Limouze
Les Fonts-du-Pouzin
Rocher de Cheylard 1412
Pinchenole
Le Champ de Mars 1343
St-Julien-du-Gua
La Pervenche
Pranles
826
Serre l'Église
Le Pouzin
Le Jardin-de-Cuze
Ajoux
Lyas
Le Roure
1332
Sommet de Champlot
Forêt Dom. du Pradou
Col de la Fayolle 877
Blaizac
Greytus
Pourchères
Creysseilles
Jaubernie
Chamée
St-Julien-en-St-Alban
Laviolle
Gamondès
Le Chambon
Le Bouchet
Brus
La Jaubernie
Flaviac
Payre
Les Sausses
MONTS
Bise
St-Joseph-des-Bancs
D'ARDÈCHE
Veyras
Coux
Privas
St-Symphorien-s/s-Chomérac
Burzet
Freyssenet
Gourdon
Lay
Roc de Gourdon 1061
Suc de Testé la Faye
Labastide-s.-Bésorgues
Conchis
La Geneste
Col de l'Escrinet 787
St-Priest
Chomérac
Brune
Aizac
Genestelle
Le Bénéfice
Vernas
Entrevaux
Alissas
La Neuve
Juvinas
Antraigues
Le Vernet
La Conchy
La Garde
Le Gleizal
Coupe d'Aizac 808
St-Michel-de-Boulogne
St-Étienne-de-Boulogne
Champ-la-Lioure
St-Lager-Bressac
Bressac
Bois de Bressac
St-Pierre-de-Colombier
La Roche
La Prade
Amarnier
Rabeyrie
Asperjoc
Freyssenet
Meyras
Chirols
l'Aulagnet
Thieuré
St-Andéol-de-Vals
Château de Boulogne
Chap. de Pra-Maillet
Col du Benas 795
Laval
Le Pré
St-Bauzile
Aubilles
Rochessauve
Plateau de Coiron
Chât. de Ventadour
Serrette
Chauliac
Oubreyts
Niègles
Vals-les-Bains
St-Julien-du-Serre
Taverne
St-Pierre-la-Roche
St-Vincent-de-Barrès
Pont-de-Labeaume
Fabras
Table d'orientation
Vesseaux
La Chéoune
Berzème
Les Molières
St-Martin-s.-Lavezon
Chapelle
Lalevade-d'A.
Labégude
Ucel
29,5
Darbres
Col de Fontenelle
Bois des Roussières
St-Laurent-s/s-Coiron
Jaujac
Prades
Mercuer
Le Pont d'Ucel
Le Suel
Vendrias
Vacheresse
St-Martin-l'Inférieur
Farge
St-Privat
St-Gineis-en-Coiron
Le Pont-d'Aubenas
La Rochechérie
Sceautres
Meyss
Aubenas
Eyriac
Lussas
Tour de Mirabel
Grottes de Montbrun
Le Bois-de-Val
St-Cirgues-de-Prades
Lentillères
St-Didier-s/s-Aubenas 361 Jastres
Mirabel
Rocher
Mailhac
507 Pic de Chenavari
Bge de Rochemaure
St-Laurent
Haute Valette
La Chaberterie
Nevissac
Le Rieu
St-Jean-le-Centenier
St-Pons
Ancône
Ailhon
St-Étienne-de-Fontbellon
Mias
Chabrols
St-Pierre-s/s-Aubenas
Aubignas
Rochemaure
Chazeaux
St-Antoine
Le Pradel
Le Pont
Lebrat
36
Fons
Lavilledieu
Sommet de la Croix Julian 552
Rocher
Lachapelle-s/s-Aubenas
St-Sernin
Chantuzas
Luth
Chabrol
Villeneuve-de-Berg
Alba-la-Romaine
La Roche
Le Teil
Coulens
La Vernade
Vogüé
St-Germain
Tauriers
Chassiers
Mélas
La Violette
Largentière
Parc Aérocity
Tournon 435
Terme Noir
Vinezac
Gournier
Sanilhac
Lanas
Sauveplantade
St-Andéol-de-Berg
40
Montréal
St-Maurice-d'Ardèche
Village Féodal
Ladou
Uzer
Tour
Paurières
Fayet
La Croisette
Servière
Vaudanoux
St-Thomé
20
Rochecolombe
St-Alban
Lauraс-en-Vivarais
Bellevue
Balazuc
Leyris
St-Maurice-d'Ibie
Valvignères
Châteauneuf-du-Rhône
Prends-toi-Garde
Courbessac
Cherdenas
RHÔNE
Balbiac
Moulin-Valade
Viviers
Chauzon
l'Espine 373
Intras
Bayne
Rosières
Défilé de Donzère
La Chadenède
Les Salelles
Défilé uoms
Pradons
Lafare
Gorge de Baume
Les Riailles
N.-D. d'Ajude
Labeaume
Ruoms
Larnas
Gras
Donzère
Joannins
Gorges de la Beaume

Baratier
Cornas
Bourg-lès-Valence
Thodure
Le Puits-de-Lignet
Fauconnière
Besayes
Barbières
Chât. de Pélafol
Rochers des Deux Soeurs
247
248
St-Péray
Montélier
Charpey
St-Vincent-la-Commanderie
1219 Serre du Mortier
Montagne de l'Épenet
Le Pin
Chât. de Crussol
Guilherand
Valence
Les Martins
Les Bérards
VALENCE-CHABEUIL
Pierre Chauve 1308
Léoncel
Grand Échaillon 1208
Bouvante-le-Haut
Fialaix
Biousse
Granges
Parlanges
Les Faucons
Peyrus
Toulaud
Malissard
Chabeuil
Châteaudouble
1313 Col de la Bataille
Roc de Toulau 1581
Soyons
Col des Ayes
Camp militaire
Les Breytons
Les Caires
La Rune
La Vacherie
Col de Rotisson
Charmes-s.-Rhône
Portes-lès-Valence
Montvendre
Ste-Marguerite
Combovin
Commune du Chaffal
Omblèze
Montagne d'Ambel
St-Georges-les-Bains
Barcelonne
980 Col de Bacchus
Le Chaffal
Tête de la Dame 1506
Beaumont-lès-Valence
Les Dourcines
La Grand Dent 976
Les Arbods
Bains
St-Marcel
Château-Rouge
Bge de Charmes
Beauvallon
Montéléger
Étoile-s-Rhône
Les Ferrands
Cascade de la Pissoire
Gorges d'Omblèze
Mgne des Trulières
Champfort
Les Dorelons
La Paillette
Le Moulin-la-Pipe
Bec Pointu 1342
Côte Blanche
Ansage
Les Glovins
St-Laurent-du-Pape
Beauchastel
La Paillasse
Montmeyran
Les Dinas
La Blache
Rochers du Vellan
Chute de la Druise
Lallet
Bressac
La Baume-Cornillane
Les Maillets
Les Pécolets
Les Batailles
Plan-de-Baix
L'Escoulin
Serre de l'Écharenne
La Voulte-s.-Rhône
Fiancey
Upie
Ourches
Ch au
Gigors-et-Lozeron
959 Merly
St-Andéol
St-Genys
Les Petits Robins
Les Davids
Ambonil
Montoison
Les Massones
Vachères-en-Quint
Mgne des Condamines 815
Les Vallons
Les Monniers
Mont Miéry 389
La Rochette-s.-Crest
Les Gauthiers
Eygluy-Escoulin
Livron-s.-Drôme
Beaufort-s.-Gervanne
Vaunaveys-la-Rochette
Vieux Suze
Vaugelas
Forêt du Grand Barry
Le Crassier
Les Bûches
Allex
Eurre
Gabriel
Cobonne
Suze
Temple
La Gardette
Loriol-s.-Drôme
Seigneur-Dieu
Donjon
Crest
Montclar-s.-Gervanne
727 Serre Chabas
Véronne
St-Bardoux
Chosséon
Mt Brian 474
Grane
Aouste-s.-Sye
Les Berthalais
708 Serre des 3 Bornes
1112 Gaudichart
Le Temple
Chabrillan
Mirabel-et-Blacons
Bellevue
Verchery
Clioussclat
Besse
Les Portefonds
Bariol
Lambres
Saillans
471 Mt Gier
Saulce-s.-Rhône
Les Gilles
Divajeu
La Clastre
Piégros-la-Clastre
Aubenasson
La Colline
Mirmande
Les Reys-de-Saulce
Montpourchier 506
Autichamp
Les Chapeaux
Piégros
St-Sauveur-en-Diois
Espenel
La Roche-s.-Grane
Forêt de Marsanne
Col de Tartaiguille 399
Pas de Lauzens
Les Auberts
Serre de l'Aup 1195
Chiffe
Col de Devès 395
La Répara
Forêt de Saou
Rocher de la Laveuse 1244
Chastel-Arnaud
Cruas
Les Tourrettes
Le Logis-Neuf
Bastet
Le Grand Travers
Village féodal
Marsanne
La Répara-Auriples
Saou
Le Pertuis 385
Eurre
1589 Le Veyou
Montagne de Faraud 1202
La Coucourde
Roynac
Bègue
Talon
Condillac
Saudon
Soyans
Francillon-s.-Roubion
Mornans
La Chaudière
Col de la Chaudière
1047
Le Grand Delmas 1544
Les Combes
275 Mt Peyrieux
Puy-St-Martin
Mgne d'Eson
Rochefourchat
La Laupie
Cléon-d'Andran
Manas
Pont-de-Barret
Le Poët-Célard
Le Tollier
Bézaudun-s.-Bine
Montagne de Couspeau
Savasse
Sauzet
Bonlieu-s.-Roubion
Charols
Félines-s.-Rimandoule
Bourdeaux
St-Marcel-lès-Sauzet
Les Tonils
L'Homme-d'Armes
Rossignol
St-Gervais-s.-R.
Rochebaudin
Truinas
Le Planas
Eyzahut
DRÔME
Montélimar
Salettes
971 Serre-Gros
Petit-Paris
Montboucher-s.-Jabron
La Bâtie-Rolland
Châteauneuf-de-Mazenc
Montagne du Poët
Montagne de St-Maurice
Crupies
Orcinas
Rochemuse 1215
Comps
26
St-James
Puygiron
La Bégude-de-Mazenc
Souspierre
Vieux-Village
Bellevue
1106 Le Rot
Guisand
Couvent de Trappistines
Portes-en-Valdaine
Le Poët-Laval
Le Plat
Dieulefit
Beau-Vallon
Vesc
Mgne de Vesc
Bouvières
Le Ferrent
Espeluche
Montagne de Dieu Grâce 675
Mgne du Ruy
Champbonnet
Col Lescou 829
Couvent de Beauvoir
Rochefort-en-Valdaine
La Touche
Serre Pelé 664
Mont Rachas 898
Montjoux
La Paillette
Ponçon
Col la Sausse 791
Allan
Bois de Fonbrenoux
Aleyrac
Béconne
Montagne de Miélandre
Chapelle
Montagne de la Série
Bois de Taulignan
Roche-St-Secret-Béconne
Montagne de Col Plat 1201
L'Estellon
Commune de Chaudebonne
Malataverne
Bois de Salles
Les Artaux
Cime de Rozier 689
Mgne de la Lance
Valouse
Montjoyer
Le Frayssé
Le Moulin
Abbaye de N.-D.-d'Aiguebelle
Donjon de Blacon
Salles-s/s-Bois
283
284
Bois de Grignan
Teyssières
Mgne d'Autuche
Taulignan
Montbrison
Le Célas
Col de Lachaud 927
Bayonne
Gauville
AUTOROUTE DU SOLEIL

247
248
265
284
284
285

249
250
268
285
286
PARC
MASSIF
NATIONAL
La Mure
Susville
Sousville
Siévoz
Valbonnais
Entraigues
Gorges de la Jonche
Prunières
Ponsonnas
Pellenfrey
Cognet
Mayres-Savel
St-Arey
St-Jean-d'Hérans
St-Pierre-de-Méaroz
Masserange
St-Sébastien
Villars-de-Touage
Col Accarias
Cordéac
Mens
Le Verdier
La Peyre
Menglas
Serre-de-Milmase
Montmeilleur
Le Perrier
St-Baudille-et-Pipet
Les Marceaux
Les Petits Moulins
Mont de Ménis
Tréminis
Le Château-Bas
Source sulfureuse de Ratier
Le Serre
Château Méa
Grand Ferrand
Col de la Croix
Vallon de la Jarjatte
Montagne de Clairet
La Jarjatte
Mas-Rebuffat
Le Trabuech
Crête de Garnesier
Crête des Aiguilles
Gorges des Forêts
Tête de Lauzon
Crête de Samaroux
L'Obiou
Col des Faisses
Défilé de la Souloise
St-Disdier
Villard-Joli
Le Grand-Villard
Col de Rioupes
Maubourg
Lachamp
Agnières-en-Dévoluy
L'Ubac
Superdévoluy
Coutières
Vachères
Col du Festre
Le Chauvet
Montagne d'Aurouze
Observ.
Pic Ponçon
Plateau de Bure
La Cluse
Col de Lauteret
Anc. chartreuse
Durbon
Forêt de Durbon
Montagne Durbonas
Beaumugne
La Rochette
Le Villard
La Faurie
St-André
Les Granges
Seille
St-Michel
Bois de St-Apôtre
Veynes
Aspres-s.-Buëch
St-Marcellin
Ruines rom.
Oze
Aspremont
Bois de Sellas
Chabestan
Roc de Longue Dent
Montagne d'Aujour
L'Abbaye
Montagne d'Oule
St-Auban-d'Oze
Châteauneuf-d'Oze
Le Saix
La Bâtie-Montsaléon
Plan-du-Bourg
Serres
Le Bersac
Savournon
Sommet du Beynon
Les Girards
Crête des
Défilé de Potrachon
Tête de Jarret
Agnielles
Glaise
Châteauvieux
Les Bernards
La Montagne
La Froidière
Le Petit-Vaux
Montmaur
Tour
Chât. du Terrail
Le Villard
Furmeyer
Les Savoyons
Châtillon-le-Désert
Espreaux
Roc de la Lauze
Esparron
Audarne
Forêt des Sauvas
Tête de Clappe
Pont romain
Rabou
Les Baux
Les Roux
La Roche-des-Arnauds
Haute-Corréo
Basse-Corréo
La Freissinouse
Manteyer
Château de Manteyer
Bois de Combe Noire
Céüse
Mtgne de Céüse
Col des Guésins
Pelleautier
Neffes
Les Durandons
Les Courtès
Sigoyer
St-Laurent
Lardier-et-Valença
Vitrolles
Fouillouse
La Saulce
Curbans
Les Faysses
Barcillonn
Plan-de-Vitrolles
Ventavon
La Curnerie
St-Pierre
Montagne de Charance
Chât. de Charance
Le Cuchon
Gap
Table d'orientation
St-Jean
Tourronde
Route Napoléon
Châteauvieux
Tallard
Lettret
Le Banchet
Venterol
Le Grand Bois
Marmets
Sommet de Monsérieux
Piégut
Rochebrune
Brériers
Gigors
Sarrautt
Turriers
La Fraysinne
Bois de l'Ubac
Les Tourniaires
Jarjayes
Puy Cervier
Valserres
Remollon
Théus
Espinasses
St-Étienne-le-Laus
Avançon
L'Hermitage
N. D.-du-Laus
Sainte-Marguerite
Les Émeyères
Trechâtel
Rambaud
La Bâtie-Vieille
La Bâtie-Neuve
Les Fauvins
Les Guérins
La Plaine
Romette
Sarrazin
La Rochette
Les Casses
Les Bernard
Col de Manse
Puy de Manse
Chauvet
Col Bayard
Refuge Napoléon
Les Jaussaud
Tour St-Philippe
Manse
St-Hilaire
Ancelle
Le Villard
Serre-Richard
St-Laurent-du-Cros
La Fare-en-Champsaur
St-Julien-en-Champsaur
Forest-St-Julien
Buissard
Chabottes
St-Léger-les-Mélèzes
Aulagnier
Les Chanets
Rissents
St-Michel-de-Chaillol
Les Marrons
Chaillolet
Chaillol 1600
La Serre
Le Palastre
Pic Queyrel
Les Infournas
Les Infournas-Hauts
Bénévent-et-Charbillac
Les Gentillons
Villard-Trottier
Les Combes
Chantaussel
La Villette
St-Bonnet
Pisançon
Charbillac
Poligny
Villeneuve
Le Noyer
Col du Noyer
Les Forestons
Les Allards
Grand B. de Poligny
Le Serre
Refuge Napoléon
St-Étienne-en-Dévoluy
Le Pré
Truziaud
Les Cypières
L'Enclus
Pic Ponson
Bec de l'Aigle
Coste Folle
Pic de l'Aiguille
Chaudun
Rocher de la Palette
Col de Rabou
Sommet de la Plane
Bois du Chapitre
Pic Melette
Pic de Gleize
Col de Gleize
Les Farauds
Laye
La Crotte Chapelle
Pic de Bure
La Rivière
La Chau
Les Bassets
Défilé des Étroits
Le Courtil
Le Collet
Mgne de Féraud
Tête de Claudel
Roc Roux
Pouillardenc
Lacoue
Évarras
St-Eusèbe-en-Champsaur
Le Villard
Les Costes
La Motte-en-Champsaur
Le Villardon
Le Cuchon
Montagne du Petit Chaillol
Le Blanc du Peyron
Vallée de la Séveraissette
Molines-en-Champsaur
Le Roy
Vieux Chaillol
Pic de Tourond
Pic de Colle Blanche
Tête Virante
Pic de Pian
Pic de Disdier
Pic Pétarel
Aiguille du Midi des Andrieux
Lacs de Pétarel
Les Portes
Navette
Les Oulles du Diable
La Chapelle-en-Valgaudémar
Les Andrieux
Villar-Loubière
La Loubière
Valgaudemar
Cascade de Combefroide
Refuge de l'Olan
Pic d'Olan
Refuge des Souffles
Pic des Souffles
Le Désert
Refuge de Fond Turbat
Tête du Clotonnet
Grand Chapelet
Grun de St-Maurice
St-Maurice-en-Valgodemard
Le Roux
L'Ubac
Chalets de Prentic
La Chaup
Le Villard
L'Esparcelet
St-Firmin
Le Séchier
St-Jacques-en-Valgodemard
Lallée
Les Blachus
Roaffan
Chauffayer
L'Hôpital
Combardenc
La Broue
Brudour
Aspres-lès-Corps
Beaufin
Ambel
Monestier d'Ambel
Pic Pierroux
Le Glaizil
Lac du Sautet
Corps
Barrage et pont du Sautet
Quet-en-Beaumont
Les Côtes-de-Corps
Les Gauthiers
La Croix-de-la-Pigne
L'Aiguille
Les Moras
Les Payas
Pellafol
Les Chanaux
Le Posterle
Longueville
Tarvidière
Chauvet
C. de l'Holme
Ste-Luce
Les Istiers
Le Villard
St-Michel-en-Beaumont
La Salle-en-Beaumont
Villelonge
St-Laurent-en-Beaumont
Les Terrasses
Les Verneys
Malbuisson
Les Angelas
Chabrand
La Roche
Le Villard
Mont Gargas
Table d'orientation
Col de l'Homme
N.-D. de la Salette
Croix de Rougny
Les Ablandins
La Salette-Fallavaux
Les Pras
Les Achards
St-Julien
Gragnolet
Valjouffrey
Valjouffrey
Les Faures
La Chapelle-en-Valjouffrey
Gorges du Béranger
Pic de Valsenestre
Cascade de la Pisse
Aiguille des Arias
Cime de Montagnon
Pointe Swan
Tête de Lauranoure
Roche de la Muzelle
Clapier du Peyron
Valsenestre
L'Arcanier
Lac Labarre
Plan-Collet
L'Étillier
Dessous-la-Roche
Le Coiro
Les Everras
Oris-en-Ratier
Nantes-en-Ratier
St-Honoré
Le Villaret
Le Villard
Les Merlins
Péchal

249
250
267
286
287
HAUTES-ALPES
05
PARC NATIONAL DES ÉCRINS
Barre des Écrins
4102
Mont Pelvoux
Pic Coolidge
Dôme de Neige
Pointe de Pié Bérarde
Madame-Carle
Arcas
Chambran Chalets
2793
Cime du Paillon
Sommet de l'Eychauda
2661
Table d'orientation N.-D.-des-Neiges
2491
2572
Forville
Puy-St-Pierre
Pont d'Asfeld
Briançon
Tête des Fétoules
3459
Rocher de l'Encoula
3533
Chalet-hôtel du Carrelet
Ref. Temple Écrins
Pointe du Vallon des Étages
3564
Pics du Vaccivier
Glacier du Chardon
Sommets de l'Ailefroide
3914
3848
3953
Refuge de Pelvoux
Refuge de la Pilatte
Refuge du Sélé
3557
Pointe du Sélé
3460
Pointe Guyard
Ailefroide
Les Claux
Pelvoux
St-Antoine
Sarret
Puy-Aillaud
Vallouise
18
2954
La Blanche
2939
Cime de la Condamine
2928
Tête des Lausières
Les Combes
Puy-St-André
Pierre-Feu
Chamandrin
P.-de-Cervières
Soubeyran
Villar-St-Pancrace
Ratière
Prelles
St-Blaise
Le Villaret
Le Mélézin Chalets
Chalets des Ayes
Refuge de Fond Turbat
3589
Les Rouies
3312
3351
Mont Gioberney
Pointe de la Muande
3315
Refuge des Rouies
3669
Sommet des Bans
Pic d'Olan
3564
L. du Lauzon
Chalet-hôtel de Gioberney
Refuge de l'Olan
Casc. du Voile de la Mariée
Le Clot
Refuge des Bans
Casc. du Casset
Rif-du-Sap
Le Bourg
Le Casset
3480
Pic de Bonvoisin
Béassac
Le Villard
Puy-St-Vincent
Narreyroux
Casc.
Entre-les-Aigues
Combe de Narreyroux
Station 1600
2091
Tête d'Oréac
Parcher
Les Vigneaux
Les Prés
Prey-d'Amount
Bouchier
Villard-Meyer
Queyrières
St-Martin-de-Queyrières
Pic de Peyre Eyraute
2903
Bois des Ayes
Chalets de l'Orceyrette
Table d'orientation Belv. de Pelvoux
La Bâtie
L'Argentière-la-Bessée
2757
Roc de Serre Chapelle
Ste-Marguerite
2810
Pic du Haut Mouriare
Lac de l'Ascension
2527
Tête du Puy
2585
Tête du Peyron
Le Cougnet
Les Oulles du Diable
DES ÉCRINS
Vallonpierre
Aiguille de Morges
2985
3440
Sirac
Pointe de Verdonne
3327
Crête de l'Aup Martin
3074
3308
Pointe de l'Aiglière
2938
Crête de Prarol
2064
Tête de la Rochaille
Salce
Le Plan
Léothauds
Navette
Pic Pétarel
2619
Les Portes
Pic des Parières
3076
Lacs de Crupillouse
2724
Puy Rivarol
2675
Tête Virante
Les Choucières Vertes
3058
Refuge de Champoléon
3179
Pointes de Rougnoux
3242
3219
3191
Crête Dourmillouse
Les Aujards
Fressinières
Géro
Bois du Puy
Le Serre
Le Lauzet
La Roche-de-Rame
L'Adroit
Les Auberts
Champoléon
Montagne de Cédera
2883
Aiguille de Cédera
2782
Col de Freissinières
Dourmillouse
Vallée de Fressinières
Casc.
Les Mensals
Cascades
Les Viollins
Pallon
Le Chambon
20
Gouffre de Gourfouran
Bois Noir
Col du Lauzet
2225
2975
Les Baumes
Les Gondouins
Les Fermons
Champoléon
Vieux Chaillol
3163
Méollion
2775
Roc des Hommes
Grand Lac des Estaris
3117
Grand Pinier
Cascades
2749
Le Piquet
Lac Faravel
Champcella
Prareboul
Le Villard
St-Crépin
2454
Prachaval
2743
Pic de Tourond
Sommet Drouvet
2655
2407
Roc d'Alibrandes
3100
Petit Pinier
3156
Tête de Vautisse
Chanteloube
Les Achards
Les Eymars
Les Martins
2402
La Pousterle
Vallée du Drac
Orcières-Merlette
Les Estaris
Prapic
3108
Pic de Rochelaire
L'Alp
Le Cros
Eygliers
La Font-d'Eygliers
Le Palastre
2280
Les Garnauds
Les Marches
Orcières
Drac Noir
3038
Tête de Couleau
Le Truchet
Réotier
Mont-Dauphin
Chaillol 1600
La Serre
La Coche
Les Aicoux
Les Usclas
Serre-Eyraud
Les Audiberts
2459
Tête de Fouran
Guillestre
Les Marrons
St-Nicolas
Pont-du-Fossé
Val du Drac
Les Casses
Les Clots
Le Plan de Phasy
Risoul
T. d'orient. de Peyre-Haute
St-Michel-Chaillol
St-Jean-St-Nicolas
Archinard
2916
Le Carabrut
2582
Col des Tourettes
Cascade de la Pisse
2565
Tête de Clotinaille
St-Clément-s.-Durance
43
Chabottonnes
2782
Grande Autane
2928
Pointe de la Diablée
La Serre
St-Alban
Forêt de Risoul
Risoul 1850
2518
Pointe Autane
2994
Le Mourre Froid
Tête de Soleil Boeuf
2814
St-Étienne
St-Marcellin
23
St-Léger-les-Mélèzes
Champsaur
Pointe de Serre
2909
2824
Tête de l'Hivernet
Lac de Siguret
Chameyer
Châteauroux-les-Alpes
2473
Pic du Clocher
2577
Ancelle
Pointe de Fleurendon
2497
Gournier
2763
Tête de Lucy
Siguret
Forêt de Saluces
Col de Valbelle
2372
Château-d'Ancelle
2464
Le Piolit
Les Parias
2507
Le Pousterle
2514
2555
Tête de Colly
Réallon
La Reste
Chalvet
St-André-d'Embrun
Pra-Mouton
2857
Pic St-André
2727
Pic de Chabrières
Tour St-Philippe
Forêt Domaniale du Sapet
Mont Guillaume
2552
Les Rousses
Le Château Caléyère
Les Rencuraux
Le Villard
Les Aubins
Naune Raze
Pic de Chabrières
2403
La Blache
Lac de St-Apollinaire
Puy-St-Eusèbe
Bois Vézin
Les Truchets
Le Petit-Puy
Praveyral
La Chalp
Les Casses
Les Bernards
Les Andrieux
Les Césaris
Les Collets
Le Bourget
Le Martouret
Les Goures
Chorges
Chérines
St-Apollinaire
Puy-Sanières
Embrun
Le Coin
Les Vabres
Les Gaillards
Forêt de Méale
Crévoux
Bâtie-Neuve
La Bâtie-Vieille
Montgardin
Prunières
Les Bernards
Baratier
St-Sauveur
Serre-Ponçon
Les Massots
Les Oliviers
St-Michel
Pont de Savines
Montmirail
Crots
Le Poet
Chât. de Peycomtal
Les Orres
Forest
2503
Le Pic Haut
La Plaine
Avançon
Le Fein
Chanteloube
Savines-le-Lac
Beauvillard
St-Jean
Les Ribes
Le Melezet
Rocher de la Serre
Gapian
Col Lebrault
1110
Les Chappas
Pontis
Forêt de Morgon
Forêt de Boscodon
Anc. abbaye
Forêt du Bout du Mélèze
Les Orres Pramouton
Pramouton
2563
2809
Pic de Boussolenc
2645
Col de Parpaillon
St-Étienne-le-Laus
1733
La Faure
1142
Lac de Serre-Ponçon
Fontaine des Miracles
Demoiselles Coiffées
Pic de Morgon
2327
Les Fabres
2451
Tête de la Mazelière
Bois de la Ville
St-Colombis
Les Aymes
18
Rocher Chabrard
Col de Pontis
1301
L'Adroit-de-Pontis
Fontaine de l'Ours
Cirque de Morgon
Cirque du Bragousse
Bois du Lauzerot
Sources de Jérusalem
Salle du Bal des Demoiselles Coiffées
Rousset
Belvédère
Le Sauze
Ubaye
2147
Col de la Rousse
Théus
Espinasses
L'Hôtel
Barrage de Serre-Ponçon
24,5
Le Petit Ferrand
2440
2898
Le Pouzenc
Grande Epervière
Chancelas
Le Villaret
2360
2524
Col de l'Âne
2917
L'Aupillon
2613
2884
Gréolier
La Bréole
22
Ubaye
Casc. de Costeplane
Col des Orres
Rochebrune
Beaufort
1351
Les Eyrauds
Le Lauthaset
St-Vincent-les-Forts
2686
Les Plastres
Montagne de la Scie
La Garde
Costebelle
Charamel
Les Goirands
Bois Noir
Le Lauzet-Ubaye
La Roméyère
L'Aubrée
Basse-Chalanche
Bréziers
L'Eygaye
Col St-Jean
Les Berlies
Le Seuil
Grande-Blache
Méolans-Revel
Les Dalis
1578
Montagne de Seymuit
Les Allards
St-Jean
2505
Champanastay
Rioclar
Les Prats
Les Thuiles
La Frache
La Lauze
Malpasset
Allemand
1322
Col des Fillys
Risolet
Anc. batterie
Dormillouse
Méolans
Gaudeissard
Les Guérins
Montclar
Villaudemard
La Fraysinie
1183
19
24
N94
D902
D994
D954
D900
D40
A
B
C
D
E
F
G
1
2
3
4
5
6
7
8
9
10

PARC NATUREL RÉGIONAL DU QUEYRAS
PIEMONTE (PIÉMONT)
Sources de la Durance
Le Chenaillet
Chabaud
Lac Noir
Col de Bousson
Crête de Dormillouse
Roc del Boucher
Punta Clapiera
M. Barifreddo
Colle di Rodoretto
Punta Vergia
Orgière
Pomieri
Ghigo
Gran Truc
Pradel
Cepello d'Envie
Punta Cialancia
Punta Cornour 2868
Cima Chiapos
Les Fraches
Lachau
St-Michel
Cervières
Terre-Rouge
Ft de Maratta
Le Laus
Prafauchier
Les Chalps
Cime de la Charvie
Le Blétonnet
Turge de la Suffie
Les Fonds
Pic du Grand Glaiza
Bric Froid
Pic Charbonnel
Cima Roudel
Ribba
Pointe Peygu
Bois de Péméant
Refuge Napoléon
Chalets d'Izoard
Grand Pic de Rochebrune
Pic du Point Rochebrune
Lacs du Malrif
Pic de Clausis
La Montette
Grand Queyron
Col St-Martin
Bois de Mamozel
Pra-Roubaud
Valpreveyre
Bric Bouchet
Bòbbio Pellice
Villar Pellice
Malpertus
Perlà
Table d'orientation
Col d'Izoard
Col des Ayes
Casse Déserte
Col de Péas
Serre de l'Aigle
Montagne de Malrif
Le Roux
Bois de la Brune
Le Villard
Abriès
Jilly 2448
Col d'Urine
Villanova
Ferrera
Chalets de l'Echaillon
Chalets de Clapeyto
Brunissard
Pic de l'Agrenier
Chalets de Lombard
Eygliers
Malrif
Forêt de Marassan
Tête du Pelvas
Carbonieri
Col du Néal
La Chalp
Arvieux
Souliers
Chalvet
Aiguilles
Ristolas
La Roche
Colle del Baracun
Col de la Croix
Pralapia
Château Ville-Vieille
Rouet
Les Meyriès
Bois Foran
Peinin
Le Grand Bois
L'Échalp
Mont Ratroussin
Château Queyras
Ville-Vieille
Crête du Mourre Froid
Pic de Maloqueste
Pic du Béal Traversier
Les Moulins
Les Prats
Villargaudin
Les Demoiselles Coiffées
Sommet Bucher
Pic du Fond de Peinin
Petit Belvédère du Viso
M. Granero
M. Manzol
Rocher de l'Ange Gardien
Chalets de Furfande
Molines-en-Queyras
Le Coin
Lac Égourgéou
Pic Traverse
Col de la Traversette
Crissolo
Montbardon
La Chapelue
Les Escoyers
Bramousse
La Chalp
Montagne de Beauregard
Pic Foréant
Lac Foréant
Bergerie-s/s-Roche
Belvédère du Viso
Source du Pô
Lac Fiorenza
Pian Chiaffre
Grotte
Chalets de Bramousse
Col de Bramousse
Traversée interdite
Le Raux
St-Véran
Pic de Château Renard
La Grande Aiguillette
C.A.F. Mont Visolotto
Lac Chiaretto
Combe du Queyras
Sommet d'Assan
Col des Estronques
N.-D. de Clausis
Col Agnel
Le Pain de Sucre
Passage incertain
Viso Mozzo
Mont Viso
Col de Vallante
Le Villard
La Clapière
Ceillac
St-Roch
Pic de Caramantran
Col de St-Véran
Costa Ciabert
C.A.I. Gagliardone
C.A.I. Sella
Gros
Forêt de la Rortie
Cristillan
B. des Eusselières
Pied-du-Mélezet
Riouienc
Col Blanchet
Chianale
Punta Tre Chiosis
Punta Michelis
Tête de Longet
Tête des Toillies
Lac Bleu
Lac Noir
Col du Longet
Forêt de Combe Chauve
Pic d'Escreins
Cime-du-Mélezet
Col de Cristillan
Pso S. Chiaffredo
Colle di Luca
Punta Ra...
Cima delle Lobbie
Casc. de la Pisse
La Raille
Refuge de Basse Rua
Pointe de Saume
Péouvou
Pontechianale
Maddalena
M. Reisasso
Chapelle Ste-Anne
Crête des Veyres
Col Tronchet
Bric de Rubren
Castello
Barrage
Bosco de l'Alevè
Vars
St-Marcellin
Ste-Catherine
Réserve naturelle du Val-d'Escreins
Pic de la Font Sancte
Maurin
Tête de Malacoste
M. Ferra
M. Pietralunga
Villaretto
Rabioux
Serre di Rai
La Forest
Ste-Marie
Vars
Panestrel
Lac Vert
Combe-Brémond
Maljasset
C.A.F.
Chau
Casteldelfino
Villar
Calches
Torrette
Confine
Varaita
Les Claux
Refuge Napoléon
Col de Serenne
Pic des Houerts
Lac Bleu
La Barge
Pointe Haute de Mary
Lacs de Marinet
Lacs du Roure
Pelvat de Chabrière
Celle
Pleyne
Chiesa
Valle
Sant'Anna
Colle Bicocca
M. Morfreid
Colle di Sampeyre
Viani
Pelvo d'Elva
Chiosso
Elva
Gorìa
M. Nebin
Aiguille de Chambeyron
Pointe du Fond du Roure
Tête de Paneyron
Colonnes Coiffées de Vars
St-Antoine
Col de Mary
Colle du Bellino
M. Faraut
Colle delle Sagneres
Crévoux Pic
Col de Vars
Grande Serenne
Pont du Chatelet
Lac des Neuf Couleurs
M. Albrayè
M. Chersogno
Campiglione
Cesani
Morinesio
Rce Pert
Col du Crachet
Melezen
Petite Serenne
Fouillouze
Lac Long
Brec de Chambeyron
Lac Premier
C.A.I. Stroppia
Col de Stroppia
Villa
San Michele-Prazzo
Stroppo
Maurengo
Les Prats
Bois de l'Eyssilloun
Bois de Traverse
St-Paul-s.-Ubaye
Col de Mirandol
Roche Blanche
Rocca Bianca
M. Boulliagna
Chiappera
Rocca du Ciarm
Ussolo
Prazzo-Sup.
San Martino
Albaretto
Pas de la Reyssole
Tête de Vallon
Tête de l'Homme
St-Ours
Tête de Sautron
Saretto
Lausetto
Accéglio
M. Buch
Tournoux
Bois de Tournoux
Fort de Tournoux
Meyronnes
Sommet de la Meyna
Col de Sautron
Villaro
Frere
Sorg. della Maira
Rocca Corna
Canosio
Màrmora
Ste-Anne
Ste-Anne-la-Condamine
Rippert
Tête de Viraysse
Bois des Chalanches
Larche
Chialvetta
Col Soleglio Bue
Tolosano
Grach
La Condamine-Châtelard
Châtelard
Bois de Tardées
Bois de la Lauze
Maison Méane
Bec du Lièvre
Tête de Moïse
Preit
Grand-Bérard
Clausa
Tête de Siguret
Lac d'Oronaye
Tête de Vanclava
Pratorondo
Grangia Rosano
Tête de Croués
Pas de Grégoire
Tête du Coin de l'Ours
Col de Ruburent
M. Cassorso
Reccia
M. Tibe
Réserve nat. du Lauzanier
Col de Larche
Servino
St-Flavi
Jausiers
L'Ubac
Lac de la Maddalena
Bouzoulières
Les Sanières
Le Villard
Tête de Fer
Argentera
Chiampasso
Rocca la Meia
San-Mag
Faucon-de-Barcelonnette
Le Bourget
La Fresquière
Serre Bouchet
Lac des Sagnes
Cabane di Goretta
M. Oserot
Gias Bandia
Le Villard-de-Faucon
Lac du Lauzanier
Bersezio
M. Giordano
Barcelonnette
287
288
251
H I J K L M N

252

A
B
C
D
E
F
G
1
2
3
4
5
6
7
8
9
10
OCÉAN
ATLANTIQUE
Mimizan-Plage
R.F.
M.F.
RÉSERVE
M.F.
Lespecier
Forêt de Mimizan
Contis-Plage
D41
Courant de Contis
Contis-les-Marais
D403
D340
Cap-de-l'Homy-Plage
D88
Forêt domaniale de Lit-et-Mixe
Padaou
32,5
Yons
Les Miquéou
Mixe
D652
D384
Mathiouic
Caillaub
St-Girons-Plage
D42
St-Girons-au-Marensin
Goueyro
Bernadon

290

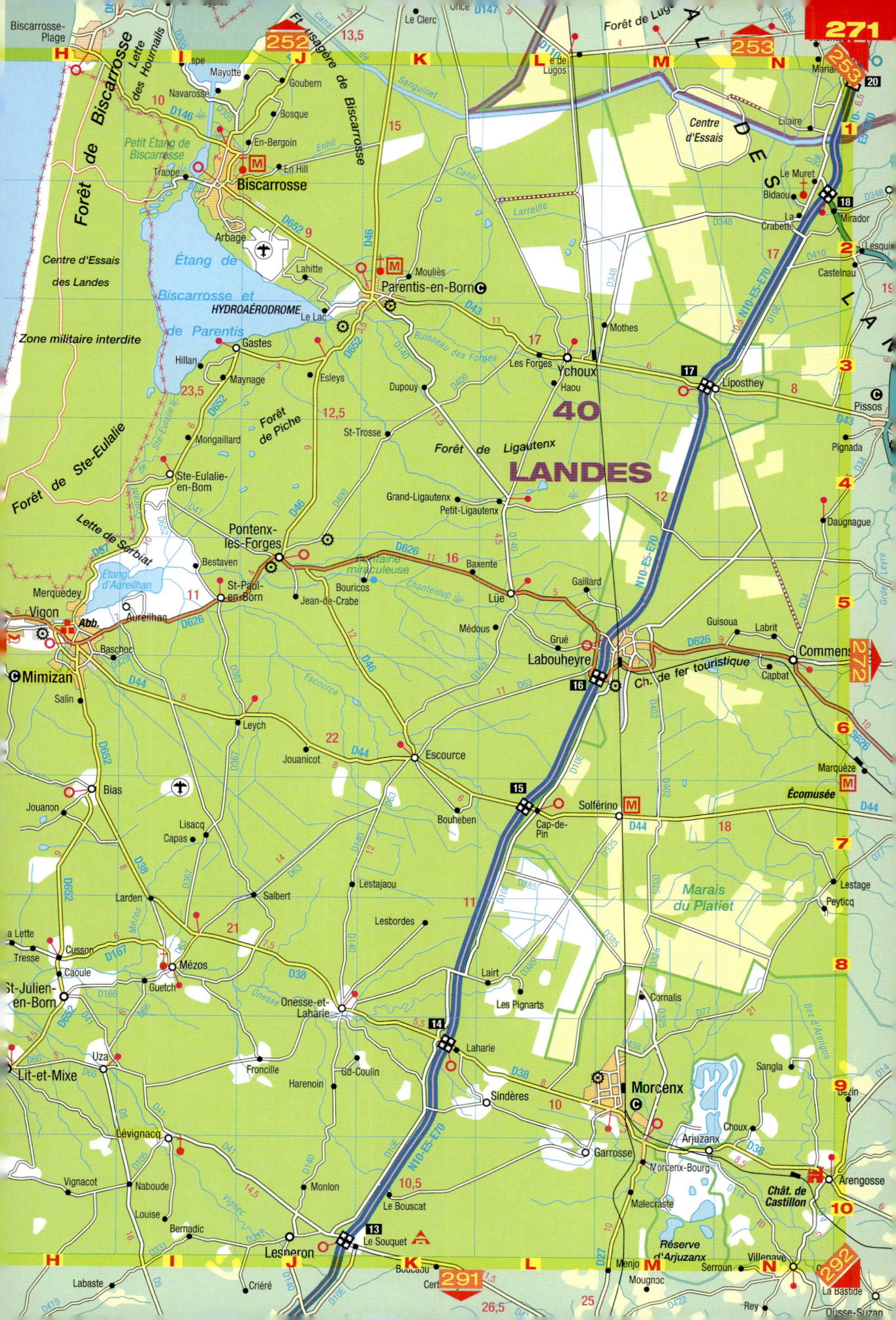

252
253
253
272
291
292
Biscarrosse-Plage
Lette des Hournails
Forêt de Biscarrosse
Mayotte
Navarosse
Goubern
Bosque
En-Bergoin
En Hill
Petit Étang de Biscarrosse
Trappe
Biscarrosse
Arbage
Centre d'Essais des Landes
Étang de Biscarrosse et de Parentis
HYDROAÉRODROME
Le Lac
Lahitte
Parentis-en-Born
Mouliès
Zone militaire interdite
Gastes
Hillan
Maynage
Esleys
Dupouy
Les Forges
Ychoux
Haou
Mothes
Liposthey
Pissos
Pignada
Forêt de Piche
St-Trosse
Forêt de Ligautenx
Mongaillard
Forêt de Ste-Eulalie
Ste-Eulalie-en-Born
Grand-Ligautenx
Petit-Ligautenx
40
LANDES
Daugnague
Lette de Sarbiat
Étang d'Aureilhan
Pontenx-les-Forges
Bestaven
Fontaine miraculeuse
Baxente
St-Paul-en-Born
Bouricos
Jean-de-Crabe
Lüe
Gaillard
Merquedey
Vigon
Aureilhan
Mimizan
Baschoc
Médous
Grué
Labouheyre
Guisoua
Labrit
Commensacq
Capbat
Ch. de fer touristique
Salin
Leych
Jouanicot
Escource
Marquèze
Écomusée
Bias
Jouanon
Lisacq
Capas
Bouheben
Solférino
Cap-de-Pin
Lestajaou
Larden
Salbert
Lesbordes
Marais du Platiet
Lestage
Peyticq
a Lette
Tresse
Cusson
Caoule
Mézos
Guetch
St-Julien-en-Born
Onesse-et-Laharie
Lairt
Les Pignarts
Cornalis
Laharie
Uza
Lit-et-Mixe
Froncille
Harenoin
Gd-Coulin
Sindères
Morcenx
Sangla
Bezin
Lévignacq
Arjuzanx
Choux
Garrosse
Morcenx-Bourg
Arengosse
Châl. de Castillon
Vignacot
Naboude
Monlon
Le Bouscat
Malecraste
Louise
Bernadic
Lesperon
Le Souquet
Réserve d'Arjuzanx
Villenave
Labaste
Criéré
Boucau
Menjo
Mougnoc
Serroun
Rey
La Bastide
Ousse-Suzan
Le Clerc
Forêt de Lugos
Lugos
Canal de Sanguinet
Centre d'Essais
Lilaire
Le Muret
Bidaou
La Crabette
Mirador
Castelnau
Larreille
Fl. Usagère de Biscarrosse
Canal
N10-E5-E70

LANDES DE GASCOGNE
LANDES
Castelnau-de-Cernès
St-Symphorien
St-Léger-de-Balson
Villandraut
Noaillan
Forteresse
Tours
Biton
Pinot
Mahon
Triscos
Origine
Curton
Canet
Joue
Ambellet
Rétis
Boutox
Gardit
Capdet
Le Tuzan
La Burthe
Privaillet
Gorges
Pont-de-la-Trave
Préchac
Lagune de la Grande-Teychoueyre
Tanon
Mano
Peyrin
Capsus
Biganon
Saugnacq-et-Muret
Muret
Mirador
Lesquire
Castelnau
La Nave
Belhade
Lagleyre
Hourtoy
Chau
Argelouse
Montauzey
Moustey
Berdoy
Vieux-Richet
Richet
Le Haut-Richet
Harribey
La Ville
La Grotte
Douc
Sore
Pissos
Pignada
Bern
Daugnague
La Crotte
Houssats
Brunet
Lassus
Luas
Merrein
Souis
Bourideys
Cazalis
La Pradia
Lagassey
Callen
Lesquerde
Pallas
Le Hallot
Écomusée
Luxey
Mahan
Le Bouscat
Sarroucas
Champ de tir
Commensacq
Trensacq
La Gelère
Paguetout
Marquèze
Écomusée
Sabres
Lesgoudies
Batharière
Le Houga
Étg de Graouille
Anc. commanderie
Anc. mine de Lestrat
Lasbroudes
Pouy Blanquine
Udrères
Le Sen
Gd Sablis
Perrègue
Lestage
Peyticq
Lompré
Mautoire
Ninon
Labrit
Lencouacq
Courtes
Maguide
Marais de l'Anguille
Pouy Blanc
Vert
Les Plantons
Sauque
Luglon
Besses
Le Barrail
Marais du Brau-de-Pian
Peyrau
Cachen
Chinanin
Bénézet-de-Guinas
Arue
Bélis
Tauladon
Bezin
Garein
Puy Luçon 103
Hourats
Brocas
Parc-de-Poussade
Branenx
Le Ginx
Perret
Roquefort
Maillères
Bagatelle
Arengosse
Bardet
La Chapelle
Le Fruit
Marais de la Coumme
Guillemensous
Canenx-et-Réault
Cère
Lalanne
Lapeyre
Corbleu
Geloux
Ygos-St-Saturnin
La Bastide
Ciedas
Maisonnave
Matha
Birbe
Pénrentis-de-Marsan
Lucbardez-et-Bargues
Bostens
Pouydesseaux
Ousse-Suzan
Hât. de Castillon
253
254
271
291
292

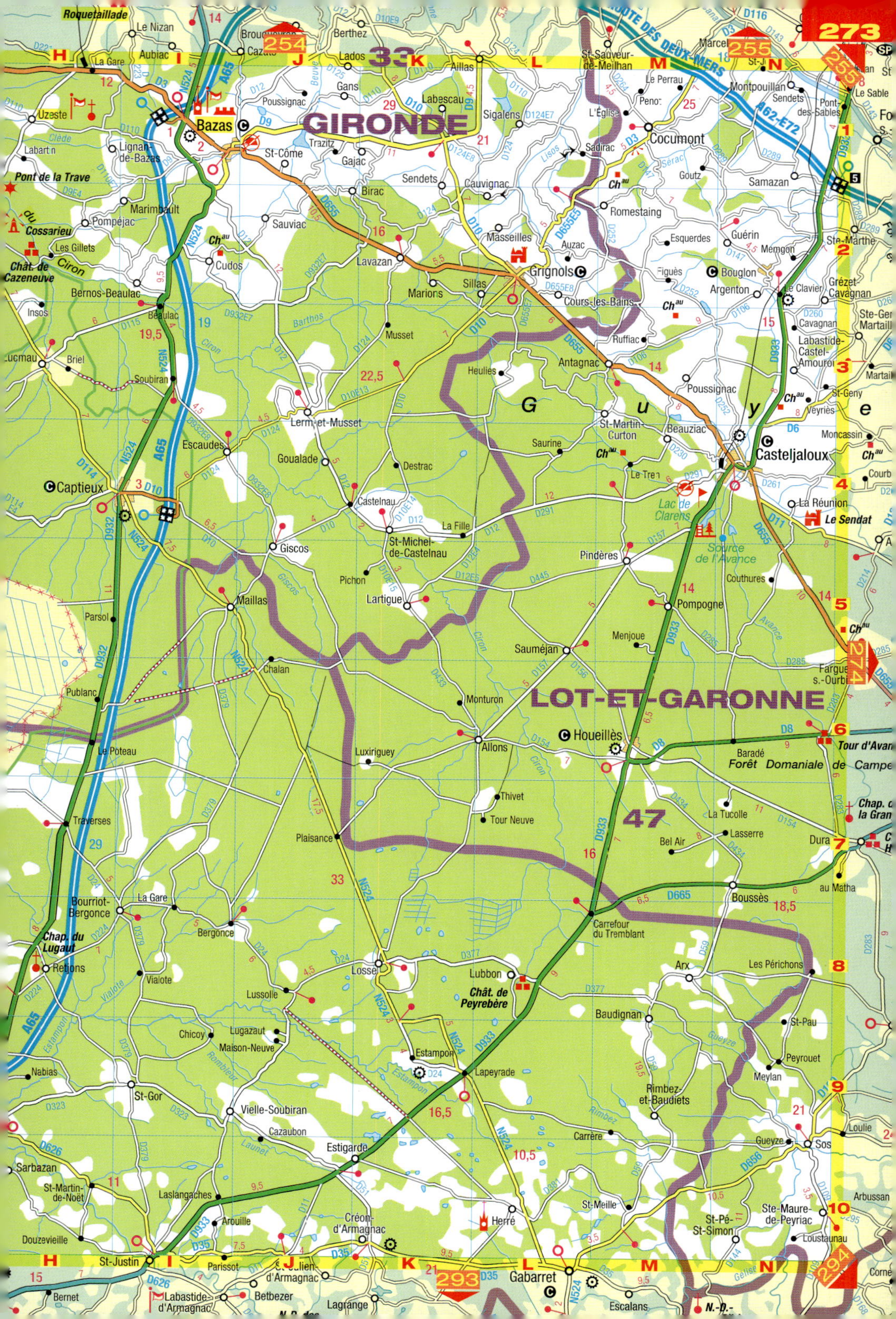
GIRONDE
33
LOT-ET-GARONNE
47
G u y e
Route des Deux-Mers
A62-E72
A65
N524
D933
D10
D655
D665
D8
D12
D24
D35
D626
Roquetaillade
Le Nizan
Aubiac
Brouqueyran
Cazats
Berthez
Lados
Aillas
St-Sauveur-de-Meilhan
Marcel
St-J
Le Perrau
Peno
Montpouillan
Sendets
Pont-des-Sables
Le Sable
Uzeste
Bazas
Labarin
Lignan-de-Bazas
St-Côme
Poussignac
Gans
Labescau
Sigalens
L'Eglise
Cocumont
Sadirac
Trazits
Gajac
Sendets
Cauvignac
Goutz
Samazan
Pont de la Trave
Birac
Romestaing
Marimbault
Pompéjac
Sauviac
Masseilles
Esquerdes
Guérin
Ste-Marthe
Cossarieu
Les Gillets
Ciron
Château de Cazeneuve
Cudos
Lavazan
Grignols
Auzac
Mernon
Figuès
Bouglon
Argenton
Le Clavier
Grézet-Cavagnan
Bernos-Beaulac
Beaulac
Insos
Marions
Sillas
Cours-les-Bains
Cavagnan
Ste-Gemme-Martaillac
Musset
Ruffiac
Labastide-Castel-Amouroux
Lucmau
Briel
Soubiran
Heulies
Antagnac
Poussignac
St-Geny
Martaillac
Veyries
Lerm-et-Musset
St-Martin-Curton
Beauziac
Moncassin
Escaudes
Saurine
Goualade
Destrac
Le Tren
Casteljaloux
Captieux
Castelnau
La Fille
La Réunion
Le Sendat
Lac de Clarens
St-Michel-de-Castelnau
Pindères
Source de l'Avance
Giscos
Couthures
Pichon
Lartigue
Pompogne
Maillas
Parsol
Menjoue
Sauméjan
Chalan
Fargues-s.-Ourbise
Publanc
Monturon
Houeillès
Le Poteau
Luxiriguey
Allons
Baradé
Forêt Domaniale de Campet
Tour d'Avance
Thivet
Tour Neuve
La Tucolle
Chap. de la Gran
Traverses
Plaisance
Lasserre
Bel Air
Durance
Bourriot-Bergonce
La Gare
Boussès
au Matha
Bergonce
Carrefour du Tremblant
Chap. du Lugaut
Retjons
Losse
Lubbon
Arx
Les Périchons
Château de Peyrebère
Vialotte
Lussolle
Baudignan
St-Pau
Chicoy
Lugazaut
Maison-Neuve
Estampon
Lapeyrade
Peyrouet
Meylan
Nabias
St-Gor
Rimbez-et-Baudiets
Vielle-Soubiran
Cazaubon
Carrère
Gueyze
Sos
Loulié
Sarbazan
Estigarde
St-Martin-de-Noët
Laslangaches
St-Meille
Ste-Maure-de-Peyriac
Arbussan
Arouille
Créon-d'Armagnac
Herré
St-Pé-St-Simon
Douzevieille
Loustaunau
St-Justin
Parissot
St-Julien-d'Armagnac
Gabarret
Bernet
Labastide-d'Armagnac
Betbezer
Lagrange
Escalans
N.-D.-
Corne
254
255
293
294
271

LOT-ET-GARONNE
255
256
273
293
294
A
B
C
D
E
F
G
Marmande
Fourques-s.-Garonne
Longueville
Taillebourg
Caumont-s.-Garonne
Fauguerolles
Senestis
St-Martin
Ste-Marthe
Le Mas-d'Agenais
Forêt du Mas-d'Agenais et de Sénestis
Lagruère
Lamarque
St-Martin
Calonges
Grézet-Cavagnan
Ste-Gemme-Martaillac
Cavagnan
Labastide-Castel-Amouroux
Martaillac
Razimet
Villeton
St-Geny
Leyritz-Moncassin
Moncassin
Puch-d'Agenais
Casteljaloux
Courbian
Villefranche-du-Queyran
La Réunion
Le Sendat
Ruines
St-Léon
Anzex
Damazan
St-Léger
Cap-de-Bosc
Caubeyres
Buzet-s.-Baïse
St-Pierre-de-Buzet
St-Julien
Ambrus
Xaintrailles
Mongaillard
Tour d'Avance
Domaniale de Campet
Pompiey
Lausseignan
Coupard
Chap. de la Grange
Château Henri IV
Barbaste
Lavardac
Moulin fortifié
Le Béas
Laou
Maransin
Cauderoue
Tustem
La Pomme d'Or
Le Rey
Lisse
Guillemont
Réaup-Lisse
Andiran
Mézin
Cleuse
Poudenas
Sos
Loulie
Villeneuve-de-Mézin
Fousserie
Jouet
Arbussan
Gaumont-de-Nogaret
Dubédat
Escapols
Hautesvignes
Varès
Moulin
Roquebert
Villotte
Fauillet
Grand-Jean
Tonneins
St-Étienne
Grateloup
Truquet
St-Gayrand
La Castagnade
Laparade
Clairac
Marsac
Roussanes
Granges-s.-Lot
Castelmoron-s.-Lot
Touraille
Verteuil-d'Agenais
Coulx
Brugnac
Verdegas
Tour
Monclar
Pinel-Hauterive
Roubertou
Peyrebrune
St-Étienne-de-Fougères
Fongrave
Arnautis
Ste-Livrade-s.-Lot
Le Temple-s.-Lot
Dolmayrac
St-Caprais-du-Temple
Montpezat
St-Sardos
Lafitte-s.-Lot
Bourran
Colleignes
Monheurt
Ayet
Nicole
Monluc
Ste-Radegonde-s.-Lot
Aiguillon
Lagarrigue
St-Côme
St-Avit
Galapian
St-Salvy
Lacépède
St-Vincent
Dominipech
Ste-Foy-de-Puch
Lesterne
Prayssas
Hiot
Comm. de Madaillan
Fraisse
Cardonnet
Chât. de Madaillan
Fréqimont
Cornié
Lusignan-Petit
Bazens
Port-Ste-Marie
Thouars-s.-Garonne
Clermont-Dessous
St-Médard
Puy-Masson
Lusignan-le-Grand
St-Laurent
Le Paravis
La Garcine
Resteau
Béquin
Lapouleille
St-Hilaire-de-Lusignan
Colayrac-St-Cirq
Le Passage
Brax
Goulard
Nioles
Calezun
Feugarolles
Rouach
Vianne
Limon
Bruch
Montesquieu
Menote
Sérignac-s.-Garonne
Broustaud
Chât. de Salles
Espiens
Tour
Bréchan
Mourrens
Ste-Colombe-en-Bruilhois
Roquefort
Dolmayrac
AGEN-LA GARENNE
Estillac
Montagnac-s.-Auvignon
St-Loup
Pleichac
Moncaut
Aubiac
Peyrusse
Carderan
Fontarède
Calignac
Nérac
La Garenne
Chât. de Tasta
Tauziète
Latapie
Grézeau
Gazal-du-Bos
Puy-Fort-Éguille
Larroudé
Saumont
Laplume
La Capelle
Le Sahuc
Contras
Brimont
Marmont-Pachas
Garlies
Nomdieu
Fieux
Bourgade
Tartifume
Graouilla
St-Ourens
St-Vincent-de-Lamontjoie
Lamontjoie
Daubèze
Pachas
Fréchou
Mazéret
Chât. La Clotte
Lasserre
Francescas
Baulens
Pouy
Lassagne
Artigue
Campaigno
Ligardes
Gardères
St-Cirice
Salles
Pouy-Roquelaure
Estrepouy
Lannes
Marcadis
Lion-d'Or
Moncrabeau
Charrin
Lasbadies
Lialores
Gazaupouy
Cazaux
St-Mézard
N.-D. d'Esclaux
Rignac
St-Caprais
Berrac
St-Aignan
St-Martin-de-Goyne
La Croix-Blanche
Pergain-Taillac
Lauzerau
Cannes
Le Bédat
La Tourre
Lasserre
Scieurac
La Romieu
Larroque-Engalin
La Hillère
Peyradis
Heux
Fausserie
Laspeyres
Fourcès
Loustaunau
St-Pau
Peyrouet
Ste-Maure-de-Peyriac
Richons
Lécussan
Le Sable
Pont-des-Sables
St-Pardoux-du-Breuil
Garrigues
St-Benoît
Birac-s.-Trec
Agmé
Labretonie
Colomb
Brech
Tourtrès
Taradel
Gardelle
Colombie
Beaugas
St-Pastour
St-Pierre-de-Caubel
Carron
Moulin
Grossis
Montbran
Alary
Bédat
Monbusq
Pérignac
St-Médard
Floirac
Cours
Arpens
Laugnac
St-Amand
St-Cirq
A62-E72
N21
47

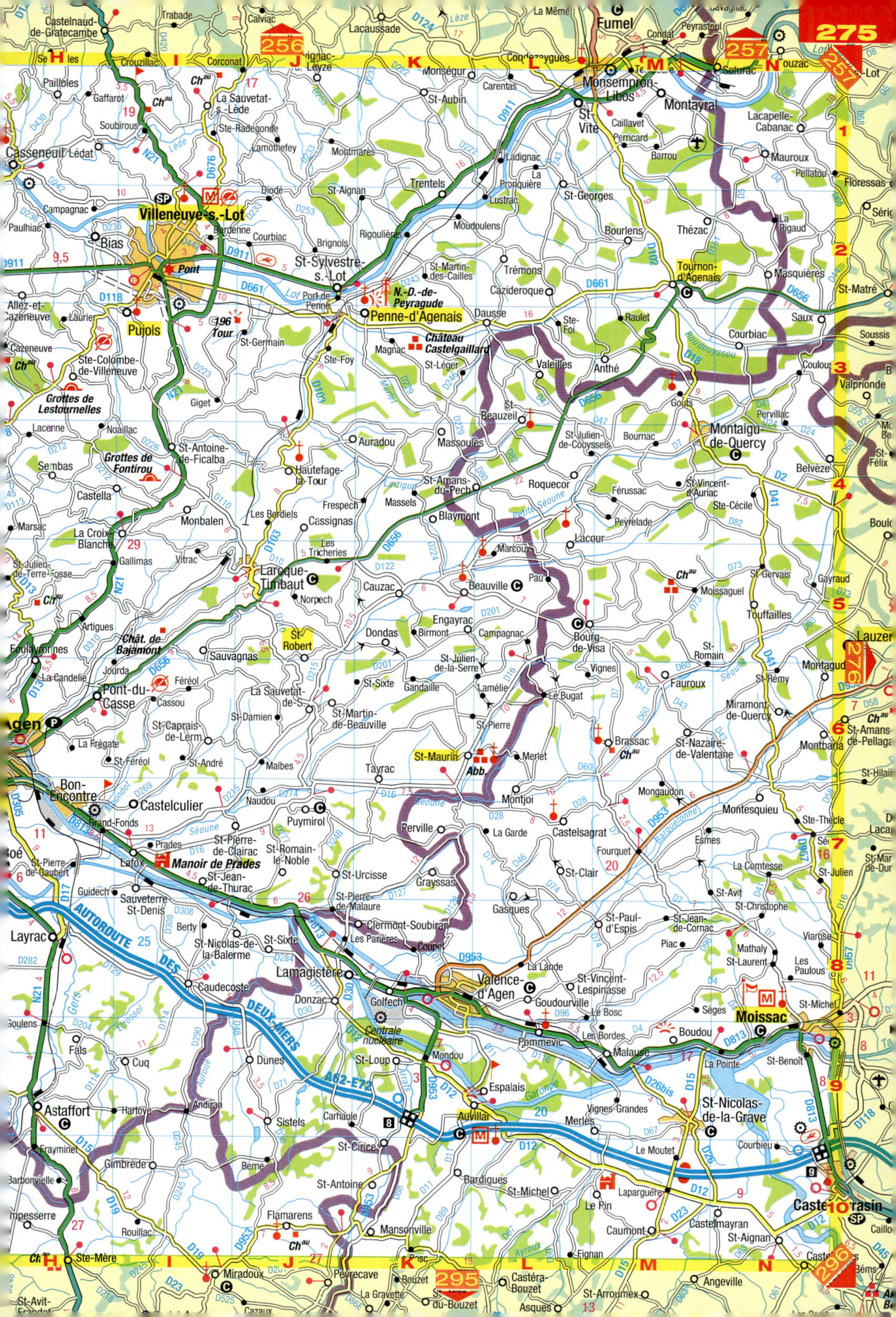
256
257
276
295
296
Castelnaud-de-Gratecambe
Trabade
Calviac
Lacaussade
Fumel
Condat
Monsempron-Libos
Montayral
Soturac
Touzac
Crouzillac
Corconat
Monségur
Carentas
St-Aubin
Condezaygues
Pailloles
Gaffarot
La Sauvetat-s.-Lède
Ste-Radegonde
Lamothefey
Soubirous
Casseneuil
Lédat
Montmarès
St-Vite
Caillavet
Perricard
Lacapelle-Cabanac
Mauroux
Pellatou
Floressas
Ladignac
La Pronquière
Lustrac
Trentels
St-Aignan
Diodé
St-Georges
Campagnac
Villeneuve-s.-Lot
Paulhiac
Bias
Dardenne
Courbiac
Brignols
Rigoulières
Moudoulens
Bourlens
Thézac
La Rigaud
Pont
St-Sylvestre-s.-Lot
St-Martin-des-Cailles
Trémons
Caziderogue
Tournon-d'Agenais
Masquières
St-Matré
Allez-et-Cazeneuve
Laurier
Pujols
196 Tour
Port de Penne
N.-D.-de-Peyragude
Penne-d'Agenais
Dausse
Ste-Foi
Raulet
Saux
Soussis
Cazeneuve
St-Germain
Château Castelgaillard
Magnac
St-Léger
Valeilles
Anthé
Courbiac
Coulous
Ste-Colombe-de-Villeneuve
Ste-Foy
Grottes de Lestournelles
Giget
Gouts
Valprionde
St-Beauzeil
Pervillac
Lacenne
Noaillac
St-Antoine-de-Ficalba
Auradou
Massoulès
St-Julien-de-Couyssels
Bournac
Montaigu-de-Quercy
Sembas
Grottes de Fontirou
Hautefage-la-Tour
Belvèze
Castella
St-Amans-du-Pech
Roquecor
Férussac
St-Vincent-d'Auriac
Massels
Frespech
Blaymont
Ste-Cécile
Monbalen
Les Bordiels
Cassignas
Peyrelade
La Croix-Blanche
Marsac
Lacour
Les Tricheries
Marcoux
Gallimas
Vitrac
Laroque-Timbaut
Cauzac
Beauville
Pau
Moissaguel
St-Gervais
Gayraud
St-Julien-de-Terre-Fosse
Norpech
Engayrac
Birmont
Bourg-de-Visa
Touffailles
Artigues
Chât. de Bajamont
St-Robert
Dondas
Campagnac
Foulayronnes
Jourda
Sauvagnas
St-Julien-de-la-Serre
Vignes
St-Romain
Lauzerte
La Candelie
St-Sixte
Gandaille
Lamélie
Fauroux
Montagudet
Féréol
La Sauvetat-de-S.
Le Bugat
St-Rémy
Pont-du-Casse
Cassou
St-Martin-de-Beauville
Miramont-de-Quercy
St-Damien
Agen
St-Caprais-de-Lerm
St-Pierre
Brassac
St-Nazaire-de-Valentane
Montbarla
St-Amans-de-Pellagal
La Frégate
St-Féréol
St-André
Malbes
Tayrac
St-Maurin
Abb.
Merlet
St-Hilaire
Bon-Encontre
Castelculier
Naudou
Puymirol
Montjoi
Mongaudon
Montesquieu
Grand-Fonds
Perville
La Garde
Castelsagrat
Ste-Thècle
Prades
St-Pierre-de-Clairac
St-Romain-le-Noble
Fourquet
Esmes
Lafox
Manoir de Prades
St-Pierre-de-Gaubert
St-Jean-de-Thurac
St-Urcisse
Grayssas
St-Clair
La Comtesse
St-Julien
Guidech
Sauveterre-St-Denis
St-Pierre-de-Malaure
Gasques
St-Avit
Autoroute des Deux-Mers
Berty
Clermont-Soubiran
St-Paul-d'Espis
St-Jean-de-Cornac
St-Christophe
Layrac
St-Nicolas-de-la-Balerme
St-Sixte
Les Parières
Coupet
Piac
Mathaly
Viarose
St-Laurent
Les Paulous
Lamagistère
La Lande
Caudecoste
Valence-d'Agen
St-Vincent-Lespinasse
Donzac
Golfech
Goudourville
Le Bosc
Sèges
Moissac
St-Michel
Goulens
Centrale nucléaire
Pommevic
Les Bordes
Malause
Boudou
Fals
Cuq
Dunes
St-Loup
Mondou
La Pointe
St-Benoît
Espalais
Astaffort
Hartoye
Andiran
Sistels
Carhaule
Auvillar
Vignes-Grandes
St-Nicolas-de-la-Grave
Merles
Frayminet
St-Cirice
Courbieu
Gimbrède
Berne
Le Moutet
Barbonvielle
St-Antoine
Bardigues
St-Michel
Laparguère
Castelsarrasin
Le Pin
Flamarens
Mansonville
Caumont
Castelmayran
St-Aignan
Rouillac
Ste-Mère
Miradoux
Peyrecave
Bouzet
Castéra-Bouzet
Angeville
St-Arroumex
St-Avit-Frandat
Cazaux
La Gravette
du-Bouzet
Asques
Bémes

257
258
275
295
296
A
B
C
D
E
F
G
1
2
3
4
5
6
7
8
9
10
TARN-ET- GARONNE
82
l'Évêque
Prayssac
Labastide-du-Vert
Crayssac
Labarthe
Mercuès
Boyjdou
Châl. de Roussillon
Constans
Touzac
Pescadoires
Lagardelle
Anglars-Juillac
Castelfranc
Caix
Parnac
Lapoujade
Les Fosses
Caillac
Pradines
St-Henri
Laroque-des-Arcs
Mels
Bassaler
N.-D. de Vêles
La Rivière-Basse
Albas
Luzech
La Rivière-Haute
Donjon
St-Vincent-Rive-d'Olt
Cessac
Douelle
Flaynac
Labéraudie
Lamagdelaine
Savanac
Grézels
Bélaye
Souleillat
La Bouysse
Galessie
Cahors
Pont Valentré
Mt St-Cyr
264
Arcambal
Les Mazuts
Floressas
Cenac
Les Granels
Cournou
Les Roques
Flottes
La Capelle
Sérignac
Rouffiac
Cambayrac
Les Grèzes
Rassiels
Trespoux-Rassiels
St-Cirice
Vayrol
Le Boulvé
Farguettes
Sauzet
Trébaix
Bournaguet
La Rozière
Pissepourcels
Masquières
Fargues
Carnac-Rouffiac
Bonnecoste
Flaujac-Poujols
St-Matré
Bovila
Villesèque
Coudoumier
Lescalie
Saux
Soussis
Caux
Lasbouygues
Bagat-en-Quercy
Le Cluzel
Labastide-Marnhac
Le Montat
Pech-de-Fos
Laburgade
Biargues
Belmontet
Valprionde
St-Pantaléon
Salgues
Le Cayran
Cieurac
Lastours
St-Daunès
Pechpeyroux
Lhospitalet
Granéjouls
Moulin-Bessou
Ste-Croix
Lascabanes
Cézac
Ventaillac
Terry
St-Félix
Montcuq
Escayrac
St-Cevet
Lalbenque
Belvèze
Lebreil
Les Vignals
Pern
Caminel
St-Cyprien
Ste-Alauzie
Boisse
Fontanes
Bouloc
St-Laurent-Lolmie
St-Anthet
St-Paul-de-Loubressac
St-Genies-de-la-Millau
Guitard
Montlauzun
Lolmie
Méric
Gayraud
Ste-Juliette
Flaugnac
Montdoumerc
Thezels
La Madeleine-d'Aussac
Lauzerte
St-Urcisse
Tréjouls
Saux
Sauveterre
Castelnau-Montratier
St-Étienne
N.-D.-de-Saux
Pilon
Belfort-du-Quercy
Cazillac
St-Aureil
Ganic
Montpezat-de-Quercy
Veyssel
Le Chatron
Mondenard
Cagnac
Divillac
La Cabrette
Gandoules
St-Fleurie
Cazes-Mondenard
St-Amans-de-Pellagal
St-Jean-de-Perges
La Salvetat
Montbarla
Pech-d'Accou
Aillot
Montfermier
St-Nazaire
St-Laurent
Montalzat
Bartou
St-Jean-du-Frustin
St-Hilaire-de-Durfort
St-Quintin
Labarthe
Espanel
Goudal
Castanède
Les Ramons
Boulvères
Molières
Massoulat
Auty
Ste-Thecle
Durfort-Lacapelette
Martissan
Vazerac
St-Pierre-de-Burgue
St-Paul-de-Burgues
Mazères
Bascoulesse
St-Arthémie
St-Christophe
St-Martin-de-Durfort
Paradou
St-Julien
Le Mouzy
Lisle
St-Amans
La Capelle
Monteils
La Lande
La Fargue
Rouzet
Comm. de Puycornet
La Fargue
St-Vincent
La Caze
Caussade
Lunel
Viminies
Grimal
St-Amans
Crestou
St-Romain
St-Barthélemy
N.-D.-des-Misères
Mirabel
La Bloyne
Lembenne
La Peyrouse
Lastours
Les Paulous
Lafrançaise
Réalville
L'Honor-de-Cos
La Benèche
Monniès
Ste-Livrade
St-Michel
Mégère
Barrage
La Rivière
Lizac
Réalville
Les Barthes
Alba
La Bouffière
St-Onge
Montastruc
Piquecos
Cayrac
Lasfonds
St-Benoît
St-Pierre-de-Campredon
Loubéjac
Bioule
La Poujade
Albias
Châl. des Templiers
Labastide-du-Temple
Meauzac
Lamothe-Capdeville
Venthilac
Villemade
Nègrepelisse
Gandalou
Barry-d'Islemade
Lagarde
Ardus
Falguières
La Rouxelle
Fonneuve
Gatille
Craboula
Birac
Albefeuille-Lagarde
Les Cloutiers
La Ville-Dieu-du-Temple
Mallets
St-Étienne-de-Tulmont
Castelsarrasin
Les Mallaurens
Caillou
MONTAUBAN
Vaïssac
St-Martin-Belcasse
Gasseras
Farguettes
Pénardières
Montbeton
St-Porquier
Fonneuve
St-Porquier
Léojac
St-Hilaire
Bêms
Abbaye de Belleperche
Lacourt-St-Pierre
Verlhaguet
Les Vergnous
St-Martial
Bouriette
Génébrières
A62-E72
A20-E9
D820
D653
D656
D953
D927
D958
D115
D20
D19
D813
D45
D7
D4

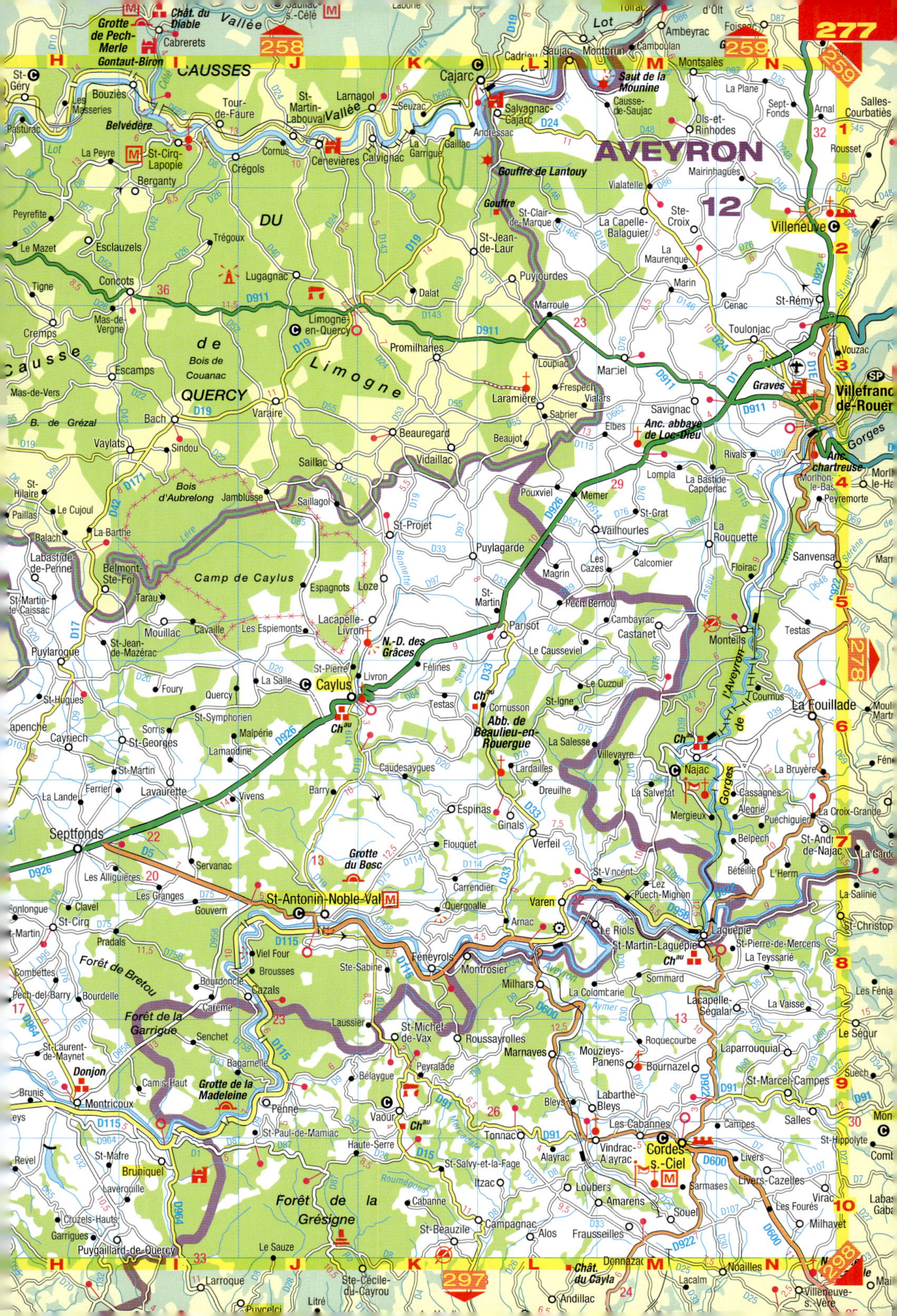

Grotte de Pech-Merle
Chât. du Diable
Cabrerets
Gontaut-Biron
Vallée
258
259
CAUSSES
St-Géry
Bouziès
Les Masseries
Pasturac
Belvédère
Lot
La Peyre
St-Cirq-Lapopie
Berganty
Tour-de-Faure
St-Martin-Labouval
Larnagol
Vallée
Cornus
Crégols
Cenevières
Calvignac
La Garrigue
Seuzac
Cajarc
Salvagnac-Cajarc
Andressac
Gaillac
Gouffre de Lantouy
Cadrieu
Saujac
Montbrun
Saut de la Mounine
Causse-de-Saujac
Montsalès
Ols-et-Rinhodes
La Plane
Sept-Fonds
Arnal
Salles-Courbatiès
Rousset
Lot
Ambeyrac
Camboulan
AVEYRON
12
Marinhagues
Vialatelle
Ste-Croix
Villeneuve
Peyrefite
Le Mazet
Esclauzels
DU
Trégoux
Gouffre
St-Clair-de-Marque
St-Jean-de-Laur
La Capelle-Balaguier
La Maurenque
Lugagnac
Concots
Tigne
Cremps
Mas-de-Vergne
Dalat
Puyjourdes
Marin
St-Rémy
Limogne-en-Quercy
Marroule
Cenac
Toulonjac
Vouzac
Causse
de
Bois de Couanac
QUERCY
Limogne
Promilhanes
Loupiac
Marziel
Graves
Villefranche-de-Rouergue
Escamps
Mas-de-Vers
Laramière
Frespech
Vialars
Savignac
B. de Grézal
Bach
Varaire
Sabrier
Elbes
Anc. abbaye de Loc-Dieu
Gorges
Vaylats
Sindou
Beauregard
Beaujot
Rivals
Anc. chartreuse
Saillac
Vidaillac
Lompla
La Bastide-Capdenac
Morlhon-le-Bas
St-Hilaire
Bois d'Aubrelong
Jamblusse
Saillagol
Pouxviel
Memer
Peyremorte
Paillas
Le Cujoul
St-Projet
Vailhourles
St-Grat
La Rouquette
La Barthe
Balach
Labastide-de-Penne
Belmont-Ste-Foi
Camp de Caylus
Espagnots
Loze
Puylagarde
Les Cazes
Calcomier
Sanvensa
Magrin
Floirac
Tarau
St-Martin-de-Caissac
Pech-Bernou
St-Martin
Cambayrac
Castanet
Monteils
Testas
Mouillac
Cavaille
Les Espiemonts
Lacapelle-Livron
N.-D. des Grâces
Parisot
Le Causseviel
St-Jean-de-Mazérac
Puylaroque
St-Pierre
Livron
Félines
Caylus
Foury
Quercy
La Salle
Le Cuzoul
Cornusson
St-Igne
Cournus
La Fouillade
St-Hugues
St-Symphorien
Testas
Abb. de Beaulieu-en-Rouergue
Cayriech
Sorris
St-Georges
Malpérie
Lamandine
La Salesse
Villevayre
Najac
St-Martin
Caudesaygues
Lardailles
La Bruyère
La Lande
Ferrier
Lavaurette
Vivens
Barry
Dreuilhe
La Salvetat
Gorges
Cassagnes
Alergie
Espinas
Ginals
Mergieux
Puechiguier
La Croix-Grande
Septfonds
Verfeil
Belpech
St-André-de-Najac
Flouquet
Grotte du Bosc
Bételle
L'Herm
Les Alliguières
Servanac
St-Vincent
Lez
Puech-Mignon
Clavel
Les Granges
Carrendier
St-Antonin-Noble-Val
Gouvern
Quergoalle
Varen
La Salinie
St-Cirq
Pradals
Arnac
Le Riols
Laguépie
St-Christophe
Viel Four
St-Martin-Laguépie
St-Pierre-de-Mercens
La Teyssarié
Combettes
Forêt de Bretou
Brousses
Féneyrols
Ste-Sabine
Montrosier
Sommard
Pech-del-Barry
Bourdelle
Bourdoncle
Cazals
Milhars
La Colombarie
Aveyron
Forêt de la Garrigue
Carème
Lacapelle-Ségalar
La Vaisse
Le Ségur
Laussier
St-Michel-de-Vax
Roussayrolles
Marnaves
Roquecourbe
Laparrouquial
Senchet
Mouzieys-Panens
Bournazel
St-Laurent-de-Maynet
Donjon
Bagarnelle
Grotte de la Madeleine
Camis-Haut
Peyralade
Bélaygue
St-Marcel-Campes
Suech
Brunis
Penne
Vaour
Labarthe-Bleys
Montricoux
Bleys
Salles
St-Paul-de-Mamiac
Tonnac
Les Cabannes
Campes
St-Hippolyte
Revel
St-Mafre
Haute-Serre
Alayrac
Vindrac-Alayrac
Cordes-s.-Ciel
Livers
Bruniquel
St-Salvy-et-la-Fage
Livers-Cazelles
Laverouille
Itzac
Sarmases
Loubers
Virac
Forêt de la Grésigne
Cabanne
Amarens
Souel
Les Fourès
Crozels-Hauts
Garrigues
St-Beauzile
Campagnac
Alos
Frausseilles
Milhavet
Puygaillard-de-Quercy
Le Sauze
Chât. du Cayla
Donnazac
Noailles
Larroque
Ste-Cécile-du-Cayrou
Andillac
Lacalm
Villeneuve-s.-Vère
Puycelci
Litré
297
298
H
I
J
K
L
M
N

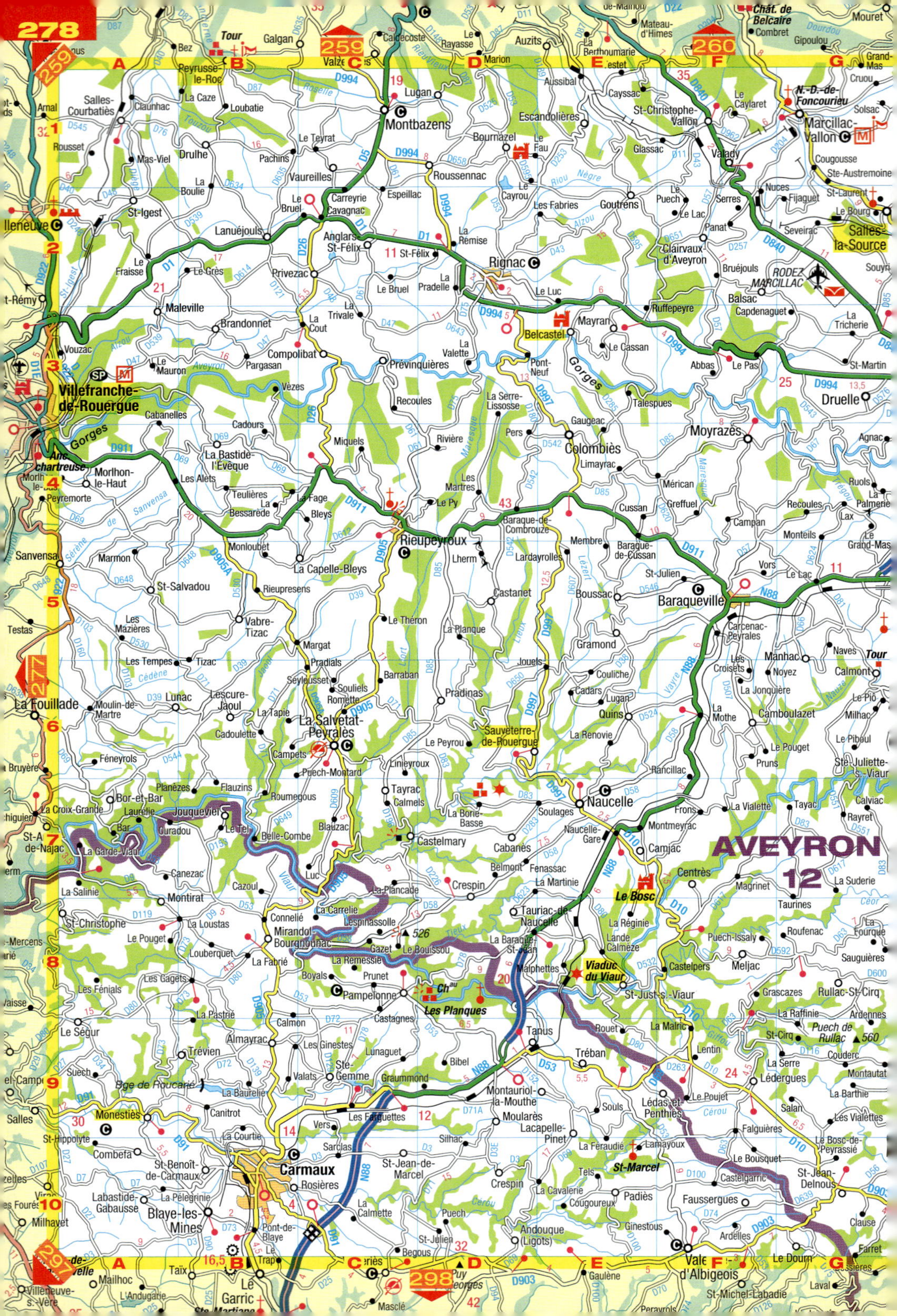
259
260
277
297
298
AVEYRON
12
Montbazens
Lugan
Galgan
Peyrusse-le-Roc
Salles-Courbatiès
Drulhe
Mas-Viel
St-Igest
Lanuéjouls
Vaureilles
Carreyrie Cavagnac
Roussennac
Espeillac
Bournazel
Escandolières
Auzits
Aussibal
Cayssac
St-Christophe-Vallon
Valady
Marcillac-Vallon
N.-D.-de-Foncourieu
Salles-la-Source
Rodez Marcillac
Clairvaux-d'Aveyron
Goutrens
Rignac
Anglars-St-Félix
St-Félix
Privezac
Maleville
Brandonnet
Compolibat
Prévinquières
Belcastel
Mayran
Ruffepeyre
Balsac
Druelle
Moyrazès
Colombiès
Villefranche-de-Rouergue
Gorges
Vézes
La Bastide-l'Évêque
Morlhon-le-Haut
Rieupeyroux
La Capelle-Bleys
Baraqueville
Vabre-Tizac
La Fouillade
Lunac
Lescure-Jaoul
La Salvetat-Peyralès
Sauveterre-de-Rouergue
Castanet
Gramond
Quins
Camboulazet
Calmont
Naucelle
Castelmary
Crespin
Tauriac-de-Naucelle
Le Bosc
Centrès
Viaduc du Viaur
St-Just-s.-Viaur
Montirat
Mirandol-Bourgnounac
Jouqueviel
La Garde-Viaur
Pampelonne
Les Planques
Tanus
Tréban
Lédas-et-Penthiès
Monestiès
Carmaux
Blaye-les-Mines
Le Garric
Valence d'Albigeois
St-Marcel
Andouque (Ligots)
Crespin
Moularès
Rullac-St-Cirq
St-Jean-Delnous
Le Ségur
Almayrac
Ste-Gemme
Montauriol-la-Mouthe
Lacapelle-Pinet

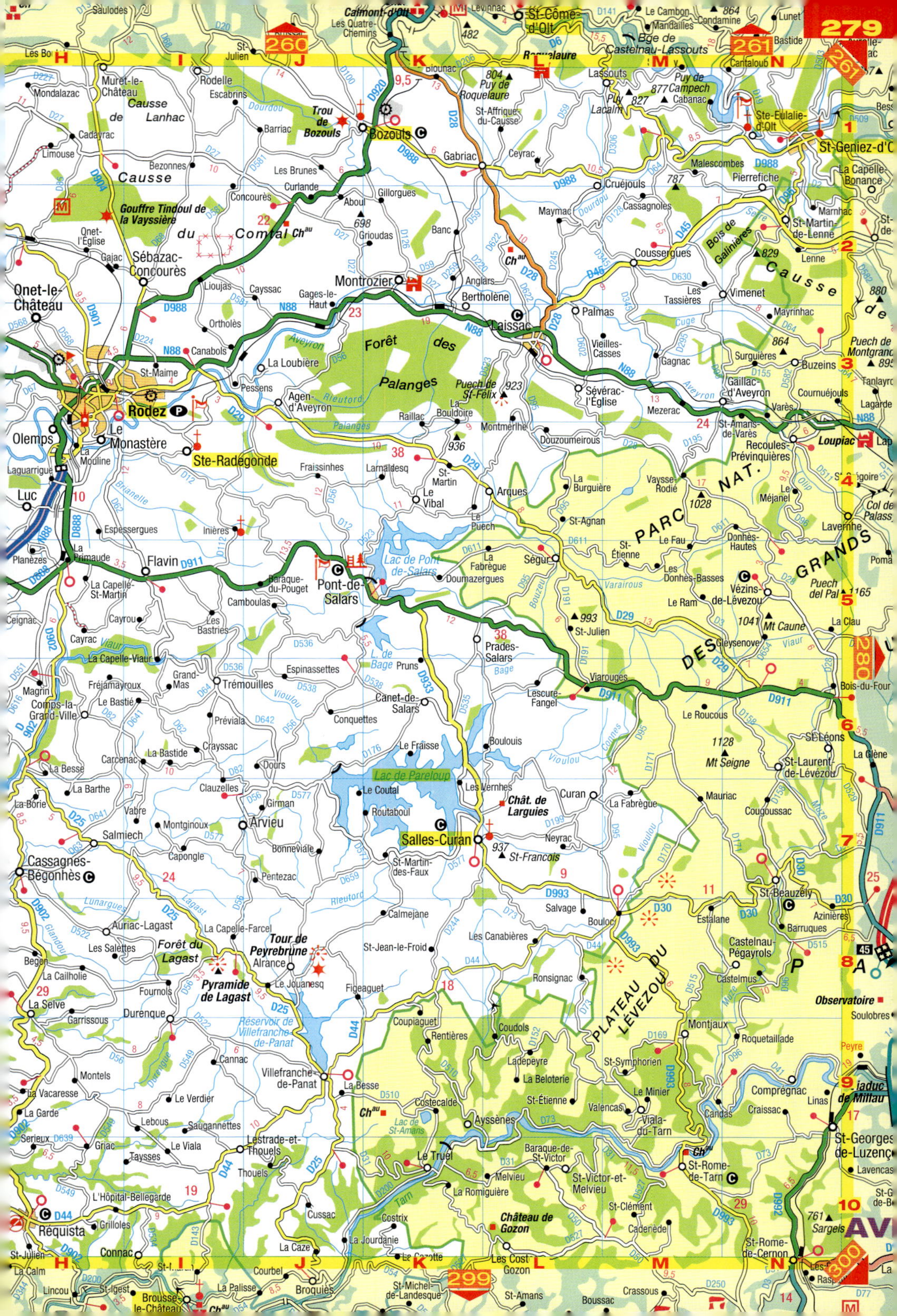

Calmont-d'Olt
St-Côme-d'Olt
Roquelaure
Bge de Castelnau-Lassouts
Lassouts
Puy de Campech
Cabanac
Ste-Eulalie-d'Olt
St-Geniez-d'Olt
Muret-le-Château
Causse de Lanhac
Rodelle
Escabrins
Trou de Bozouls
Bozouls
Gabriac
Puy de Roquelaure
St-Affrique-du-Causse
Ceyrac
Cruéjouls
Malescombes
Pierrefiche
La Capelle-Bonance
Mondalazac
Cadayrac
Limouse
Bezonnes
Barriac
Les Brunes
Curlande
Gillorgues
Causse du Comtal
Gouffre Tindoul de la Vayssière
Concourès
Abbul
Banc
Maymac
Cassagnoles
Coussergues
Bois de Galinières
St-Martin-de-Lenne
Lenne
Causse de
Onet-l'Eglise
Gajac
Sébazac-Concourès
Grioudas
Montrozier
Anglars
Bertholène
Laissac
Palmas
Vimenet
Les Tassières
Mayrinhac
Onet-le-Château
Lioujas
Cayssac
Gages-le-Haut
Ortholès
Canabols
Forêt des Palanges
Vieilles-Casses
Gagnac
Surguières
Buzeins
Puech de Montgrand
St-Maime
Rodez
La Loubière
Pessens
Agen-d'Aveyron
Puech de St-Félix
Raillac
La Bouldoire
Sévérac-l'Église
Mezerac
Gaillac-d'Aveyron
Cournuéjouls
Varès
Tanlayrol
Lagarde
Olemps
Le Monastère
La Mouline
Ste-Radegonde
Montmerlhe
Douzoumeiroux
St-Amans-de-Varès
Recoules-Prévinquières
Loupiac
Laguarrigue
Fraissinhes
Larnaldesq
St-Martin
Le Vibal
Arques
La Burguière
Vayssé-Rodié
PARC NAT. DES GRANDS
Luc
Espessergues
Inières
Le Puech
St-Agnan
Le Méjanel
Lavernhe
Col de Palassou
Planèzes
La Primaude
Flavin
Lac de Pont de-Salars
La Fabrègue
Doumazergues
Ségur
St-Étienne
Le Fau
Donhès-Hautes
Les Donhès-Basses
La Capelle-St-Martin
Baraque-du-Pouget
Pont-de-Salars
Le Ram
Vézins-de-Lévezou
Puech del Pal
Ceignac
Camboulas
Cayrou
Les Bastries
St-Julien
Mt Caune
Gleysenove
La Clau
Cayrac
La Capelle-Viaur
Prades-Salars
Espinassettes
Magrin
Fréjamayroux
Grand-Mas
Trémouilles
L. de Bage
Pruns
Lescure-Fangel
Viarouges
Bois-du-Four
Comps-la-Grand-Ville
Le Bastié
Canet-de-Salars
Conquettes
Préviala
Le Roucous
Carcenac
La Bastide
Crayssac
Le Fraisse
Boulouis
St-Léons
St-Laurent-de-Lévézou
La Glène
Mt Seigne
La Besse
Dours
Lac de Pareloup
La Barthe
Clauzelles
Le Coutal
Les Vernhes
Châl. de Larguies
Curan
La Fabrègue
Mauriac
La Borie
Vabre
Girman
Routaboul
Cougoussac
Montginoux
Arvieu
Salmiech
Bonneviale
Salles-Curan
Neyrac
St-Francois
Cassagnes-Bégonhès
Capongle
St-Martin-des-Faux
Pentezac
Calmejane
Salvage
Bouloc
Estalane
St-Beauzély
Azinières
Barruques
Auriac-Lagast
La Capelle-Farcel
Tour de Peyrebrune
Alrance
Les Salettes
Forêt du Lagast
St-Jean-le-Froid
Les Canabières
Castelnau-Pégayrols
Bégon
La Cailholie
Pyramide de Lagast
Le Jouanesq
Fournols
Castelmus
La Selve
Durenque
Figeaguet
Ronsignac
PLATEAU DU LÉVEZOU
Observatoire
Soulobres
Garrissous
Coupiaguet
Montjaux
Réservoir de Villefranche-de-Panat
Rentières
Coudols
Roquetaillade
St-Symphorien
Cannac
Ladepeyre
Montels
Villefranche-de-Panat
La Beloterie
La Besse
St-Étienne
Le Minier
Comprégnac
La Vacaresse
Le Verdier
Costecalde
Valencas
Viala-du-Tarn
Candas
Craissac
Linas
Viaduc de Millau
La Garde
Lebous
Saugannettes
Lac de St-Amans
Ayssènes
Serieux
Griac
Le Viala
Lestrade-et-Thouels
Le Truel
Baraque-de-St-Victor
St-Rome-de-Tarn
St-Georges-de-Luzençon
Taysses
Melvieu
St-Victor-et-Melvieu
Lavencas
Thouels
La Romiguière
St-Clément
L'Hôpital-Bellegarde
Cussac
Château de Gozon
Caderède
Sargels
Réquista
Grilloles
Costrix
La Jourdanie
St-Rome-de-Cernon
St-Julien
Connac
La Caze
Le Cayotte
Les Cost Gozon
La Calm
St-Izard
Courbel
Lincou
St-Igest
Brousse-le-Château
La Palisse
Broquiès
St-Michel-de-Landesque
St-Amans
Boussac
Crassous
Tarn
Aveyron
Viaur
260
261
280
299
300

261
262
279
299
300
St-Geniez-d'Olt
La Capelle-Bonance
St-Saturnin-de-Lenne
Campagnac
St-Laurent-d'Olt
Canilhac
Banassac
La Canourgue
St-Germain-du-Teil
Chanac
Sabot de Malepeyre
SAUVETERRE
RÉGIONAL
Sévérac
Puech de Montgrand
Col de Lagarde
Lapanouse
Loupiac
Sévérac-le-Château
Source de l'Aveyron
Col de Palassy
GRANDS
CAUSSES
CAUSSE
DE
Le Massegros
Point Sublime
Cirque des Baumes
Les Détroits
Pas de Souci
Roc des Hourtous
GORGES
DU
TARN
Ste-Énimie
Cirque de Pougnadoires
Châtt. de la Caze
Cirque de St-Chély
La Malène
St-Chély-du-Tarn
Castelbouc
Puech d'Alluech
Col de Rieisse
Château de Blanquefort
CAUSSE MÉJEAN
Hures-la-Parade
Aven Armand
Arcs de St-Pierre
Corniche du Causse Méjean
Roc St-Gervais
Gorges de la Jonte
Grotte de Dargilan
Meyrueis
Chât. de Roquedols
Le Rozier
Peyreleau
Rocher de Capluc
Cirque de Madasse
Corniche du Causse Noir
Égl. de St-Jean-de-Balme
Causse Noir
Monument Peyrelade
Viaduc de Verrières
Viaduc de la Garrigue
Aven de Trouchiols
Chaos de Montpellier-le-Vieux
Roques-Altes
Montméjean
Puech du Bercl
Le Rajol
La Roque-Ste-Marguerite
Gorges de la Dourbie
N.-D. de la Salvage
Millau
Observatoire
Puech d'Andan
Aguessac
Compeyre
Paulhe
Creissels
Viaduc de Millau
St-Georges-de-Luzençon
PARC NATUREL RÉGIONAL
Causses
Maison du Larzac
Camp du Larzac
12
AVEYRON
La Cavalerie
Nant
Roc Nantais
Cantobre
Trèves
Causse-Bégon
Col de la Pierre-Plantée
Gorges de la Dourbie
Montagne du Lingas
CÉVE
Col de Montjardin
Gorges du Trévezel
Lanuejols
St-Sauveur-des-Pourcils
Revens
St-Jean-du-Bruel
Le Suquet
A75-E11
N88

St-Privat
La Chaumette
Mausolée romain
Lanuéjols
Bagnolis-les-Bains
St-Julien-du-Tournel
St-Jean-du-Bleymard
Le Bleymard
Les Alpiers
Villes-Hautes
Villes-Basses
Le Cros
Conzes
Le Crouzet
Belv. de Vessezac
262
263
Col de Loubière 1181
Chât. de la Prade
Brenoux
Venède
Vareilles
Outlet
Lozerette
Le Mas
Orcières
Le Mazel
Malecombe
C. des Tribes
Cubières
Altier
Donjon
Pourcharesses
La Garde-Guérin
Rouffiac
St-Bauzile
Varazoux
Truc de Balduc 1100
Les Sagnes
Commune de Mas-d'Orcières
Serviès
Neyrac
Lozeret
Col Bourbon 1091
Le Crouzet
Pomaret
Bergognon
Combret
Barrage de Villefort
Le Falisson
Molines
St-Étienne-du-Valdonnez
Étang de Barrandon
Malavieille
Cubiérettes
Villespasses
Castanet
Le Freysinel
Forêt des Laubies
Roc des Laubies 1562
Bois de Lozeret
Chareylasse
Rabeyral
Villefort
La Balzalgette
Les Laubies
La Fage
PARC NATIONAL
Sommet de Finiels 1699
Signal des Laubies 1657
1548 Col de Finiels
Sources du Tarn
St-André
Montmirat
Col de Montmirat 1046
MONT LOZÈRE
Costeilades
Palhère
Vielvic
Les Combettes
La Vayssière
Finiels
1685 Pic Cassini
Le Bousquillon 1115
Le Chambon
1106 Mont Chabio
Lonjagnes
Paros
Cascade de Lozerette
Les Bondons
Mont-Méjan
Runes
Finialette
Rieumal
L'Hôpital
Mas-Camargues
Concoules
Plateau de la Croix de l'Ermite
Tour de Malmontet
Bézout
Rocheblaye
Molines
Ispagnac
Quézac
Cantonnet
Le Mas-André
Faux
1230
Le Cham
Fraissinet-de-Lozère
Villeneuve
Bois de la Méjarié
Le Chaumadou 1395
Aubaret
Belv. des Bouzèdes
La Banleve
Biesset
Fayet
Cocurès
Saliège
Le Villaret
Le Pont-de-Montvert
DES
Masméjan
Blajoux
Montbrun
Monteils
Rampon
Grizac
Les Vernets
St-Maurice-de-Ventalon
Polimies
Vialas
Nojaret
Génolhac
Charbonnières
La Condamine
Bédouès
Mt de Ramponenche 1098
Bois d'Altefage
Col du Bougès 1308
Soleyrols
Le Travers
Poujols
Fraissinet-de-Poujols
Source du Pêcher
Florac
La Valette
Les Vernèdes
Les Chazes
Mijavals
Montagne du Bougès
CÉVENNES
L'Espinas
Chamborigaud
Le Champ
La Citerne
Valbelle
Rocher de Rochefort 1083
La Salle-Prunet
Mimente
Bougès
St-Andéol-de-Clerguemort
Crosgarnon
Tardonnenche
St-Julien-d'Arpaon
Currières
La Roche
Le Rouve
Vimbouches
La Rivière
St-Frézal-de-Ventalon
Pénens
Lézinier
La Fajole
Le Mazel
902
Les Crozes
St-Privat-de-Vallongue
Loubeyroux
Col de l'Houmenet
St-Laurent-de-Trèves
Cassagnas
Col de Jalcreste
La Lauze
St-Julien-des-Points
Nozières
St-André-de-Lancize
St-Hilaire-de-Lavit
Valescure
Le Collet-de-Dèze
Barre-des-Cévennes
Col des Faïsses
1026
Mt Mars 1162
Valès
St-Michel-de-Dèze
Chaos de Nîmes-le-Vieux
Vebron
Plan de Fontmort
St-Martin-de-Lansuscle
Chât. de Calberterte
La Viale
282
Veygalier
Les Vanels
666 Col de Pendédis
Poulassargue
Fraissinet-de-Fourques
Masbonnet
Molezon
Col de 602 Malhaussette
St-Germain-de-Calberte
Col de la Baraque
Aures
Col de Perjuret
Rousses
Can de l'Hospitalet
Biasses
La Rouvière
Fabrègues
St-Martin-de-Boubaux
Lamelouze
Gatuzières
Pompidou
Le Masaribal
Pont-Ravagers
Ste-Croix-Vallée-Française
LOZÈRE 48
Gorges du Tapoul
Bassurels
Corniche des Cévennes
Gabriac
St-Étienne-Vallée-Française
Le Lunès
Cabrillac
Montredon
Moissac-Vallée-Française
Tour
St-Romans-de-Tousque
Le Martinet
Les Oubrets
St-André-de-Valborgne
Pomaret
Col de l'Exil
St-Pa-la-Co
Le Villaret
1567 MONT AIGOUAL (Observatoire)
Tourgueille
946 Pic de Borgne
Le Mas-Auric
St-Marcel-de-Fontfouilleuse
Col de St-Pierre
Aubignac
NATIONAL
Abîme de Bramabiau
Mais. forestière Aire-de-Côte
Saumane
Peyrolles
Cachar
St-Jean-du-Gard
Mialet
Camprieu
Col de la Serevrède
L'Hort-de-Dieu (Arboretum)
Faveyrolle
Les Plantiers
L'Estréchure
Casc. de l'Hérault
GARD 30
La Hierle
St-Martin-de-Corconac
Paussan
Bois Nègre
DES
Les Salles
CÉVENNES
Les Fournels
L'Espérou
Les Anglivels
La Pieyre
Milliérines
Mt Brion
Les Abeillères
Corbès
Laupiettes
Col de Faubel
Montagne de l'Espérou
Bois de Randavel
Col de l'Asclié
Col du Mercou
Caderie
Laupies
Prunaret
Valleraugue
Le Cros
Ardaillès
Mgne du Liron
La Coste
Soudorgues
Ste-Croix-de-Caderle
Thoiras
1264 Col du Minier
Pic de Barrette
Taleyrac
Puech-Sigal
Les Horts
Pic de 560 Montvaillant
NNES
Serre de la Tourelle 1253
La Valette
Le Mazel
Le Gasquet
Lasalle
Calviac
Casc. d'Orgon
N.-D.-de-la-Rouvière
C. de la Triballe
Les Vignolles
Col de Traviargues
Pont-du-Lingas
La Coste
St-Bonnet-de-Salendrinque
Lale
Pradals
St-Martial
Cognac
Vabres
Salagosse
St-André-de-Majencoules
Montredon
La Rouvière
C. du Rédarès
St-Félix-de-Pallières
Arphy
Mandagout
Le Villaret
Mazel
Bouras
Col de Bentarde
Peyraube
Le Travers
Le Puech
Col des Mourès
Sanissac
St-Roman-de-Cod
Mas-de-Gentil
Monoblet
St-Martin-de-Sossenac
Le Prat
Aulas
Pont-d'Hérault
301
302
Bréau-et-Salagosse
Le Vigan
Roquedur
Mgne de la Fage
Cros
Aumessas

263
264
281
301
302
Roure
Planchamp
La Garde-Guérin
Villefort
Barrage de Villefort
Ste-Marguerite-Lafigère
Pied-de-Borne
Les Salelles
D'ARDÈCHE
Malarce-s.-la-Thines
St-Pierre-St-Jean
St-Pierre-le-Déchausselat
Faugères
Payzac
Joyeuse
Rosières
Lablachère
Gorges de la Beaume
Dé... de Ruoms
Ruoms
Pradons
Labeaume
Mas de la Vignasse
Sampzon
Vallon-Pont-d'Arc
Grotte des Tunnels
Pont d'Arc
Grottes d'Ebbo
Labastide-de-Virac
Malons-et-Elze
St-André-Capcèze
Vielvic
Ponteils-et-Brésis
Le Chambon
Brésis
Bonnevaux
Tour de Malmontet
Génolhac
Le Chaylar
Aujac
Sénéchas
Chamborigaud
Les Vans
Chambonas
Naves
Serre de Barre
Bois de Païolive
Manoir
Berrias-et-Casteljau
Chandolas
Grospierres
Bois des Bryuères
Banne
Beaulieu
Bois de Bartres
St-Paul-le-Jeune
Chadouillet
St-André-de-Cruzières
Grotte de la Cocalière
St-Sauveur-de-Cruzières
Barjac
Aven de la Forestière
Aven d'Orgnac
Vagnas
Bessas
Bessèges
Robiac
Montagne d'Uzège
St-Ambroix
Chât. de Montalet
Château de Portes
Portes
Col de Trélis 415
Molières-s.-Cèze
Les Mages
St-Florent-s.-Auzonnet
La Grand-Combe
Branoux-les-Taillades
Les Salles-du-Gardon
Laval-Pradel
Rousson
Salindres
St-Julien-les-Rosiers
St-Martin-de-Valgalgues
Cendras
Faub. de Rochebelle
Alès
Faub. du Soleil
St-Jean-du-Pin
St-Christol-lès-Alès
Bagard
Anduze
Bambouseraie de Prafrance
Porte des Cévennes
Boisset-et-Gaujac
Ribaute-les-Tavernes
Vézénobres
St-Hilaire-de-Brethmas
Mons
Seynes
Mont Bouquet 629
Guidon du Bouquet
Grotte des 3 Ours
Gouffre des Aiguières
Chât. d'Allègre
Allègre
St-Julien-de-Cassagnas
Rochegude
Méjannes-le-Clap
Bois de Goudargues
Lussan
Montclus 330
Bois de la Vièle
Bois de Larnac
Coste Belle 272
Euzet
Dève 361
Grand Serre d'Aureillac
Bois Nègre
Grotte de Trabuc
Mas-Soubeyran
Col de Traviargues
St-Sébastien-d'Aigrefeuille
Massillargues-Attuech
Lézan
Cassagnoles
Maruéjols-lès-Gardon
Brignon
Moussac
Domessargues
St-Jean-de-Serres
Lédignan
Ste-Eulalie
Bourdic
Arpaillargues
St-Maurice-de-Cazevieille
St-Césaire-de-Gauzignan
Serviers-et-Labaume
Montaren-et-St-Médiers

264
265
284
303
304
GARD
30
VAUCL
84
Viviers
Donzère
Pierrelatte
Bourg-St-Andéol
St-Paul-Trois-Châteaux
La Garde-Adhémar
Grignan
Montségur-s.-Lauzon
Suze-la-Rousse
Bollène
Lapalud
Lamotte-du-Rhône
Pont-St-Esprit
Mondragon
Mornas
Piolenc
Orange
Sérignan-du-Comtat
Rochegude
Ste-Cécile-les-Vignes
Camaret-s.-Aigues
Jonquières
Courthézon
Châteauneuf-du-Pape
Caderousse
Roquemaure
Sorgues
Sauveterre
Pujaut
Villeneuve-lès-Avignon
Tavel
Bagnols-s.-Cèze
Laudun
St-Just
St-Marcel-d'Ardèche
St-Martin-d'Ardèche
St-Paulet-de-Caisson
Chartreuse de Valbonne
Forêt de Valbonne
Uzès
St-Quentin-la-Poterie
St-Victor-la-Coste
St-Laurent-des-Arbres
St-Geniès-de-Comolas
Montfaucon
Connaux
Tresques
Sabran
Gorges de l'Ardèche
Aven de Marzal
Table d'orientation
Gorge de Baume
Bois de Laoul
Théâtre antique
Centrale atomique de Marcoule
Ferme aux Crocodiles
Centre d'énergie de Pierrelatte
Barrage de Sauveterre
Île de la Barthelasse
Rochefort-du-Gard
Le Pontet
Entraigues-la-Sorgue
Tulette
Autoroute du Soleil
A7-E15
A9-E15
T.G.V. MÉDITERRANÉE
RHÔNE
Canal

265
266
283
303
304
Bois de Taulignan
Roche-St-Secret-Béconne
Montagne de Col Plat 1201
L'Estellon
Commune de Chaudebonne
Malivert
Cornillon-s.-l'Oule
Bois de Salles
Les Artaux
Cime de Rozier
Donjon de Blacon
Le Moulin
Valouse
Château
Salles-s/s-Bois
Montbrison
Le Célas
Teyssières
Mgne d'Autuche
Défilé des Trente-Pas
Villeperdrix
Montagne de Buègne
Rocher de St-Auban
Grignan
Taulignan
Le Pègue
N.-D. de Beauvoir
Col de Lachaud 927
St-Ferréol-Trente-Pas
St-May
Rémuzat
Bayonne
Rousset-les-Vignes
La Combe-de-Sauve
Les Cognets
St-Pons
Eyroles
Sahune
Montréal-les-Sources
Le Chambon
La Grande Tuilière
Condorcet
Grotte de Rochecourbière
St-Pantaléon-les-Vignes
Novézan
La Grande Veyronne 886
Coucou 922
Montagne de Buisseron
Chamaret
Grillon
Font-de-Barral
Venterol
La Bonte
Col de Soubeyrand 994
Colonzelle
Valréas
Les Parèjats
Aubres
Les Pilles
Curnier
Arpavon
Le Poët-Sigillat
Beffroi
Margerie
Tarendol
Bellecombe-Tarendol
Les Estangs
Le Devès
Nyons
Montaulieu
N.-D. de Beauvert
Montségur-s.-Lauzon
Richerenches
84
Les Cornuds
Les Latards
Hubac 978
Ste-Jalle
Vieux village
Garde Grosse 944
Le Pont-de-Mirabel
Rochebrune
St-Sauveur-Gouvernet
La Baume-de-Transit
Vinsobres
Châteauneuf-de-Bordette
La Biore
St-Quentin
Les Estangs
Montagne de Linceuil 1192
Vèrone
Les Blaches
Les Granges
Bésignan
Autanne
Col d'Ey
Mtgne de Baume-Noire 1034
Vercoiran
Visan
Mirabel-aux-Baronnies
Beauvoisin
Piégon
Bénivay-Ollon
Les Jonchiers
Montagne du Gravas 1114
La Roche-s.-le-Buis
Bouchet
St-Maurice-s.-Eygues
Auzière 782
Tulette
Villedieu
Propiac
Buis-les-Baronnies
Buisson
La Tuilière
Puyméras
Mérindol-les-Oliviers
La Penne-s.-l'Ouvèze
Rocher St-Julien 767
Les Sias
Aiguilan
St-Roman-de-Malegarde
Château
Faucon
Cost
La Nible 1199
Théâtre romain
St-Romain-en-Viennois
Pierrelongue
Montagne de Banne 1382
Ste-Cécile-les-Vignes
Roaix
Vaison-la-Romaine
Eygaliers
Plaisians
Mollans-s.-Ouvèze
1062
Rasteau
St-Marcellin-lès-Vaison
Les Richards
Montagne de Bluye
Aiguières
Cairanne
Crestet
Entrechaux
Col de Fontaube 635
St-Léger-du-Ventoux
Veaux
Crête du Rissas
Brantes
Séguret
1031 Sommet de la Plate
Col des Aires 634
Courançonne
Les Valettes
Ste-Marguerite
Mont-Serein
Col des Tempêtes 1829
Travaillan
Sablet
Cirque de St-Amand
Dentelles de Montmirail
Beaumont-du-Ventoux
1909
Malaucène
M.F.
Les Roards
Suzette
Source
Mont Ventoux
Fontaine
Le Chalet-Reynard
Camaret-s.-Aigues
Violès
La Baumette
Gigondas
Lafare
La Madeleine
La Roque-Alric
Le Barroux
Tour Sarrazine
Vacqueyras
Les Baux
Ste-Colombe
St-Hippolyte-le-Graveron
Bédoin
Chabert
Les Roques
N.-D. d'Aubune
Crillon-le-Brave
St-Estève
Pavane
Beaumes-de-Venise
Caromb
St-Pierre-de-Vassols
Flassan
Col N.D. des Abeilles
Les Sablons
Jonquières
Modène
Les Madirats
Les Isnards
Aubignan
Les Gaps
La Gabelle
Courthézon
Châtt. de Tourreau
Sarrians
Serres
Chapelle
Mormoiron
Combe de l'Hermitage
Monieux
VAUCLUSE 84
Loriol-du-Comtat
Synagogue
Mazan
Cimetière
Villes-s.-Auzon
Rocher du Cire
Husson
Carpentras
Gorges de la Nesque
St-Estève
St-Louis
Bédarrides
Monteux
Blauvac
St-Hubert
Bourbereau
Malemort-du-Comtat
Méthamis
Forêt de St-Lambert
Entraigues-s.-la-Sorgue
Althen-des-Paluds
Pont
St-Didier
N.-D.-de-Vie
Les Bastides
Plateau de
Pernes-les-Fontaines
Venasque
Tour
Col du Puy de Griffon 627
Le Logis-de-Ste-Anne
Le Beaucet
St-Lambert
876 Pierrascas
Forêt de Murs
Bois de Bourrade
Vedène
Trévouse
Les Valayans
La Roque-s.-Pernes
St-Gens
Les Vergiers
Les Beylons
St-Saturnin-lès-Avignon
Le Pontet
672

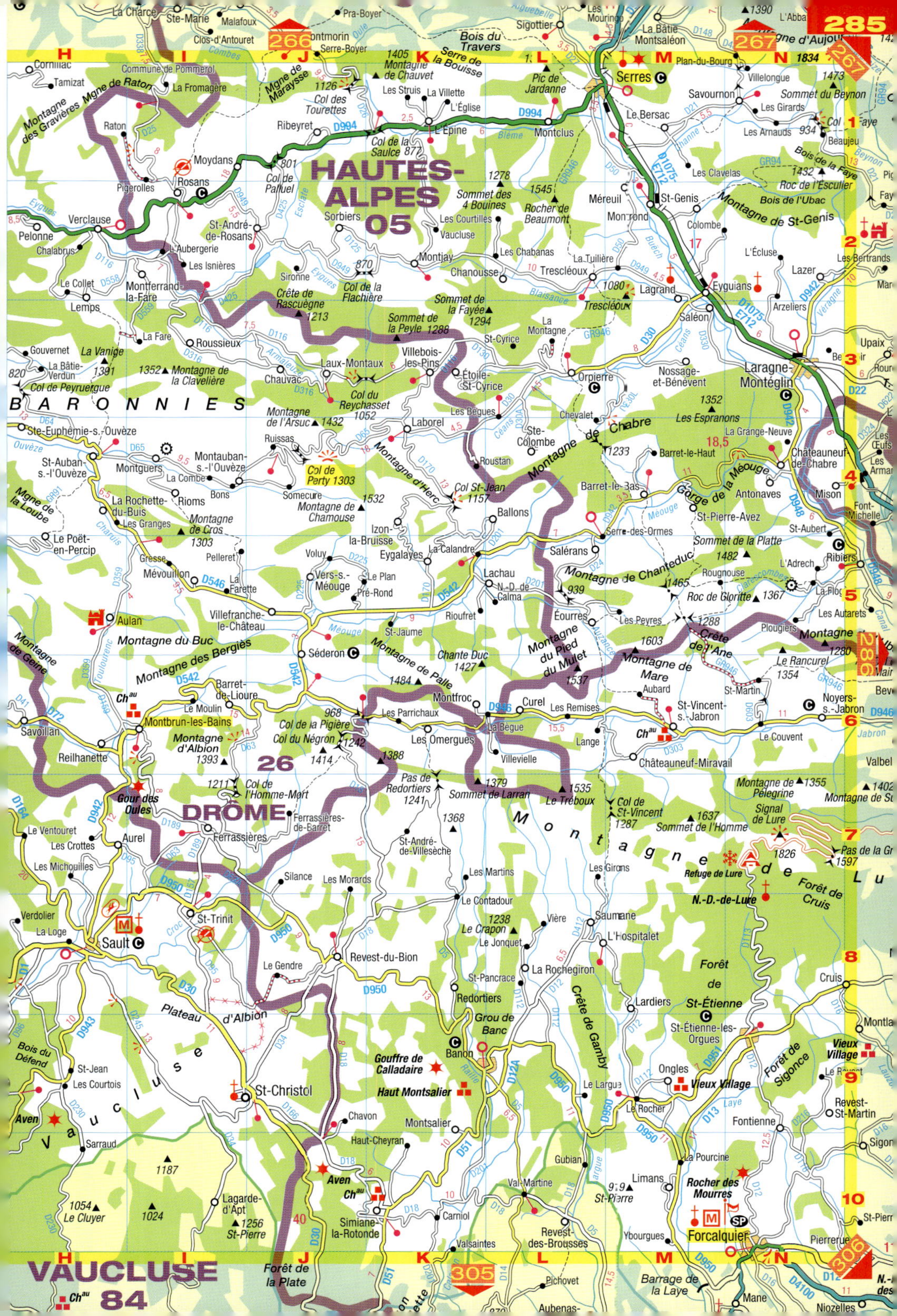
HAUTES-ALPES
05
BARONNIES
DRÔME
26
VAUCLUSE
84
Montagne de Lure
Plateau d'Albion
Vaucluse
266
267
286
305
306
Serres
Laragne-Montéglin
Orpierre
Rosans
Séderon
Montbrun-les-Bains
Sault
Banon
Forcalquier
St-Christol
Revest-du-Bion
Ribiers
Noyers-s.-Jabron
St-Étienne-les-Orgues
Montagne de Chabre
Montagne de Chanteduc
Crête de l'Âne
Montagne de Mare
Montagne du Pied du Mulet
Montagne de Palle
Montagne de Gêne
Montagne du Buc
Montagne des Bergiès
Montagne d'Albion
Montagne de St-Genis
Montagne des Gravières
Mgne de Raton
Mgne de Marayssé
Crête de Rascuègne
Sommet de la Peyle 1288
Sommet de la Fayée 1294
Col de Perty 1303
Col St-Jean 1157
Col de la Pigière
Col du Négron
Col de l'Homme-Mort
Gour des Oules
Gouffre de Calladaire
Haut Montsalier
Signal de Lure 1826
Refuge de Lure
N.-D.-de-Lure
Forêt de St-Étienne
Forêt de Cruis
Forêt de Sigonce
Crête de Gamby
Grou de Banc
Vieux Village
Rocher des Mourres
Forêt de la Plate
Bois de Défend
Col de la Saulce 877
Col de Palluel
Col de la Flachière
Col du Reychasset 1052
Col de Peyruergue
Col de St-Vincent 1287
Pas de Redortiers 1241
Sommet de Larran
Le Tréboux 1535
Ste-Euphémie-s.-Ouvèze
St-Auban-s.-l'Ouvèze
Montauban-s.-l'Ouvèze
Villefranche-le-Château
Vers-s.-Méouge
Izon-la-Bruisse
Eygalayes
Lachau
Éourres
Salérans
Barret-le-Bas
Barret-le-Haut
Antonaves
St-Pierre-Avez
Châteauneuf-de-Chabre
Mison
St-Vincent-s.-Jabron
Châteauneuf-Miravail
Curel
Les Omergues
Ferrassières
Aurel
St-Trinit
Simiane-la-Rotonde
Revest-des-Brousses
Cruis
Ongles
Lardiers
Saumane
L'Hospitalet
Redortiers
Montsalier
Eyguians
Lagrand
Trescléoux
Montjay
Ribeyret
Sorbiers
Moydans
Verclause
Pelonne
Mévouillon
Aulan
Reilhanette
Savoillan
Barret-de-Lioure
Laborel
Villebois-les-Pins
Étoile-St-Cyrice
Nossage-et-Bénévent
Méreuil
Montrond
St-Genis
Savournon
Le Bersac
Montclus
L'Épine
Chanousse
Lazer
Upaix
Valbelle
Mane
Aubenas-les-Alpes
Fontienne
Limans
Sigonce
Revest-St-Martin
Lure

267
268
285
305
306
Barcillonnette
Crête des Selles
Plan-de-Vitrolles
Monêtier-Allemont
Ventavon
Valenti
Claret
Tartaras
Melve
Crête de la Pare
Cougourdane
Villarnaud
Thèze
Sigoyer
Upaix
Rourebeau
Ste-Colombe
Les Concis
Le Poët
Les Donnets
Vaumeilh
Rocher de Hongrie
Pied-de-Hongrie
Valernes
Les Mayols
Châteauneuf-de-Chabre
Mison
Ribiers
Sisteron
Montagne de l'Ubac
Col de la Mairie
Bevons
Noyers-s.-Jabron
Les Bons-Enfants
Valbelle
Les Escoffiers
Montagne de Sumiou
Peipin
Aubignosc
Le Forest
Pas de la Graille
Forêt de Cruis
Lure
Bois de Croumpa
Les Paulons
Châteauneuf-Val-St-Donat
Mallefougasse-Augès
Chapelle St-Donat
Cruis
Montlaux
Augès
Vieux Village
Peyruis
Revest-St-Martin
Prieuré de Ganagobie
Sigonce
Dabisse
Pailherol
Lurs
St-Pierre
Les Pourcelles
N.-D.-des-Anges
Niozelles
Château-Arnoux-St-Auban
L'Escale
Volonne
Église St-Martin
Montfort
Malijai
Les Mées
Rochers
Ancien village (Chénerilles)
La Lèche
Puimichel
En Sales
St-Jeannet
Le Castellet
Vieux village
Bras-d'Asse
Estoublon
Les Oresonnis
La Curnerie
Le Col-de-Blaux
Rousset
Les Roches
Pré-de-Loubet
Bois de la Combe
Le Caire
Faucon-du-Caire
Bois de l'Ubac
Col de Sarraut
Turriers
Bellafaire
Bréziers
La Motte-du-Caire
Clamensane
Heyriès
Maynard
Nibles
St-Véran
Châteaufort
Valavoire
Montagne de Jouère
St-Geniez
N.-D.-de-Dromon
Rocher de Dromon
Défilé de la Pierre-Écrite
Montagne de Gache
Authon
Chapelle
Clue de Feissal
Crête de Géruen
Forêt de Mélan
Montagne de Mélan
Entrepierres
Rochers de St-Michel
Montagne de la Baume
Vilhosc
Prieuré
Pont de la Reine-Jeanne
Le Castellard-Mélan
Hautes-Duyes
Sommet de Vaumuse
Salignac
Sourribes
St-Martin
Thoard
La Bigue
Col de la Croix
Barras
Pas de Bonnet
Champtercier
Pic d'Oise
Les Beauduns
Aiglun
Mallemoisson
Mirabeau
Fontenelle
Le Chaffaut-St-Jurson
Espinouse
Jailleux
Bellegarde
Digne-les-Bains
St-Vincent
St-Pancrace
Ét. thermal
Sommet de Cousson
St-Michel-de-Cousson
Entrages
Châteauredon
Mézel
Beynes
Montagne de Beynes
Trévans
Gorges de Trévans
Marcoux
Courbons
La Robine-s.-Galabre
N.-D.-de-Lauzière
Le Brusquet
Le Mousteiret
Lambert
Ainac
Malefiance
Clues de Barles
Crête de Blayeul
Barles
Clues de Verdaches
Col de Clapouse
Les Monges
Sommet de Nibles
Col St-Antoine
L'Oratoire
Les Cimettes
Crête de Val-Haut
Le Marzenc
Auzet
Clot de Bouc
Tête Grosse
Chabanon
Selonnet
St-Martin-lès-Seyne
Col des Fillys
Col des Garcinets
Montagne de Seymuit
Le Bois Noir
Bayons
Forest-Lacour
Esparron-la-Bâtie
Reynier
Baudinard
La Sapie
La Rouchaye
Astoin
Col des Sagnes
Grande Gautière
Sommet de Bramefan
Roche Cline
Sommet de Serre-Bouchon
Sommet de Monsérieux
Le Grand Bois

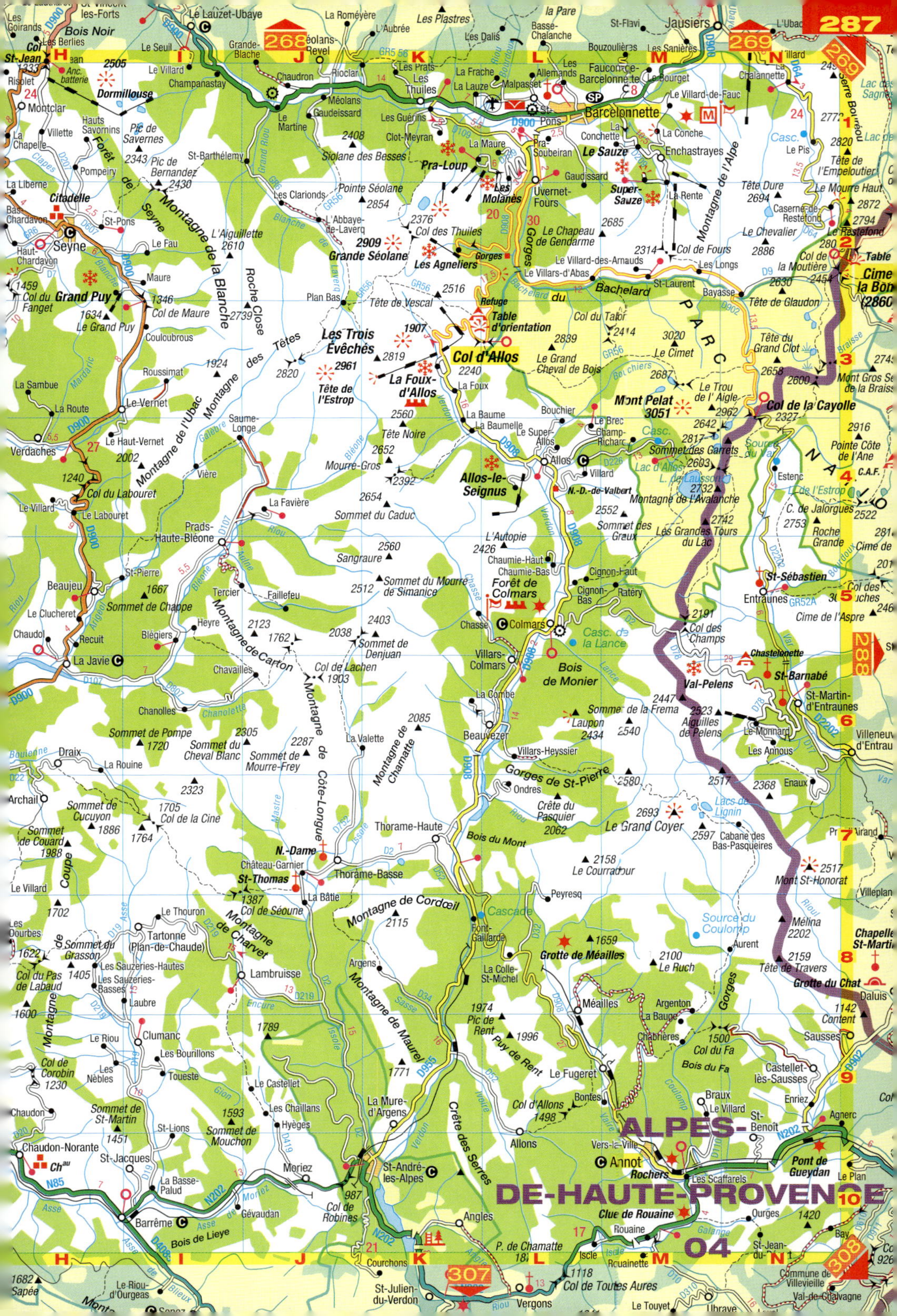
268
269
307
308
288
H
I
J
K
L
M
N
1
2
3
4
5
6
7
8
9
10
ALPES-DE-HAUTE-PROVENCE
04
PARC NATIONAL
Le Lauzet-Ubaye
La Roméyère
Les Plastres
La Pare
St-Flavi
Jausiers
Bois Noir
Les Berlies
St-Jean
Col
Le Seuil
Grande-Blache
Méolans-Revel
L'Aubrée
Basse-Chalanche
Les Dalis
Bouzoulières
Les Sanières
Chalannette
Risolet
Anc. batterie
2505
Dormillouse
Le Villard
Champanastay
Chaudron
Rioclar
Les Prats
Les Thuiles
La Frache
La Lauze
Malpasset
Les Allemands
Faucon-de-Barcelonnette
Le Bourget
Le Villard-de-Faucon
Montclar
Villette
Méolans
Gaudeissard
Les Guérins
Barcelonnette
Pons
La Conchette
La Conche
Enchastrayes
Casc.
Le Pis
2772
2820
Tête de l'Empeloutier
La Chapelle
Hauts Savornins
Pic de Savernes
2343
Pic de Bernardez
2430
Le Martinet
2408
Siolane des Besses
Clot-Meyran
La Maure
Pra-Loup
Pra Soubeiran
Le Sauze
Gaudissard
Super-Sauze
La Rente
Montagne de l'Alpe
Tête Dure
2694
Le Mourre Haut
2872
Caserne-de-Restefond
2794
Forêt de Seyne
Pompeiry
St-Barthélemy
La Liberne
Citadelle
Les Clarionds
Pointe Séolane
2854
Les Molanès
Uvernet-Fours
2685
Le Chevalier
2886
Le Restefond
Bas Chardavon
St-Pons
Montagne de la Blanche
L'Abbaye-de-Laverq
2376
Col des Thuiles
20
30
Le Chapeau de Gendarme
Seyne
Le Fau
L'Aiguillette
2610
2909
Grande Séolane
Les Agneliers
Gorges
2314
Col de Fours
Les Longs
Col de la Moutière
2454
Table
Cime de la Bonette
2860
Haut-Chardavon
Maure
Roche Close
Le Villard-des-Arnauds
Le Villars-d'Abas
St-Laurent
Bayasse
2630
Tête de Glaudon
1459
Col du Fanget
Grand Puy
1346
Col de Maure
2739
Plan Bas
Tête de Vescal
2516
Refuge
Table d'orientation
Bachelard
Col du Talon
2414
1634
Le Grand Puy
Couloubroux
Les Trois Évêchés
1907
2839
Le Grand Cheval de Bois
3020
Le Cimet
Tête du Grand Clot
2658
2961
Montagne des Têtes
2819
Col d'Allos
1924
2820
Roussimat
Tête de l'Estrop
La Foux-d'Allos
2240
La Foux
2687
Le Trou de l'Aigle
2600
Mont Gros
La Sambue
Le Vernet
Montagne de l'Ubac
Saume-Longe
2560
La Baume
Mont Pelat
3051
2962
Col de la Cayolle
2327
La Route
Tête Noire
La Baumelle
Bouchier
Le Brec
Champ-Richard
Casc.
2642
2916
Pointe Côte de l'Ane
Le Haut-Vernet
2652
Le Super-Allos
Allos
Villard
2817
Sommet des Garrets
Verdaches
2002
Mourre-Gros
2392
Allos-le-Seignus
Lac d'Allos
2603
Estenc
C.A.F.
1240
Col du Labouret
Vière
2654
N.-D.-de-Valbert
2732
Montagne de l'Avalanche
Col de l'Estrop
Le Villard
Le Labouret
La Favière
Sommet du Caduc
2552
Sommet des Garrets
C. de Jalorgues
2522
2753
Prads-Haute-Bléone
L'Autopie
2426
2742
Les Grandes Tours du Lac
Roche Grande
Cime de
2560
Sangraure
Chaumie-Haut
Chaumie-Bas
St-Pierre
5,5
2512
Sommet du Mourre de Simanice
Forêt de Colmars
Cignon-Haut
Cignon-Bas
Raterv
St-Sébastien
Beaujeu
1667
Sommet de Chappe
Tercier
Faillefeu
Entraunes
Col des Fourches
Le Clucheret
Montagne de Carton
Chasse
Colmars
Casc. de la Lance
2191
Col des Champs
Cime de l'Aspre
Chaudol
Blégiers
Heyre
2123
1762
2038
2403
Sommet de Denjuan
Villars-Colmars
Bois de Monier
Recuit
La Javie
Chavailles
Col de Lachen
1903
Chastelonnette
Val-Pelens
St-Barnabé
St-Martin-d'Entraunes
Chanolles
Chanolette
La Combe
2085
Sommet de la Frema
2447
2523
Aiguilles de Pelens
Sommet de Pompe
1720
2305
Sommet du Cheval Blanc
2287
Sommet de Mourre-Frey
La Valette
Montagne de Chamatte
Beauvezer
Laupon
2434
2540
Le Monnard
Les Annous
Villeneuve-d'Entraunes
Draix
La Rouine
Montagne de Côte-Longue
Villars-Heyssier
Gorges de St-Pierre
2580
2517
2368
Enaux
Archail
2323
Ondres
Crête du Pasquier
2062
Lacs de Lignin
Sommet de Cucuyon
1886
1705
Col de la Cine
1764
Thorame-Haute
Bois du Mont
2693
Le Grand Coyer
2597
Cabane des Bas-Pasqueires
Sommet de Couard
1988
N.-Dame
Château-Garnier
St-Thomas
Thorame-Basse
2158
Le Courradour
2517
Mont St-Honorat
Le Villard
1387
Col de Séoune
La Bâtie
Montagne de Cordœil
2115
Peyresq
Cascade
Villeplane
1702
Les Dourbes
Le Thouron
Tartonne (Plan-de-Chaude)
Montagne de Charvet
Fontgaillarde
Source du Coulomp
Mélina
2202
Chapelle St-Martin
1622
Sommet du Grasson
1405
Les Sauzeries-Hautes
Les Sauzeries-Basses
Lambruisse
Argens
1659
Grotte de Méailles
2100
Le Ruch
Aurent
2159
Tête de Travers
Grotte du Chat
Col du Pas de Labaud
Laupre
Montagne de Maurel
La Colle-St-Michel
Méailles
Argenton
La Bauge
Daluis
1600
Le Riou
Clumanc
1789
1974
Pic de Rent
1996
Chabrières
1500
Col du Fa
1142
Content
Sausses
Col de Corobin
1230
Les Nèbles
Les Bourillons
Toueste
Puy de Rent
Le Fugeret
Bois du Fa
Castellet-lès-Sausses
Le Castellet
1771
Crête des Serres
Bontès
Gorges
Braux
Le Villard
Enriez
Chaudon
Sommet de St-Martin
1451
1593
Sommet de Mouchon
Les Chaillans
Hyèges
La Mure-d'Argens
Col d'Allons
1498
Allons
St-Benoît
Agnerc
Chaudon-Norante
St-Lions
St-Jacques
Vers-le-Ville
Annot
Pont de Gueydan
Le Plan
Château
Moriez
St-André-les-Alpes
Rochers
Les Scaffarels
La Basse-Paluđ
987
Col de Robines
Clue de Rouaine
Ourges
1420
Barrême
Gévaudan
Angles
Bois de Lieye
21
P. de Chamatte
Rouaine
Iscle
Rouainette
St-Jean-du-Désert
Bay
Courchons
1118
Col de Toutes Aures
1682
Sapée
Le Riou-d'Ourgeas
St-Julien-du-Verdon
Vergons
Le Touyet
Ubraye
Commune de Villevieille
Val-de-Chalvagne
D900
D908
D955
D902
N202
N85
D2
D219
D4085

Col de Larche
269
A
B
C
D
E
F
G
Lac della Maddalena
2885
Tête de Fer
NAT. DU LAUZANIER
Argentera
2780
M. Oserot
Servino
2831
Rocca la Meia
Champasso
2447
San-Magno
Chiotti
Campomolino
Figliere
2437
2776
2532
Cabane di Goretta
Bersezio
2766
M. Giordano
Gias Bandia
2523
Punta Parvo
2187
2287
M. Borel
2357
M. Bram
Serre Bouréou
Lac des Sagnes
Lac du Lauzanier
Lac des Hommes
2955
Tête de l'Enchastraye
2506
Col de Pouriac
2868
Rocher des 3 Evêques
2820
Tête de l'Empeloutier
Cime de Voga 2777
Le Mourre Haut
Le Pis
31
Pontebernado
Murenz
Castello
S. Lorenzo
Pietraporzio
Sambuco
M. Bersaio
2386
M. Bassura
2663
2615
M. Oma
2630
M. Sale
Vallone dell' Arma
2423
M. di Vinadrio
S. Giacomo
Fédio
32,5
Neraissa Sup.
Neraissa Inf.
Neghino
Aisone
S21
Glas Bal
2872
2794
Le Restefond
Camp des Fourches
2513
D64
2511
Bousiéyas
Col des Fourches
2261
Le Pra
2584
Col du Fer
C.A.I. Talarico All'Ubac
2472
M. Vaccia
2286
M. Autes
Vinadio
Goletta
Forani
Table d'orientation
Cime de la Bonette (2860)
Col de la Moutière
2454
Refuge de Vens
Vens
Lac de Vens
2982
Clai Sup
Casc. de Vens
2942
M. Vallonnet
Zanotti Al Piz C.A.I.
Pianche
Ruviera
Pratolungo
Rio Freddo
Vallone della Valletta
Glaudon
C.A.F. 2000 Sestrière
Pont Haut
Lac de Ténibre
Ischiator
Bagni di Vinadio
Vallone dei Bagni
2314
M. Ciastella
Migliorero C.A.I.
3031
Mont Ténibre
2995
Grand Cimon de Rabuons
3007
Corborant
Lac Fer
Braisse
St-Dalmas-le-Selvage
D63
2745
Mont Gros Serre de la Braisse
1739
Col d'Anelle
D2205
C.A.F.
Lac de Rabuons
Chap. des Trinitaires
Callieri
S. Bernolfo
Testa Mouton
2522
2573
Punta Ciarnier
F. Nola
2718
Cima Gorgia Cagna
Sotto
Rif. Bianco
Sopra
Lac della Sella
2600
de la Cayolle
2563
Mont Aunos
St-Étienne-de-Tinée
1801
La Pinatelle
2274
Auron
Asuéros
Le Bourguet
Douans
D39
D62
Cime de Colle Longue
La Capanna
2458
2694
Tête de Rougnouse
2761
Tête de l'Autaret
2759
Sant. di S. Anna
2745
Punta Maladécia
2745
M. Aver
2972
Rocca la Paur
3097
M. Matto
2916
Pointe Côte de l'Ane
Pointe des Trois Hommes
2774
Demandols
La Vacherie
C.A.F.
Lac de l'Estrop
Cime de la Berche
2155
Mont Riounet
2537
2474
Las Donnas
2011
Guercia
2350
Lac Mélivern
Terme di Valdieri
C. de Jalorgues
2522
2753
Roche Grande
Vallon de Demandols
Mont Triboulet
2578
2818
Cime de Pal
La Blache
Isola
Vieux Clocher
D97
Col de la Lombarde
Isola 2000
2938
Mont Malinvern
Lac di Valscura
Lac del Claus
2018
2208
Col de Pal
Rusuénigues
Le Pas-de-Roya
2673
Mont Rougnous
2580
Roya
Chapelle Ste-Eurosie
Casc. de Louch
15
Tinée
2342
Lac Nègre
Pointe Giegn
2888
2730
Col des Souches
2468
Cime de l'Aspre
Les Tourres
Mont St-Sauveur
2711
Mollières
Vallon de Mollières
St-Roch
Montagne de l'Alp
Col de Crous
2204
D U
2456
Tête de Varélios
Col de la Valette
2184
2331
2817
Mont Mounier
Mont Gravières
Vacherie-du-Collet
287
St-Martin-d'Entraunes
La Baumette
Barels
Tête de Méric
2048
Châteauneuf-d'Entraunes
2480
Col de la Crousette
Vignols
Col de Moulines
1981
Peyre-Blanque
M E R C A N T O U R
Les Adus
Salèse
2651
Col Ferrière
Villeneuve-d'Entraunes
Bouchanières
La Combe
La Colle
Tête de la Charnaje
1972
1906
La Valle
Sorbière
Ste-Anne
Forêt Rami
Mont Giraud
2674
Mont Pepouiri
Mont Archas
2526
Le Villard
Péone
La Ribière
Les Amignons
Valberg
Beuil
D28
Col de la Couillole
1678
Roubion
Roure
Gorges de Valabre
St-Sauveur-s.-Tinée
2250
Baus de la Frema
La Trinité
Sauze
Guillaumes
2817
Croix de Valberg
Les Launes
St-Ginie
Chap. St-Jean-Baptiste
Tête du Pommier
1912
Les Bouisses
D30
Tête de Tigène
Rimplas
D2565
La Bolline
La Roche
Mont Raja
La Colmiane
2517
Villetalle
Sauze-Vieux
Villeplane
Saussette
Amen
Le Lavigne
2065
Cime de Courbaissa
2055
Cime de Raton
Gorges du Cians
2025
Tête du Giarons
2105
Les Cluots
Lauvet d'Ilonse
Abéliéra
Bois Noir
1869
Mont Viroulet
St-Dalmas
Comm. de Valdebore
Pic de Colmiane
1795
Venanson
Mélina
2202
Chapelle St-Martin
D2202
Gorges de Daluis
Forêt de Palu
1727
2137
Dôme de Barrot
C. de Laus
1282
C. de Roua
Raton
1906
Tête de Rigaud
Pierlas
N.-D.-des-Carmes
1789
Le Mont
Ilonse
1759
Mont Lieuche
1437
Col de la Sinne
Marie
Mont Chalanche
2102
Pointe de Serenton
1839
Mont Tournairet
2085
2159
Travers
Grotte du Chat
Daluis
Liouc
1142
Content
Sausses
Tête de Pibossan
1618
Léouvé
1716
La Méléa
1542
Col de Pras
Gorges de la Roudoule
Clot-de-Marre
1784
1774
Pointe des 4 Cantons
Bancairon
Clans
06
Granges-de-la-Brasque
Forêt de Clans
Mont Mangiabo
1623
Chabanette
St-Léger
1070
Col de St-Léger
Mont d'Auvare
1460
Auvare
Col de Mairola
1293
Lieuche
Villa-Souberra
Rigaud
Thiéry
La Madone
F. de Douine
Bairols
Pont-de-Clans
La Croix-s.-Roudoule
1601
Mont Mairola
Casc.
ALPES-MARITIMES
Agnerc
Le Brec-St-Pierre
1070
Crête d'Aurafort
Puget-Rostang
Gorges Inférieures du Cians
1227
Mont Ragias
Mont Falourde
1304
Roussillon
St-Jean
Brec d'Utelle
1606
Pont de Gueydan
Le Plan
Entrevaux
D4202
Puget-Théniers
D6202
Touët-s.-Var
Massoins
Tournefort
La Tour
Bois de Gourdan
D2211A
876
Col de St-Raphaël
1212
Mont Rourebel
47
Villars-s.-Var
Malaussène
La Courbaisse
Madone d'Utelle
1420
Bay
Montagne de Gourdans
1503
La Penne
Rourebel
Ascros
Les Crottes
Mont Brune
Col de Félines
Avenos
La Rochette
Toudon
Mont Vial
307
308
Castellet-St-Cassien
Villevieille
Val-de-Chalvagne
Montagne de Miolans
Sauma Longa
Tête du Puy
Tourette-du-Châ
Revest-les-Roches
Gorges de Chaudan
Défilé

CUNEO
Santuario degli Angeli
Bernezzo
Cervasca
Vignolo
San Rocco Castagnaretta
Beinette
Pianfei
Mellana
Sant'Anna
San Lorenzo
Santa Margherita
Villanova Mondovì
Roccasparvera
Borgo-S. Dalmazzo
Boves
Peveragno
Chiusa di Pesio
Roccaforte Mondovì
Demonte
Roccavione
Robilante
Terme di Lurisia
Valdieri
Mad. del Colletto
Roaschia
Vernante
S. Giovanni
Entracque
PARCO NATUREL DELL' ARGENTERA
RÉSERVE DE CHASSE VALDIERI
Limone-Piemonte
PARCO NAT. DELL'ALTA VALLE PESIO
RISERVA NAT. DEL BOSCO E LAGHI DI PALANFRE
Col de Tende
Tunnel de Tende
Cime du Gelas
Cime de l'Agnel
Madone de Fenestre
St-Martin-Vésubie
Vallée des Merveilles
PARC NAT. DU MERCANTOUR
Tende
St-Dalmas-de-Tende
La Brigue
N.-D.-des Fontaines
LIGURIA
Gorges de Berghe
Saorge
Madone del Poggio
Roquebillière
Authion
Col de Turini
Forêt de Turini
Forêt de Cayros
Gorges de Saorge
Breil-s.-Roya
Peira-Cava
Col de Brouis
N.-D.-de-la-Menour
Gorges de Piaon
Sospel
Pigna
ITALIE
Rocchetta-Nervina
Olivetta-San-Michele
Perinaldo
Belvédère du Col-des-Français
Tour
Lucéram
309

270
A
B
C
D
E
F
G
1
2
3
4
5
6
7
8
9
10
St-Girons-Plage
Mathiouic
Caillaube
St-Girons-au-Marensin
Goueyron
Bernadon
Gracian
Vielle-St-Girons
Mansenes
Étg de Léon
Huchet
Courant d'Huchet
St-Michel-Escalus
Léon
Galoppe
Maa
Le Village-s/s-les-Pins
Moliets-Plage
Moliets-et-Maa
Étang de Moliets
Betoy
Peyton
Étang de Coidoum
Messanges-Plage
Messanges
Meylieu
Étang de Moysan
Caliot
Azur
Vieux-Boucau-les-Bains
Étang de Paysolle
Étang de Soustons
Bayonnais
Yeautic
Jouanblanc
Soustons
Marthian
La Bagnère
Étang Hardy
Gaillou-de-Pontaout
Leborde
Étang Blanc
Le Penon
Clape
Les Estagnots
Tosse
Étang Noir
Seignosse
Lac d'Hossegor
Hossegor
Soorts-Hossegor
Saubion
A63-E5-E70
Angresse
St-Vincent-de-Tyrosse
Pont-d'Hiern
Capbreton
Bénesse-Maremne
St-Jean-de-Marsacq
Labenne-Océan
Labenne
Saubrigues
Puyau
Orx
Ugne
Navachon
Castets
Plage d'Ondres
Villenave
St-Martin-de-Hinx
Lac du Turc
Ondres
St-André-de-Seignanx
Biarrotte
Ste-Marie-de-Gosse
St-Martin-de-Seignanx
Biaudos
Tarnos
Le Pey
Labadie
Boucau
Quartier-Neuf
St-Laurent-de-Gosse
Lac de Chiberta
Chiberta
Vincennes
Grand-Villenave
Saubis
St-Barthélemy
Les Barthes
GOLFE DE GASCOGNE
Pte St-Martin
Bayonne
ADOUR
Rocher de la Vierge
Anglet
Quartier du Port
Urt
A64-E80
Biarritz
Oyhanto
Lahonce
Urcuit
Le Baron
Lassarrade
Croix de Mouguerre
Asserol
310
St-Pierre-d'Irube
Mouguerre
Briscous-les-Salines
311
Séquillon
Bidart
Ametcondo
Briscous
Bassussarry
Montachoury

LANDES
40
Le Bouscat
Le Souquet
271
272
311
312
292
Louise
Bernadic
Lesperon
Boucaou
Cerbeuyres
Malecraste
Réserve d'Arjuzanx
Menjoy
Mougnac
Serroun
Villenave
Labaste
Crière
Peliou
Rey
Linxe
Gournau
Rion-des-Landes
Pouin
Tucs
Beylongue
Traque
Lugasson
Castets
Mailloc
Pouy
Labadie
Lamadou
St-Michel
Lebaque
Montoaout
Bourrut
Taller
Boos
Lestage
Quartier-de-Marcel
Carcen-Ponson
Pernaut
Lacay
Bel Air
Pecoumère
Cougnala
Chardeo
Mougrit
Laluque
Pouy-des-Trucs
Chanchon
Lesgor
Cangrand
Carcares
Ste-Croix
Tartas
Grangeon
Petit Marquis
Pericon
Herm
Cluquetardit
Gourbera
Bégaar
Poyanne
Bernadia
Magescq
N.-D.-de-Buglose
Buglose
Pontonx-s.-l'Adour
Audon
Pelin
Marrein
Candale
St-Jean-de-Lier
Vicq-d'Auribat
Houdin
Gousse
Onard
Gouts
Thié
Leborde
Nerthe
Berceau de St-Vincent-de-Paul
Gurgues
Petit-Saumon
Cassen
Abbesse
Téthieu
Préchacq-les-Bains
Louer
St-Geours-d'Auribat
Poyanne
Laurède
Mugron
Balenton
St-Vincent-de-Paul
Gamarde-les-Bains
La Poste
Dax
N.-D.-de-Fatima
Gourby
St-Paul-lès-Dax
Yzosse
Goos
Nousse
Lourquen
Candresse
Lahosse
St-Vincent-de-Xaintes
Narrosse
Hinx
Montfort-en-Chalosse
Saas
Mées
St-Geours-de-Maremne
Angoumé
Baigts
Thermes-de-Saubusse
Rivière-Saas-et-Gourby
Seyresse
Sort-en-Chalosse
Poyartin
Gibret
Caupenne
Oeyreluy
Saubusse
Tercis-les-Bains
St-Pandelon
Saugnac-et-Cambran
Garrey
Ozourt
Castelnau-Chalosse
St-Laurent
Siest
Josse
Orist
Pt-Carrère
Mahourat
Heugas
Moulin de Bénesse
Mimbaste
Clermont
Donzacq
Bastennes
Pey
Bernets
Bénesse-lès-Dax
Cap-de-Montpeyroux
Bois de Labarthe
Gaujacq
St-Lon-les-Mines
Pomarez
Labatjuzan
Château de Gaujacq
Geloux
Gaas
Maréchal
Lembeye
St-Étienne-d'Orthe
Bélus
Cagnotte
Pouillon
Est beaux
Moulleron
Castel-Sarrazin
Bellegarde
Rasport
Missen
Amou
Port-de-Lanne
Noy
Mcuscardes
Arsague
Habas
Tilh
Peyrehorade
Villandrau
Lagrabiche
Horgave
Orthevielle
Châl. d'Aspremont
Labatut
Ossages
Cauneille
St-Girons
Hastingues
Oeyregave
Bonnut
St-Jean
Abb. d'Arthous
Sorde-l'Abbaye
Puyoô
Ste-Marie
Sames
St-Cricq-du-Gave
Lahontan
La Bougarde
Bordes-du-Haut
Ramous
St-Boès
Guiche
Roudigou
Baigts-de-Béarn
Monument du Général Foy
Lagaillardie
Bellocq
Bordes-du-Bas
LA PYRÉNÉENNE
Château de Gramont
Léren
Castébarbe
Butte de Miremont
Les Cinq-Cantons
Le Guilhat
Bérenx
Mantette
Orthez
St-Pé-de-Léren
Cassaber
Bidache
Le Bois
Salles-Mongiscard
Nogues
Lambert
La Gaia
St-Dos
Carresse-Cassaber
Salies-de-Béarn
Lavie
Came
Battan
Ste-Suzanne
Tour
Labastide-Chalosse
China
La Bastide
Orthez-Suzan

LANDES
40
271
272
291
312
313
Ygos-St-Saturnin
Geloux
Maisonnave
Lucbardez-et-Bargues
Bostens
Pouydesseaux
Corbleu
Lalanne
Lapeyre
Cère
Chapelle
Le Fruit
La Bastide
Gaillères
Ste-Foy
St-Avit
Le Caloy
Ciedas
Matha
Birbe
Penrentis-de-Marsan
Suzan
Garbay
Chay
St-Martin-d'Oney
Uchacq-et-Parentis
Campet-et-Lamolère
Lamolère
Labadie
Lamadou
Coumet
Mellan
Pierrot
Loubere
Toine
St-Orens
Raubet
St-Yaguen
Mont-de-Marsan
St-Cricq-Villeneuve
Bougue
Chrugues
Cébé
Mazerolles
Trac
Nauton
Pujo-le-Plan
Le Plan
Lubatas
Carnette
Pouchiou
Bertheuil
St-Perdon
St-Pierre-du-Mont
Brocas
L'Oustalet
Laglorieuse
Ste-Croix
Meilhan
Campagne
Parpaillot
Ronsac
Candille
Bretagne-de-Marsan
Artassenx
Les Barrères
Les Barbouats
Bergosse
Lestronques
Grand Candeles
Le Leuy
Haut-Mauco
Benquet
St-Jean
St-Christo
Lartigue
Bascons
Maurrin
Perron
Castandet
Rondeboeuf
Mugriet
Deyouan
Aurice
Pelin
Marrein
Gouts
St-Étienne
Souprosse
Lamothe
Cauna
Bas-Mauco
Lahemme
Jeanpierre
Bruhet
Durou
Haou
Gendarme
Père
Ste-Eulalie
St-Maurice-s.-l'Adour
Grenade-s.-l'Adour
Lamensans
Larrivière
Borderes-et-Lamensans
Cazères-s.-l'Adour
Adour
Mugron
Nerbis
Toulouzette
Camelot
St-Sever
Augreilh
Cazaubon
Montgaillard
Lanas
Renung
Hauriet
Montaut
Banos
Labouyrie
Fargues
Larqué
Duhort-Bachen
Gabas
Audignon
Eyres-Moncube
Montsoué
Bahus
Boucou
Borritz
Lahosse
Poyaller
Tour
Larbey
Brocas
St-Aubin
Aules
Dumes
Classun
Buanes
Eugénie-les-Bains
Baigts
Caupenne
Maylis
Doazit
Sarraziet
Coudures
Berdathorde
Pémau
Horsarrieu
Ste-Colombe
Marquebielle
Serreslous-et-Arribans
Ninon
Vielle-Tursan
St-Loubouer
Bahus-Soubiran
St-Laurent
Bastennes
Bergouey
Lamasquère
St-Cricq-Chalosse
Crypte de St-Girons
Hagetmau
Aubagnan
Bats
Castelnau-Tursan
Pécorade
Gaujacq
Château de Gaujacq
Pouy
Brassempouy
Cazalis
Bellegarde
Serres-Gaston
Lande d'Agès
Samadet
Portets
Urgons
Geaune
Blancotte
Sorbets
Pitocq
Payros-Cazautets
Clèdes
Maurles
Bourdos
Le Bourgadot
Nassiet
Momuy
Labastide-Chalosse
Lacrabe
Morganx
Moulin de Mant
Arboucave
Puyol-Cazalet
Miramont-Sensacq
Amou
Castaignos-Souslens
Monségur
Lacajunte
Argelos
Mant
Étang de Miramont
Bonnegarde
Marpaps
Beyries
Poudenx
Peyre
Monget
Benteyou
Péchevin
Pimbo
Bonnut
Bassercles
Castelner
Montagut
Malaussanne
Philondenx
Lauret
Poursiugues-Boucoue
Boueilh-Boueilho-Lasque
Ste-Marie
Sault-de-Navailles
Labeyrie
Arget
Chalabart
Mastrot
Lacadée
Loup
St-Médard
Moustrou
Cabidos
Arzacq-Arraziguet
Coublucq
Lasque
Monument du Général Foy
Sallespisse
Hagetaubin
Casteide-Candau
Piets-Plasence-Moustrou
Vignes
Pouliacq
Roueilho
Orthez
Morlanne
Garos
Louvigny
Méracq
Tour
Balansun
Mesplède
Mascouette
Bouillon
Pomps
Garlède-Mondebat
Lème
Castétis
Géus-d'Arzacq
Uzan
Fichous-Riumayou
Thèze
Lalonquette

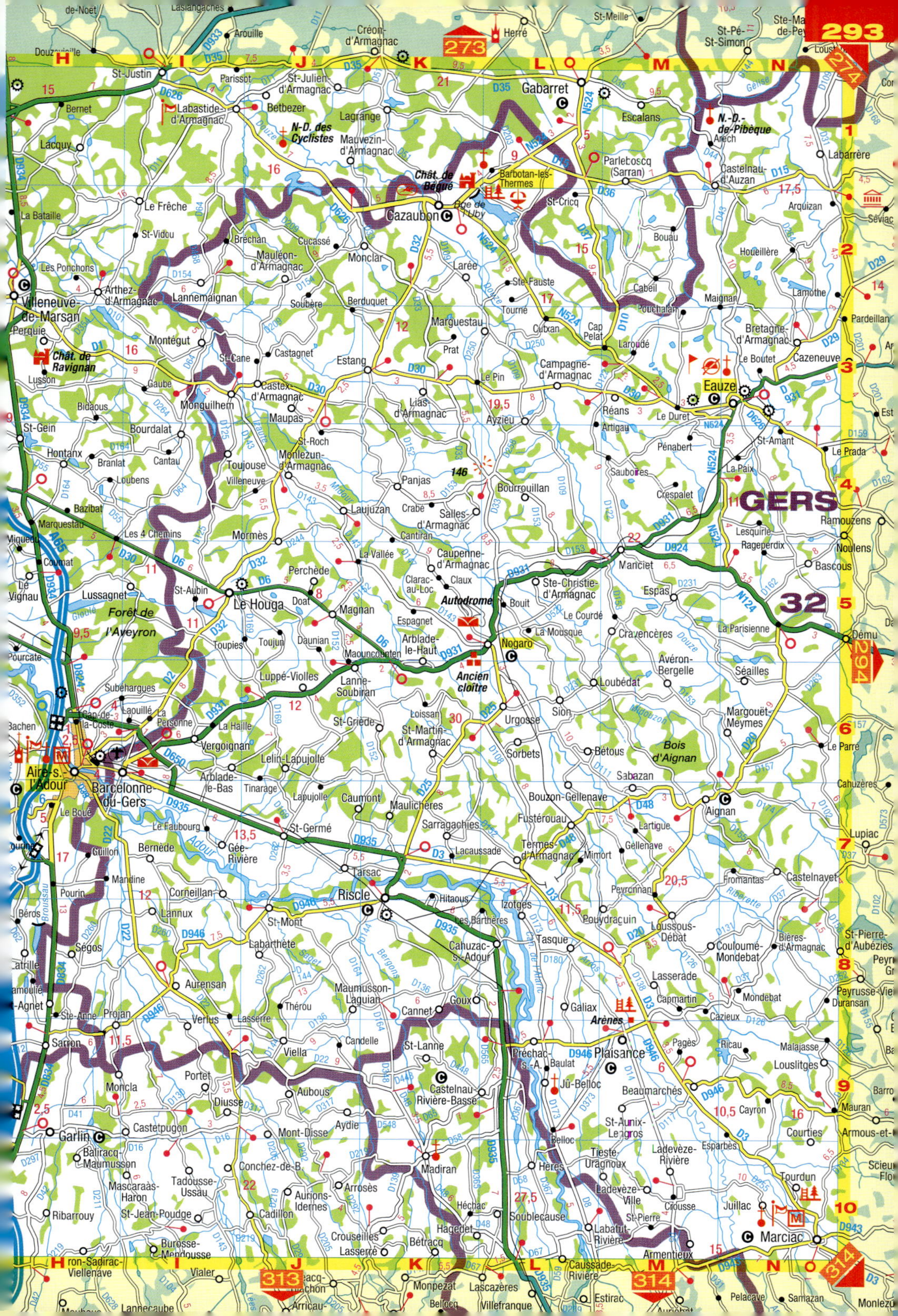

273
274
294
313
314
GERS
32
H
I
J
K
L
M
N
O
1
2
3
4
5
6
7
8
9
10
de-Noet
Arouille
Créon-d'Armagnac
Herré
St-Meille
St-Pé-St-Simon
Ste-Maure-de-Peyriac
Loustau
Douzevielle
St-Justin
Parissot
St-Julien-d'Armagnac
Gabarret
Bernet
Labastide-d'Armagnac
Betbezer
Lagrange
Escalans
N.-D. de-Pibèque
Arech
N.-D. des Cyclistes
Mauvezin-d'Armagnac
Lacquy
Labarrère
Parleboscq (Sarran)
Castelnau-d'Auzan
Chât. de Bégué
Barbotan-les-Thermes
Cazaubon
Bog de l'Uby
St-Cricq
La Bataille
Le Frêche
Arquizan
Séviac
St-Vidou
Bréchan
Cucassé
Mauléon-d'Armagnac
Monclar
Larée
Bouau
Houeillère
Les Ponchons
Villeneuve-de-Marsan
Arthez-d'Armagnac
Lannemaignan
Soubère
Berduquet
Ste-Fauste
Tourné
Cabeil
Pouchalan
Maignan
Lamothe
Pardeillan
Perquie
Montégut
Marguestau
Cutxan
Cap Pelat
Laroudé
Bretagne-d'Armagnac
Chât. de Ravignan
Castagnet
St-Cane
Estang
Prat
Le Boutet
Cazeneuve
Lusson
Gaube
Le Pin
Campagne-d'Armagnac
Eauze
Castex-d'Armagnac
Monguilhem
Lias-d'Armagnac
Ayzieu
Réans
Artigau
Le Duret
Bidaous
Maupas
St-Gein
Bourdalat
St-Roch
Hontanx
Branlat
Cantau
Toujouse
Monlezun-d'Armagnac
Panjas
Bourrouillan
Pénabert
St-Amant
Le Prada
La Paix
Sauboires
Loubens
Villeneuve
Crabé
Salles-d'Armagnac
Crespalet
Bazibat
Laujuzan
Marquestau
Les 4 Chemins
Mormès
Cantiran
La Vallée
Caupenne-d'Armagnac
Lesquirle
Ragepérdix
Ramouzens
Noulens
Coumat
Manciet
Bascous
Perchède
Le Vignau
St-Aubin
Le Houga
Doat
Claux
Clarac-au-Loc
Ste-Christie-d'Armagnac
Espas
Lussagnet
Forêt de l'Aveyron
Magnan
Autodrome
Bouit
Le Courdé
La Parisienne
Démù
Espagnet
La Mousque
Crazencères
Toupies
Toujun
Daunian
Arblade-le-Haut
Nogaro
Aveyron-Bergelle
Pourcate
Maouncounten
Lanne-Soubiran
Ancien cloître
Luppé-Violles
Séailles
Subéhargues
Loubédat
Laouillé
La Personne
Loissan
Margouët-Meymes
Cap-de-la-Coste
La Haille
St-Griède
St-Martin-d'Armagnac
Urgosse
Sion
Bachen
Vergoignan
Bétous
Bois d'Aignan
Le Parre
Sorbets
Lelin-Lapujolle
Aire-s.-l'Adour
Barcelonne-du-Gers
Arblade-le-Bas
Tinarage
Lapujolle
Caumont
Maulichères
Sabazan
Bouzon-Gellenave
Cahuzères
Aignan
Le Boué
Le Faubourg
Fustérouau
Lartigue
Sarragachies
Lupiac
Gée-Rivière
St-Germé
Gellenave
Guillon
Bernède
Lacaussade
Termes-d'Armagnac
Mimort
Tarsac
Fromantas
Castelnavet
Mandine
Corneillan
Peyrcinan
Riscle
Hitaous
Pourin
Lannux
Izotges
Les Barthères
Poudraguin
Loussous-Débat
Béros
St-Mont
Tasque
Couloumé-Mondebat
Bières-d'Armagnac
St-Pierre-d'Aubézies
Ségos
Labarthète
Cahuzac-s.-Adour
Lasserade
Mondebat
Peyrusse-Vieille
Duransan
Aurensan
Maumusson-Laguian
Capmartin
Théroux
Cannet
Goux
Galiax
Cazieux
Ste-Anne
Projan
Verlus
Lasserre
Arènes
St-Agnet
Sarron
Candelle
St-Lanne
Préchac-s.-A.
Baulat
Plaisance
Pagès
Ricau
Malajasse
Viella
Louslitges
Moncla
Portet
Aubous
Castelnau-Rivière-Basse
Jû-Belloc
Beaumarchés
Mauran
Diusse
St-Aunix-Lengros
Cayron
Courties
Armous-et-Cau
Garlin
Castetpugon
Aydie
Mont-Disse
Belloc
Esparbès
Baliracq-Maumusson
Tieste-Uragnoux
Ladevèze-Rivière
Conchez-de-B.
Madiran
Hères
Tadousse-Ussau
Mascaraàs-Haron
Arrosès
Ladevèze-Ville
Tourdun
Aurions-Idernes
Crousse
Juillac
Ribarrouy
St-Jean-Poudge
Cadillon
Héchac
Soublecause
St-Pierre
Hagedet
Labatut-Rivière
Marciac
Burosse-Mendousse
Crouseilles
Lasserre
Bétracq
Armentieux
Caussade-Rivière
Viellenave
Vialer
Monpezat
Lascazères
Estirac
Pelacave
Samazan
Lannecaube
Arricau
Belloca
Villefranque
Monlezun
D35
D626
D15
N524
D36
D37
D10
D29
D30
D931
N124
D924
D6
D32
D2
D650
D935
D3
D946
D22
D834
D934
A65
D8
D943

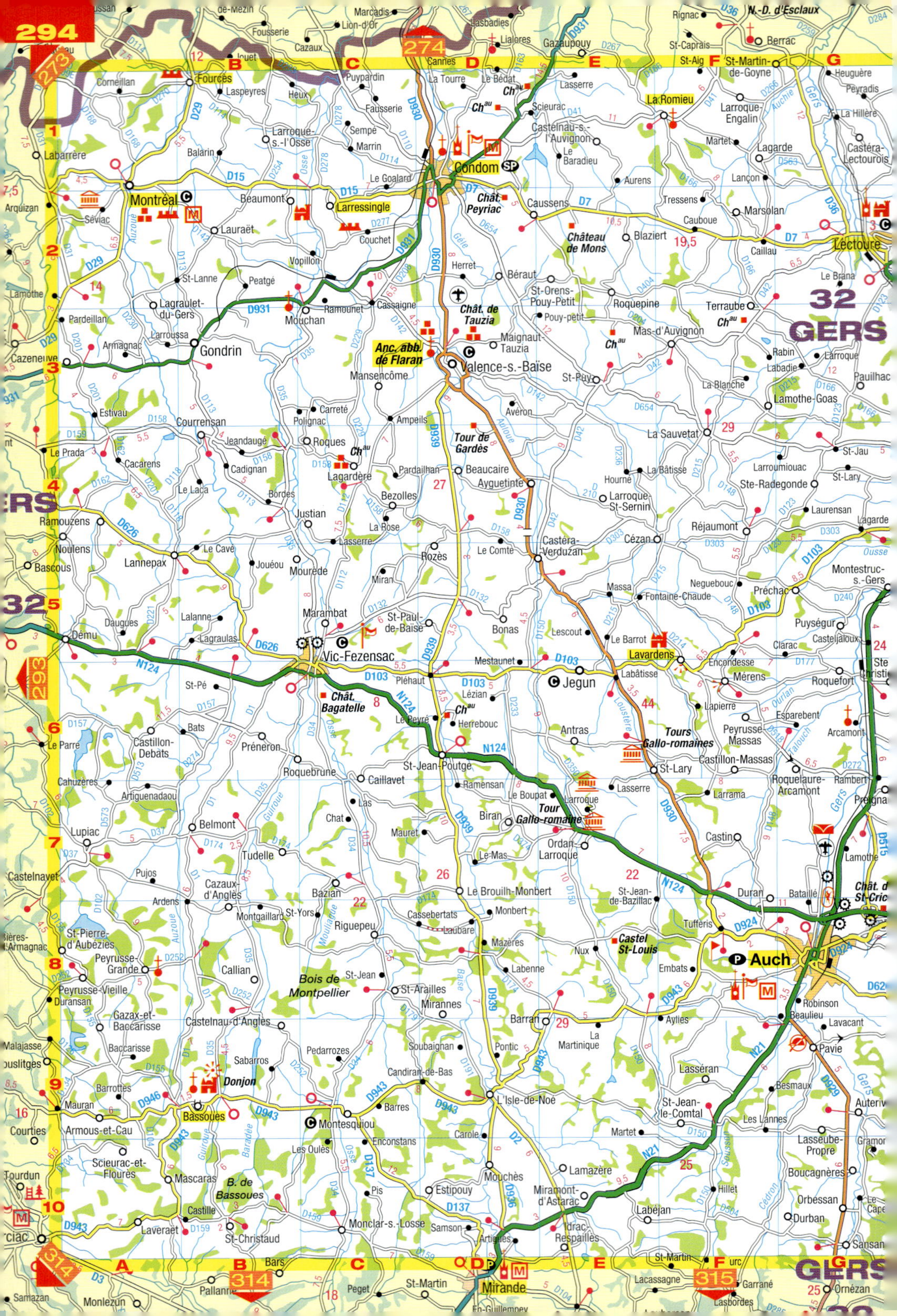

294
274
273
293
314
315
32 GERS
A
B
C
D
E
F
G
1
2
3
4
5
6
7
8
9
10
N.-D. d'Esclaux
Berrac
Rignac
St-Caprais
St-Aig
St-Martin-de-Goyne
Heuguère
Peyradis
La Hillère
Castéra-Lectourois
Lectoure
Le Brana
Fourcès
Laspeyres
Jouet
Corneillan
Labarrère
Montréal
Séviac
Arquizan
Lamothe
Pardeillan
Cazeneuve
Heux
Puypardin
Fausserie
Larroque-s.-l'Osse
Sempé
Marrin
Balarin
Le Goalard
Beaumont
Larressingle
Lauraët
Couchet
Vopillon
St-Lanne
Peatgé
Lagraulet-du-Gers
Larroussa
Gondrin
Armagnac
Mouchan
Ramounet
Cassaigne
Condom
Cannes
La Tourre
Le Bédat
Lasbadies
Lialores
Gazaupouy
Lasserre
Scieurac
Castelnau-s.-l'Auvignon
Le Baradieu
Aurens
La Romieu
Larroque-Engalin
Martet
Lagarde
Lançon
Marsolan
Tressens
Cauboue
Caillau
Blaziert
Château de Mons
Caussens
Chât. Peyriac
Herret
Béraut
St-Orens-Pouy-Petit
Pouy-petit
Roquepine
Terraube
Mas-d'Auvignon
Chât. de Tauzia
Maignaut-Tauzia
Anc. abb. de Flaran
Valence-s.-Baïse
Mansencôme
St-Puy
Rabin
Labadie
Larroque
Pauilhac
La Blanche
Lamothe-Goas
Estivau
Courrensan
Carreté
Polignac
Ampeils
Avéron
La Sauvetat
Le Prada
Cacarens
Jeandaugé
Cadignan
Roques
Lagardère
Tour de Gardès
Pardailhan
Beaucaire
Ayguetinte
Hourné
La Bâtisse
Larroque-St-Sernin
Larroumiouac
Ste-Radegonde
St-Jau
St-Lary
Le Laca
Bordes
Justian
Bezolles
La Rose
Lasserre
Ramouzens
Noulens
Bascous
Lannepax
Le Cavé
Jouéou
Mourède
Rozès
Le Comte
Castéra-Verduzan
Cézan
Réjaumont
Laurensan
Lagarde
Montestruc-s.-Gers
Miran
Massa
Fontaine-Chaude
Neguebouc
Préchac
Demu
Daugues
Lalanne
Lagraulas
Marambat
St-Paul-de-Baïse
Bonas
Lescout
Le Barrot
Lavardens
Puységur
Casteljaloux
Clarac
Vic-Fezensac
Mestaunet
Pléhaut
Lézian
Jegun
Labâtisse
Encondesse
Mérens
Roquefort
St-Pé
Chât. Bagatelle
Le Peyré
Herrebouc
Antras
Lapierre
Esparebent
Arcamont
Le Parre
Castillon-Debats
Bats
Préneron
Roquebrune
Caillavet
St-Jean-Poutge
Tours Gallo-romaines
St-Lary
Peyrusse-Massas
Castillon-Massas
Roquelaure-Arcamont
Rambert
Cahuzères
Artiguenadaou
Ramensan
Le Boupat
Larroque
Lasserre
Larrama
Préignac
Las
Chat
Biran
Tour Gallo-romaine
Lupiac
Belmont
Mauret
Ordan-Larroque
Castin
Lamothe
Tudelle
Le Mas
Castelnavet
Pujos
Cazaux-d'Anglès
Bazian
Le Brouilh-Monbert
St-Jean-de-Bazillac
Duran
Bataillé
Chât. de St-Cricq
Ardens
Montgaillard
St-Yors
Cassebertats
Monbert
Laubare
Tufferis
St-Pierre-d'Aubézies
Riguepeu
Castel St-Louis
Nux
Mazères
Auch
Peyrusse-Grande
Callian
Labenne
Embats
Peyrusse-Vieille
Duransan
Bois de Montpellier
St-Jean
St-Arailles
Mirannes
Robinson
Beaulieu
Lavacant
Gazax-et-Baccarisse
Castelnau-d'Anglès
Barran
La Martinique
Aylies
Pavie
Baccarisse
Pedarrozes
Soubaignan
Pontic
Lasséran
Sabarros
Candiran-de-Bas
Besmaux
Barrottes
Donjon
Mauran
Bassoues
Montesquiou
Barres
L'Isle-de-Noé
St-Jean-le-Comtal
Les Lannes
Auterive
Courties
Armous-et-Cau
Les Oulès
Enconstans
Carole
Martet
Lasseube-Propre
Scieurac-et-Flourès
Mascaras
B. de Bassoues
Mouchès
Lamazère
Boucagnères
Tourdun
Pis
Estipouy
Miramont-d'Astarac
Labéjan
Hillet
Orbessan
Castille
Monclar-s.-Losse
Samson
Idrac-Respaillès
Durban
Laveraët
St-Christaud
Artigues
Sansan
Bars
St-Martin
Pallanne
Peget
St-Martin
Mirande
Lacassagne
Garrané
Ornézan
Samazan
Monlezun
En-Guillempey
Lasbordes
GERS
D931
D930
D15
D7
D29
D626
D103
N124
D939
D924
N21
D943
D137
D2
D150
D159
D3

Sempesserre
Rouillac
Flamarens
Mansonville
275
Le Pin
Caumont
Castelmayran
St-Aignan
276
H
I
J
K
L
M
N
Ste-Mère
Miradoux
Peyrecave
Bouzet
La Gravette
St-Jean-du-Bouzet
Castéra-Bouzet
Fignan
St-Arroumex
Angeville
Bems
St-Avit-Frandat
Frandat
Castet-Arrouy
Cazaux
Lachapelle
Asques
Les Camp
Les Traques
Chât. Lacassagne
Les Galis
Poupas
Puygaillard-de-Lomagne
Garganvillar
Fajolles
Plieux
Balignac
Lavit
Gensac
Coutures
Chât. de Terrides
Labourgade
Heure-et-Bartens
Larroque
Gramont
Marsac
Montgaillard
Larrazet
Silo
L'Isle-Bouzon
St-Créac
Hautmont
Sérignac
Tané
Espardiagues
Naudin
Mauroux
La Rivière
Maumusson
Embarthe
St-Martin
Esparsac
Belbèse
Aurenque
Magnas
Le Lau
St-Clar
Castéron
Le Ramier
Castelnau-d'Arbieu
Tudet
Gaudonville
Glatens
Vigueron
Beaumont-de-Lomagne
Escudès
Brivecastel
Le Bosc
Avezan
Lamothe-Cumont
Cumont
Urdens
Lamothe-Endo
St-Léonard
Tournecoupe
Pordiac
Auterive
Comberouge
Fleurance
Pessoulens
Gimat
St-Jean-de-Cauquessac
St-Salvy
Brugnens
Marignac
Estramiac
Escazeaux
Cadeilhan
Bivès
Avensac
Jourdain
Tillac
Faudoas
Beaupuy
Céran
Goutz
Bajonnette
Chât. Esclignac
Homps
Solomiac
Maubec
Goas
Les Oulès
Garies
Labousique
Aygues-Mortes
Monfort
Le Cause
Lagraulet-St-Nicolas
Lalanne
La Bourdette
Cabanac-Séguenville
Séguenville
Chât. Latour
Pis
Tayboso
St-Brès
Ste-Gemme
Bellesserre
Gavarret-s.-Aulouste
Miramont-Latour
Esparbès
Labrihe
Sarrant
Brignemont
296
Lauret
Cox
Tourrenquets
Maravat
Sérempuy
Bouvées
Ste-Memme
Drudas
Mirepoix
Tourrens
Puycasquier
St-Pierre
Ste-Anne
Puysségur
St-Pé
Gaudoux
Mansempuy
Lamothe
en-Cabardos
Pelleport
Bosc-Mouro
Mauvezin
Lagahe
Laréole
Mons
Crastes
Augnax
St-Antonin
St-Georges
Les Bordes
Cadours
Les Quatre-Chemins
St-Orens
Leucate
Cologne
Ardizas
Le Grès
Couayroux
Sirac
Caubiac
Montaut-les-Créneaux
Coignax
Nougaroulet
Lucvielle
St-Sauvy
St-Martin-du-Hour
Église-du-Pin
St-Cricq
Encausse
Lassalle
Ansan
Touget
Lasseubes
Les Bourdettes
Thoux
Emboué
Vignaux
Garac
Ste-Agathe
Leboulin
Laloubère
Léchaux
Blanquefort
Traves
La Baraque
St-Germier
Labesque
Les Guilloutets
Roulan
Lahitte
Ste-Marie
Monbrun
Bellegarde-Ste-Marie
Soulan
Marsan
Lassalle
Escorneboeuf
Roquelaure-St-Aubin
Montégut
Aubiet
Catonvielle
Ste-Livrade
Xaintrailles
Cassemartin
Razengues
Beaupuy
Roquetaillade
Loustaou
en-Mercé
Pessan
Lussan
Cahuzac
Gimont
Garbic
Emboneau
St-Aguets
La Girette
Ségou
Clermont-Savès
L'Isle-Jourdain
Salleneuve
L'Isle-Arné
Campezaygues
Giscaro
Enjouet
Juilles
Daugères
Fourès
St-Caprais
Maurens
Monferran-Savès
Frégouville
Montiron
Marestaing
St-Guiraud
Castelnau-Barbarens
Bédéchan
Aurimont
Entiau
Fangeau
St-André
Castillon-Savès
Haulies
Tirent-Pontéjac
Auradé
Goudourvielle
Blanquefort
Mazères
Brusc
Lahas
285
Baupas
La Guironne
Traversères
Tirent
Chât. de Caumont
Endoufielle
Bézéril
Boulaou
Noilhan
Cazaux-Savès
Polastron
Lartigue
Saramon
Le Peyrigue
Héréchou
315
St-Martin-Gimois
316
Empeaux
Sémézies-Cachan
Mongausy
Pompiac
St-Thomas
Larrouy

MONTAUBAN
de-Tulmont
Vaissac
275
276
A
B
C
D
E
F
G
Montbeton
Lauzun
Farguettes
Léojac
Les Vergnous
St-Porquier
Forêt de St-Porquier
Abbaye de Belleperche
Bourrette
Générbrières
Bonanech
Cordes-Tolosannes
Lacourt-St-Pierre
Verlhaguet
Pech-Boyer
Parages
St-Martial
Carreyrat
Bellegarde
Durantou
La Grimaudié
La Salvetat-Belmontet
Les Traques
Escatalens
Lartel
Lafitte
Les Marots
Pente d'eau
Montech
Bressols
Le Faux
St-Nauphary
Charos
Belmontet
Gabachoux
La Vitarelle
St-Caprais
Les Tardets
Labourgade
Bourret
Corbarieu
Les Tils
Commanderie Montdurausse
Verlhac-Tescou
Durands
Labastide-St-Pierre
Reyniès
Puylauron
Labéjau
Finhan
Bariès
Montbartier
Lac de Boulet
Moulis
Villebrumier
Varennes
Beauvais-s-Tescou
Les Auriols
St-Sardos
Campsas
Orgueil
Mas-Grenier
Monbéqui
Ste-Rafine
AUTOROUTE DES DEUX MERS
Pevel
Peyroulès
Nohic
Le Born
Les Fillols
Brivecastel
Bessens
Bouiac
La Terrine
Villemur-s.-Tarn
Comberouger
N.-D. de-la-Croix
Dieupentale
Talbère
Fabas
Magnanac
Grand-Selve
Canals
Peyronets
Rastel
St-Salvy
Verdun-s.-Garonne
Magasin
Villelongue
Bondigoux
Fronton
Sayrac
Les Quatre-Chemins
Savenès
Pinède
Guirauchous
Villaudric
Lavrac-s.-Tarn
Beaupuy
Les Jumelles
Commère
Villematier
Escufès
Grisolles
Château
Pompignan
Les Prieurs
Raygades
Les Tourettes
Bouxoulis
La Magdeleine-s.-Tarn
Mirepoix-s.-Tarn
Capmas
Mauvers
Aucamville
Toyrats
St-Rustice
Le Burgaud
Les Pessots
Les Crespys
Les Hébrails
Bellesserre
St-Cézert
Bordeneuve
Bouloc
Les Croustets
Les Condoms
Ondes
Castelnau-d'Estrétefonds
Naples
Grenade
Villeneuve-lès-Bouloc
Vacquiers
Ft de Buzet
295
Masseribaut
Les Bordes
Montjoire
Galembrun
Gargas
Paulhac
Les Bissaux
St-Caprais
Villariès
St-Pé
Canteqril
Cépet
Pelleport
Launac
Larra
en-Garre
St-Jory
St-Sauveur
Bazus
Lapeyre
Guinot
La Bourdette
Bruguières
Labastide-St-Sernin
Le Grès
La Grange
Roudié
Merville
Cazeviellle
La Clau
Gratentour
Caubiac
Montberon
Garidech
Thil
Bretx
Gagnac-s.-Garonne
Lespinasse
St-Alban
Pechbonnieu
Houère
St-Paul-s.-Save
Daux
Seilh
St-Loup-Cammas
Monvert
Garac
Montaigut-s.-Save
Aussonne
Les Tricheries
Castelginest
St-Geniès-Bellevue
Lapeyrouse-Fossat
Menville
Fenouillet
Fonbeauzard
Bigourdas
Hounédis
Mondonville
Beauzelle
Launaguet
Castelmaurou
Bellegarde-Ste-Marie
Le Castéra
Lévignac
Bichou
La Paquière
Aucamville
St-Jean
Rouffiac-Tolosan
Larmont
Le Camp
St-Roch
Le Grand-Chemin
Blagnac
L'Union
Ste-Livrade
Pradères-les-Bourguets
Forêt de Bouconne
Cussecs
Larran
Cornebarrieu
Beaupuy
31
Lasserre
Crabinet
Montrabé
Mondouzil
HAUTE-GARONNE
La Girette
Ségoufielle
Mérenville
Pin-Balma
L'Isle-Jourdain
Brax
Les Pintous
TOULOUSE BLAGNAC
Aérospatiale
Pibrac
Les Paradous
P. 386
Mons
Balma
Fourès
Pujaudran
Tellère
Léguevin
Colomiers
Tournefeuille
Flourens
Battut
Fonsegrives
Quint-Fonsegrives
La Salvetat-St-Gilles
Pyroutet
TOULOUSE
Les Arramons
Les Bordettes
Goudourvielle
Lias
Blanquefort
Bonrepos-s.-Aussonnelle
St-Flour
Plaisance-du-Touch
St-Orens-de-Gameville
Lauzerville
Fontenilles
Lantourville
Ramonville-St-Agne
Auzielle
La Pichette
Frayssinet
Fonsorbes
Cugnaux
Pechbusque
Labège
316
317
Saiguède
Villeneuve-Tolosane
Portet-s.-Garonne
Vieille-Toulouse
Auzeville-Tolosane
St-Lys
Castanet-Tolosan
Escalquens
Mescurt

Forêt de la Grésigne
277
278
298
317
318
Puycelci
Castelnau-de-Montmiral
Forêt de Sivens
Gaillac
Brens
Châtd du Cayla
Chât. de Mauriac
Marssac-s.-Tarn
Rivières
Cadalen
Lisle-s.-Tarn
Rabastens
Coufouleux
Forêt de Giroussens
Giroussens
St-Sulpice
Bessières
Buzet-s.-Tarn
Graulhet
Briatexte
Lavaur
Labastide-St-Georges
Montastruc-la-Conseillère
St-Cirgue-en-Jaur
Verfeil
Damiatte
St-Paul-Cap-de-Joux
Chât. de Magrin
Puylaurens
Drémil-Lafage
Lanta
Caraman
Cuq-Toulza
Villeneuve-lès-Lavaur
Vendine
Monclar-de-Quercy
Salvagnac
Montans
Parisot
Peyrole (St-Maurice)
Puybegon
Busque
Lagrave
Florentin
Cestayrols
Senouillac
Labastide-de-Lévis
Cahuzac-s.-Vère
Andillac
Vieux
Le Verdier
Larroque
Montgaillard
Montvalen
Roquemaure
Mézens
Gémil
Roqueserière
Azas
Montpitol
Garrigues
Teulat
Bourg-St-Bernard
Lugan
Ambres
Pouzorre
Fiac
Viterbe
Missècle
Moulayrès
Lacapelle
Vielmur-s.-Agout
Guitalens
Lalbarède
Prades
Magrin
Algans
Maurens-Scopont
Veilhes
Marzens
Massac-Séran
Teyssode
Pratviel
Lacougotte-Cadoul
Belcastel
Montcabrier
Bannières
Francarville
Loubens-Lauragais
Albiac
Le Faget
Auriac-s.-Vendinelle
Mouzens
Aigrefeuille
Vallesvilles
Saussens
Préserville
Maureville
A68
A680
N126
D999
D988
D964
D631
D630
D112
D42
D20
D87
D84
Agout
Tarn

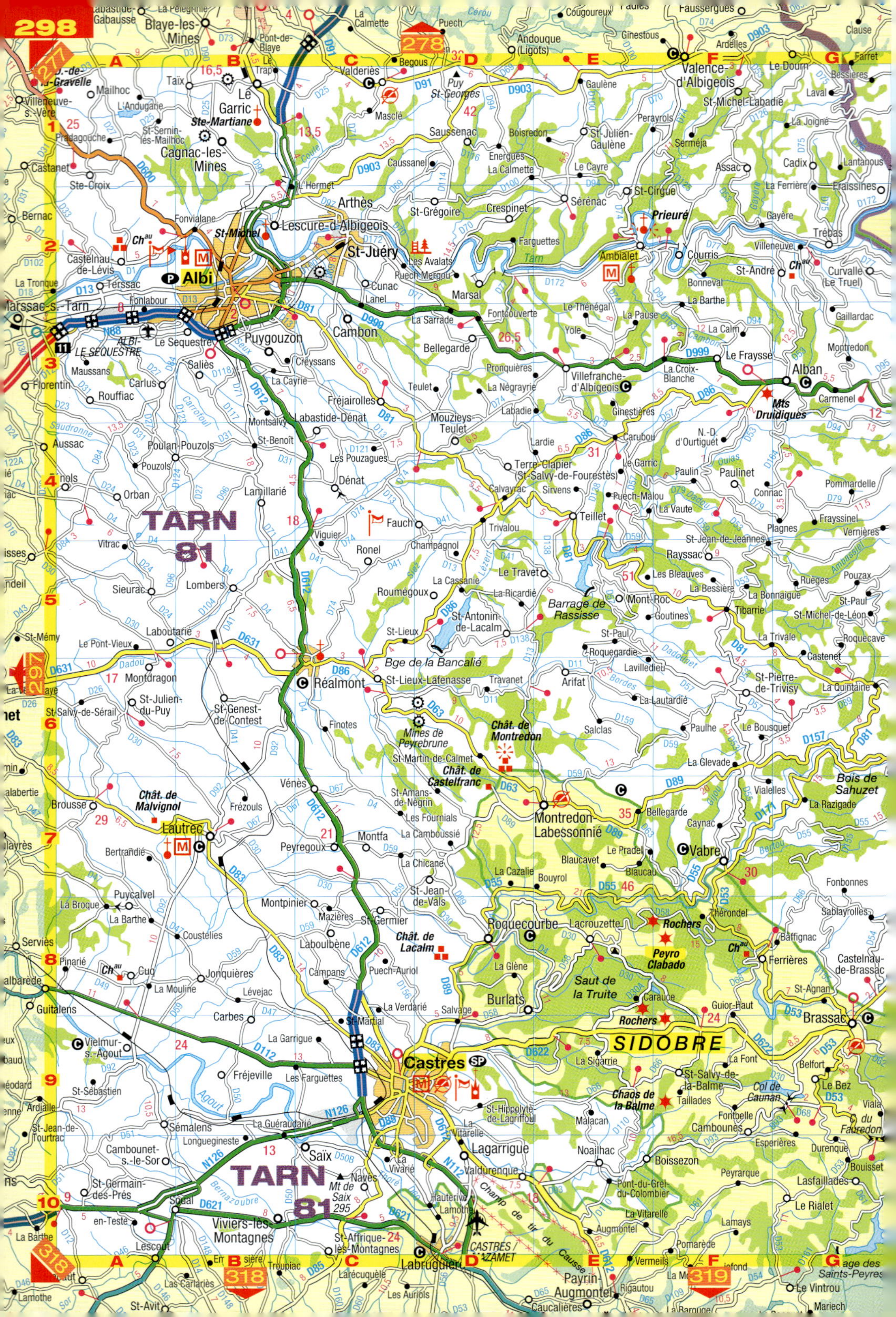
277
278
297
318
319
A
B
C
D
E
F
G
1
2
3
4
5
6
7
8
9
10
TARN
81
SIDOBRE
Albi
Castres
Blaye-les-Mines
Le Garric
Ste-Martiane
Cagnac-les-Mines
Lescure-d'Albigeois
St-Juéry
Arthès
Valderiès
Valence-d'Albigeois
Ambialet
Prieuré
Courris
Marsal
Cambon
Puygouzon
Le Sequestre
ALBI-LE SEQUESTRE
Saliès
Castelnau-de-Lévis
Terssac
Marssac-s.-Tarn
Fréjairolles
Labastide-Dénat
Mouzieys-Teulet
Villefranche-d'Albigeois
Alban
Mts Druidiques
Le Fraysse
Teillet
Terre-Clapier (St-Salvy-de-Fourestès)
Lamillarié
Dénat
Fauch
Lombers
Réalmont
St-Lieux-Lafenasse
Bge de la Bancalié
St-Antonin-de-Lacalm
Barrage de Rassisse
Mont-Roc
Tibarrie
St-Pierre-de-Trivisy
Montdragon
St-Julien-du-Puy
St-Genest-de-Contest
Mines de Peyrebrune
Châit. de Montredon
Châit. de Castelfranc
Montredon-Labessonnié
Vabre
Châit. de Malvignol
Lautrec
Brousse
Peyregoux
Montfa
Vénès
Roquecourbe
Burlats
Saut de la Truite
Rochers
Peyro Clabado
Châit. de Lacalm
Ferrières
Brassac
Castelnau-de-Brassac
Vielmur-s.-Agout
Fréjeville
Sémalens
Saïx
Lagarrigue
Valdurenque
Chaos de la Balme
St-Salvy-de-la-Balme
Col de Caunan
Boissezon
Noailhac
Soual
Viviers-lès-Montagnes
St-Affrique-les-Montagnes
Labruguière
CASTRES / MAZAMET
Champ de tir du Causse
Payrin-Augmontel
Mt de Saix 295
Bois de Sahuzet
Fontbelle
Cambounès

279
280
300
319
320
Réquista
Château de Gozon
Les Costes-Gozon
St-Rome-de-Cernon
Roquefort-s.-Soulzon
Brousse-le-Château
Broquiès
PARC
NATUREL
RÉG.
DES
GRANDS
CAUSSES
St-Izaire
St-Affrique
Vabres-l'Abbaye
Rocher de Caylus
Caves
Rochers du Combalou
Plaisance
Coupiac
Martrin
Balaguier-s.-Rance
St-Sernin-s.-Rance
N.-D. de-Bétirac
Rebourguil
Pont-St-Jean
Belmont-s.-Rance
Camarès
Montlaur
Abbaye de Sylvanès
Sylvanès
Gissac
Montfranc
Laval-Roquecézière
St-Sever-du-Moustier
Murasson
Brusque
Merdellou
Barre
Cap Redoudé
Lacaune
Col de Sié
Moulin-Mage
Murat-s.-Vèbre
Roc de Montalet
LACAUNE
PARC NATUREL
RÉGIONAL
DU HAUT-LANGUEDOC
Forêt de Lacaune
MONTS
DE
Nages
Bge de Laouzas
Lac de Laouzas
Rieu-Montagne
Pic de Concord
Forêt de Valbonne
Mt Lebrous
Fraïsse-s.-Agout
La Salvetat-s.-Agout
C. de Fontfroide
Roc de Layre
L'ESPINOUSE
Sommet de l'Espinouse
Massif du Caroux
Gorges d'Héric
Anglès
Forêt de Salavert
PARC
NATUREL
MONTS
RÉGIONAL
DU
Saut de Vésoles
Olargues
St-Martin-de-l'Arçon
C. du Cabaret
HAUT-LANGUEDOC
St-Pons
St-Étienne-d'Albagnan
Mons
Bois de la Grange
Bois de Pradoumat
Pic de Canac
Arnac-s.-Dourdou
Puech de Singladou
Col de la Bassine
Bois de Grisayrol

300
AVEYRON
279
280
Camp du Larzac
RÉGIONAL
DES GRANDS CAUSSES
CAUSSES
Causse du Larzac
HÉRAULT
34
299
320
321
A
B
C
D
E
F
G
1
2
3
4
5
6
7
8
9
10
La Cavalerie
La Bastide-Pradines
Raspaillac
Roquefort-s.-Soulzon
Caves
Rochers du Combalou
Plat. de Taulan
Tournemire
Lapanouse-de-Cernon
Ste-Eulalie-de-Cernon
Pic de Cougouille
912
Le Rouquet
L'Hospitalet-du-Larzac
St-Jean-d'Alcapiès
Les Auglans
Viala-du-Pas-de-Jaux
St-Paul-des-Fonts
St-Jean-d'Alcas
St-Jean-et-St-Paul
Caussenuéjouls
814
Tour d'Aiguillon
Prévinquières
Veissieux
la Fajole
Cornus
Nonenque (Abb.)
Bois Redon
St-Beaulize
Antignes
Mascourbe
Marnhagues-et-Latour
St-Félix-de-Sorgues
Bois des Ginestoux
Latour
St-Maurice
Fondamente
Montpaon
Moulès
St-Rome
Sorgues
Le Mas-Raynal
Aven de Mas-Raynal
Mas-Nau
Montagnol
Le Bouis
Tournadous
Plateau de Guilhaumard
Pas de Licous
Le Clapier
St-Xist
Labastide-des-Fonts
Abbaye de Sylvanès
Laval
Col Notre-Dame
667
Mas-Neuf
Mas-Hugonenq
Romiguières
Antignaguet
Cenomes
La Roque
Ceilhes-et-Rocozels
Roqueredonde
Forêt des Monts d'Orb
Maussac
916
Puy du Lion
Tauriac-de-Camarès
La Lavagne
Bge d'Avène
Brès
Dalmarie
Gabriac
Joncelets
Labiras
Avène
Sadde
Les Bains-d'Avène
Vinas
Mélagues
Le Coural
Les Planes
Joncels
Truscas
Sérieys
Gorges de l'Orb
St-Pierre-des-Cats
Serviès
Mt Frech
1076
Mt Agut
1022
Méguillou
786
Cazilhac
Taillevent
Chau
Lunas
St-Martin
Le Bousquet-d'Orb
Le Pont-d'Orb
N.-D. de Nize
Briandes
Gours
Vasplongues
St-Amans-de-Mounis
St-Geniès-de-Varensal
Mècle
Graissessac
Camplong
Plaisance
Andabre
Estréchoux
Frangouille
Caunas
Vèreilles
Dio-et-Valquières
Valquières
St-Martin-des-Combes
Vernazoubres
Rongas
Castanet-le-Bas
Vérénoux
St-Étienne-Estréchoux
Boussagues
La Tour-s.-Orb
Brenas
Compeyre
St-Gervais-s.-Mare
Col de la Merquière
Campillergues
Le Bousquet-de-la-Balme
Col de la Pierre Plantée
Clairac
Carlencas-et-Levas
Le Pradal
Sénas
Le Tourel
Taussac-la-Billière
Villemagne-l'Argentière
Bédarieux
Rosis
Madale
N.-D. de Capimont
Nissergues
La Braunhe
Taussac
Les Vignals
Massif du Caroux
Villecelle
Le Fraisse
Pic de Tantajo
Tunnel du Col du Buis
Pézènes-les-Mines
Combes
Lamalou-les-Bains
Le Vernet
Hérépian
Soumartre
La Caumette
Le Martinet
La Vernière
Les Aires
Arènes
Le Poujol-s.-Orb
Bois de l'Estalier
La Pomarède
La Coste
Colombières-s.-Orb
Margal
Chât. St-Michel
La Coquillade
696
Faugères
Fos
Ch elle
St-Martin-de-l'Arçon
Tarassac
La Borie-Nouvelle
Caussiniojouls
Roquessels
Plaussenous
Bois de Graves
Cabrerolles
666
La Tour du Pin
Le Pin
Aigues-Vives
Le Lau
Rouvignon
Castelsec
La Liquière
Laurenque
Lenthéric
Laurens
Gabian
Mézeilles
Les Liquisses
D999
Nant
Dourbias
St-Gleys
St-Jean-du-Bruel
Les Crozes
Montagne du Lingas
1445
Le Viala
Chât. Algues
St-Alban
Ch au
St-Michel-de-Rouviac
Le Liquier
Mas-de-Pomier
Le Mas-du-Pré
Source du Durzon
La Roquette
Le Jaoul
La Roujarie
Gressentis
Sauclières
Estelle
Alzon
Combe-Redonde
Homs
Campestre-et-Luc
Col de Can
La Blaquerie
Cazejourdes
Belvezet
901
La Salvetat
Mas-Gauzin
Abîme de St-Ferréol
Le Salze
Luc
Régagnas
La Couvertoirade
Les Infruts
Ville-Vieille
Vissec
La Pezade
Canals
Sorbs
Latude
Les Baumes
Rochers
Le Cros
Le Caylar
St-Michel
Soulagets
La Vernède
Les Rives
Madières
Pas de l'Escalette
St-Félix-de-l'Héras
Les Sièges
Château St-Vincent
Font. de Beaume-Baucar
Labeil
Pégairolles-de-l'Escalette
Mas-de-Bedos
St-Pierre-de-la-Fage
La Roque
La Vacquerie-et-St-Martin-de-Castries
Col du Perthus
Lauroux
Parlatges
Plateau du Crézac
Roujols
Soubès
St-Étienne-de-Gourjas
St-Sauveur
Les Moulières
St-Privat
Salces
Vinas
Fozières
Les Plans
L'Ambeyran
Lodève
Thérondel
Anc. prieuré St-Michel-de-Grandmont
La Rouquette
Campestre
Olmet-et-Villecun
Soumont
Usclas-du-Bosc
St-Jean-de-la-Blaquière
Le Bosc
Rocher des Vierges
Olmet
Mas-d'Alary
St-Julien
Coiras
St-Martin
Le Puech
Les Hémies
St-Alban
Lavalette
Rabéjac
Cartels
Salelles
St-Guiraud
Les Valarèdes
St-Fréchoux
Mas Audran
Rabieux
N.-D. de Roubignac
Dolmens
Celles
Basse
Octon
Lac du Salagou
Barrage
Lacoste
Le Mas Bas
Le Mas-de-Clergues
La Grange-Montagne
Pradels
Mérifons
Liausson
Clermont-l'Hérault
La Lieude
Malavieille
Mt Mars
Mgne de Liausson
Salasc
Cirque
Mourèze
Villeneuvette
Nébian
Fouscais
Pic de Vissou
480
Valmascle
Le Mas-Castel
Bois des Moulesses
Lieuran-Cabrières
Cabrières
Péret
Les Crozes
Aspiran
Paders
Le Mas-Rolland
Vailhan
Montesquieu
L'Étang
Adissan
Neffiès
Fontès
Caux
Nizas
A75-E11
Vis
Virenque
Lergue
Orb
Mare
Brèze
Boyne
Thongue
Peyne
Dourdou
Verènne

281
282
302
321
322
p.373
HÉRAULT
34
MONTPELLIER
Le Vigan
Ganges
Sumène
St-Hippolyte-du-Fort
Sauve
Conqueyrac
Quissac
Roquedur-le-Haut
Roquedur-le-Bas
Pont-d'Hérault
Aulas
Mars
Bréau-et-Salagosse
Molières-Cavaillac
Aumessas
Bez-et-Esparon
Arrigas
Arre
Avèze
St-Bresson
Pommiers
St-Julien-de-la-Nef
St-Laurent-le-Minier
Moulès-et-Baucels
Cros
Cézas
Mgne de la Fage
Mgne 725 des Cagnasses
La Cadière-et-Cambo
Vieux-St-Hippolyte
Laroque
Cazilhac-le-Haut
Cazilhac-le-Bas
Grotte des Demoiselles
Aven
Montoulieu
Mt Guilhem
Bois de Sauzet
St-Bauzille-de-Putois
Agonès
Coupiac
Abîme de Rabanel
Brissac
Le Trou Fumant
Bois de Monnier
Barrage de Ceyrac
Serre du Grand Cressau
Forêt de Coutach
Pompignan
Ferrières-les-Verreries
Crête de Taillade
Claret
Corconne
Montagne du Causse
Bois de la Baume
Bois du Capucin
Lauret
Sauteyrargues
Vacquières
Vabre
Lancyre
Montdardier
Rochers de la Tude
Les Malines
Mines
Pic d'Anjeau
Caverne du Maure Vis
Bois de Mont Mal
Soutayrol
Blandas
Cirque de Navacelles
Source de Lafoux
Rogues
La Clastre
Gorniès (L'Escoutet)
Gorges de la
Montagne de la Séranne
Le Roc Blanc 942
Le Cros
La Baume-Auriol
La Prunarède
Madières
St-Maurice-Navacelles
Les Besses
Le Coulet
Puech Agut 838
Source de la Buèges
St-Jean-de-Buèges
St-André-de-Buèges
St-Étienne-d'Issensac
Le Pous
Grand-Arc
N.-D.-de-Londres
Dolmen de Lamalou
Rouet
Les Camps
Montagne d'Hortus 512
Valflaunès
Fontanès
Méjanel
Puech du Fau 391
Bertrand
Frouzet
Pégairolles-de-Buèges
Causse-de-la-Selle
St-Martin-de-Londres
Mas-de-Londres
Pic St-Loup 658
Chât. de Viviourès
St-Mathieu-de-Tréviers
Ste-Croix-de-Quintillargues
Cazevieille
Champ de Tir
Châtde St-Martin-d'Azirou
Les Lavagnes
La Trivalle
Buis
Grotte de Baume-Cellier
Grotte du Sergent
Mgne de la Celette
Bois de Mounié 530
Viols-en-Laval
Viols-le-Fort
St-Jean-de-Cuculles
N.-D.-des-Champs (Couvent)
Le Triadou
Les Matelles
N.-D. de Belle-Grâce
Cirque de l'Infernet
St-Guilhem-le-Désert
Gges de l'Hérault
Bois de Fontanilles
Pont du Diable
Puéchabon
Grotte de Clamouse
Arboras
Le Barry
La Meillade
St-Jean-de-Fos
Bois de Valène
Tour
Murles
St-Gély-du-Fesc
St-Clément-de-Rivière
Prades-le-Lez
St-Vincent-de-Barbeyrargues
Assas
Guzargues
Teyran
Argelliers
Aniane
Montpeyroux
St-Saturnin
Jonquières
St-Félix-de-Lodez
Chapelle Ste-Brigitte
Pont de Gignac
Lagamas
Gignac
St-André-de-Sangonis
La Boissière
Bois de la Rouvière
Vailhauquès
Combaillaux
Castel
Montlobre
Montferrier-sur-Lez
Jacou
Clapiers
Le Crès
Castelnau-le-Lez
Zoo
Grabels
La Paillade
Juvignac
Chât. d'O
Montarnaud
Mas-d'Agrès
St-Martin
Mas-de-Capdaniel
Mas-d'Alhen
La Taillade
St-Paul-et-Valmalle
Valmalle
Bel-Air
Fontcaude
Ruines romaines
St-Georges-d'Orques
Murviel-lès-Montpellier
Vignogoul
Pignan
Lavérune
St-Jean-de-Védas
Saussan
Fabrègues
Flaugergues
Lattes
Pérols
Boirargues
Canet
Brignac
La Sablière
Pouzols
St-Bauzille-de-la-Sylve
Popian
Le Pouget
Aumelas (Mas-d'Arnaud)
Vendémian
Le Grand Puech 340
Chapelle Cardonnet
Tressan
Puilacher
Plaissan
Bélarga
Campagnan
St-Pargoire
Cabrials
Le Gaillard
Mgne de la Moure
Chapelle St-Julien
Cournonterral
Cournonsec
Villeneuve-lès-Maguelone
Montbazin
Mirevall
Autodrome
Anc. cathédrale de Maguelone
Étg de l'Arnel
Palavas
St-Pons-de-Mauchiens
Mas-de-Vecel
A750-E11
A9-E15-E80
D986
D999
D32

281
282
301
322
323
GARD
30
NÎMES
Tour Magne
Arènes
Sommières
Lunel
Aigues-Mortes
Tour de Constance
La Grande-Motte
Le Grau-du-Roi
Palavas-les-Flots
Port-Camargue
Pointe de l'Espiguette
Étang de Mauguio ou de l'Or
Étang de la Marette
Étang du Ponant
Étang du Repausset
Étang de la Ville
Étang des Caitives
Étang de Lairan ou Grand Palais
Étang du Charnier
Étang de Scamandre
Étang de Grey
Marais de la Souteyranne
Marais de Coute
Canal d'Irrigation du Bas-Rhône-Languedoc
La Languedocienne
A9-E15-E80
Bois de Lens
Bois de Paris
Serre du Grand Cressau
Forêt de Coutach
Gorges
Camp des Garrigues
Gouffre des Espelugues
Pont St-Nicolas
Tour de Tholozan
Roc de Gachonne 167
Oppidum
Source minérale (Perrier)
Puech de Dardaillon
Puech Carbonnier
Pont du Hasard
Chât. de Florian
Chât. des Gardies
Mas du Cros
Barrage de la Rouvière
Chât. de Pondres
Chapelle St-Julien
Chât. de Villevieille
Chât. Montlaur
N.-D.-de-la-Pitié
Pont romain
Chât. de Candiac
Chât. de Teillan
Chât. de Beck
Chât. de Castelnau
Tour Carbonnière
MONTPELLIER-MÉDITERRANÉE
cathédrale Maguelonne
Tornac
Massillargues-Attuech
Lézan
Arnasseaux
Cassagnoles
Lascours
Cruviers-Lascours
Castelnau-Valence
St-Dézéry
Collorgues
Aubussargues
Garrigues-Ste-Eulalie
Aureillac
Baillargues-et-Aureillac
St-Martin-de-Sosse
Fressac
Durfort-et-St-Martin-de-Sossenac
St-Jean-de-Crieulon
St-Nazaire-des-Gardies
St-Jean-de-Serres
Canaules-et-Argentières
Lédignan
Maruéjols-lès-Gardon
Boucoiran-et-Nozières
St-Bénézet
Brignon
Moussac
Ste-Eulalie
Bourdic
St-Chaptes
Blauzac
Domessargues
Aigremont
Mauressargues
Sauzet
St-Geniès-de-Malgoirès
Savignargues
Puechredon
Logrian-Florian
Perdiguier
Conqueyrac
Sauve
St-Théodorit
Antignargues
Montagnac
Montignargues
La Rouvière
Dions
Ste-Anastasie
Aubarne
Campagnac
Vic
St-Bauzély
La Calmette
Moulézan
Fons
Quissac
Bragassargues
Cannes-et-Clairan
Orthoux-Sérignac-Quilhan
Sérignac
Montmirat
St-Mamert-du-Gard
Gajan
Massilan
Liouc
Aiguebelle
Crespian
Vielle
Parignargues
Les Fontilles
Sardan
Brouzet-lès-Quissac
Quilhan
Vic-le-Fesq
Baraques-de-Montpezat
St-Pierre-de-Vacquière
Les Hauts-de-Nîmes
Corconne
Cabanes
Combas
Montpezat
Vacquières
Bancel
Gailhan
Lecques
Carnas
Vabre
Laudou
St-Clément
Fontanès
Les Baraques
St-Côme-et-Maruéjols
Clarensac
Caveirac
Maruéjols
St-Étienne-d'Escattes
Sinsans
Salinelles
Souvignargues
Aspères
Garrigues
Campagne
Villevieille
Aujargues
Calvisson
St-Dionizy
Langlade
Milhaud
St-Cézaire
Caissargues
Nages-et-Solorgues
Bizac
Boissières
La Bastide
Bernis
Uchaud
Aubord
Junas
Congénies
St-Bauzille-de-Montmel
Buzignargues
Galargues
Saussines
Boisseron
Aubais
Aigues-Vives
Vergèze
Vestric-et-Candiac
Mus
Codognan
Générac
Estagel
Montaud
Les Mazes
St-Jean-de-Cornies
St-Hilaire-de-Beauvoir
St-Séries
Villetelle
St-Christol
Saturargues
Gallargues-le-Montueux
Les Bouillens
Beauvoisin
St-Drézéry
Beaulieu
Restinclières
Guzargues
Sussargues
Vérargues
La Bruyère
St-Geniès-des-Mourgues
Vauvert
Fontmagne
Ste-Colombe
Teyran
Aimargues
Le Cailar
St-Andre
Castries
Lunel-Viel
Marsillargues
Jacou
Vendargues
St-Brès
Valergues
St-Just
St-Brancard
Franquevaux
Gallician
Le Crès
Baillargues
Lansargues
St-Nazaire-de-Pézan
Mas d'Esports
St-Laurent-d'Aigouze
Mas Bourry
St-Aunès
Mudaison
Mas du Grand Bordes
Castelnau-le-Lez
Flaugergues
Candillargues
P. des Tourradons
Mauguio
Mas des Isles
Tamariguières
Mas de Psalmody
Fabre
La Mogère
Vaugières
Les Cabanes de Salaison
Boirargues
Quatret
Mas Grand St-Jean
Montcalm
Mas de Capette
Lattes
Pérols
Port de Carême
Les Cabanes de Pérols
Étg de Pérols
Carnon-Plage
La Boucanne
Le Perrier
Mas du Bousquet
Mas Sénébier
Astouin
Cabanes-de-Cambon
Pin Fourcat
Mas d'Icard
Plaine de
Repaus
Rhône
A B C D E F G
1 2 3 4 5 6 7 8 9 10

GARD
30
BOUCHES-DU-RHÔNE
283
284
304
323
324
Uzès
Valliguières
Forêt de Malmont
Forêt de Rochefort
N.-D. de Rochefort
Pujaut
Villeneuve-lès-Avignon
Île de la Barthelasse
Le Pontet
Morières-lès-Avignon
Pont St-Bénezet
Palais des Papes
AVIGNON
Montfavet
Les Angles
La Bégude-de-Rochefort
Rochefort-du-Gard
Saze
St-Hilaire-d'Ozilhan
La Languedocienne
St-Maximin
Boisset
Sagriès
Argilliers
Vers-Pont-du-Gard
Castillon-du-Gard
Les Tuileries
Les Croisées
Remoulins
Sanilhac-Sagriès
Collias
Chât. St-Privat
Pont du Gard
Ermitage
Gardon
Lafoux
Autodrome
St-Bonnet-du-Gard
Estézargues
Domazan
Les Fosses de Fournès
Fournès
Ledenon
Sernhac
Théziers
La Grande Palun
Aramon
Gare T.G.V. Avignon
St-Joseph
Rognonas
Grand-Quartier
Barbentane
Bois de Barbentane
Châteaurenard
Les Palunettes
Noves
Poulx
Cabrières
A9-E15
St-Gervasy
Bézouce
Meynes
Tuilerie
Montfrin
St-Marcellin
St-Michel-de-Frigolet
St-Pierre-de-Mézoargues
Boulbon
161 San Salvador
La Montagnette
Graveson
Julliant
Maillane
Eyragues
La Crau
Courbessac
Marguerittes
Comps
Vallabrègues
L'Aiguille
Abbaye de St-Roman
Redessan
St-Vincent
Jonquières-St-Vincent
Beaucaire
Tarascon
La Tuilerie
Chât. Le Breuil
Rodilhan
Manduel
Curebourse
Massane
St-Rémy-de-Provence
Chât. de Roussan
Mas-Blanc-des-Alpilles
Tour du Cardinal
St-Paul-de-Mausole
Glanum
Les Antiques (Ruines rom.)
Laurade
La Galine
Bouillargues
Beauvoir
Mas des Mourgues
Garons
Coetières
Canal du Rhône à Sète
Mas de Ranguy
RHÔNE
Lansac
St-Étienne-du-Grès
Chaîne des Alpilles
St-Gabriel
Mt Valence
Val d'Enfer
Les Baux-de-Provence
La Caume 398
Rochers d'Entreconque
PARC
Le Balandran
Tour
Bellegarde
NIMES-ARLES-CAMARGUE
Réservoire du Moulin de Baguet
Saujean
Chât. de Viguier
Fontvieille
St-Jean
Paradou
Maussane-les-Alpilles
Les Calans
Station de pompage de Pichegu
Le Petit Argence
La Grand-Cabane
Chât. de Castelet
Moulin de Daudet
Aqueduc
Tours de Castillon
Ste-Croix Anc. abb. de Montmajour
Meunerie
Marais desséchés des Baux
L'Hauture
Mouriès
DES
Petit-Rhône
Tête de la Camargue
Fourques
Pont-des-Moines
Le Grand-Barbegal
Arènes
ARLES
La Fourbine
St-Gilles
Saliers
Gimeaux
Les Rasserons
St-Victor
Moulès
Raphèle-lès-Arles
Trouniaire
Caphan
Cibeins
St-Martin-de-Crau
St-Hippolyte
Figarès
Stanislas
Écluse de St-Gilles
Marais de Saliers
Bouchaud
Petit Plan du Bourg
Mas de la Ville
Marais de Meyranne
Grand Mas de Pilier
Mas du Pont de Rousty
Ste-Cécile
Gageron
Tour d'Amphoux
Albaron
Signoret
La Dynamite
Mas de l'Hoste
Mas de Lanau
Marais de la Fosse
Marais de la Grand Mare
PARC
Marais de Cabassolle
Étang des Aulnes
PLAINE
Pâtis de la Trinité
Mas d'Agon
Vergières
Les Bruns
Domaine de Méjanes
Mas du Cabassolle
Villeneuve
Château de l'Armellière
DE LA
Chât. d'Avignon
NATUREL
RÉGIONAL
Marais de Romieu
Mas-Thibert
Capeau
Marais de Capeau
La Cure
ÉTANG DE VACCARÈS
GRAND-RHÔNE
Mas d'Icart
CRAU
Marais de la Sigoulette
RÉSERVE NATURELLE
Les Cabanes-de-Vaccarès
Le Sambuc
Marais de l'Étang Redon
DE
CAMARGUE
Pioch-Badet
Les Frignants
Île de Mornès
Le Retour-des-
Étang de Malagroy
ZOOLOGIQUE BOTANIQUE
Mas Fiélouse
Tour du Vallat
Le Petit-Pâtis
Grand-Boisviel
Marais de Bondoux
La Petite-Porcelette

283
284
303
324
325
Plateau
Le Pontet
Vedène
St-Saturnin-lès-Avignon
Morières-lès-Avignon
Jonquerettes
Montfavet
Châteauneuf-de-Gadagne
Chartreuse de Bonpas
Caumont-s.-Durance
Grotte de Thouzon
Velleron
Le Thor
L'Isle-s.-la-Sorgue
Pernes-les-Fontaines
Le Beaucet
Venasque
La Roque-s.-Pernes
St-Gens
Mourre de la Belle Étoile
Saumane-de-Vaucluse
Abbaye de Sénanque
Fontaine-de-Vaucluse
Gordes
Village des Bories
Cabrières-d'Avignon
Lagnes
Vélorgues
Les Vignères
Les Imberts
Murs
Joucas
Roussillon
Chaussée des Géants
Carr. d'Ocre
Goult
St-Pantaléon
Lumières
Beaumettes
Pont St-Julien
Noves
Cabannes
Cavaillon
Robion
Maubec
Taillades
Oppède-le-Vieux
Ménerbes
Lacoste
Bonnieux
Abb. St-Hilaire
Petit Luberon
MONTAGNE
PARC
NATUREL
Massif des Cèdres
Forêt du Luberon
Tête des Buisses
Cap de Serre
Roquefraîche
Gorges du Régalon
Mérindol
Puget
Lauris
Puyvert
St-Andiol
Verquières
Mollégès
Plan-d'Orgon
Orgon
Cheval-Blanc
Rémy-de-Provence
Eygalières
St-Sixte
N.-D. de Beauregard
St-Paul-de-Mausole
Glanum
Chât. de Romanin
BOUCHES-DU-RHÔNE
13
Les Alpilles
PARC
RÉGIONAL
DES
ALPILLES
Sénas
Mallemort
Charleval
Anc. abb. de Silvacane
La Roque-d'Anthéron
Alleins
Lamanon
Grotte de Calès
Castelas de Roquemartine
Tour Les Opiès
Eyguières
Aureille
Le Destet
Mouriès
Cazan
Château-Bas
Vernègues
Aurons
Lambesc
Chaîne des Côtes
Salon-de-Provence
Pélissanne
La Barben
St-Cannat
Forêt de St-Cannat
Autoroute du Soleil
Grans
Lançon-Provence
Miramas
Cornillon-Confoux
St-Chamas
Pont Flavien
La Fare-les-Oliviers
Coudoux
Ventabren
Velaux
Istres
Oppidum du Castellan
Aérodrome d'Istres-le-Tubé
PLAINE DE LA CRAU
Étang
Rognac
Berre
N.-D. Caderot
Raffinerie
La Mérindolle
Aq. de Roquefavour
A7-E714
A54-E80
A8-E80
A7-E80-E714

VAUCLUSE
84
St-Saturnin-d'Apt
Villars
Rustrel
Colline des Puits
Jean-Jean
Colorado
Carr. d'Ocre
Gignac
Gargas
Apt
Caseneuve
Viens
St-Paul
Thoiry
St-Martin-de-Castillon
Saignon
Le Griffon
La Bégude
Le Boisset
Les Tourrettes
Chapelle
Le Pointu
Buoux
Sivergues
Auribeau
Castellet
Mourre Nègre
1064 Gros Collet
Fort
Prieuré de St-Symphorien
LUBERON
Grand Lubéron
RÉGIONAL
DU
Combe de Lourmarin
Vaugines
Cucuron
Cabrières-d'Aigues
La Motte-d'Aigues
Étang de la Bonde
St-Martin-de-la-Brasque
La Graviere
Lourmarin
Sannes
Cadenet
Ansouis
Villelaure
La Tour-d'Aigues
La Bastidonne
Pertuis
Les Regrets
Sommet de Malacoste
Bassin de St-Christophe
St-Estève-Janson
Rognes
Le Puy-Ste-Réparade
La Cride
St-Canadet
Chaîne de la Trévaresse
Venelles
Couteron
Font-Rousse
Puyricard
La Petite-Calade
Eguilles
Les Figons
Beaufort
Celony
Plateau d'Entremont
Les Pinchinats
Les Platanes
St-Mitre
AIX-EN-PROVENCE
La Pioline
Luynes
La Malouesse
Le Tholonet
Palette
Meyreuil
Châteauneuf-le-Rouge
Montagne du Cengle
Beaurecueil
Le Bouquet
St-Antonin-s.-Bayon
Les Bannettes
Rousset
Le Logis-de-la-Colle
Pourrières
Trophée de Marius
Les Hermentaires
La Bégude
Puyloubier
Le Général
Bois de Pourrières
Pic des Mouches
St-Ser
La Croix de Provence
Montagne Ste-Victoire
Barrage de Bimont
St-Marc-Jaumegarde
Vauvenargues
La Tête du Marquis
Bois de Ligoures
La Campagne
Concors
Le Taulisson
Montagne des Ubacs
Colline de St-Pierre
Bois de la Gardiole
Le Puits-de-Rians
Oppidum Pain de Munition
Rians
Montagne d'Artigues
Artigues
Bois du Mont Major
St-Antonin
Jouques
Traconnade
Bèdes
Montagne de Vautubière
N.-D.-de-Consolation
Peyrolles-en-Provence
Meyrargues
La Grange
Forêt de Peyrolles
St-Paul-lès-Durance
Centre d'études nucléaires de Cadarache
Château de Cadarache
Défilé de Mirabeau
Mirabeau
Les Auquiers
Beaumont-de-Pertuis
Grambois
La Bastide-des-Jourdans
Peypin-d'Aigues
Fontjoyeuse
Vitrolles-en-Lubéron
Céreste
Montjustin
Montfuron
Manosque
St-Pancrace
Pierrevert
Régusse
Ste-Tulle
Corbières
Forêt de Vinon
Les Hameaux
Vinon-s-Verdon
Boutre
Ginasservis
Rousset
Les Naisses
Villeneuve
Volx
St-Martin-les-Eaux
Col de la Mort-d'Imbert
Mont d'Or
Bellevue
Villemus
Reillanne
Chap. de Carluc
Lincel
St-Michel-l'Observatoire
Observatoire de Haute-Provence
Dauphin
Sauvan
St-Maime
N.-D.-de-Roche
Tour
Mane
N.-D.-de-Salagon
Niozelle
Barrage de la Laye
Forcalquier
Mourres
Ybourgues
St-Pierre
Revest-des-Brousses
Pichovet
Aubenas-les-Alpes
Vachères
Oppedette
Fenouillet
Ste-Croix-à-Lauze
Canyon d'Oppedette
Valsaintes
Simiane-la-Rotonde
Forêt de la Plate
Lagarde-d'Apt
Le Cluyer
Durance
AUTOROUTE DU VAL
A51-E712
A8-E80
LA PROVENÇALE
BOUCHES-
285
286
306
325
326

285
286
305
326
327
ALPES-DE-HAUTE-PROVENCE 04
VAR 83
PARC NAT. RÉGIONAL VERDON
Plateau de Valensole
Lac de Ste-Croix
Grand Canyon
Basses gorges du Verdon
AUTOROUTE DU VAL DE DURANCE
Oraison
Valensole
Riez
Puimoisson
Roumoules
Moustiers-Ste-Marie
N.-D.-de-Beauvoir
Venascle
Brunet
St-Jurs
Col de St-Jurs
Majastres
Gorges de Trévans
Serre de Montdenier
Trévans
Estoublon
Bras-d'Asse
La Bégude-Blanche
St-Julien-d'Asse
Entrevennes
Le Castellet
Puimichel
Paillerol
Bellegarde
St-Jeannet
Les Oresonnis
Les Pourcelles
N.-D.-des-Anges
La Brillanne
Villeneuve
Volx
N.-D.-de-Roche
St-Maime
Les Buissonnades
Le Bars
Villedieu
Les Naisses
Rousset
St-Grégoire
St-Martin-de-Brômes
Allemagne-en-Provence
Puberclaire
Montagnac-Montpezat
Baptistère
Ste-Croix-de-Verdon
Les Salles-s.-Verdon
Aiguines
Col d'Illoire
Cirque de Vaumale
Le Galetas
Gréoux-les-Bains
Laval
Barrage de Gréoux
Lac d'Esparron
N.-D.-des-Œufs
Esparron-de-Verdon
Albiosc
Montpezat
St-Saturnin
St-Laurent-du-Verdon
Barrage de Ste-Croix
N.-D.-de-Baudinard
Baudinard-s.-Verdon
Bauduen
La Colle
Les Cugulons
Forêt de Pélicon
Vinon-s.-Verdon
Pigette
Bois du Défens
Les Maurras
Bois du Défens Vieux
Le Verdon
L'Éclou
St-Pierre
Les Maisons
St-Julien
Les Bernes
Les Rouvières
Quinson
Barrage de Quinson
Artignosc-s.-Verdon
Fontaine
Bois de la Roquette
La Mourotte
Villeneuve
Bois St-Jean
Régusse
Moissac-Bellevue
La Maison-Blanche
N.-D.-de-Liesse
Verignon
Montagne des Espiguières
Ginasservis
La Grande-Bastide
Bois de Malassoque
Grand Blé
La Raphèle
Bourdas
N.-D. d'Eglise
La Verdière
Bois de Queiraud
Montmeyan
Aups
Bury
N.-D.-de-Bellevue
Le Grand-Nans
Bois de Pelenq
Gros Bois
La Bréguière
Le Logis
Fox-Amphoux
Varages
Tavernes
Bois du Mont Major
Esparron
Artigues
Montagne d'Artigues
St-Martin
Les Annelles
Barjols
Vallon des Rigouards
Pontevès
Bessillon
Monastère St-Joseph
Bois du Bessillon
Cotignac
N.-D. de Grâce
Sillans-la-Cascade
Salernes
Campagne-Neuve
Villecroze
Montagne du Serre
Les Moulières
Entrecasteaux
Brue-Auriac
Le Pigeonnier
Source de l'Argens
Font-Taillade
Seillons-Source-d'Argens
St-Estève
Margui
Châteauvert
Vallon Sourd
Nestuby
Correns
Montfort-s.-Argens
Carcès
Lac de Carcès
Les Ferauds
Bauxite
Abb. du Thoronet
Ollières
Cadry
Bras
Miraval
Font-Couverte
Boutre
Collet de l'Aigle
Col de la Croix
Col de l'Olivier

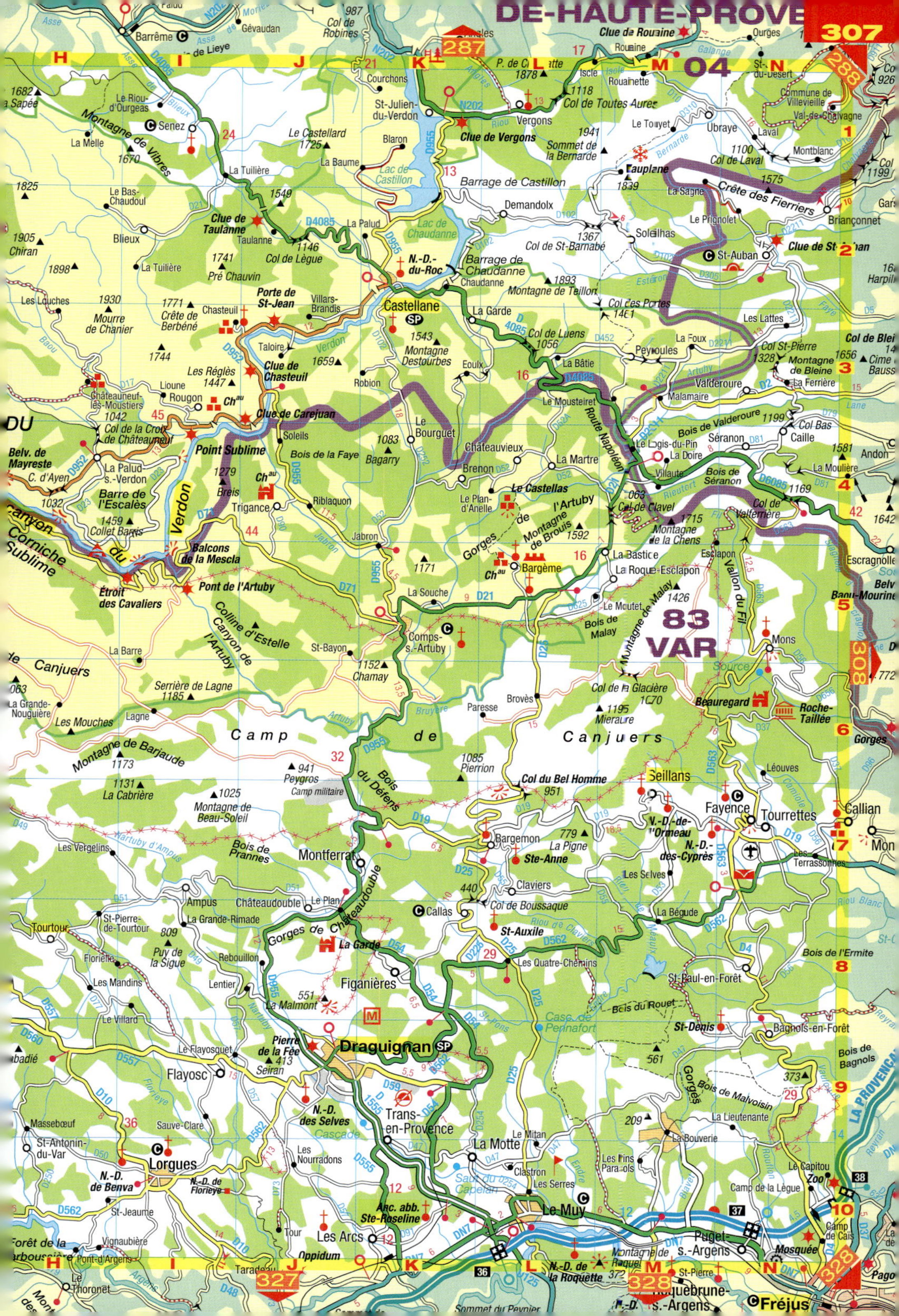

DE-HAUTE-PROVE
307
287
288
04
83
VAR
308
327
328
Barrême
Gévaudan
Col de Robines
Clue de Rouaine
Ourges
St-Julien-du-Verdon
Vergons
Clue de Vergons
Col de Toutes Aures
Rouainette
Iscle
Commune de Villevieille
Val-de-Chalvagne
Senez
Montagne de Vibres
La Melle
Le Castellard
La Baume
Blaron
Lac de Castillon
Barrage de Castillon
Sommet de la Bernarde
Le Touyet
Ubraye
Laval
Col de Laval
Montblanc
Éauplane
La Sagne
Crête des Fierriers
Briançonnet
Le Prignolet
La Tuilière
Le Bas-Chaudoul
Clue de Taulanne
Taulanne
La Palud
Lac de Chaudanne
Demandolx
Col de St-Barnabé
Soleilhas
St-Auban
Clue de St-Auban
Chiran
Blieux
Pré Chauvin
Col de Lègue
N.-D.-du-Roc
Barrage de Chaudanne
Chaudanne
Montagne de Teillon
Col des Portes
Les Louches
Mourre de Chanier
Crête de Berbéné
Porte de St-Jean
Chasteuil
Villars-Brandis
Castellane
La Garde
Col de Luens
Les Lattes
Col de Bleine
Montagne Destourbes
Taloire
Verdon
La Foux
Peyroules
Col St-Pierre
Montagne de Bleine
Valderoure
La Ferrière
Les Règles
Clue de Chasteuil
Robion
Eoulx
La Bâtie
Châteauneuf-lès-Moustiers
Lioune
Rougon
Clue de Carejuan
Le Mousteiret
Route Napoléon
Malamaire
Bois de Valderoure
Séranon
Col Bas
Caille
DU
Col de la Croix de Châteauneuf
Point Sublime
Soleils
Bois de la Faye
Bagarry
Le Bourguet
Châteauvieux
La Martre
Le Logis-du-Pin
La Doire
Andon
Belv. de Mayreste
C. d'Ayen
La Palud-s.-Verdon
Barre de l'Escalès
Breis
Brenon
Le Plan-d'Anelle
Le Castellas
Villaute
Bois de Séranon
La Moulière
Collet Barris
Verdon
Trigance
Riblaquon
Gorges de l'Artuby
Montagne de Brouis
Col de Clavel
Col de Valferrière
Canyon du Corniche Sublime
Balcons de la Mescla
Jabron
Montagne de la Chens
La Bastide
Escragnolle
Étroit des Cavaliers
Pont de l'Artuby
Bargème
La Roque-Esclapon
Esclapon
Belv
Baou-Mourine
La Souche
Le Moutet
Montagne de Malay
Vallon du Fil
Colline d'Estelle
Canyon de l'Artuby
Comps-s.-Artuby
Bois de Malay
Mons
La Barre
St-Bayon
Chamay
Canjuers
Serrière de Lagne
La Grande-Nouguière
Paresse
Brovès
Col de la Glacière
Mieraure
Beauregard
Roche-Taillée
Les Mouches
Lagne
Camp de Canjuers
Gorges
Montagne de Barjaude
Peygros
Camp militaire
Pierron
Bois du Défens
Col du Bel Homme
Seillans
Léouves
La Cabrière
Montagne de Beau-Soleil
Fayence
Tourrettes
Callian
N.-D.-de-l'Ormeau
N.-D.-des-Cyprès
Les Vergelins
Bois de Prannes
Montferrat
Bargemon
La Pigne
Ste-Anne
Les Terrassonnes
Mon
Les Selves
Ampus
Châteaudouble
Le Plan
Claviers
Col de Boussaque
St-Pierre-de-Tourtour
La Grande-Rimade
Callas
La Bégude
Tourtour
Gorges de Châteaudouble
La Garde
St-Auxile
Puy de la Sigue
Rebouillon
Floriège
Les Quatre-Chemins
Bois de l'Ermite
Lentier
Figanières
St-Paul-en-Forêt
Les Mandins
La Malmont
Bois du Rouet
Le Villard
Case de Pennafort
St-Denis
Bagnols-en-Forêt
Le Flayosquet
Pierre de la Fée
Draguignan
Seiran
Bois de Bagnols
Flayosc
LA PROVENÇALE
Gorges
Bois de Malvoisin
Massebœuf
Sauve-Clare
N.-D. des Selves
Trans-en-Provence
Cascade
La Lieutenante
St-Antonin-du-Var
Le Mitan
La Motte
La Bouverie
Lorgues
Les Nourradons
Clastron
Les Pins Parasols
Le Capitou
Zoo
N.-D. de Benva
N.-D. de Florièye
Saut du Capelan
Les Serres
Camp de la Lègue
St-Jeaume
Anc. abb. Ste-Roseline
Le Muy
Camp de Caïs
Forêt de la Darboussière
Vignaubière
Pont-d'Argens
Tour
Les Arcs
Oppidum
Puget-s.-Argens
Mosquée
Le Thoronet
Taradeau
N.-D. de la Roquette
Montagne de Roquebrune
St-Pierre
Roquebrune-s.-Argens
Fréjus
Sommet du Peynier

Entrevaux
Bois de Gourdan
Col de St-Raphaël
Montagne de Gourdans
1503
Mont Rourebel
Rourebel
La Penne
Ascros
288
Les Crottes
Malaussène
Madone d'Utelle
Utelle
287
Félines
Avenos
La Rochette
St-Pierre
Castellet-St-Cassien
Toudon
Mont Vial
Commune de Villevieille
Val-de-Chalvagne
Montagne de Miolans
995
St-Antonin
Tête du Puy
Tourette-du-Chât.
Revest-les-Roches
Gges de la Vésubie
Défilé
Sauma Longa
1008
Cuébris
Amirat
Collongues
Les Agots
Col du Buis
1199
Montblanc
Les Mujouls
Sallagriffon
Clue du Riolan
Roquestéron
Vieux-Pierrefeu
Mont Auvière
Pierrefeu
Vescous
629
Collet des Sausses
Le Chaudan
Bonson
Levens
Plan-du-Var
Gars
Montagne de Gars
1192
Clue d'Aiglun
Mont St-Martin
1257
Sigale
Aiglun
Roquesteron-Grasse
Ranc
Chelle
Clue de Bouisse
Clue de la Péguière
Gilette
Briançonnet
Clue de St-Auban
1471
Cascade de Vegay
Bois de Cheiron
Conségudes
Les Ferres
Bouyon
Ste-Marguerite
La Roquette-s.-Var
St-Martin-du-Var
1686
Harpille
Le Mas
Les Sausses
Montagne de Thorenc
Montagne du Cheiron
Gréolières-les-Neiges
Cime du Cheiron
Bézaudun-les-Alpes
Arnouville
Le Broc
Les Condamines
Castagniers
Col de Bleine
1439
1644
1656
Cime de Bausson
Montagne de Bleine
La Ferrière
Thorenc
Gréolières
Clue
St-Pons
Coursegoules
Montagne du Chiers
1034
Mouton d'Anou
Carros-Village
Le Plan
Carros
Oppidum de Castelleras
Cipières
1188
Col Bas
Caille
Les Teilles
1268
St-Barnabé
970
Col de Vence
Gattières
St-Jeannet
Colomars
1581
Andon
La Moulière
Montagne de l'Audibergue
Col de la Sine
1108
Signal de Calern
1334
Saut du Loup
Puy des Tourrettes
Le Peyron
St-Roman-de-Bellet
1169
1642
L'Audibergue
Canaux
Caussols
St-Maurice
Gouffre
Courmes
1267
Cascade
Le Caire
Vence
La Gaude
Plan-du-Bois
Montagne de Thiey
1552
1248
Pic de Courmettes
Corniche du Var
Lingostière
La Baronne
Escragnolles
Sources
Belv. Baou-Mourine
Pas de la Faye
Route Napoléon
Nans
1041
Col de Ferrier
1335
Le Haut Montet
Gourdon
Gorges du Loup
Pont-du-Loup
Tourrettes-s.-Loup
355
St-Antoine
Chap. St-Jean
Parc Donadieu
St-Vallier-de-Thiey
Montagne de Doublier
1245
C. du Pilon
Vallon de la Combe
Le Bar-s.-Loup
Chât. du Rouret
La Colle-s.-Loup
St-Paul
St-Laurent-du-Var
Fabron
782
Le Pré-du-Lac
Roquefort-les-Pins
Pas-de-Sènes
307
772
695
Col de la Lègue
Grasse
Châteauneuf-Grasse
Le Rouret
Cagnes-s.-Mer
Opio
S. Peire
Le Colombier
Cros-de-Cagnes
Roche-Taillée
Grottes de St-Cézaire
Cabris
St-Mathieu
Villeneuve-Loubet
Nice
Côte-d'Azur
Moulin-de-Brun
Bois Fleuri
Bouches-du-Loup
Gorges
Spéracèdes
Les Jaisous
Le Tignet
Plascassier
Valbonne
Biot
Villeneuve-Loubet-Plage
St-Cézaire-s.-Siagne
Peymeinade
La Blaquière
Le Plan-de-Grasse
St-Jacques
Sophia-Antipolis
Marineland
La Brague
St-Pierre
Forêt de Peygros
Mouans-Sartoux
Super-Antibes
Callian
Les Veyans
Tournon
Moulin-Vieux
Mougins
Antibes
Fort Carré
Montauroux
Auribeau-s.-Siagne
La Roquette-s.-S.
Les Baraques
Pibenon
St-Maymes
Les Terrassonnes
Tanneron
Pégomas
St-Jean
Le Cannet
Vallauris
Golfe-Juan
Pointe Bacon
Les Marjoris
La Fénerie
Ranguin
Rocheville
Jardin Thuret
Juan-les-Pins
Plateau de la Garoupe
Riou Blanc
Lac de St-Cassien
Bois de l'Ermite
Bois de Callian
Les Margoutons
Mandelieu-la-Napoule
La Bocca
Obs.
Super-Cannes
Cap Gros
519
Massif du Tanneron
Cap d'Antibes
Golfe Juan
431
Castel de Guiol
Les Termes
Minelle
Cannes
Cannes-Mandelieu
Pointe de la Croisette
Île Ste-Marguerite
Bagnols-en-Forêt
Bois de Bagnols
L'Église
La Napoule
Golfe de la Napoule
Plateau du Milieu
Les Adrets-de-l'Estérel
Mauvé-Vieil
Théoule-s.-Mer
Pointe de l'Aiguille
Île St-Honorat
Îles de Lérins
373
Sommet du Marsaou
548
Sommet Pelet
439
La Galère
Pointe de la Galère
Auberge des Adrets
618
Col des Trois Termes
Pointe de l'Esquillon
La Provençale
Mont Vinaigre
Miramar
496
402
Pic de l'Ours
Le Trayas-Supérieur
Le Capitou
Zoo
323
Le Trayas
La Lègue
N.-D. de Jérusalem
Pic d'Aurelle
Perthus
Estérel
Camp de Caïs
La Tour-de-Mare
452
Pic du Cap Roux
Pointe du Cap Roux
Rastel-d'Agay
288
Mosquée
Valescure
Agay
Anthéor-Plage
l'Estérel
Fréjus
Payoue
St-Raphaël
328
329
Anthéor
Î. des Vieilles
Le Dramont
Pointe de Baumette

289
Gorges de Piaon
Cascade
Belvédère du Saut-des-Français
Duranus
Col St-Roch
Col de l'Orme
La Cabanette
Col de la Porte
Cime de Rocca Seira
Tour
Lucéram
Col de Braus
Sospel
Mont Agaisen
Le Golf
Olivetta-San-Michele
Airole
Libre
M. Abellio
Rocchetta-Nervina
Isolabona
Apricale
M. Morgi
Mt Calvaira
Colla Bassa
Perinaldo
M. Bignone
Mont Férion
Coaraze
Chaîne de Férion
Col de la Croix
Col St-Jean
Touët-de-l'Escarène
St-Laurent
Mont Castello
L'Escarène
Mont Méras
Col de Castillon
Vieux-Castillon
Castillon-Neuf
Mont Razet
Mt Grammont
Villatella
Collabassa
Torri
Calvo
Bévera
M. Rebuffao
Dolceacqua
M. Caggio
Negri
Trucco
M. Erraccone
Soldano
San-Biagio-della-Cima
Seborga
Mt Nero
Vallebona
Camporosso
Sasso
Ste-Claire
Bendejun
Les Rochettes
Le Vignal
Berre-les-Alpes
C. de Nice
Gorges
Mont Ours
Col de Banquettes
Monti
Viaduc de Carameli
Cime de Restaud
S. Antonio
S. Lorenzo
Sealza
St-Antoine
St-Blaise
Contes
Sclos
Pic de Baudon
Peille
Ste-Agnès
Castellar
A8
A10-E80
Camporosso-M.
Vallecrosia
Ospedaletti
Madone della Ruota
Mont-Cima
Châteauneuf-Villevieille
Plan d'Arriou
La Vernéa
Blausasc
Col de la Madone
Gorbio
Cabrolle
Latte
Grimaldi
Mortola-Inferiore
Capo Mortola
Ventimiglia (Vintimille)
Bordighera
Cap S. Ampelio
Tourrette-Levens
Mont Macaron
La Grave
Peillon
L'Annonciade
Menton
Aspremont
Les Moulins
Mont de l'Ibac
La Pointe
Ste-Thècle
St-Martin-de-Peille
Mont Agel
Roquebrune-Cap-Martin
Cap-Martin
Cap Martin
Mont Chauve
Cantaron
L'Abadie
Borghéas
Laghet
Drap
La Trinité
La Turbie
Beausoleil
Monte-Carlo
La Condamine
Sirole
Falicon
St-Pancrace
Gairaut
St-André
C. d'Eze
Eze
Col des 4 Chemins
Monaco
Jardins
Cap d'Ail
Jardin
PRINCIPAUTÉ DE MONACO
377
La Madeleine
Cimiez
Golfe de St-Hospice
Beaulieu-s.-Mer
Magnan
Vieux Nice
Villefranche-s.-Mer
Mt Boron
NICE
St-Jean-Cap-Ferrat
Cap Ferrat
La Californie
Baie des Anges
Côte d'Azur
MER MÉDITERRANÉE
Bastia
L'Ile-Rousse
Calvi
Ajaccio
329

Rocher de la Vierge
Anglet
290
Ilbarritz
Lac de Mouriscot
BIARRITZ-ANGLET-BAYONNE
St-Pierre-d'Irube
Quartier-Bas
Ametcondo
Bidart
Bassussarry
Chap. Ste-Madeleine
Les Embruns
Guéthary
Arbonne
Arcangues
Villefranque
CÔTE BASQUE
(Côte d'Argent)
St-Jean-de-Luz
Socoa
Pte Ste-Anne
Ahetze
Hérauritz
Ustaritz
N.-S.-de Guadalupe
Hendaye-Plage
Hendaye
Chât. d'Abbadie
N.-D.-de-Socorri
Ciboure
Chantaco
Forêt d'Ustaritz
Larressore
Florenia
Hondarribia-Fuenterrabia
Urrugne
Campobaita
Serre
Ihintz
Ibarron
St-Pée-s.-Nivelle
La Croix-des-Bouquets
Ascain
Souraide
Lac de St-Pée
Pasai Donibane
Lezo
Ventas
IRUN
Biriatou
San Marcial
Herboure
Olhette
Ihicelaya 546
Col de St-Ignace 169
Amotz
Amespétou
Espelette
GUIPUZCOA
Oiartzun
Col d'Ibardin
Fort
La Rhune 900
Sare
Cherchebruit
Col de Pinodieta
Aïnhoa
477 Pagogaña
Ergoien
Peñas de Aya 806
Endarlaza
Alzate
Lehenbiscaye
Istilarte
Col des Trois-Croix
Cuevas de Landarbaso
Vera de Bidasoa
Col de Lizuniaga
Dancharia
510 San Anton
Grotte de Sarre
Gr. de las Brujas
Gr. de Alquerdi
551 Monte Aldura
698 Pic d'Ibatelli
411 Col de Lizarietta
Zugarramundi
Urdax
840 Biandiz
Biurgarin
Lesaka
Col des Trois-Bornes
Azkar
628 Zaria
Urrizoguieta
Echelar
Puerto de Olsondo
Lizarzu
Anchestegui 804
Unanue 630
Yanci
Ventas de Yanci
Collado Also 516
Articuza
652 Altueta
828 Izu
Arantza
932 Alcurrunz
Bardo 799
Collado Achuela
756
Maya del Bastán
Goizueta
Montes de Bidasoa
Izcolegui 842
Azpicuelta
Bozate de Arizcun
735 Descarga
1038 Loizate
1034 Ecaitza
1136 Mendaur
Sumbilla
870 Legate
Arizcun
Errazu
NAVARRA
Elgorriage
Aurtiz
Bertiz-Arana
Oronoz
Oteiza
Elvetea
Lecároz
Baztán (Elizondo)
Couvent
Zubieta
Ituren
Santesteban
Legasa
Mugaire
Irurita
Burga 872
Ciga
Zuraurre de Ciga
1081
1142 Eracurri
1051 Iruñarri
Oiz
Donamaria
Aniz
702 Col de Berdaritz
Ezcurra
Saldias
Urroz de Santesteban
Berroeta
Venta de Arraras
Adarza
Erasun
Beinza
Labayen
Almándoz
1099 Abartán
Peña de Alba 1075
Harguibel 988
Aldudes
Esnazu
1169 Zuperri
1064 Zuchapi
Embalse de Luerza
1050 Garmendi
Urepel
1066 Puchotecogañe
1023 Araiza
958 Ocharte
847
Puerto de Velate
1418 Sayoa
1259 Ocoro
1243
PAYS
Sierra de San Pablo
1020
Arraras
Igoa
ESPAGNE
Collado de Urquiaga
890
Etxarri
Aldatz
Oroquieta
Suriain 1408
Iturrombur
Elzaburu
Ventas de Arraiz
Adi 1459
Bazaburúa
Ervití
Gargarón
Itxaso
Juarbe
Alcoz
Arraiz-Orquin
Lanz
Mugiro
Beramandi
Yaben
Auza
Ulzama (Arraizar)
Goitean 1222
Imoz
Elso
Arizu
Embalse de Eugui
Latasa
Beuza
Lizaso
Eugui
Iragui
Viscarret
880
Espagne

311
290
291
312
330
PYRÉNÉES
ATLANTIQUES
64
Croix de Mouguer
Lahonce
Urt
Urcuit
Lagaillardie
Bordes-du-Bas
Château de Gramont
Léren
Butte de Miremont
Lassarrade
Mouguerre
Briscous
Briscous-les-Salines
Séquillon
Bardos
Bidache
Nogues
Lambert
Came
La Gaine
St-Pé-de-Léren
St-Dos
Carresse-Cassaber
Salies-de-Béarn
Auterrive
Castagnède
Pène-de-Mu
Lasborde
Montachoury
Élizaberri
Héguia
L'Enseigne
Belloc
Abb. de Belloc
Monastère
Battan
Mixe
Guinerand
Labastide-Villefranche
Donjon
Escos
Oraàs
La Saline
Peyrède
Abitain
Pilota-Plaza
Route d'Hasparren
Route impériale des Cimes
Forêt
Landes
d'Hasparren
La Bastide-Clairence
La Chapelle
Bois de Tartas
Bois de Mixe
La Ferrerie
Arancou
Bentaberry
Bergouey-Viellenave
Viellenave-s.-Bidouze
Athos-Aspis
Sauveterre-de-Béarn
Hasquette
Pegna
La Côte
Pessarou
Orègue
Arraute-Charritte
Biscay
Masparraute
Ilharre
St-Martin
Autevielle-St-Martin-Bideren
Halsou
Bas-Cambo
Hasparren
Ayherre
Châl. de Belzunce
La Haranne
Succos
Guinarthe-Parenties
Osserain-Rivareyte
Rivareyte
Cambo-les-Bains
Urcurray
Zelay
Bonloc
Gréciette
Isturits
Grotte d'Isturits et d'Oxocelhaya
Amorots-Succos
Labets-Biscay
Sumberraute
Béguios
Gabat
Camou-Mixe-Suhast
Amendeuix-Oneix
Arbouet-Sussaute
Sussaute
Suhast
Mt Ursuya
678
Mendionde
Macaye
La Place
Attisanne
St-Martin-d'Arberoue
470
St-Esteben
Colorotz
Méharin
Luxe-Sumberraute
Garris
Aïcirits
Arbérats-Sillègue
Domezain-Berraute
Itxassou
Pas de Roland
Laxia
Louhossoa
La Place
Helette
Hérauritz
Garretta
Armendarits
Jaureguia
Beyrie-s.-Joyeuse
St-Palais
Béhasque-Lapiste
Berraute
Ithorots
Olhaiby
Guibelatre
897
Mont Baigura
Tour
374
Moiné Mendia
Bois d'Ehigna
Mt St-Sauveur
275
Stèle de Gibraltar
Jaureguiberry
Adarre
586
Artzamendi
926
Iholdy
Orsanco
Bois d'Ostabat
Larribar-Sorhapuru
Pic d'Iguzki
Bidarray
Halzamendy
818
Olce
Iribehere
Behaume
Uhart-Mixe
Haramboels
Sorhapuru
Lohitzun-Oyhercq
Oyhercq
Irissarry
Celay
571
Hochahandy
Cimetière basque
Ostabat-Asme
Arhansus
Larrandaberry
700
Larla
Gahardou
Ossès
Ahaice
Ascombéguy
337
Lantabat
St-Étienne
Col des Palombières
Asme-Chilo
St-Martin-d'Arrossa
Suhescun
Chapatendéguia
Eyharce
Pic d'Iparla
La Bastide
Urdos
Eyheralde
30,5
Lopeinea
Arros
Larceveau-Arros-Cibits
Cibits
Jaxue
Pagolle
Bonetbelchenea
Ainhice-Mongelos
Utxiat
Gamarthe
Mandos
812
Jarra
Pic d'Arradoy
660
Jaxu
Haripse
Bustince-Iriberry
Mongelos
Lacarre
Ibarolle
Bunus
Plazagaina
St-Just-Ibarre
Col d'Osquich
392
Chap. St-Antoine
Musculdy
Ordiarp
Châl. d'Etchaux
Borciriette
Irouléguy
Sorhueta
Occos
Guermiette
Anhaux
Col d'Ispéguy
St-Étienne-de-Baïgorry
Iriberry
Ispoure
Ascarat
Uhart-Cize
St-Jean-Pied-de-Port
St-Jean-le-Vieux
Chap.
Bussunarits-Sarrasquette
Ibarre
764
Nethe
Bois d'Oyanbeltza
Pic d'Elaudy
700
Idaux-Mendy
Mendy
Col d'Elhorrieta
831
Oylarandoy
933
734
Col d'Aharza
Munhoa
1021
Lasse
Caro
Aincille
Ahaxe-Alciette-Bascassan
Alciette
Bascassan
Hosta
1129
Pic de Belchou
Col de Napale
Arla
Garaybie
Aussurucq
Vallée des Aldudes
Col d'Urdanzia
869
Chochueinea
St-Michel
Lecumberry
Mendive
Pic Etchekortia
1204
Suhare
Banca
Adarza
1250
Espila
761
Gatharre
Béhorléguy
Pic de Zabozé
1178
1258
Forêt des Arbailles
Col d'Ehunzaroy
971
Valcarlos
Arnéguy
Bois d'Arloté
Estérencuby
Bois de Bihurry
Bassaburua
Pic de Béhorléguy
1265
Col d'Aphanize
1044
1214
Bohokortia
Pic des Vautours
1072
907
Errola
Argaray
1226
Ondarolle
Pic de Beillurti
1114
1177
Pic d'Hostateguy
Phalgalcette
Anc. redoute de Château-Pignon
Ahusquy
Col Burdin Olatze
893
Ilhounatze
Bois de Zouhoure
Alçay-Alçabéty-Sunharette
Charritte-de-Haut
Charritte-de-Ht
Forêt d'Hayra
Béhérobie
Chap. St-Sauveur
Col de Burdincurutcheta
1135
928
Col d'Arhansus
Pic de Leizar Atheka
1419
Urcolu
Col d'Orgambidé
988
1156
Pic d'Arthaburu
1307
Pic Iraudibel
1411
1472
Pic des Escaliers
1173
Quint
1092
Col de Bentarte
1337
Col d'Arnostéguy
1236
1356
Sommet d'Errozate
1456
Chalets d'Iraty
Col Bagargui
Pic Salhagag
Col de Burdinkurutch
Puerto de Ibaneta
1057
1570
Orzanzurieta
Mendilaz
1343
Égurgy
Sommet d'Occabe
Forêt d'Iraty
1319
Pellusegagne
1594
Penin
Larrau
(Roncevaux) Roncesvalles
Babrica de Orbaiceta
1656
Pic de Bizkarzé
Bois de
Alto Mesquiriz
Burguete
Espinal-Auspent
1069
Irati
2017
Col d'Erroymendy
1362
Pic d'Orhy

291
292
311
330
331
A
B
C
D
E
F
G
1
2
3
4
5
6
7
8
9
10
PYRÉNÉES
ATLANTIQUES
64
Orthez
Général Foy
Béarn
Sallespisse
Hagetaubin
Casteide-Candau
Morlanne
Castétarbe
Salles-Mongiscard
Balansun
Mesplède
Bouillon
Pomps
Geüs-d'Arzacq
Uzan
Salies-de-Béarn
Le Bois
Carresse-Cassaber
Lavie
Ste-Suzanne
Magret
Castétis
Arthez-de-Béarn
Castillon
Biron
Laà-Mondrans
Sarpourenx
Argagnon
Chap. de la Commanderie
Caubin
Doazon
Autodrome
Arnos
Boumourt
Lanneplaà
Le Cout
Pène-de-Mu
142
Lasbordes
208
Les Antys
Trescoint
L'Hôpital-d'Orion
Ozenx
Montestrucq
Castetner
Maslacq
Cagnez
Urdès
Herm
Bacque
Casteide-Cami
Oraàs
La Saline
Peyrède
Abitain
Lartigue
Loubieng
Mont
Audejos
Gouze
Burgaronne
Orion
Lasserade
Beuste
Lendresse
Lacq
Serres-Ste-Marie
Cescau
Sauveterre-de-Béarn
Orriule
Arance
Abidos
Labastide-Monréjeau
Andrein
Camu
Barraute-Camu
Laàs
Castetbon
Sauvelade
Lagor
Os-Marsillon
Artix
St-Gladie-Arrive-Munein
Guinarthe-Parenties
Osserain-Rivareyte
Narp
Ossenx
Mourenx
Noguères
Labastide-Cézéracq
Besingrand
Pardies
Tarsacq
Denguin
Rivareyte
Tabaille-Usquain
Montfort
Araujuzon
Audaux
Vielleségure
Espiute
226
Tuqueta
Gestas
Rivehaute
Araux
Viellenave-de-Navarrenx
Bugnein
Lahourcade
Abos
Lacoste
Tartas
Bastanès
Camblong
Méritein
Loupien
Arriu
Domezain-Berraute
Berraute
Nabas
Etcharry
Castetnau-Camblong
Navarrenx
Camptort
Mautalen
Monein
Parbayse
Arbus
Ithorots
Aroue Ithorots-Olhaoeby
Olhaiby
Bisqueys
Charre
Sus
Susmiou
Jasses
Ogenne-Camptort
Lamothe
Cuqueron
Lichos
Chât. de Mongaston
Casaubieil
Castet
Pommarez
Haute
Sorhapuru
Neyrieux
Angous
Dognen
Lay-Lamidou
Lasserre-Bellegarde
Ricarde
Charritte-de-Bas
Arrast-Larrebieu
Gurs
Lamidou
Oyhercq
Larrebieu
Larrory
Préchacq-Navarrenx
Lucq-de-Béarn
Fray
Espès-Undurein
Moncayolle-Larrory-Mendibieu
Artigau
Préchacq-Josbaig
Lacommande
Larrandaberry
Ainharp
Saucède
Lapèze
Garris
422
Abense-de-Bas
Mendibieu
L'Hôpital-St-Blaise
Aren
Pédelaborde
Cardesse
Berrogain-Laruns
Viodos-Abense-de-Bas
Geüs-d'Oloron
Poey-d'Oloron
Habas
339
Bois du Laring
Chéraute
St-Goin
Géronce
Dous
Bois de Josbaig
Couy
Saou
Saliou
Hoquy
Bois de Chéraute
Orin
Verdets
Le Faget
Haut-Estialescq
Mauléon-Licharre
Sallet-de-Haut
Estialescq
Garindein
Ledeuix
Libarrenx
Moumour
Estos
Musculdy
Roquiague
Esquiule
Goès
Précilhon
Ordiarp
Gotein-Libarrenx
Barcus
Pondheil
Escout
Idaux-Mendy
Caparnia
Burgia
St-Pée-d'En-Bas
Mendy
616
Ste-Barbe
Paradis
660
Sommet de Cambillou
St-Pée-d'En-Haut
Oloron-Ste-Marie
Bidos
Escou
Herrère-de-Eas
Menditte
St-Etienne
Agnos
Soeix
Herrère
Carrères
Aussurucq
Chap. de la Madeleine
Sauguis-St-Etienne
Minone
Chabalgoity
Féas
Forêt de Labaig
Gurmençon
Suhare
Ossas-Suhare
Bois de Gouloume
Ance
Laborde-Bos
Ogeu-les-Bains
Col de Sustary
Trois-Villes
444
Gouffre
577
Soum d'Aulis
Arros-d'Oloron
Eysus
Cihigue
Sommet d'Erretzu
700
Serreuille
Col d'Etche
379
Forêt de Asasp-Arros
Bugange
Pic des Vautours
1072
Camou-Cihigue
Tardets-Sorholus
Alos-Sibas-Abense
Abense-de-Haut
Aramits
St-Christaud
Bois du Bager
Sunharette
Alçabéhéty
Sibas
Restoue
Lanne-en-Barétous
Soum de Ségu
765
Lurbe-St-Christau
Bois de Hource
Charritte-de-Haut
Arhan
Laguinge
Montory
Issor
Camgros
1256
Pic Mail'Arrouy
Licq-Athérey
Lichans-Sunhar
767
Mont Begousse
Arette
Etchebar
Athérey
Haux
795
Pic d'Arguibelle
Barlanès
24
Soum de Berret
944
Escot
Etcheber
803
Pic Laramendy
Tumulus
Défilé
Bois de la Pène d'Escot
Col de Marie-Blanque
1173
B. de Harribelsette
1167
Pic de Sudou
1012
Soum de Liorry
601
C. de Lie
Trône du Roi
1266
1646
Pic Roumendarès
1035
1053
Pic Salhagagne
Bois de Haux
Col d'Ordabure
Lourdios-Ichère
Soum d'Ire
1351
1813
Pic de l'Ourlène
Col d'Aran
1654
Penin
Laugibar
1387 Pic d'Igountze
C. de Lakurde
1341
1359
Pic de Legorre
La Mouline
Candau
680
Col d'Ichère
Sarrance
Pont-Suzon
Pic d'Issarbe
1559
560
Le Layens
1625
Bois d'Ichère
Pic Mailh Massibe
1973
Negumendi
307
Bois d'Arbouty
Pic de Soulaing
1589
Forêt d'Issaux
Plateau de Teulère
1606
Pic Montagnon
Pic de Mousté
Bois d'Holçarté
Calla
Ste-Engrâce
1351
Col de Labays
1597
Pic de Guillers
Col de Hourataté
Osse
Aydius
d'Erroymendy
1484

292
293
293
314
331
332
332
H
I
J
K
L
M
N
1
2
3
4
5
6
7
8
9
10
Moustrou
Vignes
Pouliacq
Roueilhon
Ribarrouy
Haron
St-Jean-Poudge
Aurions-Idernes
Carros
Louvigny
Méracq
Claracq
Taron-Sadirac-Viellenave
Burosse-Mendousse
Lasserre
Crouseilles
Bétracq
Garlède-Mondebat
Lème
Mialos
Séby
Fichous-Riumayou
Larreule
Loncon
Auga
Thèze
Lalonquette
Miossens-Lanusse
Menjou
Carrère
Mouhous
Lannecaube
Lalongue
Vialer
Gayon
Sémeacq-Blachon
Arricau-Bordes
Castillon
Lespielle
Monpezat
Bellocq
Moncaup
Floris
Lascazères
Villefranque
Corbère-Abères
Sombrun
Mazerolles
Momas
Aubin
Viven
Doumy
Argelos
Auriac
Coslédaà-Lube-Boast
Lube
Lannegrasse
Escurès
Lembeye
Bassillon-Vauzé
Moulonguet
Lahitte
Bournos
Angos
Astis
Boast
Sévignacq-Thèze
Simacourbe
Juillacq
Samsons-Lion
Maspie-Lalonquère-Juillacq
Vidouze
Laubiosse
Caubios-Loos
Navailles-Angos
Lasclaveries
Escoubès
Lussagnet-Lusson
Monassut-Audiracq
Audiracq
Luc-Armau
Viellenave-d'Arthez
St-Armou
Barinque
Gerderest
Peyrelongue-Abos
Lucarré
Arnagosse
Labatut
Bougarber
Uzein
Sauvagnon
Anos
Foix
Riupeyrous
Lalonquère
Anoye
Momy
Sérée
Bentayou-Sérée
Castéra-Loubix
Loubix
Beyrie-en-Béarn
Lac d'Uzein
Serres-Castets
Bretagne
Souye
Abère
St-Laurent-Bretagne
Maure
Lamayou
PAU-PYRÉNÉES
Montardon
Bernadets
Higuères-Souye
Hourtic
Baleix
Mougaston
Aussevielle
Poey-de-Lescar
Landes du Pont-Long
St-Castin
St-Jammes
Gabaston
Lespourcy
Villenave-près-Béarn
Vielleplnte
Casteide-Doat
Siros
LA PYRÉNÉENNE
Sers
Buros
Maucor
Morlaàs
Sedze-Maubecq
Escaunets
Pontiacq-Viellepinte
Aïnx
Parsan
Lescar
Serres-Morlaàs
Sedzère
Urost
Bedeille
Ponson-Debats-Pouts
Artiguelouve
Lons
Le Hameau de Pau
Bascou
Lombia
Espéchède
Séron
Billère
Chap. de Berlanne
Ouillon
Saubole
Ponson-Dessus
Laroin
Gelos
Andoins
Arrien
Orleix
St-Faust-Bas
Jurançon
Cité des Abeilles
PAU
Idron-Lée-Ousse-Sendets
Sendets
Lourenties
Eslourenties-Daban
Aast
Bizanos
Lée
Ousse
Aressy
Gourlest
Pintac
Aubertin
Uzos
Mazères-Lezons
Meillon
Artigueloutan
Limendous
Gardères
St-Faust
Chapelle-de-Rousse
Rontignon
Enceinte préhistorique
Nousty
Soumoulou
Luquet
Titoy
Porte
Coos
Narcastet
Assat
Haut-d'Espoey
Gomer
La Come
Ger
St-Ambroise
Bordes
Angaïs
Espoey
Gardia
Brana
Gan
Baliros
Lucgarier
Ibos
Lasseube
Miqueus
Boeil-Bézing
Chaperot
Hours
Livron
Bosdarros
Zoo
Pardies-Piétat
Beuste
Barzun
Champ de Tir
Azereix
Chap. N.-D.-de-Piétat
St-Abit
Lagos
Bordères
B. de Bénéjacq
Plateau de Ger
Labarthe
Arros-de-Nay
Baudreix
Bourdettes
Mirepeix
Bénéjacq
Juillan
Haut-de-Gan
Les Pindats
Nay
Labatmale
Fontaine
Miramontès
Lasseubetat
Belair
Haut-de-Bosdarros
Coarraze
Ossun
TARBES-LOURDES-PYRÉNÉES
Rébénacq
Les Labassères
Bois de Carrasquet
St-Vincent
Lamarque-Pontacq
Pouey-Mayou
Forêt d'Ossun
Labielle
Igon
Peyrade
St-Georges
Barlest
Buziet
Buzy
Pucheux
Asson
Oppidum
Lestelle-Bétharram
L'Oustau
Loubajac
Adé
Averan
Bescat
Lys
Bruges-Capbis-Mifaget
Montaut
Forêt de Mourle
Bartrès
Gorges du Pont-Germe
Arudy
Sévignacq-Meyracq
Mifaget
Jardin exotique
N.-D.-de-Bétharram
Pont
Poueyferré
Saux
Ste-Colome
Pédestarrès
Capbis
St-Pé-de-Bigorre
Peyrouse
Biscaye
Lourdes
Izeste
Grotte de Bétharram
Rieulhès
Bois de Subercarrère
Bois d'Izeste
Louvie-Juzon
Pé-de-Hourrat
Pène Peyrau
Soum de la Brèque
Arthez-d'Asson
Les Toupiettes
Peyras
Le Béout
Aspin-en-L.
Pic du Jer
Barsaut
Montagne du Rey
Chourettes
Les Oules
Pène de la Hèche
Forêt de St-Pé-de-Bigorre
Pic de Taulemale
Omex
Ségus
Pic de Pibeste
Viger
Lugagnan
Jarret
Bilhères
Castet
Col de Castet
Pic de Merdanson
Pic Durban
Pic de Monbula
Bielle
Sommet de Sesenite
Soum de Moulle
Juncalas
Pic de Males Ores
Soum de Conques
B de Ségus
Soum du Prat d'Ourey
Agos-Vidalos
Vidalos
Ger
Ouzous
Salles
Ourdon
Berberust-Lias
Bélesten
Béon
Gère-Bélesten
Aste-Béon
La Herrère
Pic de l'Estibète
Roc des Cinq-Monts
du Moulle de Jaut
Pic Mondragon
Soum de Gran
Col d'Andorre
Etchartes
Sère-en-L.
Arrens
Bôo-Silhen
Silhen
St-Pastous
Pic d'Auzu
Col de Louvie
Ferrières
Col de Spandelles
Pic Bareilles
Lias
1368
1349
863
1665
1700
1540
1583
1544
1357
1326
1112
1791
948
1349
1525
1759
1443
1851
1004
1134
1588
1728
2050
1716
1881
1884
1438
540
537
519
65
A64-E80
A65
D817
D943
D936
D938
D934
N134-E7
D940
N21
D7
D62
9.1
10
11

Marciac
Juillac
Laveraet
Monclar-s.-Losse
Samson
Soublecause
Labatut-Rivière
Caussade-Rivière
Lascazères
Villefranque
Estirac
Auriébat
Pelacave
Samazan
Monlezun
Bars
Pallanne
St-Martin
Mirande
En-Guillempey
Sombrun
Maubourguet
Sauveterre
St-Justin
Ricourt
Peymoune
Marseillan
St-Maur
Le Choumac
Berdoues
Tillac
Laas
Pouticayres
Ourdan
Lahitte-Toupière
Monfaucon
Blousson-Sérian
Semboués
Monpardiac
Troncens
St-Clamens
Belloc-St-Clamens
Forêt de Berdoues
Ponsampère
Lafitole
Cazaux-Villecomtal
Argounes
Aussat
Larreule
Monségur
Parabère
Buzon
Barbachen
Beccas
Malabat
Aux-Aussat
Bazugues
Gensac
Ansost
Laguian-Mazous
Mielan
St-Michel
Labatut
Nouilhan
Liac
Haget
Peyrega
Betplan
Puntous de Laguian
Caixon
Castéra-Loubix
Ségalas
Panassac
Villecomtal-s.-Arros
Gaillinot
Ste-Dode
Birebert
Artagnan
Raymond
Souques
Rabastens-de-Bigorre
Castelfranc
Estampes
Mariachous
Montaut
Vic-en-Bigorre
Bertranot
Guilleri
Mazous
La Borie
Boubobent
Sadeillan
Lamayou
Arrolans
Mont-de-Marrast
Barcugnan
Sanous
Sarriac-Bigorre
Montégut-Arros
Castex
Casteide-Doat
Estampures
Manas-Bastanous
St-Lézer
St-Aunis
Mingot
Fréchède
Cougnan
St-Araille
Ste-Aurence-Cazaux
Parsan
Camalès
Moumoulous
Bastanous
Montagnan
Bazillac
Sénac
Sarraguzan
Montaner
Pujo
Ugnouas
Lacassagne
St-Sever-de-Rustan
Anc. abbaye
Mazerolles
Bernadets
Fontrailles
Escondeaux
Mansan
Duffort
Talazac
Villenave-près-Marsac
Lescurry
Bouilh-Devant
Tarasteix
Tostat
Castéra-Lou
Laméac
Peyrun
Antin
Gimous
Cestias
Peymarchand
Siarrouy
Ménigot
Jacque
Labarthe
Trie-s.-Baïse
Andrest
Marsac
Sarniguet
Trouley-Labarthe
Lapeyre
Lagarde
Gayan
Soréac
Bouilh-Péreuilh
Lubret-St-Luc
Lalanne-Trie
Sadournin
Oroix
Aurensan
Louit
Chelle-Debat
Osmets
Mailhes
Vidou
Manaussères
Dours
Marseillan
La Penne
Forêt de Campuzan
Pintac
Oursbelille
Bazet
Chis
Sabalos
Collongues
Castelvieilh
Luby-Betmont
Puydarrieux
Baneilhac
Lasbordes
Castagnous
Mun
Villembits
Tournous-Darré
Bois du Commandeur
Bicave
Bours
Orleix
Oléac-Debat
Cabanac
Lamarque-Rustaing
Campuzan
Pouyastruc
Aubarède
Sère-Rustaing
Lustar
Sentous
Bordères-s.-l'Echez
Lizos
Boulin
Marquerie
Thuy
Bugard
Bonnefont
Libaros
Tournous-Devant
Ger
TARBES
Aureilhan
Hourc
Peyriguère
Lahitte
Ibos
Séméac
Souyeaux
Coussan
Goudon
Meilhas
Sancan
Sabarros
Azereix
Sarrouilles
Lansac
Gonez
Laslades
Lespinè
Orieux
HAUTES-PYRÉNÉES
65
Mouledous
Galan
Recurt
Juillan
Laloubère
Soues
Lespouey
Chap. de N.-D.-de-Piétat
Calavante
Sinzos
Clarac
Bernadets-Dessus
Montastruc
Tamboury
Odos
Salles-Adour
Barbazan-Debat
Angos
Lhez
Bordes
Peyraube
Toulouse
La Mulatère
Ossun
Tarbes-Lourdes-Pyrénées
Horgues
Allier
Montignac
Mascaras
Laspouyrigues
Tournay
Burg
Bonrepos
Galez
Hourcaud
Louey
Hibarette
Momères
Fréchou-Fréchet
Ozon
Les Barthes
Castelbajac
Forêt d'Ossun
Lanne
Bénac
St-Martin
Arcizac-Adour
Bernac-Debat
Barbazan-Dessus
Oueilloux
Oléac-Dessus
Lanespède
Castéra-Lanusse
Houeydets
Tépé
Clarens
Plateau de Lannemezan
Barry
Bastourra
Bernac-Dessus
Luc
Spou
Bégole
Coutala
Campistrous
Poutge
Averan
Vielle-Adour
Hitte
Marque
Poumarous
Ricaud
Cabaret
Visker
Larret
Chelle-Spou
Hourquet
Lutilhous
Uglas
Adé
Layrisse
Hiis
Gourgue
Pére
Institut d'Études Atmosphériques
Saux
Orincles
Loucrup
Montgaillard
Orignac
La Hounte
Artiguemy
Lagrange
Julos
Antist
Capvern-les-Bains
Lannemezan
Camelot
Pareac
Bourréac
Escoubès-Pouts
Ordizan
Cieutat
Bosse du Hailla
Anc. abbaye Escaladieu
Mauvezin
Demi-Lune
Pinas
Arrayou-Lahitte
Trébons
Mérilheu
Durban
Courreges
Bonnemazon
Molère
Capvern
Cantaous
Astugue
Pouzac
Hauban
Argelès
Castillon
Benque
Tilhouse
Escala
Haut
Tuzaguet
Pic du Jer
Gez-ez-A.
Ossun-ez-A.
Les Angles
Artigues
Jarret
Neuilh
Bagnères-de-Bigorre
Uzer
Bettes
Bourg-de-Bigorre
Espieilh
Lahitte
La Barthe-de-Neste
Lugagnan
Arrodets-ez-A.
Sère-Lanso
Labassère
Esconnets
Lies
Sarlabous
Batsère
Avezac-Prat-Lahitte
Montousse
Bizous
St-Créac
Juncalas
Donjon
Col des Palomières
Fréchendets
Escots
Espèche
Izaux
Ousté
Cheust
Pic de la Clique
Germs-s.-l'Oussouet
Gerde
Parc thermal de Salut
Grotte de Médous
Marsas
Asque
Prat
Pénart
Esparros
Bulan
Lomné
Lortet
Montsérié
Berberust
Ourdis-Cotdoussan
Soulagnets
Le Mouné
Asté
Banios
Labastide
La Gouffre
Bazus-Neste
St-Arroman
Gazave
Liac
Pastous
Aranou
Font. sulfureuse
1199 C. du Courret
Beaudéan
Pic d'Asté
Arrodets
C. de Coupe
Mazouau
Bois Estivère
Campan

GERS
32
294
295
333
334
316
Saramon
Samatan
Lombez
Simorre
Masseube
Seissan
Ornézan
Villefranche
Monument
Boulogne-s.-Gesse
L'Isle-en-Dodon
Aurignac
Montmaurin
Gîtes préhistoriques
Villa Gallo-romaine
Forêt de Cadeilhac
Forêt de Fabas
Forêt de Lilhac
Forêt de Mauboussin
N.-D. de Garaison
Castelnau-Magnoac
Montréjeau
St-Gaudens
Valentine
Miramont-de-Comminges
Labarthe-Rivière
Villeneuve-de-Rivière
Bordes-de-Rivière
Ponlat-Taillebourg
St-Martory
Mt Servès 450
Grotte de Gargas
Carmont 714
Lannemezan
Sauveterre-de-Comminges
Montespan
Figarol
Estancarbon
Labarthe-Inard
Beauchalot
Cazères
Saint-Plancard
St-Jean
St-Blancard
Lunax
Nénigan
Péguilhan
Mondilhan
Blajan
Nizan-Gesse
Sarrecave
Balesta
Lespugue
Charlas
Saman
Ciadoux
Escanecrabe
Cassagnabère-Tournas
Peyrouzet
Auzas
Proupiary
Sepx
Latoue
St-Marcet
Pinat
Larcan
St-Ignan
Saux-et-Pomarède
Landorthe
Savarthès
Labarthe-Inard
Montsaunès
Mancioux
Arnaud-Guilhem
Boussan
Fabas
Lilhac
Salerm
Montbernard
Molas
Cadeillan
Espaon
Boissède
Castelgaillard
Riolas
Coueilles
Agassac
Martisserre
Frontignan-Savès
Mirambeau
Puymaurin
Aran
Montesquieu-Guittaut
St-Ferréol
Larjo
St-Laurent
St-Frajou
Péguilhan
Lalanne-Arqué
Cabas-Loumassès
Arrouède
Manent-Montané
Panassac
Bézues-Bajon
Aussos
Monties
Sarcos
Monbardon
Gaujac
Sère
Meilhan
Bellegarde
Esclassan-Labastide
Labastide
Samaran
Aujan-Mournède
Monlaur-Bernet
Chélan
Mont-d'Astarac
Sariac-Magnoac
Casterets
Thermes-Magnoac
Betbèze
Bartaus
Lalanne
Gensac-de-Boulogne
St-Loup-en-Comminges
Mestugnan
Bazordan
Boudrac
Cazaril-Tambourès
Lassales
Monlong
Larroque
Le Cuing
Loudet
Cuguron
Franquevielle
Aventignan
Pointis-de-Rivière
Ausson
Mazères-de-Neste
Gourdan-Polignan
Huos
Ardiège
Cier-de-Rivière
Martres-de-Rivière
Aspret-Sarrat
Rieucazé
Lespiteau
Régades
Encausse
Soueich
Cabanac
Payssous
Barbazan
Labroquère
Valcabrère
Seilhan
Tibiran-Jaunac
Lombrès
Montégut
Nestier
Hautaget
St-Laurent-de-Neste
St-Paul
Bize
Générest
Ganties
Aumassère
Montgaillard-de-Salies
Rouède
Pointis-Inard
Cap-Mourens
Courdilles
Mondine
A64-E80
D817
D632
D635
D929
D17
D12
D8
D9

295
296
315
334
335
A
B
C
D
E
F
G
1
2
3
4
5
6
7
8
9
10
Endoufielle
Bonrepos-s.-Aussonnelle
Fontenilles
du-Touch
Châţ. de Caumont
Noilhan
Cazaux-Savès
Le Peyrigue
Empeaux
Saiguède
La Piche
Fonsorbes
Frayssinet
Gignaux
Villeneuve-Tolosane
Labastide-Savès
Pompiac
St-Thomas
St-Lys
Seysses
Frouzins
Roques
Samatan
La Batcrabère
Le Mona
Nizas
Seysses-Savès
Pourcet
Ste-Foy-de-Peyrolières
Mathieu
Aujoulet
Roquettes
Lombez
Lahillaire
Savignac-Mona
Bragayrac
Cambernard
Lamasquère
Saubens
Sabonnères
La Salvetat-de-Ste-Foy
Muret
Monblanc
Pébées
Beaufort
Parayré
St-Clar-de-Rivière
Labastidette
Sauvimont
Montgras
Chât. La Serre
Les Pioules
Puylausic
Montégut-Savès
St-Loube
Lahage
Nagut
Vernhole
Le Prade
Montadet
Forgues
Ox
L'Espienne
Laymont
La Menjotte
Lherm
St-Hilaire
La Croix-Blanche
Monès
Plagnole
Poucharramet
Estantens
Eaunes
St-Lizier-du-Planté
Le Pin-Murelet
Rieumes
La Pielle
Les Flambans
Pesquières
Frontignan-Savès
Gensac
Montpézat
Lavernose-Lacasse
Le Fauga
La Grangette
Capdebat
Laouach
Vignolles
Maurat
Mauvezin
Lautignac
La Pujole
Goudex
Sajas
Barrère
Bérat
Mauzac
Beaumont-s.-Lèze
Ambax
Montastruc-le-Vieux
Hourton
Montastruc-Savès
Les Vignes
Cap-Dessus
Les Pitchous
Castelgaillard
Grande-Nère
Savères
Le Gaillard-du-Port
Rougé
St-Araille
Longages
Montaut
Duprat
Sénarens
Labastide-Clermont
Castex
Riolas
Cazac
Bois-de-la-Pierre
Noé
Meillan
Pouy-de-Touges
Guillamet
Castets
Labastide-Paumès
Casties-Labrande
Capens
Moussats
Bertrans
St-Pé
Polastron
Carretère
Gratens
Crabères
Lacroix
St-Sulpice-s.-Lèze
Peyssies
Castelnau-Picampeau
Marignac-Lasclares
St-Michel
Marquefave
Lussan-Adeilhac
Fustignac
Montgazin
Lafitte-Vigordane
Carbonne
Goutemajou
Peyrissas
Montégut-Bourjac
Le Fousseret
St-Élix-le-Château
La Terrasse
Lacaugne
Montoussin
Ste-Quitterie
Benque
Salles-s.-Garonne
Lézat-s.-Lèze
Samouillan
Caillaouet
Tachoires
Anc. cathédrale
Rieux
Francon
Gariat
Les Bencassès
Lavelanet-de-Comminges
St-Julien
Mailholas
Pys
Le Coq
Bachas
Boussan
Terrebasse
Mondavezan
Latrape
Castère
Flourac
Alan
Lescuns
Gargaillous
Montplaisir
Castagnac
Tour
N.-D. de St-Bernard
Sana
Blancotte
La Chapelle
Berbaux
Bax
Massabrac
Aurignac
Marignac-Laspeyres
Martres-Tolosane
Gensac-s.-Garonne
Capitany
Canens
Montesquieu-Volvestre
Cazères
Goutevernisse
Lapeyrère
Blansac
Latour
Cassagnau
Palaminy
Couladère
Bouzin
Le Fréchet
Artiguon
St-Christaud
Gouzens
Loubaut
Palays
Mauran
Luquet
La Horge
Méras
Sieuras
Boussens
Thouars-s.-Arize
Le Pigeon
Montclar-de-Comminges
St-Michel
La Bastide-de-Besplas
Castex
Paris
Laffite-Toupière
Bois de la Hage
Le Plan
Les Crouzettes
Fornex
ARIÈGE
Roquefort-s.-Garonne
Le Pas-du-Fauga
Mancioux
Plagne
Montberaud
Micas
St-Martory
Pont
Ausseing
Gaillard-du-Bosc
Arnaud-Guilhem
Furne
Lahitère
Mailhac
Daumazan-s.-Arize
Mazères-s.-Salat
Le Bernès
Argain
09
Campagne-s.-Arize
Chap. Ste-Matrone
Cassagne
La Verrerie
Ste-Croix-Volvestre
La Rivière
Belbèze-en-Comminges
Cérizols
Montbrun-Bocage
Les Salencues
Montsaunès
Escoulis
Grotte de Marsoulas
Maharage
Les Bourrets
Rebaillou
Fabas
Salies-du-Salat
Marsoulas
Hillet
Les Bordes-s.-Arize
St-Jean
Betchat
Tourtouse
Naudot
Forêt de Lasserre
Montfa
Raynaude
Figarol
Mane
Bergé
Bedeille
Mt Calbech 574
Montaut
Bagert
Mérigon
Touille
Mauvezin-de-Ste-Croix
753
Lézères
Camarade
Dolmen
Cabanères
St-Martin
Savaric
Montardit
Le Mas-d'Azil
Montgaillard-de-Salies
His
Bernadat
Lasserre
Grotte du Mas-d'Azil
La Bastide-du-Salat
Barjac
Castagnède
Bois de Terre Rouge
La Crouzette
Contrazy
Rieubach
Maury
Bouinéous
Lamothe
Caugna
Le Saret
Bonrepaux
Lacave
Les Baudis
Marsac
Peyruc
Clermont
Castelbiague
Taurignan-Castet
Les Cabats
Mercenac
Mauvezin-de-Prat
Lara
Bardies
La Grausse
Allières
A64-E80
Garonne

Ramonville-St-Agne
Gameville
Lauzerville
Ste-Foy-d'Aigrefeuille
St-Sernin
Mascarville
Albiac
La Salvetat-Lauragais
296
297
Portet-s.-Garonne
Pechbusque
Labège
Pomarède
Auzielle
Manens
Ste-Apollonie
Les Castillous
Caraman
Auriac-s.-Vendinelle
Vieille-Toulouse
Auzeville-Tolosane
Castanet-Tolosan
Escalquens
Odars
Préserville
Maureville
Pinsaguel
Mervilla
Fourquevaux
Tarabel
Les Peyrous
Lacroix-Falgarde
Vigoulet-Auzil
Péchabou
Belberaud
Montlaur (St-Lautier)
Caragoudes
Ségreville
Cambiac
Tourrettes
Falga
Rebigue
Pompertuzat
Maravals
St-Martin
Mourvilles-Basses
Labastide-Beauvoir
Varennes
Toutens
Beauville
Pins-Justaret
Villate
Goyrans
Aureville
Corronsac
Deyme
Donneville
Clermont-le-Fort
Place-del-Serié
Espanès
Montgiscard
Baziège
Mauremont
St-Germier
Trébons-s.-la-Grasse
Cessales
Maurens
Vaux
Labarthe-s.-Lèze
Rabé
Montbrun-Lauragais
Valade
N.-D. de Roqueville
Belbèze-de-Lauragais
Ayguesvives
Villenouvelle
Juzes
St-Vincent
Bélesta-en-Lauragais
Lux
Mourvilles-Hautes
Vernet
Venerque
Jordi
Pouze
Issus
Montgaillard-Lauragais
Vallègue
Rieumajou
Lagardelle-s.-Lèze
Grépiac
Labruyère-Dorsa
Noueilles
St-Léon
Montesquieu-Lauragais
St-Rome
Villefranche-de-Lauragais
Folcarde
Les Hucs
St-Assiscle
Tournié
Vieillevigne
Laval
Gardouch
Renneville
Le Marès
St-Brice
Montmaur
Burgueroles
Mouzens
Auragne
Caussidières
Avignonet-Lauragais
St-Laurent
Calac
Mauzac
Seyre
Montclar-Lauragais
Montferrand
Seuil de Naurouze
Miremont
Moles
Daujas
Nailloux
Port Lauragais
Auribail
Auterive
Mauvaisin
Lagarde
Beauteville
Les Alix
Obélisque de Riquet
Labastide-d'Anjou
Lagrâce-Dieu
Montgeard
Gourvieille
Puydaniel
L'Orme
Monestrol
Baraigne
Barrage de l'Estrade
Mauressac
Aignes
Bigorre
Cagnac
St-Michel-de-Lanès
Belflou
Molleville
Loulé
Grazac
Cintegabelle
Abbaye de Boulbonne
La Fourque
Pélechenne
Marquein
Esperce
Caujac
La Fourane
Fontanié
Calmont
Gibel
Malvezy
Salles-s.-l'Hers
318
St-Paul
St-Quirc
Ampouillac
Fajac-la-Relenque
St-Hubert
Escayre
Lissac
Baulias
Contery
Labatut
La Louvière-Lauragais
Ste-Camelle
Mézerville
Gaillac-Toulza
Canté
Mazères
Molandier
Peyrefitte-s.-l'Hers
St-Ybars
Marliac
Saverdun
Le Thor-d'en-Haut
Talvezy
St-Sernin
Mayreville
Louise
St-Julien
Larlenque
L'Étoile
La Bastide-de-Couloumat
La Bade
St-Sernin
Justiniac
Le Canou
Ste-Suzanne
Durfort
Brie
Châtt. Fajac
Pech-Luna
Villeneuve-du-Latou
Le Saltre
Bois de la Selve
Belpech
Tapio
Cousinet
Esplas
Le Vernet
Montaut
La Devèze
Pécharic-et-le-Py
Pouteou
Le Fossat
La Junquière
Unzent
Gaudiès
Plaigne
Bajou
St-Martin-d'Oydes
La Fargue
Pinet
Tresmèzes
Bonnac
Trémoulet
Villautou
Carla-Bayle
Le Fustié
St-Amans
Lescousse
Villeneuve-du-Paréage
Les Gascous
Bidau
Bézac (Tremège)
La Bastide-de-Lordat
Lapenne
Bois de la Belène
Artigat
St-Michel
Roujolis
Escosse
Le Carlaret
St-Félix-de-Tournegat
Castéras
Pamiers
Ludies
St-Aulin
Lanoux
St-Amadou
La Tour-du-Crieu
Ferme des Cordeliers
Châtt. de Terride
Pailhès
Le Pal
Berdot
Madière
Sabarat
St-Victor-Rouzaud
Vals
Manses
Monesple
Peyrie-et-Peyrot
Rouzaud
Le Tarré
Teilhet
Rieucros
St-Jean-du-Falga
Menay
Gabre
Les Pujols
St-Bauzeil
Vernolle
Les Issards
La Guinguette
Coutens
Besset
Mirepoix
Le Pas du Roc
La Hillette
Benagues
Ferriès
Montégut-Plantaurel
Limousy
Artix
Rieux-de-Pelleport
Le Courbas
Tourtrol
Comavère
Lac de Mondely
Aigues-Juntes
Cazaux
Pic de Montmioul 686
Varilhes
Coussa
Arvigna
Vermeille
Pic d'Estelle 488
Roubichou
Vira
Vivies
Engraviès
Roussinergue
Rozies
Loubens
Sarguet
St-Félix-de-Rieutord
Ségura
Calzan
St-Julien-de-Gras-Capou
Aron
Carol
335
336
H
I
J
K
L
M
N
1
2
3
4
5
6
7
8
9
10
A61-E80
A66
Canal du Midi
Ariège
Hers
Lèze
Marcaissonne
Vendinelle

318
297
298
81
317
336
337
AUDE
11
AUTOROUTE DES DEUX-MERS
A61-E80
Canal du Midi
Castelnaudary
Revel
Sorèze
Dourgne
Labruguière
Villeneuve-la-Comptal
Bram
Montréal
Fanjeaux
Mirepoix
Limoux
Alzonne
Saissac
Cuxac-Cabardès
Pezens
Carcassonne-Salvaza
Abb. St-Benoît
N.-D. de Fatima
Grotte de Calel
Cascade de Malamort
Bassin de St-Ferréol
Forêt d'Arfons
Forêt de Montaud
Pic de Montaud
1031
Forêt de la Montagne Noire
Forêt de Ramondens
Forêt de la Loubatière
Bois de Gramontès
Les Cammazes
Barrage
Prise d'eau
Tour
Chât. de Ferrals
Chât. Petit-Versailles
Abb.
Château les Courtines
Bois de la Selve
Pech de Mu
Bois de Las Mounjos
Forêt de la Malepère
Ferme des Cordeliers
Chât. de Terride
Seuil de Naurouze
194
Obélisque Riquet
Pic de Balaguier
Pic d'Estelle
Anc. abb.
St-Hilaire
Labastide-d'Anjou
Mas-Saintes-Puelles
St-Papoul
Villepinte
Pexiora
Montolieu
Moussoulens
Villesèquelande
Caux-et-Sauzens
Arzens
Alairac
Lavalette
Villalbe
Roullens
Preixan
Rouffiac-d'Aude
Cépie
Pomas
Malviès
Brugairolles
Cambieure
Villarzel-du-Razès
Belvèze-du-Razès
Alaigne
Lauraguel
Gaja-et-Villedieu
Pieusse
Villeneuve-lès-Montréal
Lasserre-de-Prouille
Prouille
Villasavary
Belpech
Molleville
Cumiès
Montauriol
Mayreville
Pech-Luna
Cazalrenoux
Generville
Fonters-du-Razès
Laurac
Mireval-Lauragais
Fendeille
Ribouisse
Lafage
St-Julien-de-Briola
Orsans
Plavilla
Ste-Foi
Malegoude
Seignalens
Cazals-des-Baylès
Moulin-Neuf
Roumengoux
Caudeval
Tréziers
Peyrefitte-du-Razès
Pomy
Loupia
Donazac
Malras
Villelongue-d'Aude
Courtauly
Corbières
Lagarde
Montgradail
Hounoux
Mazerolles-du-Razès
La Courtète
Fenouillet-du-Razès
Brézilhac
Ferran
Gramazie
Cailhau
Cailhavel
La Force
Villesiscle
Montclar
Couffoulens
Lignairolles
Bellegarde-du-Razès
Escueillens-et-St-Just-de-Bélengard
Verdun-en-Lauragais
Villemagne
Cenne-Monestiés
Carlipa
Villespy
Lasbordes
St-Martin-Lalande
Peyrens
Issel
Labécède-Lauragais
Puginier
Soupex
Souilhe
Airoux
Ricaud
Les Cassès
St-Paulet
Montmaur
St-Félix-Lauragais
Vaux
Roumens
Montégut-Lauragais
St-Julia
Nogaret
Auvezines
Montgey
Puéchoursi
Mouzens
Péchaudier
Garrevaques
Palleville
Poudis
Blan
Lempaut
Lamothe
St-Avit
Lagardiolle
Verdalle
Massaguel
En-Calcat
Escoussens
Arfons
Durfort
Vaudreuille
Dreuilhe
Les Brunels
Lacombe
Fontiers-Cabardès
Laprade
Caudebronde
Brousses-et-Villaret
Fraisse-Cabardès
Ventenac-Cabardès
Ste-Eulalie
Grèzes
Montplaisir-la-Leude
Raissac-s.-Lampy
St-Martin-le-Vieil
Villelongue
Fontiers-Cabardès

319
298
299
320
337
338
MONTS
RÉGION
HAUT-LANGUEDOC
HÉRAULT
PARC NAT. RÉG. DU HAUT-LANGUEDOC
MONTAGNE NOIRE
Forêt de Nore
Pic de Nore
1211
Mazamet
Aussillon
Payrin-Augmontel
Caucalières
St-Alby
Aiguefonde
Calmon
La Seignarié
Pont-de-Larn
Bout-du-Pont-de-Larn
La Vitarelle
Augmontel
Vermeils
La Mole
Fréjefond
Rigautou
La Barouge
Le Banquet
Le Vintrou
Mariech
Le Rialet
Barrage des Saints-Peyres
Lac des Sts-Peyres
Salesses
Faumontagne
Le Bousquet
Les Raynauds
St-Amans-Valtoret
St-Amans-Soult
Hautpoul
Labrespy
Les Yés
Maison Forestière
Sauveterre
Albine
Lacabarède
Rouairoux
Labastide-Rouairoux
Larroque
Cantignous
Dolmen de la Gante
Ramies
La Souque
Cors
Sept-Faux
Sabo
Col de Feuille
Usclats
Courniou
Grotte de la Devèze
Marthomis
Prouilhe
St-Pons-de-Thomières
Brassac
Lizarne
Riols
Bordevieille
Le Moulinet
La Fajole
C. du Cabaretou
1035
St-Pons
Somail
Caudezaures
Combeliobert
Cavenac
Verreries-de-Moussans
Aymard
Ste-Colombe
Lucarnis
La Moularié
Rieussec
St-Martial
La Camp
Boisset
Favayroles
Campredon
Ferrals-les-Montagnes
Authèze
Mancès
Lespinassière
Lebrat
Sales
Roc d'Albine
581
Roc de Peyremaux
Col des Salettes
913
Linas
Les Rousses
Roquerlan
1073
Fournes
Castans
Quintaine
Escandelle
Pradelles-Cabardès
Lacombe
Les Jouys
C. de la Prade
774
Lacoste
Cupserviès
Miraval-Cabardès
La Tourette-Cabardès
Mas-Cabardès
Labastide-Esparbairenque
Serre de Montredon
856
Roquefère
Roc du Tonnerre
831
Castanviels
Cabrespine
Roc de l'Aigle
684
Gorges de la Clamoux
Pujol-de-Bosc
Trassanel
Dolmen du Vieil-Homme
St-Peyre
Citou
42
Masnaguine
Cassagnoles
Cantignergues
St-Julien-des-Molières
Vélieux
Les Gours
La Guarrigue
Bois-Bas
L'Abeuradou
Forêt des Soulanes de Nore
Camplong
Fournes
Minerve
La Caunette
Fauzan
Cesse
Les Ilhes
Fournes-Cabardès
Grotte de Limousis
Villanière
Villardonnel
Salsigne
Lastours
Limousis
Marmorières
Sallèles-Cabardès
Ermitage du Cros
Brama
Caunes-Minervois
Calamiac
Félines-Minervois
La Livinière
La Crémade
Cesseras
Azillanet
Aigne
Trausse
Tinal-d'Abrens
Siran
Pépieux
Olonzac
Beaufort
Oupia
La Prade
Villeneuve-Minervois
Lassac
Prat-Majou
Aragon
Les Tuileries
Peyriac-Minervois
Rieux-Minervois
Laure-Minervois
Massiac
Azille
Villegly
N.-D. de la Garde
Villarzel-Cabardès
Bagnoles
Conques-s.-Orbiel
Villegailhenc
Villemoustaussou
Villalier
Malves-en-Minervois
Pennautier
Carcassonne
Carrefour de Bézons
Montredon
Villedubert
Bouilhonnac
Naucadéry
St-Frichoux
St-Eugène
La Redorte
Homps
Argens-Minervois
Roubia
Tourouzelle
Sérame
La Bastide
Castelnau-d'Aude
Étang asséché de Marseillette
Aigues-Vives
Puichéric
Badens
Berriac
Trèbes
Rustiques
Marseillette
Blomac
Escales
Plateau de St-Jaume
Lézignan-Corbières
Roquecourbe-Minervois
St-Couat-d'Aude
Montbrun-des-Corbières
Conilhac-Corbières
Faubourg-des-Capucins
Millegrand
Capendu
Douzens
Moux
Fonties-d'Aude
Floure
Auriac
Cazaban
Cazilhac
Palaja
Cavanac
Montirat
Monze
Chât. de Miramont
Cachoche
468
Montagne d'Alaric
Comigne
418
Le Roc Gris
Roc de l'Aigle
Abb. N.-D. de-la-Consolation
AUTOROUTE DES DEUX-MERS
A61-E80
Fontcouverte
Le Faubourg
Ferrals-les-Corbières
Boutenac
Fabrezan
Leuc
Champ de tir de Villemaury
Roquemaurel
460
Pradelles-en-Val
Réquy
Montlaur
Camplong-d'Aude
Verzeille
Mas-des-Cours
Fajac-en-Val
Villefloure
Pech-Gros
485
Arquettes-en-Val
Ribaute
Villerouge-la-Crémade
Thézan-des-Corbières
Ladern-s.-Lauquet
Abb. de Rieunette
Col de Taurize
Pech de Taurize
Les Auzines
Lagrasse
Tournissan
St-Laurent-de-la-Cabrerisse
Puech Orre
Greffeil
Forêt de Castillou
Villar-en-Val
Labastide-en-Val
Villetritouls
Serviès-en-Val
Rieux-en-Val
Ancienne abbaye
Pont romain
Taurize
Roc des Trois Seigneurs
Mt Fuseau
630
Caunettes-en-Val
St-Auriol
St-Pierre-des-Champs
Forêt de Crausse
Mayronnes
Talairan
Coustouge
Clermont-s.-Lauquet
Buc
St-Martin-
Le Razès
Jonquières
Donos
Villemajou
Ste-Marie
Bois de la Pinède
Luc-s.-

320
299
300
319
338
339
A
B
C
D
E
F
G
1
2
3
4
5
6
7
8
9
10
HAUT-LANGUEDOC
HÉRAULT
34
AUDE
11
PARC NAT. RÉG.
DE LA NARBONNAISE
EN MÉDITERRANÉE
Violgues
St-Vincent-d'Olargues
Olargues
La Voulte
Vieussan
Plaussenous
666 La Tour du Pin
La Borie-Nouvelle
Bois de Graves
Caussiniojouls
Roquessels
Cabrerolles
Castelsec
Cassagnoles
Langlade
Malviès
Boissezon
Le Pin
Le Lau
Rouvignon
Laurenque
Aigues-Vives
La Liquière
Lenthéric
Bois de Fabrègues
Laurens
Fouz Ihon
Le Poujol
Prémian
St-Étienne-d'Albagnan
764 Farrials
Mézeilles
Escagnès
Ceps
Roquebrun
Grotte de l'Abenc
St-Nazaire-de-Ladarez
Mt Peyroux 411
Autignac
Bordeviellle
Ardouane
Campels
Mézouilhac
N.-D. de Trédos
Le Sahuc
Lizarne
Riols
Euzèdes
721 Montlhac
La Mausse
Berlou
La Treille
Cazilhac
Ferrières-Poussarou
La Fraise
Bois de Cessenon
Lugné
Causses-et-Veyran
Chât. de Coujan
St-Geniès-de-Fontedit
Oppidum
Magalas
Rodomouls
Pousselières
Carrières de marbre
Les Carretiers
Condades
C. de Rodomouls
Camprafaud
Le Priou
Salabert
La Bosque
La Maurerie
Veyran
Puissalicon
Cavenac
Pech Mage 822
Rieussec
Moulin-de-Poussarou
Sorteille
Prades-s.-Vernazobre
Cessenon-s.-Orb
Murviel-lès-Béziers
Puimisson
Pardailhan
Bouldoux
Combejean
Réals
Pailhès
Copujol
C. de Trémolis
La Louvière
Babeau-Bouldoux
Pierrerue
Cazedarnes
Thézan-lès-Béziers
Lieuran-lès-Béziers
La Guarrigue
Coulouma
Donnadieu
St-Chinian
Monument
Anc. abb. de Fontcaude
Sévignac
Tudery
Montmajou
St-Martial
La Camp
Cébazan
Milhau
Cazouls-lès-Béziers
Cantarenes
Corneilhan
Barroubio
Assignan
La Manière
Lignan-s.-Orb
Belleraze
Gimios
St-Jean-de-Minervois
Villespassans
Fargoussières
Creissan
Puisserguier
Maraussan
La Guarrigue
La Roueyre
Fontanche
Vialanove
Cailhol
Paguignan
Cazelles
Montplo-le-Bas
Cruzy
Maureilhan
Minerve
La Caunette
Quarante
Montady
BÉZIERS
Montouliers
Capestang
Aigne
Aigues-Vives
Agel
Seriège
Oppidum d'Ensérune
Gourgasse
Écluses de Fonséranes
Bize-Minervois
Argeliers
Chau
Colombiers
La Prade
Les Tuileries
La Croisade
L'Étang de Capestang
Poilhes
Bayssan
Mailhac
Serre d'Oupia
Cabezac
Montels
Nissan-lez-Enserune
Pouzols-Minervois
Trullas
Ouveillan
Le Viala
Mirepeisset
Chemin de fer touristique
Périès
Lespignan
Ste-Valière
Sallèles-d'Aude
Vendres
Ginestas
le Somail
La Vernède
Clotinières
Ventenac-en-Minervois
Cuxac-d'Aude
Argens-Minervois
Roubia
Paraza
St-Nazaire-d'Aude
St-Marcel-s.-Aude
Moussoulens
Salles-d'Aude
La Languedocienne
Étang de Vendres
Montrabech
Canet
Raissac-d'Aude
Moussan
Coursan
Fleury
La Pagèze
Marcorignan
Oppidum
Villedaigne
Laparre
Névian
Bougna
Les Pouzets
St-Félix
Marmorières
Les Cabanes-de-Fleury
Laquirou
Moyau
Étang de Pissevaches
Montredon-des-Corbières
Narbonne
PARC DE LA CAMPANE
Vinassan
Cazeneuve
Armissan
Gouffre de l'Œil Doux
Cruscades
Les Auberges
Ornaisons
La Clape
St-Pierre-s.-Mer
St-Estève
Luc-s.-Orbieu
Bizanet
Les Hauts-de-Narbonne
Moujan
L'Hospitalet
Narbonne-Plage
Crabouiles
Ricardelle
Montagne de la Clape
Coffre de Pech Redon
Boutenac
Gasparets
Aussières
Chât. de Gaussan
St-Julien
Roc de Fontfroide 287
Joncquières
Port-la-Nautique
Les Pesquis
Chapelle des Auzils
Trou de la Crouzade
Les Aygades
Villemajou
Bois de la Pinede
Prat-de-Cest
Étang de Mateille
Ste-Marie
Chât. de St-Martin
Anc. abb. de Fontfroide
Bages
Étang du Grussan
St-André-de-Roquelongue
Ste-Eugénie
ÉTANG DE BAGES ET DE SIGEAN
Crête de Tour Penelle
Gruissan
Gruissan-Plage
Montséret
Île St-Martin
St-Martin
Thézan-des-Corbières
Bois du Vicomte
Pradines
Plan de Couloubret 292
Étang du Doul
Peyriac-de-Mer
L'Ayrolle
Salin de Réprise
Donos
Réserve africaine de Sigean
Étang de l'Ayrolle
St-Estève
Taura
Montplaisir
Les pets
Portel-des-Corbières
Le Hameau-du-Lac
Étang de Bages-et-de-Sigean
Grau de Vieille-Nouvelle
Ripaud
Les Cabanes
Salin de Ste-Lucie
A9-E15-E80
A61-E80
D612
D11
D5
D607
D6113
D13
D609

HÉRAULT
34
300
301
339
322
Montesquieu
Vailhan
Neffiès
Fontès
Adissan
Paulhan
Bélarga
Campagnan
St-Pargoire
Le Gaillard
Dardaillon
Chapelle St-Julien
Cournonsec
Mas-de-Vedel
Montbazin
Gabian
Roujan
Caux
Nizas
Usclas-d'Hérault
Cazouls-d'Hérault
St-Pons-de-Mauchiens
Villeveyrac
Puech de Madame
206
Gigean
Poussan
N.-D. de Mougères
Chât. Ste-Marthe
Margon
Lézignan-la-Cèbe
La Clapière
La Grangette
Anc. abbaye de Valmagne
Veyrac
Pouzolles
Cazilhac
Alignan-du-Vent
Pézenas
Montagnac
Bessille
Aumes
Plateau des Parédous
Farlet
Montmèze
La Languedocienne
Loupian
Balaruc-le-Vieux
Frontignan
Abeilhan
Coulobres
Espondeilhan
Tourbes
Castelnau-de-Guers
Bouzigues
Balaruc-les-Bains
Pointe du Barrou
Le Barrou
La Peyrade
Servian
Valros
Nézignan-l'Évêque
Ste-Rose
A9-E15-E80
Mèze
La Grand-Grange
Bellevue
Mont St-Clair
175
Sète
Bassan
La Bégude-de-Jordy
St-Thibéry
Pont romain
Montblanc
Pinet
Pomérols
La Bellonette
BASSIN DE THAU
Salines
Plage de la Corniche
La Corniche
La Baume
Boujan-s.-Libron
Le Grand Bois
Les Castans
Florensac
Bessan
Veyrac
Marseillan
St-Bauzille
Libron
Hérault
Étang de Bagnas
BÉZIERS-AGDE-VIAS
Preignes
Cers
Vias
Les Onglous
Agde
Marseillan-Plage
Villeneuve-lès-Béziers
Portiragnes
Sauvian
Farinette
La Tamarissière
Le Grau-d'Agde
N.-D.-du-Grau
La Guirandette
Mt St-Loup
Port-Ambonne
Le Cap-d'Agde
Sérignan
Portiragnes-Plage
Sérignan-Plage
Rochelongue
Parc d'attractions nautiques Aqualand
CAP D'AGDE
Le Fort Brescou
La Vistoule
Valras-Plage
La Yole
Grau de Vendres
GOLFE DU LION

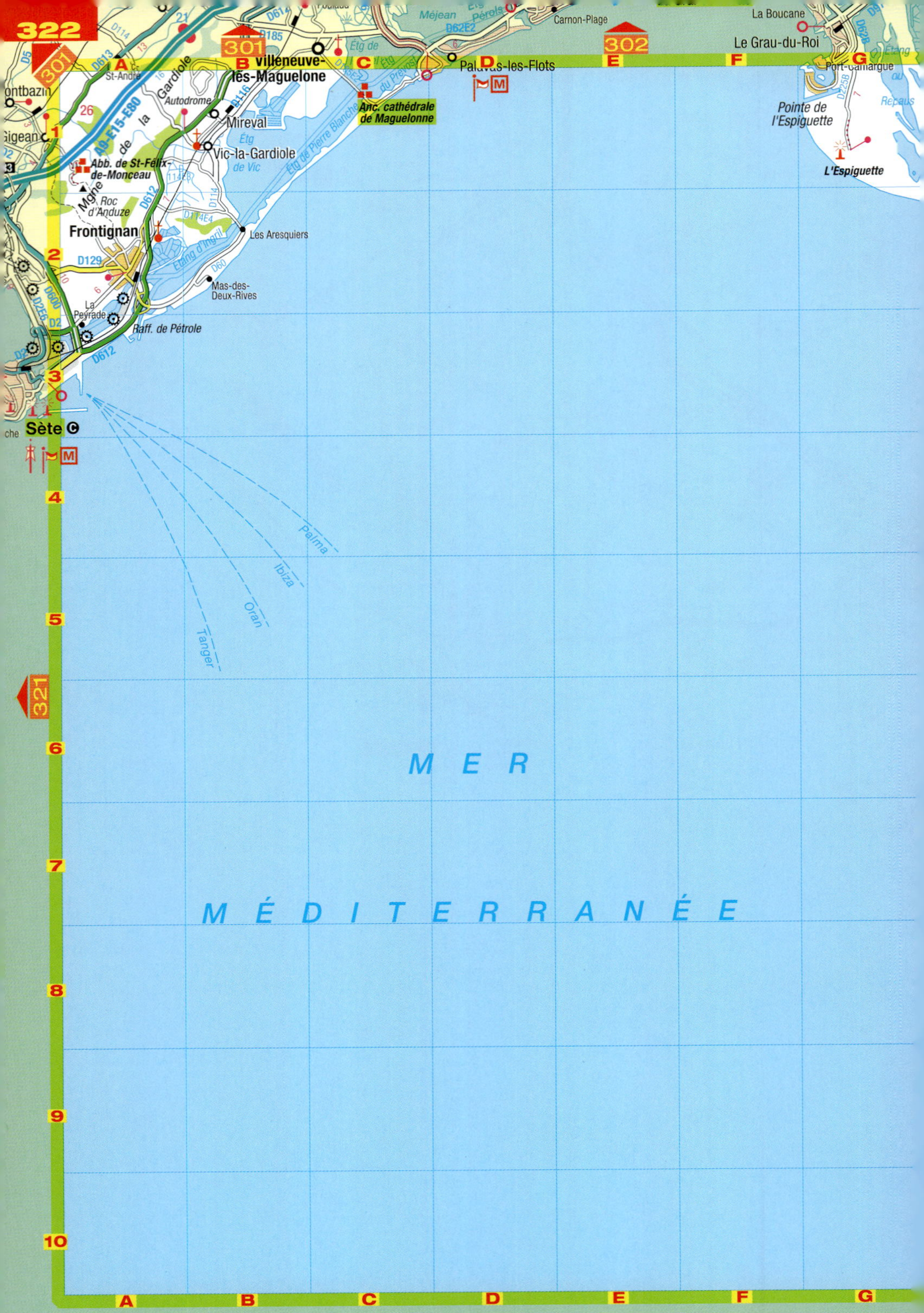
301
302
321
Villeneuve-lès-Maguelone
St-André
Autodrome
Mireval
Vic-la-Gardiole
Etg de Vic
Mgne de la Gardiole
Abb. de St-Félix-de-Monceau
Roc d'Anduze
Frontignan
Les Aresquiers
Etang d'Ingril
Mas-des-Deux-Rives
La Peyrade
Raff. de Pétrole
Sète
A9-E15-E80
D612
D129
D114
D116
D60
Anc. cathédrale de Maguelonne
Etg de Pierre Blanche
Palavas-les-Flots
Carnon-Plage
Méjean
D62E2
La Boucane
Le Grau-du-Roi
Port-Camargue
Pointe de l'Espiguette
L'Espiguette
Palma
Ibiza
Oran
Tanger
MER
MÉDITERRANÉE
A B C D E F G
1 2 3 4 5 6 7 8 9 10

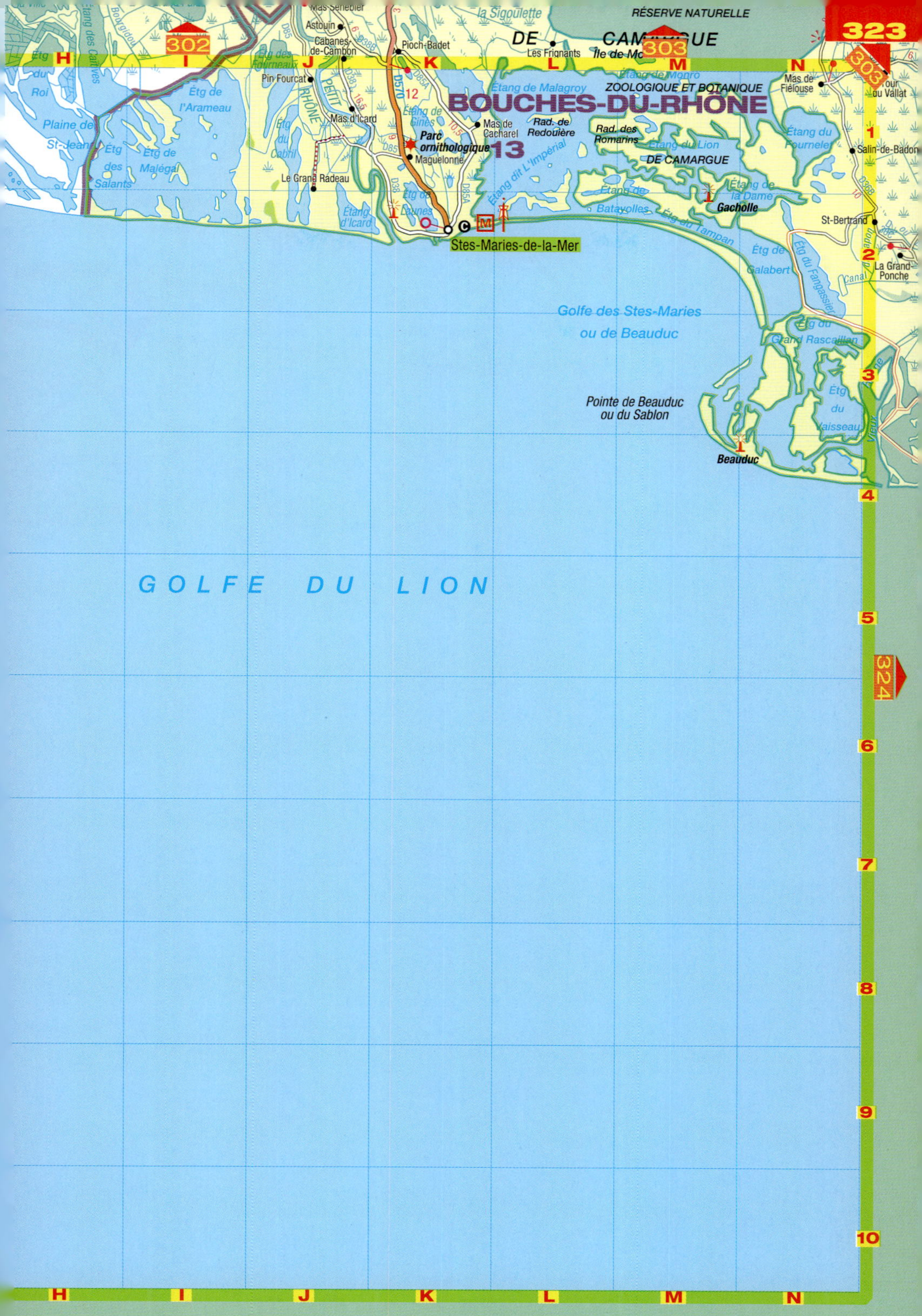

RÉSERVE NATURELLE
DE CAMARGUE
ZOOLOGIQUE ET BOTANIQUE
DE CAMARGUE
BOUCHES-DU-RHÔNE
13
302
303
324
H I J K L M N
1 2 3 4 5 6 7 8 9 10
Astouin
Cabanes-de-Cambon
Pioch-Badet
Les Frignants
Île de Mo
Mas de Fiélouse
Pin Fourcat
Mas d'Icard
Mas de Cacharel
Parc ornithologique
Maguelonne
Le Grand Radeau
Stes-Maries-de-la-Mer
Salin-de-Badon
St-Bertrand
La Grand-Ponche
Gacholle
Beauduc
Rad. de Redouière
Rad. des Romarins
Étang de Malagroy
Étang de Monro
Étang du Lion
Étang du Fournelet
Étang de la Dame
Étang de Batayolles
Étg du Tampan
Étg de Galabert
Étg du Fangassier
Étg du Grand Rascaillan
Étg du Vaisseau
Étang dit L'Impérial
Étang d'Icard
Étg des Launes
Étang de Ginès
Étg du Cabril
Étg des Fourneaux
Étg de l'Arameau
Étg de Malégal
Étg des Salants
Étang des Caitives
Étg du Roi
Plaine de St-Jean
Petit Rhône
la Sigoulette
Golfe des Stes-Maries ou de Beauduc
Pointe de Beauduc ou du Sablon
GOLFE DU LION
D85
D38
D570
D85A

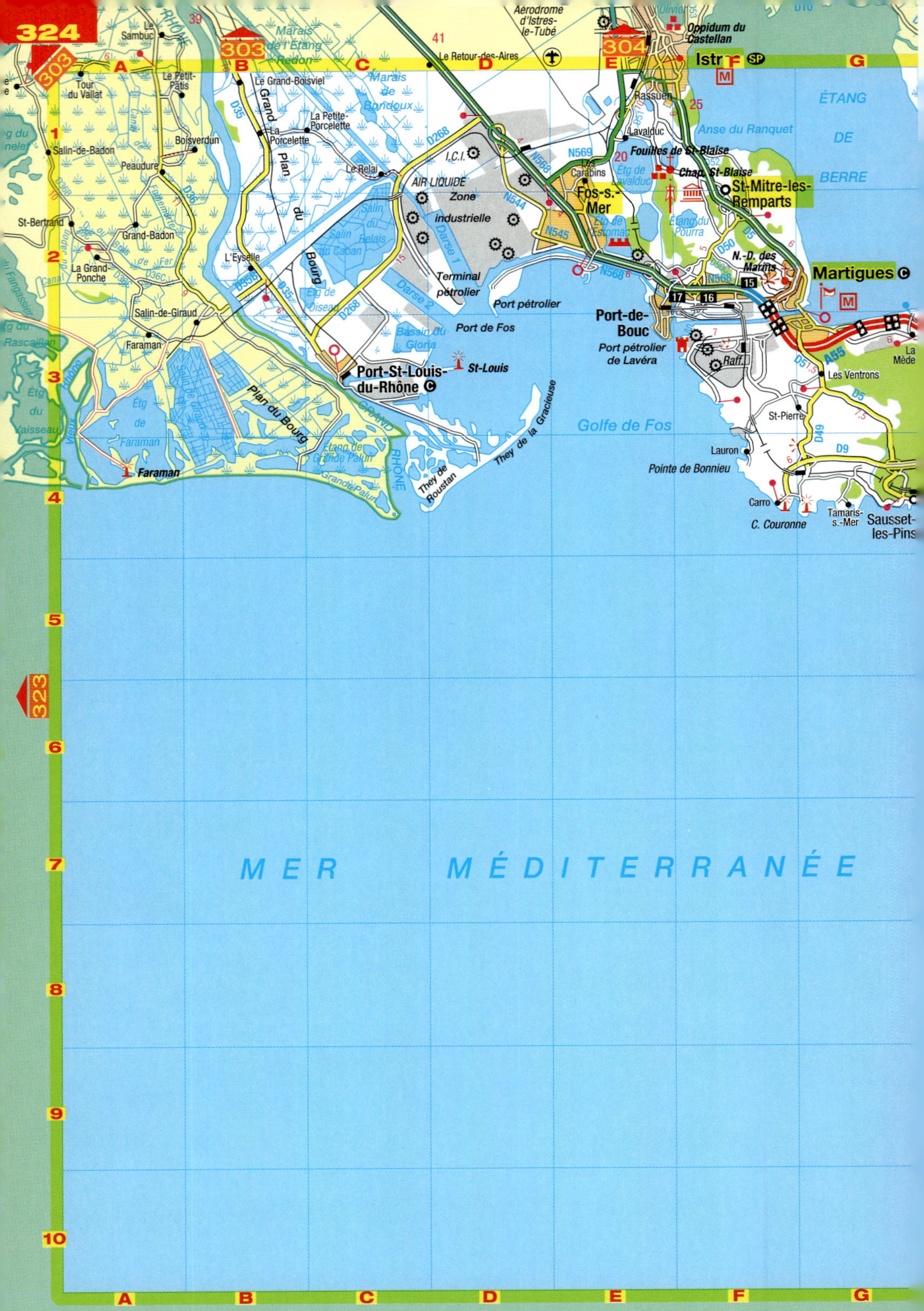
303
304
323
A
B
C
D
E
F
G
1
2
3
4
5
6
7
8
9
10
Le Sambuc
Tour du Vallat
Le Petit-Patis
Marais de l'Étang Redon
Marais de Bondoux
Le Retour-des-Aires
Aérodrome d'Istres-le-Tubé
Oppidum du Castellan
Istres
ÉTANG DE BERRE
Rassuen
Anse du Ranquet
Lavalduc
Fouilles de St-Blaise
Chap. St-Blaise
Étg de Lavalduc
St-Mitre-les-Remparts
Étang du Pourra
Les Carabins
Fos-s.-Mer
Étg de l'Estomac
N.-D. des Marins
Martigues
Port-de-Bouc
Port pétrolier de Lavéra
Raff.
Les Ventrons
La Mède
St-Pierre
Lauron
Pointe de Bonnieu
Carro
C. Couronne
Tamaris-s.-Mer
Sausset-les-Pins
Golfe de Fos
Le Grand-Boisviel
La Petite-Porcelette
La Porcelette
Grand Plan du Bourg
Le Relai
I.C.I.
AIR LIQUIDE
Zone industrielle
Darse 1
Darse 2
Terminal pétrolier
Port pétrolier
Port de Fos
Bassin du Gloria
Salin du Relais
Salin du Caban
Étg de l'Oiseau
L'Eyselle
Port-St-Louis-du-Rhône
St-Louis
They de la Gracieuse
They de Roustan
GRAND RHÔNE
Étang de Grande Palun
Grande Palun
Plan du Bourg
Salin-de-Badon
Boisverdun
Peaudure
St-Bertrand
Grand-Badon
La Grand-Ponche
Salin-de-Giraud
Faraman
Étg de Faraman
Étg du Vaisseau
Vieux Rhône
RHÔNE
D35
D36
D268
D568
N568
N569
N544
N545
D5
D9
D49
D50
A55
MER MÉDITERRANÉE

304
305
326
Rognac
Berre-l'Étang
N.-D. Caderot
Raffinerie
Port du Passet
Base aéronavale
Port de la Pointe
Étang de Vaine
MARSEILLE-PROVENCE
Vitrolles
Chaîne de Vitrolles
Les Pennes-Mirabeau
Les Pinchinades
St-Victoret
Marignane
Plage de Jaï
Étg de Bolmon
Pas des Lanciers
Les Tourels
L'Auré
Gignac-la-Nerthe
Plan-des-Pennes
Châteauneuf-lès-Martigues
Chaîne de l'Estaque
Le Rove
Tunnel du Rove
Ensuès-la-Redonne
La Redonne
Niolon
Carry-le-Rouet
Le Rouet-Plage
Madrague-de-Gignac
Vallon de l'Aigle
Anse de l'Estaque
Rade de Marseille
L'Estaque
St-Antoine
La Nerthe
Les Cadeneaux
Septèmes-les-Vallons
Notre-Dame
Les Peyrets
Plan de Campagne
Cabriès
Calas
Gare T.G.V. Aix-en-Provence
La Mérindolle
C.E.R.E.
Aq. de Roquefavour
St-Pons
Milles
La Malouesse
Luynes
La Mounine
Bouc-Bel-Air
La Salle
Les Cayols
Simiane-Collongue
Les Putis
Gardanne
Biver
Château-Bas
Mimet
Grand Puech
Pilon du Roi
St-Savournin
Cadolive
Auberge-Neuve
La Diote
Gréasque
Fuveau
Le Plan
La Barque
Châteauneuf-le-Rouge
Belcodène
La Valentine
La Pomme
Peypin
Les Termes
Les Pégoulières
La Destrousse
Col du Marseillais
Roquevaire
Lascours
Garlaban
Pont-de-l'Étoile
Napollon
Chaîne de l'Étoile
Grande Étoile
Grottes Loubière
Château-Gombert
Plan-de-Cuques
La Montade
La Bourdonnière
Le Logis-Neuf
N.-D. du Château
Allauch
Le Merlan
Croix-Rouge
Les Olives
Les 3 Lucs
Camoins-les-Bains
Eoures
Les Camoins
La Bastidonne
La Valentine
Les Caillols
Ste-Marthe
La Batarelle
St-Louis
La Madrague-de-la-Ville
St-Jérôme
St-Just
St-Julien
St-Barnabé
MARSEILLE
p.371
N.-D. de la Garde
Tunnel Prado-Carénage
Île Ratonneau
Île Pomègues
Cap Caveau
Chât. d'If
Rade d'Endoume
Plage du Prado
St-Giniez
Pointe-Rouge
La Madrague
Montredon
Mazargues
St-Loup
Ste-Marguerite
St-Marcel
La Millière
La Penne-s.-Huveaune
Charrel
Aubagne
Carnoux-en-Provence
Chaîne de St-Cyr
Mont Carpiagne
Col de la Gineste
La Panouse
Vaufrège
Le Redon
Les Baumettes
Mt Rose
Cap Croisette
Montagne de Marseilleveyre
Les Goudes
Callelongue
Sormiou
Bec Sormiou
Mt Puget
La Gardiole
Forêt de la Gardiole
Cassis
Cap Morgiou
N.-D. de Bon-Voyage
Les Calanques
Î. Tiboulen
Î. Maire
Île de Jarre
Î. Calseraigne
Î. Congloué
Île de Riou
Île de Planier
Ajaccio
Calvi
Bastia
Cap Canaille
Sémaphore
Pas de la Colle
N.-D. de la Garde
Cap de l'Aigle
Les Fourniers
H
I
J
K
L
M
N

305
306
325
BOUCHES-DU-RHÔNE
13
Chaîne de la Ste-Baume
MER MÉDITERRANÉE
A
B
C
D
E
F
G
1
2
3
4
5
6
7
8
9
10
Pourrières
Les Hermentaires
Seillons-Source-d'Argens
Ollières
Cadry
Vallon Sourd
Le Logis-de-la-Colle
Trophée Marius
La Bégude
Rousset
Pourcieux
St-Maximin-la-Ste-Baume
Mon
Peynier
Les Michels
Trets
875
Mont Aurélien
880
Olympe
Font-Couverte
539
Sommet du Juge
455
Bois du Val
Ribelrote
A8-E80
Belcodène
Les Puits
St-Jean-du-Puy
Pas de la Couelle
500
Montagne de Regagnas
716
Les Adrets
Valiancelle
Tourves
Les Censiés
Les Gaëtans
La Celle
Château de Valbelle
La Gayole
Abb.
647
La Pomme
Le Pigeonnier
La Bouilladisse
Moulin-de-Redon
St-Zacharie
Rougiers
Bauxite
839
Montagne de la Loube
Peypin
La Destrousse
Auriol
Le Pujol
N.-D. d'Orgnon
645
682
Nans-les-Pins
Andelu
Les Mollières
Col du
471
Roquevaire
Lascours
Mazaugues
La Roquebrussanne
Garéoult
Plan-d'Aups-Ste-Baume
La Ste-Baume
Hôtellerie
1116
1147
Signal de la Ste-Baume
Joug de l'Aigle
St-Pilon
994
915
Le Mourre d'Agnis
Le Latay
Issole
Néoules
Pont-de-l'Étoile
Tête de Roussargue
749
La Coutronne
932
Roque Forcade
1041
Bertagne
728
740
Grands Péru
602
Napollon
St-Pierre-les-A.
C. de l'Espigoulier
St-Jean-de-Garguier
Riboux
Signes
Méounes-lès-Montrieux
Pilon St-Clément
Aubagne
Gémenos
Parc de St-Pons
581
Mont Cruvelier
Cuges-les-Pins
Parc d'attractions
551
Circuit Paul Ricard
La Capelière
Montrieux-le-Vieux
Chartreuse de Montrieux-le-Jeune
Barre de Cuers
498
Petit-Rouvière
218
Col de l'Ange
Le Camp
Le Pou de Vèze
800
826
Jas de Laure
Belgentier
Forêt des Morières
Cadenet
Roquefort
Roquefort-la-Bédoule
Pas d'Oullier
La Bégude
Ste-Anne-du-Castellet
Valcros
Rocher de l'Aigle
605
721
Roca Troca
783
Grand Cap
Solliès-Toucas
Le Brûlat
Ceyreste
Le Castellet
Le Beausset
Vallaury
Solliès-Ville
Pas de la Colle
La Cadière-d'Azur
Vieux-Beausset
801
Mont Caume
390
Col du Corps de Garde
Le Revest-les-Eaux
539
La Farlède
399
Sémaphore
Le Liouquet
Les Lecques
St-Cyr-s.-Mer
Le Plan
Ste-Anne-d'Évenos
Le Broussan
576
Bau des 4 Heures
Les Pomets
Les Laures
702
La Madrague
Les Baumelles
316
Le Gros Cerveau
429
Évenos
Les Moulins
542
Mont Faron
Le Coudon
N.-D. de la Garde
La Ciotat
Cap de l'Aigle
Île Verte
Pointe Fauconnière
Zoo
Ollioules
Gorges
La Valette-du-Var
La Garde
Pointe du Défend
Bandol
Île de Bendor
Beaucaire
133
Touar
Le Pradet
Pont-de-la-Clue
Les Playes
LA SEYNE-S.-MER
Le Mourillon
C. Brun
Sanary-s.-Mer
Fort
Balaguier
TOULON
Six-Fours-les-Plages
Tamaris
Grand Rouveau
Le Brusc
Les Sablettes
St-Mandrier-s.-Mer
Cap de Carqueiranne
Île des Embiez
Île Gaou
Fabrégas
St-Elme
Le Pin-Rolland
Cap Cépet
Presqu'île de St-Mandrier
N.-D. du Mai
Cap Sicié
Corse

306
307
328
Correns
Montfort-s.-Argens
Carcès
St-Jeaume
Arc. abb. Ste-Roseline
Les Arcs
Forêt de la Darboussière
Vignaubière
Pont-d'Argens
Oppidum
Taradeau
Bauxite
Lac de Carcès
Abb. du Thoronet
Le Thoronet
Montagne des Ubacs
Argens
Sommet de l'Escarayol
Sommet du Pe
Le Val
Vins-s.-Caramy
Cabasse
Montagne de la Bouissière
Pomples
Les Muraires
Le Recou
Vidauban
Ste-Brigitte
Chaumes
Forêt des Arcs
Sommet Castel
La Bastide-Rouge
Le Vieux-Cannet
LA PROVENÇALE
A8-E80
Brignoles
Minifrance
Le Luc
Oppidum
Le Paradis
Le Cannet-des-Maures
La Forge
La Miquelette
Camps-la-Source
La Haute-Verrerie
Zoo
Bois du Rouquan
Colle Dure
Flassans-s.-Issole
St-Quinis
Barre de St-Quinis
Besse-s.-Issole
Ste-Agathe
Repenti
Autodrome
La Garde-Freinet
La Moure
Col du Vignon
Forcalqueiret
Ste-Anastasie-s.-Issole
VAR 83
Gonfaron
Les Mayons
Fort
La Garde-Freinet
St-Clément
Forêt de la Garde-Freinet
N.-D. du Figuier
Rocbaron
Carnoules
Pignans
La Foux
Col des Fourches
Roches Blanches
L'Avelan
Col de la Queste
Col de la Bigue
Puget-Ville
N.-D. des Anges
La Sauvette
Grimaud
Ste-Philomène
Le Fédon
Crête des Martels
Vallon de Maraval
Vallon des Vaudrèches
Vallon de Valescure
Col de Taillude
Le Laïré
Cogolin
Cuers
Le Peyrol
La Rivière
Collobrières
Chartreuse de la Verne
Les Guiols
Pierrefeu-du-Var
Forêt de Pierrefeu
L'Aubède
Le Temple
MASSIF DES MAURES
La Môle
Montjean
Bouisse
St-Guillaume
Col de Babaou
Sommet du Laquina
Forêt du Dom
Bois de la Colle
Les Pradels
Vallée-de-Sauvebonne
Camp-Long
Les Laugiers
Sauvebonne
Forêt des Maures
Arboretum
Col de Gratteloup
Col de Barral
Col de Canadel
Solliès-Pont
Les Hauts-de-Porquerolles
Col de Cagoven
Pierre d'Avenon
Canadel-s.-Mer
Le Rayol
Les Martins
Les Borrels
Les Gaouby
Parc des Oiseaux
N.-D. de Constance
Bormes-les-Mimosas
Aiguebelle
Pramousquier
Pointe de la Chappe
St-Honoré
Cavalière
Cap Nègre
La Crau
Le Fenouillet
Les Jassons
Le Loli
La Londe-les-Maures
La Verrerie
Le Pin
St-Clair
La Fossette
Pointe de la Fossette
Pointe de Layet
Les Maurettes
Le Lavandou
Corniche des Maures
La Moutonne
Salins
Cité-des-Bormettes
Rade de Bormes
La Favière
Pas de la Griotte
Hyères
Port-Pothuau
Port-de-Miramar
Cap de Léoube
Pointe de l'Esquillette
Le Paradis
Les Oiseaux
Jardin Riquier
Carqueiranne
Ayguade-Ceinturon
Cabasson
Cap Bénat
Mont-des-Oiseaux
TOULON-HYÈRES
Cap de Brégançon
Pointe de la Tripe
Cap Blanc
N.-D. de la Consolation
Rade d'Hyères
Le Pradon
L'Almanarre
Hyères-Plage
Le Canebas
La Capte
Golfe de Giens
Salins et Étang des Pesquiers
Presqu'île de Giens
Pointe de Castellas
Île du Levant
Î. Longue
ÎLES D'HYÈRES
Grand-Avis
La Madrague
Giens
Cap de l'Estérel
Île de Porquerolles
Pointe de la Galère
Les Fourmigues
La Tour-Fondue
Î. de Bagaud
Port-Man
Héliopolis
Le Grand Cap
Pointe Escampobariou
Î. du Grand Ribaud
Petite Passe
Plage N.-Dame
Grande Passe
Île de Port-Cros
Port-Cros
Fort
Pointe Maupertuis
C. Rousset
Sémaphore
Pointe du Cognet
Porquerolles
Pointe du Grand Langoustier
Pointe du Vallon
Rocher de la Gabinière
Cap d'Arme
Pointe de l'Oustaou de Dio
PARC NAT. PORT-CROS

307
308
327
Le Muy
Puget-s.-Argens
Mosquée
Camp de Caïs
La Tour-de-Mare
EST
Pic du Cap Roux
452
Pointe du Cap Roux
Rastel-d'Agay
288
Agay
Anthéor-Plage
Anthéor
Î. des Vieilles
Pointe de Baumette
Sémaphore
Cap du Dramont
Corniche de l'Estérel
N.-D. de la Roquette
Mont Roquebrune
372
St-Pierre
Roquebrune-s.-Argens
Les Tourres
N.-D. de Pitié
Fréjus
Pagode
Valescure
St-Raphaël
Cap Esterel
Le Dramont
Boulouris
Fréjus-Plage
Aquatica
Sommet du Peynier
401
Sommet de St-Martin
510
Col de Valdingarde
83
Domaine des Baux
355
Sommet du Castel-Diot
389
328
VAR
Golfe de Fréjus
St-Aygulf
Vieux-Revest
MAURES
442
23
Col de Gratteloup
225
Peigros
Col de Bougnon
154
242
La Lissandre
Cabasse
20
Pointe de Lauvette
La Gaillarde
Pointe de la Calle
Les Issambres
Pointe des Issambres
San-Peïre-s.-Mer
Val-d'Esquières
537
Vallaury
377
Plan-de-la-Tour
352
La Nartelle
Pointe des Sardinaux
Tourelle de la Sèche-à-Huile
Sémaphore
416
St-Preire
350
Haute Suane
Ste-Maxime
Parc St-Donat
Grande Pointe
Golfe de St-Tropez
C. St-Pierre
Pointe de Rabiou
L'Avelan
Beauvallon
N.-D. de la Queste
St-Pons-les-Mûres
Port-Grimaud
St-Tropez
Marines-de-Cogolin
Le Pilon
B. des Canébiers
Cap de St-Tropez
Grimaud
Les Salins
Ste-Anne
Pointe de Capon
La Foux
Moulins
Cap du Pinet
Cogolin
Anse de Pampelonne
Moulins de Paillas
Gassin
L'Oumède
Ramatuelle
La Croix-Valmer
248
C. de Paillas
Cap Camarat
387
460
Montjean
L'Escalet
Pradels
129
Col de Collebasse
Baie de Bon-Porté
La Bouillabaisse
Gigaro
39
Baie de Cavalaire
Cavalaire-s.-Mer
Cap Cavalaire
Pointe Andati
B. de Briande
Cap Cartaya
Cap Lardier
MER
A B C D E F G
1 2 3 4 5 6 7 8 9 10

308
309
309
H
I
J
K
L
M
N
1
2
3
4
5
6
7
8
9
10
MÉDITERRANÉE

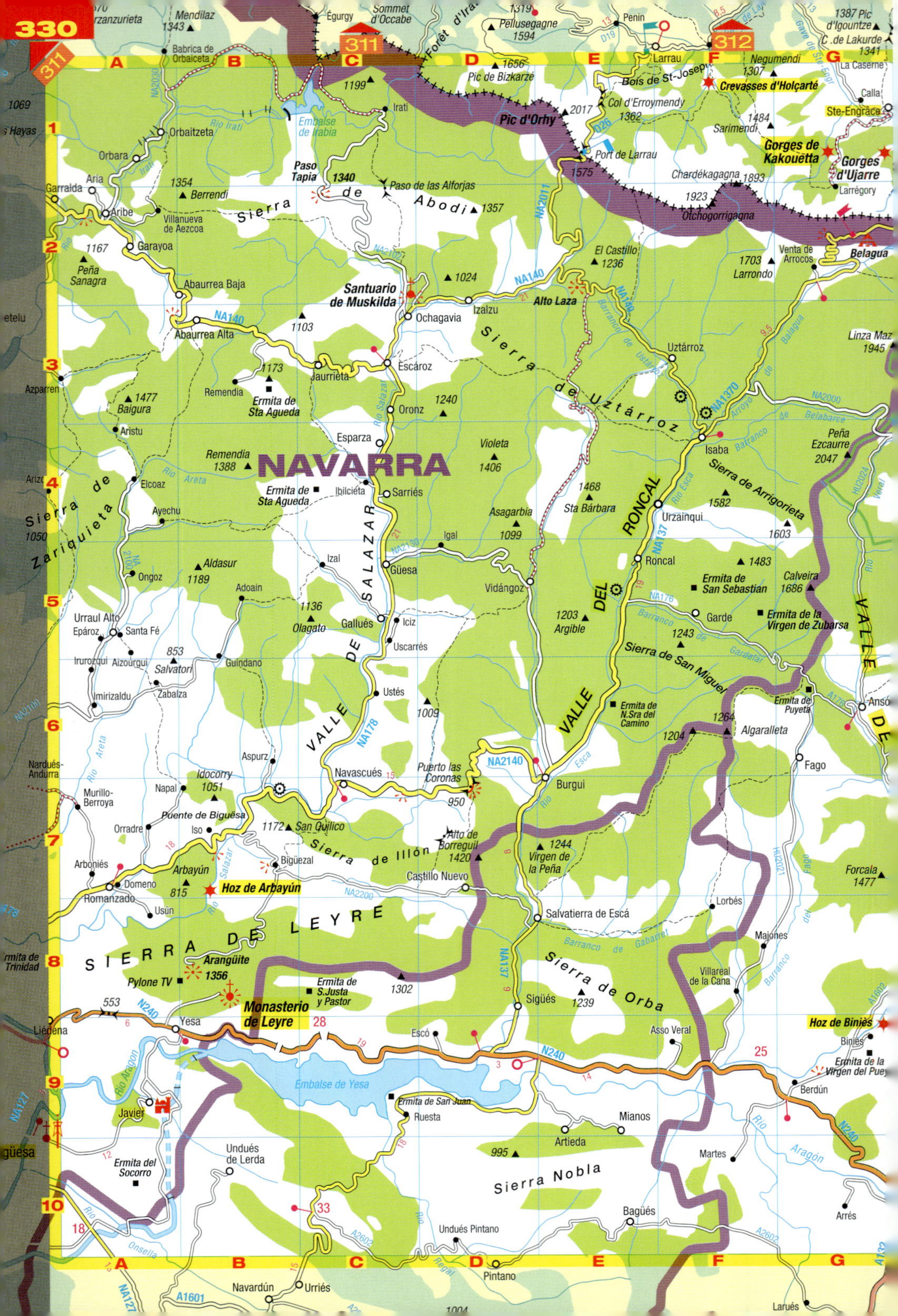

311
312
NAVARRA
Mendilaz 1343
Bабrica de Orbaiceta
Égurgy
Sommet d'Occabe
Forêt d'Iraty
Pellusegagne 1594
Penin
Larrau
1387 Pic d'Igountze
C. de Lakurde 1341
1656 Pic de Bizkarzé
Bois de St-Joseph
Negumendi 1307
Crevasses d'Holçarté
La Caserne
Calla
Ste-Engrâce
Orbaitzeta
Embalse de Irabia
Irati
Pic d'Orhy
2017
Col d'Erroymendy 1362
Sarimendi
1484
Gorges de Kakouetta
Gorges d'Ujarre
Orbara
Port de Larrau
1575
Chardékagagna
1893
Larrégory
Garralda
Aria
Aribe
1354 Berrendi
Paso Tapia
1340
Sierra de Abodi
Paso de las Alforjas
1357
1923
Otchogorrigagna
Villanueva de Aezcoa
Garayoa
1167
Peña Sanagra
Abaurrea Baja
Santuario de Muskilda
1024
El Castillo 1236
Venta de Arrocos
Belagua
1703 Larrondo
Ochagavia
Izalzu
Alto Laza
Abaurrea Alta
1103
NA140
Sierra de Uztárroz
Uztárroz
Linza Maz 1945
Jaurrieta
Escároz
1173
Remendia
Ermita de Sta Agueda
Azparren
1477 Baigura
Aristu
Oronz
1240
Esparza
Isaba
Peña Ezcaurre 2047
Remendia 1388
Violeta 1406
Ermita de Sta Agueda
Ibilcieta
Sarriés
Elcoaz
Sierra de Zariquieta
1050
Ayechu
Sierra de Arrigorieta
1582
1468 Sta Bárbara
Asagarbia 1099
Urzainqui
1603
Valle de Salazar
Igal
Izal
Güesa
Roncal
1483
Aldasur 1189
Ongoz
Valle del Roncal
Ermita de San Sebastian
Calveira 1686
Adoain
Vidángoz
1136 Olagato
Gallués
Iciz
1203 Argible
Garde
Ermita de la Virgen de Zubarsa
Urraul Alto
Epároz
Santa Fé
853 Salvatori
Uscarrés
1243
Sierra de San Miguel
Valle de Ansó
Irurozqui
Aizourgui
Guindano
Imirizaldu
Zabalza
Ustés
Ermita de N.Sra del Camino
Ermita de Puyeta
Ansó
1009
1264
1204
Algaralleta
Narduès-Andurra
Aspurz
Puerto las Coronas
NA2140
Burgui
Fago
Murillo-Berroya
Idocorry 1051
Navascués
Napal
950
Puente de Biguësa
Iso
Orradre
1172 San Quilico
Sierra de Illón
Alto de Borreguil 1420
1244 Virgen de la Peña
Arboniés
Biguëzal
Forcala 1477
Domeno
Arbayún 815
Hoz de Arbayún
Castillo Nuevo
Romanzado
Usún
Salvatierra de Escá
Lorbés
Sierra de Leyre
Majones
Arangüite 1356
Sierra de Orba
Villareal de la Cana
Pylone TV
Ermita de S.Justa y Pastor
1302
553
N240
Monasterio de Leyre
Sigüés
1239
Liédena
Yesa
28
Escó
Asso Veral
Hoz de Biniés
25
Biniés
Embalse de Yesa
Ermita de la Virgen del Puey
Berdún
Javier
Ermita de San Juan
Ruesta
Mianos
Artieda
Río Aragón
Ermita del Socorro
Undués de Lerda
995
Martes
Sierra Nobla
33
Bagüés
Arrés
Undués Pintano
Pintano
Navardún
Urriés
Larués
A1601
NA127
A B C D E F G
1 2 3 4 5 6 7 8 9 10

312
313
332
ESPAGNE
HUESCA
PYRÉNÉES-ATLANT.
64
PARC NATIONAL DES PYRÉNÉES
VALLÉE D'ASPE
VALLÉE D'OSSAU
RÉSERVA NACIONAL DE LOS VALLES
VALLE DEL HECHO
ANSÓ
COTO NACIONAL DEL ANAYET
COTO NACIONAL DE LA GARCIPOLLERA
Gouffre de la Pierre-St-Martin
Arette-Pierre-St-Martin
Pas de Guillers
Col de Labays
Bois de Soudet
Bois d'Arbouty
Forêt d'Issaux
Col d'Ichère
Pont-Suzon
Plateau de Teulère
Pic Mailh Massibe
Pic de Mousté
Pic Montagnon
Rochers des Cinq-Monts
Gère-Bélesten
Béon
Pic du Midi de Jaut
Louvie-Soubiron
Aydius
Bedous
Osse-en-Aspe
Athas
Jouers
Accous
Obélisque Despourrins
Lées-Athas
Forêt du Mié
Pont-d'Esquit
L'Estanquet
Bois d'Arapoup
Pic d'Arapoup
Lescun
Cette-Eygun
Lhers
Cam
Tuquet
Borce
Etsaut
Rilly
Bois de Landrosque
Table des 3 Rois
Pic d'Ansabère
Pic d'Anie
Pic du Soumcouy
Pas d'Azuns
Tête-Sauvage
Budogula
Pic de Bergon
Montagnon d'Iseye
Col d'Iseye
Pic de la Gentiane
Gorges du Hourat
Laruns
Col de Sieste
Pic Bareilles
Béost
Assouste
Aas
Col d'Aubisque
Eaux-Bonnes
B. d'Assouste
Les Eaux-Chaudes
Gorges du Bitet
Miégebat
Pic du Goupey
Col de Lurdé
Pic de Ger
Pène Blanque
Géougue d'Arre
Pic de Sesques
Pic de Gaziès
Gabas
Pic de la Sagette
Artouste
Fabrèges
Lac de Fabrèges
Pont de Camps
Arrémoulit
Lac de Bious-Artigues
Pic du Midi-d'Ossau
Lacs d'Ayous
Pombie
Soques
Pic d'Arriel
Pic de Soques
Cirque d'Anéou
Col du Pourtalet
Chemin de la Mâture
Gorges du Pont-d'Enfer
Fort du Portalet
Pont de Sebers
Urdos
B.du Baralet
Larry
B.de Lazargue
Pic des Moines
Valle de Asún
Col du Somport
Candanchu
B.de Sansanet
Peyrenère
Forges-d'Abel
Escale d'Aigne-Torte
Pic de Gabedaille
Pic d'Arlet
Pic Rouge
La Mina
Col de Pau
Pic Lariste
Pic de Labigouer
Bois de Belonce
Zuriza
Tacheras
Chipeta
Forca
Monte Campanil
Choz a Funia
Sierra de Vedao
Segarra
Visaurin
Siresa
Hecho
La Cutta
Sierra de Maito
Bordas del Levati
Sierra de Aisa
Pico de la Garganta
Tunnel de Somport
Canfranc-Estación
Anayet
Formigal
Sallent de Gallego
Pico de los Tres Hombres
Pico de Escarra
Embalse de Escarra
Embalse de Ip
Collarada
Tarmañones
Sandiniés
Tramacastilla de Tena
Saqués
Piedrafita-de-Jaca
Peña Telera
Bubal
Polituara
Cucuruzualo
Blancas
Canfranc
Urdués
Santa Lucia
Marvalin
Aragüés del Perto
Jasa
Ermita de Sta Isabel
Aisa
Borau
Villanua
Sinués
Esposa
Ermita de Nostra Senora
B.de Burembal
La Selva de Castiello
Castiello de Java
Sta Cruz
Embun
Bescos-de-Garcipollera
Villanovilla
Albarin
Acumuer
Aso de Sombremonte
Bétes
Biescas
Sta Engracia
Somanés
Javierregay
Araguás del Solano
Noves
Isin
Escuer
Puete la Reina de Jaca
Ascarra
Abay
Banaguás
Baraguás
Guasa
Jaca
Sta Cilia de Jaca
Binacua
Espuendolas
Borrés
Larrés
Senegüe
Sta Cruz de la Serós
Monasterio de
Alarés
Puerto de Oroel
Navasa
Jarlata
Cartirana
Alestuey
N134
N240
N330
N260
A136
Candau
Sesen
Le Laye
Pic de Legorre
Pic de Soulaing
Pic de Guillers
Col de Hourataté
Bois de Pétraoube
Bois de Bresme et de Larrangus
Pic d'Auzu
Col d'Arlet

313
314
331
Argelès-Gazost
Pierrefitte-Nestalas
Luz-St-Sauveur
Luz-Ardiden
Cauterets
Barèges
Gavarnie
Gèdre
Col d'Aubisque
Gourette
La Corniche des Pyrénées
Col du Soulor
Cirque du Litor
Arrens-Marsous
Chap. de Pouey-Laün
Marsous
Aucun
Arbéost
Ferrières
Col de Spandelles
Col de Couraduque
Arcizans-Dessus
Arcizans-Avant
Arras-en-Lavedan
Chât. du Prince Noir
St-Savin
Chap. de Piétat
Soulom
Villelongue
Anc. abbaye de St-Orens
Donjon des Aigles
Hautacam
Col d'Ouscouaouu
Estaing
Lac d'Estaing
Moun Né 2724
Pic de Cabaliros 2334
Pic de Viscos 2141
Gorges de Luz
Soum-de-Nère 2394
Pic de Montaigu 2339
Lac Bleu
Péne Taillade 2587
Font d'Ayré 2002
Pic d'Ayré 2422
Égl. fortifiée
Pont Napoléon
Pic de Bergons 2062
Gorges de St-Sauveur
Pont d'Esdouroucats
Centrale de Pragnères
PARC NAT. DES PYRÉNÉES
PARC NATIONAL DES PYRÉNÉES
Larribet
Ledormeur
Arrémoulit
Balaïtous 3146
Palas 2974
A. Michaud
Pic d'Arriel 2823
Alfonso XIII 2000
Pont d'Espagne
Cascades
Vallée du Marcadau
Lac de Gaube
Marcadau (E. Wallon)
Grande Fache 3005
Pic Chabarrou 2930
Soum de Peyre-Lance
La Fruitière
Vallée de Lutour
Pic d'Ardiden 2988
Russel-Culaous
Col de Culaous
Pic de la Sède 2976
Les Oulettes
Bayssellance
Vignemale 3298
Soum d'Aspé 2968
Vallée d'Ossoue
Chaos de Coumély
N.-D. des Neiges
Casc. d'Arroude
Granges de Campbieil
Chapelle de Héas
Piméné 2801
Cirque d'Estaubé
Pic de Lourdes 2648
Pic de Lary 2397
Pic des Tantes
Pic Gabiet
Port de Gavarnie 2270
Sarradets
Espugnettes
Tuquerouye
Cirque de Gavarnie
Grde Casc.
Marboré 3248
La Taillon 3144
Brèche de Roland 2807
Monte Perdido 3355
Na Sa de Pineta
Pic de Néouvielle 3091
Packe
Soum de Port-Bieil 2849
Sallent de Gallego
Emblase de Respumoso
Picos del Infierno 3076
Balneario de Panticosa
Emb. de Brazato
Peñas de Fenias 2824
Garganta de Escalar
RÉSERVA NACIONAL DE VIÑAMALA
Panticosa
Pico de Baldairan 2702
El Pueyo-de-Jaca
Hoz de Jaca
Sierra de Tendenera
Valle de Tena
E. de Bubal
Monasterio de Santa Elena
Santa Elena
Bujaruelo
PARQUE NACIONAL DE ORDESA
Valle de Ordesa
Garganta de Anisclo
Torla
Broto
Biescas
Gavin
Yésero
Perto de Cotefablo 1423
Linás de Broto
Sarvisé
Fanlo
Nerin
Manchoya 2034
Oliván
Larrede
Senegüe
Javierre de Obispo
Oturia 1920
Basarán
Buerba

314
315
334
Parc thermal de Salut
Grotte de Médous
Gerde
Palomières
Fréchendets
Escots
Batsère
Avezac-Prat-Lahitte
Izaux
Nestier
Montégut
Lombrès
Marsas
Asque
Capvern
Lomné
Bulan
Prat
Pénart
Esponne
Hautaget
Tibiran-Jaunac
Le Mourle
Asté
Banios
Esparros
Labastide
Lortet
Bazus-Neste
Montsérié
t-Arroman
Ruines romaines
Labroquère
St-Bertrand-de-Comminges
Valcabrère
Beaudéan
Pic d'Asté
Courèt
Laborde
La Spugue
Mazouau
Gazave
Col des Pènes
Bize
La Serre
Générest
C. du Couret
Arrodets
C. de Coupe
Casque du Lhéris
Campan
Pic d'Arneille
Hèches
Héchettes
Bois Estivère
Sausset
Nistos
Seich
Lesponne
St-Roch
Vallée
Forêt des Baronnies
Lèchan
Nistos-haut
Arize
Aveux
Créchets
Abay
Galade
Arrimoula
Ste-Marie-de-Campan
Rebouc
Col d'Estivère
Pic de Mt-Caup
Anla
Signal de Bassia
Gaudent
Vallée de Lesponne
Pic de Hount Blanque
Peyras
de Campan
Col de Beyrède
Pic de Mountaut
Tourroc
Sacoué
Gembrie
Bramevaque
Troubat
Cabadour
La Laurence
Sarrancolin
Ilhet
La Rive
Bois du Mt Saqueton
Mauléon-Barousse
Pic du Midi de Bigorre
Col d'Arizes
La Séoube
Espiadet
Carr. de marbre
Col d'Aspin
Beyrède-Jumet
Pic de Douly
Ourde
Ferrère
L. de Peyrelade
Observatoire
Gripp
Vallée de Gripp
Sarrat-de-Bon
Payolle
Jumet
Camous
Pic du Mt-Aspet
Chalets de St-Néré
Chât. du Trey
Cazarilh
Les Laquets
Antenne T.V.
(Route fermée provisoirement)
Bagnet
Artigues-Campan
Aspin-Aure
Fréchet-Aure
Can Nesté
Pic du Mt Las
Esbareich
Bois du Hourmig
C. d'Aoube
Taoulet
Casc. du Garet
65
HAUTES-PYRÉNÉES
Pa del Naou
Ardengost
Forêt de Barousse
Granges de Crouhens
Sost
Cap de Pouy de Hourmigue
Col du Tourmalet
La Mongie
Cabanes de Camoudiot
Barrancoueu
Pailhac
Jézeau
Mgne d'Areng
B. de Libon
Arreau
VALLÉE D'AURE
Bareilles
Cabane de Saubette
Lac de Grézides
Site de l'An-Mil
Cadéac
Lançon
Cazaux-Debat
Ris
Mont Né
Sèoues
Montagne de Lège
Pic des 4 Termes
Campana de Cloutou
L'Arbizon
Ancizan
Grézian
Ilhan
Bordères-Louron
Port de Balès
Lège
Pic de Baztan
Vallée du Louron
Lac de Bordères
Bourg-d'Oueil
Cazaux-Layrisse
MASSIF DE
Col d'Aubert
Bastan
Granges de Lurgues
Aulon
Guchen
Gouaux
Cirès
Caubous
Cier-de-Luchon
RÉSERVE NATURELLE
NÉOUVIELLE
Lac d'Aubert
Lac d'Aumar
Col du Portet
Bazus-Aure
Guchan
Grailhen
Avajan
Cazaux Dessus
Mayrègne
Kiosque de Mayrègne
Vallée d'Oueil
Lac d'Orédon
Soulan
Espiaube
Vielle-Aure
Camparan
Cazaux-Fréchet-Anéran-Camors
St-Paul-d'Oueil
Barrage de Cap-de-Long
Sapinière de Couplan
Casc. de Couplan
Vignec
Cadeilhan
Bourisp
Vielle-Louron
Pouchergues
Estarvielle
Jurvielle
Poubeau
Benque-D.-et-D.
Sales-et-Fratviel
La Cabane
Tra.
Sailhan
Estensan
Armenteule
Mont
Portet-de-Luchon
Cathervielle
Garin
Billière
Antignac
Saccourvielle
Pic Méchant
Pic d'Arrouye
Pla-d'Adet
St-Lary-Soulan
Azet
Génos
Adervielle
Loudervielle
Cazeaux-de-L.
Castillon-de-L.
St-Aventin
Trébons
Chap. des Templiers
Fabian
Èget
Tramezaïgues
Ens
Aranvielle
Germ
Col de Peyresourde
Gouaux-de-Larboust
Oô
Moustajon
Neste de Badet
Piau-Engaly
Méyabet
Aragnouet
Pic de Pichebron
Val Louron
Loudenvielle
Peyresourde-Balestas
Labach-de-Cazeaux
Bagnères-de-Luchon
Le Plan-d'Aragnouet
Pont de Tisné
Les Agudes
Val d'Oô
Granges de Gourron
Superbagnères
N.-D.-des-Neiges
Cap de Toudous
Vallée du Louron
Artiguelongue
Pic d'Aret
Vallée de Rioumajou
Granges d'Astau
Pic de Garlitz
Tunnel de Bielsa
Granges du Moudang
Ft. de Bourisp
Montségu
Val d'Esquierry
Casc. de la Madeleine
Pic de Céciré
Bordes-du-Lys
Centrale du Portillon
Cirque de Troumouse
Port-Vieux
Tramezaygues
Lac d'Oô
Casc.
Pic de Lustou
Frédançon
Pic de Hourgade
Cascade d'Enfer
Val du Lys
Gouffre Richard
Port de Barroude
Pic de Troumouse
Hospital de Parzán
Port de Moudang
Pic de Batoua
Lassoula
Pratlong
Hospice de Rioumajou
Pic de l'Espade
Pic Schrader
Pic des Gourgs Blancs
Pic des Crabioules
Pic de Sacroux
Liéna
Port d'Ourdissetou
Port du Plan
Pic Perdiguère
Pic d'Ourdissetou
Parzán
RESERVA NACIONAL DE LOS CIRCOS
Viados
Valle de Pineta
Espierba
Punta Suelza
Posets
Bielsa
Baños de Benasque
BENASQUE
Sierra Marquès
Cinqueta
Montinier
Marista
Escuain
Gistain
San Juan de Plan
Santuario de Guayente
Eriste
Benasque
Tella-Sin
Salinas
Serveto
Sin
Plan
Sahún
Anciles
Cerler
Pico de Cerler
Sierra
Puerto de Sahún
Desfiladero de las Devotas
VALLE DE BENASQUE
Hospital
Saravillo
Villanova
Seira
uértolas
Lafortunada
ESPAGNE

315
316
333
31
HAUTE-GARONNE
LERIDA
VALLE DE ARAN
MALADETA
DE BENASQUE
BENASQUE
PARQUE NACIONAL
Sierra de Guarbes
Sierra d'Aranyo
Cordillera de Bandolés
Macizo de Beret
Sierra Negra
Sierra de Llauset
Bagnères-de-Luchon
St-Mamet
Montauban-de-L.
Juzet-de-L.
Cierp-Gaud-Signac
Marignac
St-Béat
Fos
Melles
Canejan
Pontaut
Bausen
Les
Bossost
Arres
Vilamós
Arró
Begós
Es Bòrdes
Pont d'Arrós
Arròs
Vila
Aubert
Montcorbau
Betlan
Vilac
Gausach
Casau
Vielha e Mijaran
Betren
Escunhau
Casarill
Garòs
Arties
Gessa
Salardú
Tredos
Baguergue
Baqueira-Beret
Beret 2000
Pla de Beret
Nueva Sierra de Montgarri
Montgarri
Tuca
Asseradora
Túnel de Vielha
Puerto de Viehla
Sarraera 2606
La Restanca
Pico de Aneto 3404
Pico de la Maladeta 3308
Pic de Mulieres
Pico Pomer
Pico de Mompius 2273
Güells del Jùeu
Artiga de Lint
Pas de l'Escalette
Port de Venasque
Pic Sauvegarde
Trou du Toro
La Renclusa
Baños de Benasque
Hospice de France
Vallée de la Pique
Gouffre Richard
Vallon de Burbe
Col du Portillon
Pic de Montmajou
Pic de Burat
Pic de Bacanère
Pic de Ridur
Montiudo 2517
Rocanera 2390
Monte de Garós 2173
Pic de las Cabras
Pic de Maubermé
P. de l'Homme
Port d'Orles
Mail de Bulard
Tuc de Pourtillou
P. de Barlonguère
Maison forestière
Ourdouas
Grotte de la Cigalière
Gouffre Martel
Coumeda
Sans
Etang d'Araing
P. de Serre Haute
Port de la Hourquette
Cap de la Pique
San Juan de Toran
El Casino
Pont du Roi
Bois de l'Ombre
Col d'Auarde
Cap de Gauch 2148
Bois Épais
Tuc de l'Etang
Le Mourtis
Col de Menté
Pic de Cagire 1912
Ft. Dom. de Cagire
Ft. de Gar
Pic de Gar
Bastion des Frontignes
Carrière de marbre
Forêt de Marignac
Ft de St-Béat
Aspet
Portet-d'Aspet
Col du Portet d'Aspet 1069
Gouffre de la Henne-Morte
Ft Dom. de Paloumère
Grotte de la Maouro
Le Pain de Sucre
St-Lary
Forêt d'Orgibet
Ft. de la Ballongue
Castillon-en-Couserans
Vallée de Biros
La Roque
L'Artigou
Sentein
Bonac-Irazein
Antras
Ft de Côte
Col de Nédé
Col de l'Estrade
P. de Nédé
P. de Sérau
P. du Mail Blanc
Les Bordes s.-Lez
Uchentein
Balacet
Saint-Bertrand-de-Comminges
Barbazan
Valcabrère
Loures-Barousse
Montréjeau
Encausse-les-Thermes
Aspet
Arbas
Castelbiague
Saleich
Francazal
Lacave
Prat-Bonrepaux
Montgaillard-de-Salies
Aumassère
Lespiteau
Ganties
Régades
Aspret-Sarrat
Ardiège
Cier-de-Rivière
Sauveterre-de-Comminges
Cazaux-Layrisse
Saccourvielle
Trébons-de-L.
Moustajon
Antignac
Salles-et-Pratviel
Artigue
Sode
Cazaril
Gouaux-de-Luchon
Cier-de-Luchon
Baren
Binos
Bachos
Guran
Burgalays
Saint-Paul-d'Oueil
Superbagnères
Bordes-du-Lys
Gouffre du Lys
Cascades
Pic de Sacroux 2676
Pratlong
Cabeza de Marimaña
L. de Basibé
L. de Airoto
Argulls
Port de la Bonaigua
M. D. de les Ares
P. de la Bonaigua
Saudrons
Est. Gerbei
Sabouredo
Mte Saliente
Cruz Colomés
L. Tramesane
E. Negre
L. Caballers
L. Contraig
L. Redo
Coma-lo-Forno 3030
Punta Alta
P. d'Espot
Emb. de Baserca
Pico de Vallibierna 3062
Pico de Cerler 2409
Bordas de Castanesa
Pico Muñido 2650
Aneto
Senet
Caldes de Boi
Barranco de Salenques
Barranco de Vallibierna
A
B
C
D
E
F
G
1
2
3
4
5
6
7
8
9
10

316
317
336
340
Grotte du Mas-d'Azil
Le Mas-d'Azil
M O N T A G N E S
Le Pas du Roc
Lac de Mondely
St-Lizier
St-Girons
Castelnau-Durban
La Bastide-de-Sérou
Châl. de St-Barthélemy
PARC NATUREL
MASSIF
RÉGIONAL DES
PYRÉNÉES ARIÉGEOISES
Forêt de Rivèrenert
Forêt de Bellissens
Tour Lafont
Forêt d'Andronne
Forêt de Brassac
Col de Port
Forêt de Sauzet
Massat
Grotte de Ker
Forêt de Massat
Forêt de Listard
Biert
Soulan
Oust
Seix
Vallée du Garbet
Châl. de la Garde
Ustou
Vallée d'Ustou
Guzet-Neige
Aulus-les-Bains
Établ. thermal
Couflens
Mt Valier
Bethmale
V. de Bethmale
Castillon-en-Couserans
Col de Pause
Port d'Aula
P. de Montaud
Port de Salau
Mines
P. des Mulats
Mt Rouch
Cordillera de Pilas
Sierra de Mitjana
Sierra dels Canals
P. de Ventolao
Pic de Fonta
Cascade d'Ars
Pic Rouge de Bassiès
Montcalm
Pic d'Estats
P. de Montcalm
Pic des Trois-Seigneurs
Vicdessos
Auzat
Port de Bouet
P. de Bareytes
Vall Ferrera
Montareno
Campirme
Tabescan
Esterri de Aneu
Valencia de Areo
Pico Vellendo
Espot
Berros Subirá
Anás
Areo
Sierra de Monteixo
Arinsal
Mt Béas
Col d'Agnes
Port de Lers
Port de Saleix
Pic de Malcaras
Pic de Tristagne
P. Alt de la Pedrosa
Monteixo
Lladorre
Alins
Llorts

317
318
340
341
335
St-Bauzeil
VernIolle
Les Issards
La Guinguette
Coutens
Besset
Moulin-Neuf
Limbrassac
Benagues
Ferriès
Rieux-de-Pelleport
Pic de Montmiouil 686
Varilhes
Coussa
Arvigna
Vermeille
Tourtrol
Jalabert
Pic d'Estelle 488
Roumengoux
Lagarde
Cazaux
Rozies
Loubens
Carquet
Charameau
Crampagna
Dalou
St-Félix-de-Rieutord
Ségura
Malléon
Calzan
Vira
Engraviès
Viviès
Roussinergue
Senesse-de-Senabugue
St-Julien-de-Gras-Capou
Le Pape
Troye-d'Ariège
Barry-d'en-Haut
St-Quentin-la-Tour
Queille
Belloc
Laval
Châl. de Montaragou
Cadarcet
Baulou
Clarac
Loubières
Riv. de Labouiche
St-Jean-de-Verges
Gudas
Villeneuve-du-Bosc
Seignerix
Merviel
Tapia 614
Pic de Montégut
Ventenac (St-Martin)
Gouiric
Aigues-Vives
Régat
Tabre
Laroque-d'Olmès
Léran
Ft de Léran
Berny
Tresbens
C. de Bouich
739
Alzen
St-Martin-de-Caralp
Vernajoul
Labarre
Arabaux
C. de Py
Le Bousquet
Col de Sarnac
Carla-de-Roquefort
Le Taychel
Pradettes
Lieurac
Esclagne
Les-Quatre-Chemins
Villaret
La Bastide-s-l'Hers
Le Peyrat
Cos
St-Pierre-de-Rivière
Serres-s.-Arget
Route Verte
Foix
Pradières
L'Herm
PLANTAUREL
Neylis
Sautel
Bois de Mouillet
Les Monges
Carol
Rappy
Illat
Col de la Monge
Dreuilhe
Fontcirgue
Camp-Redon
Bénac
Brassac
Ganac
Cadirac
Becq
Burges
Cazals
Planol
Le Grillon
Consulat de Foix
Forêt de Brassac
Ferrières-s.-Ariège
P. de l'Aspre 1014
Roquefort-les-Cascades
Cascades
Tanière
Leychert
Raissac
Caraybat
Soula
St-Cirac
Canalot
Roquefixade
Péreille
Lavelanet
Crête de Bouchard
Lesparrou
L'Aiguillon
Pasquet
Montgaillard
Prayols
Forêt de Prayols
Forêt de Ganac
B.de la Berniouse 969
Landes
Les Chaubets
St-Paulet
Celles
Freychenet
Nalzen
Villeneuve-d'Olmes
St-Jean-d'Aigues-Vives
N.-D.-du Val-d'Amour
Bélesta
La Borie
Montoulieu
St-Paul-de-Jarrat
Le Jour
Le Gabachou
Seignaux
Amplaing
Roussillière
1715
Fraymène
Cabus
Tour de Montorgueil
1374
Antras
Garrabet
Jarnat
Labat
Tragine
Armentière
C. de la Lauze
Montferrier
Bénaix
P. de Mède
Frau
Fontestorbes (Source)
Morenci
Serre-Longue
Fougax-et-Barrineuf
Le Gélat
Prat-Communal
Saurat
Bédeilhac-et-Aynat
Grotte
Ménac
Arignac
Mercus-Garrabet
1418
Mt Picou
Châl de Montségur
Montségur
Forêt du Correl
Gorges de la Frau
L'Espine
Lalibert
1663
Rabat-Les-Trois-Seigneurs
Roc de Trabinet
La Freyte
Surba
Banat
Bompas
Arnave
Croquié
P. de la Lauzate
1800
2001
Mt Fourcat
La Peyregarde
Le Taulat
Pelail
Forêt de Comus
Forêt de la Bunague
Gourbit
B. de la Garrigue
Quié
N.-D.-de-Sabart
Tarascon-s.-Ariège
Serres
Allens
Cazenave-Serres-et-Allens
Les Monts-d'Olmes
1925
Mgne de la Frau
1352
Pas de l'Ours
C. de Lancise
Belcaire
2166
P. de Pioulou
Grotte de Niaux
Génat
Ussat
Ornolac-Ussat-les-Bains
Ussat-les-Bains
Pas de Souloumbrie
Pic de St-Barthélemy
2348
Carrières de talc de Trimouns
Montagne de Tabe
Forêt de Prades
Comus
Alliat
Niaux
Lapège
Capoulet-et-Junac
Illier-et-Lamarade
Junac
Lanat
Bouan
Sinsat
Aulos
Verdun
Senconac
Caychax
Appy
Axiat
Route des Corniches
Camurac
Montaillou
Serre de Moncamp
Défilé d'Adouxes
Orus
Sentenac
Arconac
Laramade
Miglos
Norrat
Norgeat
Château-Verdun
Larcat
Les Cabannes
Vèbre
Albiès
Lordat
Vernaux
Bestiac
Caussou
Prades
La Fajolle
Vicdessos
Lercoul
Sem
Siguer
Gestiès
Aston
Pech
Urs
La Remise
Lassur
Garanou
Unac
Font. du Drazet
Roc de Quercourt
1820
1851
Olbier
Goulier
ARIÈGE 09
Pla de Montcamp 1904
Sarradeil
Bois d'Albiès
Luzenac
Sourtadeil
Bois de Cibadasses
Tignac
Vaychis
Signal de Chioula
R. de d'Orri d'Ignaux
1724
P. de Sarembarre
C. du Pradel
Artiès
Bouychet
Pic du Col Taillat
1959
Bois de Gudanes
Mt Redon
Perles-et-Castelet
Le Castelet
Ignaux
Sorgeat
Goulours
Ascou
Lavail
Ft de Fourtou
P. d'Endron 2472
Pradières
P. de Baléjou
2288
Rieubel
Pont des Clarans
Savignac-les-Ormeaux
en-Castelet
Bois de Coumels
Ax-les-Thermes
Ax-Bonascre-le-Saquet
Bonascre-le-Saquet
Plateau de Bonascre
Beille d'en-Haut
Orgeix
Orlu
Ft de la Bassugue
2222
Dent d'Orlu
Étg de Gnioure
C. des Finestres
1967
P. du Col du Gos 2092
Petches
Les Bazerques
Forêt d'Ax-les-Thermes
Vallée d'Orlu
Les Forges-d'Orlu
2602
P. de Pas de Bouc
Pic de Bourbonne 2686
P. de l'Aspre
Peyregrand
Quioulès
Bge de Laparan
Pic d'Espaillat 2263
C. de la Didorte
Vallée de Savignac
Plateau du Saquet
2255
Tute de l'Ours
Casc.
Cap de Carbonne 1857
P. de Cimet
2423
2321
P. de Roque Roug
Étg Fourcat
P. de Tristagne
2741
P. de Thoumasset
P. de Riet
2592
2555
Pic de Lauzate
Mérens-les-Vals
Vives
L. de Naguilles
2903
P. du Port
2567
P. de l'Estagnole
Pic de Caballière
Étgs de Fontargente
2247
C. de Beil
Viaduc des Bordes
2464
P. de l'Homme
Étgs des Peyrisses
Charmet
2912
P. de Serrère
2755
P. de la Portanelle
P. de Ruille
Étg de Couart
Pic d'Étg Faury 2702
Pic de la Coumette d'Espagne
Port de Rat
P. de Cataverdis
2804
El Serrat
2912
P. de l'Estanyo
Pasqual
C. de l'Albe
P. de Nérassol
2633
2818
Pic d'Auriol
Casc. des Bésines
Pic Pédrous 2845
Étg de Lanous
Porteille de la Grave
Étg de Val de Rat
Llorts
2709
Pic de Casamanya
d'Andorra
Pic de la Cabanette
L'Hospitalet-près-l'Andorre
Tunnel du Puymorens
Col de 1915 Puymorens
Pic Carlit
La Tour Colome
Arinsal
Cortinada
Erts
Sornas
Canillo
Prats
Sant-Joan-de-Caselles
Soldeu
Port Dret
Ransol

Gaudeval
Haut-Gueytes-et-Labastide
Monthaut
Donazac
Villedieu
Fages
Gardie
Villebazy
Roc des Trois Seigneurs
Greffeil
Peyrefitte-du-Razès
Pomy
Loupia
318
Pauligne
Malras
Limoux
St-Anselme
Vilar-
Forêt de Crausse
Cammazou
Corbières
Pic de Balaguier
Courtauly
Villelongue-d'Aude
Ajac
La Bezole
La Digne-d'Aval
La Digne-d'Amont
Cournanel
Magrie
St-Polycarpe
Arce
Buc
Clermont-s.-La
Castelreng
Tourreilles
Belcastel-et-Buc
Villardebelle
Camon
Camp-Limoux
St-Benoît
C. de l'Espinas
Pic de Roquetaillade
655
Vendémies
Alet-les-Bains
Missègre
Salagriffe
Sonnac-s.-l'Hers
Chap. du Calvaire
C. de St-Benoît
C. de Dieudé
St-Couat-du-Razès
Cammas
St-Sernin
Roquetaillade
C. de l'Espinas
Bois d'Ournes
Bouisse
Chalabre
Montbel
Montjardin
Bourigeole
Tournebouix
Bouriège
Conilhac-de-la-Montagne
Véraza
680
Valmigère
Fort-de-Razouls
Le Cazal-Ste-Marie
Pic d'Ordy
722
Chapelle
Le Cazal
Festes-et-St-André
Cairac
Mournac
Terroles
Abbac
Les Vinsous
St-André
La Serpent
Mt Sec
526
Luc-s.-Aude
Peyrolles
St-Pancrasse
Villefort
Croux
Antugnac
Montazels
Cassaignes
Arques
Ste-Colombe-s.-l'Hers
Rivel
667
C. de Festes
Les Saillens
711
Les Bernots
Serres
522
Albières
La Calmette
Rouvenac
Fa
Coustaussa
795 Cardon
Forêt du Rialsesse
C. du Paradis
Puivert
C. des Tougnets
558
St-Jean-de-Paracol
Espéraza
Couiza
Rennes-le-Château
Chât. de Blanchefort
Rennes-les-Bains
Les Moulines
Les Bordes
Camp-Saure
Camp-Ferrier
Faurnc-Bas
Faurnc-Haut
Sauzil
Campagne-s.-Aude
Bains-de-Campagne
Les Bernous
Fourtou
C. de la Babourade
Camp-Bonnaure
Nébias
Brézilhou
St-Ferriol
632
Granès
Laval-Dieu
Sougraigne
Fnt Salée
Les Clamenées
As Castagnès
818
Ft de Belesta
Ft de Ste-Colombe
P. du Minier
1017
L'Escale
1136
Camp-Sylvestre
Brénac
Lasserre
St-Ferriol
Le Bézu
Le Mas
680
Le Linas
C. du Linas
Ft de Callong
La Fage
C. du Portel
601
Quillan
St-Just-et-le-Bézu
Bugarach
Col de la Croix-des-Morts
Ft de Picaussel
Lamayrède
Montmija
C. de Coudons
Ginoles
Coudons
Laval
St-Julia-de-Bec
Pic de Bugarach
1250
Le Sarret
Cascade
La Bastide
Camps-s.-l'Agly
La Bunague
Belvis
1288 Picoulet de Quirhaut
Chalet-de-Carach
Belvianes-et-Cavirac
St-Louis-et-Parahou
Plateau de Sault
Défilé de Pierre-Lys
Forêt de Fanges
Parahou-Grand
Belfort-s.-Rebenty
Le Peyre
1012
Quirbajou
St-Martin-Lys
C. St-Louis
687
Ermitage St-Antoine
Espezel
Joucou
Maison des Gardes
338
Roquefeuil
1104 Serre des Buis
Marsa
Cailla
Artigues
Lavagnac
Lapradelle
Puilaurens
Caudiès-de-Fenouillèdes
Galinagues
Munès
Axat
N.-D.-de-Laval
23
Clue de
Mazuby
Niort-de-Sault
Rodome
Aunat
Forêt de Madres
Les Pijols
Ft de Fontanilles
P. de l'Estable
1495
Fenouillet
551
Fosse
Mérial
Bessède-de-Sault
Le Clat
Gorges de St-Georges
Salvezines
Les Bordes
C. de Mas
Les Cabanes
Forêt de Canelle
1934
Fontanès-de-Sault
Gesse
Le Caunil
Vira
P. d'Ourtisset
AUDE
11
E.D.F.
Ft de Resclause
Forêt de Boucheville
Le Vivier
Campagna-de-Sault
Gorges de l'Aude
Grotte de l'Aguzou
Ft de Gesse
La Calm
1591
Forêt de Navarre
1386
B. de Faussuire
Gincla
Ft de la Fajole
P. du Ginesta
1974
1776
Usson-les-Bains
Escouloubre
Le Bousquet
Buillac
Ste-Colombe-s.-Guette
Montfort-s.-Boulzane
1310
Sarrat Naou
967
Pellado
2001
Mijanès
Rouze
Roquefort-de-Sault
Sournia
Col de Pailhère
Usson
Artigues
Le Puch
Bains-de-Carcanières
Bains-d'Escouloubre
Counozouls
Rabouillet
Forêt des Ares
Le Pla
Carcanières
Ft Royale
Tuc Dourmidou
1843
Forêt de Salvanère
Arsa
Forêt de Gravas
Quérigut
Forêt du Garcanet
C. de Jau
1725
Serre d'Escales
Rocher de Roussillon
P. de Balbonne
Forêt des Bragues
Ft de Lapazeuil
1513
1314
2542
Tour
La Coume
Roque Jalère
1160
Col de Tribes
1096
Le Roc Blanc
Capcir
2024
La Glèbe
Mosset
2382
P. de Ginevre
36
Mines de Talc
P. de Tour
632
Rieutord
Madrès
Comes
Forêt du
Puyvalador
Odeillo
C.A.F.
1430
Campôme
Molitg-les-Bains
Fontrabiouse
Bge de Puyvalador
Gorg Estelat
Gorg Nègre
Urbanya
Chât. de Paracoll
Eus
Val de Galbe
Espousouille
Réal
P. de la Pelade
2370
C. de Sansa
Catllar
Gde Porteille
P. Péric
Formiguères
Villeneuve
2292
Puig d'Escoutou
C. du Portus
Nohèdes
Prades
Mt Coronat
2072
Bettlans
Conat
C. de Creu
Sansa
Ria-Sirach
Codalet
Pic de la Palme
2474
Forêt de la Matte
La Tartère
Sirach
Abb. de St-Michel-de-Cuxa
Matemale
Railleu
Villefranche-de-Conflent
2095
1656
Lloumet
Grot. des Canalettes
Les Angles
P. du Bastard
Thuir d'Évol
R. d'Aude
Bge de Matemale
Caudiès-de-Conflent
341
Ayguatébia
Jujols
Serdinya
342
Combelaran
Talau
Oreilla
C. de Millères

AUDE
11
PYRÉNÉES-ORIENTALES
66
CORBIÈRES
FENOUILLÈDES
ROUSSILLO
PARC NAT.
Pont romain
Rieux-en-Val
Caunettes-en-Val
St-Pierre-des-Champs
Talairan
Coustouge
Fontjoncouse
Montplaisir
Mayronnes
Clermont-s.-Lauquet
St-Martin-des-Puits
Serre de Blanes
Tréviac-Bas
Le Razès
Jonquières
Mt Redon
361
Ermitage St-Victor
Ripaud
Gléon
Villesèque-des-Corbières
Lairière
Serre de St-Martin
501
Chât. de Durfort
Col de Villerouge
404
Come de Bête
C. de la Salce
Albas
Salagriffe
Milobre de Bouisse
Vignevieille
Termes
Villerouge-Termenès
Félines-Termenès
Cascatel-des-Corbières
Durban-Corbières
Bouisse
Montjoi
Salza
Forêt de Termes
Pech Montaut
484
Pech de Guillaumet
Villeneuve-les-Corbières
Fraisse-des-Corbières
Abbac
732
Lanet
C. de Bedos
485
Quintillan
Serre de Quintillan
St-Jean-de-Barrou
Pic de Pied
St-Pancrasse
Mouthoumet
Davejean
Palairac
C. de Canteloup
Albières
Pont-de-l'Orbieu
Laroque-de-Fa
659
P. Cascagne
Pech du Ramel d'en Barba
408
Embres-et-Castelmaure
Castelmaure
Col de Feuilla
Paradis
La Grave
Auriac
428
C. de Ferréol
C. d'Extrême
251
Savignan
Maisons
Séguré
N. D. de-Faste
Montoulie de Périllou
707
Les Moulines
Carcanet
L'Auradieu
Massac
Dernacueillette
L'Enseigne ou la Tour-des-Géographes
879
Mgne de Tauch
Nouvelles
Fourtou
C. de Redoulade
594
C. de Cédeillan
Montgaillard
Pech de Frayssé
Pech de Genièvre
Perillos
Mt Pla
424
Forêt de l'Orme
Fne Salée
Rouffiac-des-Corbières
Serre de la Maureille
Roc Fourcat
Tuchan
Chât. d'Aguilar
La Vall-Oriolle
Les Baillessats
Sculatgé
Chât. de Peyrepertuse
Col de la Croix-Dessus
Padern
Paziols
576
La Serre
Opoul-Périllos
Linas
Cubières-s.-Cinoble
Duilhac-s/s-Peyrepertuse
Bevès
591
Sarrat de Mouné
Rer du Mt St-Bernard
Bastide
Camps-s.-l'Agly
Cucugnan
268
Vingrau
351
Gorges de Galamus
La Quille
964
Chât. de Quéribus
Caune de l'Arago
Champ de manœuvres
455
Serre d'Espira
Mas Vespeil
Ermitage de St-Antoine
Col de Corbasse
Grau de Maury
Tautavel
Rivesaltes
Prugnanes
Mas-de-las-Fredes
Serre d'el Clot
Tour
Montpins
Caudiès
St-Paul-de-Fenouillet
Lesquerde
Maury
Mas-Amiel
Clue de la Foue
550
Bac de Avèze
La Borde-Vieille
La Borde-Neuve
Mas-Camps
Mas-Jau
Cases-de-Pène
Espira-de-l'Agly
Fosse
551
Les Cabanes
St-Martin
St-Arnac
Tr de Trémoine
Vira
Le Vivier
Serre de Verges
584
Fellun
Ansignan
Lansac
Rasiguères
Planèzes
Latour-de-France
Estagel
N.-D.-de-Pène
Calce
Ste-Catherine
Baixas
Peyrestortes
Rivesaltes
967
Pellado
Prats-de-Sournia
Trilla
Fézilla-de-Conflent
Cuchous
Montner
C. de la Donne
Perpignan-Aéroport International
Sournia
Caramany
Cassagnes
Chap. de Fort-Réal
C. de la Bataille
St-Estève
C. des Auzines
Belesta
Campoussy
605
Trévillach
Corneilla-la-Rivière
Pézilla-la-Rivière
Baho
Chât. de la Sybille
Néfiach
St-Féliu-d'Avall
Villeneuve-la-Rivière
Le Soler
Tarerach
Montalba-le-Château
Millas
St-Féliu-d'Amont
Roque Jalère
1160
P. de Bou
776
R. del Mauro
Toulouges
Tribes
1096
Marcevol
Ancien prieuré
Arboussols
Ille-s.-Têt
Corbère-les-Cabanes
Comes
Rodès
Mas Cantá
Canohes
Vinça
Bouleternère
St-Michel-de-Llotes
Corbère
Bellecroze
Eus
Sahorle
Marquixanes
Les Masos
Caves
Thuir
Pollestres
Catllar
Espira-de-Conflent
N.-D. de Domanova
Caméla
Llupia
Ponteilla
Los Masos
Rigarda
Casefabre
St-Martin
Castelnou
Nyls
Lioncet
La Sacristie
Finestret
Joch
Ste-Colombe
Terrats
Trouillas
Mas Sabole
Corneilla-de-Conflent
Roque Rouge
Église de Fontcouverte
Villerach
Estoher
Abb. de St-Michel-de-Cuxa
Prieuré de Serrabone
Chap. St-Pons
Veinat-d'en-Llense
Monastir-del-Camp
Villemolaque
Glorianes
Caixas
Taurinya
Boule-d'Amont
Prunet-et-Belpuig
Veinat-d'en-Joan-Pere
Montauriol
Passa
St-Sébastien
Mas-Llauro
842
C. de Millères
Forêt
Baillestavy
782
Montner
Chap. de
Banyuls-dels-Aspres
Taura
Les Campets
Coulouvret
292
Donos
St-Estève
319
320
337
342
343
A
B
C
D
E
F
G
1
2
3
4
5
6
7
8
9
10

Réserve africaine de Sigean
320
321
343
Le Hameau-du-Lac
Étang de Bages-et-de-Sigean
Grau de Vieille-Nouvelle
Salin de Ste-Lucie
Portel-des-Corbières
Les Cabanes
Plan du Tessou
Sigean
Port-la-Nouvelle
Le Fort
Montpezat
Chatanay
Chap. St-Martin
Cap Romarin
Roquefort-des-Corbières
RÉG.
DE LA
NARBONNAISE
EN MÉDITERRANÉE
La Palme
Les Cabanes-de-Lapalme
Salin de Lapalme
MER
Feuilla
Treilles
Caves
La Franqui-Plage
Leucate
Cap Leucate
Leucate-Plage
Fitou
Les Cabanes-de-Fitou
Chap. St-Aubin
Serre du Buis
Port-Fitou
LA CATALANE
A9-E15
ÉTANG DE LEUCATE OU DE SALSE
Île de Vy
Port-Leucate
MÉDITERRANÉE
Salses-le-Château
Garrieux
Île de la Coudalère
Paquebot "Le Lydia"
Port-Barcarès
Cave-des-Corbières
Port-St-Ange
St-Hippolyte
Le Barcarès
St-Laurent-de-la-Salanque
Torreilles-Plage
Chap. N.-D.-de-la-Salout
Claira
Pia
Torreilles
Bompas
Villelongue-de-la-Salanque
Ste-Marie-Plage
Ste-Marie
Canet-en-Roussillon
St-Nazaire
Canet-Plage
PERPIGNAN
Cabestany
St-Nazaire
Étg du Canet ou de St-Nazaire
Mas-du-Moulin
Saleilles
Théza
Alénya
Corneilla-del-Vercol
St-Cyprien
St-Cyprien-Plage
Montescot
Latour-Bas-Elne
Capellans
Aqualand
Elne
Réserve naturelle du Mas-Larrieu
Mas-Aragon
Ortaffa
Palau-del-Vidre
Taxo-d'Aval
Taxo-d'Amont
Villeclare
Brouilla
Argelès-Plage

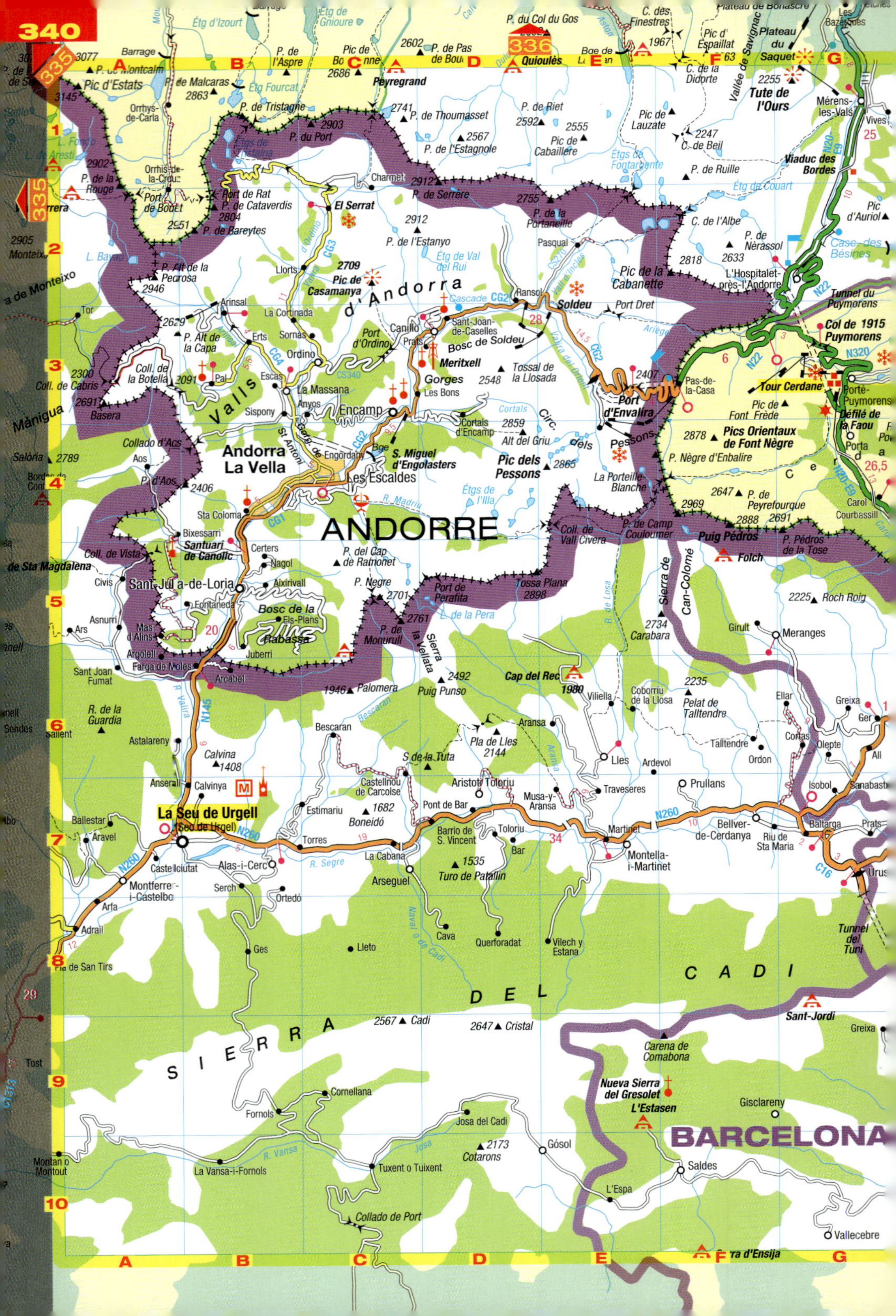

335
336
A
B
C
D
E
F
G
1
2
3
4
5
6
7
8
9
10
Étg d'Izourt
Étg de Gnioure
P. du Col du Gos
C. des Finestres
Plateau du Saquet
Barrage
P. de Montcalm
3077
P. de l'Aspre
Pic de Bonne
2602
P. de Pas de Bou
Quioulès
Bge de Laran
1967
Pic d' Espaillat
C. de la Didorte
Vallée de Savignac
2686
Peyregrand
Pic d'Estats
3145
P. de Malcaras
2863
Étg Fourcat
Orrhys-de-Carla
P. de Tristagne
2741
P. de Thoumasset
P. de Riet
2592
2555
Pic de Caballère
Pic de Lauzate
2247
C. de Beil
2255
Tute de l'Ours
Mérens-les-Vals
Vives
25
2903
P. du Port
2567
P. de l'Estagnole
Étgs de Fontargente
P. de Ruille
Viaduc des Bordes
Étg de Couart
2902
P. de la Rouge
Orrhis-de-la-Crou
Port de Boucet
Port de Rat
P. de Cataverdis
2804
El Serrat
Charmet
2912
P. de Serrère
2755
P. de la Portaneille
C. de l'Albe
P. de Nèrassol
Pic d'Auriol
2951
P. de Bareytes
2905
Monteixo
L. Bayau
2912
P. de l'Estanyo
Pasqual
2633
2818
Case-des-Bésines
P. Alt de la Pedrosa
2946
Llorts
2709
Pic de Casamanya
Étg de Val del Rui
Pic de la Cabanette
L'Hospitalet-près-l'Andorre
Tunnel du Puymorens
Tor
Arinsal
La Cortinada
d'Andorra
Cascade
CG2
Ransol
Soldeu
Port Dret
2629
P. Alt de la Capa
Erts
Sornas
Canillo
Port d'Ordino
Prats
Sant-Joan-de-Caselles
Bosc de Soldeu
28
Col de 1915
Puymorens
2300
Coll. de Cabris
Coll. de la Botella
2091
Pal
Escas
Ordino
Meritxell
Tossal de la Llosada
2548
2407
Pas-de-la-Casa
Tour Cerdane
Porté-Puymorens
N320
N22
2691
Basera
Valls
Sispony
La Massana
Anyos
Gorges
Les Bons
Encamp
Cortals
Cortals d'Encamp
2859
Alt del Griu
Circ. dels
Port d'Envalira
Pic de Font Frède
Défilé de la Faou
Mànigua
Collado d'Aos
Andorra La Vella
St Antoni
Engordany
Bge
S. Miquel d'Engolasters
Pic dels Pessons
2865
Pessons
2878
Pics Orientaux de Font Nègre
P. Nègre d'Enbalire
Porta
26,5
Salòria
2789
Aos
P. d'Aos
Les Escaldes
Étgs de l'Illa
La Porteille-Blanche
2647
P. de Peyrefourque
2406
R. Madriu
2969
2888
2691
Carol
Courbassill
Sta Coloma
CG1
ANDORRE
Coll. de Vall Civera
P. de Camp Couloumer
Puig Pédros
P. Pédros de la Tose
Bixessarri
Santuari de Canolic
Certers
P. del Cap de Ramonet
Folch
Coll. de Vista
Nagol
de Sta Magdalena
Civis
Sant-Julia-de-Loria
Aixirivall
P. Negre
2701
Port de Perafita
Tossa Plana
2898
Sierra de Can-Colomé
2225
Roch Roig
Fontaneda
Bosc de la Rabassa
Els-Plans
2761
P. de Monurull
L. de la Pera
R. de Losa
Asnurri
Ars
Mas d'Alins
20
Juberri
Sierra de la Vellata
2734
Carabara
Girult
Meranges
Argolell
Farga de Moles
Arcabell
Sant Joan Fumat
2492
Puig Punso
Cap del Rec
1980
Viliella
Coborriu de la Llosa
2235
Pelat de Talltendre
Ellar
Greixa
1946
Palomera
R. de la Guardia
N145
Bescaran
Sendes
Sallent
Astalareny
Bescaran
Aransa
Pla de Lles
2144
Talltendre
Ordon
Cortàs
Olepte
Ger
All
Calvinya
1408
S. de la Tuta
Lles
Ardevol
Anserall
Calvinya
Castellnou de Carcolse
Aristot
Toloriu
Musa-y-Aransa
Traveseres
Prullans
Isobol
Sanabastre
La Seu de Urgell
(Seo de Urgell)
Estimariu
1682
Boneidó
Pont de Bar
N260
Ballestar
Aravel
N260
Torres
Barrio de S. Vincent
Toloriu
34
Martinet
Bellver-de-Cerdanya
Riu de Sta Maria
Baltarga
Prats
Castelciutat
Alas-i-Cerc
R. Segre
La Cabana
Bar
Montella-i-Martinet
C16
Urus
Montferrer-i-Castelbo
Serch
Ortedó
Arseguel
1535
Turo de Pallin
Arfa
Adrail
Cava
Querforadat
Vilech y Estana
Tunnel del Tuni
Ges
Lleto
Naval o de Cadi
Pla de San Tirs
29
CADI
DEL
Sant-Jordi
2567
Cadi
2647
Cristal
Greixa
SIERRA
Carena de Comabona
Tost
Nueva Sierra del Gresolet
Cornellana
L'Estasen
Gisclareny
Fornols
Josa del Cadi
BARCELONA
2173
Cotarons
Gósol
Montan o Montout
La Vansa-i-Fornols
R. Vansa
Josa
Tuxent o Tuixent
Saldes
L'Espa
Collado de Port
Vallecebre
Serra d'Ensija

336
337
342
Capcir
PARC NATUREL RÉGIONAL
PYRÉNÉES-ORIENTALES
66
DES PYRÉNÉES CATALANES
Pic Carlit
Font-Romeu-Odeillo-Via
Super-Bolquère
Pyrénées 2000
Four Solaire
Mont-Louis
La Cabanasse
Bolquère
Egat
Odeillo
Via
Targasonne
Angoustrine-Villeneuve-des-Escaldes
Les Escaldes
Dorres
Égl. Belloch
Ur
Enveitg
Latour-de-Carol
Béna
Brangoly
Llivia
Estavar
Bajande
Saillagouse
Err
Llo
Eyne
Eyne 2600
Sainte-Léocadie
Bourg-Madame
Puigcerdà
Osséja
Nahuja
Palau-de-Cerdagne
Valcebollère
Las Planes
Sce de la Sègre
Puigmal d'Err
2910
Nuria
Pic du Géant
Costabona
Formiguères
Matemale
Les Angles
Puyvalador
Réal
Odeillo
Rieutord
Fontrabiouse
Espousouille
Villeneuve
Sansa
Railleu
Caudiès-de-Conflent
Ayguatébia
Talau
Olette
Jujols
Serdinya
Joncet
Oreilla
Thuir d'Évol
Évol
Souanyas
Marians
Escaro
Nyer
Thuès-les-B.
Thuès-entre-Valls
Canaveilles
Fontpédrouse
Prats-Balaguer
St-Thomas-les-Bains
Planès
St-Pierre-dels-Forcats
Sauto
Fetges
La Llagonne
Les Cortals
Pont Séjourné
Défilé des Graus
Madrès
C.A.F.
Mines de Talc
Urbanya
Nohèdes
Bettlans
Mantet
Forêt d'Ax-les-Thermes
Orlu
Quérigut
Forêt des Bragues
Ft de Lapazeuil
La Glèbe
Étg de Lanoux
Lac des Bouillouses
Bge de Matemale
Ribes de Freser
Campelles
Planoles
Dorria
Tosas
Fornells
Col de Toses
Super-Molina
La Molina
Alp
Das
Urtg
Caixans
Talltorta
Bolvir
Sague
Masella
Llansenda
Rebost
Cavarros
Paller
Baga
Castellar de N'Hug
La Pobla de Lillet
Gombrén
Pta Marolla
Guardiola de Bergueda
Sierra de San Marcos
Campdevanol
Ripoll
Sant Joan de les Abadesses
Vallfogona de Ripolles
Ogassa
Saltor
Bruguera
Balneario Montagut
Pardines
Setcasas
Tragura
Vilalonga de
Sierra Cabal
Costa Pubilla
Sierra de Cunivella
Caralps
Torreneules
Coma del Catllar
Balandran
Lluent
H I J K L M N

337
338
341
Rocher de Roussillon
Roque Jalère
Col de Tri
P. de Bou
Tarerach
R. del Mauro
Chat. de la Sybille
Netiach
Millas
St-Féliu-d'Avall
St-Féliu-d'Amont
La Coume
Mosset
Mines de Talc
P. de Tour
Campôme
Molitg-les-Bains
Châ. de Paracoll
Urbanya
Catllar
Eus
Comes
Arboussols
Marcevol
Ancien prieuré
Vinça
Rodès
Ille-s.-Têt
Corbère-les-Cabanes
Corbère
Bellecroze
Mas Canta
Thuir
Llupia
Terrats
Prades
Conat
Ria-Sirach
Codalet
Los Masos
Lioncet
La Sacristie
Marquixanes
Espira-de-Conflent
Finestret
Joch
Rigarda
N.-D. de Domanova
Bouleternère
St-Michel-de-Llotes
Les Masos
Camélas
Casefabre
Ste-Colombe
St-Martin
Castelnou
Ste-Colombe
Bettlans
La Tartère
Sirach
Abb. de St-Michel-de-Cuxa
Villerach
Estoher
Roque Rouge
Prieuré de Serrabone
Chap. St-Pons
Église de Fontcouverte
Veinat-d'en-Llense
Caixas
Villefranche-de-Conflent
Grotte des Canalettes
Clara
Taurinya
Glorianes
Boule-d'Amont
Prunet-et-Belpuig
Les Hostalets
Montauriol
Serdinya
Corneilla-de-Conflent
Fuilla
Joncet
C. de Millères
Forêt de Llech
Baillestavy
Chapelle Ste-Anne
Chap. de la Trinité
C. Xatard
Belpotg
Montner
C. Fourtou
Calmeilles
Valpuy
Tordères
Souanyas
Escaro
Aytua
Fillols
Balatg
La Molina
La Bastide
Llauro
Vernet-les-Bains
Cortalets
Valmanya
St-Marsal
Oms
C. de Llauro
Thorrent
Sahorre
Bonaigua
CANIGOU
Los Masos
Chau
C. Palomère
Taillet
Vivès
St-Martin-du-C.
2784
Taulis
N.-D.-du-Roure
St-Ferréol
Casteil
Tour de Goa
C. du Jou
Pic du Canigou
1778
Puig de l'Estelle
Tour de Batère
Puig-de-Tres-Estelles
2099
Vallée de la Rotja
MASSIF DU
Forêt de Casteil
Mines de fer de Batères et des Indis
Vieux-Pont
Py
Puig des Tres Vents
Le Pont-de-Reynès
Les Pins
Montbolo
Palalda
Col de Mantet
Mantet
La Rabasse
Forêt de Corsavy
Reynès
Céret
Amélie-les-Bains-Palalda
Corsavy
Le Bernadou
Cime des Cums
2301
Les Estables
La Souque
Gorges de la Fou
Alzine-Rodone
Mas Carol
Pla Guillem
Puig de la Collada-Verde
2029
St-Guillem
1626
Arles-s.-Tech
2456
Cime de Pomarole
Chât. lo Castell
Stèle des Evadés
P. de Granarols
1690
Can-Partère
Montalba-d'Amélie
1450
Roc de France
Pic des Salines
Les Esquerdes de Rotja
La Llau
Veinat-d'en-Coumé
Montferrer
Serre de Montner
Roc Colom
2507
Les Fourquets
Haut-Vallespir
P. de Coma Armada
P. de Costabonne
St-Sauveur
Fort-Lagarde
Puig Redon
Les Salines
Mines
Costabona
2465
La Preste
Le Tech
La Forge-de-Mitg
1145
Puig del Tourn
Col del Faig
959
Maçanet de Cabrenys
Sierra de la Balmeta
C. Prégon
Prats-de-Mollo-la-Preste
Tour
Caldares
Serralongue
1998
Sistre
Chap. Ste-Marguerite
St-Laurent-de-Cerdans
Tapis
Setcasas
Espinavell
C. de la Guilla
Tours
1101
P. Falco
P. de las Agudas
C. d'Ares
N.-D.-du-Corral
1425
Mont Nègre
Villeroge
Coustouges
Castell de Bach Grillera
1060
Lamanère
Mollo
Rocabruna
Vilalonga de Ter
La Buxeda
Château
Llanars
Camprodon
Beget
Sierra de Mestreca
S. Aniol
1376
Bassegoda
Albanya
1044
GERONA
San Martin de Surroca
Oix
Sardernas
San Pablo de Seguries
C. de Capsacosta
Sierra de Malfural
Sa Pineda
Nueva Sierra del Monte
S. Salvador de Viaña
ESPAGNE
Tortellà
Sales de Llierca
Beuda
Sant Joan de les Abadesses
Capsech
Montagut
Castellfollit de la Rosa
Maia de Montcal
Vall de Viaña
Coll. de Santigosa
Coll. de Coubet
1038
S. Pedro Despuig
Sant Joan les Fonts
Sant-Jaume-de-Llierca
Argelaguer
Vallfogona de Ripolles
Olot
Beguda
Besalu

PERPIGNAN
Cabestany
Le Soler
Toulouges
Canohès
Pollestres
Ponteilla
Trouillas
Villeneuve-de-la-Raho
Bages
Montescot
Elne
Saleilles
Alénya
Théza
Corneilla-del-Vercol
St-Cyprien
St-Cyprien-Plage
Latour-Bas-Elne
Capellans
Aqualand
Réserve naturelle du Mas-Larrieu
St-Nazaire
Mas-du-Moulin
Étang du Canet ou de St-Nazaire
Canet-Plage
Mas-Sabole
Chât. du Réart
ROUSSILLON
Monastir-del-Camp
Villemolaque
Fourques
Passa
St-Sébastien
Mas-Llauro
Tresserre
Banyuls-dels-Aspres
St-Jean-Lasseille
Ortaffa
Mas-Aragon
Palau-del-Vidre
Brouilla
Villeclare
Taxo-d'Aval
Taxo-d'Amont
Argelès-s.-Mer
Argelès-Plage
Port-Argelès
Le Racou
Ermitage St-Luc
La Grange
St-André
St-Génis-des-Fontaines
Villelongue-dels-Monts
Sorède
Laroque-des-Albères
Le Pave
Pic Martineau
Chât. d'Ultrera
Lavall
Gorges de Laval
N.-D.-de-la-Consolation
Collioure
Port-Vendres
CAP BÉAR
Fort Béar
CÔTE VERMEILLE
Cap Oullestreil
C. de Mollo
Cosprons
Banyuls-s.-Mer
Aquarium
Cap l'Abeille
C. Rédéris
C. Peyrefite
Cerbère
CAP CERBÈRE
Port-Bou
Pte Clapé
LA CATALANE
Le Boulou
St-Jean-Pla-de-Corts
St-Martin-de-Fenollar
Montesquieu-des-Albères
Prieuré Sta-Maria-del-Vilar
Chapelle St-Christophe
Forêt des Albères
Roc du Midi
Tour de la Massane
Tour Madeloc
Maureillas-las-Illas
Les Cluses
Chât. des Maures
Le Perthus
Fort
L'Albère
C. de l'Ouillat
P. Neulos
Forêt de Sorède
Col des 3 Hêtres
Pic Sailfort
Puig-del-Mas
La Ville-Amont
Les Abeilles
MONTS DES ALBÈRES
Ruinoguès
Col du Perthus
St-Martin-d'Albère
Pic des Quatre Termes
C. de Banyuls
P. Calmeille
Super-las-Illas
Las-Illas
C. de Lli
La Bajol
Chât. Requesens
Grusé
Puig de la Calme
Puig de Taravaus
La Barbota
La Jonquera
Cantallops
Mas Corbera
Castellar
Couvent de St-Quirse
Molinas
Colera
Pta Canones
Pta de Cap Ras
Puig d'Esquers
P. Tifell
El Port de Llança
Llança
L'Estrada
Agullana
Los Estanys
Bell-Lloch
Vilartoli
Espolla
Rabos
Vilamaniscle
Capmany
Sant Climent Sescebes
Darnius
Mollet de Peralada
Delfia
Garriguella
La Valleta
Phare de S'Arenella
Puerto de la Selva
Embalse de Boadella
Barrage
M. Roig
Masarac
Biure d'Empordà
Chât. Carmanso
Monastère Saint-Pierre-de-Rhodes
Selva de mar
Sant Llorenç de la Muga
Buadella
Las Boadas
Les Escaules
Vilajuiga
Pau
Roda
Terrades
Pont de Moulins
Cabanès
Peralada
Marsa
Pedret
Palau-Salverdera
Llers
Els Hostalets de Llers
Vilabertran
Vilanova de la Muga
Mas Buscà
Vilarig
Chât. de S. Fernando
Cistella
Vila Sacra
Roses (Rosas)
Sta Margarida
Montjoy
Puig Rom
B. de Rosas
Sant-Marti-Sesserres
Llado
Vilamant
Avinyonet de Puigventos
Figueras (Figueres)
Castelló d'Empuries
Vilanant
Fortia
Ampurria-Brava
Pta Falconera
Cabanelles
Riumors
Golfe de Rosas
Navata
Borrassa
Ordis
Vilamalla
Cuiram
Vilamacolum
Garrigás
Vilamacolum de Dalt
Sant'Pere-Pescador

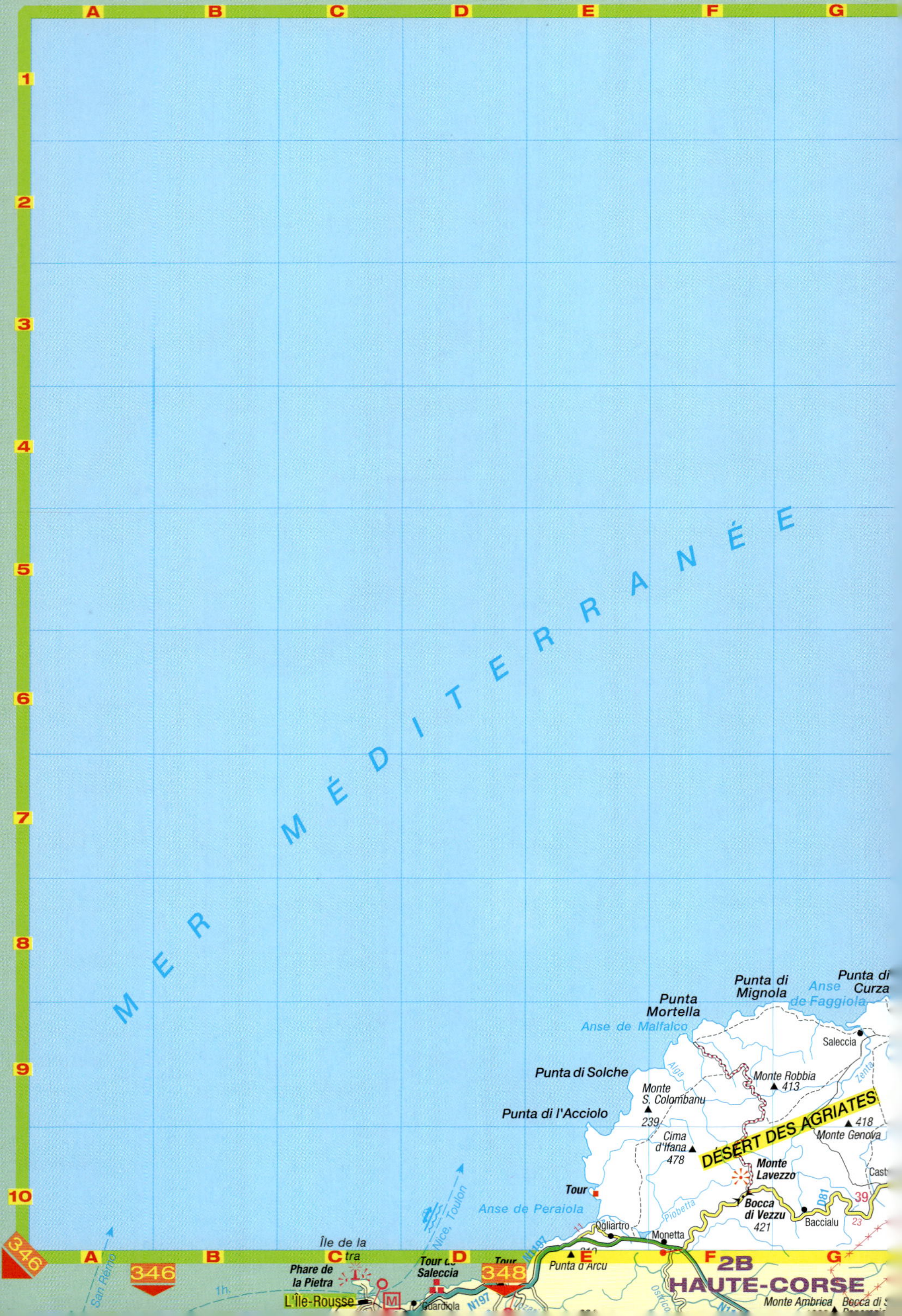
A
B
C
D
E
F
G
1
2
3
4
5
6
7
8
9
10
MER MÉDITERRANÉE
Punta di Mignola
Punta di Curza
Anse de Faggiola
Punta Mortella
Anse de Malfalco
Saleccia
Alga
Monte Robbia
413
Zenta
Punta di Solche
Monte S. Colombanu
239
Punta di l'Acciolo
DÉSERT DES AGRIATES
418
Monte Genova
Cima d'Ifana
478
Monte Lavezzo
Tour
Anse de Peraiola
Piobetta
Bocca di Vezzu
421
D81
39
Baccialu
23
Ogliartro
Monetta
N1197
Punta d'Arcu
2B
HAUTE-CORSE
Ostriconi
Monte Ambrica
San Rémo
346
1h.
Île de la Pietra
Phare de la Pietra
L'Île-Rousse
Guardiola
Nice, Toulon
Tour de Saleccia
348
N197

CAP CORSE
Î. de la Giraglia
Punta di Agnello
Tour d'Agnello
Barcaggio
Capo Grosso
Tollare
Punta di Corno di Becco
Capo Bianco
Monte Maggiore
Cima di a Campana
Î. Finocchiarola
Moulin Mattei
Com. d'Ersa
Granaggiolo
Baie de Centuri
Baie de Macinaggio
Col de la Serra
Col St-Nicolas
Port de Centuri
Com. de Centuri
Com. de Rogliano
Bettolacce
Soprana
Com. de Tomino
Tour de Meria
Marine de Meria
Com. de Morsiglia
Monte di Castello
Pruno
Capo Corvoli
Golfe d'Aliso
Pastina
Meria
Punta della Filetta Sonrana
Morteda
Col de Santa-Lucia
Com. de Luri
Campu
Santa-Severa
Pino
Tour de Sénèque
Punta di Stintinu
Monte Minervio
Piazza
Castiglione
Minerbio
Com. de Barrettali
Monte di St'Angelo
Adamo
Com. de Cagnano
Marine de Porticciolo
Tour de l'Osse
Marine de Giottani
Conchiglio
Monte Alticione
Commune de Pietracorbara
Marinca
Com. de Canari
Monte di a Croce
Cortina
Marine de Pietracorbara
Tour de Castellare
Punta di Canelle
Abro
Monte Cuccaro
Cima di e Follicie
Com. de Sisco
Moline
Crosciano
Ogliastro
Ancien couvent Santa-Catalina
Marine de Sisco
Marine d'Albo
Com. de Olcani
Monte Corvo
Monte Merizatodio
Guado Grande
Tour de Sacro
Monte Stello
Silgaggia
Nonza
Couvent
Santa-Maria di-e-Nevi
Monte Capra
Com. de Brando
Erbalunga
Celle
Commune de Olmeta-di-Capocorso
Com. de Santa-Maria-di-Lota
Poretto
Lavasina
Marine de Negru
Monte Pruno
Figarella
Miomo
GOLFE DE ST-FLORENT
Bocca di S. Léonardo
Com. de San-Martino-di-Lota
Mucchieta
Grigione
Marine de Farinole
Bracolaccia
Com. de Farinole
Pietranera
Punta Vecchiaia
Com. de Ville-di-Pietrabugno
Alzeto
Bastia
Tour de Toga
Punta di a Mortella
Com. de Patrimonio
Serra di Pigno
Cardo
Marseille, Nice, Toulon, San Remo, Gênes
Statue Menhir
Santa-Maria
Citadelle
Phare de Fornali
Anc. cath. du Nebbio
Suerta
San-Sarsorio
Com. de Barbaggio
St-Florent
Montesoro
Cim. allemand
Monte Castagne
Citadelle
Monte St-Angelo
Col de Teghime
Dolmen
Fiuminale
Furiani
Monte a Torra
La Marana
Monte a Mazzola
Olivacce
Poggio-d'Oletta
Étang
Champ de Tir de Casta
Coinceu
Oletta
Biguglia
RÉSERVE
Monte di Tuda
Cima di u Zuccarello
Casatorra
NATURELLE
Église San-Pietro
Olmeta-di-Tuda
Défilé de Lancone
Borgo
347
349

344
350
A
B
C
D
E
F
G
1
2
3
4
5
6
7
8
9
10
Île de la Pietra
Phare de la Pietra
L'Île-Rousse
Punta di Vallitone
Toulon, Nice, San Remo
1h.
Citadelle
Corbara
Occiglioni
Mte S. Angelo
Couv. de Corbara
Santa-Reparata-di-Balagna
Pigna
Sant'Antonino
Aregno
Cateri
Avapessa
Murato
Muro
Zilia
Punta di Spano
Marine de Sant'Ambroggio
Algajola
Tour de Spano
Baie d'Algajo
Capo d'Occi
Lumio
Lavatoggio
Tour de Caldanu
San Petru
Col de Salvi
San-Raineru
Punta di a Revellata
Golfe de la Revellata
Calvi
Cit.
Golfe de Calvi
Grotte des Veaux-Marins
Anse de Resica
N.-D. de la Serra
Pietra Major
Camp de Rafalli
Fiume Secco
Bartasca
Com. de Montegrosso
Ancien couvent d'Alzi Pratu
Ste-Restitude
CALVI-STE-CATHERINE
Capo di u Tir
Moncale
Calenzana
Baie de Nichiareto
Punta di Cantalelli
Capo a u Cavallo
Punta Cataraghiu
Capo alla Veta
Bocca Sierra
Capo Piano
Tarazone
Capo a e Vacche
Torre Truccia
Torre Mozza
Capo Porcarello
Suare
Capo Lovo
Capo a Dente
Capo di a Mursetta
San-Quilico
Bocca di Marsolinu
Pieve
Capo Ghineparo
Punta di Alovanu
Chaos
Capo Ladroncelle
Baie de Crovani
Argentella
Capo di l'Argentella
Etang de Crovani
Amago
M.F.
Fontaine
Cirque de Bonifato
Punta di Ciuttone
Capo di Vegno
Bocca Bassa
Tour Maraghiu
Bocca di Bonasa
Golfe de Galéria
Capo Formicolaio
Capo a u Ceppo
La Muvrella
Punta di Stollu
Tour
Olmo
Marsolino
Crête de Chiumi
Lucca
Punta Rossa
Galéria
Le Fango
Punta Scalla
Refuge d'Altore
PARC
Calca
Capo Tondo
Punta Validori
Fang
Capo a e Poste
Golfe de Focolara
Forêt de Lucio
Capo Ovaggia
Forêt du Fango
Manso
Capo Bugello
Forêt du Filosorma
Capo Uccello
Punta Nera
Focolara
Punta di Liternicci
Forêt de Tetti
Bardian
Punta Palazzo
Bocca di Fuata
Capo Rosso
Monte-Estremo
Forêt de Perficato
Paglia Orba
Île de Gargalo
Tour
Col de Palmarella
Capo Manganello
Capo Tafonato
Refuge Ciottulu di i Mori
RÉSERVE NATURELLE DE SCANDOLA
Girolata
Punta Salisei
Capo di a Media
Golfe de Solana
Tour
Golfe de Girolata
Bocca di Melza
Col de Capronale
Punta Licciola
Capo di Guagnerola
Col de la Croix
Capo di Curzo
Capo a u Cellu
Capo a u Querceto
Punta Muchillina
Punta di Scandola
Osani
Curzo
Pinetu
Le Forcelle
Casc. de Radule
Capu Seninu
Monte Cenino
Partinello
Bocca a u Verghiolu
Col de Vergio
Col de Cocavera
Vetriccia
Serriera
Punta a la Scopa
Capo Paolo
Forêt de l'Onca
Vergio
Anse de Lignaggia
Forêt de Sabineto
Forêt de Lindinosa
Col de Salto
Punta Bianca
Capo a la Vetta
Capo a la Ruja
GOLFE
DE
PORTO
Cascades d'Aitone
Gorges de Spelunca
Porto
Vaïta
Anse de Castagna
Tour
Ota
Ponte Vecchiu
Evisa
Forêt d'Aitone
Capo di Melo
Anse de Ficajola
Les Calanche
Forêt de Piana
Plle de Pinello
Cristinacce
Punta di a Guardiola
Vistale
Piana
Capo d'Orto
Marignana
L'Inacinosa
Capu Rossu
Col de Lava
Capo di u Vitullo
Capo a la Polmonaccia
Commune de Renno
Tour de Turghio
Bocca di San-Martino
Capo Macendole
Poggio
Ceraso
Casc. de Pisciia a l'Onda
Capo a la Forcella
Macinaggio
Arone
Monte Rao
Letia
Punta a i Tuselli
Capo a e Forbice
St-Roch
St-Martin
Port d'Arone
P. de Chiuni
Revinda
Capu di Calazzu
Balogna
Col de St-Antoine
Vico
Chigliani
Murzo
Punta di Porcilell
Golfe de Topiti
Capo a la
N197
D151
D81
D84
D24
D70
D124
D824
1h.15mn.

2B
HAUTE-CORSE
HAUTE - CORSE
2B
NATUREL
RÉGIONAL
CORSE
Anse de Peraiola
Tour de Saleccia
Tour
Lozari
Guardiola
Monticello
Capu Mirabu
Barrage de Codole
Belgodère
Costa
Occhiatana
Anc. couv. de Tuani
Ville-di-Paraso
Speloncato
Nessa
Feliceto
Palasca
Novella
Urtaca
Lama
Monte Negro
Capo Niello
Col de Casella
Bocca di u Prunu
Cima di Alturaia
Bocca a Croce
Cima de Mitilelli
Monte Ambrica
Bocca di S. Pancrazio
Cima a Muzelli
Église San-Pietro
Santo-Pietro-di-Tenda
Lavandaggio
San-Gavino-di-Tenda
Sorio
Rapale
Pieve
Chap. S. Cesareu
Église San-Michele
Monte Torricelle
Rutali
Murato
Forêt de Stella
Statue Menhir
Chap. Santa-Margarita
Monte Asto
Bocca di Tenda
Monte Buggientone
Col de Bigorno
Cima di Tanoria
Vignale
Scolca
Campitello
Bigorno
Lento
Marcello
Volpajola
Barchetta
Olmeta-di-Tuda
Vallecalle
Défilé de Lancone
Monte Reghia di Pozzo
Monte Maggiore
Monte Tasso
Canavaggia
Quercitello
Costa Roda
Pont Génois
Ponte-Nuovo
Monte Tevisi
Pietralba
Pedano
Cima di Pinzali
Bocca Capanna
Stellaio
Bocca a Croce
Altiani
Olmi-Cappella
Cima di u Cugnolo
Mausoléo
Vallica
Pioggiola
Monte Tolo
Forcini
Cima di u Ghinebro
Piana
Castifao
Couvent San-Francescu
Cima di Modico
Moltifao
Mulivecchi
Monte Tetello
Cima Gazele
S. Parteo
Monte Grosso
Forêt de Melaja
Cima Gallichiccia
Forêt de Tartagine
Monte Padro
Punta Radiche
Bocca di Laggiarello
Gorges de l'Asco
Capo Selolla
Monte Corona
Cima di la Statoghia
Col d'Ondella
Refuge Giunte
Asco
Pont Génois
Punta Gialla
Haut-Asco
La Caldane
Forêt de Carrozzica
Capo Bianco
Capo Racino
Capo a u Perdato
Punta Jumentella
Monte Cinto
Refuge de l'Ercu
Punta Minuta
Lac Cinto
Monte Albano
Capo al Mangano
Ref. de Tighjiettu
Lozzi
Poggio
Pietra Zitamboli
Calasima
Albertacce
Calacuccia
Sidossi
Casamaccioli
Costa
Corscia
Cuccia
Scala di Santa Regina
Santa Regina
Serra Debbione
Valle-di-Rostino
Grate
Santa Maria di Riscamone
Castello-di-Rostino
Pastoreccia
Ortiporio
Giocatojo
Ponte-Leccia
Piedigriggio
Punta di Ciuffello
Punte Cavallare
Popolasca
Prato-di-Giovellina
Aiguilles de Popolasca
Castiglione
Croce d'Arbitro
Punta a Corniaccia
Francardo
Forêt de Pireto
Cima Ferletta
Poggio
Aiti
Cima a l'Orzalo
Lano
Cima al Cucco
Bocca al Pruno
Érone
Rusio
Caporalino
Chapelle San-Michele
Castirla
Omessa
Soveria
Collo di San-Quilico
Tralonca
Punta di l'Emella
Monte Piano Maggiore
Piano di Roma
Forêt de Forca
Pinerole
Santa-Marione
Monte Tomboni
Santa-Lucia-di-Mercurio
Castellare-di-Mercurio
Sermano
San-Nicolao
Bustanico
Punta Finosa
Forêt de Mélo
Citadelle
Corte
Capo di a Vorba
Pesorellu
Morosaglia
Stretta
Lutina
Novia
Castineta
St-Pierre d'Accia
Monte San Petrone
La Porta
Com. de Gavignano
Saliceto
Campana
Nocario
Casanova
San-Lorenzo
San Quilico
Loriani
Cambia
Carticasi
Pie-d'Orezza
Piedipartino
Carcheto-Brustico
Monte Muffraie
Piobetta
Pietricaggio
Punta de Caldane
Mont Castelle
Alando
Alzi
Mazzola
Commune de Sant'Andréa-di-Bozio
Favalello
Santa-Maria
Col de Casardo
Col de la Foata
Col de San-Cervone
Erbajolo
Zuani
Ampriani
San-Martinu
Punta Cervio
Piedicorte-di-Gaggio
Pietraserena
Focicchia
Altiani
Punta Quarcio
Chap. St-Jean
Pont
Pont de Piedicorte
Giuncaggio
Église de San-Giovanni
Féo
Refuge de Sega
Capo di Valandro
Capo di a Candela
Forêt du Tavignano
Gorges du Tavignano
Forcelle
Gorges de la Restonica
Forêt de la Restonica
Capo Facciato
Punta Artica
Punta di Castelli
Forêt de Valdo-Niello
Forêt de Compotile
Monte Tozzo
Lac de Nino
Cimatella
Capezzolo
Capo a u Chiostro
Capo a Sorbi
Capo a la Monela
Punte a le Porte
Lac de Creno
Monte Sant'Eliseo
Soccia
Orto
Lac de l'Oriente
Monte Rotondo
Lac de Melo
Pietra Piana
Monte Corbaja
Casanova
Poggio-di-Venaco
Riventosa
Santo-Pietro-di-Venaco
Venaco
Col de Bellagranajo
Monte Cardo
Serragio
Punta Felicine
Parc de Verghello
P. du Vecchiu
Fort de Parciola
Vivario
Punta Bagliacone
Noceta
Rospigliani
Col de Morello
Pta di a Ringhella
Fontaine de Padula
Vezzani
Pta Paglia
Muracciole
Punta Murone
Punta di e Corte
Col de Perelli
Antisanti
Pietroso
Bocca Tripoli
Bocca Manganello
Punta-di-Grafolello
Punta a i Muzzolini
Bocca d'Oreccia
Refuge de l'Onda
Punta Renoso
Col de Campo di Lupo
Forêt de Rospa Sorba
Cervello
Bocca di Misciceli
Guagno
Poggiolo
Guagno-les-Bains
Punta Muro
Col de Sorba
Letto-Maio
Saparelle
Sources
Piedi
Rapa
Stazzona
Cima di Zuccarello
Olivacce
Monte a Mazzola
Bocca di Vezzu
Baccialu
Champ de Tir de Casta
Punta d'Arcu
Monetta
Forêt de Santo
H
I
J
K
L
M
N
1
2
3
4
5
6
7
8
9
10
344
345
349
351
353
N197
N1197
N193
N200
D84
D18
D39
D71
D143
D623
D5
D82

344
345
346
350
352
2B HAUTE-CORSE
HAUTE
L'Île-Rousse
Île de la Pietra
Phare de la Pietra
Tour de Saleccia
Tour Lozari
Punta di Vallitone
Citadelle
Corbara
Occiglioni
Mte S. Angelo
Couv. de Corbara
Algajola
Pigna
Santa-Reparata-di-Balagna
Monticello
Capu Mirabu
Guardiola
Barrage de Codole
Belgodere
Palasca
Ogliastro
Monetta
Punta d'Arcu
Monte Negro
Capo Niello
Col de Casella
Bocca di u Prunu
Cima di Alturaia
Novella
Bocca a Croce
Urtaca
Lama
Cima di Mitilelli
Monte Ambrica
Bocca di S. Pancrazio
Cima a Muzelli
Bocca di Vezzu
Bacciulu
Champ de Tir de Casta
Monte a Mazzola
Église San-Pietro
Santo-Pietro-di-Tenda
Lavandaggio
San-Gavino-di-Tenda
Sorio
Rapale
Pieve
Chap. Santa-Margarita
Statue Menhir
Monte Asto
Bocca di Tenda
Monte Buggientone
Pietralba
Col de Bigorno
Monte Reghia di Pozzo
Monte Maggiore
Lento
Monte Tasso
Canavaggia
Quercitello
Costa Roda
Pont Génois
Ponte-Nuovo
Monte Tevisi
Sant'Antonino
Capo d'Occi
Aregno
Cateri
Lumio
Lavatoggio
Avapessa
Col de Salvi
San Petru
Murato
Muro
San-Raineru
Nessa
Feliceto
Costa
Occhiatana
Anc. couv. de Tuani
Ville-di-Paraso
Speloncato
Bocca Capanna
Stellaio
Bocca a Croce
Altiani
Cima di u Cugnolo
Olmi-Cappella
Vallica
Mausoléo
Pioggiola
Forcini
Monte Tolo
Zilia
Com. de Montegrosso
Cima Gazele
S. Parteo
Ancien couvent d'Alzi Pratu
Ste-Restitude
Calenzana
Moncale
Capo di u Tir
Tarazona
Capo a e Vacche
Forêt de Melaja
Monte Grosso
Cima Gallichiccia
Forêt de Tartagine
Monte Padro
Punta Radiche
Capo a Dente
Capo Lovo
Monte Corona
Cima di la Statoghia
Col d'Ondella
Capo Selolla
Asco
Pont Génois
Gorges de l'Asco
Bocca di Laggiarello
Monte Terello
Cima di Modico
Couvent San-Francescu
Moltifao
Castifao
Cima di u Ghinebro
Piana
Mulivecchi
Ponte-Leccia
Serra Debbione
Valle-di-Rostino
Santa Maria di-Riscamone
Piedigriggio
Punta di Ciuffello
Punte Cavallare
Popolasca
Aiguilles de Popolasca
Prato-di-Giovellina
Castiglione
Forêt de Pineto
Cima Ferletta
Poggio
Chaos
Capo Ladroncelle
Refuge Giunte
M.F. Fontaine
Cirque de Bonifato
Punta Gialla
Cima a I Mori
Capo di u Dente
Croce d'Arbitro
Francardo
Aiti
Cima a l'Orzale
Lano
Cima al Cucco
Bocca al Pruno
Erone
Rusio
Capo Formicolaio
Capo a u Ceppo
La Muvrella
Haut-Asco
La Caldane
Forêt de Carrozzica
Capo Bianco
Capo Racino
Punta Jumentella
Punta a Corniaccia
Caporalino
Chapelle San-Michele
Omessa
Castirla
Santa Regina
Scala di Santa Regina
PARC
NATUREL
RÉGIONAL
DE CORSE
Refuge d'Altore
Capo a e Poste
Punta Minuta
Capo a u Perdato
Monte Cinto
Refuge de l'Ercu
Lac Cinto
Capo al Mangano
Costa
Corscia
Piano di Roma
Soveria
Collo di San-Quilico
Tralonca
Punta di l'Ernella
Monte Piano Maggiore
Capo Bugello
Forêt du Filosorma
Monte-Estremo
Capo Uccello
Monte Albano
Capo Rosso
Paglia Orba
Ref. de Tighjettu
Lozzi
Poggio
Cuccia
Calacuccia
Pietra Zitamboli
Forêt de Force
Pinerole
Santa-Mariane
Monte Tomboni
Santa-Lucia di-Mercurio
Castellare-di-Mercurio
Sermano
San-Nicolao
Capo Tafonato
Refuge Ciottulu di i Mori
Calasima
Albertacce
Sidossi
Casamaccioli
Punta Finosa
Forêt de Mélo
Citadelle
Corte
Pesorellu
Col de Capronale
Capo di Guagnerola
Punta Licciola
Refuge de Sega
Capo di a Vorba
Gorges du Tavignano
Église de San-Giovanni
Féo
Le Forcelle
Col de Cocavera
Col de Salto
Col de Vergio
Vergio
Forêt de Valdo-Niello
Capo di Valandro
Capo di a Candela
Forêt du Tavignano
Forcelle
Gorges de la Restonica
Forêt de la Restonica
Monte Corbaja
Casanova
Poggio-di-Venaco
Riventosa
Punta Quarcio
Forêt de Lindinosa
Cascades d'Aitone
Forêt d'Aitone
Capo a la Rula
Monte Tozzo
Lac de Nino
Capo Facciato
Punta Artica
Punta di Castelli
Santo-Pietro-di-Venaco
Col de Bellagranajo
Venaco
Capo di Melo
Cristinacce
Cimatella
Forêt de Compotile
Capo a u Chiostro
Capo a Sorbi
Monte Cardo
Serragio
Lac de l'Oriente
Monte Rotondo
Capezzolo
Lac de Melo
Punta Felicine
Parc de Verghello
P. du Vecchiu
Punta Bagliacone
Noceta
Rospigliani
Col de Morello
Marignana
L'Inacinosa
Capo a la Monelà
Capo a le Porte
Pietra Piana
Commune de Renno
Casc. de Pisca a l'Onda
Lac de Creno
Monte Sant'Eliseo
Bocca Manganello
Bocca Tripoli
Punta di Grafolello
Fort de Parciola
Vivario
Vezzani
Fontaine de Padula
Poggio
Ceraso
Macinaggio
Letia
St-Roch
St-Martin
Soccia
Orto
Punta a i Muzzolin
Punta di Finzi Corbini
Bocca d'Orec
Forêt de Cervello
Col de Campo di Luna
Muracciole
Forêt de Ros
Pta Paglia
Sorba
Vico
Chigliani
Guagno-les-Bains
Poggiolo
Guagno
Murzo
Punta di Porcilelle
Bocca Missicel
Refuge de l'Onda
Punta Renosa
Col de Sorba
Punta Muro
N197
N1197
N193
N200
D84

345
RÉSERVE NATURELLE
Étang de Biguglia
Borgo
Plage de la Marana
Plage de Pineto
BASTIA-PORETTA
La Canonica
San-Parteo
Cap Sud
Olivacce
Poggio-d'Oletta
Oletta
Biguglia
Casatorra
Cima di u Zuccarello
Défilé de Lancone
Olmeta-di-Tuda
Vallecalle
Ortale
Purettone
Chap. S. Cesareu
Église San-Michele
Monte Torricelle
Rutali
Murato
Forêt de Stella
Cima di Taffoni
Borgo
Crocetta
Lucciana
Vignale
Cima di Tanoria
Scolca
Campitello
Fontanone
Bigorno
Volpajola
Marcello
Barchetta
Prunelli-di-Casacconi
Casamozza
Torra
Arena
Vescovato
Olmo
Venzolasca
Querciolo
Canaja
Campile
Monte Castellare
Col de Chercheroni
Loreto-di-Casinca
Sorbo-Ocagnano
San-Pancraziu
Anghione
Bisinchi
St-André
Monte
Monte St-Angelo
Penta-di-Casinca
Castellare-di-Casinca
Tour
San-Pellegrino
Castello-di-Rostino
Crocicchia
Pastoreccia
Grate
Penta-Acquatella
Silvareccio
Porri
Col de Sant-Agostino
Folelli
Ortiporio
Piano
Casalta
Fium Alto
Taglio-Isolaccio
Giocatojo
Casabianca
Santa-Maria
Stretta
Lutina
N.-D.
Poggio-Marinaccio
Figareto
Novia
Quercitello
Morosaglia
Castineta
La Porta
Ficaja
Scata
Pruno
Pero-Casevecchie
Talasani
Com. de San-Damiano
Com. de San-Gavino-d'Ampugnani
Velone-Orneto
St-Pierre d'Accia
Croce
Com. de Gavignano
Monte San Petrone
Poggio-Mezzana
Sainte-Lucie de Moriani
Saliceto
Polveroso
Verdese
Piazzole
Com. de Santa Lucia-di-Moriani
Nocario
Couvent
Commune de Monacia-d'Orezza
Moriani-Plage
Casanova
Campana
Piedicroce
Com. de San-Giovanni-di-Moriani
San-Lorenzo
Sources
Rapaggio
Parata
San-Nicolao
San Quilico
Pie-d'Orezza
Monte Olmelli
Loriani
Piedipartino
Stazzona
Com. de Valle-d'Orezza
Cascade
Com. de Santa-Reparata-di-Moriani
Santa-Maria-Poggio
Cambia
Carcheto-Brustico
Carpineto
Commune de Felce
Santa Cristina
Port de Campoloro
Carticasi
Monte Muffraie
Piobetta
Com. de Tarrano
Cervione
Valle-di-Campoloro
Milaria
Pietricaggio
Valle-d'Alesani
Madona
Prunete
Punta de Caldane
Com. de Santa Andrea-di-Cotone
Careggia
Perelli
Ortale
Monte di Castello
Piazzali
Commune de San-Giuliano
Bustanico
Anc. couv. d'Alésani
Novale
Alesani
Alando
Alzi
Rocher de Muteri
Pietra-di-Verde
Chiatra
Tour
Mazzola
Arbitro
Commune de Sant'Andréa-di-Bozio
Pianello
Moïta
Cavalello
Col de Casardo
Col de la Foata
Santa-Maria
Canale-di-Verde
Phare d'Alistro
Matra
Campi
Monte Sant'Appianu
Linguizzetta
Col de San-Cervone
Zuani
Zalana
Vignale
San-Martinu
Erbajolo
Tox
Ampriani
Tour d'Alistro
Punta Cervio
Focicchia
Piedicorte-di-Gaggio
Altiani
Pietraserena
Tallone
Chap. St-Jean
Pont de Piedicorte
Giuncaggio
Pancheraccia
Pianiccia
Bravone
Marine de Bravone
Tour de Bravone
CORSE
2B
Monte Torricella
Champ de Tir
Sbiri
Faio
Félines
Riva-Bella
Punta Murone
Punta di e Corte
Tour
Casabertola
Étang de Terrenzana
Col de Perelli
Antisanti
Punta Suarella
Frassicia
Rio Magno
Pietroso
Tour de Diane
Punta Capizzali
Casevecchie
Campo-Quer
Étang de Diane
353
Saparelle
Letto-Maio
Punta a Loppia
Vaccaja
Teppa
Cateraggio
Calviani
Tagnone
Tavignano
Corsigliese
N193
N198
N200
D506
D71
D52
D16

346
354
A
B
C
D
E
F
G
1
2
3
4
5
6
7
8
9
10
2A CORSE-DU-SUD
Punta a i Tuselli
Port d'Arone
San-Martino
Monte F
Capo a e Forbice
Capo a la Forcella
Macinaggio
Ceraso
Letia
St-Roch
St-Martin
Golfe de Topiti
Punta d'Orchinu
Tour d'Orchinu
P. de Chiuni
P. de Fornello
Revinda
Forêt d'Esigna
Capu di Calazzu 1131
Capo a la Cuma 748
Balogna
Col de St-Antoine 491
Vico
Chigliani
Couvent de St-François
Murzo
Punta di Porcilelle 1429
A Sposata
Muna
Golfe de Chiuni
Col de Torraccia
Lozzi
Capo di Vaglio 701
Rondilinu
Villedieu
Le Couvent
Appriciani
Parapoggio
Com. de Arbori
Rochers
Rosazia
Tour
Punta d'Omigna
Golfe de Pero
Cargèse
Punta di Cargèse
Punta di Molendinu
Plage de Ménasina
Cathédrale Sant'Appiano
Tour de Sagone
Sagone
Port de Sagone
Capo a le Saltelle
Cerasa
Casanova
Capo a la Vetta
Coggia
Vedoccia
Monte al Frate
Com. de Lopigna
Punta Puntiglione
San-Petru
Ambiegna
Arro
Punta di a Vida 869
Casaglione
Sari-d'Orcino
GOLFE DE SAGONE
Tour de Capigliolo
Tiuccia
U Castellu
Punta Capigliolo
Golfe de la Liscia
Cannelle
Sant'Andréa-d'Orcino
Com. de Sarrola-Carcopino
Tour d'Ancone
Punta di Palmentoju
Col de San-Bastiano
Calcatoggio
Punta Molendino
Com. de Valle-di-Mezzana
Appietto
Rocher Gozzi
Monte St-Angelo
Col de Listincone
Tour Pelusella
Punta Parragliola
Bocca di Carbinica
Ficaggiola 444
Port Provençal
Golfe de Lava
Punta di Pietra Rossa
Punta d'Aquilone
Alata
Muro
Cinto Rocher
Afa
Château de la Punta
Capo di Feno
Tour
Punta di a Vena 333
Villanova
Bocca di Pruno 779
Mezzavia
Punta di Lisa 790
Punta Pozzo di Borgo
Monte St-Angelo
Botaccina
Commune de Bastelicaccia
Pisinale
Anse de Minaccia
Champ de Tir
Sant'Antone
Aspretto
Punta Alta 283
Monte Salario 311
AJACCIO
AJACCIO-CAMPO DELL'ORO
Vignola
Chapelle des Grecs
Tour de Capitello
Pisciatella
Pointe de la Parata
Tour de la Parata
Î. Porre
Îles Sanguinaires
Grande Sanguinaire
Tour Castelluccio
Punta di Porticcio
Porticcio
Tour
Plage d'Agosta
Molini
Punta di Sette Nave
Presqu'île d'Isolella
Agnarello
Crucatia
Pietrosella
Tour de l'Isolella
GOLFE D'AJACCIO
Forêt de Chiavari
Port de Chiavari
Î. Piana
Plage de Portigliolo
Verghia
Col de Gradello 442
Tour
Pozzaccio
Punta di a Castagna
La Castagna
Col de Cortone 625
Arena Rossa Plage
Ariezza
Coti-Chiavari
Punta di u Carapono
Marseille, Toulon, Nice
Anse de Cacao
Acqua-Doria
Zivignola
Tour
Fuatese
Pointe Guardiola
Mormontaja
U Paladini
Capu di Muru
Anse d'Orzo
Punta Tonda
Baie de Copabia
Serra-di-Ferro
Tour
Cala di Giglio
Tour de Capanella
Capu Neru
Tour de Capriona
Marseille, Toulon
Punta di Porto Pollo

Monte Sant'Eliseo 1510
Soccia
Orto
1800 Bocca Manganello
Bocca Tripoli
1476 Punta di Grafi
Fort de Pasciola
347
Vivario
Fontaine de Padula
Vezzani
Col de Perelli 720
Antisanti
349
Punta a i Muzzolini
2021 Punta di Pinzi Corbini
Bocca d'Oreccia 1427
Forêt de Cervello
Col de Campo di Luppo
Muracciole
Pta Paglia 1528
Forêt de Rospa Sorba
Pietroso
Punta Capizzali
Poggiolo
Guagno
Guagno-les-Bains
Bocca di Missiceli
1634
Refuge de l'Onda
Punta Renosa 2008
Punta Muro 1565
Col de Sorba 1311
Saparelle
Letto-Maio
Forêt de Libio
1194
Forêt de Pastricciola
Monte d'Oro
Forêt de Vizzavona
Agnatello
460 Punta di Finocchiaia
Monte Cervello 1624
Monte Tretorre 1502
Pastricciola
Chiussa
Guigliazza
2254
2389
Punta Migliarello
Vizzavona
Rosse
Punta Scalaiolo 846
Salastraco
Défilé des Strette
Défilé de l'Inzecca
Commune de Rezza
Azzana
Cascade des Anglais
Fort
Punta Feniccia 1691
Col de Vizzavona 1163
Ghisoni
Sampolo
Pinzalone
Salice
Punta a i Novi 1451
Punta di u Ceppa
Rocher de Christe-Eleison
Punta Pazzete 1313
Piane
Punta Grossa 1048
Bosso
Fontaine de Fondali
Punta di l'Oriente 2112
1260
1535
Punta d'Uccello 1055
Lugo-di-Nazza
Pratello
Punta di a Malandria 986
Bocognano
Villanova
1679
Punta Capitello
Refuge de Capannelle
Pta Kyrie-Eleison
Pta di Campiglione 1679
Ft de Petra-Piana
Poggio-di-Nazza
Punta Cardeto 669
Source de Pizzolo
Lac de Bastiani
1044 Punta Soraia
Bocca di Tartavello
900
Tavera
Casaracca
Cascade du Voile de la Mariée
Monte Renoso
Forêt de Marmano
611 Monte d'Oro
Vero
Pont
Église San Giovanni
Punta di a Velta 2255
Lac de Vitelaca
2352
2032
Punta Bocco dell'Oro
Punta Capella
Col de Scalella 1193
Punta d'Isa 1630
Monte Niello 2157
2110
Punta Scaldasole
Col de Verde 1289
1926
Refuge de Prati
San-Giovanni
Suaricchio
Ucciani
Crucoli
Carbuccia
Monte Eliseo 1271
Forêt de S. Pietro di Verde
Acciani
Prunelli-di-Fiumorbo
Tavaco
Bocca Pazzara 1256
1621
Punta di u Feno
Isolaccio-di-Fiumorbo
Traggina
Punta Cationé 1265
1943 Plateau d'Ese
Monte Giovanni 1950
Punta di a Capella 2042
Cascades
Bastelica
Punta Vaccaio
Val d'Ese
Punta Tirolello 1541
Pietrapola
Col de Carazzi 204
Peri
Punte d'Antraca 1300
Cascade d'Aziana
Punta Petra Mala 1674
Forêt de Punteniello
Punta Coperchiata 1939
Forêt de St-Antoine
San-Gavino-di-Fiumorbo
Ania
Com. de Cuttoli-Corticchiato
Col de Mercujo 715
Tolla
1048 Punta d'Alsiccio
Palneca
Ciamannacce
1525
St-Antoine
Monte Cristinacce 485
Punta S. Pietro 1209
Prunelli
Barrage de Tolla
724
Col de Cricocheto
Refuge de Vizzilucca
M.F.
Ft de Cerotte
Col de Laparo
Punta di Juva 1004
1045
Punta di Quarcio-Grosso
Ocana
Centrale électrique
Punta di a Gattaja 855
Forêt de la Pineta
Forêt de Quarcala
Tasso
Sampolo
1981 Monte Formicola
Monte Aragnasco 888
Gorges du Prunelli
Vignola
1206 Col d'Arusula
Bocca di Lera
Cozzano
Refuge d'Usciolu
Chisa
Basalla
353
521
Radicale
Col de San-Alberto
1631 Punta di Forco d'Olmo
1274
1243
Punta di a Veracaccia
Monte Occhiato 1752
Punta Lattonaccia 1717
Punta Castellacio 1138
Eccica-Suarella
Punta Arghiavana 1346
Guitera-les-Bains
Bains de Guitera
Zicavo
Cascade
Bocca di Cateri
672
N196
Cauro
Bocca di Sant'Antonio 883
Quasquara
Frasseto
Zévaco
Punta Suarella 868
Bergeries de Basseta
Punta di Corbi 612
Mutoleggio
678 Punta Grimaldella
Pointe de Sette Cimaggia 1162
Source de l'Altaccia
Campo
Corrano
Monte Malo 1849
Bocca di u Saltu 871
Col de St-Georges 747
Santa-Maria-Siché
Col de Granaccia
Cascade
Matalza
Punta Tinturaja
Punta Mozza 1124
Monte Rosso
Grosseto-Prugna
Albitreccia
865
Punta d'Alisandri 1044
Bosco di u Coscione
1796
Punta Tozzarella
Forêt de Tova
Col de Luminataja
Punta Cozzanaccio 1060
Cardo-Torgia
Azilone-Ampaza
Sommet de Sistaggia 1721
Plateau de Coscione
2134
Mte Incudine
2029
Punta di u Fornello 1930
608
Col de Larone
Col de Bellevalle 552
Punta S. Quilico 786
664 Punta di u Castello
Forciolo
Olivese
1443
Punta di Menta
1746 Bocca di Chiralba
Punta di Giavingiolo 1701
Punta di Penuccio
1748
Argiavara
Punta di l'Uncinute
Bisanao
Guarguale
Urbalacone
Zigliara
Punta di Piena Longa 1598
Punta di u Pargolo 1791
Bois de Sambuco
Réserve de Chasse de Bavella
Punta di Rossagio 730
Marato
Cognocoli-Monticchi
Argiusta-Moriccio
Col de la Vaccia 1199
Riticciola
Punta d'Ariola 1442
Aiguilles de Bavella 1596
Refuge de Paliri
629 Col de Chenova
Pila-Canale
P. Vecchiu
Moca-Croce
1419 Punta di u Cavalelli
1474 Punta di u Marcorinaccio
1218
Col de Bavella
978
Forêt Pennenti
Col de Tega
Cascade
Bicchisano
Petreto-Bicchisano
1363 Punta di S. Bavinzo
Parc
Trou de la Bombe
Punta di Velaco 1454
Punta dell'Orco 328
936
Col de St-Eustache
Monte S. Pietro 1398
Aullène
Quenza
Sainte-Marie
Ft de Bavella
Régional
Punta Contra Majore 582
Zérubia
Sorbollano
Zonza
Pointe Quercitella 1461
Ft de Zonza
Punta d'Usciolu 770
Pratavone
Casalabriva
Serra-di-Scopamène
834 Punta di u Sapalone
Forêt de Valle Mala
731 Col de Siu
Castellu di Cucuruzzu
1378 Monte Calva
Calvese
Sollacaro
Col de Celaccia
Cargiaca
Zoza
San-Gavino-di-Carbini
Tagliu Rossu
Station préhistorique de Filitosa
Punta di Buturetto 870
Punta Finocchiaia 1008
Hameau des Giacomoni
Loreto-di-Tallano
1033 U Castello
Giglio
Bocca d'Illarata 991
673 Punta Rossa
Monte Barbato 403
Olmeto
Castello della Rocca
Foce di Vergio 662
Altagène
Anc. couv.
Levie
Gualdariccio
1198 Punta di u Diamante
Forêt de Barocaggio Marghese
Capo
Tour de Micalona
226 Punta di Bancelli
Santa-Maria-Figaniella
Fozzano
St-Andréa-di-Tallano
Mela
Olmiccia
Ste-Lucie-de-Tallano
Carbini
Cascade de Piscia di Gallo
Punta Valle Maggiore 621
Tour de la Calanca
Bains de Baracci
354
Arbellara
683 Monte Piano Maggiore
Pantano
Pta di Corbo 1177
Agnarone
355
Punta di a Mola 769
Viggianello
Orone

352
348
350
354
355
346
2A CORSE-DU-SUD
AJACCIO
Vico
Couvent de St-François
Rochers
Forêt de Libio
Forêt de Pastricciola
Monte d'Oro
Forêt de Cervello
Forêt de Vizzavona
Col de Vizzavona
Col de Sorba
Forêt de Rospa Sorba
Bocognano
Monte Renoso
Forêt de Marmano
Col de Verde
Forêt de S. Pietro di Verde
Bastelica
Cascade d'Aziana
Val d'Ese
Forêt de Punteniello
Forêt de St-Antoine
Col de Carazzi
Barrage de Tolla
Gorges du Prunelli
Forêt de la Pineta
Forêt de Quarcala
Refuge de Vizzilucca
Bains de Guitera
Bergeries de Bassetta
Matalza
Plateau de Coscione
Mte Incudine
Bosco di u Coscione
Cauro
Pointe de Serra Cimaggia
Source d'Altaccia
Santa-Maria-Siché
Col de St-Georges
Tour de Capitello
Plage d'Agosta
Forêt de Chiavari
Port de Chiavari
Forêt Pennenti
P. Vecchiu
Station préhistorique de Filitosa
Monte Barbato
U Paladinu
Tour de Micalona
Castellu della Rocca
Forêt de Valle Mala
Col de St-Eustache
Castellu di Cucuruzzu
Baie de Copabia
Tour de Capanella
Tour de la Calanca
Punta di Porto Pollo
Levie
Ste-Lucie-de-Tallano
PARC
N193
N194
N196
N196

349
Tour
Col de Perelli
720
Antisanti
243
Punta Suarella
Frassicia
Terrenzana
Tour de Diane
H
I
J
K
L
M
N
728
Punta Capizzali
Casevecchie
Saparelle
Letto-Maio
192
Punta a Loppia
Campo-Quercio
Vaccaja
Étang de Diane
460
Punta di Finocchiaia
Teppa
Aghione
Calviani
Cateraggio
N200
1
Rosse
Punta Scalaiolo
846
Salastraco
Réservoir de Teppe Rosse
Fort de Matra
Aléria
Défilé des Strette
Défilé de l'Inzecca
Sampolo
Pinzalone
Maison Pieraggi
Casabianda
D343
Étang de Sale
Punta Razzete
443
St-Antoine
Samuleto
N198
RÉSERVE DE CHASSE DE CASABIANDA
Punta d'Uccello
1055
Lugo-di-Nazza
Pratello
2
Étang d'Urbino
Ft de Petra-Piana
Poggio-di-Nazza
611
Monte d'Oro
Ghisonaccia-Gare
Île d'Urbino
D344
Domaine de Pinia
Valcaccia
3
San-Giovanni
Ghisonaccia
Acciani
Prunelli-di-Fiumorbo
Tour de Vignale
Isolaccio-di-Fiumorbo
Traggina
Abbazia
Migliacciaro
Morta
Calzarello
Pietrapola
Serra-di-Fiumorbo
Casamozza
4
San-Gavino-di-Fiumorbo
Ania
Chapelle Santa-Maria
Monte Cuchero
485
Château de Coasina
Mignataja
Étang de Palo
Punta di Juva
1004
1045
Punta di Quarcio-Grosso
Ventiseri
Parata
N198
5
Chisa
Basalla
Travo
Solaro
Punta Castellacio
1138
Bocca di Cateri
672
Marine de Solaro
Punta di Corbi
612
477
483
Punta di Sorba
6
Monte Malo
1849
Bocca di u Saltu
871
Col de Pré d'Agnellu
Punta Mozza
1124
Solenzara
Forêt de Tova
Punta di Boccarona
397
2029
Rocchiu Pinzutu
Sari-di-Porto-Vecchio
7
Punta di u Fornello
1930
608
Col de Larone
Punta di a Jerba
456
601
Monte Santo
Cala d'Oro
Argiavara
Punta di l'Uncinute
606
Pointe Belliche
522
Bois de Sambuco
1791
RÉSERVE DE CHASSE DE BAVELLA
25,5
Aiguilles de Bavella 1596
Monte Piano
727
8
Refuge de Paliri
Col de Bavella
978
Punta Batarchione
Anse de Favone
Favone
Ft de Bavella
Trou de la Bombe
Punta di Velaco
1454
433
Punta di Pietra Bianca
RÉGIONAL
Tarco
Pointe Quercitella
1461
Punta d'Usciolo
770
Forêt de Vittoli
9
de Zonza
Conca
368
Punta di Telica
Monte Lalo
555
Tour
Anse de Fautea
1378
Monte Calva
Tagliu Rossu
N198
A Testa
Bocca d'Illarata
991
673
Punta Pinosa
Ste-Lucie-de-Porto-Vecchio
Île Roscana
10
Forêt de Barocaggio Marghese
Capo
Punta Valle Maggiore
621
Lecci
Poggio
Torraccia
Pinarellu
Golfe de Pinarellu
Île de Pinarellu
Tour
15,5
355
Punta di a Mola
769
Cirendinu
Castellu
Punta Capicciola

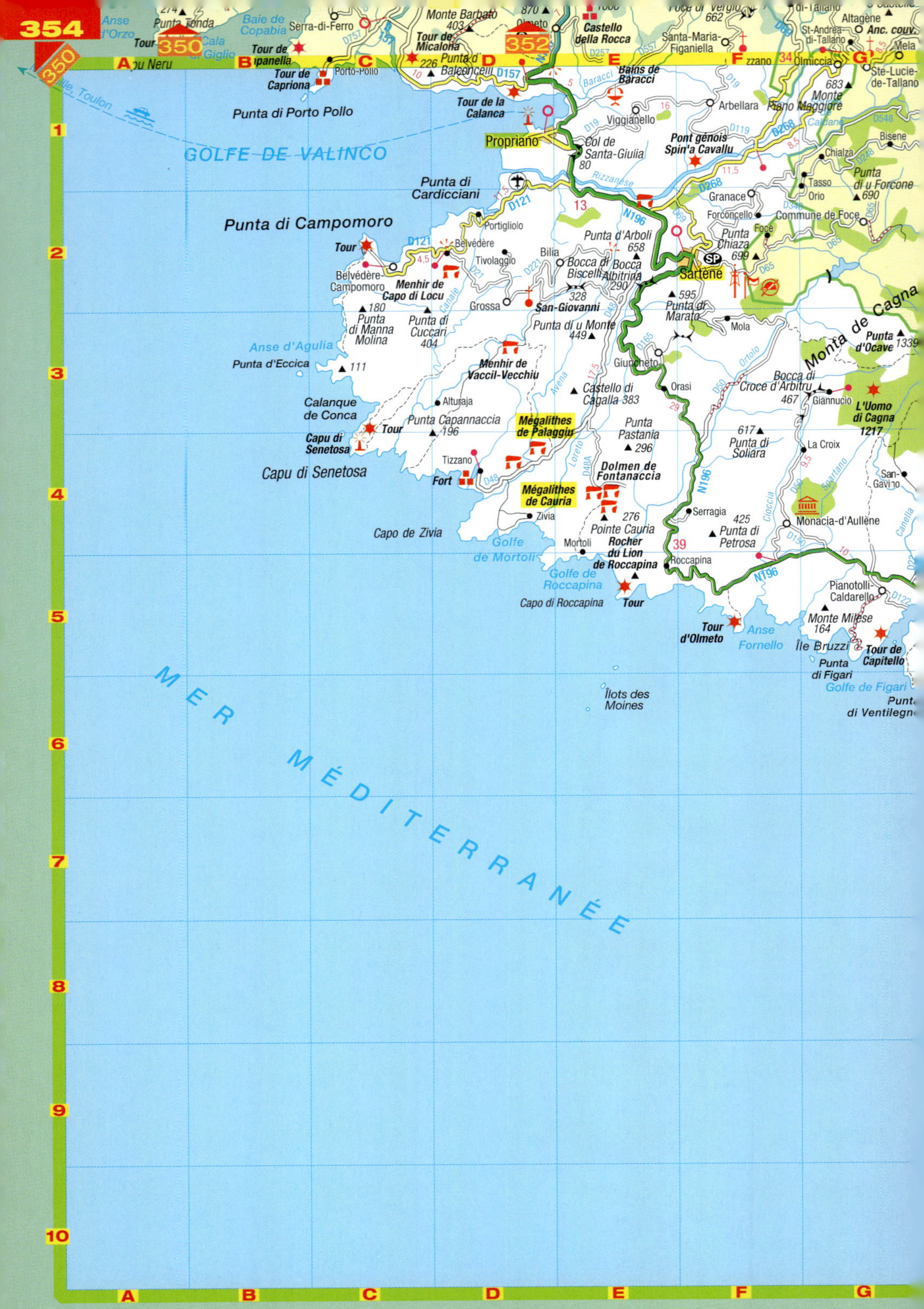
350
352
Anse d'Orzo
Punta Conda
Tour
Cala di Giglio
Baie de Copabia
Serra-di-Ferro
Tour de Campanella
Tour de Capriona
Porto-Pollo
Monte Barbato 403
Tour de Micalona
Punta d' Balconcelli
Olmeto
Castello della Rocca
Bains de Baracci
Santa-Maria-Figaniella
Foce di Vergio 662
St-Andrea-di-Tallano
Altagène
Anc. couv.
Mela
Olmiccia
Ste-Lucie-de-Tallano
Monte 683
Piano Maggiore
Marseille, Toulon
Punta di Porto Pollo
Tour de la Calanca
Propriano
GOLFE DE VALINCO
Viggianello
Arbellara
Col de Santa-Giulia 80
Pont génois Spin'a Cavallu
Chialza
Bisene
Tasso
Orio
Punta di u Forcone 690
Punta di Cardicciani
Granace
Forconcello
Commune de Foce
Foce
Punta di Campomoro
Portigliolo
Punta d'Arboli 658
Punta Chiaza 699
Tour
Belvédère
Belvédère-Campomoro
Tivolaggio
Bilia
Bocca di Biscelli
Bocca Albitrina 290
Sartène
Menhir de Capo di Locu
328
Grossa
San-Giovanni
595 Punta di Marato
Mola
Monta de Cagna
Punta d'Ocave 1339
180 Punta di Manna Molina
Punta di Cuccari 404
Punta di u Monte 449
Anse d'Agulia
Punta d'Eccica
111
Menhir de Vaccil-Vecchiu
Giuncheto
Orasi
Bocca di Croce d'Arbitru 467
Giannucio
L'Uomo di Cagna 1217
Calanque de Conca
Alturaja
Castello di Cagalla 383
Capu di Senetosa
Tour
Punta Capannaccia 196
Mégalithes de Palaggiu
Punta Pastania 296
617 Punta di Soliara
La Croix
Capu di Senetosa
Tizzano
Fort
Dolmen de Fontanaccia
Mégalithes de Cauria
San-Gavino
Zivia
276
Pointe Cauria
Serragia
425 Punta di Petrosa
Monacia-d'Aullène
Capo de Zivia
Golfe de Mortoli
Mortoli
Rocher du Lion de Roccapina
Roccapina
Golfe de Roccapina
Capo di Roccapina
Tour
Pianotolli-Caldarello
Tour d'Olmeto
Anse Fornello
Monte Milese 164
Île Bruzzi
Tour de Capitello
Punta di Figari
Golfe de Figari
Punta di Ventilegne
Îlots des Moines
MER MÉDITERRANÉE
N196
D121
D157
D268
A B C D E F G
1 2 3 4 5 6 7 8 9 10

2A CORSE-DU-SUD
Levie
Carbini
Pta di Corbo
1177
Orone
Pantano
Agnarone
Tirolo
1315
Punta di a Vacca Morta
L'Ospedale
Forêt de l'Ospedale
Forêt de Barocaggio Marghese
Punta di a Mola
769
Punta Valle Maggiore
621
Castellu d'Arraggio
Monument Torréen
Col de Bacinu
778
Tunnel de Scaffi-d'Ocholo
Col de Punticella
Col de Taglio Maggiore
Ste-Trinité
Punta Pinosa
Capo
Lecci
Poggio
Île Roscana
Île de Pinarello
de Pinarellu
Tour
Cirendinu
Punta Capicciola
Punta d'Araso
Punta San-Ciprianu
Cala Rossa
GOLFE DE PORTO-VECCHIO
Baie de Stagnolo
Poretta
Porto-Vecchio
Punta di a Chiappa
Piccovagia
1300
Punta di Compolelli
Punta di Litia
1026
Muratello
Pisciа
Stabiacco
Burrivoli
Punta di u Cerchio
325
Île Forana
230
Chetebbio
ÎLES CERBICALE
RÉSERVE NATURELLE
Plage de Palombaggia
Capo d'Asciaio
Île Piena
Île Pietricaggiosa
Punta Senza Nome
395
Sotta
Monument de Tappa
Bocca di l'Oru
Piscia
Chap. St-Ghyuvanni Battista
Pruno
Cardetto
Uscido
Golfe de Santa Giulia
Île di u Toro
Poggiale
Tarrabucceta
San-Quilico
Punta d'Arcivale
352
Bocca San-Pietra
121
Punta di Rafaello
Porto Novo
FIGARI-SUD CORSE
Oglistrello
Chera
Punta di Stavolinca
321
Plateau d'Arapa
321
Bocca d'Aresia
200
Tour de Sponsaglia
Punta di Sponsaglia
Suartone
Figari
Ste-Lucie
Chiova-d'Asino
Monte Bianco
317
56
Punta di Rondinara
La Testa
Monte Rosso
139
GOLFE DE SANTA-MANZA
Golfe de Ventilegne
Monte Corbo
239
Col de Parmentile
45
Étang de Balistra
Étang de Canetto
Punta di u Capicciolu
104
Tour de Santa-Manza
Port de Stagnolo
Col de Foce-de-Lero
90
Gurgazu
Ancien Ermitage de la Trinité
Île Poraggia
Grotte Marine du Sdragonato
Punta di San Mulari
114
Île Ratino
Île Cavallo
31
Capo di Feno
Cala di Paragnano
Bonifacio
Ancien couvent de St-Julien
Falaises
Île Piana
Pointe de Sperone
RÉSERVE NATURELLE
Capo Pertusato
Îles Lavezzi
Pyramide de la Sémillante
BOUCHES DE BONIFACIO
N198
N196
D859
H
I
J
K
L
M
N
1
2
3
4
5
6
7
8
9
10
351
353

PLANS DE VILLE
City plans Städtepläne

Légende Map symbols Zeichenerklärung

Français	Symbole	English	Deutsch

Cartes d'accès aux villes

Français		English	Deutsch
Autoroute à péage	Péage / Toll barrier / Maustelle	Motorway	Autobahn
Autoroute libre		Free motorway	Mautfreie autobahn
Autoroute en construction ou en projet		In project or under construction	Vorgesehene Autobahn oder im Bau
Voie en projet		Road in project	Straße im Bau
Voie express en service		Expressway	Schnellstraße
Voie express en construction		Expressway in project	Schnellstraße im Bau
Route à chaussées séparées		Dual carriageway	Getrennte Fahrbahnen
Route à 4 voies		Four-lane road	Vier Fahrspuren
Grande route	Roundabout / Kreisverkehr / Giratoire	Three-lane road	Drei Fahrspuren
Route principale		Major road	Hauptverkehrsstraße
Petite route	Roundabout / Kreisverkehr / Giratoire	Single lane	Eine Fahrspur
Bretelle de raccordement		Access road	Zufahrtstraße
Ligne de chemin de fer et gare		Railway and station	Eisenbahn und Bahnhof
Masse bâtie		Urban area	Bebaute Fläche
Espace vert		Square	Grünanlage
Aéroport		Airport	Flughafen
Aérodrome		Airfield	Flugplatz
Hippodrome		Racecourse	Pferderennbahn
Hôtel de ville		Town hall	Rathaus
Cathédrale ou église		Cathedral or church	Dom oder Kirche
Château ou tour		Castle or tower	Schloss oder Turm

Plans de centre-ville

Français		English	Deutsch
Autoroute		Motorway	Autobahn
Grand axe		Major road	Hauptverkehrsstraße
Rue piétonne		Pedestrian street	Fußgängerstraße
Stade		Stadium	Stadion
Parking		Car park	Parkplatz
Syndicat d'initiative Office de tourisme		Tourist information centre	Verkehrsamt Verkehrsverein
Édifice religieux, monument, bât. adm., édifice remarquable	Hôtel de Ville	Religious building, monument, public building, place of interest	Religiöse Gebäude, Denkmal, Verwaltungsgebäude, bemerkenswertes Gebäude
Masse bâtie		Urban area	Bebaute Fläche
Zone industrielle		Industrial park	Gewerbegebiet
Plan d'eau, rivière		Lake, river	Wasserbecken, Fluß
Espace vert		Park	Grünflächen

AIX-EN-PROVENCE

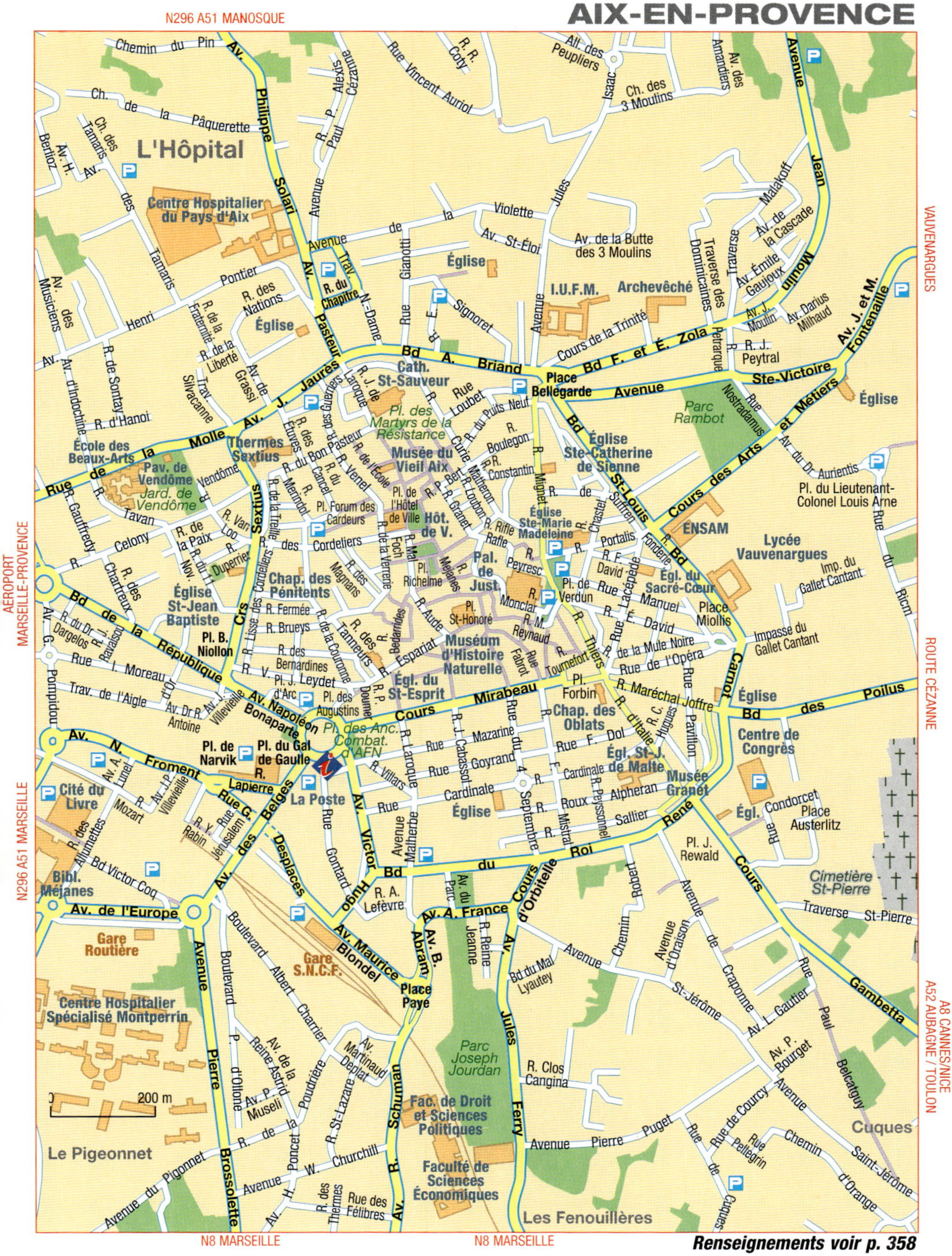

Renseignements voir p. 358

ALBI

AMIENS

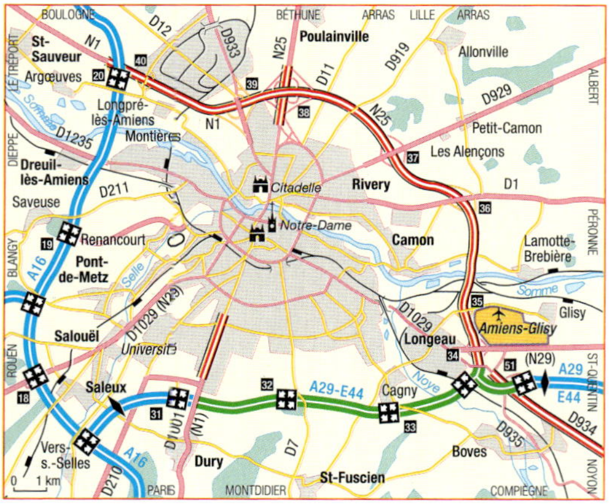

ANGERS

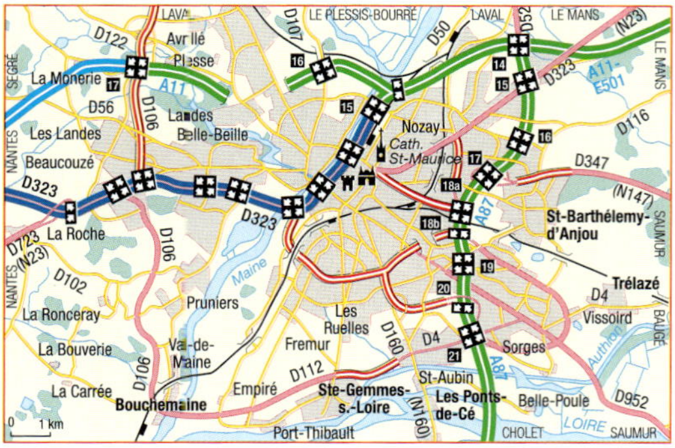

AIX-EN-PROVENCE (13) Voir p. 357

- ***OT :*** 2, place du Général-de-Gaulle.
  Tél. : 04 42 16 11 61
  E-mail : infos@aixenprovencetourism.com
  Internet : www.aixenprovencetourism.com
- ***Commissariat de police :*** av. de l'Europe.
  Tél. : 04 42 93 97 00
- ***Mairie :*** place de l'Hôtel-de-Ville. Tél. : 04 42 91 90 00

ALBI (81)

- ***OT :*** place Sainte-Cécile. Tél. : 05 63 49 48 80
  E-mail : accueil@albitourisme.com Internet : www.albi-tourisme.fr
- ***Commissariat de police :*** av. du Maréchal-de-Lattre-de-Tassigny. Tél. : 05 63 36 28 00
- ***Mairie :*** 16, rue de l'Hôtel-de-Ville. Tél. : 05 63 49 10 10

AMIENS (80)

- ***OT :*** 40, place Notre-Dame. Tél. : 03 22 71 60 50
  E-mail : ot@amiens-metropole.com
  Internet : www.amiens-tourisme.com
- ***Commissariat de police :*** 1, rue du Marché-Lanselles.
  Tél. : 03 22 71 53 00
- ***Mairie :*** place de l'Hôtel-de-Ville. Tél. : 03 22 97 40 40

ANGERS (49)

- ***OT :*** 7, place Kennedy.
  Tél. : 02 41 23 50 00
  E-mail : accueil@angersloiretourisme.com
  Internet : www.angersloiretourisme.com
- ***Commissariat de police :*** 15, rue Dupetit-Thouars.
  Tél. : 02 41 57 52 00
- ***Mairie :*** bd de la Résistance-et-de-la-Déportation.
  Tél. : 02 41 05 40 00

ANGOULÊME (16)

- ***OT :*** *7 bis*, rue du Chat. Place des Halles.
  Tél. : 05 45 95 16 84
  E-mail : info@angouleme-tourisme.com
  Internet : www.angouleme-tourisme.com
- ***Commissariat de police :*** place du Champ-de-Mars.
  Tél. : 05 45 39 38 37
- ***Mairie :*** place de l'Hôtel-de-Ville. Tél. : 05 45 38 70 00

ANGOULÊME

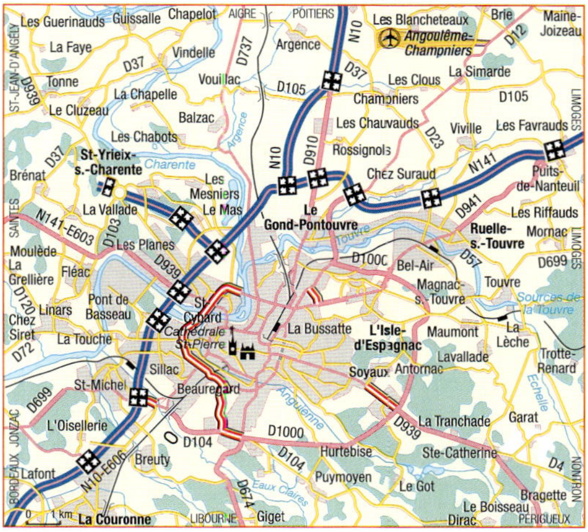

ANNECY (74)

- ***OT :*** 1, rue Jean-Jaurès. Tél. : 04 50 45 00 33
  E-mail : info@annecytourisme.com
  Internet : www.lac-annecy.com
- ***Commissariat de police :*** 15, rue des Marquisats.
  Tél. : 04 50 52 32 00
- ***Mairie :*** place de l'Hôtel-de-Ville. Tél. : 04 50 33 88 88

ANNECY

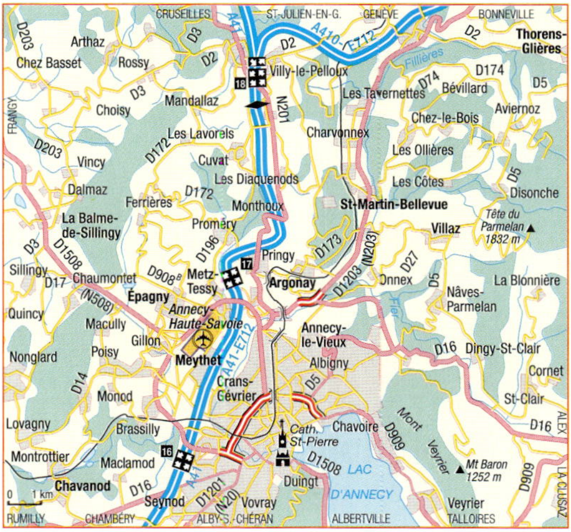

ARRAS (62)

- ***OT :*** place des Héros. Tél. : 03 21 51 26 95
  E-mail : arras.tourisme@ot-arras.fr
  Internet : www.ot-arras.fr
- ***Commissariat de police :*** 18, bd de la Liberté.
  Tél. : 03 21 24 50 17
- ***Mairie :*** place Guy-Mollet. Tél. : 03 21 50 50 50

ARRAS

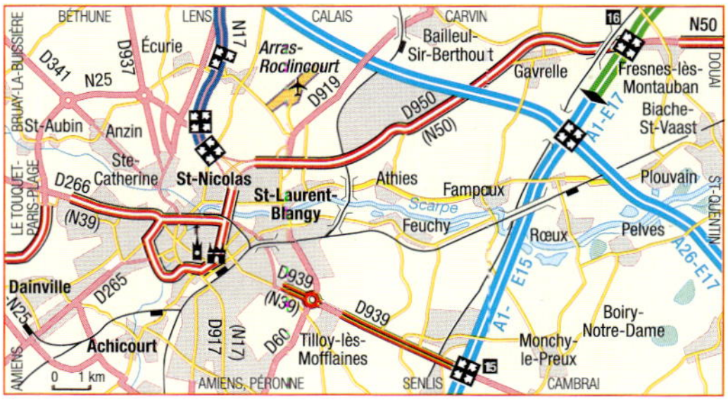

AVIGNON

BAYONNE/BIARRITZ

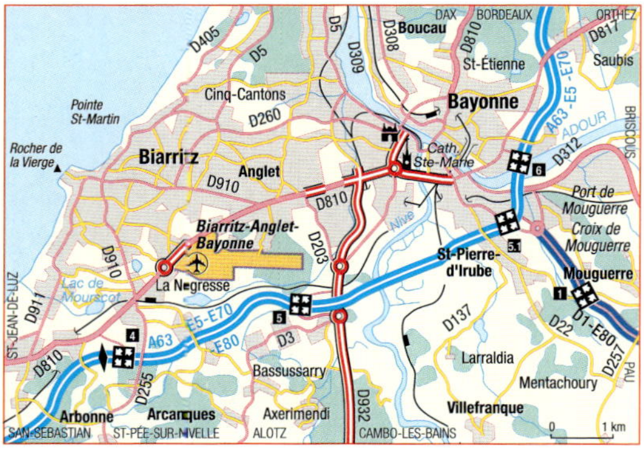

BESANÇON

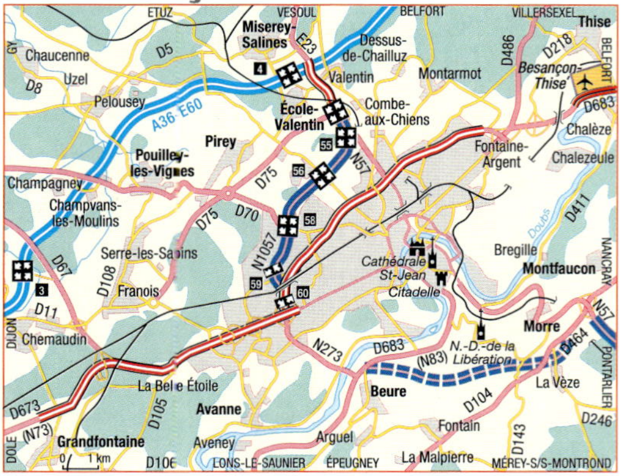

AVIGNON (84)

- ***OT :*** 41, cours Jean-Jaurès. Tél. : 04 32 74 32 74
  E-mail : information@ot-avignon.fr
  Internet : www.avignon-tourisme.fr
- ***Commissariat de police :*** bd Saint-Roch.
  Tél. : 04 32 40 55 55
- ***Mairie :*** place de l'Horloge. Tél. : 04 90 80 80 00

BAYONNE / BIARRITZ (64)

Bayonne

- ***OT :*** place des Basques. Tél. : 08 20 42 64 64
  Internet : www.bayonne-tourisme.com
- ***Commissariat de police :*** 6, rue de Marhum.
  Tél. : 05 59 46 22 22
- ***Mairie :*** 1, av. du Maréchal-Leclerc.
  Tél. : 05 59 46 60 60

Biarritz

- ***OT :*** square d'Ixelles-Javalquinto. Tél. : 05 59 22 37 10
  Internet : www.biarritz.fr
- ***Commissariat de police :*** 1, av. Joseph-Petit.
  Tél. : 05 59 01 22 22
- ***Mairie :*** 12, av. Édouard-VII. Tél. : 05 59 41 59 41

BESANÇON (25)

- ***OT :*** 2, place de la Ire-Armée-Française.
  Tél. : 03 81 80 92 55
  E-mail : info@besancon-tourisme.com
  Internet : www.besancon-tourisme.com
- ***Commissariat de police :*** 2, av. de la Gare-d'Eau.
  Tél. : 03 81 21 11 22
- ***Mairie :*** 2, rue Mégevand. Tél. : 03 81 61 50 50

BORDEAUX (33)

- ***OT :*** 12, cours du 30-Juillet. Tél. : 05 56 00 66 00
  E-mail : otb@bordeaux-tourisme.com
  Internet : www.bordeaux-tourisme.com
- ***Commissariat de police :*** 23, rue François-de-Sourdis.
  Tél. : 05 57 85 77 77
- ***Mairie :*** place Pey-Berland. Tél. : 05 56 10 20 30

BORDEAUX

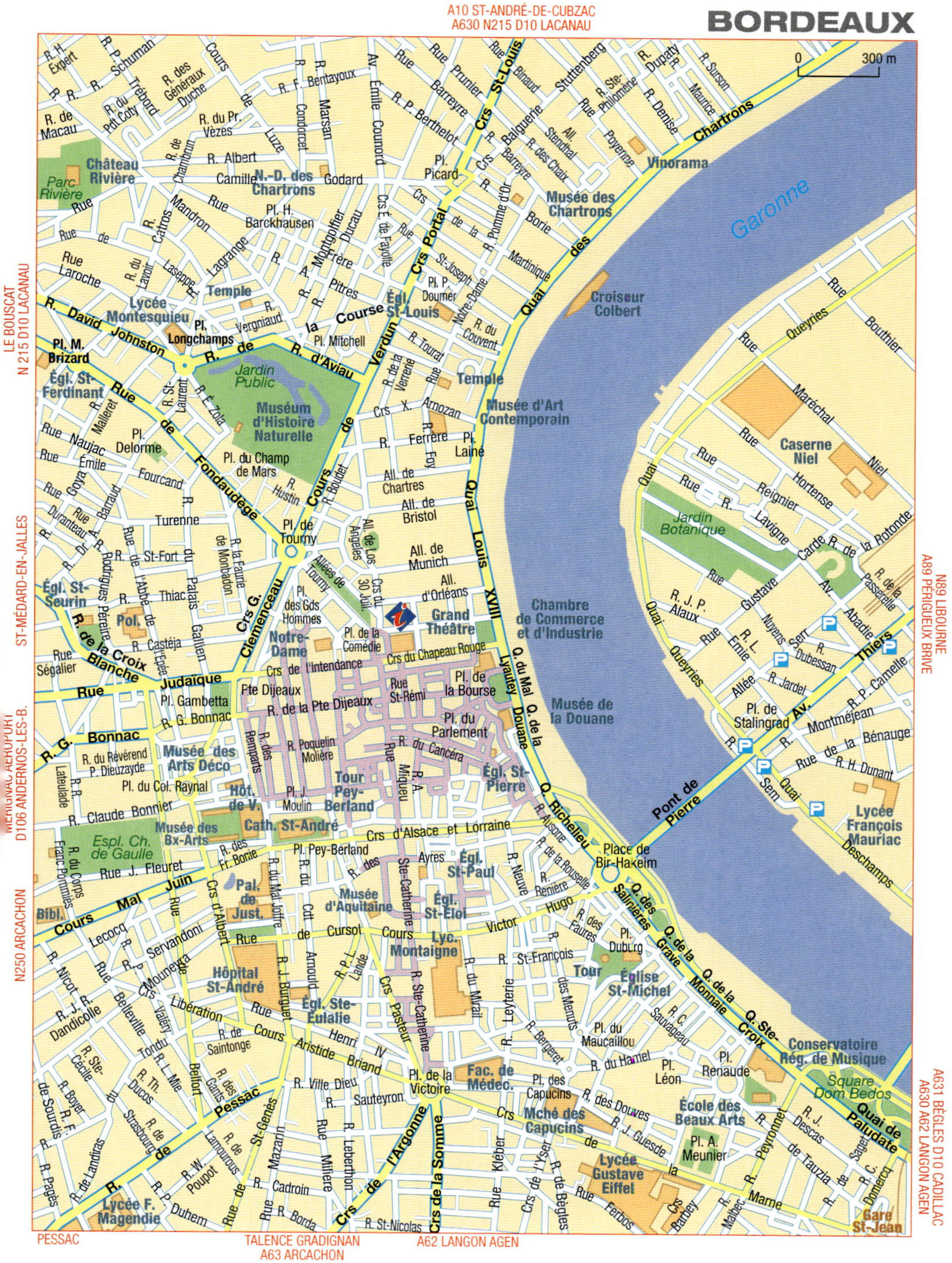
A10 ST-ANDRÉ-DE-CUBZAC
A630 N215 D10 LACANAU
0
300 m
LE BOUSCAT
N 215 D10 LACANAU
ST-MÉDARD-EN-JALLES
MÉRIGNAC AÉROPORT
D106 ANDERNOS-LES-B.
N250 ARCACHON
PESSAC
TALENCE GRADIGNAN
A63 ARCACHON
A62 LANGON AGEN
A631 BÈGLES D10 CADILLAC
A630 A62 LANGON AGEN
N89 LIBOURNE
A89 PÉRIGUEUX BRIVE
Garonne
Château Rivière
Parc Rivière
N.-D. des Chartrons
Pl. H. Barckhausen
Pl. Picard
Musée des Chartrons
Vinorama
Croiseur Colbert
Lycée Montesquieu
Pl. Longchamps
Pl. M. Brizard
Égl. St-Ferdinand
Temple
Égl. St-Louis
Pl. P. Doumer
Pl. Mitchell
Jardin Public
Muséum d'Histoire Naturelle
Musée d'Art Contemporain
Pl. Lainé
Pl. Delorme
Pl. du Champ de Mars
Pl. de Tourny
All. de Chartres
All. de Bristol
All. de Munich
All. d'Orléans
Caserne Niel
Jardin Botanique
Égl. St-Seurin
Pol.
Pl. des Gds Hommes
Notre-Dame
Pl. de la Comédie
Grand Théâtre
Chambre de Commerce et d'Industrie
Crs du Chapeau Rouge
Crs de l'Intendance
Pl. Gambetta
Pte Dijeaux
Pl. de la Bourse
Musée de la Douane
Pl. du Parlement
Pl. de Stalingrad
Musée des Arts Déco
Pl. du Col. Raynal
Hôt. de V.
Tour Pey-Berland
Égl. St-Pierre
Pont de Pierre
Lycée François Mauriac
Musée des Bx-Arts
Cath. St-André
Espl. Ch. de Gaulle
Crs d'Alsace et Lorraine
Pl. Pey-Berland
Égl. St-Paul
Place de Bir-Hakeim
Pal. de Just.
Musée d'Aquitaine
Égl. St-Éloi
Bibl.
Cours Victor Hugo
Lyc. Montaigne
Pl. Duburg
Tour
Église St-Michel
Hôpital St-André
Égl. Ste-Eulalie
Cours Aristide Briand
Pl. du Maucaillou
Conservatoire Rég. de Musique
Square Dom Bedos
Pl. Renaude
Pl. Léon
Pl. de la Victoire
Fac. de Médec.
Pl. des Capucins
Mché des Capucins
École des Beaux Arts
Pl. A. Meunier
Lycée Gustave Eiffel
Lycée F. Magendie
Gare St-Jean
Quai des Chartrons
Quai Louis XVIII
Crs Portal
Crs St-Louis
Cours de Verdun
Cours Clemenceau
Rue Judaïque
R. G. Bonnac
Cours du Mal Juin
Quai de Paludate
Crs de la Marne
Cours de l'Argonne
Crs de la Somme
Cours de la Libération
Quai Deschamps
Av. Thiers
Quai de Queyries
R. David Johnston
Rue de Fondaudège
R. de la Croix Blanche
Cours Pasteur
R. Ste-Catherine

BLOIS

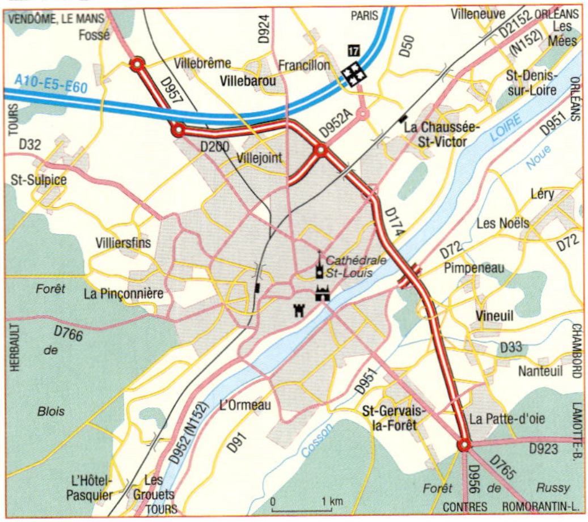

BLOIS (41)

- **OT :** 23, place du Château. Tél. : 02 54 90 41 41
  E-mail : info@bloispaysdechambord.com
  Internet : www.bloispaysdechambord.com
- **Commissariat de police :** 42, quai Saint-Jean.
  Tél. : 02 54 55 17 78
- **Mairie :** 9, place Saint-Louis. Tél. : 02 54 44 50 50

BOURGES

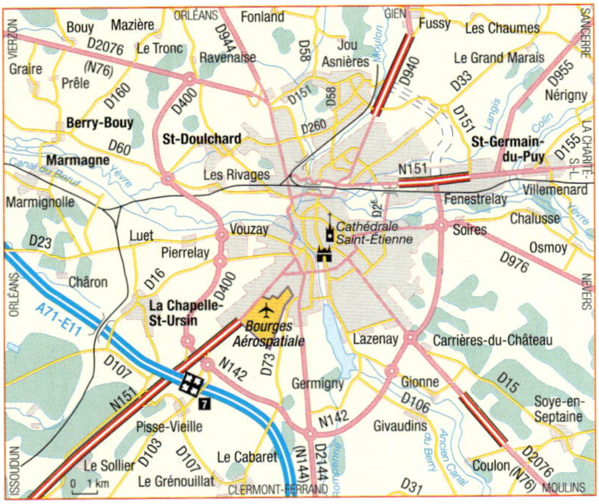

BOURGES (18)

- **OT :** 21, rue Victor-Hugo. Tél. : 02 48 23 02 60
  E-mail : accueil@bourges-tourisme.com
  Internet : www.bourges-tourisme.com
- **Commissariat de police :** 6, av. d'Orléans.
  Tél. : 02 48 23 77 17
- **Mairie :** 11, rue Jacques-Rimbault. Tél. : 02 48 57 80 00

BREST

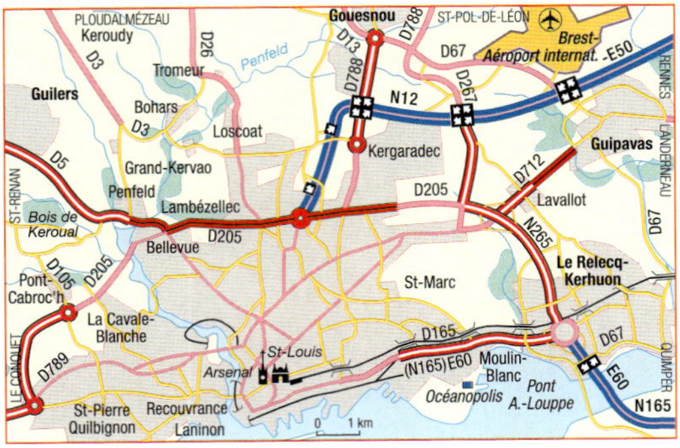

BREST (29)

- **OT :** place de la Liberté. Tél. : 02 98 44 24 96
  E-mail : contact@brest-metropole-tourisme.fr
  Internet : www.brest-metropole-tourisme.fr
- **Commissariat de police :** 15, rue Colbert.
  Tél. : 02 98 43 77 77
- **Mairie :** 2, rue Frézier.
  Tél. : 02 98 00 80 96 / 02 98 00 80 80

CAEN (14)

- ***OT :*** 12, place Saint-Pierre. Tél. : 02 31 27 14 14
  E-mail : tourisminfo@caen.fr
  Internet : www.tourisme.caen.fr
- ***Commissariat de police :*** rue du Docteur-Thibout-de-La-Fresnaye. Tél. : 02 31 29 22 22
- ***Mairie :*** esplanade Jean-Marie-Louvel.
  Tél. : 02 31 30 41 00

CAEN

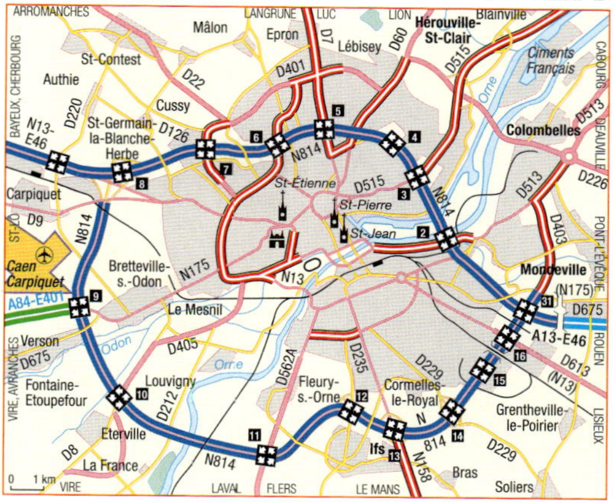

CAHORS (46)

- ***OT :*** place François-Mitterrand. Tél. : 05 65 53 20 65
  E-mail : officetourisme@mairie-cahors.fr
  Internet : www.tourisme-cahors.com
- ***Commissariat de police :*** rue Pierre-Mendès-France.
  Tél. : 05 65 23 17 17
- ***Mairie :*** 73, bd Léon-Gambetta. Tél. : 05 65 20 87 87

CAHORS

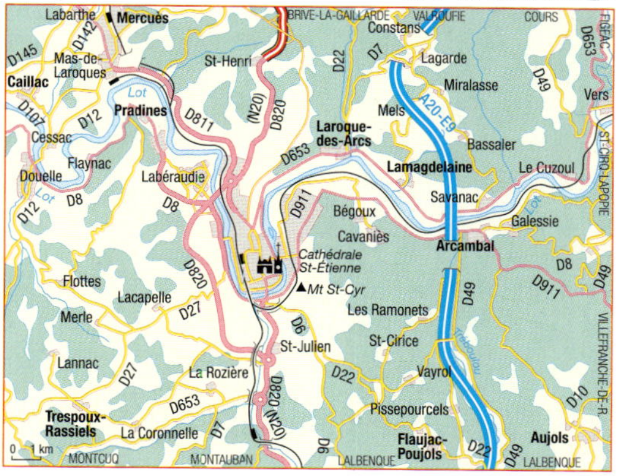

CALAIS (62)

OT : 12, bd Georges-Clemenceau.
Tél. : 03 21 96 62 40
E-mail : occueil@calais-cotedopale.com
Internet : www.calais-cotedopale.com

Commissariat de police : place de Lorraine.
Tél. : 03 21 19 13 17

Mairie : place du Soldat-Inconnu. Tél. : 03 21 46 62 00

CALAIS

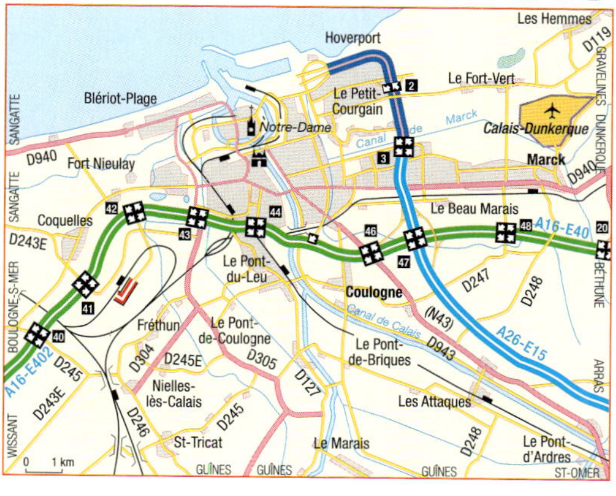

CANNES

CHÂLONS-EN-CHAMP.

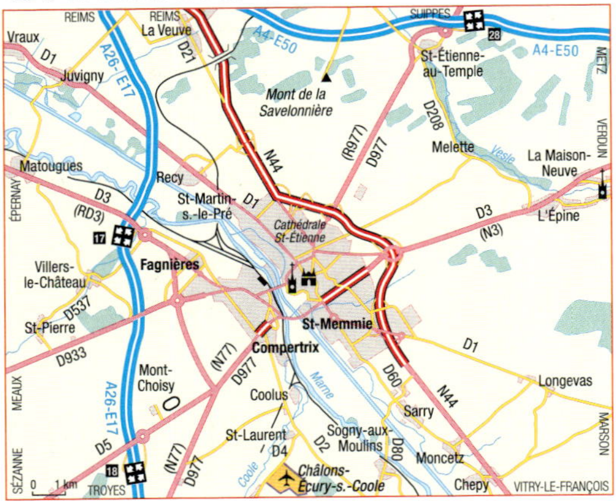

CHARTRES

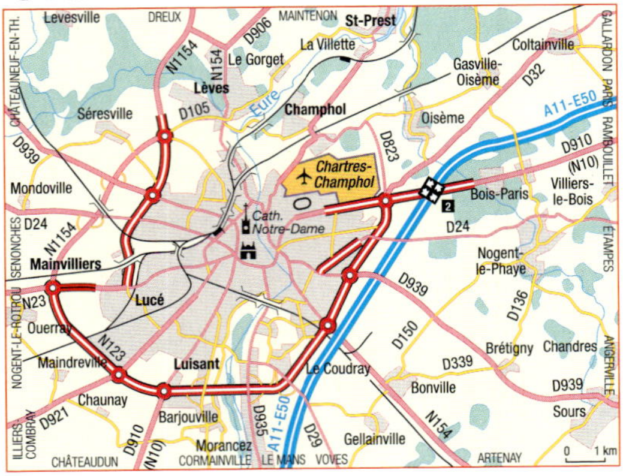

CANNES (06)

- **OT :** palais des Festivals. Tél. : 04 92 99 84 22
  E-mail : tourisme@palaisdesfestivals.com
  Internet : www.cannes.fr
- ***Commissariat de police :*** 1, av. de Grasse.
  Tél. : 04 93 06 22 22
- ***Mairie :*** rue Félix-Faure.
  Tél. : 04 97 06 40 00

CHÂLONS-EN-CHAMPAGNE (51)

- ***OT :*** 3, quai des Arts. Tél. : 03 26 65 17 89
  E-mail : accueil@chalons-tourisme.com
  Internet : www.chalons-tourisme.com
- ***Commissariat de police :*** place aux Chevaux.
  Tél. : 03 26 66 27 27
- ***Mairie :*** place du Maréchal-Foch.
  Tél. : 03 26 69 38 00

CHARTRES (28)

- ***OT :*** place de la Cathédrale. Tél. : 02 37 18 26 26
  E-mail : info@orchartres.fr
  Internet : www.chartres-tourisme.com
- ***Commissariat de police :*** 57, rue du Docteur-Maunoury.
  Tél. : 02 37 24 75 39
- ***Mairie :*** place des Halles. Tél. : 02 37 23 40 00

CLERMONT-FERRAND (63)

- **OT :** place de la Victoire. Tél. : 04 73 98 65 00
  E-mail : tourisme@clermont-fd.com
  Internet : www.clermont-fd.com
- **Commissariat de police :** 4, rue Lagarlaye.
  Tél. : 04 73 17 04 50
- **Mairie :** 10, rue Philippe-Marcombes.
  Tél. : 04 73 42 63 63

CLERMONT-FERRAND

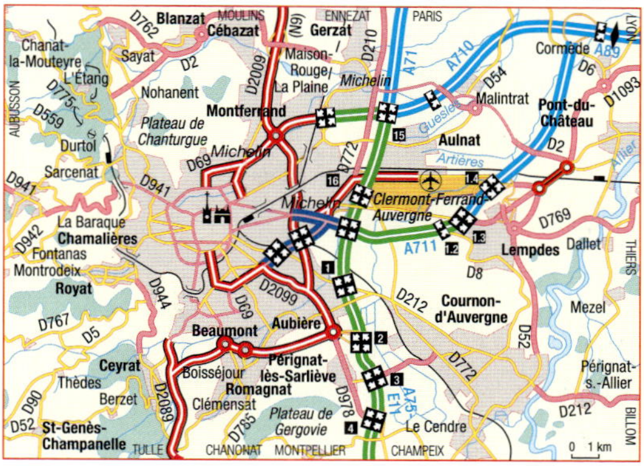

COLMAR (68)

- **OT :** 4, rue d'Unterlinden. Tél. : 03 89 20 68 92
  E-mail : info@ot-colmar.fr
  Internet : www.ot-colmar.fr
- **Commissariat de police :** 2, rue de la Cavalerie.
  Tél. : 03 89 29 47 00
- **Mairie :** 1, place de la Mairie. Tél. : 03 89 20 68 68

COLMAR

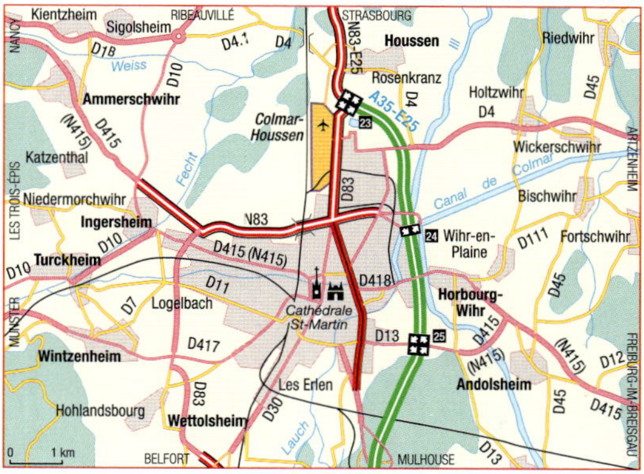

DIJON (21)

- **OT :** 11, rue des Forges et place Darcy.
  Tél. : 08 92 70 05 58
  E-mail : info@dijon-tourisme.com
  Internet : www.dijon-tourism.com
- **Commissariat de police :** 2, place Suquet.
  Tél. : 03 80 44 55 00
- **Mairie :** place de la Libération. Tél. : 03 80 74 51 51

DIJON

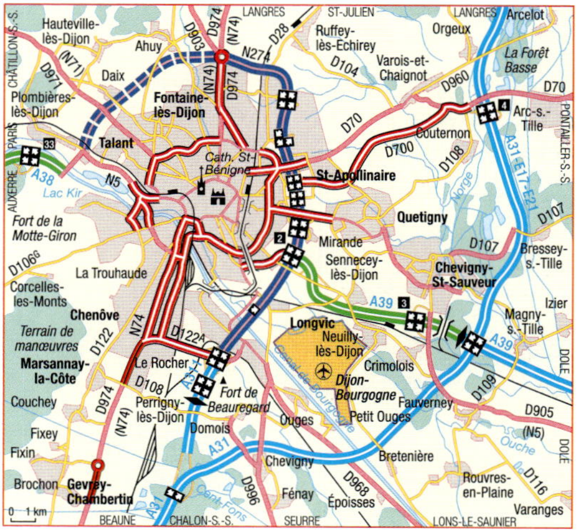

GRENOBLE

A51 LE PONT-DE-CLAIX / SISTERON

D5 BRIÉ-ET-ANGONNES
EYBENS
VIZILLE

AÉROPORT GRENOBLE-ST-GEOIRS
BOURGOIN-JALLIEU/LYON

SASSENAGE
N532 A49 VOIRON/VALENCE
A48 BOURGOIN-JALLIEU

N90 ST-ISMIER / PONTCHARRA
A41 CHAMBÉRY ALBERTVILLE

N87 D523 DOMÈNE

GRENOBLE (38)

- ***OT :*** 14, rue de la République. Tél. : 04 76 42 41 41
  Internet : www.grenoble-tourisme.com
- ***Commissariat de police :*** 36, bd du Maréchal-Leclerc.
  Tél. : 04 76 60 40 40
- ***Mairie :*** 11, bd Jean-Pain. Tél. : 04 76 76 36 36

LAON (02)

- ***OT :*** place du Parvis-Gauthier-de-Mortagne.
  Tél. : 03 23 20 28 62.
  E-mail : info@tourisme-paysdelaon.com
  Internet : www.tourisme-paysdelaon.com
- ***Commissariat de police :*** 2, bd Gras-Brancourt.
  Tél. : 03 23 27 79 79
- ***Mairie :*** place du Général-Leclerc.
  Tél. : 03 23 22 30 30

LA ROCHELLE (17)

- ***OT :*** 2, quai Georges-Simenon. Tél. : 05 46 41 14 68
  E-mail : accueil@larochelle-tourisme.com
  Internet : www.larochelle-tourisme.com
- ***Commissariat de police :*** place de Verdun.
  Tél. : 05 46 51 36 36
- ***Mairie :*** place de l'Hôtel-de-Ville. Tél. : 05 46 51 51 51

LE HAVRE (76)

- ***OT :*** 186, bd Clemenceau. Tél. : 02 32 74 04 04
  E-mail : contact@lehavretourisme.com
  Internet : www.lehavretourisme.com
- ***Commissariat de police :*** 196, bd de Strasbourg.
  Tél. : 02 32 74 37 00
- ***Mairie :*** place de l'Hôtel-de-Ville. Tél. : 02 35 19 45 45

LILLE (59) Voir p. 368

- ***OT :*** place Rihour. Tél. : 08 91 56 20 04
  Internet : www.lilletourism.com
- ***Commissariat de police :*** 19, rue Marquillies.
  Tél. : 03 62 59 80 00
- ***Mairie :*** place Augustin-Laurent. Tél. : 03 20 49 50 00

LAON

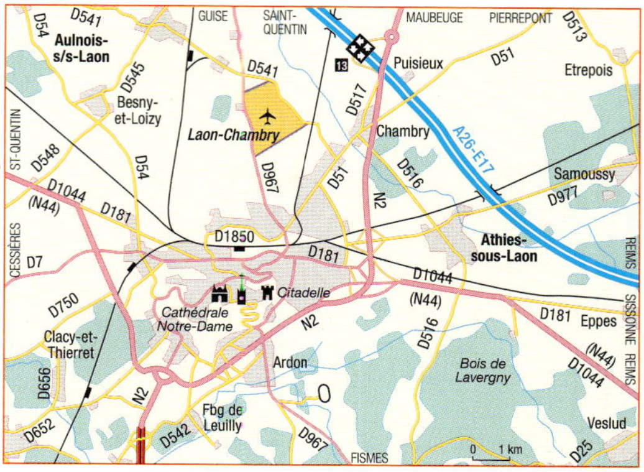

LA ROCHELLE

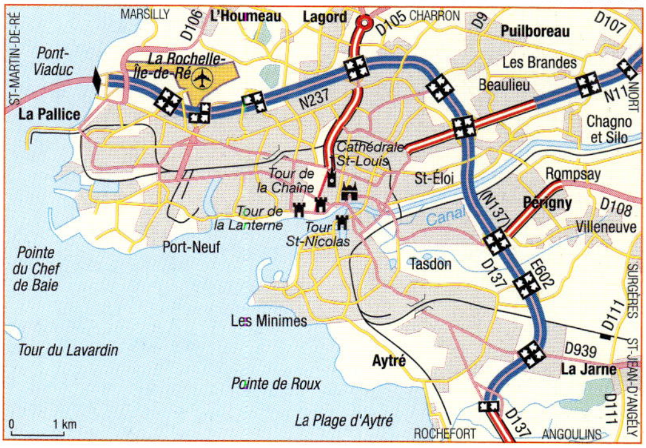

LE HAVRE

LILLE

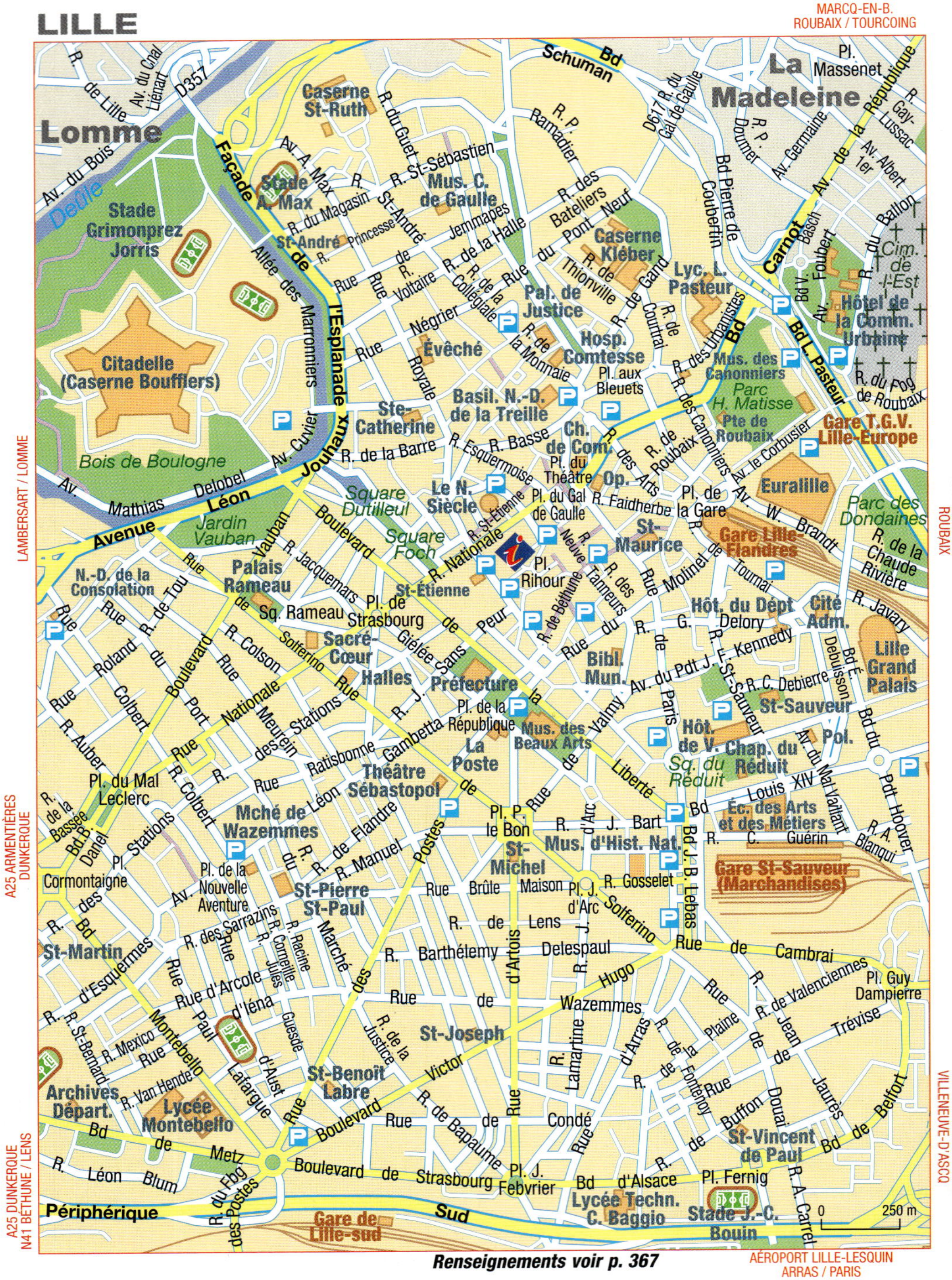

Renseignements voir p. 367

LYON

VAULX-EN-V. / BOURG-EN-B.
A46 A6 MÂCON

N6 A6 MÂCON
DIJON / PARIS

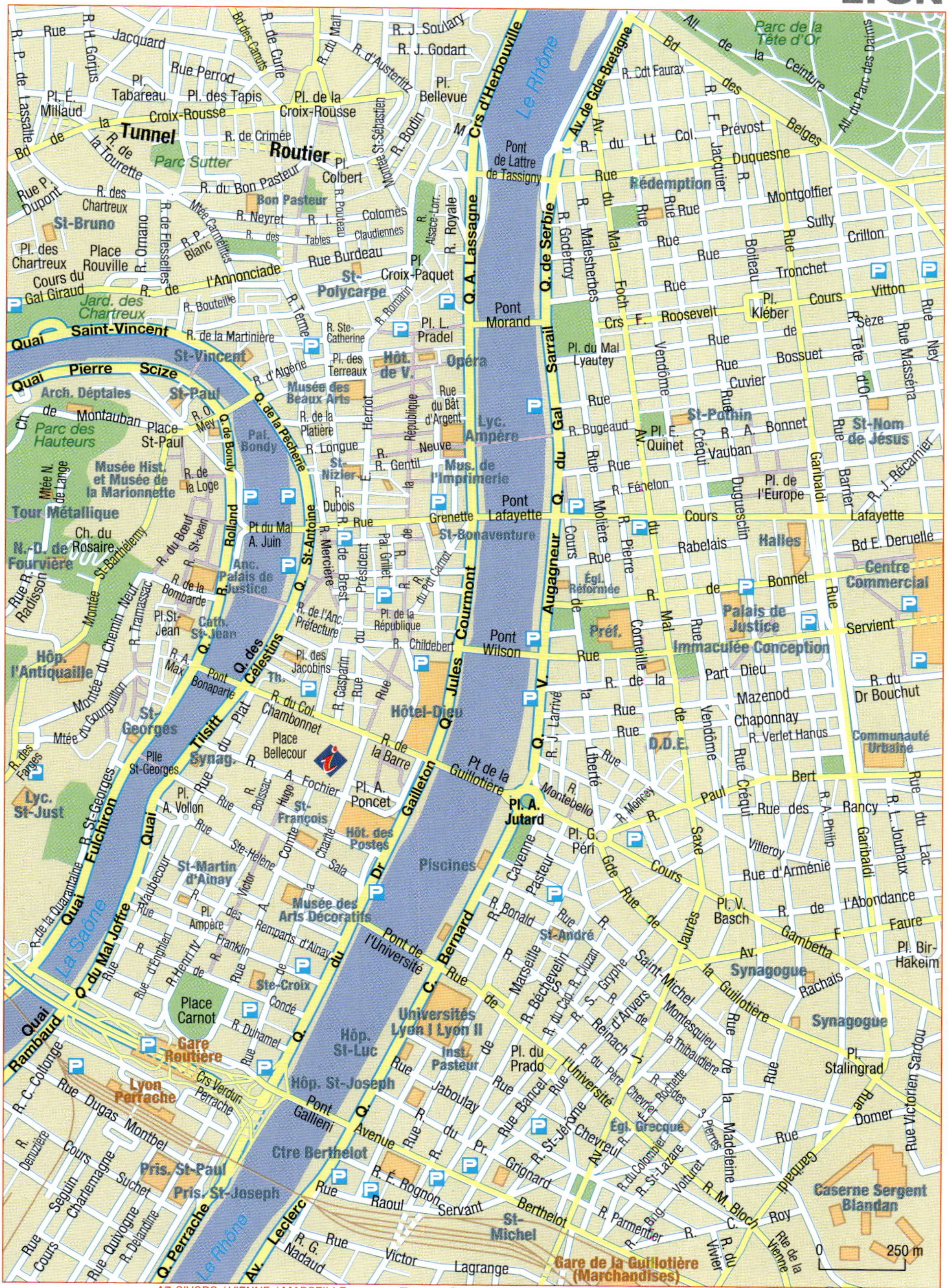

VILLEURBANNE

N7 ROANNE / MOULINS
CLERMONT-FD

N86 ST-ÉTIENNE

N6 A43 AÉROPORT ST-EXUPÉRY
A48 CHAMBÉRY / GRENOBLE

A7 GIVORS / VIENNE / MARSEILLE

Renseignements voir p. 370

ST-PRIEST A43 BOURGOIN-J.
A432 AÉROPORT ST-EXUPÉRY

LE MANS

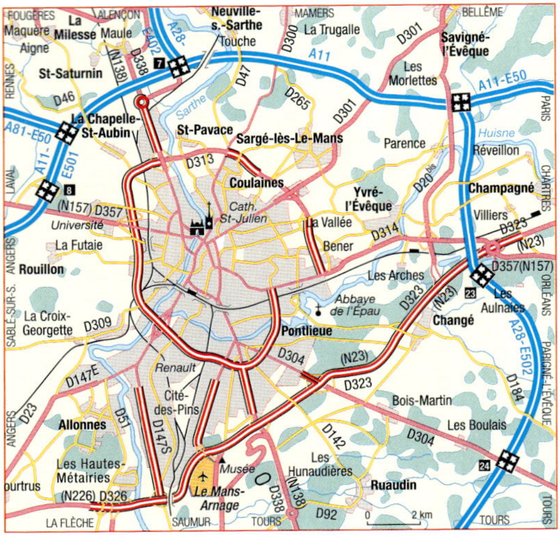

LE PUY-EN-VELAY

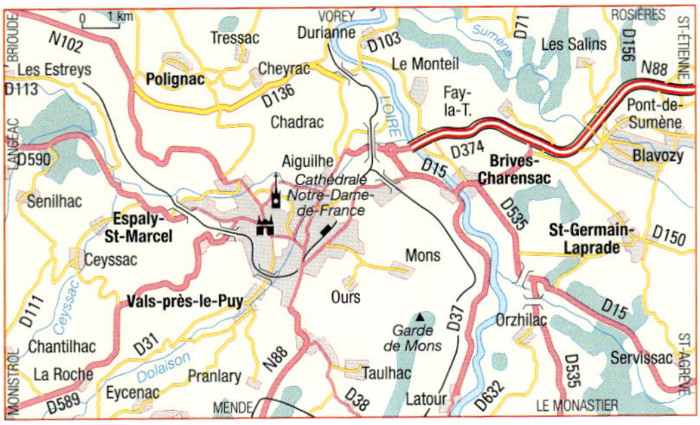

LIMOGES

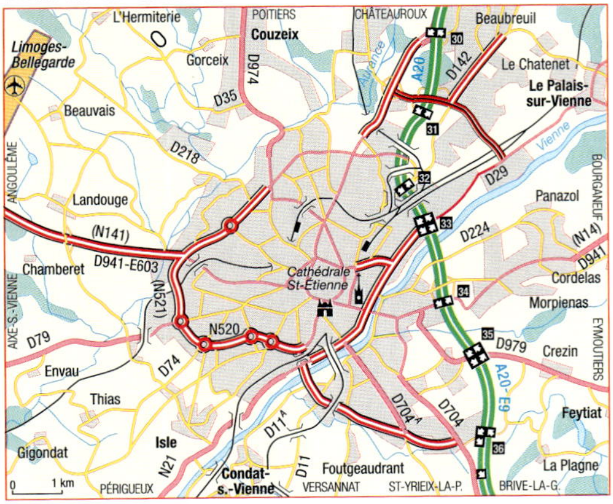

LYON (69) Voir p. 369

- ***OT :*** place Bellecour (2e). Tél. : 04 72 77 69 69
  Internet : www.lyon-france.com
- ***Commissariat de police :*** 40, rue Marius-Berliet (8e). Tél. : 04 78 78 40 40
- ***Mairie :*** 1, place de la Comédie (1er). Tél. : 04 72 10 30 30

LE MANS (72)

- ***OT :*** rue de l'Étoile. Tél. : 02 43 28 17 22
  E-mail : officedutourisme@ville-lemans.fr
  Internet : www.lemanstourisme.com
- ***Commissariat de police :*** 6, rue Coëffort. Tél. : 02 43 61 68 00
- ***Mairie :*** place Saint-Pierre. Tél. : 02 43 47 47 47

LE PUY-EN-VELAY (43)

- ***OT :*** 2, place Clauzel. Tél. : 04 71 09 38 41
  E-mail : info@ot-lepuyenvelay.fr Internet : www.ot-lepuyenvelay.fr
- ***Commissariat de police :*** 1, rue de la Passerelle. Tél. : 04 71 04 04 22
- ***Mairie :*** place du Martouret. Tél. : 04 71 04 07 40

LIMOGES (87)

- ***OT :*** 12, bd de Fleurus. Tél. : 05 55 34 46 87
  E-mail : info@tourismelimoges.com
  Internet : www.tourismelimoges.com
- ***Commissariat de police :*** 84, avenue Émile-Labussière. Tél. : 05 55 14 30 00
- ***Mairie :*** 9, place Léon-Betoulle. Tél. : 05 55 45 60 00

MARSEILLE (13)

- ***OT :*** 4, la Canebière (1er). Tél. : 08 26 50 05 00
  E-mail : accueil@marseille-tourisme.com
  Internet : www.marseille-tourisme.com
- ***Hôtel de police :*** 2, rue Antoine-Becker (2e). Tél. : 04 91 39 80 00
- ***Mairie :*** quai du port (2e). Tél. : 04 91 55 11 11

METZ (57) Voir p. 372

- ***OT :*** place d'Armes. Tél. : 03 87 55 53 76
  E-mail : tourisme@ot.mairie-metz.fr Internet : http://tourisme.metz.fr
- ***Hôtel de police :*** 10, rue Belle-Isle. Tél. : 03 87 16 17 17
- ***Mairie :*** place d'Armes. Tél. : 03 87 55 50 00

MARSEILLE

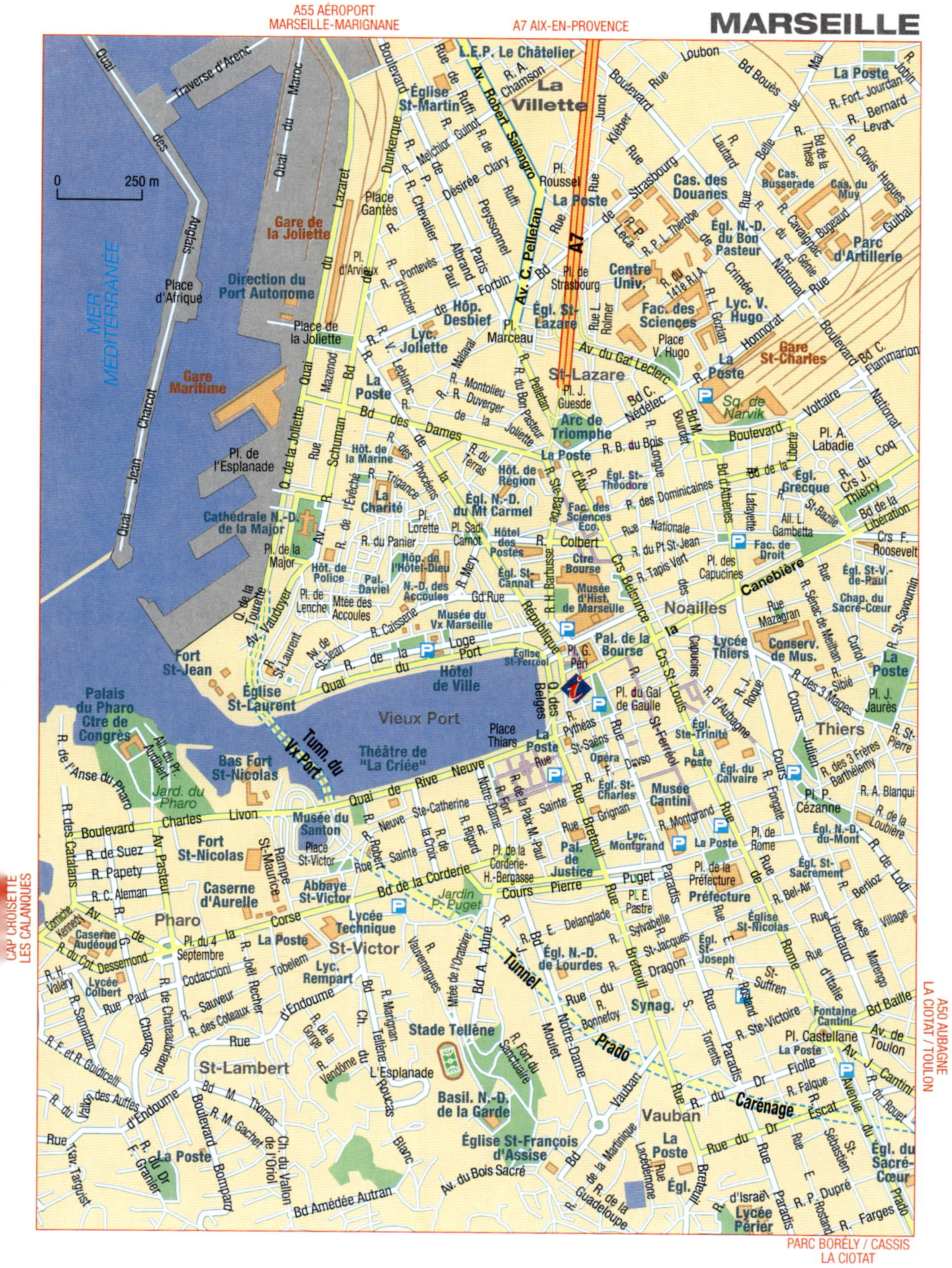
A55 AÉROPORT
MARSEILLE-MARIGNANE
A7 AIX-EN-PROVENCE
CAP CROISETTE
LES CALANQUES
A50 AUBAGNE
LA CIOTAT / TOULON
PARC BORÉLY / CASSIS
LA CIOTAT
0
250 m
MER MÉDITERRANÉE
Quai des Anglais
Traverse d'Arenc
Quai du Maroc
Place d'Afrique
Quai Jean Charcot
Gare de la Joliette
Direction du Port Autonome
Place de la Joliette
Gare Maritime
Pl. de l'Esplanade
Cathédrale N.-D. de la Major
Pl. de la Major
Q. de la Tourette
Fort St-Jean
Église St-Laurent
Palais du Pharo Ctre de Congrès
Jard. du Pharo
Bas Fort St-Nicolas
Tunn. du Vx Port
Vieux Port
Théâtre de "La Criée"
Hôtel de Ville
Quai du Port
Quai de Rive Neuve
Place Thiars
Musée du Santon
Fort St-Nicolas
Abbaye St-Victor
Caserne d'Aurelle
Pharo
Lycée Technique
St-Victor
Jardin P. Puget
Stade Tellène
Basil. N.-D. de la Garde
Église St-François d'Assise
St-Lambert
Bd Amédée Autran
Av. du Bois Sacré
L'Esplanade
Bd de la Corderie
Cours Pierre Puget
Tunnel
Prado
Vauban
Carénage
Lycée Périer
La Villette
L.E.P. Le Châtelier
Église St-Martin
Av. Robert Salengro
Av. C. Pelletan
A7
Pl. Roussel
La Poste
Boulevard de Dunkerque
Place Gantès
Pl. d'Arvieux
Hôp. Desbief
Lyc. Joliette
Pl. Marceau
Égl. St-Lazare
St-Lazare
Pl. J. Guesde
Arc de Triomphe
Av. du Gal Leclerc
Cas. des Douanes
Égl. N.-D. du Bon Pasteur
Centre Univ.
Fac. des Sciences
Place V. Hugo
Lyc. V. Hugo
Gare St-Charles
Sq. de Narvik
Cas. Busserade
Cas. du Muy
Parc d'Artillerie
Boulevard National
Bd C. Flammarion
Boulevard Voltaire
Pl. A. Labadie
Égl. Grecque
Bd de la Libération
Crs F. Roosevelt
All. L. Gambetta
Fac. de Droit
Canebière
Égl. St-V.-de-Paul
Chap. du Sacré-Cœur
Conserv. de Mus.
Lycée Thiers
Noailles
Thiers
Pl. J. Jaurès
La Charité
Hôt. de la Marine
Égl. N.-D. du Mt Carmel
Hôt. de Région
Égl. St-Théodore
Fac. des Sciences Éco.
Hôtel des Postes
Colbert
Ctre Bourse
Musée d'Hist. de Marseille
Hôp. de l'Hôtel-Dieu
Égl. St-Cannat
N.-D. des Accoules
Pal. Daviel
Hôt. de Police
Pl. de Lenche
Mtée des Accoules
Musée du Vx Marseille
Église St-Ferréol
Pal. de la Bourse
Pl. G. Péri
Pl. du Gal de Gaulle
Q. des Belges
Opéra
Égl. St-Charles
Musée Cantini
Égl. Ste-Trinité
Égl. du Calvaire
Pl. P. Cézanne
Égl. N.-D.-du-Mont
Pl. de Rome
Lyc. Montgrand
Pl. de la Préfecture
Préfecture
Pal. de Justice
Égl. St-Sacrement
Église St-Nicolas
Égl. St-Joseph
Égl. N.-D. de Lourdes
Synag.
Fontaine Cantini
Pl. Castellane
Bd Baille
Av. de Toulon
Égl. du Sacré-Cœur
Lyc. Rempart
Caserne Audéoud
Lycée Colbert
Pl. du 4 Septembre
Corniche Kennedy
Bd Bompard
Ch. du Vallon de l'Oriol

METZ

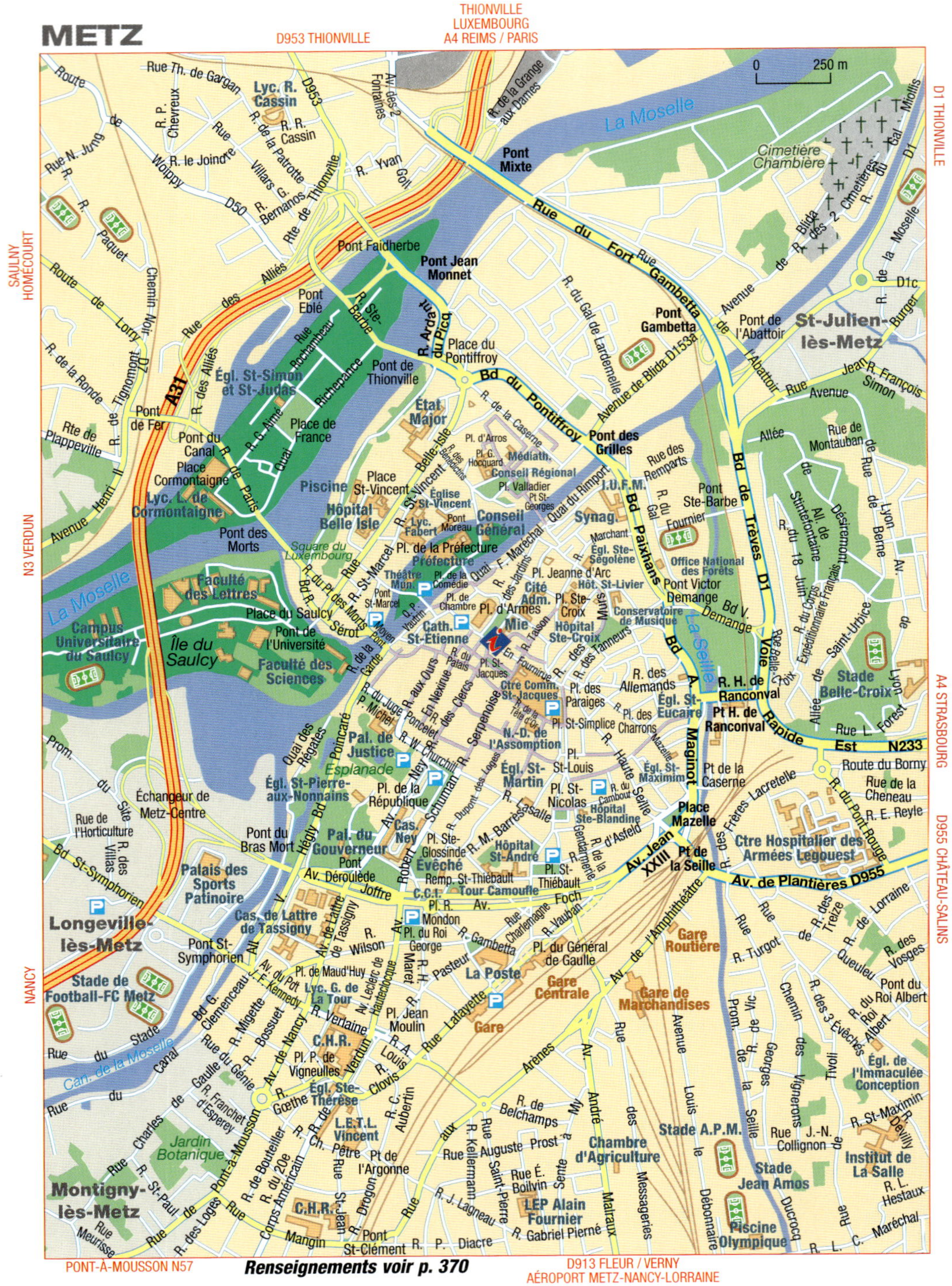

Renseignements voir p. 370

MONTPELLIER

D986 GANGES

N109 GIGNAC / LODÈVE

BÉZIERS

D62 AÉROPORT MONTPELLIER-MÉDITERRANÉE LA GRANDE-MOTTE

Renseignements voir p. 378

A9 NÎMES
BÉZIERS / NARBONNE

D986
PALAVAS-LES-FLOTS

MULHOUSE

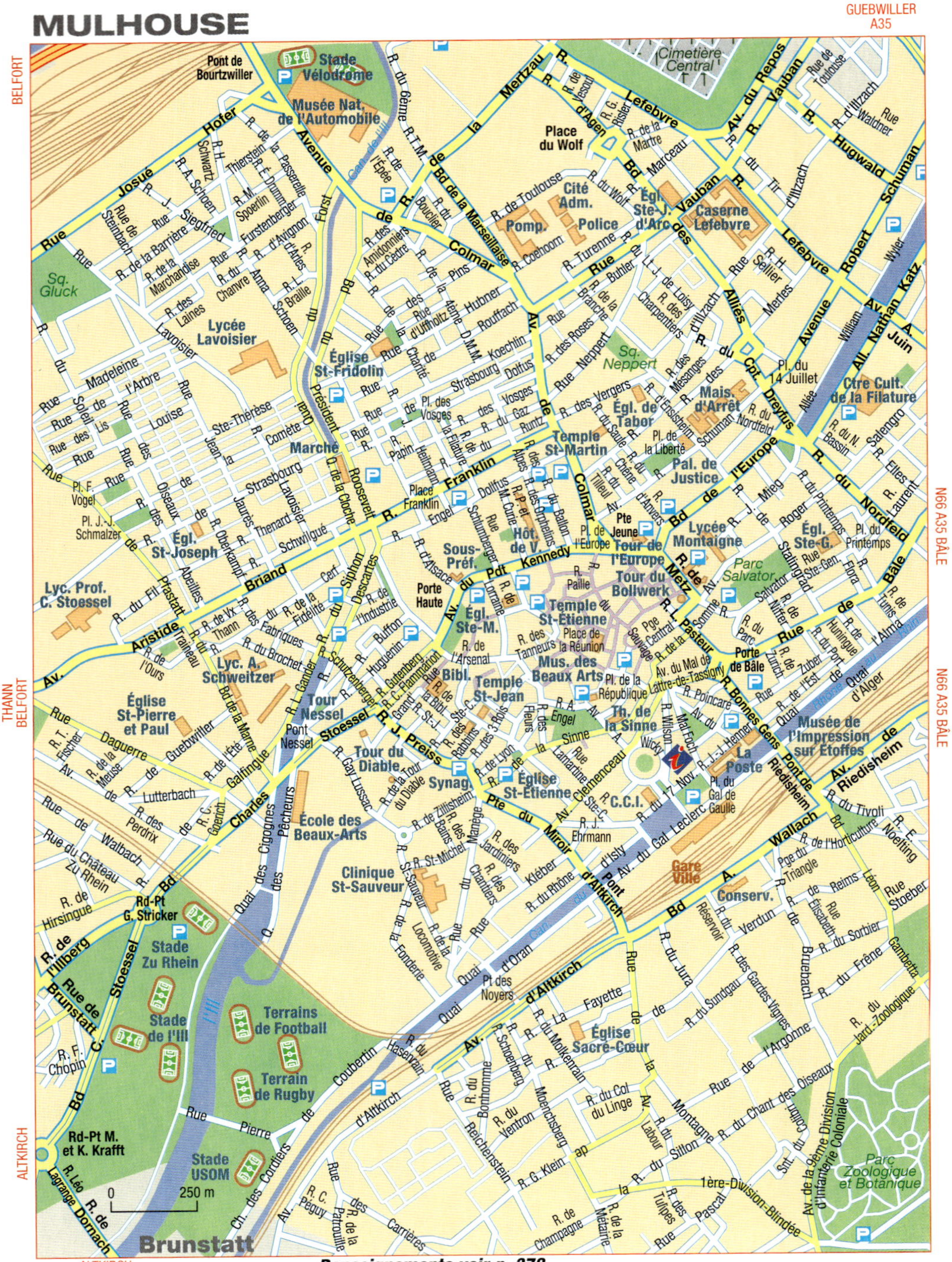

Renseignements voir p. 378

NANCY

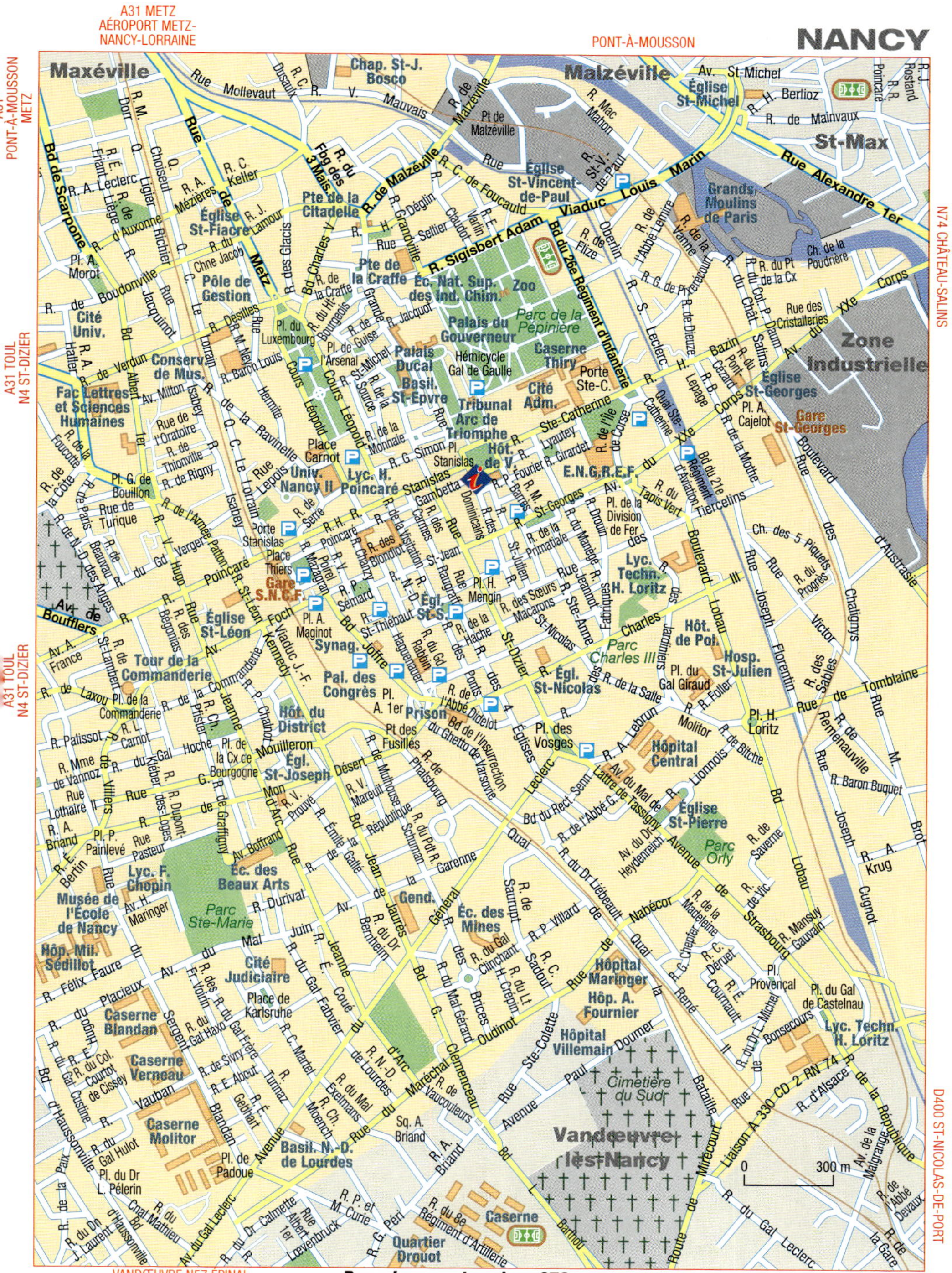

Renseignements voir p. 378

NANTES

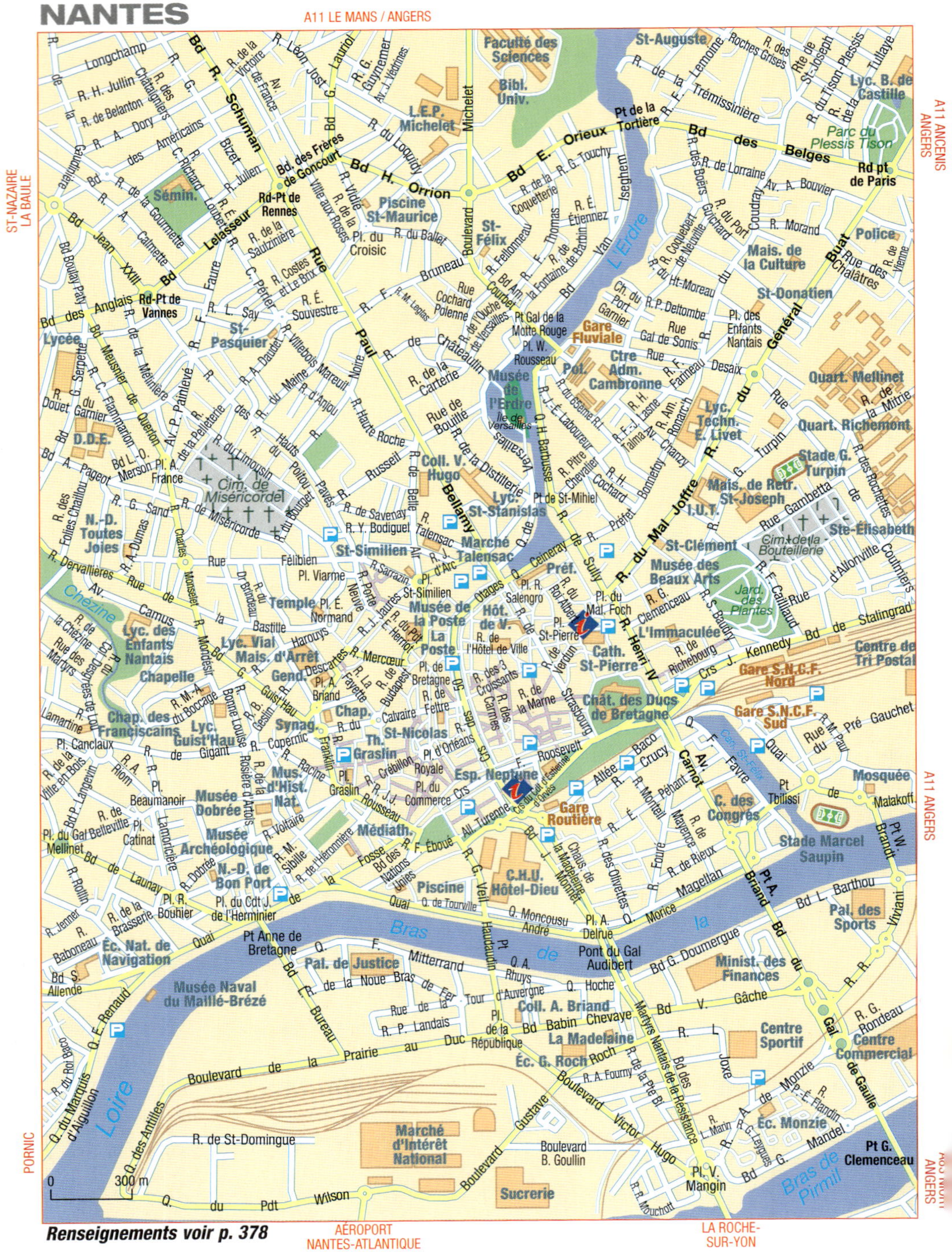

Renseignements voir p. 378

NICE

A8 NICE-NORD
SOSPEL
A8 MENTON
ST-MARTIN-DU-VAR
LA GRANDE CORNICHE
LA TURBIE
N7 AVIGNON
N7 MONACO / MENTON
N98 VILLEFRANCHE-SUR-M.
MONACO
CANNES

Renseignements voir p. 378

NARBONNE

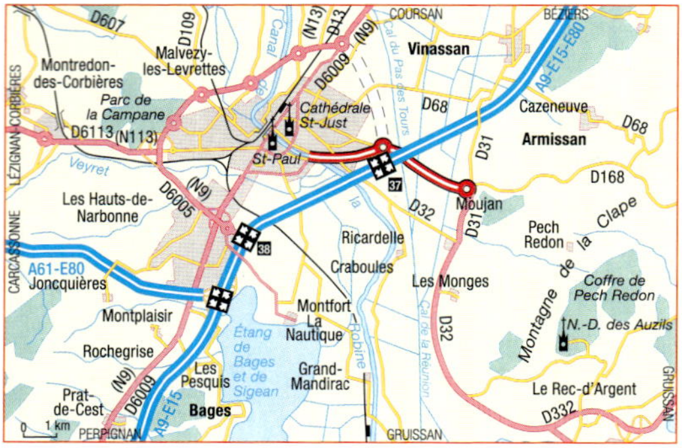

ORLÉANS

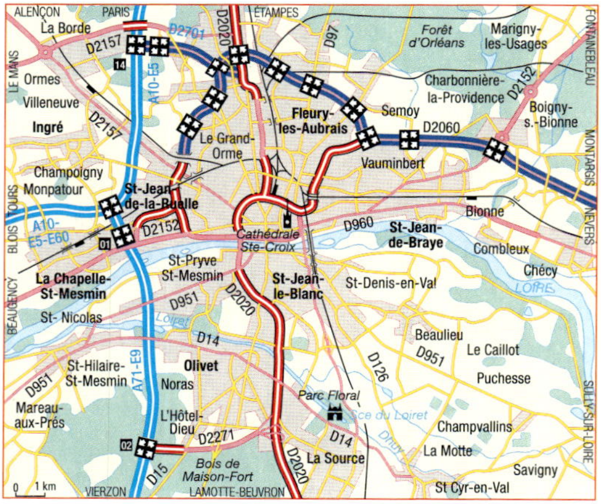

PAU

MONTPELLIER (34) *Voir p. 373*

- ***OT :*** 30, allée Jean-de-Lattre-de-Tassigny. Tél. : 04 67 60 60 60. E-mail : contact@ot-montpellier.fr Internet : www.ot-montpellier.fr
- ***Hôtel de police :*** 206, rue Comté-de-Melgueil. Tél. : 04 99 13 50 00
- ***Mairie :*** 1, place F.-Ponge. Tél. : 04 67 34 70 00

MULHOUSE (68) *Voir p. 374*

- ***OT :*** 9, av. du Maréchal-Foch. Tél. : 03 89 35 48 48 E-mail : info@tourism-mulhouse.com Internet : www.tourisme-mulhouse.com
- ***Commissariat de police :*** 12, rue Coehorn. Tél. : 03 89 60 82 00
- ***Mairie :*** 2, rue Pierre-et-Marie-Curie. Tél. : 03 89 32 58 58

NANCY (54) *Voir p. 375*

- ***OT :*** place Stanislas. Tél. : 03 83 35 22 41 E-mail : tourisme@ot-nancy.fr Internet : www.ot-nancy.fr
- ***Commissariat de police :*** 38, bd Lobau. Tél. : 03 83 17 27 37
- ***Mairie :*** 1, place Stanislas. Tél. : 03 83 85 30 00

NANTES (44) *Voir p. 376*

- ***OT :*** 3, cours Olivier-de-Clisson. Tél. : 08 92 46 40 44 E-mail : office@nantes-tourisme.com Internet : www.nantes-tourisme.com
- ***Commissariat de police :*** 6, place Waldeck-Rousseau. Tél. : 02 53 46 70 00
- ***Mairie :*** 2, rue de l'Hôtel-de-Ville. Tél. : 02 40 41 90 00

NICE (06) *Voir p. 377*

- ***OT :*** 5, promenade des Anglais. Tél. : 08 92 70 74 07 E-mail : info@nicetourisme.com Internet : www.nicetourisme.com
- ***Hôtel de police :*** 1, av. du Maréchal-Foch. Tél. : 04 92 17 22 22
- ***Mairie :*** 5, rue de l'Hôtel-de-Ville. Tél. : 04 97 13 20 0

NARBONNE (11)

- ***OT :*** rue Jean-Jaurès. Tél. : 04 68 65 15 60 E-mail : tourisme@mairie-narbonne.fr Internet : www.narbonne-tourisme.com
- ***Hôtel de police :*** 1, rue Pierre-Benet. Tél. : 04 68 90 38 50
- ***Mairie :*** place de l'Hôtel-de-Ville. Tél. : 04 68 90 30 3

ORLÉANS (45)

- ***OT :*** 2, place de l'Étape. Tél. : 02 38 24 05 05
  E-mail : infos@tourisme-orleans.com
  Internet : www.tourisme-orleans.com
- ***Commissariat de police :*** 63, rue du Faubourg-Saint-Jean. Tél. : 02 38 24 30 00
- ***Mairie :*** place de l'Étape. Tél. : C2 38 79 22 22

PAU (64)

- ***OT :*** place Royale. Tél. : 05 59 27 27 08
  E-mail : otc@tourismepau.fr Internet : www.pau-pyrenees.com
- ***Commissariat de police :*** 5, rue O'Quin.
  Tél. : 05 59 98 22 22
- ***Mairie :*** place Royale. Tél. : 05 59 27 85 80

PÉRIGUEUX (24)

OT : 26, place Francheville. Tél. : 05 53 53 10 63
E-mail : tourisme@perigueux.fr
Internet : www.tourisme-perigueux.fr

Commissariat de police : rue du 4-Septembre.
Tél. : 05 53 06 44 44

Mairie : 11, place de l'Hôtel-de-Ville.
Tél. : 05 53 02 82 00

PERPIGNAN (66)

OT : place Armand-Lannoux. Tél. : 04 68 66 30 30
E-mail : contact-office@perpignan.fr
Internet : www.perpignantourisme.com

Commissariat de police : 33, av. de Grande-Bretagne.
Tél. : 04 68 35 70 00

Mairie : place de la Loge. Tél. : 04 68 66 30 66

POITIERS (86)

OT : 45, place Charles-de-Gaulle. Tél. : 05 49 41 21 24
E-mail : accueil@ot-poitiers.fr
Internet : www.ot-poitiers.fr

Commissariat de police : 38, rue de la Marne.
Tél. : 05 49 60 60 00

Mairie : 15, place du Maréchal-Leclerc.
Tél. : 05 49 52 35 35

PÉRIGUEUX

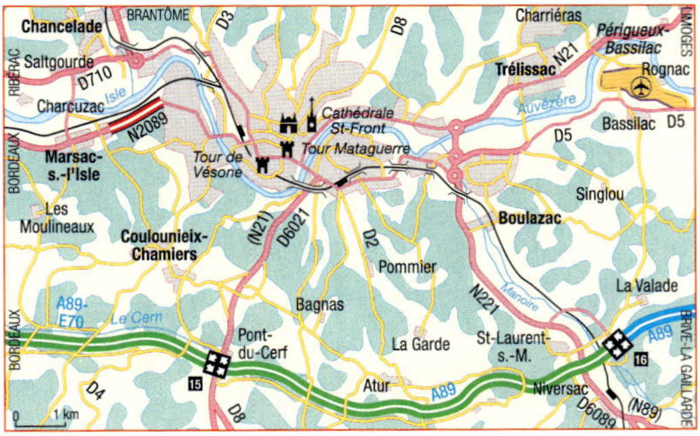

PERPIGNAN

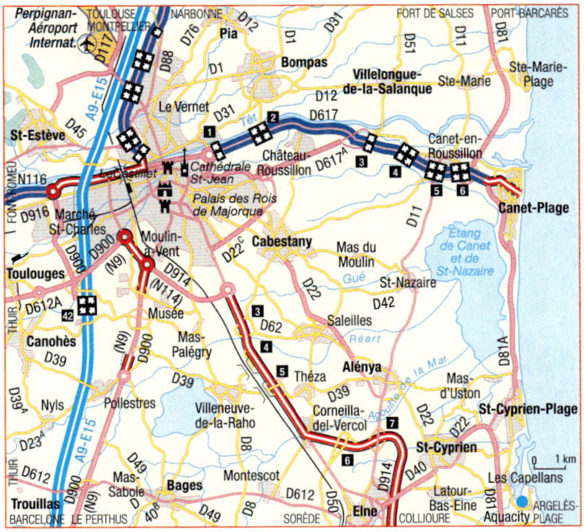

POITIERS

PARIS

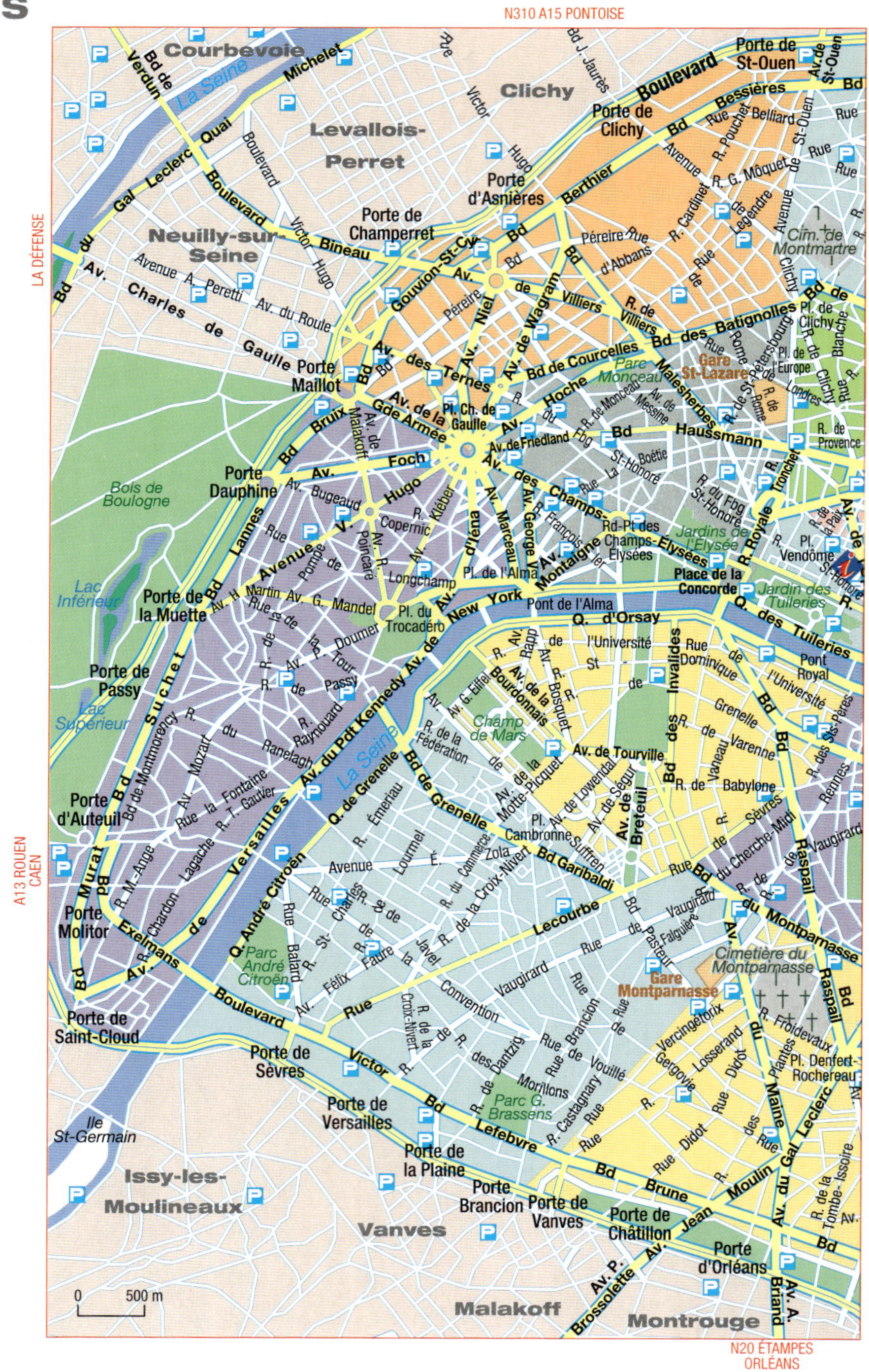
N310 A15 PONTOISE
LA DÉFENSE
A13 ROUEN CAEN
N20 ÉTAMPES ORLÉANS
Courbevoie
La Seine
Clichy
Levallois-Perret
Neuilly-sur-Seine
Porte de St-Ouen
Porte de Clichy
Porte d'Asnières
Porte de Champerret
Porte Maillot
Porte Dauphine
Bois de Boulogne
Lac Inférieur
Lac Supérieur
Porte de la Muette
Porte de Passy
Porte d'Auteuil
Porte Molitor
Porte de Saint-Cloud
Porte de Sèvres
Porte de Versailles
Porte de la Plaine
Porte Brancion
Porte de Vanves
Porte de Châtillon
Porte d'Orléans
Ile St-Germain
Issy-les-Moulineaux
Vanves
Malakoff
Montrouge
Cim. de Montmartre
Parc Monceau
Gare St-Lazare
Pl. Ch. de Gaulle
Pl. de Clichy
Pl. de l'Europe
Jardins de l'Elysée
Rd-Pt des Champs-Elysées
Pl. Vendôme
Place de la Concorde
Jardin des Tuileries
Pl. de l'Alma
Pont de l'Alma
Pl. du Trocadéro
Pont Royal
Champ de Mars
Pl. Cambronne
Parc André Citroën
Gare Montparnasse
Cimetière du Montparnasse
Pl. Denfert-Rochereau
Parc G. Brassens
Bd Haussmann
Av. des Champs-Elysées
Av. Foch
Av. de la Gde Armée
Av. Victor Hugo
Av. Charles de Gaulle
Q. d'Orsay
Av. de New York
Av. du Pdt Kennedy
Q. André Citroën
Bd Raspail
Bd du Montparnasse
Bd de Grenelle
Bd Garibaldi
Rue Lecourbe
Rue de Vaugirard
Bd Lefebvre
Bd Brune
Bd Victor
Boulevard Exelmans
Bd Murat
Bd Suchet
Bd Lannes
Bd Berthier
Boulevard Bessières
Bd des Batignolles
Bd de Courcelles
Bd Malesherbes
Av. de Wagram
Av. de Villiers
Av. des Ternes
Av. Niel
Av. Kléber
Av. d'Iéna
Av. Marceau
Av. George V
Av. Montaigne
Av. de Suffren
Av. de Ségur
Av. de Breteuil
Bd des Invalides
Rue de Rennes
Av. du Maine
Av. du Gal Leclerc
Av. Jean Moulin
Av. P. Brossolette
Av. A. Briand
0 500 m

PARIS

A1 STADE DE FRANCE
AÉROPORT ROISSY-CH.-DE-GAULLE
LILLE / BRUXELLES

N2 SOISSONS

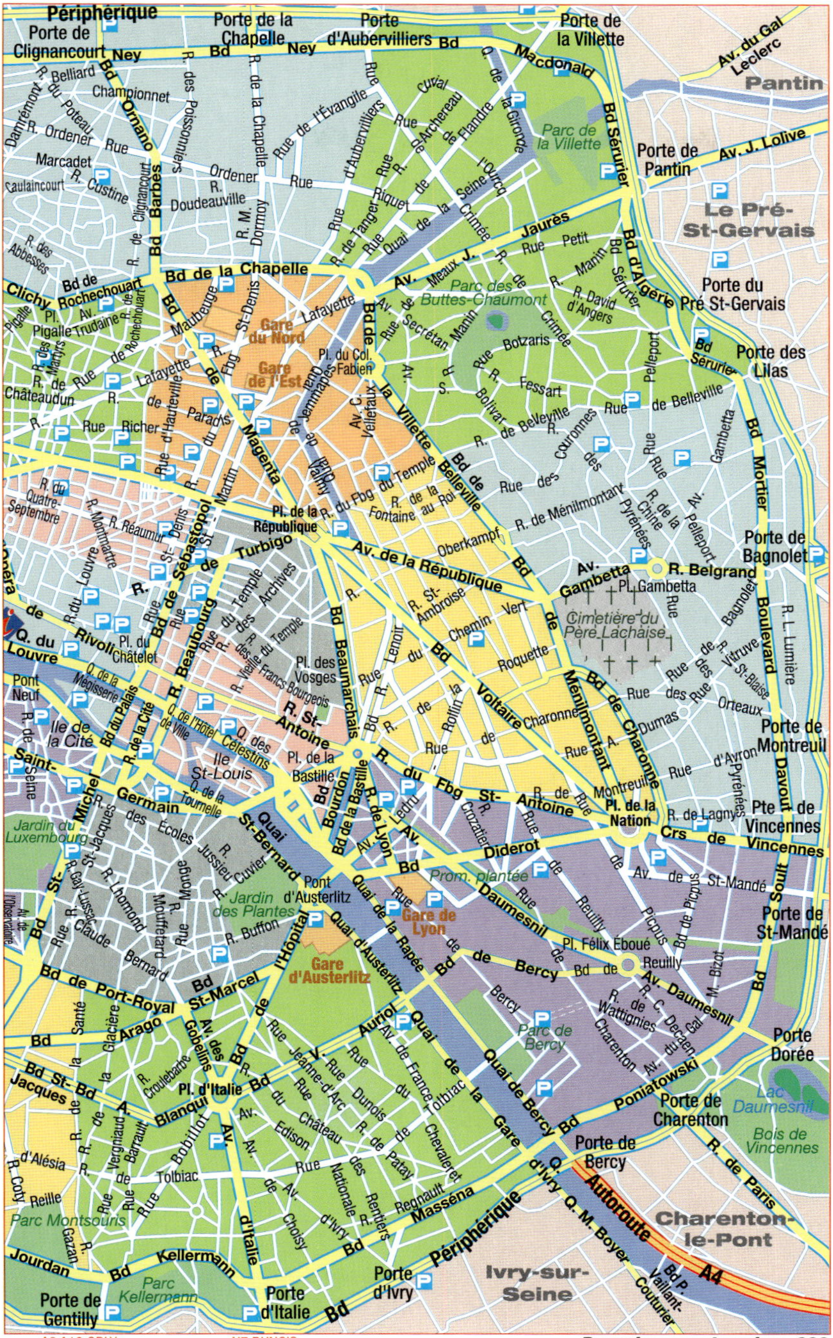

N3 MEAUX

A3 AÉROPORT ROISSY-CH.-DE-GAULLE
LILLE / BRUXELLES

A4 REIMS
METZ
NANCY

A6 A10 ORLY
LYON
CHARTRES / BORDEAUX

N7 RUNGIS
ORLY
FONTAINEBLEAU

Renseignements voir p. 382

QUIMPER

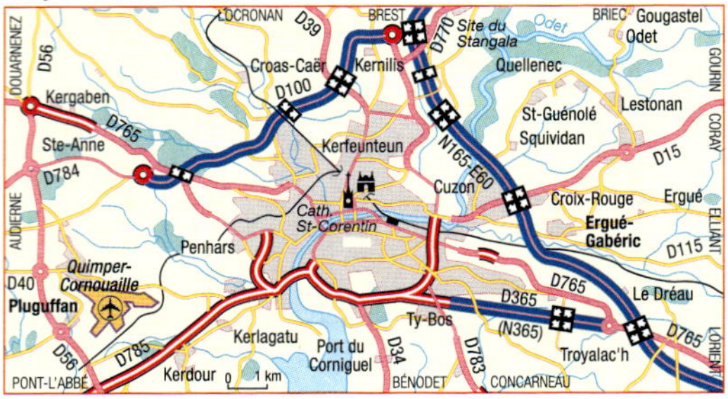

REIMS

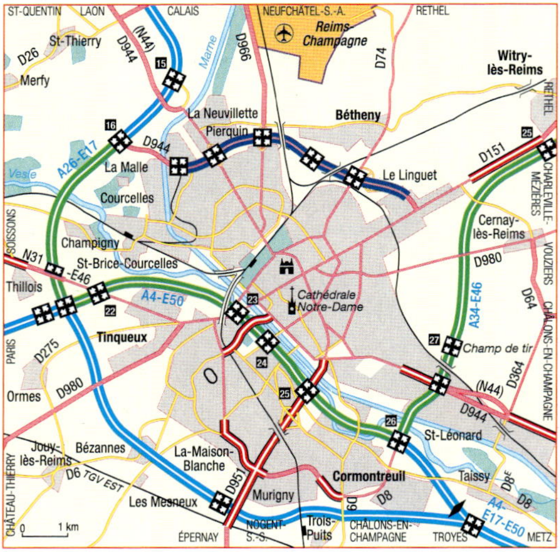

ROUEN

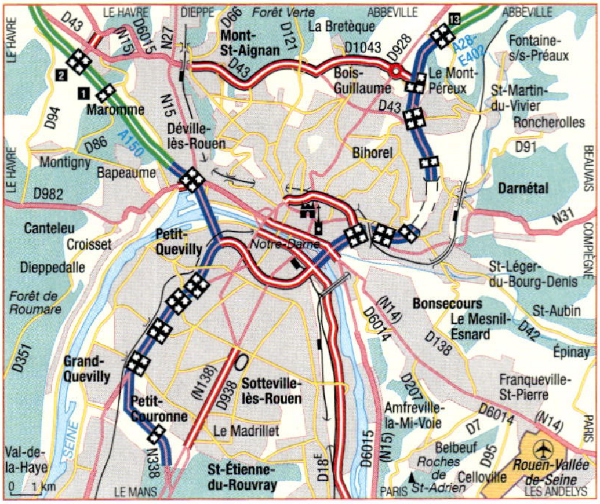

PARIS (75) Voir p. 380-381

- ***OT :*** 25, rue des Pyramides 75001.
Tél. : 01 49 52 42 63
- ***Préfecture de police :*** 9, bd du Palais 75004.
Tél. : 01 53 73 53 75
- ***Hôtel de Ville :*** place de l'Hôtel de Ville 75004.
Tél. : 39 75

QUIMPER (29)

- ***OT :*** place de la Résistance. Tél. : 02 98 53 04 05
E-mail : contact@quimper-tourisme.com
Internet : www.quimper-tourisme.com
- ***Commissariat de police :*** 3, rue Théodore-Le-Hars.
Tél. : 02 98 65 60 00
- ***Mairie :*** 44, place Saint-Corentin. Tél. : 02 98 98 89 8

REIMS (51)

- ***OT :*** 2, rue Guillaume-de-Machault. Tél. : 08 92 70 13 5
E-mail : accueil@reims-tourisme.com
Internet : www.reims-tourisme.com
- ***Hôtel de police :*** 40, bd Louis-Roederer.
Tél. : 03 26 61 44 00
- ***Mairie :*** place de l'Hôtel-de-Ville.
Tél. : 03 26 77 78 79

ROUEN (76)

- ***OT :*** 25, place de la Cathédrale. Tél. : 02 32 08 32 4
E-mail : accueil@rouenvalleedeseine-tourisme.com
Internet : www.rouentourisme.com
- ***Commissariat de police :*** 9, rue Brisout-de-Barneville. Tél. : 02 32 81 25 00
- ***Mairie :*** place du Général-de-Gaulle.
Tél. : 02 35 08 69 00

RENNES (35)

- ***OT :*** 11, rue Saint-Yves. Tél. : 02 99 67 11 11
E-mail : infos@tourisme-rennes.com
Internet : www.tourisme-rennes.com
- ***Commissariat de police :*** 22, bd de la Tour-d'Auvergne. Tél. : 02 99 65 00 22
- ***Mairie :*** place de la Mairie. Tél. : 02 23 62 10 10

RENNES

N137 DINAN
ST-MALO DINARD
N12
FOUGÈRES
N175 ST-MALO
MONT-ST-MICHEL / CAEN
N12 FOUGÈRES
ALENÇON
N157 CESSON-SÉVIGNÉ
LAVAL
A81 LE MANS / PARIS
D41 CHÂTEAUBRIAND
ANGERS
N137 NANTES
N137 NANTES
REDON ST-NAZAIRE
N12 N24
ST-BRIEUC VANNES
ST-BRIEUC / BREST
Préfecture
Conseil Général
Lycée Ile de France
Avenue Charles Tillon
Bd des 3 Croix
Complexe Sportif Gros Malhon
Cimetière du Nord
ASSEDIC
Av. de Rochester
Pl. de l'Europe
Complexe Sportif Ile-de-France
R. Jean-Louis Bertrand
Lycée Prof. de Coëtlogon
Égl. St-Martin
Rue de Coëtlogon
I.U.F.M.
Prairies St-Martin
Église St-Laurent
Pl. G. Bernanos
Stade Courtemanche
Aub. de Jeunesse
Rue des Tanneurs
Parc des Tanneurs
R. Saint-Martin
C.H.R. de Pontchaillou
Quartier Mac-Mahon
C.H.R. Hôtel Dieu
Archives Départ.
R. Jean Guéhenno
R. Anatole Le Braz
Rue E. Renan
R. Legraverend
Place St-Jean Eudes
R. Jean Macé
Sq. de la Touche
Égl. St-Aubin
Place Ste-Anne
R. du Thabor
Boulevard de Sévigné
Égl. St-Paul
R. St-Melaine
Égl. N.-D.-en-St-Melaine
R. de la Palestine
Parlement de Bretagne
Pl. St-Michel
Grand Séminaire Maison Diocésaine
Rue de Brest
Pl. des Lices
Basil. St-Sauveur
Cath. St-Pierre
Hôt. de Région Bretagne
Jard. des Plantes Le Thabor
Lyc. St-V.-Providence
Parc Hamelin-Oberthür
Bd de Strasbourg
R. V. Hugo
Rue de Paris
Hôt. de V.
Égl. St-Germain
Palais St-Georges
Q. Duguay-Trouin
Q. Lamennais
Quai Chateaubriand
Q. E. Zola
Q. Dujardin
Q. de Richemont
Av. Sergent Maginot
Av. A. Briand
R. de Lorient
Rue François Mitterrand
Quai de la Prévalaye
Mail
Q. d'Auchel
Pl. de la Rotonde
Hôtel de Police
Bd de la Liberté
Cité Adm.
Rue des Loges
ASSEDIC
Rue Alphonse Guérin
Complexe Sportif Cdt Bourgoin
Boulevard Voltaire
R. de Redon
R. P. Abélard
Crs des Alliés
Rue St-Hélier
A.N.P.E.
Cité Judiciaire
Bibl.
Rue Gurvand
Bd Solférino
Bd de Beaumont
Le Colombier
Quartier Foch
Pl. de la Gare
Gare Routière
Église St-Hélier
Boulevard de Guines
Bd du Colombier
Gare S.N.C.F.
Rue Pierre Martin
Rue de Châteaugiron
Cleunay
Maison d'Arrêt des Femmes
Égl. des Sacrés-Cœurs
Sq. de Villeneuve
Bd G. Pompidou
Bd Jacques Cartier
Bd Jean Mermoz
Maison d'Arrêt
Gend.
Boulevard Georges Clemenceau
300 m
Égl. St-Yves
Lyc. Prof. J. Jaurès
Boulevard Oscar Leroux
Rue de Vern
Bd Franklin Roosevelt
Bd Émile Combes
Bd L. Grimault
Bd Albert 1er

STRASBOURG

VERS D468
LAUTERBOURG
A4 PARIS HAGUENEAU
KEHL
N4 PONT DE L'EUROPE
AÉROPORT STRASBOURG-ENTZHEIM-INT.
SÉLESTAT / COLMAR
AÉROPORT STRASBOURG-
ENTZHEIM-INT.
ILLKIRCH / GRAFFENSTADEN
A4
A35
A350
N4
Cimetière Ste-Hélène
Jard. Familiaux Schiltigheimermatt
Q. M. Barrès
Pal. de la Mus. et des Congrès
All. des Soupirs
All. du Printemps
Rue du Romarin
Pl. des Acacias
R. J.-J. Rousseau
R. Th. Schuler
R. des Jacinthes
R. R. Strauss
Av. Schutzenberger
Sq. Tivoli
Avenue Herrenschmidt
Stade Universitaire
Stade Univ.
Coll. et Lyc. Kléber
École Militaire
Pl. de Bordeaux
Rue Kablé
Rue Lauth
Cas. Turenne
Rue Ohmacht
R. du Gal Ducrot
Rue Fritz Kieffer
Rue de l'Abattoir
Pl. de l'Abattoir
Rue de Rungis
R. du Kochersberg
R. J.-J. Kristler
Rue de Marché Gare
Marché-Gare
Gare de Marchandises
R. de la Croix des Bannis
Route de Brumath
Rue de l'Église Rouge
Rue du Marché-Gare
Ch. Haut
Pl. de Haguenau
Rue Jacques
Éc. Mil. Cas. Stirn
Clemenceau
R. de Phalsbourg
R. de Bitche
R. Sellénick
Rue Oberlin
Rue Ehrmann
Av. de la Paix
R. L. Apffel
R. R. Hirschler
Bd Gambetta
Synag. de la Paix
R. des Arquebusiers
Quai Zorn
Bd J. Preiss
R. J. Hütz
Pl. Ungerer
R. Schwilgué
R. Erwin
Quai Mullenheim
Quai Rouget
Fossé des Remparts
R. A. Riton
R. de Wissembourg
R. de Bischwiller
R. de Haguenau
R. de Niederbronn
R. Finkmatt
R. du Fossé-des-Treize
Avenue des Vosges
Bd du Pdt Poincaré
R. de Sarrebourg
R. des Magasins
R. de Bouxwiller
R. Friesé
R. des Bonnes Gens
R. du Fbg-de-Pierre
St-Pierre Le Jeune
Pal. de Just.
Ste-Odile
Pal. du Rhin
Avenue du Mal Joffre
Préf.
Pl. de la République
Bibl. Nat. Univ.
Q. Koch
Av. d'Alsace
Av. de la Robertsau
Place S. Brant
Rue Goethe
R. du Rempart
R. G. Wodli
Bd du Pdt Wilson
Ctre Comm. Les Halles
Pl. Clément
Pl. des Halles
R. de la Toussaint
Q. Finkmatt
Quai J. Sturm
Schœpflin
Th. Nat. de Strasbourg
Av. de la Liberté
St-Paul
R. du Marais Vert
R. du Fbg-de-Saverne
R. Kageneck
R. Moll
Rue du Rempart
Gare Centrale
Place de la Gare
Bibl. Mun.
R. Kuhn
St-Jean
R. de Sébastopol
Q. Kléber
Q. Kellermann
Hôt. de Police
R. de la Fonderie
R. de la Mésange
Opéra
R. Brûlée
Q. Lezay-Marnésia
Av. de la Marseillaise
La Poste
Q. du Maire Dietrich
Pl. de l'Université
Pal. de l'Université
Rue de l'Université
Q. de Paris
R. du Noyer
St-Pierre Le Jeune
Pl. de l'Homme-de-Fer
R. de la Nuée-Bleue
Pl. Broglie
Pal. Épiscopal
Pt Royal
Bd de la Victoire
R. du Maire Kuss
R. Déserte
Rue de la Course
Q. St-Jean
Q. Desaix
Vx Mché aux Vins
R. du Jeu-des-Enfants
Pl. Kléber
R. des Étudiants
Hôt. de Ville
Pl. St-Étienne
St-Étienne
Q. des Pêcheurs
Bains Municipaux
R. des Juifs
R. du Dôme
Temple Neuf
R. des Frères
Cath. N.-D.
R. des Veaux
Pt St-Guillaume
St-Guillaume
Lyc. J. Rostand
R. E. Labbé
R. de l'Académie
R. du Fbg National
Bd de Metz
St-Pierre Le Vieux
R. du 22 Nov.
R. du Fossé-des-Tanneurs
R. Ste-Hélène
R. des Gdes Arcades
R. des Francs Bourgeois
Pl. du Château
Pal. Rohan
Q. des Bateliers
R. Calvin
Pl. du Pt aux Chats
R. des Poules
R. du Gal Zimmer
Univ. L. Pasteur
Ste-Aurélie
R. Ste-Marguerite
Q. Altorffer
Q. Turckheim
R. du Bain aux Plantes
Grand' Rue
R. du Vx Mché aux Poissons
C.C.I.
Musée de l'Œuvre N.-D.
R. de Zurich
Pl. de Zurich
R. Fritz
R. de l'Abreuvoir
Pl. du Foin
R. P. Montet
Bd de Nancy
R. de Rosheim
Gend.
E.N.A.
Pl. Hans-J. Arp
Pts Couverts
Ill
Pl. H. Dunant
Pl. des Moulins
R. de la Monnaie
St-Thomas
R. de la Division Leclerc
Musée Hist.
Ste-Madelaine
Pl. du Corbeau
R. des Orphelins
R. du St-Gothard
R. du Jeu-de-Paume
R. de l'Hôpital Militaire
R. du Mal Juin
Cité Adm.
R. Louvois
Pl. de la Pte-Blanche
R. de Kœnigshoffen
R. de Wasselonne
Musée d'Art Moderne
Bge Vauban
Q. St-Thomas
Quai Finkwiller
Q. St-Nicolas
Musée Alsacien
Pl. d'Austerlitz
R. de Rothau
Bd de Lyon
R. d'Obernai
Hôt. du Département
R. des Fr. Matthis
R. des Glacières
R. Kirschleger
St-Louis
R. Ste-Élisabeth
St-Nicolas
Pl. de l'Hôpital
R. P. Reiss
Rue de la Sengenwald
R. de Berne
R. de Genève
R. de Lausanne
R. de la Brigade Alsace-Lorraine
Rue du Jura
R. de la Broque
N.-D. de Lourdes
R. Molsheim
R. G.A. Hirn
Quai Mathis
R. Humann
Fac. de Médec.
Hôpital Civil
R. de la Pte de l'Hôpital
R. Spielmann
Premiere-Armée
R. du Mt-Blanc
Q. du Gal Kœnig
Quai des Alpes
R. du Hohwald
R. du Niedeck
R. de Saales
Cas. Sénarmont
Cas. Marcot
Musée Pasteur
Pav. Leannec
Q. Fustel-de-Coulanges
Pt d'Austerlitz
R. du Bassin d'Austerlitz
Bassin d'Austerlitz
Pt L. Pasteur
Quai Louis Pasteur
Pt de la Pte de l'Hôpital
Pl. du Mal de Lattre-de-Tassigny
Rte de Vienne
Route du Rhin
R. L. Scheppler
Ch. du Heyritz
Route de l'Hôpital
R. R. Fontaine
Rd-Pt P. Mendès France
Thumenau
Cim. St-Urbain
R. des Carmélites
R. St-Urbain
Île Weiler
Île de l'Ill
R. des Imprimeurs
Q. J.P. Mayno
R. de la Plaine des Bouchers
Route de la Corderie
Rue de la Schultfeld
Avenue de Colmar
Route du Polygone
Avenue Jean Jaurès
R. des Carmes
R. du Schurmfeld
Route du Rhin
R. d'Épinal
R. de Belfort
Pl. du Bois de Rose
Rue de Saint-Dié
All. du Schultfeld
0
250 m

STRASBOURG (67)

- ***OT :*** 17, place de la Cathédrale. Tél. : 03 88 52 28 28
  E-mail : info@otstrasbourg.fr
  Internet : www.otstrasbourg.fr
- ***Hôtel de police :*** 34, route de l'Hôpital.
  Tél. : 03 90 23 17 17
- ***Mairie :*** 1, parc de l'Étoile. Tél. : 03 88 60 90 90

SAINT-ÉTIENNE (42)

- ***OT :*** 16, av. de la Libération. Tél. : 04 77 49 39 00
  Internet : www.tourisme-st-etienne.com
- ***Commissariat de police :*** 99 *bis*, cours Fauriel.
  Tél. : 04 77 43 28 28
- ***Mairie :*** place de l'Hôtel-de-Ville. Tél. : 04 77 48 77 48

SAINT-MALO/DINARD (35)

Saint-Malo

- ***OT :*** esplanade Saint-Vincent. Tél. : 08 25 13 52 00
  Internet : www.saint-malo-tourisme.com
- ***Commissariat de police :*** 3, place des Frères-Lamennais. Tél. : 02 99 20 69 40
- ***Mairie :*** place Chateaubriand. Tél. : 02 99 40 71 11

Dinard

- ***OT :*** 2, bd Féart. Tél. : 02 99 46 94 12
  E-mail : info@ot-dinard.com
  Internet : www.ot-dinard.com
- ***Commissariat de police :*** 49, bd Féart.
  Tél. : 02 99 16 83 83
- ***Mairie :*** 47, bd Féart. Tél. : 02 99 16 00 00

TOULON (83)

- ***OT :*** 12, place Louis-Blanc. Tél. : 04 94 18 53 00
  Internet : www.toulontourisme.com
- ***Hôtel de police :*** 1, rue du Commissaire-Morandin.
  Tél. : 04 98 03 53 00
- ***Mairie :*** av. de la République. Tél. : 04 94 36 30 00

ST-ÉTIENNE

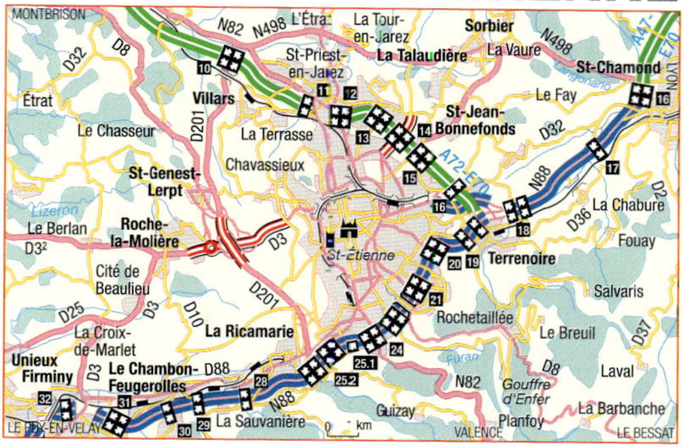

ST-MALO/DINARD

TOULON

TOULOUSE

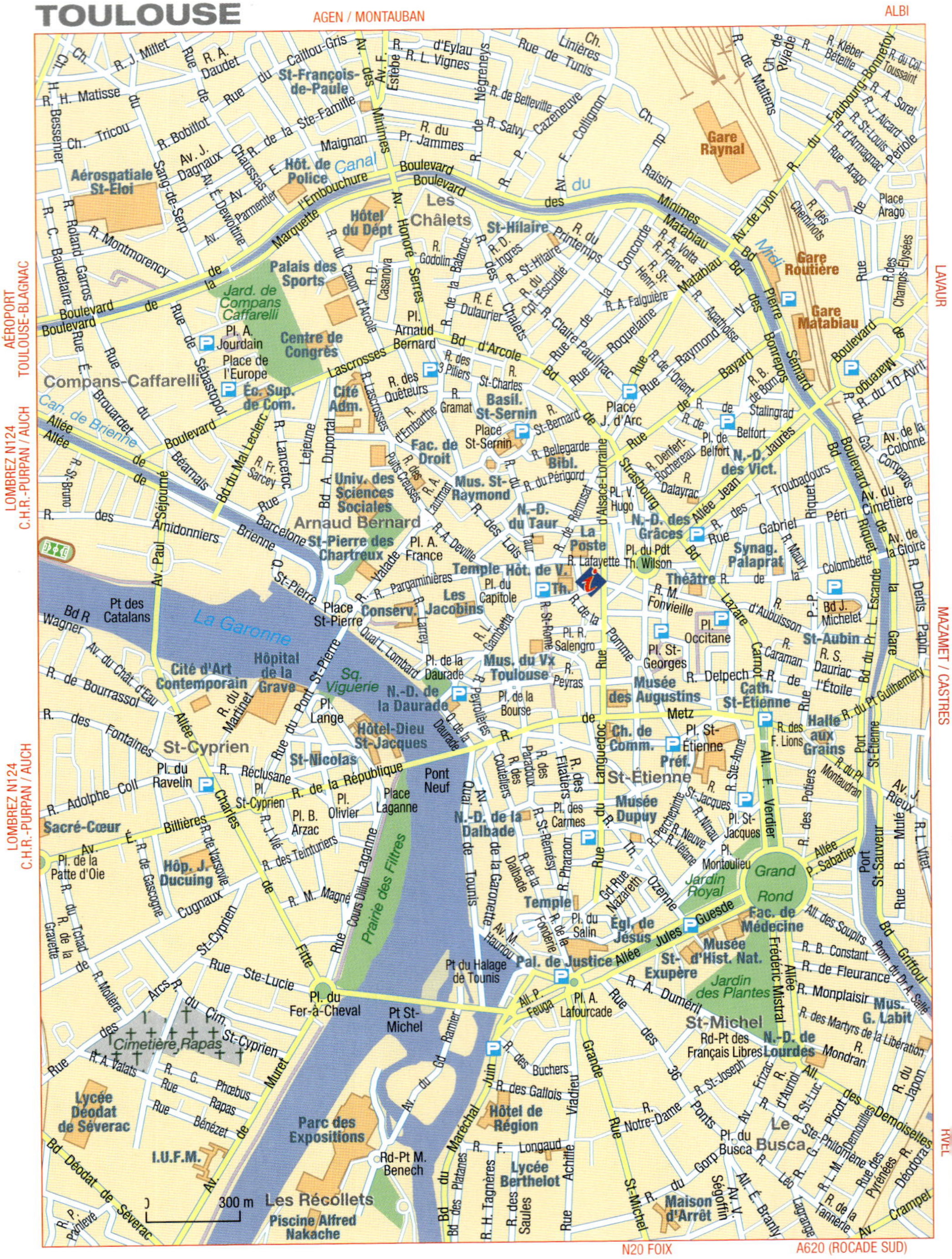
AGEN / MONTAUBAN
ALBI
LAVAUR
MAZAMET / CASTRES
HYEL
N20 FOIX
A620 (ROCADE SUD)
AÉROPORT TOULOUSE-BLAGNAC
LOMBREZ N124 C.H.R.-PURPAN / AUCH
LOMBREZ N124 C.H.R.-PURPAN / AUCH
St-François-de-Paule
Gare Raynal
Aérospatiale St-Éloi
Hôt. de Police
Canal
Hôtel du Dépt
Les Châlets
St-Hilaire
du Midi
Gare Routière
Gare Matabiau
Palais des Sports
Jard. de Compans Caffarelli
Centre de Congrès
Compans-Caffarelli
Éc. Sup. de Com.
Cité Adm.
Basil. St-Sernin
Can. de Brienne
Fac. de Droit
Bibl.
Mus. St-Raymond
Univ. des Sciences Sociales
Arnaud Bernard
St-Pierre des Chartreux
N.-D. du Taur
La Poste
N.-D. des Vict.
N.-D. des Grâces
Synag. Palaprat
Temple
Hôt. de V.
Th.
Théâtre
Les Jacobins
Conserv.
La Garonne
Pt des Catalans
Cité d'Art Contemporain
Hôpital de la Grave
Sq. Viguerie
N.-D. de la Daurade
Mus. du Vx Toulouse
Musée des Augustins
Cath. St-Étienne
Halle aux Grains
St-Aubin
St-Cyprien
Hôtel-Dieu St-Jacques
St-Nicolas
Pont Neuf
Ch. de Comm.
Préf.
St-Étienne
Musée Dupuy
Sacré-Cœur
Hôp. J. Ducuing
N.-D. de la Dalbade
Prairie des Filtres
Temple
Grand Rond
Jardin Royal
Fac. de Médecine
Égl. de Jésus
Musée d'Hist. Nat.
Jardin des Plantes
Pal. de Justice
St-Exupère
Pl. du Fer-à-Cheval
Pt St-Michel
Pt du Halage de Tounis
Mus. G. Labit
St-Michel
N.-D. de Lourdes
Cimetière Rapas
Lycée Déodat de Séverac
I.U.F.M.
Parc des Expositions
Hôtel de Région
Lycée Berthelot
Le Busca
Maison d'Arrêt
Les Récollets
Piscine Alfred Nakache
300 m

TOULOUSE (31)

- **OT :** donjon du Capitole. Tél. : 08 92 18 01 80
  E-mail : infos@ot-toulouse.fr
  Internet : www.ot-toulouse.fr
- **Commissariat de police :**
  23, bd de l'Embouchure. Tél. : 05 61 12 77 77
- **Mairie :** place du Capitole. Tél. : 05 61 22 29 22

TOURS

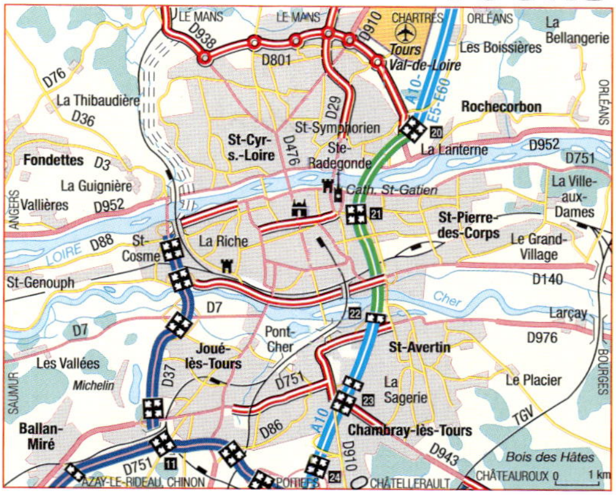

TOURS (37)

- **OT :** 78-82, rue Bernard-Palissy. Tél. : 02 47 70 37 37
  Internet : www.tours-tourisme.fr
- **Commissariat de police :** 70, rue Marceau.
  Tél. : 02 47 33 80 69
- **Mairie :** 3, rue des Minimes. Tél. : 02 47 21 60 00

TROYES

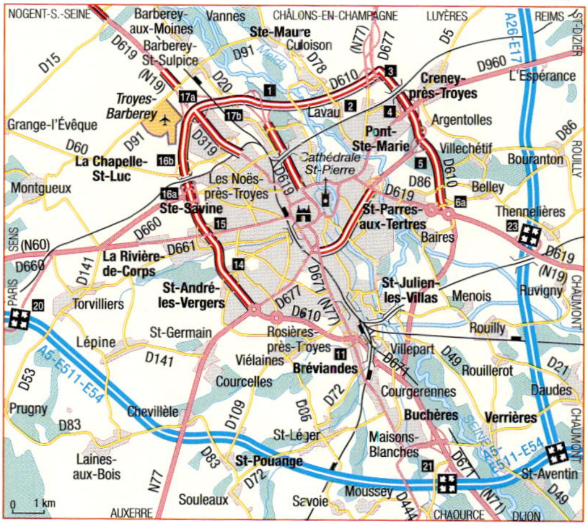

TROYES (10)

- **OT :** 16, bd Carnot. Tél. : 03 25 82 62 70/ 73 36 88
  E-mail : contact@tourisme-troyes.com
  Internet : www.tourisme-troyes.com
- **Commissariat de police :** 4, bd du 1er-RAM.
  Tél. : 03 25 43 51 00
- **Mairie :** place Alexandre-Israël. Tél. : 03 25 42 33 33

INDEX

Le numéro en **gras** correspond au département. Le numéro en **bleu** renvoie à la page et la dernière indication au carreau de la carte.

A

B

D

E

F

G

H

I

M

N

O

Q

R

T

U

V

W

X

Y

Z

chatillon-sur-cher

Achevé d'imprimer : janvier 2012
Dépôt légal en France : mars 2012
Dépôt légal en Belgique : D-2012-0621-48
Imprimé en Chine
Printed in China